青

QingPu

浦

年鉴2020

QINGPU NIANJIAN

《青浦年鉴》编纂委员会 编

上海文化出版社

图书在版编目(CIP)数据

青浦年鉴. 2020/《青浦年鉴》编纂委员会编. —
上海:上海文化出版社,2020. 12
ISBN 978-7-5535-2171-8

Ⅰ. ①青… Ⅱ. ①青… Ⅲ. ①青浦区—2020—年鉴
Ⅳ. ①Z525. 13

中国版本图书馆 CIP 数据核字(2020)第 235737 号

出版人 姜逸青
责任编辑 郑 梅
装帧设计 王 茵

书 名 青浦年鉴(2020)
编 者 《青浦年鉴》编纂委员会
出 版 上海世纪出版集团 上海文化出版社
地 址 上海市绍兴路7号 200020
发 行 上海文艺出版社发行中心
上海市绍兴路50号 200020 www. ewen. co
印 刷 上海信老印刷厂
开 本 890×1240 1/16
印 张 32. 25
版 次 2020年12月第一版 2020年12月第一次印刷
书 号 ISBN 978-7-5535-2171-8/Z·041
定 价 220. 00元

《青浦年鉴》编纂委员会

《青浦年鉴2020》编辑人员

11月8日，第二届中国国际进口博览会上海交易团青浦分团集中签约仪式在国家会展中心举行

（区商委供稿）

9月29日，青嘉吴三地市容环卫、绿化林业部门合作框架签约暨联合服务保障第二届进博会启动仪式举行

（区绿化市容局）

11月5—10日，第二届中国国际进口博览会在国家会展中心（上海）举行

10月21日，第二届中国国际进口博览会城市文明志愿服务站（岗）启动仪式暨青浦区志愿者上岗誓师大会在国家会展中心南广场举行 （区融媒体中心供稿）

10月17日，青浦、吴江、嘉善三地市场监管部门吹响联合保障“进博会”集结号 （区融媒体中心供稿）

（西虹桥商务区供稿）

11月1日，长三角生态绿色一体化发展示范区建设推进大会在青浦区举行 （区融媒体中心供稿）

11月2日，“推动一体化，打造新高地”长三角生态绿色一体化发展示范区誓师大会暨产业项目启动仪式在青浦举行 （区商委供稿）

6月26日，“聚焦长三角一体化，推动更高质量发展——2019年青浦区重大项目启航”活动举行（区融媒体中心供稿）

活动分会场——百老汇、库克医疗、安踏总部、BU商业中心等项目在西虹桥商务区集中开工（西虹桥商务区供稿）

8月23日，青嘉吴三地市场监管（行政审批）部门战略合作框架协议签约仪式在青浦区检验检测中心举行（区市场监管局供稿）

10月30日，青浦、吴江、嘉善三地联合举行长三角生态绿色一体化发展示范区协同治水启动仪式（区水务局供稿）

9月18日，青浦、昆山、吴江、嘉善四地联合旅游推介暨四地联合旅游惠民活动在金泽镇莲湖村青西郊野公园游客中心举行

（区文旅局供稿）

4月16日，长三角一体化（青浦、吴江、嘉善）跨区域税务协作论坛在青浦区举行

（区税务局供稿）

6月2日，青浦、吴江、嘉善三地物流服务技能竞赛举行

（区总工会供稿）

9月28日，文商旅大走亲暨长三角名品节在青浦万达茂启动
（区商委供稿）

6月6日，2019年“水乡音花”长三角民歌荟暨江南水乡文化论坛在朱家角古镇尚都里举行　（区文旅局供稿）

4月25日，青浦、吴江、嘉善三地职工文艺汇演举行　（区融媒体中心供稿）

9月，环城水系公园一景　　（区水务局供稿）

9月，环城水系公园一景　　（区水务局供稿）

9月，淀山湖防洪大堤及湖滨生态工程一景（区融媒体中心供稿）

9月，位于淀浦河和槽港河三岔口的环城水系公园重要标志性景观——水城门（区水务局供稿）

8月6日，首届“魔都最美健身步道”揭晓。青浦区重固体育公园健身步道和夏阳湖健身步道入选（区融媒体中心供稿）

9月，金泽镇莲湖村一景　（金泽镇供稿）

8月，朱家角镇域淀山湖—拦路港交汇处报国寺一带俯瞰　（区融媒体中心供稿）

3月，练塘镇东庄村一景

4月，朱家角镇张马村寻梦源俯瞰　（区融媒体中心供稿）

（练塘镇供稿）

3月6日，“长江经济带2018年最美河流湖泊”在长江经济带“助推绿色发展，建设美丽长江”全国引领性劳动和技能竞赛组委会第三次会议上揭晓，青浦区小涞港上榜　（区融媒体中心供稿）

4月，将于9月投入使用的青浦区协和双语学校 （青浦报社供稿）

12月，已竣工的青浦区体育文化中心 （区重大办供稿）

8月17日，华为研发中心（金泽镇西岑社区）动迁基地开工典礼举行 （金泽镇供稿）

12月30日，青浦区首个农民集中居住安置房建设项目正式开工　（夏阳街道）

4月，青浦绿地中心180米超高层地标结构封顶
（区融媒体中心供稿）

11月，建设中的崧泽高架道路 （区重大办供稿）

12月，建设中的淀山湖社会福利院 （区重大办供稿）

8月30日，复旦大学附属妇产科医院青浦分院开工现场

（区重大办供稿）

12月，建设中的复旦大学附属妇产科医院青浦分院
（区重大办供稿）

12月，建设中的五浦汇安置房项目
（区重大办供稿）

10月31日，金泽镇南新渡新建桥梁开通（同时撤销渡口）
（区融媒体中心供稿）

6月22日，青浦万达茂广场开业
（区商务委供稿）

12月28日，青浦绿地缤纷城开业

（区融媒体中心供稿）

5月8日，2019年青浦区招商推介会在国家会展中心举行（区融媒体中心供稿）

8月28日，“预见·北斗新时空”智能产业论坛暨烟台（上海）产业资源对接会在青浦区虹桥绿地铂骊酒店多功能厅举行（区经委供稿）

11月22日，上海商贸服务型国家物流枢纽建设集中采访活动举行（区融媒体中心供稿）

6月10日，上海自在青西农业发展有限公司（蛙稻米）与吃之以恒（上海）电子商务有限公司（叮咚买菜）合作签约仪式举行

（区融媒体中心供稿）

10月25日，2019年中国农民丰收节暨第八届青浦薄稻米品鉴会在金泽镇莲湖村举行

（区融媒体中心供稿）

7月30日，“党旗、国旗、军旗，初心使命向辉煌”系列活动在陈云纪念馆举行

（区融媒体中心供稿）

1月23日，青浦区举行2018年新发展党员主题党日活动

（区融媒体中心供稿）

9月11日，青浦区在朱家角古镇举行“我和我的祖国”快闪活动 （区融媒体中心供稿）

9月23日，“波澜壮阔70年，砥砺奋进20载”——青浦区庆祝中华人民共和国成立70周年暨纪念撤县建区20周年主题歌会展演活动举行

（区融媒体中心供稿）

8月30日，2019年青浦区创建全国文明城区再出发主题系列活动启动仪式举行

（区融媒体中心供稿）

5月18日，青浦区第十届学生科技节开幕式举行（区教育局供稿）

7月26日，“辉煌70年·文明新风尚”——青浦市民修身嘉年华活动启动

（区融媒体中心供稿）

5月4日，“青春心向党·建功新时代”——青浦青少年纪念五四运动100周年特别主题团日在陈云纪念馆举行

（区融媒体中心供稿）

5月27日，以“铭记历史寻初心，牢记使命创美好”为主题的“红色丰碑”人文情景党课在上海福寿园人文纪念公园开讲

（区融媒体中心供稿）

9月27日，庆祝中华人民共和国成立70周年暨“慈·孝·爱——我们的节日·重阳”主题活动在青浦城区桥梓湾广场举行

（盈浦街道供稿）

6月5日，“蓝天保卫战，我是行动者”——2019年青浦区“六五”世界环境日系列活动举行　（区生态环境局供稿）

9月21日，“赞颂辉煌成就，军民同心筑梦”——青浦区第十九个全民国防教育日活动举行　（区融媒体中心供稿）

12月24日，青浦区慈善代表机构2019年度总结表彰暨第二十六届“蓝天下的至爱”启动仪式举行

（区融媒体中心供稿）

1月18日，由上海市工人文化宫、青浦区总工会、青浦工业园区主办的传统文化直通车暨“带副春联回家乡”活动在青浦工业园区展示厅举行

（区融媒体中心供稿）

4月2日，联合国儿童基金会亲善大使贝克汉姆（后排右五）访问香花桥幼儿园　（区教育局供稿）

7月10日，“扬帆回青”——2019年青浦区大学生社会实践项目启动仪式在御澜湾学校举办

（团区委供稿）

12月8日，“环意 RIDE LIKE A PRO”长三角公开赛在青浦区落下帷幕　（区融媒体中心供稿）

5月19日，“东方绿舟杯”骑行赛——“捷力100X骑上瘾·上海站”活动举行　　（区文旅局供稿）

4月7日，“梅沙教育杯”第五届全国青少年帆船联赛上海站赛事在青浦淀山湖完赛　　（区体育局供稿）

5月9日，“一带一路”亚欧十四国房车文化交流行摄影（青浦）启程仪式在重固镇福泉山古文化遗址举行

（区融媒体中心供稿）

2019青浦便览

QINGPU BIANLAN

人口状况

户籍人口数
49.6万人
其中：非农业人口
37.4万人

常住人口数
123.3万人
其中：外来常住人口数
71.4万人

地区生产总值(GDP)

增长**5.8%**

2018年 1107.69亿元
2019年 1166.3亿元

地区生产总值结构

第一产业 7.6亿元 占0.6%
第二产业 433.7亿元 占37.2%
第三产业 725.0亿元 占62.2%

工业总产值

增长**-0.6%**

2018年 1800.22亿元
2019年 1790.11亿元

农业总产值

增长**-5.0%**

2018年 20.8亿元
2019年 19.72亿元

财政收入

增长**1.5%**

2018年 572.4亿元
2019年 580.7亿元

合同外资额

增长**55.1%**

2018年 9.0亿美元
2019年 14.0亿美元

社会消费品零售总额

增长**4.5%**

2018年 519.16亿元
2019年 542.3亿元

全社会固定资产投资总额

增长**2.1%**

2018年 579.8亿元
2019年 591.9亿元

城乡居民人均可支配收入

增长8.9%

2018年 47336元
2019年 51563元

年末城乡居民储蓄余额

增长**12.7%**

2018年 760.5亿元
2019年 857.26亿元

青浦区地图

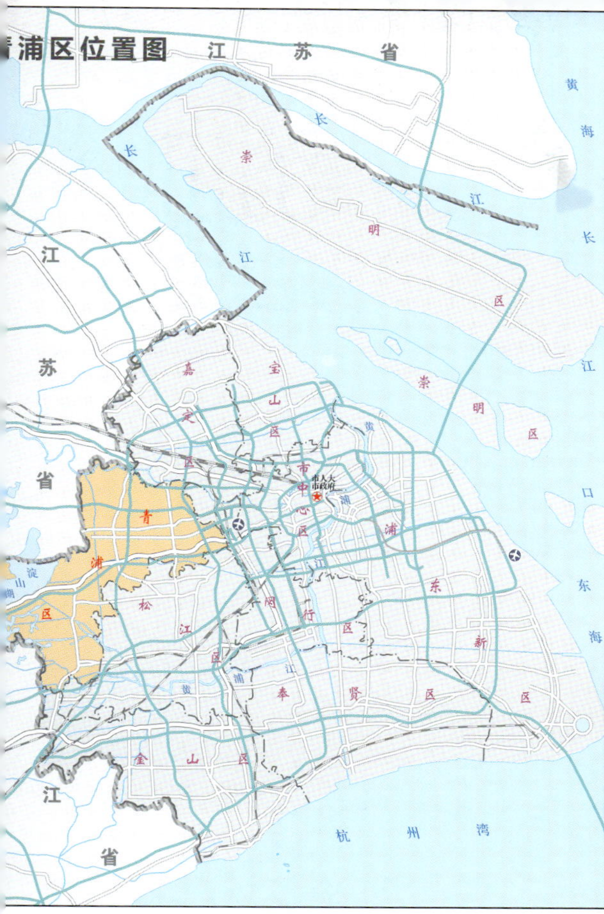

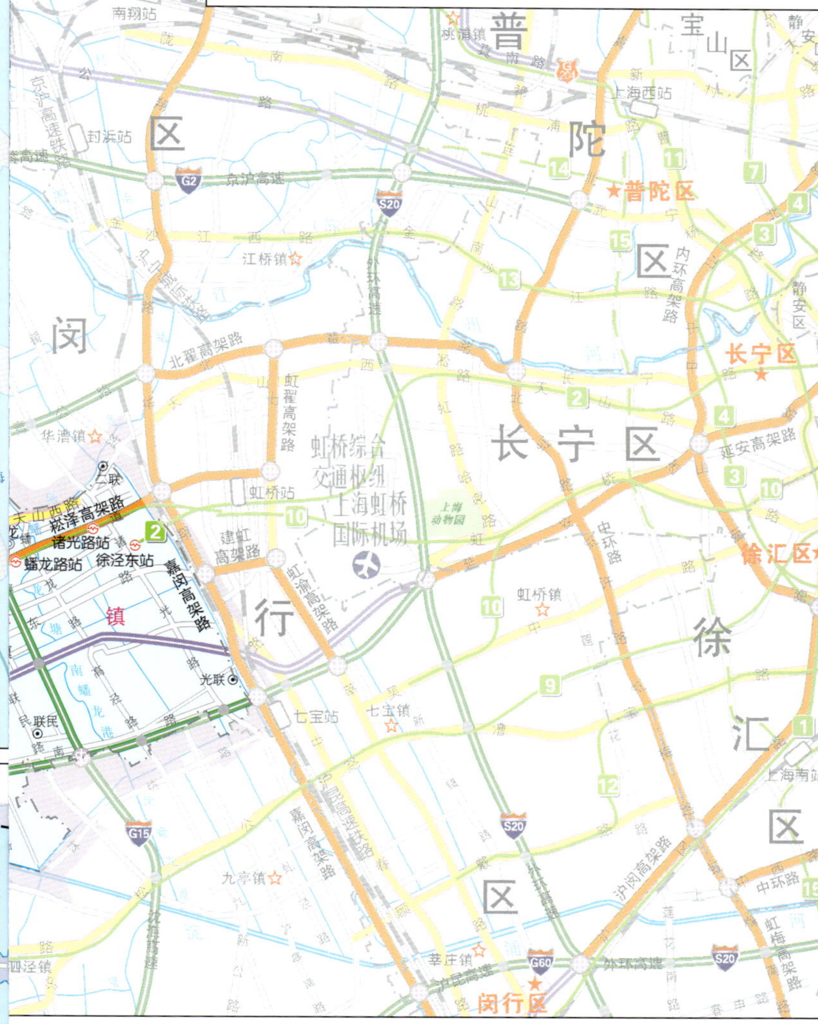

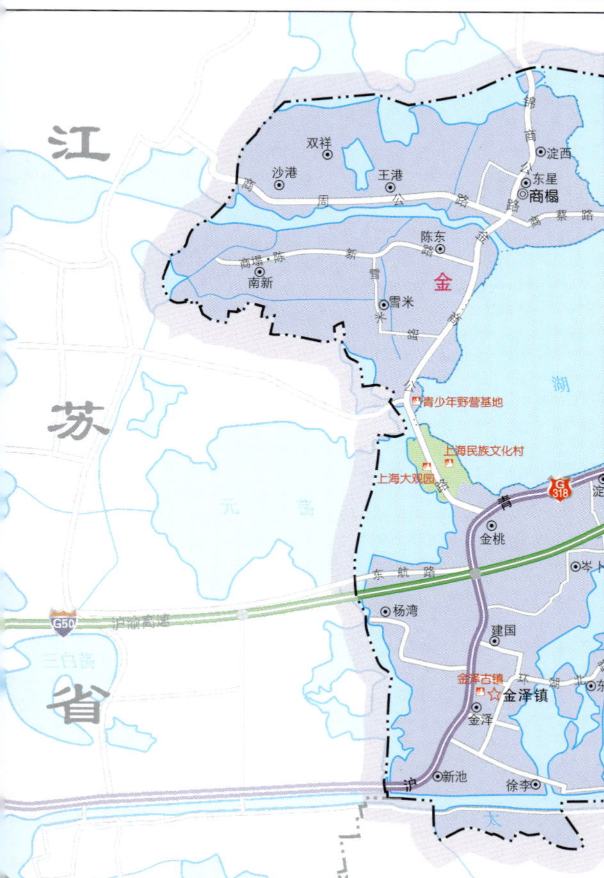

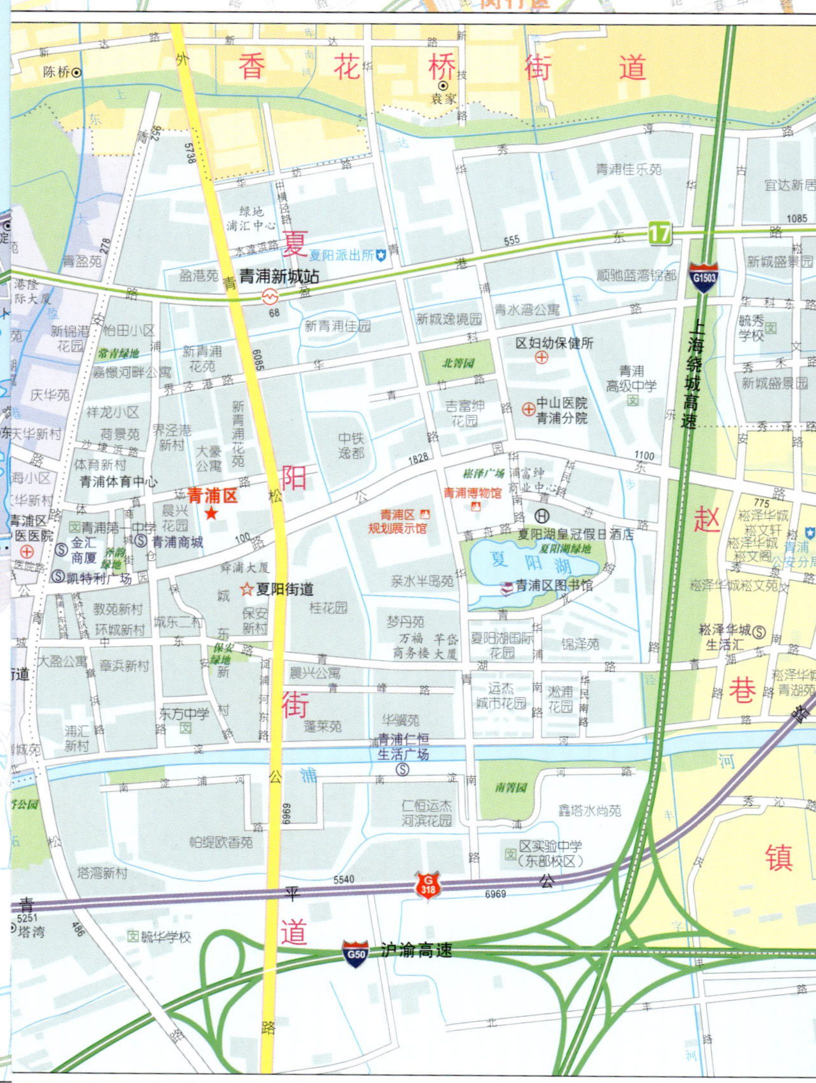

图例

区政府	省、直辖市界		
镇政府 街道办事处	区界		
集镇	镇、街道界		
村委会	轨道交通及车站		
旅游景点	铁路及车站		
学校	高速公路及编号		
公安分局、派出所	高架路、城市快速路		
商场	国道及编号		
宾馆	主要道路		
图书馆	河流、湖泊		
医院	立交桥、出入口		
邮政局			
公园、绿地			

审图号:沪S(2020)111号

编辑说明

一、《青浦年鉴2020》是中共上海市青浦区委员会、上海市青浦区人民政府主办的综合性地方文献，记载2019年度青浦区自然、政治、经济、文化、社会等方面的情况，为各级党政机关、有关部门和社会各界人士及中外投资者了解青浦提供较全面、系统的信息资料，并为青浦区今后的编史修志工作做好资料积累。

二、《青浦年鉴2020》以马克思列宁主义、毛泽东思想、邓小平理论、“三个代表”重要思想、科学发展观和习近平新时代中国特色社会主义思想为指导，全面、客观地记载2019年青浦区贯彻落实党的十九大和十九届二中、三中、四中全会，中共上海市委十一届七次、八次全会以及中共青浦区委五届八次、九次全会等精神，全力推进经济社会全面跨越式高质量发展战略，所取得的新成就、新经验及发生的新情况、新问题等。服务现实，借鉴后人。

三、《青浦年鉴2020》框架主要按类目、分目、条目3个层次设计，以条目为主要载体，共收录条目1323条（不包括概述性条目）。全书共设31个类目，依次为特载、专记、专文、大事记、概貌、中共上海市青浦区委员会、上海市青浦区人民代表大会、上海市青浦区人民政府、政协上海市青浦区委员会、纪检·监察、民主党派·工商联、人民团体·社会团体、法治·武装、农业·农村、工业·建筑业、旅游业、商贸·服务业、民营经济·开发区、金融、综合经济管理、环境·水务、城乡建设与管理、公用事业、住房保障和房屋管理、信息业与信息化建设、教育·科技、文化·媒体、卫生·体育、社会保障、社会生活和镇·街道。卷首安排反映2019年青浦区重大政治、经济、文化和社会各项事业建设活动等照片以及2019年青浦区主要经济指标示例图及青浦区行政区划图。卷末设荣誉榜、重要文件目录、统计资料和索引。

四、《青浦年鉴2020》所刊数据，除国家统计部门正式公布的外，均由区内各相关单位提供，并经供稿单位审核。内容中如有个别数据与统计部门不一致的，应以统计部门正式公布的数据为准。

五、全书中出现的青浦区各相关单位全称，在书中《概貌》类目下《区领导班子成员和区级机构负责人名录》中基本覆盖，且括注简称，在其前后如出现，一般用简称；如无特殊情况，则其对应的上级单位也用简称。全书中专业术语，首次出现时用全称，随文括注简称，此后再出现时一般用简称。

六、《青浦年鉴2020》收录内容时限为2019年1月1日至12月31日。个别内容为反映其发生、发展的全过程作适当的上溯或下延。

七、《青浦年鉴2020》中之“上年”，即为2018年；之“年末”“至年底”，即为2019年年底。

八、《青浦年鉴2020》中之“市”或有个别特殊地方之“本市”，即指上海市。

《青浦年鉴》编辑部

2020年9月

目　录

上海市青浦区人民政府

政协上海市青浦区委员会

纪检·监察

民主党派·工商联

人民团体·社会团体

法治·武装

旅游业

商贸·服务业

民营经济·开发区

金 融

综合经济管理

环境·水务

城乡建设与管理

公用事业

住房保障和房屋管理

信息业与信息化建设

教育·科技

文化・媒体

卫生・体育

社会保障

社会生活

镇·街道

荣 誉 榜

重要文件目录

统计资料

中共上海市青浦区委员会常务委员会工作报告

中共上海市青浦区委五届九次全会

（2019 年 12 月 26 日）

中共上海市青浦区委书记　赵惠琴

2019 年，区委常委会始终坚持以习近平新时代中国特色社会主义思想为指导，全面贯彻落实党的十九大和十九届二中、三中、四中全会精神，以及习近平总书记考察上海重要讲话精神，全面推动“五位一体”（即经济建设、政治建设、文化建设、社会建设、生态文明建设）总体布局、“四个全面”（即全面建成小康社会、全面深化改革、全面依法治国、全面从严治党）战略布局和五大发展理念落实落地；始终坚持以提升城市能级和核心竞争力为目标，充满激情、富于创造、勇于担当，努力为上海建设“五个中心”（即科技创新中心、国际经济中心、金融中心、贸易中心、航运中心）和社会主义现代化国际大都市作出积极贡献；始终坚持围绕区五次党代会明确的“新青浦、新生活”奋斗主题和总体目标，深化“三个格局”（即思想格局、城市格局、工作格局）思想引领战略、“四大治理”（即地区治理、城市治理、经济治理、社会治理）创新治理战略，推动青浦全面跨越式高质量发展。重点围绕总书记提出的五方面工作要求和赋予青浦的服务两大国家战略的时代使命，加强思想引领和战略引领，强化制度支撑和项目支撑，顺利完成了年度目标任务，全区经济建设、政治建设、文化建设、社会建设、生态文明建设和党的建设取得了新进展。

一年来，在市委的坚强领导下，区委常委会坚持以服务国家战略、推动青浦全面跨越式高质量发展为最大使命，切实发挥党的领导核心作用，把方向、谋大局、定政策、促改革。面对国内外风险挑战明显上升的复杂局面，团结带领全区各级党组织和广大干部群众，以抢的意识、拼的勇气、实的作风，统筹抓好稳增长、促改革、调结构、惠民生、防风险、保稳定各项工作，认真组织开展“不忘初心、牢记使命”主题教育，顺利完成了服务保障第二届中国国际进口博览会重大任务，全面启动了长三角生态绿色一体化发展示范区建设，成功举办了庆祝中华人民共和国成立 70 周年、庆祝撤县建区 20 周年等重大活动，系统解决了一批影响青浦全面跨越式高质量发展的瓶颈问题和历史遗留问题，党的建设质量和领导水平不断提高，经济社会保持平稳健康发展，“上海之门”城市品牌声誉日隆。主要做了以下几方面工作。

第一、坚持政治建设统领，党的建设质量水平不断提高。区委常委会始终把党的政治建设摆在首位，团结带领全区广大党员干部群众，全面树牢“四个意识”（即政治意识、大局意识、核心意识、看齐意识）、坚定“四个自信”（即道路自信、理论自信、制度自信、文化自信）、坚决做到“两个维护”（即坚决维护习近平总书记在党中央和全党的核心地位，坚决维护党中央权威和集中统一领导），认真贯彻新时代党的建设总要求和中央《关于加强党的政治建设的意见》，以政治建设为统领，全面加强党的政治建设、思想建设、组织建设、作风建设、纪律建设，把制度建设贯穿其中，不断提高党的建设质量和水平。主要表现为：一是主题教育取得扎实成效。突出一个“实”字，认真开展“不忘初心、牢记使命”主题教育。成立区委“不忘初心、牢记使命”主题教育领导小组，全面抓好学习教育、调查研究、检视问题、整改落实四项重点措施。特别是紧紧围绕中央“1＋8”（指中共中央关于开展“不忘初心、牢记使命”主题教育专项整治总体工作方案及8个方面专项整治工作方案）专项整治的要求，第一时间形成专项整治方案，并将整改落实情况作为政治监督重要内容，压实责任。开展村居全覆盖走访，对4家软弱涣散党组织进行整治。坚持问题导向，把开展主题教育、服务国家战略、推动地区发展紧密结合，解决了一批重大战略问题、发展瓶颈问题、历史遗留问题和民生痛点问题。二是领导机制更加健全完善。坚持健全党的统筹指挥体系，通过落实党政机构改革、设立议事协调平台、前线指挥平台等，加强党的全面领导。按照上下对应和因地制宜相结合的原则，全面完成45个党政机构改革，成立“7＋2”议事协调机构（即区委全面深化改革委员会、区委全面依法治区委员会、区委国家安全委员会、区委网络安全和信息化委员会、区委财经工作委员会、区委审计委员会、区委机构编制委员会、区委教育工作领导小组、区委农村工作领导小组），并根据发展需要设置商务委、政务办和区域发展办3个特色机构。组建青浦区融媒体中心，积极建设“街镇级融媒体分中心”，实现街镇全覆盖。创新“区委挂图督战，部门挂图作战”工作推进机制，成立服务保障“进博会”、乡村振兴示范建设等前线指挥部、创建第六届全国文明城区工作指挥部，以及双拥工作领导小组，实现面上工作和重点攻坚任务的有力有序推进。继续做好老干部、档案、保密、史志等工作。三是队伍建设得到优化提升。始终把干部队伍建设作为事业发展的核心支撑和决胜关键。注重搭建平台，让干部在服务保障“进博会”、动迁安置等急、难、险重任务中锻炼成长。注重教育培训，创新举办党政主要负责同志、优秀中青年干部和青年干部等专题培训班。围绕战略研究型、综合服务型、执法管理型、专业技术型四类干部，持续推进干部轮岗交流，探索建立分类培养机制。强化正向激励，落实公务员职务与职级并行制度，出台服务国家战略激励干部担当作为的“1＋5”系列文件（“1”指《青浦区关于进一步激励广大干部在抢抓两大国家战略机遇中担当作为的实施意见》；“5”指《青浦区关于考准考实干部政治表现的实施办法（试行）》《青浦区关于落实两大国家战略加强一线考察识别干部的实施办法（试行）》《青浦区关于进一步加强干部日常关爱工作的实施办法（试行）》《关于对区管干部进行提醒、函询和诫勉的实施办法（试行）》《青浦区领导干部“落实两大国家战略，担当新时代新使命”教育培训三年行动计划（2019—2021年）》5个配套文件）。四是从严治党实现巩固深化。坚持建章立制和项目推进，全面压实管党治党责任。通过全面从严治党领导小组平台，深化“四责协同”（即党委主体责任、纪委监督责任、党委书记第一责任以及班子成员一岗双责之间相互协同）机制，常态化开展“三个责任制”（即意识形态工作、党建工作和党风廉政建设三个责任制）述职评议。实施“红色领航”工程（指抓党建促乡村振兴工作，围绕“红色堡垒”夯实组织振兴、“红色网格”提升乡村治理、“红色文化”引领乡风文明、“红色人才”激发乡村活力、“红色引擎”驱动产业兴旺，明确21条任务，全面推进相关工作），村居党组织书记“一肩挑”比例稳步提升。持续正风肃纪反腐，合理使用监督执纪“四种形态”539人次，立案审查212人，给予党纪政务处分179人，查处违反中央八项规定精神11件30人。强化政治纪律和政治规矩，出台重大事项请示报告暂行办法。积极为基层减负增能，出台解决形式主义突出问题为基层减负的暂行办法。

第二、坚持立足“四个放在”，服务国家战略成效初步显现。区委常委会始终站在全市、长三角乃至全国大局下谋划推进青浦发展，坚持把服务两大国家战略作为最大使命，坚决扛起“进博会”永久举办地和长三角生态绿色一体化发展示范区主要承载地的政治责任和属地担当。主要表现为：一是服务保障第二届“进博会”取得圆满成功。始终以主人翁的姿态，全力为进博会、虹桥论坛及570余场配套活动的顺利举办，提供一流城市服务保障。总结首届进博会保障经验，成立服务保障第二届“进博会”前线指挥部，靠前指挥、一线巡查、挂图作战，建立24小时不间断、全覆盖的街面综合执法巡查机制和每周六领导带队综合巡查机制。为确保进博主场和谐稳定，掀起化解历史遗留问题高潮，全区列入销项攻坚的393件突出矛盾，累计销项362件，综合销项率达到92%。尤其是东兴公司债务纠纷这个困扰青浦20多年的“心病”即将得到彻底解决。全面完成核心区项目建设、市容美化和功能提升，共计28个项目，总投资17.2亿元，年度投入资金5.8亿元。积极承接“进博会”溢出带动效应，全区“6＋365”常年展平台增至9家，青浦综合保税区顺利挂牌，绿地全球贸易港成为全市首个保税展示展销场所。二是推进一体化示范区建设实现良好开局。坚持把服务落实长三角一体化发展国家战略作为重中之重，认真落实国家规划纲要、上海实施方案和示范区（指上海市青浦区、江苏省苏州市吴江区和浙江省嘉兴市嘉善县相关区域）总体方案，坚决当好开路先锋的探路者、示范引领的排头兵、突破攻坚的突击队。结合主题教育，与吴江、嘉善四套班子开展“示范区建设”专题研讨，进一步深化三地联动发展共识。第一时间贯彻一体化示范区建设推进会精神，联合吴江、嘉善举办一体化示范区建设誓师大会暨产业项目启动仪式。通过示范区联动平台，率先颁发了第一张跨省营业执照，办理了第一单跨省医保结算，开通了第一条跨省公交线路。

第三、坚持发展第一要务，区域经济实现平稳健康增长。区委常委会始终坚持稳中求进工作总基调，以供给侧结构性改革为主线，全面贯彻落实新发展理念，保持战略定力，做好“六稳”工作，确保经济平稳健康发展。全年预计实现地区生产总值1135.5亿元，比上年增长5.7%；预计完成区级一般公共预算收入207.2亿元，比上年增长2%；全社会固定资产投资完成540亿元，完成年度目标的135%；合同外资完成14.5亿美元，比上年增长61%；实到外资完成8亿美元，比上年增长29%。主要体现在：一是招商引资取得丰硕成果。全面贯彻高质量发展导向，大力推进"北上""南下""西进"走出去招商，统筹开展大项目招商、集中推介招商、产业链招商、平台招商，引进了旷视科技、GE通航、海克斯康、网易、美的、大华科技、美团点评、精测半导体、启迪科技园、安踏总部、金光集团等一批龙头企业。二是重大项目建设有力推进。积极发挥投资对增长的关键作用，聚焦重点区域、关键领域和重大产业项目，扩大有效投资。推进275个政府性投资项目建设，总投资604.7亿元，年度资金186.7亿元。举办重大项目集中启航活动，华为研发中心等128个项目集中开工，总投资1458亿元。落实"四个一批"产业项目推进，完成土地出让20个、开工14个、竣工24个、投产17个。三是产业转型升级步伐加快。坚持把转型升级作为加快新旧动能转换的重要法宝，通过盘活存量带动增量，不断增强经济发展活力。率先发布青浦区高质量发展指标体系，加快推进"千百亿"培育工程，为未来发展把脉、定向、奠基。以企业分类管理、公共安全整治等为抓手，加快淘汰低效产能，完成产业结构调整项目650项，涉及土地面积233.33公倾，其中423家D类企业全部实现清退。超额完成集建区外建设用地减量化任务，腾退土地280公倾，完成年初计划的142%。

第四、坚持深化改革开放，发展瓶颈问题得到有效破解。区委常委会始终坚持把深化改革、扩大开放作为推动全面跨越式高质量发展的破冰之术，借助一体化示范区和国际化商务区两大平台，全面扩大对内对外开放，推动全面深化改革由重点突破走向系统集成。主要表现为：一是区域营商环境持续优化。围绕打造一流营商环境目标，深入推进"一网通办"（指把政务数据归集到一个功能性平台，企业和群众只要进一扇门，就能办成不同领域的事项）和"跨区域通办"系列改革，努力把青浦建成长三角最具制度竞争力的地区。创新出台青浦区"有求必应、无事不扰"意见，落实行政审批"双减半"（即行政审批事项办理时限减少一半、提交材料减少一半）要求，实现"减时间"60%、"减材料"58%，"一网通办"审批可办率100%，政务服务环境得到进一步优化。二是国资国企改革深入推进。贯彻落实上海国资国企改革工作会议精神，以镇企联动、镇财区管、二级子公司整合、经济小区增能等为重点，充分激发国资国企活力和发展动力。加强国有资产、资金、资源联动管理，落实"一企一策"国企改革方案，完成国企市场化改革3家、关闭12家、划转7家、合并16家。完善约束激励机制，推动薪资调整与关键指标挂钩。深化财政事权与支出责任改革，全面推进预算绩效管理，加强涉农资金统筹整合。三是联动发展机制初步建立。积极承接"两大国家战略、两个重点区域"的重大机遇，充分发挥青东五镇（指赵巷、徐泾、华新、重固和白鹤5个镇）作为虹桥商务区重要板块的主场优势。加快建立联动机制和协调平台，围绕区域发展定位、规划布局、功能建设、产业准入、人居品质等方面，建立健全议事决策、统筹协调和考核评估等工作机制，率先探索镇域经济走向区域经济的发展新模式，引领两大国家战略在青浦落地生根、开花结果。

第五、坚持对标生态宜居，"上海之门"城市品牌持续打响。区委常委会始终坚持把生态优势转化为发展优势，把生态环境转化宜居环境，统筹规划、建设、管理和生产、生活、生态各个方面，不断提升城市的服务功能和生态宜居水平，持续扩大"上海之门"城市品牌的辐射力、影响力和吸引力。主要表现为：一是城市建设品质加快提升。坚持规划引领，持续深化"一城两翼、一带三核"（指《青浦区总体规划暨土地利用总体规划（2017—2035）》中提出的空间布局结构，"一城"即青浦新城，是上海对外服务的门户城市和长三角一体化发展的示范城市；"东翼"即徐泾、华新、赵巷、重固、白鹤五镇，将以打造国际一流的现代服务业集聚区为目标；"西翼"即青西三镇，将重点打造宜居宜业宜游的世界著名湖区和长三角一体化协同创新区；"一带"是指沪湖复合功能发展带；"三核"是指青浦新城、西虹桥、朱家角）功能布局，青浦2035总规、赵巷和徐泾新市镇总规获市政府正式批复，农村公路建设规划、中运量交通网络规划、海绵城市建设规划通过专家评审，新型智慧城市顶层设计（2019—2025年）和三年行动计划编制完成。加快提升城市基本服务功能，崧泽高架西延伸、青浦大道等重大基础设施建设加快推进，区档案馆、文体中心、应急指挥中心等一批功能项目相继建成。积极打造人与自然和谐共生的品质空间，环城水系公园基本实现全线贯通，内外圈全长43公里、共200公顷滨水开放空间，为新城核心区增添了"生活秀带"；万达茂、沃尔玛山姆会员店、夏都小镇等相继开业，打造了一批地标商圈和"夜间经济"品牌。4个"城中村"改造市级试点全面完成。二是环境综合治理成效显著。坚持把良好生态环境作为最普惠的民生福祉，统筹推进公共安全、人居环境和生态环境"三大整治"，消除了一批管理盲区和安全隐患。坚决打好污染防治攻坚战，全面推进重点生态项目建设，有序推进第七轮环保三年行动计划，苏州河四期治理工程、市级生态廊道建设全面完成，全区国考、市考断面水质达标率100%，"无违建先进街镇"市级验收实现"五个归零"目标，全年新增绿地60公顷，森林覆盖率（陆域）达到18%。持续深化河长制、湖长制。三是乡村振兴战略实现破题。坚持把推动乡村振兴作为贯彻落实党的十九大精神、破解发展不平衡不充分问题的重大政治责任，成立区推动乡村振兴示范建设前线指挥部，集中攻坚100天，重点打造了莲湖村这个长三角乡村振兴的示范样板，全面启动了以朱家角沈巷片区、练塘朱枫公路片区为代表的集中连片示范建设，以重固镇整建制推进为代表的示范建设。探索形成了新型城镇化和乡村振兴"双轮驱动"和"点片面"分类推进的振兴模式。搭建"1+3+X"（"1"即2018年市级乡村振兴示范村金泽镇莲湖村，"3"即2019年市级乡村振兴示范村练塘镇东庄村、朱家角镇张马村、重固镇徐姚村，"X"根据任务安排和需要与剩余89家区经济薄弱村签约）民营企业参与乡村振兴结对共建平台，全面助力五大振兴。

第六、坚持凝聚最大合力，民主政治建设不断巩固完善。区委常委会始终坚持党的领导、人民当家做主、依法治区有机统一，持续巩固和发展生动活泼、安定团结的政治局面，团结凝聚各方力量，共同推动青浦全面跨越式高质量发展。主要表现为：一是支持人大与时俱进依法履职尽责。深入学习贯彻落实习近平总书记关于地方人大工作的重要指示，全面加强党对人大工作的领导，完成人大机构改革，支持区人大及其常委会聚焦服务两大国家战略，紧扣高质量一体化发展、社会治理、生态文明、民生保障等重点，依法履行各项职权。全面开展人大代表履职实践活动，探索开展“走进人大”系列活动，广泛收集群众意见建议，加大人大宣传工作力度，更好将人民代表大会制度优势转化为推动青浦发展的强劲动力。二是支持政协发挥协商民主重要作用。全面贯彻落实中央、市委政协工作会议精神，坚持团结和民主两大主题，支持政协围绕长三角生态绿色一体化发展示范区建设、护航第二届“进博会”、经济社会全面跨越式高质量发展、改善社会民生等区委区政府中心工作，履行政治协商、民主监督、参政议政职能，切实发挥协商民主重要渠道和专门协商机构作用。三是推动爱国统一战线持续巩固壮大。全面贯彻落实全国统战部长会议、全国民族团结进步表彰大会精神，聚焦服务保障“进博会”、主动对接长三角一体化、优化营商环境等重要领域开展专项民主监督和议政建言，组织召开全区民营经济畅谈会、全区民族宗教领导小组工作会议，积极搭建“统战有约”宣传教育服务平台。四是依法治区实践持续深化。持续推进依法治区，大力建设法治政府，落实“七五”普法规划，将宪法学习宣传教育、学习宣传贯彻习近平依法治国理论等内容纳入全区各类干部培训学习。加强知识产权和商事纠纷法律服务，推进示范区环境资源司法协作，法治环境得到进一步提升。

第七、坚持弘扬主流价值，江南文化示范效益继续放大。区委常委会始终坚持把文化作为地区发展的重要竞争软实力，充分发挥青浦江南文化底蕴深厚的特点和优势，大力弘扬社会主义核心价值观，积极推动长三角江南文化示范区建设。主要表现为：一是城市文明水平持续提升。坚持以培育和践行社会主义核心价值观为根本，大力推进全国文明城区创建，实施10项创全专项攻坚行动，落实专项行动和常态管理，全力实现创全点位“双达标”目标。大力推进全国双拥模范城区创建，2人荣获“全国模范退役军人”光荣称号，全区“光荣之家”挂牌率达100%。全面推进生活垃圾全程分类和一体化保洁养护，集镇地区实现一体化保洁养护全覆盖，重固、赵巷、盈浦、徐泾、练塘、香花桥成功创建上海市生活垃圾分类示范街镇（即街道、镇的简称）。二是重大节庆活动精彩热烈。坚持巩固壮大主流思想舆论，坚决守牢意识形态阵地，精心谋划、精心组织一系列重大节庆活动，积极宣传青浦改革发展成果，不断提高“上海之门”城市品牌的“曝光率”和“辐射面”。成功举办庆祝新中国成立70周年暨撤县建区20周年主题歌会、升旗仪式等重大活动，取得了良好的社会反响。成功举办环意长三角自行车公开赛、淀山湖文化艺术节暨旅游购物节、世界华人龙舟邀请赛等重大活动和赛事，展示了江南文化名城的独特魅力。三是文化发展活力不断增强。坚持会商文旅农融合发展，全面加强规划先行和要素保障。与复旦大学开展战略合作，共建“江南文化研究院青浦基地”。完成“上海之源”古文化走廊规划编制，福泉山遗址保护规划通过市级评审，青龙镇遗址入选第八批全国重点文物保护单位。加快完善现代公共文化服务体系，区、镇、村居（即村、居委会的简称）三级文化配送网络持续健全，完成55个村居综合文化活动室标准化建设，“文化青浦云”上线运行。

第八、坚持创新社会治理，群众获得感、满意度明显提升。区委常委会始终坚持把提升群众的获得感、幸福感、安全感作为最大目标，努力让改革发展成果更多更公平地惠及广大群众，不断巩固党的执政基础和执政地位。努力在搭建党领导下的共建共治共享平台、优化社会治理体制机制、完善公共服务布局、提升科学化精细化智能化水平等方面下功夫，着力提升社会治理能力水平，群众关心的养老、托幼、旧区改造、乡村振兴等突出民生问题和垃圾分类等城市治理难题实现了新突破。主要表现为：一是社会服务品牌持续升级。按照“做强顶部、抬高底部”的工作思路，扎实推进社会事业发展三年行动计划，持续引进和培育优质社会服务品牌。平和双语学校、协和双语学校招生运行，兰生复旦学校、复旦大学附属妇产科医院、联实养老、区淀山湖福利院等全面开工。加快推动公民办学校融合发展、复旦大学附属医院创评，全面提升公共服务整体水平。二是民生保障水平持续提升。坚持既尽力而为，又量力而行，不断完善基本公共服务体系，不断满足人民日益增长的美好生活需要。健全完善“西劳外输”就业政策，深入落实“1+1+5”人才政策［即一个规划，《青浦区“十三五”人才发展规划》；一个计划，《青浦区人才发展三年行动计划（2017—2019年）》；五大政策，《关于促进创新创业人才发展的暂行办法》以及实施细则、《青浦区人才公寓供应实施办法（试行）》《青浦区人才开发激励办法（试行）》《青浦区人才积分管理办法（试行）》］，出台农村村民住房建设管理实施细则、启动金泽镇试点，大力推进“三美丽”（即美丽街区、美丽家园和“美丽乡村”）建设。全年新增非农就业岗位5100个，新增社区养老服务点位20余个、新增养老床位940张，32所小学实施课后看护，9个街镇实现托幼点覆盖，完成老旧小区改造66万平方米。坚决落实打好扶贫攻坚战要求，继续做好对口支援和东西部扶贫协作工作。三是基层治理网络持续完善。对标“一网统管”要求，加快提升城市精细化管理水平，健全完善功能平台、技术平台、工作平台，打造“社会治理一张网”。“三网融合”（指即推进城市管理、综合治理和党建服务网络融合）实现全覆盖，基本完成街镇层面相关行政执法力量进入网格。“一站两中心”（“一站”指村居党建服务站，“两中心”指村居综治中心、社区事务服务中心）管理服务功能有效提升，村居干部下楼开放式集中办公全面落实。防范和化解重大风险机制全面建立，政治、社会、意识形态、经济、科技、涉外、党的建设等7个重点领域重大风险总体可控。扫黑除恶专项斗争取得阶段性和专项性成果，得到中央、市委的充分肯定。群团改革持续深化。

以上这些工作的开展和成绩的取得，是我们严格贯彻落实习近平新时代中国特色社会主义思想的结果，是我们严格贯彻落实市委市政府重大战略部署和得到市委市政府大力支持的结果，是区四套班子团结协作、全区干部奋力拼搏、广大群众共同奋战的结果，同时也凝结着各位区委委员、候补委员的智慧和辛劳。

在总结工作的同时，我们也清醒看到，对照更高要求，还存在困难和问题。主要是：服务国家战略推动高质量发展方法路径还需要进一步加强探索；提升城市治理能力和水平的改革创新还需要进一步加强统筹；高素质专业化干部队伍建设的精准培养还需要进一步加强研究。对于这些问题，我们将准确认识发展新形势，牢牢把握发展新内涵，把产生问题的症结找准，把解决问题的办法想好，理清思路、扭住关键、精准发力，一件一件抓落实、促解决，努力开创青浦发展的新局面。

上海市青浦区人民代表大会常务委员会工作报告

上海市青浦区第五届人民代表大会第四次会议

（2019 年 1 月 9 日）

上海市青浦区人大常委会主任　朱明福

各位代表：

我受青浦区第五届人民代表大会常务委员会的委托，向大会报告工作，请予审议，并请列席会议的同志提出意见。

一、2018 年工作回顾

2018 年是改革开放 40 周年，也是首届中国国际进口博览会举办年。区人大常委会（以下简称“常委会”）深入贯彻习近平新时代中国特色社会主义思想和党的十九大精神，认真贯彻市第十一次党代会、区第五次党代会和五届区委历次全会精神，在中共青浦区委的坚强领导下，围绕中心、服务大局、心系民生，切实履行法定职责，积极推进青浦全面跨越式高质量发展和社会主义民主政治建设。

年内，举行常委会会议 12 次，依法就有关重大事项作出决议、决定 5 项，听取和审议“一府两院”专项工作报告 14 项，对 4 名区政府组成部门主要负责同志开展了履职评议。召开常委会主任会议 19 次，主任会议成员集体调研“一府两院”重点工作 10 项。组织代表听取“一府两院”专项工作报告 10 项，向区委提交常委会组成人员走访联系代表群众的情况报告 4 份，对 3 部法律法规实施情况进行了执法调研。各专门委员会、工作委员会开展监督调研和跟踪监督工作 25 项。

（一）紧扣全区中心大局，推进高质量发展

围绕全局性、战略性、长远性的重大事项和重点任务履行人大职责，积极发挥支持保障作用。

服务保障首届“进博会”。贯彻落实区委关于全力服务保障“进博会”的要求，常委会领导全程参与服务保障工作。着眼汇聚代表力量，广泛动员常委会组成人员、广大代表和人大干部立足岗位，积极“宣传进博、参与进博、奉献进博”。着眼“进博会”安全保障工作，市、区、镇三级人大联动，专项监督城市公共安全及风险防范工作，通过多层面、分行业、持续性的监督检查，推动消除安全隐患，为“进博会”的成功举办作出了人大贡献。

支持推动长三角一体化发展。贯彻落实市人大常委会《关于支持和保障长三角地区更高质量一体化发展的决定》，利用“江浙沪十一县市区人大工作交流会”（指江苏省太仓市、昆山市、吴江市，浙江省海盐县、嘉善县、余杭区、平湖市、海宁市，上海市金山区、嘉定区、青浦区等 11 个县、市区人大共同参与的工作交流论坛）在青浦召开的契机，倡议各县市区人大共同推动长三角地区更高质量一体化发展。组织代表专题听取区政府关于对接长三角一体化工作报告，到长三角地区学习调研“最多跑一次”（指通过“一窗受理、集成服务、一次办结”的政府服务模式创新，让企业和群众到政府办事实现“最多跑一次”的行政目标）改革经验，听取和审议区政府关于优化营商环境的情况报告，推动政府进一步深化“放管服”（即简政放权、放管结合、优化服务）改革和“一网通办”，提升城市的核心功能和服务能级，助力上海“四大品牌”（指“上海服务”“上海制造”“上海购物”“上海文化”四大品牌）建设。

审议通过区域重大规划。常委会作出关于同意《上海市青浦区总体规划暨土地利用总体规划（2017—2035）》和《上海市青浦区徐泾镇总体规划暨土地利用总体规划（2017—2035）》的决议，强调政府要围绕决议的贯彻执行，大力推进总体规划的宣传和实施，加快落地各类专业专项规划。扎实开展“十三五”规划实施情况中期评估监督工作，提出要充分运用评估成果，狠抓规划落实，着力解决产业能级、城乡一体化、社会民生和生态环境等方面的突出问题。

审查监督计划和预算编制执行。常委会听取和审议区政府关于 2017 年财政决算（草案）、2017 年本级预算执行及其他财政收支审计报告和审计整改报告。监督检查 2018 年政府性投资项目和实事工程建设、2018 年计划和预算执行、2019 年计划和预算编制等情况。监督调研预算公开工作，推进预算联网监督。审查批准 2017 年区本级决算和 2018 年区本级预算调整方案。提出区政府各部门、各单位要认真贯彻中央关于全面实施预算绩效管理的意见，深化预算管理制度改革，加强审计成果运用，提升公共财政使用绩效。

（二）找准重点工作切入点，推动实施“三篇大文章”

围绕市委书记李强关于青浦做好“三篇大文章”（指生态建设、特色产业、乡村振兴）的要求，找准人大履职监督的关键处、切入点。

紧盯生态环境建设。常委会听取区政府关于2017年全区环境状况及环境保护目标完成情况的报告，对持续推进“蓝天、碧水、净土”保卫战提出意见建议。按照市人大水资源管理条例执法检查和生活垃圾管理条例立法调研的要求，认真办理有关“建立水环境管理长效机制、推进生活垃圾分类处置”等代表议案，通过常委会专题审议、组织代表听取专项报告等方式，推动区政府进一步发扬“钉钉子”精神，持续提升水环境质量，全力做好生活垃圾分类处置工作。

关注特色产业发展。常委会组织代表专题听取区政府关于“三大、两高、一特色”（三大”指大物流、大会展、大商贸现代服务业产业集群；“两高”指高端信息技术和高端智能制造产业集群；“一特色”指文旅健康产业集群）主导产业建设情况的报告，提出要抓好政策落地、优化资源配置、编制产业导图、放大平台效应等意见建议。调研市西软件信息园建设，建议打造品牌特色、加快核心区开发、加强公共服务配套、优化投融资政策，大力吸引优质企业和优秀人才入园发展。

助力乡村振兴战略。常委会听取和审议区政府关于乡村振兴战略实施情况的报告，监督调研第二轮农林水三年行动计划推进情况，围绕村庄规划、产业发展、人居环境、农民增收等，提出加快村庄规划落地、推进农业供给侧结构性改革、坚持美丽乡村建设方向、扩大农民增收渠道等意见。与市人大联动开展农村集体资产监督管理条例执法调研，支持区政府聚焦资金、资产、资源，着力完善造血机制，提升农村集体经济发展水平。

（三）回应人民群众关切，促进社会民生持续改善

贯彻以人民为中心的发展思想，推动政府持续改善民生。

积极促进社会事业发展。常委会组织代表专题听取区政府关于社会事业设施建设三年行动计划推进情况的报告，建议加快建设进程，加强动态管理，强化绩效评估，确保计划顺利实施。监督调研义务教育优质均衡发展，提出要扩大优质学校受众面，提升教师队伍积极性，推进特色化办学。监督调研家庭医生签约服务工作，建议区政府在完善激励机制、配强医资力量、加快信息化建设等方面精准发力，切实增强群众获得感。专项监督公共文化服务体系建设，提出要坚持需求导向、问题导向、效果导向，不断满足人民群众对精神文化的新需求。

持续跟踪民生热点。常委会组织代表专题听取区政府关于食品安全监管工作的报告，专题调研清真食品监管工作，督促政府部门严格执行食品安全管理条例，落实全链条监管举措，切实保障人民群众“舌尖上的安全”。监督调研住宅小区物业管理，建议区政府完善长效管理机制，提升物业管理规范化、标准化、精细化水平。监督调研残疾人就业情况，支持区政府积极拓展残疾人就业渠道。针对农渔民危房解困、老旧小区综合改造、公交出行、商业配套、菜场整治、公厕改建等群众反映集中的突出问题，督促政府部门直面回应，加快落实解决。

高度重视信访工作。常委会把依法做好人大信访作为履行监督职能、倾听群众呼声的重要工作，全年共受理信访123件（批）302人次，全部依法进行答复，相关问题及时转交“一府两院”和街镇进行处理。探索区人大常委会领导、各专门委员会和工作委员会负责人每月信访接待制度，加强同区委、区政府信访部门和区法院、区检察院的协同，推动信访问题解决。加大信访督办力度，建立各专门委员会、工作委员会参与信访督办工作的机制。

（四）围绕全面依法治区，促进法治青浦建设

贯彻党的十九大关于深化依法治国实践的要求，努力营造良好的法治环境。

推进宪法贯彻实施。2018年3月11日全国人大正式公布施行宪法修正案。常委会组织开展宪法专题学习，及时修订本区宪法宣誓制度，促进常委会组成人员、广大代表和人大干部树立宪法意识，忠实尊崇宪法，自觉遵守宪法，坚定捍卫宪法。结合“七五”普法中期督查调研，积极推动开展宪法宣传活动，努力使遵循宪法成为全区人民的自觉行动。专题听取区政府关于村（居）委会换届选举工作的报告，促进换届选举工作依法顺利完成。

推进依法行政、公正司法。常委会听取和审议关于本区行政审判工作的报告，强调区政府职能部门要强化法治观念，加强制度建设，提高依法行政水平；建议区法院完善案件受理审查机制，提升行政审判工作的质效和影响力。监督调研区法院、区检察院司法体制综合配套改革情况，建议切实发挥改革成效，进一步提升司法质量、司法效率和司法公信力。开展区人大代表“进法院、进检察院”活动。落实规范性文件备案审查工作，对区政府和镇人大14件规范性文件开展合法性审查，向市人大报备2件。

支持监察体制改革试点。常委会立足人大法定职责，按照深化国家监察体制改革试点工作的统一部署，依法选举和任命了区监察委员会组成人员，依法监督、积极支持区监察委开展工作。

（五）尊重代表主体地位，保障代表积极依法履职

健全人大代表履职平台建设，不断提高服务保障能力和水平，支持代表依法履职、积极尽责。

密切代表与人民群众联系。常委会引导代表根据常委会监督议题，深入收集选民群众的意见建议。年内，组织开展两次市、区人大代表进社区集中联系人民群众活动，围绕“十三五”规划实施、政府性投资项目和实事工程建设、生活垃圾管理立法等议题和人民群众关注的热点问题，认真倾听群众呼声。组织常委会组成人员分季度、有计划、带主题联系走访区人大代表，形成有关情况报告上报区委，得到了区委主要领导的批示肯定。支持街镇人大建好用活代表工作站、代表联系点。

提高代表议案和建议办理质效。常委会认真办理区五届人大三次会议主席团交付审议的代表议案，推动区政府积极采纳建议举措，推进本区水环境持续改善和生活垃圾分类处置。加强代表建议督办工作，进一步强化常委会领导重点督办、常委会专题审议、主任会议成员调研督办等机制建设，不断提升办理工作质量。区五届人大三次会议以来的138件代表建议全部完成办理答复，“解决采纳”98件，占71.02%；“计划解决”22件，占15.94%；“留作参考”18件，占13.04%。

优化代表履职服务保障。常委会注重激发代表履职热情，保障代表知情知政，提升代表履职能力。全年共有297

人次代表列席常委会会议、1539 人次代表参与常委会集中视察、监督调研、执法调研和督办建议等履职活动。组织开展了年中、年末区人大代表大视察活动。组织 41 名区人大代表向原选区选民报告履职情况。做好市十五届人大青浦小组代表闭会期间的服务工作，及时补选了 3 名市人大代表，组织有关选区补选了 7 名区人大代表。举办代表履职学习班，发挥专业代表小组作用，启用代表履职 APP，以信息化促进服务保障工作提质增效。

一年来，常委会坚持党管干部和人大依法行使人事任免权的有机统一，依法任免了区国家机关工作人员等 65 人次。深化区政府组成部门主要负责人履职评议工作，先后听取区城管执法局、绿化市容局、财政局、民政局等局长的履职报告，进一步增强被任命人员尊崇宪法、依法行政、履职为民意识。

一年来，常委会始终把加强自身建设放在突出位置。充分发挥党组领导核心作用，推进政治学习常态化、制度化，坚决贯彻中央、市委和区委的决策部署，严格执行重大问题、重要事项向区委请示报告制度，严格落实“四责协同”要求，加强对区人大机关党组的领导，推动全面从严治党落实落细，认真实施常委会及机关廉政风险责任项目，切实防控履职风险。按照区委的统一部署，积极参与大调研和走访民营企业、外贸企业活动，实现常委会领导、机关干部走访调研和走访对象全覆盖。倡导人大工作“预调研”，积极学习借鉴各地人大的好经验、好做法，不断提高常委会监督质效。通过修订常委会党组工作规则和常委会党组向区委请示报告工作规定，完善常委会组成人员守则，实施街镇人大工作清单，制定加强“两院”人事任免监督工作若干规定等，及时提炼和固化工作成果。

各位代表，过去一年，常委会工作所取得的成效，是在中共青浦区委坚强领导下，全体区人大代表、常委会组成人员积极履职的结果，是“一府一委两院”主动接受监督、各街镇人大协同配合、各位老领导老同志关心帮助、全区人民及社会各界大力支持的结果。在此，我代表区人大常委会向大家表示衷心的感谢！

回顾过去的一年，我们清醒地认识到，面对全面跨越式高质量发展的更高要求和人民群众的殷切期盼，常委会工作还存在差距和不足：监督工作的质量和实效有待进一步提升，特别是聚焦全区经济社会高质量发展和事关群众切身利益的民生问题，还需要进一步加大力度、提升质效；代表主体作用有待进一步发挥，特别是如何更好地凝聚和激发全体代表的智慧和力量，还需要进一步创新方式、创造条件；常委会自身建设有待进一步加强，特别是更广泛联系基层代表和群众，还需要进一步拓展和深化。对于这些问题，我们将高度重视，认真研究，切实予以改进。

二、2019 年主要工作

2019 年是中华人民共和国成立 70 周年，是决胜全面建成小康社会的关键之年，也是青浦紧紧围绕贯彻实施长三角更高质量一体化发展国家战略和举办第二届中国国际进口博览会，推进全面跨越式高质量发展的重要一年。常委会要以习近平新时代中国特色社会主义思想为指导，全面贯彻落实党的十九大和习近平总书记在庆祝改革开放 40 周年大会上的重要讲话、首届中国国际进口博览会开幕式上的主旨演讲和考察上海重要讲话精神，认真贯彻落实五届区委七次全会精神，坚持党的领导、人民当家作主、依法治国有机统一，在中共青浦区委的坚强领导下，围绕打造“五个新区”（即长三角国际贸易龙头区、长三角协同创新核心区、长三角乡村振兴先行区、长三角江南文化示范区、长三角社会治理样板区）、建设“五个体系”（即一体化的城镇布局体系、长三角江南文化示范区和一体化的文化发展体系、长三角社会治理样板区和一体化的协同治理体系）的工作目标，提高站位、勇于担当、善于作为，充分发挥人民代表大会制度的优势，以“抢”的意识、“拼”的勇气、“实”的作风，为推动青浦高质量发展、创造人民群众高品质生活作出人大新的贡献。

（一）坚持党的领导，始终坚定正确政治方向

*一是强化政治自觉和政治担当。*深入学习习近平新时代中国特色社会主义思想，认真贯彻习近平总书记关于坚持和完善人民代表大会制度的重要思想，扎实开展“不忘初心、牢记使命”主题教育，促进全体常委会组成人员、人大代表和人大干部提高政治站位，树牢“四个意识”、坚定“四个自信”、坚决做到“两个维护”，更加自觉地在思想上、政治上、行动上同以习近平同志为核心的党中央保持高度一致，更加自觉地贯彻执行党的路线方针政策，更加自觉地贯彻落实中央、市委和区委的各项决策部署。*二是充分发挥党组领导核心作用。*自觉把坚持党的领导贯穿于人大工作各方面、全过程，把人大工作始终置于区委领导之下，紧扣区委中心工作和全区发展大局来思考、谋划和推进，切实担当党的主张变成国家意志的保障者、党的主张成为全民行动的推动者、党委制定重大决策过程中社情民意的收集者、深入推进全面从严治党的先行者。*三是落实全面从严治党要求。*切实加强区人大全面从严治党各项工作，贯彻落实区委关于“四责协同”机制的要求，全面落实党建主体责任制、党风廉政建设责任制、意识形态工作责任制，持续深化常委会党组及机关党组廉政风险责任项目建设。

（二）服务中心大局，积极推动跨越式高质量发展

*一是围绕国家战略。*高度关注“上海自贸区增设新片区、上海证券交易所设立科创板并试点注册制、实施长三角一体化发展国家战略”等中央交给上海的三项新的重大任务，贯彻落实市人大常委会《关于支持和保障长三角地区更高质量一体化发展的决定》精神和区委的决策部署，主动参与、积极推动长三角一体化发展国家战略，密切与江、浙、沪 11 个县、市区人大的交流联系，着手探索与吴江、嘉善等地人大建立合作协同机制，共同推进建设长三角一体化发展示范区。组织动员全体人大代表和人大干部，积极参与支持第二届中国国际进口博览会各项服务保障工作。*二是围绕经济高质量发展。*持续跟踪“十三五”规划实施、优化营商环境、政府性投资项目建设，监督调研民营经济发展、科技创新、市西软件信息园建设等重点工作，支持区政府贯彻落实新发展理念，加快打造一体化的创新产业体系，提升全区经济创新力和竞争力。开展区政府向区人大常委会报告国有资产管理工作，促进政府加强国有资产管理，推动区属企业更好服务区域经济发展。*三是围绕财政预算绩效管理。*实施预算审查监督重点向支出预算和政策拓展。加强

对计划、预算编制和执行、审计及审计整改等情况的监督检查，积极推进预算联网监督工作，依法就有关财政决算、预算调整等重大事项作出决议。认真贯彻中央关于全面实施预算绩效管理的意见要求，推动建立全过程预算绩效管理链条，全面提升公共财政使用绩效。四是围绕区级机构改革。坚持党管干部和人大依法行使人事任免权有机统一，及时听取区政府关于区级机构改革工作情况报告，认真及时做好区级机构改革人事任免工作，确保中央决策部署和市委、区委的改革举措落到实处，为实现全面跨越式高质量发展提供坚强的组织保证。持续深化区政府组成部门主要负责人履职评议工作，加强对“一府、一委、两院”（“一府”指区政府，“一委”指区监管委，“两院”指区法院和区检察院）被任命人员的监督。

（三）紧扣民生热点，持续推进改善社会民生事业

一是聚焦乡村振兴战略。持续跟踪乡村振兴战略实施、农村集体经济发展、农民（渔民）住房解困和全域旅游民宿发展等工作，专项监督本区推进都市现代农业绿色发展三年行动计划（2018—2020）实施情况，促进“三篇大文章”建设取得新成效。二是聚焦生态环境质量改善。持续跟踪全区环保目标和任务完成情况、水环境长效管理、生活垃圾分类处置等工作，监督调研长三角生态环境保护联防联控机制建设，坚决支持打好“蓝天、碧水、净土”保卫战。三是聚焦城市管理精细化。专项监督加强城市管理精细化工作三年行动计划（2018—2020）实施情况，监督调研贯彻实施上海市道路交通管理条例和打通省界断头路、区区道路对接等工作，促进城市管理精细化、智能化、集约化。四是聚焦公共服务一体化。持续跟踪现代公共文化服务体系建设、家庭医生签约服务、为民实事工程建设和食品安全监管等工作，监督调研本区现代职业教育发展、促进就业、村村通公交建设等工作，积极回应群众关切，推动解决民生难题。五是聚焦基层社会治理法治化。组织代表专题听取区政府关于村居自治共治情况的报告，监督调研社区矫正、犬类管理等工作，促进提升基层治理水平。加强和深化规范性文件备案审查工作，开展有关法律法规实施情况执法检查，专题听取区法院商事审判工作报告，专项监督区检察院公益诉讼工作，调研法院、检察院司法建议、检察建议工作，促进“一府两院”提升依法行政、公正司法水平。

（四）优化服务保障，充分发挥代表主体作用

一是保障代表密切联系人民群众。充分发挥常委会领导联系指导区人大代表小组、常委会组成人员联系走访区人大代表、市和区人大代表进社区联系人民群众等机制和平台作用，引导广大代表深入联系群众，把群众最关心、最迫切的愿望和呼声准确反映上来，把基层实践中的成功经验和做法总结出来，从最广大人民群众根本利益出发，认真提出真知灼见，积极回应群众诉求。推进代表向原选区选民报告履职工作，主动接受群众监督。持续加强街镇代表工作室和代表工作站规范化建设，支持各街镇人大积极打造示范站点，完善运行机制，努力把站点打造成联系服务选民群众的重要平台。二是保障代表依法积极履职。通过执法检查、立法调研、监督调研、督办建议等活动，进一步扩大代表对常委会和各专门委员会、工作委员会工作的参与，充分发挥好区人大代表专业小组（指该届区人大常委会根据全体区人大代表的意愿和专业特长，建立的法制和内务司法、财经和预算、教科文卫和侨民宗、城建环保和农业农村等4个专业代表小组）的作用，积极创新专业代表小组履职的方式和途径，认真采纳代表提出的意见建议。围绕代表议案和建议的办理落实，进一步完善办理工作机制，加大督办力度，努力提升议案和建议的办理质量和成效，持续推动解决代表反映的突出问题。三是保障代表履职学习和知情知政。依托11个区人大代表小组和4个区人大代表专业小组，坚持请进来与走出去相结合，通过学习报告会、法制讲座、专题培训等形式，丰富学习内容，拓宽眼界视野，提升代表综合素养和履职能力。组织代表开展年中年底集中大视察、进法院和检察院等活动，促进代表了解掌握区情实际，夯实履职基础。改进服务代表工作，进一步完善代表履职APP功能，及时推送相关资料和信息，为代表履职创造更好的条件。

（五）强化自身建设，更好担当使命展现作为

一是深化理论学习。围绕习近平新时代中国特色社会主义思想，围绕推进“两学一做”学习教育常态化制度化，围绕传达学习中央、市委、区委最新精神，通过党组学习会、常委会学习报告会、主题学习交流等方式，进一步强化理论武装，坚定理想信念，提升履职能力，切实增强做好新时代人大工作的责任感和使命感。二是深入调查研究。落实新修订的常委会组成人员守则，始终保持求真务实的工作作风，改进调查研究，更加注重深入基层、深入代表、深入群众，问需问计问策。积极探索民主议事、拓展监督的方式方法，不断提升常委会把握大局、反映民意、依法履职的水平。围绕落实街镇人大工作清单，加强对街镇人大工作的指导，强化上下联动，提升人大工作整体成效。三是完善制度建设。根据有关法律法规，结合人大工作实际，制定年度计划，及时清理、修订和新建制度，进一步提升人大工作科学化、制度化、规范化水平。四是抓好宣传工作。以全国人民代表大会成立65周年为契机，加强人大宣传工作，主动融入区委总体宣传工作大局。创新宣传手段和渠道，不断扩大青浦人大工作的传播力、影响力。五是锤炼干部队伍。大力弘扬进博精神，切实增强“抢”的紧迫感、“拼”的使命感、“实”的责任感，始终保持昂扬向上的精神风貌，积极打造一支“充满激情、富于创造、勇于担当”的干部队伍。不断完善区人大机关工作目标管理制度，深化落实工作目标责任，明确任务书、列出时间表、制定路线图，提升机关工作效能，以实际行动充分展现新担当、新作为。

各位代表，实干成就梦想，奋斗赢得未来！顺应新形势、新要求，面对新阶段、新任务，人大工作责任重大，使命光荣。让我们紧密团结在以习近平同志为核心的党中央周围，在中共青浦区委的坚强领导下，凝心聚力、团结奋进，充分发挥人民代表大会制度的优势，加快推动全面跨越式高质量发展，加快建设高能级高品位的“上海之门”，为把青浦建设成为上海对外服务的门户城市和长三角一体化发展的示范城市，为建设生态宜居的现代化新青浦、人民群众幸福美好新生活而努力奋斗！

上海市青浦区人民政府工作报告

上海市青浦区第五届人民代表大会第四次会议

（2019 年 1 月 8 日）

上海市青浦区人民政府代理区长　余旭峰

各位代表：

现在，我代表青浦区人民政府，向大会报告政府工作，请予审议。请政协委员和其他列席人员提出意见。

一、2018 年工作回顾

过去一年，我们在区委的坚强领导下，持续深入学习贯彻习近平新时代中国特色社会主义思想和党的十九大精神，全面贯彻党中央国务院和市委市政府部署，认真落实五届区委五次、六次全会精神，完成了区五届人大三次会议确定的目标任务。

（一）全面跨越式高质量发展的态势进一步凸显

持续保持经济平稳健康发展。实现一般公共预算收入 572.4 亿元、比上年增长 10.7%；区级一般公共预算收入 203.1 亿元，比上年增长 8.0%，总量全市第七、增幅第四。预计全社会固定资产投资完成 540 亿元，总量全市第三，达到历史高位。合同外资、实到外资分别完成全年考核指标的 129.0% 和 123.7%。完成"十三五"规划实施情况中期评估，基本实现"时间过半、任务过半"。

中国国际进口博览会战略平台功能显现。区委、区政府成立前线指挥部，举全区之力胜利完成服务保障工作。按期完成 66 项配套建设任务，落实专项稽察、三级巡查和整改机制。实施网格巡查处置一体化、绿化环卫管养一体化，规范市场秩序，做好窗口行业、志愿者服务，热情接待内外宾。加强风险排查、隐患化解和社会面稳控，加强城市运行安全保障和应急处置，社会保持和谐稳定，牢牢守住了安全底线。出台对接"6＋365"实施意见，和上海贸促会签约，与国家会展中心合作建立海外贸易组织办公平台，青浦跨境电商保税展示贸易物流中心、绿地全球商品贸易港、西郊国际农产品交易中心、东浩兰生"一带一路"（指"丝绸之路经济带"和"21 世纪海上丝绸之路"）进口商品展销中心入选市"6＋365"一站式交易服务平台（即根据《中国国际进口博览会实施方案》，由上海市政府负责建设，推进进口博览会"6 天＋365 天"专业服务的运作模式，实现"参展一周、服务一年"）。

长三角更高质量一体化发展迈出坚实步伐。深入贯彻长三角地区主要领导座谈会精神，落实一体化发展三年行动计划。制定实施深度融入长三角一体化发展意见，分别与嘉兴市、苏州市签署全面战略合作框架协议，推进规划契合、设施汇合、产业耦合、功能聚合、治理融合、环保联合。召开长三角四地联席会议，实施 77 项一体化对接事项。盈淀路作为长三角首条贯通的省界断头路顺利通车。

（二）经济发展能级和动力日益增强

特色产业发展持续向好。实施打响"四大品牌"行动，"三大两高一特色"主导产业以及平台经济、总部经济、楼宇经济发展态势良好。国家会展中心展览面积约占全市三分之一，接待观众 676 万人次；深化全国快递行业转型发展示范区创建，成功举办 2018 中国快递论坛；北斗西虹桥基地产值达 16 亿元、税收超 1 亿元；民用航空基地新增 14 家航空企业；出口加工区保税物流中心跨境电商总单量突破 200 万单。华为上海海思技术有限公司、中国核工业建设股份有限公司落地，市西软件信息园漕河泾项目一期开工，与威马汽车、网易公司、金光集团、安谋科技、启迪科技城等开展战略合作，成立哈工智能研究院。编制"一基地四社区"（指"一个产业基地"——青浦工业园区，"四个产业社区"——华新工业园区、徐泾工业园区、朱家角工业园区、练塘工业园区。）制造业布局规划，104 区块完成产业结构调整项目 155 个、面积 81.5 公倾。青浦出口加工区整合优化为综合保税区获国务院批复。认真开展第四次全国经济普查。

营商环境明显优化。深化"放管服"改革，取消、调整行政审批事项 33 项，"3515"和"3545"改革（指新设立企业办理营业执照、刻制公章、办理法人一证通、开办银行账户、办理涉税事项等 3 个工作日内完成；不动产登记 5 个工作日内办结；社会投资项目从取得土地到获取施工许可证的政府审批时间，工业项目、小型项目、其他社会投资项目原则上分别不超过 15、34、45 个工作日）目标初步实现，水电气获得等方面大幅提速；"一网通办"青浦子门户建成使用，开展电子证照库建设试点，个人社区事务实现"全市通办"。全年结构性减税约 35 亿元，区级行政事业性收费下降 33.1%；经济小区全面取消代办费、管理费等各类服务费用，减轻企业成本约

830万元。全面落实“科创18条”等政策,深化“3+X”科技信贷融资服务(“3”是指通过微贷通贷款、履约保证贷款、企业信用贷款3种产品,分别服务初创企业、成长企业、小巨人企业;“X”是指出口信用保险贷款、租赁融资贷款、转化项目贷款等个性化产品),新增1家国家级企业技术中心,11家企业被认定为市科技小巨人(含培育)企业。落实区人才发展计划及政策,累计筹措人才公寓3555套。

重点领域改革深入推进。积极对接上海自贸区改革,认真落实“上海扩大开放100条”。国资国企改革持续深化,出台区管国企下属公司深化改革实施方案和促进镇企联动方案,设立北斗功能型平台,完成青浦燃气和上海燃气集团股权合作。全面推进“一园三区”(青浦工业园区、张江高新区青浦园和青浦出口加工区)一体化改革,管理费用下降一成,内设部室和二级公司减少三成。严格政府性投资项目管理,完善财政管理制度,推进“镇财区管”,试点镇级财务总监、财政所长委派制度。

(三)城市功能和品质不断提升

城乡规划体系逐步健全。《青浦区总体规划暨土地利用总体规划(2017—2035)》上报市政府审批。朱家角、金泽、练塘新市镇总规完成,徐泾新市镇总规已报批,赵巷、重固新市镇总规完成初步方案。华为研发基地和人才公寓、蟠龙“城中村”、吉利研发项目等控规获批,市西软件信息园控规草案完成,全区控规覆盖率达86%以上。全区河道蓝线、省市对接道路等专项规划获批,基本完成淀山湖地区风貌规划。

城市建设加快推进。S26入城段以及青昆路、汇龙路、华志路等区区对接道路建成通车,崧泽高架西延伸工程主线高架桩基全面施工。西虹桥商务区功能配套不断完善。青浦新城商业综合体宝龙生活广场、富绅时代广场开业,环城水系公园形象初具。编制环淀山湖存量资源管控和盘活利用方案。重固新型城镇化项目入选财政部PPP项目库,朱家角中国特色小镇建设拟定规划实施方案。5个“城中村”改造市级试点已处于动迁攻坚阶段。

城市运行与管理不断优化。全国文明城区创建接受首次年度测评。“美丽街区”三年行动计划建设任务2项已完成,40个示范性“美丽家园”建设项目、22个标准化项目全部完成。加强“12345”市民服务热线、网格化管理与大调研事项办理协调联动,网格案件市级先行发现率位于郊区前列。扎实开展“3+6”安全专项整治(“3”是指涉爆粉尘、有限空间、化工和危险化学品生产企业安全专项整治;“6”是指危险化学品综合治理、电动自行车消防安全综合治理、大型商业综合体消防安全专项整治、打击假冒特种作业操作证专项治理行动、空中坠物安全隐患专项整治、建筑施工安全专项整治);持续深化道路交通违法行为大整治;集中开展消防“大排查、大整治”行动,进博会实战阶段连续21天“零火灾”;排查处置户外广告牌等空中坠物隐患4409处。推进市民满意的食品安全城区建设,无证无照食品经营基本归零。成功防御多次台风,安全度汛。

社会治理水平持续提升。有序推进信访事项分类处理,完善信访矛盾多元化解机制,一大批信访矛盾得到及时有效化解。圆满完成村居换届,村居“两委”基本实现开放式集中办公,村居“两个中心”建设全覆盖。首批基本管理单元运行成效显著,第二批建设完成。开展“上善家园”试点,推进110家“客堂间”(指基层自治的阵地,主要设置在村居民家中,目的是推动基层民主向村居民小组延伸,改善基层议事民主决策水平)建设。全面推行“房东责任制”,实有人口登记率提高到95.7%。大力开展社会面智能安防建设,建成智慧安防社区539个。加大破案打击和扫黑除恶力度,全区报警类“110”接报数、违法犯罪案件接报数分别下降17.1%和21.3%。严格金融投资类企业准入,严厉打击“套路贷”、非法集资等违法犯罪行为。

(四)社会事业和民生保障稳步提高

社会事业发展水平不断提升。社会事业设施建设三年行动计划16个项目已完工。传承“青浦实验”精神,启动新一轮教育综改项目,中高考改革、公办初中强校工程、学区化办学、托幼一体化等有序推进;宋庆龄学校高中部、青浦世外学校初中部、青浦平和双语学校如期开学,兰生复旦青浦分校正式签约;5名校长获评“上海市特级校长”。深化公立医院改革,4家公立医院药占比比上年下降6.4个百分点;推进分级诊疗,预约就诊率提高9.7个百分点;推进“1+1+1”医疗机构组合签约服务(指居民自愿选择1名家庭医生签约,可在全市范围内再选择1家区级医疗机构与1家市级医疗机构签约),累计开具延伸处方3万余张;复旦大学附属妇产科医院青浦分院等项目前期工作加快推进,夏阳社区卫生服务中心开业。连续10年被评为征兵工作市级先进,圆满完成民兵整组任务。妇女儿童、人口计生、慈善公益、双拥等工作取得新进展,民族宗教、港澳台侨、外事和档案工作得到新加强。

民生保障进一步筑牢。2018年度安排的9个实事工程项目全部完成。预计城乡居民人均可支配收入47300元,比上年增长9.4%,增幅高于全市平均水平,继续领先经济增长。新增就业岗位19921个,超额完成年度目标;城镇登记失业4498人,控制在市下达指标以内。新增扶残涉农经济组织17家,累计67家;帮助2579名农村困难残疾人就业。新增养老床位1100张,新建老年人日间服务中心8家、助餐服务点4家、示范睦邻点80家,为长护险参保老人提供居家照护服务53.3万人次。救助城乡低保、重残无业对象9.6万人。“四位一体”(即廉租住房、共有产权保障房、公共租赁住房和征收安置房)住房保障体系不断完善,区属动迁安置房竣工12.3万平方米、安置836户,公共租赁房供应367套,旧住房综合改造12875户、80.7万平方米,廉租房租金补贴累计330户、实物配租累计231户。推进农民居住解困工作,审定危房翻建873户。开办示范性标准化菜市场3家,新设智慧微菜场51处。加大东西部扶贫协作和对口支援力度,积极帮助云南省德宏州、青海省果洛州等地打赢脱贫攻坚战。

文旅体发展水平持续提高。区体育文化中心、青浦图书馆二期扩容加快推进;编制福泉山遗址保护规划,青龙镇遗址、陈云故居申报第八批全国重点文物保护单位;设立总规模为6亿元的文化发展基金。编制创建国家全域旅游示范区行动方案、总体规划,金泽古镇被批准为国家3A级景区,启动环淀山湖国家旅游度假区创建,推进民宿试点。广泛开展全民健身运动,成功举办淀山湖文化艺术节暨旅游购物节、区第五届运动会、世界华人龙舟邀请赛、国际青少年足球邀请赛等重大活动和赛事。

（五）乡村振兴和生态建设扎实推进

*乡村振兴战略全面起步。*出台实施意见，拟订战略规划和三年行动计划，市委、市政府乡村振兴现场推进会在青浦召开。完成粮食功能区、蔬菜保护区、特色农产品优势区"三区"划定，与光明集团签署战略合作框架协议，"白鹤草莓"获农产品地理标志登记，"三品"（即无公害农产品、绿色食品、有机食品）认证率提高到85.3%。强化动物疾控，严防非洲猪瘟传入。完成大棚房问题专项整治，整改违规项目15处。编制农村人居环境整治试点区三年行动计划，美丽乡村示范创建、达标创建大力开展，练塘镇"上海市美丽乡村示范镇"、金泽莲湖村市级乡村振兴示范村试点建设扎实推进。促进离土农民就业，新增非农就业岗位6052个。土地承包经营权委托流转率达91%，全面完成镇级产权制度改革和农村集体资产清产核资，集体经济"造血"平台项目规范有序运行，"百村基金"村级集体经济意向参投3.46亿元。推进法治乡村建设，开展宪法进乡村活动250多场。加强农村思想道德建设，开展"上善·美乡风"修身系列活动。

*生态环境综合治理持之以恒。*编制实施国家生态文明建设示范区规划，第七轮环保三年行动计划项目开工启动56项、完成3项。"无违建先进居村""无违建先进街镇"创建取得积极成效，拆除违法建筑132.7万平方米，持续开展"非改居""居改非"等专项整治。深入推进水污染防治行动计划，在全市率先成立区级河湖管理事务中心，启动苏四期支流水环境综合整治，开展86公里中小河道、73条断头河治理、50万平方米小区雨污混接改造和8000户农村生活污水治理，二级水源保护区内工业企业清拆全面推进，基本完成消除河道黑臭目标。编制实施新一轮清洁空气行动计划，完成135家企业挥发性有机物（VOCs）源头替代治理，开展扬尘污染防治精细化管理，实施进博会空气质量保障和重污染天气应急管控。全区环境空气质量指数（AQI）全年优良率73.4%、较上年提高5.2个百分点，细颗粒物（$PM_{2.5}$）年平均浓度41微克/立方米、下降12.8%。落实土壤污染防治行动计划和工作方案，完成重点行业企业用地调查，在建设用地储备、出让、收回、续期等环节加强管理。持续落实中央、市环保督察及各类环保专项审计、督查反馈问题整改，建立区环保督察制度。

*绿色生产生活方式广泛推行。*推进工业领域节能减排，申能青浦热电完成管网切换并正式供热，全区工业燃煤户实现清零。以单位生活垃圾强制分类为先导，积极推进赵巷、重固生活垃圾分类整区域创建试点，全面启动各街镇整区域创建。强化建筑垃圾全程管理，开展固体废弃物、餐厨垃圾和废弃油脂管理专项整治。制定重点生态廊道建设三年行动方案，森林覆盖率（陆域）16.8%，建成区绿化覆盖率41.4%，人均公园绿地面积8.16平方米。加强土地节约集约利用，完成集建区外建设用地减量化立项210公顷；实施新一轮违法用地综合整治三年行动计划，消除违法用地1022宗、172.6公顷。

过去一年，我们落实全面从严治党要求，持续加强政府自身建设。认真履行区政府党组职责，落实"三个责任制"和"四责协同"机制，推进"两学一做"学习教育常态化制度化。坚决贯彻执行中央八项规定精神，反对"四风"。坚持民主集中制，严格"三重一大"（即重大事项决策、重要干部任免、重要项目安排和大额资金的使用）决策制度。落实大调研工作要求，牵头解决33个重大和"三跨"（即跨部门、跨地域、跨事权）复杂问题。办理人大代表建议136件，解决采纳96件；办理政协提案173件，解决或采纳120件。持续推进审计全覆盖，在全市率先出台审计整改标准认定办法，消除承诺整改，对未整改问题跟踪督办，严肃开展问责。推进政务公开，区政府目标管理与督查信息系统建成试运行。

各位代表，过去一年，我区经济社会持续快速发展，这是市委市政府和区委坚强领导的结果，是全区上下共同努力的结果。在此，我代表区人民政府，向大家致以衷心的感谢！

同时，青浦未来发展还面临不少挑战：外部环境复杂严峻、经济面临下行压力，我区实体经济发展质量和效益有待提升，创新创业动能还不够强，财政收入持续较快增长的难度和压力加大；区域、城乡发展不平衡不充分问题依然较大，乡村振兴和生态建设任重道远，医疗、教育、养老等还需加快提升，城市安全还有不少薄弱环节，社会治理和城市管理水平有待加快提高；政府职能转变仍需深化，作风建设还需加强。对这些问题，我们将高度重视，努力改进和解决。

二、2019年主要任务

2019年，是新中国成立70周年，是上海推动改革开放再出发、创新发展再突破的重要一年，也是青浦攻坚克难、推进全面跨越式高质量发展的关键一年。我们要以习近平新时代中国特色社会主义思想为指导，全面贯彻党的十九大、十九届二中、三中全会和中央经济工作会议精神，认真贯彻习近平总书记在庆祝改革开放40周年大会上重要讲话、首届进博会开幕式上主旨演讲和考察上海重要讲话精神，坚持新发展理念，坚持稳中求进工作总基调，积极落实中央交给上海的"三项新的重大任务"、对上海提出的五方面工作要求，抢抓机遇、勇担使命、富于创造、追求卓越，继续打好三大攻坚战（即防范化解重大风险、精准脱贫、污染防治），做好"三篇大文章"，积极打响"四大品牌"，对照全面建成小康社会目标和青浦2035总规蓝图，加快建设高能级高品位"上海之门"、打造长三角一体化发展新典范，以新的不凡创造加快推动全面跨越式高质量发展。

综合各方面因素，建议2019年全区经济社会发展的主要预期目标是：实现地区生产总值增长6.5%～7%；区级一般公共预算收入220亿元左右，比上年增长8%，合同外资和实到外资分别为7亿美元、5亿美元。城乡居民人均可支配收入领先经济增长，城镇登记失业人数控制在市下达指标数以内，单位生产总值综合能耗下降率、大气主要污染物排放量削减率确保完成市下达目标。

刚刚闭幕的五届区委七次全会全面部署了今年工作。我们将以"抢"的意识、"拼"的勇气、"实"的作风，全力落实党中央国务院、市委市政府和区委部署，统筹推进稳增长、促改革、调结构、惠民生、防风险工作，进一步稳就业、稳金融、稳外贸、稳外资、稳投资、稳预期，不断提高人民群众的获得感、幸福感、安全感。重点做好以下工作。

（一）强化贯彻区委决策部署的执行力度

*为政之要，重在落实。*坚持区委领导，最根本的就是要

以钉钉子精神狠抓落实，将区委决策部署贯彻到底。

实施重点工作挂图作战等机制。进一步加大执行力度，坚决杜绝"说过了等于做过了，做过了等于做好了"的现象，切实增强执行力，不断提升创造力，有效强化协同力。形成若干三年行动计划，制定年度重点工作任务清单。对重中之重的工作实施分级挂图作战，签订目标责任书，开展领导督查和巡查，实行每月督查专报、每季度工作通报制度。

推进政府机构职能优化、协同、高效。不折不扣落实区级机构改革要求，构建系统完备、科学规范、运行高效的机构职能体系，构建简约高效的基层管理体制，深化综合行政执法改革，深化事业单位改革，统筹推进审批服务便民化改革，严格执行机构编制规定。强化政治担当，严明纪律规矩，确保机构改革与日常工作两不误、两促进。

强化务实、创造、担当的能力作风。发扬进博会精神，坚持服务大局、不辱使命，坚持精益求精、追求卓越，坚持与时俱进、创新突破，坚持提升品质、展示形象，坚持凝心聚力、团结协作，大力弘扬"连轴转""三班倒"苦干实干的优良作风。鼓励政府系统领导干部"求新""求特""求先""求解"，展现"充满激情、富于创造、勇于担当"的精神风貌，在贯彻落实区委决策部署上率先垂范、实而又实、狠抓不放。

（二）主动对接服务长三角一体化发展国家战略

积极探索建立更加有效的区域协调发展新机制，当好长三角更高质量一体化发展先行区，积极打造示范样板。

积极加强战略谋划对接。自觉站在大局中思考谋划青浦发展定位，落实"五个新区""五个一流"（即一流的营商环境、一流的创新产业、一流的城市品质、一流的文化品牌、一流的生态空间）要求，主动加强与国家、上海和周边联动地区的规划和政策对接。对已有总规、专项规划进行梳理，积极开展前瞻性、系统性的规划研究。细化深化工作方案，形成青浦主动对接融入国家战略的路线图和措施清单、建议清单，争取纳入国家规划纲要、市实施方案。创造性落实中央和市交办任务，体现上海龙头带动作用、服务意识、自身优势。

努力发挥"两个示范"引领作用。积极打造一体化发展的示范。推进政务服务一体化，推动与联动区域的行政审批和便民服务互联互通；推进市场服务一体化，探索建立一体化的人才服务、投资管理、市场监管等机制；推进公共服务一体化，形成和提升"同城效应"。积极打造高质量发展的示范。全面落实新发展理念和"四个论英雄"（指《中共上海市委关于面向全球面向未来提升上海城市能级和核心竞争力的意见》中提出的形成"以亩产论英雄""以效益论英雄""以能耗论英雄""以环境论英雄"的激励约束机制）标准，推动各领域试点示范；探索重大改革经验系统集成，增强发展内生动力；推进跨区域政策、投资、生态、企业注册和运行机制等协同，努力形成可复制可推广的模式。

加快凸显跨前工作成效。落实深度融入长三角一体化若干意见，加强与苏州、嘉兴发展合作，扎实推进长三角一体化对接事项清单任务。抓紧摸清人口、房屋、土地以及交通、公共服务、产业等底数和现状，严格落实水源保护区生态保护实施方案，全面加强巡查和处置，确保区域管理有序。华为研发中心项目力争一季度产出效益、上半年开工建设，努力打造成青西发展的亮点。加大对青西地区的政府投资力度，计划总投资45.4亿元，推进基础设施、生态建设、社会事业、乡村振兴等领域成熟项目落地建设。推动环湖地区国企资源高效利用。探索搭建民营企业、高校智库等社会力量服务长三角一体化平台。

（三）进一步放大中国国际进口博览会战略平台效应

落实"办出水平、办出成效、越办越好"要求，建立健全服务保障长效机制，放大展会综合效应，努力成为国际贸易重要集散地，打造长三角国际贸易龙头区。

总结推广服务保障工作经验。对照最高标准、最好水平、最严要求、最优服务的要求，查找并改进自身不足和弱项，助力展会进一步提高市场化、规范化、专业化水平。推广靠前指挥、扁平化决策、挂图作战、一线巡查等工作方法，复制项目建设管理、城市管理精细化、社会面管理等经验做法，不断提升全区面上整体工作水平。

推动服务保障再上新台阶。大力推进西虹桥区域已拿地的社会投资项目建设，倒排时间节点、早出形象，同时加强已建成市政设施、绿化景观等养护。围绕市容环境改善、市政设施和公共配套完善、一体化养护水平提高等各环节，加快推进提升，确保呈现更好面貌。

承接和放大溢出带动效应。推进"6+365"功能性平台建设，加强与中国国际进口博览局、国家会展中心、上海贸促会、上海会展业协会等方面合作，促进本区常年展示交易平台打响品牌。积极引进知名展商、专业服务企业，促进会展产业集群发展，做好大会展、泛会展文章，在上海打造国际"会展之都"中发挥更大作用。对照国务院验收要求，加快推进青浦综合保税区功能提升。

（四）扎实推动改革开放向纵深发展

坚持深化市场化改革、扩大高水平开放，着力构筑法治化、国际化、便利化的营商环境，努力把青浦打造为长三角最具核心竞争力的地区之一。

持续优化营商环境。落实"上海扩大开放100条"，用好自贸区改革、长三角一体化发展新红利，在政策集成创新上有所作为。深化"一网、一窗、一次"改革（一网"是指依托全流程一体化在线政务服务平台和线下办事窗口，整合公共数据资源，加强业务协同办理，优化政务服务流程，推动群众和企业办事线上一个总门户、一次登录、全网通办；"一窗"是指推动各区行政服务中心、社区事务受理服务中心分领域设立跨部门综合窗口，形成以综合窗口服务为主、部门专业窗口服务为辅的综合服务模式，建立一窗受理、分类审批、一口发证的新型政务服务机制；"一次"是指通过优化办理流程、整合政务资源、融合线上线下、借助新兴手段等方式，群众和企业到政府办理"一件事情"在申请材料齐全、符合法定受理条件时，从政府部门受理申请到作出办理决定、形成办理结果的全过程最多一次上门），提高"一网通办"青浦子门户使用实效，"一网通办"审批可办率、办结率分别达到95%和40%，电子证照应用率达到50%。对标世行标准和中国营商环境评价要求，深化重点事项的改革举措。全面实施准入前国民待遇加负面清单管理制度，保护外商合法权益特别是知识产权。落实更大力度减税降费政策。深化事中事后监管，全面实施"双随机、一公开"（指在监管过程中随机抽取检查

对象，随机选派执法检查人员，抽查情况、查处结果及时向社会公开)，加快信用体系建设和应用。

深入推进国企改革。建立完善企业管理制度，进一步优化区管企业财务预算管理、考核薪酬管理和房屋资产管理。深化区管国有企业下属公司改革，突出主业，推进子公司整合重组。深化“一园三区”一体化改革，做强招商引资、开发建设、企业服务与管理、资产管理等主营业务。落实促进镇企联动实施方案，优势叠加，促进重点区块加快发展。

支持实体经济和民营经济发展。坚持“两个毫不动摇”，坚持权利平等、机会平等、规则平等，认真解决企业反映的突出问题。积极构建亲清新型政商关系，按照“有求必应、无事不扰”要求，抓紧完善具体制度。开展企业分类管理，在促进民营经济发展、关心支持外贸企业、解决小微企业融资难融资贵等方面深化改革创新，优化制度供给。

不断深化“三资一项目”(即国有资金、资产、资源管理和政府性投资项目)管理。深化区与镇财政事权和支出责任改革，扩大镇财区管改革试点，进一步提高镇级财政管理水平。实行预算全程管控，全面实施预算绩效管理，推进国库集中支付，严格政府性债务管理，大力规范政府购买服务。落实区级行政单位国有资产管理实施细则，修订办公用房管理办法，加强出租出借管理。强化储备项目负面清单、专业评估和面谈准入、土地出让合同监管，对存量低效产业用地制定“一地一方案”腾退计划，继续加强闲置土地处置，全面推进土地资源高效利用。严格执行“1+8”管理办法(是指由1个总办法、8个子办法组成的《〈青浦区政府性投资项目管理办法〉及其配套办法》。总办法为青浦区政府性投资项目管理办法，8个子办法分别为：青浦区政府投资项目的储备管理办法、委托评估管理办法、资金和财务监督管理办法、投融资管理办法、稽察办法、审计监督管理办法、后评价管理办法、行政责任追究办法)，加强政府性投资项目稽察，推动镇级项目规范管理；严格项目方案审核，做实项目储备机制，切实加快项目推进、提高资金执行率；加强中介机构履职尽责管理。全面完成第四次全国经济普查，进一步加强统计工作。

(五)聚精会神推动经济高质量发展

强化创新驱动，深化供给侧结构性改革，坚持“四个论英雄”、提高经济密度，大力实施质量提升行动，加快建设实体经济、科技创新、现代金融、人力资源协同发展的产业体系，努力打造长三角协同创新核心区。

着力强化招商引资。坚持把招商引资作为“一把手”工程，加强组织领导，优化工作体制机制，完善项目协调推进、信息统筹、动态管理和督查考核机制。创新方式方法，强化源头招商、产业链招商、平台招商和经济小区招商，加强招商联动、以商引商。加强招商队伍建设，提升专业能力，在引进龙头企业、战略项目上取得新突破。

推动重点产业区块转型升级。大力发展先进制造业，着力提升“一基地四社区”产业区块能级，重点发挥好青浦工业园区引领带动作用，对标市级开发区平均经济密度，制定具体方案，加快实现重大突破。深化“一带三中心”(即轨交17号线沿线软件信息产业发展带和青东、青中、青西科创中心)布局，积极构建“2+3”科创产业集聚圈：加快西虹桥商务区、市西软件信息园科创高地建设，推进控规修编、动迁腾地和综合配套建设，提高楼宇资源利用水平和单位产出；统筹徐泾、华新、重固三镇重点产业区块，重点发展总部经济、平台经济、创新经济。制定街镇、园区产业结构调整年度工作计划，实现产业结构调整500个、3000亩。

加快特色产业集群发展。加快培育高新技术企业，主动对接市相关部门、上海证交所，支持重点企业在科创板率先上市。大力促进北斗导航、人工智能、芯片、生物医药、新材料、民用航空等科创产业平台发展，引进和培育一批“独角兽”“行业龙头”“隐形冠军”企业。深化北斗功能型平台建设，加快推进哈工大人工智能产业园、启迪科技城、安谋科技、中软国际等项目落地。落实“1+1+5”人才政策，实施人才公寓供应三年行动计划，努力营造良好人才发展环境。

加快重大产业项目落地见效。对已签约未拿地、已拿地未开工、已开工未竣工、已竣工未达产的项目进行全面梳理，强化分类管理、分类推进，促进项目早落地、早开工、早投产、早出效益。全力保障重大产业项目快速推进，完成产业项目土地出让20幅，18个拟开工项目年内开工，41个待竣工项目年内竣工，41个项目投产。

(六)持续提升城市功能和品质

深化“一城两翼、一带三核”空间布局，促进区域协调发展，深化“上海之门”功能内涵，弘扬“绿色青浦、上善之城”城市新形象。

加快推进规划修编落地。做好青浦2035总规与长三角一体化发展战略的规划衔接，抓好宣传、贯彻工作。继续推进新市镇总规全覆盖，完成赵巷、重固新市镇总规，积极推进白鹤新市镇总规并基本完成规划草案。完成市西软件信息园及周边地块、新城中1中2单元增补图则、新城复兴路以西区域等控规编制，基本完成青浦工业园区崧泽大道以南、华新凤溪社区、徐泾104区块、重固北青公路以南195区域等控规修编。

着力推进城市更新。制定新城核心区功能提升三年行动计划，推进老城厢风貌建设和“城中村”改造，环城水系公园二期全面建成开放，增加绿地、公园等公共服务资源供给，完善“15分钟社区生活圈”。推动各街镇城市更新，不断完善公共空间和公共服务设施。深化朱家角中国特色小镇、重固国家新型城镇化综合试点建设，积极引进重大产业项目助力白鹤加快发展。加快推进盈浦、蟠龙、重固、徐泾老集镇等“城中村”改造项目，上半年完成征收补偿工作。

大力推进道路交通工作。崧泽高架西延伸全面开工并加快推进，启动轨交2号线西延伸项目前期工作，青浦大道完成道路主体结构施工。全面推进区省对接道路建设，加快复兴路北段和胜利路出省段主体施工，开工建设外青松公路北段、东航路新建工程。完善轨交站点周边道路、公交枢纽、中途站和慢行交通设施，更加方便换乘。优化地面公交网络，通过APP等形式及时更新运营信息，提升市民满意度。

强化土地征收和土地管理。运用“2、3、6”工作经验(即2年内完成存量基地征收补偿、3年内完成在外过渡户安置、6个月内完成新开基地征收补偿)，切实发挥街镇主体责任和村居基层组织优势，加快房屋土地征收补偿工作，上半年完成剩余存量基地64个。加强与规划建设统筹联动，大力

推进土地收储、出让工作。积极开展集建区外建设用地减量,完成立项195公顷。稳步推进金泽镇市级土地整治项目。着力推进违法用地综合整治,基本消除剩余存量违法用地和年度卫片执法检查涉及违法用地,确保新增违法用地零增长、土地管理工作常态化。

*推进"美丽街区""美丽家园"建设。*夏阳、盈浦、香花桥街道及赵巷、朱家角、练塘镇等6个"美丽街区"建设力争完成总进度60%,另外5个镇力争完成54%。加强社会参与,统筹旧住房综合改造、设施设备改造等项目,"美丽家园"建设完成60.5万平方米。积极应对老龄化,探索开展老旧住房加装电梯改造。

(七)稳步提高民生保障和社会治理水平

坚持尽力而为、量力而行,坚持人人尽责、人人享有,不断满足人民日益增长的美好生活需要,努力打造长三角社会治理样板区和江南文化示范区。

*促进公共服务优质均衡发展。*加快推进本轮社会事业设施建设三年行动计划,编制新一轮三年行动计划,深化细化社会事业布局规划,着力加强人才队伍建设。贯彻落实全国教育大会精神,实施好新一轮教育综改项目,努力打造教育服务品牌。大力建设健康青浦,推进医药卫生体制改革,中山医院青浦分院创建成为复旦大学附属医院,开工建设复旦大学附属妇产科医院青浦分院,实施基层医疗卫生服务机构标准化建设三年行动计划,开展二级以上医疗机构患者满意度测评。新建启用一批老年人日间服务中心、标准化老年活动室、长者照护之家以及社区助餐点。开展存量公共服务设施绩效评估,强化管理,提升效能。

*着力做好民生保障工作。*继续助力扶贫协作和对口支援地区精准扶贫、精准脱贫。把稳就业摆在突出位置,进一步完善"1+1+N"就业政策体系(即《青浦区关于做好当前和今后一段时期就业创业工作的实施意见》《青浦区关于推进乡村振兴战略促进农村富余劳动力就业创业的行动计划》;"N"是在此基础上完善创业、见习、特殊人群扶持等具体政策),制定技能提升行动计划,促进重点群体就业创业,新增就业岗位18000个。建立健全覆盖全民、城乡统筹的多层次医疗保障体系,不断提高医疗保障工作水平。推进城乡居民养老保险扩覆,将适龄阶段贫困人员全部纳入社会保障体系。继续做好长护险试点,重点加强机构服务质量监管。落实本市社会救助条例,进一步扩大社会救助覆盖面。严格执行房地产市场调控政策,持续完善住房保障体系。建设和盘活一批公共租赁房和人才公寓,新增公共租赁房源464套、代理经租房源4500套、廉租房60套,区属动迁安置房开工34.8万平方米、竣工16.0万平方米,华为人才公寓年内开工,做好共有产权保障房供应工作。修订完善农村村民建房管理办法,推进青西无地农民(渔民)住房解困,着力解决困难群众的居住问题。

*持续加强和创新社会治理。*运用"枫桥经验",健全重要决策和重大事项社会稳定风险评估机制,推进人民满意信访窗口建设,推动矛盾纠纷及时就地化解。加强劳动人事争议仲裁、劳动保障违法行为查处,做好医患纠纷预防与调解工作。着力推动城市管理与基层党建、综合治理"三网融合"。推进街镇综治中心、网格中心、公安派出所联动运行。进一步完善基本管理单元管理体制、运行机制。压实村务监督委员会职责,深化村居"两个中心"建设,推进"村居频道"建设,全面开展"客堂间"创建。抓好文化、教育、科技、法律、卫生等进社区。加强退役军人服务保障体系建设,争创全国双拥模范城区。高标准抓好"智慧公安"运用,着力提高数据利用能力、安防实战能力、服务群众能力,完善社会面安防体系。深入开展扫黑除恶专项斗争。

*促进文旅体繁荣发展。*推动长三角文化一体化合作框架协议落地,探索合作建设江南文化研究青浦基地,加快推进文化发展三年行动计划,推动公共文化服务多元化供给、社会化管理、专业化运营,办好重大文化活动,积极打造青浦文化品牌。深化全域旅游创建,推动会商文旅体农融合发展,完成朱家角古镇国家5A级旅游景区创建验收。发展竞技体育和品牌赛事,积极开展全民健身运动。

(八)大力实施乡村振兴战略

坚持农业农村优先发展,更好发挥自身优势,创造性地实施乡村振兴战略,持续推进乡村产业、人才、文化、生态和组织振兴,努力打造长三角乡村振兴先行区。

*强化规划引领。*认真实施乡村振兴实施意见、战略规划及三年行动计划。按照"三区"划定区域,落实农业产业规划。加快村庄布局规划编制,明确保护村、保留村、撤并村的空间布点方案,全面完成各街镇郊野单元(村庄)规划,按需推进重点村庄规划编制工作,保证近期建设项目落地。加强村庄风貌规划设计保护,保留村庄肌理,体现江南特色。

*推动现代农业发展。*坚持质量兴农、绿色兴农,加强农业科技推广运用,推进农业标准化生产、社会化服务,强化农产品质量安全监管。建设800公倾高标准粮田、53.33公倾设施菜田、7个粮食烘干中心和15个农机服务中心。水稻早中熟品种面积增加到4000公倾,提高蔬菜播种、收割等机械化水平,启动建设4草莓生产基地、提升品牌销售能力,大力推进水产绿色生产、做优淀山湖特色品种。深化一二三产融合发展,因地制宜发展田园综合体、特色民宿、乡村旅游、健康养老。

*加快美丽乡村建设。*实施新一轮三年行动计划,开展美丽乡村镇级达标创建20个,启动区级示范村建设不少于7个,争创市级示范村2个,加快推进莲湖村市级乡村振兴示范村创建,并在此基础上再选择2—3个村扩大试点,抓好美丽乡村长效管理。全面实施农村环境综合治理,完成农村人居环境整治试点区建设任务。深入开展农村"厕所革命"。

*深化农村综合改革。*落实本市农村集体资产监督管理条例,全面推进农村集体产权交易分中心建设。落实农村土地所有权、承包权、经营权"三权分置",重点把控土地流入和公开择优流出环节,规范土地流转行为和土地委托流转收支管理。理顺农村集体产权关系,规范村社资金分账管理和使用,试点开展镇级经济联合社分账管理工作。积极稳妥推进"空壳村"撤建制试点。

*大力推动强村富民。*积极对接新一轮市农村综合帮扶政策,注重区级统筹,创新思路、精准施策,聚焦91个经济薄弱村的生活困难农户,组建帮扶"造血"平台,遴选帮扶"造血"项目。提升"百村基金"(指以契约形式设立,农村集体经济组织资金、青发创投基金、其他资金来源共同出资。旨

在发展集体经济，提升资产、资源使用效率，拓宽农民收入来源）覆盖面和成效，确保农村集体资产保值增值。建立农业技能人才实训基地，加大新型职业农民培育力度，新增非农就业岗位4000个，切实帮助农民增收。

（九）着力提升生态竞争优势

深入开展国家生态文明建设示范区和示范镇建设，巩固提升生态优势，努力把生态优势转化为发展优势，把生态环境转化为宜居环境。

*大力推进水环境治理。*加快推进苏四期支流水环境综合整治，新谊河疏拓工程开工建设，推进实施5条骨干河道和89公里中小河道整治、22公里市政混接和130万平方米小区雨污混接改造，完成整治总任务的30%，在全面消除黑臭基础上进一步巩固提升、不出现反复回潮，确保国家、市考核断面水质全面达标，为2020年消除劣V类水体打好基础。加快推进二级水源保护区内工业企业关闭清拆，上半年全面完成验收。

*深入开展环保专项行动。*落实上级环保督察要求，继续实施好区环保督察工作，彻底整改问题，建立健全常态长效机制。第七轮环保三年行动计划74个市级项目，实现工程类8项全部开工、管理类66项全部启动，完成工程类3项、管理类6项。全力攻坚新一轮清洁空气行动，完成150家企业挥发性有机物（VOCs）源头替代治理和158台燃油燃气锅炉提标改造，加强扬尘污染防治，完成码头堆场综合整治，环境空气质量进一步改善，细颗粒物（$PM_{2.5}$）年平均浓度40微克/立方米。落实土壤污染防治行动计划，推进优先保护类耕地集中区域的土壤环境保护，加强减量化地块土壤环境调查评估、建立地块档案。

*积极打造绿色生态空间。*全面推进青松生态走廊以及沪渝高速、绕城高速、沈海高速、拦路港—泖河—斜塘、吴淞江沿线等6条（片）生态廊道项目，完成土地腾退758.13公倾，实施造林333公倾以上，森林覆盖率（陆域）17.2%。加快完善公园绿地系统，新增赵巷体育公园等9座公园、面积14.5公顷，推进青安绿地等4个街心花园改造提升，实施绿道15公里。全年新增绿地60公顷，绿化覆盖率达41.55%，人均公园绿地面积达8.5平方米。

（十）不断提高城市精细化管理水平

综合运用法治化、社会化、智能化、标准化手段，像绣花一样精细管理城市，努力让城市更有序、更安全、更干净。

*实现全国文明城区创建全面达标。*广泛开展主题宣传和实践活动，争取当年所有创全指标达标率100%，指标长效机制建成率100%。培育和践行社会主义核心价值观，选树典型和道德模范，开展“上善讲堂”市民修身系列培训。实施三级巡查督查机制，完善“建账、销账、对账”闭合机制，努力破解重点难点堵点问题。开展创全专项行动，提升市民群众满意度。

*高起点推进智慧城市建设。*完成智慧城市顶层设计，编制2019—2025总体规划方案、三年行动计划。加强城市信息化建设的把控指引，加快新一代信息基础设施建设布局。协调推进基础设施、管理平台和应用服务项目建设，提高质量和效率，避免重复建设、无效建设。

*加强城市精细化管理。*持续推进“五违四必”（“五违”指违法用地、违法建筑、违法经营、违法排污和违法居住；“四必”指安全隐患必须消除，违法建筑必须拆除，脏乱差现象必须改变，违法经营必须取缔）整治，实现新违“零增长”，持续深化无违创建，全面完成“无违建先进街镇”创建任务。进一步完善城市精细化管理标准体系和管理体系，优化多部门协同机制。完善网格划分和部件事件清单，明确责任主体，实现管理无盲点、不交叉、全覆盖，提高网格案件的发现、处置效率。加强“12345”热线工单协调督办，提升实际解决率和市民满意率。深入推进“五乱”（即乱张贴、乱涂写、乱刻画、乱悬挂、乱散发）专项治理，强化户外广告招牌等设施管理和整治。青浦城区全面实施一体化保洁养护，推动集镇地区一体化保洁养护全覆盖，探索推进农村地区村民自治一体化保洁养护。

*确保城市安全运行。*严格落实主体责任，持续做好生产、消防、交通、建筑施工、特种设备、危险化学品以及高层建筑、轨道交通等重点领域、重点区域的风险隐患排查整治，牢牢守住城市安全底线和红线。整合应急力量和资源，构建统一指挥、专常兼备、反应灵敏、上下联动、平战结合的应急管理体制。巩固和深化市民满意的食品安全城区建设。坚决防控金融风险，持续推进互联网金融风险专项整治。

*加强城市固废全过程管理。*坚持源头管控，做好生活垃圾、建筑垃圾、餐厨垃圾及废弃油脂收运管理，强化工业固废和危险废弃物监管，确保处置规范。全面完成各街镇生活垃圾分类整区域创建，加快生活垃圾分类收运体系和再生资源回收体系“两网融合”，再生资源回收利用率达35%。

各位代表，我们将持续加强政府自身建设，着力提高政府治理能力，努力建设人民满意政府。坚持从严治政。落实全面从严治党要求，不忘初心、牢记使命，树牢“四个意识”、坚定“四个自信”、坚决做到“两个维护”。严格落实“三个责任制”，深入推进“四责协同”，强化督促检查、问责追责。坚持依法行政。严格遵守宪法和法律，依法接受区人大及其常委会的监督，自觉接受区政协的民主监督，重视司法、舆论、社会监督，加大政务公开力度，严格实施行政许可和行政处罚“双公示”，大力建设法治政府。坚持廉洁从政。进一步贯彻落实中央八项规定精神，严格讲规矩、守纪律，坚持“三严三实”，坚决反对“四风”。加强审计监督，抓好审计公开和问题整改，充分体现审计实效。

各位代表，青浦正面临历史性机遇，全面跨越式高质量发展进入了新阶段。让我们更加紧密地团结在以习近平同志为核心的党中央周围，在市委市政府和区委坚强领导下，攻坚克难、埋头苦干，以优异成绩庆祝中华人民共和国成立70周年！

政协上海市青浦区第五届委员会常务委员会工作报告

政协上海市青浦区第五届委员会第三次会议

（2019 年 1 月 7 日）

上海市青浦区政协主席　李华桂

各位委员：

我代表中国人民政治协商会议上海市青浦区第五届委员会常务委员会，向大会作工作报告，请予审议。

一、2018 年工作回顾

2018 年是贯彻中共十九大精神的开局之年，是决胜全面建成小康社会、实施“十三五”规划承上启下的关键一年，也是我区围绕市、区党代会目标，实施全面跨越式发展战略的落实年。区政协以习近平新时代中国特色社会主义思想为指导，深入学习贯彻习近平总书记关于加强和改进人民政协工作的重要思想，在中共青浦区委的坚强领导下，坚持团结和民主两大主题，紧紧围绕服务中国国际进口博览会和长三角一体化发展这两个国家战略，以及中共五届区委五次、六次全会确定的目标任务，积极履行政治协商、民主监督、参政议政职能，着力推动政协工作提质增效，为加快提升青浦城市能级、建设“上海之门”，推动全面跨越式高质量发展作出了积极贡献。

（一）加强理论学习，巩固共同思想政治基础

始终坚持学习先行，以思想政治建设为统领，不断完善学习制度、丰富学习内容、拓展学习形式，进一步增进共识、提升能力，为政协工作紧扣中心、创新发展提供支撑和引领。

1. 强化思想政治建设。充分发挥政协党组领导核心作用，持续加强政协党的政治建设和思想建设，教育引导委员不断提高政治站位，牢固树立“四个意识”，坚定“四个自信”，坚决做到“两个维护”，在政治立场、政治方向、政治原则、政治道路上同以习近平同志为核心的中共中央保持高度一致。坚决贯彻中共青浦区委各项决策部署，严格执行重大问题向区委请示报告制度，努力做到区委中心工作推进到哪里，政协工作就跟进、服务到哪里，智慧力量就汇聚到哪里。

2. 开展全面系统学习。积极创造学习条件，通过集体学习、分组学习、自主学习和参加市政协理论研讨等方式，深入学习习近平新时代中国特色社会主义思想和中共十九大精神，以及新修订的《中华人民共和国宪法》、政协《章程》，系统学习习近平总书记关于加强和改进人民政协工作的重要思想，进一步强化政协使命担当。及时传达学习中央、市委、区委全会等重要会议精神，全年下发学习资料 8 期，APP 平台推送学习资料 22 期。

3. 把握发展新形势新任务。认真学习贯彻习近平总书记在庆祝改革开放 40 周年大会上的重要讲话、在进博会开幕式上的主旨演讲和考察上海重要讲话精神，准确把握新部署新要求。邀请区委区政府领导专题通报党风廉政建设和反腐工作、深化农业供给侧结构性改革、人才三年行动计划、提案办理等工作情况，帮助委员全方位知情明政。组织委员参加区委中心组“中美贸易关系”主题学习活动，联合区委统战部举办“一带一路：从倡议到共识”学习报告会，举办人工智能与创新发展学习报告会，帮助委员准确把握形势任务。

（二）紧紧围绕中心，广泛开展多层协商

紧扣上海打响“四大品牌”、青浦做好“三篇文章”、全力保障首届进博会等中心工作，着力提高协商议政质量，全年开展协商活动 25 场、网上议政 11 次，形成专报 11 份、建议 135 条，许多意见建议得到区委区政府领导的充分肯定。

1. 围绕办好首届“进博会”协商建言。开展“完善城市风险管理体系”“城市网格化管理”等协商活动，委员们从风险评估预警、提高智能化水平、探索社会参与等方面，为进博会安全保障、城市精细化管理提出意见建议。开展“我为进博献一计”活动，征集 26 条网上建言、10 篇社情民意信息和多件委员提案，内容涉及城市形象提升、交通安全保障、跨境电商新业态发展等方面。举办企业家委员沙龙活动，动员委员积极参与进博会服务保障、承接溢出效应。相关建言和提案专报得到了区委、区政府领导的批示，《重视化解大型社区市属保障房质量问题引发的潜在群体信访矛盾》等社情民意信息得到市领导批示。

2. 围绕实现高质量发展协商建言。开展“青浦深度融入长三角更高质量一体化发展”专题议政会协商，委员们从建立协同对接机制、增强服务辐射功能、推进环淀山湖战略协同等角度提出意见建议。积极参加市政协长三角一体化发展课题调研和长三角污染防治联动监督活动。开展“推进实体经济转型发展”常委会协商，委员们从推动政策整合落地、推进产业集群、优化金融服务等角度，建言打响“上海制造”品牌。开展《青浦区总体规划暨土地利用总体规划（2017—2035）》网上议政和“吸引青年发展文创产业”“工业园区一体化改革”等对口协商和界别协商活动，为提升经济发展能级和质量献计出力。

3. 围绕创造高品质生活协商建言。召开“住宅小区综合治理”专题议政会，助推“美丽家园”三年行动计划实施，委员们从小区配套设施改造、社区共治自治体系建设、物业管理服务水平提升等方面提出意见建议，得到职能部门的积极采纳。开展“美丽乡村创建”界别协商，委员们从完善村庄规划、推动产业振兴、建立长效机制等角度出谋划策。开展“公共体育设施建设”“长期护理保险试点”“食品安全城区建设”和“促进文化艺术场馆发展”等对口协商，发挥专委会专业性强的优势，为持续改善社会民生、提升城市精细化管理水平献计献策。

（三）强化制度落实，积极推进民主监督

认真贯彻落实中央、市委、区委关于加强和改进政协民主监督工作文件精神，坚持协商式监督定位，创新民主监督形式，助推区委区政府重要决策部署的贯彻落实和相关问题的解决。

1. 认真开展会议监督。召开“环保督察整改落实”监督性常委会议，委员们从加大基础设施建设、深化协同联动、强化环保执法问责、鼓励群众参与举报等方面提出监督性意见建议。召开“‘十三五’规划中期评估”监督性专题议政会议，委员们从产业发展、新农村建设、创新社会治理、社会事业发展等8个方面，为“十三五”规划下一步实施建言献策。区政府高度重视会议监督意见办理，专题研究部署，专门通报办理情况，有效形成民主监督的工作闭环。

2. 持续加强提案监督。强化提案工作程序化规范化，制定实施提案办理计划，创新优化办理机制，开展多层次办理协商活动。聚焦提升城市品质品位、推动民营经济发展和改善社会民生等重点领域，选择33件重点提案，通过区政府领导领衔督办、区政协主席会议成员牵头督办、政协专委会促办和同类提案集中办理等系列举措，切实提高了提案办理成效。区政协五届二次会议以来，收到提案190件，经审查立案178件，目前已全部办复，解决采纳和列入计划拟解决占85.96%。此外，《关于加强历史文化风貌保护和管理的建议》作为全市51件提案之一，获得市政协优秀提案奖，相关建议得到市有关职能部门采纳。

3. 提升社情民意信息监督。全年收集社情民意信息567篇。报送市政协296篇，其中，5篇被转送全国政协，《关于司法部门与政府法制办职能调整的建议》被全国政协采用，30篇被市政协录用或转送市有关部门，《建议初中学校订制适合学生身体生长的课桌椅》等4篇得到市领导批示，得分增速位列全市前茅。报送区委区政府及职能部门社情民意信息235篇，整理报送社情民意信息专报多期，得到区领导肯定，许多意见建议得到职能部门的及时回应、沟通和采纳。

4. 积极强化视察监督。围绕“政府性投资项目建设情况”等6项议题开展知情视察。围绕“朱家角特色小镇建设情况”开展专题视察，视察专报得到区委主要领导批示。围绕“老年人日间照料站和助餐点建设”“食品安全城区建设”开展提案办理专题监督视察。强化委组界别协同联动，围绕“打造15分钟生活圈”“新型城镇化建设”等主题，累计开展25次各类视察活动，组织委员深入实际、深入基层，发现问题、提出建议。继续发挥特约监督、专项监督重要作用，引导委员真监督、敢监督、善监督。

（四）深入调查研究，努力提高建言质量

按照市委和区委的统一部署，积极开展“不忘初心、牢记使命，推动青浦全面跨越式发展”大调研，努力发挥政协优势和特色，为助推经济社会发展建净言、献良策。

1. 深入开展政协“大调研”。根据区委“大调研”目标要求，制定实施区政协“大调研”方案，做到与协商议政、联系走访委员、组团式服务企业等六个“紧密结合”。根据区委大调研领导小组分工安排，认真参加园区调研组、社会组织调研组和企业调研组工作，梳理报送问题74个、建议45条，累计报送调研信息68篇，认真完成了区委交办的调研任务。同时，立足政协优势，强化主席会议成员走访委员工作，基本实现“走访委员企业全覆盖”。依托街镇委员活动小组，引导委员深入村居开展调研，基本实现“委员进社区全覆盖”，鼓励委员通过反映社情民意信息等方式转化调研成果。

2. 做深做实课题调研。围绕“优化营商环境”和“打造上海之源古文化走廊”2项主题，开展重点课题调研。关于优化我区营商环境的调研报告，从增强软硬件建设的紧迫感、给予企业更强的获得感、提升优化营商环境的整体感等方面提出9条建议。关于打造“上海之源”古文化走廊的调研报告，从发展定位、保障措施等方面提出10条建议。两项课题以区政协常委会议建议案报送区委区政府，得到区委区政府主要领导的充分肯定。发挥专委会特色和优势，选择“提升美丽乡村建设实效”等8项主题开展课题调研，调研成果以大会发言、提案、社情民意信息等形式予以转化。积极参加市政协“乡村振兴战略”“文化品牌建设”等调研活动。

3. 扎实推进主席集体调研。围绕“行政审批改革”“文化公共服务体系建设”“促进创业就业”“基础教育优质均衡发展”“现代农业园区建设”“法律监督服务经济社会发展”等主题，主席会议成员带领部分常委、专委会主任和委员，先后到区行政服务中心、人社局、教育局、现代农业园区等15家单位，了解工作推进情况，分析问题和困难，为助推优化营商环境、提升公共服务水平、改善社会民生保障、发展都市现代绿色农业、维护区域法治环境等工作提出参考建议。

（五）坚持团结联谊，汇聚各界智慧力量

深入学习领会习近平总书记关于“新型政党制度”的重要论述，充分发挥爱国统一战线组织作用，做好协调关系、增进团结、凝聚人心的工作，为青浦经济社会发展汇聚正能量。

1. *加强与党派团体联系沟通*。定期联系党派团体、界别负责人，关心党派团体自身建设，通报工作情况，征求意见建议。加强合作共事，广泛征集协商议题和提案、社情民意信息。积极搭建平台、创造条件，联合开展协商议政、课题调研、民主监督等各项活动。支持党派团体发挥特色优势，围绕"青年创新创业人才培育"等主题开展界别协商，围绕"城乡一体化发展""法治社会建设"等主题开展课题调研，提出专业性对策建议。通过青浦政协网站、刊物等平台，积极宣传党派团体和界别履职成效。

2. *开展与各界人士联络联谊*。健全主席会议成员联系委员制度，深入了解委员情况，开展谈心谈话，听取意见建议。举办"坚持高质量发展，打造产业新高地"企业家委员沙龙活动，促进委员互动交流。开展"看变化、谋发展、助跨越"视察，帮助侨界委员走近青浦、了解区情。围绕"纪念改革开放40周年"主题，征集编印《青浦区政协诗词书画集》，展现时代风貌、反映发展成就；港澳台侨委员会联合区侨联、侨办召开侨界人士座谈会，回顾辉煌成就，展望美好前景。编纂《海派文化地图·青浦卷：崧泽之光》，展现青浦深厚文化底蕴和江南水乡独特魅力。大力支持政协之友社工作，充分发挥团结统战功能，召开社员大会和座谈会，关心老同志生活学习，积极搭建平台、开展各类活动，帮助社员和老同志更好地发挥余热。

3. *鼓励委员积极服务社会*。开展"不忘初心跟党走，护航进博展风采"系列主题活动，引导委员展示青浦形象、积极服务进博会。依托专门委员会和街镇委员活动小组，深入开展组团式联系服务群众活动。各街镇委员活动小组不断创新工作方法，探索建立村（居）民情联系点、"同心家园"服务平台等工作机制，发挥桥梁纽带作用，协助党委政府解决群众难题。举办退伍军人就业招聘洽谈会，发动企业家委员提供工作岗位。鼓励委组界别、政协委员积极开展生态治理、捐资助学、扶贫帮困、医疗服务、法律咨询等公益活动，受到基层群众的欢迎。

（六）强化党建引领，提升政协履职能力

着眼新时代新任务新要求，强化党建引领，注重宣传激励，把提高委员履职能力和机关服务水平作为重要抓手，全面加强"两支队伍"建设，为实现区政协工作提质增效提供了保障。

1. *发挥政协党组的领导核心作用*。坚持党的领导，发挥好区政协党组把方向、管大局、保落实作用，以党的建设引领履职工作。认真贯彻落实中央、市委关于加强新时代人民政协党的建设工作文件精神，以及全面从严治党"四责协同"、向基层延伸等要求，按照区委统一部署，建立政协机关党组，理顺政协党组和机关党组职责，制定和完善区政协党组和机关党组工作规则。根据区委决策部署和区委区政府中心工作，制定实施"一要点四计划"，推动重点工作目标管理，做到任务项目化、项目责任化、责任追溯化。不断优化工作机制，做实预选发言意向、强化知情明政基础、严把委员建言质量、拓展网络议政渠道等四个环节，不断提高政协履职能力和实效。

2. *加强委员队伍建设*。按照新形势新任务和政协《章程》新要求，加强委员履职管理，推动做好"委员作业"。不断完善APP履职平台功能，定期通报履职情况，认真落实履职规则，开展积分量化评价考核，进一步激发委员履职积极性。根据实际情况，会同区委组织部、统战部，及时调整充实委员队伍。丰富学习培训渠道，举办新委员培训班，组织部分政协常委和委员，参加全国政协干部培训班、市政协地区政协干部培训班、"学习习近平总书记关于加强和改进人民政协工作的重要思想"座谈会，提高委员理论水平和履职能力。

3. *注重履职成果宣传*。在《人民政协报》《联合时报》等市级以上媒体累计报道52篇，充分展现履职成效、讲好"政协故事"。区政协参加长三角地区政协联合调研联动监督、瞄准要事难事开展协商式监督、做好提案办理"三道题"等创新工作在《联合时报》头版报道。完善城市风险管理体系、环保督察整改落实等重要协商活动得到《人民政协报》的报道。注重宣传委员形象，在《联合时报》《青浦政协》刊登委员风采、委员声音18篇。此外，及时反映政协动态，依托政务信息平台和区政协刊物、网站、APP客户端，同步发布信息300余条。

各位委员，一年来的成绩，是中共青浦区委高度重视、坚强领导的结果，是区人大、区政府和社会各方面大力支持的结果，也是参加区政协的各党派团体、各界人士和广大委员团结协作、共同奋斗的结果。在此，我代表区政协常委会，向关心支持区政协工作的全区各级党政组织和社会各界人士，向一年来为区政协工作作出积极贡献的各党派团体和全体委员，表示衷心的感谢和崇高的敬意！

同时，我们要清醒地看到，有些工作与新时代加强和改进人民政协工作的新要求，与中共青浦区委和人民群众对政协工作的新期待相比，还存在一些不足，主要是：协商建言的质量，与更好发挥政协协商民主重要渠道和专门协商机构的作用还有差距；民主监督的力度和实效性，与全面落实中央、市委和区委关于加强和改进人民政协民主监督工作的要求还有差距；委组界别工作规范化制度化水平，与新形势对委组界别工作的新要求还有差距等。这些都需要在今后的工作中切实加以改进。

二、2019年主要任务

2019年是新中国成立70周年和人民政协成立70周年，是青浦抢抓国家战略机遇推动改革开放再出发的重要一年。区政协工作的总体要求是：以习近平新时代中国特色社会主义思想为指导，全面贯彻落实中共十九大和十九届二中、三中全会、中央经济工作会议精神，全面贯彻落实习近平总书记在庆祝改革开放40周年大会上的重要讲话和考察上海重要讲话精神，高举中国特色社会主义伟大旗帜，在中共青浦区委的坚强领导下，带领广大政协委员，坚持团结和民主两大主题，紧紧围绕中国国际进口博览会和长三角一体化发展这两个国家战略，以及中共十一届市委六次全会和五届区委六次、七次全会确定的目标任务，牢固树立"一线"意识、积极展现"一线"作为,富于创造地开展政治协商、民主监督、参政议政履职实践,切实发挥好协商民主重要渠道和专门协商机构作用,为青浦加快建设"上海之门",推动全面跨越式高质量发展作出新的贡献。为此,我们要做好以下工作。

(一)继续强化党建引领,坚定正确政治方向

1. 加强政协党的建设。认真贯彻落实中办、市委关于加强新时代人民政协党的建设工作的文件精神,切实担负起实现党对人民政协领导的政治责任,教育引导委员牢固树立"四个意识",坚定"四个自信",坚决做到"两个维护"。加快推进政协党的组织和党的工作有效覆盖,推动出台加强区政协党的建设实施细则,制定新时代发挥中共党员委员先锋模范作用的实施意见,举办中共党员委员学习培训班,充分发挥好政协组织中共产党员的先锋模范作用,不断提高区政协党建质量和水平,把中央、市委、区委决策部署和对政协工作的要求落实到位。

2. 坚持创新学习机制。突出学习重点,围绕习近平中国特色社会主义思想和习近平总书记关于加强和改进人民政协工作的重要思想,制定实施学习计划,进一步明确学习任务和要求。不断完善学习制度,以区政协党组学习为引领,主席会议集体学习、常委会议专题学习、专题研讨、学习讲座和专委会学习、界别学习等相配套,继续强化政协 APP 平台移动学习功能,确保学习对象全覆盖。围绕长三角一体化发展要求,积极开展与嘉善、吴江等近沪地区政协协同联动、互动交流。

3. 切实增强学习实效。坚持学用结合,在武装头脑、指导实践、推动工作上下功夫,推动学习贯彻习近平总书记关于加强和改进人民政协工作重要思想走深走实。积极学习贯彻党的统一战线理论,认真开展人民政协理论研究,认真学习中央、市委和区委重要会议和文件精神,举办新时代政协工作新使命新担当、国际形势、经济形势等专题报告会,帮助委员拓宽视野、把握形势任务。强化学习和履职的深度融合,组织开展业务学习,真正把学习成果运用到履职的过程中。

(二)坚持服务发展大局,深入开展协商议政

1. 认真编制协商计划。围绕市委、区委全会部署要求,聚焦推进高质量发展、建设高能级城市、创造高品质生活等目标任务,多方征集协商议题,通过各种形式听取党派团体、界别和委员的意见,精心编制协商计划,确保协商议题紧扣中心、聚焦重点、贴近实际。召开区政府区政协工作座谈会,对标区政府重点工作挂图作战等计划安排,深入沟通协商、达成思想共识,确保协商计划与党委政府重点工作同向同行、同频共振。

2. 精心组织协商活动。围绕"培育扶持科创产业,加快重大产业项目落地""大力实施乡村振兴战略,打造长三角乡村振兴先行区"等议题,开展常委会协商。围绕"我区生态环境建设情况""推动城市更新,提升城市功能和品质""青浦深度融入长三角一体化发展情况"等议题,听取专题通报。围绕推进社区卫生服务中心三年提升工程、加强道路交通管理、财政预算编制、促进民营企业发展、完善垃圾分类处置、推进养老保障体系建设、推动幼托市场健康发展等重点工作,开展对口协商和界别协商。

3. 深入开展调查研究。建立健全"大调研"常态长效机制,大力推动联系走访委员、委员进社区"两个全覆盖",引导委员研究新问题、提出新对策。围绕"长三角高质量发展示范区建设中的产业定位""进一步优化营商环境,努力把青浦建设成为长三角最具制度竞争力的地区之一",组织开展重点课题调研;围绕"推进民营科技园区发展,助推长三角协同创新核心区建设""进一步加强品牌建设,打造长三角江南文化示范区"等,统筹开展专委会课题调研。围绕"优化医疗卫生资源配套,全面推进综合医改""进一步完善水环境治理长效机制""发挥进博会溢出效应,加快推动自由贸易体系建设"等,开展主席会议集体调研。继续支持党派团体开展联合调研。

(三)助推决策部署落实,不断改进民主监督

1. 完善民主监督机制。贯彻落实中央、市委和区委加强和改进政协民主监督工作文件精神,继续强化政协民主监督职能,坚持协商式监督特色优势,融协商、监督、参与、合作于一体,更好发挥政协民主监督的独特作用。不断规范监督程序,健全监督机制,科学确定监督议题,精心组织监督活动,确保政协民主监督精准发力,提高政协民主监督水平和实效,助推区委、区政府重大改革举措、重要决策部署的落实落地。

2. 突出民主监督重点。准确把握政协民主监督的性质定位、指导思想和基本原则,坚持问题导向、目标导向和效果导向,围绕"全国文明城区创建""推进城市精细化管理,深化'三网融合'发展"等工作,统筹开展常委会议、专题议政会议、提案、视察、反映社情民意信息等各项民主监督活动,着力深入调查研究,实事求是反映情况,联系实际提出建议,协助解决问题、改进工作、增进团结、凝心聚力。

3. 深化民主监督实效。着力优化民主监督机制,提高建言质量。聚焦重大改革发展举措和民生项目落实情况,组织委员开展视察监督,发现问题、提出建议。继续加强提案和社情民意信息工作,进一步拓展渠道,积极报送监督性提案和社情民意信息,开展重点提案跟踪促办、提案办理评估督查工作,持续推进提案公开,推动提案成果转化,探索建立社情民意信息工作室,提高社情民意信息质量,不断放大监督效应。认真开展专项监督、特约监督等民主监督。

(四)弘扬团结民主主题,营造共同奋斗氛围

1. 加强合作共事。充分发挥爱国统一战线组织作用,加强思想政治引领,进一步筑牢共同的思想政治基础,为全区经济社会发展,进一步凝聚共识、凝聚人心、凝聚智慧、凝聚力量。坚持定期走访党派团体、委组界别负责人,关心工作和生活情况,认真听取意见建议,建立意见建议采纳沟通反馈机制。积极为党派团体开展工作创造条件,联合开展调研、视察等活动,邀请党派团体成员参加协商活动,引导优秀调研成果和意见建议更多地转化为大会发言、政协提案、社情民意信息,供区委、区政府和有关方面参考。

2. 团结社会各界。坚持主席会议成员走访委员制度,建立政协党组成员联系界别制度，完善街镇委员活动小组工作机制，深入联系基层群众，进一步扩大团结面、增强包容性。加强同党派团体、无党派人士、民族宗教界、港澳地区委员的团结联谊，密切与非公有制经济人士、新的社会阶层人士的沟通联系，发挥界别桥梁纽带作用。开展企业家委员沙龙、委员文化沙龙等特色活动，举办纪念建国70周年和政协成立70周年系列活动，加强委员团结联谊和互动交流。

3. 促进和谐稳定。坚持履职为民，牢记初心和使命，认真组织开展组团式联系服务群众和企业活动，依托街镇委员活动小组，积极开展委员进村居活动，做好诉求表达、利益协调、权益保障、增进团结等工作。支持委组界别和委员，在促进就业、捐资助学、扶贫帮困、医疗服务等方面，更多地服务社会和群众。支持区政协之友社秉持"学习提高、团结联谊"的宗旨，有序开展知情明政、增进共识、反映社情民意信息等活动，为青浦发展和政协工作发挥余热。

（五）加强政协制度建设，持续夯实自身基础

1. 不断健全工作制度和机制。根据中央、市委和区委关于加强和改进新时代人民政协工作的相关文件要求，修订完善政协常委会议、全会工作规则，以及界别工作实施意见、街镇委员活动小组工作制度，探索建立政协党员常委述职制度、委员请假制度、全会和学习考察期间建立临时党组织制度等，进一步提高政协规范化制度化水平。继续加强履职管理，积极开展委员培训，努力提高履职水平，引导委员发挥好在本职工作中的带头作用和政协工作中的主体作用，切实答好"履职答卷"。

2. 发挥委组界别的基础代表作用。加强组织领导，重点在专业、务实、创新上下功夫，做好专委会协商议政工作。健全专委会联系界别工作机制，进一步创新履职方式，推动专委会、界别和街镇委员活动小组协调联动，提高委组界别履职成效。切实增强界别工作责任感、使命感，不断拓展界别的代表性，不断创新工作思路和机制，坚持分类施策，坚持"界别＋"的理念，推动委组界别工作开创新局面。

3. 不断提升机关服务保障能力。持续推进"两学一做"学习教育常态化制度化，认真开展"不忘初心、牢记使命"主题教育。按照全面从严治党健全"四责协同"、向基层延伸等工作要求，进一步加强机关干部队伍建设。严格执行中央八项规定和实施细则精神，切实转变工作作风，特别是要以"'抢'的意识、'拼'的勇气、'实'的作风"，不断创新履职实践，加强工作统筹协调，强化对专委会和界别工作的服务和指导，进一步提高机关服务保障能力和水平。

各位委员、同志们，新征程、新使命，人民政协要有新担当、新作为。站在改革开放再出发的历史起点上，让我们更加紧密地团结在以习近平同志为核心的中共中央周围，高举中国特色社会主义伟大旗帜，认真贯彻落实新时代加强和改进人民政协工作的新要求，牢牢把握人民政协"四个第一线"（即凝心聚力第一线、决策咨询第一线、协商民主第一线、国家治理第一线）的新定位，在中共青浦区委的坚强领导下，同心同德、同舟共济，为加快推动全面跨越式高质量发展、加快建设高能级高品位的"上海之门"，把青浦建设成为上海对外服务的门户城市和长三角一体化发展的示范城市作出新的更大的贡献，以优异的成绩庆祝新中国成立70周年和人民政协成立70周年。

青浦区参与长三角生态绿色一体化发展建设纪实

2018年11月5日，在首届中国国际进口博览会开幕式上，长三角一体化发展上升为国家战略，之后一年，一体化的脚步渐渐加快。

一、长三角生态绿色一体化发展顶层设计

1. 出台规划纲要和总体方案。2019年初开始，长三角地区三省一市相关部门和有关专家团队，纷纷就长三角一体化发展战略如何实施进行多番调研和探索并上报国务院和相关部委。5月13日，中央政治局会议审议了《长江三角洲区域一体化发展规划纲要》。12月1日，中共中央、国务院印发了《规划纲要》。11月19日，国家发改委正式发布《长三角生态绿色一体化发展示范区总体方案》。《总体方案》由总体要求、定位和目标，率先探索将生态优势转化为经济社会发展优势，率先探索区域生态绿色一体化发展制度创新，加快重大改革系统集成和改革试点经验共享共用和强化实施保障等六部分组成，明确了45项具体任务。《规划纲要》和《总体方案》的相继出台，为长三角地区携手实施国家战略指明了方向、描绘了蓝图、给出了操作抓手。

2. 各类会议、活动宣传造势。5月22日，长三角芜湖会议召开，中共中央政治局委员、上海市委书记李强，上海市委副书记、市长应勇；江苏省委书记娄勤俭，江苏省委副书记、省长吴政隆；浙江省委书记车俊，浙江省委副书记、省长袁家军；安徽省委书记李锦斌，安徽省委副书记、省长李国英出席会议。国家发展改革委有关负责同志应邀出席会议。会议深入学习贯彻习近平总书记关于长三角一体化发展的一系列重要讲话和重要指示批示精神，以“长三角：共筑强劲活跃增长极”为主题，全面分析了长三角一体化发展上升为国家战略的新内涵和新要求，总结交流了去年“上海会议”以来一市三省实施长三角一体化发展三年行动计划的工作成效，审定了《长三角一体化发展2019年工作计划》，部署了落实《长江三角洲区域一体化发展规划纲要》的重大事项。6月3日，中共中央政治局常委、国务院副总理、推动长三角一体化发展领导小组组长韩正在上海主持召开推动长三角一体化发展领导小组会议，深入学习贯彻习近平总书记关于推动长三角一体化发展的重要讲话精神，全面贯彻落实《长江三角洲区域一体化发展规划纲要》，讨论审议有关文件，研究部署下一阶段重点工作。李强、何立峰出席会议。推动长三角一体化发展领导小组成员、领导小组办公室以及有关部门单位负责同志参加会议。6月28日，上海市推进长三角一体化发展动员大会举行。上海市委书记李强在会上强调，要充分发挥开路先锋、示范引领、攻坚突破的作用，全力落实《长江三角洲区域一体化发展规划纲要》，全力

6月28日，上海市推进长三角一体化发展动员大会举行　（陈正宝摄）

推动长三角实现更高质量一体化发展。市委副书记、市长应勇主持会议,市政协主席董云虎,市委副书记尹弘出席。11 月 1 日,长三角生态绿色一体化发展示范区建设推进大会在上海市青浦区举行,沪、苏、浙三地深入贯彻习近平总书记重要指示精神,共同拉开示范区建设大幕,共同开启长三角更高质量一体化发展新征程。上海市委书记李强、江苏省委书记娄勤俭、浙江省委书记车俊出席会议并讲话,共同为长三角生态绿色一体化发展示范区、长三角生态绿色一体化发展示范区理事会和长三角生态绿色一体化发展示范区执行委员会揭牌。上海市委副书记、市长应勇主持会议。12 月 7 日,2019 环意 RIDE LIKE A PRO 长三角公开赛在国家会展中心(上海)开幕。这是拥有百年历史的环意赛事旗下品牌“环意 RIDE LIKE A PRO”首次在意大利以外的国家举办。开幕仪式现场,中国自行车运动协会副主席、上海自行车运动协会会长王海威表示,环意 RIDE LIKE A PRO 长三角公开赛将会给中国自行车运动带来先进的办赛理念,将专业性与全民性有机结合到赛事中来,结合青浦区文化特点,引导人民群众广泛参与到自行车健身活动中,在运动中积极宣扬低碳、环保、绿色的运动理念,向社会传播“自行车运动”的正能量。

3. *领导考察调研并下达指示*。中央政治局委员、上海市委书记李强两次到长三角生态绿色一体化发展示范区进行调研。10 月 9 日,李强在青浦区调研长三角生态绿色一体化发展示范区建设推进情况时指出,要深入贯彻落实习近平总书记考察上海重要讲话精神,全力抓好《长江三角洲区域一体化发展规划纲要》贯彻落实,以时不我待、只争朝夕的精神状态和使命担当,努力把长三角生态绿色一体化发展示范区打造成为改革开放新高地、生态价值新高地、创新经济新高地、人居品质新高地。12 月 19 日,李强再次调研长三角生态绿色一体化发展示范区建设推进情况,并指出,要在示范效应上做好文章,率先推进重大改革先行先试,真正发挥好“试验田”的作用。要汇各地之长、创示范区之新,主动推进长三角重大改革在示范区集成试点,积极谋划一批先行先试改革事项。要在智能化、科学化、精细化上下更大功夫,依托互联网、大数据、云计算、人工智能进行赋能,走出治理新路。着力推进跨省域政务服务“一网通办”,从企业注册、项目审批等重点事项做起,搭建好统一平台,打造示范区品牌影响力。加快实现跨省域统一环境标准、统一环境监测、统一监管执法。积极统筹好跨区域招商引资,更好发挥市场配置资源的决定性作用,让各类资源要素的活力充分释放。11 月 2—3 日,习近平总书记在市领导李强、应勇的陪同下视察上海,并提出扎实推进长三角一体化发展的要求。他指出,长三角三省一市要增强大局意识、全局观念,抓好《长江三角洲区域一体化发展规划纲要》贯彻落实,聚焦重点领域、重点区域、重大项目、重大平台,把一体化发展的文章做好。

4. *重大项目相继落地开工*。6 月 26 日,青浦区举行“聚焦长三角一体化,推动更高质量发展——2019 青浦区重大项目启航”活动。此次活动着力聚焦“四个新高地”(即改革开放新高地、生态价值新高地、创新经济新高地、人居品质新高地)建设,以体现“集中度、显示度”为目标,以项目引领推动为抓手,共涉及项目 128 个,投资总额达到 1458 亿元,包括华为研发中心、哈工大智能产业园、启迪科技园、华测导航、精测半导体等国内一批知名企业项目,也包括德国 Brose(博泽)、Blum(百隆),英国 IMI,美国 CookMedical(库克)等一批外资先进制造业项目。8 月 17 日,华为研发中心(金泽镇西岑社区)动迁基地项目开工典礼顺利举行;10 月 8 日,该项目正式开工,并进入基础施工阶段。11 月 2 日,长三角生态绿色一体化发展示范区誓师大会暨产业项目启动仪式在青浦区举行。仪式上,青浦、吴江、嘉善三地集中签约项目 16 个,揭牌项目 12 个,将进一步助推三地产业发展实现新集聚、形成新优势。青浦区作为示范区重要的组成部分,加快推进重大项目的落地与开工。11 月 4 日,长三角生态绿色一体化发展示范区区域公交开通仪式在青浦区内的东方绿舟公交枢纽举行,5 条区域公交线路在沪、苏、浙三地的青浦区、吴江区和嘉善县“两区一县”之间开通。

6 月 26 日,青浦区举行“聚焦长三角一体化,推动更高质量发展——2019 青浦区重大项目启航”活动 (严晓瑜摄)

二、青浦区全力实施推进长三角生态绿色一体化建设战略

随着一体化进程渐渐加快,青浦区主动把握重大历史机遇,全区动员、全情投入,在 2019 年初成立“全面贯彻落实习总书记考察上海重要讲话精神领导小组”,坚持把服务“进博会”和长三角一体化发展两大国家战略紧密结合,有步骤、有策略地推进各项工作,在示范区的发展中主动承担龙头带动责任,敢于先行先试,力争打造标杆和典范。

1. *参与组建示范区管理机构*。一体化示范区执行委员会是一体化示范区开发建设管理机构。10 月 30 日,长三角生态绿色一体化发展示范区执委会筹备机构在上海成立并揭牌;是日,还召开了长三角生态绿色一体化发展示范区执委会筹备机构工作人员集中报到会。目前,执委会共有 35 名工作人员,全部由苏、浙、沪两省一市通过广泛遴选和竞争选拔产生。青浦区积极组织干部参加遴选工作,最终由青浦区发改委主任朱正伟进入执委会营商和产业发展组任组长。执委会具体在青浦区朱家角镇的原朱家角投资公司大楼实体办公。

2. 谋划战略构想。一是率先发布青浦区高质量发展指标体系,明确了创新、协调、绿色、开放、共享五大领域的38项指标,推进制度示范。二是推进长三角国际贸易龙头区、长三角协同创新核心区、长三角乡村振兴先行区、长三角江南文化示范区和长三角社会治理样板区5个新区建设。进一步优化城市功能布局,强化协同作战和联动发展。共同建设生态绿色示范区,全力加快发展绿色和创新经济,打造绿色发展标杆、创新发展模板。

3. 开展党建引领。主动探索强化地方党委统筹联动,加强与昆山、吴江、嘉善等环淀山湖周边地区的联系对接,打造区、镇(街道)、村(居)三级"1+6+N"("1"指区级层面的区域化党建平台,"6"指与苏、浙临近的6个街镇,"N"指与苏、浙临近的村居等基层单位)联动机制。组织召开环淀山湖战略协同区党建共建联席会议,制定四地"干部挂职和教育培训"合作项目,加强干部互派挂职,推动多岗位多层面培养锻炼干部,联合举办中青年干部论坛,等等。在推动具体工作方面,注重把党的政治优势和组织优势转化为推动长三角更高质量一体化发展的强大战略优势,共享发展成果。探索研究青浦区《党建引领长三角一体化发展示范区高质量建设的工作方案》,更好地引领、服务和保障长三角一体化发展国家战略落地做实。

10月30日,长三角生态绿色一体化发展示范区执委会筹备机构在上海市青浦区朱家角镇成立并揭牌(上图);参加长三角生态绿色一体化发展示范区执委会筹备机构工作人员集中报到会的工作人员在办公楼前合影(下图)

(新民晚报社供稿)

4. 探索协同机制。一是聚焦重点领域协同推进。2018年,青浦区出台了《关于青浦区深度融入长三角一体化发展的若干意见》,在与苏州市、嘉兴市签订全面战略合作协议和建立青、嘉、吴三地联席会议的基础上,进一步聚焦示范区建设,与吴江、嘉善积极开展合作,牵头制订三地2019年一体化发展工作方案,围绕规划契合、设施汇合、产业耦合、功能聚合、治理融合、环保联合6个"组合拳"和保障措施共7个方面,细化了51项具体合作项目。二是聚焦特色项目率先突破。探索提升异地公共服务便捷度、优化营商环境、完善交通联通。2019年3月29日,为上海积可建材有限责任公司颁发首张"长三角一体化"跨区域通办的营业执照。4月28日,3家企业从嘉善县审批服务中心"长三角一体化企业开办服务区"领取了营业执照、公章、"法人一证通"数字证书、税务发票和税控设备,实现长三角"接合部"地区跨区域企业"一窗通办""一窗发放",服务再升级。7月1日,首张住所冠以"长三角生态绿色一体化发展示范区"字样的营业执照和食品经营许可证发出。实现首个跨省异地就医登记备案;建立三地信用领域沟通协调机制和共享共用信用信息平台;三地电力部门共同发布《长三角一体化发展电力行动计划(2019年)》;断头路建设按计划抓紧推进,启动复兴路、胜利路、东航路、外青松公路4条省界断头路的打通工程,推进盈淀路贯通、吴江黎里至东方绿舟跨省公交等公交线路直达开通等。三是强化生态环境共保联治。5月22日,青浦、吴江、嘉善三地签订《关于一体化生态环境综合治理工作合作框架协议》,明确长三角一体化生态环境综合治理工作在规划契合、合作机制、共建共保、环境标准、信息共享、联动执法、预警联动、共治共保等10个方面展开合作。三地共同落实生态优先绿色发展,统一划定生态保护红线(水源涵养红线)和水环境功能区划,实现地表水环境的"一张地图"。三地明确城镇污水、农村污水排放标准,加快制定地方农村生活污水处理排放标准,推进农业面源污染治理,研究一体化区域内生态农业发展模式。建立健全长三角地区空气重污染预警和应急机制,编制《长三角地区空气重污染专项应急预案》。加快示范区内生态环境治理项目协同建设。重点推进"一湖一荡一链"[即淀山湖、元荡(旧称鼋荡)和"蓝色珠链"(金泽镇内沿火泽荡—封漾荡—北横港—大莲湖形成一条蓝色珠链）］治理，加快推进淀山湖高品质贯通，元荡综合保护和“蓝色珠链”水生态修复，切实提升省际河湖水环境建设和生态品质。

5. 落实具体工作。一是加强区域顶层设计。成立青浦区全面贯彻落实习近平总书记考察上海重要讲话精神领导小组，加强对长三角一体化的总体领导。组建长三角工作专班，同步成立区域发展办公室，纵向积极落实市委、市政府和长三角区域合作办公室各项要求，横向不断加强与苏州、嘉兴的共同发展，在全市各区政府机构中独有。二是加强空间资源管控和腾退。全面开展人、房、地等现状资源排查，锁定现状图版和空间资源，建立可查档案，确保国家战略落地前平稳有序。积极推进建设用地减量、二级水源保护区涉及企业清拆、环湖地区国企资源盘活等工作，青西三镇2019年完成建设用地减量化立项共184.19公顷（批复数据，含太阳岛114.23公顷），验收共51.26公顷；基本完成二级水源保护区工业企业关闭清拆工作，194家工业企业全部关停；盘活环湖地区国企资源，已启动第一家企业的收购工作。三是推进人居环境整治。结合乡村振兴及存量工业园区的转型工作，加强环境整治，保持整洁有序环境；构建便捷、绿色、智能、安全的现代化基础设施体系，建立多层次、跨区域、高水平的公共服务网络，大力推进市级乡村振兴示范村创建、青西三镇美丽乡村建设、农民集中居住试点工作等。四是加强先行项目建设。重点结合华为研发中心、启迪科技园、哈工大人工智能产业园、市西信息软件园、西虹桥商务区，围绕“四个高地”建设共梳理了128个总计投资金额1458亿元的区级重大项目。坚持以项目化带动一体化，聚焦项目推进，加快华为、网易等重大产业项目的落地和开工。围绕华为重点项目，研究编制华为产业、产品链招商引资清单，大力开展产业链招商，以各镇、区属企业为主体，实施产业集群招商，开展有针对性的项目推介和项目洽谈。华为业务公司“上海海思技术有限公司”已完成在青浦区的设立登记，注册资本金8000万元，已实现缴税2.4亿元。其中，华为研发中心完成土地出让并已顺利开工建设，复旦大学附属妇产科医院青浦分院于8月30日开工，兰生复旦青浦分校于9月30日正式打桩。同时，青浦区还加快了淀山湖社会福利院、青西高水平医疗中心等项目的建设，增加多层次、高水平公共服务资源供给。

6. 开展前瞻研究。积极开展示范区的前瞻性课题研究。为了配合示范区的空间规划编制工作，青浦区委托国际性的咨询公司开展了“蓝色珠链”产业和功能定位的课题研究和金融小镇的初步选址工作，并与中国城市规划设计研究院进行了沟通。课题提出在金泽“蓝色珠链”沿线形成以“金融+研发”为核心、“文旅健康”为配套的产业格局，打造长三角一体化金融服务高地，协同长三角地区推进科技成果转移转化，将“蓝色珠链”塑造成长三角金融资源与科创要素链接的先导区，并初步在金泽镇西岑地区遴选了约3.5万平方米的存量建筑，可以用作金融小镇第一期的启动建设用途。此外，针对示范区内分布的7个国家级历史文化名镇，启动了古镇发展的课题，研究如何围绕着示范区打造创新经济、人居品质等新高地等目标，来更好地做好水乡古镇发展释放新活力，打响江南文化的品牌。

总之，青浦区正着力围绕《长江三角洲区域一体化发展规划纲要》和《长三角生态绿色一体化发展示范区总体方案》，紧锣密鼓地推进长三角一体化发展建设步伐，坚定不移地推动着这一国家战略的稳步实施。

（严莉莉　倪诗韵）

关于建立青东联动发展机制的调研报告

中共青浦区委书记　赵惠琴

在青浦对接服务“进博会”和长三角一体化发展两大国家战略的大局中，青东五镇具有“进博会”的主场效应，是虹桥商务区的重要功能板块，是“一城两翼”战略布局的“先手棋”。但面对更高要求，青东进一步发展面临一系列困境。为破解这些困境，充分放大主场优势、区位优势和战略优势，我带队分赴赵巷、徐泾、华新、重固、白鹤五镇，通过实地调研、座谈交流等形式，对青东联动发展进行专题研究，形成此调研报告。

一、青东发展的战略机遇和使命任务

当前，青浦同时承接进博会和长三角一体化发展两大国家战略，同时承载生态绿色一体化发展示范区和虹桥商务区两大重点区域建设，迎来千载难逢的发展机遇。尤其是青东地区在区位优势、产业能级、城市建设等方面具有较好的发展基础，在青浦服务国家战略、建设上海之门的格局中承担着主力军、先锋队的角色。集中表现在3个方面：一是具有“进博会”的主场效应。“进博会”永久举办地——国家会展中心位于徐泾镇，“6 + 365”（即将“进博会”实时6天的精彩演变成每年365天的常态）常年展平台大多分布在青东各镇，承接进博会带来的产业拉动、消费促进、城市面貌提升等溢出效应，青东具有“近水楼台先得月”的优势。二是虹桥商务区的重要功能板块。《上海市贯彻落实〈长江三角洲区域一体化发展规划纲要〉实施方案》明确把虹桥商务区定位为国际化的中央商务区和开放枢纽。最近发布的《虹桥主城片区单元规划》，虹桥商务区扩区至88平方公里，包含徐泾镇、华新镇部分地区，其中，徐泾镇全境被纳入规划拓展区。青东承载着虹桥商务区国际贸易、会展服务、总部经济等核心功能。三是“一城两翼”战略布局的“先手棋”。“一城两翼”是区委深耕多年的战略布局。从全市布局大虹桥建设以来，区委就提出了“举全区之力、决战西虹桥”的发展战略。当前，相对于“西翼”生态绿色发展的探索，“东翼”在抢抓现实机遇上更为成熟、更为紧迫，是实现“一城两翼”布局，推动青浦全面跨越式高质量发展的“先手棋”。

二、青东发展的现实困境和原因分析

虽然青东地区发展已经取得一定的阶段性成效，但同时也面临不少瓶颈问题，主要概括为“三重困境”：

1. 面对战略机遇想要抓却抓不住。两大国家战略在青

11月21日，区委、区府领导和相关职能部门负责人在白鹤镇开展青东联动调研交流（白鹤镇供稿）

浦相继落地,各镇都能意识到国家战略将带来巨大红利,已经在政治落实方面建立了一系列合作,形成了一定声势,但在工作实效和显示度上还有提升空间。主要表现在3个层面:一是思想层面,对战略机遇具体是什么、在哪里、怎么抓,还缺少深入系统的思考和研究。二是战略层面,主要是缺少战略谋划,即使已经明确了一些主攻方向,但还没有形成具体的操作路径。三是工作层面,由于镇级各项基础薄弱、资源配置能力不足,难以承接国家战略的重大机遇。比如,徐泾、赵巷等镇由于空间资源有限,无法满足企业从产品研发、设计,到测试、再到生产装配需在一个区域内完成的要求,缩减了企业落户意向。而位置较为偏远的白鹤等镇,在引进优质项目上难度较大。又比如,由于人才资源不足,镇级招商团队对科技型、前沿型企业的专业服务要求难以对接,而专业招商团队在专业化、市场化方面具有较大优势,前段时间,在西虹桥商务公司专业团队的协助下,美团点评有意向落户徐泾镇。

2. *面对发展瓶颈心有余力不足*。各镇经过这几年努力,取得了长足发展,但是也遇到了一系列瓶颈。主要表现在4个方面:一是经济发展方面,突出表现为产业升级、园区二次开发、空间腾挪等受到镇级财力制约。二是城市建设方面,在总体规划、城市设计、集镇更新、基础建设等方面,缺乏工作统筹、专业人才和资金支撑。三是社会管理方面,面对面广量大的基层管理事务,镇级的财力、人力、物力捉襟见肘,仅够维系,难以提升。四是公共服务方面,以镇为单位配齐各类公共服务资源,刚性投入巨大,整体布局小而散。比如,由于财政资源不足,徐泾镇难以启动老集镇管网改造,成为西虹桥国际中央商务区拓展的"软肋";华新镇在推动园区转型升级、实现"腾笼换鸟"过程中,面对大量的动拆迁等问题力不从心。又比如,受制于行政分割,许多公共服务设施重复建设,没有实现共建共享,没有发挥应有的价值,像赵巷镇体育公园、人才公寓等建设标准较高,完全可以做到为整个青东地区服务。

3. *面对区域定位想要做却做不到*。目前,区、镇两级都对未来发展有了初步目标定位,描绘了美好愿景。但要把这些愿景变为现实,还要画好"工笔画",当好"施工队"。主要体现在两个层面:一是对标青东片区定位,五届区委七次、八次全会明确,青东片区要重点打造以科创和商贸经济为主导的国际中央商务区,大力发展总部经济、前沿产业、国际贸易,但是由于镇级招商平台能级不高,很难对接具有战略性、引领性和标志性的重大项目。二是对标各镇自身定位,比如赵巷镇要打造"智慧高地",徐泾镇要打造"全镇域CBD",华新镇要打造"一流新市镇",重固镇要打造"特色精品小镇",白鹤镇要打造"丝路小镇",这些定位仅凭各镇自身能力也很难实现。

分析下来,以上问题存在内部、外部两方面的原因:

内因方面:一是小而全、小而精的镇域经济发展模式不适应今天全球化、区域化的发展趋势,存在行政壁垒、同质竞争、重复建设、资源浪费等局限性;二是长期以来注重基层管理的镇级平台难以适应现代经济发展的内在要求,无论是镇级管理力量还是管理能力,都无法适应;三是镇级的工作基础、经济基础、功能基础、空间基础,总体上比较薄弱,相互间能级差异较大,难以适应国家战略宏大的目标定位。总体上,五镇的园区单位产出还较低,老集镇更新任务还较重,公共服务配套还不健全。比如,由于行政资源不足,镇级配备的公安、城管、市场监管等执法人员较少,仅能确保基本的社会管理,面对进博会举办等安保、管理、服务要求,难以完成。又比如,由于城市建设标准不一,西虹桥中央商务区内、外的排水管道直径大小不一,致使商务区内路面经常积水,影响了城市形象。

外因方面:一是贯彻落实新思想、新理念,对传统发展模式提出了转型升级的新要求。创新、协调、绿色、开放、共享的新发展理念,要求我们必须转变发展模式,变投资拉动为创新驱动,变粗放型发展转向资源集约型和环境友好型发展。二是宏观调控政策,对传统的发展方式形成了新的发展导向。比如上级政策对开发边界、经济密度、生态环保等提出了明确要求,无法突破。三是新生代企业尤其是高端企业,对更高水平的营商环境提出了新的需求。比如华为、海克斯康等行业龙头和科技型企业对专业服务提出了更多要求,镇级服务平台无力对接。

三、青东联动的初步设想和对策建议

上述问题的症结归根结底,就是分散的镇域经济发展模式,已经跟不上今天的发展形势和发展需要。在某种程度上,青东联动发展与推动长三角一体化发展的核心问题是一致的,关键是要在现有的行政体制框架内,从机制创新入手破题。重点在5个领域加强统筹:一是规划引领。主要是统筹区域发展规划,对五镇城市总体规划、土地总体利用规划"两规合一"和土地开发利用计划等规划编制、调整等相关事项,进行会商、协调和决定。二是战略发展。主要是在区委确定的战略框架下,对青东五镇各自发展定位、功能布局等进行统筹谋划,形成上下贯通的战略体系。三是功能布局。主要是围绕重大产业功能、交通功能和社会服务功能等相关事项进行会商、协调和决定,推动科创和商务两大中央商务区核心功能、路网交通及重大公共服务合理布局、共建共享。四是产业准入。主要是对标"四个论英雄"(即以亩产论英雄、以效益论英雄、以能耗论英雄、以环境论英雄)的要求,建立负面清单、会审机制,联合加强业态管控,确保引进的项目符合产业发展方向和区域发展定位。五是人居品质。主要是对该地区"城、镇、村"三级空间的建设品质、配套服务、精细管理等进行统筹,建立一套科学合理的标准、规范和导则,打造与门户城市、示范城市、国际城市相匹配的城市环境。

我们感到,要做到这5个统筹,必须在3个层面建立协调机制:一是战略层面。就是围绕总体发展定位、区域功能布局、总体规划等,建立领导小组,加强战略统筹。二是政策层面。我们感到,行政壁垒的主要表现就是政策差异,联动发展说到底,就是要加强政策统筹,实现利益的协调和合理分配,形成"兄弟齐心,其利断金"的发展合力。我们初步考虑由区发改委牵头,进行政策的梳理、研究和统筹。三是工作层面。就是要确保有人落实,我们初步考虑,设立办公室和开发公司作为落实主体。其中,办公室主要负责领导小组决策事项的执行、协调和推进,承担领导小组日常工作;开发公司主要负责青东五镇的城市设计、功能建设、产业招商、运营服务等具体发展和建设工作。

附：

青东五镇基本情况简介

青东五镇包括赵巷镇、徐泾镇、华新镇、重固镇、白鹤镇，总面积209.35平方公里，占全区总面积的31.3%。至2018年末，常住人口总数664547人，占全区人口的54.5%。目前，三次产业比为0.89∶28.75∶70.37，呈现以服务经济为主导的特点。2019年1—8月，五镇合同外资6.97亿美元，占全区66.87%；全社会固定资产投资（属地）120.79亿元，占全区51.47%；社会消费品零售总额188.20亿元，占全区49.04%，具备了打造长三角国际贸易龙头区和协同创新核心区的基础。一般公共预算收入、税收收入分别为150.95亿元、151.77亿元，占全区比重分别为33.56%、35.77%，还有较大发展空间。规模以上工业产值201.11亿元，占全区21.10%，高端制造业有待进一步发展。

2019年1—8月青东五镇主要经济指标情况表

表1

	三次产业比	一般公共预算收入（万元）	税收收入（万元）	规模以上工业产值	合同外资（万美元）	全社会固定资产投资（属地）（万元）	社会消费品零售总额（万元）
全区	0.8∶43.6∶55.6	4498414	4242989	9532787	110110	3464343	3888027
赵巷镇	0.02∶18∶82	219858	220227	123439	9614	310611	752620
徐泾镇	0.1∶18.1∶81.8	573673	577627	431150	18456	952317	391277
华新镇	1∶51∶48	423306	424500	1017531	38030	340898	412868
重固镇	0.7∶7.2∶92.1	195121	195653	51435	6760	106822	145297
白鹤镇	4.1∶30.2∶65.7	97532	99662	387573	776	72545	179947
五镇总计	0.89∶28.75∶70.37	1509490	1517669	2011128	69741	1207901	1882009
五镇占全区比重（%）	—	33.56	35.77	21.10	66.87	51.47	49.04

大事记

编辑　赵冬英

1月

1日　上午，2019年青浦区元旦迎新徒步活动在淀浦河畔举行，有近2000名市民参加。

7日　下午，中国人民政治协商会议上海市青浦区第五届委员会第三次会议在区会务中心开幕。会议于1月10日上午闭幕。

8日　上午，上海市青浦区第五届人民代表大会第四次会议在区会务中心开幕。大会采用无记名投票的方式，选举余旭峰为青浦区人民政府区长，麦珏为青浦区人民法院院长。会议于1月10日下午闭幕。

11日　上海华培动力科技股份有限公司首次公开发行股票（股票代码：603121）并在上海证券交易所上市交易。发行股份总数4500万股，发行价11.79元/股。

14日　上海市农产品质量安全事故应急演练青浦专场在夏阳街道凯博农庄举行。此次演练通过桌面推演和现场模拟的方式，模拟一起发生在青浦区的Ⅳ级（四级）地产水产品安全事故调查处置过程。

是日　青浦区首座“智慧公厕”在夏阳街道北箐园正式投入使用，也是全区首个标准化的一类公共厕所。

17日　华为青浦研发基地顺利摘牌。该基地位于青浦区金泽镇，是青浦科创走廊建设的发展主轴，总用地面积近100公顷，总投资近100亿元。一期项目占地面积94.7万平方米，办公区总占地面积266.67公顷，是华为松山湖本部的两倍，共可容纳办公人数达1.5万人。

24日　由共青团上海市委员会主办的“青春网聚，暖心迎春”——上海共青团服务快递行业青年新春集中行动在位于青浦区华新镇的E通世界举行。

是日　位于青浦区的太浦河涵养林练塘镇练东村段入选“沪郊首批开放式休闲林地试点”名单。

25日　中共上海市青浦区第五届纪律检查委员会第四次全体会议在区会务中心举行。

是月　白鹤草莓获国家农产品地理标志，登记证书编号：AGI02463，区域保护范围为白鹤镇境内所辖21个行政村。

2月

14日　虹口区党政代表团到青浦区学习考察。青浦区领导赵惠琴、余旭峰、朱明福、李华桂等陪同考察并进行农村综合帮扶工作签约座谈。

18日　青浦区为烈属、军属和退役军人等家庭悬挂“光荣之家”光荣牌启动仪式在区军休所举行。全区704户“三属”人员（烈士遗属、因公牺牲军人遗属、病故军人遗属）、残疾军人、现役军人家属和军队离退休干部等家庭成为第一批悬挂光荣牌的家庭。

19日　青浦区第二届中国国际进口博览会安保稳定启动部署会暨2019年全区扫黑除恶专项斗争工作会议在区会务中心举行。

21日　青浦区深入学习贯彻落实习近平总书记考察上海重要讲话精神党政主要负责同志培训班在区会务中心开班。区委书记赵惠琴作开班动员，并以《提升统筹协调能力，加强党的全面领导》为题授课。培训班于2月23日结束。

是日　青浦区人民政府与上海市金融工作局举行战略合作签约仪式，双方签署《战略合作备忘录》。

25日　20多家中央和市级媒体记者到青浦区重固镇，实地采访重固镇的垃圾分类工作。

28日　青浦区召开机构改革动员大会。会议通报《上海市青浦区机构改革方案》内容，明确全区机构改革的任务书和路线图，并作动员部署。此次机构改革后，青浦区共设置党政机构45个，其中纪检监察机关1个、区委工作机关12个、区政府工作部门32个。

是月　青浦区第二中学由城中南路337号搬迁至南淀浦河路699号。新校区共设24个班。

3月

1—3日　以“乐享莓好春光·共兴丝路名镇”为主题的2019年第十届上海白鹤草莓文化节主题活动在白鹤草莓园举行。其间，共举行特色主题活动13项。

5日　浙江省嘉兴市嘉善县党政代表团到青浦区考察学

习。代表团一行在青浦区领导赵惠琴、陈庆江、王德强等陪同下，先后考察中国北斗产业技术创新西虹桥基地、青浦区服务保障进口博览会现场安保指挥中心，并就长三角一体化发展相关情况开展座谈交流。

6日　长三角一体化互联互通三地跨省公交开通仪式在江苏省苏州市吴江区黎里旅游集散中心举行，吴江黎里至上海青浦公交专线、吴江黎里至嘉善西塘公交专线正式开通运行。其中，吴江黎里至上海青浦公交专线（7618路）往返于黎里旅游集散中心、东方绿舟站之间，单向运行里程约35公里。

8日　青浦区召开“学习强国”学习平台工作动员推进会暨学习管理员培训会，部署推进全区“学习强国”学习平台建设和运用工作。

3月6日，长三角一体化互联互通三地跨省公交正式开通。图为吴江黎里至上海青浦东方绿舟公交专线(7618路)　（区政府网站供稿）

15日　环淀山湖战略协同区域街镇人大互通联动签约仪式在青浦区金泽镇举行。环淀山湖战略协同区域的吴江区黎里镇，昆山市周庄镇、锦溪镇，嘉善县西塘镇、姚庄镇和青浦区金泽镇人大共同进行互通联动合作备忘签约。

是日　中国长三角地区职工劳动技能创新工作第二次联席会议暨服务长三角一体化发展合作项目签约仪式在青浦区徐泾镇举行。上海市青浦区、江苏省苏州市吴江区、浙江省嘉兴市嘉善县三地总工会共同签署服务长三角一体化发展合作项目。

是日　2019年亚洲诺卡拉17级帆船锦标赛在淀山湖畔开赛。有新加坡、中国台湾、中国香港等国家和地区的6支代表队共20余名运动员参赛。

16日　2019年上海市十大草莓风云人物和草莓天使评选及颁奖仪式在上海西郊国际农产品交易中心举行。有全市180余家草莓种植合作社参加评选活动。经专家初评、复核和评选委员会审定，上海首次评选出在种植和销售领域中的“草莓风云人物”50人。

21日　2019年上海市爱国卫生和健康促进工作部署暨农村人居环境整治爱国卫生专项行动启动会在青浦区朱家角镇举行。会前，与会人员参观朱家角镇淀峰村爱国卫生和健康促进场所。

23日　2019上海（青浦）市民文化节“文化服务日”暨“文化青浦云”正式上线启动仪式在桥梓湾广场开幕。

25日　云南省德宏州陇川县党政代表团到青浦区交流。双方就加强对口支援与合作进行深入交流，并达成系列共识。

26日　上海永冠众诚新材料科技（集团）股份有限公司首次公开发行股票（股票代码：603681）并在上海证券交易所上市交易。发行股份总数4164万股，发行价10.00元/股。

是日　虹口区、普陀区与青浦区“结对百镇千村助推乡村振兴”结对共建签约仪式在青浦区举行。会上，虹口区委与青浦区委签约，普陀区委与青浦区委签约，虹口区嘉兴路街道党工委与青浦区白鹤镇党委签约，普陀区桃浦镇党委与青浦区金泽镇党委签约。

27日　由上海国家会计学院联合国际注册专业会计师公会共同主办的“区块链与会计发展高峰论坛”在青浦区举行。SNAI－CGMA区块链与会计创新研究中心同时成立。

28日　中共中央政治局委员、上海市委书记李强就实施长三角一体化发展国家战略到长三角区域合作办公室和青浦区调研。李强一行在区领导赵惠琴、余旭峰等陪同下，乘船经过金泽火泽荡、大葑漾、小葑漾，沿途察看自然湖泊群资源及岸线情况，随后到朱家角古镇了解历史风貌、历史建筑保护情况，并前往圆通速递有限公司和中通快递股份有限公司，了解物流企业总体发展情况。

29日　青浦区市场监督管理局“长三角一体化”服务专窗为上海积可建材有限责任公司（该公司为浙江省嘉兴市嘉善县云峰管业有限公司在上海市青浦区的贸易公司）颁发营业执照，是全国首张“长三角一体化”跨区域通办的营业执照。

4月

2日　2019年上海市社会各界清明感恩典礼在青浦福寿园举行。上海市新四军历史研究会、上海福寿园公益发展基金会及社会各界人士共350余人参加活动。

4日　青浦区大调研总结推进会暨优化营商环境、重大项目推进会在区会务中心召开。

11日　中共上海市委副书记、市长应勇到青浦区调研。应勇一行在区领导赵惠琴、余旭峰、陈庆江等陪同下，先后察看金泽水库和淀山湖，并召开座谈会。

12日　以“共抓大保护，共护一湖水，共创生态城”为主

4月18—25日，第十八届上海国际汽车工业展览会在国家会展中心（上海）举行（区政府网站供稿）

题的2019年上海市淀山湖水生生物增殖放流活动在东方绿舟举行，约20万尾各类鱼苗被放归自然。

17日　由中共青浦区委宣传部、青浦区文化和旅游局、朱家角镇人民政府、上海世纪出版（集团）有限公司主办的“书香上海”之“文进万家·书香青浦”阅读服务项目暨“长三角一体化阅读联盟”成立启动仪式在朱家角古镇尚都里举行。

18日　宝山区人大常委会主任李萍到青浦区考察乡村振兴工作。李萍一行在区领导赵惠琴、陶夏芳、何强、赵宏林等陪同下，先后考察练塘镇徐练村、朱家角镇张马村、金泽镇莲湖村和青西郊野公园。

18—25日　以“共创·美好生活”为主题的第十八届上海国际汽车工业展览会在国家会展中心（上海）举行。共有20个国家和地区的1000余家企业参展，展出总面积超过36万平方米，使用国家会展中心（上海）全部12个室内展馆。此次车展首次设立未来出行展区，展示电子门票、自动驾驶、5G场景应用、智能网联车、未来座舱、未来出行等创新理念。

20日　以“惊涛骇浪铸海魂，薪火传承追梦人”为主题的庆祝人民海军成立70周年摄影展在东方绿舟举行。该展览分“五大兵种”“铁心向党”“砺剑深蓝”“使命担当”“握手世界”和“同心筑梦”6个专题，共展出作品350幅。

22日　“环意RIDE LIKE A PRO赛事落户中国”新闻发布会在青浦区举行。这是拥有百年历史环意的品牌赛事首次在意大利以外的国家举办。12月7—8日，环意大利RIDE LIKE A PRO骑者荣耀长三角自行车公开赛在青浦区举行。有国内外2000余名骑行爱好者参赛，6000余名观众参与现场嘉年华活动。

30日　中共青浦区委和上海国家会计学院党委中心组联组学习会在青西郊野公园游客服务中心举行。会议邀请全国人大代表、上海社科院副院长张兆安作长三角一体化专题报告。

5月

4日　“青春心向党·建功新时代”——青浦青少年纪念“五四”运动100周年特别主题团日活动在陈云纪念馆举行。

6日　青浦区纪念“五四”运动100周年座谈会在区会务中心举行。

8日　“提升城市功能品质，建设长三角一体化发展示范城市”——2019年青浦区招商推介会在国家会展中心（上海）举行。此次青浦区推出的招商资源主要集中在青浦工业园区、淀山湖新城、西虹桥商务区、市西软件信息园4个园区载体。会上进行重点项目集中签约，共签约项目23个，总投资额534.8亿元。

9日　青浦区扫黑除恶专项斗争工作推进会在区会务中心举行。会上，区扫黑办通报全区扫黑除恶专项斗争开展以来取得的工作成效及存在的问题，并部署抓好专项斗争、做好配合中央督导相关工作。

14日　青浦区迎接国务院安全委员会考核巡查工作汇报会在区政府会议室举行。会上，考核巡查组听取青浦区2018年度安全生产和消防工作情况介绍，并对考核巡查作具体部署。会后，考核巡查组与青浦区相关职能部门进行座谈、查阅工作台账，深入了解全区的安全生产和消防工作。

15日　苏州市党政代表团到青浦区考察调研。代表团一行在区领导赵惠琴、杨小菁、倪向军等陪同下，先后考察中国北斗产业技术创新西虹桥基地、圆通物流总部。

18日　“安亭—花桥—白鹤”城镇圈一体化高质量发展推进会在嘉定区安亭镇举行。会上，青浦区白鹤镇与嘉定区安亭镇、昆山市花桥镇共同签订《“安亭—花桥—白鹤”城镇圈一体化高质量发展战略合作协议》，并分别与安亭、花桥签订《白鹤安亭“双镇共建”战略合作框架协议》《白鹤花桥“两地共建”战略合作框架协议》。

19日　上海城市业余联赛2019年“东方绿舟杯”捷力100X骑上瘾·上海站比赛在青浦区举行。比赛分102公里标准组和11公里亲子组两个部分，有长三角地区400余名骑行爱好者参赛。

22日　上海市青浦区、江苏省苏州市吴江区、浙江省嘉兴市嘉善县人大常委会第一次主任例会在青浦区举行，会上签署三地人大常委会助推长三角一体化发展合作框架协议。

是日　刚果（布）妇女促进和融入发展部部长安加妮率刚果（布）妇女代表团一行到青浦区考察蔬菜基地建设情况，了解妇女就业状况及现代农业科技成果。区委常委、统战部部长孙挺等陪同考察。

27日　青浦区档案馆由公园路86弄28号搬迁至秀泉路450号。新档案馆总建筑面积14176.6平方米，档案库房面积6000多平方米。

30 日 “长三角电力先行，一体化共融互通”电力先行发布仪式在青浦区举行，会上正式发布《长三角一体化发展2019年电力行动计划》。

6 月

5 日 青浦区配合中央扫黑除恶督导三级干部会议在区会务中心举行。

7 日 中央扫黑除恶第16督导组下沉督导青浦区工作汇报会在区会务中心召开。根据安排，6月7—14日，中央扫黑除恶第16督导组第6小组到青浦区开展为期8天的下沉督导。其间，督导组一行通过听汇报、个别谈话、召开座谈会、调阅资料、深入机关单位、基层一线和人民群众，对全区扫黑除恶专项斗争开展情况进行指导和“会诊”。

6月10日，2019年青浦区龙舟（皮划艇）公开赛在夏阳湖畔举行

（区政府网站供稿）

10 日 上海市农民体育健身系列活动龙舟比赛、2019年青浦龙舟（皮划艇）公开赛在夏阳湖畔举行。有全市9个涉农区和青浦区各镇、街道、机关、企事业单位的35支龙舟队、43支皮划艇队共600余名运动员参赛。

12 日 青浦区第五届人大常委会第二十五次会议在区会务中心举行。区人大常委会主任朱明福，副主任陶夏芳、胡海民、何强、赵宏林出席会议。会议任命姜爱锋、彭一浩为区人民政府副区长。

19 日 以“变革与传承——中国会展业的未来十年”为主题的2019年国际会展业CEO上海峰会在青浦区举行。中国首支会展产业股权投资基金——上海会展产业股权投资基金同时成立。

是日 由白鹤镇原创的沪剧小戏《城里的月光》，在首届“金百花”全国小型戏剧戏曲作品展演中获得“优秀剧目”“最佳剧本奖”“最佳音乐奖”等5个奖项。

20 日 长三角地区人大监察和司法工作协作会议在青浦区召开，会上签订《关于深化长三角地区人大监察和司法工作协作机制的协议》。

21 日 青浦区举行“上善先锋行·‘圾’分新时尚”万名党员随手行主题活动启动仪式。

22 日 位于淀山湖大道851号的青浦万达茂开业。该商业运营活动场所是一座超大体量的城市综合体，总建筑面积44.75万平方米，其中商业建筑面积23.7万平方米，引入品牌200多家，其中近百家品牌为首次入驻青浦。

25 日 2019年青浦区精神文明建设暨创建全国文明城区推进大会在区会务中心举行。

是日 青浦区人民政府与中国合作贸易企业协会、中国对外贸易经济合作企业协会签署战略合作协议。根据协议，各方将加深在多领域、多层次的深入合作，推动资源共享和优势互补。

26 日 青浦区举行“聚焦长三角一体化，推动更高质量发展——2019年青浦区重大项目启航”活动，共涉及重大项目128个，投资总额达1458亿元。

30 日 青浦区纪念建党98周年座谈会暨乡村振兴现场会在金泽镇举行。会前，与会人员现场踏勘莲湖村乡村振兴示范村建设情况。

是月 青浦区德邦物流股份有限公司、上海韵达货运有限公司、申通快递有限公司、圆通速递有限公司和中通快递股份有限公司5家企业被上海市商务委认定为首批民营企业总部。

7 月

2 日 中共青浦区委与复旦大学党委举行中心组联组学习会。会上，青浦区与复旦大学签订“联合推进江南文化研究战略合作框架协议”。“江南文化研究院基地”同时揭牌成立。

是日 上海市政协主席董云虎率部分政协委员到青浦区，重点协商办理“建设长三角生态绿色一体化发展示范区，提升文化软实力，打造引领长三角更高质量发展的新引擎”提案专题。董云虎一行在区领导赵惠琴、李华桂、杨小菁、倪向军、顾啸流、董永元等陪同下，实地察看青浦区青龙塔，并就打造江南文化国际展示地、传播地、体验地，建立江南文化研究基地，打造长三角科创产业集群等，与提案承办单位进行座谈协商。

3 日 青浦区举行融媒体中心成立仪式，“绿色青浦”APP同步上线。

4 日 以“创新、合作、未来”为主题的“2019年上海—台北城市论坛”在上海举行。会上，青浦区与台北市万华区签署交流合作备忘录，进一步深化合作交流。

是日 上海市举行第三批贸易型总部颁证仪式，上海安能聚创供应链管理有限公司成为青浦区第六家贸易型总部。

5 日 中共上海市青浦区第五届委员会第八次全体会议在区会务中心举行。区委书记赵惠琴作《服务国家战略，全面提升格局，加快推动高质量发展和一体化进程》主题讲话，区委副书记、区长余旭峰作《关于2019年上半年经济社会发展情况和下半年经济社会发展工作安排》的报告。

8 日 网易上海国际文创科技园顺利摘牌。该科技园位于市西软件信息园渗透区，项目总投资近100亿元。

9日　青浦区“三大整治”之人居环境整治现场推进会在朱家角镇庆丰村召开。会议表彰“三大整治”之人居环境整治先进村(居)。

16日　中共上海市委副书记、市长应勇到国家会展中心(上海)调研第二届中国国际进口博览会筹备工作。区委副书记、区长余旭峰参加调研座谈会。

17日　上海青浦工业园区获批成为“国家生态工业示范园区”。

21—23日　2019年第十一届“崧泽杯”全国青少年乒乓球精英邀请赛在青浦区赵巷镇崧泽学校举行。有浙江、安徽、江苏、福建、四川、山西等地的26支代表团近400名青少年选手参赛。比赛根据选手年龄段分3个组别，分别进行男、女团体赛及男、女单打比赛。

22日　沪、滇、藏、青青少年手拉手质量夏令营开营仪式在东方绿舟举行，有藏族、汉族、白族、彝族、土家族等60余名青少年学生参加。

25日　长三角一体化示范区网信联盟正式成立。该联盟由上海市青浦区、江苏省苏州市吴江区、浙江省嘉兴市嘉善县三地网信办共同合作，并签署《长三角一体化示范区网信联盟共建协议》。

26日　以“凝心聚力再出发，众志成城续辉煌”为主题的青浦区服务保障第二届“进博会”倒计时100天誓师活动在区体育馆举行。

是日　江苏省苏州市吴江区党政代表团到青浦区考察交流。代表团一行在区领导余旭峰、杨小菁、姜爱锋、赵明、陶夏芳等陪同下，先后考察中国北斗产业技术创新西虹桥基地、绿地全球商品贸易港，参观青浦环城水系公园水城门。

30日　青浦区第五届人民代表大会第五次会议在区会务中心举行。区委书记赵惠琴出席会议并讲话。区委副书记、区长余旭峰代表区政府报告上半年经济社会发展情况和下半年重点工作安排。会议审议并表决通过《关于设立区人大社会建设委员会、区人大内务司法委员会更名为区人大监察和司法委员会的决定》，表决产生2个委员会的组成人员和区人大财政经济委员会主任委员、副主任委员。

31日　公安青浦分局国家会展中心治安派出所被评为上海市“人民满意的公务员集体”。

8月

1日　中共上海市委副书记、市长应勇到青浦区调研全市重大产业项目。应勇一行在区委书记赵惠琴等陪同下，先后视察市西软件信息园、华为青浦研发基地。

7日　“波澜壮阔70年，砥砺奋进20载”——青浦区庆祝中华人民共和国成立70周年暨纪念撤县建区20周年主题歌会合唱比赛决赛在青浦文化剧场举行，共有19支队伍参赛。

13日　国家退役军人事务部党组书记、部长孙绍骋带领调研组到青浦区调研退役军人创业就业工作。孙绍骋一行在上海市副市长彭沉雷和区委副书记、区长余旭峰等陪同下，视察西虹桥北斗退役军人产业园，听取相关负责人对北斗基地发展历程、特色产业及未来愿景等情况的介绍。

26日　“墨舞江南——庆祝中华人民共和国成立70周年、人民政协成立70周年长三角生态绿色一体化发展示范区三地书画联展”开幕式暨三地政协联动机制签约仪式在青浦博物馆举行。示范区内青浦、吴江、嘉善三地入选的70幅水墨画、书法、油画等作品参加展示。该展览为期两周。

是日　“吴越同舟——庆祝中华人民共和国成立70周年长三角(青浦、吴江、嘉善)老干部书画联展”在青浦区文化馆一楼展厅开展。该展览于9月10日结束。

30日　复旦大学附属妇产科医院青浦分院举行开工典礼。该分院位于朱家角新镇区，占地面积约6.4公顷，医院规模为500张床位。

31日　青浦区人民政府与启迪控股股份有限公司签约。根据协议，启迪科技城集团将投资青浦，引领提升长三角科技园区创新网络，实现知识、信息、技术、人才等资源共享。

8月7日，青浦区庆祝中华人民共和国成立70周年暨纪念撤县建区20周年主题歌会在青浦文化剧场举行　　（区政府网站供稿）

9月

2日　上海青浦区协和双语学校正式投入使用。该学校位于赵巷镇业锦路32号，占地面积5.53公顷，建筑面积7万余平方米。

9—11日　由区委书记赵惠琴率领的青浦区党政代表团到新疆克拉玛依市学习考察，慰问青浦区援克干部人才，并与克拉玛依市召开工作座谈会。

10日　上海市青浦区和江苏省苏州市吴江区、昆山市以及浙江省嘉兴市嘉善县劳动人事争议仲裁院，正式启动长三角地区劳动人事争议调解仲裁领域首个跨地区对外服务的业务协同方案——

《四地代收仲裁文书工作方案》,长三角首份异地代收劳动仲裁申请从青浦区寄出。

11日　国家发展改革委、交通运输部联合印发《关于做好2019年国家物流枢纽建设工作的通知》(发改经贸〔2019〕1475号),共有23个物流枢纽入选2019年国家物流枢纽建设名单。其中青浦区华新镇申报的"上海商贸服务型国家物流枢纽"成为上海市唯一入选的项目。

12日　青浦区"不忘初心、牢记使命"主题教育动员大会在区会务中心举行。动员大会后,区政府党组、区人大常委会党组、区政协党组以及全区73家处级单位相继召开会议,完成动员部署。

16日　在上海市人民政府举行的"上海市外资项目集中签约仪式"上,青浦区共签约落户4个项目,投资总额超2.9亿美元。其中,中国香港的澳利华(控股)有限公司,总投资15000万美元;中国香港的敦豪(香港)物流发展有限公司,总投资6000万美元;中国香港的中国建筑国际集团有限公司,注册资本5000万美元;中国香港的凯澳投资有限公司,总投资3000万美元。

23日　"波澜壮阔70年,砥砺奋进20载"——青浦区庆祝中华人民共和国成立70周年暨纪念撤县建区20周年主题歌会展演活动在国家会展中心(上海)虹馆举行。全区党员干部群众及社会各界人士代表等8000人参加。

是日　2019年上海青浦淀山湖文化艺术节暨旅游购物节在国家会展中心(上海)虹馆开幕。艺术节结合"庆祝中华人民共和国成立70周年""打造四大品牌""服务保障进博会""长三角一体化发展""乡村振兴"五大板块,共开展200余场活动,于10月22日闭幕。

26日　青浦区庆祝人民政协成立70周年座谈会在区会务中心举行。

27日　2019年长三角一体化示范区百家公众号联盟护航进口博览会主题活动在青浦区徐泾镇举行。示范区内青浦、吴江、嘉善三地的百余家公众号达成联盟,共同为办好"进博会"发挥作用。

30日　早晨,青浦区"庆祝中华人民共和国成立70周年暨纪念撤县建区20周年"升旗仪式在区政府机关大楼前举行。区四套班子领导和区委、区政府各部委办局机关干部代表以及青少年代表等900人参加仪式。

是日　兰生复旦青浦分校新建工程正式打桩开建。该分校位于朱家角新镇区,总建筑面积约8万平方米(其中地下建筑面积1.1万平方米),总投资约8.1亿元,办学规模从幼儿园至高中。

10月

1日　青浦上善桥正式通行。该桥位于青浦区上达河以南东大盈港内,连接东大盈港两岸,全桥分主桥和引桥两个部分。

9日　中共中央政治局委员、上海市委书记李强到青浦区调研长三角生态绿色一体化发展示范区建设推进情况。李强一行在区领导赵惠琴、余旭峰、杨小菁、倪向军、彭一浩等陪同下,实地调研华为青浦研发中心施工现场和金泽镇莲湖村,并召开座谈会。

12日　庆祝中华人民共和国成立70周年暨上海解放70周年活动在青浦福寿园人文纪念公园新四军广场举行。北伐先锋、抗日名将、新四军首任军长叶挺纪念像同时落成。

16日　国务院印发《关于核定并公布第八批全国重点文物保护单位的通知》,青浦青龙镇遗址入选。该遗址中心区域为现今的青浦区白鹤镇青龙村、塘湾村,地面文物建筑有青龙寺塔。

是日　上海市首个保税展示展销新平台——绿地全球商贸港保税展示展销场所揭牌仪式举行。该场所位于绿地全球商贸港一楼,规划面积1万平方米,设有欧洲馆、亚洲馆、美洲馆及活动体验区。

21日　第二届中国国际进口博览会城市文明志愿服务站(岗)启动仪式暨青浦区志愿者上岗誓师大会在国家会展中心(上海)南广场举行。

29日　青浦区服务保障第二届中国国际进口博览会"1+8"网格化巡查启动仪式在西虹桥地区社会管理服务中心举行。

30日　朱家角镇张马村国家AAAA级旅游景区揭牌仪式举行,市文旅局局长于秀芬为景区揭牌。

31日　青浦区金泽镇南新渡撤渡建桥开通仪式举行。该渡口位于金泽镇西北,对岸是江苏省昆山市周庄镇东浜村。新建桥梁名东坨港大桥,长232.4米、宽4.5米,采用钢结构一跨过河,可供行人及非机动车通行。

11月

1日　长三角生态绿色一体化发展示范区建设推进大会在上海市青浦区举行,长三角生态绿色一体化发展示范区

10月1日,青浦上善桥正式通行　　(区政府网站供稿)

正式揭牌。该示范区范围包括上海市青浦区、江苏省苏州市吴江区、浙江省嘉兴市嘉善县,面积约2300平方公里。同时,在三地中选择5个镇作为先行启动区,面积约660平方公里,其中:上海部分涉及青浦的金泽镇、朱家角镇,江苏部分涉及吴江的黎里镇,浙江部分涉及嘉善的西塘镇、姚庄镇。

2日 "推动一体化,打造新高地"——长三角生态绿色一体化发展示范区誓师大会暨产业项目启动仪式在青浦区举行。启动仪式上,示范区三地共集中签约项目16个,揭牌项目12个。

4日 长三角生态绿色一体化发展示范区区域公交开行仪式在东方绿舟公交枢纽举行。示范区1路至5路5条公交线路在"两区一县"(青浦、吴江、嘉善)之间开通。5条线路走向分别为上海东方绿舟站—汾湖汽车客运站、黎里旅游集散中心—上海东方绿舟站、西塘古镇—上海东方绿舟站、第五人民医院—上海大观园、黎里旅游集散中心—西塘古镇停车场。

5—10日 第二届中国国际进口博览会在国家会展中心(上海)举行。中共中央总书记、国家主席、中央军委主席习近平出席开幕式,并发表题为《开放合作 命运与共》的主旨演讲。第二届"进博会"共吸引150多个国家和地区的3000多家企业参展,7000多位境外采购商到会洽谈,累计意向成交711.3亿美元,参展人数及成交额均超首届。

6日 青浦区人民政府与海克斯康签署战略合作框架协议。根据协议,海克斯康将在青浦区重点布局华东区总部和新产业集团,其中:华东区总部基地项目总投资约20亿元,包括知识产权中心、中国研究院和总部基地。

7日 上海市委"不忘初心、牢记使命"主题教育第六巡回指导组组长吴福康到青浦区开展主题教育下沉式指导。吴福康一行在区领导杨小菁、蒋仁辉等陪同下,到沈砖公路康园路公交站,乘坐公交朱家角3路,体验"村村通"建设成果并到国家会展中心(上海)现场踏勘青浦区市场监督管理局、中山医院青浦分院的进博保障点。

16—17日 第六届上海国际交互绳大奖赛在青浦区举行。有中国、法国、澳大利亚、韩国、日本、中国香港、中国澳门等国家和地区的近60支队伍、400余人参赛。比赛分30秒交互绳速度赛和交互绳表演赛两个项目。

21—24日 第二届长三角国际文化产业博览会在国家会展中心(上海)举行。该会是中国第一个以世界级大城市群的文化产业为参展主体和主要内容的文化产业博览会,共有870多家文化企业参展,其中海外机构及进出口企业109家,展览场地总面积达5.4万平方米。

28日 中福会小伙伴学校合作签约仪式在青浦区举行。中福会和平公司、淀山湖新城公司、青浦区教育局三方签约,中福会小伙伴学校正式落户青浦。

是月 青浦区金泽镇莲湖村入选"2019年中国美丽休闲乡村"名单。

12月

2日 青浦综合保税区揭牌暨功能性项目集中签约仪式举行,标志着综合保税区海关特殊监管区域正式落地青浦。该保税区前身为青浦出口加工区,于2003年3月经国务院批准设立,11月封关运行。2018年9月4日,国务院批复同意上海青浦出口加工区整合优化为青浦综合保税区。2019年9月27日,海关总署批复同意上海青浦综合保税区通过联合验收,面积1.58平方公里。

7日 由第一财经发起并联合全国80家主流媒体共同主办的"2019年乡村振兴发展论坛暨最美村镇颁奖典礼"在安徽省举行。青浦区练塘镇获评"2019年中国最美村镇·乡风文明成就奖"。

18日 安踏集团全球零售总部——上海安踏中心ANTA SPORT SCAMPUS项目启动仪式在青浦西虹桥商务区举行,安踏集团全球零售总部正式落地青浦区。

19日 中共中央政治局委员、上海市委书记李强到青浦区调研长三角生态绿色一体化发展示范区建设推进情况。李强一行在区领导赵惠琴、余旭峰、姜爱锋等陪同下,先后到东方绿舟公交枢纽站,察看示范区区域公交线路走向、站点设置、运营时间等情况,了解示范区交通系统规划、断头路打通进展;到位于朱家角镇的长三角生态绿色一体化发展示范区执委会办公地,听取示范区工作汇报,看望奋战一线的各地同志,并主持召开座谈会。

26日 中共上海市青浦区第五届委员会第九次全体会议在区会务中心举行。会议传达十一届市委八次全会精神,审议通过区委常委会2019年工作报告、2020年工作要点,审议通过《中国共产党上海市青浦区第五届委员会第九次全体会议决议》。

27日 "逐梦新时代,建功新跨越"——青浦区先进典型集中宣传展示活动暨新春团拜会在国家会展中心(上海)虹馆举行。

30日 夏阳街道界泾港社区晨兴花园小区5号楼加装电梯项目正式开工,是青浦区老旧小区首部加装电梯项目。

是日 夏阳街道举办01-01地块农民集中居住安置房开工仪式。该项目为区内首个农民集中居住安置房建设项目,用地面积53128.6平方米,总建筑面积153047.31平方米,安置户数1191户,安置人数3335人。

地域、行政区划、人口

■地域 青浦区位于北纬30°59'—31°16'、东经120°53'—121°17'之间，地处上海市西南部，太湖下游，黄浦江上游。东与虹桥综合交通枢纽毗邻，西连江苏省的吴江、昆山两市，南与松江区、金山区及浙江省嘉善县接壤，北与嘉定区相接，为长江三角洲经济圈中心地带。总面积668.49平方公里。地形东西两翼宽阔，中心区域狭长，形如展翅飞翔的蝴蝶。地势平坦，平均海拔高度在2.8米—3.5米之间。境内江河纵横交错，湖泊星罗棋布，内河航运具有得天独厚的优势，可通行50吨—300吨货船，是苏、浙、沪的重要水上通道。陆路交通十分便捷，有6条高速公路在境内通过：南北向有15国道（G15）沈海高速和1503国道（G1503）上海绕城高速；东西向有50国道（G50）沪渝高速、42国道（G42）沪蓉高速、32省道（S32）申嘉湖高速、26省道（S26）沪常高速。嘉闵高架和崧泽高架直通虹桥综合交通枢纽。

■行政区划 至年末，全区共有8个镇、3个街道，分别是赵巷镇、徐泾镇、华新镇、重固镇、白鹤镇、朱家角镇、练塘镇、金泽镇和夏阳街道、盈浦街道、香花桥街道。辖184个行政村和146个居民委员会。

■人口 至年末，全区有常住人口123.31万人，其中：外来常住人口71.43万人，比上年末增加0.13万人，占常住人口的57.9%。户籍人口49.62万人，总户数17.99万户，平均每户人口3人。户籍人口中，男性24.41万人、女性25.21万人；农业人口12.20万人、非农业人口37.42万人。年内，户籍人口实际出生3319人，出生率6.74‰；死亡3942人，死亡率8.00‰，自然增长率-1.26‰。年末，60岁以上人口15.98万人，占户籍人口比重的32.21%，比上年提高0.77%。

气象、水文

■气候特点 2019年气温比常年偏高。年降水与汛期降水量均较常年偏多，梅雨期降水量较常年明显偏多。日照比常年略偏少。年内，影响全区的台风有3场，其中：9号台风"利奇马"是年内登陆全国的最强台风，也是新中国成立以来影响上海的台风中登陆强度排名第二的台风。

年平均气温17.2℃，比常年偏高0.9℃。全年≥35℃高温日数15天（常年为10天），≥37℃酷暑日数2天。年最低气温零下3.8℃，出现在1月27日。初霜日、初冰日皆为12月14日。各季度气温状况：冬季（2018年12月—2019年2月）平均气温6.4℃，比常年偏高1.0℃。春季（3—5月）平均气温16.3℃，比常年偏高1.5℃。夏季（6—8月）平均气温26.7℃，与常年持平。秋季（9—11月）平均气温19.3℃，比常年偏高1.0℃。

年降水量1424.1毫米，比常年偏多26%。降水日数129天，与常年持平。日降水量≥50毫米暴雨日数7天，≥100毫米暴雨日数1天，出现在6月30日。汛期（6—9月）降水量878.6毫米，较常年偏多。梅雨量391.2毫米，较常年偏多近一倍。梅雨日数33天，梅雨期为6月17日—7月20日，梅雨期多降水过程，降水量显著偏多，雨量分布不均。

年日照1576.6小时，为常年的91%。1月31日出现初雪，年内降雪日数5天，积雪日数1天，出现在2月8日，均比常年偏少，最大雪深1厘米。 （胡伟田）

■强对流天气过程实况 年内，9号台风"利奇马"（超强台风）于8月10日1时45分在浙江省温岭市城南镇登陆，登陆时中心附近最大风力16级（52米每秒），中心最低气压930百帕。受其影响，青浦站8月10日、11日出现暴雨，8月9日8时—11日6时，全区普降暴雨到大暴雨，青浦站降水量163.8毫米，全区降水量达到200毫米以上的站点有7个，其中重固气象观测站252.3毫米为最大。8月10日14—15时，徐泾金联气象观测站出现全区最大小时降水量，为79.0毫米。全区陆地最大阵风9级，出现在金泽龚都气象观测站和金泽商榻气象观测站，均为23.5米每秒，淀山湖湖面最大阵风9级（朱家角淀山湖气象观测站24.0米每秒）。台风"利马奇"对青浦影响较大，全区受灾人口12244人，农作物受灾（承灾）面积864公顷，直接经济损失达2005万元。被大风吹倒的树、玻璃、管子、瓦片等共砸坏车辆43辆，影响道路交通54条。大风还吹落太阳能热水器1个、广告牌1块、采光板1块、瓦片2处，吹碎屋顶玻璃1块，吹落G15高速上面的绿色挡风板，吹坏红绿灯4个；并发生吹断电线事件，导致80多户断电。暴雨造成47处房屋、30个小区、26条道路积水，27辆车抛锚。

受13号台风“玲玲”影响，9月6日青浦中北部地区出现大到暴雨，局部地区大暴雨，其中以华新气象观测站101.5毫米为最大，青浦站降水量67.3毫米；暴雨造成1个仓库进水，货物被淹。受17号台风“塔巴”影响，9月22日全区普遍出现6—7级、局部地区出现8级阵风，其中：以朱家角镇内淀山湖湖面气象观测站19.0米每秒为最大，金泽镇内龚都气象观测站17.2米每秒次之。被大风吹倒或吹落的树、隔离栏、瓦片等共砸坏车辆3辆，吹坏红绿灯1个。（胡伟田）

■2019年气温、降水量、日照与历史资料对比分析

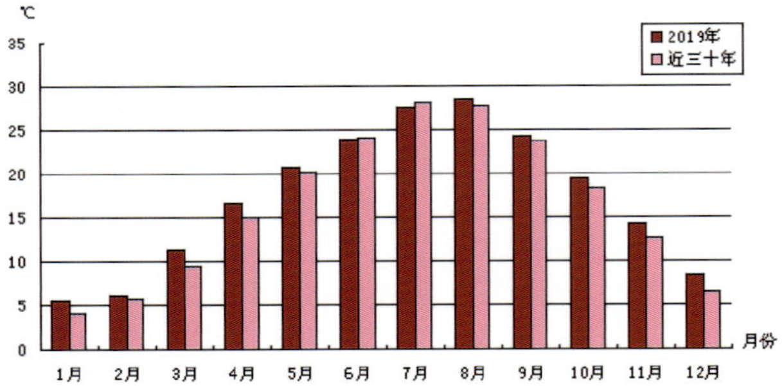

图1 月平均气温与近三十年月平均气温对比图

说明：年内，1月、10月、11月的平均气温比常年偏高1.0℃—1.5℃，3月、4月、12月的平均气温比常年显著偏高1.8℃—1.9℃，其余月份与常年基本持平。

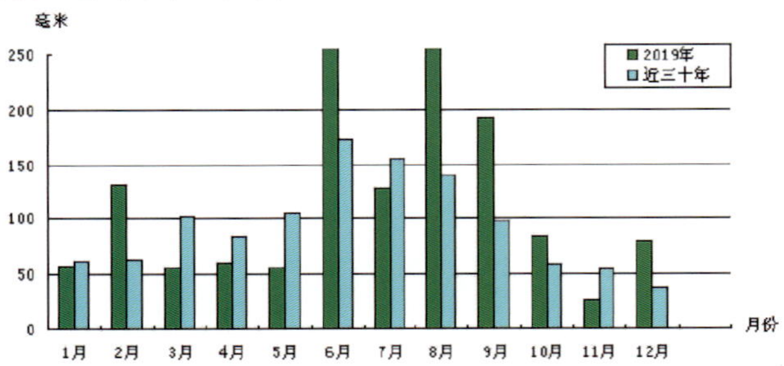

图2 月降水量与近三十年平均月降水量对比图

说明：年内，1月、3月、4月、5月、7月、11月的降水量分别为常年的90%、55%、71%、53%、82%和49%；其余月份的降水量均比常年偏多。

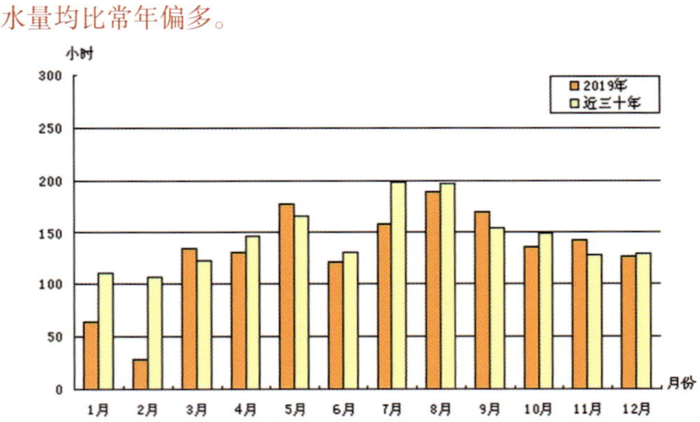

图3 月日照时数与近三十年平均月日照时数对比图

说明：年内，3月、5月、9月、11月的日照比常年同期偏多；其余月份的日照比常年同期偏少。（胡伟田）

■水文 青浦区位于长江三角洲太湖平原东侧，地处苏、浙、沪两省一市交界处，属黄浦江水系。境内河网密布、河道纵横交错，水流交互贯通。至2019年底，河湖总面积计125.06平方公里，占全区总面积的18.66%；河流总长度2504.68公里，其中市管河流102.70公里、区管河流324.40公里、镇管河流321.02公里、村级河流1670.80公里、其他河道85.76公里，河网密度为每平方公里3.74公里。西部地区湖荡簇聚，主要河流多东西走向或西北东南走向；东部地区水面积较少，主要河流多南北走向。境内市管河流有吴淞江、油墩港、太浦河、红旗塘—大蒸塘—圆泄泾、淀浦河、拦路港—泖河—斜塘6条河流，区管河流有急水港、莲盛竖河、俞汇塘、范塘（青浦段）、泖阳港、北横港、南横港、朱泖河、淀山港、西大盈港、华田泾、东大盈港、柘泽塘等69条河流，镇管河流136条、村级河流1734条。其中，太浦河是太湖洪水东泄的主要通道，源于江苏省太湖，汇入青浦境内泖河；淀浦河是连接青浦、松江、闵行三区，横穿青浦腹地的骨干河道，源于淀山湖，汇入黄浦江；拦路港是连接淀山湖和黄浦江的南北向主要通道。按水文情势分，青浦境内水系可分为三类：一是感潮较强地区，为泖河、大蒸塘及两侧河流；二是感潮较弱地区，为青浦腹部地区河流；三是感潮极弱地区，为商榻地区河流。

根据上海市水环境监测中心青浦分中心对全区骨干河道及淀山湖湖区水质检测结果分析：按地表水环境质量标准（GB3838－2002）评价，青浦区西部地区水质集中在Ⅲ类，东中部地区水质集中在Ⅲ类至Ⅳ类，主要污染物是氨氮。骨干河道溶解氧指标集中在Ⅰ类、Ⅱ类，氨氮指标集中在Ⅱ类、Ⅲ类，总磷指标集中在Ⅱ类、Ⅲ类，高锰酸盐指数指标集中在Ⅲ类。拦路港水质为Ⅱ类、太浦河水质为Ⅲ类。总体上，青浦西部地区水质状况好于青浦腹部地区和东部地区。淀山湖水质为劣Ⅴ类，主要污染物是总氮。淀山湖湖区溶解氧指标为Ⅰ类，氨氮指标为Ⅱ类，总磷指标为Ⅳ类，高锰酸盐指数指标为Ⅱ类，总氮指标为劣Ⅴ类。（沈海新）

国民经济和社会发展综述

2019年，面对国内外风险挑战明显增多的复杂局面，青浦区认真贯彻落实党的十九大精神和习近平新时代中国特色社会主义思想，牢牢把握稳中求进工作总基调，坚持新发展理念，全面对接服务两大国家战略，努力优化营商环境，抓落实、抓推进、抓突破，全区经济社会保持平稳健康发展的良好态势。

1. 区域综合实力持续增强。全年实现生产总值1166.25亿元，按可比价格计算，比上年增长5.8%。其中：第一产业增加值7.60亿元，比上年下降14.6%；第二产业增加值433.69亿元，比上年下降2.6%；第三产业增加值724.96亿元，比上年增长11.9%。三次产业结构比为0.6∶37.2∶62.2。按常住人口计算，青浦区人均生产总值为9.46万元/人。全年一般公共预算收入580.68亿元，比上年增长1.4%，其中：区级一般公共预算收入207.19亿元，比上年增长2.0%，总量位居全市第七位，增幅位居全市第四位。全年一般公共预算支出339.91亿元，比上年增长1.9%，其中：资源勘探信息等支出40.45亿元,比上年增长6.1%;农林水支出38.17亿元,比上年增长23.2%;教育支出29.00亿元,比上年增长9.7%;交通运输支出15.25亿元,比上年增长66.1%;卫生健康支出14.74亿元,比上年增长7.9%;住房保障支出9.74亿元,比上年增长91.7%。全年税收收入539.52亿元,比上年增长2.1%,其中:区级税收收入177.82亿元,比上年增长2.8%。完成全社会固定资产投资591.86亿元,比上年增长2.1%,其中:第一产业完成投资0.11亿元;第二产业完成投资46.78亿元,下降10.6%;第三产业完成投资544.97亿元,增长3.6%。

2. 经济运行平稳有序。全年实现农业总产值19.72亿元,比上年下降5.0%。受政策等因素影响,粮食生产与往年有所不同,以秋粮为单一品种,水稻种植面积7933.33公顷,比上年减少73.33公顷。全年实现工业增加值413.83亿元,比上年下降2.7%。完成规模工业总产值1559.35亿元,比上年下降4.6%。其中,青浦工业园区1015.85亿元,占全区规模工业产值比重65.1%。全年实现建筑业总产值116.01亿元,比上年增长7.0%。全区合同外资、实到外资分别完成14亿美元和8亿美元,创历史新高,实到外资位于郊区前列。外贸进出口总额完成768.42亿元,比上年略增0.9%,其中:出口431.45亿元,比上年增长4.0%。制定促进消费增长实施方案,落实6个方面23项重点工作。重点推动夜间经济,着力打造夏都小镇等一批地标性夜生活集聚,率先推出沪郊首位“夜间区长”和15位“夜生活首席执行官”。成功举办“2019年上海青浦长三角名品节”,万达茂、沃尔玛山姆会员店、绿地缤纷城等顺利开业。全年实现社会消费品零售总额542.34亿元,比上年增长4.5%。完成第二届“进博会”服务保障任务,“进博会”溢出效应持续放大。青浦交易分团注册观众、现场协议成交金额完成“双超”目标;顺利签下上海交易团首日大单,第二届“进博会”首个企业项目落户青浦。共有9家企业入选“6+365”展示交易服务平台,数量位居全市第一。全年实现旅游总收入81.67亿元,比上年增长1.2%;旅游接待人次1058.16万人次,比上年增长5.3%。全年实现交通运输和仓储业增加值125.65亿元,比上年增长21.9%。华新镇入选首批国家物流枢纽建设名单——上海商贸服务型国家物流枢纽。全面推动市西软件信息园规划建设,以新格局驱动新引擎,促进软件信息服务业持续快速发展。全区软件和信息产业实现销售额426.26亿元,比上年增长37.6%;实现税收28.99亿元,比上年增长29.9%。

3. 民生保障水平持续提升。全年帮助成功创业508人,创业见习134人,创业培训421人。城镇登记失业人数4375人,控制在市政府下达目标5000人之内。新增就业岗位21973个,其中新增农村富余劳动力非农就业岗位5490个、残疾人就业安置岗位401个。全年职业技能培训人数24293人,其中中高层次培训5652人、农民工等级工培训5461人、农民非农培训8653人。至年末,全区有养老机构26家,养老床位7568张,有2207名助老员为6584名老人提供政府托底的居家养老服务;社区老年人日间服务中心115家,社区老年人助餐点22个,市级标准化老年活动室253个。全年新(改)建市级标准化老年活动室6家、助餐点10家。全年发放特困人员实物救助949人次,累计金额3.8万元;发放重残无业人员生活补助金41714人次,累计金额5632.62万元;发放粮油帮困供应卡55142人次,累计金额386.21万元;发放城乡居民最低生活保障金52290人次,累计金额5195.46万元,发放低保、低收入家庭人员医疗救助金1040人次,累计金额674.57万元。

4. 环境保护和绿化建设有力有序。全年空气质量指数(AQI)达到二级及优于二级的天数283天,空气质量指数AQI优良率77.5%,比上年提高4.9个百分点。全区水环境持续改善,19个市考核断面达标率100%,比上年提高15.8个百分点。年内,青浦区创建为上海市生活垃圾分类示范区,6个街镇(重固镇、赵巷镇、盈浦街道、徐泾镇、练塘镇、香花桥街道)被评为上海市生活垃圾分类示范街镇。全年干垃圾日均量627.45吨,比市级指标797吨/日减少21%;湿垃圾日均量288.43吨,比市级指标164吨/日增加76%;餐厨垃圾日均量121.57吨,比市级指标77吨/日增加58%,干、湿垃圾分类实效明显提升;村居累计设置再生资源回收点422个,建成中转站5座,“两网融合”收运处体系逐步健全,日均收运量165.68吨,比市级指标129吨/日增加28%。建立和完善市、区、街镇和第三方四级垃圾分类监督检查机制,全年对全区683个小区、184个农村及248个六类场所实现全覆盖检查和指导。

至年末,全区绿地总面积6869.66万平方米,其中园林绿地面积3942.04万平方米、生产绿地面积2927.62万平方米。全区绿化覆盖总面积6910.52万平方米,其中园林绿化覆盖面积3982.90万平方米、生产绿地面积2927.62万平方米。全区公共绿地面积1170.46万平方米,绿地率42.5%,绿化覆盖率42.8%,人均公共绿地面积9.6平方米/人。

5. 实事工程和重大项目建设有序推进。全面完成年度10项实事工程项目:完成农村低收入户危旧房改造19户,动迁安置户数340户。中高层次培训5000人,帮助成功创业450人。11家社区卫生服务中心智慧健康小屋全面投入使用,新建区医疗急救中心赵巷分站。建设日间服务中心6家、老年活动室6家、社区老年人助餐点10家。开放骑行道26公里、步行道32公里、篮球场3个、网球场5个、室外羽毛球场3个、门球场1个、滑板场地1个、五人制足球场1个。完成约40万平方米的老旧住宅小区综合改造工作(包括消防设施提升改造3000户),完成10个小区约1500户居民住宅的二次供水设施改造。巩固提升赵巷镇、重固镇垃圾分类整区域创建实效,完成剩余9个街镇生活垃圾分类整区域创建任务,确保年内通过达标街镇验收;推进再生资源回收点300个、中转站设置5个,累计完成定时定点投放点和垃圾箱房改造任务739个。新改建公交候车亭265座、公交港湾式站台12座,燕南村钱曹路“村村通”公交配套道路修缮。建设社区智慧微菜场40处。在各街镇开设爱心暑托班24个,面向社会招收小学生1200人。年内,安排重大建设项目132项(其中在青浦建设的市重大项目19项),储备项目13项,新列项目61项,结转项目71项,计划开工58项、计划竣工35项。“挂图作战”任务以开工率、竣工率、投资完成率为导向,基本完成年度目标。全年开工或基本开工44项,除去已暂停实施的3个项目外,开工率为80.0%。竣工或基本建成28项,竣工率为

80.0%。全年计划完成投资281.0亿元,已完成投资260.8亿元,投资完成率92.9%。其中,市级项目投资完成率100.0%,政府性投资项目投资完成率100.0%。

6. 社会事业协调发展。至年末,全区有教育单位(含民办)198个,其中幼儿园91所、义务教育阶段学校54所、高中6所、特殊教育2所、中职教育36所、其他教育事业单位8所。在校生86804人,其中在园幼儿27782人、义务教育在校生49159人、高中在校生5878人、特殊教育在校生297人、中职在校生3688人。

至年末,全区共有经认定备案的众创空间43家,其中国家级科技企业孵化器2家、市级科技企业孵化器8家、区级科技企业孵化器20家、备案区级众创空间13家。年内,认定高新技术企业282家,全区有效高新技术企业共637家。16家企业被认定为市科技小巨人(含培育)企业,全区认定市科技小巨人(含培育)企业119家。推进4G网络弱覆盖区域年度优化及5G网络建设,累计完成502个5G网络基站建设。全区固定电话总数27.5万户,4G手机用户118.1万户,城市光网接入用户31万户,数字整转用户25.8万户。

以百姓需求为宗旨为基层提供文艺、公益电影、图书、文化云盒等公共文化内容配送和服务。全年完成市级配送217场,受众22496人次;区级文化配送205场,受众21374人次。新设公益影院项目,不断扩大受众群体。全年农村公益电影共放映5363场,受众169102人次;公益流动电影共放映1707场,受众132887人次。青浦图书馆在做好阅读基础服务的同时以新媒体为平台,开展故事创作、亲子朗读、创意设计等主题线上活动,继续做优做强“清阅朴读”品牌项目,提升公共文化服务品质和效应。青浦博物馆全年接待观众14.1万人次。

至年末,全区有各级各类卫生机构381所,卫生技术人员5540人。各级各类卫生机构门急诊人次数620.35万人次,比上年增长2.7%;出院病人数60579人,比上年增长6.9%;手术人次数32451人次,比上年增长10.6%;床位使用率86.3%,比上年增加2.44个百分点。预约就诊率27.8%,比上年增加13.8个百分点。继续完善青浦医疗服务体系建设,强化院前急救,完成白鹤、赵巷急救分站建设并投入使用。加强疾病预防控制体系建设,完成剩余5个街镇(徐泾镇、赵巷镇、夏阳街道、盈浦街道、朱家角镇)共计30430人参加的社区居民大肠癌筛查。

年内,成功举办第十一届上海世界华人龙舟邀请赛、环意RIDE LIKE A PRO长三角公开赛、第六届国际交互绳大奖赛等赛事活动。全年组织开展各级各类群众体育赛事活动366项次9.23万余人次参与,体育人口率43.0%。调整完成新一轮布训项目,青少年体育公益培训、运动项目进课程计划有效推进;以完善“一条龙”体系建设为目标,在28所学校开展10个项目的业训布局,全区布训项目达24个,在训人数突破8000人,注册人数1522人,向上输送运动员16人。全年有555名运动员参加各级各类比赛,共获得78金58银47铜。

7. 公用事业服务能力进一步提升。至年末,全区天然气管道总长度1494公里,销售天然气总量16973.16万立方米,其中工业用气量4941.36万立方米、家庭用气量4306.1万立方米;用气总户数200044户,其中家庭用气198470户。全年供应液化气总量6642.5吨,其中家庭用气量6067.1吨;用气总户数12.7万户,其中家庭用户12.4万户。至年末,区管城市道路110.82公里,桥梁151座,总长度6394.07米。全区公路总里程995.2公里,其中区管公路200.7公里、农村公路794.5公里;桥梁1323座,总长度46837米。至年末,全区已投运110千伏变电站13座,合计容量1521兆伏安;投运35千伏变电站39座,合计容量1876.5兆伏安。全区共有10千伏及以上高压架空线路491条,长度2449.0公里;380伏低压架空线路5210条,长度2614.7公里;10千伏及以上高压电缆524根,长度3966.15公里;380伏低压电缆3599根,长度3948.6公里。至年末,全区用电客户数47.64万户,全年用电量66.8亿千瓦时,比上年增长0.3%。其中,第一产业用电量0.39亿千瓦时,下降8.28%;第二产业用电量33.65亿千瓦时,下降5.4%;第三产业用电量20.6亿千瓦时,增长8.5%;城乡居民生活用电12.12亿千瓦时,增长4.6%。

区领导班子成员和区级机构负责人名录

中共上海市青浦区委员会(简称区委)

书　记:赵惠琴(女)

副书记:余旭峰

　　韩顺芳(女,2019年1月免)

　　杨小菁(女,2019年3月任)

常　委:陈庆江(2019年5月免)

　　姜爱锋(2019年6月任)

　　赵　明　蒋仁辉　孙　挺(女)

　　王　翔　姜道荣　刘辽军

　　王凌宇(2019年10月任)

上海市青浦区人民代表大会常务委员会(简称区人大常委会)

主　任:朱明福

副主任:陶夏芳(女)　胡海民

　　何　强　赵宏林

上海市青浦区人民政府(简称区政府)

区　长:余旭峰(2019年1月10日任)

代理区长:余旭峰(2019年1月10日免)

副区长:陈庆江(2019年5月免)

　　姜爱锋(2019年6月任)

　　孙　挺(女,2019年11月任)

　　王凌宇(2019年11月免)

　　倪向军(女)　金俊峰　顾　骏

　　王德强(2019年5月免)

　　姚少杰(2019年5月任)

彭一浩(2019 年 6 月任)
马彩云(女,挂职,2019 年 1 月免)
市管二级巡视员:徐 英(女,2019 年 6 月任)

中国人民政治协商会议上海市青浦区委员会(简称区政协)

主 席:李华桂(女)
副主席:顾啸流 董永元 王海青(女) 饶斐文

中共上海市青浦区委办公室(简称区委办)

主 任:彭一浩(区委机要局局长,2019 年 6 月免)
陈汇青(区委机要局局长,2019 年 6 月任)
副主任:潘勇强(区委督查室主任,2019 年 8 月任)
徐卫华(援滇) 汤马欢
陈 杰(区委保密办主任)
柏海峰

中共上海市青浦区委研究室(简称区委研究室)

主 任:朱加军

区人大常委会

办公室
主 任:许 峰
副主任:周雄文(2019 年 3 月免)
俞全明
研究室
主 任:许 峰
副主任:陶 磊(女)
代表工作室
主 任:徐一军(2019 年 8 月免)
金国宏(2019 年 8 月任)
副主任:徐 新(女)
代表资格审查委员会
主任委员:陆志斌
副主任委员:徐一军
人事工作委员会
主 任:陆志斌
副主任:徐一军(2019 年 8 月免)
金国宏(2019 年 8 月任)
教育科学文化卫生工作委员会
主 任:印国荣
副主任:庄惠元 周敏华(女)
华侨民族宗教事务工作委员会
主 任:印国荣
副主任:庄惠元
城市建设环境保护工作委员会
主 任:盛自力(2019 年 12 月免)
陈 达(2019 年 12 月任)
副主任:孙海铭
农业与农村工作委员会
主 任:盛自力(2019 年 12 月免)
陈 达(2019 年 12 月任)
副主任:汤福明
预算工作委员会
主 任:朱 民(2019 年 6 月免)
华 琼(女,2019 年 8 月任)
副主任:杨莉炯(女) 王连军(2019 年 11 月免)
法制委员会
主任委员:张丽莉(女)
副主任委员:张 备
监察和司法委员会
主任委员:张丽莉(女)
副主任委员:张 备
社会建设委员会
主任委员:张丽莉(女,2019 年 7 月任)
副主任委员:黄春明(2019 年 12 月任)
宋 波(2019 年 7 月任)
财政经济委员会
主任委员:华 琼(女,2019 年 7 月免)
徐一军(2019 年 7 月任)
副主任委员:尤佳秋

上海市青浦区人民政府办公室(简称区政府办)

主 任:陈汇青(2019 年 6 月免)
李 欢(女,2019 年 6 月任)
副主任:余 翔(2019 年 3 月任)
李柏青 陈 阳 金国宏(2019 年 7 月免)
王 滨 姚晓平(2019 年 3 月免)
孙 茂(2019 年 6 月任)
杨新梅(女,挂职,2019 年 3 月任、9 月免)

上海市青浦区人民政府研究室(简称区政府研究室)

主 任:余 翔(2019 年 3 月免)
李 欢(女,2019 年 6 月任)

上海市青浦区人民政府外事办公室(简称区政府外办)

主 任:陈汇青(2019 年 6 月免)
李 欢(女,2019 年 6 月任)
副主任:陈 阳(2019 年 3 月免)

上海市青浦区人民政府合作交流办公室(简称区政府合作交流办)

主 任:陈汇青(2019 年 6 月免)
李 欢(女,2019 年 6 月任)
副主任:王 滨(2019 年 3 月免)

上海市青浦区人民政府地区办公室(简称区地区办)

主 任:钱坤荣(2019 年 3 月免)
李 欢(女,2019 年 6 月任)
副主任:张跃才(2019 年 3 月免)

上海市青浦区机关事务管理局(简称区机管局)

书记、局长:戴秀河
副局长:计红星 盛 斌(2019 年 3 月任)

区政协

秘书长、办公室主任:张正华(女)
专委办主任、副秘书长:诸福先
副秘书长:高 峰(2019 年 10 月任) 徐海燕(女)
办公室副主任:钱震杰
专委办副主任:张 亮
提案委员会
主 任:顾啸流
副主任:张 静(女,2019 年 10 月免)

金国宏(2019 年 10 月免)
王　滨(2019 年 10 月任)
徐连光　诸福先

经济委员会
主　任:徐　农
副主任:干建平(2019 年 10 月任)
叶丽君(女,2019 年 10 月任)
池学聪　杜黎明(2019 年 10 月免)
程光宇(2019 年 10 月免)　虞　骏

人口资源环境建设委员会
主　任:池春燕
副主任:吴金英(女)
邱宝荣　倪达锋　雷　鹏

教科卫体委员会(2019 年 10 月新设置)
主　任:刘　敏(2019 年 10 月任)
副主任:王翠玲(女,2019 年 10 月任)
姚明明(2019 年 10 月任)
顾爱根(2019 年 10 月任)

社会和法制委员会
主　任:吴　春(2019 年 10 月免)
高　峰(2019 年 10 月任)
副主任:吴　春(2019 年 10 月任)
高　峰(2019 年 10 月免)　徐卫军
黄海忠(2019 年 10 月任)　戴秀河

文化文史和学习委员会(2019 年 10 月新设置)
主　任:周思琴(女,2019 年 10 月任)
副主任:王　辉(2019 年 10 月任)
田惠敏(2019 年 10 月任)
徐　斌(2019 年 10 月任)

农业和农村委员会(2019 年 10 月新设置)
主　任:周文娟(女,2019 年 10 月任)
副主任:龚海明(2019 年 10 月任)
程光宇(2019 年 10 月任)

民族宗教和港澳台侨委员会(2019 年 10 月新设置)
主　任:张　静(女,2019 年 10 月任)
副主任:田春红(女,2019 年 10 月任)
杭　萍(女,2019 年 10 月任)

教科文卫体委员会(2019 年 10 月撤销)
主　任:刘　敏(2019 年 10 月免)
副主任:王翠玲(女,2019 年 10 月免)
顾爱根(2019 年 10 月免)
徐　斌(2019 年 10 月免)
黄海忠(2019 年 10 月免)

民族和宗教委员会(2019 年 10 月撤销)
主　任:田春红(女,2019 年 10 月免)
副主任:刘　江(女,2019 年 10 月免)
张小英(女,2019 年 10 月免)
张卫兴(2019 年 10 月免)
耿卫忠(2019 年 10 月免)

学习和文史委员会(2019 年 10 月撤销)
主　任:周思琴(女,2019 年 10 月免)
副主任:王　辉(2019 年 10 月免)
田惠敏(2019 年 10 月免)

港澳台侨委员会(2019 年 10 月撤销)
主　任:杭　萍(女,2019 年 10 月免)
副主任:罗　青(2019 年 10 月免)
谢松峰(2019 年 10 月免)

中共上海市青浦区纪律检查委员会、上海市青浦区监察委员会(简称区纪委监委)
书记、主任:王　翔
副书记、副主任:胡元强　仲吉宇
常　委:徐　飞　孙　蔚(2019 年 7 月免)
童　伟(女)　金　平(女)
第一派驻纪检监察组组长:夏剑群(女,2019 年 2 月任)
第二派驻纪检监察组组长:林夫珍(女,2019 年 2 月任)
第三派驻纪检监察组组长:章红军(2019 年 2 月任)
第四派驻纪检监察组组长:杨雪虹(女,2019 年 2 月任)
第五派驻纪检监察组组长:曾庆奎(2019 年 2 月任)
第六派驻纪检监察组组长:许秋凤(女,2019 年 2 月任)
第七派驻纪检监察组组长:张跃春(2019 年 2 月任)
第八派驻纪检监察组组长:穆华平(2019 年 8 月任)
第九派驻纪检监察组组长:章亮亮(女,2019 年 8 月任)

中共上海市青浦区委组织部(简称区委组织部)
部　长:蒋仁辉
副部长:陆志斌　徐连光(区委编办主任)
沈秋英(女)　孙鸿根
黄励峰(区公务员局局长,2019 年 7 月任)
区委编办副主任:张永刚

中共上海市青浦区社会工作委员会(简称区社会工作党委)
书　记:沈秋英(女)
副书记:戴永军(2019 年 2 月免)
施　音(女,2019 年 2 月任)

中共上海市青浦区委宣传部(简称区委宣传部)
部　长:姜道荣
副部长:周思琴(女,区新闻办主任,2019 年 6 月任区委网信办主任)
俞　峰(文明办主任)
陈　涛(2019 年 2 月任)
沈旖婷(女,2019 年 3 月任)
文明办副主任:盛　斌(2019 年 2 月免)
新闻办副主任:张桂根(兼,2019 年 3 月免)

中共上海市青浦区委统一战线工作部(简称区委统战部)
部　长:孙　挺(女,2019 年 10 月免)
王凌宇(2019 年 10 月任)
副部长:曹　杰(2019 年 2 月任)　张　静(女)
李建明(2019 年 2 月免)
汤宏波　石惠军

上海市青浦区民族和宗教事务办公室(简称区民宗办)
主　任:汤宏波
副主任:沈　英(女)

上海市青浦区人民政府侨务办公室(简称区侨办)
主　任:曹　杰

副主任:苏备备(女,2019 年 3 月免)

上海市青浦区人民政府台湾事务办公室(简称区台办)

主　任:石惠军

副主任:冯永强

上海市青浦区社会主义学院(简称区社院)

院　长:孙　挺(女,2019 年 10 月免)

王凌宇(2019 年 10 月任)

副院长:陈　冰(女)　周敏华(女)

中共上海市青浦区委政法委员会(简称区委政法委)

书　记:赵　明

副书记:陈　林(2019 年 2 月免)

周剑峰(2019 年 2 月任)　曹秋龙

郭爱民(2019 年 3 月任)

陈　钢(2019 年 2 月任)

区综治办主任:曹秋龙(2019 年 2 月免)

区综治办副主任:夏家喜(2019 年 2 月免)

陈　钢(2019 年 2 月免)

中共上海市青浦区区级机关工作委员会(简称区级机关工作党委)

书　记:黄齐红(2019 年 2 月免)

李建明(2019 年 2 月任)

副书记、纪工委书记:王丽霞(女)

中共上海市青浦区委老干部局(简称区委老干部局)

局　长:孙鸿根

副局长:顾军燕(女)　仇加鸿

中共上海市青浦区委、青浦区人民政府信访办公室(简称区信访办)

主　任:徐学军

副主任:顾雅静(女,2019 年 2 月免)

徐险峰　钱　斌

孙文萍(女,2019 年 2 月任)

上海市青浦区档案局(简称区档案局)

书记、局长:周锦忠(档案馆馆长)

副局长:苏备备(女,2019 年 2 月任)

胡国新　刘静俊(2019 年 2 月免)

梁雪花(女,挂职,2019 年 4 月任、10 月免)

档案馆副馆长:柴　飚　戴晓萍(女)

中共上海市青浦区委党校(简称区委党校)

校　长:韩顺芳(女,2019 年 4 月免)

杨小菁(女,2019 年 4 月任)

常务副校长:陈菊英(女)

副校长:武志华　李继力

中共上海市青浦区委员会党史研究室、上海市青浦区地方志办公室(简称区史志办)

主　任:胡爱明

副主任:毛雪明

上海市青浦报社(简称青浦报社)

总　编:徐　珏(女,2019 年 6 月免)

副总编:陈金辉(2019 年 6 月免)

徐　斌(2019 年 6 月免)

上海市青浦区融媒体中心(简称区融媒体中心,2019 年 4 月新组建)

书　记:徐　珏(女,2019 年 9 月任)

副书记:李仁荣(2019 年 9 月任)

主　任:徐　珏(女,2019 年 6 月任)

副主任:陈金辉(2019 年 6 月任)

徐　斌(2019 年 6 月任)

高　群(女,2019 年 6 月任)

贾彦秋(2019 年 6 月任)

上海市青浦区总工会(简称区总工会)

主　席:赵宏林

书记、常务副主席:吴　春

纪检组组长:冯永新(2019 年 2 月免)

副主席:倪　健(女)　蔡学锋

黄春风(挂职,2019 年 8 月免)

陈兆龙(挂职,2019 年 4 月任、9 月免)

张　维(女,挂职,2019 年 11 月任)

周振波(兼)　黄　敏(女,兼)

中国共产主义青年团上海市青浦区委员会(简称团区委)

书　记:沈竹林

副书记:叶丽君(女,2019 年 10 月免)　宋　波

陈舒艺(女,2019 年 11 月任)

王　琼(女,挂职,2019 年 8 月免)

董汉成(挂职,2019 年 11 月任)

张福奇(兼)　白敬轩(兼)

上海市青浦区妇女联合会(简称区妇联)

书记、主席:张国妹(女)

纪检组组长:谢　华(女,2019 年 2 月免)

副主席:谢　华(女)　郭慧清(女)

庄伟华(女,挂职)

周　瑜(女,兼)　顾　峻(女,兼)

上海市青浦区工商业联合会(简称区工商联)

书记、常务副主席:李建明(2019 年 2 月免)

曹　杰(2019 年 2 月任)

主　席:池学聪

副主席:汪　清(2019 年 2 月任)　蒋　华

上海市青浦区归国华侨联合会(简称区侨联)

书记、主席:杭　萍(女)

专职副主席:袁曦敏(女,兼任秘书长)

纪检组组长:袁曦敏(女,2019 年 2 月免)

兼职副主席:刘　敏　沈钦华　谢松峰

刘严雄　汪　清

上海市青浦区残疾人联合会(简称区残联)

书记、理事长:陆惠星

纪检组组长:庄惠元(2019 年 2 月免)

副理事长:许建忠(2019 年 8 月任)

庄惠元(2019 年 8 月免)

陈　燕(女)　周明浩(兼)　董旭华(女,兼)

上海市青浦区人民检察院(简称区检察院)

书记、检察长:郑永生

副检察长:周红亚(女)　徐庆天　刘华敏

纪检组组长：张金华（2019 年 6 月免）
政治部主任：周少华（女，2019 年 3 月任）

上海市青浦区人民法院（简称青浦法院）

书　记：麦　珏（女）
院　长：林晓镍（2019 年 1 月免）
　　　　麦　珏（女，2019 年 1 月任）
副院长：胡春明（2019 年 4 月免）
　　　　王贤诚　张富泉
纪检组组长：穆华平（2019 年 8 月免）
政治部主任：周向东

中国人民解放军上海市青浦区人民武装部（简称区人武部）

政　委：刘辽军
部　长：李会林
副部长：王海涛

上海市青浦区发展和改革委员会（简称区发展改革委）

书记、主任：朱正伟
副书记：蒋金坤
纪委书记：蒋金坤（2019 年 2 月免）
副主任：卫　星（女）　张　隽（2019 年 7 月免）
　　　　叶　慧（女）　夏　骥（2019 年 4 月免）
　　　　陈小玉（2019 年 6 月任）
　　　　费晓勤（女，2019 年 7 月任）

上海市青浦区经济委员会（简称区经委）

书记、主任：朱要武
副书记、纪委书记：王　强（2019 年 2 月免）
副书记：杨河生（2019 年 2 月任）
副主任：杨河生（2019 年 3 月免）
　　　　杜黎明（2019 年 3 月免）
　　　　张正义（2019 年 3 月免）　陆蓓蕾（女）
　　　　许　诺（2019 年 3 月任）
　　　　董　敏（女，2019 年 4 月任）

上海市青浦区商务委员会（简称区商务委，2019 年 2 月区级机构改革时将区商务委员会由在区经济委员会挂牌调整为单独设置）

书　记：谭　伟（2019 年 2 月任）
主　任：谭　伟（2019 年 3 月任）
副主任：张正义（2019 年 3 月任）
　　　　叶丽君（女，2019 年 10 月任）
　　　　肖晓平（2019 年 6 月任）

上海市青浦区农业委员会（简称区农委）

书记、主任：谢　辉（2019 年 2 月免）
副书记：沈玲英（女，2019 年 2 月免）
纪委书记：曾庆奎（2019 年 2 月免）
副主任：朱雪生（2019 年 2 月免）
　　　　吴建平（2019 年 2 月免）
　　　　邓春兴（2019 年 2 月免）

上海市青浦区农业农村委员会（简称区农业农村委，2019 年 2 月区级机构改革新组建）

书　记：谢　辉（2019 年 2 月任）
副书记：沈玲英（女，2019 年 2 月任）
主　任：谢　辉（2019 年 3 月任）
副主任：龚海明（2019 年 3 月任）
　　　　邓春兴（2019 年 3 月任）
　　　　朱雪生（2019 年 3 月任）
　　　　夏亚刚（2019 年 3 月任）
　　　　黄元杰（挂职，2019 年 6 月任）
　　　　石俊峰（挂职，2019 年 4 月任、10 月免）

上海市青浦区建设和管理委员会（简称区建管委）

书记、主任：陆章一
副书记：孙　俭（女，2019 年 2 月免）
　　　　许卫民（2019 年 7 月任）
纪委书记：朱　亮（2019 年 2 月免）
副主任：张　诚　许卫民（2019 年 7 月免）
　　　　倪达锋　浦浩良
　　　　耿伟荣（2019 年 7 月任）

上海市青浦区重大项目建设办公室（简称区重大办）

主　任：姜爱锋
常务副主任：陆章一
副主任：张　诚　李柏青（兼）
　　　　费晓勤（女，兼，2019 年 7 月任）
　　　　朱永强（兼）　刘少峰（兼）

上海市青浦区科学技术委员会、上海市青浦区科学技术协会（简称区科委、区科协）

书记、主任、主席：张宏洲
副书记：奚玉麟
纪委书记：张跃春（2019 年 2 月免）
副主任：朱国健（2019 年 3 月免）　凌雪庆　刘志斌
副主席：宋　琳（女，2019 年 6 月免）
　　　　庄惠元（2019 年 9 月任）
副主任、副主席：沈　峰

上海市青浦区国有资产监督管理委员会（简称区国资委）

书记、主任：虞　骏
副书记：李成芳（女）
纪委书记：章红军（2019 年 2 月免）
副主任：瞿坚春（女，2019 年 3 月免）　江　辉
　　　　王锡璟（2019 年 8 月任）
　　　　潘桢栋（2019 年 8 月免）

上海市公安局青浦分局（简称公安青浦分局）

书记、局长、督察长：王德强（2019 年 5 月免）
　　　　　　　　　　姚少杰（2019 年 5 月任）
副书记、政委：杨　俊
副书记、副局长：周　萍（女，2019 年 2 月任）
副局长：成玉之　华　钢　刘懿骏　陈永强　赵　熠
政治处主任：沈红开
指挥处处长：郭爱民（2019 年 3 月免）
　　　　　　谢云川（2019 年 3 月任）

上海市青浦区司法局（简称区司法局）

书　记：张小云（2019 年 2 月免）
　　　　朱建忠（2019 年 2 月任）
局　长：张小云（2019 年 3 月免）
　　　　朱建忠（2019 年 3 月任）
副书记：尤建华

纪委书记:杨雪虹(女,2019 年 2 月免)
副局长:尤海东　谢天凡
　　夏家喜(2019 年 3 月任)
　　姚晓平(2019 年 3 月任)

上海市青浦区人力资源和社会保障局(简称区人社局)

书记、局长:俞藕英(女)
副书记:缪琦珺
纪委书记:夏剑群(女,2019 年 2 月免)
副局长:唐金龙　周维平
　　徐卫军(2019 年 3 月免)　杨惠芳(女)
　　吴　薇(女,2019 年 3 月任)
　　董　波(挂职,2019 年 4 月任、10 月免)

上海市青浦区医疗保障局(简称区医保局,2019 年 2 月区级机构改革新组建)

书　记:徐春余(2019 年 2 月任)
局　长:徐春余(2019 年 3 月任)
副局长:钟　青(女,2019 年 3 月任)

上海市青浦区民政局(简称区民政局)

书记、局长:施剑文
副书记:徐建青
纪委书记:黄　涛(2019 年 2 月免)
副局长:陆云棣(2019 年 3 月免)
　　黄海忠(2019 年 3 月任)
　　沈纪国　高　峰(2019 年 11 月免)
　　庄　娟(女)

上海市青浦区退役军人事务局(简称区退役军人局,2019 年 2 月区级机构改革新组建)

书　记:赵　峰(2019 年 2 月任)
局　长:赵　峰(2019 年 3 月任)
副局长:徐卫军(2019 年 3 月任)
中心主任:方　晖(女,2019 年 10 月任)

上海市青浦区财政局(简称区财政局)

书记、局长:徐　英(女,2019 年 6 月免)
　　张国兴(2019 年 6 月任)
纪检组组长:马　铭(2019 年 2 月免)
副局长:马　铭　庄爱军(2019 年 3 月免)
　　蔡云峰　周　兢(2019 年 6 月任)
　　王彦妮(女,挂职,2019 年 4 月任、10 月免)

上海市青浦区审计局(简称区审计局)

书记、局长:张国兴(2019 年 6 月免)
　　朱　民(2019 年 6 月任)
纪检组组长:赖伟春(女,2019 年 2 月免)
副局长:赖伟春(女)　章福生　汪　畅(女)

上海市青浦区教育局(简称区教育局)

书　记:孙　卫
副书记、局长:程卫国
副书记:黄海忠(2019 年 2 月免)
　　姚明明(2019 年 2 月任)
纪委书记:王　良(2019 年 2 月免)
副局长:王海青(女)
　　姚金生(2019 年 3 月免)
　　王　良(2019 年 3 月任)
　　江雪元　高　燕(女)

上海市青浦区卫生和计划生育委员会(简称区卫生计生委)

书　记:徐春余(2019 年 2 月免)
副书记:符仁美(2019 年 2 月免)
主　任:饶斐文(2019 年 2 月免)
副主任:金贵元(2019 年 2 月免)
　　吴金英(女,2019 年 2 月免)
　　胡　炯(2019 年 2 月免)
　　季春华(2019 年 2 月免)

上海市青浦区卫生健康委员会(简称区卫生健康委,2019 年 2 月区级机构改革新组建)

书　记:张　明(2019 年 2 月任)
副书记:符仁美(2019 年 2 月任)
主　任:饶斐文(2019 年 3 月任)
副主任:金贵元(2019 年 3 月任)
　　吴金英(女,2019 年 3 月任)
　　胡　炯(2019 年 3 月任)
　　季春华(2019 年 3 月任,援滇)
　　张兴昌(挂职,2019 年 3 月任、9 月免)

上海市青浦区文化广播影视管理局(简称区文广影视局)

书记、局长:沈秋娟(女,2019 年 2 月免)
副局长:陈　涛(2019 年 2 月免)
　　田惠敏(2019 年 2 月免)
　　金　璀(女,2019 年 2 月免)
　　许　诺(2019 年 2 月免)

上海市青浦区旅游局(简称区旅游局)

书记、局长:薛　锋(2019 年 2 月免)
副局长、纪检组组长:陆玉林(2019 年 2 月免)
副局长:徐瑞国(2019 年 2 月免)

上海市青浦区文化和旅游局(简称区文化旅游局,2019 年 2 月区级机构改革新组建)

书　记:沈秋娟(女,2019 年 2 月任)
副书记:戴永军(2019 年 2 月任)
局　长:沈秋娟(女,2019 年 3 月任)
副局长:吴为涛(2019 年 3 月任)
　　田惠敏(2019 年 3 月任)
　　徐瑞国(2019 年 3 月任)
　　金　璀(女,2019 年 3 月任)
　　白宏伟(挂职,2019 年 4 月任、10 月免)

上海市青浦区体育局(简称区体育局)

书　记:张瑞云
副书记:顾爱根
局　长:张瑞云(2019 年 3 月免)
　　顾桂芳(女,2019 年 3 月任)
纪委书记:顾爱根(2019 年 2 月免)
副局长:黄春明(2019 年 10 月免)　杜　敏(女)

上海市青浦区绿化和市容管理局(简称区绿化市容局)

书记、局长:朱　奇
副书记:胥蔚青(女)
纪委书记:胥蔚青(女,2019 年 2 月免)

副局长:陈正贤(2019 年 3 月免)
朱　亮(2019 年 3 月任)
莫林明　夏亚刚(2019 年 3 月免)
周　伟(2019 年 3 月任)

上海市青浦区城市管理行政执法局(简称区城管执法局)

书　记:陈　瑜(2019 年 2 月免)
蔡急成(2019 年 2 月任)
局长、大队长:陈　瑜(2019 年 3 月免)
蔡急成(2019 年 3 月任)
纪检组组长:冯柏亭(2019 年 2 月免)
副局长、副大队长:冯柏亭　龚海明(2019 年 3 月免)
周俊林
副局长:成玉之(兼,2019 年 4 月免)
华　钢(兼,2019 年 4 月任、11 月免)

上海市青浦区环境保护局(简称区环保局)

书记、局长:杨佃辉(2019 年 2 月免)
副书记、纪委书记:危建国(2019 年 2 月免)
副局长:沈林弟(2019 年 2 月免)
顾四清(2019 年 2 月免)
邵志学(2019 年 2 月免)

上海市青浦区生态环境局(简称区生态环境局,2019 年 2 月区级机构改革新组建)

书　记:杨佃辉(2019 年 2 月任)
副书记:危建国(2019 年 2 月任)
局　长:杨佃辉(2019 年 3 月任)
副局长:沈林弟(2019 年 3 月任)
顾四清(2019 年 3 月任)
邵志学(2019 年 3 月任)

上海市青浦区规划和土地管理局(简称区规划土地局)

书记、局长:程卫东(2019 年 2 月免)
副书记:王玉龙(2019 年 2 月免)
纪委书记:濮俭青(2019 年 2 月免)
副局长:蔡急成(2019 年 2 月免)
朱永强(2019 年 2 月免)
谢润华(2019 年 2 月免)

上海市青浦区规划和自然资源局(简称区规划资源局,2019 年 2 月区级机构改革新组建)

书　记:程卫东(2019 年 2 月任)
局　长:程卫东(2019 年 3 月任)
副局长:陈林德(2019 年 6 月任)
朱永强(2019 年 3 月任)
濮俭青(2019 年 3 月任)
谢润华(2019 年 3 月任)

上海市青浦区住房保障和房屋管理局(简称区房管局)

书记、局长:朱思毅
副书记:盛　青
纪委书记:林夫珍(女,2019 年 2 月免)
副局长:邱宝荣　陈仲兴　徐　黉(女)
童领乐(2019 年 11 月任)

上海市青浦区水务局(简称区水务局)

书记、局长:程光宇
副书记:夏永兴
纪委书记:许秋凤(女,2019 年 2 月免)
副局长:吴建平(2019 年 3 月任)
朱宏进　王维维(援滇)
陆晓峰(2019 年 9 月任)

上海市青浦区安全生产监督管理局(简称区安全监管局)

书记、局长:杨叶青(2019 年 2 月免)
副局长、纪检组组长:宋瑞雪(2019 年 2 月免)
副局长:高剑峰(2019 年 2 月免)
刘良春(2019 年 2 月免)

上海市青浦区应急管理局(简称区应急局,2019 年 2 月区级机构改革新组建)

书　记:杨叶青(2019 年 2 月任)
局　长:杨叶青(2019 年 3 月任)
副局长:徐永华(2019 年 3 月任)
高剑峰(2019 年 3 月任)
刘良春(2019 年 3 月任)
宋瑞雪(2019 年 3 月任,援青)

上海市青浦区民防办公室(简称区民防办)

书记、主任:许建忠(2019 年 7 月免)
书　记:高　峰(2019 年 8 月任)
主　任:高　峰(2019 年 9 月任)
纪检组组长:周志良(2019 年 2 月免)
副主任:周志良(2019 年 3 月免)
冯国栋(2019 年 2 月免)
姚金生(2019 年 3 月任)
杨辰灏(2019 年 3 月任)

上海市青浦区统计局(简称区统计局)

书　记:张　炜(2019 年 2 月免)
陆冬云(2019 年 2 月任)
局　长:张　炜(2019 年 3 月免)
陆冬云(2019 年 3 月任)
纪检组组长:费金卫云(2019 年 2 月免)
副局长:费金卫云(2019 年 3 月免)
谭　洁(女,2019 年 3 月任)
俞军军

国家统计局青浦调查队(简称青浦调查队)

队　长:蔡　磊
副队长:甘富新
纪检组长:章　兰(女)

上海市青浦区城市网格化综合管理中心(简称区网格化管理中心)

书记、主任:钱　斌
副主任:方　晖(女,2019 年 10 月免)
金为民　金　伟(2019 年 2 月任)
王　峰(2019 年 11 月任)

上海市青浦区政务服务办公室(简称区政务服务办,2019 年 2 月区级机构改革新设置)

书　记:张慧明(2019 年 2 月任)
主　任:张慧明(2019 年 3 月任)
副主任:朱歆焱(2019 年 4 月任)

行政服务中心副主任：刘少峰（2019年2月任）
何辉萍（女，2019年2月任）
薛赟蓓（2019年11月任）

上海市青浦区区域发展办公室（简称区区域发展办，2019年2月区级机构改革新设置）

主　任：薛　锋（2019年3月任）
副主任：张跃才（2019年3月任）

复旦大学附属中山医院青浦分院（简称中山医院青浦分院）

院　长：樊　嘉
书记、副院长：刘　敏
常务副院长：李　锋（2019年6月任）
副书记：李　锋　蒋小兰（女）
纪委书记：戚怡杰
副院长：范隆华　钱　进（女）　朱　斌

上海市青浦区红十字会（简称区红十字会）

会　长：王凌宇
常务副会长：俞赞红（女）
副会长：黄　涛

上海青浦工业园区发展（集团）有限公司（简称工业园区集团公司）

书记、董事长：陈晓荣
副书记、总经理：曹林云
副书记：姚　峰（2019年4月免）
干建平（2019年5月任）
监事会主席：蒋　彪（2019年4月免）
肖贵珉（2019年4月任）
监事会副主席：冯和生（2019年4月免）
李　力（女，2019年4月任）
纪委书记：李　力（女）
副总经理：诸　威（2019年4月免）
胡继军（2019年4月任）
程小钧　董立平　沈　豪

上海青浦现代农业园区发展有限公司（简称青浦现代农业园区）

书记、董事长、总经理：丁国平
常务副总经理：唐仁龙
监事会主席：陈卫国
监事会副主席：王华生（2019年4月任）
纪委书记：王华生
副总经理：薛建德

上海淀山湖新城发展有限公司（简称淀山湖新城公司）

书记、董事长：蒋家敏
副书记、总经理：谢　明
副书记：王海林
副书记、副总经理：徐　农
监事会主席：陆剑波
监事会副主席：潘　辉（2019年4月任）
纪委书记：潘　辉
副总经理：张春根　胡继军（2019年4月免）
诸　威（2019年4月任）
张建峰　张　浩　潘　俊（女）

上海西虹桥商务开发有限公司（简称西虹桥公司）

书记、董事长：顾连云
副书记、总经理：池春燕
副书记：姚　峰（2019年4月任）
监事会主席：周亚军（2019年3月免）
蒋　彪（2019年4月任）
监事会副主席：潘士金（2019年4月任）
纪委书记：潘士金
副总经理：郭连江　王锡璟（2019年8月免）
康　峻　孙　岚（女，2019年4月任）
陆　勇（2019年10月任）

上海青浦发展（集团）有限公司（简称青发集团）

书记、董事长：章凌云
副书记、总经理：雷　鹏
副书记：张　吉
监事会主席：徐　庆（2019年3月免）
徐红岗（2019年4月任）
纪委书记、监事会副主席：施英君（女，2019年4月任）
纪委书记：张　吉（2019年4月免）
副总经理：邓大虹　干建平（2019年5月免）
董　斌（2019年10月任）
徐　涛（2019年12月任）
杜伟云　付乐奎（2019年4月任）　周永宏

上海青浦公用事业投资控股有限公司（简称青浦公用事业公司）

书记、董事长：章凌云（2019年4月免）
副书记、总经理：肖贵珉（2019年4月免）
监事会主席：徐红岗（2019年4月免）
副书记、纪委书记：张　吉（2019年4月免）
副总经理：邓大虹（2019年4月免）
付乐奎（2019年4月免）
施英君（女，2019年4月免）

上海市西软件信息园投资开发有限公司（简称市西软件园）

董事长：章凌云（2019年4月任）
总经理：雷　鹏（2019年4月任）
副总经理：杜伟云（2019年4月任）

上海市青浦区供销合作联合社（简称区供销社）

书记、主任：沈金华
监事会主席：王　健（女，2019年3月免）
黄齐红（2019年3月任）
监事会副主席：戴秋怡（女，2019年4月任）
纪委书记：戴秋怡（女）
副主任：朱　毅（2019年11月免）　姜文辉

中华人民共和国青浦海关（简称青浦海关）

书记、关长：朱珏伟（女，2019年1月任）
纪检组组长：李　毅（2019年1月任）
副关长：袁　平（2019年1月任）
陈　强（2019年1月任）
乐可敏（女，2019年1月任）
宋　虎（2019年1月免）
李　伟（2019年5月免）

黄爱琴(女,2019 年 1 月免)

国家税务总局上海市青浦区税务局(简称区税务局)

书记、局长:丰卫东
副局长:张振明 田德松 吕 英(女)
纪检组组长:黄 炜
总经济师:许 峰
总会计师:王 认(2019 年 11 月任)

上海市青浦区市场监督管理局(简称区市场监管局)

书记、局长:王毅荣
副书记:顾坚定
纪委书记:顾坚定(2019 年 2 月免)
副局长:徐永华(2019 年 3 月免)
朱国健(2019 年 3 月任)
钟 青(女,2019 年 3 月免)
张卫平 钱卫红(女)
沈根弟 沈志刚(2019 年 3 月任)

上海市青浦区气象局(简称区气象局)

副局长:李保清(主持工作) 沈 洁(女)
纪检组组长:徐建中(2019 年 11 月任)

中国邮政集团公司上海市青浦区分公司(简称青浦邮政分公司)

书记、总经理:刘丽芳(女)
纪委书记、副总经理:何 伟
副总经理:张 力 王 辉

上海市青浦区烟草专卖局、上海烟草集团青浦烟草糖酒有限公司(简称青浦烟草)

书记、局长、总经理:包华杰(2019 年 10 月免)
冯永铿(2019 年 10 月任)
副书记:曲志兵
副局长:沈 艳(女)
副总经理:陈 康

国网上海市电力公司青浦供电公司(简称青浦供电公司)

总经理:周雷勇(2019 年 1 月免)
完 善(2019 年 1 月任、7 月免)
任春萌(2019 年 8 月任)
书 记:范 烨(2019 年 8 月免)
鲍长庚(2019 年 8 月任)
副总经理:鲍长庚(2019 年 8 月免)
黄昂军(2019 年 8 月任)
陈超杰 吴伟东
纪委书记:沈海东
总工程师:肖 飞(2019 年 8 月免)
黄晨宏(2019 年 8 月任)

中国电信股份有限公司上海青浦电信局(简称中国电信上海公司青浦局)

书记、局长:季宏锋
副局长、纪委书记:姚晓华(女)
副局长:高 波(2019 年 9 月免)
祝晓剑 茅海荣(2019 年 10 月任)

中国移动通信集团上海有限公司青浦分公司(简称上海移动青浦分公司)

书记、总经理:吴 勇
副总经理:李海燕(女)

中国联合网络通信有限公司上海市青浦区分公司(简称上海联通青浦分公司)

总经理:梅红芳(女)
副总经理:李鹏飞
任 杰(2019 年 5 月任)

镇、街道负责人名录

中共上海市青浦区赵巷镇委员会、上海市青浦区赵巷镇人民政府(简称赵巷镇)

书 记:王玲锦(女)
副书记、镇长:陆冬云(2019 年 2 月免)
张 炜(2019 年 2 月任)
副书记:高 峰(2019 年 8 月免)
沈 健 吴建英(女)
人大主席:刘益民
纪委书记、监察办公室主任:姚明明(2019 年 2 月免)
徐栋栋(女,2019 年 2 月任)
副镇长:钱永林 夏继东
周雄文(2019 年 2 月任)
董 斌(2019 年 10 月免)
王 萍(女) 杨辰灏(2019 年 2 月免)

中共上海市青浦区徐泾镇委员会、上海市青浦区徐泾镇人民政府(简称徐泾镇)

书 记:赵 峰(2019 年 2 月免)
潘恩华(2019 年 2 月任)
副书记、镇长:潘恩华(2019 年 2 月免)
陈 瑜(2019 年 2 月任)
副书记:沈永连 孙 茂(2019 年 6 月免)
潘雪明(2019 年 7 月任)
人大主席:陆彩娥(女)
纪委书记、监察办公室主任:王永飞
副镇长:汪 清(2019 年 2 月免)
朱 勤(女) 陆 辉(援青)
潘雪明(2019 年 7 月免)
沈 激(2019 年 2 月任)
张 隽(2019 年 7 月任)
衡晓勇(2019 年 10 月任)

中共上海市青浦区华新镇委员会、上海市青浦区华新镇人民政府(简称华新镇)

书 记:陆 青
副书记、镇长:林 峰

副书记:朱红珍(女)　陈爱明
人大主席:吴希铭
纪委书记、监察办公室主任:邵　云
副镇长:尤洪明　胡永青(援滇)
高雪峰　徐剑峰(女)
王　劼(2019年3月任)

中共上海市青浦区重固镇委员会、上海市青浦区重固镇人民政府(简称重固镇)

书　记:金　彪(2019年2月任)
镇　长:金　彪(2019年2月免)
顾荷英(女,2019年4月任)
副书记:顾荷英(女,2019年2月任)
潘勇强(2019年8月免)
方伟忠　杨　嵘
人大主席:张惠娟(女)
纪委书记、监察办公室主任:朱　琦(女)
副镇长:顾荷英(女,2019年4月免)
庄爱军(2019年4月任)
陆全林　刘静俊(2019年4月任)
金圣君　盛　钢(2019年2月免)

中共上海市青浦区白鹤镇委员会、上海市青浦区白鹤镇人民政府(简称白鹤镇)

书　记:张　明(2019年2月免)
朱磊明(2019年2月任)
镇　长:朱磊明(2019年9月免)
陈卫群(2019年9月任)
副书记:朱磊明(2019年2月免)
陈卫群(2019年8月任)
张卫兴　叶　岚
人大主席:蔡双琪
纪委书记、监察办公室主任:朱玮军(女,2019年2月免)
黄　涛(2019年2月任)
副镇长:陈卫群(2019年9月免)
庄祥华　陈栋辉
潘桢栋(2019年9月任)
陈飞飞(女)

中共上海市青浦区朱家角镇委员会、上海市青浦区朱家角镇人民政府(简称朱家角镇)

书　记:高　健
副书记、镇长:乔惠锋
副书记:范国强(2019年2月免)
张小英(女)
管文军(2019年2月任)
人大主席:诸建芳(女)
纪委书记、监察办公室主任:杨　钦
副镇长:陆小龙
江　怀(2019年8月免)
朱巧其(2019年2月免)
沈　培　季　靓(女)
周　平(2019年2月任、7月免)
顾　晨(2019年8月任)

中共上海市青浦区练塘镇委员会、上海市青浦区练塘镇人民政府(简称练塘镇)

书　记:王永根
镇　长:方志坚(2019年3月免)
范国强(2019年7月任)
副书记:方志坚(2019年2月免)
范国强(2019年2月任)
陆秋根　周文娟(女,2019年10月免)
人大主席:陆桂芳(女)
纪委书记、监察办公室主任:刘成涛
副镇长:管文军(2019年3月免)
钱闪星(2019年7月任)
胡晓东(2019年7月任)
印　剑(援滇)
肖　菁(女)　倪争艳(女)

中共上海市青浦区金泽镇委员会、上海市青浦区金泽镇人民政府(简称金泽镇)

书　记:谭　伟(2019年2月免)
方志坚(2019年2月任)
副书记、镇长:凌　敏
副书记:郭正梁　徐　慧(女)
人大主席:徐福星
纪委书记、监察办公室主任:王　华(2019年2月免)
费金卫云(2019年2月任)
副镇长:朱卫东　陆慧明　庄跃华　吴建芳(女)

中共上海市青浦区夏阳街道党工委、上海市青浦区夏阳街道办事处(简称夏阳街道)

书记、人大工委主任:陈　达
办事处主任:潘慧敏(女,2019年3月任)
副书记:潘慧敏(女,2019年2月任)
肖　飞　任建荣
纪工委书记、监察办公室主任:王　娟(女)
办事处副主任:许伟明(2019年3月免)
孙　蔚(2019年8月任)
金　红(2019年8月免)
陈　冰　邹　梅(女)
谭　洁(女,2019年3月免)
盛　钢(2019年3月任)

中共上海市青浦区盈浦街道党工委、上海市青浦区盈浦街道办事处(简称盈浦街道)

书记、人大工委主任:徐孝芳(女)
办事处主任:沈　敏(2019年9月免)
李宾徐(2019年9月任)
副书记:沈　敏(2019年8月免)
李宾徐(2019年8月任)
潘慧敏(女,2019年2月免)
章国新　江　怀(2019年8月任)
纪工委书记、监察办公室主任:许芳群(女)
办事处副主任:朱春健　沈丽萍(女)　陆广军
陈小玉(2019年6月免)
喻晓东(2019年7月任)

中共上海市青浦区香花桥街道党工委、上海市青浦区香花桥街道办事处(简称香花桥街道)

书　记:朱建忠(2019年2月免)
张　兵(2019年2月任)
人大工委主任:朱建忠(2019年3月免)
张　兵(2019年3月任)
办事处主任:张　兵(2019年3月免)
许伟明(2019年3月任)
副书记:张　兵(2019年2月免)
许伟明(2019年2月任)
陈林德(2019年5月免)
陈金新　金　红(2019年8月任)
纪工委书记、监察办公室主任:许　华(女)
办事处副主任:徐文芳　姚伟明　沈备云　姜维维(女)

民主党派负责人名录

中国国民党革命委员会上海市青浦区委员会(简称民革区委)

主任委员:沈伯明
副主任委员:朱国君

中国民主同盟上海市青浦区委员会(简称民盟区委)

主任委员:王海青(女)
副主任委员:高晓生　宋伟倩　康军平

中国民主建国会上海市青浦区委员会(简称民建区委)

主任委员:高　峰
副主任委员:钱　珏(女)　卢伟光　李　峰

中国民主促进会上海市青浦区总支委员会(简称民进总支)

主任委员:姚伟明
副主任委员:裘德荣
郑湘竹(女,2019年8月任)

中国农工民主党上海市青浦区委员会(简称农工党区委)

主任委员:饶斐文
副主任委员:田惠敏　朱　斌

中国致公党上海市青浦区总支部委员会(简称致公党总支)

主任委员:姚　蓁(女,2019年4月免)
副主任委员:周敏华(女,主持工作)
沈卫星

九三学社上海市青浦区委员会(简称九三学社区委)

主任委员:朱国健
副主任委员:袁永坤　田春红(女)

金融机构负责人名录

中国农业银行股份有限公司上海青浦支行(简称农业银行青浦支行)

书记、行长:王连军(2019年7月免)
书记、副行长:张　凡(2019年5月任、7月起主持工作)
纪委书记:陈毛根(2019年5月免)
刘　嫣(女,2019年5月任)
副行长:王　豪(2019年9月免)　周　斌
沈　健(2019年9月任)　陈　炎

中国建设银行股份有限公司上海青浦支行(简称建设银行青浦支行)

书记、行长:张　悦
副行长:高　驰　朱利锋
王星耀(2019年3月任)
戴　巍(2019年6月任)
纪委书记:卜　燕(女,2019年4月免)
纪检组组长:俞晓东(2019年5月任)

中国工商银行股份有限公司上海市青浦支行(简称工商银行青浦支行)

行　长:叶明雯(女)
副行长:范　锋　金　伟　丁钰杰(女)

中国银行股份有限公司上海市青浦支行(简称中国银行青浦支行)

行　长:宋一兵
副行长:赵　明　杨　震
徐成豪(2019年12月任)
汤　蕾(女,2019年2月免)

上海银行股份有限公司青浦支行(简称上海银行青浦支行)

行　长:沈　喆
副行长:胡　云(2019年8月免)
徐伟新

中国光大银行股份有限公司上海青浦支行(简称光大银行青浦支行)

行　长:马红兵
副行长:王　琳(女)　沈立萍(女)

交通银行股份有限公司上海青浦支行(简称交通银行青浦支行)

行　长:张　波
副行长:顾　伟　张振元　夏　颖(女)
张　霆(2019年10月任)

上海农村商业银行股份有限公司青浦支行(简称上海农商银行青浦支行)

书　记:许建华(2019年2月免)
占玲灵(女,2019年2月任)
行　长:占玲灵(女)
副行长:张云根　庄国林(2019年6月免)
蔡夏晰(女)

上海浦东发展银行股份有限公司青浦支行(简称浦发银行青浦支行)
行　长:宋志青
副行长:褚彩萍(女,2019年6月免)
罗　森　乐　华
周近勇(2019年6月任)

中国农业发展银行上海市青浦区支行(简称农发行青浦支行)
行　长:史斌全
副行长:管　超

平安银行股份有限公司上海青浦支行(简称平安银行青浦支行)
行　长:王盛华

兴业银行股份有限公司上海青浦支行(简称兴业银行青浦支行)
行　长:范益红(女)

中国民生银行股份有限公司上海青浦支行(简称民生银行青浦支行)
行　长:朱丽青(女)
副行长:陆　斌

中国邮政储蓄银行股份有限公司上海青浦区支行(简称邮储银行青浦区支行)
书　记:秦建忠(2019年11月免)
副行长:姚　健(主持工作)
王彩妹(女)

中信银行股份有限公司上海青浦支行(简称中信银行青浦支行)
书　记:章珂杰
行　长:罗帮胜

广发银行上海青浦支行(简称广发青浦支行)
行　长:沈迎宾(2019年2月免)
张　俊(2019年2月任)

杭州银行股份有限公司上海青浦支行(简称杭州银行青浦支行)
副行长:宋伟宁　陆卫东　唐彩萍(女)

华夏银行股份有限公司上海青浦支行(简称华夏银行上海青浦支行)
行　长:顾　静(女)
副行长:姚　虹(女)

招商银行股份有限公司上海青浦支行(简称招商银行青浦支行)
行　长:朱　坚(2019年4月免)
宋铭琦(2019年4月任)
副行长:王　润(2019年11月任)
薛韵婷(女)

浙江泰隆商业银行股份有限公司上海青浦支行(简称泰隆银行青浦支行)
行　长:马　岛

浙江稠州商业银行股份有限公司上海青浦支行(简称稠州银行青浦支行)
行　长:朱松华(兼,2019年5月免)
副行长:陈丹丹(女,2019年5月任,主持工作)

浙江民泰商业银行股份有限公司上海青浦支行(简称民泰银行青浦支行)
行　长:邵灵彬
副行长:吕　淼(2019年8月免)

大连银行股份有限公司青浦支行(简称大连银行青浦支行)
行　长:曹佃州(2019年11月免)
张　坚(2019年11月任)
副行长:胡益鸣(2019年11月任)

北京银行股份有限公司青浦支行(简称北京银行青浦支行)
行　长:沈　燕(女)
副行长:贾　涛　郁文刚

宁波通商银行股份有限公司上海青浦支行(简称宁波通商银行青浦支行)
副行长:潘伟强(主持工作)
邬革革(女)

上海青浦惠金村镇银行股份有限公司(简称青浦惠金村镇银行)
董事长、行长:叶树平
副行长:张　斌(女)

中国人民财产保险股份有限公司上海市青浦支公司(简称人保财险青浦支公司)
总经理:金建平
副总经理:徐　辉(女)

中国人寿保险股份有限公司上海市青浦支公司(简称人寿保险青浦支公司)
总经理:朱筱安

中国太平洋财产保险股份有限公司上海市青浦支公司(简称太平洋产险青浦支公司)
总经理:陆宏信
副总经理:徐　清

安信农业保险股份有限公司上海青浦支公司(简称安信青浦支公司)
总经理:王　策
副总经理:张秀红(女)

中共上海市青浦区委员会

编辑 李晓静

综　述

2019年，区委常委会坚持以习近平新时代中国特色社会主义思想为指导，贯彻落实党的十九大和十九届三中、四中全会精神，以及习近平总书记考察上海重要讲话精神，推动“五位一体”总体布局、“四个全面”战略布局和五大发展理念落实落地。重点围绕总书记提出的五方面工作要求和赋予青浦的服务两大国家战略的时代使命，加强思想引领和战略引领，强化制度支撑和项目支撑，顺利完成了年度目标任务，全区经济建设、政治建设、文化建设、社会建设、生态文明建设和党的建设取得新进展。一是坚持政治建设统领，党的建设质量水平不断提高。开展“不忘初心、牢记使命”主题教育。完成45个党政机构改革，成立“7+2”（“7”即区委全面深化改革委员会、区委全面依法治区委员会、区委国家安全委员会、区委网络安全和信息化委员会、区委财经工作委员会、区委审计委员会、区委机构编制委员会，“2”即区委教育工作领导小组和区委农村工作领导小组）议事协调机构。创新“区委挂图督战、部门挂图作战”工作推进机制。落实公务员职务与职级并行制度，出台服务国家战略激励干部担当作为的“1+5”（“1”即《青浦区关于进一步激励广大干部在抢抓两大国家战略机遇中担当作为的实施意见》，“5”即《青浦区关于考准考实干部政治表现的实施办法（试行）》《青浦区关于落实两大国家战略加强一线考察识别干部的实施办法（试行）》《青浦区关于进一步加强干部日常关爱工作的实施办法（试行）》《关于对区管干部进行提醒、函询和诫勉的实施办法（试行）》《青浦区领导干部“落实两大国家战略，担当新时代新使命”教育培训三年行动计划（2019—2021年）》5个配套文件）系列文件。深化“四责协同”机制，常态化开展“三个责任制”（即意识形态责任制、基层党建工作责任制、党风廉政建设责任制）述职评议。实施“红色领航”工程，村居党组织书记“一肩挑”比例稳步提升。二是坚持立足“四个放在”，服务国家战略成效初步显现。成立服务保障第二届“进博会”前线指挥部，靠前指挥、一线巡查、挂图作战，建立24小时不间断、全覆盖的街面综合执法巡查机制和每周六领导带队综合巡查机制。与吴江、嘉善四套班子开展“示范区建设”专题研讨，深化三地联动发展共识。贯彻一体化示范区建设推进会精神，联合吴江、嘉善举办一体化示范区建设誓师大会暨产业项目启动仪式。通过示范区联动平台，率先颁发第一张跨省营业执照，办理第一单跨省医保结算，开通第一条跨省公交线路。三是坚持发展第一要务，区域经济实现平稳健康增长。坚持稳中求进工作总基调，以供给侧结构性改革为主线，贯彻落实新发展理念，保持战略定力，做好“六稳”（即稳就业、稳金融、稳外贸、稳外资、稳投资、稳预期）工作。推进“北上”“南下”“西进”走出去招商，统筹开展大项目招商、集中推介招商、产业链招商、平台招商。发挥投资对增长的关键作用，聚焦重点区域、关键领域和重大产业项目，扩大有效投资。四是坚持深化改革开放，发展瓶颈问题得到有效破解。推进“一网通办”“跨区域通办”系列改革。创新出台青浦区“有求必应、无事不扰”意见，落实行政审批“双减半”要求，实现“减时间”60%、“减材料”58%，“一网通办”审批可办率100%。推进国资国企改革，加强国有资产、资金、资源联动管理，落实“一企一策”国企改革方案。深化财政事权与支出责任改革，推进预算绩效管理。承接“两大国家战略、两个重点区域”（前者指国际进口博览会和长三角一体化发展，后者指长三角生态绿色一体化发展示范区和虹桥商务区），加快建立青东五镇联动机制和协调平台。五是坚持对标生态宜居，“上海之门”城市品牌持续打响。持续深化“一城两翼、一带三核”（“一城”即青浦新城，是上海对外服务的门户城市和长三角一体化发展的示范城市；“东翼”即徐泾、华新、赵巷、重固、白鹤五镇，将以打造国际一流的现代服务业集聚区为目标；“西翼”即青西三镇，将重点打造宜居、宜业、宜游的世界著名湖区和长三角一体化协同创新区；“一带”是指沪湖复合功能发展带；“三核”是指青浦新城、西虹桥、朱家角）功能布局。重大基础设施建设加快推进，环城水系公园基本实现全线贯通，4个“城中村”改造市级试点全面完成。统筹推进公共安全、人居环境和生态环境“三大整治”。打好污染防治攻坚战，推进重点生态项目建设，有序推进第七轮《青浦区2018—2020年环境保护和建设三年行动计划》。持续深化河长制、湖长制。成立区推动乡村振兴示范建设前线指挥部，探索形成新型城镇化和乡村振兴“双轮驱动”和“点片面”分类推进的振兴模式。搭建“1+3+X”（“1”即2018年市级乡村振兴示范村金泽镇莲湖村，“3”即2019年市级乡村振兴示范村练塘镇东庄村、朱家角镇张马村、重固镇徐姚村，“X”即根据任务安排和需要与剩余89家区经济薄弱村签约，至2022年区工商联和各街镇商会执委以上民营企业党支部与“1+3+X”村党支部结对共建签约全覆盖）民营企业参与乡村振兴结对共建平台，助力五大振兴。六是坚持凝聚最大合力，民主政治建设不断巩固完善。学习贯彻落实习近平总书记关于地方人大工作的重要指示，加强党对人大工作的领导，完成人大机构改革。探索开展“走进人大”系列活动。坚持团结和民主两大主题，支持政协围绕长三角生态绿色一体化发展示范区建设、护航第二届“进博会”、经济社会全面跨越式高质量发展、改善社会民生等区委区政府中心工作。推动爱国统一战线持续巩固壮大。推进依法治区，建设法治政府，落实“七五”普法规划，加强知识产权和商事纠纷法律服务，推进示范区环境资源司法协作。七是坚持弘扬主流价值，江南文化示范效益继续放大。推进全国文明城区创建，推进全国双拥模范城区创建，推进生活垃圾全程分类和一体化保洁养护。坚持巩固壮大主流思想舆论，坚决守牢意识形态阵地，宣传青浦改革发展成果。成功举办庆祝新中国成立70周年暨撤县建区20周年主题歌会、升旗仪式等重大活动，成功举办环意长三角自行车公开赛、淀山湖文化艺术节暨旅游购物节、世界华人龙舟邀请赛等重大活动和赛事。坚持会商文旅农融合发展，加强规划先行和要素保障。加快完善现代公共文化服务体系，区、镇、村居三级文化配送网络持续健全。八是坚持创新社会治理，群众获得感满意度明显提升。推进社会事业发展三年行动计划，提升公共服务整体水平。完善基本公共服务体系，健全完善“西劳外输”就业政策，落实“1+1+5”（指《青浦区“十三五”人才发展规划》《青浦区人才发展三年行动计划（2017—2019年）》和《关于促进创新创业人才发展的暂行办法》以及实施细则、《青浦区人才公寓供应实施办法（试行）》《青浦区人才开发激励办法（试行）》《青浦区人才积分管理办法（试行）》）人才政策，出台农村村民住房建设管理实施细则。启动金泽镇试点，大力推进“三美丽”（即美丽街区、美丽家园、美丽乡村）建设，继续做好对口支援和东西部扶贫协作工作。加快提升城市精细化管理水平，打造“社会治理一张网”。“三网融合”（即基层党建、城市管理、综合治理）实现全覆盖。“一站两中心”（“一站”指村居党建服务站，“两中心”指村居综治中心和社区事务服务中心）管理服务功能有效提升。防范和化解重大风险机制全面建立。扫黑除恶专项斗争取得阶段性和专项性成果。群团改革持续深化。

（杨俊茜）

重要活动

■五届区委八次全会　该会于7月5日召开。全会由区委常委会主持。区委书记赵惠琴讲话，区委副书记、区长余旭峰作关于上半年经济社会发展情况和下半年经济社会发展工作安排的报告，区领导杨小菁、姜爱锋、赵明、蒋仁辉、孙挺、王翔、姜道荣、刘辽军等出席。全会审议并通过《中国共产党上海市青浦区第五届委员会第八次全体会议决议》，同意林晓镍、王德强辞去区委委员职务，递补区委候补委员孙卫、施剑文为区委委员。（杨俊茜）

■2020年工作务虚会　该会于12月5—6日召开。区委书记赵惠琴，区委副书记、区长余旭峰，区人大常委会主任朱明福，区政协主席李华桂等四套班子领导出席会议并讲话。区相关部门负责人作交流发言。（杨俊茜）

■五届区委九次全会　该会于12月26日召开。全会传达十一届市委八次全会精神，审议通过区委常委会2019年工作报告和2020年工作要点，听取和审议区委书记赵惠琴受区委常委会委托所作的题为《紧紧围绕国家战略使命担当，大力提升区域治理能力水平，奋力创造青浦全面跨越式高质量发展新奇迹》的主题报告。区委副书记、区长余旭峰受区委常委会委托，重点部署全区贯彻落实中央经济工作会议精神、推动经济社会发展的主要工作安排。区委副书记杨小菁受区委常委会委托，就区委常委会2020年工作要点作说明。区领导姜爱锋、赵明、蒋仁辉、孙挺、王翔、姜道荣、刘辽军、王凌宇等出席。

（杨俊茜）

■市委领导调研　3月28日，中央政治局委员、市委书记李强就实施长三角一体化发展国家战略到长三角区域合作办公室和青浦区调研。李强一行先乘船经过金泽火泽荡、大葑漾、小葑漾，沿途察看自然湖泊群资源及岸线情况，了解该区域总体规划进展；随后到朱家角古镇察看，了解历史风貌、历史建筑保护情况，到水乐堂听取弘扬江南文化的探索实践；最后到圆通速递有限公司、

7月5日，中国共产党上海市青浦区第五届委员会第八次全体会议在区会务中心召开　（区委办供稿）

中通快递股份有限公司，了解物流企业总体发展情况。市委常委、市委秘书长诸葛宇杰等参加调研。区委书记赵惠琴，区委副书记、区长余旭峰全程陪同调研。区领导李华桂、杨小菁、陈庆江、倪向军等参加有关调研活动。

4月11日，市委副书记、市长应勇一行到青浦区调研。应勇一行先到金泽水库，询问水源地水质保护情况，了解黄浦江上游水源地原水工程建设进展，并沿水库环线实地察看，随后召开座谈会。市委常委、常务副市长陈寅，区领导赵惠琴、余旭峰、陈庆江等参加调研。

10月9日，中央政治局委员、市委书记李强一行到青浦调研并召开座谈会，市领导陈寅、诸葛宇杰等参加，区领导赵惠琴、余旭峰、杨小菁、倪向军、彭一浩陪同调研。会前，李强一行实地调研了华为青浦研发中心施工现场和金泽镇莲湖村。座谈会上，市发展改革委和长三角区域合作办公室、市规划和自然资源局、青浦区分别汇报有关工作推进情况。

11月20日，中央巡回督导组组长欧阳淞一行到青浦调研并召开“不忘初心、牢记使命”主题教育座谈会，市委常委、组织部部长于绍良主持会议。区委书记赵惠琴作工作汇报，市委第六巡回指导组组长吴福康作交流发言，副组长马列坚，区领导余旭峰、杨小菁、蒋仁辉、王翔、姜道荣等参加座谈。会后，中央巡回督导组一行分两路深入基层进行现场指导和实地调研。

12月19日，中央政治局委员、市委书记李强到青浦调研长三角生态绿色一体化发展示范区建设推进情况，强调要深入贯彻落实习近平总书记关于长三角一体化发展的重要讲话和重要指示批示精神，落实党中央、国务院决策部署，牢记使命、强化担当、奋发作为，推动政策举措落地，彰显集聚度显示度，提升联动示范效应，形成各方工作合力，以更大格局、更宽视野，高水平、高质量建设好示范区。市领导陈寅、诸葛宇杰等参加调研，区领导赵惠琴、余旭峰、姜爱锋等陪同调研。

（杨俊茜）

2019年中共青浦区委重要会议和主要活动情况表

表2

名称	时间	主要内容
区委常委会第七十次会议	1月3日	区委书记赵惠琴主持会议。会议学习中央、国务院关于推动高质量发展的意见，习近平在同全国总工会、全国妇联新一届领导班子成员集体谈话时的讲话；审议关于青浦区健全人大讨论决定重大制度、政府重大决策出台前向本级人大报告的实施意见，青浦区2019年政府性投资项目计划，青浦区关于积极打响制造业品牌的实施意见，关于加强招商引资和产业项目推进实施方案；听取青浦区干部教育培训规划（2018—2022年）制定情况的汇报
区委常委会第七十一次会议	1月15日	区委书记赵惠琴主持会议。会议传达学习市委相关会议精神，市委关于进一步严明党的政治纪律和政治规矩坚决做到“两个维护”的意见；区委书记、三个党组书记和区委常委开展“三个责任制”述职；听取“三个责任制”检查的情况汇报，关于创新创业人才团队奖励、纳税百强企业的情况汇报，区委常委会对照检查材料起草情况汇报；审议五届区纪委四次全会有关安排及2018年工作报告
区委中心组集体学习会	1月17日	区委书记赵惠琴主持会议，余旭峰、朱明福、李华桂等区四套班子领导出席。会上通报了关于2018年上海市各区各部门各单位贯彻执行中央八项规定精神专项督查情况，学习中宣部关于中美贸易专题研究材料；区领导余旭峰、陈庆江、赵明、蒋仁辉、孙挺、王翔、姜道荣、刘辽军等就学习贯彻习近平新时代中国特色社会主义思想交流学习体会
区委常委会第七十三次会议	2月2日	区委书记赵惠琴主持会议。会议通报2018年度区委常委会民主生活会有关情况；学习市委关于以组织体系为重点推进新时代基层党建高质量创新发展的意见、支部工作条例及农村基层组织工作条例，《上海市党政机关领导干部安全生产责任制实施细则》；听取青浦区2018年度政治生态分析报告；听取区总工会、团区委、区妇联党组工作汇报，关于2019年度全国巾帼文明岗、巾帼建功标兵推荐评选工作情况的汇报
虹口区—青浦区农村综合帮扶工作洽谈会	2月14日	区领导赵惠琴、余旭峰、朱明福、李华桂、赵明、倪向军、金俊峰等出席，虹口区领导吴信宝、赵永峰、吴延风、石宝珍、张伟等出席。领导一行先后考察中国北斗产业技术创新西虹桥基地、绿地全球商品贸易港、哈工大人工智能产业园，会上双方签订农村综合帮扶协议书
区委常委会第七十四次会议	2月15日	区委书记赵惠琴主持会议。会议传达市进一步优化营商环境工作会议精神；市委关于加强新时代人民政协党的建设工作的实施意见等文件，中央关于民主党派代表人士队伍建设规划及民族团结进步创建工作相关文件；听取机关党工委、老干部局、党校工作汇报；审议组宣统会议方案，政法、信访和武装工作会议方案及工作报告
青浦区机构改革动员大会	2月28日	区委书记赵惠琴出席大会并讲话，区委副书记、区长余旭峰主持会议，朱明福、李华桂等区四套班子领导出席，区委常委、组织部部长蒋仁辉作方案说明

（续表）

名称	时间	主要内容
区委常委会第七十七次会议	3月7日	区委书记赵惠琴主持会议。会议传达市委有关会议精神；学习习近平总书记在中央政治局第十二次集体学习时的讲话精神、市生态环境损害赔偿制度改革实施方案、《市乡村振兴战略规划及实施方案（2018—2020年）》；审议区乡村振兴战略规划，2019年度人大协商、政协协商、政党协商计划，关于区大调研常态化制度化的实施意见，关于区委常委会全面贯彻落实习近平总书记考察上海重要讲话精神全面加强党的领导挂图督战工作方案
区委常委会第八十次会议	3月29日	区委书记赵惠琴主持会议。会议传达中央政治局委员、市委书记李强在青浦调研的讲话精神、市教育大会精神；学习习近平在中央政治局第十三次集体学习时的讲话精神及2019年上海市创新社会治理加强基层建设工作要点；审议关于区委委托各民主党派、工商联、无党派人士对优化营商环境、促进产业发展开展专项民主监督的方案，2019年区委、区政府重点工作任务分工方案、区委督查工作领导小组2019年工作要点，关于区实施乡村振兴战略重点工作方案及农村人居环境整治村庄清洁行动方案，关于区“有求必应、无事不扰”实施方案和优化营商环境工作要点
青浦区大调研总结推进会暨优化营商环境、重大项目推进会	4月4日	区委书记赵惠琴出席推进会并作讲话。区委副书记、区长余旭峰，副区长陈庆江、副区长倪向军分别作工作部署，区领导何强、顾啸流等参加，余旭峰主持会议
区委常委会第八十一次会议	4月12日	区委书记赵惠琴主持会议。会议传达市委副书记、市长应勇在青浦调研时的讲话精神，听取关于一季度经济运行情况的分析；审议区创新社会治理加强基层建设2019年工作要点
区委常委会第八十二次会议	4月19日	区委书记赵惠琴主持会议。会议审议关于加强本区公立医院党的建设工作的实施意见、区融媒体改革方案；听取关于环意自行车赛中国赛新闻发布会方案的汇报
青浦区纪念五四运动100周年座谈会	5月6日	区委书记赵惠琴出席座谈会并讲话，区领导朱明福、李华桂、蒋仁辉、孙挺、王凌宇等参加
区委常委会第八十三次会议	5月8日	区委书记赵惠琴主持会议。会议学习贯彻习近平在学校思想政治理论课教师座谈会上的讲话精神、《中国共产党重大事项请示报告条例》；审议关于区抓党建促乡村振兴的实施方案
区委常委会第八十四次会议	5月15日	区委书记赵惠琴主持会议。会议传达市委常委会扩大会议精神，学习贯彻中共中央政治局会议审议《长江三角洲区域一体化发展规划纲要》的有关精神
扫黑除恶专项斗争工作推进会暨配合中央督导部署会	5月15日	区委书记赵惠琴主持会议，区领导杨小菁、赵明、蒋仁辉、孙挺、王翔、姜道荣、金俊峰、王德强、麦珏、郑永生等参加
区委全面依法治区委员会第一次会议	5月20日	区委书记赵惠琴主持会议，区领导朱明福、杨小菁、赵明、蒋仁辉、王翔、姜道荣、胡海民、郑永生等参加
区委常委会第八十六次会议	5月24日	区委书记赵惠琴主持会议。会议传达区委书记座谈会会议精神、听取经济运行情况分析汇报；学习贯彻习近平总书记在解决“两不愁、三保障”（“两不愁”指稳定实现农村贫困人口不愁吃、不愁穿，“三保障”指保障其义务教育、基本医疗和住房安全）突出问题座谈会上的讲话精神及中央政治局委员、市委书记李强在上海市对口支援与合作交流工作领导小组全会上的讲话精神；听取关于三起典型火灾事故的通报
区委常委会第八十七次会议	5月31日	区委书记赵惠琴主持会议。会议听取关于“学习贯彻《中国共产党重大事项请示报告条例》”的专题辅导报告，传达庆祝上海解放70周年座谈会、上海市养老服务工作现场推进会精神；审议区委有关常设议事协调机构组成人员建议方案
区委常委会第八十八次会议	6月10日	会议传达推动长三角一体化发展领导小组第一次全体会议精神、市委有关会议精神；学习国务院关于全国违建别墅清查整治专项行动部署电视电话会议精神；听取《关于加强和改进新时代产业工人队伍思想政治工作的意见》的解读，关于五届区委八次全会有关安排的汇报；审议青浦区推进产业工人队伍建设改革实施意见，关于推进“三网融合”的实施意见及配套方案、重点工作任务分解表等文件。区委书记赵惠琴主持会议
青浦区委国家安全委员会第一次会议暨区委网络安全和信息化委员会第一次会议	6月13日	区委书记赵惠琴主持会议，区领导余旭峰、杨小菁、赵明、姜道荣、刘辽军、倪向军、姚少杰等出席
区委常委会第九十次会议	6月21日	区委书记赵惠琴主持会议。会议学习中央纪委书记赵乐际在市县巡察工作推进会上的讲话精神、《干部任用条例》座谈会暨上海市公务员工作和学习贯彻公务员法座谈会会议精神，审议青浦区关于推进经济高质量发展的指标体系

（续表）

名称	时间	主要内容
2019年精神文明建设工作会议暨创建全国文明城区推进会	6月25日	区委书记赵惠琴出席并讲话，区委副书记杨小菁主持会议，区领导姜道荣、胡海民、王凌宇、顾骏、董永元等参加
青浦区纪念建党98周年座谈会暨乡村振兴现场会	6月30日	青浦区纪念建党98周年座谈会暨乡村振兴现场会召开。赵惠琴、余旭峰、朱明福、李华桂等区四套班子领导参加。
区委常委会第九十二次会议	7月3日	区委书记赵惠琴主持会议。会议传达市委有关会议精神；听取《关于当前意识形态领域形势的通报》解读，听取关于贯彻实施公务员法建设高素质专业化公务员队伍的意见解读；审议青浦区公务员职务与职级并行制度的实施方案，审议关于青浦区“十四五”规划研究和编制工作的方案；通报区领导联系基层调整方案
迎接第二轮中央生态环保督察和市委巡视整改评估动员会	7月9日	区委书记赵惠琴出席并讲话，区委副书记、区长余旭峰主持会议，副区长顾骏作工作部署，区领导李华桂等参加会议
区委常委会第九十三次会议	7月12日	区委书记赵惠琴主持会议。会议传达中央第一生态环境保护督察组对上海市开展生态环境保护督察工作动员会的会议精神；听取《上海市进一步优化营商环境实施计划》的解读，关于青浦区重大项目建设推进情况的汇报，关于青浦区网格化管理、市民服务热线工作情况的汇报；审议进一步优化供给促进消费增长的实施方案和、巡视整改自查报告
区委常委会第九十五次会议	7月26日	区委书记赵惠琴主持会议。会议学习贯彻习近平总书记在中央政治局第十五次集体学习时的讲话精神；审议区委关于规范重大事项请示报告的暂行办法、《打造更高质量教育服务品牌·加快推进青浦教育现代化行动计划》；听取关于党内规范性文件清理工作的汇报、关于区五届人大第五次会议有关事宜的汇报
区委常委会第九十六次会议	8月23日	区委书记赵惠琴主持会议。会议传达自贸区新片区建设动员大会、上海市公安工作会议、上海国资国企改革工作会议精神，听取《关于贯彻落实习近平总书记重要批示精神深入落实中央八项规定的工作意见》的解读、学习贯彻全市纪检监察工作会议及廖国勋讲话精神、审议“不忘初心、牢记使命”主题教育专项整治总体工作方案和2019年区绩效考核实施办法
区委财经工作委员会第一次会议	9月3日	区委书记赵惠琴主持会议，区领导余旭峰、杨小菁、彭一浩等参加
区委审计委员会第一次会议	9月3日	区委书记赵惠琴主持会议，区领导余旭峰、蒋仁辉、王翔、彭一浩等参加
区委常委会第九十七次会议	9月6日	区委书记赵惠琴主持会议。会议传达上海市巡视巡察工作会议精神；学习贯彻习近平总书记、丁薛祥在中央和国家机关党的建设工作会议上的讲话精神，习近平在“不忘初心、牢记使命”主题教育工作会议上的讲话精神并审议青浦区主题教育方案；听取关于规范和清理非常设机构工作方案的汇报、全区1—8月经济运行情况分析汇报、关于城市安全运行及风险管控情况的汇报；审议关于解决形式主义突出问题为基层减负的暂行办法
“不忘初心、牢记使命”主题教育动员大会	9月12日	区委书记赵惠琴出席大会并讲话，市委第六巡回指导组组长吴福康、副组长马列坚出席，区领导余旭峰、朱明福、李华桂等出席，区委副书记杨小菁主持会议
青浦、吴江、嘉善开展三地“不忘初心、牢记使命”主题教育工作交流	9月19日	区委书记赵惠琴与三地领导一同现场踏看“蓝色珠链”（即金泽镇东西村蓝色珠链休闲景观带），集体瞻仰陈云纪念馆学习陈云精神，并主持学习研讨会。市委第六巡回指导组组长吴福康、副组长马列坚，区领导朱明福、李华桂、杨小菁、姜爱锋、赵明、蒋仁辉、孙挺、王翔、姜道荣、刘辽军等出席
“不忘初心、牢记使命”主题教育第二次专题学习会	9月20日	区委常委会围绕“党的政治建设”召开主题教育专题学习会。区委书记赵惠琴主持会议并作交流发言，区领导蒋仁辉、姜道荣作交流发言
区委常委会第九十八次会议	9月20日	区委书记赵惠琴主持会议。会议传达上海市机构改革总结会议、市委常委会议军会议等相关会议精神；听取《关于深化细化全面从严治党“四责协同”机制的意见》解读、《关于创新和完善宏观调控的指导意见》解读
“不忘初心、牢记使命”主题教育第三次集体学习	9月26日	区委书记赵惠琴主持，区领导余旭峰、朱明福、李华桂、王翔围绕“理想信念”专题进行交流研讨。会前，赵惠琴带领区四套班子和两院党员领导干部重温入党誓词，参观“青浦的红色足迹”党性教育主题教室，观看第2堂全媒体党课“坚定信念立初心”

（续表）

名称	时间	主要内容
青浦区庆祝人民政协成立70周年座谈会	9月26日	区委书记赵惠琴出席座谈会，李华桂作主旨发言，区领导杨小菁、孙挺、顾啸流、董永元、王海青、饶斐文等出席，八届县政协主席沈蕴新应邀出席
“不忘初心、牢记使命”主题教育第四次集体学习	9月27日	区委书记赵惠琴主持召开集体学习，区领导杨小菁、赵明、孙挺、刘辽军围绕“党性修养”专题进行交流研讨。会议邀请基层优秀党员代表朱洪葵、郁文贤、丁昆源作交流发言
区委常委会第九十九次会议	9月27日	区委书记赵惠琴主持会议。会议学习贯彻《中国共产党政法工作条例》《中共上海市委关于贯彻〈中国共产党政法工作条例〉的实施意见》精神，审议关于青浦区干部担当作为相关文件
“庆祝中华人民共和国成立70周年暨纪念撤县建区20周年”升旗仪式	9月30日	赵惠琴、余旭峰、朱明福、李华桂、杨小菁等区四套班子全体领导，区法院、区检察院负责人，区委、区政府各部委办局机关干部代表以及青少年代表等共900人参加升旗仪式，以庄严神圣的方式表达对伟大祖国的无比热爱之情
党政军领导和各界群众代表公祭烈士活动	9月30日	赵惠琴、余旭峰、朱明福、李华桂、杨小菁等区四套班子全体领导，区法院、区检察院负责人，驻青部队负责人，区工青妇主要负责人，同各界代表一起出席公祭活动
“不忘初心、牢记使命”主题教育第五次集体学习	10月1日	区委书记赵惠琴主持集体学习，区领导蒋仁辉、姜道荣、刘辽军围绕“宗旨性质”专题进行交流研讨。会议还组织收看国庆70周年庆祝大会、阅兵和群众游行实况转播
“不忘初心、牢记使命”主题教育第六次集体学习	10月1日	区委书记赵惠琴主持集体学习，区领导余旭峰、姜爱锋、赵明围绕“担当作为”专题进行交流研讨。会前，赵惠琴、余旭峰分别带队巡查进博会重点区域
“不忘初心、牢记使命”主题教育第七次专题学习研讨会	10月9日	区委书记赵惠琴主持专题学习研讨，区领导杨小菁、姜道荣围绕“爱国主义精神和贯彻宣传工作条例”专题进行交流研讨
“不忘初心、牢记使命”主题教育第八次专题学习研讨会	10月12日	区委书记赵惠琴主持专题学习研讨，会议传达市委书记李强调研青浦重要讲话精神；市委党校教育长梅丽红教授作专题辅导报告；区委领导孙挺、王翔围绕“全面从严治党”主题开展交流研讨
“不忘初心，牢记使命”主题教育第九次专题学习研讨会	10月17日	区委书记赵惠琴围绕“廉洁自律”主题主持召开研讨会，区领导余旭峰、朱明福、李华桂、杨小菁等出席
“不忘初心，牢记使命”主题教育第十次专题学习研讨会	10月17日	区委书记赵惠琴围绕信访化解典型案例和“担当作为”主题主持召开研讨会，区领导余旭峰、朱明福、李华桂、杨小菁等出席
“不忘初心、牢记使命”主题教育第十一次专题学习研讨会	10月21日	区委书记赵惠琴围绕“宗旨性质”主题主持召开研讨会，区领导余旭峰、朱明福、李华桂、杨小菁等出席
区委常委会第一百零一次会议	10月28日	区委书记赵惠琴主持会议。会议学习贯彻习近平在中央政治局第十七次集体学习时的讲话精神；听取《关于我市分类推进人才评价机制改革的实施方案》的解读，市委、市政府、警备区关于贯彻《中共中央、国务院、中央军委关于新时代加强党政军警民合力强边固防的意见》的实施意见的解读，关于青浦区开展扫黑除恶专项斗争情况的汇报，关于创建全国文明城区迎检工作的情况汇报
“不忘初心、牢记使命”主题教育“政治纪律和政治规矩”第十二次专题学习研讨会	10月29日	区委书记赵惠琴围绕“政治纪律和政治规矩”主题主持召开研讨会，区领导朱明福、李华桂、刘辽军围绕专题进行交流研讨
“不忘初心、牢记使命”主题教育第十三次专题学习研讨会	10月31日	区委书记赵惠琴围绕“理想信念”主题主持召开学习研讨，区领导余旭峰、朱明福、李华桂、杨小菁等出席
青浦区领导干部会议	11月2日	区委书记赵惠琴主持会议，传达中国共产党第十九届中央委员会第四次全体会议和长三角生态绿色一体化发展示范区建设推进大会精神。区领导余旭峰、朱明福、李华桂、杨小菁、姜爱锋、赵明、蒋仁辉、孙挺、王翔、姜道荣、刘辽军等出席

（续表）

名称	时间	主要内容
“推动一体化打造新高地”长三角生态绿色一体化发展示范区誓师大会暨产业项目启动仪式	11月2日	青浦、吴江、嘉善等三地党委、政府联合召开启动仪式。区领导赵惠琴、余旭峰、朱明福、李华桂、杨小菁、姜爱锋、赵明、蒋仁辉、孙挺、王翔、姜道荣、刘辽军等参加
区委常委会第一百零三次会议	11月7日	区委书记赵惠琴主持会议。会议学习传达习近平总书记考察上海重要讲话、在第二届中国国际进口博览会开幕式上的主旨演讲和市委常委会扩大会议精神；听取关于青浦区2020年工作务虚会方案的汇报、区委常委会对照检查材料起草情况汇报
区委常委会第一百零四次会议	11月29日	区委书记赵惠琴主持会议。会议学习传达上海市民族团结进步表彰大会精神，听取中央机构编制条例的解读，审议青浦区全面实施预算绩效管理的实施方案
区委常委会第一百零五次会议	12月17日	区委书记赵惠琴主持会议。会议传达全市领导干部会议精神；通报2019年度区委常委会民主生活会有关情况；听取关于安全生产和消防安全情况的汇报；审议关于2020年经济社会发展人代会主要指标和指导性计划目标设定建议的报告，人大、政府、政协三个党组和区委工作部门年度工作报告
区委常委会第一百零六次会议	12月23日	区委书记赵惠琴主持会议。会议听取关于第七轮巡察情况的汇报、关于五届区委九次全会有关材料起草情况的汇报、关于2019年区政府挂图作战重点工作完成情况及2020年区政府挂图作战重点工作编制情况的汇报，审议区委常委会2019年度工作报告及2020年工作要点
“逐梦新时代建功新跨越”青浦区先进典型集中宣传展示活动暨新春团拜会	12月27日	活动在国家会展中心举行。赵惠琴、余旭峰、朱明福、李华桂、杨小菁等区四套班子领导出席
区委常委会第一百零七次会议	12月31日	区委书记赵惠琴主持会议。会议听取三个党组书记暨区委常委“三个责任制”述职，“三个责任制”检查情况汇报，关于2019年国民经济和社会发展计划执行情况与2020年计划草案、关于2019年预算执行情况和2020年预算草案的起草情况汇报，政府工作报告、人大常委会工作报告、政协常委会工作报告、两院工作报告的起草情况汇报；审议2020年加强招商引资和产业项目推进实施方案、青浦区2020年政府性投资项目计划、五届区纪委五次全会方案及2019年工作报告
军政迎春座谈会	12月31日	区领导赵惠琴、余旭峰、朱明福、李华桂等出席会议，杨小菁主持会议

（杨俊茜）

组织工作

■概况 2019年，全区组织系统在区委领导下，学习贯彻习近平新时代中国特色社会主义思想和党的十九大、十九届四中全会精神，贯彻落实新时代党的组织路线，围绕两大国家战略和区委中心工作，凝心聚力、改革创新，积极担当、狠抓落实，不断提高组织工作质量和水平，推动各项工作迈出新的步伐、取得积极成效。（李宓斯）

9月12日，青浦区“不忘初心、牢记使命”主题教育动员大会召开

（区委组织部供稿）

■开展“不忘初心、牢记使命”主题教育 区四套班子领导带头开展学习研讨共50次，交流发言125人次。各处级单位精心组织，推动理论学习入脑入心。结合青浦实际，拍摄“初心的味道”全媒体党课4堂，开设初心微党课24堂，对全区基层党组织书记进行全覆盖集中轮训。开展“初心映民心”调研，全区各级领导干部形成调研报告565个。指导各处级单位领导班子和领导干部梳理形成思想问题清单和工作问题清单，召开对照党章党规找差距专题会议，召开专题民主生活会和组织生活会，主题教育取得实实在在的效果。（李宓斯）

■服务“进博会”和长三角一体化两大国家战略 深化“上善先锋行·护航进博会”主题活动，开展“五善五行”（即善心乐行、善聚同行、善为暖行、善从共行、善能益行）系列活动。制定实施新

一轮“四大护航行动”(即岗位行动、家园行动、志愿行动、文明行动)200余项，开展“进博党员示范岗”争创活动。深化毗邻党建，打造区、街镇、村居联动机制，开展走红长三角互学打卡、“近悦远来·相约+”活动等，举办“上善书记汇”活动3期。制定《青浦区领导干部“落实国家战略，提升专业能力”教育培训三年行动计划(2019—2021年)》，举办中青年干部专题培训班1期，推动年轻干部到长三角地区跟岗学习。（李宓斯）

■开展公务员职务与职级并行工作　学习贯彻新修订的公务员法精神，落实公务员职务与职级并行制度。8月初，对全区102家机关(单位)中在编的2649人进行公务员登记备案情况核查，按照“应套尽套、逐步消化”的原则，对全区非领导职务和已晋升县以下机关职级的公务员进行职级套转，1639名公务员完成职级套转，应套尽套率100%。严格按照晋升程序、资格条件、审批权限等，开展公务员职级首次晋升和二次晋升工作，全区562名综合管理类人员、92名行政执法类人员完成职级首次晋升，90名综合管理类人员、57名行政执法类人员完成职级二次晋升。推进科级干部轮岗交流，12名科级干部到9个单位跨单位交流任职。（李宓斯）

■选优配强处级领导班子　突出政治标准选人用人，结合党政机构改革，配实配强处级领导班子。全年共调整领导干部305名，其中：提职、提级62人，交流、轮岗82人，其他变动161人次。做好干部职级套转和晋升等工作，119人套转为四级以上调研员(不含非区管干部)；105人晋升四级调研员(不含非区管干部)以上职级，其中9人晋升二级巡视员。（李宓斯）

■加强干部教育培训　制定实施《2018—2022年青浦区干部教育培训规划》，举办青浦区学习贯彻落实习近平总书记考察上海重要讲话精神党政主要负责同志培训班，推动新思想进教材、进课堂、进头脑。深化系统培训，先后举办处级领导干部进修班、中青年干部培训班、青年干部培训班、新录用人员区情教育培训班、新晋升科级公务员培训班等10个班次，共计培训577人次，增强干部政治素质和履职能力。（李宓斯）

■落实严管和厚爱干部制度举措　严格执行个人有关事项报告两项法规，全年共650名处级干部上报个人有关事项，抽查核查67人；重点查核干部提拔考察对象、区镇两代表一委员人选等104人次。对区管领导干部及其家属经商办企业情况进行全覆盖排查，对26家处级单位开展选人用人专项检查，对10家党委书记离任的单位进行专项检查，对8家单位的11名处级干部开展经济责任审计、环境资源审计工作；做好干部监督信访举报受理工作，开展干部社团兼职审批8批共22人、出国境审批共301人次。牵头制定全区激励干部担当作为“1+5”系列文件，开展优秀年轻干部库补充调整工作，先后选派40名年轻干部到一线重要岗位挂职锻炼，完成第四批3名援青干部、第十一批6名援滇干部选派工作。（李宓斯）

■加强党支部规范化建设　开展党支部规范化建设创建工程，在全区范围内选树40个党支部建设示范点。制定《关于深入开展基层党组织晋位升级和党员分类管理的实施意见》，开展晋位升级工作。加强带头人队伍建设，落实村居党组织书记区级备案管理制度和村居“两委”班子成员调整区级联审制度，举办4期共640余人的系列培训班，提升村居书记履职能力。从严教育管理党员，细化全区发展党员制度，全年共发展党员594人。创新党代表履职形式，开展“汇聚代表力量、助力乡村振兴”市党代表联组活动，为青浦发展建言献策。（李宓斯）

■坚持抓党建促乡村振兴　推进抓党建促乡村振兴“红色领航”工程，推动村“两委”交叉任职，实施村后备干部“青苗”培育计划，选派30名驻村指导员和61名挂村联系员到91个经济相对薄弱村工作。实施“青源”工程，从农民、致富能手、复原军人中发展党员149人。结合“结对百镇千村·助推乡村振兴”，聘请5名优秀民营企业家担任名誉村主任，落实帮扶资金1160万元。在扫黑除恶专项斗争中，发挥党建引领作用，成立工作专班，加强问题线索排查，开展“六个一”(即开设一个“青浦党建”微信公众号扫黑除恶工作专栏，发布一封致全区共产党员的公开信，党员领导干部上好一堂扫黑除恶专题党课，农村党员过一次扫黑除恶专题组织生活，开设一批街镇社区党校扫黑除恶专题课程，开展一次大学生村官扫黑除恶“以案说法”进百村活动)系列活动。（李宓斯）

■统筹推进各领域党建　健全“两新”组织(即新经济组织和新社会组织)党建体系，年内开展212个农民专业合作社、319个家庭农场、300余家新增社会组织、104家互联网和类金融企业以及22栋商务楼宇党建情况集中排查，形成14个民营企业党建品牌。开展“‘两新’先锋行、美丽我示范”主题活动，实施“两

3月26日，青浦区与虹口区、普陀区“结对百镇千村，助推乡村振兴”结对共建签约仪式举行（区委组织部供稿）

新”组织发展党员“蓄源提质”工程。加强分类指导，制定区级机关党的建设三年行动计划、青浦区公立医院党的建设工作实施意见，开展国有企业“红旗党支部”征集展示活动，统筹推进各领域党建工作。坚持党建引领基层治理，深化网格化党建，统筹推进“三网融合”，推动党群服务中心（站点）提质增效。截至2019年底，全区已有党群服务站323个、服务点471个。（李宓斯）

1月24日，青浦区优秀创新创业人才团队企业奖表彰会举行（区委组织部供稿）

■优化人才发展环境 开展区“十四五”人才发展规划前期思路研究、人才安居政策专题调研，进一步提出解决问题的思路举措。强化人才政策落实，评选出2018年度优秀人才团队70家，兑现人才团队奖励奖金4798万元。2019年，享受人才激励购房补贴新增14人、享受人才激励租房补贴31人、享受人才积分政策租房补贴292人。加大人才培育力度，全年新入选第四批国家万人计划科技创业领军人才1人、国务院特贴专家1人、第四批上海青年创业英才1人。优化人才公寓政策兑现服务，共召开人才公寓供应联席会议7次，491人通过人才认定，对6批次申请对象完成供应，已入住累计1062套。（李宓斯）

■加强组织部门自身建设 带头开展主题教育，共开展学习研讨11次，交流39人次。先后印发学习资料汇编7期，梳理形成领导班子问题10个、领导干部个人问题69个，其中重要又突出的问题7条。实施组工干部能力提升工程，5月29—30日，举办组织系统学习贯彻习近平总书记考察上海重要讲话精神暨组工业务培训，加强党员能力培养。深化组织系统信息宣传、调查研究等工作，获得《上海组织工作》信息通讯优胜单位，2篇调研报告获全市组织工作优秀调研成果奖。加强对组工干部的严管厚爱，全年提任科级干部2批次、共7人；开展职级首次晋升20人、二次晋升1人。继续用好部风监督评议、大调研、工作例会等有效机制，推动组织工作高质量创新发展。（李宓斯）

5月29—30日，青浦区组工干部学习贯彻习近平总书记考察上海重要讲话精神暨组工业务培训班举办（区委组织部供稿）

宣传工作与精神文明创建

■概况 2019年，青浦区宣传思想文化工作按照区委的总体部署，高举习近平新时代中国特色社会主义思想伟大旗帜，对接服务两大国家战略，坚持挂图作战、项目化推进，党的理论武装、正面宣传引导、城市新形象建设、精神文明创建、“江南文化”品牌打造等各项工作成效显著，为推动青浦全面跨越式高质量发展提供了强有力的思想保证、舆论支持、精神动力和文化环境。（谢 薇）

■学习宣传贯彻习近平新时代中国特色社会主义思想 制定下发2019年度区委中心组学习计划和处级单位中心组学习意见，下发处级单位中心组学习季度重点提示，全年共开展区委中心组学习17次，编发学习参考12期。围绕服务长三角一体化发展国家战略，与上海国家会计学院党委中心组、复旦大学党委中心组开展联组学习会，到江苏省开展学习考察活动。组织开展学习习近平新时代中国特色社会主义思想“百题”知识测试，建好用好“学习强国”平台，日均参与度位列全市24家同级单位第五名。开展全区宣讲队伍和宣讲情况摸底调研，建立“1（区级）+11（街镇）+X（相关单位）”基层宣讲团矩阵。注重发现和培育优秀基层宣讲员，推出

精品宣讲课程，举办“庆祝中华人民共和国成立70周年暨纪念撤县建区20周年”等系列主题宣讲活动600余场。（谢　薇）

■落实意识形态工作责任制　制定《青浦区2019年度意识形态工作责任制考核细则》，结合“三个责任制”检查和区委巡察工作，对全区33家处级单位的意识形态工作责任制落实情况开展实地检查，强化督促整改，压实责任链条。在全区范围开展意识形态领域风险点排查工作，制定《青浦区意识形态领域风险点防范化解措施预案》，建立“意识形态安全工作协调机制”例会制度，强化意识形态风险分析研判和防控。（谢　薇）

12月27日，“逐梦新时代，建功新跨越”——青浦区先进典型集中宣传展示活动暨新春团拜会在国家会展中心（虹馆）举行　（区委宣传部供稿）

■新闻宣传报道　制定《青浦区重要会议和领导活动新闻报道工作守则》，持续加强“一会两群”（即新闻早餐会和媒体新闻捷报工作群、区重大工作沟通群）工作机制，举办专题新闻发布会4次，在中央、市级主流纸媒刊登报道1600余篇次（其中头版报道124篇、专版报道58篇），比上年增长32.6%；在广播电视媒体播发新闻490余条，同比增长29.7%；在新媒体发布报道1.2万余条，比上年增长50%。围绕服务两大国家战略、新中国成立70周年、“扫黑除恶”等各类重大主题，协助媒体完成采访工作超150次。（谢　薇）

■舆论监督管理　制定下发《青浦区落实网络意识形态工作责任制正面清单和负面清单》，妥善处置110余起热点敏感事件的舆情应对引导，编发《每日舆情快报》245期。成立长三角一体化示范区网信联盟和百家公众号联盟，举办2019年国家网络安全宣传周活动，建立起“十、百、千”全区三级网评员队伍，建成“网萱青浦管理平台”，不断优化网评工作体系。（谢　薇）

■媒体融合发展　组建青浦区融媒体中心，建立“一次采集、多元生成、多渠道传播”的融媒体采编流程。创新推出“绿色青浦”抖音账号和APP客户端，联合吴江、嘉善融媒体中心共同成立“青嘉吴长三角一体化发展媒体联盟”，牵头建立三地媒体联席会议制度，共同创设“长三角示范区发布”微信公众号，提升示范区内媒体的传播力、引导力、影响力。（谢　薇）

■先进典型选树　培育和选树先进典型，举办“逐梦新时代·建功新跨越”青浦区先进典型集中宣传展示活动暨新春团拜会。4位先进典型入围感动上海年度人物候选人，朱洪葵、郁文贤获选2019感动上海年度人物。推荐徐泾镇“微笑四叶草”志愿服务队及中通快递集团董事长赖梅松作为市级“新时代奋斗者”先进集体、个人候选并组织开展集中宣传。（谢　薇）

■重大主题宣传　围绕庆祝新中国成立70周年、纪念青浦撤县建区20周年等主题，夯实“10（区级）+X（街镇）”活

9月23日，“波澜壮阔70年，砥砺奋进20载”——青浦区庆祝中华人民共和国成立70周年暨纪念撤县建区20周年主题歌会在国家会展中心（虹馆）举行　（区委宣传部供稿）

动机制，开展一系列主题宣传和群众性主题活动。9月23日，在国家会展中心（虹馆）举办"波澜壮阔70年，砥砺奋进20载"——青浦区庆祝中华人民共和国成立70周年暨纪念撤县建区20周年主题歌会，该活动是青浦近年规模最大、参与范围最广的主题宣传活动。9月30日，组织举行建区后第二次机关主题升旗仪式。制定完成《青浦区社会宣传氛围布置重点任务安排》，明确六大类社会宣传主题，精心设计年度宣传系列主画面及城市景观小品，完成莲湖村LOGO及宣传阵地形象设计，会同金泽镇完成75处布置点位的筛选，配合做好中央扫黑除恶督导社会氛围集中宣传，设计制作道旗4800组、各类宣传牌3700块、横幅1005条，并在城市重要路段制作布置大型立体字造型、户外大型墙面喷绘等，营造浓郁的宣传氛围。

（谢　薇）

6月25日，青浦区精神文明建设暨创建全国文明城区推进大会在区会务中心举行　（区委宣传部供稿）

■精神文明创建　6月25日，召开创全推进大会，成立创建第六届全国文明城区工作指挥部，对全区418个"创全"点位建立点位责任三级联络体系。实施区实地督查组每周自查、区市民巡访团每月巡查、第三方模拟测评等联查行动，累计开展检查40余次。聚焦创全工作的短板和薄弱环节，实施10项"创全"专项攻坚行动，累计开展专项行动100余次。建立区创全办督查反馈机制，强化问题整改，确保点位固守常态长效。实施"1（区创全办）+11（街镇）+10（职能部门）+X（专项治理活动）"助力创全再出发行动，制作《上善城文明行》创全宣传片，编印《青浦市民文明手册》10万册，发布"讲文明树新风"公益广告14组。深化系列文明创建评选，全区获评2017—2018年度市级文明小区45个、市级文明村28个、市级文明单位122家、市级文明校园8所。组织推荐全区11家市"文明餐厅"百家评选推荐和文明交通测评工作，提升城市文明程度。以金泽镇莲湖村建设市级乡村振兴示范村为契机，建立区级首家新时代文明实践指导站（试点），探索"一村一项"，在莲湖村开展"最美家庭""最美莲湖人""星级文明户"评选。

（谢　薇）

9月20日，青浦区首届道德模范表彰活动在区文化馆举行　（区委宣传部供稿）

■培育和践行社会主义核心价值观　制定《青浦区道德模范评选推荐办法（草案）》，启动青浦区首届道德模范评选工作，评选表彰青浦区首届道德模范10人，提名奖获得者10人，陈劭龙获得全国道德模范（见义勇为）提名奖，赵巷镇社区卫生服务中心费叶青荣登2019年9月"中国好人榜"。持续开展"上善讲堂"百场活动，惠民18000余人次。抓好"我们的节日"活动品牌培育，举办系列主题活动7场。举办"辉煌七十载，回颂五千年"——2019青浦经典古诗词咏诵大赛。开展第二届"振声杯"社会主义核心价值观童谣征集活动。区文明办获得2018年上海"市民修身行动"优秀组织奖。推荐青浦图书馆、西乡烈士陵园参评第七批上海市爱国主义教育基地。组织开展2019年青浦区文化科技卫生"三下乡"启动仪式暨集中示范活动，现场组织"三下乡"服务32项，公布全年"三下乡"活动46项。

（谢　薇）

■未成年人思想道德建设　开展青浦区上善人物——"美德少年"的评选和学习活动，评选出10佳和50优的美德少年。暑期协调全区学校少年宫筹备近30项暑期兴趣班,指导各街镇筹备近60项未成年人暑期实践项目,协调未成年人联席会议各成员单位推出30项未成年人暑期实践项目。制作未成年人暑期实践活动菜单,华新镇和盈浦街道的项目荣获2019年上海市未成年人暑期实践优秀项目奖。在7月举行未成年人创全主题活动,组织1000人次未成年人参与创全工作。结合春节、元宵、清明、重阳、中秋等重要传统节日,在街镇、学校开展"我们的节日"未成人系列活动和民俗特色项目50余项,参与学生26000人次。 (谢 薇)

■**志愿者服务** 青浦区志愿服务指导中心通过市文明办功能优化规范标准评估验收。做好区级志愿服务指导中心建设工作,全区实名认证注册志愿者18.9万余人,各类志愿服务团体982家,共开展志愿服务项目2550余个。举行青浦区服务保障第二届进口博览会志愿者誓师大会暨上岗演练启动仪式,牵头实施第二届"进博会"2400名志愿者的招募、培训、上岗、考核等工作,组织做好环意自行车赛事、轨道交通17号线等重点项目、重大活动的志愿服务工作。举办"3·5"学雷锋垃圾分类志愿服务主题活动,成立青浦区"尚善"垃圾分类志愿服务总队,启动"随手捡,用心分,共建绿色家园"环保宣传活动。成立莲湖村乡村振兴志愿服务队。做好2019年度全国学雷锋志愿服务"四个100"(即100个最美志愿者、100个最佳志愿服务组织、100个最佳志愿服务项目和100个最美志愿服务社区)先进典型上海推选评审活动。 (谢 薇)

■**打响"江南文化"品牌** 举办2019淀山湖文化艺术节暨旅游购物节、"水乡音花"长三角民歌荟、江南水乡文化论坛等,牵头嘉善、吴江、昆山三地联合成立"长三角一体化阅读联盟",启动"文进万家·书香青浦"阅读服务活动,清阅朴读阅读推广联盟案例入选国家优秀出版案例,组织"汇聚长三角,共享新发展"青浦旅游推介交流活动,推进跨区域文旅资源互通共享与游客互送。与复旦大学签订"联合推进江南文化研究战略合作框架协议",合作建立"江南文化研究院青浦基地"。完成"上海之源"古文化走廊规划课题研究,福泉山遗址保护规划通过市级评审,启动崧泽遗址、青龙镇遗址保护规划编制,青龙镇遗址正式入列第八批全国重点文物保护单位。吴歌成为上海市唯一的国家级非遗代表性项目保护实践优秀案例入选国家级非遗代表性项目优秀保护实践案例。 (谢 薇)

■**文旅协同发展** "文化青浦云"正式上线,承接第十二届中国艺术节群星奖两场惠民演出,开展专题文化配送205场。推进区文化馆总分馆建设,制定《村(居)综合文化活动室(中心)建设管理要求》青浦区标准,推进标准化村居综合文化活动室创建,在11个村居试点"文化云盒子"。发布青浦、吴江、嘉善旅游微信矩阵——"长三角示范区旅游公共服务"微信公众号,朱家角镇张马村国家AAAA级景区正式揭牌。评选46个项目申报市文创财政扶持资金。中国梦谷、移动智地、中暨文化楼、张江文创产业园分别获评市级文创示范园区、产业园区、示范楼宇和示范空间。 (谢 薇)

■**文联工作** 组织开展"上海之源·上海之门"——庆祝新中国成立70周年暨青浦撤县建区20周年摄影作品展。举办青浦区第三届书法作品大展,共收到稿件220余件,对10名优秀奖、10名提名奖及54名入围奖作品予以展出。在2018年普查结果的基础上,完成青浦民间艺术项目的梳理及71个项目的文字撰写,《艺苑掇英》初稿初步形成。《文心璀璨——青浦文化名人故事集》编纂出版。参与跨区域联合联动,开展"墨舞江南——长三角(青浦、吴江、嘉善)书画联展",70名青浦、吴江、嘉善三地作者创作的70幅作品在三地巡回展出。 (谢 薇)

统战工作

■**概况** 2019年,全区统战工作在区委的领导下,贯彻落实中央、市委、区委关于统一战线的一系列重大决策部署,紧扣习近平总书记关于加强和改进统一战线工作的思想这条主线,把握大团结、大联合的主题,围绕中心、服务大局,以挂图作战三大板块共11个大项、85个子项目、267个具体任务为清单,发挥统一战线的独特优势和作用,为全面跨越式发展凝聚思想共识、汇聚智慧力量。全区大统战口共包括6个处级单位,实行合署办公,分别为:区委统战部(挂区人民政府侨务办公室牌子)、区民族宗教事务办公室、区台湾事务办公室(挂区人民政府台湾事务办公室牌子)、区工商联、区侨联和区社会主义学院。一部二办(区委统战部、区民族宗教事务办公室、区台湾事务办公室)合计公务员行政编制18人,内设机构6个。 (朱圣聪)

■**围绕思想主线助推统战工作影响力**

10月21日,第二届中国国际进口博览会城市文明志愿者服务站(岗)启动仪式暨青浦区志愿者上岗誓师大会在国家会展中心南广场举行

(区委宣传部供稿)

以同心学习会、统战大课堂等平台组织党外人士学习习近平新时代中国特色社会主义思想、习近平关于加强和改进统一战线工作重要思想，围绕庆祝新中国成立70周年和青浦撤县建区20周年等重要历史时间节点，支持各民主党派、无党派人士开展“不忘合作初心，继续携手前进”主题教育活动，在非公经济人士中开展理想信念主题教育活动，在新的社会阶层人士中开展“家在青浦”等主题教育活动。在统战各领域组织开展“立足统战为全局凝心聚力促跨越”系列主题活动22次。发挥区社院党外人士教育培训主阵地作用，举办党外中青年骨干培训班、民主党派区级班子、支部（支社）主委培训班、统战性团体负责人培训班、各民主党派新成员培训班等24期，培训2115人次。开展统战宣传，编发《统战动态》12期，利用《青浦报》编发“统战视窗”133期、统战专报4期，利用“上善同心”微信公众号每日推送信息。（朱圣聪）

11月28日，统战有约——青浦区民主党派、无党派人士“不忘合作初心，继续携手前进”主题教育活动学习会举行（区委统战部供稿）

■服务“进博会” 6月，组织“第九届世界华侨华人社团联谊大会”上海参访团参观国家会展中心、绿地全球商品贸易港，进一步加强工作对接。向到青浦的9个台湾参访团介绍首届“进博会”情况，鼓励更多台企参与“进博会”。为海外侨团、侨领等牵线搭桥，协助对接“进博会”“6+365”平台项目。为企业提供参观“进博会”注册登记指导服务，帮助小微企业完成注册登记工作。9月，开展全区宗教活动场所“防风险保平安·迎大庆护进博”消防安全专项行动。在统战各领域招募75名志愿者在“进博会”核心区开展急救、小语种翻译等志愿服务。9月，举办“统战有约——走进进口博览会”专场活动，帮助企业家共享家门口的进博机遇。（朱圣聪）

■服务长三角一体化发展战略 建立统一战线服务长三角区域一体化发展六方合作联盟。组织各民主党派、知联会等围绕调研课题开展三地推进长三角一体化发展同心学习会交流，为长三角一体化发展建言献策。加强三地非正常宗教活动联合管控。4月，组织开展三地羽毛球邀请赛、新侨沙龙等交流活动。6月，举办六大“同心项目”发布会；组织青浦、吴江、嘉善三地统战成员开展“我和我的祖国”主题快闪活动。11月，承办市第七届“中华杯”教师职业技能竞赛3D数字游戏艺术项目暨长三角城市数字技能人才培育实践专题研讨会和西式烹调赛事。12月，举办区第五届“中华杯”职业技能大赛暨长三角邀请赛。年内，组织长三角地区统战成员交流考察。协助市社会主义学院举办“江南文化与长三角更高质量一体化发展研讨会”。通过组织台商座谈会等形式，引导台企台商参与长三角一体化发展工作，获市台办肯定，并在全市各区台办中作经验推广。（朱圣聪）

5月9日，市民宗局局长花蓓（左二）调研徐泾镇民族团结进步创建工作情况，区委常委、统战部部长孙挺（左一）参加调研（区委统战部供稿）

■促进区域发展 一是聚焦特色产业。以“优化营商环境、促进产业发展”为主题，开展民主党派、工商联、无党派人士组团式专项民主监督，对口8个职能部门、确定33项工作、66项具体任务，开展调研49次、召开座谈会36次、走访企业90家，提出问题及建议100余条，区政府主要领导主持召开政党协商会，专题听取意见建议，推动有关政策在全区落细落实。二是聚焦乡村振兴。1月，举办“助振兴·留乡情——“建”谈乡村振兴战略合作协议签约仪式，签订政企、银企合作协议。邀请市知联会专业人士委员会参观考察金泽镇莲湖村、美帆俱乐部等，为乡村振兴献计献策。聚焦村民职业技能提升，开拓农民致富增收渠道，4月，建立“同心善行—乡村美学课堂”教育基地，并开设50期课程。5月，举办区民营企业参与“1+3+X”乡村振兴战略启动仪式暨村企党支部结对共建签约活动，共募集帮扶资金1160万元，民营企业家与区经济薄弱村结对共建，助力乡村振兴。三是聚焦生态建设。深化中小河道综合整治专项民主监督工作。组织民族宗教界践行“两个责任”，3月，开展“垃圾分类·青浦更美”生活垃圾分类倡议行动；9月，组织侨资企业家赴金泽镇莲湖村举办“喜看家乡新变化”—侨界人士参观学习活动，引导侨界人士围绕长三角生态绿色一体化发展示范区建言献策；10月，举办“迎进博，两岸同心助跨越”青浦环城水系定向徒步活动。（朱圣聪）

2月27日，区委书记赵惠琴（左五）与区各民主党派、工商联负责人进行新春集体谈心并合影（区委统战部供稿）

■深化“同心善行”统一战线服务社会品牌 1月，举办民营企业家真情传递捐赠活动，共向全区250户因大病、重病等原因致困的家庭捐款50万元；开展少数民族帮困慰问工作，覆盖160个贫困家庭，帮困金额19.3万元；10月，举办“稻田音乐会”系列活动，为当地村民提供文化服务。整合党外医疗人才资源，组织开展大型医疗服务活动等。全年围绕同心课堂、同心惠民、同心助医、同心帮扶、同心乐活等五大模块举办服务活动253场，受益人数6万多人，服务活动中募集（使用）资金1300多万。（朱圣聪）

■打造“统战有约”统一战线宣传教育品牌 面向统战各领域搭建“统战有约”宣传教育服务平台，发挥有研究、有专长的党外专家、人才的力量，为统战成员开展宣传服务。共围绕政府购买公共服务政策解读、朱家角中学新疆班情景思政课、绿地全球贸易港进博专场、青浦区产业经济等主题开展四次活动。（朱圣聪）

■巩固“海上新力量·爱青浦”新的社会阶层人士活动品牌 策划学习培训、岗位建功、联情联谊、公益奉献等四大版块活动，全年区镇两级新联会共开展活动100余场。持续推进“盟动进博会”“盟动长三角”等活动，围绕全区重点、难点工作贡献新阶层人士的新力量与新智慧。（朱圣聪）

■创新“同心调研”统一战线大调研品牌 围绕加强习近平统一战线工作论述在基层的创新实践，深入开展调研，全年形成调研课题20篇，上报市委统战部4篇。聚焦“推动科创资源共享，助力长三角更高质量一体化发展”主题，组织党外知识分子开展课题调研，形成课题报告4篇。以“大调研+大服务”的形式推进年度“大调研”工作，通过座谈访谈、便民服务、送医服务等形式调研走访盈浦街道盈中社区、浩泽社区居民600户，解决落实相关问题和建议。

■加强政党关系 协助区委开展政党协商，先后就区委工作总体思路和重点工作安排、美丽乡村长效管理、《2018—2022年青浦区干部教育培训规划》、苏州河四期治理、促进经济高质量发展工作、党风廉政建设情况通报等主题开展协商6次，征集意见建议40余条，引导各领域统战成员围绕区委区政府重点工作开展调查研究、建言献策，上报建言献策信息81篇，编发《统战专报》4期，

2月28日，区佛教协会第四届代表大会召开（区委统战部供稿）

11 月 30 日，“以慈化瓷”——2019 年海峡两岸陶艺文化交流活动在报国寺开幕　　（区委统战部供稿）

多篇建言献策稿件得到中央、市委、区委领导的批示。着眼2021和2026年换届及民主党派队伍建设，建立培养规划，进行近期、中期、远期培养。按照现任职数1∶2至1∶3储备各民主党派后备干部，全年推荐4名无党派处级干部加入民主党派，丰富民主党派人才储备。落实19名党外代表人士参加实践锻炼。梳理无党派人士名单，向市委统战部推荐17名重点无党派人士。成立区知联会人社局分会，进一步完善组织网络。　　（朱圣聪）

■加强民族、宗教关系　推进民族宗教工作督查整改，进一步完善“三级网络两级责任制”[即建立健全县（市、区、旗）、乡（镇、街道）、村（社区）三级宗教工作网络和乡（镇、街道）、村（社区）两级责任制]。实行“一网两清单”（即将民族宗教工作纳入城市管理网格化，制定镇、街道民族宗教工作《责任清单》和《重点工作清单》）工作机制，推进宗教工作纳入社会治安综合治理网格化范畴，对全区村居委书记、主任和民宗干部全面开展宗教工作专题培训，夯实基层基础。开展非法烧香点整治，推进基督教专项整治第三阶段工作。开展“同一颗心·同一个梦”第十一届宗教界讲经讲道活动；6月，开展民族宗教法制宣传月活动。指导徐泾镇成功创建全国民族团结进步创建模范单位、回民公墓成立青浦区首个民族团结进步教育基地。召开专题会议协调推进宗教场所规划建设，指导隆平寺、梅家教堂选址和颐浩禅寺、明因寺等7个场所建设工作。指导庄严寺等3家成功创建市五星级宗教活动场所。指导区佛教协会、区基督教两会完成换届。　　（朱圣聪）

■加强各阶层关系　1月，举办“不忘创业初心·接力改革伟业”2019年民营企业家迎新会暨青浦区民营企业家风采录发行仪式和青浦区工商联（总商会）民营经济发展先行者授牌仪式。搭建法律服务平台，联合公检法司成立民营企业法治体检中心。9月，与区人民检察院联合举办《服务保障快递物流行业发展检察白皮书》新闻发布会。以商会党建促企建，年内3个街镇商会完成党组织建立。创新“快递小哥——您身边的急救新力量”项目，发挥新阶层人士作用参与社会治理创新。创新学分制新阶层人士培训项目，以弹性方式进一步加强思想引领。开展新阶层建言献策能力建设系列活动3场。　　（朱圣聪）

■加强海内外同胞关系　承办上海国际青少年足球邀请赛分赛区文化交流项目、“寻根之旅”侨界青少年夏令营、亲情中华·相约上海——台湾青少年学生夏令营；接待“一带一路”华侨华人与中国市场高峰论坛代表团等，加强与海外侨团、侨领的联系和交往，推动新侨驿站组织在街镇实现全覆盖。完成全区街镇侨联换届。制订涉台历史积案化解工作方案，明确一案一个包案领导、一案一个工作专班、一案一个化解对策。7月4日，在“2019上海—台北城市论坛”上签署《上海市青浦区与台北市万华区交流合作备忘录》。因公组建赴台交流团6批45人次，参团赴台培训交流3批5人次，受理审批非公职人员经贸赴台35批59人次，接待涉台参访团9个约200人。处理涉侨、涉台等信访、纠纷、突发案件26起。开展形式多样的涉台教育和宣传。开展侨法宣传月活动，参与人数1170人，受众面达1.05万余人。　　（朱圣聪）

政法工作

■概况　2019年，全区政法工作贯彻落实党的十九大和十九届三中、四中全会精神，坚持以习近平新时代中国特色社会主义思想为指导，贯彻落实《中国共产党政法工作条例》，坚持党对政法工作的绝对领导和以人民为中心的发展思想，加快推进社会治理现代化，全面推进政法领域深化改革，深入推进政法队伍建设，全力推进“三网融合”、扫黑除恶专项斗争和第二届“进博会”维稳安保三大攻坚战，为青浦实现全面跨越式高质量发展提供新时代政法保障。　　（严　萍）

2019 年中共青浦区委政法委主要会议情况表

表 3

时间	会议名称	参会主要领导
2 月 15 日	青浦区“三网融合”工作调研会	区委常委、政法委书记赵明，区委常委、组织部部长蒋仁辉，副区长顾骏，副区长、公安青浦分局局长王德强出席会议；区委组织部、区委政法委、公安青浦分局分管领导；区网格化中心主要领导；徐泾镇、练塘镇、夏阳街道分管领导；区加快推进“三网融合”工作调研小组成员参加会议
2 月 19 日	第二届中国国际进口博览会安保稳定启动部署会暨 2019 年全区扫黑除恶专项斗争工作会议	区委常委、政法委书记赵明出席并讲话，副区长、公安青浦分局局长王德强主持；区维稳办、区综治办、区信访办主任及副主任；区委防范办、区扫黑除恶专项斗争领导小组成员单位分管领导；各街镇党（工）委副书记、综治（平安）办主任、信访办主任、派出所所长参加会议
2 月 26 日	2019 年青浦区政法、信访和武装工作会议	区委书记赵惠琴出席会议并讲话，区委常委、政法委书记赵明作全区政法工作报告。区领导刘辽军、胡海民、金俊峰、王德强、董永元、麦珏、郑永生出席会议；各镇、街道党政主要负责人，分管副书记（政法）、综治办专职副主任、信访办主任、武装部部长；各部委办局、区直属事业单位、区属公司主要负责人；各人民团体主要负责人；国动委“八办”主任；区建管委、教育局、工业园区、上海政法学院、东方绿舟武装部部长；区委政法委、区人武部、区委防范办、区信访办、区法院、区检察院、公安青浦分局、区司法局、国安青浦分局全体班子成员参加会议
4 月 18 日	2019 年青浦区政法宣传暨防范化解舆情风险工作会	区委常委、政法委书记赵明，区委常委、宣传部部长姜道荣出席会议；区政法各单位分管领导及相关科室负责人；各镇、街道分管政法副书记、分管宣传工作领导、党群办负责人，综治办专职副主任；青浦报社、青浦电视台、微博办负责人；区委宣传部相关科室负责人；区委政法委相关科室负责人参加会议
4 月 25 日	青浦区扫黑除恶专项斗争工作部署会议	区委常委、政法委书记赵明出席会议并讲话；区委政法委副书记；区扫黑除恶专项斗争领导小组各成员单位分管领导；各街镇扫黑除恶专项斗争领导小组分管领导；区扫黑办相关工作人员参加会议
5 月 9 日	青浦区扫黑除恶专项斗争工作推进会	区委常委、政法委书记赵明，区委常委、组织部部长蒋仁辉，区委常委、纪委书记、监委主任王翔，副区长、公安青浦分局局长王德强，区法院院长麦珏，区检察院检察长郑永生出席会议；区委、区政府各部、委、办、局，各区级机关、人民团体、区直属事业单位、区属公司分管领导；各镇党委副书记（政法）、纪委书记、组织委员；各街道党（工）委副书记（政法、党群）、纪工委书记；公安青浦分局扫黑办负责人、各派出所所长参加会议
5 月 10 日 （每月一次）	政治安全和社会稳定风险防范应对工作月例会	区委常委、政法委书记赵明出席会议并讲话；区委办、区委政法委分管领导；区委宣传部、区委统战部，区金融办、公安青浦分局、国安青浦分局、人社局、退役军人局分管领导；区房管局、工业园区分管领导；各街镇党（工）委副书记参加会议
5 月 15 日	青浦区扫黑除恶专项斗争工作推进会暨配合中央督导部署会	区委书记赵惠琴，区委副书记、区长余旭峰，区委常委、政法委书记赵明，区委常委、组织部部长蒋仁辉，区委常委、纪委书记、监委主任王翔，区委常委、宣传部部长姜道荣，副区长金俊峰，副区长、公安青浦分局局长王德强，法院院长麦珏，检察院检察长郑永生出席会议；区委办、区府办、信访办、教育局、民政局、司法局、财政局、发改委、机管局、规划和自然资源局、建管委、房管局、城管局、农业农村委、水务局、文化和旅游局、卫生健康委员会、市场监管局、绿化市容局、人社局、邮政管理局、应急管理局、退役军人事务局、科委、生态环境局、医疗保障局、网格化管理中心、税务局、民宗办、经委、国资委、商务委、审计局、体育局、区域办、政务办、民防办、文化执法大队主要领导和分管领导；各街镇党政主要负责人、分管政法副书记；纪委、组织部、宣传部、政法委、法院、检察院、公安青浦分局分管负责人；各区属公司党委书记参加会议
5 月 31 日 6 月 5 日	青浦区配合中央扫黑除恶专项斗争督导“一办三组”会议	区委常委、政法委书记赵明，区委常委、宣传部部长姜道荣，副区长金俊峰，副区长、公安青浦分局局长姚少杰出席会议；青浦区配合中央扫黑除恶专项斗争督导工作领导小组“一办三组”相关成员：办公室（协调联络组）、安全保卫组、信访接待组、宣传舆情组分别汇报相关工作
5 月 31 日	青浦区防范化解重大风险工作协调机制工作部署会	区委常委、政法委书记赵明出席并讲话；纪委监委、区委办、区委组织部、区委宣传部、区委政法委分管负责人；区委研究室、区委国安办、人武部、民宗办、台办、外办、信访办、社会工作党委、发改委、经委、建管委、科委、卫健委、应急局、市场监管局、商务委、公安青浦分局、国安青浦分局、司法局、财政局、教育局、生态环境局主要负责人；各街镇分管领导；区委政法委相关科室负责人参加会议

（续表）

时间	会议名称	参会主要领导
6月5日	青浦区配合中央扫黑除恶督导三级干部会议	区委书记赵惠琴出席并讲话；区政协主席李华桂出席，区委副书记杨小菁主持，区委常委、政法委书记赵明作情况说明并部署下阶段工作，区领导蒋仁辉、孙挺、王翔、刘辽军等四套班子领导出席。各镇党政主要负责人、人大主席，各街道党政主要负责人；各部、委、办、局、区直属事业单位党政主要负责人，区人武部主要负责人，区人大及其常委会各委、室主要负责人，政协专委办主任，各人民团体主要负责人，各区属公司党政主要负责人、监事会主席，各民主党派和工商联主要负责人，区纪委常委、监委委员、区委巡察组组长，各村（居）书记、村（居）委会主任参加会议
6月17日 7月19日	服务保障进口博览会前线指挥部维护稳定组工作例会	区委常委、政法委书记赵明，副区长金俊峰；区委政法委分管领导；信访办、台办、民宗办、公安青浦分局、民政局、退役军人局、人社局、医保局、国安青浦分局、残联、各街镇、各区属公司分管领导参加会议
6月26日（每月一次）	青浦区防范化解重大风险工作协调机制月度例会	区委常委、政法委书记赵明出席会议并讲话；7个重点领域国家安全工作协调机制召集单位：科委、外办主要负责人，区委组织部、区委政法委，区委宣传部、发改委、分管领导，法院、检察院、公安青浦分局分管领导；其他牵头单位：纪委监委、区信访办、应急局、市场监管局、经委、商务委、国安青浦分局、社会工作党委分管领导；区委研究室、教育局、区反恐办、民宗办负责人；各街镇政法书记，工业园区、新城公司、西虹桥公司、青发集团、农业园区、供销社分管领导；区委政法委维稳室负责人参加会议
7月23日9月5日	青浦区“三网融合”现场推进会	区委副书记杨小菁出席并讲话，区委常委、政法委书记赵明，区委常委、组织部部长蒋仁辉，副区长顾骏、姚少杰出席会议；区委组织部、区委政法委、公安青浦分局分管领导；网格化中心主要领导、分管领导；各街镇党委（党工委）、政府（办事处）分管领导；区委办、区府办、科委、发改委、财政局、政务办、司法局、房管局、绿化市容局、城管执法局、市场监管局、水务局、建管委、生态环境局、应急管理局、消防救援支队分管领导；各街镇派出所、网格化中心、市场监管所、水务所负责人，村居党组织书记代表参加会议
8月20日	全区政法信访半年度工作会议	区委常委、政法委书记赵明，副区长金俊峰出席并讲话；区委国安委成员单位分管领导；区禁毒委员会成员单位分管领导；区服务保障中国国际进口博览会前线指挥部维护稳定组成员单位分管领导；区信访工作联席会议成员单位分管领导参加会议
9月11日	国庆70周年期间青浦区信访维稳暨社会面防控工作会议	区委常委、政法委书记赵明，副区长、公安青浦分局局长姚少杰出席会议；区委政法委全体班子成员；区信访办、卫健委主要领导、分管领导；法院、公安青浦分局分管领导及信访部门负责人；区纪委监委、区委组织部、区委网信办、区委研究室、科委、经委、建管委、检察院、司法局、国安青浦分局、金融办、商务委、教育局、民宗办、民政局、财政局、人社局、规划资源局、生态环境局、税务局、房管局、农业农村委、水务局、文旅局、退役军人局、应急局、市场监管局、外办、国资委、体育局、绿化市容局、城管执法局、消防支队、总工会、团区委、妇联、武警大队、邮政管理局、地方海事处、供销社、农业园区、工业园区、新城公司、西虹桥公司、青发集团分管领导；各街镇党（工）委副书记；各派出所所长；区委政法委、区信访办各科室负责人参加会议
10月24日	青浦区配合中央扫黑除恶督导“回头看”工作部署会	区委常委、政法委书记赵明，副区长、公安青浦分局局长姚少杰；区扫黑除恶专项斗争领导小组办公室常务副主任、副主任；各成员单位分管领导；区扫黑办有关人员参加会议
11月22日	政法委2020年工作务虚会	区委常委、政法委书记赵明出席并讲话；区委政法委全体班子成员、各街镇党（工）委副书记分别交流汇报；区委政法委各科室主任、副主任参加会议
12月18日	2020年元旦春节期间本市烟花爆竹管控暨安全稳定工作会议	区委常委、副区长姜爱锋，区委常委、政法委书记赵明，副区长、公安青浦分局局长姚少杰；信访办、应急局主要领导和分管领导；区委宣传部、区委政法委、发改委、经委、商务委、教育局、民宗办、科委、民政局、公安青浦分局、司法局、人社局、规划资源局、生态环境局、建管委、农业农村委、水务局、文旅局、卫健委、退役军人局、市场监管局、国资委、体育局、房管局、城管局、绿容局、民防办、消防救援支队、税务局、气象局、海关、总工会分管领导；区委政法委、信访办、公安青浦分局、应急局相关职能科室负责人参加会议

（严　萍）

■领导调研　1—5月，区委常委、政法委书记赵明带领区纪委监委、区委组织部、区委政法委、公安青浦分局分管领导及区扫黑办相关工作人员分别到区建管委、水务局、房管局、教育局、市场监管局、文化执法大队、卫健委、规划和自然资源局、农业农村委、绿化市容局、生态环境局、人社局、城管执法局进行区扫黑除恶专项斗争工作调研会，并邀请区人大内司委、区委督查室领导参加。

3月8日，市委副秘书长、市政府副

秘书长、市委政法委副书记赵奇带领市委创新基层治理调研组到青浦区考察社会治理智能化平台建设工作。区委书记赵惠琴，区委常委、政法委书记赵明陪同考察调研。赵奇一行先后考察徐泾镇二联馨苑居委会、西郊佳苑居委会、徐泾镇城市网格化管理中心等地，实地查看社区人脸识别系统、社区停车智能引导系统等智能安防小区建设情况，了解社会治理"三网融合"推进情况，对整体情况表示满意。调研组还一同参加了社会治理智能化平台建设座谈会，就青浦区建设社会治理智能化平台展开研讨。

3月8日，市委副秘书长、市政府副秘书长、市委政法委副书记赵奇（左二）一行到青浦区考察社会治理智能化平台建设工作。区委书记赵惠琴（左三），区委常委、政法委书记赵明（左五）陪同考察　　（区委政法委供稿）

4月12日，区委常委、政法委书记赵明带领区委政法委、网格化中心相关人员到练塘镇调研"三网融合"工作。实地参观练塘镇网格化中心指挥中心，详细了解社会治理工作发现、处置流程。练塘镇党委书记王永根、党委副书记陆秋根、党委委员胡晓东陪同。会上，赵明同志对练塘镇"三网融合"前期准备工作表示肯定，并提出三点要求：一是要统一工作内容，统一工作流程，统一工作展示界面；二是要积极发动群众参与社会治理工作；三是要进一步细化工作方案。区委政法委、区网格化中心结合自身条线角度提出指导性意见和建议。

5月6日，市农业农村委主任张国坤一行到青浦区调研乡村振兴示范村建设并召开座谈会，就乡村振兴工作中遇到的难点、痛点和困惑进行交流探讨，寻求破解之道。区委书记赵惠琴，区领导赵明、孙挺、金俊峰等陪同调研。

5月22日，区委常委、政法委书记赵明带领区委政法委分管领导、区委督查室相关领导及区扫黑办相关工作人员到区民政局开展扫黑除恶专项斗争工作督查调研。会上，民政局汇报扫黑除恶专项斗争工作开展情况。

6月10—12日，在区委常委、政法委书记赵明的陪同下，中央扫黑除恶第十六督导组第六小组先后到赵巷镇、盈浦街道、金泽镇、朱家角镇开展扫黑除恶专项斗争督导工作。会上街镇负责人从扫黑除恶专项斗争的开展情况、工作中存在的主要问题、下阶段打算等方面汇报扫黑除恶工作进展，并对存在的主要问题进行全面总结和梳理，明确下一步工作的重点。督导组通过听取汇报、实地走访、个别访谈等形式，深入了解街镇扫黑除恶专项斗争工作推进情况。13日，中央扫黑除恶第十六督导组第六小组组长李小波一行在区委常委、政法委书记赵明的陪同下，参观调研上海政法学院。督导组成员先后参观了上海政法学院中国——上合基地学校、纪录片演播室、模拟法庭等。上海政法学院党委副书记、副校长刘刚陪同并作介绍。

6月10日，中央扫黑除恶第十六督导组第六小组到青浦区盈浦街道开展扫黑除恶专项斗争督导工作　　（区委政法委供稿）

7月10日，区委常委、政法委书记赵明带领政法委各科室人员深入练塘镇浦南村进行大调研工作。在调研中，赵明和浦南村党员代表进行深入交谈，听取村两委及党员代表提出的意见和建议，并对提出的问题进行现场解答，同时对于不能直接答复的问题进行梳理汇总。赵明表示将在下阶段调研过程中，进一步深入村民家中，带着问题去走访，让大调研工作得到实效。

8月，区委常委、政法委书记赵明带领"进博会"维护稳定组第一督查工作组分别到盈浦街道、夏阳街道、赵巷镇、徐泾镇、练塘镇、金泽镇开展突出信访矛盾、销项攻坚和特殊人群服务管控工作。

9月18日，区委常委、政法委书记赵明带队到练塘镇浦南村开展大调研工作。在村民“客堂间”里聆听村民的急难愁问题，解释区、镇相关政策，消除群众负面情绪，并积极推动问题解决。

12月20日，区委常委、政法委书记赵明带队到浙江省嘉兴市嘉善县学习考察平安指标体系、平安建设考核、基层社会治理先进经验。（严　萍）

■综治工作　贯彻落实党的十九大精神，学习贯彻习近平总书记系列重要讲话精神，坚持系统治理、依法治理、综合治理、源头治理，既抓专项打击整治、又抓源头性基础性工作，创新社会治安防控体系，优化公共安全治理社会环境，着力解决影响社会安定的深层次问题，为维护青浦区治安秩序和社会和谐稳定打下扎实基础。全力推进“三网融合”工作，从试点到全区覆盖，以基层党建网为引领，以城市管理网为基础，以综合治理网为保障，全区统一划分责任网格332个，管理网格1340个。推行专业版和市民版二维码，推进行政执法力量进入网格开展常态化巡查，完善全区240项部事件清单，推进街镇、村居“三网融合”两级工作清单的完成。推进“智慧安防”建设应用，依托全区3.1万路智能视频监控、539个“智慧安防”社区、65个高层及重点单位消防报警系统等财政投入项目，在全市率先实现“智慧安防”社区全域覆盖。在“智慧乡村”、“智慧楼宇”以及其他社会面智能安防项目建设上下功夫，逐步丰富社会面“神经元”建设，全区137个自然村落已完成76个，完成率55.47%；102栋单位楼宇已完成74栋单位楼宇的前端建设，完成率72.55%。先行开展“雪亮工程”管理项目建设，全区11个街镇的网格化中心与同级公安派出所全部实现视频联网。组织发动平安志愿者参与第二届进口博览会社会面防控及无名道口、支流河口管控，同时做好烟花爆竹防控、严重精神障碍患者管控工作。

（严　萍）

■政法综治宣传工作　以服务两大战略为基点，开展正面宣传报道。以扫黑除恶斗争为切入，发布各类扫黑除恶信息2000余篇，在“平安青浦”微信公众号，开展“扫黑除恶知识竞答”活动2次。联合区委组织部、区法宣办组织开展“扫黑除恶”法治大讲坛活动，在全区范围66个村居为6100多名群众进行巡回授课宣传。围绕综治宣传月、见义勇为宣传日、全民禁毒宣传月等重要时间节点，开展形式多样的政法综治宣传活动。以推进新媒体为突破，做大做强网络品牌，青浦政法综治网发文11700篇，“平安青浦”微信公众号发文580篇，微博发文1412篇，更新“今日头条”123篇、“一点号”123篇。（严　萍）

■执法监督工作　围绕服务保障两大国家战略，履行执法监督职能，推进涉法涉诉信访积案化解攻坚，加强涉法涉诉信访矛盾排摸，强化工作督导检查，组织开展对政法单位“政治督察”回头看，研究制定《政治督察调研督查问题整改“回头看”工作清单》，开展刑事受立案专项调研督查工作、成立专项评查小组通过案卷评查、听取汇报、组织执法监督员参与评查等形式全力推进民事执行专项案件评查工作，督促政法部门依法履职，有效推动全区政法工作顺利开展，为青浦实现全面跨越式高质量发展创造良好的法治环境。（严　萍）

■禁毒工作　围绕服务“进博会”核心任务，聚焦“五升五降”（即公众禁毒知识知晓率大幅上升，新滋生吸毒人员增幅明显下降；社区戒毒社区康复执行率大幅上升，戒毒人员复吸率明显下降；主要毒品获取难度大幅上升，外流贩毒活动明显下降；新精神活性物质查获率大幅上升，制毒物品流失率明显下降；人民群众对禁毒工作满意率大幅上升、毒品问题引发其他违法犯罪明显下降）“三个不能”（即不能成为制造毒品、非法生产贩卖制毒物品的源头；不能发生吸毒人员引发的重特大案事件；不能滋生未成年人吸毒问题）工作目标，对标“六全体系”（即全覆盖毒品预防体系、全环节管控吸毒人员体系、全链条打击毒品犯罪体系、全要素监管制毒物品体系、全方位毒情监测预警体系和全球化禁毒国际合作体系），以“禁毒2019两打两控”“重点整治”“示范创建”等重点工作为牵引，强化措施、狠抓落实。先后开展“春运”、6月宣传月、12月宣传周系列宣传活动；开展涉毒隐患排查、社会面吸毒人员分类评估、综合干预、禁种铲毒、易制毒化学品（设备）管理、毒驾筛查、打击在食品中添加罂粟等专项行动，推进“8·31”“6·27”工程，强化吸毒人员服务管理。（严　萍）

■扫黑除恶　贯彻习近平总书记关于扫黑除恶专项斗争重要指示精神，树牢“四个意识”、坚定“四个自信”、做到“两个维护”，增强政治自觉、思想自觉和行动自觉，把扫黑除恶专项斗争作为服务保障“进博会”、推动长三角一体化发展两大国家战略重要抓手，与地区政治、经济、文化、社会、生态文明建设和党的建设同部署、同落实、同推进。纵深推进扫黑除恶专项斗争，把扫黑除恶专项斗争作为各级党委政府的重大政治责任和“一把手”工程。升格区扫黑除恶专项斗争领导小组，将扫黑除恶专项斗争作为重点工作实行挂图作战，明确十三类打击重点。做实各街镇扫黑除恶领导小组及其办公室，压实地方党委政府责任。结合正在开展的“不忘初心，牢记使命”主题教育，对全区扫黑除恶专项斗争进行再审视、再部署、再提高。中央督导组下沉督导后，各成员单位迅速传达贯彻落实会议精神，制定工作方案，召开扫黑除恶专项工作会议，完善工作台账，把精神传达到位，把工作落到实处。各成员单位深入开展扫黑除恶工作，落实问题整改、规范线索管理、加大核查力度、强化行业监管、完善工作机制，完成中央督导组下沉督导、“回头看”等一系列工作任务，取得明显成效。（严　萍）

■大调研　为确保大调研工作取得“两个全覆盖”的良好效果，召开专题会议，成立调研领导小组，制订下发大调研工作方案，动员全体干部走出机关、深入基层开展调研。由班子领导分别带队，明确“责任田”，紧扣时间节点，对接包干点村居，深入开展调研，确保实现“两个全覆盖”。综合采用“四不两直”、走访暗访、召开座谈会等方式完成对练塘镇浦南村330户村民的走访，调研共310次。（严　萍）

■服务保障第二届“进博会”　区委政法委贯彻市委、区委维稳工作决策部署，以第二届“进博会”等重大活动和敏感节点维稳安保工作为主线，落实防风险、促安全、保稳定各项措施，实现了“五个坚决防止”和“零滋扰”“零上访”“零焚烧”的目标，确保全区社会大局持续稳定。聚焦政治安全等10个重点领域，开展影响社会稳定突出矛盾摸排化解专项行动，先后将3批共393件突出信访矛盾纳入销项攻坚，累计销项356件，综合销项率90.59%。试点信访代理，推行村居干部下楼办公、错时上班，深化“日日清”“周周清”和领导接访等制度，推动“三调联动”，成功调解矛盾纠纷9113件，来信来访批次、人次比上年分别下降12.4%、30.8%。加强特殊人群等重点人员分类管控，确保“零肇事”“零滋扰”。加强互联网金融企业、安全生产排查整治，加大涉毒隐患排查和违法犯罪打击力度，全面消除风险隐患。先后牵头制定《青浦区进口博览会社会面防控工作方案》等三十八类方案，统筹抓好社会面防控工作。设置非正常上访“过滤线”和疏访分流点，适时启动圈层防护措施。先后组织发动6500余名平安志愿者参与道口管控等12项社会面防控工作，累计执勤20余万人次。加强与吴江、嘉善等周边地区兄弟部门沟通协调，共同做好道口河口管控、来沪人车安检、重点人群稳控、维稳情报交流等工作。制定10个专项预案，围绕“维稳处突”等课题组织实战演练，建立劳资纠纷应急处置机制，加强值班备勤，适时启动“一日两报”“每日晨会”等战时机制，有效防范各类群体性、突发性事件。（严　萍）

督查工作

■**概况**　2019年，区委督查室紧紧围绕区委中心工作和青浦服务两大国家战略的大局大势，聚焦领导关注、社会关切、群众关心的重大问题，加强统筹协调，精心组织谋划，扎实开展督促检查工作，着力推动区委各项决策部署落地见效。年内，区委督查室起草工作文件4篇，配合做好中央、市委有关专项督查18项，对31件市委主要领导批示件进行跟踪落实。（陆　超）

■**督查区委、区政府重点工作实施情况**　围绕区委工作大局，结合区委常委会工作要点和区政府重点工作安排，分领域有重点地对区委重点工作和区委领导批示指示进行调研督查，发挥区委督查领导小组统筹协调作用，推动成员单位对重点工作及时开展集中专项督查。年内，先后对“不忘初心、牢记使命”主题教育、落实中央八项规定情况、重大风险防范化解、信访代理制、“三大整治”等重点工作开展专项督查。（陆　超）

■**督查党群重点工作实施情况**　坚持项目化推进、全覆盖督查，推动党群部门结合区委常委会工作要点，细化形成目标任务共计四个方面62项。同时，明确牵头领导、责任单位和时间节点，协调有牵头推动职能的相关部门分季度开展督查和通报，进一步提升督查实效，推动全年目标任务顺利完成。（陆　超）

■**配合做好市委各专项督查任务**　对标上级要求，配合开展好市委各项督查任务，助推全区重点工作有效落实。配合上级部门开展贯彻习近平总书记在“进博会”上重要讲话、贯彻市第十一次党代会精神、贯彻十一届市委七次全会精神、中央八项规定督查核查、重大风险防范化解、产业工人队伍改革、涉密领域国产化替代、基层减负、交通大整治、落实《上海2035规划》等工作的专项督查。（陆　超）

■**完善区委督查工作格局**　深化落实区委《关于加强新形势下党的督促检查工作的实施办法》及配套制度，进一步探索完善分级负责机制、统筹协调机制、反馈通报机制和评价激励机制。不断改进优化督查方式方法，更加注重专业部门联动参与，完善联合督查制度设计。对全年督查检查考核事项以表格形式予以规范，从严从紧控制总量，对性质相似、内容相近的事项坚决予以撤销、合并或调整。（陆　超）

党校工作

■**概况**　2019年，区委党校坚持以习近平新时代中国特色社会主义思想为指导，全面贯彻落实党的十九大和十九届三中、四中全会精神以及习近平总书记考察上海重要讲话精神，贯彻落实全国党校工作会议精神和《中国共产党党校（行政学院）工作条例》，围绕中心，服务大局，推进教学、科研、行政后勤、队伍建设和机关党建各项工作。全年共举办培训班次24期，培训2172人次，承接各类委托班67期，培训7926人次。重点举办青浦区深入学习贯彻落实习近平总书记考察上海重要讲话精神党政主要负责同志培训班1期、“服务两大国家战略，担当新时代新使命”中青年干部专题培训班1期，还举办了处级领导干部进修班2期、中青年干部培训班1期、青年干部培训班1期和村居党组

4月16日，青浦、吴江、嘉善三地联合举办“实施长三角一体化发展国家战略——中青年干部如何担当”主题论坛　　（区委组织部供稿）

织书记培训班3期等。开展党的十九届四中全会精神、习近平总书记考察上海重要讲话精神等宣讲活动，全年共开展基层宣讲113次。（朱周谊）

■主体班教学 在主体班开展以“乡村振兴”为主题的翻转课堂教学和“为民解忧、为党分忧”先进人物访谈教学，与浙江省嘉善县委党校、江苏省吴江区委党校中青班开展“实施长三角一体化发展国家战略，中青年干部如何担当”主题学员论坛，激发中青年干部干事创业热情，提升培训实效。经市委党校考核评估，区委党校获“上海市党校系统第四届教学管理优秀奖”，这是区委党校连续第三次获该奖项。（朱周谊）

■“青浦的红色足迹”党性教育主题教室 深度挖掘青浦红色教育资源，建立“青浦的红色足迹”党性教育主题教室，打造富有特色的党性教育平台，提升党性教育的吸引力、感染力。2019年，主题教室共接待48批2000余人次参观。（朱周谊）

■理论宣讲 结合“不忘初心、牢记使命”主题教育，推出“80后”青年教师“讲党史、映初心”微党课6集，在青浦电视台、绿色青浦微信公众号、青浦党建微信公众号等平台上展播，有效解读党的理论、传播党的声音。（朱周谊）

■科研工作 聚焦青浦经济社会发展的重点热点难点问题，加大对策性研究。主动承担区委组织部课题“长三角一体化背景下的基层党建高质量发展研究”“关于完善促进干部担当作为的体制机制研究”的调研工作。承接区委办课题“乡村振兴中如何增强产业内生动力研究”“农民集中居住问题研究”和区网格化管理中心课题“城市网格化管理的精细化路径研究”等，并完成调研报告。全年共立项结项课题5项，教研人员公开发表论文33篇（其中核心3篇）、完成论著1部，参与学术会议18次，区级专题调研10项。（朱周谊）

■课题调研 引导主体班学员开展课题调研，中青年干部专题培训班学员课题调研报告《长三角生态绿色一体化示范区三地产业投资管理标准差异比较分析》，获市长应勇批示，处干班学员4篇调研报告汇编成《咨询辑要》，获得区委书记赵惠琴批示。（朱周谊）

■学术研讨 10月，举办“用学术讲政治”专题研讨会。11月27日，与市委党校社会学教研部、青浦区政法委联合举办“长三角一体化示范区社会治理创新研讨会”，共同推进长三角区域治理体系和治理能力现代化。11月26日，与市委党校经济学教研部联合举办“长三角一体化高质量发展”学术沙龙等。（朱周谊）

11月27日，由市委党校社会学教研部、区委政法委、区委党校联合主办的“长三角生态绿色一体化发展示范区社会治理创新”研讨会在青浦区委党校举办（区委党校供稿）

■开放办学 坚持开放办学，与浙江省嘉善县委党校、江苏省吴江区委党校建立“长三角一体化发展示范区党校联盟”，重点完善资源共享、教学交流、科研协作、信息互通、联席会议五大合作机制。开展长三角一体化专题课集体备课和精品课展示活动，共同提升教学水平。5月，举办现场教学精品线路推介活动，重点打造“长三角生态绿色一体化发展示范区”现场教学精品线路。10月，建立长三角生态绿色一体化发展示范区党校智库联盟，促进示范区党校之间的科研协作。（朱周谊）

■主题教育 年内，校领导班子带头示范开展学习研讨，通过联组学习研讨、现场教学、“忆党史、践初心、做表率”知识竞赛等提升党性修养。发挥党校职能优势，找准主题教育与党校中心工作的结合点，围绕“区委党校与社区党校的联动机制”“规范行政后勤工作运行机制”“提升党校教学质量”等问题开展课题调研，严格党内政治生活，提升专题民主生活会质量，完善谈心谈话制度，广泛听取教职工、学员和基层意见建议，抓好问题整改，提升主题教育实效。（朱周谊）

■后勤保障 做好人事、工资、财务、档案、保密、老干部等工作。全年为党校培训、外来单位会议办班等提供餐饮服务近6万人次。3月22日，召开行政后勤工作推进会暨服务标兵表彰会，抓好后勤服务保障。建立物业管理服务督查机制，开展常态化专项督查；加强食堂标准化建设，不断提升后勤服务水平。委托第三方会计师事务所，对2016—2018年财务账目进行内部审计，促进行政后勤管理更规范、更透明、更有效。（朱周谊）

■宣传阵地建设 通过一报（即《青浦党校通讯》）、一网（即党校门户网站）、一刊（即《青浦党校文苑》）、一公众号（即青浦党校微信公众号），及时向社会各界宣传党校工作。同时，加强信息报送工作，向市委党校报送信息166篇，录用98篇，在全市区级党校名列前茅；

向区委办《每日要讯》报送信息199条，录用148条，在C类单位中名列第一。（朱周谊）

调查研究

■概况　2019年，区委研究室围绕区委中心工作，主动作为、求实创新，不断提高工作水平，着力提高以文辅政职能作用，完成了各项目标任务，整体工作推进稳步有序。参与区委年度重点工作的统筹规划，承担区委重要文件、文稿、文案的研究起草和综合协调任务，协助区委制定"1+5"全面跨越式高质量发展战略体系，研究起草区委全会报告、服务保障第二届"进博会"报告、扫黑除恶专项斗争报告、青东联动发展调研报告及实施方案、重大主题活动宣传策划等区委重要文件、文稿120余篇，共46万余字；制定区委重大工作方案5个；参与和撰写调研报告2篇；研究起草各类学习解读材料8份；编纂起草《青浦改革研究》《一周调研动态》30余期。参与区委重点专项工作的协调推进，承担区委全面深化改革等6项区委专项工作的统筹谋划和综合协调任务，牵头或参与各项专项工作方案设计、日常推进和督查考核等工作。完成机构改革和职务职级并行各项工作。（曹庆宇）

■重大文稿起草和重大工作方案设计　研究制定《区委常委会2019年工作报告》《区委常委会2019年工作要点》，经区委全会讨论通过。起草《中共青浦区委全面深化改革委员会工作规则》《中共青浦区委全面深化改革委员会专项小组工作规则》《中共青浦区委全面深化改革委员会办公室工作细则》；起草《2019年青浦区创新社会治理加强基层建设工作要点》三方面九类50项具体任务，经区委常委会讨论通过。研究制定《关于规范重大事项请示报告的暂行办法》《青浦区乡村振兴示范村建设指挥部工作方案》《2019年区委全面加强党的领导挂图督战工作方案》《乡村振兴战略背景下的村级治理体系研究方案》《<中共青浦区委"不忘初心、牢记使命"主题教育专项整治总体工作方案>及九方面专项整治工作方案的通知》《关于解决形式主义突出问题为基层减负的暂行办法》《关于中共青浦区委常设议事协调机构办公室日常联络制度的通知》《中共青浦区委常委会2019年工作报告》《关于提升"一站两中心"标准能级的工作方案》《关于市委大调研专题推进会议精神的报告》等区委重要工作方案和工作机制，经区委常委会审议通过。（曹庆宇）

■完成区委专项工作协调推进任务　承担区委全面深化改革委员会办公室职能，负责处理委员会日常事务工作，组织开展全面深化改革重大问题的政策研究，统筹协调有关方面提出改革方案和措施，协助推进区委常委会六方面22项工作要点，参与配合区委督查部门开展重要改革举措落实情况督察。承担区委全面从严治党工作领导小组办公室职能，组织召开有关工作协调推进会议4次，编发《全面从严治党工作简报》52期，在《青浦报》全面从严治党专栏刊登文章25篇，制定区人大、政府、政协三个党组和有关工作党委履行全面从严治党责任清单，修订区委工作部门全面从严治党职能监督内容清单，组织开展落实"三个责任制"专项检查和区委直属党组织书记抓"三个责任制"述责评议工作，组织开展全面从严治党工作专项考核，扎实推动全面从严治党工作向纵深发展、向基层延伸。承担区委大调研领导小组办公室职能，聚焦安商稳商惠商、长三角生态绿色一体化发展示范区建设、乡村振兴战略、优化营商环境等重点工作，结合主题教育工作要求，推动大调研工作常态化制度化开展，推出各类工作措施、机制百余项，研究制定《青浦区关于集中走访调研企业的实施方案》，组织开展调研项目159个、调研课题129个，各类调研15173次，历史遗留问题解决率达94.96%。承担区创新社会治理加强基层建设工作领导小组办公室及推进办职能，协助召开专题推进会议5次，突出"创新"和"加强"两个关键，制定实施建设长三角社会治理样板区十大重点攻坚任务，不断完善党委领导、政府负责、民主协商、社会协同、公众参与、法治保障、科技支撑的社会治理体系，有序推进长三角社会治理样板区建设。承担区地方群团改革试点办公室职能，协助召开青浦区群团组织精品服务项目集中发布会——"青群荟"，群团服务品牌化、项目化进程不断深化。承担区委常设议事协调机构日常联络职能，加强与区委"7+2"议事协调机构的沟通联络，强化有关会议安排的统筹协调，及时传达区委对各常设议事协调机构有关工作的要求，准确掌握各常设议事协调机构的工作情况，推动区委各常设议事协调机构更好发挥职能作用。（曹庆宇）

老干部工作

■概况　2019年，青浦区老干部工作学习贯彻习近平新时代中国特色社会主义思想和党的十九大、十九届二中、三中全会精神，加强离退休干部党的建设，引导老同志为党和人民事业增添正能量，持续做好离退休干部服务管理工作，推进老干部工作信息化、精准化、规范化和品牌化。

青浦区共有离休干部89人，其中由青浦区直接管理的离休干部82人（包括：易地安置在本地3人、易地安置到外地4人）、代管7人。全区离休干部中，享局级、原四套班子离休干部3人，参局级离休干部3人，享处级离休干部45人，一般离休干部38人。年龄在80—89岁之间49人，90—99岁39人，100岁1人。年龄最高100岁，最低85岁，平均年龄90.42岁。抗日战争前期参加革命3人，抗日战争后期参加革命15人，解放战争时期参加革命71人。居住在夏阳街道22人、盈浦街道50人、乡镇9人、上海市区7人、外省市1人。年内，共病故离休干部7人。原四套班子退休干部35人，年龄最高95岁，最低61岁。（计峻露）

■加强离退休干部政治思想引领　举办习近平新时代中国特色社会主义思想专题学习班，以微信公众号等平台推送《习近平新时代中国特色社会主义思想学习纲要》、离休干部典型张富清等内容。召开全区离退休干部党支部"不忘初心、牢记使命"主题教育动员会，开展"学习参观寻初心""专题讲座悟初心""座谈交流话初心"系列活动。举办老干部通报工作会2次，组织32名离退休干部参加全市老干部读书班、形势报告会等，举办离退休干部"三看"（即看改革成果、看经济发展、看社会进步）

活动4次。（计峻露）

■推进离退休干部党组织规范化建设 制定《关于加强本区机关事业单位离退休干部党支部规范化建设的指导意见》，建立离退休干部党建联络员制度，落实区委组织部—党（工）委—支部三级“主题党日”确定机制。举办支部书记培训班、“青溪晚霞”书记论坛，开展《古田军号》电影党课和参观考察等活动。（计峻露）

■开展城市社区离退休干部党建工作 推广夏阳街道试点经验做法，年初下发《关于开展城市社区离退休干部党建工作的通知》，明确按照摸底报到、组织设置、学习活动、总结交流等环节。加强工作指导，对城区盈浦、赵巷及华新大居等重点街镇进行走访调研，11月底，召开全区城市社区离退休干部党建工作交流暨正能量活动成果展示会，总结交流经验，部署工作任务。到年底，区级机关事业单位已到社区报到离退休干部党员1477人，占比近60%，在社区建立常规型、功能型离退休干部党组织66个。（计峻露）

12月30日，区离退休干部党工委在夏阳街道东盛社区开展首期“上善银辉”社区公益护照积章兑换活动（区委老干部局供稿）

■服务区域发展大局 围绕长三角一体化发展国家战略，分别到吴江、嘉善开展考察交流活动。6—9月，组织老同志互相开展“三看”活动。9月，组织开展“礼赞祖国”——美丽乡村重阳快闪活动和“我为乡村振兴做些啥”老干部与机关青年寻访交流活动。10月，牵头开展青浦、吴江、嘉善三地离退休干部“吴越同舟”书画联展。12月，举办“同创文明城区，共建美丽家园——离退休干部在行动”活动，发放“上善银辉”离退休干部社区公益护照。组建“青溪晚霞”合唱团，参加全区“波澜壮阔70年，砥砺奋进20载”主题歌会比赛，获三等奖并在国家会展中心展演。（计峻露）

■开展“赞成就、助发展、当先进、作表率”正能量主题活动 3月，举办“我和我的祖国”“我与共和国同龄”和“我看新中国成立70周年新成就”征文摄影活动，9月，优选31篇征文作品汇编成册。开展“听老党员老干部讲初心”系列微党课活动，邀请4位老同志在区党建服务中心为党员干部、青少年讲初心，弘扬革命传统。动员离退休党员参与“两新”组织党建工作，全区220名离退休干部党员以党建指导员、党建顾问、党支部书记等身份助力“两新”组织党建工作。开展“上善银辉”离退休干部先进集体和先进个人推荐评选活动，推荐市级先进集体3个、先进个人9人，在《青浦报》和“青溪晚霞”微信公众号上进行宣传。以“青溪晚霞”离退休干部博客为主阵地，通过撰写博文等方式在网上宣传正能量，累积发表博文150余篇。（计峻露）

9月29日，在中山医院青浦分院举行集中为住院老干部佩戴勋章、宣读贺信仪式（区委老干部局供稿）

■提升离退休干部幸福感和满意度 调整提高离休干部护理费、已故离休干部无工作遗属补助标准和特殊医疗经费补贴标准，全年为49位离休干部解决特殊用药补贴费37.7万元。推进中山医院青浦分院老干部病房改建工作，为老同志创造良好的医疗环境。坚持“夏送清凉、冬送温暖”走访慰问制度，共上门走访老同志300余人次，并对易地安置辽宁营口的离休干部进行上门走访。国庆前夕，为每位离休干部上门颁发“庆祝中华人民共和国成立70周年”纪念章。为老干部办实事做好事。

持续推进离休干部长护险工作，已为114位在青浦的离休干部申请办理长护险，占比约63%。开展"老伙伴"服务工作，帮助10位老同志纳入"老伙伴"计划。修订完善《老干部服务指南》，为128位老同志增设夜间体感灯，方便老干部日常生活。关注特殊困难老干部，为12名特困老干部发放困难补贴3万元，为3位易地安置离休干部发放特困补贴4.2万元，为24位独居、孤老和长期不出门的离休干部提供上门精神慰藉。推进"六助"（即医、行、听、读、修、洁）服务，为1279人次老干部开展健康体检、法律咨询、应急维修、家电维保、助听助洁等服务。关心关怀高龄老干部，区委常委、组织部部长、区委老干部工作领导小组组长蒋仁辉等为青浦区首位百岁离休干部和10位新进90周岁离休干部上门祝寿。协助配合原单位处理好7名病故老干部的后事工作。

（计峻露）

3月29日，2019年度青浦区区级机关党的工作会议在区会务中心召开

（区区级机关工作党委供稿）

深化关心下一代工作 推进"从石库门再出发——学习党史国史、传承红色基因、争做时代新人"主题教育活动：4月，开展"清明祭英烈"；5月，开展"纪念五四运动100周年座谈会"；6月，开展"寻访红色印记"定向赛、"讲述老照片故事"；7月，开展"红色寻访"等。协同区妇联、区红十字会和社会公益组织等开展"沪滇一家亲，大爱公益行"关心下一代爱心助学系列活动，为云南德宏贫困学生捐赠书籍15000余册、校服150套、棉被150床、毛衣180件。

（计峻露）

丰富老干部精神文化生活 对区老干部活动室软硬件设施进行更新升级，适当调整功能布局，新增棋牌室、乒乓房，改进音响系统，使活动环境更加舒适、活动形式更加多样。加强离退休干部兴趣组队规范化建设，制定《青浦区老干部活动室兴趣组队工作实施细则》。注重发挥兴趣组队作用，国庆期间开展"礼赞伟大祖国七十华诞"——活动室兴趣组队成果微信展示活动，对文学、书画、摄影等作品进行集中展示。举办"耄耋同春，元宵共乐""分门别类，乐在其粽""迎新开心舞台"等主题联欢活动，组织老干部共庆传统佳节。联合政协之友社等，定期开展扑克联谊、书画交流、故事专场、花艺欣赏、兴趣组队外出参观、闵嘉青（即闵行、嘉定、青浦）联合体等活动，丰富老同志晚年生活。

（计峻露）

5月28日，开展"踏访红色足迹，践行初心使命"——新党员主题党日活动

（区区级机关工作党委供稿）

机关党建工作

概况 2019年，区机关党建工作坚持以习近平新时代中国特色社会主义思想为指导，全面落实习近平总书记在中央和国家机关党的建设工作会议上的讲话精神，牢牢把握"围绕中心、建设队伍、服务群众"核心任务，坚持"强基础、上台阶、树品牌"，扎实推动机关党建工作任务落实落地，为服务两大国家战略、建设"上海之门"、推动青浦全面跨越式高质量发展提供坚强保证。 （沈春锋）

初心使命学习教育 推进"不忘初心、牢记使命"主题教育，教育引导机关党员从首创、奋斗、奉献的建党精神中汲取营养，增强机关党员党性观念和宗旨意识。5月，开展"踏访红色足迹，践行初心使命"——新党员主题党日活动、《革命中枢：中共中央在上海》主题党课、"攀登新高峰，奋斗新时代"电影

党课等“初心使命红课堂”；6月，发出“以购代捐”消费扶贫和“开展垃圾分类，共建美丽家园”倡议，开展“寻找我的青春答案读书活动”等“实践活动大课堂”。（沈春锋）

9月23日，组织并参与“波澜壮阔70年，砥砺奋进20载”——青浦区庆祝中华人民共和国成立70周年暨纪念撤县建区20周年主题歌会

（区区级机关工作党委供稿）

■政治理论学习教育 始终把政治建设摆在首要位置，引导广大党员树牢“四个意识”，坚定“四个自信”，带头做到“两个维护”。5月，举办“区级机关党务干部学习贯彻习近平新时代中国特色社会主义思想专题培训班”；8月，制定《学习贯彻习近平总书记在中央和国家机关党的建设工作会上的重要讲话精神“八个一”具体方案》《关于加强区级机关党的建设，助推全面跨越式高质量发展三年行动计划》，进一步探索创新机关党建工作举措。（沈春锋）

■作风纪律学习教育 10月，统一下发《中国共产党重大事项请示报告条例》《中国共产党纪律处分条例》学习读本，提醒督促机关党员严守政治纪律和政治规矩。建立工作提示制度，继续紧盯节日节庆等时间节点下发工作提示，严防各类节日腐败，自觉抵制不良风气。12月，召开机关党组织书记座谈会，广泛收集机关党员干部在担当作为、为民服务等方面存在的各类问题，切实推动整改落实，持续改进工作作风。（沈春锋）

■落实组织生活制度 3月，下发“机关党支部工作记录本”，采取会议部署、专题调研、工作提示等多种措施，督促机关党组织规范落实“三会一课”、组织生活会、谈心谈话、民主评议党员等基本制度。健全优化基层党组织设置，强化组织覆盖和工作覆盖全面性，用力解决“灯下黑”“两张皮”和工作一般化等突出问题，推动基层党组织全面进步、全面过硬。5月，开展党员过“政治生日”，7月，设立区级机关党性教育现场教学点等措施，持续增强党员党性意识。（沈春锋）

■落实组织建设制度 5月，开展《中国共产党支部工作条例》专题培训、制定党建工作指导单和基层党组织班子抓党建“两个清单”、下发《新时代机关党支部工作指南》、制作机关党建宣传展板、指导机关党组织规范届中调整、党组织关系转接发展党员、党费收缴使用等工作；9月，完成110多家机关党组织集中换届选举。建强基层组织、夯实基础工作、抓好基本建设，推动机关党建工作标准化规范化建设。落实党务工作管理制度。（沈春锋）

6月28日，“垃圾分类我先行，护航绿色进博会”——机关党员骑行宣传活动在青浦博物馆举行

（区区级机关工作党委供稿）

■落实政治生活制度 3月，严格执行新形势下党内政治生活若干准则，加强对党内政治生活制度落实情况的监督检查，督促落实领导干部参加双重组织生活会制度、讲党课制度，增强党内政治生活的政治性、时代性、原则性和战斗性。11月，开展忠诚教育和警示教育，教育引导机关党员干部强化自我约束、规范政治言行。（沈春锋）

■注重践行新目标新要求 10月，组织参与主题歌会、升旗仪式、同吃“国庆面”等庆祝建国70周年系列活动，激发机关党员干部以更加饱满的热情勇于担当社会责任和历史使命。（沈春锋）

■注重弘扬新担当新作为 5月，组织开展“扫黑除恶专题学习”主题党日，垃圾分类骑行宣传、新党员信访接待体验

日等主题活动。8月，签订“青吴嘉机关党建联建协议书”，为服务生态绿色示范区建设提供坚强政治和组织保障。9月，组织开展机关党组织与创全社区党组织结对共建活动，10月，推进“上善先锋·岗位建功”主题实践活动，推进实践创新、岗位创效、服务创优，推动党支部“亮责任、亮目标、亮措施”、召开“进博先锋党建联盟”成立大会，深化“不忘初心跟党走，向我看齐助盛会”区级机关服务保障“进博会”主题实践活动。（沈春锋）

■**注重展现新典型新风采** 10月，开展“服务国家战略，勇当先锋表率机关党员风采展示”“优秀主题党日活动案例征集展示”“三星机关党组织创建”“优秀支部工作法”“优秀书记项目”“印象淀山湖摄影比赛”等主题活动。10月，设立“党支部建设示范点”、党员示范岗、先锋岗，培育和选树先进典型，发挥典型引领、榜样带动的作用。（沈春锋）

9月27日，区级机关党组织与“创全”社区党组织结对共建活动在区青少年活动中心开展（区区级机关工作党委供稿）

保密工作

■**概况** 2019年，青浦区保密工作在中共上海市委保密委员会、上海市国家保密局的业务指导下，结合青浦区保密工作实际，完成机构改革工作和队伍建设，加强保密教育培训，强化保密技术防范，加大保密督查力度，提升保密管理能力和保密工作水平，完成年度保密工作任务。（方友凯）

■**机构体制调整** 完成机构改革和队伍建设工作，确立组织架构，制定“三定”方案，落实人员配备，保障全区保密工作开展。普通办公用房、涉密档案室、文印室、机房、多功能宣教室和谈话室建设完毕并投入使用。（方友凯）

■**保密教育培训** 3月，组织召开多次保密工作会议，从区委保密委、全区保密干部和各单位保密领导小组3个层面逐级传达上级保密工作会议精神。4月，以全区保密干部和涉密人员培训为重点，举办保密知识讲座和和涉密人员管理培训班。年内，在全区范围内开展《保密工作》杂志征订工作，并开展学刊用刊工作。（方友凯）

■**单位保密管理** 明确全区各单位各级各职领导干部和涉密人员的保密职责，年内组织签订各类承诺书和责任书，落实保密工作责任。加强相关场所保密管理，严格开展考核，强化安全保密措施。加强涉密文件、资料等的保密管理，规范涉密载体清理、清退、归档、销毁工作。（方友凯）

■**保密专项检查** 陆续开展青浦区机关单位互联网门户网站保密检查、国家秘密事项数据统计和保密自查自评及督查等工作，并顺利完成任务。（方友凯）

机构编制

■**概况** 2019年，组织实施区级机构改革，建立健全党委对重大工作的领导体制机制，设置具有青浦特色的党政机构职能体系，改革后，青浦区共设置党政机构45个。区委设置机构13个，其中纪检监察机关1个、区委工作机关12个；区政府设置机构32个，其中自主设置机构3个（商务委、政务服务办、区域发展办）。区机构编制委员会改为区委机构编制委员会，作为区委议事协调机构。区委组织部统一管理区委机构编制委员会办公室，区委组织部与区委编办合署办公。优化调整区委机构编制委员会领导体制，重新制发区委编委工作规则和区委编办工作细则。开展承担行政职能的事业单位改革，推进涉改事业单位体制调整，开展事业单位评估和“三定”工作。全面开展街镇管理体制机制调研。协调相关部门推进综合行政执法体制改革、经营类事业单位改革，完成区级机关事业单位（除教育、卫生系统）未经批准使用的编制外用工清理规范工作。（石晓勍）

■**区级党政机构改革** 制定《青浦区机构改革方案》并组织实施，协调区有关部门完成机构组建、领导配备、人员转隶、机构挂牌、集中办公等改革任务。制定《关于本区党政机关实施“三定”工作的意见》，指导44家党政机关重新制订“三定”规定，依法科学界定部门职能，优化设置内设机构，从严从紧核定机构编制和领导职数。厘清部门职责边界，加强重大分歧问题统筹协调，切实理顺部门职责关系、政事关系。制发《关于转隶工作有关问题的口径》，明确转隶范围、步骤和要求。梳理形成改革涉及的89项职责划转和人员转隶清单，指导相关部门完成涉及23个主管部门380名人员转隶工作。配合完成区人大、区政协改革，调整相关机构编制事项。推进完成机构改革涉及事业单位体制调整工作，变更隶属关系68家（其中14家事业单位同步更名），新建单位2家（即道路运输管理事务中心、港航管理事务中心），撤销建制5家（即事业单位登记管理局、酒类专卖局、公路管理所、航务管理所、城市交通运输管理所）。（石晓勍）

■综合行政执法改革 推进五大领域(即交通运输、生态环境保护、文化市场、农业和市场监管)综合行政执法改革,整合组建区交通委员会执法大队、区生态环境局执法大队、区文化和旅游局执法大队、区农业农村委员会执法大队、区市场监督管理局执法大队,明确机构性质、执法职责、内设机构和一线执法机构设置、人员编制配备和领导职数设置。交通委员会执法大队等单位不再进行事业单位登记。 (石晓勍)

■街镇管理体制改革 开展街镇机构改革前期调研,梳理街镇职责事项及条块关系清单动态调整情况,研究形成《理顺街镇条块关系提升基层社会治理能力》调研课题报告,在市委编办主办的《编制管理研究》(2019 年第 4 期)发表;新增练塘镇、赵巷镇、白鹤镇、夏阳街道居民区党组织书记专用事业编制 4 人。 (石晓勍)

■事业单位管理工作 结合区级党政机关"三定"工作,全面清理事业单位实际承担的行政职能,对涉及事业单位登记管理、酒类专卖、卫生、农业、林业、文化等部门,原由事业单位承担的行政许可、确认等行政职能全部上收机关科室,理顺政事关系,强化事业单位公益属性,实现职权法定、权责一致。开展事业单位机构编制评估,邀请社会第三方服务机构对区规划资源局、水务局所属 20 家事业单位开展评估。制定《青浦区事业单位"三定"工作实施意见》,完成区融媒体中心、城市网格化综合管理中心等事业单位"三定"规定。撤销政府网站运行中心事业建制,职能整合并入行政服务中心。撤销青浦报社、青浦广播电视台事业建制,整合组建融媒体中心。撤销烈士陵园管理所、军队离休退休干部休养所事业建制,整合组建退役军人服务中心。理顺信访机构设置,新建信访事务受理中心。加强公立医院党建工作,完善中山医院青浦分院等 4 家公立医院领导职数和内设机构管理方式。新建尚泰幼儿园等 2 所幼儿园,同意徐泾小学分设为两所小学。推进不动产登记机构人员整合工作,调整优化机构编制设置。加强事业单位登记管理工作,完成事业单位设立登记 7 家,注销登记 9 家,变更登记 87 项,补证 3 家。严格事业单位用编审核。受理并批复事业单位用编计划 672 人、交流用编计划 567 人。 (石晓勍)

档案工作

■概况 2019 年,区档案局在区委、区政府领导下,在市档案局指导下,学习贯彻习近平新时代中国特色社会主义思想和党的十九大精神,以"抢"的意识、"拼"的勇气、"实"的作风,富于创造地推动青浦全面跨越式高质量发展,以更强的责任担当和创造激情推进服务大局、服务民生、服务社会各项工作再上新台阶,较好地完成了 2019 年各项工作任务。全年共接待查档者 12176 人(次),利用档案 12879 卷(件)。同时,继续做好政府信息公开接待咨询工作,全年集中受理依申请政府信息公开 33 人次。完成区委全会归档文书 3 件、照片 3 张,区人代会归档文书 95 件、照片 3 张,政协全会归档文书 191 件、照片 3 张。完成第二届"进博会"归档文书 1812 件,照片 291 组 1546 张,视频 163 个,实物 3 件,资料 16 册,各类目录 5 套。同时,收集到 41 家政府信息公开成员单位主动公开信息 3161 条,依申请公开信息 320 条,免于公开信息 838 条。 (蔡佳诚)

■完成档案馆新馆建设 重点推进档案馆新馆建设的相关工作。1 月 21 日,新馆完成竣工验收。4 月 1 日,新馆完成移交。5 月 31 日,完成馆内全部 51 万卷实体档案的消毒搬迁工作。6 月 3 日,青浦区档案馆新馆正式投入运行,新馆总建筑面积 14143 平方米,其中库房面积 6080 平方米。 (蔡佳诚)

■完成国家级档案馆创建工作 根据市档案局指导意见的要求,围绕创建要求建立健全工作推进机制,重点开展机房的硬件设备、系统的功能、数据的质量和安全问题等方面进行深入优化。在基础设施方面,完成了机房服务器、存储设备的安装,调试工作。在系统功能方面,对档案利用服务平台系统进行了优化升级。同时,对青浦区档案信息门户网站系统进行改版。在档案资源方面,完成核对专题条目 935824 条;接收青浦电视台"青浦新闻"视频 1511 件,接收数字《青浦报》(2014—2018 年)507 份。11 月,国家档案局对青浦区全国示范数字档案馆创建工作进行测试验收并顺利通过。青浦区档案馆成为上海市第二家、全国第三十家获此荣誉的国家综合档案馆。 (蔡佳诚)

■开展数字资源档案收集工作 依据档案馆档案数字化标准,实行进馆档案双套制接收。进一步加强实体档案与电子档案的同步接收。数字化档案接收进馆 7 家,其中以卷整理 5285 卷、以件整理 52845 件(其中婚姻档案 19862 件、殡葬档案 18627 件、收养登记档案 32 件)。同时,推进电子档案移交接收工作,共接收区委办、区府办、香花桥街道、区发改委等 11 家单位文书类电子档案 12168 件,首届"进博会"声像类电子档案 1180 件,其中数码照片 1008 张、视频 171 个、音频 1 个。 (蔡佳诚)

■做好档案开放鉴定划控 根据市档案局和区档案工作要求,对馆藏 1949—1976 年档案进行重新鉴定划控,共涉及 12846 卷。经鉴定,确定 1597 卷属于公开范围、11249 卷属于控制使用范围,并根据开放档案"一站式"查询接入"一网通办"政务服务平台工作的要求,将 302 卷开放档案目录向社会开放。 (蔡佳诚)

■提升档案文化影响力力 6 月,举办《伟大的跨越——纪念中华人民共和国成立七十周年档案图片展》,参观者约 3000 人次。8 月,开展"历史的回声·档案里的故事"——档案法制宣传与档案文化传播全市巡讲(青浦专场)活动,参加者约 300 人次。利用"青浦档案"微信公众号的传播作用,进一步传承青浦悠久、丰富、独特的历史记忆。全年共发布 48 篇微信文章,阅读量超 5.4 万次。 (蔡佳诚)

■开展档案编研征集工作 全年完成《上善青浦——2018》一书初稿,共 7 个篇章,以图文并茂的方式记录青浦 2018 年发展轨迹。启动拍摄《守护历史,传承文化》电视片,电视片通过档案视角描述青浦的发展和执着奋进的足迹,分为新生与历程、守护与传承、服务与传播 3 个篇章。征集到两部有关青浦纪

录片,《送瘟神》(1970年)和《菜篮子工程(下)》,以及征集15所学校"发展历程"文字和照片材料。(蔡佳诚)

■**开展星级认定工作** 按照《青浦区档案工作星级单位认定办法及标准》的要求,年内,确定淀山湖幼儿园等15家单位为星级认定重点单位,对认定单位进行专项业务指导。全年共19家单位通过星级认定。(蔡佳诚)

■**加强档案监督指导** 在镇、街道、区级机关推行档案行业标准《归档文件整理规则》DA/T-2015,新增10家单位档案实行"年度+保管期限+机构分类"工作模式。同时,加大对一级单位监督指导力度,全年完成对20家一级单位业务指导工作。(蔡佳诚)

■**推进档案专业人才发展** 根据档案培训教育要求,结合实际需求,开设门类多样、内容丰富的课程,注重培养档案人员的政治素养、专业素养以及综合能力,为青浦档案事业发展输送高质量档案管理人才。全年共有141名学员报名参加第三十九期档案岗位业务知识培训,同时有232名学员报名参加档案技术人员继续教育。(蔡佳诚)

2月15日,《青浦年鉴2019》编纂工作会议在区委党校召开

(区史志办供稿)

史志工作

■**概况** 2019年,区史志办贯彻落实党中央、国务院和市级主管部门有关精神,围绕区委、区政府中心工作,坚持以"存史、资政、育人"为根本任务,发挥部门职能作用,开展史志征编工作。全年完成《青浦年鉴2019》《朱家角镇拾遗》《青浦印痕——70年70个瞬间》和《中共青浦党史大事记(1991.1—2020.12)》(1991—2010年期间党史大事记初稿)4项重点编纂任务。完成《上海年鉴2019》"青浦区"分目的撰稿任务及2018年度市地方志系统统计工作。参加《方志学述论》编写工作和《嘉定区志(1993—2010)》《上海市志·公安司法分志·监狱卷(1978—2010)》等志书评议稿的专家评议。保质保量完成市委党史研究室《党史大事记》双月刊信息报送和《党史信息报》《上海党史与党建》年度征订任务。抓好史志宣传教育,积极开展地方志法规宣传月活动。配合区级部门及兄弟单位提供全区"不忘初心、牢记使命"主题教育、纪念新中国成立70周年纪念宣传活动等资料素材。为外省市相关单位提供青浦抗战史料及人物资料。1月,《青浦年鉴2016》在中国出版协会主办、中国出版协会年鉴工作委员会承办的第六届年鉴编纂出版质量评比活动中获地方综合年鉴类一等奖;3月,区史志办秘书科获"2017—2018年度青浦区'三八'红旗集体"称号。王卫红被中国地方志指导小组办公室评为全国地方志先进工作者。(陈松青)

5月10日,区史志办到崧泽学校开展"地方志进学校"活动

(区史志办供稿)

■**《青浦年鉴2019》撰稿员培训** 2月15日,《青浦年鉴2019》编纂工作会议在区委党校A303会议室召开。区史志办主任胡爱明出席会议并讲话,副主任毛雪明主持会议。志书年鉴科科长王卫红作《〈青浦年鉴2019〉编写提纲》调整说明,明确年鉴条目的设置与撰写、照片搜集与报送等方面的撰稿要求。《青浦年鉴2019》撰稿员和编辑人员110多人参加会议。(陈松青)

■**地方志法规宣传教育活动** 5月,以"地方志与青浦解放70周年"为主题,开展地方志法规宣传活动。到青浦崧泽学校开展"青浦地情知识进校园活动",现场放置宣传展板,以《谱写产城绿融合发展新篇章的青浦》为题开设专题讲座,赠

送《口述青浦改革开放》《青浦改革40周年图册》等史志书籍，宣传地方志法规知识，介绍青浦地情。组织人员参加市地方志办公室举办的“2019上海地方志论坛”。（陈松青）

■史志工作交流 7月1日，到金山地方志办公室开展区志编纂工作交流座谈活动。金山区档案局、地方志办公室主要领导及分管领导介绍金山区档案局（馆、办）基本情况以及“金山记忆”公众号和区志、村志编纂工作情况，双方就区志、村志编纂工作开展交流。7月25日，江苏省常熟市委党史工作办公室一行6人到区史志办开展新四军江南抗日义勇军（简称“江抗”）在青浦地区抗日历史专题交流，区史志办主要领导及有关科室负责人介绍青浦抗日战争概况、“江抗”在青浦地区抗日历史以及相关历史资料记载情况。8月22日，与嘉善县档案馆、吴江区档案馆和区档案局在青浦区档案局召开档案、史志工作交流会。8月23日，根据市地方志办公室安排，接待美国杨伯翰大学教育学院4名教授及6名学生到青浦区参观考察。该校师生访问了上海市青浦区第一中学，双方就历史教学等问题展开了交流。（陈松青）

■开展“不忘初心、牢记使命”主题教育 9—12月，按照统一部署，围绕贯彻“守初心、担使命、找差距、抓落实”总要求，抓好“学习教育、调查研究、检视问题、整改落实”4个环节，突出处级以上领导班子和领导干部主题教育，落实规定动作，积极开展自选动作，确保达到成效。主题教育期间，领导班子完成集中学习研讨12次，交流发言24人次；聚焦主责主业，开展调研课题2项；查找领导班子问题10条，领导干部个人问题20条；形成检视问题材料2篇；制定整改措施22条，完成整改措施18条。（陈松青）

■《青浦印痕——70年70个瞬间》编印发行 9月12日，区史志办编纂的《青浦印痕——70年70个瞬间》在全区“不忘初心、牢记使命”主题教育动员大会上发行。该书撷取中华人民共和国建立70年期间，在青浦区各个历史阶段发生的具有重要影响的70个重要事件，通过文字叙述和图片资料相结合，以点带面地记录该段历程。该书编写体例为编年体与纪事本末体相结合。全书共70篇文章，每篇文章包含正文和链接两部分，配有随文照若干张，设链接89个、随文照230余张。该书列入青浦区“波澜壮阔70年砥砺奋进20载”——庆祝中华人民共和国成立70周年暨纪念撤县建区20周年活动内容，经区委同意作为全区“不忘初心、牢记使命”主题教育处级领导干部辅助学习材料。（陈松青）

■启动《中共青浦党史大事记（1991.1—2020.12）》编纂工作 积极谋划2021年中国共产党成立100周年相关党史资料征编工作，启动《中共青浦党史大事记（1991.1—2020.12）》编纂工作，征集梳理1991—2020年中共青浦区（县）委及下辖各级党组织加强自身建设，领导青浦人民深化和扩大改革开放的历史过程及成就等相关党史资料。年内，按照计划形成《中共青浦党史大事记（1991.1—2020.12）》编纂提纲，完成1991—2010年期间党史大事记初稿编写任务。（陈松青）

■启动青西三镇历史文化丛书编纂工作 贯彻落实打响“上海文化”品牌三年行动计划和青浦区文化之门功能建设要求，积极参与长三角一体化实践，助推创建长三角江南文化示范区和一体化的文化发展体系，深度挖掘青西三镇历史文化，启动青西三镇历史文化丛书编纂工作。年内，编纂出版《朱家角镇拾遗》。全书字数约36万字，设绪论篇、典籍篇、古韵篇、寻觅篇、文化篇、名人轶事、走进古镇的文化大咖、絮忆篇、新景篇9个类目81篇文章，卷首照16张，随文照248张。（陈松青）

■《青浦年鉴2016》获全国奖项 2019年，由中共青浦区委、青浦区人民政府主办，《青浦年鉴》编纂委员会编纂的《青浦年鉴2016》一书，在中国出版协会主办、中国出版协会年鉴工作委员会承办的第六届年鉴编纂出版质量评比活动中得到评委会的认可，获综合奖的地方综合年鉴类一等奖。在此次评比活动中，《青浦年鉴2016》另获地方综合年鉴类单项奖中的“框架设计”一等奖、“条目编写”二等奖、“装帧设计”二等奖和“检索、编校质量和出版时效”一等奖。（陈松青）

■服务青浦区“不忘初心、牢记使命”主题教育 协助区委党校完善青浦红色足迹党性实训室展陈大纲修改并提供相关资料；向区融媒体中心选送《青浦印痕——70年70个瞬间》15篇文稿内容，在《青浦报》开设《壮丽70年·青浦印痕》专版；10月16日，为全区区管退休干部讲述新中国成立后青浦干部群众70年奋斗创业史，全面展示青浦区70年的沧桑巨变和发展成效；第一时间将《青浦印痕——70年70个瞬间》挂接在“青浦史志”网站，便于全区党员干部学习和群众阅读。（陈松青）

■《口述青浦·对口支援》编纂工作 11月29日，在区委党校召开《口述青浦·对口支援》编纂工作专题会议。区史志办副主任毛雪明主持会议，区史志办主任胡爱明就对口支援口述史编纂作动员部署。全区各参编单位的分管领导及相关人员等30余人参加会议。12月25日，在区委党校举办《口述青浦·对口支援》编纂工作业务培训。区史志办副主任毛雪明主持会议，党史编研科科长赵冬英讲解口述史编纂方案，围绕口述史征编具体方法和要求作专题培训。全区各参编单位撰稿员30余人参加培训。（陈松青）

■《青浦年鉴2019》出版 12月，《青浦年鉴》编纂委员会编辑的《青浦年鉴2019》由上海文化出版社出版发行。该年鉴共设类目31个，分目215个，条目1291个（不包括概述性条目），照片420帧（其中卷首73帧、随文照片347帧），图4张，表106张，总字数134万字。卷首安排反映2018年青浦区重大政治、文化、社会活动等照片以及2018年青浦主要经济指标示例图及青浦区行政区划图。卷末设荣誉榜、重要文件目录、统计资料和全书索引。（陈松青）

上海市青浦区人民代表大会

编辑　李晓静

综　述

2019年，区人大常委会坚持以习近平新时代中国特色社会主义思想为指导，贯彻落实党的十九大和十九届二中、三中、四中全会精神，紧紧围绕“担当时代使命、服务国家战略、建设上海之门”的总体目标，践行初心使命，履行法定职责，为推进青浦全面跨越式高质量发展和社会主义民主政治建设做出贡献。

一年来，区人大常委会立足人大职责、主动跨前服务，全力支持和保障全区承接两大国家战略。坚持“稳中求进”工作总基调，抓住重点领域和关键环节开展监督检查，充分发挥人大监督的支持和保障作用。坚持以人民为中心的发展思想，提高社会民生监督的精准度，切实维护好、实现好、发展好人民群众的根本利益。以“凝心聚力促发展、担当作为再出发”代表履职实践活动为引领，提高代表工作水平，支持、规范和保障代表依法履职，激发代表履职动力，凸显代表主体作用。加强常委会自身建设，强化党建引领，扎实开展“不忘初心、牢记使命”主题教育，切实增强“四个意识”、坚定“四个自信”、做到“两个维护”。

年内，先后召开区五届人大四次、五次会议。举行常委会会议12次，依法就有关重大事项作出决议决定8项，依法任免全区国家机关工作人员190人次、区法院人民陪审员94人次。听取和审议“一府两院”专项工作报告12项，对4名“一府两院”被任命人员开展履职评议和满意度测评。召开常委会主任会议25次，主任会议成员集体调研“一府两院”重点工作9项，组织代表听取“一府两院”专项工作报告11项。对《上海市居民委员会工作条例》《上海市社会信用条例》《上海市台湾同胞投资权益保护规定》等3部法律法规实施情况开展执法检查和调研，对5件区政府行政规范性文件进行备案审查。各专门委员会、工作委员会开展监督调研和跟踪监督21项。完成区人大机构改革，新设立区人大社会建设委员会、内务司法委员会更名为监察和司法委员会。组织7名市人大代表和57名区人大代表向原选区选民和单位报告履职情况。围绕实体经济民营企业、垃圾分类、乡村振兴等6项重点工作开展市、区、镇三级人大联动监督。　（孙　盈）

1月8—10日，青浦区第五届人民代表大会第四次会议在区会议中心举行

（区人大供稿）

人民代表大会及其常务委员会会议

■区第五届人民代表大会第四次会议

1月8—10日，青浦区第五届人民代表大会第四次会议在区会议中心举行。8日上午，举行大会开幕式，会前召开预备会议。会议出席代表210名（实有代表213名）。会议听取和审议代理区长余旭峰关于青浦区人民政府工作报告；审议青浦区2018年国民经济和社会发展计划执行情况与2019年国民经济和社会发展计划草案的报告；审查和批准青浦区2018年国民经济和社会发展计划执行情况的报告及2019年国民经济和社会发展计划。审议青浦区2018年预算执行情况和2019年预算草案的报告；审查和批准青浦区2018年预算执行情况的报告及2019年区本级预算。会议听取和审议区人大常委会主任朱明福所作的青浦区人民代表大会常务委员会工作报告、区人民法院代理院长麦珏所作的青浦区人民法院工作报告和区人民检察院检察长郑永生所作的青浦区人民检察院工作报告，并通过相关决议。会议补选余旭峰为青浦区人民政府区长，麦珏为青浦区人民法院院

11 月 19 日，区五届人大常委会第二十九次会议在区会议中心议政厅召开（区人大供稿）

长，宋波、张国妹为青浦区第五届人民代表大会常务委员会委员。（孙 盈）

■区第五届人民代表大会第五次会议

7 月 30 日，青浦区第五届人民代表大会第五次会议召开，会期 1 天。上午举行大会开幕式，会前召开预备会议。共举行 2 次全体会议、3 次主席团会议。会议出席代表 203 名（实有代表 215 名）。会议评议区政府关于上半年工作情况和下半年重点工作安排的报告；审议表决关于设立社会建设委员会和内务司法委员会更名为监察和司法委员会的决定，产生两个委员会的组成人员和区人大财政经济委员会主任委员、副主任委员；接受华琼辞去区人大财经委主任委员职务和有关专门委员会组成人员等。（孙 盈）

2019 年青浦区人民代表大会常务委员会会议情况表

表 4

会议名称	时间	主要内容
区五届人大常委会第二十一次会议	2 月 27 日	审议人事任免事项，区人大常委会 2019 年度工作要点（草案）；听取和审议区人大常委会主任会议关于区五届人大四次会议主席团交付审议的关于加大监督力度做实家庭医生签约服务工作的代表议案审议结果的报告；听取和审议区人民政府关于青浦区国家生态文明建设示范区规划的议案，并作出决议；听取和审议区人民法院关于增补人民陪审员名额的议案，并作出决定；书面审议区人大法制委关于 2018 年规范性文件备案审查情况的报告
区五届人大常委会第二十二次会议	3 月 11 日	听取区人民政府关于机构改革情况的报告；审议人事任免事项
区五届人大常委会第二十三次会议	3 月 27 日	听取区人民法院副院长和区生态环境局局长履职情况的报告，开展满意度测评；审议区人大常委会关于接受陆冬云等辞去青浦区第五届人民代表大会代表职务请求的决定（草案）；审议区人大常委会代表资格审查委员会关于周雷勇代表资格的报告
区五届人大常委会第二十四次会议	5 月 29 日	审议人事任免事项；听取和审议区检察院关于公益诉讼工作情况的报告；听取区教育局局长履职报告，开展满意度测评；审议区人大常委会关于确认张炜等青浦区第五届人民代表大会代表资格的决定（草案）；听取区政府关于 2018 年全区环境状况和环境保护目标完成情况的报告；听取区房管局局长履职报告，开展满意度测评；听取和审议区政府关于赵巷镇总体规划的议案并作出决议
区五届人大常委会第二十五次会议	6 月 12 日	审议人事任免事项；审议区人大常委会关于接受朱民辞去青浦区第五届人民代表大会代表职务请求的决定（草案）
区五届人大常委会第二十六次会议	7 月 24 日	听取和审议区政府关于 2018 年决算（草案）、2019 年上半年预算执行情况和 2018 年度本级预算执行及其他财政收支审计工作的报告，审查和批准 2018 年区本级决算；听取和审议区政府关于提请审议本区 2019 年地方政府债务限额的议案，审查和批准青浦区 2019 年地方政府债务限额；书面审议区政府关于 2019 年上半年计划执行情况的报告、区政府关于代表建议办理情况的报告、区人大常委会 2019 年上半年工作报告；审议表决关于召开区五届人大五次会议的决定（草案）；听取和审议区人大常委会代表资格审查委员会关于青浦区第五届人民代表大会代表变动情况的报告；听取和审议关于区五届人大五次会议有关事项和筹备工作情况的报告，提出大会有关事项的草案
区五届人大常委会第二十七次会议	8 月 26 日	审议人事任免事项
区五届人大常委会第二十八次会议	9 月 25 日	听取和审议区政府《关于全区贯彻都市现代农业绿色发展三年行动计划（2018—2020）》推进情况的报告、区政府关于全区职业教育发展情况的报告、区政府关于《上海市居民委员会工作条例》贯彻实施情况的报告和区人大常委会相关执法检查报告；审议区人大常委会关于接受沈敏辞去青浦区第五届人民代表大会代表职务请求的决定（草案）、人事任免事项

（续表）

会议名称	时间	主要内容
区五届人大常委会第二十九次会议	11月19日	听取和审议区政府关于2018年度本级预算执行和其他财政收支审计整改情况的报告、区政府《关于加强城市管理精细化工作三年行动计划（2018—2020）》推进情况的报告、区政府关于代表建议办理情况的报告；听取和审议区政府关于2019年区本级预算调整方案（草案）的议案，审查和批准2019年区本级预算调整方案；审议决定召开区五届人大六次会议；听取2名由青浦区选举产生的上海市第十五届人民代表大会代表履职情况的报告；审议人事任免事项、区人大常委会关于接受王连军辞去青浦区第五届人民代表大会代表职务请求的决定（草案）
区五届人大常委会第三十次会议	12月9日	补选上海市第十五届人民代表大会代表
区五届人大常委会第三十一次会议	12月13日	审议区人大常委会关于接受龚梅华辞去上海市第十五届人民代表大会代表职务请求的决议（草案）和区人大常委会关于确认有关青浦区第五届人民代表大会代表资格的决定（草案）
区五届人大常委会第三十二次会议	12月24日	书面审议区政府关于2018年度国有资产管理情况的综合报告，听取和审议区政府关于2018年度企业国有资产管理情况的专项报告；审议区人大常委会代表资格审查委员会关于青浦区第五届人民代表大会代表变动情况的报告；审议区人大常委会工作报告（草案），决定提交区五届人大六次会议审议；听取和审议关于召开青浦区第五届人民代表大会第六次会议筹备工作情况的报告，提出会议有关事项的草案；审议人事任免事项

（孙 盈）

监督工作

■概况 2019年，区人大常委会立足人大职责、主动跨前服务，全力支持和保障青浦区承接两大国家战略。抓住重点领域和关键环节开展监督检查，充分发挥人大监督的支持和保障作用，助力全面跨越式高质量发展取得新成效。

（孙 盈）

■长三角生态绿色一体化发展示范区建设 通过组织常委会专题学习报告会等形式，深入学习《长三角一体化发展规划纲要》《长三角生态绿色一体化发展示范区总体方案》精神。开展常委会主任会议成员集体调研2次，听取全区工作进展情况。主动赴吴江、嘉善人大调研对接，召开2次三地人大常委会主任例会，与吴江、嘉善人大常委会签署合作框架协议，围绕三地人大助推一体化发展示范区建设，加强工作联动、力量联合、感情联络。协办长三角“三省一市”（即安徽省、江苏省、浙江省和上海市）人大法制委、监察司法委和财经委工作会议，配合开展长三角“三省一市”人大水资源环境保护监督调研，为“三省一市”人大工作协同提供服务保障。

（孙 盈）

■承接放大“进博会”溢出效应 组织代表专题听取区政府关于承接进博会溢出效应情况的报告。开展进博会服务保障工作专项监督，督促区政府提升

12月13日，区人大常委会组织区人大代表开展年终视察，图为代表视察朱家角养老院

（区人大供稿）

5月22日，青浦、吴江、嘉善三地人大常委会第一次主任例会在青浦区举行，签署三地人大常委会助推长三角一体化发展示范区建设合作框架协议

（区人大供稿）

城市管理精细化水平，以一流的城市环境和服务保障经受进博会的实战检验。根据区委要求，常委会主动参与进博会服务保障工作，常委会相关副主任进驻进博会一线靠前指挥，引导广大市、区、镇三级人大代表和人大干部，立足岗位实际，宣传进博、服务进博、建功进博，形成人大上下踊跃助力进博会的浓厚氛围。　（孙　盈）

4月25日，区人大常委会主任会议成员集体调研区内菜市场食品安全监管情况　（区人大供稿）

■促进社会民生持续改善　贯彻以人民为中心的发展思想，围绕菜场食品安全、家庭医生、生活垃圾分类、养老事业、住宅小区物业管理及老旧小区综合改造、“扫黑除恶”等群众反映集中的民生热点，加强监督，持续跟踪，督促政府部门直面回应、落实解决，促进社会事业发展，满足人民群众对精神文化的新需求，增强群众获得感。　（孙　盈）

■计划预算编制执行　11月，区人大常委会依法审查批准2018年区本级决算和2019年区本级预算调整方案，监督检查2019年全区计划和预算执行以及2020年计划和预算编制情况，听取审议区本级审计发现问题及整改情况的报告，推进审计整改工作。监督调研预算绩效管理工作，加强政府性投资项目监督，启动预算联网监督系统项目建设，推动预算审查监督重点向支出预算和政策拓展，督促区政府加快形成全过程、全方位、全覆盖的预算绩效管理体系。　（孙　盈）

■国有资产管理　12月24日，常委会首次听取审议区国有资产管理和企业国有资产管理工作报告，提出加强国有资产管理、促进国有资产保值增值、深化国有企业改革等审议意见，提出要进一步理顺关系，深入推进国资国企改革，对接两大国家战略，凝聚发展动力，完善运行机制，助推全面跨越式高质量发展。要进一步强化监管，完善国资分类管理考核体系，创新监管方式，精准有效监管，加大协同配合力度，提高监督管理效能。　（孙　盈）

讨论、决定重大事项

■概况　2019年，区人大常委会履行重大事项决定权，围绕财政决算、预算调整、债务限额、城镇规划等进行调查研究，作出相关决议，推动政府重要工作。　（孙　盈）

■批准青浦区2018年区本级决算　区人大常委会结合审议审计工作报告，对《青浦区2018年财政决算（草案）》和《关于青浦区2018年财政决算及2019年1—6月预算执行情况的报告》进行审查。同意区人大财政经济委员会提出的《关于青浦区2018年区本级决算审查结果的报告》，批准《青浦区2018年区本级决算》。　（孙　盈）

■批准青浦区2019年预算调整方案　11月19日，区人大常委会听取和审议区政府关于2019年预算调整方案（草案）的报告，根据预算法规定和上海市有关政府债券额度调整情况，审查、批准2019年预算调整方案。　（孙　盈）

■批准区域重大规划编制实施　聚焦青浦新一轮总体规划编制工作，听取和审议区政府有关情况说明，同时结合前

9月20日，市人大常委会主任殷一璀（前右一）率市人大常委会部分人员到青浦区调研长三角生态绿色一体化发展示范区法治保障情况，区委书记赵惠琴（前左一）陪同调研　（区人大供稿）

期调研情况，审议通过《上海市青浦区赵巷镇总体规划暨土地利用总体规划(2017—2035)》。聚焦国家生态文明建设示范区创建，贯彻落实新发展理念，审议通过《上海市青浦区国家生态文明建设示范区规划》。（孙　盈）

■批准青浦区2019年地方政府债务限额　区人大常委会批准区人民政府2019年地方政府债务限额为135.4亿元，其中一般债务74.8亿元、专项债务60.6亿元。（孙　盈）

12月24日，在区五届人大常委会第三十二次会议上举行宪法宣誓仪式（区人大供稿）

代表工作

■概况　2019年，区人大常委会以“凝心聚力促发展、担当作为再出发”代表履职实践活动为引领，提高代表工作水平，支持、规范和保障代表依法履职，激发代表履职动力，凸显代表主体作用。（孙　盈）

■密切代表与人民群众联系　深入开展联系走访活动。完善常委会组成人员联系代表、各专工委联系相关领域代表和专业代表小组、代表联系选民的“三联系”网络，加强代表联系群众阵地建设，提高代表进社区联系选民群众活动的成效。全年组织7名市人大代表和57名区人大代表向原选区选民和单位报告履职情况。年内，共有354人次的市、区人大代表围绕“老小旧远”等民生问题，深入社区与选民群众开展座谈交流，先后梳理汇总4份情况报告上报区委、抄送区政府。（孙　盈）

■提高代表议案和建议办理质效　坚持常委会领导领衔督办、各专工委分类督办、代表工作室综合督办的机制，综合运用常委会会议听取报告审议督办、主任会议成员调研督办、工作会议现场督办、明察暗访随机督办等方式，促进承办单位加大办理力度，提高办理质量。区五届人大四次会议召开后的137件代表建议已经全部办理完毕，“解决采纳”109件，解决采纳率达到79.6%，呈现逐年上升的良好势头。（孙　盈）

■切实提高代表履职能力　提高代表对常委会工作的参与度，拓展代表知情知政广度。开展“凝心聚力促发展、担当作为再出发”代表履职实践活动，精心部署、广泛动员，围绕区政府重点工作“挂图作战”、生活垃圾分类处置、乡村振兴战略实施等专题，组织代表开展“七个一”(即开展一次学习交流、一次视察调研、一次执法检查、一次联系走访、一次履职评议、一次爱国主题宣传、一次社区志愿服务等七类活动)行动，推动代表履职更具活力、更有成效。立足全区工作大局和重点工作，举办代表专题学习报告会4次，安排90人次代表列席常委会会议。做好市十五届人大青浦小组代表闭会期间的服务工作，及时补选市人大代表2名。优化和改进代表履职APP功能，利用《青浦人大》等载体平台，展现人大代表履职风采。（孙　盈）

人事任免

■概况　2019年，区人大常委会坚持党管干部和人大依法行使人事任免权的有机统一，及时做好区级机构改革有关人事任免工作，推动宪法宣誓制度落实。组织开展履职评议工作，先后听取区人民法院副院长、区生态环境局、区教育局、区房管局局长的履职报告，跟踪监督已评议人员后续整改情况。（孙　盈）

2019年青浦区人大常委会和“一府一委两院”工作人员任命情况表

表5

姓名	任命职务	任命日期
余旭峰	青浦区人民政府区长	1月10日
麦　珏	青浦区人民法院院长	1月10日
宋　波	青浦区第五届人民代表大会常务委员会委员	1月10日
张国妹	青浦区第五届人民代表大会常务委员会委员	1月10日
宋　波	青浦区人民代表大会内务司法委员会委员	2月27日

（续表）

姓名	任命职务	任命日期
张国妹	青浦区人大常委会代表资格审查委员会委员	2月27日
刘　峰	青浦区人民法院审判员	2月27日
李瑜婷	青浦区人民法院审判员	2月27日
杨　进	青浦区人民法院审判员	2月27日
陈希希	青浦区人民法院审判员	2月27日
陈建东	青浦区人民法院审判员	2月27日
林　颖	青浦区人民法院审判员	2月27日
岳明静	青浦区人民法院审判员	2月27日
冒业鑫	青浦区人民法院审判员	2月27日
费紫燕	青浦区人民法院审判员	2月27日
徐媛媛	青浦区人民法院审判员	2月27日
奚　鹏	青浦区人民法院审判员	2月27日
唐诗婕	青浦区人民法院审判员	2月27日
黄洁亭	青浦区人民法院审判员	2月27日
甄亚丽	青浦区人民法院审判员	2月27日
乔　青	青浦区人民检察院检察员	2月27日
顾　青	青浦区人民检察院检察员	2月27日
朱建忠	青浦区司法局局长	3月11日
程卫东	青浦区规划和自然资源局局长	3月11日
杨佃辉	青浦区生态环境局局长	3月11日
谢　辉	青浦区农业农村委员会主任	3月11日
沈秋娟	青浦区文化和旅游局局长	3月11日
饶斐文	青浦区卫生健康委员会主任	3月11日
赵　峰	青浦区退役军人事务局局长	3月11日
杨叶青	青浦区应急管理局局长	3月11日
顾桂芳	青浦区体育局局长	3月11日
陆冬云	青浦区统计局局长	3月11日
徐春余	青浦区医疗保障局局长	3月11日
蔡急成	青浦区城市管理行政执法局局长	3月11日
谭　伟	青浦区商务委员会主任	3月11日
张慧明	青浦区政务服务办公室主任	3月11日
薛　锋	青浦区区域发展办公室主任	3月11日
张　兵	青浦区人大常委会香花桥街道工作委员会主任	3月11日
姚少杰	青浦区人民政府副区长、上海市公安局青浦分局局长	5月29日
郑　重	上海市青浦区人民法院审判员	5月29日
姜爱锋	青浦区人民政府副区长	6月12日
彭一浩	青浦区人民政府副区长	6月12日
李　欢	青浦区人民政府办公室主任	6月12日
张国兴	青浦区财政局局长	6月12日
朱　民	青浦区审计局局长	6月12日
华　琼	青浦区人大常委会预算工作委员会主任	8月26日
金国宏	青浦区人大常委会代表工作室主任、人事工委副主任	8月26日
郑　重	上海市青浦区人民法院审判监督庭副庭长	8月26日

（续表）

姓名	任命职务	任命日期
高　峰	青浦区民防办公室主任	9月25日
王　奇	上海市青浦区人民法院审判员	9月25日
王致民	上海市青浦区人民法院审判员	9月25日
邱　燕	上海市青浦区人民法院审判员	9月25日
张广洋	上海市青浦区人民法院审判员	9月25日
张晓敏	上海市青浦区人民法院审判员	9月25日
陆晨曦	上海市青浦区人民法院审判员	9月25日
陈畑畑	上海市青浦区人民法院审判员	9月25日
季秋玲	上海市青浦区人民法院审判员	9月25日
陆丽磊	上海市青浦区人民检察院检察员	9月25日
董　红	上海市青浦区人民检察院检察员	9月25日
魏韧思	上海市青浦区人民检察院检察员	9月25日
高　冰	上海市青浦区人民检察院检察员	9月25日
孙　挺	青浦区人民政府副区长	11月19日
陈　达	青浦区人大常委会城建环保、农业与农村工委主任	12月24日
黄春明	青浦区人民代表大会社会建设委员会副主任委员	12月24日

（孙　盈）

2019年青浦区人大常委会和“一府一委两院”工作人员免职情况表

表6

姓名	免去职务	免职日期
张小云	青浦区司法局局长	3月11日
张瑞云	青浦区体育局局长	3月11日
张　炜	青浦区统计局局长	3月11日
陈　瑜	青浦区城市管理行政执法局局长	3月11日
朱建忠	青浦区人大常委会香花桥街道工作委员会主任	3月11日
周雄文	青浦区人大常委会办公室副主任	3月11日
王德强	青浦区人民政府副区长、上海市公安局青浦分局局长	5月29日
陈庆江	青浦区人民政府副区长	5月29日
李大为	上海市青浦区人民法院审判员	5月29日
朱　民	青浦区人大常委会委员、预算工委主任	6月12日
陈汇青	青浦区人民政府办公室主任	6月12日
徐　英	青浦区财政局局长	6月12日
张国兴	青浦区审计局局长	6月12日
许建忠	青浦区民防办公室主任	7月24日
徐一军	青浦区人大常委会代表工作室主任、人事工委副主任	8月26日
王凌宇	青浦区人民政府副区长职务	11月19日
王连军	青浦区人大常委会委员、预算工委副主任	11月19日
盛自力	青浦区人大常委会城建环保、农业与农村工委主任	12月24日
胡元强	青浦区人民检察院检察员	12月24日
董海焦	青浦区人民检察院检察员	12月24日
顾义忠	青浦区人民检察院检察员	12月24日

（续表）

姓名	免去职务	免职日期
庄勤辉	青浦区人民检察院检察员	12 月 24 日
陈文明	青浦区人民检察院检察员	12 月 24 日
汤林根	青浦区人民检察院检察员	12 月 24 日
华　锋	青浦区人民检察院检察员	12 月 24 日
王振虎	青浦区人民检察院检察员	12 月 24 日
陆　晖	青浦区人民检察院检察员	12 月 24 日
周春华	青浦区人民检察院检察员	12 月 24 日
侯汉中	青浦区人民检察院检察员	12 月 24 日
卞　昊	青浦区人民检察院检察员	12 月 24 日
张红新	青浦区人民检察院检察员	12 月 24 日
刘洪杰	青浦区人民检察院检察员	12 月 24 日
吴述传	青浦区人民检察院检察员	12 月 24 日

（孙　盈）

2019 年青浦区人大常委会人民陪审员任命情况表

表 7

姓名	任命职务	任职日期
丁　华	区人民法院人民陪审员	8 月 26 日
马　丁	区人民法院人民陪审员	8 月 26 日
王　英	区人民法院人民陪审员	8 月 26 日
王　雅	区人民法院人民陪审员	8 月 26 日
王同明	区人民法院人民陪审员	8 月 26 日
王良娟	区人民法院人民陪审员	8 月 26 日
王晓萍	区人民法院人民陪审员	8 月 26 日
王碧娟	区人民法院人民陪审员	8 月 26 日
方文娟	区人民法院人民陪审员	8 月 26 日
叶　尔	区人民法院人民陪审员	8 月 26 日
叶　宏	区人民法院人民陪审员	8 月 26 日
归莲英	区人民法院人民陪审员	8 月 26 日
甘富新	区人民法院人民陪审员	8 月 26 日
朱　岚	区人民法院人民陪审员	8 月 26 日
朱玉洁	区人民法院人民陪审员	8 月 26 日
朱庆忠	区人民法院人民陪审员	8 月 26 日
朱红梅	区人民法院人民陪审员	8 月 26 日
朱秋芳	区人民法院人民陪审员	8 月 26 日
朱梅芳	区人民法院人民陪审员	8 月 26 日
朱慧芳	区人民法院人民陪审员	8 月 26 日
许万云	区人民法院人民陪审员	8 月 26 日
许颖琦	区人民法院人民陪审员	8 月 26 日
孙　滔	区人民法院人民陪审员	8 月 26 日
刘梅玲	区人民法院人民陪审员	8 月 26 日
张铁涛	区人民法院人民陪审员	8 月 26 日

（续表）

姓名	任命职务	任职日期
张建中	区人民法院人民陪审员	8月26日
张乾龙	区人民法院人民陪审员	8月26日
杨文华	区人民法院人民陪审员	8月26日
吴宇中	区人民法院人民陪审员	8月26日
吴建明	区人民法院人民陪审员	8月26日
汪怡清	区人民法院人民陪审员	8月26日
宋　杰	区人民法院人民陪审员	8月26日
宋　航	区人民法院人民陪审员	8月26日
宋亚娟	区人民法院人民陪审员	8月26日
沈　瑛	区人民法院人民陪审员	8月26日
沈　斌	区人民法院人民陪审员	8月26日
沈　薇	区人民法院人民陪审员	8月26日
沈国强	区人民法院人民陪审员	8月26日
沈潘洁	区人民法院人民陪审员	8月26日
陆　莹	区人民法院人民陪审员	8月26日
陆淡辉	区人民法院人民陪审员	8月26日
李　进	区人民法院人民陪审员	8月26日
李　洁	区人民法院人民陪审员	8月26日
李　渊	区人民法院人民陪审员	8月26日
李锡惠	区人民法院人民陪审员	8月26日
何国珍	区人民法院人民陪审员	8月26日
陈　丽	区人民法院人民陪审员	8月26日
陈　英	区人民法院人民陪审员	8月26日
陈　怡	区人民法院人民陪审员	8月26日
陈　晨	区人民法院人民陪审员	8月26日
陈　斌	区人民法院人民陪审员	8月26日
陈利萍	区人民法院人民陪审员	8月26日
陈树英	区人民法院人民陪审员	8月26日
陈建民	区人民法院人民陪审员	8月26日
陈建春	区人民法院人民陪审员	8月26日
陈振云	区人民法院人民陪审员	8月26日
周之涵	区人民法院人民陪审员	8月26日
周芸霞	区人民法院人民陪审员	8月26日
周丽婷	区人民法院人民陪审员	8月26日
邱　晨	区人民法院人民陪审员	8月26日
罗惠珍	区人民法院人民陪审员	8月26日
俞　峰	区人民法院人民陪审员	8月26日
姚君英	区人民法院人民陪审员	8月26日
姚琪联	区人民法院人民陪审员	8月26日
项丽华	区人民法院人民陪审员	8月26日
项家英	区人民法院人民陪审员	8月26日
项海荣	区人民法院人民陪审员	8月26日
姜耀明	区人民法院人民陪审员	8月26日

（续表）

姓名	任命职务	任职日期
胡　慧	区人民法院人民陪审员	8月26日
洪　琼	区人民法院人民陪审员	8月26日
费国兰	区人民法院人民陪审员	8月26日
段国华	区人民法院人民陪审员	8月26日
徐红英	区人民法院人民陪审员	8月26日
徐妙英	区人民法院人民陪审员	8月26日
徐昌玲	区人民法院人民陪审员	8月26日
徐振康	区人民法院人民陪审员	8月26日
徐德荣	区人民法院人民陪审员	8月26日
钱丹君	区人民法院人民陪审员	8月26日
陶　峰	区人民法院人民陪审员	8月26日
郭晓晖	区人民法院人民陪审员	8月26日
顾金泉	区人民法院人民陪审员	8月26日
顾阿妹	区人民法院人民陪审员	8月26日
高继红	区人民法院人民陪审员	8月26日
阎　妍	区人民法院人民陪审员	8月26日
戚世荣	区人民法院人民陪审员	8月26日
蒋秀娟	区人民法院人民陪审员	8月26日
蒋晓芳	区人民法院人民陪审员	8月26日
葛玉芹	区人民法院人民陪审员	8月26日
董丽新	区人民法院人民陪审员	8月26日
程雪英	区人民法院人民陪审员	8月26日
雷雅文	区人民法院人民陪审员	8月26日
谭志华	区人民法院人民陪审员	8月26日

2019年青浦区人大常委会人民陪审员免职情况表

表8

姓名	免去职务	免职日期
马念慈	区人民法院人民陪审员	8月26日
程雪英	区人民法院人民陪审员	12月24日

（孙　盈）

附：

上海市青浦区第五届人民代表大会常务委员会主任、副主任、委员以及代表名单

区人大常委会主任：

朱明福

区人大常委会副主任：

陶夏芳（女）　胡海民　何　强　赵宏林

区人大常委会委员：

丁峰雷　王连军（2019年11月19日青浦区第五届人民代表大会常务委员会第二十九次会议辞去职务）　尤佳秋　印国荣　朱　民（2019年6月12日青浦区第五届人民代表大会常务委员会第二十五次会议辞去职务）　华　琼　庄惠元　汤福明　许　峰　孙海铭　李　峰　李建明　杨莉炯　何　强　沈伯明　宋　波（青浦区第五届人民代表大会第四次会议于2019年1月10日补选）　宋伟倩　张　备　张丽莉　张国妹（青浦区第五届人民代表大会第四次会议于2019年1月10日补选）　陆志斌　易宏勋　周敏华　郝　民　赵宏林　胡海民　袁永坤　徐一军　徐福星　陶夏芳　蒋家敏　盛自力（2019年12月24日青浦区第五届人民代表大会常务委员会第三十一次会议辞去职务）　覃远辉

赵巷镇代表团：

王玲锦（女）　尤佳秋　毛永龙　方建英（女）　成笃生　刘益民　吴雪芳（女）　宋　波　张　炜　陈雪云　金　萍（女）　项美君（女）　赵宏林　秦　培　桂恩亮　钱美芳（女）　徐春荣　盛　丽（女）　张　炜（2019年5月29日确认代表资格）　桂恩亮（2019年5月29日确认代表资格）　陆冬云（2019年3月27日确认辞去代

表职务）

徐泾镇代表团：

王　平　王永兴　邓丽琼（女）
卢建军　叶　新　何　强　沈伯明
张建明　陆文辉（女）　陆彩娥（女）
陈　瑜　钱春妹（女）　徐一军
黄银庆　潘恩华　薛云逸
戴飞琴（女）　赵　峰（2019年3月27日确认辞去代表职务）　陈　瑜（2019年5月29日确认代表资格）

华新镇代表团：

刘晓丽（女）　吴希铭　张　备
陆　青　陈伊玲（女）　林　峰
金任群　赵惠琴（女）　俞正娟（女）
秦庆忠　钱志强　徐　洁（女）
徐兴根　徐建萍（女）　曹　辉
康军平　戴国良　王连军（2019年11月19日确认辞去代表职务）
刘晓丽（2019年5月29日确认代表资格）

重固镇代表团：

任　芳（女）　余旭峰　沈志强
宋伟倩　张惠娟（女）　陆爱民
陈新梅（女）　金　彪　郑小菊（女）
胡小强　顾荷英（女）　徐志荣
蒋仁辉　储小彬　余旭峰（2019年5月29日确认代表资格）　顾荷英（2019年5月29日确认代表资格）

白鹤镇代表团：

马国忠　印国荣　朱磊明　衣琴俭
孙海铭　麦　珏（女）　杨　琴（女）
吴荣泉　陆夏娟（女）　陆德生
陈卫群　陈秀萍（女）　金凤英（女）
金国宏　金洪元　周雪娟（女）
郝　民（女）　钱月芳（女）　萧　岗
蔡双其　张　明（2019年3月27日确认辞去代表职务）　麦　珏（2019年5月29日确认代表资格）　陈卫群（2019年12月13日确认代表资格）　张丽君（2019年7月24日代表资格终止）
金国宏（2019年12月13日确认代表资格）

朱家角镇、部队代表团：

丁峰雷　王惠华（女）　朱惠根
乔惠锋　庄惠元　汤明根
许彩英（女）　吴小龙　沈生忠
张伟华（女）　张国妹（女）　张瑞忠
陈春英（女）　邵芳菲（女）　周惠根
胡燕平　桂　林　顾小华　高　健
诸建芳（女）　戚春芳（女）　蔡文彬
薛顺德

部队代表：

李会林　张伟华（2019年5月29日确认代表资格）　盛自力（2019年12月24日确认辞去代表职务）

练塘镇代表团：

王永根　王连君　尤卫东
方　芳（女）　孙昌荣　李军英（女）
李建明　杨小菁（女）　沈红梅（女）
陆　叶（女）　陆桂芳（女）　范立涛
范国强　周敏华（女）　周新华
姚家琦　钱　丽（女）　徐玉兰（女）
徐梅芳（女）　蔡春辉　管鲁骏
杨小菁（2019年5月29日确认代表资格）　范国强（2019年5月29日确认代表资格）　朱　民（2019年6月12日确认辞去代表职务）

金泽镇代表团：

王　英（女）　方志坚　包伟民
朱明福　池菊林　许　峰　许永青
李　峰　杨莉炯（女）　怀晓华
沈　芬（女）　沈培芳（女）
张丽杰（女）　张海生　金　勋
金维康　周　峰　周梅林　顾旺根
徐福星　凌　敏　黄　晖　黄春明
曹　红（女）　蒋祥生　谭　伟（2019年3月27日确认辞去代表职务）
方志坚（2019年6月1日由练塘代表团转入金泽代表团）　黄春明（2019年12月13日确认代表资格）

夏阳街道代表团：

冯　崖（女）　孙　浩　杜春玲（女）
杜曙英（女）　李玉红（女）　李明生
李春霞（女）　沈振明　陆志斌
陈　达　陈剑中　郑永生　袁永坤
夏　妍（女）　顾惠军　钱继新（女）
彭　曦（女）　潘牧天　潘慧敏（女）
潘慧敏（2019年5月29日确认代表资格）　周雷勇（2019年3月27日代表资格终止）　孟冬华（2019年7月24日代表资格终止）　完　善（2019年5月29日确认代表资格，2019年7月24日代表资格终止）

盈浦街道代表团：

王向华（女）　王彩凤（女）　汤福明
李宾徐　杨　俊　吴　斌　宋志青
张　敏（女）　张丽莉（女）
张德梅（女）　陆　欢（女）　陈　枫
范　璆　胡海民　夏　云
顾月仙（女）　徐　仙（女）
徐孝芳（女）　唐培元　覃远辉
缪双英（女）　李宾徐（2019年12月13日确认代表资格）　沈　敏（2019年9月25日确认辞去代表职务）

香花桥街道代表团：

王金荣　王雪林　华　琼（女）
许伟明　汤丹琼（女）　沈　萍（女）
沈雪峰（女）　张　兵　易宏勋
周建芳（女）　周春林　胡伟明
顾凤凤（女）　倪翠红（女）
郭东方（女）　唐永琴（女）
陶夏芳（女）　曹林云　董朝峰
蒋家敏　朱建忠（2019年3月27日确认辞去代表职务）　许伟明（2019年5月29日确认代表资格）　陈晓荣（2019年3月27日确认辞去代表职务）

（孙　盈）

上海市青浦区人民政府

编辑 姜依霖

综 述

2019年,区政府在区委的坚强领导下,坚持以习近平新时代中国特色社会主义思想为指导,认真贯彻习近平总书记考察上海重要讲话精神,全面落实党中央、国务院和市委、市政府及区委的部署,不忘初心、牢记使命,深入贯彻两大国家战略,实施重点工作挂图作战,经济社会保持平稳健康发展,基本完成区五届人大四次会议确定的目标任务。实现地区生产总值1166.3亿元,比上年增长5.8%;税收总收入539.5亿元,比上年增长2.1%;区级一般公共预算收入207.2亿元,比上年增长2.0%,总量全市第七、增幅第四;全社会固定资产投资完成591.9亿元,比上年增长2.1%;合同外资、实到外资分别为14亿美元、8亿美元,创历史新高;城乡居民人均可支配收入51563元,比上年增长8.9%,增幅高于全市平均水平。

两大国家战略全面推进。一是长三角生态绿色一体化发展示范区建设启动。落实深度融入长三角一体化发展意见,举行示范区誓师大会暨产业项目启动仪式。青浦与吴江、嘉善两区一县共同制定一体化发展年度工作方案,签订一体化生态环境综合治理框架协议。举办重大项目启航大会,涉及128个项目、总投资1458亿元。省界对接道路复兴路、胜利路、东航路项目分别完成总体工程量的39.5%、46.8%和22%,5条示范区公交线路开通。发放跨区域通办营业执照9张,首个跨省异地就医登记备案在青浦办结。二级水源保护区内194家工业企业全部关停、已清拆162家。二是完成第二届"进博会"服务保障任务。28个政府性投资项目全面完成,19个社会投资项目按节点推进。开展道路、绿化、管线等专项治理,落实安保圈层和责任区管理,强化风险排查、隐患化解和社会面稳控。"进博会"溢出效应持续放大,青浦交易分团交易额列全市第二,9家企业入选"6+365"展示交易服务平台、数量居全市第一。国家会展中心全年展览面积573万平方米、客流量700万人次,引进绿地汉诺威等会展产业链企业24家,会展业实现税收1.5亿元。青浦综合保税区顺利通过验收、正式挂牌,保税物流中心跨境电商平台完成出货440万单。

经济发展动能日益增强。招商引资扎实推进。举办2019年招商推介会,集中签约一批优质项目,总投资达534.8亿元。特色产业、平台经济加快集聚,快递物流业务收入980亿元,比上年增长28%,华新镇入选首批国家物流枢纽建设名单。民用航空、软件信息业税收分别比上年增长40%和33.9%,北斗西虹桥基地、哈工大人工智能产业园新引进企业40家和74家,华为海思纳税2.4亿元、产业链招商15户。出台支持经济小区高质量发展的若干意见,经济小区注册企业总数比上年增长5.4%。"四个一批"重点产业项目扎实推进,完成土地出让25个、开工17个、竣工28个、投产36个。华为研发中心、安踏集团总部开工,网易文创科技园完成土地出让,海克斯康区域总部、美的集团第二总部签约落户。强化产业结构调整、园区二次开发和企业分类管理,完成产业结构调整650项、233.33万平方米,关停D类企业("D类"为整治淘汰类,"D类企业"即综合评价得分在排名最后5%以内的规上企业和排名最后15%以内的规下企业)423家。完成土地出让255万平方米,区级土地出让收入151.5亿元。营商环境进一步优化。落实"双减半"(即审批承诺时限在法定时限的基础上平均减少一半,审批办理时限比承诺时限平均减少一半;通过源头清理证明材料、数据共享等手段,做到申请人实际提交材料比上年平均减少一半)"双一百"(即全年实现100件事业务流程革命性再造,新增100项个人事项全市通办)要求,实施"有求必应、无事不扰"试行意见。大数据资源平台一期建成,政务服务"一网通办"可办率、办结率达到100%和41.3%,电子证照应用率达60.2%。设立产业政策咨询受理专窗、社会投资项目审批审查中心,启用建设工程联审共享平台,建设工程全流程审批时间压缩至100天。落实新一轮"减税降费"举措,全年减税约78亿元,停征、取消区级行政事业性收费1亿余元。科技创新不断增强,新认定国家级科技企业孵化器1家、市级科技企业孵化器2家、市科技小巨人(含培育)企业16家、高新技术企业282家。新增上市企业2家,累计有25家。深入落实"1+1+5"人才政策,人才流入加快。办理"居转户"611人,比上年增长22%;直接户籍引进185人,比上年增长23%。全面深化改革不断深入。完成机构改革,改革后区政府共设置32个机构。继续深化区管国有企业下属公司改革,完成市场化改革3家、关闭12家、划转7家、合并16家。出台全面预算绩效管理实施方案和镇级财政专项资金监督管理办法，深化国库集中支付制度改革，区级一般性支出预算压缩13.6%，区级预算单位电子化支付全覆盖。

城市功能品质持续提升。城镇规划建设取得新进展。青浦2035总规（即《青浦区总体规划暨土地利用总体规划（2017—2035）》的简称）、赵巷和徐泾新市镇总规获批，新城中1中2单元增补图则、市西软件信息园及周边地块、新城复兴路以西区域、哈工大和启迪地块等一批控规获批，海绵城市建设规划通过专家评审。诸光路（崧泽大道—区界）建成通车，G318跨嘉松公路人行天桥完工，崧泽高架西延伸项目完成建安量的37%，青浦大道、华青南路新改建项目已开工。环城水系公园二期、区应急联动中心竣工，区档案馆建成启用，万达茂、沃尔玛山姆会员店、绿地缤纷城开业。盈浦街道"城中村"改造公建配套项目和徐泾老集镇"城中村"改造动迁安置房开工，徐泾蟠龙社区"城中村"改造第一批经营性用地摘牌，重固镇"城中村"改造动迁安置房交付、第一批经营性用地摘牌。完成49个存量基地和12个新开基地征收补偿。完成集建区外建设用地减量化验收275.3万平方米。城市精细化管理持续深化。全国文明城区创建接受第二年度测评。"美丽街区"2个市级区域完成创建，集镇地区一体化保洁养护实现全覆盖，农村区域试点取得阶段性成效。"美丽家园"建设完成66万平方米旧区改造和旧住房修缮，首幢多层住宅加装电梯开工。"三大整治"（即人居环境整治、生态环境整治和公共安全整治）大力推进，累计拆除违法建筑86.6万平方米，2个街镇通过市无违先进街镇考核验收，13个区级重点整治地块完成7个、清退"散、乱、污"企业200家，264个村居通过人居环境整治考核验收。生活垃圾分类全覆盖，湿垃圾分出量比上年增长429.1%、干垃圾处置量比上年下降30.3%，新增"两网融合"再生资源回收点322个，重固镇、赵巷镇、盈浦街道、徐泾镇、练塘镇、香花桥街道成功创建上海市生活垃圾分类示范街镇。加强防汛工作，成功防御"利奇马"等多次台风。"智慧城市"建设扎实推进。编制新型智慧城市顶层设计（2019—2025年）和三年行动计划，先行启动"智慧教育""智慧交通""智慧文旅"等11个项目。发挥"智慧公安"效应，统一城市图像监控系统运维保障，新增90个智能安防自然村、64栋智能安防楼宇，完成奥特莱斯、朱家角古镇等智慧安防商圈（景区）建设。建成5G网络基站502个。

民生保障和社会治理不断加强。社会事业发展持续深化。社会事业设施建设三年行动计划（2017—2019年）54个项目中25个投用、17个开工。制订教育现代化行动计划，8个镇紧密型学区化办学格局初步构建，青浦一中特色普通高中创建进入市级评审。青浦协和双语学校开学，兰生复旦青浦分校开工，青浦区第二中学迁入新址，重固镇九年一贯制学校加快建设。医疗卫生服务不断完善，实施华新镇、重固镇、赵巷镇、练塘镇社区卫生服务中心提标升级，复旦大学附属妇产科医院青浦分院开工建设，促进德达医院、冬雷脑科医院等社会办医健康发展。完成"上海之源"古文化走廊专题规划研究，福泉山遗址保护规划通过市级评审，青龙镇遗址入选第八批全国重点文物保护单位。区体育文化中心建成，青浦区图书馆二期扩容完工，村居综合文化活动室标准化建设实现全覆盖。成功举办环意长三角自行车公开赛、淀山湖文化艺术节暨旅游购物节等重大活动。基本民生保障不断加强。完善"西劳外输"就业政策，建成就业服务移动平台，村居就业服务网络全覆盖，新增就业岗位18500个（其中非农就业岗位5050个）。拓展大重病医疗保险覆盖范围。帮扶3560名农村困难残疾人实现劳动增收。制订养老服务行动计划，新增养老床位940张，新建社区综合为老服务中心6家、老年人日间服务中心6家、社区助餐点10家，淀山湖福利院、联实逸浦荟养老项目加快建设。动迁安置房竣工16万平方米、安置731户，新增公共租赁房源4621套、代理经租房源4672套，新增廉租房租金补贴84户。出台农村村民住房建设管理实施细则，启动金泽镇试点。出台农民相对集中居住实施办法，完成签约1407户。加强退役军人服务保障，"光荣之家"挂牌率100%。社会治理水平持续提升。扫黑除恶专项斗争深入开展。严厉打击刑事犯罪，全年报警类"110"处警数比上年下降24.7%，违法犯罪类案件接报数比上年下降16.9%。深入推进"三网融合"（"三网"指基层党建网、城市管理网和综合治理网），不断加强"12345"市民服务热线、网格化管理与大调研事项办理联动。青浦区突出信访矛盾综合销项率93.6%，信访批次比上年下降17.6%、人次比上年下降28.6%。有序清退P2P等问题企业，严厉打击"套路贷"、非法集资等违法犯罪行为。

乡村振兴和生态建设深入推进。乡村振兴战略全面实施。基本完成村庄布局规划、郊野单元（村庄）规划、农村公路建设规划。首批市级乡村振兴示范村莲湖村通过验收，第二批张马村、东庄村、徐姚村开工建设，统筹规划朱家角镇沈太路、练塘镇朱枫公路、重固镇北部等3个乡村振兴示范片区。启动7个区级美丽乡村示范村建设，累计47个；成功创建5个市级美丽乡村示范村，累计19个；张马村国家AAAA级旅游景区挂牌。农业发展水平不断提升，农产品"淀湖源味"品牌完成国家商标注册，绿色食品认证率提高至22.9%，4个粮食烘干中心和11个农机服务中心建成启用。深化集体经济"造血"机制，区、镇、村三级平台已有179个经济合作社参与，覆盖率93.7%。区级平台"百村基金"确定2个参投项目，镇村平台运行项目40个，总投资17.6亿元。完成综合帮扶项目建设方案备案，总投资7.4亿元，年度到位4.4亿元。生态建设和环境保护持续加强。认真落实中央、市级环保督察和长江经济带生态保护审计等反馈问题整改。国家生态文明建设示范区创建全面推进，第七轮环保三年行动计划完成14项、开工启动68项。完成164台燃油燃气锅炉提标改造、145家企业挥发性有机物（VOCs）源头替代，环境空气质量指数（AQI）优良率77.5%，比上年提高4.9个百分点，细颗粒物（PM2.5）年平均浓度41微克/立方米，与上年持平。完成小区雨污混接改造60万平方米、中小河道整治154公里、断头河治理79条、6186户农村生活污水治理和187公里中小河道轮疏，有序推进太湖流域水环境综合治理和苏四期项目。持续深化河（湖）长制，国考、市考断面水质全部达标，劣Ⅴ类河道基本消除。完成重点生态廊道建设400万平方米、公园绿地71.9万平方米、绿道15公里，全区森林覆盖率（陆域）17.2%、建成区绿化覆盖率42.8%，人均公园绿地面积9.5平方米。（吴思骏）

重要政务活动

■上级领导青浦调研 上级领导围绕"进博会"服务保障、长三角生态绿色一体化发展、乡村振兴等主题到青浦实地调研座谈29次，区委、区政府相关领导陪同。（吴思骏）

2019年上级领导到青浦区调研情况表

表9

日期	调研主题及地点	主要领导
1月4日	沟通交流合作事宜	商务部副部长王炳南一行。区委书记赵惠琴，区委副书记、代区长余旭峰，副区长倪向军参加
1月5日	调研水生态文明建设和智慧水务建设相关工作	水利部副部长陆桂华、水利部太湖局局长吴文庆，市水务局局长白廷辉。区委常委、副区长陈庆江陪同调研
1月16日	调研快递物流企业	副市长许昆林一行。区委副书记、区长余旭峰，副区长倪向军陪同调研
3月2日	调研淀山湖环境综合治理工作	市委常委、副市长陈寅，市政府副秘书长黄融。区委书记赵惠琴，区委副书记、区长余旭峰，区委常委、副区长陈庆江陪同
3月8日	调研长三角一体化发展工作	市政府副秘书长、市发改委主任、长三角区域合作办公室主任马春雷。区委书记赵惠琴，区委副书记、区长余旭峰陪同调研
3月14日	调研乡村振兴示范村试点建设工作	副市长彭沉雷、市政府副秘书长赵祝平一行。区委书记赵惠琴，区委副书记杨小菁，区委常委、区委政法委书记赵明，副区长金俊峰陪同调研
3月28日	调研实施长三角一体化发展国家战略	市委书记李强，市委常委、市委秘书长诸葛宇杰一行。区委书记赵惠琴，区委副书记、区长余旭峰，区政协主席李华桂，区委副书记杨小菁，区委常委、副区长陈庆江，副区长倪向军参加调研活动
4月11日	调研长三角一体化发展国家战略	市委副书记、市长应勇，市委常委、常务副市长陈寅一行。区委书记赵惠琴，区委副书记、区长余旭峰，区委常委、副区长陈庆江陪同调研
4月11日	实地踏勘张马村卫生室、寻梦源和青西郊野公园等，并就卫生健康、文化旅游、医疗保障等工作进行座谈交流	副市长宗明一行。区委副书记、区长余旭峰，副区长王凌宇陪同
4月25日	调研推进政府职能转变、深化"放管服"改革和长三角一体化等相关工作	国务院推进政府职能转变和"放管服"改革协调小组成员兼专家组组长陈进玉一行。区委书记赵惠琴，区委常委、副区长陈庆江陪同调研
5月7日	调研产业经济发展工作	副市长吴清一行。副区长倪向军陪同调研
6月4日	调研生活垃圾全程分类和水污染防治工作推进情况	市人大常委会副主任高小玫一行。区人大常委会副主任赵宏林、副区长顾骏陪同调研
7月2日	开展重点协商办理提案专题座谈会	市政协主席董云虎一行。区委书记赵惠琴、区政协主席李华桂、区委副书记杨小菁、副区长倪向军，区政协副主席顾啸流、董永元等参加座谈
7月3日	调研长三角一体化高质量发展相关工作并召开座谈会	水利部副部长陆桂华一行。区委副书记、区长余旭峰，区委常委、副区长姜爱锋陪同调研
7月16日	到国家会展中心调研第二届"进博会"筹备工作	市委副书记、市长应勇。区委副书记、区长余旭峰参加
7月18日	调研养老服务工作	副市长彭沉雷。副区长金俊峰陪同调研
7月25日	调研北斗西虹桥基地	人社部部长张纪南、副部长汤涛，市政府副秘书长赵祝平。区委副书记、区长余旭峰，副区长金俊峰陪同调研
8月13日	调研北斗西虹桥基地	国家退役军人事务部部长孙绍骋、副市长彭沉雷。区委副书记、区长余旭峰陪同调研
9月20日	调研加强长三角一体化生态绿色发展示范区法制保障相关工作	市人大常委会主任殷一璀、副主任莫负春。区委书记赵惠琴、区人大常委会主任朱明福、副区长彭一浩陪同调研
10月9日	调研长三角生态绿色一体化发展示范区建设，实地察看华为青浦研发中心施工现场和金泽镇莲湖村	市委书记李强，市委常委、常务副市长陈寅，市委常委、市委秘书长诸葛宇杰。区委书记赵惠琴，区委副书记、区长余旭峰，区委副书记杨小菁，副区长倪向军、彭一浩陪同调研
10月24日	到国家会展中心检查第二届"进博会"筹备工作	市委副书记、市长应勇。区委副书记、区长余旭峰参加座谈会，副区长姚少杰陪同检查

（续表）

日期	调研主题及地点	主要领导
10月24日	到青浦治安管理中心检查指导工作	市委副书记、市委政法委书记尹弘一行。区委书记赵惠琴，区委常委、区委政法委书记赵明，副区长姚少杰陪同
10月25日	督导检查“进博会”安保及社会面防控工作	市委副书记、市委政法委书记尹弘一行。区委书记赵惠琴，区委常委、区委政法委书记赵明，副区长姚少杰陪同
10月25日	到国展中心观摩“进博会”智慧安保演示	副市长、市公安局局长龚道安。副区长姚少杰陪同
10月30日	调研市西软件信息园工作	副市长吴清一行。副区长倪向军陪同调研
11月4日	调研长三角生态绿色一体化发展示范区建设	全国政协副主席、国家发改委主任何立峰，市委常委、常务副市长陈寅。区委书记赵惠琴，区委副书记、区长余旭峰陪同调研
11月12日	调研西虹桥地区发展现状	市委副书记、市长应勇。区委书记赵惠琴、副区长彭一浩陪同调研
11月13日	督导检查第二届“进博会”延展安保工作	副市长许昆林、市政府副秘书长尚玉英。副区长姚少杰陪同
12月19日	调研长三角生态绿色一体化发展示范区建设推进情况	市委书记李强，市委常委、常务副市长陈寅，市委常委、市委秘书长诸葛宇杰。区委书记赵惠琴，区委副书记、区长余旭峰，区委常委、副区长姜爱锋陪同调研

（吴思骏）

■重要活动　1月24日，青浦区召开“国家战略新起点改革开放再出发——2019年青浦区百强企业和创新创业人才表彰会”。区委书记赵惠琴，区委副书记、区长余旭峰，区人大常委会主任朱明福，区政协主席李华桂等出席会议。

4月22日，青浦区举行“环意 RIDE LIKE A PRO 赛事落户中国”新闻发布会。区委书记赵惠琴，市体育局党组书记、局长徐彬，区委副书记、区长余旭峰，市体育局副局长罗文桦，区委常委、区委宣传部部长姜道荣，区人大常委会副主任陶夏芳，副区长王凌宇、王德强，区政协副主席董永元等出席会议。

5月8日，青浦区举办“提升城市功能品质，建设长三角一体化示范城市”——2019年青浦区招商推介会。区委书记赵惠琴、市经信委副主任阮力、市商务委副主任申卫华出席会议并致辞，区委副书记、区长余旭峰作招商主题推介，副区长倪向军主持会议。

5月30日，青浦区举办“聚力一体化，建功长三角”电力先行发布仪式。区委书记赵惠琴，区委副书记、区长余旭峰，国家能源局华东监管局党组书记、局长邱水录，国网上海公司董事长钱朝阳，国网上海公司总经理阮前途，国网华东分部副主任黄效喜，国网苏州公司党委书记吕文杰，国网嘉兴公司总经理陈嵘出席发布仪式。

6月26日，青浦区举行“聚焦长三角一体化，推动更高质量发展——2019青浦区重大项目启航”活动。区委书记赵惠琴，区委副书记、区长余旭峰，区委副书记杨小菁，区委常委、副区长姜爱锋，区委常委、宣传部部长姜道荣，副区长金俊峰、彭一浩出席活动。

6月26日，青浦区举行2019年重大项目启航新闻发布会。区委副书记、区长余旭峰，副区长彭一浩出席发布会。

7月15日，区委副书记、区长余旭峰参加“夏令热线”区长访谈活动。

9月12日，青浦区举行青浦综合保税区正式验收仪式。区委副书记、区长余旭峰，副区长倪向军、彭一浩出席验收仪式。

10月22日，青浦区举行2019年上海青浦淀山湖文化艺术节暨旅游购物节闭幕式。副市长许昆林，副秘书长尚玉英，区委副书记、区长余旭峰，区委副书记杨小菁，市商务委副主任刘敏，市文旅局副局长张旗，区委常委、区委宣传部部长姜道荣，副区长倪向军、彭一浩出席闭幕式。

12月7日，在国家会展中心举行2019年环意 RIDE LIKE A PRO 长三角公开赛开幕式。区委书记赵惠琴，区委副书记、区长余旭峰，市体育局副局长罗文桦，中国自行车运动协会副主席、上海自行车运动协会会长王海威，区委副书记杨小菁，区委常委、副区长姜爱锋、孙挺，区委常委、区委宣传部部长姜道荣，区委常委、区委统战部部长王凌宇，副区长姚少杰、彭一浩参加。

12月24日，青浦区举行慈善代表机构2019年度总结表彰暨第二十六届“蓝天下的至爱”启动仪式。区委书记赵惠琴、区人大常委会主任朱明福、区委副书记杨小菁、副区长金俊峰、区政协副主席董永元参加启动仪式。

12月27日，青浦区举行“逐梦新时代，建功新跨越”先进典型集中宣传展示活动暨新春团拜会。区委书记赵惠琴，区委副书记、区长余旭峰，区人大常委会主任朱明福，区政协主席李华桂，区委副书记杨小菁出席活动。（吴思骏）

■签约合作　2月14日，区委书记赵惠琴，区委副书记、区长余旭峰，区人大常委会主任朱明福，区政协主席李华桂，区委常委、区委政法委书记赵明，副区长倪向军、金俊峰陪同虹口区委书记吴信宝，区委副书记、区长赵永峰，区人大常委会主任吴延风，区政协主席石宝珍率领的党政代表团一行到青浦区学习考察，并进行农村综合帮扶工作签约座谈、捐赠仪式。青浦区副区长金俊峰与虹口区区委常委、副区长张伟共同签署农村综合帮扶工作协议。

2月21日，青浦区与市金融工作局举行战略合作备忘录签约仪式，区委书记赵惠琴，区委副书记、区长余旭峰，副区长倪向军，市金融工作党委书记、市金融工作局局长郑杨，市金融工作局副局长解冬出席签约仪式。

6月26日，青浦区人民政府与民生银行上海分行举行战略合作框架协议签约仪式。区委副书记、区长余旭峰，副巡视员徐英，民生银行行长助理、上海分行行长欧阳勇，民生银行上海分行副行长林晓军出席签约仪式。

11月6日，青浦区人民政府与海克斯康鹰图香港有限公司举行战略合作协议签约仪式，区委书记赵惠琴，区委副书记、区长余旭峰，副区长彭一浩出席签约仪式。

11月28日，青浦区与中国福利会举行中福会小伙伴学校签约仪式。区委书记赵惠琴，中国福利会副主席、党组书记、秘书长张晓敏，区委常委、副区长姜爱锋、孙挺出席签约仪式。

（吴思骏）

2019年青浦区人民政府主要会议和活动情况表

表10

日期	会议、活动主题	主要领导
2月19日	征收补偿指挥部全体（扩大）会议	区委副书记、区长余旭峰，副区长顾骏出席会议
3月5日	市西软件信息园开发建设指挥部及西虹桥商务区开发建设指挥部全体（扩大）会议	区委书记赵惠琴，区委副书记、区长余旭峰，市经信委副主任傅新华，区委常委、副区长陈庆江，副区长倪向军、王德强出席会议。
3月25日	“一网通办”相关工作专题研究会	区委副书记、区长余旭峰参加会议
3月20日	青浦区政府系统绩效考核工作专题会	区委副书记、区长余旭峰参加会议
3月20日	青浦区财税审计统计工作会议	区委副书记、区长余旭峰参加会议
4月8日	西虹桥商务区开发建设工作专题研究会	区委副书记、区长余旭峰参加会议
7月30日	综保区综合验收及主题招商方案等相关工作专题研究会	区委副书记、区长余旭峰，副区长倪向军、彭一浩参加会议
7月31日	青浦区教育大会	区委书记赵惠琴，区委副书记、区长余旭峰，区人大常委会主任朱明福，区政协主席李华桂，市教委总督学平辉，区委副书记杨小菁，区委常委、区委宣传部部长姜道荣，区人大常委会副主任陶夏芳，副区长王凌宇，区政协副主席董永元出席会议
8月22日	青浦区加强群众工作暨信访代理工作现场会	区委书记赵惠琴，区委副书记、区长余旭峰，区委常委、区委政法委书记赵明，区人大常委会副主任胡海民，副区长金俊峰、姚少杰，区政协副主席董永元出席会议
8月29日	土地出让工作专题研究会	区委副书记、区长余旭峰，区委常委、副区长姜爱锋，副区长彭一浩参加会议
12月9日	青浦区与复旦大学合作事宜专题研究会	区委副书记、区长余旭峰，区委副书记杨小菁参加会议
12月12日	2019年青浦区质量提升工作会议暨第二届区长质量奖颁奖大会	区委副书记、区长余旭峰，市质量工作领导小组办公室副主任、市市场监管局巡视员沈伟民，副区长顾骏出席会议
12月30日	青浦区创建全国健康促进区工作动员推进会	区委副书记、区长余旭峰，区委常委、副区长孙挺参加会议

（吴思骏）

■上级环保督察 1月10日，区委副书记、区长余旭峰，副区长金俊峰召开“大棚房”问题专项清理整治会。

1月30日，区委副书记、区长余旭峰，区委常委、副区长陈庆江，副区长金俊峰召开专题会议，研究再部署再落实“大棚房”和“矮围”侵占水域等市委督察工作。

7月9日，青浦区召开迎接第二轮中央生态环保督察动员会。区委书记赵惠琴，区委副书记、区长余旭峰，区政协主席李华桂等出席会议，会后区领导带队到各街镇进行专项督察。

7月14日，青浦区召开迎接第二轮中央环保督察专题会议。区委副书记、区长余旭峰，区委常委、副区长姜爱锋，副区长顾骏出席会议。

8月8日，区委副书记、区长余旭峰到区生态环境局调研青浦区迎接中央环保督察相关工作。

8月16日，区委副书记、区长余旭峰，区委常委、副区长姜爱锋，副区长顾骏召开中央环保督察交办事项和夏令热线投诉事项整改专题会。（吴思骏）

■主题教育 区政府党组在“不忘初心、牢记使命”主题教育中，组织开展了14次学习研讨；提出规范农村村民建房管理、提升住宅小区物业管理、完善托育服务体系等10个调研课题，深入一线开展基层座谈交流51次，并分别形成调研报告；查摆出班子思想和工作两方面11个问题，形成问题清单共计89

项，制定并落实相关整改措施。（吴思骏）

■基层调研及检查 区政府领导重点围绕乡村振兴、“三大整治”、环城水系、美丽街区、“进博会”服务保障、政府性投资项目、农民建房、“一网统管”等主题多次下基层调研，并围绕全国文明城区创建、美丽乡村建设、扫黑除恶专项行动等工作进行一线检查。区委副书记、区长余旭峰共召集两次调研座谈会，专题研究农民建房工作。（吴思骏）

■长三角一体化发展工作 2月1日，区委副书记、区长余旭峰召开专题会，研究长三角一体化相关工作。

3月5日，浙江省嘉兴市市委常委、嘉善县县委书记许晴一行到青浦区考察长三角一体化发展相关工作。区委书记赵惠琴，区委常委、副区长陈庆江，副区长王德强陪同。

3月5日，浙江省常务副省长冯飞一行到青浦区考察长三角一体化发展工作情况，区委副书记、区长余旭峰陪同。

3月8日，市政府副秘书长、市发改委主任、长三角区域合作办公室主任马春雷到青浦区调研长三角一体化发展工作。区委书记赵惠琴，区委副书记、区长余旭峰陪同。

3月26日，区委副书记、区长余旭峰，区委副书记杨小菁，区委常委、副区长陈庆江，副区长倪向军召开专题会，研究长三角一体化发展和快递物流产业相关工作。

4月22日，区委副书记、区长余旭峰走访区区域发展办，研究推进长三角一体化发展相关工作。下午，到金泽镇实地调研长三角一体化发展相关工作。

5月15日，江苏省省委常委、江苏省苏州市市委书记周乃翔，苏州市市委副书记、市长李亚平率苏州市党政代表团一行到青浦区考察调研。区委书记赵惠琴、区委副书记杨小菁、副区长倪向军陪同调研。

6月10日，区委副书记、区长余旭峰，区委常委、区委宣传部部长姜道荣，副区长倪向军，区政府党组成员彭一浩召开专题会，研究长三角一体化高质量发展主题活动相关事宜。

7月26日，江苏省苏州市吴江区区委书记王庆华，区委副书记、区长李铭率领的党政代表团到青浦区考察长三角一体化和经济社会发展等工作。区委副书记、区长余旭峰，区委副书记杨小菁，区委常委、副区长姜爱锋，区委常委、区委政法委书记赵明，区人大常委会副主任陶夏芳陪同调研。

9月6日，江苏省苏州市昆山市市委副书记、市长周旭东率领党政代表团到青浦区调研北斗产业技术创新西虹桥基地和绿地全球商品贸易港，区委副书记、区长余旭峰参加会见。

10月15日，区委副书记、区长余旭峰，副区长彭一浩召开专题会，研究长三角一体化发展示范区和第二届“进博会”相关重点工作。

11月1日，长三角生态绿色一体化发展示范区建设推进大会在国家会展中心举行。上海市委书记李强、江苏省委书记娄勤俭、浙江省委书记车俊出席会议并讲话，共同为长三角生态绿色一体化发展示范区、长三角生态绿色一体化发展示范区理事会和长三角生态绿色一体化发展示范区执行委员会揭牌。区委书记赵惠琴，区委副书记、区长余旭峰，区人大常委会主任朱明福，区政协主席李华桂，区委副书记杨小菁等参加大会。

11月2日，青浦区、吴江区、嘉善县等三地党委、政府联合召开“推动一体化打造新高地”长三角生态绿色一体化发展示范区誓师大会暨产业项目启动仪式。市政府副秘书长、市发改委主任、一体化示范区理事会秘书长、一体化示范区执委会主任马春雷，青浦区四套班子领导赵惠琴、朱明福、李华桂、杨小菁，嘉兴市市委常委、嘉善县县委书记许晴，吴江区区委副书记、区长李铭，以及上海市有关部门领导出席。

11月27日，区委副书记、区长余旭峰，区委常委、副区长姜爱锋、孙挺，副区长金俊峰召开专题会，研究长三角一体化示范区相关项目及政策。（吴思骏）

■市级调研 1月22日，市市场监管局局长陈学军、副局长彭文皓一行调研长三角一体化合作示范区建设相关工作，区委书记赵惠琴、副区长顾骏陪同调研。

5月6日，市农业农村委主任张国坤，副主任叶军平、黎而力调研乡村振兴示范村建设。区委书记赵惠琴，区委常委、政法委书记赵明，区委常委、统战部部长孙挺，副区长金俊峰等陪同。

5月9日，市交通委主任谢峰，副主任蔡军、于福林调研长三角一体化核心示范区交通规划相关工作，区委书记赵惠琴，区委副书记、区长余旭峰陪同调研。

7月17日，市农科院党委书记、院长蔡友铭一行调研乡村振兴示范村建设。区委书记赵惠琴、区委副书记杨小菁、副区长金俊峰陪同。

11月21日，市卫生健康委主任邬惊雷一行就推进长三角一体化示范区医疗卫生健康发展到青浦区开展座谈交流。区委书记赵惠琴，区委副书记、区长余旭峰，区委副书记杨小菁，区委常委、副区长孙挺接待。（吴思骏）

■促进经济高质量发展相关会议 1月4日，区委副书记、代区长余旭峰，副区长倪向军召开青东四镇、西虹桥及市西软件园经济工作专题会，研究2019年经济指标完成及产业项目推进工作。

1月11日，区委副书记、区长余旭峰，副区长倪向军召开青西三镇、白鹤镇和相关园区经济工作专题会，研究部署相关经济工作和产业项目推进工作。

2月18日，区委副书记、区长余旭峰和副区长倪向军专题研究承接“进博会”溢出效应工作。

7月1日，区委副书记、区长余旭峰召开部分经济小区座谈会。

7月29日，青浦区召开促进经济小区高质量发展工作会议。区委副书记、区长余旭峰，副区长倪向军、彭一浩，市管二级巡视员徐英等出席会议。

10月14日，区委副书记、区长余旭峰和副区长倪向军召开促进经济稳增长专题会议。

12月13日，区委副书记、区长余旭峰和副区长姜爱锋、彭一浩召开华新镇建设国家物流枢纽专题会。（吴思骏）

■重点项目推进 2019年，区政府就推动华为研发中心、网易项目、北斗导航平台、西虹桥徐泾科创园、西虹桥商务区等重点产业项目和招商项目建设及配套项目保障召开专题会议9次。区委副书记、区长余旭峰，区委常委、副区

长陈庆江、姜爱锋,副区长倪向军、彭一浩等参加相应会议。（吴思骏）

■实施乡村振兴战略工作 1月5日,区委副书记、代区长余旭峰,区委常委、区委政法委书记赵明,副区长金俊峰到区委农办、区农委召开乡村振兴工作会议。

1月19日,区委副书记、区长余旭峰,区委常委、区委政法委书记赵明,副区长金俊峰等到重固镇实地调研乡村振兴工作。

4月2日,区委书记赵惠琴,区委副书记、区长余旭峰,区委常委、副区长陈庆江,区委常委、区委政法委书记赵明,副区长金俊峰、顾骏等到重固镇调研乡村振兴示范村和新型城镇化建设工作。

4月9日,区委副书记、区长余旭峰,区委常委、副区长陈庆江,区委常委、组织部部长蒋仁辉,区委常委、宣传部部长姜道荣,副区长倪向军、金俊峰等召开区乡村振兴示范村建设专题会议。

（吴思骏）

■推进农民相对集中居住工作 2019年,区政府共召开6次专题会,研究农民相对集中居住工作,区委副书记、区长余旭峰,区委常委、副区长姜爱锋,副区长金俊峰等参加。（吴思骏）

■持续推进"三大整治" 7月9日,青浦区在朱家角镇庆丰村召开"三大整治"之农村人居环境整治现场推进会,区委副书记、区长余旭峰,区委常委、副区长姜爱锋,区委常委、区委政法委书记赵明,副区长金俊峰、顾骏、姚少杰等出席会议。

8月23日,青浦区在重固镇回龙村召开"三大整治"之公共安全综合整治现场推进会,区委副书记、区长余旭峰,区委常委、副区长姜爱锋,副区长倪向军、顾骏等出席会议。

10月23日,青浦区在徐泾镇人民政府召开"三大整治"之常态长效管理现场推进会,区委副书记、区长余旭峰,区委常委、副区长姜爱锋,副区长金俊峰、顾骏等出席会议。（吴思骏）

■创建全国文明城区工作 7月23日,区委副书记、区长余旭峰,区委副书记杨小菁,区委常委、宣传部部长姜道荣召开专题会,研究全国文明城区创建工作。

7月24日,区委副书记、区长余旭峰主持召开青浦区创建全国文明城区暨迎接中央第二轮环境保护督察工作推进会。区委副书记杨小菁,区委常委、宣传部部长姜道荣,副区长王凌宇、金俊峰、顾骏等参加会议。

8月16日,区委副书记、区长余旭峰,区委副书记杨小菁,区委常委、副区长姜爱锋,副区长金俊峰、顾骏、姚少杰等召开创建全国文明城区工作专题会。

9月18日,区委副书记、区长余旭峰召开创建全国文明城区夏阳、盈浦、香花桥三街道推进会,区委副书记杨小菁,区委常委、副区长姜爱锋,区委常委、宣传部部长姜道荣,副区长彭一浩等参加。

10月12日,区委副书记、区长余旭峰,区委副书记杨小菁,区委常委、宣传部部长姜道荣召开创建全国文明城区夏阳、盈浦、香花桥三街道工作专题会。

11月8日,区委副书记、区长余旭峰召开"创全"职能部门工作会议,区委副书记杨小菁主持会议,区委常委、副区长姜爱锋,区委常委、区政府党组成员孙挺,区委常委、宣传部部长姜道荣,副区长金俊峰、顾骏、彭一浩等出席会议。

11月22日,区委副书记、区长余旭峰,区委副书记杨小菁,区委常委、副区长姜爱锋、孙挺,区委常委、宣传部部长姜道荣,副区长顾骏、姚少杰、彭一浩等参加"创全"工作专题会。

11月26日,区委副书记、区长余旭峰和区委副书记杨小菁专题研究"创全"相关工作。（吴思骏）

■维护城市运行安全工作 3月23日,青浦区召开青浦区危险化学品安全管控工作专题会,区委副书记、区长余旭峰和副区长王德强出席会议。

4月15日,区委副书记、区长余旭峰召开2019年上海国际车展保障工作专题会,副区长顾骏、国家会展中心副总裁宁风、市贸促会副会长顾春霆等参加会议。

5月7日,区委副书记、区长余旭峰和副区长金俊峰召开危旧住房安全隐患防范工作专题会。

5月9日,区委副书记、区长余旭峰和副区长倪向军召开专题会,研究迎接国务院安全和消防工作现场考核巡查相关工作。

5月13日,国务院安委会第十考核巡查工作组现场检查安全和消防工作,市应急局局长马坚泓、副局长沈伟忠,区委副书记、区长余旭峰,副区长顾骏、王德强等陪同。

5月24日,区委副书记、区长余旭峰主持召开消防安全整治工作专题会,副区长王凌宇、倪向军、顾骏,区政府党组成员、公安青浦分局党委书记姚少杰等出席会议。

5月29日,区委副书记、区长余旭峰主持召开2019年青浦区防汛工作会议。

8月20日,区委副书记、区长余旭峰,区委常委、副区长姜爱锋和副区长顾骏召开"利奇马"台风防御工作总结会。

（吴思骏）

■"智慧城市"建设工作 8月13日,区委副书记、区长余旭峰召开"智慧青浦"建设专题会。

11月22日,区委副书记、区长余旭峰,副区长顾骏、姚少杰、彭一浩等调研"智慧公安"工作。

12月11日,区委副书记、区长余旭峰和副区长姚少杰到崧润路派出所调研城市运行管理"1+X"试点工作。

12月30日,区委副书记、区长余旭峰,副区长倪向军、顾骏、姚少杰等专题研究"智慧城市"有关工作。（吴思骏）

■双拥模范城创建工作 7月25日,区委副书记、区长余旭峰,区委副书记杨小菁,副区长金俊峰召开青浦区双拥模范城创建工作推进会。

12月5日,区委副书记、区长余旭峰,区委常委、区人武部政委刘辽军,副区长金俊峰等迎接市双拥模范考评实地检查。

12月12日,区委副书记、区长余旭峰,区委常委、区人武部政委刘辽军,副区长金俊峰等调研双拥创建工作。

12月16日,区委副书记、区长余旭峰,区委常委、区人武部政委刘辽军,副区长金俊峰召开专题会,研究双拥模范城创建工作。（吴思骏）

■区政府全体会议 区政府围绕年度重点工作目标召开3次全体(扩大)会

议，区委副书记、区长余旭峰主持会议并讲话，区政府分管领导对各自分管工作进行部署，会议通报了区政府重点工作、政府性投资项目推进情况。

（吴思骏）

■**区政府常务会议** 2019年，区政府共召开14次常务会议，研究75项议题。

（吴思骏）

■**土地使用工作领导小组会议** 区土地使用工作领导小组围绕土地管理、减量化推进、土地出让等主题召开5次会议。

1月22日，区土地使用工作领导小组召开2019年第一次会议。区委书记赵惠琴，区委副书记、区长余旭峰，区委常委、副区长陈庆江，副区长倪向军等出席会议。

4月17日，区土地使用工作领导小组召开2019年第二次会议。区委书记赵惠琴，区委副书记、区长余旭峰，区委常委、副区长陈庆江，副区长倪向军等出席会议。

6月19日，区土地使用工作领导小组召开2019年第三次会议。区委书记赵惠琴，区委副书记、区长余旭峰，区委常委、副区长姜爱锋，副区长倪向军、顾骏、彭一浩等出席会议。

9月6日，区土地使用工作领导小组召开2019年第四次会议。区委书记赵惠琴，区委副书记、区长余旭峰，区委常委、副区长姜爱锋，副区长倪向军等出席会议。

10月31日，区土地使用工作领导小组召开2019年第五次会议。区委书记赵惠琴，区委副书记、区长余旭峰，副区长倪向军、顾骏等出席会议。

（吴思骏）

■**规划委员会会议** 区规划委员会围绕2019年规划编制计划、郊野单元规划、赵巷镇新市镇总体规划等主题召开3次专题会议。

4月17日，区规划委员会召开2019年第一次专题会议，区委书记赵惠琴，区委副书记、区长余旭峰，区委常委、副区长陈庆江，副区长倪向军等出席会议。

10月31日，区规划委员会召开2019年第二次专题会议，区委书记赵惠琴，区委副书记、区长余旭峰，副区长倪向军、顾骏等出席会议。

12月9日，区规划委员会召开2019年第三次专题会议，区委书记赵惠琴，区委副书记、区长余旭峰，区委常委、副区长姜爱锋，副区长金俊峰等出席会议。

（吴思骏）

政策研究

■**概况** 2019年，根据区委、区政府重点工作安排和“不忘初心、牢记使命”主题教育要求，落实区政府重点调研课题，提出政策建议；组织起草区政府重要会议主要文稿；负责起草区政府领导部分重要讲话文稿并完成各项交办任务。

（吴晓平）

■**重点调研课题推进** 2019年，结合开展主题教育和推动大调研常态化、制度化要求，区政府开展了重点专题研究，大部分课题成果已应用于实际工作；制定并组织实施《2019年度区政府办公室大调研工作方案》；形成《关于朱家角镇西湖新村社区的调研报告》《“三大整治”实施情况专报》等报告，供领导决策参考。

（吴晓平）

■**重要材料起草** 组织起草2020年区政府工作报告；组织起草区委全会、区政府全会、区工作务虚会等相关材料，完成有关汇报材料起草和修改工作。

（吴晓平）

政务服务工作

■**概况** 3月18日，上海市青浦区政务服务办公室正式挂牌成立，主管全区政务服务工作，同时将上海市青浦区行政服务中心调整为上海市青浦区政务服务办公室所属单位，增挂“上海市青浦区大数据中心”牌子，并将青浦区政府网站运行中心整建制划入青浦区行政服务中心。青浦区行政服务中心全年各窗口共接待314721人次，受理事项284961件，办结项目254987件；全区11个街镇社区事务受理服务中心共接待657977人次，受理事项651640件，办结项目646552件。全年在中央人民政府门户网、新华网和《解放日报》等高层次媒体刊登19篇专题报道。

（谢　锋）

■**推进“一网通办”工作** 一是拓展“一网通办”服务事项范围。严格按照市级相关部门要求，紧密结合自身实际，分门别类针对性配置事项网上办理功能，完成54项依申请办理行政权力事项及195项公共服务事项整合接入“一网通办”青浦区频道。至年底，共有4051项政务服务事项入驻“一网通办”青浦区频道。二是夯实网上办理服务功能。全程核验“一网通办”行政审批事项办理实现情况，并协同市级相关部门改进优化系统接口；紧密结合市级相关部门推进进度，因时制宜、应势而变，调整优化区级自建平台业务办理功能模块，为企业和群众提供兜底政务服务，提升行政审批事项“一网通办”审批可办率。三是推进政务服务网上办理。紧密结合区级挂图作战任务，在“一网通办”系统建设完善的基础上，积极开展“一网通办”应用数据统计分析，实施“一网通办”事项审批办结率专项检查，积极推进“一网通办”行政审批事项网上办理，有效提升网上办结业务数量。

（谢　锋）

■**实现行政审批“双减半”** 按照审批时限平均减少一半、审批材料平均减少一半的要求，政务办组织全区26个职能部门，对814项行政审批业务情形提出“减时间”60%目标和“减材料”58%建议。通过加大电子证照推广互认来缩减材料和连续的“双减半”每日通报的方式，加快“双减半”成果落地，并组织相关职能部门全面修订办事指南承诺时间，“减时间”已全部修改完毕。

（谢　锋）

■**推进政务服务“双100”** 一是推进落实以“高效办成一件事”为目标的100个业务流程优化再造事项，涉及建设工程、市场准入、医疗卫生、食品餐饮、居家生活等各个方面，至年底，已有“开饭店”（徐汇、长宁试点）、“开咖啡店”和“办犬证”等3件事在“一网通办”上实现落地，实现“一件事一次办”，并在“一网通办”青浦频道公布“开办小型超市”等20项主题式套餐服务的办事引导。二是推进落实100项个人事项“全市通办”，涉及教育、公安、司法、人社、建管、农业农村和税务等部门。至年底，全市已实现新增177项“全市

通办”服务事项。（谢　锋）

■实施政务服务“好/差评”制度　一是提升政务服务质量。制订并实施“好/差评”工作方案，建立健全“好/差评”整改反馈机制。全面优化政务服务“好/差评”评价体系，深度融合对接上海市“好/差评”系统，升级改造实体大厅现场排队评价系统，将“一网通办”线上所有政务服务事项全纳入，区行政服务中心、10个分中心以及街镇社区事务受理服务中心实体窗口全纳入，配置政务服务“好/差评”二维码，企业群众可通过“随申办”移动端、微信、支付宝，以及部分窗口PAD，对各类政务服务的任何办理环节进行评价，实现政务服务的服务事项、服务渠道、评价对象、线上线下全覆盖。二是健全整改和反馈机制。对“好/差评”反映的问题及时回应整改。根据全市统一要求，由区“12345”市民服务热线负责“好/差评”1星和2星评价的转办工作，并将相关办理结果抄送区政务办后在网上公开回复。至年底，青浦区共收到“好/差评”评价19494条，差评11条，差评率0.06%，相关部门已对差评全部进行整改反馈并公开答复。青浦区好差评四项指标——指南准确性、办事便捷度、办理时效性、服务创新性均比全市平均水平高出13%，居全市前三。（谢　锋）

■高效办成“一件事”　以办成“一件事”为目标，着力打造“前台综合受理、后台分类审批、统一窗口出件”的高效便民服务模式。一是完善开办企业“一窗通”服务专区。在设立企业开办“一窗通”服务专区的基础上，税务新办企业涉税事项业务组与市场监管部门一起入驻“一窗通”服务专区后台，负责开业登记、涉税事项“一窗受理”，实现“一窗发放”开办企业所需营业执照、数字CA证书、税控盘、发票等，并免费向新办企业赠送“四枚公章”。二是挂牌成立社会投资项目审批审查中心。推进社会投资项目审批制度改革，设立审批审查中心“一窗受理、并联办理”，提升工程建设项目审批效率。电力、燃气已经入驻审批审查中心并正式运行。通过加快“一网通办”平台与联审平台的数据对接与信息推送，进一步优化审批系统功能。三是畅通“有求必应、无事不扰”渠道。依托“一网通办”平台，发布“有求必应、无事不扰”线上专栏。自7月底在“一网通办”政务平台开设“有求必应”专栏以来，通过建立派单反馈机制，受理后根据诉求复杂程度在5日内完成答复，做到“事事有回音”，并且提供咨询服务和政策推送功能。（谢　锋）

■建构数据治理体系　一是推进市级数据资源落地。打通市、区两级公共数据级联共享通道，实现市、区两级平台的互联互通；积极运用上海市公共数据管理门户平台，配置相应订阅策略，顺利获取需求数据资源，已实现“一网通办”青浦区办件库、人口库、房屋基本信息库和全市法人库的数据落地，共2000余万条，并积极开展落地数据针对性共享应用。二是开展大数据平台项目建设。5月中旬，完成青浦区大数据资源平台一期建设方案优化完善，内容涵盖区级大数据基础支撑子平台、区级数据共享交换子平台、区级数据治理子平台、区级数据资源库、大数据安全保障体系、统一数据管理门户等六大建设方面；6月底，完成项目资金申请手续；8月中旬，完成政府采购并启动实施工作；于年底完成项目建设，逐步构建集青浦区公共数据汇聚、整合、共享、应用、评价、展示六位于一体的大数据资源体系。三是完善“三清单一目录”（即权力清单、责任清单、涉企收费清单和外商投资准入管理目录）。组织全区39家区级部门、11个街镇开展青浦区公共数据“三清单一目录”优化完善工作，分别从政务服务业务及部门自建信息系统着手，全面梳理、优化、完善青浦区公共数据需求清单、责任清单、负面清单及资源目录。至年底，全区无公共数据负面清单，共形成1409条数据需求。整理归纳汇总全区23家单位共69个核心区级自建业务系统的公共数据资源目录，编制形成1235条公共数据资源目录，共22000余项信息项，实施数据资产化管理，初步构建全区集中统一的公共数据资源目录体系。（谢　锋）

■优化政务服务体系　结合创建文明城区工作，对创全点位按照指标要求，全面落实整改。制定《关于加强区政务服务窗口建设的若干意见》，加大窗口考核管理力度，提升窗口服务水平。一是新增审批事项和服务事项。税务入驻中心，解决企业在市场监管、税务部门间“两头跑”现象，真正实现“只进一扇门”。公用事业公司（供排水接入）、青浦电力公司、青浦燃气公司、青浦邮政进驻中心，与部门窗口无缝衔接，集成办理相关业务。二是改善便民服务设施。信息化改造中心大厅，改造一楼大厅以及楼梯导向牌标识，设立自助服务区。开辟办事群众休息区、更新更衣室、母婴室、会议室、员工休息室、室外休息区，从硬件上提升服务水准。（谢　锋）

■推进外设窗口标准化建设　一是将区经委、建管委、人社局、司法局、绿容局、房管局6家职能部门的10个外设服务窗口纳入中心管理，开展标准化建设。二是解决服务群众“最后一公里问题”。青浦区于2017年启动实施社区事务村级服务中心标准化运行，走在全市前列，已形成196个网点覆盖区、街镇、村三级政务服务体系，全年当场受理试点推广到63家村居，受理事项拓展至49项。三是全力以赴做好标准化评估工作。对已开展预评估的受理中心进行回头看检查，做到落实整改及时，确保各中心充分准备迎接评估。（谢　锋）

■强化企业服务体系　一是打造双层联动服务队伍。一层是相关部门的审批服务队伍，建立日常工作联系机制，优化审批服务流程，缩短办理期限；另一层是各街、镇、园区服务队伍，建立“店小二”服务机制，为办事企业提供咨询引导、无偿代办服务，与职能部门审批队伍联动，提高审批材料质量和审批效率，提升企业和群众办事的便捷度、体验度和满意度。二是继续做好组团式服务企业工作。主动联系或走访区级部门组团联系服务的企业，针对企业提出的问题和诉求给予协调解决，并提供政策咨询解答，帮助协调解决建设办证过程中遇到的问题和困难，推进协调30个项目建设。（谢　锋）

■区领导调研　5月21日，区委常委、组织部部长蒋仁辉走访调研政务大厅，并听取“一网通办”工作推进情况。

6月24日，区委书记赵惠琴、区委副书记杨小菁到区政务服务办开展调研工作，并察看政务大厅运行情况，听取相关工作推进情况。

9月12日，副区长彭一浩等一行到政务大厅实地考察，具体询问相关政务服务"好/差评"二维码操作流程及事项。

6月24日，区委书记赵惠琴（前排左二）、副书记杨小菁（前排右一）等一行到区政务服务办开展调研工作　（区政务服务办供稿）

人事编制

■概况　2019年，青浦区机关事业单位进一步加强人事管理工作，完善年度绩效考核内容，严格做好人员招录、加强人员培训工作。抓好各类人才政策落实，优化人才服务方式，做好人才政策的受理兑现。（沈　静）

■机关和事业单位人员管理　做好事业单位岗位聘用管理，结合机构改革情况指导相关单位合理做好职数聘用。全年共招录事业单位工作人员167人、社工314人、"三支一扶"35人。（沈　静）

■落实人才服务政策　加大人才政策宣传力度，积极拓宽人才服务方式，推行精准化门诊式的人才服务新模式，组建专业队伍，通过走访、互动、交流等形式为重点企业、重点对象提供个性化一揽子的精准化服务。积极打造"尚善慧聚"人才服务品牌，开展培训精讲、洽谈会、座谈、调研等人才系列活动。改善人才公寓办理流程，缩短审核流程。做好人才政策的受理兑现，发放2018年度区级人才团队奖70家，发放资金4798.2万元；审核人才公寓资格认定662人；受理居住证积分申请2.3万人、户籍人才引进209人、居住证转常住户口611人（含随迁人员）。（沈　静）

■"三支一扶"志愿者招募　2019年，青浦区"三支一扶"大学生志愿者招募岗位36人，报考97人，实际录用35人，于7月正式上岗。（沈　静）

信访工作

■概况　2019年，全区群众信访态势总体稳中趋好。至年底，区信访办共接待处理群众信访事项3737件（批）7840人次，件次和人次分别比上年下降17.6%和28.6%；群众至区集体上访127批1723人次，批次比上年下降31.7%，人次比上年下降32.9%。依法逐级走访氛围逐步形成，全年包括各重要节点实现了群众越级去京集体上访零发案，在京社会面涉访人员零人次，全年去京非接待场所上访1人次，为历年新低。至区信访件次与人次分别比上年下降22.4%和25.1%，去市集体上访批次比上年下降41.5%。信访工作主体责任进一步强化，区委常委会、区政府常务会议、每月信访稳定例会定期研判及分级分责交办机制稳步实施；信访业务基础水平显著提升，国网分系统全面规范应用，实现信、访、电、邮全流程网上办理，录入率、规范率、按期办结率良性循环；群众信访渠道更加畅通有序，区领导预约接访机制日趋规范和完善，效应日益显现，信访矛盾攻坚工作有力推进。历史存量信访问题得到批量化解，全年召开多元化解及信访代理大会，有力推动信访矛盾多元化解机制，加强信访代理及远程视频接访工作，在源头治理和积案化解工作取得一定成效。（刘军飞）

■服务保障第二届"进博会"　扎实开展第二届"进博会"阶段信访维稳工作，落实相关任务，制定《"进口博览会"期间信访维稳工作方案》，切实为第二届"进博会"顺利举办营造和谐稳定的社会环境。一是不断完善信访工作机制。区委每两个月召开一次区委常委会专题研判信访维稳工作；区委政法委牵头，公安、信访、维稳、国安等部门建立信息情报协调沟通机制，每日汇总全区社会面稳定情况，明确工作任务，提出工作建议；区委督查室牵头区府办、信访办、维稳办联合到有关街镇带案实地督查，做实、做细化解稳控方案；每月一次纳入区政府常务会议议题，听取信访工作汇报，明确信访突出问题领导化解责任；区信访办、区维稳办每日汇总信访矛盾，区领导每日研判汇总情况，不断细化信访维稳措施、落实责任。二是着力推动信访矛盾攻坚。建立"进博会"期间信访矛盾每周销项管理机制。至年底，全区列入销项攻坚共397件突出矛盾，累计销项377件，全区综合销项率达到94.96%（其中：国家信访局交办和市联席办交办"四重"攻坚矛盾22件，化解19件，销项率为86.36%；扬言极端行为等重点关注信访矛盾9件，化解缓解8件，化解缓解率88.89%；自排突出信访矛盾364件，销项350件，销项率96.15%）。三是全力以赴确保大局稳定。严格落实矛盾纠纷排查化解责任。加强重点领域、重点群体、重点人员的滚动排查，严格落实信访工作属地责任。积极推进信访工作先进街镇（村居）创建工作，坚持把进口博览会期间信访工作成效作为重要考评依据，加大街镇领导每日接访的视频巡查力度，确保接访领导到岗到位，信访群众随有随接，吸附矛盾在属地。同时，统筹推进国庆维稳与进博安保有机结合。建立重点人员外围过滤线防护机制，筹建治安管理服务中心，并保障其有效运转，确保信访人员及时劝返接离。此项工作得到市领导和国家信访局领导肯定，实现了会展核心区域“零上访、零滋扰”。（刘军飞）

■“人民满意窗口”创建工作 依托街镇“人民满意信访窗口”创建活动，加强基层“三室”（人民调解室、律师接待室、心理咨询室）建设，全区11个街镇全面实现基层访调“无缝对接”。加大群众对信访工作满意度评价力度，指导基层改进满意度信访事项的工作方式和评价方式，加强基层初次信访件录入率，夯实基层信访部门操作国家信访信息系统上海分系统的能力，将矛盾化解在基层，做到既获得信访人认可和满意，又实体化解。至年底，共办理满意度件2978件，信访机构参评满意率96.33%，职能部门参评满意率94.1%。分批分类化解重复信访事项。对信访人实名初次反映求决类信访事项，一律交办。全面分析2019年全区1242件初次信访事项，梳理出部分合理或部分属实但尚未解决的信访件497件，全部进行二次交办（其中部分典型案件纳入区政府领导联系初次信访事项）。落实“开门办信、出门办访”机制，每月安排工作人员到基层调研指导化解信访矛盾，督促责任单位落实调处责任。（刘军飞）

■创新推行全区信访代理机制 区信访办坚持和发展借鉴“枫桥经验”，在指导练塘镇率先进行试点总结经验基础上，以全区村居“一站两中心”（“一站”即党建服务站，“两中心”即综治中心和社区事务受理中心）为载体，构建信访代理网络，增强基层发现问题、吸附矛盾、解决问题的能力和水平。8月，区委、区政府在练塘镇召开青浦区加强群众工作暨信访代理工作现场会，对推广信访代理工作做出全面部署。各街镇积极响应，全面开展信访代理及远程视频接访试点，探索通过建立基层服务点、设立基层服务站、实行基层信访代理等形式，将信访工作服务网络延伸到村居、拓展至群众“家门口”，努力实现“小事不出门、大事不出镇、矛盾不上交”的工作目标。增强基层村居发现、吸附和处置信访矛盾纠纷的能力。至年底，全区各街镇均已建立信访代理工作站共192家，村民小组（楼组）信访代理工作站共157家，信访代理员共428人，均已建立委托书、工作记录等工作台账，均明确信访代理受理登记、办结反馈、立卷归档等环节的工作程序，形成管理闭环。通过建立信访代理“绿色通道”，对信访代理员反映的问题，优先接待、协调和答复，推动群众合理合法诉求一次性解决到位。（刘军飞）

合作交流

■概况 2019年，区合作办公室和区域发展办公室在区委、区政府领导下，深入学习习近平总书记关于扶贫工作的重要论述及中央精准脱贫战略部署和治疆治藏方略，围绕服务落实长三角一体化发展国家战略，贯彻落实党的十九大和十九届三中、四中全会精神及习近平新时代中国特色社会主义思想，落实相关工作安排。全年完成东西部扶贫协作和对口支援年度任务，助力对口五县市全部摘帽出列。在云南省德宏傣族景颇族自治州芒市、梁河、盈江、陇川四县市落实市、区两级援建项目54个；在青海省果洛藏族自治州班玛县落实市、区两级援建项目13个，项目主要涉及新农村建设、产业发展、社会事业、人才支持四大领域。2019年，区域发展办参与接待包括国务院考察组，水利部、国家发改委，市经信委、卫健委、教委、上海社科院智库中心调研组，江苏省苏州市吴江区、浙江省嘉兴市嘉善县两地政府及相关职能部门、人大政协及等到青浦区的调研交流，并多次向老干部、政协之友、上海银行总行系统等介绍青浦区推进一体化示范区情况，参与接待60多批次。（许昊枫　冯家恺）

2019年青浦区区域发展办接待工作情况表

表11

日期	到访团队	带队领导	人数
4月4日	浙江省舟山市代表团	忻海平	10
4月18日	浙江省湖州市长兴县代表团	杨平	8
4月26日	江苏省苏州市吴江区代表团	屠福其	11
4月29日	江苏省苏州市吴兴区代表团	潘华	10
5月7日	浙江省嘉兴市代表团	沈新良	5
5月8日	浙江省湖州市长兴县发改局	陈剑峰	4
5月23日	江苏省苏州市吴兴区代表团	朱建忠	4
5月30日	上海社会科学研究院智库研究中心	杨亚琴	3
6月3日	浙江省嘉兴市嘉善县代表团	邓国忠	10
7月9日	浙江省湖州市南浔区代表团	沈培明	4
7月18日	国务院发展研究中心调研组	李建伟	7
7月22日	浙江省湖州市南浔区代表团	杨卫东	8

（续表）

日期	到访团队	带队领导	人数
8月15日	浙江省丽水市庆元县代表团	范国良	5
8月27日	浙江省丽水市庆元县代表团	范国良	4
8月28日	浙江省余姚市人民政府发展研究中心	马江领	8
9月17日	上海国际问题研究院	杨洁勉	20
10月10—11日	北京第二外国语学院	范永刚	3
10月24日	长三角新全媒联合体	孔令军	17
10月24日	长三角一体化与高质量发展高级研修班	谭纯	48
10月29—30日	北京第二外国语学院	王欣	5
11月12日	浙江大学	胡炜	7
11月28日	浙江省绍兴市上虞区代表团	徐军	99
12月9日	浙江省绍兴市人民政府决策咨询委员会	车晓端	9
12月12日	国家发改委宏观经济研究院	杨萍	5
12月26日	江苏省苏州市吴江区震泽镇代表团	顾全	41
12月28日	国务院参事室	赵冰	4

（冯家恺）

■交流互访 4月，区委副书记、区长余旭峰率区党政代表团到云南省德宏傣族景颇族自治州芒市、梁河县、陇川县、盈江县实地调研对接，考察援建项目，并与德宏州召开扶贫协作联席会议；9月，区委书记赵惠琴率区党政代表团到新疆维吾尔自治区克拉玛依市实地考察，慰问区援疆干部，并开展相关调研活动；8月，副区长顾骏率党政代表团到青海省果洛藏族自治州班玛县考察学习，与班玛县召开对口支援联席会议；11月，德宏州委书记赵刚率德宏州党政代表团到青浦区考察学习，对接东西部扶贫协作工作；12月，果洛州委常委、班玛县委书记夏吾杰率班玛县党政代表团到青浦区回访对接工作。（许昊枫）

■合作交流 7月9日，浙江省湖州市南浔区领导到青浦区开展合作交流，两区领导就两地友好合作事宜进行初步商讨；7月22日，湖州市政府、南浔区政府领导再次带队到青浦区，与区领导深入讨论双方合作事宜；8月15日，浙江省丽水市庆元县领导到青浦区，就两地签署"山海协作工程结对协议"进行初步商讨；8月22日，副区长彭一浩受邀率领相关部门负责人出席"湖州市长三角一体化发展推进大会"，与浙江省湖州市人民政府、湖州市南浔区人民政府共同签署了《上海市青浦区与浙江省湖州市友好合作协议》；8月27日，庆元县代表团再次到青浦区对接长三角一体化工作，于后续开展庆元旅游文化推介周活动，区相关领导受邀出席活动；9月6日，江苏省苏州市昆山市委副书记、市长周旭东率昆山市党政代表团一行到青浦区考察，并参观相关产业平台；11月28日，浙江省绍兴市上虞区区委副书记、代区长徐军率上虞区党政代表团约100人到青浦区考察该区在长三角一体化发展、平台建设、重大企业（项目）培育和科技创新等方面的经验和做法，并参观相关企业及产业平台。

（冯家恺）

■视察指导 4月25日，国务院调研组到淀山湖亲水平台和青西郊野公园了解青浦区长三角一体化建设情况；5月13日，市经信委调研组到华为研发中心基地和金泽镇工业园区考察青浦区长三角一体化建设情况；7月4日，市纪委监委驻市发展改革委纪检监察组实地考察示范区执委会入驻的前期筹备工作；7月18日，国务院发展研究中心公馆所所长李建伟率领调研组一行11人，召集青浦区和吴江区、嘉善县三地长三办，召开了长三角一体化建设情况调研会，听取了青、吴、嘉三地一体化建设进度报告，并于会后实地察看复兴路北延伸工程等项目进度；9月17日，上海国际问题研究院主任杨洁勉率考察组一行20人，到青浦区实地考察新农村建设、淀山湖生态环境保护及金泽镇经济社会发展情况，与区领导就青浦区长三角生态绿色一体化建设相关工作召开联席会议；12月12日，国家发改委宏观经济研究院主任杨萍率考察组一行5人，听取了关于青浦区长三角生态绿色一体化建设进度报告，并开展相关调研活动；12月28日，国务院参事室副主任赵冰率考察组一行4人，听取了关于青浦区长三角生态绿色一体化建设进度报告，并开展相关调研活动。

（冯家恺）

■专题调研 5月30日，上海社会科学院智库研究中心专家到青浦区开展关于青西三镇社会发展总体情况及决策咨询研究需求的调研，与相关街镇、部门负责人召开调研会；8月28日，浙江省宁波市余姚市人民政府发展研究中心到青浦区开展关于长三角生态绿色一体化发展示范区建设情况的调研，与相关部门负责人召开调研会；10月11—12日、10月29—30日，北京第二外国语学院中国文化和旅游产业研究室到青浦区开展关于示范区古镇发展研究的调研，与相关街镇、部门负责人召开调研会并开展相关考察活动；12月9日，浙江省绍兴市决策咨询委员会到青

浦区开展关于古镇保护调研，与相关街镇、部门负责人召开座谈会并开展相关考察活动。（冯家恺）

■**人才支持** 全年青浦区向对口地区援派12位挂职干部，开展扶贫协作和对口支援相关工作。向云南省德宏傣族景颇族自治州选派了9名教师和7名医生，落实支医、支教等方面的帮扶举措。为对口地区举办党政干部培训班12次，培训党政干部人数486人次，培训乡村基层干部、贫困村党支部书记等236人次，干部来沪挂职锻炼8人。为对口地区举办专业人才培训班16次，培训各类专业人才1132人次，其中教育专业人才181人次、卫生专业人才278人次、农业科技专业人才589人次、专业人才到青浦区挂职进修47人次。（许昊枫）

11月29日，青浦区与云南省德宏傣族景颇族自治州扶贫协作第六次联席会议在青浦区召开（区合作办供稿）

■**劳务协作** 组织企业到云南省德宏傣族景颇族自治州四县市举办招聘会7场，提供就业岗位5385个，贫困劳动力成功签约145人。利用帮扶资金共开展针对贫困劳动力的职业技能培训累计14班，培训贫困劳动力729人。出台《关于本区招录对口地区建档立卡人员给予就业和稳岗补贴的实施意见（试行）》，支持对口地区在本区设立转移就业工作站，服务当地来沪就业人员。全年帮助对口地区完成异地转移就业189人，就地就近就业2011人（其中入沪稳定就业144人），努力实现“就业一人、脱贫一户”。（许昊枫）

■**携手奔小康** 青浦区与云南省德宏傣族景颇族自治州四县市分别签订扶贫协作帮扶协议，与青海省果洛藏族自治州班玛县签订对口支援帮扶协议，并落实帮扶举措。安排11个街镇与德宏州四县市的11个乡镇，9个街镇与班玛县的9个乡镇开展结对帮扶。在德宏州挂钩帮扶学校19所、医院4所，在班玛县挂钩帮扶学校1所、医院1所。引导辖区内50余家企业与对口地区贫困村深入开展村企结对活动。动员各类社会主体累计向对口地区投入社会帮扶捐款、捐物折资1000余万元。（许昊枫）

12月17日，青浦区与青海省果洛藏族自治州班玛县对口支援联席会议在青浦区召开（区合作办供稿）

外 事

■**概况** 2019年，区外事工作贯彻中央、上海市外事工作方针政策，围绕全市重要外事活动和区政府中心工作，加强外事管理和服务，拓展对外交流与合作，推进友好城市交流与交往，展示青浦对外开放良好形象，提升青浦区国际化水平，按照“安全满意”和“外事无小事”的原则完成外事接待任务。

至年底，共接待外宾28批347人次（其中部级团组8批73人次）。审批因公出国（境）共41批96人次（其中：青浦区内组团13批66人次、区外参团28批30人次，数据统计不包括到中国台湾地区团组）。不断深化与韩国忠清南道保宁市的友好交流关系，稳步推进与日本佐贺县鹿岛市的友好交流。2019年，日本鹿岛市分别派农业团和友好交流团到青浦区交流访问，青浦区也派出友好交流团和政府代表团到鹿岛市进行交流。继续拓展与匈牙利布达佩斯市第十六区的友好交流。（徐瑞斌）

■**政府外事接待** 2019年，青浦区接待外国贵宾共28批347人次，其中部级团组8批73人次。（徐瑞斌）

2019 年青浦区接待外国贵宾(部级以上)情况表

表 12

日期	到访人员
5 月 30 日	阿根廷驻华大使等一行 10 人
6 月 23 日	巴拿马国民大会代表团一行 12 人
7 月 2 日	哥伦比亚自由党干部考察团一行 12 人
8 月 1 日	新加坡建设局商务考察团一行 13 人
11 月 6 日	“进博会”韩国产业通商资源部一行 7 人
11 月 7 日	“进博会”希腊比雷埃夫斯市副市长等一行 7 人
11 月 7 日	“进博会”卢森堡商会会长等一行 6 人
11 月 7 日	“进博会”希腊雅典市市长等一行 6 人

(徐瑞斌)

■**区领导率团出访** 2019 年,青浦区有 6 名区领导率领 6 个代表团出访德国、奥地利等 11 个国家和地区,有 2 名区领导参团培训。

2019 年青浦区领导率团出访情况表

表 13

出访时间	考察团名称	带团领导	出访国家、地区
3 月	经贸考察团	赵惠琴	德国、奥地利等
4 月	经贸考察团	倪向军	阿联酋、马来西亚
5 月	经贸考察团	余旭峰	德国、日本
12 月	友好交流团	朱明福	匈牙利、葡萄牙
12 月	友好交流团	孙挺	马来西亚、菲律宾
12 月	友好交流团	王凌宇	日本、韩国

(徐瑞斌)

2019 年青浦区领导参团出访情况表

表 14

出访时间	团组类别	参团领导	出访国家、地区
7 月	培训团	顾啸流	以色列
12 月	培训团	蒋仁辉	英国

(徐瑞斌)

■**对外交流** 9 月 20—22 日,以日本鹿岛市农业委员桥口浩为团长的农业交流团到青浦进行友好交流访问。12 月 2—3 日,以日本鹿岛市日中友协理事织田博吉为团长的友好交流代表团到青浦进行友好交流访问。7 月 19—26 日,青浦区组织政府代表团到韩国保宁市和日本鹿岛市就相关合作事宜进行交流访问。12 月 8—15 日,以区人大常委会主任朱明福为团长的友好交流团到匈牙利布达佩斯第十六区进行友好访问,就两地意向建立友好交流关系、未来推进的主题和重点等事宜进行商洽。12 月 12—19 日,以青浦区政府副区长王凌宇为团长的友好交流团到韩国保宁市和日本鹿岛市进行友好交流,就拓展两地相关领域的交流事宜和制定年度交流计划等进行商讨。 (徐瑞斌)

台湾事务

■**概况** 2019 年,青浦深入学习新时代中国特色社会主义思想和习近平总书记在《告台湾同胞书》发表 40 周年重要讲话精神,清醒认识台海局势新变化,坚决贯彻执行中央、市委对台工作战略部署,紧紧围绕区委、区政府中心工作,凝心聚力、积极作为,加强服务与引领,对台各领域交流合作取得积极成效。在“2019 上海——台北城市论坛”上,青浦区与台北市万华区签署交流合作备忘录。

全年共有党际、城市管理、教育、经贸等 6 个团组 45 人次到台湾地区考察交流。考察团在台期间,与台湾地区社会各界和基层民众开展沟通交流,推介青浦，提升青浦在台湾地区影响力。全年共受理35家企业59人次办理企业经贸到台手续；接待台湾参访团9批214人次；处置各类矛盾纠纷20起，未发生引发不稳定因素涉台投诉案件及信访事件。在2019年中央台办《两岸关系》《台湾工作通讯》等对台宣传读物评比中青浦区台办被评为“先进单位”。

（沈　静）

2019年青浦区接待台胞情况表

表15

序号	日期	到访团队	人数
1	3月8日	台湾东森国际集团业务考察团	4
2	3月24日	台中市议员吴显森参访团	20
3	4月30日	台北市副秘书长考察团	4
4	5月3—8日	南投县埔里慈善参访团	19
5	5月26日	嘉义县安东小学及永庆中学音乐交流团	60
6	7月2—7日	台北市大理高中学生团	18
7	8月2日	创视野333台湾青年学生研习营	35
8	8月11—15日	台北市万华区教育参访团	18
9	8月18日	台湾省教育学会参访团	36

（沈　静）

■“以慈化瓷”——2019年海峡两岸陶艺文化交流活动　11月30日，为期3天的“以慈化瓷”——2019年海峡两岸陶艺文化交流活动在报国寺拉开帷幕。市政协副主席方惠萍，区委书记赵惠琴，市台办主任李文辉，市委统战部副部长房剑森，市政协教科文卫体委员会主任肖堃涛，区政协主席李华桂，区委常委、统战部部长王凌宇等出席开幕式。共有海峡两岸20个省市的150余名艺术家参与。（沈　静）

■做好台湾地区学生就读、接转加分工作　区委台办积极做好台湾地区学生就读和接转加分工作。2019年，协调解决台湾地区学生就读事宜10人，做好台湾地区学生考试加分证明工作5人。（沈　静）

■做好企业赴台经贸报批及行前教育　区委台办会同上级有关部门做好企业经贸赴台报批、审批及行前教育工作。全年共有35批59人次赴台开展商务、培训等事项。（沈　静）

■开展台胞台属走访慰问活动　1月，区委台办开展新春台胞台属走访慰问，共走访慰问台胞台属22户，发放慰问金22000元。8月，区委台办开展高温送清凉活动，走访上海环讯实业有限公司、上海华培胶带有限公司等8家台资企业，发放防暑降温用品80份。（沈　静）

■举办两地中学生夏令营活动　7月2—7日，区委台办联合区教育局、区社会主义学院，在区青少年活动中心、青浦第一中学的共同承办下，举办“传承·创新·融合”——第四届青浦万华两地中学生暑期研学活动，邀请15名台湾学生和3名带队老师一同参与与青浦一中的学生结对研学活动。（沈　静）

11月30日，为期3天的“以慈化瓷”——2019年海峡两岸陶艺文化交流活动在报国寺举行　（区台办供稿）

■举办台资企业环保讲座　4月18日，区委台办在台资企业上海春日机械工业有限公司举办“青浦区台资企业环保讲座”。20多家台企负责人及环保分管负责人40余人参加。区生态环境局法制宣教科科长朱联新授课。（沈　静）

■台湾同胞权益保护工作相关会议及调研　4月28日，区委台办召开台胞权益保护工作会议。区委统战部副部长、台办主任石惠军主持会议并讲话。《上海市台湾同胞投资权益保护规定》《关于促进沪台经济文化交流合作的实施办法》中涉及的职能部门及街镇分管领导共计 32 人参加会议。

5 月 15 日,区人大常委会侨民宗工委主任印国荣等一行到青浦工业园区调研惠台政策措施贯彻落实情况,实地走访台资企业台中精密机械(上海)有限公司并开展座谈交流。区委台办、青浦工业园区及台资企业台中精密机械(上海)有限公司、上海欧雅装饰材料有限公司、康那香企业(上海)有限公司相关负责人等参加调研座谈。（沈 静）

■**举办青少年涉台教育系列活动** 5 月 23 日,举办“唱响好声音,翘首盼回归”——青少年涉台教育校园歌曲大赛,全区 49 所学校参赛队演绎了 60 多首台湾校园歌曲。10 月 24 日,在崧淀中学举办 2019 年青少年涉台教育现场会。全区各中小学校涉台教育负责人和教师参加,以地理课微课堂形式展示涉台知识在课题中的延伸;邀请台湾学者蓝博洲为全区涉台教师授课,进一步增进对台湾历史变革的认识和了解。10 月 24 日—12 月 31 日,在青浦第一中学、青浦实验中学、佳禾小学、毓秀学校等 10 所中小学校以及区档案馆举办“‘反殖民与台湾光复’历史图片展”巡展。（沈 静）

■**“蝶翼翻飞展新颜,同心筑梦再出发”系列活动** 3 月 9 日,“蝶翼翻飞展新颜,同心筑梦再出发”之“一枚果”台胞台属体验活动在“草莓之乡”白鹤镇举办。20 余组台胞台属家庭参加;6 月 26 日,“蝶翼翻飞展新颜,同心筑梦再出发”之青台两地青年沙龙在上海逸尚云联信息技术股份有限公司举行。活动由区委台办、区工商联、团区委、台协青青部、青创联、青创协、区青联共同承办,主题是“聚焦长三角,聚首话发展”。区委台办、区工商联、团区委相关领导及青浦与台湾地区青年共计 25 人参加活动。（沈 静）

■**台联全体理事会议及活动** 2 月 28 日,召开习近平总书记在《告台湾同胞书》40 周年讲话精神学习会。区台联会全体理事参加;7 月 19 日,推荐林德红、林静霄作为青浦区代表参加上海市台湾同胞第十次代表会议;8 月 21 日,区委台办率区台联会理事一行 17 人到江苏省苏州市吴江区开展交流学习,吴江区台办副主任曹建华、吴江区台联会会长金振宇全程陪同;9 月 19 日,举办台胞台属重阳节联谊活动,邀请 60 岁以上台胞台属参加。（沈 静）

10 月 17 日,“迎进博·两岸同心助跨越”——青浦环城水系定向徒步活动在环城水系公园拉开序幕 （区台办供稿）

■**市台协青浦工委会活动** 1 月 12 日,举办 2019 年青浦台商感恩尾牙。区委台办主任石惠军、青浦工委会主委胡展飞等在青台商台胞台属近 300 人参加;3 月 23—24 日,组织 20 余名台商到江苏省东台市考察交流,考察江苏科森科技有限公司、领胜城科技(江苏)有限公司、江苏富乐德半导体科技有限公司、中国节能等企业;9 月 6 日,2019 年青浦台商中秋联谊活动在朱家角报国寺举行,在青台商台胞及其家属近 400 人参加。区委常委、统战部部长孙挺,市台协秘书处、区委台办、区民宗办相关负责人出席活动;10 月 17 日,“迎进博·两岸同心助跨越”——青浦环城水系定向徒步活动在环城水系公园拉开序幕。台商台胞、本地青年近 100 人参加活动。本次定向徒步由区委台办、区体育局、青联、青创联、新城公司共同举办。区委常委、统战部部长孙挺出席活动并致辞。（沈 静）

华侨事务

■**概况** 2019 年,青浦区侨务工作以习近平新时代中国特色社会主义思想为指导,紧紧围绕区委、区政府工作重点,着力推进涉侨各项工作,为努力建设“上海之门”作出新贡献。（陈爱芳）

■**服务进博聚侨力** 9 月 12 日,侨界人士积极参与以“共享进博会溢出效应,助力经济高质量发展”为主题的“走近进口博览会”活动,侨商协会副会长施学理、市欧美同学会青浦分会会长舒振宇和市欧美同学会青浦分会会员分享自身参与首届“进博会”经验,展示侨界人士参与进博、服务进博的决心和信心。（陈爱芳）

■**走进长三角凝侨智** 8 月 29 日,侨办到浙江省湖州市开展交流学习,深化与湖州市侨务部门沟通交流,围绕机构改革情况、开展侨务工作经验等进行交流和分享,并就今后加强合作交流,深入挖掘侨界资源、发挥侨界优势,团结引领侨界人士在长三角一体化高质量发展中作出积极贡献等工作达成共识。

9 月 25 日,侨办组织市欧美同学会青浦分会会员代表参与由浙江省侨联、浙江省嘉兴市委统战部主办,嘉兴市侨联承办的 2019 年“星耀南湖”长三角留学归国人才创业创新精英论坛。市欧美同学会青浦分会会员孙军围绕“新时代留学归国高层次人才创业创新,推动长三角区域一体化高质量发展”主题,结合自身工作实际提出意见建议,展示新时代留学归国人才不忘留学初心、牢记报国使命的良好形象。（陈爱芳）

■举办“喜看家乡新变化”——侨界人士参观学习活动 9月19日，侨办组织侨资企业家到金泽镇莲湖村参观学习，侨界人士围绕长三角生态绿色一体化发展示范区以及乡村振兴等方面开展讨论，积极建言献策。区侨商协会副秘书长胡雷激结合自身优势，撰写题为《结合上海市乡村振兴的方向，打造可复制可推广的青浦莲湖村乡村振兴模式的几点建议》的提案，为实现乡村振兴贡献侨界智慧。（陈爱芳）

■侨法宣传月主题活动 3月，根据市侨办侨法宣传月活动总体部署和要求，结合青浦区实际，在全区范围内组织开展侨法宣传月活动。其间，举行政策咨询、讲座、报告会等33余次；举行侨界志愿者活动31次，参加活动人数388余次；侨法宣传进园区、进校区、进楼宇活动的参与人数1170人，受众面达10500余人。（陈爱芳）

■交流交往 5月27—31日，应沪港文化交流协会邀请，由区委常委、统战部部长孙挺率团到香港拜访当地社团、青浦港澳政协委员及在青投资的港商，进一步加强青浦与香港地区的沟通联谊和交流合作。

6月1日，接待第九届世界华侨华人社团联谊大会上海参访团参访青浦，组织参访团成员参观国家会展中心、绿地全球商贸港，了解“进博会”“6+365”平台的功能运用；并在海外华侨社团领袖的牵线下，南非馆成功入驻绿地商贸港。

7月14日，接待“世界格调，璀璨东方”澳中国际青少年新兴企业研学团一行参观青浦朱家角古镇美景，品尝老街美食，增强对祖（籍）国的认同。

8月16日，策划香港中文大学及在沪就读的香港大学生组成的香港商会暑期实习团参访青浦活动，区委常委、统战部部长孙挺会见来访大学生并合影留念。

10月29日，接待华盛顿银光协会理事长一行到青浦区参观访问，参观绿地全球商贸港、青西郊野公园等。（陈爱芳）

■为侨服务工作 根据侨务部门工作职责，协助市侨办办理华侨回国定居1人，为“三侨生”办理加分证明2人，切实将惠侨政策落到实处。春节前夕，为28户侨界困难家庭送去慰问金14500元，为1户困难归侨侨眷家庭做好全年4800元定期补助发放工作。协调相关街镇做好调解工作，妥善处理涉侨信访5件。（陈爱芳）

政府实事工程

■概况 2019年，区政府实事工程项目共有10项，通过区新闻媒体公开征集、单位上报及民意调查、可行性论证，经区五届人大四次会议审议通过。主要涉及基本住房保障服务、基本劳动就业创业服务、基本医疗卫生服务、基本养老助老服务、基本公共体育服务、美丽家园建设、生活垃圾分类整区域创建、交通设施改善、社区智慧微菜场建设、爱心暑托班等事关社会发展和民生改善重要方面。经过全区上下共同努力，10项实事工程项目全面完成。（白　亮）

6月1日，“第九届世界华侨华人社团联谊大会”上海参访团参观国家会展中心（区侨办供稿）

■基本住房保障服务 该项目目标任务：改造农村低收入户危旧房19户，动迁安置户数340户。年内，完成目标任务。责任单位：华新镇、重固镇、白鹤镇、朱家角镇、练塘镇、金泽镇、房管局。（白　亮）

■基本劳动就业创业服务 该项目目标任务：中高层次培训5000人，帮助成功创业450人。年内，完成目标任务。责任单位：区人力资源社会保障局。（白　亮）

■基本医疗卫生服务 该项目目标任务：11家社区卫生服务中心“智慧健康小屋”全面投入使用，新建区医疗急救中心赵巷分站。年内，完成目标任务。责任单位：区卫健委。（白　亮）

■基本养老助老服务 该项目目标任务：建设6家日间服务中心、6家老年活动室、10家社区老年人助餐点。年内，完成目标任务。责任单位：区民政局。（白　亮）

■基本公共体育服务 该项目目标任务：开放骑行道26公里、步行道32公里、篮球场3个、网球场5个、室外羽毛球场3个、门球场1个、滑板场地1个、五人制足球场1个。年内，完成目标任务。责任单位：区体育局、淀山湖新城公司。（白　亮）

■美丽家园建设 该项目目标任务：完成约40万平方米的老旧住宅小区综合改造工作（包括消防设施提升改造3000户），完成10个小区约1500户居民住宅的二次供水设施改造。年内，完成目标任务。责任单位：区房管局、区水务

局、淀山湖新城公司、公用事业公司。（白　亮）

■**生活垃圾分类整区域创建**　该项目目标任务：巩固提升赵巷镇、重固镇垃圾分类整区域创建实效，完成剩余9个街镇生活垃圾分类整区域创建任务，确保年内通过达标街镇验收；推进300个再生资源回收点、5个中转站设置，累计完成739个定时定点投放点和垃圾箱房改造任务。年内，完成目标任务。责任单位：区绿容局、各街镇。（白　亮）

■**交通设施改善**　该项目目标任务：新改建265座公交候车亭、12座公交港湾式站台，修缮燕南村钱曹路村村通公交配套道路。年内，完成目标任务。责任单位：区建管委、香花桥街道。（白　亮）

■**社区“智慧微菜场”建设**　该项目目标任务：建设社区智慧微菜场40处。年内，完成目标任务。责任单位：区经委。（白　亮）

■**爱心暑托班**　该项目目标任务：在各街镇开设24个爱心暑托班，面向社会招收1200名小学生。年内，完成目标任务。责任单位：团区委。（白　亮）

民族宗教事务

■**概况**　2019年，区民宗办坚持以党的十九大精神为统领，认真贯彻落实中央、市和区委、区政府对民族宗教工作的决策部署，坚持围绕中心、服务大局，依法管理民族宗教事务，促进工作提质增效，坚定维护民族团结、宗教和睦、社会和谐。

至年底，全区少数民族实有人口29204人，占全市实有少数民族人口（485387）的6%。其中，来沪少数民族25849人，占少数民族实有人口的88.5%；户籍少数民族3355人，占少数民族实有人口的11.5%。全区共有少数民族51个，人口总数居前的少数民族分别是回族2670人、苗族2276人、壮族1897人、土家族1860人、彝族1408人，占全区少数民族人口总数的34.6%。

全区主要有4个宗教教别，分别是佛教、道教、天主教和基督教。共有5个区级民族宗教团体，分别是少数民族联合会、佛教协会、道教协会、天主教“两会”（天主教爱国会和天主教教务委员会）和基督教“两会”（基督教三自爱国运动委员会和基督教教务委员会）。全区现有经批准登记的宗教活动场所36处（寺观教堂30处、固定处所6处），其中佛教活动场所14处（寺观教堂12处、固定处所2处）、道教活动场所4处（寺观教堂2处、固定处所2处）、基督教活动场所12处（寺观教堂10处、固定处所2处）、天主教活动场所6处（寺观教堂6处）。全区共有宗教教职人员129人。（黄　慧）

■**领导视察调研**　2019年，市、区领导围绕宗教活动场所安全管理、民族团结进步创建、民族宗教文化等主题视察调研民族和宗教工作共18次。（黄　慧）

2019年市、区领导视察调研民族宗教工作情况表

表16

时间	调研地点	调研主题	主要成员
1月24日	圆津禅寺	民族宗教工作	区人大常委会副主任陶夏芳
2月3日	朱家角中学新疆部	参加朱家角中学新疆部2019春节联欢会，慰问少数民族师生	区委常委、统战部部长孙挺
2月4日	青浦城隍庙	除夕夜宗教活动场所安全管理	区委常委、统战部部长孙挺
2月10日	徐泾镇	调研民族团结进步创建工作	市民宗局副局长杜宇平
3月20日	练塘镇、朱家角镇	练塘基督教灵恩堂，朱家角颂恩堂调研基督教工作	区委常委、统战部部长孙挺
4月29日	颐浩禅寺、金泽工艺社	调研金泽工艺社	市委统战部副部长、市民宗局党组书记房剑森
5月9日	徐泾镇	调研城市民族工作及徐泾镇、上海房地产学校民族团结进步创建工作	市民宗局局长花蓓
5月10日	重固镇	现场踏看隆平寺选址	区委常委、统战部部长孙挺
5月13日	报国寺	为报国寺昌智法师一行行脚送行	区委常委、统战部部长孙挺
6月5日	回民公墓徐泾墓区、赵巷墓区	视察回民公墓开斋节保障工作	市民宗局副局长杜宇平，区委常委、统战部部长孙挺，副区长、公安青浦分局局长姚少杰，市反恐总队副队长奚敏
6月3日	华新镇观音寺	走访观音寺慧康法师	区委常委、统战部部长孙挺
6月19日	颐浩禅寺	开展“民族宗教文化”对口协商和提案促办活动	区政协副主席董永元

（续表）

时间	调研地点	调研主题	主要成员
6月19日	徐泾镇蟠龙庵与主恩堂	调研宗教场所管理情况	区人大常委会副主任陶夏芳
7月2日	青龙古寺	看望光云法师	市政协主席董云虎
7月4日	赵巷镇	关于隆平寺选址	市民宗局巡视员王君力
7月4日	徐泾镇、重固镇	少数民族来沪人口管理服务工作	市政协民族宗教专委会主任闵卫星
11月28日	天光寺、主恩堂	宗教工作督查“回头看”检查	市民宗局副局长王新华
12月24日	泰来天主堂	视察宗教活动场所圣诞节安排情况	区委常委、统战部部长王凌宇

（黄　慧）

■民族宗教工作督查整改　制定并下发《青浦区民族和宗教工作督查整改方案》，明确四大类15项共30条具体措施，形成《整改措施责任分工表》，将督查整改工作纳入“挂图作战”项目。组织召开区民族宗教工作领导小组工作会议，通报阶段整改情况。完善“三级网络两级责任制”，在试点基础上，召开专题现场会全区推进宗教工作特别是非正常宗教活动点治理纳入社会治安综合治理网格化范畴。实行“一网两清单”机制，推行街镇民族宗教工作责任落实和年度重点工作。（黄　慧）

■法制学习宣传月主题活动　以“尊法学法，团结和睦，助力全面跨越式发展”为主题，以贯彻落实新修订的《上海市宗教事务条例》和相关法律法规为主要内容，开展法制宣传月系列活动。成立区级民族宗教团体普法联络员和街镇民族宗教法制宣传员队伍，到盈中社区、政法学院开展专场宣讲。先后与江苏省苏州市吴江区和上海虹口区、长宁区开展民宗工作的互动交流，结合扫黑除恶、垃圾分类等热点工作开展板报巡展、便民服务和民族宗教法制知识竞赛。依托“统战大课堂”、2019年居民区党组织书记培训班、2019年村居两委主任培训班等平台，对1000多名基层干部开展“民族与宗教领域热点问题及对策分析”和“宗教政策与法规”培训。（黄　慧）

■开展“同心聚力”主题系列活动　围绕“立足统战为全局，同心聚力促跨越”主题，以同心、同行、同愿、同梦四个系列进一步加强民宗领域思想建设。先后开展“展望长三角，走进新产业”“行走长三角，拥抱一体化”等学习观摩活动和“垃圾分类·青浦更美”生活垃圾分类倡议行动。以新中国成立70周年和青浦撤县建区20周年庆祝活动为契机，民族宗教五大团体开展爱国主义和红色文化宣传教育活动。包括少数民族代表人士瞻仰西乡革命烈士陵园，区佛教协会到嘉兴南湖中共一大会址，道教协会到区敬老院开展公益慈善活动，天主教两会委员到贵州遵义，基督教两会委员到都江堰和阿拉善等地开展革命传统教育等。国庆期间，组织各场所升国旗、集体收看习近平总书记重要讲话等活动。举办庆祝撤县建区20周年摄影展，回顾民族宗教工作在区委、区政府领导下的发展历程。（黄　慧）

6月6日，“尊法学法，团结和睦，助力全面跨越式发展”——2019年青浦区民族宗教法制宣传学习活动启动仪式举行　（区民宗办供稿）

■宗教界践行“两个责任”　将践行“两个责任”（即对教义教规作出符合新时代社会发展要求的阐释和引导信教群众正信正行与社会主义社会相适应）作为推动宗教中国化的切实抓手，调研指导宗教界践行“两个责任”落实情况，支持引导宗教界进一步发挥积极作用。以“同一颗心·同一个梦”为主题，开展第十一届宗教界讲经讲道活动，佛教专场《历史、现实、未来：佛教中国化的路径与思考》，道教专场《爱国爱教、明道立德》，基督教专场《践行社会主义核心价值观》和《中国儒家思想体系与文化遗产对天主教会现行的发展理念影响》

等专场讲坛阐释教义教规，引导信众正信正行。（黄　慧）

■队伍建设　指导区佛教协会、区基督教“两会”开展人选考察，顺利完成换届工作。在“不忘初心，牢记使命”主题教育中，深入抓好理论学习，推进民宗系统思想政治建设，引导民宗宗教界人士强化“四个意识”，坚决做到“两个维护”。广泛开展民族宗教代表人士与信众骨干人员的培训，包括佛教社科院课题培训，道教散居道士爱国主义培训，基督教研讨会等。结合区委“大调研”部署，深入基层一线开展调查研究，走访各团体和宗教活动场所，密切接触民族宗教界代表人士。走访盈中社区109户居民，听取和反馈有关困难诉求和各方意见建议。开展宗教人才队伍建设课题调研，基本了解掌握全区宗教界人才队伍现状和需求。支持民族宗教界人大代表、政协委员参政议政。（黄　慧）

■开展民族团结进步创建　指导街镇和有关单位申报创建上海市民族团结进步创建先进集体、标兵集体(其中：徐泾镇成功创建全国民族团结进步模范集体、上海市民族团结进步标兵集体，盈浦街道、白鹤镇梅桥村、区教育局、区道教协会创建上海市民族团结进步先进集体)。制订新一轮(2019—2021年)创建工作方案，组织专题培训、学习观摩和现场展示活动。依托“统战有约”平台，开展朱家角中学新疆部“不负时代不负国，不负青春不负亲”主题活动。开展2019年春节“同心善行·民族情”少数民族帮困送温暖活动，覆盖157个贫困家庭，帮困金额共计19.03万元。举办第五期“爱相伴·慈相行”宗教团体帮扶少数民族大学生签约，开展第六期结对对象遴选工作。（黄　慧）

■文明和谐寺观教堂创建　组织召开宗教场所规划建设协调推进会，指导督促有关职能部门和街镇协调推进宗教场所项目建设。结合《宗教场所规划布局》课题的深入，推进隆平寺、梅家教堂新建和颐浩禅寺、章堰城隍庙、蟠龙庵、明因寺等场所改扩建项目。在“2016—2018年度文明和谐寺观教堂创建活动”中，区庄严寺、青浦城隍庙、徐泾主恩堂3个场所，报国寺等8个场所，天光寺等15个场所分别成功创建五星级、四星级、三星级文明和谐寺观教堂。（黄　慧）

■民族宗教领域重大风险防范　召开重点宗教活动场所安全协调会，签订安全责任状。与消防、文保等单位联合开展春节前夕宗教活动场所安全检查。开展全区宗教活动场所“防风险保平安，迎大庆护进博”消防安全专项行动和综合整治，重点文物建筑消防安全抽查，迎接“利奇马”超强台风来袭安全检查等。落实天主教佘山朝圣、金泽庙会等大型活动协调保障。协调配合做好开斋节“走公坟”活动的安全保障工作。配合开展扫黑除恶专项斗争，组织学习宣传、线索排查与整治处置，做好民族宗教领域意识形态风险防范工作。（黄　慧）

■护航“进博会”　制定《青浦区民族宗教服务保障进口博览会工作方案》，成立工作领导小组，及清真食品监督、接待及宗教服务、突发事件应急3个专门工作小组。对接街镇和相关部门，建立应急联络机制，开展宗教领域维稳工作专题部署。开展“进博”宣传，利用各类主题活动和宣传阵地，引导民族宗教界人士学习宣传进博知识，营造浓厚氛围。组织少数民族志愿者参与“同心善行·助力进博”志愿服务保障工作。加强清真食品领域监督管理，制定《清真食品领域服务保障进博会工作方案》《关于规范“清真”标志使用管理的工作方案》，修订《青浦区清真食品问题处置预案》。开展清真义务监督员队伍法律和民族工作知识培训。组织夏季、秋季两轮清真食品餐饮网点专项检查。指导相关单位修缮提升清真食品供应条件。（黄　慧）

机关事务管理

■概况　2019年，区机管局细化管理、优化服务、强化建设，贯彻区委、区政府工作部署，以机关事务标准化建设为引领，大力推进行政事业单位办公用房管理、行政单位国有资产管理、公共机构节能管理，全力做好第二届“进博会”、长三角生态绿色一体化发展示范区等重大活动后勤保障任务，机关事务工作发展取得新成绩。（张　芳）

■机关事务标准化建设　全面启动机关事务标准化建设，建立机关事务标准化建设专班，制定《青浦区机关事务标准化建设工作方案》及建设计划，聚焦务实、管用、有效等目标，着力构建和形成覆盖机关事务各领域的标准化体系。确立包括基础标准体系、管理标准体系、服务保障标准体系和运行管理标准体系等四大类青浦机关事务标准框架，完成第一批29个标准的文本制定工作。（张　芳）

■办公用房管理　青浦区行政事业单位办公用房信息化平台建成验收，完成共233处办公点约46.5万平方米的房屋面积测绘和199个主管单位及下属事业单位的人员信息采集，实现办公用房调配、维修、办公家具设备的添置等项目的全部无纸化办公。出租出借房产全年共收回5处，面积共3774.69平方米，通过对收回出租出借房产的合理调配，有效解决30余家行政事业单位尤其是为民服务部门的用房难题。完成机构改革涉及单位办公用房调整。（张　芳）

■国有资产管理　贯彻《青浦区区级行政单位国有资产管理实施细则》，开展全区行政单位国有资产清点和盘查，进一步摸清家底，督促各行政单位落实国有资产管理主体责任，确保国有资产安全。（张　芳）

■党政机关事业单位生活垃圾分类　制定《2019年青浦区党政机关等公共机构垃圾分类检查考评方案》《青浦区党政机关等公共机构生活垃圾分类评价细则》，加强党政机关落实垃圾分类检查监督。创建“卫生中心”办公点垃圾分类示范基地，探索实施“21天达标制”管理模式。（张　芳）

■公共机构节能管理　推进能源审计、分项计量和充电桩建设等工作。全年完成32家公共机构能源审计、4家公共机构安装分项计量装置、46家公共机构分项计量系统维护，建设20个充电桩和10套电瓶车充电装置。组织开展公共机构节能管理远程培训，举办公共机构节能培训会。积极推进华新中学等单位创建节约型公共机构示范单位。
（张　芳）

■公务用车改革　青浦区公务用车制度改革在市车改领导小组考核中获得满分，并获全市通报表扬。完成对全区101家事业单位公务用车重新编制及150家单位保留公务车辆统一标识工作。“青浦区公务用车北斗监控管理平台项目”建设投入运行。机管局公务用车社会化租赁服务平台服务用车单位达210家，平均每月用车调度服务达1300余次。
（张　芳）

■集中采购工作　全年组织实施集中采购项目预算资金25566.98万元，实际采购金额24151.83万元，节约资金1415.15万元，资金节约率达5.54%。经财政部门业务考核，区政府采购中心被评为“优秀”等次。
（张　芳）

■机关安全秩序管理　全年开展安全环境卫生巡查20余次，发现问题84处，发出处置通知单15张，督促落实整改，保障机关单位安全有序健康的办公环境。加强机关安全秩序管理，严格审核发放停车证，严格管理车辆人员进出。6—9月，开展护航“进博会”“百日安全竞赛”活动，举办消防安全知识讲座，开展会务、餐饮等一线岗位练兵、消防应急演练等，提升安全保障能力。
（张　芳）

10月25日，区机管局召开“百日安全竞赛”总结表彰大会（区机管局供稿）

■后勤服务保障　扎实做好长三角生态绿色一体化发展示范区执委会办公用房、住宿、物业、餐饮等各项保障任务。完成市委、市政府主要领导到青浦区调研和“进博会”、中央扫黑除恶督导组到青浦区督导等重大活动保障任务。车辆管理部获“青浦区服务和保障首届进口博览会立功竞赛先进集体”称号，陈伟峰获“青浦区服务和保障首届进口博览会立功竞赛先进个人”称号。
（张　芳）

■后勤文化建设　发挥工、青、妇群团纽带作用，组织开展“为健康加油，与美丽同行”“三八”妇女节趣味拓展活动，组织参观“陈云精神风范”专题展，举办机管局首届趣味运动会。在庆祝新中国成立70周年之际，举办“华彩七十载，礼赞新时代”主题文艺汇演，邀请全局干部职工及家属参观，进一步增强机关事务队伍的凝聚力。
（张　芳）

9月12日，区机管局举办“华彩七十载，礼赞新时代”文艺汇演
（区机管局供稿）

政协上海市青浦区委员会

编辑 姜依霖

综 述

2019年是中华人民共和国成立70周年和人民政协成立70周年。区政协准确把握新时代人民政协新方位、新使命，坚持团结和民主两大主题，围绕服务落实两大国家战略任务，及中共五届区委七次、八次全会确定的目标任务和区委、区政府中心任务，积极履行政治协商、民主监督、参政议政职能，切实发挥协商民主重要渠道和专门协商机构作用，为青浦加快建设“上海之门”、推动全面跨越式高质量发展做出积极贡献。

坚持党对政协工作的全面领导，认真开展“不忘初心、牢记使命”主题教育，建立全会临时党组织，制定实施《关于新时代发挥中共党员政协委员先锋模范作用的实施意见（试行）》，举办中共党员委员专题培训班。坚持常委会学习制度，依托委组界别经常性学习活动，深入学习贯彻习近平新时代中国特色社会主义思想，认真学习贯彻中共十九届四中全会精神，学习贯彻落实习近平总书记考察上海重要讲话精神和中央、市委政协工作会议精神，组织举办专题通报会、学习报告会等11场，寄发学习资料、APP平台推送学习资料共52期，帮助委员不断增进政治共识，更好地开阔视野、知情明政，准确把握发展形势和任务。紧扣服务两大国家战略、加快建设“上海之门”、推动全面跨越式高质量发展和增进社会民生福祉，围绕“培育扶持科创产业，加快重大产业项目落地”“大力实施乡村振兴战略，打造长三角乡村振兴先行区”“推动城市更新，提升城市功能品质”等议题，以全体会议、常委会议、专题议政会、专题通报会、对口协商、界别协商等形式开展协商活动23场、网上议政7次，承办市政协首次远程协商青浦分会场活动，形成《我为第二届“进博会”献计活动》等协商专报10份、建议148条报送区委、区政府参考，努力发挥专门协商机构作用。首次与市政协联动开展“长三角生态绿色一体化发展示范区青浦先行启动区产业定位与发展战略”重点课题调研，开展“青浦区打造优化营商环境制度高地”重点课题调研，分别形成调研报告和常委会议建议案，供区委、区政府决策参考；主席会议成员到区卫健委等8家单位开展集体调研，就优化医疗卫生资源配置、创新产业体系建设、美丽街区和美丽家园创建等重点工作了解情况、提出建议；各专委会分别开展课题调研，形成《推动建立非遗保护联动机制，助力打造江南文化示范区》等6项调研课题；推进大调研常态化制度化工作，持续推进“走访委员全覆盖”“委员进社区全覆盖”，组织委员广泛听取和收集意见和建议，以社情民意信息、提案等形式，积极履行职能。认真探索民主监督实践，组织开展“推进城市精细化管理，深化‘三网融合’发展”常委会议监督和“全国文明城区创建工作”专题议政会议监督；探索开展挂图作战督查测评等监督工作，受区政府委托，对16家承担区政府挂图作战重点工作的非牵头单位，组织委员认真开展挂图作战季度督查测评工作。持续加强提案和社情民意信息监督，首次开展提案办理评估督查，全年审查立案提案167件并全部办复，报送提案专报18期（其

9月26日，青浦区政协庆祝人民政协成立70周年座谈会在区会务中心召开 （区政协供稿）

中九三学社区委《打造长三角协同创新核心区的现实思考和路径建议》等 23 件提案获优秀提案）；试点成立反映社情民意信息工作室，全年收集社情民意信息 703 篇，报送市政协 446 篇，数量和质量均取得突破；围绕“市西软件信息园建设情况”开展专题视察，聚焦政府性投资项目和实事工程建设情况，与区人大联合开展年末大视察，结合多层协商活动，全年开展 18 次各类知情视察活动；继续开展特约监督、专项监督等。开展“辉煌 70 年”系列庆祝活动，召开庆祝人民政协成立 70 周年座谈会，组织编纂《辉煌七十年优秀摄影作品集》，举办“现代舞蹈艺术赏析”文化沙龙；广泛联系和团结社会各界，承办市政协首次“外籍人士走近政协界别委员”活动，受到市政协专函感谢，牵头建立青浦区、江苏省苏州市吴江区、浙江省嘉兴市嘉善县三地政协联动工作机制，首次举办三地企业家委员沙龙、墨舞江南——三地书画联展，加强与党派团体联系沟通，努力践行“新型政党制度”，组织开展“上善先锋行 · 护航进博会”主题系列活动。扎实抓好自身建设，实施重点工作“挂图推进”机制，修订《区政协全体会议工作规则》，制定出台《区政协常委述职办法（试行）》，落实市委、区委深化机构改革的决策部署，调整专门委员会设置，配备 2 名专委会专职干部，注重履职成果宣传、讲好“青浦政协故事”，不断提升委员和政协机关干部的履职能力和水平，为推动政协工作提质增效、高质量发展提供保障。

（潘林峰）

8 月 26 日，青浦、吴江、嘉善三地书画联展开幕式（青浦）暨三地政协联动机制签约仪式在青浦博物馆举行　（区政协供稿）

全体委员会议及常务委员会会议

■区政协第五届委员会第三次会议

该会于 1 月 7—10 日在区会务中心举行。会议应出席委员 213 人，实到 201 人。会议审议通过五届区政协主席李华桂代表常务委员会所作的工作报告和副主席董永元受常务委员会委托所作的二次会议以来提案工作情况报告。与会委员列席青浦区第五届人民代表大会第四次会议，听取并讨论区政府工作报告、关于计划（草案）的报告和预算（草案）的报告、法院工作报告、检察院工作报告。开幕式上，区委书记赵惠琴讲话。区领导出席开幕和闭幕会议，并分别参加联组讨论，就“坚持‘两个面向’，打造长三角国际贸易龙头区和协同创新核心区”“立足美丽乡村基础，打造长三角乡村振兴先行区”“擦亮文化品牌，打造高能级、高品位‘上海之门’”“创新社会治理，打造长三角社会治理样板区”4 个专题听取委员意见与建议。会议审议通过《政协上海市青浦区第五届委员会第三次会议决议》。《决议》号召：全体政协委员、参加区政协的各党派团体和各界人士，要更加紧密地团结在以习近平同志为核心的中共中央周围，高举爱国主义、社会主义旗帜，以习近平新时代中国特色社会主义思想为指导，在中共青浦区委的坚强领导下，把握新定位、勇担新使命、展现新作为，以改革开放精神、富于创造精神、进博奋斗精神，为加快推动全面跨越式高质量发展，加快建设高能级、高品位“上海之门”，把青浦建设成为上海对外服务的门户城市和长三角一体化发展的示范城市做出新的贡献，用优异成绩庆祝新中国成立 70 周年和人民政协成立 70 周年。会议期间，共收到提案 167 件，经审查立案 155 件。　（潘林峰）

1 月 7—10 日，中国人民政治协商会议上海市青浦区第五届委员会第三次全体会议在区会务中心举行　（区政协供稿）

2019 年青浦区政协常务委员会会议情况表

表 17

会议名称	日期	主要内容
区政协五届十一次常委会议	1 月 8 日	通过增选五届区政协部分常务委员会组成人员候选人名单（草案）；通过选举办法（草案），审议通过总监票人、监票人名单（草案）；听取小组讨论区委领导讲话和审议政协两个报告情况的汇报
区政协五届十二次常委会议	1 月 9 日	听取小组讨论区政府工作报告、计划（草案）报告、预算（草案）报告情况的汇报，听取小组讨论“两院”（即区法院、检察院）报告情况的汇报，听取提案委员会关于提案审查情况的汇报；审议区政协五届三次会议决议（草案）
区政协五届十三次常委会议	3 月 28 日	邀请副区长倪向军作“培育扶持科创产业，加快重大项目落地”的情况通报，并开展协商议政，政协常委进行建言献策，并开展网上议政活动。传达学习全国政协十三届二次会议精神，审议通过《区政协 2019 年工作要点》（草案）、《区政协 2019 年协商计划》（草案）、《青浦区政协常委述职制度（试行）》（草案）、《青浦区政协特约监督员工作规则》（草案）和有关人事事项
区政协五届十四次常委会议	7 月 3 日	邀请区委副书记杨小菁，区委常委、组织部部长蒋仁辉通报“推进城市精细化管理，深化‘三网融合’发展”有关情况，政协常委进行建言献策，并开展网上议政活动。传达学习全国地方政协工作经验交流会精神，审议通过区政协《长三角生态绿色一体化发展示范区产业定位与发展战略研究》建议案，审议通过《区政协全体会议工作规则》（草案）、《区政协常务委员会工作规则》（草案）和《区政协关于加强和改进界别工作更好发挥界别作用的办法（试行）》（草案）
区政协五届十五次常委会议	10 月 31 日	邀请副区长金俊峰通报“大力实施乡村振兴战略，打造长三角乡村振兴先行区”有关情况，并开展协商议政，政协常委进行建言献策，并开展网上议政活动。传达学习中发〔2019〕40 号《中共中央关于新时代加强和改进人民政协工作的意见》精神。审议通过区政协“打造优化营商环境制度高地”重点课题建议案（草案），审议通过区政协专门委员会调整设置方案（草案），审议通过有关人事事项
区政协五届十六次常委会议	12 月 23 日	邀请区委常委、纪委书记、监委主任王翔通报 2019 年党风廉政建设情况；邀请副区长顾骏通报区政协五届三次会议以来提案办理情况、“全国文明城区创建情况”会议监督意见建议落实情况；听取区法院、检察院工作情况通报。会议审议增选五届区政协常委候选人名单，区政协五届四次全会相关事项，区政协五届四次全会将于 2020 年 1 月 7 日下午至 10 日上午召开；会议审议通过五届区政协常委会工作报告和提案工作报告（审议稿），并提请区政协五届四次会议审议

（潘林峰）

专门委员会工作

■概况 2019 年，区政协专门委员会下设提案委员会、经济委员会、人口资源环境建设委员会、教科文卫体委员会、社会和法制委员会、民族和宗教委员会、学习和文史委员会、港澳台侨委员会 8 个专门委员会。11 月，落实区委深化机构改革的决策部署，经区政协五届十五次常委会议决定，专门委员会机构设置调整为提案委员会、经济委员会、人口资源环境建设委员会、教科卫体委员会、社会和法制委员会、文化文史和学习委员会、农业和农村委员会、民族宗教和港澳台侨委员会 8 个专门委员会，原经济委员会农业组、教科文卫体委员会、民族和宗教委员会、学习和文史委员会、港澳台侨委员会不再保留。机构设置调整后各专门委员会工作职责作出相应调整。

专门委员会围绕区委、区政府工作重点以及区政协工作要点开展学习、调研、视察、协商等活动，围绕经济社会发展、社会民生等建言献策，供区委、区政府决策参考。（潘林峰）

■提案委员会 全年共收到提案 182 件，经审查立案 167 件，在规定时间内全部办复，其中：办理结果为“解决或采纳”的 132 件，占 79.04%；列入“计划拟解决”的 19 件，占 11.38%；留作参考的 16 件，占 9.58%。2019 年，成立课题组，围绕提案工作提质增效课题开展调查研究，到四川省成都市学习考察，收集相关资料，了解相关情况，形成调研报告。制订提案办理专项协商计划，与区委办、区府办就提案办理评估工作开展对口协商，并就区建管委提案办理工作情况开展评估督查。遴选《关于进一步推进乡村振兴战略建设的建议》等 5 件提案开展主席、副主席重点协商督办，遴选《关于“环城水系公园建设”后续工作的建议》等 7 件提案开展各专委会重点协商促办，遴选社区管理类共 6 件提案开展同类提案集中协商办理，做好提案办理服务协调工作。就提案《关于推进垃圾分类工作的几点建议》，组织开展提案办理专题视察。选择前两年办理结果为“列入计划拟解决”的提案和 2019 年办理结果为“解决或采纳”但在答复时尚未落实结果的提案，开展“二次答复”，并与区府办开展针对性培训，提升提案办理质量。结合新委员培训班，开展提案工作业务培训，收集年度提案，开展区政协 2019 年度优秀提案评选。（周丽馨）

2019 年青浦区政协优秀提案情况表

表 18

序号	案由	提案号	提案单位(人)
1	打造长三角协同创新核心区的现实思考和路径建议	001	九三学社区委
2	如何将青浦区生态优势转化为发展优势的几点建议	009	夏登宇
3	关于将淀山湖打造成为长三角城市群一流滨湖空间的建议	016	民革区委
4	关于既有多层住宅加装电梯的建议	023	民建区委
5	关于建立和完善社区儿童之家的建议	025	郭慧清
6	关于打造田园综合体,努力实现乡村振兴的建议	029	民建区委
7	关于“充分利用会展溢出效应,促进本区产业融合发展”的建议	038	区侨联
8	加强居民小区物业和业委会管理,提升我区社区治理水平	045	民盟区委
9	关于在环城水系公园建设中体现文化底蕴的几点思考	053	民盟区委
10	关于建设“智慧河道”的建议	065	农工党区委
11	青浦区医疗资源配置与需求现状及建议	070	农工党区委
12	关于积极培育推动区内企业科创板上市的建议	073	谢松峰
13	精准对接借势发力顺势而为实现“进博会”溢出效应及招商服务机制常态化	077	陆景阳
14	关于青浦区行政服务中心一网通办的建议	078	民进区总支
15	关于提升道路综合管理水平,展示青浦新形象的几点建议	083	民革区委
16	关于落实精细化管理推进“美丽街区、美丽家园、美丽乡村”建设的建议	114	沈健
17	关于加大科技研发投入力度的建议	122	蔡磊
18	关于进一步发挥好长期护理保险积极作用的几点建议	128	吴晓燕
19	关于积极推动我区“智慧公交”建设的几点建议	135	张文倩
20	立足制度、依托平台招商,打造国贸龙头区	156	高宝霖
21	关于全面提升青浦区民营经济发展的建议	157	张瑶
22	优化长三角区域旅游资源,推进旅游产业持续发展	160	范斌
23	关于打造青浦成为时尚品牌消费中心的几点建议	166	团区委

(潘林峰)

■经济委员会(财经商贸组、工业组、农业组) 积极承担区政协“关于我区打造优化营商环境制度高地的思考与建议”重点课题调研,到市发改委营商环境建设处等开展调研,到浙江省湖州市、江苏省苏州市吴江区、浙江省嘉兴市嘉善县等长三角地区学习考察,形成调研报告和常委会《建议案》报送区委、区政府供决策参考。积极参加区政协“培育扶持科创产业,加快重大产业项目落地”“大力实施乡村振兴战略,打造长三角乡村振兴先行区”等议题常委会议协商活动,组织委员围绕“区 2019 年预算编制情况”与区财政局开展对口协商,开展《关于突破瓶颈、推进园区二次开发,提高经济密度的建议》提案促办活动。承办市政协首次“外籍人士走近政协界别委员”活动,受邀驻沪领馆总领事、领事、白玉兰奖获得者代表、各国友城驻沪代表等外籍人士共 30 多人,到青浦区视察乡村振兴实践上海样本。联合吴江、嘉善政协相关专委会举办“加快实体经济高质量发展,助力长三角地区创新协同一体化进程”“创新创业·助推长三角区域一体化走在前列”等主题的三地政协企业家委员沙龙和“抢抓进博会溢出效应,打造国际贸易龙头区”主题的企业家委员沙龙。动员委员积极参与第二届“进博会”服务保障、承接溢出效应。承办退役士兵就业招聘会。 (潘林峰)

■人口资源环境建设委员会 积极承担区政协“关于长三角生态绿色一体化发展示范区青浦先行启动区产业定位与发展战略”重点课题调研,到区发改委等相关部门开展调研,到广东省深圳市、中山市、珠海市学习考察,形成调研报告和常委会《建议案》报送区委、区政府供决策参考。组织委员围绕“土地征收出让和集建区外建设用地减量化工作”与区规划资源局开展对口协商,开展《关于“环城水系公园建设”后续工作的建议》提案促办活动。 (潘林峰)

■教科文卫体委员会 组织开展“关于推进民营科技园区发展,助推长三角协同创新核心区建设的思考与建议”课题调研,到北京市大兴区、河北省雄安新区学习考察和相关部门调研,形成调研报告。组织委员到区医疗保障局就“我区长护险试点工作”开展对口协商,到中山医院青浦分院就“提升患者满意度”议题开展视察和协商。组织开展

《关于进一步发挥好长期护理保险积极作用的几点建议》提案促办活动。围绕教育综合改革、公共文化服务体系建设等专题，开展调研督察。组织各界别活动小组围绕科技创新、医养结合、青少年体育培训等专题开展视察活动。

（苏 佩）

■社会和法制委员会 围绕"进一步优化公共服务，满足非公企业职工需求的调查与思考"深入基层和相关部门开展课题调研，形成调研报告。组织委员围绕"加强道路交通管理"与公安青浦分局开展对口协商。组织委员到青浦监狱就贯彻落实司法部五大改造新理念工作成果开展专题视察。联合区政协机关党支部到国家会展中心派出所开展"上善先锋行·护航进博会"进博安保工作专题视察暨"不忘初心·牢记使命"主题教育专题学习研讨。积极参加区政协"推进城市精细化管理，深化'三网融合'发展"常委会议协商活动。

（朱翠萍）

■学习和文史委员会 承办区政协关于新时代政协工作新使命新担当、国际形势、经济形势等3次学习报告会，以及中共党员政协委员培训班、新委员培训班。围绕"关于加强品牌建设，打造长三角江南文化示范区的思考与建议"开展课题调研，形成调研报告。组织委员围绕"区史志工作"与区史志办开展对口协商。开展《打造上海之门，留住历史文脉，拯救文化遗产，合理保护利用骆驼墩遗址、任仁发家族墓地》提案促办活动。联合江苏省苏州市吴江区、浙江省嘉兴市嘉善县政协相关专委会承办"墨舞江南"——庆祝中华人民共和国、人民政协七十华诞长三角三地书画联展。组织编纂《辉煌七十年优秀摄影作品集》。承办"现代舞蹈艺术赏析"文化沙龙等活动。

（潘林峰）

■民族和宗教委员会 围绕"挖掘区优秀民族宗教文化资源，助推厚重精致文化之门建设"开展课题调研，深入基层和相关部门开展调研，并就该议题与区民宗办、区文旅局开展对口协商，为调研奠定知情明政基础，形成调研报告。开展《对青浦群众文化工作的三点建议》提案促办活动。发挥自身特色优势，参与开展各类公益慈善活动。

（周丽馨）

10月10日，首次由市政协主办、区政协承办的"外籍人士走近政协界别委员"活动在青浦区举办

（区政协供稿）

■港澳台侨委员会 围绕青浦区新侨创新创业现状与分析，深入基层和相关部门开展调研，形成调研报告，组织委员围绕"发挥新侨在推动青浦跨越式发展中的作用"与区侨务部门开展对口协商。联合区侨联、徐泾镇政府召开"侨心共筑中国梦，助力跨越新发展"侨界人士国庆重阳主题活动，帮助侨界委员凝心聚力，回顾辉煌成就、展望美好前景。

（苏 佩）

重要活动及重点调研

■举办学习报告会 3月6日，区政协和区委统战部联合举办"新时代政协工作新使命新担当"学习报告会，邀请市政协常委，学习委员会分党组书记、常务副主任王国平作主题辅导报告。区政协副主席董永元主持会议。区政协副主席顾啸流、秘书长张正华和区委统战部副部长张静等出席。区政协委员，在青市政协委员，部分区统战成员、统战干部，区政协之友社理事，区政协机关、区委统战部全体干部等共500多人参加学习报告会。

6月25日，区政协举办"国际形势"学习报告会，邀请上海国际问题研究院院长，中国国际关系学会副会长、研究员，上海市政协对外友好委员会副主任陈东晓作辅导报告。区政协副主席董永元主持会议。区政协委员，在青市政协委员，部分区统战成员、统战干部，区民主党派班子成员，区政协之友社理事、兴趣小组组长，区政协机关全体干部等参加了学习报告会。

8月15日，区政协举办"经济形势"学习报告会。中共上海市委党校（上海行政学院）教授、经济学教研部主任、理论经济学研究所所长，全国马克思列宁主义经济学说史学会常务理事，上海市经济学会副秘书长唐珏岚应邀作辅导报告。区政协主席李华桂、副主席顾啸流、秘书长张正华等出席会议。区政协委员，在青市政协委员，部分区统战成员、统战干部，区民主党派班子成员，区政协之友社理事、兴趣小组组长，区政协机关全体干部等参加学习报告会。

（潘林峰）

■重点课题调研 围绕"长三角生态绿色一体化发展示范区青浦先行启动区产业定位与发展战略"和"青浦区打造优化营商环境制度高地"两项课题，分别成立课题组，开展重点课题调研。市政协首次与区级政协联合开展"示范区建设背景下产业定位与发展战略"重点课题调研，并成立联合调研组、召开调研会议，市政协主席董云虎听取情况汇报、提出工作要求。两项课题课题组先后与市发改委以及区发改委、经委、文广影视局、朱家角镇、金泽镇、政务办、区域办、湖区发展服务中心等单位多次开展座谈讨论，实地走访委员企业听取

7月2日，市政协“高水平建设长三角生态绿色一体化发展示范区，提升文化软实力，打造引领长三角更高质量发展的新引擎”提案专题座谈会在青浦召开 （区政协供稿）

委员意见和建议，到广东省深圳市、中山市、珠海市和江苏省苏州市吴江区以及浙江省湖州市、嘉兴市嘉善县等地学习考察。在广泛征求各方意见建议、充分研究论证的基础上，形成两份调研报告，分别经区政协五届十四次、十五次常委会议审议讨论，形成两份常委会议建议案，报送区委、区政府供决策参考，示范区产业定位课题调研成果在市政协新闻通气会上向媒体发布。

（潘林峰）

■多层次协商议政活动 区政协紧扣服务“进博会”和长三角生态绿色一体化发展示范区建设两大国家战略、推动青浦全面跨越式高质量发展和增进社会民生福祉，以常委会议协商、专题通报、对口协商、界别协商等形式开展18次协商活动，努力发挥专门协商机构作用，为相关工作建言献策。 （潘林峰）

2019年青浦区政协多层次协商议政活动情况表

表19

序号	时间	协商名称	协商议政主题及主要议程
1	3月28日	常委会议协商	培育扶持科创产业，加快重大项目落地。副区长倪向军应邀作情况通报，部分常委从指导企业科创板上市、推动华为项目集群发展、引导企业发挥主体作用、加强对科创企业和项目支持力度、强化科技人才队伍建设等角度提出意见建议
2	4月8日	学习和文史委员会对口协商	史志工作。区史志办通报相关工作情况，部分委员从挖掘地方特色、总结青浦经验、发挥史志作用以及注重人才培养、拓展史志内容，加强部门合作、完善信息共享，树立品牌意识、提升工作质量等方面提出意见建议
3	4月26日	提案委员会对口协商	提案办理评估督查工作。区委办、区府办通报相关工作情况，部分委员从优化考核环节、深化提办双方沟通、拓宽信息咨询渠道、完善制度机制、合理设置评估内容和分值等方面提出意见建议
4	5月5日	主席会议专题通报	青浦区生态环境建设工作情况。副区长顾骏应邀作情况通报
5	5月16日	民革、农工党、无党派和社会福利与社会保障界别协商	推进养老保障体系建设。区民政局、卫生健康委、医保局通报相关工作情况，界别成员从加强护理队伍建设、完善养老服务数据平台、建立统筹协调机制等方面提出意见建议
6	6月19日	民族和宗教委员会对口协商	挖掘青浦区优秀民族宗教文化资源，助推厚重精致文化之门建设。区民宗办、文旅局分别通报相关工作情况，部分委员从打造庙会品牌、挖深挖透民俗文化、增加市民文化活动场所及场次、培育挖掘本土文化人才以及抓住长三角一体化发展机遇，进一步弘扬江南文化等角度提出意见建议
7	6月27日	港澳台侨委员会对口协商	发挥新侨在推动青浦跨越式发展中的作用。区侨办通报相关工作情况，部分委员从不同角度提出意见建议
8	7月3日	监督性常委会议协商	推进城市精细化管理，深化“三网融合”发展情况。区委副书记杨小菁，区委常委、组织部部长蒋仁辉应邀作情况通报，部分常委和委员从发挥党建引领作用、平台资源共建共享、信息系统平台建设、调动群众参与积极性、促进“三网融合”效能发挥等角度提出监督性意见建议
9	8月22日	社会和法制委员会对口协商	加强道路交通管理。公安青浦分局通报相关工作情况，部分委员从加强交通安全知识宣传力度、提高一线执法人员待遇、建立健全部门联动综合管理体系等方面提出意见建议

（续表）

序号	时间	协商名称	协商议政主题及主要议程
10	8月22日	民建、九三学社、工商联界别协商	立足两个国家战略新起点，促进民营经济高质量发展。区经委、科委通报相关工作情况，界别成员从优化营商环境、解决中小微企业融资难问题、推进产学研模式以及加大实体经济支持力度等角度提出意见建议
11	8月27日	民盟、民进、致公党、社会科学界别协商	完善垃圾分类处置。区绿化市容局通报相关工作情况，界别成员积极提出意见建议
12	8月30日	主席会议专题通报	推动城市更新，提升城市功能品质。区委常委、副区长姜爱锋应邀作情况通报
13	9月11日	人口资源环境建设委员会对口协商	土地征收出让和集建区外建设用地减量化工作。区规划资源局通报相关工作情况，部分委员围绕如何进一步做好减量化工作和土地征收出让工作提出意见建议
14	10月11日	工会、共青团青联、妇联和教育界别协商	推进幼托市场健康发展。区教育局、区妇联通报相关工作情况，部分委员从加强对托育机构监管力度、提高普惠性托育资源供给水平、加大保教专业人才培养等方面提出意见建议
15	10月15日	教科文卫体委员会对口协商	社区卫生服务中心工程推进情况。区卫健委通报相关工作情况，委员们从做好规划设计、加强资源配置、加大人才引进等方面提出意见建议
16	10月31日	常委会议协商	大力实施乡村振兴战略，打造长三角乡村振兴先行区。副区长金俊峰应邀作情况通报，部分常委和委员从创新农村管理体制机制、推动农业农村规划落地、完善农村政策支撑体系、推动农村生产生活转型发展、强化乡村振兴标准化工作、尊重农民主体地位、推进农村新兴产业发展等角度提出意见建议
17	12月19日	经济委员会对口协商	2020年度财政预算编制情况。区财政局通报相关工作情况，部分委员从加大对制造业扶持力度、在示范区建设中充分发挥财政作用、青嘉吴三地对比借鉴协同发展、财政资金向基础建设和农村偏远地区倾斜等方面提出意见建议
18	12月23日	常委会议专题通报	区委常委、纪委书记、监委主任王翔应邀通报2019年党风廉政建设情况。副区长顾骏应邀通报关于区政协五届三次会议以来提案办理和“全国文明城区创建情况”会议监督意见建议落实的情况

（潘林峰）

■专题议政会 组织开展“全国文明城区创建工作”专题议政会议监督，成立议政调研组和公共场所、道路交通、未成年人点位、窗口单位、社区点位等5个工作组，历时3个多月，委员们开展明察暗访、问题反馈、集中视察活动。9月5日，“创建全国文明城区”监督性专题议政会在区会务中心召开。区政协主席李华桂，区委常委、宣传部部长姜道荣出席并讲话，区政协副主席董永元主持会议。区创全办副主任、区委宣传部副部长俞峰通报情况。委员们从文明城区道路交通、城区公共场所、标准化菜市场建设、垃圾分类长效规范化管理、文明校园建设、“创全”未成年人工作推进、依托网格化管理、加强“面、线、点”相结合等方面进行协商讨论，并提出意见、建议。区政法委、绿化市容局等13个职能部门、各镇街道分管负责人等应邀参加议政会。（潘林峰）

■重点提案办理协商 区政协制定实施《2019年提案办理专项协商计划》，开展主席重点协商督办，围绕《关于进一步推进乡村振兴战略建设的建议》等5件重点提案，与区农业农村委等15家主协办单位进行协商督办；开展专委会重点协商促办，围绕《关于“环城水系公园建设”后续工作的建议》等7件重点提案，与淀山湖新城公司等20家主协办单位进行协商促办；开展同类提案集中协商办理，围绕小区管理类共6件提案，与房管局等5家主协办单位进行协商。首次开展提案办理评估督查，推动提案办理工作、促进相关建议的采纳和

9月5日，区政协“创建全国文明城区”专题议政会举行（区政协供稿）

落实。 （潘林峰）

■委员视察活动 3月20日，组织开展“培育扶持科创产业，加快重大产业项目落地”知情视察，实地察看上海安诺其股份有限公司（七彩数码体验馆）、青浦唯赛勃环保科技公司及华为研发中心和人才公寓筹建基地。

5月9日，组织开展“市西软件信息园建设情况”专题视察，实地察看漕河泾赵巷科技绿洲项目规划、参观“华为云”展厅、鸟瞰市西软件信息园核心区全貌。

6月5日，组织开展“推进城市精细化管理，深化‘三网融合’发展”知情视察，实地察看徐泾西郊家园、徐泾镇网格化中心。

8月16日，组织开展“青浦创建全国文明城区”集中视察活动，实地察看三元河菜场、西部花苑一区、西部花苑社区综合文化服务中心等。

8月27日，组织开展“完善垃圾分类处置”提案办理情况专题监督视察，实地察看天马再生能源公司及怀盛怡庭小区的垃圾分类处置情况。

9月17日，组织开展“大力实施乡村振兴战略，打造长三角乡村振兴先行区”知情视察，实地察看练塘镇东庄村、莲湖村。

9月24日，组织开展“上善先锋行·护航进博会”进博安保工作专题视察，实地察看青浦公安分局“社会面智能安防系统”和国家会展中心派出所。

12月13日，与区人大联合组织开展年终大视察，分四组实地察看协和双语学校、冬雷脑科医院、夏都小镇、安诺其七彩数码体验馆、区体育文化中心、城东新村二区老旧小区改造项目、环城水系公园项目、朱家角养老院、金泽镇双祥村。 （潘林峰）

■民主监督 不断完善民主监督形式、探索民主监督实践。其中，围绕“推进城市精细化管理、深化‘三网融合’发展”和“全国文明城区创建工作”分别开展常委会议监督和专题议政会议监督；受区政府委托，对16家承担区政府挂图作战重点工作的非牵头单位，组织开展挂图作战季度督查测评工作；持续加强社情民意信息监督，试点成立反映社情民意信息工作室，全年收集社情民意信息703件，其中：报送市政协446件，数量和质量均取得突破。《关于深化农村公共基础设施管护体制改革》等4件被全国政协采用，《关于改善进博会相关人员密集场所安全检查工作的建议》等37件被市政协刊用或转送市有关部门，《进一步发挥社区社会组织作用，助力<上海市居民委员会工作条例>实施》等9件得到市领导批示。（潘林峰）

■列席区人大代表会议 7月30日，区政协组织委员在区会务中心列席区五届人大第五次会议，听取并讨论区政府上半年工作情况和下半年重点工作安排报告。与会委员围绕区政府工作报告，聚焦“两大国家战略”“乡村振兴”“经济高质量发展”“城市精细化管理”“民生保障和社会治理”等热点话题和难点问题，从全面落实长三角一体化发展国家战略、放大“进博会”战略平台效应、推动经济高质量发展、持续提升城市功能和品质、进一步加强民生保障和社会治理、大力推进实施乡村振兴战略、不断提高城市精细化管理水平等方面提出意见建议，并报送区委、区政府供参考。 （潘林峰）

■自身建设 贯彻落实中央和市委政协工作会议精神，以及关于新时代加强和改进人民政协工作的《意见》精神，建立健全工作制度，实施重点工作“挂图推进”机制，不断加强政协委员和机关干部队伍建设。修订《区政协全体会议工作规则》《区政协常委会议工作规则》《区政协特约监督员工作规则》《加强和改进界别工作更好发挥界别作用的办法（试行）》，制定出台《区政协常委述职办法（试行）》等制度。落实区委深化机构改革的决策部署，调整专门委员会设置，优化专委会干部队伍。会同区委组织部、统战部，调整充实委员队伍，举办新委员培训班。按照“四个从严”（即从严教育、从严要求、从严管理、从严监督），加强机关干部队伍建设。注重履职成果宣传，讲好“青浦政协履职故事”，在《联合时报》、“政协头条”等市级媒体和微信公众号上宣传报道履职活动和委员履职风采累计130篇。 （潘林峰）

2019年青浦区政协重要建议和调研报告情况表

表20

序号	重要建议或调研报告	撰写单位
1	关于长三角生态绿色一体化发展示范区青浦先行启动区产业定位与发展战略的建议案和调研报告	区政协
2	关于青浦区打造优化营商环境制度高地的建议案和调研报告	区政协
3	关于青西地区建设用地使用方面的几点建议	民革区委
4	推动建立非遗保护联动机制，助力打造江南文化示范区	民盟区委
5	加快推进农民相对集中居住，更好实施乡村振兴战略	民建区委
6	美丽乡村长效管理需要打造强大的内生动力	民进区总支
7	关于进一步加强我区健康城区建设的四点建议	农工党区委
8	立足打造创新产业高地，推进职业教育高质量发展	致公党区总支
9	发挥社会专业机构作用，构建知识产权保护和促进机制	九三学社区委
10	立足国家战略新定位新要求，打造我区营商环境制度高地	区工商业联合会

（续表）

序号	重要建议或调研报告	撰写单位
11	打造可阅读、有温度的城市大客厅	区归国华侨联合会
12	营造多元聚才生态，激发人才动能服务国家战略	区中青年知识分子联合会
13	争先发力，落实“四个新高地”要求	高宝霖
14	关于促进我区青少年视力健康的几点建议	民革区委
15	关于加强政策落地服务，进一步优化青浦营商环境的建议	民革区委
16	关于长效维护好青浦水体大环境的几点建议	民革区委
17	关于进一步优化我区营商环境，推动经济高质量发展的几点建议	民盟区委
18	结合实际突破机制，打造长三角乡村振兴先行区	民盟区委
19	关于我区垃圾分类长效规范化管理的几点建议	民盟区委
20	关于进一步提升我区义务教育优质均衡发展的建议	民盟区委
21	关于进一步做好本区“长护险”工作的建议	民建区委
22	关于提高执行阶段司法拍卖程序效率的建议	民建区委
23	关于推动发展区域性股权交易市场的几点建议	民建区委
24	关于促进我区小微企业发展的对策建议	民建区委
25	建设乡村美学课堂，激活美丽乡村建设原动力	民进区总支
26	激活源动力，建设美丽乡村	民进区总支
27	加快发展青浦医疗建设，积极服务长三角一体化	农工党区委
28	加快推进我区既有多层住宅加装电梯工作	农工党区委
29	建立农村垃圾分类处理系统，加快推进青浦“美丽乡村”建设	农工党区委
30	青浦区美丽乡村建设情况的调查及建议	农工党区委
31	青浦区实行垃圾分类的现状及建议	农工党区委
32	浅析乡村振兴之民宿业现状及发展	农工党区委
33	优化营商环境，促进产业发展	致公党区总支
34	多维构建文化生态，助力“上海之门”建设	九三学社区委
35	关于大力培育建设工程全过程咨询机构，进一步优化提升营商环境的建议	九三学社区委
36	以标准化推进示范区建设的思考和建议	九三学社区委
37	关于加强儿童友好城区创建工作的建议	区妇女联合会
38	提质增效，为乡村振兴贡献民营企业的力量	区工商业联合会
39	打造开放多元、健康完善的创新生态	区科学技术协会、区中青年知识分子联合会
40	关于青浦区发展新一代新兴产业集群的建议	区中青年知识分子联合会
41	加强多元协商共治，提升社区治理水平	郑湘竹

（潘林峰）

附：

政协上海市青浦区第五届委员会主席、副主席、秘书长、副秘书长、常务委员、委员名单

主　席

李华桂（女）

副主席

顾啸流　董永元　王海青（女）

饶斐文

秘书长

张正华（女）

副秘书长

诸福先　徐海燕（女）　朱国健

姚　蓁（女，10月31日起不再担任）

姚伟明　高　峰

常务委员（按姓氏笔画排列）

王祥修　王翠玲（女）　叶丽君（女）

田春红（女）　朱　斌　朱国健

刘　敏（1月8日增补）　池学聪

池春燕　纪立军　吴　春　邱宝荣

冷彩花（女）　张　静（女）

杭　萍（女）　周思琴（女）

周豪良（1月8日增补）

姚　蓁（女，10月31日起不再担任）

姚伟明　袁国良　徐　农

徐海燕（女）　高　峰　高红宇（女）

高宝霖（1月8日增补）　高晓生

郭慧清（女，1月8日增补）
诸　威（10月31日起不再担任）
黄河生（1月8日增补）　黄银贤
斯朝富　舒振宇　释昌智
谢　玲（女，1月8日增补）

委　员

中国共产党上海市青浦区委员会

任建荣　江　怀（10月31日增补）
李华桂（女）　张　静（女）
张正华（女）　陈金新　周思琴（女）
顾啸流　徐连光　诸福先　董永元
潘慧敏（女，10月31日起不再担任）

中国国民党革命委员会上海市青浦区委员会

孙彦鸣　周德平　高琳琳（女）
谢　玲（女，10月31日调入）

中国民主同盟上海市青浦区委员会

王海青（女）　吴建一（女）　沈　培
高晓生　梅一南

中国民主建国会上海市青浦区委员会

陆景阳　高　峰　高红宇（女）
黄泽伟

中国民主促进会上海市青浦区总支部委员会

郑湘竹（女）　姚伟明　徐　华（女）
裘德荣

中国农工民主党上海市青浦区委员会

朱　斌　吴卫文（女）　周雷平
饶斐文

中国致公党上海市青浦区总支部委员会

毛晓东　闵宏伟　沈卫星
姚　蓁（女，10月31日起不再担任）
高宝霖（10月31日调入）

九三学社上海市青浦区委员会

王文军（女）　王淑娟（女）　朱国健
金　炜

无党派人士

沈　健（10月31日增补）　胡定祥
费　峰　徐海燕（女）
诸　威（10月31日起不再担任）

中国共产主义青年团上海市青浦区委员会、上海市青浦区青年联合会

叶丽君（女）　张福奇　陆平一
徐纯晔（女）

上海市青浦区总工会

吴　春　张文倩（女）　张建锋
袁昌华

上海市青浦区妇女联合会

汤雅清（女）　金　燕（女）
周宏美（女）　郭慧清（女）

上海市青浦区工商业联合会

尹建刚　冯伟琴（女）　池学聪
纪立军　李　燕（女）　李世峰
李言明　李晓东　李锦铭　连国旺
张春霖　陈建华　范　斌　林　琪
林少东　周仕华（女）　周豪良
袁国良　徐　清　徐林元　徐国平
唐炳忠　黄银贤　斯朝富　葛永焕
舒振宇　蔡斌彬

上海市青浦区科学技术协会与科学技术界

卜立新　王　杰　王翠玲（女）
朴东国　刘志斌（10月31日增补）
余　磊　陈宝荣　费　军　夏登宇
郭正光　黄河生

上海市青浦区台湾同胞联谊会

支屹峤　罗　青

上海市青浦区归国华侨联合会

刘　兵（女）　刘严雄　何悦芳（女）
杭　萍（女）　胡雷激　程培文

社会科学界

王贤诚　邱宝荣　沈红开
沈建芳（女）　陈　峰　周红亚（女）
莫林明　夏家喜（10月31日起不再担任）
倪达锋　席晓东（10月31日增补）
蔡　磊

经济界

干建平（10月31日增补）
王　力（10月31日增补）
王丽芳（女，10月31日起不再担任）
占玲灵（女，10月31日增补）
叶　慧（女）　叶明雯（女）
朱华栋（10月31日起不再担任）
朱筱安　池春燕
杜黎明（10月31日起不再担任）
杨　震（10月31日增补）
吴佩林　张　悦
张卫平（10月31日起不再担任）
张秀红（女）　张振明
陆宏信（10月31日增补）
陈　炎（10月31日增补）
陈毛根（10月31日起不再担任）
赵景秀（女）　徐　农　高剑峰
赖伟春（女）　雷　鹏　虞　骏
蔡云峰

农业界

丁晓欢　朱元宏　吴　健
吴晓燕（女）　余延略　陈春民
袁家明（10月31日起不再担任）
钱红弟　龚海明（10月31日调入）
程光宇

教育界

王祥修　刘艳萍（女）　李　会
冷彩花（女）　张之银　张国成
张金华　姚明明（10月31日增补）
童晓虹（女）

体育界

王志明　沈　林　陆　萍（女）
顾桂芳（女，10月31日增补）
顾爱根

医药卫生界

刘　敏　吴金英（女）　沈丽华（女）
张　琼（女）　陈爱娥（女）　周　峰
洪　斌　唐扣明　蔡红妹（女）
潘俊锋

文化新闻界

王　辉　田惠敏　刘　群
张力华（女）　陈君芳（女）
顾琴英（女）　徐　斌　蔡青青（女）

社会福利与社会保障界

陆震宇（10月31日增补）
徐卫军　郭　樱（女）
黄海忠（10月31日调入）
董旭华（女）　蒋晓红（女）

少数民族界

田春红（女，土家族）
刘　江（女，土家族）
张　瑶（女，回族）
赵启厚（满族）

宗教界

左慧麟　耿卫忠（10月31日起不再担任）
释昌智　翟仁军

特别邀请人士

马丽娜（女）　王　滨（10月31日增补）
王海涛　方伟忠
孔　懿（10月31日增补）
卢敬文　吉　峰　朱红珍（女）
关保英　李　松　杨伟英（女）
吴先侨（女）　沈　健　沈永连
沈盈廷　张小英（女）　张卫兴
陈基东　范　烨（10月31日起不再担任）
金国宏（10月31日起不再担任）
周文娟（女）　查　生　徐　慧（女）
徐娅芝（女，10月31日增补）
唐贵发　唐新明　黄　涛
黄丽华（女）　梁兆贤　谢松峰
鲍长庚（10月31日增补）　戴秀河

综 述

2019 年，青浦区纪检监察组织坚持以习近平新时代中国特色社会主义思想为指导，认真贯彻党的十九届四中全会精神，全面落实十九届中央纪委三次全会、十一届市纪委三次全会精神和区委工作部署，坚持稳中求进工作总基调，努力推动青浦纪检监察工作高质量发展，把全面从严治党不断引向深入。

重要会议与活动

■五届区纪委四次全会 该会于 1 月 25 日在区会务中心召开。全会由区纪委常委会主持。区四套班子领导和区管处级干部出席会议。区委书记赵惠琴出席会议并讲话。区委常委、区纪委书记、区监委主任王翔代表区纪委常委会作《立足新起点，开启新征程，全力推动纪检监察工作实现高质量发展》工作报告。全会指出：2018 年，全区纪检监察组织深入学习贯彻习近平新时代中国特色社会主义思想和党的十九大精神，积极贯彻落实党的十九大关于全面从严治党的战略部署，围绕市纪委和区委工作部署，坚持稳中求进工作总基调，不断把全区党风廉政建设和反腐败工作引向深入。全会强调：2019 年是中华人民共和国成立 70 周年，是全面建成小康社会、实现第一个百年奋斗目标的关键之年。纪检监察工作要以习近平新时代中国特色社会主义思想为指导，深入贯彻党的十九大和十九届二中、三中全会精神，全面落实十一届市纪委三次全会和区委工作部署。要持之以恒推动学习贯彻落实习近平新时代中国特色社会主义思想；要坚决把政治纪律和政治规矩落到实处；要探索形成更加完善高效的监督体系；要推动管党治党责任更加深入有效落实；要持续深化推动纪检监察体制改革；要更加注重推动“三不”（即不敢腐、不能腐、不想腐）一体推进；要全方位营造风清气正的环境和氛围；要坚持打造政治过硬本领高强的模范机关。全会期间，与会人员认真学习十九届中央纪委三次全会、十一届市纪委三次全会精神，审议并通过全会工作报告和全会决议。 （孙鸣飞）

■组织开展“拼搏实干、担当作为”大讨论 在全区范围内对照“秦岭北麓违建别墅”问题，组织开展“拼搏实干、担当作为”大讨论。推动各级党组织通过走访调研，排查问题 2509 个，形成经典案例 71 个，进一步统一思想、凝聚共识，推动党员干部在政治立场、政治方向、政治原则、政治道路上同党中央保持高度一致，把“两个维护”落实到行动上、体现到工作中。 （孙鸣飞）

■组建区纪委监委第一至第九派驻纪检监察组 2 月，根据监察体制改革要求，经区委研究决定，撤销区级党和国家机关本级内设纪检监察机构，组建区纪委监委第一至第七派驻纪检监察组，对全区 53 家机关和直属事业单位实行综合派驻，履行纪检、监察两项职能。5 月，组建区纪委监委第八、九派驻纪检监察组，对区人民法院、区人民检察院实行单独派驻。 （孙鸣飞）

■监察办公室揭牌成立 为深入贯彻落实中央、市委关于深化国家监察体

1 月 25 日，中国共产党上海市青浦区第五届纪律检查委员会第四次全体会议在区会务中心召开 （区纪委监委供稿）

制改革试点工作精神，部署区监委监察职能向各街镇延伸工作。1 月 25 日，区街镇监察办公室成立会议在区会务中心举行，区委常委、区纪委书记、区监委主任王翔出席会议并为区各街镇监察办公室揭牌，宣布各街镇监察办公室主任和副主任的职务任命。

（孙鸣飞）

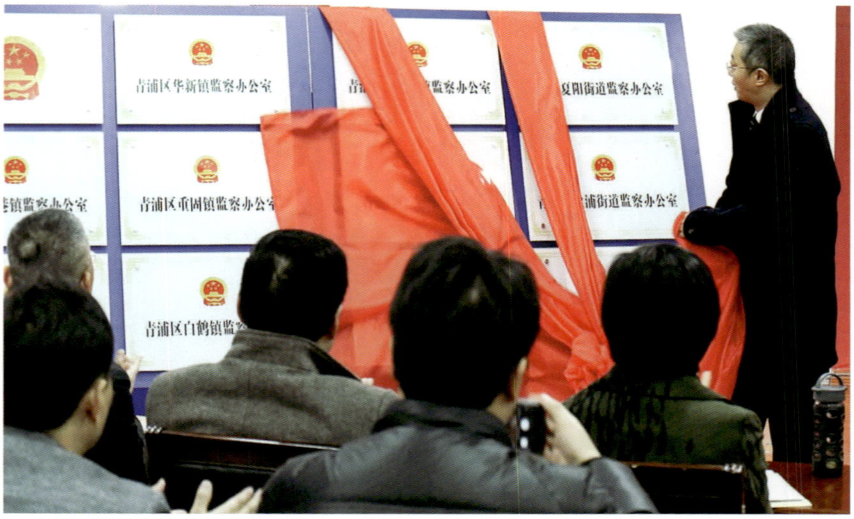

1 月 25 日，区街镇监察办公室成立会议在区会务中心举行

（区纪委监委供稿）

■开展扫黑除恶专项斗争　成立区纪委监委配合中央扫黑除恶专项斗争督导工作领导小组，建立三个工作专班，围绕中央督导工作的部署安排，重点查处党员干部和其他行使公权力的公职人员自身涉黑、涉恶、腐败问题和充当黑恶势力“保护伞”问题以及地方党委和政府、政法机关、相关职能部门与其工作人员在扫黑除恶专项斗争中工作推动不力等三类问题。共研判处置涉黑、涉恶问题线索 118 件，党纪政务立案 23 件。

（孙鸣飞）

■青浦区纪检监察半年度工作会议　该会于 7 月 29 日在区会务中心召开。全会由区委常委、区纪委书记、区监委主任王翔主持。区纪委常委、区纪委委员、区监委委员及全区纪检监察系统全体干部出席会议。会议传达十一届市委七次全会、五届区委八次全会精神，通报全市纪检监察工作会议情况和上半年青浦区监督执纪审查调查工作情况并部署下半年监督执纪审查调查工作。华新镇、青发集团纪委和第四派驻纪检监察组作交流发言。王翔肯定了上半年纪检监察工作取得的成绩，并就做好下半年纪检监察工作提出要求。

（孙鸣飞）

■纪检监察工作座谈会　11 月，为筹备好五届区纪委五次全会、开好年度工作务虚会、更好谋划 2020 年纪检监察工作，区纪委监委召开各街镇、区管企业纪（工）委书记工作座谈会。重点围绕如何协助党（工）委把全面从严治党“四责协同”（即党委的主体责任、纪委的监督责任、党委书记的第一责任以及班子成员的一岗双责责任）落实落细；如何完善监察监督全覆盖格局；如何主动运用好监督执纪“四种形态”（即经常开展批评和自我批评，让咬耳扯袖、红脸出汗成为常态；党纪轻处分和组织处理要成为大多数；对严重违纪的重处分、作出重大职务调整应当是少数和严重违纪涉嫌违法立案审查的只能是极少数），进一步掌握本单位政治生态情况、开展政治生态分析，为党（工）委履行主体责任提供有效载体；如何把握好“三不”一体推进找准工作攻坚难点和重点，开展工作思考。

（孙鸣飞）

6 月 20 日，青浦区“青莲讲堂”启动仪式暨 2019 年“百村千人”村居干部廉政教育活动启动仪式

（区纪委监委供稿）

■开展第二批“不忘初心、牢记使命”主题教育　9—11 月，区纪委监委开展第二批“不忘初心、牢记使命”主题教育。制定区纪委监委机关主题教育工作方案，组建委机关主题教育领导小组及专项工作组，部署区纪委监委机关主题教育的各项工作安排，将区纪委监委机关领导班子成员及处级领导干部共 28 人统一纳入到委机关的主题教育活动，督促领导干部带头上好专题党课，带动全体党员干部积极参加主题教育，把学习教育、调查研究、检视问题、整改落实贯穿主题教育始终。共完成学习研讨 12 次，交流发言 70 人次，形成调研报告 28 份，主动检视问题 280 个，完成整改问题 273 个，持续整改问题 7 个。同时，强化监督指导，同步抓好基层党支部主题教育活动。

（孙鸣飞）

■“青莲讲堂”启动仪式暨 2019 年“百村千人”村居干部廉政教育活动　6 月 20 日，青浦区“青莲讲堂”启动仪式暨 2019 年“百村千人”村居干部廉政教育活动在夏阳街道社区文化活动中心启动，区纪委副书记、区监委副主任仲吉宇，各街镇纪（工）委书记，夏阳街道村、居两委班子成员和村务监督委员会主任等参加活动。启动仪式上，仲吉宇作开班动员。此系列活动旨在推动廉政教育常态化、多维度和全覆盖；推动改造廉政教育基地，开展面向党员干部、居民群众的廉政教育，让党纪法规深入党员干部群众；进一步夯实基层党员干部廉洁从政意识，强化基层党员干部队伍建设。（孙鸣飞）

推进全面从严治党责任落实

■**概况** 2019年，青浦区纪委监委深化全面从严治党"四责协同"机制，以压实责任为路径，盯紧责任落实各个环节，及时发现问题、精准纠正偏差，管好关键人、管到关键处、管住关键事、管在关键时，特别是压实"一把手"责任，推动管党治党责任进一步落地落细。（孙鸣飞）

■**关注"关键少数"** 区纪委监委参与75家区管处级领导班子民主生活会的督导，着力营造严肃、团结、民主的政治氛围。开展处级干部培训班专题授课和31名领导干部履职廉政提醒谈话，督促"关键少数"提高责任意识。开展全区646名区管处级干部廉情"底数"分析，排摸共性、个性问题，整体摸清区管干部队伍廉情概况。（孙鸣飞）

■**强化压力传导** 区纪委监委推动区属党委党组主要负责人向区委、区纪委述责述廉，对17家区管党组织开展年度党风廉政建设责任制落实情况和上年度责任制检查整改情况专项检查，推动各基层纪检监察组织制发廉情抄告102份。（孙鸣飞）

■**强化追责问责** 认真贯彻《中国共产党问责条例》，以党员领导干部为重点，抓住典型，实施追责问责。全年对28名干部因履职不力开展问责，以精准问责倒逼责任落实。（孙鸣飞）

监督检查审查调查工作

■**概况** 2019年，青浦区纪委监委以落实落细为基准，努力拓展监督的深度和广度；以真抓实干为导向，进一步巩固拓展作风建设成果；以防腐拒变为目标，一体推进不敢腐、不能腐、不想腐；以人民利益为中心，着力整治群众身边的不正之风和腐败问题。（孙鸣飞）

■**监督体系** 探索建立区纪委主要负责人与各区属党组织主要负责人的谈话提醒机制，做到监督常在、形成常态。认真落实市纪委监委《关于开展政治生态分析的工作办法（试行）》（沪纪办〔2018〕66号），开展各类专项分析42项，探索政治生态分析新路径。推动信访举报中形式主义、官僚主义专项整治工作，加强信访反映情况的集体研判，探索无实质内容反映件的集体审议机制。强化巡察问题整改，推动形成有序衔接、互为补充、协调一致的整改监督链条，共同做好巡察"后半篇文章"。同时，推动党内监督同国家机关监督、民主监督、司法监督、群众监督、舆论监督有效贯通，把权力置于严密监督之下。（孙鸣飞）

■**持续强化党纪党规教育** 制作警示教育片《身边的警醒之五》，组织全区各级党组织和党员干部观看学习并开展学习研讨。结合主题教育，组织全区处级干部观看李延臣、吕永杰典型案件警示教育片，深化干部自警意识。相继在中央媒体、市级媒体刊发《上海青浦：运用车载定位系统加强对公车监督》《市民投诉违建遭遇拖延"战术"纪委监委出手了》等17篇文章，有效提升廉政宣传广度。在坚持开展"百村千人"廉政教育活动基础上，探索推出"青莲讲堂"廉政教育主课堂，推动廉政教育常态化、多维度和全覆盖。推动改造廉政教育基地，开展面向党员干部、居民群众的廉政教育，让党纪法规深入党员干部群众。（孙鸣飞）

■**"四风"监督工作** 进一步抓牢作风建设，以真抓实干为导向，进一步巩固拓展作风建设成果。坚持把各单位执行《青浦区深入贯彻落实中央八项规定精神的实施细则》情况作为日常监督重点，紧盯违规接受宴请等隐形变异问题强化监督检查。制定下发《关于深入贯彻落实中央八项规定精神努力营造风清气正氛围的通知》，督促职能部门下发《关于进一步严格执行公务用车、公务出行管理制度的意见》，进一步加强公务用车实时、全方位的监管。严查快处顶风违纪行为，全年受理违反中央八项规定精神问题48件，党纪政务处分9件18人，点名道姓通报曝光10人，对3起在美丽乡村建设、环境整治等方面不正确履行职责以及弄虚作假、谎报情况的典型案例严肃查处。（孙鸣飞）

■**强化监督执纪问责** 区纪委监委全面加强纪律建设，不断净化政治生态。全年全区纪检监察组织运用监督执纪"四种形态"539人次，其中：充分运用第一种形态，以约谈函询、批评教育等方式处理351人次，占65.1%；妥善运用第二种形态，以轻处分、组织调整等方式处理148人次，占27.5%；准确运用第三种形态，以重处分、重大职务调整方式处理17人次，占3.2%；果断运用第四种形态，依规依纪依法处理严重违纪违法行为23人次，占4.3%。强化追责问责，对28名干部因履职不力开展问责。（孙鸣飞）

■**巩固惩治腐败高压态势** 全年全区共处置问题线索510件，立案查处212件，采用留置措施3人，结案187件，给予党纪政务处分179人，进一步巩固"不敢"的态势。以高质量的纪律检查建议书、监察建议书推动职能部门进一步完善源头管控机制，不断压缩腐败现象生存空间和滋生土壤，进一步严密"不能"的制度。提升廉政宣传广度，推动廉政教育常态化、多维度和全覆盖，推动改造廉政教育基地，开展面向党员干部、居民群众的廉政教育，让党纪法规深入党员干部群众，增强"不想"的自觉。（孙鸣飞）

干部队伍建设

■**概况** 2019年，区纪委监委以忠诚担当为标准，坚持严管与厚爱结合，打造政治过硬本领高强的模范机关。（孙鸣飞）

■**政治建设** 制定《加强政治机关建设实施方案》，提出17项任务，明确8项具体特色工作。谋划部署推进区纪委监委机关“不忘初心、牢记使命”主题教育，督促领导干部带头上好专题党课，带动全体党员干部积极参加主题教育。落实重大事项请示报告制度，全年呈报区委审查调查统计分析情况、谈话函询、初步核实、审查调查等请示及工作方案41份，全面落实区委对纪检监察工作的统一领导。（孙鸣飞）

■**履职能力** 加大教育培训力度，选送164人参加中央纪委国家监委、市纪委监委、区委组织的各类培训、轮训。丰富以干代训方式，选派9人参加市纪委巡视、专案工作。组织开展全区250件办结案件的质量检查，推动提升基层单位案件办理的能力和水平。抓紧抓好《中国共产党纪律检查机关监督执纪工作规则》《监察机关监督执法工作规定》的学习，强化制度意识、纪法思维，依规依纪依法履行职责、行使权力，自觉做遵纪守法、制度执行的表率。（孙鸣飞）

■**监督管理** 开展全区95名科级及以下纪检监察干部专项评估调研，全面摸清当前现状、存在问题及发展需求。建立区纪委监委机关干部日常管理监督“1+5”（“1”即关于印发《关于加强青浦区纪委监委机关干部日常管理监督的若干规定（试行）》的通知（青纪办〔2019〕13号）；“5”即《关于打听过问干预执纪审查调查审理工作实行登记报告和责任追究的规定》（青纪办〔2018〕7号）、《纪检监察干部主动申请工作回避的规定》（青纪办〔2018〕7号）、《青浦区纪委监委机关科级以下干部个人重大事项报告规定》《青浦区纪委监委机关干部外出报告规定》《青浦区纪委监委机关科级以下干部操办婚丧喜庆事宜报备的规定》）制度体系，严格外出审批、重大事项报告、婚丧嫁娶审批等制度，强化干部日常管理。制定《关于进一步规范全区纪检监察组织问题线索处置相关流程的规定》《青浦区纪委监委派驻纪检监察组监督执纪监察工作办法（试行）》等。进一步重申“八个严禁”（即严禁发表、传播违背党的路线方针政策的言论，严禁未经允许发表尚未公开的纪检监察工作内容，严禁接受请托、干扰案件、以案谋私、办人情案，严禁私自留存、隐匿、泄露问题线索、涉案资料，严禁以违规违法的方式收集、处置证据，严禁与涉案人员及其特定关系人不正当交往，严禁擅自从事讲课、有偿服务等与职务相关的活动，严禁有损纪检监察干部公正、廉洁形象的行为）“六个严守”（即严守政治纪律，严守组织纪律，严守廉洁纪律，严守工作纪律，严守群众纪律，严守生活纪律）要求，引导督促全体纪检监察干部，尤其是领导干部自觉接受党内监督和其他各方面监督，严格约束家属、子女和身边工作人员。（孙鸣飞）

朱家角古镇一景 （张军华摄）

民主党派·工商联

编辑 姜依霖

综　述

2019年，青浦区各民主党派、工商联以习近平新时代中国特色社会主义思想为指导，深入学习贯彻中共十九大和十九届四中全会精神，组织开展学习习近平总书记在第二届“进博会”上的主旨演讲，稳步推进“不忘合作初心，继续携手前进”主题教育活动，围绕“服务国家战略、担当时代使命、建设上海之门”的总体目标，牢固树立“四个意识”，不断深化思想政治建设，积极履行民主监督、参政议政、社会服务职能，各项工作取得新进展。

区“两会”期间，各民主党派、工商联共提交提案91件，其中：获区政协优秀提案9件、重要建议和调研报告29件；反映社情民意意见、建议460件，多数提案、建议被市、区政府和有关部门重视和采纳。

至年底，全区共有民主党派7个，新增69人，共计915人，其中：民革区委135人、民盟区委202人、民建区委175人、民进总支92人、农工党区委119人、致公党总支52人、九三区委140人；民主党派中有市人大代表6人、区人大代表14人、区政协委员52人。

区工商联围绕区委、区政府中心工作，认真践行“两个健康”（即非公有制经济健康发展、非公有制经济人士健康成长）工作主题，以“不忘初心、牢记使命”主题教育和“大调研”工作为抓手，发挥自身优势，履行工作职能，服务企业、服务社会。光彩事业成为区工商联品牌活动。　（姜依霖）

民革上海市青浦区委员会

■**概况**　2019年，民革青浦区委新发展党员11人，共有党员135人，平均年龄49.72岁，其中：具有高级职称47人，占党员数的34.8%；女性党员50人，占党员数的37%；80年后青年党员34人，占党员数的25%；退休党员31人，占党员数的23%。党员中有市人大代表1人、区人大代表3人（常委1人），市政协委员1人、区政协委员12人（常委2人）。

（崔　平）

■**思想建设**　民革区委围绕思想政治建设核心，组织开展学习中共十九大、十九届四中全会精神和习近平新时代中国特色社会主义思想等；购买《习近平新时代中国特色社会主义思想学习纲要》《习近平关于“不忘初心、牢记使命”论述摘编》《民革与新中国的建立》《民革前辈与新中国》等书籍赠给区委委员、支部委员，要求区委成员带头学、各支部领导积极学，共收到学习心得和学习体会10篇；以庆祝中华人民共和国成立70周年为契机，组织党员参加民革市委庆祝中华人民共和国成立70周年演讲比赛；7月25日，组织青年党员参观民革上海市委在四行仓库抗战纪念馆举办的纪念上海解放70周年“民革前辈在1949年前后”图片史料展；7月28日，组织区委扩大会成员参观柳亚子故居；12月3日，区委妇委会组织人大代表、政协委员和支部委员中的女党员到江苏省无锡市参观王昆仑故居；全年区委召开专题学习会4次，组织党员参加民革市委和区有关部门举行的理论学习会和辅导报告会10余

7月25日，民革区委组织党员参观纪念上海解放70周年——“民革前辈在1949年前后”图片史料展　（民革区委供稿）

次，参加人数120余人次。（崔　平）

■**主题教育活动**　根据民革中央在全党开展的“不忘合作初心，继续携手前进”主题教育活动的部署和民革上海市委主题教育活动实施方案的要求，民革区委制定具体方案，成立了由主委沈伯明任组长、副主委朱国君任副组长，王祥修、戚春芳、徐军、李雪华、罗青、刘群、徐纯晔、高琳琳为成员的领导小组，负责主题教育活动的领导及组织安排。确定区委委员分头联系各支部，要求区委领导、支部领导带头加强学习，以上率下、以点带面，做到学思用贯通、知信行合一，使主题教育活动取得实效。

9月，民革区委把主题教育活动实施方案下发各支部和工作委员会，并刊登在《明心》刊物上，通过多种途径传达至每位党员。各工作委员会、各支部开展形式多样的活动。

民革区委按照主题教育活动方案，如期完成各阶段任务，认真查找问题，提出整改措施。12月12日，召开主题教育活动民主生活会暨区委委员述职会。区委委员分别从加强学习、用心履职、查找不足等方面进行个人述职并开展批评和自我批评。（崔　平）

■**自身建设**　根据民革中央《关于开展民革示范支部创建活动的通知》，区委把示范支部创建作为重点工作，多次召开示范支部创建工作会议。各支部按照《民革上海市委关于开展示范支部创建活动的实施意见》和《民革示范支部创建活动指南》，对标对表，加强支部班子建设，完善支部工作手册及有关档案材料，安排支部秘书负责记录支部手册，严格按照《民革示范支部评分指标》进行支部打分自评。在达标基础上，区委推荐五支部作为民革区委的示范支部参加民革市委开展的示范支部评选活动。12月24日，民革上海市委召开示范支部表彰大会，民革区委第五支部获“全面示范”荣誉称号。

8月30日，民革区委召开专题会议及时传达学习《中共中央关于加强中国特色社会主义参政党建设》等3个文件精神。严格政治标准，坚持质量优先，注重民革界别特色，吸收高素质、有代表性和有影响力的人加入民革。

（崔　平）

■**参政议政**　2019年，民革区委围绕中共青浦区委五届七次全会提出的打造“五个新区”、建设“五个体系”要求，围绕两大国家战略，针对有关“推动经济高质量发展”“苏州河四期治理工作”“美丽乡村长效管理工作”“《2018—2022青浦干部教育培训规划》”等协商课题，组织讨论研究，积极开展调研活动，广泛征集意见、建议并形成书面材料，在政党协商会上积极发言。

民革区委按照区委统战部要求，对区优化营商环境促进产业发展开展专项民主监督，并与民盟区委、九三学社区委共同组成专项民主监督第一组，对口区发改委、财政局、税务局及30家企业，开展为期7个月的监督调研。区委成立监督工作组，主委沈伯明任组长，副主委朱国君任副组长，由8位年轻党员参与，制定监督工作方案，确定目标任务、工作进度、调研方式等。通过调研政府相关部门，了解优化营商环境的政策措施，实地走访企业，听取企业经营者对区委、区政府改善营商环境的相关意见和建议，开展线上线下的问卷调查等，梳理总结调研材料，由主委代表民革在政党协商会上发言，指出改善营商环境工作中存在的不足并提出意见和建议。

区“两会”期间，民革区委共提交集体提案6件，其中《关于将淀山湖打造成为长三角城市群一流湖滨空间的建议》《关于提升道路综合管理水平，展示青浦新形象的几点建议》被区政协评为优秀提案。

全年共收到社情民意120余件，提交区政协79件，报送市政协26件，提交民革市委34件。民革区委获区政协2019年度反映社情民意信息工作先进集体，王祥修、徐纯晔、高琳琳、孙彦鸣获区政协2019年度反映社情民意信息工作先进个人。（崔　平）

■**服务社会**　民革区委积极参与区委统战部“同心善行”青浦区统一战线服务社会活动，安排多名党员参加多批次的医疗咨询服务活动。8月，区委组织党员中的医务工作者到重固镇福定社区开展医疗咨询服务活动。

为护航“进博会”，民革党员周立新、芦俪、庄胤旻等参加了由区委统战部发起的“同心善行”统战志愿服务队，为参观者提供交通引导、信息问询、秩序服务等。三支部副主委查芳芳作为进博青医先锋队的一员继第一届“进博会”医疗保障工作后，再次参加了为期8天的“进博会”医疗保障工作。二支部委员尹建刚作为企业家积极参展“进博会”。

广大党员按照区委“一岗当模范，二岗争先进”的要求，为民革组织增光添彩。朱国君获由中共中央、国务院、中央军委颁发的“庆祝中华人民共和国成立70周年”纪念章，并获青浦区首届“道德模范”称号；谢玲获“上海市园丁奖”称号和复旦“育人奖”；彭曦获第六届区“名优教师示范教师”称号；戚春芳被评为教育系统第六届名优教师初中德育“学科带头人”；尹建刚领导的上海睿圃医疗器械技术中心被评为2019年度青浦区优秀平台企业。（崔　平）

民盟上海市青浦区委员会

■**概况**　2019年，民盟青浦区委以习近平新时代中国特色社会主义思想为指导，深入学习贯彻中共十九大精神和十九届三中、四中全会精神及中共五届区委全会精神，稳步推进“不忘合作初心，继续携手前进”主题教育活动，围绕“服务国家战略、担当时代使命、建设上海之门”的总体目标，积极履行民主监督、参政议政、社会服务的职能，各项工作都取得新进展。

全年召开民盟区委会议7次、主委办公会议6次、全体盟员大会1次；参加青浦区各种报告会和培训班约260余人次；大型调研活动11次，完成调研报告11篇；上报民盟市委社情民意40件，提交区政协集体提案11件、社情民意70件，其中2件集体提案被区政协评为优秀提案；社会服务4次。至年底，新增盟员16人，共有盟员202人，下设10个基层支部、7个专委会。盟员中有区人大代表4人、政协委员10人。2019年，民盟区委被评为上海民盟思想政治建设和宣传工作先进集体、区政协社情民意信息先进集体。（高晓生）

■**政治学习**　民盟区委带领全体盟员以深入开展“不忘合作初心，继续携手前进”主题教育活动为主线，结合工作实际，将学习教育、履职尽责、查找不足、整改提高贯穿到主题教育活动全过程，切实增强“四个意识”，坚定“四个自信”，做到“两个维护”。

按照民盟中央、市委部署，成立以主委王海青任组长的主题教育活动领导小组。制定并下发《民盟青浦区委“不忘合作初心，继续携手前进”主题教育活动实施方案》，全面把握主题教育活动的重大意义、目标任务、基本要求和工作原则，并对基层支部开展主题教育活动进行专题动员部署。

以庆祝新中国成立70周年和人民政协成立、多党合作制度确立70周年为契机，组织开展形式多样系列活动。采取自学、专题学习会、学习座谈会、现场教学、撰写体会等多种形式，增强学习的针对性、时效性和感染力。民盟区委发挥领导班子示范带头作用，班子成员带头学，重点学习习近平新时代中国特色社会主义思想和中共十九大和十九届四中全会精神，深刻领会习近平总书记关于多党合作的重要论述和习近平总书记考察上海重要讲话精神、《中共中央关于加强中国特色社会主义参政党建设的意见》文件精神等。向全体盟员下发《习近平关于“不忘初心，牢记使命”重要论述选编》等学习资料。区委和支部参加了青浦区民主党派区级班子、支部支社主委培训班，组织盟员参加区委统战部举办的统战大课堂、党外中青年干部培训班及民盟市委和区统战部联合举办的各类培训班、报告会等。充分用好历史教育资源开展传统教育，组织青年盟员开展“缅怀先烈，继承遗志”清明祭扫活动，组织民盟区委班子成员和骨干盟员到陈云纪念馆、浙江省嘉兴市南湖革命纪念馆和江苏省苏州市费孝通江村纪念馆等开展现场教育活动，继承和弘扬民盟先辈的优良传统，坚守政治底线，打牢多党合作思想政治基础。

民盟区委始终把宣传作为思想建设的重要抓手，坚持特色办刊让《盟讯》成为盟员交流思想、展示风采的平台，让《盟讯》成为主流思想引导、信息传递的平台。结合庆祝新中国成立70周年、多党合作制度确立70周年系列活动以及开展“弘扬爱国奋斗精神，建功立业新时代”等重大活动，开展征文活动。参加区委统战部举办的“统战有约”报告会，组织盟员以书画形式讴歌祖国发展成就，参加统战部举办的“同心颂祖国，翰墨绘彩蝶——青浦区民主党派、无党派人士书画作品展”。《青浦盟讯》专设“不忘合作初心，继续携手前进”主题教育活动专栏，宣传报道主题教育活动开展情况，并积极用好盟市委网站和青浦统战“上善同心”微信公众号等平台，发布盟区委以和各个专委会、基层支部的活动信息。2019年，民盟区委被评为上海民盟思想政治建设和宣传工作先进集体。（高晓生）

■参政履职 民盟区委立足党派特色，充分发挥人才智力优势，努力提高参政履职水平，紧紧围绕加快推动青浦高质量发展和一体化进程等一系列重要问题，深入调查研究，献计出力，认真履行参政党职责。2019年，民盟区委共提交集体提案11件，其中1篇作为大会发言，3篇作为书面发言。全年向民盟市委提交社情民意40件，区政协提交社情民意70件、录用70件（其中《关于社保部门直接审核工伤离职员工是否具备一次性医疗补助金条件的建议》和《关于规范事业单位退休专技人员返聘的建议》被市政协采用并转送市有关部门）。民盟区委向区政协五届三次大会提交的2件集体提案被区政协评为优秀提案。民盟区委获区政协2019年度反映社情民意信息工作先进集体，高晓生、张力华获区政协2019年度反映社情民意信息工作先进个人。

积极参与中共与民主党派的政党协商。全年参与区委统战部牵头开展的6次中共与民主党派的政党协商活动。每次协商前，民盟区委组织调研小组深入调研，走访相关单位，掌握第一手资料，召开专题会议，听取各方面的意见和建议，精心准备发言材料，共撰写了《民盟区委关于加强苏州河四期治理工作的建议》等6篇专题建议。

扎实开展年度民主监督工作。受中共青浦区委委托，围绕“优化营商环境，促进产业发展”开展为期半年的专项民主监督。民盟区委制定《民盟区委对优化营商环境，促进产业发展开展专项民主监督的方案》，成立由主要领导以及盟内相关专家组成的专项监督工作小组。召开专项监督专题工作会，对专项民主监督工作进行具体部署。对口相关职能部门，通过走访企业、座谈交流、问卷调查等形式开展调查研究，深入了解优化营商环境、促进产业发展中存在的困难和问题，积极推动政策举措落实，提出有效建议，并及时转化为年初的提案。（高晓生）

■助推长三角一体化发展 民盟区委主动把握重大机遇，树立全局思维，在协同发展大格局中谋划推动盟务工作，加强与毗邻区域的合作交流，大力推动长三角更高质量一体化发展。

9月25日，民盟区委班子成员和骨干盟员参观陈云纪念馆（民盟区委供稿）

民盟青浦区委与民盟盐城市委举行结对签约，就参政议政、社会服务、组织发展等盟务工作进行多方面合作。民盟浙江省嘉兴市委到青浦区开展“基础教育公办学校教学质量高质量发展”课题调研活动，就两地区域教育均衡化发展3—5年规划、教育教学高质量发展标准、当前公办学校教育教学质量现状、提升公办学校教育教学质量政策与措施等议题进行研讨。民盟区委参加青浦、吴江、嘉善“同心项目”（即同心学习、同心暖企、同心善行、同心筑梦、同心联谊、同心调研）发布会、三地“同心学习”黎里古镇统一战线揭牌仪式和“我和我的祖国”主题快闪活动等。组织盟员到浙江省嘉兴市学习考察金融发展情况，思考青浦区的金融机构在长三角一体化发展中目标与措施。部分支部组织盟员开展“乘春风，共携手，谋发展——长三角一体化发展考察体验活动”，促进盟员更加直观的认识长三角一体化发展，为长三角一体化发展建言献策。（高晓生）

■**组织建设** 民盟区委通过不断加强思想、组织、制度建设，特别是领导班子建设，提高政治把握能力、参政议政能力、组织领导能力、合作共事能力、解决自身问题能力，提升民盟组织活力、凝聚力、影响力。

结合主题教育活动，坚持边学、边查、边改。民盟区委通过走访、调研、下发书面征询单等方式向基层支部、盟员广泛听取意见和建议，查找自身不足。召开专题民主生活会，班子成员聚焦思想政治建设、组织建设、履职能力建设、作风建设、制度建设等方面的不足，深刻检视剖析，明确努力方向，深入开展的批评与自我批评。召开了区委委员和支部主委的述职会，7个专委会和工作室主任、10个支部主委就2019年工作开展情况进行工作述职。进一步完善区委联系基层支部制度，帮助基层组织解决实际问题，积极为基层组织开展工作创造条件。民盟区委班子成员与新入盟盟员开展谈心交流活动，经常与老盟员联络情感，对生病、行动不便的盟员，民盟区委和支部班子成员每年春节期间上门慰问。

鼓励和支持广大盟员立足本职，在岗位上建功立业，为民盟增光添彩。盟员岑振平在青浦博物馆举行了面向社会“水乡情韵”水彩画展。盟员黄连军领衔的“影像与介入工作室”，被命名为第三届“青浦区专家（名师）工作室”。盟员唐扣明领衔的名医工作室被列为上海市重点学科和青浦区重点学科的支持项目。盟员陆永梅领衔的特级教师工作室承担青年教师培养任务，在全市各个层面发挥着英语教学的专家引领作用。（高晓生）

■**服务社会** 民盟区委从自身优势和特色出发，坚持把智力参与作为社会服务工作的基本条件和基础资源，以社会服务为纽带，密切民众关系，努力提升社会服务工作能级和品牌形象。

5月22日，民盟区委医卫支部在重固社区开展“关爱健康，情暖社区，健康医疗咨询进社区”——志愿服务暨主题党日联组活动（民盟区委供稿）

民盟区委组织盟内医疗专家到重固镇福泉居委开展社会服务活动，为居民提供测血压、血糖、超声、心电图、中医问诊、讲解日常健康知识和自我保健方法，免费发放健康宣传材料，前来健康咨询约120余人。发现随机血糖高于正常值12人、B超甲状腺结节20多人，给予及时健康知识宣传和就医指导。基层支部根据支部特点主动参与到社会服务中。综合支部盟员带头组织爱心人士，通过区经委、合作交流办、红十字会资助云南省德宏傣族景颇族自治州贫困学生20人，每年提供1000—2000元的资金补助。资助云南省、贵州省、青海省及青浦区贫困学生60多人，捐赠爱心书包、爱心棉被等。

积极参与民盟中央、区委和统战部专项社会服务工作。民盟区委响应中共中央统战部的号召，按照民盟中央的要求，青浦区重固中学与贵州省毕节市七星关区何官屯镇何官屯中学结对帮扶，开展课程建设、教育教学和师资队伍培养等方面指导工作。盟员结合自身特点自觉参与社会服务。老盟员毛晓初、王永萍等退而不休奋斗在临床第一线，在服务病人的同时，还把自己的工作经验传授给年轻的医护人员；盟员丁学军为家乡学校作《微课程建设》讲座，同时帮助其建设教研团队；盟员张力华担任宣传普及青浦历史文化志愿者，在全市相关区做公益讲座8场；盟员金福妹参加残联的公益项目《青浦区精神疾病患者的心理援助》，为精神疾病患者带来福音；盟员胡海涛作为红十字会应急救护培训督导员，积极参与辅导区红十字会的急救培训等。

（高晓生）

民建上海市青浦区委员会

■**概况** 2019年，民建青浦区委发展新会员12人，转出会员1人，共有会员175人。会员平均年龄47.6岁。会员中有市人大代表1人、区人大代表6人（其中常委2人），区政协委员9人（其中常委4人），担任区各类特邀监督员6人；大专及以上学历166人，占总人数的94.9%；具有中高级职称79人，占总人数的45.1%；经济界会员129人，占总人数的73.7%。下设5个支部、6个专委会。

全年召开区委会议2次、区委(扩大)会3次、全体会员大会1次。

2019年，民建区委获民建上海市委社会服务工作创新服务奖，连续第三年获民建市委宣传思想先进组织二等奖、民建市委“我和我的祖国”征文活动优秀组织奖；民建区委被评为区政协2019年度反映社情民意信息工作先进集体，高峰、关保英、黄泽伟、周豪良被评为区政协2019年度反映社情民意信息工作先进个人；王卫红、沈俐2人被评为民建市委宣传工作“先进个人”；民建区委获2018年度青浦区统战调研优秀成果二等奖，陶争荣获2018年度青浦区委统战部建言献策优秀奖；妇委会合唱团参加“歌唱祖国——民建女会员庆祝中华人民共和国成立70周年暨‘三八’国际劳动妇女节歌咏比赛”活动并获“最强团队奖”。（沈　俐）

10月11日，“青浦民建书画邀请展”开展仪式举行　　（民建区委供稿）

■**思想政治建设**　一是加强政治理论学习。集中学习中共中央总书记习近平同志的《关于深入理解新发展理念》，民建中央、民建上海市委、中共青浦区委等有关文件、会议精神，为每位会员购买《习近平新时代中国特色社会主义思想学习纲要》，要求会员自学。二是组织开展主题教育活动。8月26日，民建区委收到民建市委《关于印发<民建上海市委开展“不忘合作初心，继续携手前进”主题教育活动实施方案>的通知》，马上讨论拟定《民建青浦区委开展“不忘合作初心，继续携手前进”主题教育活动实施方案》，成立了以主委高峰为组长、3名副主委为成员的主题教育活动领导小组，领导小组下设办公室；9月10日，区委召开四届二十二次区委会，审议并原则通过主题教育实施方案；9月11日，中共区委统战部召开支持各民主党派、无党派人士开展“不忘合作初心，继续携手前进”主题教育活动动员部署会；9月29日，民建市委副主委程裕东到青浦区指导主题教育活动；9月30日，区委召开主题教育活动动员部署会；10月底，各支部相继召开主题教育活动座谈会，区委领导班子成员出席各自所联系的支部听取意见、建议，区委将支部提出的意见、建议逐条逐项整理出来，形成问题清单和意见、建议清单。区委、支部相继开展6次参观爱国主义教育基地的主题教育活动，分别是：区委组织近三年入会的新会员到嘉定区参观“胡厥文同志生平事迹展览”、顾维钧陈列室；第一支部组织会员到中共二大会址纪念馆、上海图书馆“大美中华”——庆祝中华人民共和国成立70周年上海民建书画展以及徐汇滨江参观学习，第二、五支部联合组织会员参观位于香山路7号的孙中山故居和思南路73号的周公馆，第二、四支部联合组织会员参观青浦区党建服务中心，第三支部组织会员参观“胡厥文同志生平事迹展览”和韩天衡美术馆，第一、第五支部组织会员及民建之友前往浙东地区开展“红色文游”活动。三是参加市、区各类活动。民建区委组织会员参加民建市委的“我和我的祖国”主题征文活动，提交征文10篇，其中：6篇被“中国民主建国会”网站录用，2篇在“上海民建”公众号上推送，8篇编入民建市委出版的书籍《我和我的祖国》中；组织会员参加区委统战部组织的“我和我的祖国”主题快闪活动；向会员征集“颂祖国·看青浦”书画作品，提交区委统战部书法、国画等作品9幅，并在“同心颂祖国，翰墨绘彩蝶——青浦区民主党派、无党派人士书画作品展”上展出；民建区委联合民建市委文体委、上海天和美术馆主办，企业委承办了“庆祝新中国成立70周年，青浦撤县建区20周年——青浦民建书画邀请展”，邀请区委统战部副部长张静出席并致辞。（沈　俐）

■**履职工作**　一是扎实做好“两会”工作。2019年民建区委、会员提交市、区“两会”提案、书面意见共29件，其中：区政协集体提案8件、个人提案8件，区人大书面意见10件，市人大书面意见3件。区委《以打造田园综合体为突破口，加快推进乡村振兴先行区建设》作为区政协大会发言，区委《打造中华“百家姓源”，打响古文化品牌的建议》、区委宣传委《建设美丽乡村，打造民宿品牌——对本区民宿建设发展的对策建议》作为区政协大会发言书面材料。陆景阳撰写的《精准对接，借势发力，顺势而为，实现进博会溢出效应及招商服务机制常态化》获区政协主席重点提案督办。区委集体提案《关于打造田园综合体，努力实现乡村振兴的建议》《关于既有多层住宅加装电梯的建议》、个人提案《精准对接，借势发力，顺势而为，实现进博会溢出效应及招商服务机制常态化》获区政协2019年度优秀提案。

二是积极开展课题调研工作。民建区委举办2019年度参政议政专题培训，邀请民建市委副主委汪胜洋作参政议政辅导讲座。区委还召开参政议政工作会议，向支部下发《民建青浦区委参政议政工作评价标准》(沪青建〔2019〕3 号)。全年共收到调研报告 12 篇,其中叶肇恺撰写的《"工匠精神"助推民营中小企业辉煌——上海新山田精密刀具有限公司成长、发展启迪》获民建中央"工匠精神与创新发展"课题研讨三等奖。企业委员会参与民建市委 2019 年上海中小企业问卷调查工作。

三是努力提升社情民意工作。全年共收到社情民意 108 件。整理报送区政协 104 件,其中:报送市政协、市委办公厅 41 件(其中 4 件被市政协采用并转送市有关部门),吴敏智撰写的《建议在老旧居民小区推行加装电瓶车充电桩》获市领导批示;报送民建市委社情民意 44 件〔其中 11 件被采用(1 件被民建中央采用,2 篇被市委统战部采用)〕;报送区委统战部社情民意 36 件(其中 9 件被采用)。

四是认真履行民主监督职能。受区委委托,民建区委自 4 月开始积极开展优化营商环境、促进产业发展专项民主监督工作。成立专项民主监督工作组,由区委主委高峰任组长,副主委卢伟光任副组长,企业家会员代表、骨干会员为成员。工作组听取区经委、商务委、科委对于优化营商环境、促进产业发展工作通报。将工作组分为三个小组,通过召开座谈会、到企业实地走访的方式,了解各企业对于青浦营商环境的意见和建议。

五是积极履行政治协商职能。区委积极参加各类协商会议,精心组织发言材料,在区政协、区委统战部组织的各类协商会上建言献策。在区政协组织的"立足两个国家战略新起点,促进民营经济高质量发展"界别协商会上,高峰、陆景阳、周豪良参加会议并发言。区委统战部牵头先后组织召开了"美丽乡村长效管理工作""《2018—2022 青浦干部教育培训规划》""苏州河四期治理工作""推动经济高质量发展"等政党协商会,区委班子成员应邀参加并作交流发言。（沈　俐）

■宣传工作　一是按时按质编发《青浦民建》会刊。全年如期编发《青浦民建》会刊 4 期共约 24 万字,共刊发区委要闻 30 篇,支部、专委会活动类信息 20 篇及参政议政类文章 11 篇、各类征文 11 篇、学习心得 12 篇、社情民意 89 篇。结合庆祝中华人民共和国成立 70 周年,开设了"'我和我的祖国'主题征文""不忘合作初心,继续携手前进"主题教育活动专栏,刊发会员撰写的相关文章和区委相关信息。二是及时报送信息。民建区委要求各支部、专委会落实人员撰写活动信息,做到活动有专人记录,基本做到让区委和支部、专委会的工作踏石有印、工作有痕。全年在"青浦民建"微信公众号推送信息共 57 篇,报送民建市委会议、活动类信息 50 篇,被录用 46 篇(其中民建中央网站采用 16 篇、团结网采用 2 篇)。（沈　俐）

■组织建设　一是重视新会员发展工作。二是加强后备干部队伍建设。三是调整部分专委会组成人员。为充实专委会力量,更好的开展工作,区委调整部分专委会组成人员。四是各支部增设支部干事。为加强支部班子建设,充实支部班子力量,民建区委增设支部干事,每个支部 2 名。（沈　俐）

■服务社会　一是民建区委收好用好"特殊会费"。全年捐交"特殊会费"的会员和民建之友 136 人。区委用"特殊会费"开展如下活动:开展捐资助学活动。区委再次资助云南省红河州金平苗族瑶族傣族自治县金河镇哈尼田小学目前家庭条件特困且学习成绩优秀的学生 25 人,每人 500 元,共计 1.25 万元。区委通过"上海市青浦区爱心助学促进会"资助青海省果洛藏族自治州雪域大吉利众藏医药学校特困生 15 人,每人 1000 元,共计 1.5 万元。区委第二十二次捐助青浦高级中学 6 名优秀贫困生 1.2 万元;关心会内退休会员。主办第四届"民建杯"门球邀请赛。二是开展会内慰问活动。开展春节慰问活动。春节前夕,区委班子成员分两组分别慰问了已退休的历届老领导、80 岁以上会员、独居退休会员和重病会员等 11 人,送去了新春祝福和组织的关爱。开展暑期送清凉活动。区委班子成员分三组先后走访会内 70 岁以上老会员、60 岁以上独居退休会员、退休的区委正副主委和重病会员等 12 人,送上了慰问金和慰问品;各支部、专委会也开展了走访慰问活动。三是区委联合青浦图书馆举办"青溪讲坛"活动,由区委原主委叶肇恺为大家讲述"青浦老报人张继斋与'西行漫记'的故事"。此外,区委联合农工党区委主办第四届"同心善行·稻花香里说丰年"系列活动,此次活动由书画展和稻田音乐会组成,区委常委、统战部部长孙挺出席活动;区委推荐中山医院青浦分院口腔科会员——医生章石焰两次参加区委统战部组织的"同心善行"送医活动;第二支部到金泽镇社区银辉长者之家开展社会服务活动,为长者之家提供室内外杀虫消毒和为老人提供医疗咨询服务;第四支部联合夏阳街道东盛居民区党总支开展"深入基层走社区、社会服务到社区"敬老爱老志愿服务活动;第一支部联合上海德达医院开展对徐泾镇龙阳社区、京华社区居民进行糖尿病知识宣讲及免费检测血糖活动。（沈　俐）

民进上海市青浦区总支

■概况　2019 年,民进总支在民进中央和民进市委的正确领导下,在区委统战部关心和支持下,深入学习贯彻习近平新时代中国特色社会主义思想,围绕区委和区政府中心工作,认真履行参政党职能,在"不忘合作初心、继续携手前进"的主题教育中呈现新亮点,在参政议政中展现新作为,各项工作取得新成果。

民进总支发展新会员 10 人,至年底,共有会员 92 人(其中有市人大代表 1 人、区人大代表 2 人,区政协委员 8 人)。召开全体会员大会 2 次、主委办公会议 6 次;开展课题调研 1 项,形成调研报告 1 篇;提交提案 9 件(其中 1 件被区政协评为优秀提案)、社情民意 17 件;开展社会服务 32 次,资助贫困学生 2 人。（刘云平）

■思想政治建设　以民进上海地方组织成立 70 周年和民进基层组织建设主题年为契机,总支组织会员学习民进会史和新会章,深入学习贯彻习近平新时代中国特色社会主义思想和党的十九大、十九届四中全会精神,巩固多党合作的思想基础。在民进市委和区委统战部的部署下,总支制定《民进青浦区总支"不忘合作初心,继续携手前进"主题教育活动实施方案》,全面开展主题教育活动。8—12 月,共组织包括学习讨论、调研考察、参观教育和总结交流等活动23项，参与会员130人次，对提高总支和会员的思想认识、达到习近平总书记关于民主党派“四新”（即多党合作要有“新气象”、思想共识要有“新提高”、履职尽责要有“新作为”、参政党要有“新面貌”）“三好”（即各民主党派和无党派人士要做中国共产党的“好参谋、好帮手、好同事”）总要求起到推动作用。（刘云平）

■组织建设　按照会章和民进市委关于新会员发展的相关规定及要求，持续把好新会员入会关，优化会员结构，从人才强会的高度做好会员发展工作。不断加强后备干部队伍建设，为后备干部提供学习锻炼机会。2019年，有16名骨干会员参与了民进市委、区委统战部等组织的各类学习（培训）班、研修班和挂职锻炼等。配强总支和各支部班子力量，积极储备和选拔后备干部，为党派高质量发展提供有力组织保障；7月，增补朱丽娟、许众芳为总支委员，增补刘云平为综合支部委员；8月，增补郑湘竹为总支副主委。以活动激发活力，是组织工作的显著特征。组织到市西软件信息园徒步等活动20余次。总支获“民进全国先进基层组织”称号，主委姚伟明获“民进全国组织建设先进个人”称号。（刘云平）

■参政履职　2019年，围绕营商环境优化、长三角更高质量一体化发展等重点，共提交提案9件；7月，开设第三期社情民意信息写作辅导班，帮助会员提升写作能力和水平。上报民进市委、市委统战部和市政协社情民意并被采用10多件，其中郑湘竹的《关于在各类绿地建设中尽可能保留原有树种群落建议》得到副市长汤志平批示、市绿化市容局答复；根据《2019年度中共青浦区委同各民主党派、无党派人士政党协商计划》，开展课题研究7项；围绕民进市委参政议政立项课题《江浙沪美丽乡村建设的长效治理模式比较》进行实地调研，该课题入选民进中央全国政协会议后备提案，同时也被录用为上海市政协大会书面发言；制订专项民主监督工作方案，召开专项监督小组会议，分组对职能部门、产业平台、民营企业等进行调查走访，梳理问题达50多项，推进营商环境优化和民营经济发展。（刘云平）

7月20日，青浦民进会员为“爱心暑托班”的孩子们上课（民进总支供稿）

■服务社会　春节前夕，总支与香花桥街道民惠二居委党支部、朱家角镇新华村、盈浦街道天恩桥村等联合举办“写春联送祝福＋义诊＋垃圾分类志愿者活动”；广泛动员会员，积极参与团区委为民实事项目，近10名会员成为“爱心暑托班”志愿者；总支被授予2019年青浦区“爱心暑托班”先进志愿者团体称号；开展书法、朗诵等6种共30多课时的公益教学，受益学生近千人次；以“爱心会费”资助2名学生，使贫困的新疆学生得到帮助；参加“同心颂祖国、翰墨绘彩蝶——青浦区民主党派、无党派人士书画作品展”、统战大合唱、“我和我的祖国”快闪等各类公益活动共30人次。（刘云平）

农工党上海市青浦区委员会

■概况　2019年，农工党青浦区委带领广大党员认真学习贯彻中共十九大和十九届三中、四中全会精神及习近平新时代中国特色社会主义思想，积极履行参政党职能，各项工作取得新进展。12月，农工党青浦区委获农工党上海市委“不忘合作初心，继续携手前进”主题教育活动先进地方组织，第五支部获优秀基层组织称号，党员饶斐文、王寅获宣传理论“先进个人”称号，党员丁峰雷、徐敏获优秀党务工作者称号，党员王耐获党史工作优秀个人称号。

至年底，农工党区委共有党员119人，平均年龄49.5岁，其中：中高级职称88人，占党员总数的75%；医药卫生界63人，占党员总数的53%。党员中有市人大代表1人，区人大常委1人、区政协委员9人（其中政协副主席1人、常委1人）。（王　寅）

■思想建设　农工党区委把学习贯彻中共十九届四中全会精神作为重要政治任务。深刻领会和坚持完善中国特色社会主义制度、推动国家治理体系和治理能力现代化的时代命题，切实把思想和行动统一起来，发挥好党派力量，加强理论素养、巩固政治共识、强化责任担当，为推进国家治理体系和治理能力现代化贡献力量；农工党区委将农工党市委廉洁风险预警提示活动精神通过区委会议、支部活动等形式深入落实。区委班子通过召开民主生活会，以更高的标准、更严的要求、更踏实的工作作风做好各项工作。（王　寅）

■开展主题教育活动及庆祝中华人民共和国成立70周年活动　学习习近平新时代中国特色社会主义思想和中共十九大精神，把握农工党十六大精神、《中国农工民主党章程》和多党合作历史，强化思想建设，增进政治共识。牢牢把握教育主题，紧扣主线开展专题活动。组织部分党员到浙江省丽水市开展“不忘合作初心，继续携手前进”主题教育活动，在浙西南革命根据地接受爱国主义教育、国防教育，增强历史使命

5月，农工党青浦区委到浙江省丽水市开展“不忘合作初心，继续携手前进”主题教育活动 （农工党供稿）

感和政治责任感。区委还与到青浦区开展主题教育活动的农工党湖北省委、农工党贵州省委党员进行学习交流。

农工党部分党员参加了区委统战部在崧泽广场举办的“我和我的祖国”主题快闪活动和“波澜壮阔70年，砥砺奋进20载”青浦区庆祝中华人民共和国成立70周年暨纪念撤县建区20周年主题歌会，另还参加了“同心颂祖国，翰墨绘彩蝶——青浦区民主党派、无党派人士书画作品展”。 （王 寅）

■**民主监督** 根据《中共青浦区委委托各民主党派区级组织对优化营商环境、促进产业发展开展专项监督的方案》，农工党区委制订相关工作方案，成立专项监督小组，牵头民建区委、民进区总支与区经委、商务委、科委就优化营商环境、促进产业发展开展专项民主监督。监督组通过现场走访、听取报告、交流座谈、查阅资料等方式，调研区优化营商环境、促进产业发展工作情况，提出意见、建议并形成调研报告。区委积极参与农工党市委调研工作，在市委带领下到农工党中央对口扶贫的贵州省毕节市大方县对恒大医院等实地调研。 （王 寅）

■**课题调研** 农工党区委高度重视调研工作，积极组织党员深入基层开展课题调研，全年完成《加快发展青浦医疗建设，积极服务长三角一体化》《青浦区垃圾分类状况调查》《青浦区民宿现状及建议》《青浦区美丽乡村的思考和建议》《建立农村垃圾分类处理系统加快推进青浦“美丽乡村”建设》等课题报告。 （王 寅）

■**参政议政** 农工党区委积极参加区委同各民主党派、无党派人士的政党协商会，围绕“青浦区美丽乡村长效管理”“区干部教育培训规划”“水环境治理”“优化营商环境促进产业发展”开展政党协商。区委积极参加区政协重点提案协商督办、同类型提案办理等界别协商活动。区委通过调查研究、民主讨论、集中协商形成建言，在民主协商中推动区经济社会发展。

农工党区委围绕中心、服务大局，找准参政议政的切入点，2019年提交集体提案17件，其中15件被主办单位解决或采纳、2件被列入计划拟解决。其中，《优化长护险工作机制提升养老新模式实效》在区政协五届三次会议上作大会发言，《青浦区医疗资源配置与需求现状及建议》《关于建设智慧河道的建议》被区政协评为2019年度优秀提案。

农工党区委递交的社情民意中，徐敏撰写的《关于村居相关制度内容展示上墙有关问题的建议》、吴维特撰写的《呼唤出台“多业主商城管理规定”》、李浩撰写的《关于尽早布局地下空间5G智能应用的建议》被市政协采用，沈秀芳撰写的《关于更好发挥上海红十字救灾备灾中心社会效益的思考和建议》、王寅撰写的《关于推进生活垃圾干湿分类处置的建议》被农工党市委采用并报送市政协和农工党中央。农工党区委被区政协评为2019年度反映社情民意信息先进集体。 （王 寅）

■**社会服务** 农工党区委积极开展医疗咨询活动。3月，区委组织党员朱斌、刘铁梅、潘江、刘兵、张秋英、庄健、彭志勇、周雷平、冯桂萍等到夏阳街道塘郁村开展义诊活动，发放健康宣教资料；4月，党员吴卫文为区2019年处级领导干部进修班作《脑卒中的防与治》医学科普知识讲座；6月，党员钟育琦、冯桂萍等参加区委统战部在盈浦街道盈中社区举办的“同心善行·送医下乡”活动。

农工党区委为暑假班送课活动。8月，党员们为盈浦街道庆华社区“爱心暑假班”送课程，趣味数学、篆刻知识、手工制作、武术鉴赏等多门课程丰富了学生暑期生活。

农工党区委参与举办“同心善行——稻花香里说丰年”稻田音乐会。10月19日，“聆听乡村，写意时代”稻田音乐会系列活动在朱家角镇林家村举行，区委常委、统战部部长孙挺等领导为活动揭幕，有民主党派、市民成员代表等近200人参加活动。 （王 寅）

致公党上海市青浦区总支

■**概况** 2019年，致公党总支以习近平新时代中国特色社会主义思想为指导，以“不忘合作初心，继续携手前进”主题教育活动为工作主线，不断加强思想政治建设、筑牢共同思想政治基础。继承和发扬致公党优良传统，弘扬“致力为公、侨海报国”精神，围绕中心、服务大局，履行参政党职能。依托自身优势，建言献策、服务社会，各项工作取得新进展。

全年共发展党员6人，至年底，共有党员52人，下设3个支部、3个专委会。党员中有区人大常委1人，区人大代表1人，区政协常委1人、政协委员4人。 （裘永飞）

■**主题教育** 开展“不忘合作初心，继续携手前进”主题教育活动。举办“不忘合作初心，爱我锦绣家园”摄影展、

“不忘合作初心，继续携手前进”爱国主义教育亲子共行活动和“不忘合作初心，继续携手前进”爱国主义基地现场学习活动；协助区委统战部举办“我和我的祖国”长三角统战联盟快闪活动，参加区委统战部举办的“同心颂祖国，翰墨绘彩蝶——青浦区民主党派、无党派人士书画作品展”“庆祝新中国成立70周年”“看祖国发展新成就”等系列活动；参加“不忘来时路，奋进新征程”上海致公朗诵会。 （裴永飞）

■履行参政党职能 完成提案《立足打造创新产业高地，推进职业教育高质量发展》，并在区五届四次政协会议作大会发言。区“两会”期间，提交集体提案1件、个人提案4件、社情民意32件。总支围绕“优化营商环境”专项民主监督工作、“环城水系公园建设”“苏四期”治理、“垃圾分类”等关问题建言献策。 （裴永飞）

■自身建设 总支重视组织工作和党员学习与培训，定时召开主委会议和全体党员大会，班子成员进行述职；召开民主生活会，开展批评与自我批评。推荐1名党员参加市委第二十六届中年干部培训班，推荐2名党员参加市委社情民意信息培训班，推荐2名党员参加市委第7期基层干部轮训班，推荐1名党员参加市委2019年宣传骨干培训班，推荐3名党员参加第五期区党外中青年干部培训班，推荐6名党员参加致公党市委新党员培训，推荐1名党员参加区委统战部挂职实践锻炼。 （裴永飞）

12月9日，致公党青浦区总支“不忘合作初心，爱我锦绣家园”摄影展开幕式在青浦博物馆举行 （致公党总支供稿）

■社会服务 总支在做好致公党市委“爱心义卖”和“爱心捐款”、区委统战部送医下乡活动、总支第九期“欢乐暑期夏令营”品牌项目等社会服务工作的基础上，创新社会服务形式和工作方法，帮扶老少边穷地区，从消费扶贫、教育扶贫等方面着手助力脱贫攻坚决胜阶段工作。总支委员会委员闵宏伟参加为时18个月的上海市对口新疆维吾尔自治区克拉玛依市支教工作；总支发动党员开展援助新疆省内初班贫困学生的“暖衣计划”工作，捐赠价值10万元的过冬棉衣540套；开展援助新疆省克拉玛依市白碱滩区中兴跃进幼儿园轮滑项目、外墙面粉刷装修工作；开展支援克拉玛依市五中体育项目工作；开展师资队伍建设、学科教学等智力援疆讲座。总支党员毛晓东、朱丹等还持续地对云南等省份的扶贫工作做出贡献，关心关怀社会弱势群体。 （裴永飞）

1月19日，致公党青浦区总支2019年度工作总结会暨全体党员大会在区会务中心举行 （致公党总支供稿）

九三学社上海市青浦区委员会

■概况 2019年，九三学社区委认真学习习近平总书记系列重要讲话和中共十九大、十九届四中全会精神，牢固树立“四个意识”，认真履行参政党职能，不断加强自身建设，努力提高参政议政能力和水平。带领全体社员深入开展“不忘合作初心，继续携手前进”主题教育活动。顺利迎检社中央组织的省、市级组织机关正规化建设交叉检查，获99.5分的好成绩。

全年发展新社员13人，新转入社员1人，至年底，共有社员140人。九三区委有区委委员7人，下设5个支社。社员中有市人大代表1人，区人大常委1人、区人大代表1人，区政协常委3人、委员10人。大专以上学历为137

人，占社员总数的98%。在九三学社全国机关建设暨2019年交叉检查工作总结交流会上，九三区委被授予"先进单位"称号，另外还获区政协反映社情民意先进集体荣誉称号。（王淑娟）

■**自身建设** 九三学社区委以迎接社中央机关正规化检查为契机，以查促学，以查促改。一是展示组织文化。在机关办公室内、走廊内悬挂九三学社成立宣言、简介、历任主席、机关文化等，同时张贴社区委近期主要的工作荣誉等。二是编发制度汇编、社务资料汇编等。梳理以往的制度和社务资料，并与考核内容一一对应，编发手册。三是整理历年档案。九三区委自2001年成立，已有18年的历史，在热心社员的义务帮助下，将历年的档案整理装盒并实现数字化，全部扫描上传至区档案局系统。四是规范收发文流程。自纠自查收发文流程并长期坚持。五是完善信息数据。利用社市委提供的参政议政网上平台、社员资料管理平台等，加强对社务工作的管理。（王淑娟）

■**思想建设** 九三学社区委深入开展"不忘合作初心，继续携手前进"主题教育活动。认真领会社中央、社市委、区委统战部有关文件精神，及时制订主题教育活动方案，召开部署会、推进会、研讨会、专题民主生活会。按照主题教育活动的要求，区委班子坚持学习制度，不断夯实多党合作的共同政治思想基础，增强履行参政党职能的责任感和使命感；全年组织社员参加社市委、区政协、统战部、党校和社会主义学院举办的学习培训50余人次；社区委按计划编辑刊印4期《青浦九三》，使社员及时了解社区委的工作动态，方便信息的上传下达；社区委的微信公众号"青浦九三"也由社员正常更新，便于社员学习、交流。（王淑娟）

■**组织建设** 九三区委在组织发展上严格把关，加强对入社申请者的考察审核。全年社区委共发展社员13人，新转入社员1人，其中硕士学历6人、本科学历8人，平均年龄38岁；社区委一直关注、关爱老社员。5月，社区委组织老社员在青浦曲水园举办茶话会，畅谈青浦解放往事，以此纪念上海解放70周年。9月，为庆祝重阳节，社区委组织老社员参观金泽水库，并到练塘古镇听评弹。活动均受到老社员的好评。（王淑娟）

■**履职工作** 社区委牢牢抓住参政议政这个党派工作核心不放松，充分发挥社区委人大代表、政协委员的骨干作用，同时调动广大社员的积极性，围绕两大国家战略，聚焦社会关注的热点和难点，深入调查研究、充分发挥优势、广泛征求意见，不断拓宽工作思路，努力提高参政议政的质量和水平。

10月27日，九三学社青浦区委在联怡枇杷园召开课题成果发布暨总结会（九三学社供稿）

积极撰写提案、书面意见。在区人大五届四次会议上，社员中的人大代表提交书面意见2件；在区政协五届三次会议上，社内政协委员提交集体提案5件、个人提案9件。其中集体提案《打造长三角协同创新核心区的现实思考和路径建议》和夏登宇的个人提案《如何将青浦区生态优势转化为发展优势的几点建议》被评为区政协优秀提案。

高度重视社情民意和信息工作。社区委全年报送社情民意108条，其中：九三学社中央采用3条，市政协采用11条，市领导批示2条，报送全国政协3条。九三区委举办"同心长三角、助力新跨越——九三青浦2019年度社情民意专题征集活动"，在两个月左右的时间里收集到关于金融、产业发展、教育、协同创新、交通、养老等方面的社情民意18条，整理上报14条。社员黄河生成立了区内首个由区政协挂牌的社情民意工作室，自6月以来撰写提交社情民意39条。

努力拓宽课题调研的领域。年初，九三区委成立以青年社员和新社员为主的5个课题组，并一一对应五个支社，鼓励青年社员和新社员参政议政、调研课题并积极开展活动，增进社员感情；社区委组织召开2019年度课题成果发布暨总结会，五个课题活动组和黄河生反映社情民意工作室的7名社员代表向大家展示各个课题组在2019年度的调研成果，课题内容涵盖"优化营商环境""提升青浦文化软实力""推进医疗改革""以标准化推进示范区建设"等，并由各组顾问进行点评，同时社区委已将这些课题成果转化为2020年政协大会的大会发言和集体提案；第五支社社员赵微组织课题组，承接社市委课题《江南书院文化保护与传承》并顺利结题。

积极履行民主监督职能。根据《中共青浦区委委托各民主党派、工商联、无党派人士对优化营商环境、促进产业发展开展专项民主监督的方案》，社区委参加区营商环境的民主监督。在民主监督过程中，制定《九三学社青浦区委2019年百点专项监督实施方案》，将任务分解到各个课题活动组，形成并提交社情民意3件。走访调研10家企业，设计调查问卷，形成分析报告，收集并上报企业意见、建议5条。（王淑娟）

■社会服务　社区委坚持“突出优势、量力而行、尽力而为”原则，积极开展社会服务工作。社员庄祖嘉通过“专业培训、公益项目、志愿服务”等服务项目，立足青浦、辐射周边，带领中心团队完成养老护理类培训、继续教育2000人次；社员姜玉龙医生在区内各街镇举办科普讲座20余场，他录制的科普视频以故事的方式导入药物治疗的关键性，取得一定的社会影响，并入驻学习强国平台。　（王淑娟）

青浦区工商业联合会

■概况　2019年，青浦区工商联围绕区委、区政府中心工作，认真践行“两个健康”（即非公有制经济健康发展和非公有制经济人士健康成长）工作主题，以“不忘初心、牢记使命”主题教育和“大调研”工作为抓手，扎实推进各项工作，完成全年确定的各项任务。　（钱玉莲）

■专题学习　以主题教育为契机，组织全体党员干部以个人自学为主，突出读原著、学原文、悟原理，重点研读《习近平关于“不忘初心、牢记使命”重要论述选编》《习近平新时代中国特色社会主义思想学习纲要》等规定书目，观看《初心的味道》全媒体党课及《榜样4》专题节目，并组织专题研讨，扎实开展“不忘初心、牢记使命”主题教育活动。　（钱玉莲）

■服务企业　一是对接“进博会”。以“共享进口博览会效应·助推全面跨越式发展”为主题，全力做好第二届“进博会”服务保障工作，主动为企业提供注册、登记和参观“进博会”的指导服务，帮助小微企业完成注册和登记工作。二是融入长三角一体化发展战略。加强与江苏省、浙江省等省、市的交流互动，接待吴江区、嘉善县和福建省泉州市德化县等地工商联和民营企业家到青浦区交流考察活动。三是深化以商引商推介平台。制定并下发《青浦区工商联（总商会）关于开展以商引商推介活动助推本区全面跨越式高质量发展的指导意见》（青联发〔2019〕2号），鼓励和支持各基层商会大力开展以商引商推介活动。　（钱玉莲）

5月，青浦区民营企业参与“1＋3＋X”乡村振兴战略启动仪式暨村企党支部结对共建签约仪式举行　（区工商联供稿）

■光彩事业　一是走访慰问原工商业者。春节前夕，分组走访慰问原工商业者，了解他们身体状况、生活需求，把党和政府的关心落到实处。二是举办真情传递捐赠活动。1月，区委统战部、工商联、红十字会在全区各街镇开展“同心善行，服务社会”企业家真情传递捐赠活动，非公企业家通过区红十字会“情系万家”迎春帮困项目，向全区250户因大病、重病等原因致困的家庭捐款合计50万元。三是举办退役士兵招聘洽谈会。11月27日，会同区政协、台办、侨联、退役军人局、人社局等单位联合举办“2019年度青浦区退役士兵就业招聘会”，共有49家招聘单位参与，熊猫机械、巴安水务、福维克等14家委员企业参加本次招聘会，共提供岗位170个、招聘845人。　（钱玉莲）

■合作共建　一是联合区司法局、律工委等召开民营企业法治体检专项工作座谈会，与区就业促进中心联合举办企业政策宣讲培训沙龙活动。二是深化银企合作，区农委、建行青浦支行与区工商联会员企业、区优秀农业龙头企业代表签订银企合作协议，举办《企业主的税务风险管理及资产保全》专题沙龙活动。三是与区人民检察院联合举办《服务保障快递物流行业发展检察白皮书》新闻发布会，通过与政法系统的合作及时掌握企业动态和诉求，指导企业做好防自身犯罪、防外部侵害、防内部职务犯罪工作，全面提高企业抵御经营风险，防范不法侵害的能力，促进民营企业健康发展。　（钱玉莲）

■商会建设　加强党建向商会组织有效覆盖。制定并下发《关于开展基层商会“三化”达标创建活动的通知》（青联发〔2019〕1号），在基层商会开展“三化”（即管理制度化、精准化、规范化）创建活动，以徐泾镇商会建立党组织为试点，利用商会党建促企建，为全区商会党建积累经验。　（钱玉莲）

■乡村振兴　制定《青浦区民营企业参与“1＋3＋X”乡村振兴战略村企党支部结对共建工作方案》，组织和引导民营企业家助力乡村振兴实践，号召民营企业家为全区的经济薄弱村捐款共1160万元，并举办青浦区民营企业参与“1＋3＋X”乡村振兴战略启动仪式暨村企党支部结对共建签约仪式。　（钱玉莲）

■信息宣传　全年共出版《青浦总商会》双月刊6期。通过《青浦总商会》，传达有关政策文件，宣传企业家参与区域经济社会建设发展的亮丽风采和精彩人生。　（钱玉莲）

人民团体·社会团体

编辑　姜依霖

综　述

2019年，青浦区各人民团体、社会团体以习近平新时代中国特色社会主义思想为指导，深入贯彻落实党的十九大和十九届四中全会精神，全面把握两大国家战略，坚定政治站位、扛牢政治责任，聚焦“不忘初心、牢记使命”主题教育，突出“找差距”“抓落实”两个重点，牢牢把握保持和增强政治性、先进性、群众性的根本要求，各项工作取得新进展。

区各级工会强化思想引领，以习近平新时代中国特色社会主义思想为指导，认真贯彻落实区委和市总工会各项决策部署，持续深化工会改革，履行主责主业，服务国家战略，为长三角一体化工会工作贡献力量，助推青浦全面跨越式高质量发展。至年底，区总工会下辖街镇总工会11家，委、局工会30家，区级公司工会7家，行业工会8家。年内，青浦区获全国工人先锋号1家、全国“五一”巾帼标兵1人，市“五一”劳动奖状9家、市“五一”劳动奖章11人、市工人先锋号10家。

团区委聚焦服务两大国家战略，深化改革攻坚，凝聚青年围绕中心、服务大局，持续助力青年成长成才。至年底，全区共有团组织1249家，团员13880人，其中：“两新”团组织365家，覆盖团员4403人；有专、兼职团干部1572人。年内，15名团员青年获上海市青年五四奖章、优秀团干部、优秀团员、市青年岗位能手等荣誉，6家团组织获上海市青年五四奖章集体、市红旗团委（团支部）等荣誉称号，12家集体获上海市青年突击队、市进博专项青年突击队、市青年文明号等荣誉称号。

区各级妇联坚持以习近平新时代中国特色社会主义思想为指导，牢牢把握保持和增强政治性、先进性、群众性的根本要求，团结凝聚全区妇女把初心使命融入到区发展实践中、融入到服务国家战略的发展大局中。年内，青浦区人民检察院未成年人刑事检察组获全国维护妇女儿童权益先进集体称号，青浦区市场监督管理局注册许可科获全国巾帼文明岗称号，上海锐嘉科实业有限公司董事长王翠玲获全国巾帼建功标兵称号，陈君芳家庭和顾树强家庭获2019年度全国“最美家庭”家庭称号。

区科协围绕区委中心工作，广泛普及科学知识，传播科学思想，弘扬科学精神，支持培育科技人才，完善激励机制，发挥学术交流引领作用，切实提高全民科学文化素质。年内，获2019年全国科普日活动优秀组织单位、2019年上海科技节优秀组织奖等荣誉称号。至年底，全区有国家级科普教育基地7家、市级科普教育基地19家、区级科普教育基地60家、科普示范村（居委）46家、科普村（居委）129家，科普志愿者2530人。

区侨联坚持发挥优势、体现作为，扎实推进侨联各领域工作，为实现青浦全面跨越式高质量发展、建设生态宜居的现代化新青浦、打造高能级高品质的“上海之门”凝聚侨心、汇聚侨力。年内，举办“新侨汇”文化体验活动、新侨文化沙龙活动等。完成全区街镇侨联换届工作，换届后全区街镇侨联班子成员共67人。

区残联深入贯彻中央、市、区关于残疾人工作的部署要求，坚定政治站位，扛牢政治责任，聚焦“不忘初心、牢记使命”主题教育，全面开展残疾人就业、康复、教育、社会保障、文体、维权等工作。年内，与吴江区、嘉善县开展工作交流。开展第“全国助残日”及“上海助残周”系列活动。区残疾人联合会获“全国残疾人体育先进单位”荣誉称号，董旭华获“全国自强模范”称号，并受到习近平总书记会见。

区红十字会认真贯彻中国红十字会第十一次全国会员代表大会精神，按照深化群团改革的要求，履行好红十字会法赋予的各项职责。年内，青浦区红十字会被上海市红十字会授予“第二届中国国际进口博览会红十字志愿服务优秀组织奖”。至年底，新增造血干细胞捐献6例；全区有152家单位参加少儿住院互助基金，参加率达97.38%，共收到交费1026.65万余元。　（姜依霖）

青浦区总工会

■概况　2019年，全区各级工会组织以习近平新时代中国特色社会主义思想为指引，认真贯彻落实市区委和总工会各项决策部署，着力加强思想引领、服务国家发展战略、深化工会改革、履行主责主业，助推青浦全面跨越式高质量发展。

至年底，区总工会下辖街镇总工会11家，委、局工会30家，区级公司工会7家，行业工会8家（纺织、建筑、旅游、餐饮、物业、环卫、印刷、快递物流）。全区基层工会组织2029家（包括工会联合会），涵盖建会单位12525家，入会会员341429人，其中：独立建会1833家，会员234071人。

2019年，青浦区获全国工人先锋号

1家、全国"五一"巾帼标兵1人,市"五一"劳动奖状9家、市"五一"劳动奖章11人、市工人先锋号10家。（朱建强）

■强化思想引领 举办庆祝中华人民共和国成立70周年纪念章颁发仪式、劳模先进座谈会、"职工当先锋、创全再出发"五大行动、"学讲话、学论述、颂发展"系列活动,引领广大职工唱响时代主旋律、争做社会风尚引领者。发动各级工会开展向李斌同志先进事迹学习的宣传活动。有序推进区、街镇、企业三级职工文化阵地建设,华新、香花桥等街镇职工文体活动中心揭牌成立。组织职工代表参加青浦区庆祝中华人民共和国成立70周年暨纪念撤县建区20周年主题歌会、长三角三地职工文艺汇演等活动。（朱建强）

■服务国家战略 对接长三角一体化示范区内吴江区、嘉善县工会,签署三地职工劳动技能创新战略合作协议,启动百家企业工会联盟、百家劳模工匠（技师）创新工作室联盟及百家职工（工匠）学堂联盟等项目建设。举办长三角三地劳动争议调处交流座谈会、金泽镇等毗邻地区八镇工建联动交流活动。开展"凝心聚力再出发、岗位建功展风采"服务保障第二届"进博会"立功竞赛活动。联合吴江区、嘉善县举办现代物流、会展服务等技能竞赛和水质检测技能大赛、旅游行业职工技能竞赛。联合区政务办在200余个政务服务窗口开展五星服务团队、金牌店小二立功竞赛评选活动。（朱建强）

■持续深化工会改革 推进产业工人队伍建设改革,会同相关部门起草《关于推进新时期青浦产业工人队伍建设改革的实施意见》并召开改革推进大会。完成市推进产业工人队伍建设改革情况联合督查组对区督查的迎检工作。建设29家"职工学堂",成立"青浦工匠学院"。深化推进非公企业工会改革,开展2019年组建工会"百日集中行动",全年新建单独（联合）工会202家。加强重点区域重点行业工会建设,成立西虹桥地区工会联合会、夏阳街道文旅行业工会联合会。促进工会工作与乡村振兴工作相融互动,试点成立练塘镇农民专业合作社行业工会联合会。全面启动国有企业工会改革工作,牵头区委组织部、国资委对7家区级公司开展工会改革中期检查评估工作。（朱建强）

■聚焦主责主业做好服务工作 健全完善区、镇两级政府与工会联席会议制度,建立"周振波""喻学记"劳动争议调解工作室,扩大职工维权服务网络覆盖,全年参与劳动争议调解案件519件,提供法律援助918件,涉及职工2341人。制定并下发劳动关系三方《关于2019—2021年实施集体协商提质增效工作》实施意见。加大工会服务保障力度,为困难职工送温暖5200人次,帮扶金额580万余元。职工参加互助保障计划23.9万人,理赔金额1392万元。累计完成注册、办理会员卡16万张,组织企业职工体检、疗休养10086人,新建户外职工"爱心接力站"12家、"爱心妈咪小屋"25家、"职工亲子工作室"2家。（朱建强）

■自身建设 组织开展"不忘初心、牢记使命"主题教育活动,接受区委巡察组巡察。加强工会干部队伍建设,举办基层组织、劳动关系法律援助、宣教工作等专题培训班,培训工会干部1100余人。发动各级工会参与"消费＋公益"精准扶贫行动,完成消费扶贫400余万元。（朱建强）

2019年青浦区总工会第五届委员会会议情况表

表21

会议时间	会议名称	出席范围	会议主要内容
3月26日	五届六次全委（扩大）会议	区总工会第五届委员会全体委员、经审会委员、女工委委员,各街镇总工会主席、副主席,各委、局、区级公司工会主席（主任）、副主席（副主任）,各行业工会联合会主席、副主席,区总机关各部室和工人文化宫负责人以及先进代表	总结回顾2018年工会工作,安排部署2019年工作任务
7月22日	五届七次全委会议	区总工会第五届委员会全体委员	选举委员、副主席
7月22日	五届七次全委（扩大）会议	区总工会第五届委员会全体委员、经审会委员、女工委委员,各街镇总工会主席、副主席,各委、局、区级公司工会主席（主任）、副主席（副主任）,各行业工会联合会主席、副主席,区总机关各部室及工人文化宫负责人	总结上半年工作,部署下半年工作

（朱建强）

■开展长三角一体化中心组学习交流活动 2月28日,青浦区和吴江区、嘉善县三地总工会在吴江区亨通产业园开展长三角一体化中心组学习交流活动。三地总工会聚焦长三角更高质量一体化发展,共同交流三地工会的合作内容,探讨服务长三角一体化发展工建共建合作项目相关事项,明确"工建平台共建、工建研究共谋、工建阵地共融、工建队伍共育、工建信息共享和工建品牌共树"的工作思路。（朱建强）

■青浦、吴江、嘉善三地总工会签署合作协议 3月15日,中国长三角地区职工劳动技能创新工作第二次联席会议举行,青浦区和吴江区、嘉善县三地总工会签署《服务长三角更高质量一体化发展职工劳动技能创新战略合作协议》。（朱建强）

■加强和改进国有企业工会工作推进会 3月19日,加强和改进国有企业工会工作推进会召开。区总工会、区委组织部、国资委及区属国有企业相关负责人参加会议。会上，区总工会介绍国企工会改革工作的背景、市总工会对国企工会改革工作的要求及青浦区开展国企工会改革工作的现状，并就接下来如何做好青浦区的国企工会改革工作进行具体部署。淀山湖新城公司和青浦巴士公司2家试点单位进行了工作交流。（朱建强）

■**“聚力一体化，建功长三角”庆祝“五一”主题活动**　4月25日，“聚力一体化，建功长三角”庆祝“五一”主题活动暨长三角三地职工文艺汇演活动在区文化剧场举行。演出前，宣读了青浦区获2019年度“全国工人先锋号”、上海市“五一”劳动奖状（章）、上海市“工人先锋号”等先进集体（个人）名单，向青浦区和吴江区、嘉善县三地劳模创新工作室带头人颁发“工作室联盟公益导师”聘书，向三地职工（工匠）学堂示范基地授牌。（朱建强）

■**接受市推进产业工人队伍建设改革情况联合督查**　5月20日，市推进产业工人队伍建设改革情况联合督查第一工作组到青浦区开展工作督查。区委副书记杨小菁汇报青浦区推进产业工人队伍建设改革情况。区推进产业工人队伍建设改革领导小组全体成员，相关委、办、局分管领导，基层企业负责人、产业工人代表参加会议。（朱建强）

■**“共话长三角·齐绘同心圆”主题交流活动**　5月30日，“共话长三角·齐绘同心圆”暨长三角一体化区域镇总工会互通联动主题交流活动在金泽镇举行。区人大常委会副主任、总工会主席赵宏林出席会议。嘉善县姚庄镇、西塘镇，吴江区黎里镇，昆山市锦溪镇、周庄镇和金泽镇的工会负责人出席活动并开展工作交流。（朱建强）

■**现代物流技能比武展示活动**　6月2日，青浦区现代物流技能比武展示活动暨青浦、吴江、嘉善三地物流服务技能竞赛活动举行。此次活动由青浦区、吴江区、嘉善县三地人社部门和总工会联合主办，市物流协会、区快递物流行业工会联合会协办，市物流职业技能培训学校、上海空拓培训学校有限公司承办。有青浦区和吴江区、嘉善县三地30家物流服务企业180名职工参加竞赛，上海韵达货运有限公司张伟获一等奖。（朱建强）

■**区政府与工会联席会议**　6月19日，区政府与工会联席会议在区会议中心召开。通报2019年区政府重点工作实施挂图作战进展情况和区总工会重点工作推进情况。联席会议围绕“提升和改善产业工人队伍整体素质”“加强和提高产业工人公共服务水平”“维护和发展产业工人劳动经济权益”等议题开展协商沟通，区人社局、建管委、房管局、卫健委和总工会5家单位作交流发言。联席会议成员单位分管领导、各街镇行政分管领导和总工会主席出席会议。（朱建强）

3月15日，青浦区总工会、吴江区总工会、嘉善县总工会服务长三角一体化发展合作项目签约仪式举行（区总工会供稿）

■**高温慰问活动**　7月，区总工会领导班子分五组到11个街镇基层单位慰问奋战在高温一线的职工。高温期间，区总工会共开展“四大板块”（即传统板块、行业板块、灵活就业板块和国家战略板块）的高温慰问送清凉活动，共计慰问金60余万元，特别是对全区环卫行业的职工，做到了区、街镇两级工会慰问工作全履盖。（朱建强）

■**产业工人队伍建设改革推进会**　6月28日，青浦区产业工人队伍建设改革推进会在区会议中心召开。区推进产业工人队伍建设改革领导小组组长、区委副书记杨小菁出席会议并讲话。区推进产业工人队伍建设改革领导小组副组长、人大常委会副主任、总工会主席赵宏林主持会议。区推进产业工人队伍建设改革领导小组副组长、副区长王凌宇就青浦区《关于推进新时期青浦产业工人队伍建设改革的实施意见》作说明。会上，杨小菁向基层工会干部、产业工人代表赠送学习书籍和区工会服务地图。区人社局、发改委和总工会3家单位分别就“提升产业工人队伍技能”“加强公共服务”“服务职工群众”三方面内容作交流发言。区推进产业工人队伍建设改革领导小组成员，各街镇、区级公司党（工）委副书记、行政分管领导，各基层单位工会主席以及来自基层一线的劳模、产业工人和企业工会主席代表150余人参加会议。（朱建强）

■**服务“创全”五大行动**　8月13日，“职工当先锋，创全再出发”五大行动启动仪式在区文化剧场举行。区委宣传部副部长、文明办主任俞峰，区总工会党组书记、常务副主席吴春，区绿化市容局党委副书记、行业工会联合会主席胥蔚青，全国第十七次工代会代表、申通公司驾驶员关立平，上海市劳模、金泽镇城管中队副队长陶骁骏共同启动以“职工当先锋，创全再出发”为主题的垃圾分类时尚行动、创全宣传志愿行动、文明素养提升行动、服务职工增效行动和和谐劳动创建行动。全国“五一”巾帼标兵、上海市“五一”劳动奖章获得者、美都环卫服务有限公司总经理田爱萍与“五大行动”职工代表宣读倡议书。各级工会干部代表和绿化市容环卫行业职工代表共同观看了全国首部以垃圾分类为主题的轻喜剧《头等大事》。（朱建强）

■协调劳动关系多方联动机制会议 8月29日，区总工会召开协调劳动关系多方联动机制会议。凌云工业、纽福克斯、优速快递三家企业介绍了构建和谐劳资关系的做法，徐泾镇、华新镇、香花桥街道总工会交流了推进“四位一体”（即工会法律援助、法律监督、集体协商和民主管理）工作措施和调处劳资纠纷经验。区总工会通报了上半年全区劳资关系现状、存在的问题和工作措施，区人社局、法院、商务委、绿化市容局分别介绍了利用“四位一体”平台开展信息互通、联动调处等工作情况。区人大常委会副主任、总工会主席赵宏林出席会议。区人社局、工商联、人民法院、司法局、商务委、绿化市容局等部门分管领导、各街镇总工会主席以及相关企业代表参加会议。（朱建强）

■“不忘初心、牢记使命”主题教育活动 9月12日，区总工会召开“不忘初心、牢记使命”主题教育动员大会，从加强政治建设、认真学习研讨、贯彻部署要求、加强组织领导四个方面进行部署。区人大常委会副主任、总工会主席赵宏林，区委主题教育第二指导组组长陆彩娥出席会议并讲话。区总工会全体党员参加会议。9月25日，区总工会联合团区委、区妇联和红十字会在练塘镇东庄村开展“传承红色基因，牢记初心使命”主题教育学习研讨会。围绕“坚持以人民为中心，把群众观点和群众路线深深根植于思想中、具体落实到行动上”为主题开展学习交流，并进行主题教育知识自测。交流研讨前，全体人员参观东庄村村史馆。（朱建强）

■长三角三地工会第三次联席会暨劳动争议调处交流座谈会 9月27日，长三角三地工会第三次联席会议暨劳动争议调处交流座谈会在区会议中心举行。青浦区、吴江区、嘉善县三地总工会和人社局领导，三地基层工会代表，区市级劳动关系指导员、公益律师代表参加交流研讨。会议邀请市总工会劳动关系部、区司法局、人民法院、信访办等部门领导参加。会上，发布三地“百家和谐劳动关系企业优秀案例”征集活动，发出构建三地“劳动关系调解工作室”平台倡议。（朱建强）

■“凝心聚力进博会、建功立业创一流”立功竞赛推进会 10月16日，市总工会、机关工作委员会、商务委员会和区委员会联合召开会议，继续推动开展“凝心聚力进博会、建功立业创一流”立功竞赛。会前，市人大常委会副主任，总工会党组书记、主席莫负春与区委书记赵惠琴就青浦区服务保障第二届“进博会”立功竞赛以及“会展中心”区域工会联合会建设等工作进行交流。推进会上，市级机关工委常务副书记杨峥、区委副书记杨小菁等为“第二届‘进博会’城市服务保障职工服务队”授旗，市总工会党组副书记、副主席姜海涛布置第二届“进博会”立功竞赛工作，市商务委副主任诸旖介绍第二届“进博会”筹备工作情况；区总工会等5家单位作交流发言。（朱建强）

■国家会展中心区域工会联合会成立 10月16日，由青浦区总工会、长宁区总工会、闵行区总工会、国家会展中心、虹桥商务区管委会、虹桥机场、上海铁路局等21家单位下属相关工会组织组成的国家会展中心区域工会联合会揭牌。按照属地化管理原则，国家会展中心区域工会联合会负责做好工会组织建设全覆盖、工会服务引领全覆盖、构建和谐劳动关系全覆盖等工作。（朱建强）

■领导慰问服务保障“进博会”一线职工 11月8日，市人大常委会副主任、总工会主席莫负春和区委书记赵惠琴慰问服务保障第二届“进博会”青浦区“1+8”网格化巡查工作人员及环卫职工。在绿地全球商品贸易港广场，莫负春与绿化环卫工人和网格化管理人员交谈，感谢大家的辛勤付出。（朱建强）

■“青吴嘉”三地会展服务技能比武展示活动 11月26日，区总工会、人力资源和社会保障局、文化和旅游局共同举办“初心凝聚匠心、技能创造未来”2019年中国技能大赛——上海市青浦区职业技能竞赛“青吴嘉”三地会展服务技能比武展示活动。青浦区和吴江区、嘉善县三地会展服务企业参加商务会议铺台、会展茶歇布置2个比赛项目，同时进行酒会鸡尾酒调制展示性比赛项目。上海朱家角皇家郁金香花园酒店获团体金奖。（朱建强）

■全国总工会领导慰问一线民警 12月25日，全国总工会党组书记、副主

12月25日，全国总工会党组书记、副主席、书记处第一书记李玉赋（左一）慰问“会展中心”治安派出所民警（区总工会供稿）

席、书记处第一书记李玉赋到国家会展中心治安派出所慰问一线公安民警。李玉赋一行详细了解派出所护航进博的工作情况,实地察看国家会展中心周边区域智能安防系统、智慧交通系统、城市精细化管理系统运行情况,要求市、区两级工会坚持常态化、经常化、日常化开展送温暖工作,特别要加强对困难劳模和一线职工的关心,把物质和精神文化的温暖都送到基层。(朱建强)

■“带副春联回家乡”活动 12月28日,2020年“带副春联回家乡”活动启动仪式暨青浦区、吴江区、嘉善县三地职工文化交流活动举行。市总工会党组副书记、副主席姜海涛,区委副书记杨小菁,区人大常委会副主任、总工会主席赵宏林等出席启动仪式。姜海涛、杨小菁为“青浦工匠学院”揭牌,领导向三地职工代表赠送春联。活动特邀40名书画家和手工艺制作家现场为职工作画、写春联、制作手工艺品,并开展猜灯谜、“公益乐学”课程体验等互动游戏。(朱建强)

共青团青浦区委员会

■概况 2019年,团区委高举习近平新时代中国特色社会主义思想伟大旗帜,聚焦服务两大国家战略,凝聚青年围绕中心、服务大局,持续助力青年成长成才,持续深化改革攻坚,各项工作迈上新台阶。

至年底,全区共有团组织1249家,团员13880人,其中:“两新”团组织365家,覆盖团员4403人。有专、兼职团干部1572人。

年内,15名团员青年获“上海市青年五四奖章”、优秀团干部、优秀团员、市青年岗位能手等荣誉,6家团组织获“上海市青年五四奖章集体”“上海市红旗团委(团支部)”等荣誉称号,12家集体获上海市青年突击队、市进博专项青年突击队、市青年文明号等荣誉称号。区居民经济状况核对中心获“上海市青年文明号示范集体”。第二届“进博会”期间,共招募青年志愿者779人,在54个核心点位服务,共提供志愿服务108354人次,其中提供交通引导47956人次、信息问询36273人次、秩序维护16617人次、应急救助43人次、语言翻译4881人次、其他服务2584人次。(邱 兰)

■“青生活·爱公益·尚文化”点亮百个小心愿活动 1月16日,由团区委和少工委主办,朱家角镇团委、社区少工委和青浦区辅读学校承办的“青生活·爱公益·尚文化”点亮百个小心愿活动在区辅读学校落幕。活动现场,团区委书记沈竹林为学生代表赠送小心愿礼物。校长朱建军代表全校师生致感谢词。学生代表发言,并为大家表演舞蹈《心愿便利贴》。仪式结束后,在场人员与学生们一起参加拓展游戏。活动自2007年以来走过第十三个年头,13年来走进了青浦区辅读学校和金泽、白鹤、蓝天等18所中小学,惠及学生2000多人,让孩子们感受到社会的温暖和关爱,也在全区团员青年中形成热心公益的良好氛围。(邱 兰)

1月16日,“青生活·爱公益·尚文化”点亮百个小心愿活动在青浦区辅读学校举行 (团区委供稿)

■定向拓展活动 在国际植树节来临之际和推进垃圾分类的大背景下,为进一步引导青年往社区走,区社区少工委于3月9日、10日通过“小手牵大手”等亲子体验形式,结合助力乡村振兴、垃圾分类、村庄清洁、环境美化等要求开展趣味定向赛、你问我答、APP定位找树苗等一系列寓教于乐的定向拓展活动。此次活动增强了家庭参与垃圾分类、参与美丽乡村建设的主动性和能动性,同时向社会宣传环保风尚,增强全民自觉、改善人居环境。(邱 兰)

■“青汇乡村”青年助力乡村振兴暨长三角“青春合伙人”保护母亲河联合行动 3月11日,在练塘镇东庄村举行“青汇乡村”青年助力乡村振兴暨长三角“青春合伙人”保护母亲河联合行动。活动现场,团市委社会工作部副部长、上海共青团参与推进城市生活垃圾分类工作项目组组长吴凯铭为助力生活垃圾分类宣讲团和首批18支助力生活垃圾分类青年突击队授旗,市水务局团委副书记刘默尧、团区委副书记王琼为青年河长助理颁发聘书和“青年护河证”。青年河长助理代表练塘镇大学生村官金川、市大学生绿色营大学生黄骊向全区青年发出“保护母亲河”倡议。与青浦区、吴江区、嘉善县毗邻接壤的“五镇一区”团组织书记以长三角青年护河联盟的形式串起青年护河联盟的接力棒;团区委书记沈竹林、水务局党委副书记夏永兴,吴江区团委副书记高柳一,嘉善县团委书记金丰共同启动保护母亲河争当“河小青”联合行动,号召更多的团员青年、青少年参与到保护母亲河的行动中来。练塘镇党委副书记周文娟致辞。市大学生生态环境联盟负责人、导师,上海师范大学指导老师,区直属团组织负责人及团员青年代表,吴江区汾湖高新区,嘉善县姚庄镇、西

塘镇的团组织负责人及团员青年代表以及市大学生绿色营的营员代表共200余人参加活动。（邱　兰）

3月11日，“青汇乡村”青年助力乡村振兴暨长三角“青春合伙人”保护母亲河联合行动在练塘镇东庄村举行（团区委供稿）

■团区委全体会议　3月20日，共青团上海市青浦区第五届委员会第七次全体（扩大）会议在区会务中心举行。会议传达区委五届七次全会精神、团市委十五届三次全会精神，表彰10家2018年度青浦区红旗团组织和10家青浦区特色团组织。团区委书记沈竹林代表团区委常委会作《深入学习宣传贯彻习近平总书记“7·2”重要讲话和考察上海重要讲话精神，团结带领广大团员青年富于创造地为推动青浦全面跨越式高质量发展贡献青春力量》工作报告。报告总结2018年青浦共青团工作，部署2019年各项任务和重点工作。会议通过了委员、候补委员卸职、递补确认案。团区委书记沈竹林为离任的团干部代表颁发纪念证书。区委副书记杨小菁出席并作重要讲话。

7月29日，共青团上海市青浦区第五届委员会第八次全体（扩大）会议在区会务中心举行。会议传达区委五届八次全会精神，专题部署2019年下半年青浦共青团工作。会议号召，全区各级团组织要不忘初心跟党走、青春奋斗勇向前，主动对标区委要求，认真对表年度任务，以更大的格局、更大的担当，谋求更大的作为。全区90余名团干部、团员青年参加会议。（邱　兰）

■“人才进莲湖村”暨第二届青浦区青年英才结对签约活动　4月3日，“人才进莲湖村”暨第二届青浦区青年英才结对签约活动在金泽镇莲湖村举行。区委组织部副部长、人才办主任陆志斌作讲话。他指出，青年英才选拔培养工作是贯彻实施“人才强区”战略、促进各行各业青年人才脱颖而出、为青浦经济社会发展提供后备人才保障的重大举措。活动现场，表彰第二届青浦区青年英才，6名青年英才代表围绕“乡村振兴”作发言。区领军人才、拔尖人才与英才们签订了“结对带教”协议，并实地走访考察莲湖村。4月4日，举办第二届青年英才第一次培训会暨“团队融合协作能力专题培训”，青年英才、“千帆行动”青年企业家与团组织负责人共65人参加。（邱　兰）

5月6日，青浦区纪念五四运动100周年座谈会在区会务中心举行（团区委供稿）

■“卓越父母”家庭教育指导　4月14日，由上海市慈善基金会青浦区分会、共青团青浦区委员会联合主办的“卓越父母”家庭教育指导在上海市毓秀学校举行。此期家庭教育指导的主题为《家长情绪管理的自我修炼》。复旦大学教授沈奕斐主讲。参加现场活动的学生家长达200余人，约1.5万人观看了现场直播。团市委服务保护办副主任席晓华出席活动。（邱　兰）

■举办青浦区八年级学生14岁集体生日仪式　4月26日，由市少工委指导，团区委、少工委、教育局主办，上海市青少年校外活动营地——东方绿舟、青浦区实验中学承办的“珍爱少先队·向往共青团·追梦新时代——上海市青浦区八年级十四岁集体生日仪式”在青浦东方绿舟绿舟剧院举行。仪式通过“成长篇”“励志篇”和“接力篇”将八年级“接力章”和“十四岁集体生日仪式”有机结合，从强化队仪式、入团仪式等方式凸显仪式教育魅力。观摩结束后，各位领导和专家同来自全市6所同样进行“八年级十四岁集体生日仪式”的试点学校进行交流。团市委党组成员、少工委主任、少先队总辅导员赵国强，团市委少先队工作部部长何婷婷等出席观摩。（邱　兰）

■纪念五四运动100周年　5月4日，由陈云纪念馆、团区委、练塘镇党委和练塘镇文明委主办的“青春心向党·建功新时代”青浦区青少年纪念五四运动

100周年特别主题团日活动在陈云纪念馆举行。活动现场，开展入团宣誓，来自颜安中学的16名学生加入中国共青团，团区委书记沈竹林庄严领誓，团区委副书记叶丽君、宋波、王琼，练塘镇党委委员于文礼为他们佩戴团徽，新团员代表发表入团感言。练塘镇党委书记、文明委主任王永根致辞。陈云纪念馆党委副书记、纪委书记、副馆长王震凤，练塘镇党委副书记周文娟为升护旗手和参与主题表演的团员青年颁发纪念证书。活动现场还开展纪念五四运动100周年主题微团课、参观陈云纪念馆等活动，突出仪式感教育，引导青少年重温革命历史、传承红色基因、发扬五四精神，增强听党话、跟党走的思想自觉和行动自觉。各区属单位团组织负责人、团员青年代表、师生代表等120余人参加活动。

5月6日，青浦区纪念五四运动100周年座谈会在区会务中心举行。区委书记赵惠琴强调，青年一代是青浦建设的生力军和突击队。广大青年要不负历史，做五四精神的传承者；不负时代，做青浦发展的建设者；不负青春，做精彩人生的远航者。要以青春之奋斗和担当，实现青浦全面跨越式高质量发展和青年们人生的跨越式发展。团区委书记沈竹林和优秀青年代表丁昆源、周文武、蔡雯作交流发言。区领导朱明福、李华桂、蒋仁辉、孙挺等出席会议。副区长王凌宇主持会议。（邱　兰）

■庆“六一”活动　5月28日，为深入落实少先队改革精神，积极配合上海市第八次少代会的胜利召开，由区文明办指导，团区委、教育局和少工委主办，区青少年活动中心、青教院附小、颜安小学和陈云纪念馆团支部承办的“领巾心向党，做好接班人”—2019青浦区少年儿童庆“六一”活动暨党团队三旗传递活动在爱国主义教育基地——陈云纪念馆举行。党、团、队三旗从一大会址出发，经过15个区的传递，从松江区来到青浦区，之后抵达市八次少代会会场“会展中心”。接旗后，区委宣传部副部长沈旖婷宣布青浦区少先队“垃圾分类”争章活动启动，开启区少先队助力创全新篇章。仪式上表彰了2018—2019年青浦区少先队年度优秀和区十佳优秀提案。教师进修学院附属小学、颜安小学学生代表、全区中小学大队辅导员等300余人出席活动。（邱　兰）

■专题培训班　5月31日，团区委在区会务中心举办学习习近平总书记在纪念五四运动100周年大会上的重要讲话精神专题培训班。邀请中国浦东干部学院教师张小帅作《学习贯彻习近平总书记在纪念五四运动100周年大会重要讲话精神》专题讲座，邀请原区委党校副校长、副教授莘小龙作《青年时期的习近平》专题讲座。通过学习，学员们深刻领会习近平总书记在纪念五四运动100周年大会上的重要讲话的精神实质和丰富内涵，深刻领会五四运动的历史意义和五四精神的时代价值，激励青年担当时代使命，勇于砥砺奋斗。培训班组织学员参观渔阳里团中央机关旧址纪念馆和“城市荣光——庆祝上海解放70周年”主题展览。团区委副书记叶丽君作动员讲话，基层团组织近200名团干部及团员青年代表参加培训班。

12月19—20日，团区委在东方绿舟开展“青浦共青团学习贯彻党的十九届四中全会精神专题学习班”。专题学习班特邀区委党校研究室教师李秀元作《历史交汇点上的伟大宣示——深入学习领会党的十九届四中全会精神》专题讲座，就十九届四中全会精神进行全面系统、深入浅出地解读；邀请团市委基层工作部部长任浡作《上海共青团基层建设的实践与思考》专题讲座，为大家在基层工作中答疑解惑；邀请上海青年业委会委员联谊会秘书长韩冰作《住宅小区的常见“冲突”与解析》专题讲座。各级团干部表示，要以专题学习班为契机，切实增强政治自觉、思想自觉和行动自觉，带头用全会精神武装头脑，指导实践，以实际行动确保全会精神落地落实，推动共青团工作再上新台阶。团区委书记沈竹林作动员讲话。各区属单位团干部共100余人参加学习班。（邱　兰）

■乡村振兴“青春建功”行动　6月5日，青浦区乡村振兴青春建功行动工作推进会在重固镇徐姚村举行。会前，与会人员实地参观徐姚村村容村貌，听取徐姚村建设发展整体情况的介绍。团区委书记沈竹林、农业农村委党委副书记沈玲英作讲话。团区委、国家统计局青浦调查队等单位有关科室负责人、团区委各直属团组织负责人、乡村振兴示范村团组织负责人以及村（居）团组织负责人代表等90余人参加会议。（邱　兰）

■“团员青年走进人大”活动　7月24日，区人大常委会办公室与团区委在区会务中心开展“团员青年走进人大”活动，10名团员青年代表旁听区人大第26次常委会会议。团员青年代表听取各项关于人大工作情况的报告，见证人大会议的决议过程和地方限额的审查流程。（邱　兰）

5月28日，“领巾心向党，做好接班人”——2019年青浦区少年儿童庆“六一”活动暨党团队三旗传递仪式举行（团区委供稿）

■“扬帆回青”2019年青浦籍优秀大学生暑期社会实践 7月10日，区人才办、人社局联合团区委在御澜湾学校举办“扬帆回青”2019年青浦区大学生社会实践项目启动仪式。会上，区人社局副局长周维平作总体情况介绍。区人社局局长、人才办副主任俞藕英，团区委书记沈竹林与大学生代表们共同启动“扬帆回青”2019年青浦区大学生社会实践项目。回青就业青年代表、青年大学生代表和用人单位代表分别作发言。

8月28日，“扬帆回青”2019年青浦区优秀大学生暑期社会实践总结分享会在青浦盈浦街道文体中心追梦剧场举行。会上，大家观看《盛夏的青春接力》，回顾大学生在区各个岗位上的心路历程，抒发他们挥洒青春、投身实践的热情。区人社局局长、人才办副主任俞藕英，团区委书记沈竹林为34名暑期社会实践优秀学员领奖代表颁发优秀学员证书。区委组织部副部长、人才办主任陆志斌作讲话。区属单位团组织负责人、用人单位代表、暑期社会实践青浦区优秀大学生200余人参加活动。（邱　兰）

■“知行杯”系列活动 7月19日，由团市委主办，团区委、上海工程技术大学团委承办的2019年“知行杯”长三角生态绿色一体化发展示范区大学生社会实践项目专项赛出征仪式暨实践项目对接见面会在区文化馆文化剧场举行。来自上海交通大学与同济大学的学生作为往届“知行杯”优秀项目代表向与会学生交流参赛经验心得。上海工程技术大学的学生代表和区水务局的项目导师代表相继发言。与会领导向社会实践项目导师代表颁发聘书并向项目代表授旗出征。会后，各项目团队听取《长三角一体化与青浦规划》主题讲座，并进行项目对接和实地考察。区委副书记杨小菁，团市委副书记戴冰，上海工程技术大学党委副书记、副校长朱晓青等出席活动。青浦区和吴江区、嘉善县三地团员青年代表400余人参加活动。

8月14日，示范区专项赛实践项目对接会在区会务中心召开，对接会由团区委牵头，召集实践项目对接单位。上海财经大学教授郑少华带队出席，区发改委、生态环境局、绿化市容局分管领导出席。会后，各相关单位就项目涉及的具体问题进行对接。

8月15日，团市委副书记戴冰一行到青浦区开展2019年“知行杯”长三角生态绿色一体化发展示范区大学生社会实践项目专项赛的情况调研。由上海财经大学、上海师范大学、上海工程技术大学等6所高校的8个团队汇报项目推进情况。安信农保公司，夏阳街道、白鹤镇、金泽镇、朱家角镇和区生态环境局、水务局相关单位联络员均参会，就各单位对接情况作简要说明。全年共对接项目146次，对接人数357人次。

10月19日，由市委宣传部、市文明办、教卫工作党委、教委、团市委和学生联合会联合主办的2019年“知行杯”上海市大学生社会实践项目大赛决赛在上海中医药大学举行。149个实践项目（74项社会调查项目、45项社会服务项目、30项示范区专项赛项目）进入决赛。其中，由青浦区承办的“知行杯”长三角生态绿色一体化发展示范区大学生社会实践项目专项赛入围项目30个。（邱　兰）

■爱心暑托班 全区共有小学生爱心暑托班30个，督导和班主任老师235人、大学生志愿者357人、高中生志愿者220人，参与服务小学在读生1859人。9月11日，区小学生爱心暑托班工作总结会在区教师进修学院报告厅举行。大会表彰了在“爱心暑托班”工作做出突出贡献的优秀教师和优秀志愿者代表。班主任老师、志愿者以及家长代表交流并分享自己在爱心暑托班的经验。副区长王凌宇出席并作讲话。（邱　兰）

■青春力量“燃”社区活动 10月30日，青春力量“燃”社区——青年社会组织“往社区走”服务项目推介会暨青春青浦好伙伴征集活动发布会在世界手工艺产业博览园举办。活动邀请上海青创社会服务中心理事长、党支部书记陆力仁现场分享经验。12家青年社会组织参加路演，培风文化传播的《创意绘本剧》和虹桥艺加仁社区文化服务中心的项目《共“绘”美丽青浦》获一等奖。（邱　兰）

■青年党员初心分享会 10月31日，“青春心向党建功新时代”——青浦区青年党员初心分享会在区会务中心举行。活动分“信念之心”“责任之心”“奋斗之心”“为民之心”4个篇章，以朗诵《这是真的》——陈云的故事开始，邀请7组青年党员代表分别围绕“信念”“责任”“奋斗”“为民”4个关键词分享初心故事，最后在情景朗诵《我们共同的名字》中全体党员一起重温入党誓词。区委常委、组织部部长蒋仁辉出席活动，各街镇分管副书记、组织委员，区

7月19日，2019年“知行杯”长三角生态绿色一体化发展示范区大学生社会实践项目专项赛出征仪式举行（团区委供稿）

委各部、委、办、局,区政府各委、办、局等代表近600人参加活动。（邱　兰）

■青浦、吴江、嘉善三地书法大赛　11月17日,由青浦区团委、吴江区团委、嘉善县团委共同主办,三地书法家协会共同承办的“青春心向党,建功新时代”——首届青浦、吴江、嘉善(少)年书法大赛作品展开幕仪式在青浦区万达茂商业中心举行。团区委书记沈竹林代表主办方致辞,区书法家协会张卫东宣读评选结果,三地团区委为获优秀奖青少年代表颁奖。大赛启动以来,得到三地青(少)年书法爱好者的积极响应和参与,共收到投稿作品400余件。区书法家协会班子成员、获奖代表和来自三地的青少年书法爱好者及家长代表近300人参加活动。（邱　兰）

■长三角生态绿色一体化发展示范区团建联盟成立大会暨青浦、吴江、嘉善共青团品牌项目分享会　11月17日,长三角生态绿色一体化发展示范区团建联盟成立大会暨青浦、吴江、嘉善共青团品牌项目分享会在朱家角镇举行。青浦区团委书记沈竹林、吴江区团委书记王鹏宇、嘉善县团委书记张冬强分别致辞并为团建联盟成立揭牌。青浦区团委副书记宋波、吴江区团委副书记朱颖、嘉善县团委副书记唐赟路为“一体化示范区”青年突击队代表授旗。大会发布了“一体化示范区”团建联盟章程并分享三地共青团品牌项目。三地团委直属团组织负责人共160人参加会议。（邱　兰）

■少年国旗班　12月7日,团区委在实验小学(东部)开设少年国旗班,对公开招募的82名青少年进行为期3天的培训。在教官的指导下,学员学习了国旗法的基本知识,并进行队列和升护旗训练。（邱　兰）

■共青团与人大代表、政协委员面对面活动　12月25日,2019年青浦区“共青团与人大代表、政协委员面对面活动”暨“知行杯”长三角生态绿色一体化发展示范区大学生社会实践项目专项赛优秀实践成果推介会在朱家角镇举行。团区委书记沈竹林致辞。6个项目组的代表推介实践成果,并与区人大代表、政协委员对项目实际落地后对策实行的可能性进行探讨和交流。区人大副主任胡海民、区政协副主席董永元为其颁发聘书。团市委党组成员、服保办主任周建军作讲话。（邱　兰）

青浦区妇女联合会

■概况　2019年,区妇联坚持以习近平新时代中国特色社会主义思想为指导,牢牢把握保持和增强政治性、先进性、群众性的根本要求,团结凝聚全区妇女把初心使命融入到发展实践中、融入到服务国家战略的发展大局中。

年内,区人民检察院未成年人刑事检察组获“全国维护妇女儿童权益先进集体”称号,区市场监督管理局注册许可科获“全国巾帼文明岗”称号,上海锐嘉科实业有限公司董事长王翠玲获“全国巾帼建功标兵”称号,陈君芳家庭和顾树强家庭获2019年度全国“最美家庭”家庭称号。青浦区妇联与吴江区妇联、嘉善县妇联签署妇建共建框架协议,发布共建项目,成立先行启动区妇建联盟,三地合作开启新篇章。

（董炜昱）

■思想引领　开展“唱响主旋律、礼赞新中国”等群众性宣传教育活动,组织妇联干部组队参加区主题歌会,发动基层“妇女之家”以“唱”“舞”“秀”等方式献礼祖国七十华诞。举办“巾帼逐梦新时代,芳华绽放新青浦”——纪念三八国际妇女节表彰大会,表彰“三八”红旗手74人、集体35个。区妇联班子领导送奖到基层致敬“三八”红旗手,巾帼女神现身宣讲并开展“传旗”修身行。举办“我和我的祖国”等网宣主题活动,实施青浦区女性幸福感调研等网络参与项目。妇联网宣员队伍扩容至598人。

（董炜昱）

■提升女性素养　举办12场玫瑰讲坛,惠及1500余人。“女性享学吧”招募新学员260人。组织先进女性到“进博会”现场参观学习。向新一批农村家庭捐赠书券3万元。实施“创享未来·业聚青浦”服务女性创业公益项目,举办区级家政服务员、母婴护理、育婴员职业技能竞赛,662人参赛。指导基层主办联办“妇女学技能”培训班94期,2000余人次受益。完成市城乡妇女岗位建功先进集体(个人)和区巾帼文明岗推荐、市巾帼文明岗创建班组对口检查交流、全国文明岗信息采集工作。

（董炜昱）

■组织阵地建设　指导组建“四新”(即新领域、新业态、新阶层、新群体)领域妇联组织19个、“四新”领域“妇女之家”28家、村组楼栋小微型“妇女之家”35家,新增区委党校妇工委;实施首轮

12月24日,青浦区妇联与吴江区妇联、嘉善县妇联共同举办“服务长三角,巾帼建新功”——长三角生态绿色一体化发展示范区妇联共建启动仪式

（区妇联供稿）

“妇女之家”区级增能升级工作，34 家“妇女之家”参与“家助力”行动，配送 66 场点单式服务至基层；金泽镇蔡浜村“妇女之家”获评市提高级“妇女之家”；制订区妇联执委工作制度，区级执委加入三个区域工作小组，组织开展轮值活动 13 次，1014 人次参与；举办村居妇联主席骨干培训班。区妇联执委、街镇妇联主席、委局妇工委主任以“必修＋选修”形式参与讲座培训；修订区妇联机关联系基层制度，机关干部结合“大调研”等工作走访家庭 187 户、收集问题 73 个。（董炜昱）

1 月 11 日，青浦区首个文创园妇联组织正式成立，图为青浦区白鹤镇青龙小镇文创产业园第一次妇女代表大会（区妇联供稿）

■妇女维权保障 制定《区婚姻家庭纠纷预防化解工作实施意见》，成立婚姻家庭纠纷人民调解委员会，全年接待当事人 1200 人次，调解个案 185 起，形成调解协议 150 份。区暖心阁工作室接待离婚咨询 2000 余人次。妇女维权点调解离婚案 411 件次，调解率达 98% 以上；成立反家暴庇护所和未成年人救助保护中心。做好预防家庭暴力纳入社区警务等日常工作，公安青浦分局出具《家庭暴力告诫书》112 份；依托团体会员工会女工委，抓好女职工同工同酬、“五期”特殊保护等专项用工检查。实施退休和生活困难妇女“两病筛查”实事项目，免费筛查 34310 人。年内，组织看望慰问困难妇儿 288 人次，送上帮困金 43.09 万元，发放儿童文化福利补贴 7.05 万元。“姐妹情”保险理赔 71 人，赔付金额 145.3 万元；明旸法师帮困助学项目帮助困难家庭学生 21 人。为扶贫加“温”行动组织爱心人士编织毛衣、披肩 400 件送往云南省；“知心妈妈”项目化解信访积案 2 起；儿童友好社区创建试点工作启动，赵巷镇、徐泾镇、盈浦街道成功申报试点创建。妇女儿童发展“十三五”规划深入实施，53 个监测指标提前达标，达标率达 91.38%。（董炜昱）

■服务家庭 启动“青浦区家家幸福安康工程”，积极回应广大妇女和家庭新时代、新需求。举办“上善扬家风、培塑家国情”家庭文化节暨家庭教育宣传周活动，通过“家风美 · 家和睦”微信专栏线上展播“文明家庭”“最美家庭”先进事迹，掀起学习热潮；联合区总工会、团区委等单位共同开展“四季恋歌”活动，助力单身女性“脱单”；“佳乐苑”亲子园开展 0—3 岁公益早教体验班活动 9 场，帮助宝宝缓解和家长的分离焦虑；举办家庭教育“进社区、进园区、进企业、进机关”活动 18 场，550 户家庭、1650 人次受益；实施“传承红脉 · 童心向党”“机器人与人工智能初体验 2.0”“创演中华文化 · 献礼祖国华诞”原创儿童绘本剧展演三大亲子家教项目以及“辉煌 70 载 · 回颂五千年”经典古诗词咏诵大赛（诗书传家）专场活动、“上善青浦、文明出行”等主题亲子活动，深受家长和孩子们欢迎。（董炜昱）

10 月 18 日，金泽镇蔡浜村湿地公园举办“上善扬家风，培塑家国情”——2019 年青浦区家庭文化节暨家庭教育宣传周活动（区妇联供稿）

■公益服务项目 进一步完善“基层妇女点单、社会组织接单、妇联组织买单”妇儿公益服务项目运作模式，通过面向社会公开征集区妇女儿童家庭公益服务项目的形式，号召社会组织广泛参与妇女工作。“青女乐成长”等 15 个项目经评审、公示后落地实施。全年围绕“女性发展”“素质提升”“儿童家庭”“阵地建设”等开展服务 86 次，受益人数达 7000 余人次。指导街镇妇联实施妇儿家庭服务项目 21 个，开展公益活动249场次,6000余人次受益。

（董炜昱）

■服务第二届“进博会” 围绕第二届“进博会”,实施“巾帼岗位建功、巾帼‘家’添彩、巾帼家园志愿、巾帼舆论宣传”四大行动。各级妇联组织和广大妇女参与“倒计时100天”“50天风采展示”“礼仪培训竞赛”等活动。组织发动近万名巾帼志愿者参与进博服务,广大职业女性参与进博立功竞赛。

（董炜昱）

■推进“双学双比”活动 推出“农村妇女文化修身”“双学双比提质增效”“美丽家园寻找展示”三大行动。举办“巾帼助力乡村振兴·携手共建幸福家园”主题活动,通过倡议号召、故事分享、文艺汇演、成果展示等方式,让农村女性共享农业发展成果;实施“乡村振兴路.巾帼展风采”项目,组织妇女走进美丽乡村、走访巾帼基地、感受乡村变化;启动“美丽庭院”寻找行动,“我眼中的美丽庭院”摄影比赛在展示庭院之美同时也让更多家庭加入庭院美化行列;11个新培育的“双学双比”项目带动就业603人,创造经济效益960万元。

（董炜昱）

■“创全”工作 对标创全国文明城区任务要求,全力抓好指标落实。举办巡回故事宣讲活动75场,7500余人次参与。巾帼文明岗与“三八”红旗集体共同倡议、挂牌亮标,百岗联手亮风采。巾帼志愿者和社区家庭积极响应、献计出力,主动参与热情高;围绕双拥模范城创建,面向妇儿家庭开展线上线下爱国主义教育和国防知识宣传,退役军人军属徒步、亲子家庭走进军营等活动加深军民“鱼水情”;助力扫黑除恶专项行动,各基层妇女维权点高度关注、主动参与黑恶势力侵害妇女儿童权益线索排摸工作;围绕垃圾分类新时尚,“先进女性清洁家园徒步行”“生态科技嘉年华亲子活动”“绿色家庭交流分享会”等活动引领妇女、儿童与家庭齐参与。

（董炜昱）

青浦区科学技术协会

■概况 2019年,区科协紧紧围绕区委中心工作,广泛普及科学知识,传播科学思想,弘扬科学精神,持续强化“四服务、一加强”(“四服务”即服务科技工作者、服务创新驱动发展战略、服务公民科学素质提高、服务党委政府科学决策,“一加强”即加强自身建设)工作职能,支持培育科技人才,完善激励机制,发挥学术交流引领作用,进一步促进科协工作与经济、文化、生活融合发展,切实提高全民科学文化素质。区科协获2019年全国科普日活动“优秀组织单位”、2019年上海科技节“优秀组织奖”荣誉称号。

至年底,全区有国家级科普教育基地7家、市级科普教育基地19家、区级科普教育基地60家、科普示范村(居委)46家、科普村(居委)129家,科普志愿者共2530人。

（张　峰）

5月16日,2019年青浦科技节开幕式在东方绿舟举行　（区科协供稿）

■2019年青浦科技节开幕式 5月16日,2019年青浦科技节开幕式在东方绿舟举行。开幕式上,“长三角一体化发展示范区”科普护照首发,辰光医疗《超高场强科研用磁共振成像系统》在上海公开亮相。科技科普展集聚区高新技术企业和青浦区、吴江区、嘉善县科普基地多方资源,通过科技展示、科普体验、科学素质测试墙三大板块,为广大市民带来一场科技盛宴。上海护理佳实业有限公司等7家企业获上海市院士专家工作站授牌。科技节期间,各有关单位在全区范围内开展四大板块、100多项丰富多样的科技活动,全力营造“学科学、爱科学、讲科学、用科学”的良好氛围。

（张　峰）

■科普基地建设 巩固全国科普示范区创建成果。2019年,成功创建科普示范村(居委)3家、科普村(居委)6家、科普基地6家;推进长三角生态绿色一体化发展示范区科普资源平台建设;探索利用“青浦科普”微信公众号,将青浦区和吴江区、嘉善县三地的科普资源进行整合展示;推进“科普中国”落地应用,开展科普E站建设,建成科普中国E站50个;持续开展科普项目申报建设,申报市科委科技创新科普项目5项、市科协基层行动计划项目2项,25个项目获2019年度区科普资助项目立项。

（张　峰）

■推动长三角生态绿色一体化科技创新协同发展 会同吴江区科协、嘉善县科协,大力开展科技创新合作交流,推动长三角一体化科技创新协同发展。签订三地科协组织联盟框架协议,从党建优势互联、人才交流互动、活动联手互办、基地集成互享、资源共建互惠等方面搭建协同创新发展平台;联合成立长三角生态绿色一体化发展示范区企业科协联盟,首批共38个集体会员单位,为促进三地企业技术开发与创新、科技人才成长、产业转型升级服务;举办第二届长三角国际创新挑战赛青、吴、嘉示范区专场赛、长三角区域企业

PCT国际专利工作座谈会和长三角一体化发展示范区科技创新与知识产权发展报告会等系列活动；首发长三角生态绿色一体化发展示范区科普护照，并首次开通“LINE17 科普新干线”；举办首届长三角“科普动起来”家庭创意制作大赛；三地科协首次联合设立科普展区亮相第六届上海国际科普产品博览会，推动长三角科普服务联动推进和科普资源协同发展。 （张 峰）

■系列科普活动 举办以“科技创新，科普惠民——助力长三角一体化发展示范区建设”“礼赞共和国、智慧新生活”为主题的2019年青浦科技节系列活动和青浦区“全国科普日”活动，以营造创新文化氛围、开展特色科普活动、开放优质科技资源为重点，融合长三角一体化发展成果，弘扬科学精神，普及科学知识，促进科技创新和科学普及协调发展。全区共开展各类科技、科普活动270余场次，覆盖300余个村居、60家科普基地，惠及市民65万余人次。深化长三角地区科普服务的联动推进和科普资源的协同发展，青浦区、吴江区、嘉善县三地的40组家庭参加首届长三角区域“科普动起来”家庭创新制作大赛决赛。 （张 峰）

■提升科普服务水平 区社区科普大学配送课程实现常态化，联合区相关部门和街镇，通过社区科普大学网络平台向全区学校、企业、农村、机关、军营和社区配送各类课程200余场次，受益市民1万余人次。编发《青浦科普》4期，“青浦科普”微信公众号推送动态信息400余条。举办青浦科普拍客、创意科普集市、低碳家庭评选、科普营等全民活动。 （张 峰）

■建站攻关项目 加强院士专家工作站管理，扩大院士站覆盖范围。全年申报获批准院士专家工作站8家，引进专家21人。至年底，全区共有院士专家工作站38家，引进院士21人、专家157人。继续加强科技攻关项目建设，开展院士专家工作站、企业产学研合作及科技人才引进与培训活动。开展院士专家工作站项目16项、海智人才项目1项、企业人才建设引进项目1项。 （张 峰）

■优化人才培育机制 依托全区各街镇科技工作者之家及工业园区等基层科协，大力开展人才引进、人才培训活动，搭建多层次的人才成长服务平台。探索“互联网+”服务模式，开展“科技工作者之家”网上建家交友活动；围绕科技工作者的职业发展，做好继续教育和职称申报受理服务，助力科技工作者职业成长；开展知识产权等法律咨询服务，创新科技人物宣传机制，突出对基层一线和青年科技人才的宣传，优化人才成长和发展环境；开展企业科技人员职称继续教育培训、信息检索服务项目，共参与600余人次；认定信息检索服务示范企业5家，培训专利应用工程师50人。 （张 峰）

■学术交流 鼓励各学（协）会积极开展学会咨询项目申报、业务学术交流和常态建设，促进学（协）会健康发展。立项涉及科技创新服务、科技咨询服务、学术交流研究、科技人才建设等领域的学会咨询重点项目18项；运用“一网通”电子化管理，加强学（协）会指导管理；响应“全国科技工作者日、企业科协会员日”活动，组织区广大学（协）会科技工作者开展“学会社区结对行”等特色体验活动。 （张 峰）

青浦区归国华侨联合会

■概况 2019年，区侨联坚持发挥优势、体现作为，扎实推进侨联各领域工作，为实现青浦全面跨越式高质量发展、建设生态宜居的现代化新青浦、打造高能级高品质的“上海之门”凝聚侨心、汇聚侨力。 （孙艳丽）

■凝聚侨界共识 2月19日，举办“同心共筑中国梦，助力跨越新发展”区侨界人士闹元宵活动，组织侨界人士欢聚一堂，以文艺表演、民俗游园、主题游戏等形式共同欢度佳节；3月9日，举办“科创引领，金融支持”市侨界金融投资沙龙，组织侨界金融、投资精英、上市公司高管等代表分享信息资源、交流创业投资感悟；9月25日，结合庆祝中华人民共和国成立70周年、区侨联成立30周年，举办“侨心共筑中国梦，助力跨越新发展”区侨界人士国庆重阳主题活动。 （孙艳丽）

■服务区域发展大局 聚焦区域一体化发展，加强与长三角地区的联系互动。先后接待浙江省嘉兴市委统战部一行到青浦区考察，组织侨联班子和基层主席到江苏省苏州市昆山市参观学习，组织机关干部到浙江省湖州市侨务部门学习交流。5月11日，举办“相约青浦，长三角一体化”新侨沙龙，集结上海市、浙江省宁波市、江苏省苏州市等长三角地区企业、金融界新侨人士围绕“发挥优势致力区域发展”进行探讨，并作《产业互联网助力企业创新转型——兼议5G时代下的商业变革》主题分享。发挥侨力服务和保障第二届“进博会”成功举办，动员侨界开展宣传、推介、服务、保障及参展工作。协调开展“进博会”“6+365”平台方面项目对接。带头示范践行、引领侨界群众，在垃圾分类工作中走在前头、做出表率，向全区侨界发出倡议书。 （孙艳丽）

■参政调研 在区政协五届三次全会上，区侨联提交3件集体提案，其中《深耕长三角一体化集聚经济增长新动能》被收入大会书面交流。开展《我区新侨创新创业现状与分析》课题调研。8月2日，市委统战部副巡视员、欧美同学会党组书记李霞一行到青浦区调研区级留学人员组织建设工作。11月14日，召开侨界人士参政议政座谈会。 （孙艳丽）

■新侨工作 5月22日，举办“新侨汇”文化体验活动，邀请越剧毕派传人、申江艺术团团长陈静作越剧戏曲赏析讲解。9月3日，与区政协联合举办“当代优秀文化艺术赏析”文化沙龙活动。组队参加市侨联“‘侨与中国梦’——我和我的祖国”诵读大赛，区新侨代表队在复赛中获优胜奖，区侨联获大赛优秀组织奖。5月28日，举办深化增值税改革政策讲座，帮助企业了解最新税务政策，实现企业更好发展。 （孙艳丽）

■海外工作 9月23日，2019“一带一路”华侨华人与中国市场高峰论坛代表团到青浦区参观访问，参访团一行听取了副区长彭一浩作的青浦区经济发展情况介绍和工业园区董事长作的园区发展情况介绍，并到哈工大人工智能产业园、移动智地产业园及“会展中心”、绿地贸易港参观考察;11 月 20 日,“创业中华,江海筑梦”——首届长三角华商大会海(境)外代表到青浦区参观访问;12 月 14 日,马来西亚中华大会堂总会一行到青浦区参观访问,实地考察朱家角镇、绿地全球商品贸易港及北斗产业基地;12 月 23 日,中国侨联第 6 期海外联谊研修班到哈工大人工智能产业园等地参观;做好 2019 年中国(上海)国际青少年校园足球邀请赛相关工作,承担赛事期间青浦分赛区文化交流项目,促进海内外交流。 (孙艳丽)

12 月 14 日,马来西亚中华大会堂总会代表一行到青浦区参观访问

(区侨联供稿)

■实事服务 开展“同心·宣讲”“同心·医疗服务”“同心书屋”等项目,服务 1300 多人次。开展“2019 年新年帮困送温暖”活动。春节前夕,走访慰问 11 个街镇侨界困难群众共 58 名;高温期间,开展“送清凉访侨界”活动,走访慰问侨资企业、空巢侨界老人;重阳前夕,走访慰问部分侨界老人。 (孙艳丽)

■自身建设 配合区机构改革工作,明确职责定位。完成全区街镇侨联换届工作,换届后全区街镇侨联班子成员共 67 人;做好区侨联委员、常委增补和卸免工作,区侨联五届四次全会增补委员 7 人、常委 8 人,卸免常委 4 人。举办 2019 年侨联干部培训班,邀请市侨联副主席徐大振作《准确把握侨情,创新侨联工作》报告。有序推进新侨驿站建设,将新侨驿站建设纳入街镇统战工作考核指标。成立金泽镇、合生新天地、宝龙商业中心、华新镇、华新镇物流行业等新侨驿站,遴选“侨缘驿站”申报创建首批上海市“特色新侨驿站”。年内,根据区委和统战部统一部署安排,有序开展“不忘初心、牢记使命”主题教育活动。 (孙艳丽)

青浦区残疾人联合会

■概况 2019 年,区残联深入贯彻中央、市、区关于残疾人工作的部署要求,坚定政治站位,扛牢政治责任,聚焦“不忘初心、牢记使命”主题教育,突出“找差距”“抓落实”两个重点,全面开展残疾人就业、康复、教育、社会保障、文体、维权等工作,进一步推动残疾人事业与全区经济社会协调发展。

至年底,共有持证残疾人 23687 人,其中年内新增 1017 人。按类别统计:视力残疾 2168 人、听力残疾 2769 人、言语残疾 169 人、肢体残疾 13757 人、智力残疾 2062 人、精神残疾 2432 人、多重残疾 330 人。按镇(街道)统计:金泽镇 4234 人、练塘镇 3515 人、朱家角镇 3115 人、白鹤镇 2461 人、华新镇 2265 人、香花桥街道 1798 人、盈浦街道 1338 人、赵巷镇 1276 人、徐泾镇 1329 人、夏阳街道 1349 人、重固镇 1007 人。按户籍统计:农业户籍人口 10508 人、非农业户籍人口 13179 人。按性别统计:男性 11552 人、女性 12135 人。处于

9 月 25 日,青浦区侨联、中共青浦区徐泾镇委员会主办的“侨心共筑中国梦,助力跨越新发展”区侨界人士国庆重阳主题活动在徐泾镇文体中心举行

(区侨联供稿)

就业年龄段的有 7528 人，占持证残疾人总数的 31.78%。（陆晟靖）

5 月 17 日，区残联副理事长庄惠元（右）迎接全国自强模范董旭华（左）（区残联供稿）

■开展“不忘初心、牢记使命”主题教育活动 全年开展研讨会 14 次。通过抓调研、重实效，着重解决群众身边问题；通过抓检视、补短板，着重解决党性修养问题；通过抓整改、促提升，着重解决实际效果问题。深入开展“初心映民心”课题调研，每位领导班子成员开展课题调研，并取得实效，其中调研课题《关于青浦区残疾人健康体检精准对接情况》列入区委整改督查重点项目。（陆晟靖）

■组织建设 1 月 4 日，区残联五届二次主席团会议暨区政府残工委扩大会议在区直机关东裙楼三楼会议室召开。会议审议通过了区残联主席团委员的调整事项，审议区残联执行理事会工作报告。6 月 20 日，区残联召开青浦区青年残疾人骨干队伍建设座谈会，就目前残疾人事业发展中遇到的难点和瓶颈提出意见和建议。9 月 11 日，区残联五届三次主席团会议在区会务中心举行，举手表决通过主席团委员，通过王滨为主席团副主席、许建忠为执行理事会副理事长。（陆晟靖）

■董旭华获“全国自强模范”称号 5 月 16 日，在北京人民大会堂召开的第六次全国自强模范暨助残先进表彰大会上，区政协委员、残联兼职副理事长、上海鹳山绿色建筑科技有限公司董事长董旭华获“全国自强模范”称号，受到习近平总书记会见，全面展示了青浦区残疾人风采，体现了青浦区尊重、关心、帮助残疾人的氛围。（陆晟靖）

■区残联获“全国残疾人体育先进单位”荣誉称号 区残疾人体育工作纳入全区文化体育事业的总体发展大局，不断完善残疾人文化体育服务体系，推进公共文化体育服务均等化，深入开展残疾人全面健身活动，发展竞技体育，残疾人体育工作取得好成绩，残疾人体育事业得到长足发展。12 月，中国残疾人联合会、国家体育总局公布了《关于表彰 2015—2018 年全国残疾人体育先进单位、先进个人的决定》，青浦区残疾人联合会获“全国残疾人体育先进单位”荣誉称号。（陆晟靖）

■学习交流 2019 年，湖南省湘西土家族苗族自治州残联、辽宁省大连市残联、山东省济南市天桥区残联、嘉定区残联、闵行区残联等分别到青浦区学习交流残疾人工作。（陆晟靖）

4 月 3 日，中国残疾人联合会党组成员、副理事长相自成（前排左三）到青浦区调研残联基层组织建设和专门协会工作（区残联供稿）

■主题活动 3 月 3 日，举办“爱耳日”主题活动。5 月 15 日，开展第 29 次“全国助残日”及“上海助残周”系列活动，举办阳光心园十周年宣传活动。7 月 19 日，举办主题为“融合共享 · 喜迎新中国七十华诞”特奥日系列活动。8 月 25 日，联合区卫健委主办第三次全国“残疾预防日”主题宣传活动。11 月 25 日，联合长三角五地（即青浦区、松江区、闵行区、嘉定区、嘉善县）残联举办青浦区第二十八次国际残疾人日暨长三角五地残疾人才艺秀决赛等系列活动。（陆晟靖）

■领导调研 4 月 3 日，中国残疾人联合会党组成员、副理事长相自成一行 3 人到青浦区调研残联基层组织建设和专门协会工作。1 月 16 日，上海市残联

理事长、党组书记王爱芬一行到青浦区走访调研。（陆晟靖）

■**对口帮扶** 4月、7月，区残联理事长陆惠星分别随市残联领导到江西省井冈山市、青海省果洛藏族自治州调研残疾人工作，协商对口帮扶工作。（陆晟靖）

■**残疾人赛事** 8月，中华人民共和国第十届残疾人运动会暨第七届特殊奥林匹克运动会在天津市举行，青浦区参赛选手李明获大众组乒乓球男子听力组季军；10月，青浦区2名选手龚波、吴洁代表上海市参加全国残疾人职业技能大赛，分别获机电一体化项目第四名、盲人保健按摩第十名；11月12日、13日，市社区残疾人工作者技能大赛复赛、决赛在上海市阳光康复中心举行。区白鹤镇社区残疾人工作者顾建红获二等奖、重固镇社区残疾人工作者唐玉丽获优胜奖、青浦区残疾人联合会获优秀组织奖。（陆晟靖）

■**首届全国残疾人作家研修班** 4月9日，由中国残联、中国作协、鲁迅文学院共同举办的为期三周的首届全国残疾人作家研修班在北京市鲁迅文学院开班。区盲人协会副主席、残疾人读书会会长陈勤作为上海市唯一学员被市残联选送参加此次研修班学习。（陆晟靖）

10月28日，在青浦区文化馆举行长三角五地残疾人才艺秀复赛（区残联供稿）

■**长三角一体化残疾人工作** 3月16日，由青浦区残联和嘉善县残联联合主办的“融入长三角，接轨大上海”青浦、嘉善两地残疾人联合会大型义诊活动及《战略合作协议书》签约仪式在嘉善县大云碧云花园举行。5月15日，区残联在盈浦街道文化活动中心举行第29次“全国助残日”宣传暨“阳光心园”十周年成果展示活动，分别邀请江苏省苏州市昆山市、吴江区和嘉善县三地残疾人文艺队伍参演，同时组织2批残疾人参加嘉善县助残日活动演出。9月20日，区残联收集十八幅作品参加在昆山市保利大剧院举行的首届嘉、青、昆、太四地残疾人书画作品联展。11月8日，区残联邀请昆山市、吴江区、嘉善县残联相关领导来沪参观“进博会”并开展长三角四地残疾人工作交流。9—11月，区残联联合嘉定区、闵行区、松江区、嘉善县残联共同举办长三角五地残疾人才艺秀活动。（陆晟靖）

6月，区残联组织“自强脱贫，助残共享”——2019年青浦区千名残疾人外出参观活动（区残联供稿）

■**扫黑除恶专题党日活动** 6月9日，区残联开展以扫黑除恶为专题的机关党支部主题党日活动，机关全体党员出席会议。区残联党组书记、理事长陆惠星为全体党员上了“不忘初心、牢记使命，继往开来、奋勇前行”扫黑除恶专题党课。同时，全体党员还进行扫黑除恶专项斗争知识测试，并观看《一抓到底正风纪——秦岭违建整治始末》专题片。（陆晟靖）

■**助力乡村振兴示范村建设** 7月16日，区残联理事长陆惠星、副理事长陈燕一行分别到重固镇徐姚村、朱家角镇张马村和练塘镇东庄村开展适残公共服务设施调研。（陆晟靖）

■**参观活动** 6月，区残联组织开展“自强脱贫，助残共享”活动并分批组织全区11个街镇的千余名残疾人到金山卫抗战遗址纪念园和花开海上生态园参观游览。（陆晟靖）

青浦区红十字会

■概况 2019年，青浦区红十字会坚持以习近平新时代中国特色社会主义思想为统领，认真贯彻中国红十字会第十一次全国会员代表大会精神，按照深化群团改革的要求，履行好红十字会法赋予的各项职责任务。

全年完成2018年人道救助基金、少儿基金账户审计和公示。（杨 柳）

■服务第二届"进博会" 区红十字会对"进博会"城市文明志愿者、"会展中心"工作人员、公安系统人员等开展现场初级急救培训；在区人流密集的公共场所安装7台AED，并对安装单位进行救护知识技能培训；向社会招募4名"进博会"红十字志愿者，参与展会现场红十字应急救护志愿服务。青浦区红十字会被上海市红十字会授予"第二届中国国际进口博览会红十字志愿服务优秀组织奖"。（杨 柳）

■服务长三角一体化发展 将应急救护工作与长三角一体化发展要求相结合，与区民防办、应急管理局开展服务长三角一体化发展战略主题研讨；联合浙江省嘉兴市秀洲区开展临战人口疏散演练；多次与吴江区、嘉善县红十字会开展参观学习交流活动。（杨 柳）

■大调研工作 区红十字会根据区委工作部署，分批分组走访调研徐泾镇玉兰清苑小区，共访谈住户30余户、收集问题近60条。（杨 柳）

■应急救援 区红十字会在各类人群中广泛开展群众性现场初级急救培训，共培训救护员1814人，普及培训9774人、讲座培训20669人。组织人员到西藏自治区为援藏干部进行红十字救护培训；加强救护师资和救护队管理，通过现场督导、教研活动等，参加上海市红十字会的比赛、培训、注册考核，提高实战能力。在上海市红十字应急救护大赛（决赛）中，青浦区红十字救护队获团体二等奖。区教育实践中心的3名队员分别获个人单项操作一等奖、二等奖和演讲三等奖；组织近9000名红十字工作者、会员和志愿者参与"《中华人民共和国红十字会法》暨红十字青少年自救互救知识竞赛"，区红十字会获单位组织一等奖。（杨 柳）

■慈善募捐 加强与慈善基金会青浦分会、重点企业、民间组织等社会爱心力量的沟通，全年共募集人道救助款物359.71万余元。由区红十字会推荐选送的企业界政协委员和"阳光爱心团"青浦区红十字社区志愿服务队获第二届"青浦区慈善之星"集体奖，上海美特幕墙有限公司董事长兼总经理余子洋获个人奖。区红十字会捐款二维码上线。接收四川宜宾地震捐款1.19万余元，全部上缴市红十字会；全年为26户突发火灾和因病致贫困难家庭发放帮困款52.69万元，通过"爱心行动"百姓救助栏目援助6户家庭；"六一"节前后，为全区90名参加少儿住院互助基金的大病、重病儿童和区红十字医院住院患儿发放慰问金10.98万元；"敬老日"期间，为全区454名90周岁以上社区困难重度失智老人、70周岁以上遗体捐献志愿者和区红十字护理医院住院老人发放慰问款物约9.98万元；为"明旸法师帮困助学暨困难家庭青少年健康关怀项目"21名帮困对象发放助学金、牛奶卡5.6万元；为区内特殊血友病患者发放医疗救助金，并将其列入"千万人帮万家"迎春募捐帮困活动对象。（杨 柳）

■宣传服务 以区红十字会部门网站、微信公众号为主阵地，运用报刊、电视、网络、电子屏幕、候车亭灯箱广告等资源开展宣传；与区故事家协会、各街镇联合开展红十字故事巡讲活动，深入全区11个街镇，2000余名群众进行巡讲；抓住"学雷锋日""防灾减灾日""国际禁毒日""敬老日"等纪念日开展宣传咨询、救护展示、志愿服务等活动；参与由区司法局主办的"法治主题月"活动和由区总工会牵头的"同一片蓝天"咨询活动；联合中山医院青浦分院——青浦区红十字医院到金泽镇社区银辉长者照护之家以及大调研联系的朱家角镇周荡村、新胜村开展义诊；在"身边故事·人道梦想"第二届上海市红十字故事创作讲演比赛中，青浦区选送的两篇作品分别获创作比赛一等奖和三等奖、讲演比赛二等奖和三等奖。（杨 柳）

■社区服务 召开2019年"博爱家园"建设工作推进会，进行总结部署和表彰授牌。到部分村居开展"博爱家园"建设工作调研与评估验收，完成70个"博爱家园（居村）"和16家新建红十字服务站的申报及实地指导、验收工作，其中白鹤镇获上海市红十字会"博爱家园（街镇）"称号。命名青浦区"博爱家园（居村）"197个。加强对冠名红十字医疗机构的调研和指导，发挥其积极作用。（杨 柳）

■区领导调研红十字工作 2月11日，副区长、区红十字会会长王凌宇到区红十字会看望全体工作人员，送上新春祝福，并对节后的红十字工作寄予新希望。

8月27日，区委副书记杨小菁到区红十字会开展工作调研，了解工作中存在的困难和问题，就如何做好"三救"（即救灾、救护和救助）核心业务、宣传工作等提出指导意见。

11月18日，区委常委、区政府党组成员孙挺到区红十字会调研，了解全区红十字工作情况，听取红十字工作汇报，就如何围绕"新青浦、新生活"主题，推进红十字工作向纵深发展提出新要求。（杨 柳）

■关爱孤儿健康成长 1月24日，青浦区社会各界与全区孤儿迎春座谈会在区红十字会会议室举行，区红十字会常务副会长俞赞红，教育局、总工会、团区委、妇联、慈善基金会青浦分会等相关单位负责人与全区孤儿一同参加。相关单位为5名孤儿送上新年红包。当天下午，孤儿们以红十字志愿者的身份，到区精神卫生中心参与住院病人慰问活动。在新学年到来前，为区内5名在校孤儿发放助学帮困金2.95万元。全年与爱心企业家联合走访慰问18户"准孤儿"家庭。（杨 柳）

■自身建设 按照区委部署开展"不忘初心、牢记使命"主题教育活动；接受区委第四巡察组的巡察，配合区审计局做好领导干部任期经济责任审计；完成机关党支部的换届选举。区红十字会机关党支部被命名为2018年度青浦区区级机关"活力之星"机关党组织先进单位；区红十字会"学做结合"党支部工作

法被评为“2018年度青浦区区级机关优秀党支部工作法”。（杨　柳）

■日常事务及管理　7月16日，区红十字会在区直机关520会议室、区直机关东裙楼三楼会议室分别召开第四届常务理事会第二次会议和第四届理事会第三次会议。副区长、区红十字会会长王凌宇出席会议并讲话。区红十字会全体理事参加会议。会议调整区红十字会第四届理事会理事、常务理事；聘请区长余旭峰为区红十字会名誉会长；审议通过《青浦区红十字会四届三次理事会工作报告》；通报2018年青浦区红十字会人道救助基金收支情况。

9月2—3日，区红十字会党组书记、常务副会长俞赞红作为代表参加中国红十字会第十一次全国会员代表大会。

定期召开街镇红十字干部季度例会，组织街镇红十字干部到浦东新区、黄浦区和徐汇区参观学习；举办基层干部培训班暨“博爱家园”创建工作总结会，基层红十字干部培训基本达到全覆盖；开展2018—2019年度上海市红十字星级志愿者申报，“阳光爱心团”——青浦区红十字社区志愿服务队被授予第三届“上海市人道博爱奖”集体奖。（杨　柳）

2月27日，青浦区第十四例造血干细胞捐献者葛超全（左一，青浦区第一例实现“二次捐献”的捐献者）在夏阳街道办事处接受表彰　（区红十字会供稿）

■交流合作　8月4—11日，组织红十字干部、理事到台湾省进行工作交流和实地考察，加强沟通合作，增进同胞友谊。10月15日，韩国釜山市红十字会代表团到青浦区朱家角镇交流访问，为今后工作提供思路与设想。（杨　柳）

■募捐帮困活动　春节前夕，开展“千万人帮万家”迎春募捐帮困活动，慰问全区困难家庭中肿瘤病患者、麻风病致残者、精神病患者、遭遇意外灾害生活困难者、各种因病致贫家庭中患者和“居家重度失智困难老人人道救助项目”中部分特困老人。副区长王凌宇走访慰问白鹤镇困难家庭2户；区红十字会与总商会在各街镇联合举办“同心善行，服务社会”——青浦区工商联（总商会）企业家真情传递捐赠仪式，并慰问中山医院青浦分院住院的肿瘤病人、区精神卫生中心住院病人和赵巷镇红十字护理院老人。活动共发放帮困款107.04万元、帮困物资约3.52万元，帮困1715人次。（杨　柳）

5月8日，2019年“博爱申城·你我同行”青浦区红十字会徒步活动暨世界红十字日主题活动在青西郊野公园举行　（区红十字会供稿）

■纪念“5·8”世界红十字日活动　5月8日，2019年“博爱申城·你我同行”青浦区红十字会徒步活动暨世界红十字日主题活动在青西郊野公园举行。副区长、红十字会会长王凌宇，区红十字会党组书记、常务副会长俞赞红等出席活动。各街镇红十字会会长、副会长、秘书长、红十字干部、红十字志愿者，中山医院青浦分院、青浦区中医医院、朱家角人民医院、区精神卫生中心红十字会会员，东方绿舟、上海政法学院红十字志愿者等300余人参加活动。活动通过主题宣誓、健康咨询、爱心募捐、应急安全服务等形式凸显红十字人道理念，为全区红十字干部、会员、志愿者搭建了携手人道、健康运动的交流平台。（杨　柳）

■造血干细胞捐献　做好造血干细胞捐献志愿者登记汇总和回访慰问，与团区委、上海政法学院联合开展知识讲座和志愿者集中入库招募活动。全年全区实现造血干细胞捐献6例。全区累计造血干细胞捐献志愿者4347人、实现捐献18例，其中二次捐献2人。（杨　柳）

■**关怀社区困难失智老人** 进一步规范“为社区重度失智困难老人配送护理用品项目”管理,加强工作协调、健全管理制度、规范服务流程、开展项目督导。举办3期社区居家老年介护普及培训班,共培训302人。全年共为1657名失智困难老人配送护理用品,累计服务13650人次,发放护理用品价值195余万元。（杨 柳）

■**结对帮扶** 全年共接收爱心企业、社会组织捐赠的价值近45.35万元的衣物、学习用品等,全部用于资助云南省红河哈尼族彝族自治州、德宏傣族景颇族自治州,贵州省毕节市,青海省果洛藏族自治州,新疆维吾尔自治区克拉玛依市等地的困难学生;结对资助红河州元阳县、绿春县和德宏州450余名困难学生,共发放助学款37.05万元;通过“华群公司云南帮困助学项目”,为101名学生发放助学款4万元。（杨 柳）

■**遗体、器官捐献** 3月1日,市红十字会遗体(器官、角膜)捐献纪念日活动在福寿园开展,区红十字会组织约100名遗体捐献登记志愿者和实现者家属参加活动。组织部分遗体(角膜)捐献登记志愿者及街镇红十字干部代表到嘉定区参观学习,通过上街咨询、志愿服务、慰问遗体捐献实现者家属和80周岁以上遗体捐献志愿者等形式,弘扬社会新风。区红十字会通过网络、报刊、微信等媒介宣传器官捐献工作。至年底,全区填写人体器官捐献自愿书66人,实现者25人。全区共有遗体捐献志愿者479人,实现者76人。（杨 柳）

■**“5·12”防灾减灾日活动** 5月9日,青浦区红十字会、民防办联合浙江省嘉兴市秀洲区开展临战人口疏散演练,区红十字会应急救援队现场进行应急实战演练,同时参与活动的医疗服务保障工作。“防灾减灾日”期间,区红十字会到贺桥社区、吉富绅广场,通过现场宣传、咨询、展示和演练等形式,宣传普及应急避险知识和自救互救方法。（杨 柳）

9月21日,纪念2019年“世界急救日”主题活动暨长三角三地红十字应急救援一体化发展启动仪式在青浦区文化馆举行（区红十字会供稿）

■**“六一”慰问活动** 5月29日,区红十字会常务副会长俞赞红到盈浦街道走访慰问大病儿童家庭2户。6月1日,区红十字会慰问全区参加少儿住院互助基金大病、重病儿童和区红十字医院住院患儿。“六一”慰问活动期间,共为90名儿童发放慰问金10.98万元。（杨 柳）

■**夏令营活动** 7月10—11日,区红十字会与教育局、青浦景泰进修学校联合开展“2019年青浦区红十字青少年夏令营”,全区11所中小学校的63名红十字青少年参加活动,增强了对红十字精神理念的认同感。（杨 柳）

■**“世界急救日”主题活动** 9月21日,由青浦区和吴江区、嘉善县三地红十字会联合主办的纪念2019年“世界急救日”主题活动暨长三角三地红十字应急救援一体化发展启动仪式在区文化馆文化剧场举行。市红十字会副会长孙大红;区委副书记杨小菁,副区长、红十字会会长王凌宇,区红十字会常务副会长俞赞红,副会长黄涛;吴江区委办公室副主任吴建辉,区红十字会常务副会长沈小红;嘉善县政府办公室副主任褚人公,县红十字会常务副会长许萍,副会长金春林及区各街镇红十字会分管领导出席活动。三地红十字会全体工作人员、区各街镇红十字会副会长、秘书长以及红十字干部、救护师资和志愿者代表400余人参加活动。仪式结束后,通过寓教于乐的方式普及现场初级急救知识技能,为推动长三角三地红十字应急救援一体化发展、保驾护航第二届“进博会”和助力创建全国文明城区营造良好氛围。（杨 柳）

■**红十字青少年** 加强对各中小学校红十字会的指导,全区部分小学结合“5·8”世界红十字日主题活动,开展入会仪式。组织学校参加第十届上海市红十字青少年文化节系列活动,区红十字会获“优秀组织奖”,朱家角中学获第三届上海市中学生探索国际人道法辩论赛“最佳组织奖”,凤溪中学获上海市红十字青少年歌咏比赛“美好歌声奖”。（杨 柳）

■**少儿基金管理** 召开青浦区少儿住院互助基金管委会扩大会议,做好2019学年少儿基金宣传、收费、登记等工作。2019年,全区共有152家单位参加少儿住院互助基金,参加人数共87972人,参加率达97.38%,共收到交费1026.65万余元,其中低保减免520人、减免58360元。（杨 柳）

法治·武装

编辑 姜依霖

综 述

2019 年，全区政法系统以习近平新时代中国特色社会主义思想为指导，以新中国成立 70 周年和第二届“进博会”安保工作为主线，全面开展“不忘初心、牢记使命”主题教育，推动各项工作措施和责任落实，确保全区社会大局稳定和城市公共安全。

公安青浦分局全面把握“对党忠诚、服务人民、执法公正、纪律严明”总要求，以新中国成立 70 周年和第二届“进博会”安保工作为主线，严厉打击刑事犯罪，严厉整治治安顽症，全面开展扫黑除恶专项斗争，坚持问题管理、过程管理、细节管理，推动各项工作措施和责任落实到位，公众安全感全市排名比上年上升三位。

区检察院贯彻落实“讲政治、顾大局、谋发展、重自强”的总体要求，立足“落实、稳进、提升”的工作总基调，牢记初心使命，践行司法为民，认真履行各项检察职能，积极服务经济社会发展大局，各项工作取得新进展。全年受理提请逮捕犯罪嫌疑人 2079 人，受理移送审查起诉 1867 件 2619 人，依法向人民法院提起公诉 1713 件 2383 人。持续推进扫黑除恶专项斗争，做好反腐败斗争和金融风险防范，助力优化法治化营商环境，深化刑事诉讼监督。

区法院围绕“努力让人民群众在每一个司法案件中感受到公平正义”的目标，忠实履行宪法和法律赋予的职责，全力服务保障国家战略实施，着力提升审判质效，稳步推进司法体制综合配套改革。全年共受理各类案件 39901 件，审结 39936 件，法官人均结案数 376.75 件。年内，区法院获评“2019 年度上海法院诉调对接工作先进集体”，刑事审判庭被最高人民法院评为“人民法院刑事案件认罪认罚从宽制度试点工作先进集体”。

区司法行政工作以增强群众获得感为目标，积极开展扫黑除恶专项斗争，主动将司法行政工作融入长三角一体化建设，积极推动法治青浦、平安青浦建设，促进经济和社会转型跨越发展。全年全区人民调解组织共受理各类矛盾纠纷 11072 件，调解成功 10606 件，制作人民调解协议书 10606 份。年内，区司法局与原区法制办合并重组。

区武装工作在警备区党委和区委的坚强领导下，全面深入学习贯彻党的十九大精神，聚力备战打仗，狠抓工作落实。练兵备战重心突出，参加区突发事件应急处置综合演练和防抗“利奇马”台风抢险救灾行动；完成年度兵员征集、民兵组织整顿、国防动员潜力调查和“进博会”护航等任务；加强国防教育，共话军民融合，人武部被警备区表彰为“征兵工作先进单位”和“民兵工作先进单位”；双拥工作稳步推进，常态化组织军事日、联组学习、国防教育宣讲、联席会议等。年内，人武部党委被军委国防动员部表彰为“先进师旅团级单位党委”。

区民防工作以深入贯彻党的十九大和习近平同志系列重要讲话精神为指导，聚焦第二届“进博会”国家战略需求，凸显“战时防空、平时服务、应急支援”新视角，突出应急备战主责主业的准备，踏准节点，确保长三角区域一体化人防融合常态高效。全年网上行政协助项目 92 个，扩初阶段（总体设计文件）24 个。

（姜依霖）

公 安

■概况 2019 年，公安青浦分局把握“对党忠诚、服务人民、执法公正、纪律严明”总要求，以新中国成立 70 周年和第二届“进博会”安保工作为主线，推动各项工作措施和责任落实，确保青浦区社会大局稳定和城市公共安全。公众安全感全市排名比上年上升 3 位。

明确新时代青浦公安工作的要求。贯彻市委《关于加强新时代上海公安工作的实施意见》，结合公安青浦分局实际，深化对发展规律和前进方向的把握，细化、实化 24 项主要内容，明确派出所基础建设、“智慧公安”建设、队伍关爱保障等项目量化目标，提请区委下发《关于加强新时代青浦公安工作的实施意见》，切实把智慧和力量凝聚到践行新时代公安使命任务中去。

打击刑事犯罪。重点打击电信诈骗等多发案件以及“两入”（即入室盗窃、入民宅盗窃）等严重影响群众安全感、满意度的案件，部署开展未破“两入”案件专项破案行动。2019 年，入室盗窃类案件破案率达 69.2%，入民宅盗窃类案件破案率达 80.1%。刑事案件立案 7029 起，比上年减少 37.1%；破获刑事案件 3293 起，比上年减少 24.1%。其中，“八类”（即包括故意杀人、故意伤害致人重伤或者死亡、强奸、抢劫、贩卖毒品、放火、爆炸、投毒）案件破案率达 93.8%，连续 9 年保持命案全破、连续 2 年“两抢”（即抢夺和抢劫）案件全破。查处治安案件 12250 起，比上年减少

14.0%。全年全区接报110警情23万余起,比上年减少11.8%,其中:报警类110电话3万余起,比上年减少10.1%。

严厉整治治安顽症。组织开展15次"青净"专项整治行动,重点加大治安隐患区域排查整治力度,对涉黄、涉赌等违法犯罪行为坚持露头就打、打早打小。全年排查突出治安问题场所421处,处罚娱乐休闲服务场所和宾馆、旅馆269家,其中取缔72家、停业整顿48家。查处涉黄案件197起,比上年增加30.2%;查处赌博案件279起,比上年增加25.6%。

全力推进创全工作。推动全区加强犬类管理,排摸犬只底数,开展联合整治,落实犬管奖励经费110万余元,收容犬只1.2万余条。对14条重点路段、15个重点路口高频开展集中整治,推动全区76处区级危险道路、事故隐患路段治理,落实"两客一危"("两客"即从事旅游的包车、三类以上班线客车,"一危"即运输危险化学品、烟花爆竹、民用爆炸物品的道路专用车辆)企业源头监管,推进道路交通违法行为"清零除患"攻坚治理行动。针对部分路口"包饺子"事故(即大型车辆右转引发亡人交通事故)多发情况,增设路口"危险警示区"35处,警示行人、非机动车避让。

全年各类交通违法行为99.8万余起,比上年增加14.7%。全区发生道路交通事故5.5万余起,比上年增加23.3%。常态加强网吧安全管理,取缔"黑网吧"8处,完善106处无线联网单位、非经营性公共上网场所基础信息备案管理。（张凯开）

10月22日,公安青浦分局交警支队二大队民警在青浦城区开展交通违法行为大整治行动（公安青浦分局供稿）

■第二届"进博会"安保工作 总结首届"进博会"安保经验,成立安保领导小组,下设"一室十三组",制定十六大类108项"冲刺第二届'进博会'100天"安保行动计划,部署642名警力至13个专业工作组和9个安保责任区,协调落实3099名市局增援警力和4428名保安力量。自10月23日起,实施国家会展中心全封闭管理,明确人、车通行规则,在核心区域设置通行出入口26处、人员验证点25处、安检点20处、安检通道92根,梳理排摸场馆内重点部位1954处、单位店铺244家,在2公里范围内设置49个"拦截点",在7平方公里范围内设置交通管制区域,落实车辆凭证通行的管控措施,实施国家会展中心周边道路及内部道路"集约车辆""即停即走""临时停靠"等措施。引导提升北厅、东厅登陆效能,均衡人流。全方位部署无人机反制力量,对警戒区及周界空域实施监测防控。（张凯开）

11月6日,公安青浦分局交警支队民警在蟠龙路蟠中东路路口根据"进博会"控制区域管控要求开展工作（公安青浦分局供稿）

■扫黑除恶专项斗争 采取"高位谋划、见底核查、精准打击、协同共治"策略,加强案件预警研判和面上排查,从中发现涉黑、涉恶线索及苗子性问题,聚力攻坚。全年共核查相关线索605条,未发现黑社会性质组织。打击涉恶团伙18个、一般苗子性团伙69个,破获各类案件154起,其中"套路贷"案件62起;抓获犯罪嫌疑人406人,查封、冻结、扣押涉案资金1200余万元、房产33套。（张凯开）

■执法规范化建设 将执法监督范围扩大为各类刑事、行政案件,通过对办案场所实地检查、案件材料抽查、执法办案综合信息系统检查以及回访当事人等形式,对警情、案件、卷宗、涉案财物、办案场所等执法要素全覆盖监督检查。依托案综系统，对警情接处、笔录制作、案件办理以及网上流转等各个环节实施闭环执法监督检查；通过视频监控督察系统对办案区人员轨迹实行全记录，有效监管询问讯问全过程。全年共制发《执法问题责令整改通知书》67份，发布执法问题通报9份，基层执法差错总数比上年减少47.6%。

（张凯开）

■落实监所“应收尽收” 梳理监所“应收尽收”清单，通过协调移送陪押犯、拘役犯，提请分押流转等方式确保监所“收得下”。同时，对患有疾病、体内有异物但临床状态尚可、短期内无生命危险等无严重羁押危险的犯罪嫌疑人均做到“应收尽收”。在收治一有多次吸毒、盗窃前科且妄图通过抗管抗教、自伤自残等方式逃避法律制裁的在押人员王东明（男，39岁，江苏省苏州市昆山市人）期间，通过及时送医救治、加强思想教育消除监所安全隐患，并在法院判决后通过多方沟通协调，最终将罪犯交付监狱执行刑罚。（张凯开）

■护航夜间经济发展 探索对夜间经营场所落实“柔性”执法，提升管理质量，减少管理频率，重点督促经营负责人落实主体责任。针对徐泾镇夏都小镇、赵巷镇宝龙广场和朱家角尚都里等地标性夜生活聚集区，加强视频巡逻和便衣巡查等隐性用警措施，探索实施商圈工作人员、物业保安自治管理模式。严厉打击涉场所虚假报警行为，杜绝恶性竞争，保护正常经营秩序。全年共处理恶意举报违法人员84人。（张凯开）

■开展入户走访宣传 结合“不忘初心、牢记使命”主题教育，组织全局警力两次开展全覆盖集中入户走访宣传活动，向群众汇报公安工作，开展安全防范宣传，征求群众对公安工作的意见、建议。全年共走访辖区群众家庭54.5万余户，发放宣传资料120万余份，收集各类意见、建议237条。（张凯开）

■爱警惠警措施 举办“元宵节趣味运动会”“警务小英雄”、重阳节陪伴户外行等主题活动20余次，丰富警营文化生活；制订维护民警执法权益工作规范，严厉打击侵害民警权益的违法犯罪行为，对遭受诬告、陷害、诽谤的民警，用书面形式还以清白；统一辅警与民警被侵害慰问标准，使辅警在工作中减少顾虑。全年查实不实投诉142件，发出《检举（控告）失实澄清通知书》7份，慰问民警93人、辅警33人。（张凯开）

■建设民警心理健康档案 通过“通用类心理”“5+1警种公安工作”“EAP心理关爱需求”三部分问卷，完成全局民警心理建档工作，掌握不同岗位、不同年龄段民警的思想动态和基本心理状况。针对民警“睡眠质量较差”“心理亚健康”等问题，定期开展专题讲座，从心理学角度教授改善困境的技巧；针对“家庭成员沟通困难”“社交障碍”等原因导致异常情绪值较高的预警人员，通过“一对一”面询、电话随访等形式介入辅导，帮助其寻找、分析压力源点，从源头解决问题。（张凯开）

■侦破悠趣游戏平台诈骗案 6月25日，公安青浦分局在香花桥街道“卓越世纪”小区内排查发现并捣毁一诈骗窝点。经查，犯罪嫌疑人刘晓叶（男，22岁，湖北省潜江市人）等人通过微信、陌陌等交友软件，冒充女性身份搭识被害人后，诱骗被害人在手机游戏内充值，并以此获利。根据犯罪嫌疑人交代，8月13日，在市局有关部门和湖南省公安厅刑侦总队、青浦区人民检察院的协助下，分局在湖南省长沙市、江苏省常州市同步收网，一举摧毁以网络交友为名、诱骗被害人在手机游戏内充值的7个诈骗团伙，抓获以刘建辉（男，25岁，湖南省娄底市新化县人）、伍飞（男，28岁，新化县人）、张翔（男，28岁，常德市桃源县人）、陈勤（男，27岁，永州市祁阳县人）、胡宇罡（男，27岁，永州市道县人）等人为首的犯罪嫌疑人269人，缴获电脑、手机等作案设备200余套，涉及被害人1000余人，涉案金额1000余万元。该案的侦破工作在2019年度“刑警803破案奖”评比中获银奖。

（张凯开）

■侦破“4·5”香花桥街道抢劫、强奸、杀人案 4月5日，公安青浦分局接报1起人员失踪警情，经分析，失踪人员卢某荣（女，27岁，江西省九江市修水县人）疑似被侵害，即成立专案组开展侦查。经侦查，锁定犯罪嫌疑人徐乐（男，25岁，本市青浦区人）。在市局刑侦总队、技侦、网安总队以及云南省、江西省、湖南省、铁路公安机关的协助下，于接报当日在上海市通往江西省的高铁列车上抓获犯罪嫌疑人徐乐。根据徐交代，专案组辗转江西省、湖南省、云南省等地，于4月7日凌晨在云南省腾冲市抓获正准备潜逃境外的另2名犯罪嫌疑人常涛（男，38岁，安徽省蚌埠市人）、梁同心（男，22岁，广东省阳江市阳东县人）。经审讯，3人均交代因生活拮据预谋抢劫杀人，并于4月3日晚23时许，合伙驾车至香花桥街道盈秀路358号附近，随机选择过路女子卢某荣作为目标实施抢劫、强奸、杀人的犯罪事实。该案的侦破工作在2019年度“刑警803破案奖”评比中获铜奖。

（张凯开）

检　察

■概况 2019年，区检察院贯彻落实“讲政治、顾大局、谋发展、重自强”的总体要求，立足“落实、稳进、提升”的工作总基调，牢记初心使命，践行司法为民，认真履行各项检察职能，积极服务经济社会发展大局，全力打造“双一流”检察队伍，各项工作取得新进展。（徐　梦）

■严惩各类刑事犯罪 全年共受理提请逮捕犯罪嫌疑人2079人，比上年下降6.6%。批准逮捕1634人，比上年下降4.2%；受理移送审查起诉案件1867件2619人，比上年件数上升2.6%、人数下降0.9%，依法提起公诉1713件2383人，比上年件数、人数分别上升2%、1.1%。依法惩治故意杀人、绑架、抢劫、强奸等严重暴力犯罪，批准逮捕42人，对一起运输20余斤毒品的重大案件提起公诉。加强对新型互联网电信诈骗、侵犯公民个人信息犯罪的打击力度，办理了“‘8·11’百人电信诈骗案”“悠趣平台游戏专案”等重大影响案件，切实提升人民群众安全感。

（徐　梦）

■推进扫黑除恶专项斗争 全年共审查逮捕恶势力犯罪13件19人，提起公诉10件21人。严格落实“一案三查”（即既要查办黑恶势力犯罪，又要追查黑恶势力背后的“关系网”和“保护伞”，还要倒查党委政府的主体责任和部门的监督管理责任）制度，依法对区首例“套路贷”案件5名被告人提起公诉并获判。积极配合中央扫黑除恶督导，细化30项整改任务，逐一对照落实。针对涉“敲墙党”案件中暴露的管理问题，通过检察建议推动主管部门开展专项治理，坚决铲除黑恶势力滋生土壤。　（徐　梦）

■多元化解矛盾纠纷　做好全国“两会”、新中国成立70周年、第二届“进博会”等重大节点的涉检稳控工作，妥善处置集体访、缠闹访等过激信访矛盾35批82人次。认真贯彻落实最高人民检察院检察长张军的有关“群众来信件件有回复”重要指示精神，优化来信办理流程，完善信件回复方式。全年共处理群众来信、来访、来电512批次，开展司法救助11人，引入律师参与化解和代理涉法涉诉信访案件9起，邀请区信访矛盾纠纷调解委员参与信访案件公开听证和评析工作，引导当事人依法解决诉求。　（徐　梦）

■护航第二届“进博会”　深化“‘进博会’检察”工作机制，依法稳妥办好涉国家会展中心等重点区域、涉物流会展等重点领域的犯罪案件，与公安青浦分局共同完善涉“进博会”刑事案件执法办案监督机制，形成公检保障合力。组建青浦、吴江、嘉善检察机关服务保障第二届“进博会”青年干警先锋队，设置服务保障“进博会”检察联络站，开展刑事办案、法治宣传和窗口服务等工作。发布《服务保障进口博览会检察白皮书》，通报雷某某以出售“进博会”门票名义实施合同诈骗案等十大“涉博”案例，加强宣传力度，为第二届“进博会”提供更全、更新、更实的检察保障。　（徐　梦）

9月27日，长三角生态绿色一体化发展示范区（青浦、吴江、嘉善）检察机关服务保障第二届进口博览会青年干警先锋队授旗启动仪式举行　（区检察院供稿）

■服务保障长三角生态绿色一体化示范区建设　全面融入服务保障长三角生态绿色一体化发展国家战略，主动对接吴江区、嘉善县检察机关，共同签署《青吴嘉检察机关服务长三角区域一体化发展备忘录》，在司法办案、法律监督、生态保护、社会治理等七方面开展协作，打造一体化检察“名片”。先后签订《太浦河流域生态资源公益诉讼协作机制》《未成年人检察一体化协作机制》《青年工作合作交流方案》等协作项目，开展青、吴、嘉社区矫正巡回检察、危险驾驶办案协作研讨、检察数据一体化治理和信访矛盾联防联治等一系列实务探索，为服务保障生态绿色一体化发展示范区建设贡献检察智慧。　（徐　梦）

5月21日，青嘉吴检察机关服务长三角区域一体化发展座谈会在青浦区检察院举行　（区检察院供稿）

■助力优化法治化营商环境　制订服务保障优化营商环境“检察专项行动”实施方案，加大知识产权司法保护力度，严厉打击合同诈骗、职务侵占等严重侵害民营企业权益的犯罪。与区工商联共同发布《服务保障快递物流行业发展检察白皮书》，为创新创业营造公正透明的法治环境。加强民营企业平等保护，准确把握刑事政策界限，对犯罪情节轻微、积极退赃退赔的民企涉案人员，做到“可捕可不捕的不捕、可诉可不诉的不诉”，最大限度减少对企业生产经营活动的不利影响。　（徐　梦）

■持续做好反腐败斗争和金融风险防范　依法严惩职务犯罪，强化审讯工作，提升指控犯罪力度，加强职务犯罪预防宣传力度。加大对涉众金融犯罪的惩治力度，参与办理了涉案金额达500多亿元的“阜兴集团”非法集资案，坚持依法办案与化解风险、追赃挽损相

结合，进一步完善金融风险防控机制。（徐　梦）

■加强特殊人群司法保护　联合区妇联、民政局挂牌成立青浦区未成年人救助保护中心，设立未检工作室，打造未成年人共建共治共享保护联盟。在全市首创未成年人检察公益诉讼观察员制度，进一步深化“法治进校园”活动，发布未成年人检察工作白皮书，织密检察保护网，其中督促异地撤销监护权相关做法被中央电视台专题播放。坚决打击侵害老年人合法权益的犯罪，细化涉老案件办理、社会预防等工作，针对老年人防骗、防害需求开展专题法治宣传，构建具有青浦检察特色的老年人综合处遇模式。（徐　梦）

■优化刑事办案机制　进一步健全“捕诉一体”办案模式，探索“繁简分流、轻重分离、快慢分道”办案路径，推动刑事检察运行更加规范完善，有效提升司法效率。深化认罪认罚从宽制度，联合相关单位会签《青浦区认罪认罚从宽制度适用工作实施细则》，保障认罪认罚的自愿性、真实性和合法性，推动消除对抗、修复社会关系。建立反悔案件应对机制，切实发挥检察机关在刑事诉讼中的主导作用。全年认罪认罚适用率达60.67%，量刑建议采纳率达89.37%。（徐　梦）

■刑事诉讼监督　着重加强前端监督，共对200余件检察前终结诉讼案件开展监督。强化侦查活动监督，坚持惩治犯罪与保障人权并重，纠正了2起刑事责任能力认定错误、抓捕对象错误的案件，追捕、追诉到案100余人。加强刑事审判监督，向广东省、安徽省、江苏省和市内相关法院提出、提请刑事抗诉12件。对法律适用、规范诉讼行为等问题，向相关单位制发一类问题通报、检察建议和纠正违法通知书100余份。（徐　梦）

■刑罚执行和监管活动监督　全年共开展羁押必要性审查170件，建议变更强制措施138件，获采纳112件。通过催办事前预判、巡监事中检察、录像事后回看发现违法线索，制发检察建议加强监督。深化财产刑执行监督，一起督促追赃到位1500万余元的案件获评“全国刑罚执行监督精品案件”。开创监外执行监督新路径，协同吴江区、嘉善县检察院探索社区矫正巡回检察，对三地部分司法所的社区服务情况开展检察，以检察一体化推动社区矫正工作规范化。（徐　梦）

■民事检察工作　全年共办理民事检察监督案件33件，制发检察建议15件。深入排查黑恶势力强迫交易、恶意讨债等违法犯罪线索，着重监督“套路贷”、高利贷案件涉及的民事裁判情况，发现并纠正以民间借贷形式非法侵占他人财产的民事虚假诉讼，共制发再审检察建议4件，切实维护人民群众合法权益。对道路交通事故人身损害伤残鉴定开展检察专项行动，共评查相关案件55件，力求以点带面提升司法鉴定公信力。（徐　梦）

5月16日，青浦区人民检察院联合区教育局举办“法治进校园”（2.0版）暨未成年人公益诉讼专题推进会（区检察院供稿）

■行政检察工作　针对各类行政监督案件制发检察建议12件，均获回复采纳。加强与区市场监督管理局、水务局等部门的配合协作，建立案件线索联动机制，对发生在区内的破坏环境资源、食药品安全刑事案件实行提前介入。针对本区拆违领域行政机关败诉案件多发问题，到所涉街镇深入调研，对相关部门制发一类问题检察建议，推动拆违工作依法规范。开展食药品安全、国土资源、环境执法领域的行政非诉执行专项监督，走访相关职能部门，推动司法权与行政权良性互动，切实促进依法行政。（徐　梦）

■深化公益诉讼工作机制　成立“公益损害举报中心”，制定公益诉讼案件线索奖励制度，发挥人民群众监督作用，提升公益诉讼工作知晓度。通过互联网舆情监测，跟踪问询涉公益诉讼线索，结合12309检察服务大厅，构建“网、信、电、访”综合接报模式，树好倾听群众诉求、守护公共利益的窗口门户。积极贯彻“抓落实、回头看”要求，认真开展公益诉讼“回头看”专项工作，对相关部门落实检察建议情况进行回访，并开展现场问询和评估，实地跟进落实效果，以“回头看”力促“向前走”，确保诉前检察建议落到实处。（徐　梦）

■深化生态环境公益诉讼力度　聚焦水环境、土壤污染防治等领域，实地走访并排摸黑臭水体、垃圾违法堆放、非法排放、倾倒或处置有毒有害污染物行为，集中监督办理生态环境和资源保护领域公益诉讼案件18件，提出诉前检察建议5件，制发了全市首例垃圾分类管理的检察建议。与吴江区、嘉善县检察机关共同推进太浦河生态环境公益诉讼协作，开展“同护一江水、共建两岸绿”联合行动、太浦河水源地保护区联合巡航，积极排摸公益诉讼线索，做好勘验取证、初步调查工作，构建司法协同生态保护体系。（徐　梦）

■深化民生领域公益诉讼力度 密切关注人民群众生活需求，紧盯损害公共利益突出领域，充分发挥检察建议效果，力求"以最小司法投入获得最佳司法效果"。全年共办理食药品安全等重点领域案件11件，制发检察建议9件，均获回复采纳。按照高检院部署，认真开展"保障千家万户舌尖上的安全"公益诉讼专项监督活动，立足本区实际情况，联合职能部门对西郊国际农产品交易中心等区域开展食品安全专项排查，聚焦未成年人权益保护开展校园周边护苗行动，共同完善监管体系，消除安全隐患。（徐 梦）

■开展"不忘初心、牢记使命"主题教育 充分发挥青浦、吴江、嘉善三地党性教育资源丰富的优势，深化"毗邻党建"，到嘉善县规划展示馆、浙江省杭州市萧山区所前镇缪家村等红色阵地参观学习，牵头组织开展青浦、吴江、嘉善检察机关联组学习研讨和"守初心、担使命、追梦长三角"主题党课演说会。坚持刀刃向内，以党组成员为重点，实事求是检视自身差距，通过召开座谈会、发放征求意见表等形式征求意见、建议，汇总形成班子问题清单10条、班子成员问题清单61条，合理制定整改措施，推动主题教育往深里走、往心里走、往实里走。（徐 梦）

■核心能力建设 开展"推门听庭、集中评议"专项活动，采取不打招呼、不定案件的形式，召集检委会委员、主办检察官和人大代表旁听庭审情况并进行评议，促进检察官庭审应对能力提升。对标办案质效，开展"全来赛"团队办案业务竞赛，组建办案团队模拟办案实况开展实训，有效提升核心能力。建立专家咨询指导制度，先后开设"演讲演说"专班、"学术论文写作技巧漫谈"专题讲座，不断提高干警综合素能。（徐 梦）

■内部监督制约 持续深化"从严治检、从严治长"专题教育活动，制定《上海市青浦区人民检察院推进全面从严治党"四责协同"机制建设的实施办法》，进一步构建知责明责、履责考责、追责问责的责任闭环。认真配合市检察院第三巡视组对该院开展的政治巡视，严格落实"三个规定"（即《领导干部干预司法活动、插手具体案件处理的记录、通报和责任追究规定》《司法机关内部人员过问案件的记录和责任追究规定》和《关于进一步规范司法人员与当事人、律师、特殊关系人、中介组织接触交往行为的若干规定》），做好过问或干预、插手检察办案等重大事项记录。加强案件质量评查，将评查重点由程序性问题为主逐渐转向实体性问题和办案效果并重。全年共开展常规案件评查665件、专项评查69件。（徐 梦）

■依法接受人大监督 及时向区人大常委会专题汇报公益诉讼工作情况，认真贯彻落实审议意见。积极配合开展视察、专题调研等活动，向代表委员寄送《检察日报》《四大检察案与评》等刊物，邀请人大代表参加"共和国建设者走进检察机关""携手关爱、共护明天"等检察开放日活动。进一步深化代表参与检察建议公开宣告、不起诉案件和司法救助案件公开听证等工作，为代表委员全面了解检察工作、深入有效地开展监督创造条件。（徐 梦）

■接受社会各界监督 邀请区政协委员进行案件评议、出席检察白皮书发布等活动，探索人民监督员一体化模式，有效畅通民主监督渠道。加强新媒体矩阵建设，发布原创微信150余条、播报微博700余条，打造未成年人"青苹果之家""公益诉讼在行动"等特色栏目，参与拍摄《案件聚焦》等法治宣传片120余部。青浦区检察院服务两大国家战略工作举措被《解放日报》《检察日报》等媒体刊登报道，进一步提升检察工作透明度。（徐 梦）

审 判

■概况 2019年，区法院围绕"努力让人民群众在每一个司法案件中感受到公平正义"的目标，忠实履行宪法和法律赋予的职责，全力服务保障国家战略实施，着力提升审判质效，稳步推进司法体制综合配套改革，各项工作取得新进步。全年共受理各类案件39901件，审结39936件，法官人均结案数376.75件。

2019年青浦区法院集体获奖情况表

表22

获奖单位	获奖名称
区法院	2019年度上海法院诉调对接工作先进集体
刑事审判庭	"人民法院刑事案件认罪认罚从宽制度试点工作先进集体""2019年度上海市巾帼文明岗"
西虹桥（进口博览会）人民法庭	上海法院集体二等功和"2019—2020年度上海法院青年文明号""青浦区服务保障第二届中国国际进口博览会先进集体"，其撰写的《服务保障进口博览会工作白皮书》被评为"2019年度上海法院优秀审判白皮书"
执行局	上海法院集体三等功
审判监督庭（审判管理办公室、研究室）、青东人民法庭	"2018—2019年度青浦区巾帼文明岗"

2019 年青浦区法院个人获奖情况表

表 23

获奖个人	获奖名称
执行局倪鸿	2019 年度全国法院"基本解决执行难"工作先进个人
商事审判庭周冬英	上海市"人民满意的公务员"
执行局顾月华	上海市"三八"红旗手
司法警察大队沈瑜	上海市青年"五四"奖章
西虹桥(进口博览会)人民法庭贺欢	2019 年度上海市巾帼建功标兵
审判监督庭(审判管理办公室、研究室)陈姝	2019 年度上海法院审判管理先进个人
审判监督庭(审判管理办公室、研究室)周燕雯	2018—2019 年度司法统计工作先进个人
民事审判庭(环境资源案件审判庭)吴海明	上海法院个人二等功
政治部夏永芳	上海法院个人三等功
商事审判庭杨明华	上海法院个人三等功
朱家角法庭邵霞	上海法院个人三等功
刑事审判庭沈宝琴	上海法院个人三等功
司法警察大队夏昊	上海法院个人三等功
执行局严文琪	上海法院个人三等功
执行裁判庭韩燕	上海法院"基本解决执行难"工作嘉奖
青东法庭陈栋	在世界执行大会(上海)相关工作中表现突出获评嘉奖
司法警察大队夏昊	在全国司法警察教学技能竞赛活动中表现突出获评嘉奖
立案庭(诉讼服务中心、诉调对接中心)徐佳	2019 年青浦区"矛盾攻坚、护航进博"立功竞赛活动先进个人
刑事审判庭汪爱珍	2018—2019 年度青浦区城乡妇女岗位建功先进个人

(李迎春)

■依法惩治刑事犯罪 全年共受理刑事案件 1680 件,审结 1659 件,其中:审理故意杀人、故意伤害等暴力犯罪案件 99 件,贩卖毒品、开设赌场等涉黄、赌、毒案件 146 件,非法集资、"两抢一盗"、涉食品药品安全等严重危害人民群众人身、财产安全犯罪案件 505 件,涉恶案件 6 件,依法审结区首例使用虚假身份证件案、首例组织考试作弊案和因毁坏游戏装备构成故意毁坏财物犯罪案件。 (李迎春)

■依法审理民商事案件 全年共受理民商事案件 24516 件,审结 24455 件,其中:审结婚姻家庭、继承纠纷、房屋买卖及租赁合同纠纷案件 3589 件,建设施工合同纠纷案件 343 件。受理各类商事案件 12158 件,审结 12150 件,案件平均审理周期 95.67 天。审结涉买卖合同、股权转让、投资贸易等案件 1358 件。强化执行程序与破产程序的有效衔接,共移送破产审查案件 27 件,进入破产程序案件 17 件。 (李迎春)

■推进执行攻坚 全年受理执行类案件 11937 件,执结 12024 件,执行到位金额 10.22 亿元。审查非诉行政执行案件 199 件,进入执行程序 190 件,执结 102 件。发放司法救助金 145.52 万元,与 9 家商业银行实现固定网点集中办理辖区内查冻扣业务。网络司法拍卖成交标的 76 件,成交额 3 亿元。发布失信被执行人名单 5930 人次,司法拘留 88 人、判处有期徒刑 4 人。 (李迎春)

■持续优化诉讼服务 推进审判科技深度融合,使用"上海刑事案件智能辅助办案系统"办理刑事案件 1034 次。推动电子卷宗随案同步生成,电子卷宗覆盖率达 94.29%。完成非政务外网业务网和信息系统上云迁移建设。推行跨域立案服务,建立就近受理申请、管辖权属不变、数据网上流转的联动办理机制。推行自助立案服务,指导当事人自助立案 16857 件、网上立案 1534 件。完善"12368"诉讼服务智能平台,提升平台接通率,接收热线工单 5040 件,办结率 100%。 (李迎春)

■完善审判监督管理 全年共召开专业法官会议 202 次,规范法官自由裁量权行使,统一类案裁判尺度。完善审判监督管理举措,定期分析审判质量运行态势,通过常规抽查、重点评查、专项检查等方式对案件质量进行专门讲评。建立院庭长办案情况网上公示制度,推进院庭长审理新类型、重大疑难复杂案件常态化。全年院庭长共办结案件 11103 件,占全院结案数的 27.80%。 (李迎春)

■诉讼制度改革 改变案件分配模式,推进由指定分案向随机分案转变,减少分案环节的人为因素,随机分案率排全市基层法院第 3 位。组建 33 个新型审判团队,配齐配强团队负责人。实行简易案件集中排期、送达、开庭,广泛运用要素式庭审、示范性诉讼,缩短办案周期,提高审理效率。落实庭前会议和非法证据排除、证人、鉴定人出庭作证等规则,完善认罪认罚从宽制度、刑事案件速裁程序,共审结认罪认罚案件 1261 件,占同期全部刑事案件的 76.05%,平均审理天数 18 天。 (李迎春)

■**服务保障长三角生态绿色一体化示范区建设**　牵头举办“长三角一体化示范区法院司法协作工作会议”，签署《司法协作协议》，加强司法领域全面协作。完成长三角地区首例跨域立案，实现管辖、协助双向跨域立案常态化。发布青浦法院《服务保障长三角生态绿色一体化发展示范区建设的实施意见》，编写的《强化生态环境共保联治》《长三角区域执行协作》入选《上海法院服务保障长江经济带发展十大典型案例》。组建环境资源案件“三合一”审判团队，集约审理辖区涉环境资源民事、行政、刑事案件，助力示范区生态文明建设。

（李迎春）

9 月 11 日，长三角一体化示范区法院司法协作工作会议在区会务中心召开

（区法院供稿）

■**服务保障第二届“进博会”**　审结涉“进博会”、涉会展业民商事案件和涉外商事案件 216 件，其中涉“进博会”案件调撤率 72.73%。整合内外调解资源，于诉前化解 8 件涉国家会展中心的房屋腾退纠纷。设立长三角一体化示范区法院诉讼服务专窗，联合嘉善县、吴江区等示范区法院为“进博会”提供一站式、全流程诉讼服务。发布《服务保障进口博览会工作白皮书》和涉“进博会”典型案例，树立良好国际司法形象。

（李迎春）

■**党建工作**　开展“不忘初心、牢记使命”主题教育，通过自查自纠、座谈交流、征求意见等形式，查摆出“八个方面专项整治”的 10 个问题，制定整改措施 30 余条。推进党支部标准化、规范化建设，严格落实“三会一课”、主题党日等组织生活制度，党组成员深入所在党支部上党课，参加组织生活。各党支部组织开展“重温入党誓词”、党员集体过“政治生日”等活动，提升党员干部的凝聚力、战斗力。

（李迎春）

■**司法能力建设**　举办青年司法实务技能大赛，提升干警执法办案水平。举办“法官讲坛”，由市高院审判业务专家为干警讲授司法前沿热点问题。组织学术论文写作培训，邀请全国法院学术讨论会获奖作者、政法高校专家讲授学术论文写作方法，提高干警调研水平。积极参与最高法院、市高院组织的学术研讨会、案例评选活动，加快调研成果转化。参加全市法院司法警察大练兵竞赛活动，大力推行“教学练战”一体化模式，提升法警队伍司法能力。与青海省果洛藏族自治州班玛县人民法院开展结对帮扶工作，通过业务研讨、资源共享、司法协作等方式，共同提升司法实务能力。

（李迎春）

10 月 23 日，长三角一体化示范区法院诉讼服务专窗揭牌仪式举行

（区法院供稿）

■**廉政建设**　制定《加强党风廉政建设工作实施意见》，全面落实“一岗双责”主体责任。严格落实“四责协同”机制，组织各党支部召开“深刻自查自纠、保持公正廉洁”专题组织生活会，总结梳理经验教训，自查自纠廉政风险点。开展突出问题集中整治，深入查找出 21 项突出问题，提出 48 条具体整改举措。每月开展审务督察工作，建立工作台账，采取建议书、告知书和通报等方式，对发现的问题及时提出限期纠正的意见和建议，确保责任落实到人、问题整改到位。

（李迎春）

■**自觉接受各界监督**　主动接受区人大、政协、检察机关及社会各界的监督，听取特邀监督员、人民陪审员、律师等各界人士的意见、建议，回复检察机关建议。配合区人大常委会开展商事审判工作专题调研和各项集中视察活动，向区人大常委会专题报告商事审判工作情况。加强审判流程公开，通过网站、短信、微信等多种渠道向当事人推送案件流程信息。通过中国裁判文书网，将依法可以公开的生效裁判文书全部在网上公开，裁判文书上网率100%。互联网直播庭审1830次，居全市基层法院前列。安排人民陪审员开庭审理案件2963件、5348人次。开展公众开放日等系列活动，邀请区人大代表、政协委员、企业员工、社区居民、学生走进法院，近距离感受司法审判公开透明。

（李迎春）

司法行政

■概况 2019年，区司法行政工作以增强群众获得感为目标，围绕区委、区政府中心工作，积极开展扫黑除恶专项斗争，主动将司法行政工作融入长三角一体化建设，积极推动法治青浦、平安青浦建设，促进经济和社会转型跨越发展。

全区人民调解组织共受理各类矛盾纠纷11072件，比上年上升1.75%；调解成功10606件，调解成功率为95.79%；制作人民调解协议书10606份。协议履行率为100%。各司法所通过基层调委会及街镇司法、信访综合服务窗口等渠道共排查出社会不稳定因素388件，司法所直接调解纠纷577件，协助街镇政府（办事处）处理社会矛盾纠纷248件，受理并成功调处刑事和解案件28件、治安案件301件、民事委托312件。

至年底，全区共有在册社区服刑人员432人，比上年增加10.49%，全年累计接收社区服刑人员867人。警告30人，表扬3人，无重新犯罪，共收到社会调查征求意见函822份。5年内刑满释放人员1562人，比上年增加2.09%。申报户口人数1562人，户口申报率100%。安置就业1559人（含享受低保、城镇保、农保、责任田安置等），安置率99.81%。落实帮教1559人，落实帮教率99.81%。

全区律师事务所共办案4313件，比上年增加9.77%；公证处办理各类公证3260件，比上年增加4.49%，；公共法律服务中心共接待各类咨询21364件，比上年增加224.48%；法律援助中心受理法律援助案件1230件，比上年增加31.41%。

全年共收到行政复议申请213件，受理183件，不予受理14件，因未补正视为放弃申请16件，审结148件，其中维持94件、终止31件、驳回13件、确认违法5件、责令履职3件、撤销2件。复议纠错率6.76%，主要涉及拆违、征收补偿、信息公开。不服行政复议决定提起诉讼的18件，占总数的13.53%。闵行法院青浦审判点共受理涉及青浦区行政机关的行政诉讼案件188件，比上年增加12.57%，审结177件，比上年增加21.23%。行政机关败诉案件41件，败诉率23.16%。行政负责人出庭应诉58件，行政首长出庭率32.77%，比上年减少14个百分点。（朱文怡）

■机构改革 局党委召开专题会议，把握区委、区政府对机构改革的决策部署。3月，召开全系统干部大会，动员全体人员全力以赴落实机构改革各项任务。成立区局机构改革工作专班，落实工作责任，把握节点进度，研究制定“三定”（即定职能、定机构、定编制）方案，确保机构改革工作顺利实施。区司法局与原区法制办合并重组后，各科室、各部门立足岗位职责，定期梳理和细化年度、月度工作内容，强化工作落实。及时完成人员转隶接收工作，实现人员整合、工作融合、职能聚合。（朱文怡）

3月21日，青浦区司法行政系统干部大会举行（区司法局供稿）

■提升公共法律服务水平 成立公共法律服务管理科，统筹推进全区公共法律服务体系建设。进一步优化区级公共法律服务中心“一站式”服务功能，全面推进服务窗口标准化、规范化建设。全年共组织参加窗口人员文明礼仪培训5批次12人次，提升窗口人员服务沟通和应对冲突能力。对窗口85位工作人员进行“好差评”二维码申报工作，倒逼窗口服务不断改进，提高服务水平。（朱文怡）

■扫黑除恶专项斗争 机构改革后，及时调整区司法局扫黑除恶工作专班成员，制定《青浦区司法局落实中央扫黑除恶第16督导组第一轮下沉督导要求立行立改工作方案》和《青浦区司法局“治乱”工作实施方案》。全系统召开各类形式、各类层级的会议，部署推动扫黑除恶专项斗争在司法行政系统深入开展。发动并组织公证、律师、人民调解、司法鉴定等重点行业和领域开展拉网式排查，加大对社会面涉黑、涉恶等高危人群及事项的排摸力度，及时发现并报告黑恶势力犯罪案件线索。共上报区扫黑办线索20条，其中人民调解排摸线索7条、律师1条、社区矫正12条。（朱文怡）

■开展“三分教育” 组织开展“相伴同行”女性分类教育项目，全年开展5次活动，约100人次参加。组织开展职业能力培训。为60余名社区服刑人员开展就业指导讲座，组织50余名社区服刑人员参加小儿健康推拿技能培训。

（朱文怡）

■队伍建设 深化“讲堂型”授课模式，全年组织举办各类人民调解培训班10

次，共750余人次参训，其中：司法部“人民调解大讲堂”8次，参训人员500余人次；专题培训班2期，参训人员250余人。（朱文怡）

■提升普法宣传队伍综合素质　1月，举办2019年青浦区普法联络员新媒体运用培训班，全区各街镇和委、办、局60余名普法联络员参加培训。4月，举办2019年法治讲师团培训班，全区各街镇普法联络员、“扫黑除恶”大学生村官讲师团、“法治大讲坛”讲师团、城管执法大队讲师团60余人参加培训。8月，举办“支持民营企业发展”系列讲座，全区250多家民企负责人参加培训。（朱文怡）

■民营企业法治体检活动座谈会　1月4日，经区司法局、工商联、律工委会商，在区司法局召开民营企业法治体检专项活动座谈会。与会企业代表结合自身实际就企业在运营中遇到的疑难问题提出法律需求，参会律师事务所代表就各自律师事务所基本情况和法律服务专长作出介绍，并就有关问题进行初步解答。（朱文怡）

■人民陪审员选任工作　经前期公告，3月，从市公安局人口名单库随机抽取1600名常住人口，经初步筛查和层层审核，分派至基层司法所进行审查确认；4月，在夏阳司法所召开人民陪审员选任工作现场推进会，并在区公共法律服务中心设立报名点；7月5日，在区司法局举行区人民陪审员随机抽选仪式，抽选产生100名人民陪审员拟任人员；经区人大审核，9月初，对92名符合条件的人员任命人民陪审员，并于9月19日在区会务中心举行人民陪审员宣誓仪式。（朱文怡）

■人民调解工作　4月，成立婚姻家庭纠纷人民调解委员会，并组织专题培训，提高婚姻家庭纠纷调解工作水平。8月，会同区法院、房产局成立区房产物业纠纷调委会，并在各街镇分别设立房产物业纠纷调解工作室，努力做到物业投诉“小事不出社区、大事不出街镇”。全年化解物业纠纷类矛盾23件。（朱文怡）

■长三角一体化合作共建　4月，成立淀山湖跨省公共法律服务工作站，毗邻司法所定期派员值班。全年共接待群众法律咨询50批86人次。7月，与吴江区、嘉善县司法局召开助推长三角生态绿色一体化发展示范区建设工作座谈会，签署共建合作框架协议。8月，召开青浦、吴江、嘉善三地法律服务磋商会，就三地律师业务交流、律师人才合作培养机制、律师执业权利联合保障机制等方面加强交流。11月，青浦、吴江、嘉善三地司法局签署《长三角生态绿色一体化示范区司法行政普法与依法治理区域合作框架协议》《长三角生态绿色一体化示范区联合调解机制建设合作协议》。（朱文怡）

■区委依法治区委员会第一次会议　5月20日，青浦区召开区委全面依法治区委员会第一次会议。会议审议通过“两规则、一细则”（即《中共上海市青浦区委全面依法治区委员会工作规则》《中共上海市青浦区委全面依法治区委员会协调小组工作规则》《中共上海市青浦区全面依法治区委员会办公室工作细则》）《中共上海市青浦区委全面依法治区委员会2019年工作要点》《青浦区推行党政主要负责人法治建设责任制实施办法》，部署2019年依法治区委的主要工作。办公室设在区司法局，由区委书记赵惠琴担任主任，区委常委、政法委书记赵明担任办公室主任。委员会下设执法、司法、守法普法3个协调小组，承担相关工作任务。（朱文怡）

■入监警示教育　6月，组织辖区内15名社区服刑人员前往市新收犯监狱开展入监警示教育活动。11月，组织2名南汇暂予监外执行社区矫正对象开展入监警示教育。（朱文怡）

■监督管理　以扫黑除恶专项斗争活动为契机，强化对司法鉴定机构和人员制度建设的监督检查，对“黄牛”驻足等行业乱象加大监管和整治，不断净化区司法鉴定法律服务市场。落实机构进驻，规范司法鉴定行业行为。9月中旬，复旦大学上海医学院司法鉴定中心、上海宋慈法律咨询有限公司两家鉴定机构进驻区公共法律服务中心。（朱文怡）

■主题教育　9月12日，召开区司法局“不忘初心、牢记使命”主题教育动员大会，全系统80余名党员参加。其后，局党委领导班子成员带头开展12次专题学习研讨。局党委及下属基层党支部（党总支）开展“联系实际谈初心”“警示教育品初心”“重温誓词忆初心”等主题教育“初心论坛”系列活动。（朱文怡）

■法律顾问续聘签约仪式　10月11日，青浦区委、区政府法律顾问续聘签约仪式在区会务中心举行。区委政法

10月11日，青浦区委、区政府法律顾问续聘签约仪式在区会务中心举行（区司法局供稿）

委书记、区委依法治区委员会办公室主任赵明,副区长姚少杰出席仪式,为受聘的11名法律顾问颁发聘书。（朱文怡）

■2019年青浦区普法联络员培训班 10月31日—11月1日,区法宣办举办2019年青浦区普法联络员培训班。全区各街镇司法所所长、普法联络员等80余人参加培训。（朱文怡）

■保障新中国成立70周年及第二届“进博会” 严格落实新中国成立70周年及“进博会”安保各项措施,确保两类人员安全稳定。制定专项稳控工作方案及安全隐患大排查专项活动实施方案,并严格贯彻执行。编织全方位立体化排查网络,共排查社区服刑人员3710人次、安置帮教对象6900人次,做到排查无死角、人员无遗漏。深入开展矛盾纠纷排摸工作,发挥人民调解“第一道防线”作用。选派人民调解员进驻“进博会”法律服务工作点7人,在第二届“进博会”期间共参与化解纠纷20多起。（朱文怡）

■刘振宇到青浦区调研基层司法行政工作 11月8日,司法部副部长刘振宇在视察“上海市司法局(进口博览会)调解中心、涉外法律服务中心”后,率队到徐泾镇调研基层司法行政工作。市司法局党委书记、局长陆卫东,安徽省司法厅厅长姜明,区委常委、政法委书记赵明,徐泾镇镇长陈瑜,区司法局局长朱建忠等陪同调研。（朱文怡）

■法学会第一次会员代表大会暨区法学会成立大会 11月28日,青浦区法学会第一次会员代表大会暨区法学会成立大会在区会务中心召开。市法学会党组副书记、专职副会长施伟东,区委常委、政法委书记赵明,副区长姚少杰,区人大法制委主任张丽莉等出席会议。（朱文怡）

■青浦区第三十一届宪法宣传周活动 12月1—6日,区司法局联合法宣办举办以“弘扬宪法精神,推进国家治理体系和治理能力现代化”为主题的普法宣传活动。活动内容包括中小学生法治书画展示、司法行政开放日、军民法治演讲互动等。（朱文怡）

■2019年国家机关“谁执法谁普法”履职报告评议会 12月30日,召开2019年国家机关“谁执法谁普法”履职报告评议会。会议由守法普法协调小组副组长、区政务办主任张慧明主持。区委全面依法治区委员会守法普法协调小组全体成员、街镇普法工作分管领导、履职评议单位和相关单位分管领导参加会议。区委全面依法治区委员会守法普法协调小组组长、区委常委、宣传部长姜道荣出席会议并作讲话。（朱文怡）

11月28日,上海市青浦区法学会第一次会员代表大会暨区法学会成立大会在区会务中心召开（区司法局供稿）

武装

■概况 2019年,区武装工作在警备区党委和区委的坚强领导下,全面深入学习贯彻党的十九大精神,聚力备战打仗,狠抓工作落实,各项工作有了新进步。政治工作坚强有力。开展“不忘初心、牢记使命”主题教育和“赞颂辉煌成就、军民同心筑梦”全民国防教育日活动,人武部党委被军委国防动员部表彰为“先进师旅团级单位党委”;练兵备战重心突出。组织群众性练兵比武、管理干部和文职人员“非转专”集训、民兵干部骨干专业联训、现役干部区域协作联训,参加区突发事件应急处置综合演练和防抗“利奇马”台风抢险救灾行动,完成年度兵员征集、民兵组织整顿、国防动员潜力调查、“车博会”安保备勤和“进博会”护航等任务;加强国防教育,共话军民融合。人武部被警备区表彰为“征兵工作先进单位”“民兵工作先进单位”;双拥工作稳步推进。常态化组织军事日、联组学习、国防教育宣讲、联席会议等活动,对接军地需求,推动重难点问题解决,到安徽省潜山市送医义诊,落实扶贫款项,助力革命老区脱贫攻坚。（钱　刚）

■党建活动 坚持每季度与警备区同步开展一次党委中心组带机关理论学习,结合理论学习开展“不忘初心、牢记使命”和“传承红色基因、担当强军重任”主题教育,落实“三会一课”、民主生活会、民主评议党员、领导干部过双重党日生活等制度,组织学习党规条纪、新规禁令和规章制度,努力建设学习型、创新型党委班子。10月,人武部党委经警备区推荐,被军委国防动员部表彰为“先进师旅团级单位党委”。（钱　刚）

■“不忘初心、牢记使命”主题教育活动 人武部党委严格落实“守初心、担使命、找差距、抓落实”的总要求,第一时间组织动员部署、制订方案计划、印发学习资料,党委书记带头深入一线组织课题调研、撰写调研报告、讲好专题党课,组织全体党员交流学习心得、落实问题清单、抓好整改落实,观看《铁纪强军》《初心的味道》等宣传教育片,开展

“守初心、担使命、见行动”先进事迹报告和瞻仰新四军广场主题党日活动，召开专题党委民主生活会，结合巡察组的反馈问题，梳理归纳4个方面、13条问题清单，持续推进专项整治，确保主题教育走深走实、取得实效。（钱　刚）

■练兵备战　先后两次参加警备区组织的群众性练兵比武活动，其中：1名专武干部、1名职工分别获理论考核和通信专业第三名，专武干部应急应战指挥编组作业取得单项第一名和总评第四名，综合应急连拉动总评成绩居前列。4月，组织4个区（普陀区、闵行区、嘉定区、青浦区）现役干部进行为期3天的编组联训；5月，组织民兵应急分队完成“车博会”安保备勤任务；7月，组织全市水上应急专业民兵干部骨干联训和全市无人机民兵干部骨干专业联训，探索建设市级民兵无人机训练基地；8月，组织防抗“利奇马”台风民兵支援抢险救灾行动；9月，参加区突发事件应急处置综合演练；10—11月，完成第二届“进博会”安保执勤、信息侦搜和对空警戒等任务；12月，完成迎接战区国防动员作战能力检验评估考核，受到战区首长一致好评。（钱　刚）

■征兵工作　根据年度征兵计划和安排，以政策法规为依据，以兵员质量为核心，落实廉洁征兵要求，聘请7名廉洁征兵监督员，全区未发生任何廉洁征接兵问题。出台大学毕业生参军视力矫正享受在校大学生补助措施，完成上海市赋予青浦区的新兵征集任务。年度征兵“五率”考评位居全市第五，被表彰为上海市征兵工作先进单位。役前教育训练期间，警备区副司令王文立来部检查，给予高度评价。（钱　刚）

■国防教育　开展国防教育宣讲，先后为区委党校、徐泾镇、香花桥街道和部分企事业单位作国防教育宣讲报告；与区人大、纪委监委开展联组学习活动，组织部分街镇和企事业单位过“军事日”活动，接受国防教育；6月，调研区内4所中小学校国防教育，研究推进国防教育进中小学校、进校园工作；9月21日，在桥梓湾广场围绕“赞颂辉煌成绩、军民同心筑梦”主题开展第十九个全民国防教育日活动，强化群众国防观念。上海警备区党委常委、政治工作局主任田远莅临指导。（钱　刚）

■双拥工作　会同区相关部门和驻青部队召开双拥工作推进会、讲评会和联席会议，对接军地需求，研究推进双拥工作重难点问题解决；开展“献爱心、送温暖”活动，走访慰问老干部、困难群众、伤残军人和孤寡老人；持续做好结对帮扶工作，为安徽省潜山市水吼镇开展送医义诊活动，落实扶贫款项，申报消费扶贫产品；落实双拥军地合署办公要求，解决涉军重难点问题；协调驻区部队做好拥政爱民工作，牵头收集汇总台账资料，参加国防知识和拥军优属满意度测评，迎接全国双拥模范城创建考评工作。（钱　刚）

■民兵整组　根据上级深化民兵组织调整改革指示要求，先后3次召开任务协调对接会，通过拟制方案、动员部署、分类编建，完成上级赋予青浦区的民兵整组任务。完成人防、交战国防动员专业队伍编组任务，利用近两个月时间，组织力量首次完成民兵实力数据库基础数据录入工作。4月，完成整组点验，迎接上海警备区抽点。10月，警备区检查人武部系统民兵力量调整改革，区人武部本级和朱家角镇武装部整组资料受到检查组肯定并作为样板台账资料展示交流。（钱　刚）

■国防动员潜力调查　着眼未来战争对国防动员的要求，最大限度提升潜力向实力转换的质效，组织国动委“八办”和专武干部进行为期3天的专项培训。按照8类重点采集对象、36个方面基础数据，依托30余个行业主管部门，参考部门数据和统计年鉴，运用各行业资源和专业力量，组织数据验证，充实数据库，为国防动员潜力系统平台首次提供详实的数据支撑。（钱　刚）

■基层规范化建设　召开推进会3次，组织专武干部到黄浦区豫园街道、闵行区马桥镇基层武装部参观学习，探索建立市级民兵无人机训练基地。先后投入20余万配齐3个应急专业连的战备器材，6个街镇武装部新建了民兵连连部，5个街镇武装部新建了“青年民兵之家”。规范“三室一库”（即兵器室、器材室、储藏室和给养库）和民兵连连部、战备库室和青年民兵之家建设，徐泾镇民兵会展分队、白鹤镇民兵快反分队、香花桥街道女子民兵连初见成效。综合应急2连接受东部战区国防动员作战能力考核评估并获优良成绩，区人武部被上海警备区表彰为“民兵工作先进单位”。（钱　刚）

■春节送温暖　春节前夕，区人武部常态化开展“献爱心、送温暖”活动，走访慰问35名离退休老干部和遗孀、40户困难群众和伤残军人、90名孤寡老人和护理人员，赠送肉、米、油等慰问品（金）价值7万多元。（钱　刚）

9月6日，青浦区预定新兵役前教育训练动员大会召开　（区人武部供稿）

2 月 26 日,2019 年青浦区政法、信访和武装工作会议在区会务中心召开

(区人武部供稿)

■**武装工作会议** 2 月 26 日,2019 年青浦区政法、信访和武装工作会议在区会务中心召开。区委常委、人武部政委刘辽军总结 2018 年武装工作,部署 2019 年度武装工作任务。区委书记、区人武部党委第一书记赵惠琴作讲话。(钱 刚)

■**结对帮扶** 2 月 28 日,区人武部牵头卫健委、文化执法大队和区内企业家到对口扶贫点安徽省潜山市水吼镇参加水吼青浦幼儿园开园典礼,开展扶贫捐赠和送医义诊活动。当天共诊疗群众 200 余人次,免费发放常用药品近万元,捐赠电脑 10 台和食品 13 箱。区人武部继续为水吼镇协调落实帮扶资金 300 万元(区政府 200 万元,区人武部 100 万元),申报消费扶贫产品,助力革命老区脱贫攻坚。(钱 刚)

■**国动委会议** 3 月 12 日,2019 年青浦区国动委例会在区人武部二楼会议室召开。会议由区国动委副主任、区委常委、人武部政委刘辽军主持。人武部、国动委各办公室、基层各武装部相关领导及工作人员参加。区国动委常务副主任、人武部部长李会林传达了军委国防动员部、上海市政府和警备区相关会议精神,部署明确今年区深化民兵调整改革和征兵工作任务。区国动委副主任、副区长金俊峰就如何按职责分工抓贯彻落实提出具体要求。(钱 刚)

■**管理干部和文职人员"非转专"集训** 3 月,区人武部在民兵训练基地完成警备区赋予的管理干部和文职人员"非转专"集训。其间,警备区在区人武部进行重要部位及场所规范化建设现地教学,全区管理干部和兄弟单位先后进行参观见学。(钱 刚)

■**组织现役干部区域协作联训** 4 月,根据上海警备区计划安排,区人武部牵头组织普陀区、闵行区、嘉定区、青浦区 4 个人武部现役干部为期 3 天的编组联训。邀请河北省石家庄陆军指挥学院刘自立教授授课辅导,按照理论学习、技能训练、课题演练、考核验收的步骤,区分基础训练、业务训练、课题训练三类共计 25 个课目、224 小时的训练任务,提升了人武部首长机关组织开展国防动员业务和作战指挥能力。(钱 刚)

■**驻青部队联席会议** 6 月 27 日,区人武部组织召开驻青部队联席会议,区退役军人事务局相关负责人和各驻青部队领导参加,区委常委、区人武部政委刘辽军出席会议并讲话。会议围绕推进国防教育、学生军训、老干部服务保障、部队营房改造等重难点问题进行座谈交流,同时安排部署今年争创全国双拥模范城工作和"八一"双拥活动。(钱 刚)

■**组织民兵干部骨干专业联训** 7 月,区人武部在民兵训练基地先后承办全市民兵水上和无人机干部骨干专业联训,编写了训练纲目、训练手册、训练管理、训练考评和训练保障的办法措施,同时选派综合应急、隐蔽工程抢修、公路运输、网络、导弹、防化等专业民兵干部骨干参加全市组织的联训,增强民兵作战能力,为民兵训练储备人才队伍。(钱 刚)

■**防抗"利奇马"台风抢险救灾行动** 8 月 8 日,第 9 号热带气旋"利奇马"逐渐向浙江省沿海靠近。9 日 18 时,区人武部根据战区和警备区指示要求转入防台一级应急响应,值班领导、值班员进入值班部位 24 小时值守,密切关注台风动向,组织民兵应急分队在夏阳街道办事处集中备勤,参与地方抢险救灾行动。转移救助群众 4245 人,消除道路积水 6 处、墙体隐患 2 处,协助管制下立交积水 2 处,清除倒伏树木 507 棵,加固树木 293 棵,加固店招店牌 40 余块,协助抢修电缆近 20 条,装填搬运黄沙 20 余吨,检查加固蔬菜大棚 200 个。(钱 刚)

■**主题班会** 9 月 11 日,区人武部组织预定新兵到陈云纪念馆和西乡烈士陵园瞻仰缅怀先烈,坚定理想信念,筑牢参军入伍的思想根基。在烈士陵园丰碑前,全体预定新兵席地而坐,召开"缅怀革命先烈、传承红色基因"主题班会,重温革命先烈的战斗历程,继承革命先烈的遗志,端正服役态度,发扬优良传统,激励投身军营、奋斗军营、建功军营的思想自觉。(钱 刚)

■**欢送进藏新兵座谈会** 9 月 17 日,区人武部首次召开欢送进藏新兵座谈会,2 名进藏新兵及家长和区人武部、金泽镇武装部、上海政法学院相关人员参加。上海政法学院大三学生余梦娇和金泽镇新池村高校新生池进身穿军装纷纷表达了扎根军营、卫国戍边的信心和决心。(钱 刚)

■**"守初心·担使命·见行动"先进事迹报告** 10 月 14 日,区人武部邀请离休老干部汪复唐、2 名"全国最美退役军人"(青浦北斗西虹桥基地院长郁文贤、

青浦公安分局国家会展中心治安派出所所长朱洪葵)围绕“守初心·担使命·见行动”作先进事迹报告。组织区武装系统全体人员通过聆听榜样故事寻找初心使命,为推进青浦区国防后备力量建设贡献力量。 (钱 刚)

■护航“进博会” 11月5—10日,第二届“进博会”在国家会展中心举行。区人武部组织民兵上岗执勤,协助公安做好大客流疏导、过滤线主要道口警戒、公交站点秩序维护、场馆周围巡逻及会展中心周边“低、慢、小”飞行目标观察侦搜等任务,为“进博会”客流安全、平稳、有序提供有力保障。重固镇武装部和区人武部军事科长孙武分别被表彰为“先进单位”和“先进个人”。

(钱 刚)

■瞻仰新四军广场 11月14日,区人武部组织全区武装系统干部职工到福寿园新四军纪念广场开展主题党日活动,缅怀革命先烈的崇高精神和不朽伟业。通过瞻仰无名烈士雕像、向革命先烈敬献花圈、参观人文纪念馆和观看红色经典纪录片,接受红色思想洗礼。

(钱 刚)

民防工作

■概况 2019年,区民防工作以深入贯彻党的十九大和习近平同志系列重要讲话精神为指导,聚焦第二届“进博会”国家战略需求,凸显“战时防空、平时服务、应急支援”新视角,突出应急备战主责主业的准备,踏准节点,确保长三角区域一体化人防融合常态高效。

(胡吴峒)

■第二届“进博会”安全保障工作 成立“进博会”民防工作应急管理领导小组。9月,集中力量摸底排查“进博会”核心区域、重点区域的民防工程管理现状,通过检查梳理出18个问题,及时做出详实整改方案,制定严厉管控措置,形成有效应急预案。 (胡吴峒)

■大调研工作 深入基层一线召开调研工作座谈会17场次,发放调查问卷236余份,走访社区居民236人,共收集整理反应居住社区民生事务意见、建议34条,其中社会管理类29个、经济综合类4个、公用事业类1个。 (胡吴峒)

■行政审批 2019年,结合香花桥街道基本管理单元建设,落实香花桥街道指挥所;区“体育文化活动中心一期”工程防空专业队项目已具备竣工条件,正申请综合验收;上海市青浦区“淀山湖福利院项目”结合修建的朱家角镇指挥所已结构验收。网上行政协助项目共92个,扩初阶段(总体设计文件)共24个,其中:配建民防工程项目4个;扩初缴费项目12个,缴费19.88万元。联审平台:办理施工许可证阶段项目共47个,其中配建民防工程项目14个;扩初缴费项目17个,缴费24.93万元。至年底,民防工程竣工备案26个、建筑面积17.95万平方米,使用面积15.46万平方米;在建民防工程62个,民防建筑面积41.65万平方米。至年底,区民防工程累计共350个,累计建筑面积181.20万平方米,累计使用面积158.27万平方米,累计人均使用面积达到4.34平方米。

为进一步扩大政务服务覆盖面,加快实现政务服务“进一网、能通办”目标,根据《办事指南要素填写规范》逐条修改,按要求完成依申请的行政权力及公共服务事项办事指南的填报和校核工作。根据行政审批“双减半”,进一步提升“一网通办”改革效能要求,开展行政审批办理时限平均减少一半、提交材料平均减少一半,努力达到“零材料提交”。2019年,民防办行政审批“双减半”工作均达到规定的要求。根据沪民防〔2019〕34号文件,工业用地项目配套设施不再配建民防工程。 (胡吴峒)

■专业队伍整组 根据区国动委和市民防办工作要求,完成区8支人防专业队伍共700人的整组和一支区级人防保障队伍共50人的组建任务。

(胡吴峒)

■社区民防建设 3月,完成30个民防应急箱的采购和配置工作,目前青浦区共配置“民防应急箱”288只;3—4月,会同区地震办、红十字会在夏阳街道南菁园居委鑫塔小区、祥龙居委界泾港小区并嘉憬河畔小区和盈浦街道东渡居委、贺桥公寓小区完成了“民防、防震、急救”民防综合小区建设。 (胡吴峒)

■城市临战人口疏散接收演练 6月13日,会同普陀区相关单位在金泽镇进行“城市临战人口疏散接收演练”;6月28日,会同静安区相关单位在金泽镇进行“城市临战人口疏散接收演练”;11月27日,会同杨浦区相关单位在朱家角镇进行“城市临战人口疏散接收演练”。 (胡吴峒)

■长三角区域民防系统一体化合作 7月,与吴江区、嘉善县民防(人防)办共

5月9日,“区域防空·协同发展——推进长三角人防一体化发展示范地建设”上海青浦—嘉兴秀洲跨区域人口疏散演练举行 (区民防办供稿)

同签署《长三角一体化示范区人民防空协同发展互助合作框架协议》;8月,在浙江省嘉兴市姚庄举行青、苏、嘉长三角示范区民防(人防)法规和宣传教育工作研讨会,为长三角示范区人防工程规划和人防工程产权界定提供参考意见;11月,会同苏州市、嘉兴市举行人防工作论坛活动,开展长三角示范区人防一体化建设规划、民防工程产权制度改革等研讨活动,促进三方建设的协调发展,搭建长期合作平台。

5月9日,会同嘉兴市和嘉兴市秀洲区举行"2019年青浦区嘉兴市跨区临战人口疏散接收演练";7月10日,会同苏州市、嘉兴市举行"跨区机动指挥车联动演练"。 (胡吴頔)

■"5·12"系列宣传周活动 根据国家减灾委《关于做好2019年防灾减灾日有关工作的通知》(国减电〔2019〕1号)精神,以及市、区两级政府关于开展防灾减灾日系列活动要求,会同区应急局成立活动领导小组,制定"5·12"活动计划,组织多种形式的宣传周系列活动。一是开展演练活动。5月10日,在盈浦街道贺桥公寓小区,以防震减灾为主要内容开展了"青浦区2019年'5·12'防灾减灾综合演练",进行有感地震疏散逃生、人员救援、消防灭火、现场急救、院前抢救等科目演练;宣传周期间,区各街镇组织60多个居(村)委会、6所学校、10多个企业(商铺)开展应急疏散演练47余场次,参演师生、居民和企业员工11650人。二是组织主题活动。5月12日,会同区应急局、红十字会,在吉富绅广场开展主题为"提高灾害防治能力,构筑生命安全防线"的"5·12防灾减灾日"集中宣传咨询活动;公安青浦分局、建管委、生态环境局和夏阳街道等10余个职能部门参与活动;利用吉富绅广场电子显示屏播放有关防震减灾知识宣传片,活动现场还进行血压测量、心肺复苏、止血包扎、救生绳结等便民服务和自救互救技能演示,共发放《市民防灾常识》手册、《上海民防之声》报纸、《生命与灾害》《故事会》等各类防震减灾宣传资料2000多份。三是组织基层活动。宣传周期间,区各街镇开展设点宣传活动38场次,展示各类图版和板报615块、横幅280多条,发放各类防灾减灾宣传资料14760多份;各类镇级刊物宣传报道防灾减灾系列活动信息40次(发行6万多册);举办各类讲座34次,参加市民4320人次;会同区应急管理局、绿化市容局、文旅局等单位在东方绿舟、朱家角镇景区及全区各室外显示屏连续一周播放由应急、民防、民政及地震局、红十字会等部门提供的防灾减灾公益宣传片和防灾减灾日宣传口号,起到良好的宣传效果。 (胡吴頔)

■防空警报试鸣 9月21日,在市人防指挥部的统一组织下,全市进行了防空警报试鸣,青浦区参加试鸣的106台警报器全部鸣响。区政府分管领导、人武部、民防办、各街镇、村居民防工作站领导全程参加试鸣活动。全区62所中小学校开展人防专题讲座,组织4.8万名师生进行疏散演练;各街镇103个村居约5万人开展防空防灾演练,其中香花桥民惠二期居委会组织150人的紧急隐蔽疏散科目演练直播。通过规范指挥编组、明确动员员指挥程序,提高居民国防意识和军地联合执行重要任务的遂行保障能力。

为配合"9·21"防空警报试鸣,9月16—21日,青浦电视台、各街镇户外显示屏和小区显示屏滚动播放《居安思危,备战人防》人防专题片和人防集中宣传口号。会同区教育局在民防教育基地对参加军训的3000多名学生开设人防专题课,并进行应急疏散逃生综合演练。9月21日,会同区人武部,邀请区民政局、建管委、红十字等单位在青浦桥梓湾广场开展主题为"赞颂辉煌成就、军民同心筑梦"的全民国防教育日活动暨以"赞颂辉煌成就、军民同心筑梦,推进人防发展"为主要内容的2019年人民防空集中宣传主题活动,组织拳操、腰鼓等表演,对《国防教育法》《人防法》《民防条例》和《上海市防空警报管理办法》等进行综合宣传。 (胡吴頔)

■基层民防建设 4月10—11日,举办"2019年青浦区居(村)民防工作站站长培训班",开展社区防空防灾演练指挥程序等内容,全区各街镇和村居民防工作站站长、民防干部336人参加培训。11月,举办"2019年青浦区居(村)民防业务培训班",开展街镇人民防空袭方案编制工作培训等内容,全区各街镇和村居民防干部120人参加培训。

(胡吴頔)

■民防工程安全检查与维修养护 开展民防工程今冬明春火灾防控专项整治、消防安全大排查大整治专项行动及防台防汛安全检查等活动,全年共检查工程134只次,整改问题隐患41处,确保安全无事故。完成区大盈公寓民防工程战时防护设施、防护密闭设施和通排风系统设施等维修养护及白玉兰广场工程地下二层车道进出口止水带和

5月10日,"提高灾害防治能力,构筑生命安全防线"——2019年青浦区"5·12"防灾减灾日综合演练举行 (区民防办供稿)

原指挥所(3 号楼)走道吊顶的修缮。 （胡吴頔）

■早期工程治理 根据《青浦区退出民防序列公用工程隐患治理三年计划》，对区早期工程现状进行全面检查和排摸，现有退出序列早期工程 12 个，其中:4 个已填埋、6 个已封堵，另 2 个处于关闭状态。 （胡吴頔）

■精细化管理 根据《2019 年青浦区民防工程城市管理精细化工作实施方案》，一是开展公用民防工程安全检查，全年共检查工程 84 个次，整改问题隐患 23 处，确保公用工程使用安全；二是拓展非公用民防工程防护设施、设备监管手段，完成民防工程宣告牌的制作安装 131 个。 （胡吴頔）

■指挥所要素建设 完成“216”指挥所集控、音视频改造项目，实现视频部分高清化、操控系统集中控制，提高整套系统的便捷性。 （胡吴頔）

■通信建设 完成市民防办市级中继站建设及区警报分控中心建设。完成区政府电声警报器更新和全区 99 台警报控制箱更新。调试全区警报控制箱，升级无线电台，完成警报控制系统升级改造项目，将 10 台电动警报器更新成电声警报器，实现防空警报控制系统的智能化。按计划完成赵巷镇宝龙广场、朱家角镇中信泰富悦湖郡、重固镇逸皓华庭 3 台防空警报器的布点新建任务。全年接转电话 10.95 万只，共装、移、修电话 89 只次，顺利完成区政府党政机关电话通信保障任务。 （胡吴頔）

■民防系统专项整治 根据市纪委监委《进一步开展本市民防系统专项整治工作的通知》要求，制订民防系统专项整治方案，成立领导小组，重点专项自查排查 2018 年以来审批的地下商业街项目、易地建设费、基本建设项目和发放战备值班费、“下洞费”、人防工程项目行政审批、工程项目出租资金管理、人防大宗设备采购等情况。 （胡吴頔）

■扫黑除恶工作 一是制订方案，成立领导小组；二是组织召开扫黑除恶部署会；三是组织宣传及发动；四是督导问题整改落实。结合民防办实际情况，制定《落实中央扫黑除恶第 16 督导组第一轮下沉督导要求立行立改工作方案》和《关于加强扫黑除恶专项斗争治乱工作实施方案》，梳理出五大类 8 个具体问题、16 条整改措施，在厘清职责、分清责任的基础上，即知即改。对于整改有难度、时间跨度长、成果不易巩固的问题，逐项建立措施清单、责任清单、时效清单，逐项逐步抓好整改；五是线索办理情况。共发现“乱象”问题线索 3 个，都按要求完成整改。 （胡吴頔）

苏州河四期支流小涞港一景 （区重大办供稿）

综 述

3月6日，按照青浦区机构改革方案，组建青浦区农业农村委员会，承担原青浦区农业委员会的职责和工作。6月8日，调整内设机构为9个，分别是办公室、综合科、组织人事科、计划财务科、产业发展与信息化科、村镇建设科、农村经济社会发展科、种养业科、农田建设管理科，有公务员30人。下设基层单位7个，分别是农业农村委执法大队、农业技术推广服务中心、农机站、经管站、水产技术推广站、蔬菜技术推广站、动物疫病控制中心。

区委农村工作领导小组办公室、区农业农村委在区委、区政府的领导下，围绕实施乡村振兴战略“产业兴旺、生态宜居、治理有效、乡风文明、生活富裕”的总方针，发挥区乡村振兴战略领导小组办公室的统筹协调作用，推进青浦乡村振兴工作取得阶段性成效，牵头制定《2019年青浦区实施乡村振兴战略重点工作方案》。全年完成农业总产值19.39亿元，比上年减少4.5%，其中现代农业园区农业总产值0.89亿元。全区粮食播种全面转向水稻种植，种植面积7935公顷，较上年减少65公顷。水稻亩产增加，总产量6.9万吨，比上年增长2.3%。全年蔬菜在田面积保持在2973公顷，蔬菜上市量36.6万吨，其中绿叶菜种植面积1533公顷，绿叶菜上市量23.2万吨。水产品产量1.09万吨。

推进农业适度规模经营。开展农村承包地确权登记颁证“回头看”工作，通过市级检查验收。全年土地流转公开交易市场挂牌项目753个，面积6350公顷；年内完成签约495个，面积3862公顷，土地承包经营权委托流转率92%。完成8家休闲农业和乡村旅游集体建设用地的报批手续。成功创建张马村国家AAAA旅游景区、寻梦园五星休闲农业园，3个“一村一品”示范镇。

位于练塘镇的上海徐练农产品专业合作社粮食绿色高质高效创建示范点
（区农委供稿）

加强农业品质保障。完善农产品质量安全监管体系，完成蔬果农药残留定量监测样品1007个，合格率99.91%；完成蔬菜农残速测86468只，合格率100%。完成青浦区农产品区域公用品牌“淀湖源味”国家商标注册，发展子品牌26家，年产值42025.7万元。绿色农产品认证率提升至22.85%，名列全市前茅。“练塘茭白”“白鹤草莓”成功通过国家地理标志产品认定。

推进新农村建设。实施村庄改造12854户，启动美丽乡村示范村（区级）建设7个，成功创建市级美丽乡村示范村5个，规划保留保护村全部实现美丽乡村镇级达标。开展2017年度8个区级示范村区级考核验收工作。印发《青浦区农村人居环境整治试点区建设三年行动方案（2018—2020年）》及《2019年青浦区农村人居环境整治工作村庄清洁行动方案》，完成100个村农村环境整治任务。实施化肥农药减量替代，推广有机肥2万吨、测土配方施肥技术1.11万公顷次；实现农作物秸秆综合利用率96%以上；组织实施设施菜田土壤保育和改良，完成蚯蚓养殖土壤修复122公顷，微生物菌肥改良172公顷。继续开展农田棚舍长效管理督查工作和“三无”（即无船名船号、无船舶证书、无船籍港)渔船长效管理。

推进农村改革。全区11个街镇集体产权交易分中心完成挂牌并启动运营。开展农村集体经济组织产权制度改革。"百村基金"初步确定参与投资项目。完成帮扶"造血"项目建设方案备案工作,启动3个帮扶"造血"项目建设,选派优秀干部对经济相对薄弱村开展驻村指导工作。（王渝浏）

种植业·养殖业

■概况 2019年,全区粮食面积7935公顷,比上年减少398公顷,减幅4.8%;总产量6.9万吨,比上年增0.1万吨,增幅2.3%。其中,水稻种植面积7935公顷,比上年减少0.9%;亩产581.7公斤,比上年增长3.2%;总产量69236.1吨,比上年增长2.3%,总产值193861万元,比上年减4.5%;销售价格2800元/吨,比上年下降200元/吨;全面退出二麦种植,茬口模式(同一块田地上农作物轮作复种的种类、品种的搭配和衔接模式)改为绿肥—水稻或深翻—水稻;全区绿肥实行免费统一供种,良种覆盖率100%。全区水产养殖占地面积2074.47公顷,养殖水面积1587.20公顷,比上年减少12.30%。全年实现水产品产量1.09万吨,比上年减少34.34%。渔业总产值46117.05万元,比上年减少3.01%。由于区畜禽养殖产业结构调整,全区无规模化养殖场存续。全年畜牧业总产值0.30亿元,比上年减少56.52%。其中,生猪累计出栏1.56万头,比上年减少48.51%;鲜蛋产量334.2吨,比上年减少41.68%;家禽累计出栏9.70万羽,比上年减少17.38%。（叶玉兰　李　佳）

■粮食绿色丰产高效示范方创建 全区创建60个粮食绿色丰产高效示范方,面积3252.03公顷,占全区水稻种植面积的26.3%。其中,千亩示范方18个,1646.88公顷;百亩示范方41个,938.48公顷;万亩带1个。示范点水稻平均亩产量541公斤,产值增幅28.38%。经市评审,全区25个示范方获得市级优秀绿色生产示范基地符号,其中千亩示范方一等奖1个、二等奖2个、三等奖8个;百亩示范方一等奖3个,二等奖4个,三等奖7个。（朱吉明　吴雄兴）

■草莓绿色防控技术示范点建设 推广示范草莓绿色防控技术,确保地产草莓的品质和安全,2018—2019全区建成经济作物病虫害绿色防控示范区,面积133.3公顷,其中:核心示范点1个、合作社示范点15个、整村制示范区1个,建立3个草莓病虫害测报点。示范点草莓生育期化学农药使用量平均479克/亩,比全区使用量减少38.11%。草莓绿色防控示范点补助资金121.3万元,以物化补贴为主。（朱吉明　徐锦瑾）

■农业项目建设 推进53个涉农类建设项目,总投资7.16亿元,涉及都市现代农业建设项目、水产养殖尾水治理项目、高标准农田建设项目以及粮食烘干中心(点)和农机服务中心(点)项目。推进都市现代农业项目建设,香花桥街道马家柚生产基地建设等12个项目完工,开展审计审价验收等后续工作;青浦区赵巷镇设施草莓高效栽培示范园建设等5个项目正在开工建设;2019年青浦红柚产业园建设等9个项目办理前期手续审批流程中。持续推进水产养殖尾水治理项目4个和高标准农田建设项目3个。6个粮食烘干中心(点)和14个农机服务中心(点)建设中,有15个建设项目完工并开展验收等后续工作,5个基本完工。（唐洁平）

■"菜篮子"工作 全区常年蔬菜种植面积平均在2973公顷,比上年下降4.3%,其中绿叶菜种植面积1533公顷,比上年下降11.7%;全年蔬菜三播面积10490公顷次,比上年下降3.2%;蔬菜上市量36.6万吨,比上年下降9.3%;蔬菜现行价总产值90252万元,比上年减4.3%;蔬菜平均混合价2464元/吨,比上年增长5.6%,其中:绿叶菜年上市量23.2万吨,比上年下降9.2%,完成保有量计划任务的94.4%;区特色茭白种植面积1875公顷次,比上年下降8.3%;总产量7.7万吨,比上年减7.2%;总产值3.04亿元,比上年减5.0%。（王桂英　刘　彬　周安尼）

■设施菜田建设 推进"十二五"期间批复建设207公顷设施菜田建设项目。完成2014年度66.7公顷菜田项目市级验收。按照"1+8"(《青浦区政府性投资项目管理办法及其配套办法》)管理要求,对2015年度在建52公顷设施菜田项目督查有关街镇做好审价审计工作。加强资产管护工作。对2005—2012年建设的72个设施菜田建设点的财政性资产管理运行情况开展一年一度的镇级自查和区级抽查工作;配合市农业农村委蔬菜办开展设施菜田财政性资产管理运行重点抽查考核。全区2019年度列入考核面积1713.58公顷(不包括夏阳街道塘郁村凯博农庄13.87公顷),其中保护地400.61公顷、露地面积1272.97公顷。经自查考核,合格1020.64公顷,合格率59.6%。其中:保护地合格333.88公顷,合格率75.8%;露地合格686.76公顷,合格率53.9%。不合格面积主要原因是原项目被调整为种植水稻、公益林和葡萄、蓝莓果树、花卉,以及野生动物栖息地项目、弘阳冷链项目、农民建房和轨道交通17号线占用地等。（王桂英　刘　彬）

■地产蔬菜安全监管 加强蔬菜安全监管和风险评估,细化和落实监管责任,健全监管体系,加强"三书"(即蔬菜安全监管责任书、蔬菜质量安全承诺书和安全使用农药的告知书)管理。开展高效低毒低残留补贴农药的组织推广服务。根据蔬菜种植面积,按照亩用量150元补贴农药额度,通过政府采购补贴农药30.27吨,其中杀虫剂23.15吨、杀菌剂7.12吨,涉及63个品种,分别为杀虫剂35种和杀菌剂28种。农药采购总金额666.25万元,其中市、区财政补贴399.76万元,自筹资金266.5万元;全年补贴农药采购目录中有14种生物源农药,其中杀虫剂9种,杀菌剂5种,共计5.71吨,占全年补贴农药的18.88%。结合科技兴农项目成果和茭农需求,首次将茭白用的6个农药9种规格产品纳入区茭白生产补贴推荐名录。推进重点蔬菜生产基地的田间档案和质量可追溯建设,全年有合作社(龙头企业)38家1396.67公顷蔬菜面积纳入"上海市蔬菜生产管理系统",推行"生产型二维码"建设工作。加强蔬菜质量安全检测和风险评估,开展地产蔬菜农残速测工作。2018年11月—

2019 年 10 月，全区检测速测样品 86468 只，合格率 100%，超额完成 7 万份样品地产蔬菜农残速测任务；4—11 月，配合农业农村部、市农业农村委蔬菜办完成蔬菜农药残留例行抽检、全区市级蔬菜标准园定量抽检样本 206 只，合格样本数 206 只，合格率 100%。

（王桂英 刘 彬）

■蔬菜标准园创建管理 根据《关于2016—2020 年上海市园艺作物标准园创建工作的实施意见》（沪农委〔2016〕111 号）文件要求和《上海市蔬菜标准园创建考核验收办法》，完成 2018—2019 年市、区蔬菜标准园 4 家，其中市级 3 家、区级 1 家，全部以 80 分以上的得分通过专家组考核达标验收。开展 2019—2020 年 3 家市级蔬菜标准园启动实施和指导工作，分别由 3—4 名技术人员对接创建单位进行创建指导。对弘阳杜村等 3 家农业部蔬菜标准园和 32 家市、区级蔬菜标准园加强蔬菜标准园长效管理和考评。经考评，优秀（≥90 分）10 家，占比 28.6%；良好（80—89 分）13 家，占比 37.1%；合格（70—79 分）5 家，占比 14.3%；不合格（69 分以下）7 家，占比 20%。对合格以上的单位按照 12 万元、8 万元和 5 万元的奖励标准兑现奖励资金 249 万元。

（王桂英 周安尼）

9 月，朱家角世鑫合作社在露地菜田使用诱虫黄板防控害虫，保护青菜生长

（区农委供稿）

■菜田棚舍长效管理 制定《青浦区2019 年度农田棚舍整治长效管理工作方案》，建立各街镇、村日常巡查和区督查、发现、限期整改、季度通报等长效管理机制，防止回潮反弹。全年发现不符合标准和人员回住的棚舍 101 处，全部按要求完成整改。

（王桂英 刘 彬 周安尼）

■蔬菜机械化生产示范点建设 联合区农机站开展机械化试验示范工作，继续推进弘阳公司、世鑫合作社、绿椰合作社、春昌合作社机械化示范点项目建设。上海世鑫蔬菜种植专业合作社安庄基地作为“机器换人”市级项目实施单位，经市农业农村委考核验收，其耕、种、收综合机械化水平达到 64.9%，其中耕、种环节机械化水平 100%。

（王桂英 钱 婷）

7 月 11 日，市农业科学技术推广中心工作人员到朱家角镇上海世鑫蔬菜种植专业合作社安庄设施基地，指导开展绿色生态防控技术 （区农委供稿）

■开展水产品安全监管 完成 164.53 公顷水产养殖场尾水治理项目布点、立项批复工作；完成水产养殖绿色生产方式推广面积 743.53 公顷；与区内 109 家水产养殖单位签订《安全生产工作责任书》；档案渔业监管水面积 1433.8 公顷，养殖户 626 个；对重点养殖水域 25 个检测点进行水质监测，协助市级 38 个水样采集点采样及送样；开展疫病监测和病害防治工作；重点对二级水源保护区内标准化水产养殖场、水产苗种场和休闲垂钓场进行专项检查；水产品药残及疫病抽检 146 件，药残抽检合格率 100%。 （徐 波）

■开展渔业资源增殖放流活动 积极贯彻落实环淀山湖水域生态养护工作，共投放各类鱼苗 17.5 万公斤，合计 960 万余尾。4 月 12 日，协助举办以“共抓大保护，共护一湖水，共创生态城”为主题的水生生物增殖放流活动，市、区两

级相关单位代表、社区市民代表及新闻媒体等约150余人参加。 （徐 波）

农业科技

■概况 2019年，开展关于蔬菜补贴农药安全使用培训10场次，培训550人次，发放资料1320份；配合全国农技中心、上海市农业技术推广服务中心完成“科学安全用药大讲堂”专题培训，培训80余人；发放蔬菜安全生产告知书（包含2019年补贴农药使用技术简介）9000份，安全使用手册1000份。年内，《“微秸宝”在蔬菜废弃物资源化利用中的示范应用》《蔬菜新型植保器械与专业化统防统治融合示范推广》2个区科委农业发展基金项目通过区科委组织的项目验收；市2018年科技兴农项目《青浦练塘茭白病虫害防治药剂筛选及绿色防控技术示范应用》，通过市级专家组中期考核。指导上海世鑫蔬菜种植专业合作社等合作社完成市科技兴农项目《设施青菜生产全程机械化应用技术》、区科委农业发展基金项目《设施青菜全程绿色高效生产技术集成示范与应用》《新型生物制剂在青菜根肿病上的防治技术研究》《练塘茭白的高效栽培技术研究与示范》的申报实施。

（王桂英 刘 彬）

■农业生态修复和环境治理 回收并集中处置农（渔）药包装袋、地膜等农业废弃物，优化农业生态环境，全年回收处置农（渔）药包装袋、地膜等48吨，过期农药2吨。全区粮食生产区采用冬季休耕深翻和绿肥种植，促进耕地地力提升，共8133.3公顷。全区294.3公顷蔬菜面积开展蚯蚓肥养殖等土壤保育工程。2019年度对全区种植业农田环境开展定点并监测，监测40个合作社及农户的120个土壤样品。 （朱卫芳）

■绿色防控 推广绿色防控技术，建立40个水稻绿色防控示范点，示范面积1892公顷，辐射面积3200公顷，化学农药使用量比常规种植区减少1次，病虫危害控制在允许范围之内。利用市农业农村委农业生态与农产品质量安全项目的绿色防控专项和区技术推广站的绿色防控部门预算专项，推进蔬菜“双绿”（绿叶菜核心基地推广应用绿色防控技术）工程建设，总投资419余万元，完善世鑫、春昌等6个“三诱一网一布”绿色防控集成技术示范点建设，总面积136.47公顷，推广到33家绿叶菜核心基地662.2公顷，合计应用39家798.67公顷，超额完成第七轮三年环保行动计划绿色防控面积任务。全年全区获证蔬菜绿色认证1674.4公顷、10.97万吨，认证率27.2%，全区覆盖率56.54%，比上年提高6.4%。

（王伟民 胡 永）

■推广商品有机肥和测土配方施肥技术 粮食和蔬菜种植推广应用商品有机肥2万吨。粮经作物方面，推广应用各类配方肥4179.2吨，应用测土配方施肥技术面积1.11万公顷次，水稻方面，推广应用26－6－10（氮磷钾含量分别为26%、6%、10%）配方肥2665.2吨，施用面积7107.2公顷；30－6－6缓释配方肥（氮磷钾含量分别为30%、6%、6%）1554.82吨，施用面积3188公顷。蔬菜种植推广应用商品有机肥1.2万吨。推广应用21－13－18（氮磷钾含量分别为21%、13%、18%）、15－15－15（氮磷钾含量分别为15%、15%、15%）和26－6－10（氮磷钾含量分别为26%、6%、10%）等配方肥856.8吨，完成率85.68%，应用测土配方施肥技术面积2284.8公顷次；推广水肥一体化技术53.33公顷，完成率100%。

（王伟民 王 坚）

■渔业科技入户工程 在金泽、练塘、朱家角、赵巷、夏阳等街镇遴选150户科技示范户和30家星级合作社和标准化场，由区18位技术指导员每人结对10户示范户、1到2家水产合作社（标准化场）。全年科技指导员入户指导300余人次，发放宣传资料1600余份，电话指导做到全天候。为全区150名科技示范户以及结对的星级合作社免费发放微生物制剂、池塘消毒剂等物化补贴14万余元。依托渔业科技入户工程，组织举办水产专题培训18期，培训渔民750余人次；技术讲座4期，受益渔民300人次；指导、协助相关水产专业合作社重点实施《上海市河蟹产业技术体系》《似刺鳊鮈规模化繁育和高效混养技术应用》《南美白对虾虹彩病毒综合防控技术应用示范》《高品质河蟹池塘套养杂交鳜养殖关键技术应用与示范》《莲藕塘套养克氏螯虾养殖试验》《黄尾密鲴鱼人工繁育及养殖示范》《鱼菜共生系统研究与集成示范》《生态循环技术集成与应用》等课题研究。

（张 铷 沈家佳）

农业产业化发展

■概况 2019年，全区休闲农业和乡村旅游接待117.6万人次，直接经营收入1.03亿元，带动农村剩余劳动力就业690人。完成青浦区农产品区域公用品牌“淀湖源味”国家商标注册，发展子品牌26家，年产值42025.7万元。“练塘茭白”“白鹤草莓”成功通过国家地理标志产品认定。10月，上海青角稻米专业合作社、上海串方农业专业合作社、上海优禾谷农产品专业合作社等3家单位与经销商签订合作协议，销售渠道得到拓宽。 （陆春燕 汪月霞）

■新型农业经营主体 完成8家休闲农业和乡村旅游集体建设用地的报批手续，农村建设用地供地模式初步形成。10月，发布郊野休闲游、绿色生态游和休闲采摘游3条乡村旅游线路；张马村被确认为国家AAAA旅游景区。11月，寻梦园被休闲农业与乡村旅游分会确认为五星休闲农业园。确立3个“一村一品”示范镇（练塘镇茭白、白鹤镇草莓以及夏阳街道枇杷）。推行生态种养模式，在练塘镇、重固、金泽、白鹤等街镇形成蛙稻、鳖稻、稻鸭、稻蟹、稻鱼（鳝鱼）等多种新模式新业态，在重固镇、白鹤镇、练塘镇、朱家角镇、夏阳街道采取龙头公司＋家庭农场＋农户的经营模式，提高土地产出率、单位亩产值。 （陆春燕 汪月霞）

■农产品品牌建设 委托第三方，完成区域公用品牌商标（淀湖源味）注册，符合要求的区内合作社可以申请加入区域公用品牌，作为旗下子品牌。依托G2京沪高速户外广告牌、东方990“绿色青浦”音频栏目、拍摄制作30个青浦区农产品短视频，多维度全方位宣传推广“淀湖源味”商标，提高青浦农产品社会公众的知晓率和认可度。建立上海源怡种苗股份有限公司、上海西翼稻米专业合作社、上海优禾谷农产品专业合作社、上海联怡枇杷生态园、上海彰显渔业专业合作社5家农产品区域公用品牌生产示范基地。

（陆春燕　汪月霞）

■与光明食品集团签订全面战略合作框架协议　6月15日，区政府和光明食品集团签订全面战略合作框架协议。双方约定，发挥各自在政策影响、组织保障、资源禀赋、产业发展、渠道通路等方面的优势，在农业供给侧结构性改革、美丽乡村建设、一二三产深度融合、商贸流通、环境改善、农民增收等方面开展合作，实现现代农业的“高科技、高品质、高附加值”，为市民提供放心、安全食品，促进青浦农业农村提升发展。

上海市乡村振兴示范村(2018年度)莲湖村一景　（区农业农村委供稿）

■张马村农业产销联合体初步形成　指导上海泖荡稻米专业合作社，对标绿色食品标志管理办法成立专业队伍，开展绿色优质大米生产统防统治（即统一土地流转、统一生产管理、统一病虫害防治、统一收割、加工、包装、销售等），注册“泖荡”“张马”两个绿色优质大米商标，由张马旅游公司负责总经销，通过微信、电商、朱家角古镇门店、地铁站点销售绿色优质大米。

（陆春燕　汪月霞）

新农村建设

■概况　2019年，贯彻落实党中央关于实施乡村振兴战略及关于开展农村人居环境整治工作的部署，印发《青浦区农村人居环境整治试点区建设三年行动方案（2018—2020年）》及《2019年青浦区农村人居环境整治工作村庄清洁行动方案》，全面推进农村人居环境整治工作，实施村庄改造和美丽乡村建设，农村面貌有改善，美丽乡村建设品质有提升，市乡村振兴示范村试点建设成效明显。

（沈雪明　胡烨丹　顾钰婷）

■村庄改造　按照市政府关于到2020年完成基本农田保护区规划保留村村庄改造的目标要求，加快推进村庄改造，实施村庄改造12854户，涉及赵巷、华新、重固、白鹤、朱家角、练塘、金泽、夏阳、香花桥9个街镇31个行政村，总投资38525.10万元。至年底，改造完成72612户。

（沈雪明　胡烨丹　顾钰婷）

上海市乡村振兴示范村(2019年度)重固镇徐姚村俯瞰（区农业农村委供稿）

■美丽乡村建设　全区规划保留保护村（规划需要保留保护的村）实现美丽乡村镇级达标全覆盖。推进华新镇叙中村、重固镇中新村、白鹤镇曙光村、练塘镇芦潼村、金泽镇东星村、南新村、夏阳街道塘郁村等7个美丽乡村示范村（区级）建设，美丽乡村示范村（区级）累计47个。组织开展市级美丽乡村示范村创建工作，年内赵巷镇和睦村、白鹤镇杜村村、练塘镇东厍村、叶港村、金泽镇双祥村等5个村被评为上海市美丽乡村示范村，全区累计19个村。7月10日，金泽镇莲湖村通过市乡村振兴办验收，完成首批上海市乡村振兴示范村试点建设，重固镇徐姚村、朱家角镇张马村、练塘镇东庄村列入第二批市乡村振兴示范村试点建设。

（沈雪明　胡烨丹）

■农村人居环境整治　按照市乡村振兴办《关于印发2019年上海市农村人居环境整治任务清单和整治村名单的通知》。出台《2019年青浦区农村人居环境整治村庄清洁行动工作方案》，191个村居（184个村、7个涉农居委会）全覆盖推进农村人居环境村庄清洁行动，着力解决村庄环境“脏、乱、差”问题。全年拆除各类乱搭建305697平方米、清理“三乱”48605平方米、清除废弃坛罐23304只、清理违规户外乱设置6371

条、整治乱设摊997处、清理河沟3492公里、清理村内河沟(塘)垃圾、淤泥54083吨、清理田间窝棚13011平方米、处置农业废弃物3287吨、78586户完成宅前屋后乱堆物清理、清理公共部位垃圾146151吨、整治杂边地、抛荒地150.67公顷,农村面貌得到改善。年末,完成100个村农村人居环境整治任务。 (沈雪明 胡烨丹 顾钰婷)

农村综合改革

■概况 2019年,继续夯实农村工作基础,深化农村综合改革相关工作。农村承包地确权登记颁证“回头看”工作通过市级检查验收,登记扫尾工作持续推进。优化村民委员会与经济合作社分账工作,完善经营管理相关制度,加强日常财务指导和监督工作,34家经济合作社实现年度收益分配。推进区农村土地承包经营权统一集中流转,全区统一流转15000公顷,委托期至2029年,统一流转面积广、委托期限长。推进区农村土地承包经营权委托流转公开市场建设,挂牌面积比上年增长127%。全区11个街镇集体产权交易分中心完成挂牌并启动运营。形成政府引导、市场运行、规范有序、公平合理的农村集体产权公开交易市场。寻找区农村集体资产增值保值新途径和农村集体经济持续健康发展新模式,鼓励搭建镇级“造血”平台,做大做强区级平台。按照区新一轮农村综合帮扶工作实施意见,启动3个帮扶“造血”项目建设。探索宅基地“三权分置”工作,拟定《青浦区农村宅基地资格权及农民相对集中居住户内人数认定的操作口径》,开展相应的摸底调查。

(唐国平 周 利 陈晓俊)

■村承包地确权登记颁证“回头看”工作 根据市农业农村委工作实施方案要求,落实区“回头看”工作,对暂未登记的农户跟踪引导,建立销项制度,对未开展登记工作的村民小组进行梳理,继续开展扫尾工作,通过市级检查验收。在全区范围内,梳理农村土地承包关系,基本完成农村土地承包关系实地调研工作,确定后续开展确权登记工作村民小组名单,完成白鹤镇响新村和朱家角镇张巷村2个村民小组确权登记工作,涉及承包农户48户。年末,全区建立农村土地承包关系的农户55284户,承包地面积11093.33公顷,涉及1737个村民小组、147个村,完成确权登记颁证农户52411户,承包地登记面积10646.66公顷。 (胡 昱)

■规范农村土地承包经营权流转 全区农村土地统一委托流转总面积15000公顷,委托期至2029年,农村土地经营权统一委托流转率超过88%,其中农户土地承包经营权统一委托流转率92%。全年签订对外流转合同1013份,涉及面积7066.66公顷。 (莫跃辉)

■农村土地承包经营权流转公开交易市场 区8个街镇(除赵巷镇、徐泾镇和盈浦街道外)的上海农交所农村土地流转交易中心街镇分中心挂牌。香花桥分中心被评定为2019年上海市农村土地流转公开交易市场示范分中心。除华新镇外的其他7个街镇挂牌土地流转项目753个,挂牌面积6333.33公顷;当年完成签约495个,成交面积3866.67公顷。 (莫跃辉)

■农村集体产权交易分中心 在2018年试点建立上海农交所农村集体产权交易中心重固分中心的基础上,推进并且完成10个街镇分中心的建设。平台交易126宗,交易金额1277.24万元。

(周 利 陈晓俊)

■农村集体经济组织产权制度改革 2019年,根据《上海市农村集体资产监督管理条例》,各经济合作社进行新一轮换届选举,更新章程条款,章程修订皆经过成员大会(代表会议)通过并向农经部门备案。全区191个合作社均按要求建立完善成员大会制度,建立多元化的治理结构,建立理事会、监事会、成员大会(代表会议),实现成员对集体资产享有的知情权、表决权、收益权、监督权。村级集体经济组织建立完善的收益分配制度,制订收益分配方案,提交街镇经管部门审核,由社员代表大会决议;监事会予以全程监督,将制度严格落实到位。 (周 利 陈晓俊)

■继续推动村社分账运行优化工作 推动村社(村委会和经济合作社)分账运行优化工作。2019年共有34家经济合作社实现年度收益分配,参与分红的成员数80288个,年度分红总额4479.49万元,年度人均分红557.93元,每股分配金额25.65元,户均分红2002.9元。按照《上海市农村集体资产监督管理条例》规定并结合青浦区实际,新建、修订和完善相关制度,实现“以制度管事、以制度管物、以制度管人”。全年区镇两级完成120家经济合作社专项审计工作,占全区经济合作社的62.83%,发出31份风险预警和85份整改通知。开展村级集体经济组织财务公开信息采集数据质量核查工作,核查工作覆盖全区191个村级集体经济组织(村委会和经济合作社),根据核查发现的问题形成专项检查报告,发出整改通知,督促村级集体经济组织整改。 (朱 缨)

■探索宅基地“三权分置”工作 9月29日,区政府发布《关于加强推进青浦区农民相对集中居住的实施办法》(青府规发〔2019〕3号),明确区农业农村委负责区内宅基地使用的具体管理工作,指导街镇做好农民相对集中居住资格权的审核认定工作。参与街镇农民相对集中居住实施方案和一镇一方案的审核。夏阳街道的实施方案首先通过区农民相对集中居住推进工作领导小组办公室的审核。年内全区涉及6个街镇1004户,其中夏阳街道567户、赵巷镇109户、盈浦街道200户、重固镇37户、朱家角镇47户、金泽镇44户。 (唐国平)

■农村集体经济发展 区、镇、村三级平台通过组建公司等形式,寻找优质的投资项目,带动农村集体经济的发展,增加集体经济组织经营性资产、增加集体经济组织经营性收入,年内已运营项目40个,项目投资额17.6亿元,年租金9406万元。 (沈 蔚)

■推进新一轮综合帮扶工作 新一轮农村综合帮扶从2018年启动。年内完成农村综合帮扶“造血”项目建设方案备案工作,新城一站C商业项目、库克医疗定制楼宇项目和高新F1标准厂房(IMI项目订制)项目作为此轮综合帮扶建设项目,预计项目总投资7.43亿元,年度帮扶预算资金4.4亿元全部到位。利用项目收益建立区级生活困难农户帮扶专项资金,主要用于鼓励支持经济相对薄弱村中生活困难农户就业、因病因残因灾救助补贴以及其他情形的帮扶。年末，新城一站C商业签订转让协议，正在办理合同网签手续，于2020年1月起结算项目收益；库克医疗定制楼宇项目年内完成工程量20%；高新F1标准厂房（IMI项目订制）项目年底开工建设。按照市委组织部、市农业农村委选派优秀干部支持市经济相对薄弱村发展工作要求，经区各委办局推荐，区委组织部择优挑选机关企事业单位优秀干部25人和市委组织部选派的5名机关事业单位优秀干部，到朱家角镇、练塘镇、金泽镇、白鹤镇和香花桥街道的30个经济相对薄弱村担任村务工作者，开展驻村工作。

（周 利 陈晓俊 沈 蔚）

动植物防疫检查

■**概况** 2019年，全面开展动植物防疫检查，开展重大动物疫病防控工作和非洲猪瘟防控及地产畜产品监测工作，重点加强公共卫生安全工作，实施监测排查，强化应急处置，加强科普宣传，形成防控合力。全区无重大动物疫病发生。开展病虫草鼠害测报和防治工作，病虫草害发生面积100915公顷次，防治面积138134公顷次，挽回损失33120吨。

（沈桂明 张 琳）

■**动物疫病监测和流行病学调查** 血清学监测：口蹄疫免疫抗体，共监测牛羊1366份血样，免疫抗体合格率96%以上。口蹄疫非结构蛋白抗体，共监测牛羊1342份血样，阳性率0%。高致病性禽流感、新城疫，共监测8432份禽血样，抗体合格率95%以上。布病，共监测牛、羊1342份血样，牛结核病监测12头次，马鼻疽，共监测360匹次，马传染性贫血，共监测423份血样，检测结果均为阴性。小反刍兽疫，共监测1330份血样，免疫抗体合格率98.1%。犬狂犬病监测506份血样，免疫抗体合格率91.3%。分子生物学监测：禽流感，共监测1214份棉拭子样品；新城疫，共监测1059份棉拭子样品，检测结果阳性率为0%；送检集贸市场禽棉拭子240份。小反刍兽疫，共监测1330份血样、阳性率0%。非洲猪瘟，共检测8个场次985份、阳性率0%。根据市动物疫控中心的工作要求，区动物疫控中心分别于6月、10月开展流行病学调查工作，采集检测各类样品1567份，结果均良好。全年全区未有重大动物疫情的发生。

（沈桂明）

■**非洲猪瘟防控和地产畜产品监测** 4月底前，青浦区有1家规模化生猪养殖场，位于香花桥街道的盈明畜禽养殖有限公司。4月底，盈明畜禽养殖有限公司生猪完成退养工作。1—4月，指派专人每天到猪场开展非洲猪瘟疫情的监测排查工作，现场指导开展各项防控工作；加强病原学检测，区动物疫控中心实验室监测非洲猪瘟血样985头份，情况正常。1—4月，兽药残留检测："瘦肉精"检测120份尿样、"莱克多巴胺"检测120份尿样、"沙丁胺醇"检测120份尿样、"赛庚啶"检测30份尿样，结果均为阴性。全区无地产生猪使用违禁药物事件。

（沈桂明）

■**犬狂犬病免疫点** 由上海安安宠物诊所等7家宠物诊所（医院）提出申请，经区动物疫控中心考核符合要求，由区农委发文认定为区犬狂犬病免疫点。年末，全区有27个犬狂犬病免疫点，统一挂牌。制定《上海市青浦区犬狂犬病定点免疫考核办法》，发文发放到所有的犬狂犬病认定免疫点。日常组织开展对各免疫点的检查及指导工作，年底对所有的犬狂犬病认定免疫点进行集中考核。

（沈桂明）

■**病虫草鼠害监控** 粮食方面，以区有害生物预警与控制区域站为核心，与6个街镇测报点形成测报网络，开展粮食作物田间病虫草鼠害监测。通过上海市农业有害生物预警系统和全国农作物重大病虫害数字化监测预警系统平台，及时上传调查数据1066条，上报全国草地贪夜蛾信息平台数据102条，"五日报"30期，"病虫情报"10期。3月，开展春季农田灭鼠，面积8000公顷，鼠密度由投药前1.5%下降到投药后0.25%，灭鼠效果83.33%。蔬菜方面，利用朱家角世鑫、重固春昌、练塘恒尚源、练塘茭白4个测报点，开展蔬菜病虫害预测预警监测，通过上海市农业有害生物预警系统平台，及时上传调查数据5280条，全年发布蔬菜病虫害发生趋势与防治方面的蔬菜科技简报《蔬菜科技》16期，其中病害8期、虫害8期。年内，全区蔬菜病虫草害发生面积6427.3公顷次，挽回损失75488吨。

（王伟民 王桂英）

农 机

■**概况** 2019年，补贴农机具723台（套），总补贴资金2084.08万元，其中，中央和市补贴资金1114.22万元、区补贴693.59万元、镇补贴276.27万元。

（陈 伟）

水稻机械收割 （青浦现代农业园区供稿）

■**农机监理** 根据市农机安监所有关要求，3月，组织各街镇农机负责人召开年检专题会议，下发《农机年度检验告知单》，全年检验农机894台，其中拖拉机480台、收割机203台、插秧机107台、直播机74台、植保机30台。对照农机拥有量，中型拖拉机和收割机的年检率96%。（陈 伟）

农业执法

■**概况** 2019年，出动执法人员5453人次，查处种子、农药、兽药、渔业、动物卫生等各类涉农违法案件189起，其中移送公安刑事追责电捕鱼案件12起，涉案人员18人。罚没款总金额29.18万元。无害化处理动物猪449头、禽938羽、犬114条，23.84吨。在淀山湖增殖放流鱼苗960万余万尾。（金凌艳）

■**产地检疫及兽药饲料市场监管** 全年实施各类抽样536份（批次）。其中，市水产办抽检、市渔政突击抽检、渔政增殖放流检测、农业部地产水产品异地抽检、农业部水生动物疫病检测等各类水产品抽检任务158件，药残检测结果全部为阴性；兽药、饲料、饲料添加剂监管抽样10批，“瘦肉精”飞行检测样品80份药残检测全部为阴性；蔬菜、水果、食用菌、稻谷等农产品农药残留抽样288份，经检测，草莓2批次、蔬菜1批次农药残留超标，均立案查处。（金凌艳）

■**打击非法渔业捕捞** 全年渔业专项执法行动54次，巡航727次，出动渔政执法人员2809人次。开展打击非法捕捞专项整治行动，邀请公安和海事等部门协同执法，配合市渔政处开展2019年清电系列全市渔业专项执法行动6次、黄浦江水域联合执法行动7次，自行组织开展2019年蓝盾系列全区打击非法捕捞联合行动5次、淀山湖地笼网联合整治行动9次。开展“清网”专项整治，参与各街镇河长办“清网”行动9次、工作推进会1次，其中淀山湖水域5次。开展水产品专项整治，执法检查苗种场4家（次）、水产品养殖合作社143家（次）、水野经营利用单位2家（次），重点检查档案记录、渔药使用情况和进出库记录台账，环保检查鱼塘排水养殖单位10家（次），未发现重大隐患。（金凌艳）

■**农资市场专项整治** 2019年，执法大队开展农药、水溶肥料、种子市场专项整治和转基因标志专项整治行动7次，出动执法车辆640台次，执法人员2240人次，检查农药、水溶肥料、种子生产经营企业416家次。其中，农药经营企业156家次、肥料经营企业130家次，检查农药标签799只，合格率99.6%；种子生产经营企业130家次，检查种子标签676个，种子的种子标签合格率98.6%。检查草莓生产基地、蔬菜生产专业合作社86家次。检查转基因食用油经营单位24家次，转基因食用油标签152只，各超市食用油转基因标志使用规范，转基因食用油的索证备案较完备。全年发出《责令整改通知书》20份，查处违法违规生产经营行为7起，结案7起，结案率100%。（金凌艳）

青浦现代农业园区

■**概况** 青浦现代农业园区主要承担农业示范、引领、推广等任务，注册资本1500万元。2019年，总部设“一办三部三中心”，即办公室、党群工作部、计划财务部、规划建设部、农业招商服务中心、科技孵化中心、综治中心。完成二级公司改革，由三类9家企业整合为二类6家企业，其中5家为全资子公司，分别是上海绿色科技园区有限公司、上海青浦现代农业园区生态农场有限公司、上海青浦现代农业园区恒益蓝莓科技有限公司、上海农业投资管理有限公司、上海良金种业发展有限公司；1家为混合所有制公司，即上海自在青西农业发展有限公司。

2019年，青浦现代农业园区围绕国家现代农业示范区定位要求，以乡村振兴战略为指导，以农业供给侧结构性改革为主线，以农业增效为目标，以农民增收为根本，以市场需求为导向，注重农业技术研发和科技成果转化，提升以“一粒米、一棵菜、一枚果、一只菇”为特色的农产品品牌，打造特色农业引领示范平台。全年完成农业产值8875万元，完成全年目标任务的110%。有50家实体型企业落户园区，流转土地747.71公顷，开展水稻、蔬菜、林果、园林、花卉等种植。蔬菜在田面积58.73公顷，水稻种植面积175.83公顷，水产养殖面积17.13公顷。符合适度规模经营的企业有6家，通过“三品一标”认证企业10家，其中有机认证的3家、绿色认证的3家、无公害认证的4家，区域范围内基本实现农产品无害化生产。新招企业385户，完成税收收入23112万元，完成区级税收7020万元。全年新增纳税户130户，新增税收1200万元。（史苏湘）

■**开展“镇企联动”** 与练塘、白鹤镇对接，成立项目工作推进小组，发挥园区

11月1日，青浦现代农业园区举办“庆丰收·扬文化·兴乡村”第二届绿色稻米推介季暨特色农产品展销会（青浦现代农业园区供稿）

院士专家工作站、生态组培实验室、创业孵化基地的功能，开展科研项目和专家服务对接，提升创新能力，融入练塘茭白产业核心区、白鹤草莓特色经济作物产业园区建设，助力区域特色产业焕发新活力。（史苏湘）

11月1日，上海工程技术大学与青浦现代农业园区公司全面战略合作框架协议签约仪式举行　（青浦现代农业园区供稿）

■推进政府性投资项目　2019年，新开政府性投资项目3个，总投资5979.16万元，分别为青浦绿色大米综合研发加工储运中心建设项目、国家级稻麦轮种及旱地蔬菜监测田维修项目、园区仓库及道路维修工程。小型项目21项，总投资604.44万元。（史苏湘）

■科技创新　10月，园区被认定为市生态循环农业示范基地。与上海环科院、上海农科院、上海交大农学院等科研院所共同开展"农田径流污染监测试验研究""不同秸秆还田方式对土壤肥力的影响试验""蛙稻生态种养模式甲烷气体排放规律研究"等10余个试验项目。（史苏湘）

■生态农业检测实验室获市高新技术企业认定　园区生态检测实验室，由园区与上海环境科学院共建，是一家针对生态农业生产产前环境质量、产中污染状况和产后农产品品质和安全指标提供全过程检测服务的专业实验室，具备农产品和环境检测资质证书。1月，获得上海市农产品质量安全检测机构考核合格证书（CATL），能力范围覆盖水和废水、土壤和沉积物、海水、海洋生物、农产品等领域共计195项检测能力。10月，获得市高新技术企业认定。2019年，实验室完成种植环境（水和土壤）、农产品样品检测约6000个，涵盖农业生产全过程。（史苏湘）

■青浦优质大米生产　全年蛙稻种植面积579.20公顷，辐射朱家角、练塘、金泽三镇，产品通过绿色食品认证。建设绿色大米加工储运中心，形成稻谷低温存贮加工、冷链配送到家的生产销售模式。引进中医生态农业技术，从中草药中提炼植物保护液，在病虫害产生前让水稻提前摄足营养，增强植株免疫抗病能力，生产全程无化肥、零农药、人工除草，成为原生态种植养生"中医稻米"。（史苏湘）

9月9日，上海西南位育中学学生在青浦现代农业园区开展学农体验活动　（青浦现代农业园区供稿）

■农业科普　通过园区产业集群，融合生态环境、自然资源和人文资源，挖掘农耕文化、乡土文化、民俗文化内涵，园区科普教育基地成为集农业种植、展示、科普、采摘、销售于一体的农业休闲体验基地。通过田间课堂、实践体验结合科普宣教，以"四个一"产业为主导，开展"春日绿蔬""夏日蓝趣""金秋稻香""冬日素菇"四大科普主题活动36场，接待10000多人次。与青教院附小合作建设"小青椒生态园"校园农场，先后在青浦实验小学、颜安小学、毓秀小学等爱心暑托班驻点学校开展农业科普宣教活动，为学生们讲授农业科普知识。（史苏湘）

■宣传推广活动　6月6日，举办蓝莓采摘季暨青浦特色农产品展示展销会，全年吸引游客采摘体验18000余人次。11月1日，举办"庆丰收、扬文化、兴乡村"第二届绿色稻米推介季暨特色农产品展示展销会，与上海工程技术大学签订《全面战略合作框架协议》。（史苏湘）

工业·建筑业

编辑 赵 峰

综 述

2019年,全区贯彻落实长三角一体化和"进博会"两大国家战略,以"抢"的意识、"拼"的勇气、"实"的作风,实施重点工作"挂图作战",全区经济总体呈现良好的发展态势。但在全球经济下行、国内增长放缓的大环境下,受到部分行业疲软、企业搬迁、企业转型、结构调整等诸多因素影响,全区工业经济表现疲弱。全区规模以上工业产值完成1559.4亿元,比上年下降4.6%;工业投资46.8亿元,比上年下降10.6%。横向比较全市各区,区产值降幅高于全市平均水平,产值排名位于郊区第七。

2019年,全区有施工企业824家,包括:市管一级企业47家、市管二级及不分级57家、区管720家企业。区管企业中,三级资质企业215家(包括总承包企业97家、专业承包企业118家)、劳务资质企业80家、区管二级企业359家、区管不分级企业66家。

(钱 欢 吴 顺)

6月26日,"聚焦长三角一体化,推动更高质量发展——2019年青浦区重大项目启航"活动在青浦工业园区举行 (区经委供稿)

2019年青浦区按登记类型规模工业企业主要经济指标情况表

表24

指标	企业数(户)	亏损企业(户)	工业总产值(万元)	平均用工人数(人)	资产总计(万元)	所有者权益(万元)	实收资本(万元)	营业收入(万元)	主营业务收入(万元)	利润总额(万元)	亏损额(万元)	税金总额(万元)	应缴增值税(万元)
总计	859	153	16001242	145789	20432297	11159986	4610521	18553718	18102691	1228256	190289	437583	370122
国有	2	—	25058	154	16400	6137	1110	26506	26243	703	—	200	142
股份合作	4	—	73599	415	67820	27570	20907	72840	72771	2368	—	2510	2316
国有独资公司	5	1	122486	880	338961	121443	27933	149690	118117	1948	4566	3449	2802
其他有限责任公司	73	12	1160232	10600	1528156	675937	404917	1384061	1282777	72677	26824	28936	23759

（续表）

指标	企业数（户）	亏损企业（户）	工业总产值（万元）	平均用工人数（人）	资产总计（万元）	所有者权益（万元）	实收资本（万元）	营业收入（万元）	主营业务收入（万元）	利润总额（万元）	亏损额（万元）	税金总额（万元）	应缴增值税（万元）
股份有限公司	15	2	271807	2937	820198	519755	140236	542661	533737	48005	153	12847	10615
私营独资	19	1	93239	1304	128782	58150	9782	102290	98274	11761	537	4364	3813
私营合伙	5	—	32626	486	32724	12913	1065	36885	36885	2973	—	2127	1841
私营有限责任公司	372	63	3834741	37531	5056794	2464257	757857	4355847	4268393	207763	70170	115120	96898
私营股份有限公司	33	3	1142617	8196	2713634	1985349	364749	1267730	1231934	207138	4616	36858	31853
与港澳台商合资经营	23	8	506197	6737	854528	500409	424453	520642	504215	24803	15743	14239	11760
与港澳台商合作经营	9	2	137000	1396	135176	83899	39495	144768	144637	9584	308	5303	4795
港澳台商独资	54	12	1164051	15472	1271709	658725	343851	1209732	1194613	60087	17578	36746	32123
港澳台商投资股份有限公司	3	2	156965	1691	276171	165973	36571	178147	176064	17929	3058	5875	5186
其他港澳台投资	1	1	60334	983	28542	3267	5000	61771	61668	-834	834	643	479
中外合资经营	33	6	1860896	8501	1575761	750170	292889	2274999	2241363	107881	6663	30301	24306
中外合作经营	8	1	258330	2905	236597	116054	61515	286215	264305	12877	61	2698	2069
外资企业	196	39	5000818	45022	5258632	2946816	1658989	5828570	5738559	422006	39176	133191	113800
外商投资股份有限公司	3	—	87754	447	85284	59777	16587	97952	95813	17756	—	1572	1021
其他外商投资	1	—	12493	132	6429	3388	2615	12414	12324	832	—	605	546

（区统计局）

2019年青浦区各地区规模工业企业主要经济指标情况表

表25

镇（街道、园区）	企业数（户）	亏损企业（户）	工业总产值（万元）	平均用工人数（人）	资产总计（万元）	所有者权益（万元）	实收资本（万元）	营业收入（万元）	主营业务收入（万元）	利润总额（万元）	亏损额（万元）	税金总额（万元）	应缴增值税（万元）
总计	859	153	16001242	145789	20432297	11159986	4610521	18553718	18102691	1228256	190289	437583	370122
赵巷镇	9	4	149013	1688	299551	198696	44861	180034	174716	21848	2275	6453	5581
徐泾镇	37	4	677383	10083	942272	557781	221090	750326	742256	50884	500	20614	18136
华新镇	113	20	1744355	16996	2095507	983703	445668	2263667	2222241	95603	13374	51661	43152
重固镇	4	3	73090	576	189653	32957	36510	83443	83442	-13706	13941	7165	6077
白鹤镇	89	14	648042	6934	730476	317923	137562	698767	689838	27468	3392	16997	14710
朱家角镇	60	13	799547	6968	1125306	700605	178608	994956	972341	82951	3830	19378	16625
练塘镇	67	10	851058	8995	932069	448588	201726	884042	860805	16309	23737	14980	12479
金泽镇	26	2	576282	8194	674234	453088	238809	677461	640313	43844	86	3744	2968
夏阳街道	6	1	86430	1696	178448	135118	42598	103453	102407	8725	829	421	228
盈浦街道	1	1	20738	411	179890	48723	4922	48358	19963	-4566	4566	834	669
青浦工业园区	443	81	10356682	82981	13013335	7251922	3034724	11835769	11563031	896741	123760	294336	248576
西虹桥商务公司	4		18624	267	71558	30881	23444	33442	31339	2155	—	1000	923

（区统计局）

2019 年青浦区各行业规模工业企业主要经济指标情况表

表 26

行业	企业数（户）	亏损企业（户）	工业总产值（万元）	平均用工人数（人）	资产总计（万元）	所有者权益（万元）	实收资本（万元）	营业收入（万元）	主营业务收入（万元）	利润总额（万元）	亏损额（万元）	税金总额（万元）	应缴增值税（万元）
总计	859	153	16001242	145789	20432297	11159986	4610521	18553718	18102691	1228256	190289	437583	370122
农副食品加工业	9	2	193493	1450	108449	41672	18852	228330	227994	3211	2350	5142	4632
食品制造业	21	6	589019	7245	609629	366552	124984	663006	651124	46411	2345	27539	24219
酒、饮料和精制茶制造业	2	—	21090	240	15990	6282	2787	19808	19808	1630	—	1146	840
纺织业	18	5	272633	2160	200095	108540	60933	261066	260824	14065	983	1556	1140
纺织服装、服饰业	29	3	236640	5094	223579	67809	70582	235589	230692	4418	371	1503	809
皮革、毛皮、羽毛及其制品和制鞋业	10	1	166206	2427	215989	141488	28384	212814	176964	19212	59	－1993	－2255
木材加工和木、竹、藤、棕、草制品业	9	2	131008	1325	137427	69035	38374	164871	163171	6836	1226	7756	4994
家具制造业	25	5	213916	3995	228275	112767	70941	236115	233037	17063	1722	3955	2901
造纸和纸制品业	21	3	522423	3538	898259	622608	159547	938833	935439	94058	1246	47535	42586
印刷和记录媒介复制业	15	2	211939	3586	233038	157687	96317	221615	216162	13637	354	3046	2515
文教、工美、体育和娱乐用品制造业	11	4	132426	2406	139023	65030	35724	124908	121742	－1501	3259	1047	825
石油加工、炼焦和核燃料加工业	4	1	10888	84	15887	8661	2634	17662	17662	1145	211	457	280
化学原料和化学制品制造业	57	6	1480539	8036	2019334	1264801	424973	1606046	1572875	212975	6256	65191	56468
医药制造业	19	2	372068	3945	800137	563658	94783	385266	379340	89819	5595	22500	19618
化学纤维制造业	4	1	105744	410	167302	43684	38931	106447	105590	－3827	4960	754	416
橡胶和塑料制品业	94	15	1442955	14904	2252944	1527348	496239	1917774	1879310	131292	3209	39257	33736
非金属矿物制品业	39	8	686134	3585	1003665	327314	137390	718663	710688	7385	17284	18478	15788
黑色金属冶炼和压延加工业	2	—	16025	112	15390	8963	15590	17106	16695	254	—	287	235
有色金属冶炼和压延加工业	13	2	114989	1660	128693	85542	27423	138580	134746	5724	96	3223	2804
金属制品业	76	15	942304	9535	1195909	563513	189481	1090160	1083676	85746	2914	22654	19332
通用设备制造业	121	20	2438447	21188	2647326	1488560	695903	2538013	2494010	123742	63867	52247	44688
专用设备制造业	63	10	1104682	7614	1606965	734521	300645	1141357	1135918	103205	15011	25277	21031
汽车制造业	53	12	1698441	11908	1638225	675649	299798	1939325	1810329	71111	26673	37096	32117
铁路、船舶、航空航天和其他运输设备制造业	10	5	221462	2393	406527	239843	127097	594680	594583	12154	1669	4294	1743
电气机械和器材制造业	74	14	1262640	13546	1685625	988356	390530	1494424	1433535	90814	8454	20950	15872
计算机、通信和其他电子设备制造业	29	4	657239	9016	796312	467320	466315	700351	692746	24798	8508	5510	3959
仪器仪表制造业	16	1	144424	1777	209688	123137	52044	180502	174208	22162	221	4816	4207
其他制造业	4	1	47675	1252	73059	50471	18800	48824	46922	5362	18	2369	2145
废弃资源综合利用业	3	1	119185	416	145584	41070	20096	133929	133864	12455	3090	9786	8783
金属制品、机械和设备修理业	1	—	334615	352	220397	72661	28658	334615	334615	13184	—	—	—
电力、热力生产和供应业	2	1	28278	34	80163	12690	17465	28278	28113	－3369	3774	745	689
燃气生产和供应业	1	—	43142	40	7745	7010	3000	43535	43535	1163	—	1179	1032
水的生产和供应业	4	1	38576	516	305667	105744	55302	71229	42778	1922	4566	2282	1971

（区统计局）

2019 年青浦区战略性新兴产业规模工业企业主要情况表

表 27

指标	企业数	产值	指标	企业数	产值
总　计	144	3688441	三、按地区分		
一、按行业领域分			赵巷镇	1	18798
新能源	6	109196	徐泾镇	7	95845
高端装备	30	1071703	华新镇	11	164645
生物	30	458085	重固镇	1	31177
新一代信息技术	14	344353	白鹤镇	14	87395
新材料	37	1144054	朱家角镇	5	236898
节能环保	27	561049	练塘镇	10	167941
二、按经济类型分			金泽镇	1	6093
国有集体	23	462227	夏阳街道	—	—
私营	58	1162518	盈浦街道	—	—
港澳台	22	578470	青浦工业园区	94	2879649
外资	41	1485226	西虹桥商务公司	—	—

（区统计局）

工　业

■概况　2019 年，全区 806 户规模以上工业企业产值 1559.4 亿元，比上年下降 4.6%；销售产值 1549.8 亿元，比上年下降 4.6%，产销率 99.4%。其中，出口交货值 397.4 亿元，比上年下降 8.1%。

总量方面，全区规模以上工业产值降幅持续收窄。1—2 月，全区规模以上产值比上年降幅高达 10.5%，上半年降幅维持在 8 个点以上。下半年在全面落实各项稳增长措施，9—12 月连续 4 个月累计降幅收窄，最后两月单月产值扭转下跌趋势，呈小幅回升，分别下降 -5.2%、-4.6%，12 月为创下 2018 年至 2019 年的单月新高。全年比上年下降 4.2%，相比年初降幅收窄 6.3 个百分点。

行业方面，集聚度有提高，汽车相关行业拖累增长。前十大行业产值 1203.6 亿元，比上年下降 4.0%、降幅低于全区，占全区规模以上工业产值人 77.2%，比上年提高 0.5 个百分点。其中，专用设备制造业、通用设备制造业引领增长，第一大行业通用设备制造业增长 3.6%、占全区规模工业产值的 16.2%，专用设备制造业增长 7.3%、增幅最高；汽车制造业、橡胶和塑料制品业下降明显，分别下跌 24.8% 和 7.1%，是拉低全区增幅的主要行业因素。

企业方面，生产总体持续回升，重点企业贡献突出。年末，全区规模以上企业 806 家，年内净增 3 家规模以上企业。其中，产值比上年增长的企业（包括新入统计）318 家，全区规模工业产值的 39.5%，比三季度末增加 12 家，占比提高 1.3 个百分点；产值降幅超 20% 的企业（不包括保留基数的无产值企业）207 家，相比三季度末减少 20 家。重点企业中，普利特、亚士创能等企业发挥总部经济作用，四季度增长明显；日立电梯、斯伦贝谢、创力集团、金发科技、上好佳、尤妮佳等一批龙头企业全年增长达两位数，对全区贡献突出。

上海隆佑生物科技有限公司研发中心　（区经委供稿）

4 月，根据《上海市青浦区机构改革方案》的要求，区委、区政府决定调整青浦区经济委员会职能，将青浦区经济委员会承担培育发展各类商品市场、推进现代服务业发展、协调整顿和规范区市场经济秩序、粮食流通的行政管理和行业指导、外资外贸等工作的职责划给青浦区商务委员会。整建制将服务业发展科、商业服务科、市场监管科、粮食管理科、外资管理科、外经贸科划转至商务委员会,涉及转隶人员14人,从财务科、办公室、招商科、投资促进科转隶5人至青浦区商务委员会;原经委下属中国国际贸易促进会上海青浦支会(事业单位)整建制划给青浦区商务委员会,涉及转隶人员4人;原经委青浦区酒类专卖管理局(参公事业单位)整建制划转至市场监管局。6月,区经委完成三定(定编制、定职能、定机构)工作。编制22人,设7个科室,分别是办公室、经济运行科、产业园区科、技术进步科、招商科、项目管理科、产业发展科;下属事业单位青浦区中小企业服务中心,正科级,编制15人,实有13人。 (钱 欢)

上海中昊针织有限公司生产车间 (区经委供稿)

■工业固定资产投资 2019年,全区完成工业固定资产投资46.8亿元,比上年下降10.6%,占全区全社会固定资产投资的7.9%。从类型来看,新建投资14.8亿元,占全区全社会固定资产投资的31.6%,比上年下降27.6%;扩建投资12.9亿元,占全区全社会固定资产投资的27.6%,比上年增长7.7%;改建、技改投资17.2亿元,占全区全社会固定资产投资的36.8%,比上年增长5.8%;单纯购置设备投资1.7亿元,占全区全社会固定资产投资的3.6%,比上年增长137.3%。 (钱 欢)

■产业结构调整完成608项 2019年,全年完产业结构调整项目608项、调整土地面积278.33公顷,完成全年任务的139%。运用工业企业资源利用效率评价结果,重点推进对423家整治淘汰类类企业实施整治淘汰,完成调整任务。朱家角工业园区市级重点调整专项完成验收,重固镇福泉山片区、白鹤镇中小河道、金泽镇华为周边地区和商榻社区等4个市级重点调整专项加快推进,徐泾镇西虹桥徐泾科创园专项获批立项。 (钱 欢)

■园区二次开发 推进104区块成(全市现有的104个规划工业区块)片转型,青浦工业园区,结合公共安全整治,仁虎、沃盟、劲达3个项目地块完成整治,调整企业153户,调整面积85.41公顷。华新工业园区,对区域相对集聚在嘉松中路两侧的华特置业、加松混凝土、上海活塞厂、南洋电碳、宝颖机械地块内租赁企业实施整体调整退出,调整面积约24.67公顷,涉及企业72户。徐泾工业园区,明确以收储为主要手段的调整方案,对尚未转型的制造、物流企业进行整体收储,会同徐泾镇制定徐泾西虹桥科创园重点区域调整方案,涉及企业54户,土地73.87公顷,方案获市经信委立项。 (钱 欢)

■支持企业科技创新 推进技术中心建设,新增27家企业获批"青浦区企业技术中心";新增4家企业获批"上海市认定企业技术中心"。推进企业技术改造,获批市重点技术改造项目23个,核定建设投资21.4亿元;区技术改造项目29个,核定建设投资3412万元。推荐73家企业申报"2019年度上海市'专精特新'中小企业"。新增5个项目获批2019年度上海市高端智能装备首台突破专项项目,审定合同金额1.19亿元。

2019年青浦区产业结构调整完成情况表

表28

镇/街道/开发区	产业结构调整完成情况				D类企业完成情况		
	调整企业数(个)	调整面积(公顷)	计划目标(公顷)	调整面积完成比例(%)	调整企业数(个)	计划目标(个)	完成比例(%)
赵巷镇	19	5.55	3.33	166.42	6	6	100.00
徐泾镇	30	14.50	10.00	144.99	6	6	100.00
华新镇	104	49.46	40.00	123.65	104	104	100.00
重固镇	35	23.80	16.67	142.80	—	—	—
白鹤镇	73	15.13	13.33	113.46	81	90	90.00
朱家角镇	40	22.27	13.33	167.02	20	27	74.07
练塘镇	53	20.60	20.00	103.00	60	60	100.00
金泽镇	57	32.04	20.00	160.20	35	35	100.00

（续表）

镇/街道/开发区	产业结构调整完成情况				D类企业完成情况		
	调整企业数（个）	调整面积（公顷）	计划目标（公顷）	调整面积完成比例（%）	调整企业数（个）	计划目标（个）	完成比例（%）
夏阳街道	5	3.56	2.00	178.23	—	—	—
盈浦街道	0	0.00	1.33	0.00	1	1	100.00
香花桥街道	39	6.07	3.33	182.14	13	13	100.00
青浦工业园区	153	85.41	56.67	150.72	66	81	81.48
总计：	608	278.39	200.00	139.19	392	423	92.67

说明：青浦区根据企业亩产、亩税、亩均能耗、环境影响情况进行资源综合利用评价，将企业数据化分为ABCD四档，其中A类为优先发展类、B类为鼓励提升类、C类为调整转型类、D类为整治淘汰类

（钱　欢）

■企业节能减排与能源保障　聚焦重点行业、重点园区、重点产品，储备绿色工厂9家，绿色设计产品3家。全区锁定中小锅炉提标（提高排放锅炉标准）改造目标任务313台，完成锅炉的改造或关停164台，完成全年目标（158台）的104%。推荐1家企业申报上海市工业节能和合同能源管理专项，1家企业申报能源管理体系项目。上海家化联合股份有限公司青浦分公司评选为工信部第四批绿色制造体系示范项目（日化行业绿色工厂）。（钱　欢）

■战略性新兴产业产值增长2.0%　全年战略性新兴产业完成产值398.3亿元，比上年增长2.0%，占全区规模以上工业产值的25.5%，占全市战略性新兴产业产值的3.6%。六大产业四升二降，生物医药、新材料、节能环保分别比上年增长1.0%、0.7%和14.2%，完成产值49.3亿元、132.6亿元和21.2亿元；高端装备完成产值最高，全年比上年增长3.7%，完成产值151.5亿元；新能源、新一代信息技术分别比上年下降1.1%和3.0%，完成产值共计58.5亿元。纳入统计的战略性新兴企业主要分布在青浦工业园区，占全区战略性新兴产业产值的80.5%；第二的为朱家角镇，占全区战略性新兴产业产值5.6%。除高端装备、生物医药及新材料产业，各产业分布较为均衡，分布在全区各镇及园区，其余产业主要集中于某个区域，如新能源产业仅分布于工业园区及白鹤镇，新一代信息技术产业仅分布于青浦工业园区和徐泾镇，节能环保产业集中于青浦工业园区和重固镇、白鹤镇。（钱　欢）

2019年青浦区战略性新兴产业（制造业）产值情况表

表29

	合计	新能源	高端装备	生物医药	新一代信息技术	新材料	节能环保
产值（亿元）	398.3	19.6	151.5	49.4	38.9	132.6	21.2
比上年增幅（%）	2.0	-1.1	3.7	1.0	-3.0	0.7	14.2
占全区规模产值比重（%）	25.5	1.3	9.7	3.2	2.5	8.5	1.4

（钱　欢）

11月4日，科创企业走进长三角一体化示范区活动举行　（区经委供稿）

■“四个一批”产业项目持续推进　制定《2019年青浦区加强招商引资和产业项目推进实施方案》，全年重点跟踪“四个一批”（出让一批、开工一批、竣工一批、投产一批）产业项目，加快重大项目落地，2019年完成土地出让18个、开工12家、竣工20家、投产28家。（钱　欢）

■2家企业成功上市　1月11日，上海华培动力科技股份有限公司在上海证券交易所主板上市（华培动力，603121）；3月26日，上海永冠众诚新材料科技（集团）股份有限公司在上海证券交易所主板上市（永冠新材，603681）。年末，全区上市企业25家，其中：沪、深22家，中国香港2家，美国1家。上海赛伦生物技术有限公司申报科创板上市，获上海证券交易所受理。

（钱　欢）

青浦区上市企业情况表

表 30

序号	企业名称	上市板块(股票代码)	上市时间	募集资金(亿元)	备注
1	上海新朋实业股份有限公司	中小板(002328)	2009 年 12 月 30 日	14.54	—
2	上海安诺其纺织化工股份有限公司	创业板(300067)	2010 年 4 月 21 日	5.72	—
3	上海科泰电源股份有限公司	创业板(300153)	2010 年 12 月 29 日	8	—
4	上海汉得信息技术股份有限公司	创业板(300170)	2011 年 2 月 1 日	7.6	—
5	上海永利带业股份有限公司	创业板(300230)	2011 年 6 月 15 日	2.9	2015 年 6 月 24 日增发
6	上海天玑科技股份有限公司	创业板(300245)	2011 年 7 月 19 日	3.4	—
7	上海巴安水务股份有限公司	创业板(300262)	2011 年 9 月 16 日	3.01	—
8	上海福寿园实业发展有限公司	港交所主板(01448)	2013 年 12 月 19 日	16 亿港元	—
9	上海创力集团股份有限公司	主板(603012)	2015 年 3 月 20 日	10.79	—
10	上海全筑建筑装饰集团股份有限公司	主板(603030)	2015 年 3 月 20 日	3.94	—
11	上海沪工焊接集团股份有限公司	主板(603131)	2016 年 6 月 7 日	2.52	—
12	圆通速递股份有限公司	主板(600233)	2016 年 10 月 20 日	—	借壳上市
13	中通快递股份有限公司	纽交所(ZTO)	2016 年 10 月 27 日	14.06 亿美元	—
14	上海元祖梦果子股份有限公司	主板(603886)	2016 年 12 月 28 日	6.1	—
15	申通快递股份有限公司	中小板(002468)	2016 年 12 月 30 日	—	借壳上市
16	上海荣泰健康科技股份有限公司	主板(603579)	2017 年 1 月 11 日	7.82	—
17	韵达控股股份有限公司	中小板(002120)	2017 年 1 月 18 日	—	借壳上市
18	上海华测导航技术股份有限公司	创业板(300627)	2017 年 3 月 21 日	3.81	—
19	亚士创能科技(上海)股份有限公司	主板(603378)	2017 年 9 月 28 日	6.34	—
20	德邦物流股份有限公司	主板(603056)	2018 年 1 月 16 日	4.84	—
21	上海普利特复合材料股份有限公司	中小板(002324)	2009 年 12 月 18 日	—	2018 年 5 月迁入青浦区
22	中国核工业建设股份有限公司	主板(601611)	2016 年 6 月 6 日	—	2018 年 5 月迁入青浦区
23	上海永升物业管理有限公司	港交所主板(01995)	2018 年 12 月 17 日	6.76 亿港元	—
24	上海华培动力科技股份有限公司	主板(603121)	2019 年 1 月 11 日	5.31	—
25	上海永冠众诚新材料科技(集团)股份有限公司	主板(603681)	2019 年 3 月 26 日	4.16	—

(钱 欢)

■40 家企业在市股交中心挂牌 2019 年,40 家企业在市股交中心(上海股权托管交易中心)挂牌,无企业在新三板(全国中小企业股份转让系统)挂牌。区财政补贴市股交中心挂牌企业 3 家,补贴金额 181.73 万元。年末,有 205 家企业挂牌,其中新三板 44 家、市股交中心 161 家。至 2019 年,77 家企业获得挂牌补贴,其中:市股交中心挂牌企业获得补贴 29 家企业,补贴金额 2005.33 万元;新三板挂牌企业获得补贴 48 家,补贴金额 4262.34 万元。 (赵一青)

青浦区全国中小企业股份转让系统挂牌企业情况表

表 31

序号	企业名称	企业代码	挂牌日期
1	上海东岩机械股份有限公司	430286	2013 年 8 月 8 日
2	上海辰光医疗科技股份有限公司	430300	2013 年 8 月 15 日
3	上海鼎晖科技股份有限公司	430344	2013 年 11 月 15 日
4	上海光维通信技术股份有限公司	430742	2014 年 5 月 6 日
5	上海永冠众诚新材料科技(集团)股份有限公司	831135	2014 年 9 月 15 日

（续表）

序号	企业名称	企业代码	挂牌日期
6	上海远洲管业科技股份有限公司	831165	2014 年 9 月 26 日
7	上海双申医疗器械股份有限公司	831230	2014 年 10 月 23 日
8	上海张铁军翡翠股份有限公司	831568	2015 年 1 月 15 日
9	上海富翊装饰工程股份有限公司	831574	2014 年 12 月 31 日
10	上海合富新材料科技股份有限公司	831614	2015 年 1 月 6 日
11	上海青浦资产经营股份有限公司	831711	2015 年 1 月 20 日
12	上海浩亚机电股份有限公司	832101	2015 年 3 月 10 日
13	上海安技智能科技股份有限公司	832497	2015 年 5 月 19 日
14	上海欧开建筑装饰股份有限公司	833038	2015 年 8 月 3 日
15	上海伊索热能技术股份有限公司	833121	2015 年 8 月 10 日
16	上海威贸电子股份有限公司	833346	2015 年 8 月 19 日
17	上海恒精感应科技股份有限公司	834094	2015 年 11 月 4 日
18	上海科旭网络科技股份有限公司	834257	2015 年 11 月 23 日
19	上海洁润丝新材料股份有限公司	835070	2015 年 12 月 29 日
20	上海真灼科技股份有限公司	835230	2016 年 1 月 18 日
21	上海凌韩胶粘制品股份有限公司	835526	2016 年 1 月 26 日
22	上海蓝梦广告传播股份有限公司	836232	2016 年 3 月 29 日
23	上海奇电电气科技股份有限公司	836621	2016 年 4 月 6 日
24	上海庆华蜂巢科技发展股份有限公司	836880	2016 年 5 月 5 日
25	上海功途教育科技股份有限公司	836974	2016 年 4 月 20 日
26	上海悠络客电子科技股份有限公司	837110	2016 年 4 月 25 日
27	城市纵横（上海）文化传媒股份有限公司	837199	2016 年 5 月 16 日
28	上海道脉节能科技股份有限公司	837507	2016 年 7 月 25 日
29	每日科技（上海）股份有限公司	837593	2016 年 6 月 23 日
30	上海沿锋汽车科技股份有限公司	837599	2016 年 5 月 24 日
31	上海永超新材料科技股份有限公司	837640	2016 年 5 月 31 日
32	上海哈克过滤科技股份有限公司	837875	2016 年 7 月 6 日
33	上海轻叶能源股份有限公司	838481	2016 年 8 月 3 日
34	中宝环保科技（上海）股份有限公司	838898	2016 年 8 月 9 日
35	上海迅儆信息科技股份有限公司	839425	2016 年 10 月 25 日
36	上海合印科技股份有限公司	870339	2016 年 12 月 30 日
37	上海艾维科阀门股份有限公司	870449	2017 年 1 月 23 日
38	昌顺烘焙科技（上海）股份有限公司	870810	2017 年 2 月 15 日
39	上海绿洲源香料股份有限公司	870940	2017 年 2 月 14 日
40	上海华魏科技股份有限公司	871441	2017 年 6 月 2 日
41	上海钰景园林股份有限公司	872033	2017 年 8 月 18 日
42	上海大业堂教育培训股份有限公司	872126	2017 年 8 月 14 日
43	上海知韬文化创意股份有限公司	872475	2017 年 12 月 28 日
44	上海郡谷文化传播股份有限公司	872935	2018 年 8 月 17 日

（赵一青）

建筑业

■概况 2019年,全区开展既有玻璃幕墙建筑检查,推广绿色建筑和建筑节能,强化建筑工地安全质量监管,提升文明施工水平。全年发放施工许可项目334个,总建筑面积505.53万平方米,其中建设工程联审共享平台审批139个项目。发放竣工备案项目196个,总建筑面积422.89万平方米,其中建设工程联审共享平台综合验收项目79个、小型验收项目30个。完成190家企业新申请资质审批,增项52家。完成42个项目施工图审查备案,其中初步设计备案21个、总体设计备案21个,受理31个建筑工程抗震设防审查项目,审查办结31个,其中抗震审查23个、技术咨询8个。6月起,开展消防设计审查、消防竣工验收、备案工作:完成37个消防设计项目审查、4个消防设计项目备案、39个消防竣工项目备案、21个消防竣工项目验收。5月起,推进青浦区社会投资小型工业项目减免相关费用和取消施工图涉及文件审查相关工作:对10000平方米以下的小型工业项目落实费用减免措施,其中施工图设计文件审查项目8个、监理项目3个。通过安全生产许可证告知承诺制电子化审批系统,新申请发证172项、正常延期101项、重新申请28项。完成66个初步设计审批,总投资952247万元,其中:房建项目建筑面积19.4万平方米,道路总长25.5公里,各类管线总长2.1公里。建筑节能审查和备案:完成土地招拍挂征询、方案前征询意见144个,节能备案78个。

（吴　顺）

■推广绿色建筑和建筑节能 2019年,区内新完成供地地块40个,除3个工业地块不予实施装配式建筑外,其余37个地块均按要求100%实施装配式建筑,总建筑面积396万平方米。有5个可再生能源应用项目竣工,总建筑面积28.22平方米。落实既有公共建筑节能改造项目11个,总建筑面积5.13万平方米。邀请专家开展在建项目建筑节能措施专项检查。

（吴　顺）

3月14日,区建管委在五浦汇D地块动迁房现场开展装配式建筑项目调研

（区建管委供稿）

■既有玻璃幕墙建筑检查 牵头相关部门、街镇,对辖区内11个街镇120多幢既有玻璃幕墙建筑进行检查,针对发现的29处安全隐患要求责任单位落实管理责任,建立应急处置保障机制。对区内32个市属保障房项目42个小区外墙外保温开展整治工作。

（吴　顺）

■建筑工地日常监管 与所有在建工地签订《青浦区建设工程安全生产、文明施工承诺书》。开展建筑工程现场质量管理标准化和安全生产标准化工作,完成106家企业安全生产年度考核。加大巡查工作力度。开展防汛防台排查、节能工程质量专项整治,开展"安全生产月""建设工程质量月"等专项活动。台风"利奇马"影响期间,值班人员24小时值守,出动检查人员270人次,检查工地105个,撤离人员19592人。

（吴　顺）

■提升文明施工水平 以国务院安委会考核、环保督查、迎国庆、护进博、创全等工作为契机,开展建设工程文明施工及扬尘污染防治专项大检查,对在建工地及混凝土搅拌站进行全覆盖检查;对全区范围内特别是西虹桥区域开展建设工程文明施工、扬尘污染防治情况定期检查和不定期抽查;开展创全保障工作,参与"啄木鸟"巡查活动,做好公益围档宣传,检查各类公益围挡广告8万多平方米。推动室外施工场所加装噪声扬尘在线监测系统,全区有193个项目(含已拆除)安装扬尘监控设备。

（吴　顺）

综 述

2019年，青浦区旅游业融入上海世界著名旅游城市建设，加快打造集人文历史体验、水乡度假休闲、商务会展交流、运动健康养生等于一体的高品质全域性旅游目的地进程，旅游经济保持良好增长态势。主要旅游景区(点)28家，其中国家A级景区9家。有星级饭店11家、A级旅行社20家。全年旅行社、旅游饭店、旅游景区接待游客1272.06万人次，比上年增长10.33%；全区旅游总收入119.87亿元，比上年增长2.3%。 (周丹丹)

旅游市场开拓

■**概况** 2019年，区文旅局围绕“上海之门”内涵，挖掘和展示青浦特色，创新旅游产品宣传推介，强化青浦旅游资源整合输送，承接“进博会”溢出效应，加大长三角区域旅游合作力度，全方位展示和宣传青浦旅游形象，助力乡村振兴建设，扩大青浦旅游影响力和知名度。4月26日，青西郊野公园、朱家角古镇、东方绿舟、上海大观园、联怡枇杷乐园、张马村·寻梦源、陈云纪念馆·练塘古镇、金泽古镇·美帆游艇俱乐部入选市文旅局公布的2019年上海市民休闲好去处名单。9月18日，青浦博物馆、福泉山遗址、崧泽遗址博物馆入选2019年第二批上海市民休闲好去处，张马村·寻梦源入选上海十佳乡村旅游优选地。 (周丹丹)

■**参加旅游交易会及推介会** 4月26—28日，组织区内旅游企业参加在上海国际汽车城举行的中国国际房车旅游博览会。5月22—25日，到北京、天津参加市文旅局举办的上海文化和旅游主题推广活动。6月21—23日，参加在重庆市举行的第六届中国西部旅游产业博览会。10月10日，组织区内旅行社参加在上海世界手工艺产业博览园举行的“泛长三角城市工艺美术发展战略联盟”旅游推介会。11月15—17日，组织区内旅游企业参加在云南省昆明市滇池国际会展中心举行的2019年中国国际旅游交易会。11月22—24日，组织区内旅游企业参加在海南省海口市举行的2019年海南世界休闲旅游博览会。11月28—30日，组织区内旅游企业参展2019年成都国际旅游展。12月4日，组织区内旅行社参加在青浦区举行的2019年南通文化旅游(上海)推介会。12月6—8日，组织区内旅游企业参加在武汉市举行的2019年长江文化旅游博览会。12月10日，组织区内旅游企业参加在江苏省昆山市巴城举行的长三角湖区旅游联盟联席会议暨巴城旅游推介活动，参加在安徽省六市安举行的(上海)文化旅游推介会。 (周丹丹)

10月30日，市文化和旅游局局长于秀芬为朱家角镇张马国家AAAA级旅游景区揭牌 (区文旅局供稿)

■**跨地区旅游交流活动** 1月7—8日，组织举办“汇聚长三角，共享新发展”——青浦区旅游推介交流活动，邀请长三角区域内的嘉兴、嘉善、昆山、吴江四地旅游管理部门和相关旅行社共同开展学习交流，搭建互通平台，商讨合作模式，促进长三角地区旅游一体化合作发展。3月20日，安排青海省果洛藏族自治州班玛县红色教育中心第三批培训人员入驻区内重点旅游企业实习。7月10日，组织区内旅行社参加云南省德宏州航空旅游招商推介会。8月26日,参加嘉善县文旅资源上海分享会暨"百县千碗? 佳膳十碗"品牌推广活动。9月17日,区文旅局、盈浦街道协助浙江省庆元县举办"魅力菇乡,多彩庆元"2019年庆元农文旅走进上海青浦区推介活动,组织区内旅行社参加产品对接。9月18日,2019年青浦、昆山、吴江、嘉善旅游推介暨四地联合旅游惠民发布活动在金泽镇莲湖村青西郊野公园游客中心举行,四地联动推出旅游线路和惠民计划。10月11—13日,组织区内相关企业参展2019年中国吴江美食小吃展暨农副产品联展活动。11月11—12日,组织区内饭店参加"同里红·大厨师杯"首届长三角一体化示范区厨师技能大赛。11月21日,组织相关单位参加长三角区域"七名"国际精品线路暨主题专项旅游产品发布会。12月18日,参加苏州相城文化旅游宣传推介会,作为虹桥枢纽三区之一,与相城签订《上海与相城文旅战略合作联盟意向书》。12月20—21日,应邀参加浙江省长兴县2020年"上海村"过大年活动。 (周丹丹)

环意 RIDE LIKE A PRO 长三角公开赛赛事期间选手游、食、住线路宣传推荐工作。整合区内旅游资源,策划亲子时光、温柔水乡、文脉渊源、最美水岸、红色足迹、田园风光、悠闲假日、轻松游购等8条主题线路,引导区内旅行社推出相关旅游产品。7月,经过实地调研,完成《"醉"美青西"慢"游莲湖——莲湖村旅游目的地打造计划》。10月,举办2019年青浦秋食记——江南文化·美食体验活动,通过非遗展示、阅读建筑、江南雅乐赏析、美食体验等方式展现青浦文化内涵。 (周丹丹)

11月12日,2019年"同里红·大厨师杯"首届长三角一体化示范区厨师技能大赛在吴江宾馆举行

(区文旅局供稿)

■旅游市场宣传 继续与上海新民传媒联办发行《湖区旅游》双月专刊。对区内文博、文物、非遗资源进行梳理,结合"5·18国际博物馆日""5·19中国旅游日"以及文化和自然遗产日,整合区内青浦博物馆、福泉山遗址、崧泽遗址博物馆、陈云故居等文博、非遗资源进行主题宣传。根据市文化旅游局"跟着非遗游上海"主题宣传要求,设计推荐青浦夏季非遗主题线路并进行宣传推广。8月,结合市文化旅游局跟着考古去旅游活动,推出区内相关古文化旅游主题宣传。结合献礼建国70周年、服务第二届"进博会"、四季青浦文化旅游资源特点做好各类主题活动的宣传,征集并报送百万市民看大戏游上海区内文旅活动,协助宣传部做好《航拍青浦》素材采拍及《东方航空》专版宣传各项工作。结合元旦、春节、清明节、劳动节、端午节、中秋节、国庆节等节假日,征集并汇总区内各类文旅活动,通过官方微信公众号青浦旅游、《旅游时报》等媒体渠道进行宣传。做好

■组织参加"老凤祥杯"上海旅游商品设计大赛 5月27日—6月12日,通过绿色青浦、青浦旅游、文化青浦、青浦全域旅游网等渠道进行广泛征集。6月26日。评审选取20件作品作为2019年上海市"老凤祥杯"上海旅游商品设计大赛参赛作品。9月26日,在上海旅游节重点项目之一第十四届"老凤祥杯"上海旅游商品设计大赛和流行趋势预测发布会上,青浦区报送的普庆桥折扇获得设计组优秀设计奖、十二兽玩具积木获得商品组优秀纪念商品奖。

(周丹丹)

■"青浦好去处"评选活动 9月2日,启动"青浦好去处"评选活动,全方位展示和宣传青浦文旅形象。10月22日,在2019年上海青浦淀山湖文化艺术节暨旅游购物节闭幕式上公布"2019年青浦好去处"名单,涉及休闲游乐好去处、文化空间好去处、美丽乡村好去处、商旅消费好去处等四大类25个。分别是休闲游乐好去处:朱家角古镇、金泽古镇、练塘古镇、东方绿舟、上海大观园、青西郊野公园、元祖启蒙乐园、上海曲水园、上海美帆游艇俱乐部;文化空间好去处:青浦博物馆、青浦图书馆、上海崧泽遗址博物馆、福泉山遗址、可·美术馆、世界手工艺产业博览园、简屋书店;美丽乡村好去处:张马村、蔡浜村、莲湖村;商旅消费好去处:百联奥特莱斯广场、绿地全球商品贸易港、青浦万达茂、富绅商业中心、东方绿舟度假村、朱家角安麓酒店。 (周丹丹)

旅游"黄金周"和小长假

■概况 2019年"黄金周"及小长假期间,区内各主要景点(区)针对节假日旅游市场特点,挖掘自身资源优势,策划推出一批特色旅游产品,满足各类游客的多元化需求,为游客提供全方位的旅游体验。

■小长假旅游接待 元旦3天假期，天气阴冷，对旅游市场影响显著。区内朱家角古镇、东方绿舟、大观园等9家定点旅游统计景区(点)接待游客9.5万人次，比上年减少47.9%；门票收入104.2万元，比上年减少23.6%。上海奥特莱斯品牌直销广场销售收入8759.3万元，比上年减少11.5%。

清明3天假期，天气晴好。区内各主要旅游景区(点)接待人次及旅游收入比上年大幅上涨。区内朱家角古镇、东方绿舟、大观园等10家定点统计单位接待游客24.23万人次，比上年增加25.27%；门票收入283.9万元，比上年增加28.64%。上海奥特莱斯品牌直销广场销售额为7859.33万元，比上年增加15.39%。

“五一”国际劳动节4天假期，天气晴好。区内朱家角古镇、东方绿舟、大观园等13家A级旅游景区(点)接待游客39.85万人次，门票收入447.89万元。上海奥特莱斯品牌直销广场销售收入10959万元。

端午节3天假期，天气晴好。区内朱家角古镇、东方绿舟、大观园等13家定点统计旅游景区(点)接待游客21.86万人次，门票收入192.86万元。上海奥特莱斯品牌直销广场销售收入6770.8万元。

中秋节3天假期，天气晴好。区内13家定点统计旅游景区(点)接待游客16.93万人次，门票收入174.48万元。上海奥特莱斯品牌直销广场销售收入7536.79万元。

4月5—7日，东方绿舟举行“草长莺飞，‘筝’好有你”——清明踏青季活动（区文旅局供稿）

■“黄金周”旅游接待 春节“黄金周”7天假期，旅游市场安全有序。节日期间多日阴雨，但游客出游热情高涨，全区接待游客约40.4万人次，比上年增加9.2%。其中：10家定点统计景区(点)接待游客35.8万人次，比上年增加17.5%；乡村旅游、祈福旅游以及金泽古镇等旅游景(区)点接待游客约4.3万人次。5个定点统计宾馆的客房平均出租率为27.7%，与上年基本持平。上海奥特莱斯品牌直销广场销售额1.48亿元，比上年增加2.8%。各景区(点)新年活动精彩、年味足，其中东方绿舟推出“猪”福满满过大年主题活动，内容丰富、形式热闹，接待游客1.1万人次，比上年减少17%。上海大观园举行“中国年·红楼年”主题活动，接待游客约0.88万人次，比上年减少10.5%。陈云纪念馆·练塘古镇景区推出一系列新年活动，年初一陈云纪念馆举行汉白玉雕像献花仪式，为当天参观的游客送上春联，景区接待2.4万人次，比上年减少25%。崧泽遗址博物馆推出“来崧泽·玩转贝壳”活动，吸引不少游客带着孩子通过贝壳画DIY的形式感受上海的水陆变迁。朱家角古镇节日期间在课植园推出新春嘉年华活动，迎远客、敬客茶、送福字、剪春花，向游客展示中国春节传统；上海全华水彩艺术馆举办陈希旦水彩作品展；尚都里举办“活字生香”中华印刷文化与中国现代汉字展，全镇接待游客30.3万人次，比上年增加22.9%。

6月7日，“共聚朱家角，共铸长三角，共享新时代”——端午节传统文化活动在朱家角镇举行（区文旅局供稿）

“十一黄金周”7天假期，台风“米娜”过境，对市民出游有影响。全区接待游客59.2万人次。其中，13家A级景区(点)接待游客47.7万人次，乡村旅游、祈福旅游以及金泽古镇等旅游景区(点)接待游客11.1万人次。5个定点统计宾馆的客房平均出租率35.5%。上海奥特莱斯品牌直销广场销售额2.1亿元。各景区(点)推出一系列特色节庆主题活动吸引游客。其中，东方绿舟10月1—3日在地球广场举行庆国庆升旗仪式；10月1—5日，在国防园举办公益科普集市，以科普集市的活动形式向公众进行国防教育、科普教育；10月1—6日，举办飞行主题嘉年华，实现飞行梦想；10月1—3日，举办两场亲子露营活动。东方绿舟接待游客5.1万人次。国庆期间，上海大观园举办刘姥姥带你进大观园、赏红楼桂花—寻古树名木、听红楼课堂—观匾额艺术、看红楼堂会—尝水乡土产、玩红楼穿越—访园中古桥、猜红楼灯谜、唱红楼新剧等系列活动。上海大观园接待游客1.3万人次。朱家角古镇开展"我为祖国送祝福，带着国旗游古镇"国庆主题活动，10月5—6日，朱家角水乡音乐节继续吸引音乐爱好者参加。朱家角古镇节前加大预约参观信息发布及引导，高峰时及时采取限流和管控措施，吸引游客29.5万人次。练塘镇，陈云纪念馆接待2.3万人次，古镇接待游客近3.2万人次。联怡枇杷乐园接待1.3万人次。上海崧泽遗址博物馆国庆期间举办"旗乐融融度国庆·少儿手工活动"活动。10月6—8日，金泽镇举办重阳庙会（又名"庙市"或"节场"），展销日常生活用品、服装、食品等，有精彩的民间文艺表演，古镇接待游客5.1万人次。

6月1日，"联动长三角，共建新时代"——"六一"传统文化亲子活动在朱家角镇举行（区文旅局供稿）

国家级旅游景区

■概况 2019年，区文旅局指导一批区内景区和旅游企业开展创A升A和景区复核等工作。经上海市旅游资源开发质量评定委员会评定，10月24日，上海张马景区升级为国家AAAA级旅游景区。朱家角古镇争创国家AAAAA级旅游景区。年末，全区有国家A级景区9家，其中：国家AAAA级旅游景区6家，分别为朱家角古镇、上海市青少年校外活动营地——东方绿舟、上海大观园、陈云故里·练塘古镇、上海联怡枇杷乐园和上海张马景区；国家AAA级旅游景区3家，分别为崧泽遗址博物馆、福泉山遗址和金泽古镇。（周丹丹）

■朱家角古镇 景区西临淀山湖、小淀山，北环大淀湖，占地面积1.04平方公里。9条老街依水傍河，千余栋明清建筑临河而建，36座古桥横跨水上，古风犹存。开放城隍庙、圆津禅院、课植园、席氏厅堂、大清邮局、上海手工艺朱家角展示馆等景点。春节期间，举行课植园新春嘉年华活动。2月19日，举行"新时代的春天"——"护航进博·助力创全"先进表彰大会暨"我们的节日"元宵团拜会。6月6日，举行"我们的节日·端午"暨"共聚朱家角，共铸长三角，共享新时代"——2019年长三角古镇传统文化交流活动。6月29日，举行纪念中国共产党成立98周年暨庆祝中华人民共和国成立70周年大会。8月22日，举行"新时代·新江南·新跨越"——青浦区第三届书法作品大赛。10月5—6日，举行BrandNew第十三届朱家角水乡音乐节。"十一"期间，举行"我为祖国送祝福·带着国旗游古镇"活动。全年接待游客780万人次。

（周丹丹）

■东方绿舟 景区地处淀山湖畔，占地373.33公顷，其中水域面积133.33公顷，是上海唯一的集拓展培训、青少年社会实践、团队活动以及休闲旅游为一体的大型公园。由智慧大道区、勇敢智慧区、国防教育区、生存挑战区、科学探索区、水上运动区、体育训练区、生活实践区8大园区组成，拥有智慧大道、仿真航空母舰、潜艇、湖滨广场、渔人码头等16处景点和户外攀岩、趣桥体验、野营烧烤、水上运动、拓展训练等30余项活动项目。有17万平方米四季常青的草坪，11万棵大树，500余种花卉树木，植被覆盖率高。元旦期间，举行COS迎新跑活动。春节期间，举行"猪福满满过大年"主题活动，推出时来运转拍拍乐、心心相印幸福绳等活动。清明节期间，举行"草长莺飞，'筝'好有你"踏青运动季主题活动。4月23日，中国海军成立70周年纪念日之际，举办"惊涛骇浪铸海魂·薪火传承追梦人"——庆祝人民海军成立70周年文艺晚会。4月28日，举办"继承'新青年'优良传统，讴歌新中国七十华诞"经典诵读活动。"五一"小长假期间，举行"五彩汇聚·青春有你"主题活动，推出"彩色亲子露营节""直升机飞行""攀岩""索道速降"等体验类项目以及"儿童滑步车""水上自行车""抖音创意大赛"等赛事类项目。6月1日，举办"放飞梦想——上海教苑亲子嘉年华"暨2019年东方绿舟"六一"亲子公益活。端午节，举行"粽享欢乐·情浓绿舟"主题活动。7月28日—8月4日，举行"与国同梦·你我担当"——庆祝新中国成立70周年中小学生研学实践教育主题活动。9月21日，举行"欢乐冰雪行·活力迎冬奥"——2019年上海市奥林匹克及冰雪知识夏令营暨冬奥知识竞赛。举行纪念"280潜艇组建40周年"主题活动。10月1日，举行庆祝中华人民共和国成立70周年升旗仪式。"十一"期间，举行公益科普集市、飞行嘉年华、亲子露营等活动。12月3日，举行"今天，我们

东方绿舟一景（区文旅局供稿）

十八岁”——上海市第十五届18岁成人仪式。全年接待游客82万人次。

（周丹丹）

■**上海大观园** 坐落于淀山湖西侧，占地约90000平方米，建筑面积约8000平方米。总体布局以大观楼为主体，由“省亲别墅”石牌坊、石灯笼、沁芳湖、体仁沐德、曲径通幽、宫门、“太虚幻境”浮雕照壁、木牌坊等形成全园中轴线。西侧设置怡红院、拢翠庵、梨香院、石舫。东侧设置潇湘馆、蘅芜院、蓼风轩、稻香村等20多组建筑景点。春节期间，举行“来荣国府过个传统年”新春主题活动。3月，推出“女神节”特别活动。“五一”期间，举行“梦回红楼”系列活动。端午期间，推出“端午节传统文化体验”活动。6月，推出“最美毕业照”活动。中秋期间，举办“月满红楼·月圆中秋”活动。9月15日—11月18日，推出“秋游大观园”，赏桂花、听红楼课堂、猜红楼灯谜、寻名树古木等系列活动。“十一”期间，推出庆祝中华人民共和国成立70周年之“传统文化演艺周”活动。全年接待游客35.3万人次。

（周丹丹）

■**陈云故里·练塘古镇** 练塘古镇，位于苏、浙、沪三省交会处，以“鱼米之乡”“茭白之乡”闻名。2013年，练塘镇联合陈云纪念馆共同推进“陈云故里·练塘古镇”国家AAAA级旅游景区创建工作。2016年3月，经上海市旅游景区质量等级评定委员会正式批准，成为国家AAAA级旅游景区。练塘古镇历史悠久，自明清以来建筑群总面积10.1万平方米。有经确认的省市级文物保护单位2处、区县级文物保护单位9处、已登记的不可移动文物8处。核心是东西走向的市河（俗称三里塘），全长1500余米，市河北侧街道为上塘街，南侧街道为下塘街。在市河东段500米处向南衍伸出另一河道李华港，形成“丁”字型水系。主要4个建筑群（东首以皇家酿酒为代表的近代工业建筑群，中部以李华港桥段为代表的对街楼、长廊建筑群，西面以朝真桥段为代表的清末集市建筑群，顺德桥为代表的明清建筑群）围绕着丁字型水系铺开。2000年6月，陈云故居暨青浦革命历史纪念馆建成开馆。2013年5月，经中央批准更名为陈云纪念馆。纪念馆突出展示陈云同志在共产党历史上的地位和作用。

10月10日，2019年“秋游大观园——国学礼仪活动”在大观园举行（区文旅局供稿）

占地面积4.1公顷，由铜像广场、主馆、陈云故居、陈云手迹碑廊和长春园组成。主馆分展厅、文物厅、缅怀厅以及青浦革命历史陈列厅4个部分。纪念馆先后获得国家一级博物馆、全国爱国主义教育示范基地、上海市爱国主义教育基地等荣誉。

练塘古镇。3月4日，举行“弘扬时代雷锋精神，礼赞建国70周年，奏响三色练塘凯歌”学雷锋日主题活动。3月22日，“世界水日”“中国水周”主题宣传暨雨污混接改造动员大会在练塘工业园区举行。5月4日，“青春心向党·建功新时代”——青浦青少年纪念五四运动100周年特别主题团日活动在陈云纪念馆举行。5月28日，“长三角·小城镇青春合伙人”——纪念五四运动100周年暨助力乡村振兴党团知识竞赛活动在练塘举行。6月6日，“乡村振兴看东庄，恋上练塘品粽香”我们的节日·端午活动在练塘东庄村举行。12月7日，“2019年乡村振兴发展论坛暨最美村镇颁奖典礼”上，练塘获评“中国最美村镇”。9月20—9月24日，中国农民丰收节系列活动之2019年上海练塘茭白节暨古镇旅游文化节在练塘古镇举行。9月21日，“永茂泰杯”2019年上海魅力练塘·上海青浦练塘生态徒步行活动在练塘生态涵养林举行。9月23日，举行2019年“赞礼丰收”长三角文化走亲文艺汇演。

陈云纪念馆。春节期间举行新春活动。元宵节举行传统文化体验活动。3月，举行学雷锋主题月活动。5月28日，“领巾心向党·做好接班人”2019年青浦区少年儿童庆“六一”暨党团队三旗传递活动在陈云纪念馆举行。5月18日，举行“聆听前人思想，共谱未来乐章”国际博物馆日活动。6月1日，由陈云纪念馆、上海市领导科学学会、上海市中共党史学会、上海市哲学学会联合举办的“陈云与中国共产党领导力”学术研讨会在上海举行。6月13日，陈云同志诞辰114周年纪念活动在毛主席纪念堂举行，陈云纪念馆举行“永恒的怀念——纪念陈云同志诞辰114周年”系列活动。8月6日—9月5日，陈云纪念馆与中共一大会址纪念馆，在中共一大会址纪念馆共同举办“陈云精神风范”专题展。9月22日，“重温革命精神，传承红色基因——‘革命精神大学堂’系列活动”在陈云纪念馆举行。9月27日，由中共青浦区委组织部和陈云纪念馆共同举办的“学伟人，悟初心，担使命——陈云精神风范”展示系列活动启动。国庆期间，举办“倡导国庆新民俗，打造爱国活动周”系列活动。10月26日，中国中共文献研究会陈云思想生平研究分会、中共上海市委党史研究室、陈云纪念馆、上海大学马克思主义学院、上海市中共党史学会联合举办“庆祝新中国成立70周年暨陈云与新中国建立和建设”学术研讨会。11月20日，中国中共文献研究会陈云思想生平研究分会、陈云纪念馆、商务印书馆在北京联合举办“陈云与商务印书馆——纪念陈云走上革命道路100周年”学术研讨会。12月20日，“唱响我和我的祖国，讲好我爱我的祖国——第二场‘红色故事大讲堂’在陈云纪念馆举行。全年接待游客89.7万人次。

（周丹丹）

■福泉山遗址 位于青浦区重固镇西，占地1公顷，于1962年发掘。2001年6月25日被国务院公布为全国重点文物保护单位。2010年被国家旅游局质量等级评定委员会评为国家AAA级旅游景区。2013年，被国家文物局公布为全国150处大遗址保护规划项目之一。遗址完整保留距今6000—7000年历史各个时期的文化叠压遗存。有新石器时代的马家浜文化、崧泽文化、良渚文化、广富林文化、马桥文化以及战国、汉代等时期遗存，共出土玉器、石器、陶器等各类文物达3000余件，被考古学家誉为“中国的土筑金字塔”“古上海的历史年表”。出土的良渚文化贵族墓葬尤为珍贵，其中装饰有神人兽面纹的象牙权杖，在上海地区乃至全国的新石器时代考古发掘十分罕见。全年接待游客15099人次。

（周丹丹）

■上海联怡枇杷乐园 位于青浦区外青松公路7166号，占地58.67公顷，是集枇杷种植、立体养殖、休闲旅游、科普教育、科普创新体验、农特产品展示销售、观光农家乐为一体的综合性生态休闲园。有精品琵琶种植区、琵琶科普长廊区、新品种示范区等生态旅游区域，大型节能生态绿色餐厅、生态环保度假客房、全天候生态会议中心等重点设施。定期举行的联怡枇杷节以及暑期的亲子田间课堂，受家长和孩子的喜爱。5月18日—6月8日，举行“绿色青浦·画意田园”——第七届青浦枇杷文化旅游节。5月25日，举行“知音识味”田园音乐节。全年接待游客37.1万人次。

■崧泽遗址博物馆 坐落于全国重点文物保护单位——崧泽遗址，地处上海市青浦区赵巷镇崧泽村，总建筑面积3680平方米，于2014年5月18日正式开馆。主展厅由“发现崧泽遗址”“走进崧泽社会”“传承崧泽遗产”三部分组成，集中展示上海早期人类文化发展的

崧泽遗址博物馆一景

（区文旅局供稿）

金泽镇古桥——元代普济桥　（区文旅局供稿）

历史进程。崧泽遗址发现于1957年，是上海最古老的原始社会遗址，被评为20世纪中国百大考古发现之一，发现“上海第一稻”“上海第一井”“上海第一人”“上海第一房”等远古文物，被誉为“上海之源”。元旦，举办“元旦来崧泽捏陶猪”活动。春节期间，举行“好物制造室来崧泽，玩转贝壳”新春亲子迎新活动。5月11日，举行“庆祝上海崧泽遗址博物馆开馆5周年”系列活动。5月18日，举行国际博物馆日主题系列活动“崧泽小小探险家”。“十一”期间，推出“旗乐融融度国庆——庆祝新中国成立70周年”活动。全年接待游客8万人次。　（周丹丹）

■金泽古镇　位于青浦境域西南，始建于唐代，1300多年历史。2017年8月，入选国家首批运动休闲特色小镇——上海金泽帆船运动休闲特色小镇。2018年11月19日，经上海市旅游景区质量等级评定委员会正式批准，成为国家AAA级旅游景区。拥有源远流长的庙桥文化，承载着“桥桥有庙，庙庙通桥”的独特文化景观，被誉为“江南第一桥乡”“古桥梁博物馆”。存宋元明清四朝古桥7座，其中宋代的普济桥是上海保存最完整、年代最早的单孔石拱桥。延续至今一年两次的金泽庙会，衍生出民俗、饮食、演艺等地方文化。拥有青浦田山歌、宣卷、阿婆茶、烙画、簖具制作技艺等非遗项目。6月7—9日，举办2019年金泽镇非遗在社区大展示活动。国庆期间，举行2019年金泽特色小镇帆船体育运动比赛、2019年“长三角”农产品金秋大联展活动。11月，金泽镇莲湖村入选2019年中国美丽休闲乡村名单。全年接待游客35.6万人次。

（周丹丹）

2019年青浦区主要旅游景区(点)情况表

表32

名称	地址	电话	备注
朱家角古镇	青浦区朱家角镇西井街84号	59240077	AAAA级
上海大观园	青浦区金商路701号	59262831	AAAA级
陈云故里·练塘古镇	青浦区练塘朱枫公路3516号	59255710	AAAA级
上海市青少年校外活动营地——东方绿舟	青浦区沪青平公路6888号	59233000	AAAA级
上海联怡枇杷乐园	青浦区外青松公路7166号	39270218	AAAA级
上海张马景区	青浦区朱家角镇沈太路2119号	59838129	AAAA级
福泉山遗址	青浦区重固镇福泉山路658号	59785515	AAA级
崧泽遗址博物馆	青浦区沪青平公路3993号	59755777	AAA级
金泽古镇	青浦区金泽镇金泽大厦3楼	59260881	AAA级
青浦曲水园	青浦区公园路612号	59717213	—
金舟渔村	青浦区朱家角镇淀峰村	69247999	—
凯博农庄	青浦区外青松公路7188号	59710077	—
四季百果园	青浦区朱家角镇盛家埭	59238112	—
大千庄园	青浦区朱家角镇西洋淀1号	59238800	—
奥特莱斯直销广场	青浦区沪青平公路2888号	59756721	—
报国寺	青浦区朱家角镇淀峰村	69247826	—

（续表）

名称	地址	电话	备注
青龙寺	青浦区白鹤镇青龙村	69744481	—
天光寺	青浦区练塘镇练东村泖口600号	59849901	—
岑卜村绿地水韵农庄	青浦区金泽镇岑卜村220号	59255557	—
青浦区博物馆	青浦区华青南路1000号	69719900	—
上海崧泽遗址博物馆	上海市沪青平公路3993号	59755777	—
水上运动场	青浦区朱家角镇山湾盈朱路289号	59233162	—
银涛高尔夫	青浦区沪青平公路2222号	59767998	—
美帆游艇俱乐部	青浦区金商公路588号	59262835	—
弘阳农业	青浦区杜村公路337号	59741205	—
西郊国际农产品交易中心	青浦区华新镇华徐公路3833号	69798888	—
上海人文纪念公园	青浦区外青松公路7270弄600号	54255151	—
草莓之乡白鹤	青浦区外青松公路2753弄69号	39821622	—

（周丹丹）

景点节庆活动

■概况 2019年，青浦区旅游市场突出地方特色，巩固提升2019年上海淀山湖文化旅游购物节、淀山湖梅花季、白鹤草莓节、练塘茭白节等品牌节庆活动的举行水平，激发市场活力，带动旅游消费。（周丹丹）

■2019年上海淀山湖梅花季 2月28日—3月28日，在上海大观园举行。上海大观园推出以“梅”景良辰为主题的梅花季活动，有寻梅景、听梅约、摄梅景、探古梅等活动。（周丹丹）

■2019年第十届上海白鹤草莓文化节 3月1—3日，在上海白鹤草莓产业园举行。由上海市农业科学院、上海市旅游协会、上海市园艺学会主办，由白鹤镇人民政府承办，由青浦区旅游协会、白鹤草莓协会协办，以“乐享莓好春光·共兴丝路名镇”为主题，举行13项特色主题活动，设置“最in白鹤草莓”评选活动、“草莓大舞台”亲子互动活动、“莓园寻宝”亲子系列主题活动、草莓“疯”商圈联动活动、“与孩子共享自然”草莓亲子采摘活动、“国家地理标志登记产品——白鹤草莓”主题展示、草莓种植技术交流专业研讨会、“美好生活”田间集市、草莓创意集市、民俗文化交流活动、“百姓大舞台”群艺展示等活动。（周丹丹）

■2019年上海练塘茭白节暨古镇旅游文化节 9月20—24日，在练塘镇举行。由市农委、市商务委、市文旅局、区政府担任指导单位，市创意产业协会、市蔬菜食用菌行业协会、市旅游行业协会主办，区农委、经委、商委、文旅局、体育局、陈云纪念馆、练塘镇政府、上海农业展览馆协办。以“茭香辉映·魅力练塘”为主题，以茭白为媒，展示练塘农产品特色、文化底蕴和绿色生态环境。推出“共走生态林·迈进新时代”10公里青浦生态徒步行、“慢旅练塘”5公里亲子生态徒步行、美丽乡村骑行、农家灶头饭、茭白直采直销、茭白节主会场活动等特色活动。开设茭白主题馆，展示练塘非物质文化遗产和农耕农具，特设阿特麦体验文化园、可·美术馆和练溪文化苑3个拓展活动地点。（周丹丹）

■2019年上海青浦淀山湖文化艺术节暨旅游购物节 9月23日，2019年上海

9月20—24日，练塘茭白节期间，练塘主题馆“非遗”技艺展现场

（区文旅局供稿）

9 月 24 日,“提升服务质量,保障进博盛会”——青浦区旅游企业管理人员专题培训班在东方绿舟度假村举行 （区文旅局供稿）

青浦淀山湖文化艺术节暨旅游购物节开幕仪式在国家会展中心虹馆举行。10 月 22 日闭幕,为期 30 天。以“美丽长三角·共享进博会”为主题,延续旅游节、文化艺术节、购物节三节合办模式,分为“庆祝中华人民共和国成立 70 周年”、打造“四大品牌”、服务保障进博会、长三角一体化发展和乡村振兴五大主题板块,推出“美丽长三角,共享进博会”——长三角文商旅大走亲、朱家角水乡音乐节、2019 年上海茭白节暨农民丰收节活动、Show 出青享夜、江南美食汇、玩味万达茂、金秋麦浪音乐节、2019 年中国国际零售消费展、第十一届上海世界华人龙舟邀请赛、艺享商圈等重点活动。 （周丹丹）

行业管理

■概况 3 月 18 日,整合原区文化影视广播局、旅游局职能,成立区文化和旅游局,撤销原两个机构。区旅游主管部门继续强化旅游安全管理,推进达标创建工作,加大行业人才培养力度,做好“进博会”旅行服务保障工作,提升旅游服务能级,优化旅游市场环境。指导区内景区和旅游企业开展创 A 升 A 和标准化建设等工作。指导上海张马景区成功创建国家 AAAA 级旅游景区。完成旅行社等级年度评定和星级饭店年度复核工作。10 月,青浦旅游咨询服务中心搬迁至青浦区外青松公路 7166 号(联怡枇杷乐园),以电话咨询和现场咨询等形式,为游客提供区内旅游景(区)点、旅游线路、历史文化等相关咨询信息,将延伸提供覆盖长三角一体化示范区的旅游公共信息咨询服务。

年末,全区星级宾馆 11 家,其中五星级宾馆 1 家(上海朱家角皇家郁金香花园酒店)、四星级宾馆 2 家(分别为上海西郊假日酒店、上海迪利特大酒店);旅行社 61 家,其中 A 级旅行社 20 家(4A 级旅行社 2 家、3A 级旅行社18 家)。 （周丹丹）

■“进博会”服务工作 先后对保障酒店、景点、旅行社等开展接待旅游饭店中高层管理人员培训班、基层一线服务人员进博知识、接待礼仪、接待英语、境外人员住宿登记业务培训考核等一系列前期保障业务培训,总计 5 场、303 人次。根据《上海市人民政府关于第二届中国国际进口博览会期间实行临时价格干预措施的通告》文件和市、区相关工作要求,施行第二届“进博会”价格综合监管,完成“进博会”期间价格住宿稳控工作,落实价格干预措施(酒店旅馆各类客房的实际交易价格不得高于 2018 年 10 月 1 日至 11 月 30 日期间该酒店旅馆同等房型、同等服务条件客房的最高交易价格),与相关酒店签订价格承诺书,对 6 家新开业宾馆酒店完成价格申报审核,对 18 家酒店从 5 至 11 月开展价格监测。 （周丹丹）

■上海张马景区创建国家 AAAA 级旅游景区 上海张马景区位于青浦区朱家角镇张马村。依托张马千年历史底蕴,发展村落游览和民宿产业。打造太阳岛、寻梦源、农情园、蓝莓园、生态园“四园一岛”的农事旅游格局。2017 年 12 月 8 日正式启动国家 AAAA 景区创建工作。编制《张马地区美丽乡村旅游发展总体规划》(六村联片)和《张马创建国家 AAAA 级旅游景区提升方案》等专项规划,改造完善旅游基础设施,策划特色旅游产品,提升景区整体管理水平。2019 年 9 月,张马景区接受国家 AAAA 级旅游景区创建验收。10 月 30 日,上海市文化和旅游局局长于秀芬为张马国家 AAAA 级旅游景区揭牌,副区长倪向军致辞。（周丹丹）

2019 年青浦区 A 级旅游景区最大承载量情况表

表 33

景区名称	景区等级	日承载量(人次)	瞬时承载量(人次)
陈云故里·练塘古镇	AAAA	8981	2566
上海大观园	AAAA	20000	5271
上海朱家角古镇	AAAA	33784	14077
上海市青少年校外活动营地—东方绿舟	AAAA	110188	55094
上海联怡枇杷乐园	AAAA	10540	5270

（续表）

景区名称	景区等级	日承载量(人次)	瞬时承载量(人次)
上海张马景区	AAAA	36000	20000
上海福泉山遗址景区	AAA	3633	198
上海崧泽遗址博物馆	AAA	4425	1475
上海金泽古镇	AAA	30000	10000

（周丹丹）

■国家A级旅游景区评定复核 依照国家《旅游景区质量等级的划分与评定》和《旅游景区质量等级评定管理办法》，经上海市旅游景区质量等级评定委员会组织评定，9月12日，朱家角古镇、上海联怡枇杷乐园、上海市青少年校外活动营地——东方绿舟、上海大观园、陈云故里·练塘古镇、金泽古镇、福泉山景区、崧泽遗址博物馆通过AAAA级复核，其余A级景区未被列入2019年复核名单。（周丹丹）

■旅游安全监管 5月，区文化和旅游局成立以局长为组长，分管副局长为副组长的领导小组，联合局文化执法大队、社文所、青浦博物馆和公安青浦分局等相关单位分5组对旅游景区、旅游饭店、旅行社等旅游企事业单位进行消防安全大检查。7月11日，联合区公安青浦分局治安支队、消防救援支队、绿化市容局、城管执法局、卫健委、市场监管局及局文化执法大队，对国家会展中心周边“进博会”重点接待酒店安全保障工作开展检查。7月3—4日，组织区内50间客房以上的酒店，KTV、网吧、旅游景点景区等单位安保负责人以及第二届“进博会”区内保障酒店、旅游A级景区安保负责人员进行消防安全培训。53家相关单位，72名学员参加培训。7月24日，召开出境游安全专题会议，传达2019年市出境旅游市场整治行动内容及区出境安全领导小组的具体要求，部署出境游突发事件应急工作。9月17日，组织文旅行业从业人员参加2019年上海市文化旅游行业系统处置突发事件应急演练。9月30日，组织开展青浦区文旅行业应急演练活动。10月10日，与陈云纪念馆联合举办“提升服务质量，保障进博盛会”——青浦景区(点)讲解员暨陈云故里革命精神宣传员培训班。10月28日—11月3日，区文化和旅游局执法大队开展“进博会”前期文化市场执法保障行动，执法检查12次，出动执法人员64人次，检查各类场所(网站)102家次，稽查场所涉及歌舞娱乐、电影、网吧、卫星设施、文物、印刷、旅游、体育、棋牌、宾馆、预付费卡等类型；11月1日，与市交通委执法总队第十支队、公安交警支队联合在S26高速公路淀山湖收费站道口开展省际旅游包车专项整治行动；11月4—10日，开展“进博会”期间文化市场执法保障行动，执法检查12次，出动执法人员101人次，检查各类场所(网站)107家次。（周丹丹）

■旅游厕所建设 落实旅游厕所三年行动计划，召开2019年青浦区旅游厕所革命工作推进会，推进区内各景区(点)“厕所革命”三年行动计划的落细落实落地。推进张马村和金泽古镇两只A级旅游厕所的申报工作，完成市级验收评级工作。11月19日，在上海市最美厕所颁奖礼上，张马景区游客中心公共厕所被评为2019年沪上“最美厕所”。（周丹丹）

■旅游公共服务 强化旅游基础设施建设，配合朱家角古镇创建国家AAAAA级旅游景区工作。朱家角张马村田园综合体游客中心建成投入使用。10月，配合第二届进博会举行，在各旅游咨询点摆放易拉宝、UV贴纸、立牌、绶带、相框等“进博会”宣传物品，免费提供科大讯飞翻译器，提供即时中文与58种语言互译。举办“助力创全·护航进博”文明旅游进社区专题活动5场，向社区居民发放宣传折页2200份，青浦自助游手册1000册和手绘地图1000份。（周丹丹）

■青、吴、嘉旅游公共服务一体化 7月30日，青浦、吴江、嘉善三地旅游公共服务部门负责人就三地旅游公共服务部门互通合作进行商洽，成立青浦、吴江、嘉善三地旅游公共服务联盟工作小组，推动三地旅游公共服务资源共享，逐步

9月18日，青浦、昆山、吴江、嘉善旅游推介暨四地联合旅游惠民发布活动在金泽镇莲湖村青西郊野公园游客中心举行（区文旅局供稿）

7月12日，区文旅局执法大队、区消防支队等对国家会展中心周边酒店开展迎“进博会”旅游酒店消防安全专项检查 （区文旅局供稿）

构建青吴嘉旅游公共服务一体化格局。9月29日，三地文化和旅游主管部门举办长三角示范区旅游服务微信公众号发布仪式，联手推出旅游服务微信公众号——“长三角示范区旅游服务”，发布长三角生态绿色一体化发展示范区旅游资讯，为三地游客提供优质的旅游信息服务。 （周丹丹）

■新增旅行社3家 4月4日，经审核，市文化和旅游局同意设立上海两花旅行社有限公司，经营境内旅游业务、入境旅游业务，注册地址为青浦区浦仓路449弄56号3198室，旅行社业务经营许可证编号：L－SH－100183。4月4日，经审核，市文化和旅游局同意设立上海小凡国际旅行社有限公司，经营境内旅游业务、入境旅游业务，注册地址为青浦区赵巷镇沪青平公路2855弄1－72号2层202室，旅行社业务经营许可证编号：L－SH－100184。5月10日，经审核，市文化和旅游局同意设立上海泰捷国际旅行社有限公司，经营境内旅游业务、入境旅游业务，注册地址为青浦区漕程路221弄40、42号1层，旅行社业务经营许可证编号：L－SH－100199。 （周丹丹）

■旅游星级饭店评定复核 根据国家《旅游饭店星级的划分与评定》（GB/T14308—2010）及其实施办法，经全国旅游星级饭店评定委员会及上海市旅游饭店星级评定委员会评定及复核，上海珠街阁大酒店被评定为三星级旅游饭店；上海朱家角皇家郁金香花园酒店通过五星级旅游饭店复核；竞衡假日酒店（上海西郊假日酒店）、上海迪利特大酒店，通过四星级旅游饭店复核；东方绿舟度假村、中石化上海会议中心、青浦宾馆、南华苑度假村、淀山湖森林度假村、市纺织职工淀山湖疗养院（伊百花园）、上海机场集团培训管理有限公司（虹珠苑宾馆）等，通过三星级旅游饭店复核。 （周丹丹）

2019年青浦区星级饭店情况表

表34

名称	地址	电话	星级
上海朱家角皇家郁金香花园酒店	青浦区朱家角浦祥路79号	39233333	五星
上海西郊假日酒店	青浦区沪青平公路2000号	39738888	四星
上海迪利特大酒店	青浦区华新镇华腾路288号	39777888	四星
上海静安置业集团淀山湖森林度假村	青浦区沪青平公路8185号	59291301	三星
上海群略商务发展有限公司青浦宾馆	青浦区城中北路79号	59850688	三星
上海虹珠苑宾馆	青浦区朱家角镇复兴路333号	60829898	三星
上海南华苑度假村	青浦区华新镇华腾路969号	59794100	三星
上海伊百花园	青浦区西岑练西路4085号	59295779	三星
上海东方绿舟度假村	青浦区沪青平公路6888号	59233000	三星
中石化上海会议中心	青浦区沪青平公路8700号	59262960	三星
上海珠街阁大酒店	青浦区朱家角祥凝浜路118号	59230000	三星

（周丹丹）

2019 年青浦区 A 级旅行社情况表

表 35

名称	地址	电话	等级
上海联航国际旅行社有限公司	青浦区城中东路 30 号	69715879	AAAA
上海景泰国际旅行社有限公司	青浦区青湖路 1011 号	69729700	AAAA
上海海贝国际旅行社有限公司	青浦区浦仓路 485 号 1 号楼 109 – 110 室	69218564	AAA
上海太阳岛旅行社有限公司	青浦区练塘镇朱枫公路 3501 号	59257918	AAA
上海昊鹰旅行社有限公司	青浦区盈港路 453 号港隆国际 1620 室	69223956	AAA
上海务实商务旅行社有限公司	青浦区欧洲街 84 弄 2 号	59731262	AAA
上海京申旅行社有限公司	青浦区青赵路 96 号	59731999	AAA
上海育星旅行社有限公司	青浦区浦仓路 500 弄 19 – 21 号	59720858	AAA
上海众兴国际旅行社有限公司	青浦区青赵路 85 号	69200077	AAA
上海青浦旅游总社有限公司	青浦区城中东路 12 号	69714992	AAA
上海小月国际旅行社有限公司	青浦区朱家角镇油车浜路 81 – 1 号	64012098	AAA
上海昱辰国际旅行社有限公司	青浦区朱家角镇新风路 185 弄 2 号 205 室	39275152	AAA
上海北斗星旅行社有限公司	青浦区公园东路 1289 弄 27 号 818 室	39278833	AAA
上海夏阳旅行社有限公司	青浦区外青松公路 5529 号 104 室	59729888	AAA
上海玺然国际旅行社有限公司	沪青平公路 5630 号 1 幢 203 室	51516550	AAA
上海亚欣旅行社有限公司	青浦区香花桥街道北青公路 9306 号	60192706	AAA
上海霞逸旅行社有限公司	青浦区欧洲街 92 弄 2 号	69711199	AAA
上海青倾国际旅行社有限公司	青浦区漕穗北路 118 弄 146 – 148 号	39789188	AAA
上海奇胜旅行社有限公司	沪青平公路 5630 号 312 室	59851766	AAA
上海晟鑫旅行社有限公司	青浦区新海路 76 号	59731267	AAA

（周丹丹）

■青浦环城水系公园 由淀浦河、油墩港、上达河和西大盈港等 4 条环绕老城区、新城核心区域共约 21 公里的骨干河道及两岸景观组成，形成“一环、四纵、八核”的空间布局。建设总面积约 150 万平方米，总投资概算约 30.48 亿元。项目于 2016 年 11 月正式开工建设。2019 年，一期建设全面完成，二期建设基本完成，年末整体实现全面贯通。项目新建 30 余座梁桥，打通阻断联系的支河，形成一桥一故事，新建内外两环约 43 公里的滨水绿道，形成约 200 公顷开放空间。更新改造约 28 公里河岸，新增约 10.67 公顷水面，新建约 106.67 公顷绿地、林地。建设足球、篮球、网球、极限运动等 35 处休闲运动健身场地，骑行道长度约 26 公里，步行

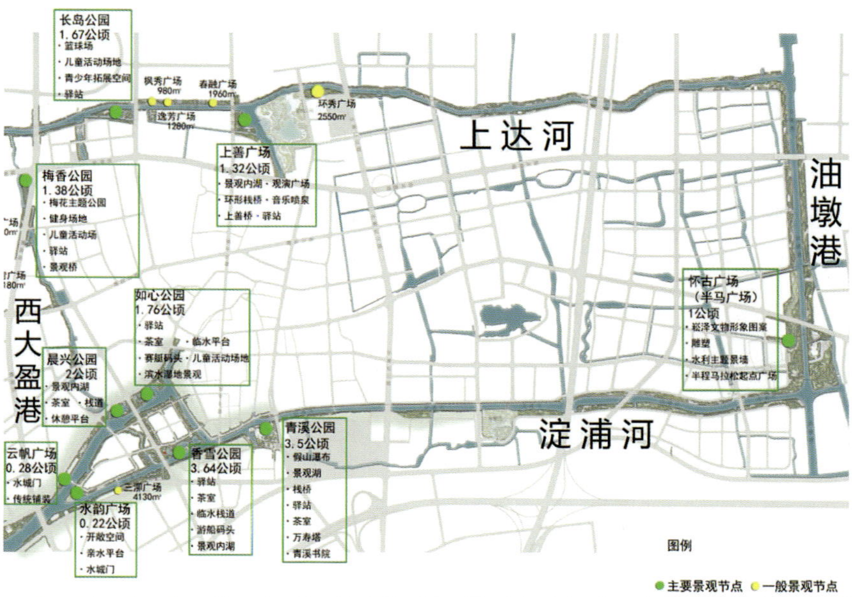

图 4 青浦环城水系公园主要景点分布图 （淀山湖新城公司供稿）

道约22公里;建设18座码头,新建驿站(内含厕所)17处、厕所11处、茶室6处。成为一个独具水乡特色的兼顾历史文化、生态水景、健身运动和休闲旅游的综合性公园。代表性景观有6个公园〔晨兴公园、如心公园、香雪公园、梅香公园、长岛公园、清溪公园(万寿塔公园)〕、4个广场〔怀古广场(半马广场)、水韵广场、云帆广场、上善广场〕和水城门桥。

晨兴公园。为漕港北岸的一个滨水公共休闲绿地,北临海盈路,东临港俞路,面积约2公顷。公园中心的景观湖与漕港相连通,公园主园路环湖而建,其中一段以栈桥的形式穿过湖面。临水设置茶室、景观廊架、休憩平台,其中茶室北临漕港、南望景观湖,南北两面不同的水景风光尽收眼底。

如心公园。位于晨兴公园东侧,北邻海盈路,是临漕港的一个滨水公共绿地。以水、岛、栈桥为特色,设置驿站、茶室、景观廊架、赛艇码头、景观广场、临水平台、儿童活动场地等。景观建筑汲取青浦传统民居的元素,植物景观以水生植物和杉树为特色。

香雪公园。位于艺术岛,环城河和淀浦河交叉口,北临老朱青路,西临港俞路,是一个以景观湖为中心的滨水公共绿地。公园景观湖与淀浦河相连,湖中有2个小岛,有栈桥水岸相连。临中心景观湖设置驿站、茶室、临水栈桥和游船码头,东侧建设拱桥(莼洲桥)与环城西路相连。湖边种植乌桕,临水岸种植黄菖蒲。

梅香公园。位于盈港路和漕盈路交叉口,是临杨泾港的一处三角形滨水口袋公园,面积约1.38公顷。定位为以市民休憩为主题的街头公共绿地。中间河道,将公园分为南北两个区域,北面场地开阔,设置驿站、健身场地、儿童活动场、滨水步道等;南面场地狭长,地势低洼,设置旱溪和休憩园路。公园大量种植梅花。

长岛公园。位于上达河的长岛,长岛东西狭长,四面环水,通过3座拱桥与周边道路相连。是一处以运动休闲为主题的小型公共绿地,面积约1.67公顷。考虑不同年龄段的运动需求,设置多类型的活动空间。8字形的主道路,将驿站、篮球场、儿童活动场,青少年拓展空间等区域相连。

清溪公园。位于淀浦河南岸,紧临全国重点文物保护单位——万寿塔,约3.5公顷,是一处具有江南园林元素的公共绿地,根据万寿塔的历史资料,在公园内重建清溪书院,以及书院入口临淀浦河的码头。其他区域,是以假山为中心的山水园,设置假山、水体、栈桥、驿站、茶室等。

水城门桥。位于青浦漕港之上,连通海盈路和艺术岛。采用仿古城楼形式,两侧为上桥台阶,中心为平桥,桥梁中心处有二层城楼。总长87.3米,有一大六小七个桥洞,中心桥面绝对标高为11.32米;城楼高约13米,面阔3间,进深2间,为2层纯木结构建筑,采用斗拱结构,整体风格古朴优美。

(蒋懿宁)

12月,青浦环城水系公园二期建设基本完成,图为上善广场鸟瞰　　(淀山湖新城公司供稿)

商贸·服务业

编辑 赵 峰

综 述

2019年，面对国内外复杂严峻的形势，青浦区贯彻两大国家战略，紧扣“一体化”和“高质量”两大关键，以“抢”的意识、“拼”的勇气、“实”的作风，实施重点工作“挂图作战”，全区商业经济高质量发展。社会消费品零售总额606.9亿元，比上年增长4.5%。引进合同外资14.0亿美元，比上年增长55.1%；实到外资8.0亿美元，比上年增长29.3%。外贸进出口总额768.4亿元，比上年微增0.9%。

3月，按照《上海市青浦区机构改革方案》，成立区商务委，将区商务委由在区经委挂牌调整为单独设置，作为区政府工作部门，增挂区粮食和物资储备局牌子。年末，区商务委内设机构8个，分别是办公室、综合运行科、进口博览会协调科（会展业科）、投资促进科、外资外贸管理科、商贸管理科、服务业发展科、粮食和物资储备科。下属事业单位为中国国际贸易促进委员会上海青浦支会。年末，有公务员23人。

（胡 晨）

商 业

■概况 2019年，全区商品销售总额1192.4亿元，比上年增长6.1%。其中，限额以上商品销售总额573.8亿元，比上年增长9.3%。全区社会消费品零售总额542.3亿元，比上年增长4.5%。其中，限额以上社会消费品零售总额253亿元，比上年增长12.4%。赵巷商业商务集聚区销售70.3亿元，比上年增长4.7%；青浦新城商业商务区销售27.8亿元，比上年增长12.4%。

（胡 晨）

■促进消费 7月10日，青浦区促进消费启动仪式举行。仪式上，区长余旭峰宣布青浦区首名“夜间区长”和首批7名“夜生活首席执行官”名单。夜间区长为副区长彭一浩，夜生活首席执行官分别为上海嘉登丽都商业经营管理有限公司总经理谢祖龙、上海宝龙地产商业经营管理有限公司总经理陆海明、上海尚锦文化旅游发展有限公司副总经理周兴虎、上海青浦万达广场商业管理有限公司总经理赵尔、上海青浦吾悦商业管理有限公司副总经理闫春国、上海云屹茂置业有限公司吉富绅集团商业运营总监胡光和朱家角北大街商铺党支部书记沈慎福。区副巡视员徐英为首批“夜间经济首席执行官”颁发证书，发布青浦区推动夜间经济发展的工作举措。青浦区成为在全市郊区率先推出“夜间区长”和“夜生活首席执行官”的区县。

（胡 晨）

■节日消费市场监测 2019年，元旦3天，25家重点监测商业企业实现销售1.9亿元，比上年同期增长11.3%；春节“黄金周”7天，23家重点监测商业企业实现销售2.3亿元，比上年同期增长12.6%；“五一”节4天，26家重点监测企业实现销售额2.2亿元，比上年同期增长近三成；“十一”7天，22家重点监测企业共现销售3.5亿元，比上年同期增长8.4%。

（胡 晨）

11月5—10日，第二届中国国际进口博览会在国家会展中心（上海）举行，图为国家会展中心商业广场2层 （西虹桥商务区供稿）

2019年青浦区大型商业购物场所情况表

表36

序号	名称	开业时间	地点
1	桥梓湾购物中心	2005年12月28日	青浦区公园路700号
2	青浦百联东方商厦	2005年12月30日	青浦区公园路700号
3	百联奥特莱斯广场(上海·青浦)	2006年4月28日	青浦区沪青平公路2888号
4	吉盛伟邦国际家具村	2007年9月1日	青浦区嘉松中路5369号
5	永业购物中心	2008年7月8日	青浦区沪青平公路1817号
6	尚都里休闲广场	2013年1月	青浦区朱家角镇新风路210弄－288弄
7	合生新天地(原米格天地)	2013年1月18日	青浦区嘉松中路5999号
8	富绅商业中心	2013年12月25日	青浦区公园东路1289弄
9	吾悦广场	2014年12月20日	青浦区淀山湖大道218号
10	满天星399广场	2017年9月30日	青浦区淀山湖大道399号
11	青浦宝龙广场	2018年1月(一期澳门街);2018年9月30日(二期)	青浦区汇金路590号
12	青浦万达茂	2019年6月22日	青浦区淀山湖大道851号
13	山姆会员商店青浦店	2019年6月28日	青浦区业锦路483弄1－26号
14	百联悠迈生活广场(原富绅时代广场)	2019年12月18日	青浦区盈港路1616弄
15	青浦绿地缤纷城	2019年12月28日	青浦区外青松公路5999号

(胡　晨)

■长三角文商旅大走亲暨长三角名品节举行　9月28日—10月4日,在青浦万达茂举行。作为2019年上海购物节的重点活动,立足于文化、旅游、购物的有机融合,聚集汇集上海市,江苏省吴江区、昆山市,浙江省嘉兴市嘉善县,以及江苏省东台市、安徽省等长三角地区的优秀文艺作品、优质特色品牌、非遗传统技艺等,让市民游客体验到长三角地区的特色品牌魅力。

(胡　晨)

■2019年上海青浦淀山湖文化艺术节暨旅游购物节闭幕式　10月22日,在青浦区徐泾镇夏都小镇举行。闭幕式上,为青浦区首名"夜间区长"副区长彭一浩颁发(补发)证书,推出青浦区第二批8名"夜生活首席执行官"。正式发布青浦区对接"进博会"特色投资促进路线,分别是全球商品汇聚的展览展示线、国际农产品荟萃的交易展示线、青浦智造创享未来的产业对接线、充满夜间经济新体验的魅力夜青浦线。

(胡　晨)

10月22日,市政府副秘书长尚玉英(右六),区委副书记、区长余旭峰(右五)为青浦区第二批"夜生活首席执行官"颁证　(区商委供稿)

■山姆会员商店青浦店正式开业　6月28日,山姆会员商店青浦店正式开业。位于青浦区赵巷镇嘉松中路业锦路东南角,建筑面积约1.8万平方米。商业面积1.4万平方米、商户219个,作为上海第二店、浦西第一店的青浦店,采取会员制,力求精选货品、高性价比、全渠道的购物体验。至年末,销售额3.14亿元。

(胡　晨)

■青浦万达茂开业　6月22日,万达集团首个一线城市文化旅游商业综合体项目——上海青浦万达茂正式开业。为区委、区政府重点引进的商业综合体项目。

总建筑面积44.75万平方米，商业面积23.7万平方米、商户219个，与轨道交通17号线淀山湖大道站无缝对接。至年末，销售额4.73亿元。 （胡 晨）

■青浦绿地缤纷城正式启幕 12月28日，青浦绿地缤纷城正式开业。位于青浦城区盈港路外青松路口，为轨道交通17号线青浦新城站上盖的商业综合体，商业体量5万平方米。基于青浦本土文化特色设计，以"一轴三带"的空间布局串联商业、办公及住宅片区。定位为"聚生活家、享生活+"，融入绿地贸易港"进博"同款元素，有品牌餐饮、进口超市、儿童亲子、休闲零售等品牌业态（商铺、门店）。商业面积5万平方米。 （胡 晨）

6月22日，上海青浦万达茂正式开业 （区商委供稿）

2019年青浦区大型商业综合体及重点商业企业运营情况表

表37

序号	企业名称	所属街镇	销售额（亿元）	比上年（%）	商业面积（平方米）	商户数（个）	商铺出租率（%）
1	百联奥特莱斯广场	赵巷	42.4	6.1	89165	380	100
2	吉盛伟邦国际家具村	赵巷	15.62	3.7	212982	533	66
3	合生新天地（原米格天地）	赵巷	2.02	-7.3	94030	49	36
4	青浦宝龙广场	赵巷	5.81	—	110000	145	99.4
5	夏都小镇	徐泾	1.12	—	70000	77	80
6	永业购物中心	徐泾	4.11	-1.0	59348	80	90
7	富绅商业中心	夏阳	4.0	22.9	38264	56	95
8	青浦万达茂	盈浦	4.73	—	237000	219	100
9	吾悦广场	盈浦	5.95	-2.7	58000	152	90.3
10	悠迈生活广场	盈浦	1.31	36.7	49000	140	90
11	桥梓湾购物中心	盈浦	7.39	-13	53489	242	99
12	青浦百联东方商厦	盈浦	3.61	-10.3	11381	—	—
13	山姆青浦会员商店	赵巷	3.14	—	14183	—	—
14	中南朱里雅集（原尚都里）	朱家角	0.27	10.5	6000	19	30

（胡 晨）

东渡悦来城智慧微菜场 （区商委供稿）

■新建社区智慧微菜店44家 协调食行生鲜（苏州食行生鲜电子商务有限公司）在区内社区（包括大居、医院、机关等）新建智慧微菜店44家，实现"菜篮子工程"建设向社区"最后一公里"的延伸。作为标准化菜市场的有力补充，社区智慧微菜场以网订柜取、24小时自助服务等模式，采取线上线下融合服务，通过"食行生鲜"官网、手机APP、微信等多渠道为社区居民提供便捷的"订单式买菜"服务，满足市民的日常生活需求，提升市民生活便利化水平。年末，全区智慧微菜店建成165家。 （胡 晨）

2019年青浦区新建社区“智慧微菜店”情况表

表38

序号	街镇	小区名称
1	夏阳街道	锦泽苑
2	夏阳街道	新青浦佳园
3	香花桥街道	民惠雅苑
4	香花桥街道	民惠三期
5	香花桥街道	青浦卓越世纪中心岛内
6	香花桥街道	青浦卓越世纪中心岛外
7	徐泾镇	海棠馨苑208弄
8	徐泾镇	馨浦苑798弄
9	徐泾镇	欣沁苑238弄
10	徐泾镇	瑞和明庭268弄
11	徐泾镇	瑞和明庭333弄
12	徐泾镇	欣沁苑458弄
13	徐泾镇	万科天空融苑
14	徐泾镇	蟠龙鑫苑
15	徐泾镇	君悦湾墅7号楼
16	徐泾镇	君悦湾墅10号楼
17	徐泾镇	君悦湾墅11号楼
18	徐泾镇	君悦湾墅12号楼
19	盈浦街道	景瑞城中公园
20	盈浦街道	西部花苑
21	盈浦街道	东渡悦来城
22	盈浦街道	禧悦新苑
23	盈浦街道	中南君悦府
24	盈浦街道	融信铂爵
25	盈浦街道	新城盛世
26	盈浦街道	禧悦翠庭
27	赵巷镇	佳福雅苑南区
28	赵巷镇	佳福雅苑北区
29	赵巷镇	青湖苑
30	赵巷镇	青湖轩
31	赵巷镇	崧涵庭
32	赵巷镇	爱多邦公园
33	赵巷镇	秀景苑
34	赵巷镇	龙湖紫都城南区
35	赵巷镇	御澜山
36	赵巷镇	龙湖紫悦湾
37	赵巷镇	昱秀欣苑

（续表）

序号	街镇	小区名称
38	赵巷	和瑞东苑
39	赵巷	和瑞西苑
40	赵巷镇	龙湖滟澜山南区
41	赵巷镇	崧泽华城华中苑秀涓路492弄
42	重固	佳兆业君汇上品
43	朱家角	海上湾3期
44	朱家角	朱家角一号

（胡　晨）

■绿地钻石直销中心在绿地全球商品贸易港开馆　绿地钻石直销中心（Greenland Diamond Centre，简称GDC）于9月16日在进口博览会常年展示交易服务平台——绿地全球商品贸易港内开馆。直销中心为亚洲最大一站式钻石展销体验中心。启幕仪式上，被上海钻石交易所、以色列钻石交易所联合授予“中以钻石文化交流基地”。市商务委副巡视员李泓，副区长彭一浩，以色列驻沪总领事普若璞，以色列钻石交易所总裁约拉姆·德瓦士，上海钻石交易所总裁林强，绿地集团董事长、总裁张玉良，执行总裁张蕴等出席仪式。绿地钻石直销中心位于贸易港北侧一至三楼区域，建筑面积超1000平方米，馆内将长期展出1000余颗钻石。开馆当日，首批900余颗裸钻及100余件钻石饰品展出，产品重量覆盖30分到12克拉不等。作为中以钻石文化交流基地，绿地钻石直销中心采用“钻石博物馆＋销售展厅”的布局。钻石博物馆位于中心一楼，主要展示钻石的历史文化、开采过程、制作工艺、鉴定标准等内容，展出近20款世界知名钻石复制品及钻石原石。（姚璐怡）

■20家菜市场设置生猪保供稳价及蔬菜直供专柜　9月27日起，全区20个菜市场内设置生猪产品保供稳价专柜（平价猪肉专柜），专柜每天提供2个品种的平价生猪产品，以精腿肉、夹心肉为主，按照当天白条批发价进行平价销售。另在菜市场设置蔬菜产销直供专柜，每天销售4种以上蔬菜，产销直供专柜向青浦区农业合作社开放租赁，成为青浦区特色农产品的销售平台。

（胡　晨）

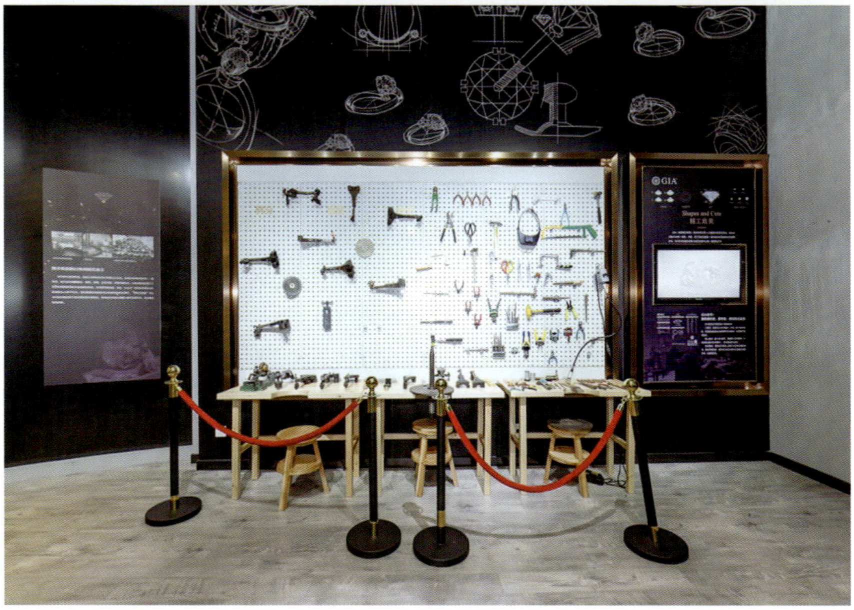

9月16日，在绿地全球商品贸易港开馆的绿地钻石直销中心内景

（西虹桥商务区供稿）

2019 年青浦区设置生猪产品保供稳价专柜和蔬菜产销直供专柜的菜市场情况表

表 39

序号	街镇	菜市场	地址
1	赵巷镇	赵巷菜市场	镇中路 518 号
2	赵巷镇	北崧菜市场	和睦村和睦路 101 号
3	赵巷镇	中泽菜市场	中泽路 102 号
4	赵巷镇	秀源路菜市场	秀源路 288 号
5	赵巷镇	崧文南路菜市场	崧文南路 170 号
6	赵巷镇	南淀浦河路菜场	秀涓路 300 号
7	徐泾镇	陆家角菜市场	尚鸿路 939 弄 1 号
8	华新镇	华新菜市场	华新街 460 号
9	华新镇	新风菜市场	凤霞路 605 号
10	重固镇	重固菜市场	重固镇福泉路 360 号
11	白鹤镇	赵屯菜市场	赵屯社区新赵路 57 号
12	朱家角镇	朱家角菜市场	漕平路 43 号
13	练塘镇	练塘菜市场	练塘镇练北路 140 号
14	金泽镇	金泽菜市场	金溪路 2 号
15	夏阳街道	城东菜市场	浦仓路 185 号
16	夏阳街道	界泾港菜市场	界泾港浦仓路北侧
17	盈浦街道	三元河菜市场	城中西路 258 号
18	盈浦街道	八字桥菜市场	胜利路 502 号
19	香花桥街道	香花菜市场	香花桥街道普光路 49 号
20	香花桥街道	大盈菜市场	大盈社区襄城街 35 号

（胡　晨）

11 月 23 日，区委副书记杨小菁（前右）到界泾港市场调研

（青浦发展集团供稿）

“平台经济”

■概况　2019 年，全区通过政策聚焦、服务优化，快递物流、会展业、“6＋365”平台、跨境电子商务等重点产业平台发展稳定，集群效应持续显现。会展业，国家会展中心举行展览 49 个，展出面积 572.3 万平方米，展出接待 721 万人次，展出面积 95 万平方米；快递业，全年业务收入 1013 亿元，比上年增长 38.1%，占全市业务收入的 78.6%，占全国的 13.5%；跨境电子商务，出口加工区保税物流中心订单 458 万单，交易金额 20.2 亿元。（胡　晨）

■快递物流产业成为青浦区首个千亿产业集群　青浦区集聚 14 家快递物流企业全国和区域快递总部（包括全国总部：中通、申通、韵达、圆通、德邦、优速、

佳吉、安能、龙邦;地区总部:顺丰、百世、跨越、天天、速尔),快递业务经营许可企业155家(含注册在青浦,经营在外地;不含注册在外地,经营在青浦企业),规模以上交通运输企业115家。2019年,快递10.55亿件,比上年下降21.85%。快递业务收入1013亿元,比上年增长38.1%,占全市业务收入的78.6%,较2018年提升6.68个百分点,占全国的13.5%,占比较2018年提升1.35个百分点。全区快递物流企业共纳税47.5亿元。有6家快递企业入选年度青浦区百强优秀企业,其中4家进入前5位;6家快递企业纳税46.7亿元(含企业辖下非交通运输企业),占百强优秀企业纳税额的32%。（胡 晨）

■安能聚创供应链公司成为青浦区第六家贸易型总部 7月4日,上海市第三批贸易型总部颁证仪式在市政府举行,上海安能聚创供应链管理有限公司成为区第六家贸易型总部。2016—2019年,上海市认定3批137家贸易型总部企业。青浦区圆通速递有限公司、申通快递有限公司、中通快递股份有限公司、上海韵达货运有限公司、德邦物流股份有限公司和上海安能聚创供应链管理有限公司6家企业名列其中。（胡 晨）

■华新镇入选2019年国家物流枢纽建设名单 9月11日,国家发展改革委、交通运输部联合印发《关于做好2019年国家物流枢纽建设工作的通知》(发改经贸〔2019〕1475号),有23个物流枢纽入选2019年国家物流枢纽建设名单。其中,华新镇申报的"上海商贸服务型国家物流枢纽"成为上海市唯一入选的项目。2004年起,华新镇引进快递产业,以圆通快递总部为开端,中通、韵达、安能等公司的全国运营总部以及顺丰华东区总部等快递物流企业陆续进驻华新。初步形成具有一定规模、一定能级的物流产业集群区。至年末,该物流集群区成为华新镇经济最有活力、最活跃的区域。（胡 晨）

■韵达控股股份有限公司 于1999年8月8日成立。2009年2月,总部迁至青浦区盈港东路6679号,占地40000平方米。入选上海首批44家民营企业总部名单,先后两次入选BrandZ(英国品牌研究机构)最具价值中国品牌100强排行榜,获得2014—2015全国交通运输行业文明单位等称号。连续多年被评为青浦区纳税百强企业。于2017年1月18日在深圳证券交易所借壳上市(韵达股份,002120)。2019年,服务网络覆盖全国31个省(区、市)及港澳台地区;服务网络覆盖地级以上城市除青海省玉树、果洛州和海南省三沙市外实现全覆盖。在全国设立59个自营枢纽转运中心,枢纽转运中心自营比例为100%;拥有3728个加盟商及27466个网点及门店(含加盟商)。全网快递员16.93万人,快递产业链从业人员25万人。韵达国际开通全球30个国家和地区服务网络,国际/地区城市新增110个。全年完成快递业务量100.3亿件,比上年增长43.59%,增速高出行业平均增速18.29个百分点;快递市场份额15.79%,比上年提高2.02个百分点。实现营业收入344.04亿元,比上年增长148.30%,其中快递业务收入319.64亿元,比上年增长165.91%。（郭鹏程）

■中通快递股份有限公司 于2002年5月8日成立,是一家以快递为核心业务,集跨境、快运、商业、云仓、航空、金融、智能、传媒等业务板块于一体的综合物流服务企业,注册商标为"中通""zto"。2010年10月,总部迁入青浦区华新镇华志路1685号。2016年10月28日(美国当地时间10月27日),中通快递股份有限公司(NYSE:ZTO)在纽约证券交易所正式挂牌上市。2019年,全网服务网点超过30000个,转运中心91个,直接网络合作伙伴逾4800家,干线运输车辆7350辆(其中4650辆为高运力甩挂车),干线运输线路超过2600条,快递网络通达全国98%以上的区县,90%以上的乡镇。营业收入221.10亿元,比上年增长25.6%。全年净利润为56.71亿元,比上年增长29.2%;调整后净利润为52.92亿元,比上年增长26.0%。年业务包裹总量121.2亿件,比上年增长42.2%。市场份额为19.1%,居行业第一。获得2019年第二届青浦区慈善之星、青浦区百强优秀企业称号和青浦区创新创业优秀人才团队奖。（程 绩）

■申通快递股份有限公司 于2007年12月在青浦区注册成立,位于赵重公路1888号。为上海市首批贸易型总部企业。2016年12月,总部迁入北青公路6598弄25号意邦大厦。12月30日,公司(申通快递,002468)在深圳证券交易所借壳上市。2019年,公司拥有独立网点及分公司3500余家,服务网点及门店25000余家,乡镇网点15000余家,直属与非直属转中心68个,干线运输车辆5200余辆,其中自营申瑞车队3650余辆,自营车辆占比70.26%。从业人

位于青浦区赵巷镇崧华路889－899号的申通上海转运中心(航空部)
（申通快递公司供稿）

员超过30万人。总股本15.31亿股;总资产89.38亿元;营业收入230.89亿元,比上年增长35.71%;利润总额17.49亿元,比上年下降35.75%;归属上市公司股东净利润14.33亿元,比上年下降30.06%。完成业务量约73.71亿件,比上年增长44.19%,市占率达到11.60%。入选2019年上海民营企业100强、上海服务业企业100强、上海民营服务业企业100强、上海成长性企业50强。 (杨浩然)

■圆通速递股份有限公司 于2000年4月在青浦区注册成立,办公地址位于华新镇华徐公路3029弄18号。2006年10月3日,总部迁入华新镇华徐公路3029弄28号大楼。2015年10月1日,迁入华徐公路3029弄18号集团大楼。2018年10月17日,新总部迁入华新镇新协路28号,总占地面积17.47公顷。2016年10月20日,公司(圆通速递,600233)在上海证券交易所借壳上市。2019年,公司快递服务网络覆盖全国31个省、自治区和直辖市,地级以上城市基本实现全覆盖,县级以上城市覆盖率97.33%;加盟商4180家,末端网点32005个;在全国范围拥有自营枢纽转运中心73个,自营城配中心5个;公司全网干线运输车辆超5500辆,其中自有干线运输车辆1555辆;自有航空飞机12架。全年业务完成量91.15亿件,比上年增长36.78%;市场占有率为14.35%,比上年提升1.21个百分点;实现营业收入311.51亿元,比上年增长13.42%,实现归属于母公司股东净利润16.68亿元。获得2019年度青浦区纳税百强企业称号和青浦区纳税百强持续贡献奖。 (王 娟)

■德邦物流股份有限公司 成立于1996年。2009年,迁入上海;8月,德邦物流股份有限公司在青浦区注册,注册地址为青浦区徐泾镇徐祥路316号1幢。总部位于区徐泾镇明珠路1018号。2018年1月16日,德邦物流股份有限公司(德邦股份,603056)在上海证券交易所上市。德邦物流为国内主板IPO上市的首家物流快递企业、全国第七家民营快递业上市企业,此次发行10000万股,每股发行价4.84元。2019年3月17日,234名连续12个月获得五星的快递员,获得总价值为2340万元的金砖。9月8日,公司举办2019年德邦快递员海外集体婚礼,100对新婚员工乘邮轮到日本举办集体婚礼。10月获得行业内第一块无人车运营牌照。获得中国快递差异化发展奖、中国快递社会责任奖、中国物流百强企业。入选上海市物流服务标准化标杆企业,成为上海市企业技术中心。2019年,在全国省级行政区、地级、县级城市实现快递网络全覆盖,乡镇覆盖率94%。总股本9.53亿股;总资产90.78亿元;营业收入259.22亿元,比上年增长12.58%;快递业务收入146.67亿元,比上年增长28.69%。全年快递件量5.20亿件,比上年增长28.86%。 (季小从)

11月11日,位于徐泾镇明珠路1018号的德邦快递上海快递转运场件分拣现场 (德邦物流股份有限公司供稿)

■国家会展中心(上海) 为中华人民共和国商务部和上海市人民政府合作共建项目。由中国对外贸易中心(集团)和上海东浩兰生国际服务贸易(集团)共同出资60亿元,组建上海博览会有限责任公司,2016年1月公司更名为国家会展中心(上海)有限责任公司(简称"国展公司"),为会展项目运作主体,负责项目投资建设和场馆运营、展会开发等工作。

至年底,共引进会展及会展周边企业104家。会展中心商业出租率80%,常态运营商户89家;办公楼出租率80%,入驻企业125家。国展综合体内入驻企业税收收入1.51亿元。

国家会展中心商业广场完成销售额18647万元,比上年增长24%。洲际酒店营业额21987万元,比上年增长7%,其中:餐饮收入8932.9万元,占营业额的45%。新诸绿地铂骊(四星级)酒店和新徐绿地铂瑞(五星级)酒店营业额合计23985万元,比上年增长26%,其中餐饮收入占营业额的43%。

全年国家会展中心(上海)举行127场展览及活动项目,其中展览60场、活动67场。总使用面积696万平方米,比上年增加10%,其中展览面积580万平方米、活动面积100万平方米。展览活动包括中国国际纺织面料及辅料(春夏)博览会、2019年中国国际建筑贸易博览会、上海国际汽车工业展览会、中国国际机器人展览会、中国国际五金展览会等。11月5—10日,举行的第二届中国国际进口博览会,展览面积36万平方米,总计超过91万人次入场参观。 (姚璐怡 胡 晨)

■2019年国际会展业CEO上海峰会 6月19日,在青浦举行。峰会以"变革与传承——中国会展业的未来十年"为主题,海内外会展业协会、政府会展管理机构、会展业企业高层管理人员250余人参加。开幕式上,市会展行业协会和青浦区政府、新加坡展览主办方和供应商协会、香港展览会议业协会、美国展览业研究中心等机构签署战略合作协议。宣布成立中国首支会展产业股权投资基金—上海会展产业股权投资基金,投资领域涵盖会议展览、活动赛事、商贸旅游、文化创意、体育健康、科

技应用等会展产业集群和相关现代服务业。聘请16名国际会展业著名人士担任第二批"上海会展业国际顾问"。（胡　晨）

6月19日，2019年国际会展业CEO上海峰会举行　（区商委供稿）

■再添5家"6天+365天"交易服务平台　10月22日，第二届"进博会"上海交易团举行新一批"6天+365天"交易服务平台授牌仪式。经上海交易团各交易分团及成员单位推荐，通过评审工作小组集体评审，综合平衡运营主体经营能力、对接"进博会"展商承接能力、进口业务比重等因素，新评选出18个"6天+365天"交易服务平台。其中，青浦区推荐的5个新平台全部入选，分别为震坤行MRO工业品智能服务平台、甄选行家〔渠润供应链科技（上海）有限公司〕、SCP小咖云国际康养产业创新中心、国际时尚创意展示交易平台T和众采进口日用消费品采供对接平台。全区"6天+365天"展示交易服务平台有9家。（胡　晨）

■第二届"进博会"上海交易团青浦分团集中签约仪式举行　11月8日，第二届中国国际进口博览会上海交易团青浦分团集中签约仪式在国家会展中心举行。以震坤行工业超市、上海绿地全球商品贸易港（集团）有限公司、上海西郊国际农产品交易有限公司、渠润供应链科技（上海）有限公司为代表的区内"6+365"展示交易服务平台和参展商签订采购合作意向协议，采购交易商品涉及工业装备耗材、进口水果、农副产品、健康食品、日用消费品等，签约规模较大，承接进博会溢出效应。（胡　晨）

■跨境电子商务产业集聚　2019年，青浦区跨境电子商务单量9.48万单，与2016年的9.48万单相比，翻近50倍；货值202611万元，缴纳关税近3000万元。实际开展跨境电子商务业务的企业及其上下游配套企业主要集聚在区内两个跨境电子商务示范园区内，其中：青浦综合保税区内集聚相关企业37家，营业收入6470万元；西虹桥商务区集聚相关企业13家，营业收入1552万元。（胡　晨）

■上海青浦区跨境电子商务保税展示贸易物流中心　位于上海青浦综合保税区，地处苏、浙、沪交界处，毗邻虹桥交通枢纽，是上海辐射和服务长三角的桥头堡。园区面积1.58平方公里，建有跨境仓储设施8万平方米。为跨境

上海青浦跨境电子商务物流中心　（区商委供稿）

电子商务企业、支付机构、物流企业提供保税展示、交易、仓储、物流、金融等一条龙服务和财政扶持，中心内有包括绿地、大田物流等40多家全国网络型快递物流企业总部和中转中心。

（胡　晨）

■上海首个保税展示展销场所在绿地全球商贸港揭牌　10月16日，上海首个保税展示展销新平台——绿地全球商贸港保税展示展销场所揭牌仪式举行。保税展示展销场所位于绿地全球商贸港一楼，规划面积1万平方米，设有欧洲馆、亚洲馆、美洲馆及活动体验区，直接采购（没有中介或其他中间环节）引进上千款国际一线品牌商品，包括服饰箱包、鞋靴饰品及生活用品等。首期重点引进奢侈品、钻石珠宝、数码家电、生活用品、酒类、家居用品及工艺品等海外商品。部分商品实现“海外同质”“海外同价”，让国内消费者享受到与海外购物近乎相同的体验。

（胡　晨）

■2019年亚马逊全球开店跨境峰会举行　12月—12日，2019年亚马逊全球开店跨境峰会在国家会展中心（上海）举行。主办方为全球知名的电子商务平台亚马逊。峰会以“世界，无界”为主题，汇聚近万名品牌商、制造商、贸易商、服务提供商以及众多行业大咖，正式发布亚马逊全球开店中国2020年战略重点，发布四大战略：持续开发运营工具，让卖家全球布局和运营更高效；提供多元化业务模式帮助卖家把握全球商业机遇；丰富全球物流和库存管理方案，帮助卖家优化全球供应链管理；提供全球品牌推广和保护工具，支持中国企业打造国际品牌。亚马逊新加坡站点也正式对中国卖家开放，为全球布局添新机会。

（胡　晨）

■北斗导航产业集群　北斗导航基地位于西虹桥商务区，2019年完成总产值22.34亿元，比上年增长27.3%；实现税收8707万元；集聚235家导航产业相关企业，包括沪深主板上市企业1家、新三板挂牌企业3家、上海股权交易中心挂牌企业1家、市小巨人企业（含培育）6家。作为市科创中心建设重要组成部分的北斗导航研发与转化功能型平台方案通过上海投资咨询公司评估，获批立项。举办“预见北斗新时空”智能产业论坛暨烟台（上海）产业资源对接会；联合上海交大、Innospace公司聚焦北斗导航与位置服务产业，主办和承办2次大赛和2次峰会论坛，包括“2019年上海国际创客大赛长三角北斗”“第三届高分北斗无人飞行器智能感知技术竞赛”“中国北斗产业技术创新西虹桥基地企业家展新年会”和“上海市退役军人创业创新与产业合作发展论坛”。

（钱　欢）

■中国北斗产业技术创新西虹桥基地　位于西虹桥商务区，有高泾路和高光路两个园区，总面积7.4万平方米。高泾路园区一期企业入驻率100%；高泾路园区二期于2018年开始招商，入驻率88%；高光路园区入驻率90%。2019年，北斗西虹桥基地新驻企业40家，入驻235家，全年实现销售收入22.34亿元、税收8707.09万元，分别比上年增长27.3%、-10.72%。上海联适导航技术有限公司（精准农业自动驾驶）、上海华测导航技术股份有限公司（研发高精度算法和设备）、上海海积信息科技股份有限公司（研发高精度天线）等北斗核心产业企业发展较快，其中上海华测导航技术股份有限公司在深圳证券交易所上市。上海真灼科技股份有限公司、上海普适导航科技股份有限公司先后在新三板（全国中小企业股份转让系统）挂牌。

8月28日，预见·北斗新时空智能产业论坛暨烟台（上海）产业资源对接会在青浦区虹桥绿地铂骊酒店多功能厅举行。活动由上海交通大学、烟台市科技局、烟台市高新区指导，上海交通大学烟台信息技术研究院、中国北斗产业技术创新西虹桥基地、北斗智能产业技术创新烟台创业园联合主办。上海交通大学讲席教授、上海北斗导航创新研究院院长、中国北斗产业技术创新西虹桥基地首席科学家郁文贤，烟台市代表，以及北斗领域的行业专家、投资人、企业代表出席活动。12月20日，中国北斗产业技术创新西虹桥基地总经理联谊会暨基地企业上下游供需合作面谈会在上海虹桥诺富特全套房酒店举行。基地首席科学家郁文贤现场作《不忘初心，协同发展》的分享讲话。

（姚璐怡）

■2019年上海国际创客大赛——长三角北斗专题赛决赛　10月12日下午，在中国北斗产业技术创新西虹桥基地举行。国际创客大赛以“匠心无界”为主题，长三角北斗专题赛作为国际创客大赛六大专题赛之一，围绕“时空数据智能创新应用”开展。16个团队参加决赛。上海赛图科技张欣团队的“时空大数据中台+可视化GIS”获得一等奖。

（姚璐怡　钱　欢）

■第三届“高分北斗”无人飞行器智能感知技术竞赛总决赛　8月25日上午，

10月16日，副市长许昆林（右）和上海海关关长高融昆（左）共同为绿地全球商贸港保税展示展销场所揭牌　（区商委供稿）

在上海交通大学微电子学院举行。国家高分辨率对地观测办公室、中国科学院高分辨率对地观测系统专项办公室、空军装备研究院、中国科学院电子学研究所、北京跟踪与通信技术研究所、上海交通大学、国防科技大学、武汉大学、北京理工大学、吉林大学、西北工业大学等国内多个高校和科研院所专家代表出席决赛开幕式,13 个队伍参加比赛。（钱　欢　姚璐怡）

■上海市退役军人创业创新与产业合作发展论坛　5月25日上午,在中国北斗产业技术创新西虹桥基地举行。论坛由上海市退役军人事务局指导,上海高新产业融创服务战略联盟、上海交通大学高新技术融创发展中心和区退役军人事务局联合主办,北斗西虹桥基地企业协办。以促进退役军人创业就业与产业合作发展为主旨,围绕高新产业领域,建立交流合作发展平台,展示退役军人创业成果,汇聚创业资源,服务新时期上海科创中心建设与军民融合发展战略。国家退役军人事务部,市、区相关部门的领导出席论坛,知名专家学者、优秀军旅企业家、退役军人企业代表以及部分地方企业家代表与会研讨。（姚璐怡　钱　欢）

■民用航空产业集群　民用航空青浦园区位于青浦工业园区,规划总面积 5.2 平方公里。2019 年,营业收入 34.04 亿元,比上年增长 1.1%,税收 8798 万元,比上年增长 36.6%,集聚 44 家航空产业企业。4 月,天睿航空服务产业园竣工,通过验收,产业园由上海中超卫浴有限公司投资开发,由公司组建的运营管理团队管理,位于崧秋路 418 号,进入密集招商阶段;围绕东航 GE、捷德航空总部项目、歌诺助航灯光等一批重点项目开展招商工作;产业园组织企业参与 2019 年民用飞机航电国际论坛、民用飞机工业国际论坛、航空推进技术论坛、华东通用航空发展论坛等各类业内活动。（钱　欢）

■人工智能产业集群　哈工大人工智能产业园位于青浦工业园区,占地 6.59 公顷,于 2017 年 9 月启动产业导入。2019 年,针对人工智能、智能制造等领域的产、研、学等各方向,引入企业 84 家(其中外资企业 3 家)、公共服务平台企业 4 家、研究平台 2 家、高校合作机构 3 家。产业园全年产值 3.7 亿元,集聚中高端人才 300 多人。（钱　欢）

12 月 20 日,中国北斗产业技术创新西虹桥基地企业家年会现场

（西虹桥商务区供稿）

■上海市西软件信息园　于 2017 年 12 月 27 日在青浦区成立,由上海市西软件园投资开发有限公司经营管理。注册资本金 1 亿元,青浦发展(集团)有限公司占股 70%,上海新城投资(集团)有限公司占股 30%,为市级软件和信息服务产业基地。2019 年 1 月,软件园投资开发公司由上海青浦发展(集团)有限公司托管,主要承担核心区内聚集、服务"互联网 +"、云计算、大数据等软件信息类高新企业的功能。8 月,被市经信委评为综合信息服务产业基地。设立一室三部,分别为综合办公室、规划建设部、招商服务部和综合管理部。年末,资产总额 8167 万元,负债总额 62 万元。全年完成税收 1.02 亿元,企业注册 158 家。

3 月 5 日,市西软件信息园开发建设指挥部和西虹桥商务区开发建设指挥部全体(扩大)会议在区政府三楼会议室召开,会议由副区长陈庆江主持,市经信委副主任傅新华,区委书记赵惠琴,区委副书记、区长余旭峰,副区长倪向军、王德强等出席会议。5 月,参加"提升城市功能品质,建设长三角一体化发展示范城市"——2019 年青浦区招商推介会。6 月 29 日,中税网年中盛会暨南方总部正式落户活动在市西软件信息园举行。7 月,第五届中国数据资产管理峰会暨敏捷运维峰会在西虹桥商务区召开,峰会由新炬网络股份公司和市西软件信息园联合举办,该峰会将青浦区作为永久举办地。

与街镇开展联动开发工作。与赵巷镇制定镇企联动方案及实施细则。5 月 29 日,与白鹤镇签订战略合作协议。

领导调研。3 月 20 日,市西软件信息园产业项目推进工作专题会在区政府五楼会议室召开,区委副书记、区长余旭峰出席会议。5 月 9 日,区政协副主席顾啸流、专委办组织政协委员企业家到市西软件信息园开展专题视察活动。6 月 18 日,区委副书记杨小菁在软件信息园就规划建设以及招商情况开展调研。7 月 2 日,市经信委副主任傅新华一行就软件信息园产业项目建设情况进行调研。8 月 1 日,市委副书记、市长应勇一行到软件信息园,听取土地出让、规划情况介绍。9 月 24 日,区委常委、副区长姜爱锋一行到软件信息园调研。10 月 30 日,副市长吴清一行到软件信息园调研,参加企业座谈会。11 月 13 日,副区长彭一浩到软件信息园就规划建设以及招商情况进行调研。

（赵佳俊）

■市西软件信息园控制规划　于 4 月 3 日取得市规划资源局批复,专项规划共

10 月 30 日，副市长吴清一行在市西软件信息园参加企业座谈会
（青浦发展集团供稿）

有 11 项（智慧园区、信息基础设施、管线综合、地下通道、交通、配电网、天然气、供水、排水、景观和照明），有 9 项专项规划通过评审，智慧园区、绿色生态城区规划稳步推进中。8 月，南区佳旭路、佳迪路、佳高路 3 条新建道路开工建设。（赵佳俊）

■5 个产业项目落地市西软件信息园 上海精测项目（半导体检测设备研发基地）占地 3.68 公顷，投资额约 30 亿元，于 9 月 19 日完成土地出让，于 9 月 29 日开工打桩。慧石科技项目（上海军民融合创新试验区暨航空“智”造产业园）占地 1.69 公顷，投资额约 8 亿元，12 月 31 日完成产业用地出让，为青浦区首幅高质量标准化产业用地。尚乎数码项目（数码打印产业链创新型产业集群），占地 1.40 公顷，投资额约 6 亿元。金光青浦智能信息产业园项目，占地 3.65 公顷，投资额约 11 亿元。创骋项目启动转型升级工作。（赵佳俊）

■网易（上海）网络有限公司落户赵巷镇 于 2019 年 4 月 3 日取得营业执照，正式落户赵巷。位于佳凯路西侧 C4(a)、C4(b) 地块。一期地块于 7 月 8 日中标，占地 6.62 公顷，容积率 2.5，规划投资 20 亿元，处于方案设计优化阶段。二期租赁式住宅地块于 12 月 11 日完成出让，人才公寓项目占地 1.62 公顷，总投资 4.7 亿元；二期商办用地于 2020 年 2 月 24 日完成出让，占地 6.98 公顷，总投资 25.3 亿元。规划落地网易公司与上海优势资源相匹配的各项新增业务；计划引进投资和重点培育孵化游戏、电子竞技、虚拟现实、动漫等人工智能优势产业；发展网易严选、考拉等电商业务；集聚带动一批上下游相关产业链合作伙伴落地，未来形成 2 万高端人才集聚，成为网易公司面向长三角，辐射全国各条线业务的产业园区。（赵佳俊）

对外贸易

■概况 2019 年，国家陆续出台减税降费、优化营商环境的政策措施，但一些国家采取贸易保护主义政策，外部环境复杂严峻。青浦区将“稳外贸”作为工作重点，继续做好企业服务工作。全年进出口总额 768.42 亿元，比上年增长 0.94%，其中，出口额 431.45 亿元，比上年增长 3.95%；进口额 336.97 亿元，比上年下降 2.67%。

贸易结构情况：全区一般贸易进出口 537.64 亿元，比上年下降 1.9%，其中：出口增长 2.7%，进口下降 7.3%，占区进出口比重的 70.3%，占比较上年下降 1 个百分点。加工贸易进出口 203.52 亿元，比上年增长 14.5%，占比较上年增长 1.5 个百分点。

贸易市场情况：全区进出口涉及 202 个国家和地区，其中：出口市场涉及 193 个国家和地区，进口市场涉及 128 个国家和地区。美国、日本、欧盟、东盟是青浦区最主要的进出口贸易市场，占比 63.3%。全区对传统贸易市场进出口下降，除东盟（117.48 亿元，比上年上升 34.43）外，对美国、日本、欧盟进出口分别为 115.95 亿元、97.47 亿元和 155.65 亿元，比上年分别下降 15.1%、12.3% 和 8.2%，对四大传统贸易市场进出口比上年下降 3.7%，其中：出口比上年下降 0.7%，进口比上年下降 7.0%。

经营主体情况：全区民营企业累计进出口 270.21 亿元，比上年增长 8.85%，高于全区进出口增幅 8.75 个百分点，其中：出口 191.71 亿元，比上年增长 15.9%，进口 108.24 亿元，比上年下降 1.7%。民营企业在全区进出口总额中占比由上年同期的 36.3% 上升为 39.1%，上升 2.8 个百分点；从总量分析，占区进出口主体的仍是外资企业，占比 50.3%。

重点企业出口情况：全区 75 家重点出口企业出口额 278.22 亿元，与上年持平，占全区出口比重的 64.5%，较上年下降 2.6 个百分点。全区出口额超过 10 亿元的有 7 家，分别为宏特化工、中昊针织、斯伦贝谢、紫光宏茂、美蓓亚、增利物流、荣泰科技。出口额 1 亿元以上的企业有 78 家，企业数量与上年相比增加 3 家，出口额总计 300.1 亿元，占比 69.5%。（胡　晨）

■区政府与中国合作贸易企业协会、中国对外贸易经济合作企业协会战略合作协议签订 6 月 25 日，青浦区人民政府与中国合作贸易企业协会、中国对外贸易经济合作企业协会签署战略合作协议。各方将加深在多领域、多层次的深入合作，推动资源共享和优势互补，助推青浦打造上海对外服务的门户城市及长三角一体化发展示范城市。（胡　晨）

■“共享长三角生态绿色一体化示范区合作新机遇”暨第二届承接中国国际进口博览会溢出效应论坛 11 月 1 日，在青浦举行。在论坛上，上海移动互联网应用促进中心、上海西虹桥商务开发有限公司和上海华夏经济发展研究院就共同建设“长三角数字创新联合实验

室”签订了战略合作框架协议。

（胡　晨）

■**青浦综合保税区揭牌暨功能性项目集中签约仪式举行**　12月2日，在青浦综合保税区举行。青浦综合保税区前身是青浦出口加工区，于2003年3月经国务院批准设立，11月封关运行。2018年9月4日，国务院批复同意上海青浦出口加工区整合优化为青浦综合保税区。2019年9月27日，海关总署批复同意上海青浦综合保税区通过联合验收，面积1.58平方公里。青浦综合保税区形成航空维修、保税加工、保税物流、跨境电子商务等特色产业，汇聚普惠飞机发动机维修、东方航空、斯伦贝谢油田设备、日立汽车系统等一批技术含量高、经济效益好的优质项目。

（胡　晨）

12月2日，副市长许昆林（右）和上海海关关长高融昆（左）共同为青浦综合保税区揭牌

（区商委供稿）

2019年青浦区进出口（贸易方式）情况表

表40

分类	出口		进口		进出口			企业数（家）
	累计（亿元）	比上年（%）	累计（亿元）	比上年（%）	累计（亿元）	比上年（%）	占比（%）	
贸易方式	431.45	3.95	333.54	-1.58	764.99	1.46	100.00	2302
一般贸易	300.85	2.68	236.79	-7.26	537.64	-1.95	70.28	2143
加工贸易	114.59	10.95	88.93	19.43	203.52	14.50	26.60	149
其他贸易	16.02	-14.66	7.81	-14.21	23.83	-14.51	3.12	1006

（胡　晨）

2019年青浦区进出口（经营主体）情况表

表41

分类	出口		进口		进出口			企业数（家）
	累计（亿元）	比上年（%）	累计（亿元）	比上年（%）	累计（亿元）	比上年（%）	占比（%）	
青浦区	431.45	3.95	336.97	-2.67	768.42	0.94	100.00	2302
国有	0.06	174.44	0.06	5172.84	0.12	433.05	0.01	5
外资	207.30	-6.62	178.66	-2.96	385.96	-4.96	50.23	552
民营	191.71	15.90	108.24	-1.73	299.95	8.85	39.03	1684
其他	0.07	-4.23	0.34	-22.63	0.42	-19.98	0.05	20
青浦综合保税区	32.31	17.27	49.66	-3.61	81.97	3.67	10.67	39

（胡　晨）

2019 年青浦区进出口(进出口国别/地区)情况表

表 42

分类	出口		进口		进出口		
	累计(亿元)	比上年(%)	累计(亿元)	比上年(%)	累计(亿元)	比上年(%)	占比(%)
欧盟	62.58	-8.15	93.07	-8.28	155.65	-8.22	20.3
东盟	66.85	49.39	50.63	18.74	117.48	34.43	15.3
美国	76.55	-16.39	39.40	-12.55	115.95	-15.12	15.1
日本	46.85	-6.89	50.61	-16.83	97.47	-12.33	12.7
总计	252.83	-0.76	233.71	-7	486.55	-3.7	63.3

(胡　晨)

2019 年青浦区重点出口企业情况表

表 43

出口企业	出口		
	累计(亿元)	比上年(%)	占比(%)
10 亿元以上企业(7 家)	127.59	52.7	29.6
上海宏特化工有限公司	21.14	726.65	4.90
上海中昊针织有限公司	20.24	-6.34	4.69
斯伦贝谢油田设备(上海)有限公司	17.63	32.71	4.09
紫光宏茂微电子(上海)有限公司	16.39	279.96	3.80
上海美蓓亚精密机电有限公司	15.92	-9.82	3.69
上海增利国际物流有限公司	12.67	-14.38	2.94
上海荣泰健康科技股份有限公司	10.24	9.44	2.37
5 亿元以上企业(15 家)	167.5	9.4	38.8
1 亿元以上企业(65 家)	272.61	-2.6	63.2

(胡　晨)

招商引资

■概况　2019 年　全区商务服务业招商引资工作稳步推进、量质并举。完成合同外资 14.0 亿美元,其中:31 个 1000 万美元以上大项目合计 11.5 亿美元,占 81.8%。实到外资 8.0 亿美元,其中:23 个 1000 万美元以上的大项目到位资金 6.3 亿美元,占比 78.6%。　(胡　晨)

■重点项目加速落地　2019 年,聚焦重点地区、重点行业引进龙头企业和隐形冠军。先后与英富曼会展(亚洲博闻有限公司)、国核资本(国核资本控股有限公司)、影谱科技(北京影谱科技股份有限公司)、普华永道(普华永道会计师事务所)、海克斯康(海克斯康鹰图香港有限公司)、忠旺集团(忠旺铝业有限公司)等 13 个项目签约。全球知名会展公司英富曼亚太区总部(亚洲博闻有限公司)落地,引进区内首家融资租赁公司上海融和电科融资租赁有限公司,人工智能独角兽企业北京影谱科技股份有限公司成功注册。第二届"进博会"首家企业项目数字化信息技术解决方案全球领导者海克斯康鹰图香港有限公司落户青浦,亚洲最大工业铝型材研发制造商忠旺集团将在青浦布局长三角区域总部。与全球最大专业服务机构之一普华永道会计师事务所签署战略合作协议。澳利华(控股)有限公司、敦豪(香港)物流发展有限公司、中国建筑国际集团有限公司、凯澳投资有限公司等外资项目相继签约。　(胡　晨)

■"进博会"溢出效应持续放大　第二届"进博会"青浦交易分团注册单位 1711 家,注册观众 16449 人,注册观众数超出首届 18%,成交采购额超出首届 22%,位列全市第二,完成"双超"目标。第二届"进博会"期间签下上海交易团首日大单,采购额 1 亿美元。新推荐 5 家平台企业均入选"6 + 365"展示交易服务平台,累计 9 家,展示交易平台总数位居全市第一。第二届"进博会"期间 4 个海外商协会机构入驻其中 3 个平台。　(胡　晨)

■出台政策完善顶层设计　制定实施 2019 年青浦区"一号文",即《2019 年青浦区加强招商引资和产业项目推进实施方案》(青委办〔2019〕1 号),落实招商引资"一把手"工程,统筹开展"4 + 10

+3+X”(“4”指结合人工智能、软件信息、北斗导航和“进博会”等特色产业领域，每个季度举办一场区级招商活动；“10”指区领导带队的10批次境外招商考察；“3”指结合重点区域发展由区级统筹开展的“北上”“南下”“西进”等招商考察；“X”指各镇、区属公司根据发展需要和对接项目开展的招商考察活动、重点客户拜访、参展参会宣传对接等)招商系列活动。结合重点区域发展，制定“北上”“南下”“西进”(北上北京、南下广州、西进湖南招商考察)等招商考察活动方案。　(钱　欢)

9月26日，上海融和电科融资租赁有限公司开业仪式举行，副区长彭一浩(右四)出席　(区商委供稿)

■投资吸引力增强　举行“提升城市功能品质·建设长三角一体化发展示范城市”——2019年青浦区招商推介会、长三角生态绿色一体化发展示范区誓师大会暨产业项目启动仪式，参加上海城市推介大会以及通过进博会平台发布4条特色经贸路线和5场推介活动，支持以平台企业为主的8场招商活动等多种方式宣传推介青浦投资环境。“进博会”期间，接待卢森堡商会、德国奥特瑙地区等6批外国经贸团组以及中国女企业家协会等国内团组，开展合作对接。　(胡　晨)

■“提升城市功能品质，建设长三角一体化发展示范城市”2019年青浦区招商推介会　5月8日，在国家会展中心举行。会议吸引包括恒大、碧桂园、万科、保利、绿地、万达等在内的2018年中国房地产百强以及东方航空、中国电信、北斗导航、顺丰速运、德邦物流、DHL、百隆家具、博泽汽车、武汉精测、东方雨虹、金发科技、震坤行等225家企业。会上，重点推介精品地块50幅，总面积169公顷。签约优质项目23个，总投资534.8亿元，其中：投资额超过10亿元的项目有13个，有13个属于总部及功能性总部项目，母公司上市的有14个。　(胡　晨　钱　欢)

■“聚焦长三角一体化推动更高质量发展”——2019年青浦区重大项目启航活动　6月26日，在青浦工业园区启迪国际人工智能科技城举行。活动聚焦“改革开放新高地、生态价值新高地、创新经济新高地、人居品质新高地”4个新高地建设，涉及128个工程项目，投资总额1458亿元。　(钱　欢　胡　晨)

■促进经济小区高质量发展　7月29日，青浦区召开促进经济小区高质量发展工作会议，专题部署促进经济小区高质量发展工作。会上，对《青浦区人民政府关于支持经济小区高质量发展的若干意见》进行解读。表彰在2018年度民营经济工作中做出突出贡献的上海西郊徐泾经济发展有限公司等20家单位。　(钱　欢)

■区政府分别与天翼智慧家庭科技公司、国核资本公司签署战略合作协议　9月5日，在上海市西郊宾馆举行的国务院国资委与上海市政府深化合作共同推进落实国家战略合作框架协议签约仪式上，区政府分别与天翼智慧家庭科技有限公司、国核资本控股有限公司签署战略合作协议。区政府与天翼智慧家庭公司双方致力于全面整合国际国内有利于产业发展的战略性资源，共同推进智慧家庭相关规划建设项目落地，推进智慧家庭重点领域项目优先建设。区政府与国核资本公司就融资租赁、商业保理、供应链金融、科技金融等领域开展合作，致力推动项目落地，加强产业集聚和新能源上下游产业发展，

11月6日，区委书记赵惠琴(右)为海克斯康方案应用与系统集成(上海)有限公司颁发营业执照　(区商委供稿)

助力长三角生态绿色一体化示范区建设。（钱　欢）

■2019 年度青浦区经济小区总经理培训班　9 月 25 日，在上海国家会计学院开班。培训覆盖“宏观经济形势与产业规划”“园区运营与转型”等模块，38 家经济小区负责人参加培训。（钱　欢）

■青浦区首家融资租赁公司开业　9 月 26 日，青浦区首家融资租赁公司——上海融和电科融资租赁有限公司（简称“融和电科”）在上海市黄浦区新源广场举行开业仪式。融和电科为西虹桥商务区引入的区内首家融资租赁公司。国家电力投资集团有限公司党组成员、副总经理、总会计师杨亚，副区长彭一浩，市地方金融监管局、上海电力股份有限公司代表，以及融和电科股东单位宁德时代、云能资本、华菱星马及合作伙伴等 120 多人参加开业仪式。开业仪式上，融和电科与工商银行、东风股份、广东省肇庆市政府分别进行战略合作协议签约。签约各方将发挥各方优势，开启能源网、车联网、交通网“三网”建设。2019 年，融和电科实收资本 4.24 亿元，资产总额 14.06 亿元，利润总额 1475.55 万元。（胡　晨）

■长三角生态绿色一体化发展示范区誓师大会暨产业项目启动仪式　11 月 2 日，由青浦区与江苏省吴江区、浙江省嘉善县三地联合在青浦东方绿舟举行。启动仪式上，三地集中签约项目 16 个，揭牌项目 12 个，助推三地产业实现新集聚、形成新优势。

16 个签约项目中，高能级总部经济项目 4 个，包括忠旺集团（青浦区）、铁塔公司（青浦区）、博洛尼天空之城项目（吴江区）和博升光电半导体垂直腔体激光器光芯片项目（嘉善县）；高水平服务经济项目 4 个，包括北斗长三角综合集成应用服务示范工程（青浦区）、意大利时尚商贸物流中国奥莱仓项目（青浦区）、康师傅全球技术创新中心项目（吴江区）和光环新网长三角云计算总部基地项目（嘉善县）；融合型数字经济项目 4 个，包括交通银行上海分行（青浦区）、普华永道会计师事务所（青浦区）、易商云项目（吴江区）和自贸区基金项目（嘉善县）；生态型湖区经济项目 4 个，包括影谱科技（青浦区）、团澳新能源（青浦区）、海派生物制药研发及生产项目（吴江区）、智杖番薯藤（大云）有机生活度假区项目（嘉善县）。

12 个揭牌项目中，青浦区项目 5 个，包括上海西岑科创中心、青西金融产业园、上海商贸服务型国家物流枢纽、国家能源集团电子商务平台和国家电投新能源交通科技产融中心；吴江区项目 4 个，包括国家技术转移东部中心汾湖分中心、中国环境科学研究院汾湖研究基地、西交大能动学院“高速气浮机电设备”产学研基地和华为·吴江产业使能平台；嘉善县项目 3 个，长三角数字经济创新基地嘉善国际创新中心、海峡两岸青年就业创业基地嘉善县科技创业服务中心和浙江省省级双创示范基地中国归谷嘉善科技园。（胡　晨　钱　欢）

6 月 25 日，青浦区人民政府与中国合作贸易企业协会、中国对外贸易经济合作企业协会签约仪式举行，区委书记赵惠琴（右四）出席　（区商委供稿）

■“科创企业走进长三角一体化发展示范区”活动　11 月 4 日，举行“科创企业走进长三角一体化发展示范区”活动，组织企业参观考察华为地块，优刻得、东方头条、虎扑、动域资本等 12 家科创企业参加，推动区域内人才、科技、资本等要素流动和科创资源共享。（钱　欢）

■区政府与海克斯康签署战略合作框架协议　11 月 6 日，青浦区人民政府与海克斯康战略合作框架协议签约仪式举行。签约仪式上，区委书记赵惠琴为海克斯康方案应用与系统集成（上海）有限公司颁发营业执照。该公司于 11 月 2 日在青浦区注册成立。根据战略合作协议内容，海克斯康将在青浦区重点布局华东区总部和新产业集团。华东区总部基地项目投资约 20 亿元，包括知识产权中心、中国研究院和总部基地。（胡　晨）

■区政府与德国奥特瑙地区经济署代表团开展对接交流　11 月 7 日，区委副书记、区长余旭峰会见德国奥特瑙地区经济代表团一行，举行对接交流会，副区长彭一浩出席。会上，双方就经贸、文化、旅游等各个方面加强合作、共谋发展进行交流。（胡　晨）

■区领导接待卢森堡商会和驻沪总领事　11 月 7 日，区委书记赵惠琴会见卢森堡商会主席吕克·佛莱登、卢森堡驻上海总领事馆总领事吕可为一行。双方就相关投资合作事宜进行交流与探讨。（胡　晨）

■上海首个品牌孵化基地落户西虹桥商务区　12 月 21 日，在西虹桥商务区举行的环球品牌发布会上，上海首个品牌孵化基地和品牌全产业链服务平台宣告成立。环球品牌（上海）产业集聚区将设四大中心：品牌孵化中心、品牌协作中心、品牌展示中心和品牌活动中心。项目重点集聚国内外成功品牌和成长性品牌，发挥品牌特有的引领、示范和聚集效益，促进企业经济、城市经济，特别是长三角经济的发展。

（胡　晨）

2019 年青浦区合同外资项目（按项目类型划分）情况表

表 44

项目类型	项目数（个）		合同外资（万美元）	
	2019 年	2018 年	2019 年	2018 年
新批企业	123	86	58208.68	32314.7
迁入企业	31	19	2661.17	4886.2
增资企业	60	51	79281.78	53132.7
合　计	214	156	140151.63	90333.6

（胡　晨）

2019 年青浦区合同外资项目（按产业分类划分）情况表

表 45

产业分类	项目数（个）	合同外资（万美元）	比上年（%）	占比（%）	项目类型					
					新批项目数（个）	合同外资（万美元）	比上年（%）	增资项目数（个）	合同外资（万美元）	比上年（%）
制造业	40	29562.41	38.2	21.1	19	7909	417.4	21	21653.41	9
服务业	174	110589.22	60.4	78.9	135	52960.85	48.5	39	57628.37	73.2
合计	214	140151.63	55.1	100	154	60869.85	63.6	60	79281.78	49.2

（胡　晨）

2019 年青浦区合同外资 1000 万美元以上大型项目情况表

表 46

序号	类型	所属区域	企业	合同外资（万美元）
1	新设	练塘镇	震坤行工业超市（上海）有限公司	5500
2	增资	华新镇	上海安能聚创供应链管理有限公司	21612.31
3	增资	青浦工业园区	福立电子材料（上海）有限公司	2879.1
4	新设	朱家角镇	上海达实联欣科技发展有限公司	1069.66
5	新设	青浦工业园区	优裴斯（上海）控制系统有限公司	1494.75
6	增资	西虹桥商务区	婕斯（上海）生物科技有限公司	1000
7	新设	华新镇	上海安锐供应链管理有限公司	15113.5
8	新设	徐泾镇	上海成程生命科技有限公司	1231.22
9	新设	青浦工业园区	上海博泽汽车驱动系统有限公司	2970.22
10	新设	金泽镇	上海方案家供应链有限公司	1000
11	新设	赵巷镇	上海夏意国际贸易有限公司	1061.17
12	增资	青浦工业园区	百隆家具配件（上海）有限公司	5033.03
13	增资	徐泾镇	壹米滴答供应链集团有限公司	12967.75

（续表）

序号	类型	所属区域	企业	合同外资（万美元）
14	增资	赵巷镇	网易（上海）网络有限公司	6254.8
15	增资	淀山湖新城公司	联悦置地（上海）有限公司	1121.93
16	新设	朱家角镇	上海桓发智能设备有限公司	1465
17	新设	赵巷镇	上海瑞星达智能科技有限公司	1090.96
18	新设	重固镇	上海治祥投资咨询有限公司	1231.59
19	新设	重固镇	上海育尚投资咨询有限公司	1254.95
20	新设	重固镇	上海有淳投资咨询有限公司	1218.64
21	新设	重固镇	上海礼佑投资咨询有限公司	1077.29
22	增资	练塘镇	震坤行工业超市（上海）有限公司	2001.8
23	增资	淀山湖新城公司	联怡置地（上海）有限公司	1355.06
24	新设	重固镇	上海彬恺信息技术有限公司	1000
25	增资	青浦工业园区	纳峰新能源科技（上海）有限公司	2500
26	增资	青发集团	上海郑明现代物流有限公司	2637.32
27	新设	西虹桥商务区	上海融和电科融资租赁有限公司	1767.31
28	增资	青浦工业园区	妮维雅（上海）有限公司	7980
29	新设	青浦工业园区	敦乐（上海）物联网科技有限公司	3000
30	新设	青浦工业园区	上海团澳新能源科技有限公司	2835.56
31	新设	青浦工业园区	真兰电气（上海）有限公司	1849.28
合计	114574.2			

（胡　晨）

2019 年青浦区外资到位 1000 万美元以上大项目情况表

表 47

序号	所属区域	企业	到位资金（万美元）
1	徐泾镇	上海德达医院有限公司	1000
2	华新镇	上海中通吉网络技术有限公司	1320.3
3	朱家角镇	上海达实联欣科技发展有限公司	1061.2
4	淀山湖新城公司	上海凯旸置业有限公司	2500
5	练塘镇	震坤行工业超市（上海）有限公司	3500
6	重固镇	上海富勒信息科技有限公司	1308.7
7	青浦工业园区	上海宇冀投资管理咨询有限公司	1030
8	徐泾镇	壹米滴答供应链集团有限公司	7290.8
9	华新镇	上海安能聚创供应链管理有限公司	1450
10	青浦工业园区	上海佳得安环境科技发展有限公司	1203.7
11	华新镇	上海安能聚创供应链管理有限公司	3450

（续表）

序号	所属区域	企业	到位资金（万美元）
12	青浦工业园区	百隆家具配件（上海）有限公司	2004.6
13	青浦工业园区	上海博泽汽车驱动系统有限公司	2972.4
14	练塘镇	震坤行工业超市（上海）有限公司	2635.4
15	淀山湖新城公司	联怡置地（上海）有限公司	1390.1
16	淀山湖新城公司	联悦置地（上海）有限公司	1151
17	赵巷镇	网易（上海）网络有限公司	6246.3
18	青浦工业园区	百隆家具配件（上海）有限公司	2219.6
19	青发集团	上海郑明现代物流有限公司	1654.7
20	练塘镇	震坤行工业超市（上海）有限公司	7500
21	徐泾镇	壹米滴答供应链集团有限公司	3083.86
22	青浦工业园区	妮维雅（上海）有限公司	4000
23	徐泾镇	壹米滴答供应链集团有限公司	2914.1
合计			62886.76

（胡　晨）

供销合作

■概况　2019年，区供销社聚焦乡村振兴和企业发展，促进供销事业发展，提升供销企业形象。区供销社系统内设行政事务部、党群工作部、社务工作部、计划财务部、保障服务部、督查审计部，下设环城、徐泾、华新、重固、白鹤、朱家角、练塘、金泽8家基层供销社，有青浦商业公司、盛浩投资公司、百浩废旧物资回收公司、惠依农贸市场公司4家控股企业，参股泽鹏实业公司、新晟辉实业公司、重霄实业公司、联销经贸公司、源森实业公司、新泽晟实业公司、润泉实业公司、煤炭合作公司、惠依超市公司、上海农商银行10家。本部在职职工25人，全年企业营业收入1372万元。（任心懿）

■为农服务网点升级改造　2月19日，区供销社成立为农服务网点转型发展推进领导小组，制定《关于推进乡村振兴战略开展为农服务大调研、大走访的工作方案》、《青浦供销便利店户外标准化建设实施方案》。2月26日—3月13日，开展为农服务大调研、大走访工作，走访7家基层供销社，确定100家户外标准化网点为升级改造对象。年末，100家为农服务网点形象升级改造工作完成，总投资48万元。全年供销系统实现商品销售额1.6亿元，代收代缴水电煤服务费1.04亿元。4月起，推进为农服务网点“普惠金融”服务，联合农行、建行、农商行青浦支行分别合作推广静态聚合二维码、裕农通金融服务业务。有104家为农服务站开通二维码支付功能，有助解决农村金融服务“最后一公里”问题。（任心懿）

■莲湖村配套商业网点建设　6月15日，根据市首批乡村振兴示范村创建任务，区供销社以金泽镇莲湖村为试点，开展莲湖村商业网点升级改造工作，创建为农服务站样板店，完善便民便利服务功能，联合区内四大金融机构（建设银行、农业银行、农商银行、邮政储蓄银行）、两个公用事业单位（供电局、水务局）、两家商品供应商（上海百川谷品酒业有限公司、上海云供网络科技有限公

7月10日，青浦区供销社、吴江区供销社、嘉善县供销社“乡村振兴·为农服务”启动仪式在金泽镇莲湖村举行（区供销社供稿）

司），集成商品服务、绿色农副产品服务、便民服务、金融服务、非遗文化和休闲文化以及村级经济造血等八大服务功能，营造“五分钟便民生活圈”。月底，完成莲湖村商业网点建设，总投资37万元。 （任心懿）

■探索长三角地区供销一体化服务机制 探索长三角生态绿色一体化发展示范区建立“乡村振兴·为农服务”联动机制。6月21—27日，区供销班子人员到吴江、嘉善供销社学习考察，考察扶贫项目点、肥药配送中心、平望调料酱品有限公司、松陵镇农创农村综合服务社、嘉善县水产农合联社。7月10日，青浦区供销社、吴江区供销社、嘉善县供销社“乡村振兴、为农服务”启动仪式在金泽镇莲湖村举行，上海市供销总社、青浦区政府、吴江区供销社、嘉善县供销社的有关领导出席。9月，区供销社组织部分青浦优质农副产品参加吴江区农副产品展销会。 （任心懿）

■发展城乡社区商业服务平台 7月6日，区供销社到杭州考察便利狗智能科技有限公司，了解智能技术、无人智慧超市等项目。11月13日、12月25日，区供销社分别与浙江省台州泓阳旅游集团有限公司、杭州便利狗智能科技有限公司签署合作协议，确定合作建设青浦供销生活超市项目，探索拓展本地特色农（副）产品销售渠道。 （任心懿）

■防汛防台工作 3月13日，区供销社按区防汛指挥中心要求，及时足额储备防汛物资草包55000只、编织袋50000只、毛竹4500支、圆钉1500公斤、铁丝1500公斤、铁锹1000把。6月8日，区供销社修订《防汛防台物资储备专项应急预案》，严格24小时值班和领导带班制度，做好汛期期间防汛值班，积极防御应对“利奇马”“塔巴”“米娜”等台风灾害天气。 （任心懿）

■再生资源行业协会管理 4月起，区供销社根据市行业协会要求和协会《章程》，集中对31家会员单位进行经营资质年检，对其中3家年内入会单位，严格备案准入门槛。7月，贯彻区垃圾分类有关规定，开展垃圾分类宣传普及工作，发出致再生资源回收行业单位的倡议书。10月，强化安全生产监管，督促会员单位签订《再生资源行业安全生产和消防工作责任书》，保障“进博会”期间生产秩序的安全稳定。全年31家会员单位回收各类再生资源403517.27吨。

（任心懿）

粮油管理

■概况 2019年，全区地方储备粮库存4.2万吨，实现储粮安全、无事故。全年收购粳稻46820吨，其中地方储备粮轮换收购粳稻19189吨；收购价格根据国家公布的中晚稻最低收购价，对于符合国家中等质量标准的，每500克1.3元、价外补贴0.1元。全年粮油实物帮困54449人、382万元，居民副食品价格补贴发放4425人、35万元。全区设立粮食应急保障网点16家、帮困粮油供应点22家，粮食应急加工点1家。

（胡 晨）

■开展政策性粮食库存数量和质量大清查自查工作 4月，组织开展2019年区政策性粮食库存自查工作，对全区3处粮库42间仓房进行实物清查。经查，全区政策性粮食库存40947.04吨。按性质分，区级储备粮40239.43吨（其中粳谷35068吨、大米750吨、小麦4100吨、其他321.43吨）、企业商品粮707.61吨（其中大米37.94吨、小麦653.41吨、其他16.26吨）。经核对，区政策性粮食承储企业及实际存储库点账表、账账相符，账实相符；粮食库存数量真实、质量良好、存储安全，管理规范。 （胡 晨）

■秋粮收购 11月1日—12月25日，开展秋粮收购工作。全区入库粳稻46820吨，收购市场平稳有序安全，以白鹤、安庄粮库为主要收购点，在重固、商榻、练塘设收购分点。通过分级落实管理责任，实现“有人收粮、有钱收粮、有仓收粮”，防止出现农民“卖粮难”；采取固定收购、预约收购、收购运费补贴等方式，方便农民售粮；加强政策宣传，确保政策执行不打折扣，让农民卖“放心粮”“明白粮”。 （胡 晨）

3月6日，市粮食局实地查看白鹤粮库，现场了解地方储备粮存储情况

（区商委供稿）

烟草专卖

■概况 上海市青浦区烟草专卖局成立于1991年1月。上海烟草集团青浦烟草糖酒有限公司成立于1995年3月，由上海烟草（集团）公司、青浦供销社合作联合社共同出资组建。公司下属直属门店有9家，经营范围主要为卷烟批发、烟酒零售。获得2017—2018年度青浦区文明单位、2019年度青浦区百强优秀企业等称号。 （张玉辉）

■卷烟营销 围绕“两个全面”（即全面对标学习大连网建现场会经验、全面构建现代卷烟营销新体系）活动，推进经营方式的改革。聚焦新“1+3”品牌（即

中华＋凤凰、牡丹、前门）发展，着力品牌培育取得新突破，依托“大虹桥”“长三角一体化”两大国家战略，结合区域自身特点，开展集团品牌推广活动；开展烟草＋旅游、烟草＋购物、烟草＋休闲、烟草＋商务四类特色终端建设，开展“自律小组＋”的模式，营造与零售客户共同成长的良好局面。（张玉辉）

■专卖管理 深化卷烟市场监管，促进卷烟市场健康发展。2019年，科学使用移动执法终端，市场监管持续保持打私打假高压态势。挖掘青浦区物流快递高密度集中的优势，查处非法卷烟成效显著。加强行政许可工作，按照“放管服”改革要求，开展“一网通办”宣传引导及网上受理工作。严把行政处罚案件核审关，做到证据材料确凿无漏洞，程序规范不违法，法律适用准确定性。开展“大比武、大练兵”各项活动。

（张玉辉）

11月，烟草专卖局“烟草＋购物”特色终端展示在公园路青沪杂货店举行（上海市青浦区烟草专卖局供稿）

综 述

2019年,全区私营企业户数134956户(不含分支机构),比上年增长4.95%;累计注册资本6878.57亿元,比上年增长8.09%。私营企业的各项指标均呈现良好的发展态势。

从企业行业分布情况来看,批发和零售业位列行业第一,为49434户,比上年减少1.47%;租赁和商务服务业、科学研究和技术服务业位列第二、三位,分别为35217户,18714户,分别比上年增长11.26%、11.29%。

分析企业迁移和注销情况,全年企业迁移频率仍较为频繁,呈现净迁出的形势。迁出企业1779户,比上年增长30.04%;迁入958户,比上年增长7.76%。

注册资本在500万元以上的企业有26956户,注册资本亿元以上的有915户,最高1户达到81.01亿元。新设私营企业中注册资本在500万元以上的企业有2913户,注册资本亿元以上的有50户,最高1户达到64.41亿元。

有农民专业合作社992户,比上年增长1.02%,全部农民专业合作社的出资额214742万元,比上年增长4.78%。

2019年青浦区新设私营企业中注册资金列前五名民营企业情况表

表48

序号	公司名称	注册资金(万元)	街道	行业类别
1	上海浦鸣企业管理中心(有限合伙)	644100	香花桥街道	租赁和商务服务业(L)
2	上海恭之润实业发展有限公司	512635.03	重固镇	租赁和商务服务业(L)
3	上海梁檀企业管理合伙企业(有限合伙)	370038	香花桥街道	租赁和商务服务业(L)
4	上海融潞嘉企业管理合伙企业(有限合伙)	354400	徐泾镇	租赁和商务服务业(L)
5	上海茁昀企业发展合伙企业(有限合伙)	120100	工业园区	租赁和商务服务业(L)

(胡开明)

2019年青浦区私营企业情况表

表49

行业分类	合计				其中:城镇			
	户数(户)	投资者人数(人)	雇工人数(人)	注册资本(出资金额)(万元)	户数(户)	投资者人数(人)	雇工人数(人)	注册资本(出资金额)(万元)
合计	134956	228616	1108226	68785669	65339	107993	523444	32345262
农、林、牧、渔业	117	200	881	28068	49	78	391	7810
采矿业	0	0	0	0	0	0	0	0
制造业	7407	13108	91737	2701685	2275	4119	29002	1105470
电力、燃气及水的生产和供应业	8	21	59	24051	3	3	10	300
建筑业	10575	16103	87808	5859004	5896	8717	47016	3260828

（续表）

行业分类	合计				其中:城镇			
	户数（户）	投资者人数（人）	雇工人数（人）	注册资本（出资金额）（万元）	户数（户）	投资者人数（人）	雇工人数（人）	注册资本（出资金额）（万元）
批发和零售业	49434	78203	382698	12879911	21503	33345	164570	4737946
交通运输、仓储和邮政业	3157	5012	28086	1470166	1863	2729	15105	556796
住宿和餐饮业	453	802	4472	66918	267	361	2341	29119
信息传输、软件和信息技术服务业	4950	8667	37189	1754564	2599	4512	18711	842391
金融业	54	185	499	117939	27	113	333	67970
房地产业	2124	3671	18641	3417689	1189	1989	9280	1406007
租赁和商务服务业	35217	65688	283622	31605844	18780	33609	151256	15938138
科学研究和技术服务业	18714	32432	151092	8121195	9412	16053	73961	3998747
水利、环境和公共设施管理业	516	882	3784	170683	269	446	1876	94872
居民服务和其他服务业	1149	1787	9353	273359	595	929	5008	158356
教育	117	199	1040	19415	66	102	526	11840
卫生和社会工作	90	146	959	33997	52	77	631	16975
文化、体育和娱乐业	970	1682	7290	278780	542	896	3991	131066
其他	0	0	0	0	0	0	0	0

（胡开明）

2019 年青浦区个体工商户情况表

表 50

行业代码	行业分类	机器编号	期末实有						其中:本期登记			本期注销(户)	
			合计			其中:城镇							
			户数（户）	从业人员（人）	资金数额（万元）	户数（户）	从业人员（人）	资金数额（万元）	户数（户）	从业人员（人）	资金数额（万元）	合计	其中:城镇
甲	乙	丙	1	2	3	4	5	6	7	8	9	10	11
	合计	1	28991	35523	130841	11731	16048	75888	3917	6253	39179	3836	1256
A	农、林、牧、渔业	2	121	160	615	44	52	294	5	7	14	6	0
5	农、林、牧、渔服务业	3	8	10	9	4	4	6	1	3	1	1	0
B	采矿业	4	1	1	1	1	1	1	0	0	0	0	0
11	开采辅助活动	5	0	0	0	0	0	0	0	0	0	0	0
C	制造业	6	1294	1490	3235	707	746	1921	114	127	433	103	42
43	金属制品、机械和设备修理业	7	17	17	30	7	7	7	0	0	0	4	0
D	电力、热力、燃气及水生产和供应业	8	2	2	2	2	2	2	0	0	0	0	0
E	建筑业	9	37	67	1459	16	39	1397	2	2	6	2	0
F	批发和零售业	10	18288	20679	65942	7050	8454	35397	2018	2728	17930	2319	615
G	交通运输、仓储和邮政业	11	46	53	308	25	28	232	1	1	2	10	3
H	住宿和餐饮业	12	5263	7935	39183	2320	4280	25042	1221	2415	14481	895	423
I	信息传输、软件和信息技术服务业	13	7	8	18	2	3	4	1	1	5	0	0
J	金融业	14	0	0	0	0	0	0	0	0	0	0	0
K	房地产业	15	12	46	104	8	38	90	5	15	65	2	2

（续表）

行业代码	行业分类	机器编号	期末实有						其中：本期登记			本期注销（户）	
			合计			其中：城镇							
			户数（户）	从业人员（人）	资金数额（万元）	户数（户）	从业人员（人）	资金数额（万元）	户数（户）	从业人员（人）	资金数额（万元）	合计	其中：城镇
L	租赁和商务服务业	16	182	229	838	82	101	414	20	28	108	10	3
M	科学研究和技术服务业	17	107	136	556	50	74	383	20	22	111	13	5
N	水利、环境和公共设施管理业	18	9	9	18	7	7	12	0	0	0	2	2
O	居民服务、修理和其他服务业	19	3520	4585	17810	1371	2161	10350	484	871	5645	453	151
P	教育	20	0	0	0	0	0	0	0	0	0	0	0
Q	卫生和社会工作	21	29	32	127	9	10	58	0	0	0	1	1
R	文化、体育和娱乐业	22	73	91	623	37	52	292	26	36	378	20	9
	其他	23	0	0	0	0	0	0	0	0	0	0	0

（胡开明）

规模以上民营企业简介

■上海熊猫机械（集团）有限公司 成立于2000年，注册于青浦区盈港东路6355号，注册资金12000万元，主要经营成套供水设备、控制柜、泵阀、电机等系列产品，公司主要产品有灌式AKK控制柜、成套供水、智慧标准泵房等，员工700余人，公司被认定为市高新技术企业、市科技小巨人企业。2019年，营业收入20亿元，产值17.8亿元，纳税1.23亿元。（钱　欢）

上海熊猫机械（集团）有限公司生产车间　（区经委供稿）

■上海荣泰健康科技股份有限公司 成立于2002年，品牌创立于1997年，注册于市青浦区朱枫公路1226号，于2017年1月11日在上海证券交易所上市（荣泰健康，603579）。注册资金14000万元。专注于按摩椅、按摩器、按摩垫等时尚健康电器的研发、设计、制造和销售。先后被授予中国驰名商标、市品牌培育示范企业、上海著名商标、科技小巨人企业、上海创新型企业、市认定企业技术中心、上海文明单位、海关高级认证等称号。2019年，产值13.5亿元，利润3.2亿元，纳税6473.69亿元。（钱　欢）

■上海华测导航技术股份有限公司 于2003年成立于上海，注册于徐泾镇高泾路599号C座，注册资金12327.25万元，主要经营高精度卫星导航定位相关软硬件技术产品的研发、生产和销售，主要产品有GNSS接收机、GIS数据采集器、海洋测绘产品、三维激光产品、无人机遥感产品等。员工600余人。2019年，营业收入9.4亿元，利润2.1亿元，纳税4072.6万元。（钱　欢）

■上海冠致工业自动化有限公司 成立于2012年，注册资本1亿元，注册于青浦区崧泽大道10800弄1号4幢。专注于工业自动化、汽车车身制造、汽车零部件自动化系统集成，具备完整的工艺方案、3D设计、数字化工厂、机器人仿真模拟、精密加工、装备制造，以及安装调试能力；立足自主研发与创新，优化自动化智能车身焊接柔性生产系统、高功率激光焊接系统集成、柔性机器人自动滚边系统、机器人弧焊工作站系统集成、柔性定位系统，为传统车企及新能源汽车行业提供高度集成、高度自动化的智能装备。员工300余人。2019年，产值5.1亿元，销售收入2.9亿元，纳税130.4万元。（钱　欢）

■上海金发科技发展有限公司 于2001年10月注册成立于青浦区朱家角工业园区，注册资金3.7亿元，占地面积9.2公顷。是专业从事先进高分子新材料研发、制造、销售和服务的高新技术企业。通过 ISO9001:2008 质量管理体系、ISO14001:2004 环境管理体系、ISO/TS16949:2009 汽车行业质量管理体系等多项认证，产品获得 UL、CQC、VDE、JET、NSF、ROHS 等国际认证。连续多年被评为市民营企业百强、市制造业百强、青浦区百强优秀企业，获得首批市科技小巨人企业、中国优秀民营科技企业、市优秀高新技术企业、上海名牌等称号。2019 年，销售收入 28.84 亿元，利润总额 2.4 亿元，纳税 9484.5 万元。（钱 欢）

上海华培动力科技股份有限公司厂区（区经委供稿）

■上海华培动力科技股份有限公司 成立于 2006 年 6 月，投资总额 5 亿元；注册资本 2.16 亿元，注册于青浦区崧秀路 218 号 3 幢。主要从事涡轮增压器核心零部件的生产和研发，主要生产环节包括精密铸造、机加工及装配，客户群涵盖全球各大整车厂。有员工 600 多人。2019 年，产值 13.5 亿元，销售额 5.7 亿元，利润 1.2 亿元，纳税 6285.7 万元。（钱 欢）

■上海德力西集团有限公司 于 1998 年成立于青浦区，注册于北青公路 9399 号。2019 年，投资总额 30000 万元，注册资金 30000 万元，主要生产电线、电缆、电力变压器、高中低成套电气设备、箱式变电站、高压元件、高压互感器、母线桥架、11 万伏 GIS 六氟化硫开关设备、恒压供水设备、三箱类产品、电力自动化控制电气等产品。员工 363 人。被认定为市高新技术企业、市科技小巨人企业、市企业技术中心、公司先后被评为市农口级文明单位、市高新技术企业、市文明单位等。2019 年，销售额 93838 万元，利润 4120 万元，纳税 1377.4 万元。（钱 欢）

■亚士漆（上海）有限公司 于 2001 年 12 月在青浦工业园区成立，注册于北青公路 9399 号。2019 年，员工 405 人，科技人员 133 人。母公司亚士创能科技（上海）股份有限公司于 2017 年 9 月 28 日在上海主板上市（亚士创能，603378）。注册资金 5122.72 万元。主要经营工程建筑涂料、地坪漆、室内装饰内墙涂料、室内装饰木器漆，以及专业涂装服务。拥有先进的生产流水线，建立符合国家标准的质量管理体系。被认定为市高新技术企业、上海名牌、市企业技术中心、市专精特新企业等。2019 年，销售收入 125707 万元，净利润 11000 万元，纳税 8000 万元。母公司及关联公司符合“青浦区百强优秀企业”的要求，纳税 10234.86 万元。（钱 欢）

亚士漆（上海）有限公司生产车间（区经委供稿）

■上海创力集团股份有限公司 于 2003 年成立于青浦区，注册于青浦工业园区崧复路 1568 号。注册资本 6.37 亿元，是国内领先的以煤矿综合采掘机械设备为主的高端煤机装备供应商，主营业务为煤炭综合采掘机械设备、煤矿自动化控制系统及矿用电气设备的设计、研发、制造、销售以及技术服务，为客户提供煤矿综采、综掘工作面成套设备的选型和方案设计。主导产品为煤炭综合采掘机械设备。于 2015 年在上海证券交易所主板上市（创力集团，603012）。被认定为市企业技术中心、市高新技术企业、市科技小巨人企业、全国煤炭机械工业优秀企业、上海民营企业 100 强、上海名牌、上海著名商标企业。员工 463 人。2019 年，销售额 13 亿元，利润 2.86 亿元，纳税 9446 万元。（钱 欢）

开发区选介

■概况 2019 年，青浦区有 8 个市级规划工业区块，总规划面积 62.05 平方公里，形成青浦工业园区为龙头，七大工业区块（徐泾工业园区、华新工业园区、白鹤工业园区、朱家角工业园区、练塘工业园区、金泽工业园区和商榻工业园区）为支撑的先进制造业发展集群。8 个市级规划工业区块区运营总收入 4485.54 亿元，比上年增长 31.78%（华新工业园区于 2019 年起，把物流收入纳入统计），其中工业企业主营业务收入 1858.16 亿元、第三产业营业收入 2625.31 亿元。全区有承担招商引资职能的经济小区 38 家，比上年减少 2 家。有各类特色产业园区 31 个，其中区特色产业园区 12 个、市生产性服务业功能区 7 个、市“四新”经济创新基地 9 个、国家级产业基地 3 个。 （钱 欢）

2019 年青浦区经济小区情况表

表 51

序号	所属区域	经济小区名称	序号	所属区域	经济小区名称
1	赵巷镇	上海赵巷品牌企业发展有限公司	20	青浦工业园区	上海西部经济城有限公司
2		上海新城投资（集团）有限公司	21		上海青浦工业园区创业投资有限公司
3	徐泾镇	上海青浦徐泾资产经营管理有限公司	22		上海青浦商城实业有限公司
4		上海西郊徐泾经济发展有限公司	23		上海青浦工业园区香花桥招商服务中心（上海雄风投资管理有限公司）
5	华新镇	上海腾溪经济城综合开发有限公司	24		上海青浦工业园区创业中心有限公司
6		上海华民经济城开发有限公司	25		上海青佳经济发展有限公司
7	重固镇	上海城郊经济发展有限公司	26		上海中纺科技城发展有限公司
8		上海龙洲实业发展有限公司	27		上海青浦科技园发展有限公司
9		上海万事发经济发展有限公司	28	淀山湖新城	上海盛青经济发展有限公司
10	白鹤镇	上海腾富企业发展有限公司	29		上海盈港经济城
11		上海白鹤工业园区实业有限公司	30		上海鹏城经济发展有限公司
12	朱家角镇	上海朱家角经济发展有限公司	31		上海湖区经济投资服务有限公司
13		上海益田实业有限公司	32	西虹桥商务区	上海西虹桥创业服务有限公司
14	练塘镇	上海富民实业（集团）有限公司	33	青发集团	上海青浦农工商经济城投资管理有限公司
15		上海太阳岛经济发展有限公司	34		上海宏亮经济发展有限公司
16		上海富甲经济开发有限公司	35		上海蕴湖实业有限公司
17	金泽镇	上海大观园经济城	36		上海宏城经济发展公司
18		上海淀山湖经济城	37		上海天佳经济发展有限公司
19		上海太浦河经济开发有限公司	38	现代农业园区	上海绿色科技园区有限公司

（钱 欢）

2019 年青浦区特色产业园区情况表

表 52

园区类别	序号	园区名称	运营主体	特色产业	所属街镇园区	地址
青浦区特色产业园区	1	中采服务贸易产业园	中采（上海）电子商务有限公司	服务贸易、大健康、文创	朱家角镇	青浦区康业路 6 号
	2	青龙小镇文创产业园	上海贤林投资有限公司	文化创意、新材料	白鹤镇	青浦区鹤鹏路 328—355 号
	3	8090 电子商务产业园	上海熊松实业有限公司	电子商务	青浦工业园区	青浦区盈港东路 6433 号
	4	西虹桥同联创新产业园	同联（上海）实业发展有限公司	汽车、会展、跨境贸易、电子信息	西虹桥商务区	青浦区徐祥路 38、39 号
	5	迪丰国际时尚产业园	迪丰集团有限公司	时尚	徐泾镇	青浦区双联路 168 号

（续表）

园区类别	序号	园区名称	运营主体	特色产业	所属街镇园区	地址
青浦区特色产业园区	6	世界手工艺产业博览园	上海世界手工艺产业博览园管理有限公司	国家级文化艺术、工艺美术创作设计、艺术品展览、艺术品交易	徐泾镇	青浦区诸光路288号、328号、66号、36号
	7	天睿航空服务产业园	上海中超卫浴有限公司	航空服务产业链	青浦工业园区	青浦区崧秋路418号
	8	华院华东互联网产业园	上海华鼎高科科技发展（集团）股份有限公司	文创和设计、信息技术咨询	朱家角镇	青浦区康泰路83号
	9	麦迪睿医械e港特色产业园	上海麦迪睿医疗科技集团有限公司	医疗器械	徐泾镇	青浦区华徐公路569号4幢
	10	红隅科创园	上海红孩儿电子商务有限公司	品牌总部、文化创意	青浦工业园区	青浦区崧泽大道6055号
	11	2025科创园	上海云轮大数据科技有限公司	电子信息科技研发总部	青浦工业园区	青浦区创达路333号
	12	上海智能针织产业园	上海中昊针织有限公司	智能针织产业链	徐泾镇	青浦区沪青平公路2400号
市生产性服务业功能区	1	上海华新生产性服务业功能区	上海华新工业园区经济发展有限公司	物流、总部	华新镇	青浦区华腾路1288号
	2	上海淀山湖生产性服务业功能区	上海青浦工业园区发展（集团）有限公司	总部经济、先进制造业配套的研发中心、营销中心、软件信息服务业	青浦工业园区	青浦区漕盈路2500号
	3	上海E通世界生产性服务业功能区	上海一通世界投资管理有限公司	物流服务、会展服务、软件信息、智能硬件研发、文化创意	徐泾镇 华新镇	青浦区华徐公路685号南区、华徐公路999号北区、华隆路1777号华新园
	4	上海移动智地生产性服务业功能区	上海锐嘉科实业有限公司	移动互联网产业	青浦工业园区	青浦区沪青平公路3938弄
	5	上海嘉壹智汇生产性服务业功能区	上海嘉壹企业发展有限公司	工业设计、供应链管理、电子商务、互联网+传统产业	华新镇	青浦区华腾路1218号
	6	国家会展中心（上海）生产性服务业功能区	国家会展中心（上海）有限责任公司	会展	西虹桥商务区	青浦区盈港东路168号
	7	上海张江云立方生产性服务业功能区	上海紫软投资有限公司	新材料、生物医药、先进装备	青浦工业园区	青浦区北青公路10688弄21号4楼
市“四新”经济创新基地	1	市新型检验检测设备与服务产业创新基地	上海纺科投资有限公司	人工智能、智能制造、新型检验检测、新材料	青浦工业园区	青浦区华浦路500号
	2	市卫星导航产业创新基地（中国北斗产业技术创新西虹桥基地）	上海西虹桥导航产业发展有限公司	北斗导航	西虹桥商务区	青浦区高泾路599号
	3	市移动医疗产业创新基地（e通世界）	上海一通世界投资管理有限公司	移动医疗	徐泾镇 华新镇	青浦区华徐公路685号南区、999号北区、华隆路1777号华新园
	4	市高端医疗器械、设备产业创新基地（瑞津医疗科技产业园）	瑞津（中国）生物科技有限公司	医疗器械及上下游产业链	青浦工业园区	青浦区华青路1699号
	5	市工业机器人产业创新基地（晨讯智造产业园）	上海晨兴希姆通电子科技有限公司	智能智造及工业自动化	青浦工业园区	青浦区胜利路888号
	6	市高端医疗器械、设备产业创新基地（麦迪睿医械e港）	上海麦迪睿医疗科技集团有限公司	医疗器械	徐泾镇	青浦区华徐公路569号4幢
	7	市大数据产业创新基地（淀山湖生产性服务业功能区）	上海青浦工业园区发展（集团）有限公司	大数据	青浦工业园区	青浦区漕盈路2500号
	8	市时尚服装服饰产业创新基地（上海尚之坊时尚文化创意园）	上海法诗图投资集团有限公司	时尚服饰、文化创意、高新技术、智能制造、跨境电商	青浦工业园区	青浦区崧泽大道6066弄
	9	市新型汽车零部件产业创新基地（华新国际高端制造业园区）	上海大豪企业投资（集团）有限公司	新型汽车零部件、高端制造业	华新镇	青浦区嘉松中路1835号

（续表）

园区类别	序号	园区名称	运营主体	特色产业	所属街镇园区	地址
国家级产业基地	1	新材料国家新型工业化产业示范基地	上海青浦工业园区发展（集团）有限公司	新材料	青浦工业园区	青浦区漕盈路2500号
	2	国家火炬上海青浦北斗导航特色产业基地	上海西虹桥导航产业发展有限公司	北斗导航	西虹桥商务区	青浦区高泾路599号
	3	国家火炬上海青浦智慧物流特色产业基地	上海华新工业园区经济发展有限公司	智慧物流	华新镇	青浦区华腾路1288号

（钱　欢）

■**青浦工业园区**　成立于1995年11月25日，是市政府重点扶持发展的市级工业开发区之一。规划面积56.2平方公里。上海青浦工业园区发展（集团）有限公司为开发建设主体，主要开展招商引资、土地开发、厂房租赁等经营业务，下辖张江高新青浦园和青浦出口加工区2个国家级开发区。2019年，实现营业收入2828亿元，规模以上工业企业总产值1015.8亿元，税收119亿元。（钱　欢）

■**徐泾工业园区**　位于徐泾镇。属于上海西郊经济开发区，为市级开发区。规划面积2.46平方公里，四至范围为：东至虬港，西至明珠路，南至崧泽大道，北至北青公路。园区内有108个项目地块。104区块（全市现有的104个规划工业区块）已进入转型发展阶段，呈现出制造业逐步放缓，服务业经济提速扩张的态势。区块内企业主要分布在快递物流产业（比重约为6.6%）、医疗健康产业（比重将近1/3）、制造业（比重约为15.3%）和现代商贸、会展商务、文化创意、创新金融、电子商务及新材料、能源、高端装备等新兴产业。2019年，营业收入353.81亿元，规模以上工业企业总产值12.2亿元，税收12.26亿元。（钱　欢）

■**华新工业园区**　位于华新镇。属于上海西郊经济开发区，为市级开发区。规划面积6.47平方公里，四至范围为：东至新通波塘、西至华西二号河、南至S26公路东延伸段、北至G42京沪高速。华新是青浦发展先进制造业和现代服务业的重要承载区，是青浦“一城两翼”战略布局中的重要一极。2019年，营业收入953亿元，规模以上工业企业总产值120.48亿元，税收24.8亿元。（钱　欢）

■**练塘工业园区**　位于练塘镇。属于上海松江经济技术开发区，为国家级开发区。规划面积3.86平方公里，四至范围为：东至蒸庄路、西至新朱枫公路、南至老松蒸公路、北至东塘港。经二轮集中开发建设和四次规划调整，形成比较清晰的边界形态和相对稳定的产业业态，各类基础设施配套到位。有实体企业约150家，形成以先进装备、新材料、电子信息产业、节能环保设备、健康医疗和生产性服务业为主的3+3产业体系。2019年，营业收入128.78亿元，规模以上工业企业总产值65.1亿元，税收4.9亿元。（钱　欢）

■**白鹤工业园区**　位于白鹤镇。为城镇工业地块，规划面积3.54平方公里，四至范围为：东至油墩港，西至东大盈港和盈联路，南至鹤民路和鹤安路，北至鹤祥路。产业主分布在金属加工、机械制造、汽车配件、橡胶塑料制品和纺织服装、建筑材料等传统加工制造行业，其中金属加工、机械制造企业数量居多。2019年，营业收入59亿元，规模以上工业企业总产值41.74亿元，税收2.5亿元。（钱　欢）

■**朱家角工业园区**　位于朱家角镇。为城镇工业地块，规划面积3.42平方公里，四至范围为：东至康欧路，西至小滨港，南至张巷、纬六路、朱枫公路，北至纬一路、九峰港、康泰路。按照市政府对朱家角镇的功能定位，着力打造“4+X”产业格局（4指新材料制造业、文体休闲产业、养老健康产业、生物科技产业四大主导产业；X指以“园中园”为代表的总部经济、现代服务业等产业）。推进产业结构调整，盘活标准厂房10万余平方米。利用存量厂房资源，培育新增长点，利用长三角一体化发展的契机，做好存量土地梳理工作，利用闲置土地、增量土地引进产业高端、科技进

落户于华新工业园区的中通快递公司大楼　（华新镇供稿）

步、产出强大的优质项目落户，提高土地产出率。2019 年，营业收入 136.55 亿元，规模以上工业企业总产值 68.45 亿元，税收 6.06 亿元。（钱　欢）

■金泽工业园区　位于金泽镇。为城镇工业地块，规划面积 66.15 公顷，四至范围为：东至规划道路、西至沪青平公路、南至徐李路、北至金南路。发挥金泽镇独特的生态环境优势，结合青西郊野公园的规划建设和华为研发中心的落户，加强产业链招商。依托金泽丰富的历史文化资源和天然环境优势，加快文化创意、旅游配套、康体疗养等产业发展。2019 年，营业收入 3.5 亿元，规模以上工业企业总产值 0.64 亿元，税收 0.16 亿元。（钱　欢）

■商榻工业园区　位于金泽镇。为城镇工业地块，规划面积 86.06 公顷，四至范围为：东至王家泾、西至王港村港、南至急水港、北至港娄村和淀西村前庄。依托淀山湖资源，重点发展能够与湖区经济相辅相成、融合发展的产业。2019 年，营业收入 25.9 亿元，规模以上工业企业总产值 19 亿元，税收 0.83 亿元。（钱　欢）

■上海新城开发区　位于赵巷镇，创建于 1993 年，又名上海新城经济区，由上海新城投资（集团）有限公司负责管理。紧靠 318 国道。先后被评为上海市文明单位、上海市郊先进基层党组织、上海市管理规范小区，获得上海市著名商标、上海市名牌称号。调整发展思路，强化优质服务功能，提升软实力。“新城”二区于 2015 年 9 月被批准为上海市产业园区转型升级试点区。围绕产业规划、专项整治、动迁腾地、项目招商、政策保障、土地转性等方面，推进“新城”二区转型升级。重点开展征收补偿工作。配合市西软件信息园核心区建设，共锁定企业 33 家，已完成征收 32 家。2019 年，税收 11.55 亿元，新注册企业 740 户，累计接纳私营、集体和外资企业 14869 户。（高胜洁）

■上海青浦农工商经济城　由上海青浦农工商经济城投资管理有限公司负责管理，创建于 1997 年 11 月。2006 年 9 月，划归上海青浦投资有限公司。2013 年 10 月，经区政府批准并入上海青浦发展（集团）有限公司。注册资本 500 万元，主要从事招商引资和咨询服务。2019 年 6 月，办公地址由城中西路 111 号迁至盈港路 710 号。有 123 家注册企业在中国基金协会备案（其中基金管理人 55 户，基金 68 户），基金类企业税收 17861 万元，占农工商经济城全部税收的 19%。年末，农工商经济城税收 9.39 亿元，比上年增长 7.15%；新增企业 469 户，累计注册企业 6096 户。（赵佳俊）

■上海宏亮经济开发区　由上海宏亮经济发展有限公司负责管理。位于公园路 99 号舜浦大厦 2 楼，前身是创建于 1998 年的上海宏良经济发展有限公司，2006 年 6 月划归青浦投资有限公司管理。2013 年 10 月，经区政府批准并入上海青浦发展（集团）有限公司，注册资本 500 万元，主要从事招商引资和咨询服务。2019 年，税收 14.1 亿元，比上年增长 18.76%；新增落户企业 406 家，累计注册企业 3627 户。其中落户企业上海达尔威贸易有限公司纳税 98380 万元，获青浦区纳税百强企业第三名，获得青浦慈善之星称号。（赵佳俊）

■上海蕴湖经济开发区　由上海蕴湖实业有限公司负责管理。位于青浦区城中北路 105 号，前身是创建于 1998 年的上海云湖实业有限公司。2005 年 8 月，划归青浦投资有限公司管理。2013 年 10 月，经区政府批准并入上海青浦发展（集团）有限公司。注册资本 500 万元，主要从事招商引资和咨询服务。2019 年，税收 2.99 亿元，比上年增长 7.43%；新增企业 300 户，累计注册企业 2283 户。注册在蕴湖开发区的国联证券股份有限公司上海港俞路证券营业部获得 2019 年度青浦纳税百强企业

6 月，上海青浦农工商经济城投资管理有限公司办公地址迁至盈港路 710 号　（青浦发展集团供稿）

称号。（赵佳俊）

■**上海宏城经济发展公司** 成立于1994年4月，位于青湖路1023号803室，隶属青浦区夏阳街道。2015年4月，由上海青浦发展（集团）有限公司托管。注册资本800万元，主要从事招商引资和咨询服务。2019年，税收4.28亿元；完成区级收入1.46亿元；新增企业348户，累计注册企业3376户。落户企业上海宽博清洁服务有限公司2019年获第六届中国清洁服务行业百强企业称号。（赵佳俊）

■**上海天佳经济开发区** 由上海天佳经济发展有限公司负责管理。位于青浦区青湖路1023号8楼，创建于1995年5月，前身是上海青浦私营经济发展有限公司。2015年4月，由上海青浦发展（集团）有限公司托管。注册资本980万元，主要从事招商引资和咨询服务。2019年，税收4.36亿元，比上年增长4%；新增企业319户，累计正常企业2790户。连续四届获得上海市文明单位，连续两年获得市和谐劳动关系企业和区平安单位等称号。落户企业上海福寿园实业集团有限公司入围由市商务委发布的上海市民营企业总部名单。（赵佳俊）

■**上海湖区经济投资服务有限公司** 成立于2010年11月，位于公园东路1289弄26号10层。注册资本200万元，主要从事招商引资及咨询服务等。隶属于淀山湖新城发展公司。2019年，税收16.12亿元；新增招商户数152户。（蒋懿宁）

■**上海鹏城经济发展有限公司** 成立于1997年2月，位于青浦区盈清路188号1号楼16层。注册资本500万元，主要从事招商引资及咨询服务等。隶属于淀山湖新城发展公司。2019年，税收37831万元；新增招商户数346户。（蒋懿宁）

■**上海盛青经济发展有限公司** 成立于2002年3月，位于华青南路481－485号，2019年3月搬迁至公园东路1289弄26号11楼。注册资本300万元，主要从事招商引资及咨询服务等。隶属于淀山湖新城发展公司。2019年，税收143076万元，比上年增长13.58%；新增招商户数87户。（蒋懿宁）

■**上海盈港经济城** 成立于1994年5月，位于盈港路453号1926室，注册资本500万元，主要从事招商引资及咨询服务等，隶属于淀山湖新城发展公司。2019年，税收56756万元，比上年增长13.13%；新增招商户数393户。（蒋懿宁）

沁园湖绿地广场一景（王卫红摄）

综 述

2019 年，全区金融业增加值 45.63 亿元，比上年增长 11.6%，占全区地区增加值的 3.9%。金融业税收 3.5 亿元，占全区税收的 0.65%。全区共有银行 26 家、经营网点 131 个，保险公司 9 家，证券分支机构 10 家，小额贷款公司 4 家，商业保理公司 5 家，典当行 8 家，融资租赁 1 家。全年新增场外交易（即证券交易所之外所进行的证券交易）市场挂牌企业 2 家，其中上海股交中心 2 家。全年 2 家企业成功上市，均在上交所主板。年末全区 26 家银行各项存款余额 1975.5 亿元，比上年末增长 12.1%。其中：单位存款余额 1062.7 亿元，比上年末增长 11.3%；个人存款余额 880.1 亿元，比上年末增长 15.7%。各项贷款余额 1090.8 亿元，比上年末增长 7.5%。其中：单位贷款余额 563.2 亿元，比上年末增长 2.7%；个人住房贷款 465.8 亿元，比上年末增长 11.9%；公积金贷款 178.5 亿元，比上年末增长 19.6%。

长三角金融稳步推进。2 月 21 日，与市金融局举行战略合作签约仪式，双方确定在推动金融支持长三角区域一体化发展、支持青浦区发展特色金融业、探索开展金融改革创新、扩展多元化融资渠道、加强地方金融机构监管、共同防范重大金融风险、持续优化金融营商环境等七大方面开展合作。邀请上海股权托管交易中心共同开展股交中心长三角分中心建设可行性分析，打造长三角金融服务市场；根据上海国际金融中心建设“十四五”规划基本思路研究工作安排，基本形成长三角一体化示范区金融发展基本思路。

推动私募基金。区镇村三级集体经济发展平台吸纳 179 个经济合作社参与，运行项目 40 个，投资 17.6 亿元。新城一站 C 商业项目、库克项目和 IMI 项目等 3 个帮扶“造血”项目建设方案上报市帮扶办备案。百村基金第二次投资项目“盈浦诚中城商品住宅”及“市西软件信息园核心区（南区）”开始投资审批流程。

发展创投基金。青浦发展创业投资引导基金完成出资基金 5 家，撬动社会资本 33 亿元；完成“比路电子”和“蛟腾医疗”2 个直接投资项目的出资，打通投资、招商一体化服务渠道，引导合作基金介绍或投资的优质项目落地青浦，成功引入“华宿技术”“行知聚能”“蛟腾医疗”等 3 家企业。

强化监督。区发改委金融办与区商务委完成融资租赁公司、商业保理公司、典当行等三类金融服务机构区级层面转隶工作，根据监管政策、属地管理及风险防范等有关要求，建立监管台账，召开 4 次金融服务机构监管专题工作会议，联合第三方专业机构对商业保理及融资租赁服务机构进行现场检查。

推进区内打非（即打击非法集资工作）与扫黑除恶工作。根据国家 P2P 网贷整治办和市金融稳定协调联席会议办公室“三降”“应退尽退”工作要求，清退区内 2 家 P2P 网贷机构。其中：上海富商金融信息服务有限公司借贷余额已清

6 月 28 日，上海青浦发展创业投资引导基金 2019 年第一次直投项目路演活动在市西软件信息园举行
（青浦发展集团供稿）

零，正在办理工商变更手续，确保原工商主体消亡。中平瑞发（上海）互联网金融信息服务有限公司明确停发新的网贷标的，借贷余额降至4469万元，比年初下降66%；出借人数249人，比年初下降53.4%，将按计划完成清退。（白 亮）

2019年青浦区金融机构存贷款情况表

表53

指标	2019年（亿元）	增长（%）
一、金融机构存款余额	19835754	12.5
# 单位存款	10399000	8.9
个人存款	8733993	14.8
# 储蓄存款	8572644	14.4
二、金融机构贷款余额	10946886	7.8
# 单位贷款	5562583	1.4
个人贷款	5276650	13.1
# 个人住房贷款	4606550	10.6
三、公积金贷款	1781583	19.4
四、其他		
1. 月末经营网点（个）	132	-0.8
2. 月末从业人数（人）	2417	0.5

（统计局）

2019年青浦区部分金融机构情况表

表54

单位名称	地址	邮编	电话
中国农业银行股份有限公司上海青浦支行	青浦区公园路6—36号	201799	69721333
中国建设银行股份有限公司上海青浦支行	青浦区城中东路550号	201799	59725555
中国工商银行股份有限公司上海市青浦支行	青浦区城中东路485号	201799	59720088
中国银行股份有限公司上海市青浦支行	青浦区城中东路608号	201799	59729942
中国农业发展银行上海市青浦区支行	青浦区青湖路977号	201799	69714290
上海浦东发展银行股份有限公司青浦支行	青浦区城中东路699号	201799	59722887
平安银行股份有限公司上海青浦支行	青浦区城中北路735号	201799	59855555
上海银行股份有限公司青浦支行	青浦区青安路39号	201799	59723023
交通银行股份有限公司上海青浦支行	青浦区公园路348号	201799	59733533
中国光大银行股份有限公司上海青浦支行	青浦区青松路22号	201799	59726307
上海农村商业银行股份有限公司青浦支行	青浦区公园路399号	201799	59734475
中国邮政储蓄银行股份有限公司上海青浦区支行	青浦区公园路268号	201799	59728113
中信银行股份有限公司上海青浦支行	青浦区青湖路992—998号	201799	69721961
兴业银行股份有限公司上海青浦支行	青浦区公园东路1608号	201799	69728295
中国民生银行股份有限公司上海青浦支行	青浦区青湖路818号	201799	69728100
广发银行股份有限公司上海青浦支行	青浦区华青南路489号	201799	33863939
华夏银行股份有限公司上海青浦支行	青浦区城中北路780号	201799	69795577

（续表）

单位名称	地址	邮编	电话
杭州银行股份有限公司青浦支行	青浦区青湖路 860—876 号	201799	69237208
浙江泰隆商业银行股份有限公司上海青浦支行	青浦区青湖路 788 号	201799	69225992
大连银行股份有限公司上海青浦支行	青浦区港俞路 899 号	201799	60671215
北京银行股份有限公司上海青浦支行，	青浦区公园路 99 号	201799	39225666
上海青浦惠金村镇银行股份有限公司	青浦区浦仓路 528 号	201799	39272812
浙江稠州商业银行股份有限公司上海青浦支行	青浦区公园东路 1818 号	201799	59808919
浙江民泰商业银行股份有限公司上海青浦支行	青浦区城中西路 91 号	201799	59801099
宁波通商银行股份有限公司上海青浦支行	青浦区港俞路 863 号	201799	60587666
招商银行股份有限公司上海青浦支行	青浦区城中西路 1 号	201799	59865555
中国人民财产保险股份有限公司上海市青浦支公司	青浦区城中东路 2 号	201799	59711629
中国人寿保险股份有限公司上海市青浦支公司	青浦区城中西路 18 号	201799	59737923
中国平安人寿保险股份有限公司上海分公司青浦公园东路营销服务部	青浦区公园东路 1289 弄 26 号楼（富绅商业中心）7－8 楼	201799	59250868
安信农业保险股份有限公司上海青浦支公司	青浦区公园东路 1155 号	201799	69730130
中国太平洋财产保险股份有限公司上海市青浦支公司	青浦区公园东路 1590 号 5 层	201799	69730817
申万宏源证券有限公司上海青浦公园路营业部	青浦区公园路 222 号	201799	69718276
中信建投证券股份有限公司上海青浦营业部	青浦区城中东路 485 号 3 幢 1－4 层	201799	59728139
上海证券有限责任公司青浦营业部	青浦区城中东路 566 号	201799	59738888
海通证券股份有限公司青浦区青湖路营业部	青浦区青湖路 780 号	201799	39287479
上海证券有限责任公司青浦明珠路证券营业部	徐泾镇明珠路 145 号	201702	69760500
东方证券股份有限公司上海公园东路证券营业部	青浦区公园东路 1606 号 D 座	201799	39292555
国联证券股份有限公司上海港俞路证券营业部	青浦区港俞路 865 号三楼	201799	59801065
上海青浦明诚小额贷款股份有限公司	青浦区淀山湖大道 2 号	201799	39222727
上海青浦兴众小额贷款股份有限公司	青浦区青湖路 1023 号 515 室	201799	69728115
上海青浦工合小额贷款股份有限公司	青浦区青龙路 79 号	201719	59262999
上海青浦华新小额贷款有限公司	青浦区华新镇新府中路 1786—1784 号	201708	59779988
上海青浦大众小额贷款股份有限公司	青浦区华新镇华徐公路 999 号 E 通世界北区	201705	59887318
上海亿路顺典当有限公司	青浦区城中东路 72 号	201799	59729199

（赵　峰）

银　行

■概况　2019 年，全区有各类银行 26 家，与上年持平。各银行本部均分布于青浦城区。城区各银行本部主要分布于公园路（6 家）、青湖路（5 家）、城中东路（4 家）、城中北路（2 家）、港俞路（2 家）、青安路（2 家）。各银行营业网点 132 个，比上年减少 1 个；从业人员 2417 人，比上年增加 12 人。9 月，上海青浦刺桐红村镇银行股份名称变更为上海青浦惠金村镇银行。面对市场变化、国家利率政策市场化趋势改革，各银行调整业务结构，服务地区经济，扶持中小企业、小微企业，支持“三农”工作，支持长三角示范区建设，探索参与跨区域金融服务。开展网点智能化建设，调整完善营业网点布局。建设银行联民路支行更名为西虹桥支行，迁入新址蟠龙路 618 号开业运营；工商银行青浦工业园区支行迁入清河湾路 907 号新址开业；上海农商银行盈中支行迁入淀山湖大道 347—357 号及 2 号二层 211、213 室营业；撤销上海农商银行新风北路分理处。加强风险管理，强化合规经营。深入社区，开展金融知识宣传，

3 月 15 日，在桥梓湾广场举行的青浦区“3·15 消费者权益保护日”咨询活动现场，农业银行青浦支行开展金融知识普及、反洗钱等宣传活动

（农行青浦支行供稿）

开展防电信诈骗、打击非法集资、互联网金融整治、反假币、扫黑除恶、人民银行账户管理、反洗钱等活动。服务“进博会”，参与“垃圾分类进博会”“第二届进博平安志愿者”等志愿活动。参加青浦区创建全国文明城区活动。

（赵　峰）

■中国农业银行股份有限公司上海青浦支行　2019 年，是农业银行恢复设立 40 周年。青浦支行服务上海“五个中心”建设，稳中求进，服务青浦“一城两翼”发展，服务青浦区承载的国家战略，完成经营管理目标。全行各项存款余额 406.16 亿元，比上年增加 45.66 亿元；各项贷款余额 156.78 亿元，比上年增加 25.16 亿元。从业人员 508 人。

支持区域经济发展。响应金融改革要求，支持区内招商引资，创新优化路径，由区政府牵头，率先开展“政银通”项目，实现新设立企业办理营业执照、开立银行账户、办理涉税事项 3 个工作日内完成的一条龙服务，全行 23 个网点全面开展“政银通”项目，提升青浦区金融服务效率。推出运用互联网和大数据技术“微捷贷”“纳税 e 贷”“抵押 e 贷”等便捷线上特色融资产品，为小微企业提供全线上、纯信用、秒批到账的便捷信贷服务，让区小微企业低成本获得信贷支持。

配合支持区域重大项目建设。在信贷政策偏紧的背景下，跟进多个与民生工程相关的重点项目，推动长三角一体化发展示范区总体方案落实落地，以项目为抓手，了解落地企业的综合金融需求，做好相关金融服务。获区政府授予的 2019 年度青浦区百强优秀企业称号。

开展金融知识宣传。3 月 15 日，在桥梓湾广场举行的青浦区“3·15 消费者权益保护日”咨询活动现场，向民众发放防范电信诈骗宣传资料，开展金融知识普及、反洗钱等宣传活动，23 个网点同时开展宣传活动，在门前、繁华街道设立咨询服务点，悬挂宣传横幅，播放专门录制的“打非宣传、互联网金融整治、反假币宣传”MP3 音频。各网点开辟活动专区，对用卡安全、ATM 机使用、投资理财等业务风险点进行宣传，利用电子显示屏、ATM 显示屏、微信等渠道发送公益宣传短信。通过设立户外宣传服务台、向特定人群授课、走进企业社区村镇，扩大金融知识普及范围。

开展区域党建活动。开展“不忘初心、牢记使命”主题教育。党建考核分行排名第二。作为区委组织部区域化党建联盟成员单位，推进区域化党建工作，支行党委及基层党支部与区内 34 家党组织签订共建协议，开展 78 次区域化党建活动。赴全区街镇开展社区公益志愿服务 46 次，赴区内 9 所学校开展金融知识进校园公益宣讲活动。响应“微心愿”认领活动，为困难户实现生活心愿。青浦徐泾支行党支部与徐泾镇金云村、徐泾镇农业综合服务中心党支部开展业务交流和共建活动。

（吴晓丽）

2019 年中国农业银行股份有限公司上海青浦支行网点情况表

表 55

网点名称	地址	邮编	电话
城中支行	青浦区城中北路 5 号	201799	59724270
赵巷支行	青浦区赵巷镇赵兴路 97 号	201703	59754174
徐泾支行	青浦区徐泾镇盈港东路 1755 号	201702	20732046
华新支行	青浦区华新镇新益路 445 号	201708	59793526
凤溪支行	青浦区华新镇凤星路 1535 号	201705	59770249
重固支行	青浦区重固镇赵重公路 2778 弄 128 号	201706	59788323

（续表）

网点名称	地址	邮编	电话
白鹤支行	青浦区白鹤镇外青松公路2688号588号	201709	69746008
赵屯支行	青浦区白鹤镇赵屯社区梅桥街8号	201711	59211046
大盈支行	青浦区香花桥街道大盈社区大盈路391号	201712	59221063
出口加工区支行	青浦区香花桥街道北青公路9221号	201707	59701157
营业部	青浦区青浦镇公园路8号	201799	69721057
工业园区支行	青浦区青安路228号	201799	20731998
朱家角支行	青浦区朱家角镇美周路36号	201713	20732061
沈巷支行	青浦区朱家角镇沈巷社区沈巷路103号	201714	20732063
盈浦支行	青浦区港俞路855号	201799	59853117
练塘支行	青浦区练塘镇练新路94号	201715	59250920
盈港路支行	青浦区盈港路1002号	201799	59207889
西岑支行	青浦区金泽镇西岑社区西虹街365号	201721	59295187
金泽支行	青浦区金泽镇金溪路287号	201718	59265180
商榻支行	青浦区金泽镇商榻社区商周路25号	201719	59281053
环城支行	青浦区城中东路228号	201799	20732073
夏阳支行	青浦区青湖路746－758号	201799	33863312
开发区支行	青浦区赵巷镇华科东路218号	201799	69213839

（吴晓丽）

■中国建设银行股份有限公司上海青浦支行　2019年，坚持以党建引领业务发展，围绕“增存、拓客、促效益”主线，强化合规经营，落实全面风险管理，提高经济效益。年末，存款余额245.61亿元，比上年增长11.1%；贷款余额173.41亿元，比上年增长4%。

1月30日，青浦支行营业室更名为青浦支行营业部。12月17日，联民路支行更名为西虹桥支行，迁入新址蟠龙路618号，临近国家会展中心。12月30日，西虹桥支行正式开业运营。面积450平方米，开办对公业务和对私业务，有穿墙式存取款机3台（24小时服务）、大堂存取款机1台、大堂智慧柜员机2台、网银体验机1台、自助回单打印机1台。

年末，支行下设综合管理部（安全保卫部）、财务会计部、风险管理部（内控合规部）、渠道与运营管理部、公司业务部、国际业务部、普惠金融事业部、机构业务部（金融同业部）、个人业务部、个人信贷部、信用卡业务中心、私人银行中心、现金调运中心和分行派驻纪检组。有网点13个，与上年持平。从业人员289人，比上年减少6人。2012—2017年，连续六年获得青浦区百强纳税企业的称号，2018—2019年连续两年获青浦区百强优秀企业称号，区内贡献度在金融企业中位列前茅。（姚金龙）

12月30日，位于青浦区徐泾镇蟠龙路618号的建设银行西虹桥支行正式对外营业（建设银行青浦支行供稿）

2019 年建设银行上海市青浦支行网点情况表

表 56

行名	地址	邮编	电话
建设银行青浦支行	青浦区城中东路 550 号	201799	59725555
建设银行徐泾支行	青浦区徐泾镇京华路 85 号	201702	59760395
建设银行赵巷支行	青浦区赵巷镇赵兴路 92 号	201703	59752199
建设银行华新支行	青浦区华新镇新府中路 1780 号	201708	59799993
建设银行白鹤支行	青浦区白鹤镇鹤如路 60 号	201709	59741327
建设银行城中支行	青浦区公园路 718 号	201799	59734724
建设银行朱家角支行	青浦区朱家角镇祥凝浜路 363 号	201713	59240243
建设银行练塘支行	青浦区练塘镇练新路 58 号	201715	59251744
建设银行城东支行	青浦区青湖路 837 号	201799	61200805
建设银行北门支行	青浦区城中西路 302～310 号	201799	59853901
建设银行西虹桥支行	青浦区蟠龙路 618、622 号、会恒路 738 号	201702	59763791
建设银行新城支行	青浦区公园东路 1600 号	201799	39790050
建设银行重固支行	青浦区赵重公路 2777 弄 5－7 号	201706	59868969

（姚金龙）

■中国工商银行股份有限公司上海市青浦支行 2019 年，定位“赶超式发展”目标，树立对标思维，推动创新转型。下设综合管理部、公司业务部、普惠金融事业部、信贷管理部、个人金融业务部、业务管理部 6 个部室。下辖营业部、青湖路支行、盈港路支行、朱家角支行、工业园区支行、华新支行、徐泾支行、赵巷支行、白鹤支行 9 个网点。正式组建挂牌成立青浦支行反洗钱分中心。举行运营管理技能比赛。年末，本外币各项存款余额 166.26 亿元，比年初增加 20.51 亿元。其中，储蓄存款 83.47 亿元，增加 12.76 亿元；单位存款余额 82.79 亿元，比年初增加 7.76 亿元。本外币各项贷款余额 128.31 亿元，比年初增加 17.21 亿元。从业人员 252 人。

1 月 17 日，工商银行青浦工业园区支行在清河湾路 907 号新址开业

（工商银行青浦支行供稿）

优化网点布局。1 月 17 日，青浦工业园区支行在青浦区清河湾路 907 号新址开业。面积 704 平方米，开办对公业务和对私业务，有穿墙式存取款机（24 小时服务）2 台、取款机 1 台；大堂智能柜员机 2 台、产品领取机 1 台、自助回单打印机 1 台。2 月，启动明珠路支行迁址装修工作。徐泾支行获中银协四星网点、总行五星网点称号，在分行“迎接进口博览会，争创最美服务窗口”评选活动中获“最美服务窗口”称号。

助力国家战略。4 月，成功办理首家“长三角一体化”跨区域通办企业开户业务。9 月，分行行长付捷拜访区委书记赵惠琴，双方交流长三角示范区建设与跨区域金融服务。服务“进博会”，为“进博会”期间首家在区市场监管局国家会展中心服务窗口获得营业执照的企业提供开户业务。

支持区域经济发展。7 月，为德邦物流公司定制贵金属，采购额 3500 万元（约 108 公斤），为中国工商银行所承接的最大贵金属定制业务。10 月，与中石油展开合作，推行中石油昆仑 ETC 联名卡，全力部署ETC现场服务工作。

党总支升格为党委，实现网点负责人党员全覆盖。"进博会"期间，青年党员参与总行中欧企业家大会、非洲·拉美地区经贸洽谈会志愿工作。开展共建活动。与街道、部队、企业、居委等签订共建协议，加强共建互动，参与共建单位"弘扬抗战精神，传承红色基因"主题党日、部队国庆升旗仪式、街道"护航进博·助力创全"志愿服务、"善行·暖心"微心愿等活动。1月，青浦支行第一党支部参与由青浦徐泾京华居民区党支部、徐安第四居民区党支部共同举办的"党建引领促文明，幸福和谐美家园"区域化党建暨美好社区分享活动。3月，联合上海房地产学校开展普惠金融业务宣讲活动；协同民主促进会青浦总支委员会参加市西软件园"集众智、汇众力、话未来"徒步活动。9月，与73166部队签署党建共建协议。

（周思铭）

表57　　**2019年中国工商银行上海青浦支行网点情况表**

网点名称	地址	邮编	电话
工商银行青浦支行	青浦区城中东路485号	201799	59738201
工商银行朱家角支行	青浦区朱家角新风路168号	201713	59241986
工商银行徐泾支行	青浦区徐泾镇京华路71、81、83号	201702	59768719
工商银行华新支行	青浦区华新镇新府中路1750号	201708	59791425
工商银行工业园区支行	青浦区清河湾路907号	201799	69228671
工商银行盈港路支行	青浦区盈港路562－570号	201799	59714101
工商银行青湖路支行	青浦区青湖路787号	201799	61249735
工商银行赵巷支行	青浦区赵巷镇镇中路520号	201703	59751021
工商银行白鹤支行	青浦区白鹤镇外青松公路2965号	201799	59740139

（周思铭）

■交通银行股份有限公司上海青浦支行　2019年，服务长三角区域一体化发展国家战略，着力提升价值创造能力。内设综合科、经管科、零售（贷）科、公司信贷科、国际科、内控合规科6个部门。下设支行本部、徐泾支行、华新支行3个网点，从业人员83人。年末，存款余额50.99亿元，贷款余额33.02亿元，年内实现经济利润6893万元。

交通银行青浦支行营业部沃德财富区　　（交通银行青浦支行供稿）

升级网点服务。打造"至善至美、上善服务"的服务品牌，提升网点综合服务质效。8月6日，支行营业部获中国银行业文明规范服务五星级营业网点称号。

服务实体经济。11月2日，与区政府签订战略合作协议，充分发挥金融服务优势，推动金融创新、引导资源聚集、服务普惠金融、优化营商环境、服务民生改善，聚焦长三角生态绿色一体化示范区的建设。

普及金融宣传。结合"防范外汇案件风险、谨防财产损失""支付安全与防范电信网络新型欺诈""扫黑除恶保护公众权益"等主题，向公众进行多渠道、多层次、多样式、有针对性地金融知识普及和金融风险公众教育活动。全年开展反洗钱、反假对外宣传10余次。

配合区域重点工作。支持青浦区创建全国文明城区、"进博会"工作。徐泾支行位于"进博会"最前沿，于9月20日开展全行安全形势教育和"迎国庆，保进博"安保预案的演练，确保"国庆"和"进博会"期间网点营运安全稳定。

（徐雯艳）

2019 年交通银行上海青浦支行网点情况表

表 58

网点名称	地址	邮编	电话
交通银行青浦支行	青浦区公园路 348 号	201799	59733533
交通银行徐泾支行	青浦区徐泾镇沪青平公路 1915 号	201702	59762149
交通银行华新支行	青浦区华新镇新府中路 1708 号	201705	59795104

（徐雯艳）

■中国银行股份有限公司上海市青浦支行 2019 年，紧抓区域国家战略发展机遇，以专业夯基础，以服务争客户，以产品赢市场，对外积极拓展，对内完善管理，提升经营业绩。下设办公室、综合管理部、公司金融部（含普惠金融事业部）、交易银行部及个人数字金融部 5 个职能部门，下设支行营业部、徐泾支行、青湖路支行、凤溪支行、华科路支行、朱家角支行、华新支行 7 家经营性网点。员工 204 人。全年实现税后利润 3.85 亿元，拨备前利润 4.39 亿元，毛收入 5.34 亿元。人民币各项存款时点余额 160.45 亿元，外币各项存款时点余额 1.79 亿美元。贷款业务，人民币各项贷款时点余额 157.66 亿元，普惠金融贷款余额（人行口径）6.34 亿元。资产质量情况保持稳定，不良资产余额 2113 万元，不良率 0.13%。

关注长三角一体化发展动态，赴吴江、苏州分行等开展交流座谈，探讨业务发展机会。开展“长三角一体化背景下的青浦发展”专题讲座培训，谋求新的发展机遇。提前布局，将青浦区域划分为两个片区，青西片区重点推进长三角一体化发展战略，青东片区重点建设西虹桥商务区及辐射区域，集聚行业龙头、企业总部、研发总部。7 月 23 日，首张住所冠“长三角生态绿色一体化发展示范区”企业——歌斐颂巧克力（上海）有限公司在朱家角支行开户，该公司是区内跨区域“证照联办”机制实施后的首次实践。

7 月 23 日，朱家角支行柜员为首家“长三角生态绿色一体化发展示范区”企业——歌斐颂巧克力（上海）有限公司开立基本账户　（中国银行青浦支行供稿）。

关注青浦区项目，为首创、葛洲坝、金地、中核、融创等 8 个项目提供贷款。发展二手房业务。成立两个个人贷款中心，徐泾个人贷款中心，主要负责大虹桥区域的渠道拓展；城区青湖路个人贷款中心，主要负责青浦城区及周边的渠道挖掘。

支持民营企业发展战略，排摸区内民营企业融资需求，根据客户需求制定综合授信方案，在额度、期限、担保条件及利率等方面实行“量身定做”。重视普惠金融业务完成情况，与各园区（北斗园区、移动智地、e 通世界、市西软件园等）联动，开展多项政策宣讲会、企业沙龙会、运动会等交流活动，增进渠道关系，获取企业信息，为普惠金融业务拓展打开市场提供储备。

与辖内大型物流企业达成全面业务合作。三通一达及德邦物流等行业龙头企业在支行获批授信金额逾 40 亿元。年末，韵达快递、申通快递分别新增流动资金贷款 3.6 亿元、2 亿元。

根据业务发展及自身需求，党总支分别与 16 家单位开展结对共建活动，开展书法创造、爱心公益、参观展览、祭扫烈士、交流座谈、金融宣讲、文艺体育等 33 次形式多样的共建活动．共建单位 46 家，包括区发改委、练塘镇党委、海关、国税局、土地储备中心、工商联等机关、事业单位，以及西虹桥、首创、中国移动、中国人寿等企业单位。

（凌茹萌）

表 59

2019 年中国银行上海市青浦支行网点情况表

网点名称	地址	邮编	电话
中国银行青浦支行营业部	青浦区城中东路 608 号	201799	59729942
中国银行青湖路支行	青浦区青湖路 822 号	201799	69732601
中国银行徐泾支行	青浦区徐泾镇京华路 205 号	201702	59762440
中国银行朱家角支行	青浦区朱家角祥凝浜路 351 号	201713	59241846
中国银行凤溪支行	青浦区华新镇凤中路 267 号	201705	59771459
中国银行华科路支行	青浦区华科路 163 号	201799	59813722
中国银行华新支行	青浦区华新镇新府中路 1736 号	201708	39299916

（凌茹萌）

■中国农业发展银行上海市青浦区支行 2019 年，以国家政策为导向，按照上级行工作部署，创新思路，强化基础管理，推进合规建设，经营水平显著提升。年末，各项贷款余额 26.00 亿元，比年初增加 11.94 亿元，增幅 84.88%；各项存款余额为 1.82 亿元，比年初减少 0.09 亿元；存款日均余额 2.84 亿元，比上年增加 0.28 亿元，增幅为 14.75%。实现中间业务收入 822.88 万元；实现拨备后利润 1491.76 万元，收贷收息率 100%，不良贷款为零。网点 1 个，从业人员 15 人。

履行政策性银行职责。以履行国家宏观经济调控政策为职责，确保主体业务稳健运行，开展服务乡村振兴战略业务。年末，地方储备粮贷款 5933.14 万元，粮食收购贷款 2000 万元；收回地方储备粮贷款 6082.81 万元，实现粮食收购贷款双结零。全年对储备粮库存和质量进行定期检查 12 次，联合区粮食局、市粮食局等单位对存储粮食进行实地开仓检查 2 次。实现储备粮采购、保管、轮换、销售全程动态跟踪管理，确保国家及地方粮食安全。

创新支持地方经济发展。通过开展银团合作，上贷下转等方式，推动业务抱团式发展，支持脱贫业务走出去。全年参与行外银团贷款 12300 万元，投放改善农村人居环境贷款 29200 万元，投放生态环境建设与保护贷款 115050 万元，投放城乡一体化贷款 32402.4 万元。

6 月 14 日，农业发展银行青浦支行在网点门口开展征信宣传活动

（农业发展银行青浦支行供稿）

履行社会责任。组织开展“3·15 金融消费者权益保护宣传活动”“普及金融知识，守住‘钱袋子’”等金融知识普及活动。在柜面摆放征信宣传资料、反假货币宣传手册、防范非法集资等金融知识宣传资料供客户与公众取阅。向公众宣传金融知识，提高消费者的风险防范与责任承担意识。（董文莉）

■上海浦东发展银行股份有限公司青浦支行 2019 年，围绕总行“调结构、稳增长；严合规、提质量；优管理、强能力”的经营主线，结合青浦区域经济特点，发挥长三角生态绿色一体化发展示范区建设发展优势，各项经营规模稳步提升。下设办公室、风险管理部、公司银行部、个人银行部、营业部 5 个部门，辖属支行营业部、徐泾支行、临空支行、华新支行、汇金支行 5 个营业网点。年末，存款余额 134.71 亿元，其中单位存款 83.71 亿元、个人存款 51.00 亿元；贷款余额 53.24 亿元，其中单位贷款余额 35.73 亿元、个人贷款 17.51 亿元。员工 98 人。

1 月 7 日，浦发银行徐泾支行完成网点整体改建　（浦发银行青浦支行供稿）

服务实体经济。支持与服务长三角一体化、“进博会”两大国家战略，服务民营企业、小微企业，发挥科技金融优势，服务科技企业客户 51 余户，科技企业贷款余额 4.2 亿元。

推动网点转型。建设数字生态银行。完成辖内两家二级支行网点徐泾支行、临空支行网点整体改建工程。改建后的网点分为八大功能区：智能服务区、现金服务区、非现金服务区、自助银行区、贵宾服务区、理财销售区、公众教育区、客户等候区。实施智能化管理，提供智慧服务，提升用户体验。年末，决定上海浦东发展银行上海名人苑社区支行停止营业。

开展普惠金融服务。优化客户权益保护。开展金融知识万里行普及宣传公益活动 20 余场。加强区域化党建联建。先后与中山医院青浦分院、徐泾镇高泾社区、徐泾镇尚鸿路社区、上海鑫达实业总公司、美年大健康产业公司、上海燕龙基集团、上海诚诺人才服务公司等 10 余家单位签署党建共建结对协议。（范家焕）

2019 上海浦东发展银行青浦支行网点情况表

表 60

网点名称	地址	邮编	联系电话
上海浦东发展银行青浦支行	青浦区城中东路 699 号	201799	59739692
上海浦东发展银行徐泾支行	青浦区徐泾镇盈港东路 1928 号	201702	59765268
上海浦东发展银行华新支行	青浦区华新镇新府中路 1676 号	201708	59790690
上海浦东发展银行汇金支行	青浦区秀源路 600 号	201703	59720059
上海浦东发展银行临空支行	长宁区金钟路 633 号	200335	32523600

（范家焕）

■平安银行股份有限公司上海青浦支行　2019 年，深化“科技引领、零售突破、对公做精”的策略方针，推进零售业务、对公业务数据化经营，防控金融风险，提升服务实体经济能力。

对公业务方面坚持以客户为中心，以行业化为导向，聚焦两大客群，通过口袋财务、小企业数字金融和“行 e 通”等服务模式和平台，实现“一个客户、多个产品、一站式服务”。针对战略客群，围绕客户需求，形成“一户一策”，通过集团综合金融优势，提供定制化综合金融解决方案，迎合战略客群及其生态圈的实际需求；针对小微客群，运用小企业数字金融服务平台，嵌入企业日常经营，通过线上数据采集分析，提升“无抵押、无担保、线上申请、线上审批”的融资服务效率，做到最快 30 秒审批、10 秒放款，化解小微企业融资难、融资贵问题。年末，单位存款 13.95 亿元，比上年增长 8.5%；贷款 5.1 亿元，比上年增长 102%

零售业务方面借助科技力量，通过“金融 + 生活”提升线上化服务水平，发展基础零售、私人银行财富、消费金融等业务模块。针对基础零售客群，优化“口袋银行”app 网银业务，实现全线上服务，提升服务效率；针对私人银行财富客群，配置线下私人银行金融顾问 + 线上专业团队经营模式，推动实现服务半径及专业程度最优化，满足高端客户多样化的投资需求；针对消费金融客群，深化新一贷、宅抵贷、白领贷等业务发展，通过产品多元化、流程线上化、业务平台化，拓宽抵质押与信用担保模式，提高审批放款时效。年末，储蓄存款 5.1 亿元，贷款 1.4 亿元。

案防合规方面，落实各项监管和案防合规要求，强化全行员工合规意识。组织合规文化建设与案防警示教育活动，开展员工违规行为整治“雷霆行动”“正风肃纪”专项行动，组织开展法律合规业务专项培训,通过现场、“知鸟”app线上课程等形式,针对不同员工开展培训,强化“合规人人有责”的理念。组织开展金融知识普及、反洗钱、防范非法集资风险、防范电信诈骗等专题宣传沙龙,做好社区居民及客户的宣传教育工作。（蒋欢栋）

12月3日,上海银行凤霞路支行在青浦区华新镇凤霞路528－532号开业
（上海银行青浦支行供稿）

■上海银行股份有限公司青浦支行

2019年,应对形势变化,加快转型,努力推进普惠金融,支持区域经济。年末,本外币存款余额144.1亿元,其中企业存款余额78.8亿元、储蓄存款余额34.9亿元、同业存款30.4亿元。贷款余额43.7亿元,其中企业贷款余额36.2亿元、个人贷款余额7.5亿元。有6家网点,员工数138人。

网点建设。12月3日,凤霞路支行在青浦区华新镇凤霞路528－532号开业。面积159平方米,开办对私业务,有穿墙式存取款机(24小时服务)2台、大堂智能柜员机3台。

推进重大项目建设。探索长三角一体化区域联动合作,加强大型资产项目落地,夯实项目储备。全年为大型项目提供授信支持10亿元,多个长三角一体化项目接洽中。

推进普惠金融。实现普惠金融投放1亿元。企业类贷款主要面向青浦区的快递物流、人工智能、移动互联、北斗导航、智慧医疗、绿色节能、新材料等符合国家产业政策导向的实体型企业;个人类贷款主要面向个体工商户和小企业主的经营性贷款。采用新的标准作业快速审批机制,提高审批进度。借助新成立的市财政中小微担保基金平台,创新推出银税宝、投贷保、专精特新融资宝等多个新产品,重点面对担保条件弱、但有成长性和有一定税收回报的小微企业,为小企业融资拓宽渠道。

支持实体经济。通过搭建融资平台,批量支持实体型企业。重点支持符合医改政策方向、收入稳步增长、医疗资源有保障、专业性较强的民营医疗机构。对整个健康行业的授信余额超过5.5亿元,涉及医院近30家。通过青浦科技孵化中心、各经济开发小区的推荐和市中小微担保基金会的部分担保(担保85%),为园区内处于初创期、高成长、轻资产的优质企业进行平台批量授信。

支持公共服务。与区医保中心保持着业务合作关系,支持区养老金、零星药费、失业保险、外劳力保险等社保基金的代发和报销工作。年内各街镇居民补助由区民政局统一办理,青浦支行成为主要代发银行。

履行社会责任。为青浦市民提供金融服务,全年开展社区金融知识普及、金融便民服务24次,服务人次8000余人次。（胡幸安）

2019年上海银行青浦支行网点情况表

表61

网点名称	地址	邮编	电话
上海银行青浦支行	青浦区青安路39号	201799	59723023
上海银行徐泾支行	青浦区徐泾镇盈港东路1548号	201702	59766421
上海银行青浦新城支行	青浦区秀禾路366号	201799	59853963
上海银行华新支行	青浦区华新镇华强街607号	201708	59795336
上海银行赵巷支行	青浦区赵巷镇赵中路1号	201703	59756383
上海银行凤霞路支行	青浦区华新镇凤霞路528号	201708	59717839

（胡幸安）

■中国光大银行股份有限公司上海青浦支行 2019年，紧扣“价值创造”主题，坚持“以稳为主、以稳助进”的方针，推进数字化转型，调整结构，优化资源配置，有效防控风险。设有青浦支行、华新支行和现代华庭社区支行3个网点。年末，存款余额35.92亿元、贷款余额10.5亿元，从业人员41人。

推进数字化转型。建成金融级安全的先进生物识别平台，在客服、网点、自助设备和APP中应用人脸、指纹、声纹识别技术，推进数字化转型。

优化资源配置。转换经营思路，注重业务质量和综合收益，持续调整客户结构。普惠金融方面，推出抵押类融资、担保类融资、结算类融资等标准化融资产品和节能融易贷、银保融易贷、小额融易贷等个性化融资产品，满足中小微企业和“三农”的融资需求。公司业务方面，调结构抓客户上台阶，与现代物流等大客户建立稳定的业务合作关系；零售业务方面，推出“阳光”系列特色化、标准化、个性化、行业化产品，为客户提供个人存贷款、投资理财、出国金融、缴费支付等服务。推动云缴费业务，提供水、电、燃气、通讯等十大行业平台，接入全国7000多个缴费项目。

防范系统性金融风险。通过走马灯、灯箱广告、现场设摊和深入社区等方式参与防电信诈骗、打击非法集资、互联网金融整治、反假币、扫黑除恶、人民银行账户管理、反洗钱等活动宣传，参加创建全国文明城区、第二届进博会、区域化党建和文明窗口创建等活动。

（黄承宏）

9月23日，光大银行青浦支行在青松路全家便利店开展人民银行账户管理和反洗钱宣传活动

（光大银行青浦供稿）

2019年光大银行青浦支行网点情况表

表62

网点名称	地址	邮编	电话
光大银行青浦支行	青浦区青松路22号	201799	59726307
光大银行华新支行	青浦区华新镇新府中路1714－1724号	201708	39289588
光大银行现代华庭社区支行	青浦区重固镇赵重公路2778弄75号	201706	69216357

（黄承宏）

■上海农村商业银行股份有限公司青浦支行 2019年，围绕“坚持客户中心、坚守普惠金融、坚定数字转型”三大核心战略，以“精细化管理、专业化经营、差异化特色”为主线，紧跟区域发展步伐，实现高质量可持续发展。内设党委办公室、办公室、合规内控部、资产监控部、风险管理部、财务会计部、公司金融部、贸易金融部、零售金融部9个部门。年末，各项存款余额380.1亿元，比上年净增43.8亿元，增长13.2%，在青浦各银行中，存款余额排名第二，市场占有率19.3%；各项贷款余额142.9亿元，比上年增加8.7亿元，增长6.5%，市场占有率为13.1%，区域内排名第四；实现考核利润6.6亿元，人均创利206万元。

网点建设。8月26日，上海农商银行盈中支行迁入淀山湖大道347—357号及2号二层211、213室营业，面积489.49平方米；开办对公业务和对私业务；有穿墙式存取款机2台（24小时对外服务）、大堂智能柜员机2台、存折取款机、多媒体查询机、网银体验机和对公自助回单打印机各1台；员工14人。11月16日，撤销上海农商银行新凤北路分理处，业务归并至农商银行华新支行。年末，青浦支行营业网点22个，比上年减少1个；从业318人，比上年减少19人。

助力区域项目。配合青浦区争创全国文明城区工作；参与长三角一体化建设。与金泽镇党委签订共建联建协议，探讨长三角一体化核心区域金融服务。在莲湖村设立金融服务站，提升服务力度。支持区内企业“走出去”到长三角区域开展业务，提供长三角区域异地企业授信服务；支行班子成员及骨干加入政协、工商联、青联、各类商会及企业家协会，参与区域经济治理。

深化普惠金融。结合“乡村振兴”战略，深化“三农”金融服务，为区内农业企业提供金融服务，依托中小微担保基金、农业农村部新型农业经营主体信息直报系统、土地经营权抵押产品，对区域内农业龙头企业加大信贷支持，带动农业产业链联动发展。2019 年，普惠小微口径信贷与科技类企业贷款均较前两年有提升。

推动服务提升。统一对外品牌形象，重塑内部营业环境，优化网点布局，打造业务种类齐全的标准化综合服务网点；细化落实服务规范，树立服务明星榜样示范，提高改进服务质量；强化科学营运管理，推进业务高效集中处理；加强消费者权益保护，缓解客户纠纷，促进银行客户和谐关系；抓好安全生产管理，完善责任体系，杜绝安全责任事故。

履行社会责任。承担养老金发放、敬老卡发放等民生工作，响应市政府政策落实新版金融社保卡集中换发推进工作，全年新版社保卡发放 13 万张，新版金融社保卡申领量区内份额居首。主动上门走访，进园区、进厂区、进社区，多渠道多维度宣传普及金融知识，打通金融服务“最后一公里”，助力辖内金融秩序稳定。在营业部设立环卫工人爱心服务站、快递小哥休息站，各网点设立企业征信查询点，为特定人群提供休息驿站与便捷金融服务。7—8 月，为团区委在各镇举办的爱心暑托班儿童讲授金融知识，共 60 课时。开展“不忘初心、牢记使命”主题教育活动。

（徐人为）

2 月 19 日，农商银行青浦支行开展元宵节宣传活动　（农商银行青浦支行供稿）

2019 年上海农商银行青浦支行网点情况表

表 63

网点名称	地址	邮编	电话
上海农商银行青浦支行	青浦区公园路 399 号	201700	59717917
上海农商银行赵巷支行	青浦区赵巷镇赵兴路 94 号	201703	59754374
上海农商银行徐泾支行	青浦区徐泾镇盈港东路 1775 号	201702	59760508
上海农商银行华新支行	青浦区华新镇新府中路 1678、1680、1682、1684 号	201708	59797748
上海农商银行凤溪支行	青浦区华新镇凤星路 1531 号	201705	59770039
上海农商银行重固支行	青浦区重固镇北青公路 6388 号 1404－1406 室	201706	59788328
上海农商银行福泉分理处	青浦区重固镇福泉山路 489 号	201706	59781223
上海农商银行白鹤支行	青浦区白鹤镇外青松公路 2727 号	201709	59746716
上海农商银行赵屯支行	青浦区白鹤镇赵江路 201 号	201711	59211861
上海农商银行香花桥支行	青浦区北青公路 9318 号	201707	59702043
上海农商银行大盈支行	青浦区香花桥街道大盈路 415 号	201712	59221398
上海农商银行环城支行	青浦区青湖路 885 号	201700	59715922
上海农商银行盈中支行	青浦区淀山湖大道 347－357 号及 2 号二层 211、213 室	201700	39780032
上海农商银行朱家角支行	青浦区朱家角镇祥凝浜路 98 号	201713	59240578
上海农商银行沈巷支行	青浦区朱家角镇沈巷路 89 号	201714	59830625
上海农商银行练塘支行	青浦区练塘镇练新路 129 号	201715	59253992
上海农商银行小蒸分理处	青浦区练塘镇共喜路 202 号	201716	59812475
上海农商银行蒸淀支行	青浦区练塘镇朱枫公路 6338 号	201717	59821112
上海农商银行金泽支行	青浦区金泽镇金溪路 235 号	201718	59261081

（续表）

网点名称	地址	邮编	电话
上海农商银行莲盛支行	青浦区金泽镇镇中路53号	201722	59272891
上海农商银行商榻支行	青浦区金泽镇商蔡路48号	201719	59282973
上海农商银行西虹桥支行	青浦区徐泾镇诸光路1111号	201702	69766961

（徐人为）

邮政储蓄银行青浦区朱家角镇支行营业大厅 （邮政储蓄银行青浦支行供稿）

■中国邮政储蓄银行股份有限公司上海青浦区支行 2019年，坚持服务社区、服务中小企业、服务“三农”，服务实体经济、防控金融风险、推进转型升级、深化改革，加快业务转型。年末，各类存款余额17.83亿元，其中个人储蓄余额18.96亿元、单位存款余额7.65亿元；各类贷款结余10.18亿元，比上年增长16.05%，不良贷款率控制在限额以内，资产质量处于安全水平，继续保持“零案件”态势。

助力实体经济。助力优化青浦区营商环境。2018年起正式对外公告承诺4个工作日内完成企业基本户开户，2019年，开立基本户56户，实现3个工作日内完成开户工作。根据“精准扶贫”政策指引，成立精准扶贫工作小组，年内个人精准扶贫放款200万元，结余1427万元。贯彻落实乡村振兴战略，走访区内家庭农场、农业合作社，成功放款首笔农业信贷担保业务200万元。营造相对宽松的利率环境。根据总分行工作部署，免除贷款过程中企业评估费和抵押登记费、适度下调贷款目标下限。加大对普惠小微领域的信贷投放，全年累计扶持小微企业35家，放款近2亿元。

实施普惠金融。推广“小微易贷”“小企业快捷贷”“极速贷”和“科技贷”等特色类金融信贷产品，结合线上与线下，通过网络全自助办理企业贷款业务。2019年，发放17笔小企业快捷贷，5650万元，惠及企业15家；发放1笔小微易贷、2笔科技贷，近1000万元，惠及企业3家；发放24笔极速贷，860万元，惠及企业24家，有效缓解小微企业信贷难问题。开展金融知识进社区、进园区活动，结合“3·15消费者权益保护”“学雷锋”及各类公共节日契机，向居民、外来务工者宣传反假币、反洗钱、防范金融诈骗、防范非法集资、理财、保险等一系列金融知识，累计开展活动百余次，惠及群众千人。

履行社会责任。获得2017—2018年度上海市文明单位称号，配合青浦区创建全国文明城区活动，组织党员、员工参与区各项活动。1—4月，参与共建单位组织的“‘凝聚志愿力量 热情服务社区’学雷锋大型便民服务活动”“‘夏花’篇党员四季公益活动”等；与徐泾镇社区党建服务中心联合开展“‘红色漫步在田野、美丽乡村传党知’春风篇”党建公益活动；5—11月，成立“党员志愿者服务队”，开展“垃圾分类进博会”“第二届进博平安志愿者”“创全巡查志愿者”等志愿服务活动；开展“党员进社区，帮圆微心愿”志愿者服务活动，帮助困难群体实现小小心愿，认领“微心愿”17件。（陆 成）

2019年邮政储蓄银行青浦区支行网点情况表

表64

网点名称	地址	邮编	电话
邮储银行青浦区支行营业部	青浦区公园路268号	201799	59728113
邮储银行青浦区朱家角镇支行	青浦区朱家角镇美周路2-6号	201713	59239818
邮储银行青浦区赵屯支行	青浦区白鹤镇赵江路193号	201711	59211711
邮储银行青浦区商榻支行	青浦区金泽镇商蔡路2号	201719	59281719

（续表）

网点名称	地址	邮编	电话
邮储银行青浦区华新镇新府中路支行	青浦区华新镇新府中路 1760－1766 号	201708	39790018
邮储银行青浦区徐泾镇支行	青浦区徐泾镇盈港东路 1852－1866 号	201702	39250301
邮储银行青浦区新桥路支行	青浦区白鹤镇新桥路 595 号	201712	39780027
邮储银行青浦区徐泾营业所	青浦区徐泾镇京华路 133－139 号	201702	59760000
邮储银行青浦区赵巷营业所	青浦区赵巷镇赵兴路 52 号	201703	69751287
邮储银行青浦区凤溪营业所	青浦区华新镇凤星路 1460 号	201705	59770018
邮储银行青浦区重固营业所	青浦区重固镇福泉山路 478 号	201706	59781224
邮储银行青浦区香花营业所	青浦区北青公路 9335 号	201707	59701143
邮储银行青浦区华新营业所	青浦区华新镇华新街 608 号	201708	59791785
邮储银行青浦区白鹤营业所	青浦区白鹤镇外青松公路 2980 号	201709	59747166
邮储银行青浦区大盈营业所	青浦区香花桥街道大盈路 412 号	201712	59222120
邮储银行青浦区沈巷营业所	青浦区朱家角镇沈巷社区万步路 50 号	201714	59830714
邮储银行青浦区练塘营业所	青浦区练塘镇练新路 90 号	201715	59251715
邮储银行青浦区小蒸营业所	青浦区练塘镇小蒸社区贞溪南路 205 号	201716	59811716
邮储银行青浦区蒸淀营业所	青浦区练塘镇蒸淀社区蒸兴路 127 号	201717	59820717
邮储银行青浦区金泽营业所	青浦区金泽镇金溪路 292－296 号	201718	59260718
邮储银行青浦区西岑营业所	青浦区金泽镇西岑街 397 号	201721	59294721
邮储银行青浦区莲盛营业所	青浦区金泽镇莲湖路 28 号	201722	59271722
邮储银行青浦区城中营业所	青浦区城中东路 42、44 号	201799	69712400

（陆 成）

■中信银行股份有限公司上海青浦支行 2019 年，结合青浦金融实际情况，以抓客户基础和培育核心客户群为重点，夯实发展基础，抓住青浦“长三角一体化示范区”的机遇，合规经营，严控风险。被上海分行授予 2019 年公司业务显著进步单位和 2019 年度零售优秀支行称号。12 月，再次被上海市社会保险事业管理中心社会服务处授予 2019 年度上海市养老金发放优质服务窗口单位称号。年末，单位存款余额 68287 万元，比上年下降 15.52%；个人存款余额 72688 万元，比上年增长 35.15%。单位贷款余额 102979 万元，比上年下降 39.96%；个人贷款余额 65778 万元，比上年下降 0.08%。全年营收 5039 万元，经济利润 1565 万元，税后利润 3082 万元，人均创利约 123.28 万元。员工 25 人，其中正式员工 23 人、第三方派遣员工 2 人。

尝试传统文化活动和营销活动融合，探索在争取客户、营销、节日气氛中获得客户认同。1 月 28 号，联合永银等多家公司和青浦书法协会副主席单位半墨书院在营业厅内举办黄金产品展和“迎春送福”写对联送祝福活动。

1 月 28 号，中信银行青浦支行在营业厅内举办黄金产品展和“迎春送福”写对联送祝福活动

（中信银行青浦支行供稿）

普惠金融进园区。加大对青浦区各个产业园区的走访和开拓力度，利用总行、分行开户费用减免政策，推荐普惠金融产品，吸引客户开户，做好公司

11 月 28 日，兴业银行青浦支行联合程胜环保公司在界泾港社区举办“拾尚包”垃圾分类环保公益项目 （兴业银行青浦支行供稿）

基础客群建设。4 月 12 日，联合青浦西虹桥北斗导航园区企业服务部，为园区内的高新技术企业开展中信银行普惠金融服务知识宣讲。 （顾晓磊）

■兴业银行股份有限公司上海青浦支行 2019 年，以“商行 + 投行”为抓手，提升“结算型、投资型、交易型”建设能力，推进以“轻资本、轻资产、高效率”为方向的经营转型，高质量发展态势持续显现。参与社区活动，普及金融知识。11 月 28 日—12 月 16 日，联合程胜环保公司开展“拾尚包”垃圾分类环保公益项目，在界泾港、新城盛景、佳乐苑、宜达新居、顺驰蓝湾、吉富绅、朱家角东湖街道社区开展垃圾分类宣传活动。年末，存款余额 684540 万元，比上年增长 470%；贷款余额 22884 万元，比上年增长 172%。员工 23 人，网点 1 个。 （李彷员）

■中国民生银行股份有限公司上海青浦支行 2019 年，注重带动零售客户、小微贷款业务支持区域经济发展。年末，公司业务主要指标：单位存款年日均数 22.59 亿元，单位贷款年日均 2.63 亿元；零售业务主要指标：储蓄存款年日均 5.99 亿元，金融资产余额 18.45 亿元，有效客户 46808 户。年末存款 21.97 亿元，贷款 6.43 亿元。小微贷款余额 8500 万元、消费贷款余款 2.12 亿元。员工 24 人，网点 1 个。获得民生银行上海分行零售客群优秀支行、零售业务优秀支行称号。 （徐燕莉）

■广发银行股份有限公司上海青浦支行 2019 年，按照国家要求、总分行的布置，制定三年整体规划，调整目标市场，将服务重点放在区内的中小企业，贯彻稳中求发展的政策，坚持以资产业务为抓手，发展青浦区资产客户，服务青浦地方经济建设，从而带动负债业务的增长。参与区内金融业联合会、金融办举办的各种活动，服务区内企业、社区。5 月 22 日，参加青浦由区金融办在城区桥梓湾广场举行的 2019 年扫黑除恶宣传活动。保证服务质量及服务态度，全年无投诉情况发生。年末，存款余额 19 亿元，其中单位存款余额 16.7 亿元、个人存款余额 2.4 亿元；贷款余额 16.88 亿元。其中单位贷款余额 0.98 亿元、个人贷款余额 7.09 万元。员工共计 17 人。

加大对区内中小企业的信贷力度，针对不同企业类型和不同贷款人群，推出“科技履约贷”“科信贷”“快融通”等融资方案，解决中小企业及微型企业的融资需求。年末，对区内企业投放大企业贷款余额 9788 万元，比上年增长 34.25%；小企业贷款余额 1880 万元，增长 840%；以票据形式融资余额 2.5 亿元。定制版结构性存款、大额存单等高收益类存款产品，为企业闲置自有资金提供可观存款收益及增值服务。针对小微企业贷款及贴现，推出小微企业优惠利率及小微企业贴现优惠价格，有效的节省企业的财务成本。 （沈 华）

5 月 22 日，广发银行青浦支行参加由青浦区金融办在城区桥梓湾广场举行的 019 年扫黑除恶宣传活动 （广发银行青浦支行供稿）

■华夏银行股份有限公司上海青浦支行 2019年，树立“一切为了发展，一切围绕市场，一切服务于营销”的理念，抓队伍，强基础，补短板，控风险；以改革创新、加快发展、提升自信为总基调，拓展品牌客户作为全年目标。年末，存贷总规模23.87亿元，其中存款余额12.10亿元、贷款余额11.76亿元。有2家营业网点，员工34人。

3月15日，在贺桥社区开展“消费者保护”宣传活动。6月26日，在上达社区广场参加主题为“上达社区为民服务日”一条龙文化活动。多次为社区居民提供反假、反洗钱、非法集资、个人信息安全等金融咨询服务。（姚 虹）

6月26日，华夏银行青浦支行在上达社区开展金融知识宣传活动（华夏银行青浦支行供稿）

■杭州银行股份有限公司上海青浦支行 2019年，坚持高质量、高效益、高速度、结构协调发展。提供差异化，特色化服务，实施分类营销，深入各个社区，向居民介绍推荐杭州银行的特色业务，主要有“幸福99”个人理财、高净值客户专享理财、美元百赢存款、公鸡贷、云抵贷等。在公司业务发展上，主要定位为服务中型企业及行政事业单位，提供专业化的金融服务解决方案，研究行业与需求，重点关注产品创新，以“行业金融解决方案+个性化方案”相结合为中型企业提供差异化产品，发展重点客户，培育核心客户并为其提供综合化的增值服务，建立战略合作伙伴关系。年末，存款余额8.39亿元，贷款余额7.77亿元。从业21人。

（王小琴）

2019年华夏银行青浦支行营业网点情况表

表65

网点名称	地址	邮编	电话
华夏银行上海青浦支行	青浦区城中北路780号	201799	69795577
华夏银行上海徐泾支行	青浦区徐泾镇盈港路1714－1718号	201702	59895577

（姚 虹）

6月27日，杭州银行青浦支行在网点开展宣传扫黑除恶、防诈骗、保护个人征信的活动（杭州银行青浦支行）

泰隆银行上海华新支行门头 （浙江泰隆商业银行青浦支行供稿）

■**浙江泰隆商业银行股份有限公司上海青浦支行** 2019年，致力于青浦区小微金融企业金融服务，贷款业务中信用保证贷款占96%是，抵质押贷款占4%，服务对象为小微企业、个体工商户及社区居民。累计为5000多名小微客户提供金融服务，累计授信40亿元，直接扶持青浦本地中小微企业2000多户。配合区有关部门开展打非宣传、反假币宣传等活动，在支行附近社区开展反假币宣传活动4次。暑假期间联合夏阳街道团委组织过两批暑托班孩子到该银行参加小小银行家活动。年末，存款余额102558万元，贷款余额88616万元，区内有两家网点，员工57人。

（张 洋）

2019年浙江泰隆商业银行股份有限公司上海青浦支行营业网点情况表

表66

网点名称	地址	邮编	电话
泰隆银行上海青浦支行	青浦区青湖路788号	201700	69225992
泰隆银行上海华新支行	青浦区华新镇新府中路1770号	201708	021－59895309

■**大连银行股份有限公司上海青浦支行** 2019年，青浦支行内设综合管理部、公司业务部及零售部3个部室。属全功能一级支行，营业大厅设有贵宾台席、公司业务台席、个人业务窗口、对公业务窗口各1个，自助取款机1台。员工12人。参与社区活动，参加社区包粽子、发放福袋等一系列活动。12月，持续多日在民乐苑向居民发放福袋，宣传金融知识。12月，被上海分行评为先进集体。年末，零售存款余额1.2亿元，年净增2784万元；理财产品销售日均新增1317.85万元；销售国债375.21万元；单位存款余额3.14亿元，年净增8757万元；票据贴现业务15笔、1536.67万元。贷款余额1.69亿元，结余净增4420万元。全年实现自营收入2473.49万元，比上年增加672.92万元，增幅37.37%。 （姜翼晨）

■**北京银行股份有限公司上海青浦支行** 2019年，根据总行建设“科技金融”“文化金融”“绿色金融”“三农金融”“民生金融”五大特色中小企业金融品牌要求，以源头营销、板块营销为手段，与青浦各工业园区建立深度合作，通过供应链金融、法人按揭、代发工资等相关产品，挖掘优质产业集聚、核心企业上下游等平台，成功批量化营销“移动智地”“嘉壹智汇”“海底捞供应

12月9日，大连银行青浦支行在民乐苑向居民发放福袋，宣传金融知识

（大连银行青浦支行供稿）

3 月 15 日，北京银行青浦支行到“移动智地”向民营企业宣传融资政策

（北京银行青浦支行供稿）

链”“什马出行”等集群客户，基础客户得到夯实。3 月 15 日，到移动智地与小微企业沟通民营企业融资政策，推动“投贷联动业务”“微贷通”“网速贷”等特色业务。开展创建五星网点工作，优化服务规范，被中国银行业协会授予中国星级银行 4 星网点称号。年末，存款余额 13.94 亿元、贷款余额 73.78 亿元，从业人员 25 人，辖管 1 家徐泾社区支行。

服务社区。4 月 16 日，与中共夏阳街道东盛居民区总支结对共建。5 月 20 日，在章浜社区开展防电信诈骗和反假币宣传讲座。6 月 12 日，受邀参加青园居委“绿色事业红色心——垃圾分类我先行”的公益宣传活动。6 月 13 日，在徐泾龙阳居委社区开展“捂住钱袋子，远离非法集资”讲座。10 月 18 日，走进徐安第二居委社区开展“消费者权益保护，普及金融知识万里行”活动。

（李　仙）

2019 年北京银行青浦支行营业网点情况表

表 67

网点名称	地址	邮编	电话
北京银行上海青浦支行	青浦区公园路 99 号舜浦大厦	201799	39225666
北京银行上海徐泾社区支行	青浦区徐泾镇盈港路东路 1874、1876 号	201702	59769276

（李　仙）

■上海青浦惠金村镇银行股份有限公司　由泉州农村商业银行股份有限公司（泉州市人民政府、漳州市人民政府等国资单位参股）控股，其余股东为上海塔星石材有限公司、上海马龙铝业有限公司、上海禾日建设开发有限公司、上海瑞宙自控设备有限公司、开利泵业（集团）有限公司 5 家企业。注册资本 2 亿元，是青浦区唯一一家法人银行。2019 年 6 月，经股东大会通过，由上海青浦刺桐红村镇银行股份有限公司改名为上海青浦惠金村镇银行股份有限公司。经市银保监局批复同意，于 9 月取得更名后金融许可证，并完成工商名称变更。10 月，经全体股东表决通过，更换董事长，并增设副行长、营销总监各 1 人。设有营业部、风险合规部、综合管理部 3 个部门。

该银行决策链条短、创新能力强、业务灵活性高、金融产品丰富。坚持“支农支小”市场定位，坚持小额分散经营原则，坚定稳中求进总基调，严守风险底线，践行“普惠金融”道路，致力打造“小特精美”的本土精品银行。年末，资产总额 41691.10 万元，贷款余额 26887.65 万元、存款余额 8255.64 万元；员工 24 人。（吕　旭）

■浙江民泰商业银行上海青浦支行　2019 年，立足小微，坚持小微特色，深入各大专业市场和社区，发挥服务小微的品牌优势，力促特色经营模式在青浦区落地成长。设有行长室、综合部、业务

10 月 14 日，民泰银行青浦支行在大盈公寓活动中心开展反假币宣传活动

（民泰银行青浦支行供稿）

7月17日，民泰银行青浦支行在青浦众创中心尚咖啡参加创业贷款融资路演活动 （民泰银行青浦支行供稿）

一部、业务二部、业务三部和营业部6个部门。全年发放贷款536笔，其中贷款金额100万（含）以下贷款户数占总贷款户的88.8%、50万元（含）以下小额贷款户数占74.6%。年末，存款余额4.06亿元，年贷款日均1.46亿元，从业人员23人。

坚持小微市场定位。以监管部门“两增两控”（总量明显增长，户数明显增加，贷款质量和综合成本得到有效控制）工作目标为指引，针对区内市场、园区、行业协会、商会推出批量化营销方案，在利率定价、担保方式、合作模式等方面进行创新和突破。参加区内人社局、金融办、金融业联合协会等举办的银企座谈会。支持区内招商引资，促进区域实体经济发展，利用特色金融产品对符合准入标准的企业给予授信支持，加强信贷投放力度。5月27日，在市级创业孵化示范基地e通世界华新园参加由区人社局主办的初创企业融资路演银企对接活动；7月17日，在青浦众创中心尚咖啡参加由区人社局就业促进中心主持的创业贷款融资路演活动。

围绕“党建+普惠金融”主线，组建“红百合金融先锋队”“红百合小微金融志愿服务队”。参加青浦区区域化党建第三片区“金融服务进社区”结对共建签约活动。加强与社区需求和资源的对接，做实金融服务进村入居活动。2月19日，在夏阳街道华骥苑社区服务中心参加“甜蜜元宵，幸福华骥”元宵主题活动；3月15日，在桥梓湾活动中心开展消费者权益保护宣传活动；4月16日，在夏阳街道社区党建服务中心与盈浦街道解放社区举行“金融服务进社区”结对共建签约仪式；6月5日，在解放社区庆丰小区开展端午节扫黑除恶宣传活动；8月23日，在三元河居委会开展“反假币知识宣传”普及金融知识活动；9月30日在银行网点会议室开展“九九重阳节，浓浓敬老情”端午节主题活动；10月14日，在大盈公寓活动中心开展反假币宣传活动；11月15日，在银行网点开展手工面制作比赛活动；12月20日，在银行网点会议室开展剪窗花尝汤圆主题活动。 （沈建益）

■浙江稠州商业银行股份有限公司上海青浦支行 2019年，面对复杂多变的国内外经济金融形势，贯彻高质量发展理念，依托“大走访、大调研、大服务”活动，坚定小微优先发展战略，为小微企业解决融资难、融资成本高的问题，特别优化市民贷产品，为客户提供消费和日常经营的资金需求。每月开展案防教育，每季进行各种安全演练，定期进周边小区进行反假、防电信诈骗、金融知识宣传和公益活动。3月4日，联合崧文小区爱心小屋在青西郊野开展健步跑活动，理财经理针对客户的不同需求介绍不同的理财、存款产品。年末，存款余额7.05亿元、贷款余额2.75亿元；从业人员13人。 （杜 民）

■宁波通商银行股份有限公司上海青浦支行 2019年，按照“凝心聚力、直面挑战、全面转型，坚定不移走高质量发展之路”的工作思路，把握监管方向，全面防范各类风险、夯实巩固转型成果、优化内部管理。年末，贷款余额4.69亿元、存款余额16.87亿元；员工22人，其中市场人员16人。

宁波通商银行青浦支行营业大厅一角 （宁波通商银行青浦支行供稿）

深入社区开展金融服务。2月，联合都市绿洲小区居委会开展“共驻共建话发展”活动。4月、6月，在都市绿洲小区分别开展“金融知识进万家”和“防范非法集资宣”活动。7月。到崧子苑社区开展行政复议法宣传活动。9月。在西部花苑社区开展支付安全宣传活动。服务企业。3月，到上海伟恒电子电源有限公司，开展银卡上门激活业务。（朱美微）

■招商银行股份有限公司上海青浦支行　2019年，努力提高企业开户效率，加强渠道建设，优化投融资渠道和效率，维护合规合法。努力提升整体服务质效。提供针对青浦区的特色金融产品及服务，创新用户体验。下设办公室、公司银行部、零售银行部、运营管理部4个部门。配合支持区域内重点项目建设，服务地方经济。7月18日，在上海卓川人力资源有限公司开展社保卡业务宣讲活动。年末，存款余额19.5亿元、贷款余额1.01亿元；从业人员32人。（钱　旋）

7月18日，招商银行青浦支行在上海卓川人力资源有限公司开展社保卡业务宣讲活动　（招商银行青浦支行供稿）

保　险

■概况　2019年，全区共有9家保险公司分支机构：分别是中国人民财产保险股份有限公司上海市青浦支公司、中国人寿保险股份有限公司上海市青浦支公司、中国太平洋财产保险股份有限公司上海市青浦支公司、安信农业保险股份有限公司上海青浦支公司、中国平安财产保险股份有限公司上海市青浦支公司、中国平安人寿保险股份有限公司上海分公司青浦盈港路营销服务部、中华联合财产保险股份有限公司上海市青浦支公司、中国大地财产保险股份有限公司上海市青浦支公司、建信人寿保险股份有限公司上海青浦公园路营销服务部。各保险公司分布于青浦城区。加强员工队伍建设，完善规章制度，依法合规、诚信经营，加强风险管理，强化人力资源管理，防范非法集资风险，开展保险业务，服务地方经济。（赵　峰）

■中国人民财产保险股份有限公司上海市青浦支公司　位于青浦区城中东路2－8号，下设5个业务部门和综合部。坚持“上善若水、海纳百川、人一己百、保泰持盈”的经营方针，实现业务增长与青浦区市场基本相适应。全年总保费1.67亿元，比上年增长4.41%。年末，在册人员49人。

强化人力资源管理。充实各渠道力量，合理配置人力资源，优化队伍结构，加强一线销售队伍培训。围绕“守初心、担使命，找差距、抓落实”的总体要求，开展主题教育活动。

坚持合规经营理念。2月，总经理室及各部门负责人签署《二〇一九年度依法合规经营承诺书》，落实创建上海保险业“合规管理示范区”和公司关于“合规是生命线”的要求。

开展金融知识宣传活动。3月15日，开展“3·15消费者权益保护日”活动。5月22日，联合区相关职能部门和金融机构在桥梓湾广场开展防范非法集资宣传月暨扫黑除恶宣传活动。（陆诗垚）

■中国人寿保险股份有限公司上海市青浦支公司　2019年，坚守风险防控底线，推动销售人力扩量提质，优化业务结构，增强持续发展的能力。年末，总保费12751万元，比上年增长26.2%。下设公园路营销服务部、城中东路营销服务部、团体业务部、银行保险部和综合管理部5个部门。

充实个险、团险和银保渠道力量，合理配置人力发展、销售支持和市场拓展等岗位。年末，在册人力363人，累计增员95人。

落实上海银保监局《关于进一步做好辖内银行业和保险业扫黑除恶专项斗争有关工作通知》，开展乱象整治、非法集资排查活动，开展2019年非法集资宣传月、2019年洗钱风险自查自纠工作和2019年反洗钱主题宣传月等专项活动，坚守风险防范底线，开展各项自查自纠和风险排查工作。通过LED显示屏、横幅、宣传画等多种形式开展宣传活动。个险、团险和银保渠道利用晨会、夕会和部门例会，分别向销售人员进行防范风险宣传活动。，提升员工和代理人的风险意识。

发挥党组织作用。4月，支公司党支部与青浦区盈浦街道三元河居民区总支委员会签订结对共建协议书；9月，支公司党支部全面启动第二批“不忘初心、牢记使命”主题教育活动；10月，参加盈浦街道党工委举办“盈浦益加亲，志愿一起行”区域化党建志愿服务活动；11月，组织党员参加盈浦街道志愿者巡查活动。（陈仰东）

表 68

2019 中国人寿保险股份有限公司上海市青浦支公司营业网点情况表

网点名称	地址	邮编	电话
中国人寿保险公司上海市青浦公园路营销服务部	青浦区公园路 629 号东原大厦 3 楼	201799	59731100
中国人寿保险公司上海市青浦营销服务部	青浦区城中东路 626 号 3 楼	201799	59268386

（陈仰东）

■中国平安人寿保险股份有限公司上海分公司青浦公园东路营销服务部 位于公园东路 1289 弄富绅商业中心 7－8楼。办公面积 50 平方米，下设内勤部、外勤部、柜面、综拓部、保全部 5 个部门。坚持“服务领先、追求卓越、创造价值、回馈社会”的经营方针，贯彻人力与业务齐头并进的经营策略，发挥产品带动业务的优势，主推十金十福、金瑞、安心百分百等产品。全年保费收入 5300 万元，比上年增长 8%，市场占有率进一步提升。

加强人才引进。在“AI＋代理人”项目的基础上完善招募优选分类体系，升级代理人管理模式，努力实现智能增员筛选、资源配置优化、为不同评级的代理人制定差异化培养计划。完善培训体系，根据代理人所处的不同阶段安排丰富、全面的培训，提升代理人的基本技能和服务品质。年末，持证上岗保险代理人 520 人，比上年增长 5%。

加强客户服务。借助公司研发的金管家 APP 平台，加强“3A”服务体系建设，使客户不管在任何时间（Anytime）、任何地点（Anywhere）、以任何方式（Anyway）都能得到平安高品质的服务。开展客户月（节）活动、结合生活圈、健康圈、金融圈，使客户得到全方位的体验与服务，承诺 7 天理赔服务到账。

加强合规管理。每月 20 日左右设立品质宣传日，强化代理人合规意识，杜绝公司合规风险。打击违反监管规定、违规销售非保险金融产品的行为，贯彻落实反洗钱、反非法集资的责任。实行“人盯人”制度，定期进行自查，杜绝合规隐患。（朱小平）

■安信农业保险股份有限公司上海青浦支公司 位于青浦区公园东路 1155 号 1006—1014 室，面积 426.41 平方米。下设业务部，综合管理部。年末在册员工 14 人。2019 年，安信按照集团“一个太保、一家农险、全面融合、放眼发展”战略决策和转型 2.0 的总体部署，“对标一流、看齐先进”，主动适应社会变革新常态，服务实体经济，聚焦农业保险主业，实现稳健发展与公司价值持续增长。5 月 5 日，安信农业保险股份有限公司上海分公司挂牌开业，加强对上海地区业务和机构的管理能力。年末，青浦支公司完成总保费 5839.98 万元，其中农险保费收入 4549.66 万元（包括种植业保费收入 4163.62 万元、养殖业保费收入 346.40 万元、涉农险保费收入 39.64 万元）。总赔款 4987.41 万元，其中种植业、养殖业赔款 4774.16 万元。

提高重大灾害理赔服务水平。8 月 10 日，台风“利奇马”抵沪，青浦区农业受损严重。青浦支公司接到青浦区报案 458 个，包括财产保险、蔬菜种植保险、水果收获保险、菌菇种植保险、大棚设施保险等。启动应急预案，开通快赔绿色通道，授权一线查勘人员定损权限，提高单个案件定损权限至 50 万元。全部案件初勘工作 4 天内完成，第一批赔款汇入报案农户帐户，帮助农户恢复生产。“利奇马”台风项目赔款合计超过 1600 万元。

聚焦农业保险创新。围绕茭白和草莓等区域特色产品，支公司开发茭白价格保险创新产品，对草莓种植扩保险范围，根据青浦区农委制订的《2019—2021 年青浦区茭白价格保险和草莓种植价格保险实施方案》（青农委〔2019〕47 号），全年承保茭白价格保险 1762.93 公顷次。每公顷保费 12000 元，由区、镇两级财政进行补贴，其中区财政承担 56%，镇财政承担 24%，农户自付 20%。全年赔付率 115.94%，有有效解决茭白市场价格波动大，优质难优价的问题。8－10 月，支公司指导上海师范大学学生团队参加 2019 年“知行杯”长三角生态绿色一体化发展示范区大学生社会实践项目大赛，参赛课题《以茭白价格保险为例探索金融服务助力乡村振兴与长三角一体化发展新模式》获得上海市十大优秀项目称号。

加强农业保险服务网络建设。5 月，为打造三农服务绿色通道，加强客户服务体系建设，总公司制定《关于加强上海市三农金融保险服务体系建设工作的实施方案》，与上海农商银行达成战略合作，在农村建设三农金融保险服务站，努力打通普惠金融保险服务郊区农民的“最后一公里”。年末，青浦区行政村三农金融保险服务站挂牌建设工作全部完成，11 个街镇 182 个村三农金融保险服务站全部挂牌。其中，重固镇、白鹤镇农业综合金融保险服务中心为区级示范点。（陆 颖）

■中国太平洋财产保险股份有限公司上海市青浦支公司 位于青浦区公园东路 1590 号，办公面积 800 平方米，其中营业厅面积 150 平方米。2019 年，总公司获得 2019—2021 年“进博会”核心支持企业和指定保险服务商资格。青浦支公司发挥地理优势，组织专业团队进驻会场，全程为参展商户提供服务。青浦支公司全面启动 IDI 保单（工程质量潜在缺陷损失保险）业务，全年 IDI 业务保费 2284 万元。外勤岗位充实员工 2 人。年末，实现签单保费 1.17 亿元，赔款 7968 万元，毛利润 3700 万元；员工 31 人。（林 峤）

证 券

■概况 2019 年，全区证券分支机构 11 家，分别是东方证券股份有限公司上海青浦区公园东路证券营业部、海通证券股份有限公司上海青浦区青湖路证券营业部、中信建投证券股份有限公司上海青浦证券营业部、上海证券有限责任公司青浦证券营业部、上海证券有限责任公司青浦明珠路证券营业部、申万宏源证券有限公司上海青浦区公园路证券营业部、广发证券股份有限公司上海青浦华青南路证券营业部、招商证券股份有限公司上海沪青平公路证券营业部、国联证券股份有限公司上海港俞路证券营业部、中国银河证券股份有限公司上海青浦区明珠路证券营业部、长江证券股份有限公司上海沪青平公路证券营业部。各证券营业部结合营业部特色，开展现场交易客户和网上交易，选择合适的交易方式，多数取消现场交易客户方式；加强营销队伍建设，向客户开展分层次服务，组织专业分析员向股民讲解证券知识，点评证券市场；开展投资者教育活动，帮助投资者树立正确的理财观念；加强与区内企业联系，推动企业在证券交易所上市或在全国中小企业股份转让系统挂牌。

（赵　峰）

3 月 4 日，申万宏源证券青浦营业部组织客户举行科创板业务宣讲活动

（申万宏源证券青浦营业部供稿）

■申万宏源证券有限公司上海青浦公园路营业部　2019 年，市场环境竞争加剧，营业部抓开户、引资产，稳住代理和双融两个基本盘，以公募基金销售为转型突破口，讲合规守底线，加强过程化管理，推动营业部向财富管理中心转型。2019 年，业务净收入 5994 万元，其中代理买卖业务净收入 3597 万元；利润 4317 万元。

夯实经纪信用业务基础管理。优化员工队伍，以业绩为考核导向，加强内部管理。重视机房保障和安全保卫工作，全年无重大事故发生。持续开展员工执业行为和客户适当性管理等合规管理和反洗钱管理。开展系统整合、双融系统切换工作，保障业务运营平稳。严格考勤管理，配备电子考勤机。加大员工业务资格奖罚，制定开户、双融、机构等专项推进计划，开展劳动竞赛，促进业务发展。坚守代理双融两条业务主线。

落实公司“以客户为中心”的服务理念，结合自身特点，突出基础服务，留牢客户。落实精细化管理，提高服务水平。全年新股、债券中签通知服务 224 次，涉及 10785 人次；针对中小客户，推动 MOT(Moments of Truth，关键时刻)任务，全年完成 MOT 任务 56847 条，完成率 99.77%；针对私人客户，实现客户经理服务全覆盖，开展“专业化、个性化、差异化”服务，组织客户参加公司财富论坛、分公司活动以及营业部活动等共 14 次，组织客户 142 人次。按照核心客户服务精细化管理办法，开展精细化管理分析会 13 次，分析客户 24 人。使客户获得精准服务，提升满意度。

以产品转型为转型突破口，按照适当性管理办法，持续培育产品客户。组织产品小组研究公募、私募代销产品，针对目标客户开展推介会，改变客户传统投资观念，强化资产配置理念，引导客户进行公募、私募等产品配置。落实公司党委和上海分公司党委重点工作，开展一系列自查整改措施，9—12 月开展“不忘初心、牢记使命”主题教育活动。

（赵正荣）

10 月 19 日，中信建投证券青浦营业部在青浦维也纳酒店举行秋季投资策略会

（中信建投证券青浦营业部供稿）

■中信建投证券股份有限公司上海青浦证券营业部　位于青浦区城中东路 485 号 3 幢 1－4 层。有四层楼面，一楼大厅设开户柜、散户大厅，二、三楼设有中户室、大户室、投资顾问服务柜台及 IB(期货)业务室等。2019 年，坚持“严守合规、加强风控”的经营方针，深化“服务客户、方便客户”的理念。依靠智能手机交易软件“蜻蜓点金”APP，为股票交易型客户提供沪深 A(B)、创业板、科创板、融资融券、沪港通、深港通、新三板及公募基金等各种业务和投资顾问专家服务。不定期举办“投资大讲

堂”活动，及时传递政策导向和市场信息，组织客户到市区参与各种主题投资策略分享会。10月19日，在青浦维也纳酒店举办秋季投资策略会，由总公司白金投顾团队向客户作以“布局科技股、守望牛市”为主题的演讲。12月8日，在青浦宾馆举行回馈客户恳谈会，由凯石澜龙头定开混合基金基金管理团队资深研究员作主讲。年末，获得分公司2019年度先进营业部、权益类基金销售团体奖、有效拓展奖、双融交易收入贡献奖4个奖项。有员工28人（含经纪人）。（王　强）

■上海证券有限责任公司青浦证券营业部　成立于2000年10月，位于青浦区城中东路566号。营业面积900平方米。设置业务办理区、客户咨询区、客户体验区、培训区、投资者教育区和大户室。交易方式全部为网上交易。定期开展员工反洗钱培训和业务培训，举行考试。开展投资者教育工作，张贴投资者教育海报以及政策性文件和市场信息，打击非法证券活动。坚守合规风控底线，保障交易安全。为各类客户提供优质、人性化的服务。优化线上服务，方便客户线上办理业务。重点开展基金销售业务。2019年，股基交易额162亿元，销售理财产品2.5亿元；新增客户730户。（李震宇）

■上海海通证券股份有限公司上海青浦区青湖路营业部　2019年，加强与政府加强交流，协助组织活动沙龙。加强客户落实和市场营销。搭建与媒体和各方合作的平台，协同公司各个部门将业务推到广各类企业。拜访棕榈股份、顺灏股份、新朋股份、沃施股份、思美传媒、普利特、圆通速递、德邦股份、新时达、开能健康、二三四五、天永智能、创立集团、华邦制药、安诺其等上市公司。与十几家上市公司保持联系，努力开展业务合作，为营业部增加收入。全年完成考核利润679.56万，为上年的1.55倍。新增有效户数574户；息费收入1173万元。两融日均余额6200万元，净增两融客户81户，两融累计开户579户。财富管理类产品规模10934万元。（赖斯伟）

■上海证券有限责任公司青浦明珠路证券营业部　位于青浦区徐泾镇明珠路145号。营业部面积179.27平方米，设置业务办理区、客户体验区、客户咨询区、投资者教育区、客户洽谈区、培训区。交易全部为网上交易。举行证券沙龙活动。开展金融超市服务，代销金融产品，办理各类创新业务。开展反洗钱工作和投资者教育活动。9月18日，举行以“金融知识普及月·金融知识进万家·争做理性投资者·争做金融好网民”为主题的投资者教育讲座。2019年，股票、基金交易85.76亿元；新增客户219户，年末实有客户7206户。（陆计静）

■东方证券上海公园东路营业部　位于青浦区公园东路1606号2楼，办公面积660平方米，其中营业厅面积100平方米。营业部下设柜面、风控、综合管理、客户服务和营销部。注重投资者教育，严把风控关，全年没有发生交易风险事故。开展证券法规宣传和反洗钱宣传活动，参与打击非法证券交易，保护投资者投资安全。营业部为青浦区多家上市公司和机构提供金融服务。引导客户合规投资、理性投资，取得良好收益。年末，证券交易161亿元，托管资产13亿元；服务客户6922人；在册员工14人。（毛彩华）

■国联证券股份有限公司上海港俞路证券营业部　于2015年9月8日在青浦区港俞路865号三楼成立。办公面积194平方米，设置业务办理区、客户咨询区、投资者教育区、客户洽谈区。交易全部为网上交易。2019年，严把风控关口。在国家拓宽民营企业多层次融资的政策推动下，与区内外金融同业机构协作，为区内企业提供新三板挂牌融资、IPO上市辅导、上市公司股票质押融资、员工持股计划、定制资管计划理财、股票债券大宗交易减持等服务。托管资产逐年递增。2019年末，获2019年度区纳税百强企业称号。托管客户约1500人，私募产品20只，资产50亿元；股票、基金交易量90亿元；有员工7人（其中外聘经纪人2人）。（沈天成）

9月18日，上海证券明珠路营业部举行以“金融知识普及月·金融知识进万家·争做理性投资者·争做金融好网民”为主题的专题讲座

（上海证券明珠路营业部供稿）

金融服务

■概况　2019年，全区小额贷款公司4家、商业保理公司5家、融资租赁公司1家、典当行8家。小额贷款公司发挥“灵活、便捷”的优势，为急需资金的中小企业、农户、个体工商户提供信贷服务，取得良好的社会效果。发放贷款4824笔105.01亿元，贷款余额7.47亿元。（白　亮）

■**上海青浦明诚小额贷款股份有限公司** 于2008年11月26号在工商青浦分局登记设立,12月8日开业,注册资本5000万元。2009年8月25日增资,注册资本1亿元;2012年1月20日增资,注册资本2亿元。经营范围为发放贷款及相关咨询活动。公司设董事会,业务部、风险管理部、财务部及综合管理部,专职从业人员6人。2019年,发放贷款2148笔53.25亿元,贷款余额1.38亿元。（白 亮）

■**上海青浦工合小额贷款股份有限公司** 于2013年6月13日在市工商局登记设立,8月8日在青浦区青龙路79号开业。注册资本1亿元。经营范围为发放贷款及相关咨询活动。由区内9家企业法人共同出资组建,公司设董事会(由7名董事组成),监事会。设业务部、财务部、风险管理部、综合管理部,专职从业人员5人。2019年,发放贷款1086笔12.8亿元,贷款余额1.3亿元。（白 亮）

■**上海青浦华新小额贷款有限公司** 于2013年9月4日在工商青浦分局登记设立,9月18日在青浦区华新镇新福中路1786－1784号开业。注册资本1亿元,由6个股东出资成立,主发起人为上海华新建设(集团)有限公司,持有公司50%股份。经营范围为发放贷款及相关咨询活动。设董事会(5名董事组成)、监事会、业务部、风险管理部、财务部,专职从业人员10人。2019,发放贷款991笔12.17亿元,贷款余额1.36亿元。（白 亮）

■**上海青浦大众小额贷款股份有限公司** 于2015年12月15日成立,注册地位于华新镇华徐公路999号E通世界北区。注册资本2亿元。主发起人为大众交通(集团)股份有限公司。经营范围为发放贷款及相关的咨询活动。设董事会、监事会、业务部、风险管理部、财务部,专职从业人员10人。2019年,发放贷款599笔26.79亿元,贷款余额3.43亿元。（白 亮）

■**上海圆真商业保理有限公司** 于2018年8月1日成立,11月完成股权转让[由圆通速递有限公司转让至上海圆通蛟龙投资发展(集团有限公司)],注册地位于青浦区华徐公路3029弄18号。注册资本1亿元。经营范围为出口保理、国内保利、与商业保理相关的咨询服务以及计算机软件开发。依托圆通速递以及圆通集团综合信用优势,利用物流供应链上下游业务资源,提供商业保理融资服务。坚持风险控制,拓展上下游市场,提高资本收益。2019年,完成保理业务1345笔27.1亿元。（白 亮）

■**上海汉得商业保理有限公司** 于2015年5月19日成立,注册地位于青浦区天辰路2801—2809号5幢3层H区328室。注册资本1亿元。经营范围为出口保理,国内保理,与商业保理相关的咨询服务,信用风险管理平台开发。2019年,服务企业100多家,融资8.8亿元,融资余额2.3亿元。（白 亮）

■**上海银阜商业保理股份有限公司** 于2014年6月16日成立,注册地位于青浦区赵巷镇镇中路531号230室,注册资本5000万元。经营范围为出口保理、国内保理、与商业保理相关的咨询服务以及信用风险管理平台开发。与多家优质企业建立合作关系。2019年,为8家企提供保理融资,发放保理融资款4500万元。（白 亮）

■**上海荣昶灵思商业保理有限公司** 于2019年05月07日成立,注册地位于青浦区朱枫公路1226号2幢203室。注册资本5000万元。经营范围为出口保理,国内保理,与商业保理相关的咨询服务。依托上海荣泰健康科技股份有限公司综合信用优势,利用供应链上下游业务资源,提供商业保理融资服务。坚持风险控制,拓展上下游市场,提供资本收益。2019年,完成保理业务104笔4605万元。（白 亮）

■**上海融和电科融资租赁有限公司** 8月19日,获沪金监〔2019〕号开业批文,9月23日正式成立。注册资本5亿元,注册地为青浦区徐民路308弄10号楼303室。有员工64人。年末,资产总额8.1亿元,营业收入2703.79万元,利润总额1196.43万元,纳税4475.62万元。（白 亮）

■**上海兴银典当有限公司** 于2011年6月15日成立,注册及经营地址为青浦区盈港路681号,注册资金1000万元。公司股权情况为:上海希力餐饮管理有限公司占31%、上海当达装饰工程有限公司占27%、詹鹏占22%、詹燕云占20%。公司主要经营房屋产权、机动车及民品类等融资典当业务。于2019年完成法人及股权变更,业务数量及业务规模低。（白 亮）

■**上海诺合典当有限公司** 于2013年7月成立,注册地位于沪青平公路2008号12楼,注册资金3000万元,具有独立法人资格。公司股东由两个法人股东和12个自然人股东组成。成立初期,主要从事民品和股权相关业务,民品包括金铂饰品、钻石珠宝、高档手表、轿车等商品抵押,为中小企业、个体工商户和个人提供融资渠道。2017年起,改变经营策略,主要从事生产资料抵押业务,为中小企业提供融资便利。2019年,典当余额2942万元。（白 亮）

■**上海宝通祥典当有限公司** 于2009年5月1日成立,注册地位于静安区新闸路。2017年2月份迁至青浦区青湖路765号。注册资本3000万元,具有独立法人资格。股东由上海巨淼建筑工程有限公司、上海沧贻资产管理有限公司、王涛组成。主要经营房产抵押、汽车质押、支票质押等业务。下设风控部、财务部、人事部、销售部、行政部。2018年6月,成立两新党支部及党建服务点。致力于为中小企业解决资金困难。2019年,受理典当业务123笔,典当金额5260.7万元,其中房产抵押贷款3398万元、其他物品典当贷款1862.7万元。（白 亮）

■**上海红塔星典当有限公司** 于2008年9月成立,注册地位于青浦区盈东路8300弄15.16号,注册资金1000万元。2019年12月份变更法人及经营地址:青浦区公园路381号1幢2层201室。经营范围为典当,包括动产质押典当、财产权利质押典当、房地产抵押典当等。（白 亮）

■上海亿路顺典当有限公司　于2006年1月9日成立,注册地位于在青浦区城中东路72号,注册资本为2500万元。2011年11月成立上海亿路顺典当有限公司徐泾分公司。2014年徐泾分公司从徐泾迁至青浦盈港路。为客户提供产品和技术支持。主要经营动产质押典当、财产权利质押典当、房地产(外省、自治区、直辖市的房地产或者未取得商品房预售许可证的在建工程除外)抵押典当、限额内绝当物品的变卖、鉴定评估及咨询服务,销售金银饰品、玉器、工艺礼品。　　(白　亮)

■上海通速典当有限公司　于2012年7月16日成立,注册资本2000万元,公司股权结构为:上海通速国际贸易有限公司投资620万元,占比31%;上海一揽实业有限公司投资400万元,占比20%;何悦芳投资500万元,占比25%;沈强投资480万元,占比24%。主要经营动产质押典当、财产权利质押典当、房地产抵押典当、限额内绝当物品变卖、鉴定评估及咨询服务。　(白　亮)

■上海禾日典当有限公司　于2017年5月12日成立,注册地位于上海市青浦区外青松公路6088号,注册资金5000万元,由上海禾日建设开发有限公司、上海万钧企业管理有限公司分别出资3500万元和1500万元。主营业务为房地产抵押典当和财产权利质押典当。2017—2019年,销售收入分别为116.15万元、430.71万元和565.13万元。

(白　亮)

■上海德欣典当有限公司　成立于2013年6月21日,注册地位于青浦区朱家角镇珠湖路527－529号。注册资本为3000万元整。上海双和投资有限公司出资1470万元,占49%;上海青浦惠民建设发展有限公司出资150万元,占5%;刘卫和出资1380万元,占46%。主营业务为动产质押典当、财产权利质押典当、房地产抵押典当、限额内绝当物品变卖、鉴定评估及咨询服务。2019年,受理典当业务131笔,57万元。

(白　亮)

彩虹桥一景　　(区重大办供稿)

综合经济管理

编辑 赵 峰

综 述

2019年，青浦区把握稳中求进工作总基调，坚持新发展理念，全面对接服务“进博会”和长三角一体化两大国家战略，抓落实、抓推进、抓突破，全区继续保持全面跨越式高质量发展的良好态势，经济社会发展总体平稳、稳中有进，为完成区五届人大四次会议确定的各项目标任务奠定坚实基础。

经济发展效能增强。地区生产总值实现1166.3亿元，比上年增长5.8%；三次产业结构比为0.6∶37.2∶62.2，第三产业比重提高3.9个百分点。财政收入在更大规模减税降费中平稳增长，一般公共预算收入580.7亿元，增长1.4%，其中区级一般公共预算收入207.2亿元，增长2%，总量和增速分别位居全市第七和第四，排名持续保持全市第一梯队。全社会固定资产投资591.9亿元。

长三角生态绿色一体化发展示范区建设启动。落实深度融入长三角一体化发展的若干意见，发布青浦、吴江、嘉善2019年一体化发展工作方案，完善三地例会工作机制，加强三地对接合作。配合做好长三角生态绿色一体化发展示范区正式挂牌、执委会筹备成立等工作。推进政务服务一体化，打造三地线上专栏、推出132项便民服务事项清单，实现跨区域营业执照办理、异地就医登记备案“零突破”，八类电子证照实现跨省应用。总投资1458亿元的128个启航项目扎实推进。与吴江、嘉善分别在环境保护、医疗服务、信用体系建设、科技创新、数据共享等各方面开展初步的区域协同合作，探索推动跨行政区域共建共享的体制机制经验。

完成第二届“进博会”服务保障工作。细化落实综合保障、安全维稳、市容环境等15个方面21项工作目标以及

2019年青浦区国民经济和社会发展主要目标完成情况

表69

指标名称	年初预期目标	全年完成		
		绝对数	增幅(%)	完成目标(%)
地区生产总值	增长6.5~7%	—	5.8	未完成
区级一般公共预算	增长8%	207.2亿元	2.0	未完成
规模以上工业总产值	持平	1539.2亿元	-4.6	未完成
社会消费品零售总额	增长3%	607.1亿元	4.5	101.5
全社会固定资产投资	400亿元	540亿元	2.1	135
合同外资	7亿美元	14亿美元	55.1	200
实到外资	5亿美元	8亿美元	29.3	160
土地减量化	195亿美元	289.2亿美元	—	148.3
单位生产总值能耗下降率	确保完成市下达目标	完成市下达目标	—	—
主要污染物排放量削减率(二氧化硫、氮氧化物、烟粉尘、VOCs)	确保完成市下达目标	完成市下达目标	—	—
新增就业岗位	确保完成18000个	18500个	—	102.8
城镇登记失业人数	确保控制在5000人以内	5000人	—	100
城乡居民人均可支配收入增速	领先经济增长	完成	—	—

(白 亮)

11月5—10日，第二届中国国际进口博览会在国家会展中心（上海）举行，图为展馆内景 （西虹桥商务区供稿）

138条具体任务；实行"1＋8"工作模式，在"进博会"8平方公里范围内划分为8个网格，在属地网格化管理基础上，叠加8个条线部门力量24小时重点区域全覆盖巡查。重点围绕基础设施、市容环境、安全保障以及产业显示度，28个政府性投资项目按时完工，推进19个社会投资项目。放大"进博会"溢出效应，"进博会"期间，青浦交易分团交易额位居全市第二，青浦综合保税区获批并挂牌，绿地全球贸易港成为全市首个保税展示展销场所，引进全区首家融资租赁公司。

全面深化改革。落实机构改革方案，调整优化区政府机构和职能，因地制宜新设商务委、政务服务办、区域办等3个政府机构，改革后区政府共设32个工作部门。推进交通运输、生态环境保护、农业、市场监管等多领域综合行政执法改革。持续打造优化营商环境新高地，发布实施《青浦区"有求必应、无事不扰"意见（试行）》（青委办〔2019〕18号），全面实施"证照分离"改革，持续深化"放管服"（即简政放权、放管结合、优化服务）改革，推进行政审批"双减半"（审批时限平均减少一半、审批材料平均减少一半）、政务服务"双100"，拓展"一网通办"服务范围，行政审批"减时间"达60%、"减材料"建议58%，"一网通办"审批可办率100%，审批办结率达41.3%，电子证照应用率60.2%，均高于全市平均水平。注重线下办理体验，完善开办企业"一窗通"服务专区，实现开办企业营业执照、数字CA证书、税控盘、发票等"一窗发放"；在区行政服务中心挂牌成立社会投资项目审批审查中心，电力、燃气等工程建设项目实现"一窗受理、并联办理"；推广综合窗口，入驻区行政服务中心的政务服务事项70%以上进驻综合窗口。全面落实减税降费政策，全年减税78亿元。持续深化增值税改革，2300户纳税人成功办理小规模纳税人转登记（即普通纳税人转登记为小规模纳税人），3.3万家小微企业享受增值税减免1.9亿元。实施区管企业下属子公司改革，下属子公司市场化改革3家、关闭12家、划转7家、合并16家。

重点产业支撑作用显现。现代服务业发展态势良好，规模以上服务业营业收入实现1718.8亿元，比上年增长35.8%。快递物流业继续保持快速发展势头，业务收入1013.2亿元，比上年增长38.1%。"上海商贸服务型国家物流枢纽"建设方案获国家发改委批准，年内按照国家相关工作要求启动建设有关事项。消费保持稳定增长态势，社会消费品零售总额实现606.92亿元，比上年增长4.5%。发布实施促进消费增长、推动夜间经济发展等工作方案，在沪郊八区中率先推行"夜间区长"和"夜生活首席执行官"制度。哈工大产业园、启迪科技城、北斗导航、民用航空、市西软件园等特色产业集群加快发展，分别新引进企业74家、20家、40家、10家、156家。"四个一批"（即出让一批、开工一批、竣工一批、投产一批）产业项目落地建设加快推进，开竣工率实现90%以上，完成出让25个、开工17个、竣工28个、投产36个。推进重大产业项目，华为研发中心落户，安踏集团全球零售总部开工建设，网易已核发营业执照并完成一期地块出让，海克斯康、美的、国核资本等重大项目签约落户。废止《青浦区产业项目评审准入办法》，发布《青浦区产业用地项目准入实施办法（试行）》（青经发〔2019〕40号）、

9月16日，亚洲最大型的一站式钻石展销体验中心在绿地全球商品贸易港开馆 （西虹桥商务区供稿）

《关于优化产业项目全生命周期管理的指导意见》（青经发〔2019〕64 号）产业项目准入得到优化。

科技创新水平持续提升。创新主体和科技人才加强培育，获市认定科技小巨人（含培育）企业、企业技术中心分别 119 家、46 家，有效高新技术企业 637 户，院士专家工作站 35 家，有院士 21 人、专家 157 人。优化科技创新环境，经认定备案的众创空间（孵化器）43 家，新增孵化企业 310 家，累计 1516 家。提高科技综合服务水平，深化"3 + X"科技信贷融资服务（"3"指微贷通贷款、履约保证贷款、企业信用贷款 3 种差异化信贷产品，"X"指根据科技型中小企业的发展阶段和个性需求，所开发的出口信用保险贷款、租赁融资贷款、转化项目贷款等细分化信贷产品），开展 25 场科技创新与科技金融政策对接活动，服务企业 1331 家。服务企业做优做大，推荐 73 家企业申报"2019 年度上海市'专精特新'中小企业"，新增上市企业 2 家、累计 25 家。加快信息化建设和应用服务，编制新型智慧城市顶层设计（2019—2025 年）及三年行动计划，持续推进 4G 网络优化和 5G 网络建设，完成 502 个 5G 网络基站建设，启动 11 个信息化项目建设，完成朱家角古镇"智慧景区"、赵巷镇奥特莱斯"智慧商圈"以及中步村"智慧乡村"建设。

推进乡村振兴战略。4 月，成立由区委、区政府主要领导挂帅的乡村振兴战略工作领导小组和乡村振兴示范村建设指挥部，发布乡村振兴战略年度工作方案。基本完成新一轮区级农业布局规划修编，启动 2 个蔬菜保护镇农业布局规划编制。推进美丽乡村建设，编制《青浦区美丽乡村建设和管理指南》，启动 7 个区级美丽乡村示范村建设，累计 47 个；成功创建 5 个市级美丽乡村示范村，累计 19 个；规划保护保留村实现美丽乡村镇级达标全覆盖。莲湖村完成首批市级乡村振兴示范村创建验收，第二批的张马村、东庄村、徐姚村启动创建。推进农村人居环境整治试点区创建工作，完成市下达的 100 个行政村整治任务，村庄清洁行动实现全区 184 个行政村居全覆盖。提升绿色现代农业发展水平，累计创建 4 家市级蔬菜机械化示范点，建成启用 4 个粮食烘干中心和 11 个农机服务中心，绿色食品认证率 22.9%，"淀湖源味"（青浦区农产品区域公用品牌）成功注册国家商标，"泖荡""张马"两个绿色优质大米商标成功申请，张马村成功创建国家 4A 旅游景区，寻梦园成功创建五星休闲农业园。探索集体经济"造血"机制，构建区镇村三级平台，区级层面为综合帮扶"造血"、土地减量化"造血"、"百村基金"，镇村层面为镇村两级农村集体经济发展平台，共吸纳 179 个经济合作社参与，覆盖率 93.72%，运行项目 40 个，总投资 17.6 亿元；总投资 7.43 亿元的新一轮综合帮扶"造血"建设方案完成备案，4.4 亿元年度资金全部到位。出台农民相对集中居住实施办法，改善"三高"〔即高速铁路（及其他客运铁路）、高速公路、高架路〕、生态敏感区、环境综合整治区的居住条件。制定出台《上海市青浦区农村村民住房建设管理实施细则（修订）》，启动金泽镇农民建房试点。

4 月 15 日，按照《上海市青浦区机构改革方案》部署，青浦区发展和改革委员会挂青浦区金融服务办公室牌子，中共上海市青浦区委财经工作委员会办公室（以下简称区委财经工作委员会办公室）设在上海市青浦区发展和改革委员会。青浦区发展和改革委员会内设 11 个机构，分别是办公室、组织人事科、综合规划科、体制改革科、产业发展科、社会发展科、投资管理科、综合监管科、金融发展科、价格管理科、政策法规科。年末，有公务员 37 人。（白　亮）

国有（集体）资产监督管理

■概况　2019 年，按照全国国有企业改革座谈会的要求，强化党建引领，推进区管企业下属子公司深化改革，加强国有企业监管，推动区国资国企实现更高质量、更高效益、更可持续发展。区国有资产监督管理委员会设党委办公室（增挂企业领导人员管理科牌子）、行政办公室、产权管理科（增挂财务监督科牌子）、考核管理科、规划发展科、综合管理科 6 个部门，下设董监事管理中心。全区有区管企业 6 家，分别是上海青浦工业园区发展（集团）有限公司、上海淀山湖新城发展有限公司、上海西虹桥商务开发有限公司、上海青浦发展（集团）有限公司、上海青浦现代农业园区发展有限公司和青浦区供销合作联合社。上海青浦公用事业投资控股有限公司停止运作。（方薇佳）

■区管企业房屋管理　2019 年，制定《关于加强本区国有企业房屋资产管理的实施意见》，从房产分类、日常管理、重大事项管理、信息化管理、考核监督等 7 个方面加强管理，规范区管国有企业房屋资产各类行为，提高资产运营效率，促进国有资产保值增值。强化房屋资产统计工作，区管企业房屋资产系统登记率 100%。年末，区管企业自有房屋资产 1100 余幢，实际建筑面积 161.17 万平方米。（方薇佳）

■企业劳动用工管理　引进培养高素质专业化人才。按照公开、平等、竞争、择优的原则，推进区管企业 2019 年公开招聘，计划招聘 95 人，其中直接招录 5 人、企业自主招聘 38 人、统一招聘 52 人。实际招聘 81 人，其中直接招录 5 人、企业自主招聘 25 人、统一招聘 51 人。举办国资系统管理人员培训班，借助上海国家会计学院平台，对区管企业党政班子、监事会主席等 50 名学员开展培训，提升国企管理人员专业素养。加强企业劳动用工管理。批复青浦发展集团本部和市西软件园"三定"方案。推进国有企业退休人员社会化管理服务准备工作，涉及区管企业退休人员 14209 人，涉及档案 13337 份。

（方薇佳）

■加强内外部监督　加强监事会监督检查力度。制定下发区管企业监事会年度工作要点，提出"3 + X"（重点围绕区管企业财务预算管理、房屋资产管理、领导人员激励考核机制，X 项结合区管企业实际工作开展专项监督检查）专项监督工作，探索开展差异化的专项监督检查。加强审计监督检查。以问题为导向，运用审计评价结果，规范企业财务管理；聚焦财务风险较高的领域，开展各类专项检查工作，减少财务风险。（方薇佳）

固定资产投资管理

■概况　2019 年，全区政府性投资项目计划中（调整后）正式项目 275 个，包括续建项目123个、新开项目128个、完工未决算项目24个，总投资604.7亿元，年度资金186.7亿元。其中：基建项目223个，总投资588.3亿元，年度资金183.0亿元；城市维护项目52个，总投资16.4亿元，年度资金3.7亿元。年末政府性投资项目累计完成形象进度投资178.4亿元，占预算调整后年度计划的95.6%。（白　亮）

■项目审批监管　批复各类投资项目1178个，其中备案项目268个、核准项目3个、节能审查项目7个、审批类项目900个。批复固定资产项目64个，项目总投资102.74亿元，总建筑面积58.9万平方米。跟踪政府性投资项目及实事工程完成进度，建立月度报告、季度通报、滞后项目约谈机制。研究制定权限内企业投资项目事中事后监管实施细则，利用全国投资项目在线审批监管平台定期进行在线监测。起草现场核查计划，核准项目开工后开展至少一次的现场核查，备案项目按照“双随机一公开”原则，随机抽取一定比例的项目在开工后开展至少一次的现场核查。（白　亮）

财　政

■概况　2019年，面对国内外经济环境的复杂变化，坚持服从服务大局，主动适应和把握经济发展新常态，坚持稳中求进工作总基调，继续实施积极的财政政策，落实“减税降费”，深化财税改革，全面实施绩效管理，服务两大国家战略，统筹做好稳增长、促改革、调结构、惠民生、防风险各项工作，保持经济社会持续健康发展，财政预算执行情况总体较好。区财政局内设办公室、组织人事科、财政监督科（绩效管理科）、预算科、国库科、行政政法科、社会事业科、经济建设科、农业科、政府采购管理科（资产管理科）、会计科11个科室，下属参公单位有区财政局财政所、区国库收付中心，事业单位有区财务会计金融服务中心。5月8日，深圳罗湖区财政局副局长刘卫勤一行到青浦区财政局调研预算绩效管理工作。9月5日，青浦区财政局、税务局，嘉兴市财政局、税务局，嘉善县财政局、税务局在区财政局联组开展党委中心组学习。10月25日，中国财政科学研究院课题组在区财政举行长三角一体化财税体制改革与财税分享机制研究专题座谈会。

全区财政收入总体保持平稳增长。全年全区一般公共预算收入580.7亿元，比上年增长1.5%；区级一般公共预算收入207.2亿元，比上年增长2.0%，在全市收入总量排名第七，增幅排名第四。区级一般公共预算支出339.9亿元，完成年初预算的100.2%。（朱逸凡）

9月5日，青浦区财政局、税务局，嘉兴市财政局、税务局，嘉善县财政局、税务局在区财政局开展党委中心组联组学习（区财政局供稿）

■“镇财区管”改革试点　规范镇级财政财务管理，完善“镇财区管”管理要求，梳理总结“镇财区管”两年的试点工作。重点调研重固镇、练塘镇、白鹤镇。继续实施华新镇财务总监和朱家角镇财政所长由区财政委派扩大财务委派试点。开展第二批试点，区财政委派徐泾镇、金泽镇财务总监，“镇财区管”试点范围扩大至50%。（朱逸凡）

■落实更大规模的减税降费政策　严格执行中央和市级各项降费减负政策要求，实行普惠性减税和结构性减税相结合，重点减轻制造业和小微企业税负，为实体经济降成本，促进全区经济高质量发展。全年涉企行政事业性收费减收9875万元。（朱逸凡）

■预算绩效管理　以预算绩效管理规范化、整体化、公开化建设为抓手，通过完善绩效跟踪机制、推动绩效评价创新、强化评价结果应用，形成预算绩效管理闭环，促进绩效管理融入预算编制、执行、监督、决算全过程。2019年，编报预算绩效目标2636个，实现全覆盖。区财政和预算主管部门组织实施132个重点项目支出绩效目标报告评审、472个项目支出绩效跟踪、122个项目或部门整体支出绩效评价，进行目标编报、跟踪、评价的资金量分别占区本级项目预算资金的100%、91%和67%。绩效管理结果全面应用，与预算安排紧密结合，其中目标评审核减预算率28.4%，核减资金1.5亿元。（朱逸凡）

■推进长三角生态绿色一体化发展示范区建设　研究长三角一体化示范区“投入共担、利益共享”财税新机制，配合中央、市级多次开展调研，通过实地走访、调查问卷、开展座谈等多种方式探索研究长三角区域整体竞争力加快提升的新型财政收入分配体制。推动长三角一体化治理融合，联合区人社局研究调整完善西劳外输非农就业补贴政策，落实长三角区域跨省就业补助资金。青西地区三镇和白鹤镇户籍，处于法定劳动年龄段，通过自主择业或由本区劳务公司派遣等方式，到昆山市、吴江区、嘉善县，在二、三产业中实现非农就业并缴纳社会保险的（简称“跨省就业人员”），可按规定申请领取西劳外

输非农就业补贴。全年补助跨省就业人员 399 人次,落实补助资金 11.97 万元。(朱逸凡)

■落实乡村振兴战略 完善美丽乡村建设平台相关政策,确定农田水利设施建设、农村基础设施建设等五大类建设内容23项政策纳入统筹平台。拟定区美丽乡村建设项目和资金管理办法,突出项目在预算编制和执行环节实现统筹和集中使用,实现区美丽乡村建设统筹平台系统化、常态化管理。试点开展部门内涉农资金源头整合,将农业综合补贴大专项由原来的16项补贴归并整合为五类补贴政策,初步形成农业综合补贴项目"1+3"管理办法(即出台1个大专项资金管理办法和3个补贴项目实施细则)。(朱逸凡)

■压减一般性支出 贯彻厉行节约各项要求,政府带头过"紧日子"引导部门继续压减一般性支出预算。2019 年,压减率为 13.6%。优化支出结构,加强资金筹集,清理、整合。对年内不需支出的项目,全部调减由财政收回统筹,确保更多的财政资金投入到民生领域。加强公务活动支出计划审批管理和公务活动支出报销审核管理,严格执行规定的开支范围和标准,梳理并印发《青浦区 2019 年度区级机关公务支出标准表》。印发《关于规范本区差旅伙食费和市内交通费收交管理有关事项的通知》(青财行〔2019〕97 号),规范区差旅伙食费和市内交通费收交管理工作。(朱逸凡)

■财政资金监管 加强产业发展专项资金监管。专项资金安排主要用于区"三大两高一特色"的新一轮主导产业发展体系,聚焦重点产业发展、新型产业平台、科创中心等建设。及时做好资金审核拨付工作。2019 年,产业发展专项资金支出 5.05 亿元。加强镇级(区属公司)财政扶持资金监管。以"科技+制度"手段,选择徐泾镇经济小区作为试点单位,探索完善财政扶持资金系统建设。完成 2019 年财政扶持资金审核拨付,经街镇(区属公司)审核上报,全年区财政扶持资金直接支付平台拨付扶持资金 38.36 亿元,扶持企业 3.5 万笔次。(朱逸凡)

10 月 25 日,中国财政科学研究院课题组在区财政局举行"长三角一体化财税体制改革与财税分享机制研究"专题座谈会(区财政局供稿)

■政府性投资项目资金保障 推进政府性投资项目预算执行,以区两大代建公司(青发集团和新城公司)为切入点深入摸底调研,根据摸底调研情况统筹投资项目年度预算,对明确年内无法完成投资计划的项目,其年度投资予以调减;对推进较快的项目,其年度投资予以调增。2019 年,动态调整项目 116 个,涉及预算资金累计 18 亿元。服务第二届"进博会",区财政承担项目 12 项,总投资 2.61 亿元,年度资金 1 亿元,保障相关项目推进。(朱逸凡)

■国库集中支付制度改革 形成《区、镇两级国库集中支付电子化管理工作实施计划》《青浦区关于推进镇级国库集中支付电子化管理工作实施计划方案》《镇级电子凭证库业务梳理 V1.0》《2019 年青浦区镇级支付电子化具体工作内容与时间安排》和《关于青浦区镇级试点推广财政国库集中支付电子化的通知》五份文件,按照规范、明确职责推进工作。完成授权支付、直接支付和实拨支付业务流程梳理和调整,实现区级支付电子化预算单位覆盖率 100%。启动重固、朱家角两镇支付电子化试点运行工作。完成剩余 6 个镇试点运行前期工作部署,并于 2020 年 1 月 2 日正式启用。(朱逸凡)

■政府采购制度 增强采购人的主体责任,强化集中采购机构功能定位,对 2019—2020 年政府采购集中采购目录和限额标准进行较大幅度调整。全面应用政府采购信息管理平台,实现电子采购全覆盖。2019 年,政府采购规模实现新突破,实现政府采购规模 86.26 亿元,比上年增加 19.02 亿元;预算安排资金 95.14 亿元,比预算节减资金 8.86 亿元,节约率 9.31%。其中,货物实际采购金额 8.31 亿元,节约资金 0.49 亿元,节约率 5.56%;工程实际采购金额 46.43 亿元,节约资金 7.45 亿元,节约率 13.83%;服务实际采购金额为 31.54 亿元,节约资金 0.92 亿元,节约率 2.83%。(朱逸凡)

■支持健康青浦建设 2019 年,全区财政一般公共预算卫生健康支出 14.74 亿元,比上年增长 7.94%。持续提升长三角一体化示范区医疗资源供给能力,复旦大学附属妇产科医院青浦分院开工建设,复旦青浦医学园区、复旦青浦国际医疗中心正式落户青浦区。全面落实计划生育奖励扶助政策,10231 人次享受上海市计划生育家庭特别扶助金(发放对象:上海市独生子女死亡、伤残家庭)2315 万元,25185 人次享受农村部分计划生育家庭奖励扶助金 3905 万元。支持推进社区卫生服务综合改革,研究完善基层医疗机构政府投入机

1 月 23 日，区财政局举办 2019 年度预算绩效管理业务培训 （区财政局供稿）

制，落实家庭医生签约费制度，支持推进分级诊疗体系构建。支持推进健康乡村建设，全年投入资金 1463.16 万元，保障 4 家乡村振兴市级示范村卫生室、2 家急救分中心、5 家社区智慧健康小屋政府实事项目开展。 （朱逸凡）

■代理记账机构管理 按照市、区贯彻落实“放管服”改革相关要求，优化代理记账审批服务，加强事中事后监管。简化代理记账资格申请材料，减少代理记账审批流程，贯彻执行“双减半”，实现零材料书面申报。发挥代理记账机构在提高小微企业会计信息质量和资信水平中的作用，缓解小微企业的“担保难、融资难”问题，优化营商环境。制定《青浦区财政局为小微企业购买代理记账服务的实施意见》（试行）（青财会〔2019〕28 号），为符合条件且有融资需求的小微企业，由区财政出资购买服务，提供免费代理记账服务。全年新审批 33 家代理记账机构，全区共有代理记账机构 88 家。 （朱逸凡）

■小微企业财务会计培训 修订完善《青浦区小微企业财务会计培训咨询基地管理办法》《青浦区小微企业财务会计培训咨询基地教学管理制度》，建立《青浦区小微企业财务会计培训咨询基地联席会议制度》。牵头组织区内上海逸尚云联信息技术股份有限公司等 3 家企业与 18 名市优秀会计人才结对，组成 3 个项目组，为企业发展中所碰到的资金需求、税收政策、会计核算等方面问题，提出合理性的意见和建议。组织区内 61 名企业财务人员到上海国家会计学院参加财务管理优秀人才班（为期 20 天）、财会优秀后备人才班（为期 9 天）的培训课程。全年组织各类培训和专题讲座 19 班次、1383 人次；接受电话、网站咨询 677 人次。 （朱逸凡）

■政府会计制度改革 财政部自 1 月 1 日起执行新政府会计准则。为确保政府会计准则制度的新旧衔接，加强各单位资产的核算工作，印发《青浦区财政局关于转发 < 进一步做好政府会计准则制度新旧衔接和加强行政事业单位资产核算的通知 > 的通知》（青财会〔2019〕9 号）。分批次组织各预算主管部门、街镇和财政所召开专题座谈会，做好政策解答、业务辅导、查看新旧制度衔接、会计账务处理等工作。深入 18 家区级预算主管单位及所属 161 家行政事业单位和 11 个街镇及所属 101 家行政事业单位进行实地调研、检查和指导。 （朱逸凡）

税　务

■概况 2019 年，青浦区税务局面对错综复杂的国内外经济环境，落实减税降费政策措施，提高税源管理水平。下设办公室、法制科、货物和劳务税科、企业所得税科、个人所得税科、核算分析科、纳税服务科、征收管理科、风险管理局、财务管理科、人事教育科、纪检组、党建工作科、财行社保科 14 个部门。派出机构 21 个，分别是第一至二十一税务所。现场办税服务厅（点）有 5 个。有公务员 497 人。全年全区税收收入 539.5 亿元，比上年增长 2.1%，增收 11.1 亿元。其中，区级收入 177.8 亿元，比上年增长 2.8%，增收 4.8 亿元。全年减征税款 79 亿元。 （郝玲阁）

2019 年青浦区税务局办税服务厅（点）情况表

表 70

名称	地址	电话	邮编
第一税务所办税服务厅	青浦区城中西路 68、88、100 号	59719427	201700
第一税务所办税服务厅赵巷延伸点	青浦区赵巷镇赵华路 400 号	59751269	201703
第一税务所办税服务厅朱家角延伸点	青浦区朱家角镇漕平路 1 号	59240342	201713
第三税务所房产交易办税服务厅	青浦区支家路 158 号	59711203	201700
第一税务所办税服务厅驻区服务中心新办企业小组	青浦区外青松公路 6189 号	—	201700

说明：自 2019 年 10 月 1 日起，第一税务所办税服务厅朱家角延伸点不再设置办税窗口现场受理涉税业务 （郝玲阁）

■**减税降费政策**　2019年，开展减税降费宣传辅导工作，依托纳税人学堂、云端在线培训等方式组织个人所得税改革、小微企业普惠性减税降费政策、深化增值税改革培训12.5万户次、26万人次。全年有36051户小微企业享受增值税优惠政策，减免增值税销售额62.75亿元，减免增值税额1.89亿元。有效提交加计抵减声明的企业10160户，加计抵减影响户数4706户，减税影响额4.57亿元。受理留抵退税149户次，退税金额3.61亿元。为2.3万户小型微利企业减免企业所得税税额11.11亿元，户均减免税额4.77万元，政策惠及面达到100%。落实研发费加计扣除、高新技术等所得税优惠政策，研发费加计扣除42.82亿元，高新技术企业减免税收10.95亿元。为133户企业落实农、林、牧、渔业项目、农产品初加工的所得减免，减免所得2.32亿元。落实上海市对增值税小规模纳税人实施六税两费为期3年的减半征收政策，其中：车船税、房产税、城镇土地使用税涉及149户次（人次）118.3万元，印花税、城建税及附加和自然人房产税涉及51579条641.9万元。　（郝玲阁）

■**个人所得税改革**　打造社会协同共治个人所得税宣传体系，通过多种渠道向个人普及《中华人民共和国个人所得税法》。建立个人所得税专项附加扣除常态辅导机制，建立起专人跟踪反馈和督、考、评、查机制。落实2018年度经营所得政策性调整退税，对2018年度个人所得税新旧税率调整后产生的3893户次生产经营所得多纳税款应退尽退。参与市第二批个人所得税专项附加扣除信息核验试点工作，辅导纳税人及时通过个人所得税APP修正专扣信息，修正率90%以上。　（郝玲阁）

■**社会保险费和非税收入划转工作**
自1月1日起，城乡居民养老保险划转税务征收，全年全区征收城乡居民基本养老保险费14099人次，金额1427.56万元。自4月1日起，城乡居民基本医疗保险费划转税务部门征收，全年实现城乡居民零星缴费4609人次，金额93.27万元。实现城乡居民集中缴费113447人次，征收3350.56万元。
（郝玲阁）

■**重点税源管理**　落实2019年度重点户选户工作，筛选出生产经营情况正常、财务核算制度健全、有一定发展潜力和税源基础的企业作为四级重点税源企业。2019年度青浦区四级重点税源企业2101户，比上年增加107户，其中总局级282户、市局级353户、区税务局级713户、税务所级753户。四季度，完成全部重点企业调查工作。年末，四级重点税源企业实现税收278.4亿元，占全区税收总收入的51.6%。
（郝玲阁）

■**优化营商环境**　4月，完成新办企业涉税事项入驻区行政服务中心，实现企业开办“一门办理”，证照、发票、税控盘等“一窗发放”。至年末，完成新办企业套餐式服务12616户次。在区行政服务中心，设置注销专区，与市场监管部门建立沟通协调机制，实现一窗受理、一口告知、一办到底、容缺办理、分类分级办理。按照上海市不动产登记“全网通”服务改革方案，实现房产交易涉税事项与不动产登记业务联合办理，全年受理联合办理业务21222件，房地产交易办税体验和征管效率得到提升。开展便民办税春风行动，推广发票配送、自助代开、电子发票等便利化举措。加快推进网上为主、自助为辅、实体办税服务厅兜底的办税服务新格局，实现自助式、信息化、智能化办税。推出三批六大类318项“最多跑一次”清单，多个涉税事项“全程网上办”，纳税人网上办比率96.84%，电子申报率99.53%，均列全市前茅。创新宣传咨询服务方式，开发“一码多课”二维码签到系统，优化纳税人线上“云课堂”，完成微信公众号改版升级工作，公众号粉丝数由改版前的2万人升至8.3万人。　（郝玲阁）

■**“进博会”税收服务保障**　开展第二届“进博会”誓师动员仪式，扩容进博青年突击队，选拔业务骨干驻点提供政策宣讲、办税咨询服务，及时保障“进博会”需求，区税务局获2019年度上海市进博专项青年突击队称号。走访调研展馆周边配套企业，针对“进博会”期间企业发票用量大的需求，优化发票领用服务举措，保障企业顺畅经营。承接“进博会”溢出效应，围绕政策培训、软件升级、申报辅导和风险提示等关键环节，服务相关企业落户。
（郝玲阁）

■**长三角生态绿色一体化示范区建设**
4月16日，由国家税务总局上海市青浦区税务局、国家税务总局苏州市吴江区税务局、国家税务总局嘉善县税务局联合主办的长三角一体化（青浦、吴江、嘉善）跨区域税务协作座谈会在青浦区举行。三地税务机关初步交流12个方面的合作意向。10月10日，长三角一

11月，“进博会”期间，青浦区税务局工作人员在会展现场开展驻点咨询服务
（区税务局供稿）

10 月 10 日，上海市青浦区、江苏省苏州市吴江区、浙江省嘉兴市嘉善县三地税务局在青浦区签署《长三角生态绿色一体化发展示范区税收经济分析合作协议》

（区税务局供稿）

体化税收经济分析专项合作调研会议在青浦区举行。青浦区、吴江区、嘉善县三地税务局主要负责人签署了《长三角生态绿色一体化发展示范区税收经济分析合作协议》，为三省一市的税收经济分析合作做出示范。10 月 12 日，青浦区税务局设在嘉善县税务局办税服务厅的全国首台跨省自助办税设备，成功打印出上海市个人所得税纳税记录和纳税清单。青浦税务局通过“学习强国”APP 实现窗口党员与吴江、嘉善纳税人三地视频连线，远程解答减税降费咨询。（郝玲阁）

■**纳税信用等级评定**　完成 2019 年度纳税人信用等级评定工作，评出 A 级 6802 户、B 级 49014 户、M 级 25702 户、C 级 2204 户、D 级 11145 户。（郝玲阁）

■**税收风险分析监控**　逐步健全以风险为导向的“双随机、一公开”新型监管模式，利用信息化手段和大数据技术，提升税收治理现代化水平。执行总局、市局税收风险分析监控项目，年内完成总局、市局税收风险分析监控任务 80 批次，涉及区内 2489 户风险企业，补纳税款及滞纳金 18417.14 万元。持续开展区税务局税收风险分析监控项目，完成风控应对任务 81 批次 2022 户企业，补纳税款及滞纳金 78341.16 万元。（郝玲阁）

■**税收法治**　推进行政执法公示制度、执法全过程记录制度、重大执法决定法制审核制度三项制度工作。优化法制审核岗和法制联络员双团队建设，将三项制度建设的触角向基层全面延伸。强化督察督办力度，组织开展 31 轮 49 个项目批次的督察督办，对外回访纳税人 234 户次。创新形式开展集体学法活动。1 月 18 日，组织税务干部在区税务局 514 会议室举办“你思我辩，给个‘说法’”圆桌访谈节目，通过典型案例学习讨论，区税务局整体依法行政水平得到提高。（郝玲阁）

■**队伍建设**　开展主题教育学习活动。推进“两岗一区”（即党员先锋岗、党员示范岗、党员责任区）建设，全局 27 个党支部建立党员先锋队 22 个、党员责任区 36 个、党员先锋岗 45 个、党员示范岗 43 个。组织 272 名在职党员参加 3 期“不忘初心、牢记使命”主题教育集训活动。党委班子成员先后走访政府、企业、税务所 63 家，收集问题意见 47 条，形成调研课题报告 9 个，检视问题 117 条，建立 10 个方面 43 条重点问题清单，明确整改任务 117 条、措施 123 条。成立两个巡察组，完成两轮 6 个基层党组织巡察任务。2019 年度绩效考评在市税务系统征管分局中排名第六。强化干部管理，将数字人事各项工作纳入绩效考核，落实职务职级并行后续配套措施。1 名干部代表上海代表队参加总局决赛。开展创先争优活动，在市局组织开展的“四位一体”主题竞赛活动中，第一税务所被评为市局级示范团队。第一税务所获上海市文明单位、上海市工人先锋号称号，第十一税务所获上海市文明单位称号，胡梦醒获上海市“三八”红旗手称号。（郝玲阁）

9 月 16 日，青浦区税务局在国家会展中心广场举行的“传承使命展现税务风采，优化服务助力进博盛会”动员仪式上发出《致第二批志愿者的一封信》

（区税务局供稿）

表 71

2019 年青浦区税户登记情况表(一)

单位:户

行次	类别	注册类型	上年末户数(含非正常户)	2019 年末户数(含非正常户)	其中:共同登记户数(含非正常户)	增值税纳税人户数	
						合计	其中一般纳税人
1	合计		145304	153142	153142	134461	67267
2	内资企业	国有企业	220	215	215	80	40
3		集体企业	501	451	451	362	174
4		股份合作企业	43	41	41	38	31
5		联营企业	34	27	27	23	17
6		国有联营企业	3	2	2	2	2
7		集体联营企业	12	12	12	10	9
8		国有与集体联营企业	16	10	10	8	6
9		其他联营企业	3	3	3	3	0
10		有限责任公司	2995	3426	3426	2967	1889
11		国有独资公司	28	28	28	17	14
12		其他有限责任公司	2967	3398	3398	2950	1875
13		股份有限公司	190	182	182	152	125
14		私营企业	118930	125144	125144	114297	63330
15		私营独资企业	23321	28636	28636	26702	9133
16		私营合伙企业	3030	3173	3173	2786	744
17		私营有限责任公司	92483	93224	93224	84707	53376
18		私营股份有限公司	96	111	111	102	77
19		其他企业	822	845	845	543	262
20		小计	123735	130331	130331	118462	65868
21	港澳台商投资企业	合资经营企业(港或澳、台资)	121	119	119	107	96
22		合作经营企业(港或澳、台资)	44	38	38	34	30
23		港、澳、台商独资经营企业	498	512	512	441	359
24		港、澳、台商投资股份有限公司	6	9	9	8	5
25		小计	669	678	678	590	490
26	外商投资企业	中外合资经营企业	218	223	223	206	171
27		中外合作经营企业	58	52	52	50	46
28		外资企业	751	775	775	664	578
29		外商投资股份有限公司	1	2	2	2	0
30		小计	1028	1052	1052	922	795
31	外国企业		4035	4765	4765	1237	1
32	个体经营		14433	14750	14750	12407	40
33	其他		1404	1566	1566	843	73

(郝玲阁)

2019年青浦区税户登记情况表(二)

表72 单位:户

行次	类别	注册类型	2019年末户数分行业												
			农林牧渔业	采矿业	制造业	电力燃气及水的生产和供应业	建筑业	交通运输仓储和邮政业	信息传输、计算机服务和软件业	批发和零售业	住宿和餐饮业	金融业	房地产业	租赁和商务服务业	其他行业
1	合计		839	1	12126	35	9968	3821	4479	65998	2897	263	2765	28951	20999
2	内资企业	国有企业	0	0	10	5	11	2	2	9	3	1	4	10	158
3		集体企业	14	0	148	6	24	4	3	113	8	2	14	38	77
4		股份合作企业	1	0	23	0	2	2	0	3	0	0	4	3	3
5		联营企业	1	0	6	0	0	2	0	7	1	0	4	3	3
6		国有联营企业	1	0	0	0	0	1	0	0	0	0	0	0	0
7		集体联营企业	0	0	4	0	0	1	0	1	1	0	3	1	1
8		国有与集体联营企业	0	0	2	0	0	0	0	6	0	0	0	1	1
9		其他联营企业	0	0	0	0	0	0	0	0	0	0	1	1	1
10		有限责任公司	15	1	220	14	249	162	127	877	87	21	332	780	541
11		国有独资公司	0	0	0	4	1	1	1	6	1	0	5	7	2
12		其他有限责任公司	15	1	220	10	248	161	126	871	86	21	327	773	539
13		股份有限公司	1	0	41	0	6	18	11	31	0	15	3	25	31
14		私营企业	135	0	9229	7	9612	3385	4069	54058	669	66	1987	26871	15056
15		私营独资企业	21	0	1961	1	1881	711	1004	8910	82	2	491	9561	4011
16		私营合伙企业	0	0	58	0	45	7	87	248	11	5	21	2406	285
17		私营有限责任公司	114	0	7193	6	7676	2660	2970	44874	573	58	1472	14889	10739
18		私营股份有限公司	0	0	17	0	10	7	8	26	3	1	3	15	21
19		其他企业	614	0	9	1	0	9	3	83	5	0	49	27	45
20		小计	781	1	9686	33	9904	3584	4215	55181	773	105	2397	27757	15914
21	港澳台商投资企业	合资经营企业(港或澳、台资)	1	0	47	0	2	3	2	24	1	1	14	11	13
22		合作经营企业(港或澳、台资)	0	0	34	0	0	0	0	1	0	0	0	1	2
23		港、澳、台商独资经营企业	1	0	185	1	7	6	16	140	28	1	24	64	39
24		港、澳、台商投资股份有限公司	0	0	5	0	0	0	0	1	1	0	0	2	0
25		小计	2	0	271	1	9	9	18	166	30	2	38	78	54
26	外商投资企业	中外合资经营企业	1	0	112	0	3	2	3	37	3	0	9	26	27
27		中外合作经营企业	1	0	40	0	3	0	0	2	0	0	3	0	3
28		外资企业	1	0	419	0	2	31	13	151	18	0	21	88	31
29		外商投资股份有限公司	0	0	0	0	0	0	0	0	0	0	1	1	0
30		小计	3	0	571	0	8	33	16	190	21	0	34	115	61
31	外国企业		0	0	1130	0	25	145	224	106	3	155	16	747	2214
32	个体经营		22	0	465	1	15	45	0	10335	2068	0	3	88	1708
33	其他		31	0	3	0	7	5	6	20	2	1	277	166	1048

(郝玲阁)

2019 年青浦区税收收入完成情况表

表 73

项目	2019 年(万元)	2018(万元)	增减额(万元)	增减(%)	占比(%)
税收合计	5395200	5283707	111494	2.1%	100.0%
其中:增值税	2686066	2685257	810	0.0%	49.8%
其中:改征增值税	810000	899298	-89298	-9.9%	15.0%
消费税	21372	19531	1841	9.4%	0.4%
企业所得税(内资)	1050975	875726	175249	20.0%	19.5%
企业所得税(外资)	448778	463966	-15188	-3.3%	8.3%
个人所得税	548664	643903	-95239	-14.8%	10.2%
土地增值税	220788	146149	74638	51.1%	4.1%
耕地占用税	3246	8248	-5002	-60.6%	0.1%
契税	160030	192267	-32238	-16.8%	3.0%
环保税	201	178	23	12.7%	0.0%
其他各税	255080	248480	6600	2.7%	4.7%
附:“增、消”两税	2707438	2704788	2651	0.1%	50.2%
三项所得税	2048417	1983595	64822	3.3%	38.0%
免抵调增增值税	536231	382843	153388	40.1%	9.9%
中央级税收	2606466	2558855	47611	1.9%	48.3%
地方级	2788734	2724852	63883	2.3%	51.7%
其中:市级税收	1010531	994529	16002	1.6%	18.7%
区级税收	1778203	1730322	47881	2.8%	33.0%

(郝玲阁)

4 月 28 日,青浦区税务局在上海奥特莱斯品牌直销广场开展减税降费宣传活动　(区税务局供稿)

市场监督管理

■概况　2019年,青浦市场监管局主动服务“进博会”和长三角一体化两大国家战略,优化营商环境、创新社会治理,坚持全面从严治党,完成既定的各项目标任务。新增知识产权保护职能以及酒类商品的经营许可和酒类安全监督管理执法职能,青浦区市场监督管理局加挂青浦区知识产权局牌子。下设办公室、组织人事科、督查室、财务科、法规科、注册许可科、信用监督管理科、执法稽查科、网络交易和广告监督管理科、市场规范监督管理科(合同监督管理科)、消费者权益保护科、质量发展科、标准化管理科、计量和认证认可监督管理科、特种设备安全监督管理科、产品质量安全监督管理科、食品生产监督管理科、食品经营监督管理科、食品安全协调科、药品化妆品安全监督管理科、医疗器械监督管理科、知识产权科22个科室;按规定设置工会和共青团等组织;下设13个市场监督管理所和执法大队,分别是赵巷市场监督管理所、徐泾市场监督管理所、华新市场监督管理所、重固市场监督管理所、白鹤市场监督管理所、朱家角市场监督管理所、练塘市场监督管理所、金泽市场监督管理所、夏阳市场监督管理所、盈浦市场监督管理所、香花桥市场监督管理所、工业园区市场监督管理所、西虹桥地区市场监督管理所和执法大队。行政编制455人,实有公务员289人、参公130人。公务员平均年龄40岁,学历本科以上92.04%;参公人员平均年龄36岁,学历本科以上93.85%。下属4个事业单位,包括食品药品检验所、特种设备监督检验所、计量质量检测所和机关服务中心,在编在岗73人。

9月4日,副区长顾骏(右排右三)调研上海共添市场营销服务股份有限公司（区市场监管局供稿）

全区各类市场主体170045户,其中企业140062户(包括内资企业3535户、外资企业1571户、私营企业134956)、农民专业合作社992户、个体工商户28991户。有食品流通经营户8254户、食品生产企业115户、餐饮服务经营单位5163户、医疗器械经营企业2404户、药品零售企业194户、中小学托幼机构和企事业单位食堂1047户。全年累计新立案查处各类违法案件1167件、累计结案1245件,尚未结案465件;实际入库罚没款2148.70万元;移送司法机关追究刑事责任案件(含案件线索)20件。（胡开明）

3月29日,区市场监管局“长三角一体化”服务专窗为上海积可建材有限责任公司颁发首张跨区域通办营业执照（区市场监管局供稿）

2019年上海市青浦区市场监督管理局各部门情况表

表74

单位	地址	电话	邮编
青浦区市场监管局	青浦区青松路175号 青浦区外青松公路6189号青浦区行政服务中心(注册大厅)	59725800(总机) 59728337(局办公室) 59728327(注册咨询)	201799
综合执法大队	青浦区夏阳街道青龙路185号	69733812	201799
赵巷市场监管所	青浦区赵巷镇赵兴路2号	59754361	201703
徐泾市场监管所	青浦区徐泾镇崧泽大道2088号(金字圩路2号蟠龙馨苑西南)	69725800	201702
华新市场监管所	青浦区华新镇新凤中路518号	33861012	201708
重固市场监管所	青浦区重固镇北青公路6588号A3栋2001号(意邦建材市场内)	59781043	201706
白鹤市场监管所	青浦区鹤祥路1号	33866809	201709
朱家角市场监管所	青浦区朱家角镇沙家埭路8号	59240667	201713
练塘市场监管所	青浦区练塘镇练北路59号	59251574	201715
金泽市场监管所	青浦区金泽镇练西公路4325号	59295257	201721
夏阳市场监管所	青浦区夏阳街道华科路550弄4号楼	69733537	201799
盈浦市场监管所	青浦区三元路46号	59720756	201799
香花桥市场监管所	青浦区香花桥街道大盈路418号	59720160	201712
工业园区市场监管所	青浦区工业园区盈顺路200号	69228130	201799
西虹桥地区市场监管所	青浦区徐泾镇徐民路308弄9号	59760970	201702

(胡开明)

■推进长三角示范区市场监管领域合作试点 主动推进区域协同，上海市青浦区、浙江省嘉兴市嘉善县和江苏省苏州市吴江区三地均设立“长三角一体化”服务专窗，由专人负责，搭建“跨区通办”平台。开展业务交流、座谈会商，建立常态化沟通协调机制，明确专人负责具体工作对接。3月29日，首张跨区域通办营业执照在青浦发出。上海积可建材有限责任公司在嘉善县成功异地办理注册在青浦区朱家角镇的营业执照。4月28日下午，上海凝菡贸易中心等3家企业从嘉善县审批服务中心“长三角一体化企业开办服务区”一并领取营业执照、公章、“法人一证通”数字证书、税务发票和税控设备，实现长三角“结合部”地区跨区域企业“一窗通办”“一窗发放”，是继首张“跨区域通办”营业执照之后的服务再次升级。8月23日下午，青嘉吴三地市场监管(行政审批)部门(青浦区市场监督管理局、嘉善县市场监督管理局、吴江区市场监督管理局、吴江区行政审批局)在青浦区检验检测中心签约《市场准入和市场监管战略合作框架协议》，初步建立示范区市场监管联席会议工作制度，搭建三地干部双向挂职交流平台，启动实施“三联三互三统一”工程(营商环境联建、重点领域联管、监管执法联动，市场信息互通、标准体系互认、市场发展互融，逐步实现统一市场规则、统一信用

7月1日，歌斐颂巧克力(上海)有限公司在浙江省嘉兴市嘉善县行政审批中心市场监管窗口同时领取由上海市青浦区市场监管局核发的营业执照和食品经营许可证

(区市场监管局供稿)

治理、统一市场监管)。在示范区探索推进"市场准入合作""质量发展联动""团体标准共建""食品药品联合惩戒"、建设"满意消费长三角""认证认可检验检测""药械化协同监管"等跨区域联动项目。（胡开明）

■"进博会"服务保障　推进8项区专项工作、31项区市场监管局重点工作,13个基层市场所"3＋X"(优化营商环境、安全风险排查、创建全国文明城区3项区局重点工作和X项辖区特色工作任务)项目标任务。制定服务保障总方案和食品安全专项方案,成立3个工作组,组建青嘉吴市场监管部门联合保障进博会服务队。聚焦展期重点领域安全监管、"1＋8"(网格平台和8个委办局)网格一体化巡查、知识产权保护等11项重点工作,分层制定目标任务,合理配置执法资源,汇聚工作合力,促进服务保障"进博会"效能的最大化。全局开启"5＋2"(5个工作日加上周末双休日)"白加黑"(白天加黑夜)工作模式,开展食品监督抽检429件、快速检测1566件,消除特种设备安全隐患1303处,查处各类违法违规案件94件,确保各省市代表团论坛、观展观众51.15多万人次用餐安全,实现展会期间市场监管零差错、零隐患、零事故。在国家会展中心专设区市场监管局服务保障进博会办公室,落实靠前指挥、挂图作战、主题教育、对外展示等重点工作。开辟企业服务区,展会期间为企业现场发放营业执照196份、食品经营许可证25份、医疗器械经营许可证27份。首日首张营业执照为蒙古国参展商"一站式办理",得到各方高度肯定和中央媒体报道。（胡开明）

■"3·15"国际消费者权益日纪念宣传活动　3月15日,国际消费者权益日当日,区市场监管局、区消保委联合区司法局、区经委等有关部门和保护消费者权益的社会组织、行业协会、大型企业,在青浦区桥梓湾广场开展"3·15"国际消费者权益日现场宣传咨询活动。活动围绕中国消费者协会确定的"信用让消费更放心"的消费年主题及"上海服务、上海制造、上海购物、上海文化"四大品牌建设,结合消费者权益保护工作实际,聚焦消费热点难点,高标准、多层次、全方位开展宣传活动。摆放宣传栏,发放宣传手册、宣传资料,现场解答,为消费者提供食品、药品、化妆品、医疗器械、产品质量、特种设备、物价等方面法律、法规、政策咨询服务,受理消费者投诉、举报。针对消费者较为关注的预付卡消费、老年保健品消费等热点问题,结合案例向消费者传授维权知识,指导消费者规避消费过程中可能遇到的陷阱。各市场监管所参与宣传活动,在各自辖区通过拉横幅、摆展台、发放宣传资料、现场受理等多种方式,开展宣传活动。发放宣传资料3000多份,接受咨询服务100余起,现场受理投诉举报14起,普及消费者权益保护等法律知识。（胡开明）

■实施"双随机、一公开"监管　建立全区相关部门联合双随机抽查联席会议制度,聚焦企业信息公示、类金融等领域,开展双随机抽查7批次,检查各类市场主体4793户次,发现问题1246户次。区市场监管局内部跨条线、多领域双随机成为常态,共开展双随机抽查61批次,检查各类市场主体2406户次。（胡开明）

■深化消费者权益保护工作　受理消费者咨询、投诉和举报19939件,接待来人、来电、来函1516件,承办各部门转派的"12345"工单6246件,区市场监管局"12345"市民热线转办工单满意度在区府工单较多的委办局中连续四年名列第一。年末,被评为全国市场监管"12315"(消费者投诉举报热线)技能大比武先进单位。（胡开明）

■推进网格精细化管理工作　按照区政府关于网格精细化管理的重点部署及网格化中心的具体要求,结合市场监管工作职能,强化日常巡查、提升服务效能,推进网格精细化管理工作,通过网格化平台录入巡查工单76件,处置率、时效性达100%。（胡开明）

■企业年报公示率保持全市各区第一　3月,在全市首创年报大数据监测预警系统。6月,区内企业年报公示率97.48%,连续第六个年度名列全市各区第一,获得区委主要领导批示肯定。继续完善经营异常名录和严重失信企业名录管理。开展"僵尸企业"清理工作,对于长期停业未经营的2737家企业实施批量吊销营业执照。（胡开明）

■"保健"市场领域广告整治　4月,开展"保健"市场领域广告整治工作并取

10月,青浦区市场监管局服务保障"进博会"工作组办公室内景　（区市场监管局供稿）

得实效。检查大众媒介广告873条次、场所媒介广告714条次、其他媒体形式广告96条次；查处各类虚假违法广告61件，罚没款63.80万元。其中：食品广告案件6件，罚没款8.08万元；医疗器械广告案件1件，罚没款1万元。

（胡开明）

■开展2019年“网剑行动” 8—11月，网上检查网店、企业1714户，实地检查网络经营企业153户，督促网络交易平台删除违法商品信息86条，责令整改网站22个，立案查处网络违法案件82起，罚没款102.87万元。

1月22日，市市场监管局局长陈学军（前排中）到青浦区调研

（区市场监管局供稿）

■开展殡葬用品市场监管专项整治行动 12月，集中力量组织开展殡葬用品市场监管专项整治行动，对全区殡葬用品经营单位开展地毯式检查，出动执法人员104人次，出动车辆57车次。夏阳市场监管所重点检查福寿园内的餐饮以及周边的小卖部食品是否存在过期或者来源不明等问题，发现1户临时摊位售卖散装食品，当场进行制止并收缴无索证索票（为确保食品来源渠道合法，质量安全，食品进货方须向供货方索取有关票证）的散装食品10余斤。全局检查殡葬用品经营企业196户，确保殡葬用品市场管控有序。

（胡开明）

2019年青浦区消费者投诉（类别）情况表

表75

类别/项目	2019年投诉数量	投诉比重
商品类前5位		
交通工具类	365件	7.80%
服装鞋帽类	230件	4.91%
家居用品	225件	4.81%
家用电器	135件	2.89%
食品	105件	2.24%
服务类前5位		
交通运输	1184件	25.29%
社会服务	738件	15.77%
食宿及文化娱乐	227件	4.85%
美容美发洗浴	168件	3.59%
制作保养维修服务	167件	3.57%

（区消保委）

2019年青浦区消费者投诉（性质）情况表

表76

性质	2019年投诉数量	投诉比重
售后服务	2879件	61.50%
合同	1317件	28.14%
质量	352件	7.52%

（续表）

性质	2019 年投诉数量	投诉比重
价格	71 件	1.52%
安全	21 件	0.45%
虚假品质表示	18 件	0.38%
假冒	10 件	0.21%
广告	10 件	0.21%
人身权利	3 件	0.06%
计量	0 件	0

（区消保委）

质量技术监督管理

■概况 2019 年，区市场监管局以品牌培育、宣传引导、教育引航、平台推动为抓手，继续加大标准化推进力度，助力两大国家战略在青浦落地，推动区域实现高质量一体化发展。全区有在用特种设备 31919 台，其中锅炉 245 台、压力容器 5218 台、电梯 14080 台、起重机械 4692 台、场内机动车辆 7661 辆、大型游乐设施 23（台套）。办理施工告知 548 笔，办理使用登记 3123 笔。检查使用单位 1177 家次，检查设备 2315 台，发现安全隐患 1701 处，下达特种设备安全监察指令书 132 份，全部完成整改。

年内，对 26 家企业的商品条码进行专项检查，涉及化妆品、食品、服装、办公家具等多个行业。4 月，对安全帽质量进行专项监督检查，检查全区劳动防护用品企业 59 家，发现销售无厂名厂址安全帽企业 1 家、销售过期安全帽企业 1 家、销售无生产日期安全帽企业 6 家，均现场责令企业下架。5 月，组织开展能效标志专项监督检查，突击检查辖区内苏宁电器、国美电器及永乐电器，围绕 14 批 37 类实施能源效率标志管理的产品开展能效标志产品专项执法行动，检查销售企业 3 家，未发现违法行为。

开展场（厂）内专用机动车辆、起重机械专项整治，危险化学品相关特种设备安全隐患排查治理，液化石油气瓶专项治理及食品相关产品监督抽查等工作。（胡开明）

4 月 30 日，区市场监管局开展高危特种设备监督检查　（区市场监管局供稿）

■质量提升工作 发布《青浦区质量提升工作 2019 年行动计划》；完成第二届区长质量奖评选，国家会展中心（上海）有限责任公司获得第二届区长质量奖（组织），龙吉生获得第二届区长质量奖（个人），上海焊接集团股份有限公司、书香门第（上海）美学家居股份有限公司获得第二届区长质量奖提名奖（组织）；举办青浦区“首席质量官”培训班，60 人合格获证；推进长三角一体化标准互认，2 项企标获三地企业认可使用；发布《2018 年度青浦区质量状况分析报告》；完成 2 项质量夏令营活动；拨付 46 家企业 60 个品牌建设项目资金 427.5 万元；发布《青浦区 2019 年“质量月”活动方案》，创新开展“企业开放日”“街镇故事巡讲”活动。完成 2018—2019 年度市对区质量工作考核。完成 11 个街镇年度质量工作考核。（胡开明）

■品牌建设 根据区域企业发展实际，开展区域品牌培育创建工作，加大宣传推广力度，着力营造良好的品牌发展氛围。品牌建设成果：市、区级品牌建设方面，有 2 家特色园区获批创建 2019 年度知名品牌示范区；3 家组织和 1 个个人获第二届青浦区区长质量奖称号；2 家企业分获市质量攻关一、三等奖；1 家企业进入市质量金奖进现场评审阶段。长三角品牌联动方面，1 家企业获“2019 年度苏浙皖赣沪质量管理 100 佳”称号，1 家企业的质量故事获“苏浙皖赣沪质量故事征文纪念奖”。（胡开明）

■企业产品标准自我声明公开监督检查 国家实行企业标准自我声明公开和监督制度。企业应当公开其执行的强制性标准、推荐性标准、团体标准或者企业标准的编号和名称；企业执行自行制定的企业标准的，应当公开产品、服务的功能指标和产品的性能指标。国家鼓励团体标准、企业标准通过标准信息公共服务平台向社会公开。2019年，全区有121家企业自我声明公开444个企业标准，年内抽查其中32家企业的98个企业标准。另按事中事后监管平台下发任务，对15家企业的15个企业标准，委托上海市质量与标准化研究院进行内容评价。（胡开明）

■树立“民生计量服务队”特色招牌 民生计量服务队于2018年3月7日正式成立。服务队以“为民、便民、利民、惠民”为目标，以区市场监管局计量和认证认可监管科、区计量质量检验所、各市场监管所三级联动机制为基础。2019年，进一步打造民生计量服务队特色品牌，制定《青浦区市场监督管理局“民生计量服务队”工作规范》。全年出动322人次，检定衡器、天平、血压计4627台件，血压测量6715人次，发放宣传品26800份。（胡开明）

■医疗机构计量专项监督管理 组织辖区内107家医疗机构开展自查，全区在用强检（强制检定）计量器具约5590台件，受检率94.2%，在用非强检计量器具约14240台件，受检率94.6%。随机对辖区内医疗机构进行抽查，对抽查中发现的计量违法行为，督促其限期整改，对拒不整改的依照法律法规予以处罚。（胡开明）

■儿童青少年近视防控专项检查 结合辖区情况，研究制定《2019年青浦区儿童青少年近视防控专项检查工作方案》，出动执法人员58人次，检查企业32家，涉及焦度计、验光仪、验光镜片组各32台件，其中1户眼镜店的焦度计、验光仪、验光镜片组存在超检定周期的情况，开具责令改正通知书，督促企业立即停止使用并送法定计量检定机构强制检定。（胡开明）

■电梯安全监督检查 全年出动802人次，检查电梯844台，发现隐患283处。均整改。经过前期询价、选定第三方评估机构、现场评审等环节，对75台15年以上老旧住宅电梯完成现场安全评估。（胡开明）

■两节两会及重点行业特种设备专项检查 全年出动监察人员456人次，检查人员密集场所67家次、设备211台套；危化品相关特种设备使用单位35家次，设备78台套；起重机械使用单位19家次，设备31台套；锅炉使用单位82家次，设备108台套。发现隐患166个，开具特种设备监察指令书15份，立案查处4家次。（胡开明）

■油品质量安全检查 1月，开展辖区内正规加油（气）站安全大排查大整治行动，抽取油品样品5个批次，检验结果为全部合格。坚决查处非法加油站（点）。5月，与区生态环境局联合开展油品联合执法检查，出动执法人员125余人次，对63家燃用柴油的工业锅炉、炉窑的用油情况以及企业内部加油站进行全覆盖检查，检查未发现使用不合格柴油的行为。7月，牵头区经委、公安青浦分局、区生态环境局组成专项检查组，对重要点位和案件线索进行检查。出动执法人员1072人次；检查重点点位和案件线索40处，存在运输、销售或内部加油情况的加油站点16处。对上述16处涉嫌非法销售或内部加油站点组织全覆盖抽样，6个批次样品硫不合格。按照职责分工，全部通报相关部门处理。（胡开明）

■开展加油（气）站安全大排查大整治百日行动 1—3月，会同区安监局、区经委、公安青浦分局、区规划资源局、区生态环境局、区建管委、消防救援支队对青浦区内所有加油（气）站进行安全专项执法检查，出动检查人员54人次，检查加油站58家、加气站2家，发现安全隐患1处，督促企业进行整改并对整改情况进行复查，杜绝安全隐患。（胡开明）

■开展妇女用品监督检查 三八妇女节期间，联合区妇联在全区范围内开展妇女用品区域整治，对女性内衣、女性卫生用品、孕妇防辐射服、女性泳衣、服装等产品进行抽样，抽到样品27个批次，涉及商户7家、13个品牌，合格26个批次，合格率达96.29%，比上年同期上升7个百分点。（胡开明）

■无缝对接CCC免办 4月，区市场监管局正式承接CCC免办（即免予办理强制性产品认证）的确认工作，上半年接到申请办理CCC免办88起，发放证书82张，办理天数基本为1个工作日，办理期限领先于全市平均2个工作日，获得较高的企业满意度。根据CCC免办工作中关于对商业展示免予办理CCC

3月14日，区市场监管局执法人员正在检查加油站油品

（区市场监管局供稿）

5月20日，区市场监管局在青浦吉富绅广场家乐福超市门口开展计量宣传活动　　（区市场监管局供稿）

认证的要求，对在国家会展中心召开的上海国际汽车工业展览会上进口的车辆进行CCC免办确认（展览结束后车辆退回原产国）。　　（胡开明）

■**开展系列宣传活动**　5月10日，以“中国品牌，世界共享”为主题，联合区发改委、区商务委等部门，在桥梓湾广场举办第三届“中国品牌日”现场宣传咨询服务活动。品牌日期间合计发放各类宣传资料3000余份，悬挂横幅20余幅，展板展示各类品牌故事百余次，接受消费者咨询服务千余人次。活动现场共发放相关宣传手册40余本，解答市民咨询问题10余个。5月20日，在富绅商圈开展“5·20世界计量日宣传活动”，共计发放各类宣传册250本，宣传纪念品300个，接待咨询500多人次，检定血压计6台，测量血压180多人次。各市场监管所在辖区内开展各种主题活动，设点进行宣传，发放宣传单页，通过展板及横幅介绍计量知识。7月，承办“沪滇藏青青少年手拉手质量夏令营”，上海、云南、西藏、青海四地的藏族、汉族、白族、彝族、土家族等共60余名青少年学生参加。全年举行“质量直通车进校园”活动4场；联合区教育实践中心开展品牌巡礼活动，受惠学生千余人次。　　（胡开明）

■**开展儿童用品监督抽查**　5月，儿童节前夕，进行区域商品质量监督抽样，涉及4家大型母婴店和2家服装销售店，七大类别的73个批次产品。其中不合格4个批次，总合格率94.5%。七大类别产品中日化用品抽检46批次（合格率95.65%），服装6批次（合格率66.67%），玩具7批次（合格率100%），奶瓶、奶嘴7批次（合格率100%），文具4批次（合格率100%），餐具2批次（合格率100%），电器1批次（合格率100%）。（胡开明）

物价管理

■**概况**　2019年，区发展改革委物价管理部门开展价格监测督查，加强收费标准规范和收费行为管理，转变管理思路、创新发展理念，保持物价总体水平基本稳定。

区市场监管局以加强市场价格行为监管为着力点，以涉及民生领域问题为突破点，以群众反映的热、难点为主攻方向，贯彻相关精神和政策，完成年初的各项计划和目标。落实上级关于涉企和民生领域价格收费专项检查、殡葬服务收费专项检查等系列部署，组织开展相关专项检查，加强房地产、电子商务、药品等重点领域和新兴领域市场价格监管和案件查办，查处案件21件，罚没款90万元。重视价格矛盾纠纷化解工作，处置各类投诉、举报45件，其中“12345”市民热线转办件9件，按时办结率100%。7月17日，会同区绿化市容局、区商委、区农业农村委、区经委、区地方金融监管局等6家单位，开展涉企收费和中介机构专项检查工作学习和布置会，与会人员就相关问题进行深入探讨。　　（胡开明　白　亮）

■**价格监测**　每日监测粮、油、奶、肉、水产、蔬菜等六大类64个品种主副食品价格，关注生猪价格，对价格异常波动及时形成专报。全年主副食品价格

2月19日，区市场监管局白鹤市场监管所执法人员对居民小区进行电梯检查　　（区市场监管局供稿）

走势整体平稳，猪肉价格保持高位，蔬菜价格季节性波动较为明显。每周监测农资价格。每月监测市商品价格信息、房产价格监测、劳动力价格。开展对种植业和养殖业成本调查工作，种植业调查品种为粳稻、青菜，养殖业调查品种为生猪。做好“进博会”重点区域18家酒店价格监测及5家新开业酒店旅馆价格审核、走访、验收等工作。根据《上海市共有产权保障住房价格管理办法》规定，会同区房管局开展青浦辖区内共有产权保障住房价格管理。根据《关于加强商品住房及其附属地下车库(位)等设施销售监管的通知》，向区房管局出具24份住宅项目附属车库(位)租售价格备案意见书。（白　亮）

3月，区市场监管局执法人员对青浦农工商超市进行价格检查

（区市场监管局供稿）

■收费行为管理　根据《上海市物价局关于转发国家发展改革委关于完善国有景区门票价格形成机制 降低重点国有景区门票价格的指导意见》（沪价费〔2018〕9号）文件精神，会同国资委、财政局、绿化市容局、旅游局等相关部门，委托第三方进行价格监审，分别下调青浦大观园淡、旺季门票价格。根据《关于开展政府部门下属单位涉企收费、中介机构收费清理整治工作的通知》（沪发改价费〔2019〕1号）要求，全面梳理收费事项，按规定时间节点上报市发改委。根据政府定价目录管理权限，按规定程序调整与制定青浦区世界外国语学校、复旦五浦汇实验学校、协和双语学校、青浦平和双语学校等民办小学、初中收费标准，并对社会力量办学进行收费备案。（白　亮）

■村级医疗机构的价格行为“双随机”检查　根据2019年青浦区医疗服务价格重点治理工作计划，组织开展村级卫生室价格行为“双随机”专项检查工作，检查内容包括执行政府定价、政府指导价情况、明码标价情况等价格行为。7月起，开展首批村级卫生室检查工作，涉及练塘镇金田村等10家。10家卫生室除售卖药品外，无其他价格行为，其售卖的药品价格均可通过相应医疗电子系统查询，暂未发现问题。（胡开明）

3月9日，区市场监管局执法人员对绿欣菘文菜市场进行价格检查

（区市场监管局供稿）

■清明节前公墓收费检查　检查徐泾西园、朱家角至尊园2家单位，主要发现公示收费标准同时出现土地费和墓穴费的用语，易对客户产生困扰和公示不清楚的现象及前、侧墓穴价格表述不清等问题，要求立即进行整改。2家单位均实施整改。（胡开明）

■确保台风期间市场价格稳定　8月，台风期间，跟踪居民生活必需品价格变化，集中力量对农贸市场、超市等场所加强市场巡查检查，防范和打击相关价格违法行为。出动检查人员35人次，检查农贸市场3家、超市3家、餐饮单位若干家。市场粮、油、肉、蛋、菜、奶等居民必需品供应充足，价格总体平稳。绿叶菜受雨水影响、猪肉受“非洲猪瘟”疫情影响，价格略有上涨。未发现囤积居奇、哄抬价格、捏造散布涨价信息等价格违法行为，未收到相关价格投诉举报。（胡开明）

■国家会展中心商品全覆盖价格检查　10月21日，区市场监管局执法大队联合市局反垄断办一行7人，集中对国

家会展中心商铺进行全覆盖价格行为检查。核查馆内所有商铺前期上报备案的展会期间商品价格是否与实际一致;对商品价格宣传用语等进行合法性督查。经查,除个别商户有商品未标示规格的情形外,总体情况较好。当场要求标价不规范的商户立即进行整改。

（胡开明）

■新开业超市节前价格检查 12月26日,区市场监管局执法大队检查人员对区内多家新开业超市进行节前价格检查。在对永辉超市青浦万达茂店的检查中发现,多款元旦春节促销产品的标价签上出现"原价",并标注促销价,但是历史成交纪录显示未以"原价"销售过上述商品,存在误导消费者的行为,检查人员当场要求整改,并及时更换标价签。

（胡开明）

审计工作

■概况 4月1日,根据区机构改革方案制定的三定方案,经区委、区政府批准。区发改委稽察办公室整建制划转至区审计局。区审计局新设组织人事科。6月20日,区委成立区委审计委员会作为议事协调机构。区委审计委员会办公室设在审计局,区委审计委员会第一次会议审议并通过审委会工作规则、审委办工作细则、审委会工作要点等若干文件。审计局设有财政审计科、资源环境审计科、企业审计科、固定资产投资审计科、固定资产投资稽察科、内部审计指导监督科、经济责任审计科、组织人事科、综合法规科、办公室10个部门。编制36人,在编30人,领导职数5人。

全年完成审计项目43个,其中审计41个、专项审计调查2个。查出主要问题金额24.55亿元,其中违规金额4200万元、管理不规范金额24.13亿元;审计发现非金额计量问题199个;损益(收支)不实金额1.25亿元;出具审计报告和专项审计调查报告55篇,被批示、采用15篇次。审计处理处罚金额3.03亿元,其中应上缴财政54万元、应减少财政拨款或补贴1481万元、应归还原渠道资金2.78亿元、应调账处理金额907万元;移送纪检监察机关和有关部门处理事项5件,移送处理人员2人,移送处理金额4919万元。审计促进整改落实有关问题资金21.76亿元;核减投资额2.11亿元;审计提出建议65条,被采纳审计建议26条,推动被审计单位制定整改措施193项,促进被审计单位建立健全规章制度17项;提交审计信息262篇,被批示、采用审计信息100篇次。向社会公告审计结果19篇。

（薛纯映）

5月9日,审计人员开展区产业扶持项目专项调查,走访相关企业

（区审计局供稿）

■国家重大政策措施落实情况跟踪审计 根据区委、区政府重大决策部署,聚焦"进博会"和长三角一体化两大国家战略,对28个政府投资、19个社会投资进博项目、1个乡村振兴市级示范村莲湖村项目组织开展13次专家稽察、参加3次领导巡查、完成23期稽察动态,提出90条稽察建议;同步对28个政府投资"进博会"项目开展13轮跟踪审计,提出102条审计建议,保障重点领域、重点项目推进、落实;组织开展产业政策绩效调查,关注优化营商环境等政策落实,促进财政资金支持实体经济;日常审计中着力关注重大工程项目和民生保障、资源环境保护、乡村生态环境改善等政策,促进各项重大政策措施落地见效;抽调4名审计骨干参与审计署统一组织的中央转移支付数据填报、东西部对口支援与扶贫协作审计。

（薛纯映）

■财政审计 完成区本级财政和6个部门及所属14个下属单位预算执行和其他财政财务收支审计。在本级财政审计中,探索运用大数据手段分析疑点结合审计组现场核查的方式,对全区一、二级预算单位公务卡报销、政府购买服务、预算细化管理等11个重要事项实施全覆盖审计,逐步提升"技术+业务"审计能力;在部门预算执行审计中,实施"三同步"(即同步进点、同步实施、同步报告),提高审计工作效率。

（薛纯映）

■经济责任审计 围绕领导干部经济责任履行,组织开展2个镇、1个区属公司、5个部门(单位)11名领导干部(人员)任期经济责任审计。建立健全工作制度,研究制定《青浦区区管领导干部(人员)任期经济责任审计结果运用办法(试行)》,经区委审计委员会审议通过。加强联席会议制度执行,完善领导干部轮审计划库、开展审前意见征询、坚持"一公示三联合"(即审前公示、联合进点、联合反馈、联合督查整改),发挥成员单位组织协调作用。组织学习中央两办新文件《党政主要领导干部和国有企事业单位主要领导人员经济责任审计规定》,研究相关工作措施。

（薛纯映）

■**政府投资项目审计** 根据审计全覆盖要求，聚焦重点项目、重点工作、重点区域，组织开展崧泽高架西延伸工程、环城水系二期工程、金商公路改建工程等3个跟踪审计项目，完成19个限额以上项目的竣工决算审计，逐步探索跟踪审计与稽察协同工作机制。强化风险防控意识，采用内部比选制、现场汇报制、中介例会制、进度跟踪制、滞后约谈制等措施，抓实现场管控、中介管理，提升工作质量。区委审计委员会专门审议通过《关于加强青浦区政府性投资项目审计闭环管理的意见》，完善和规范政府投资审计闭环管理，建立长效机制。（薛纯昳）

■**资源环境审计** 据上级审计机关和区委、政府部署要求，拟定资源环境审计年度工作要点，明确审计目标、任务、措施；对标上海市审计局资源环境审计三年计划，完成区2017—2018年美丽乡村建设绩效情况的专项审计调查，区委、区政府主要领导、分管领导对审计结果作出5次重要批示，促进审计结果利用；结合金泽镇领导干部经济责任审计开展自然资源资产任中审计，总结形成土地资源资产、水资源、农林绿化资源资产、生态环境治理、大气污染防治、节能减排等六大类75项自然资源资产任中审计评价指标，促进领导干部自觉履行自然资源管理和环境保护责任。（薛纯昳）

■**内部审计** 出台《青浦区内部审计工作绩效考核办法》，细化并完善考核内容，对全区50家内审机构开展绩效考核并通报考核结果，评出5家内审先进集体、7名内审先进个人。在华新镇试点开展全程精细化指导，进行26次现场和电话联系指导。主要领导带队深入11家街镇开展工作调研，加强指导监督。利用“青浦审计”公众号推送内审工作经验交流10余篇，发挥先进示范引领作用。督促内审机构参照区级衡量整改标准，严格审计发现问题“对账销号”管理模式，加大内审成果运用，完善单位内部治理。全年开展挂职锻炼、集中培训、内审片会等培训指导464人次。（薛纯昳）

■**审计结果利用** 区委审计委员会专门审议财政审计、经济责任审计、政府投资项目审计3份综合报告，提出要突出审计成果运用、突出内部审计监督、突出信息化手段运用。加大与区委组织部、区纪委、区委巡察办的通力协作，借由部门合力推动审计结果利用。审计向区委组织部、巡察办提供审计报告28份，区委巡察办向审计提供巡察报告5份，区纪委调取审计报告19份。针对2个项目与区纪委进行2次沟通，向区纪委上报侵害群众利益问题专项整治线索1条。加大问题线索排查和乱象揭示，向区政法委上报审计发现的三资管理、行业管理等两方面六大类91个需加大整治的问题、1个扫黑除恶乱象。（薛纯昳）

3月12日，审计人员开展美丽乡村建设项目专项调查，图为查看村庄景点布置建设情况（区审计局供稿）

■**审计整改** 加强整改信息化管理，建成并试运行审计整改库，探索被审计对象历年审计发现问题及整改落实情况的趋势分析，尝试构建基本评价模型；定期开展整改督查和“回头看”，落实整改问题“清单”制、“对账销号”制，全年项目问题整改率、资金整改率超98%。（薛纯昳）

■**审计公开** 在青浦区审计局门户网站公开2019年度重点审计项目计划、2018年度区本级预算执行审计工作报告、2018年度审计整改工作报告、6个部门2018年度预算执行审计结果、2个专项审计调查结果及11个区重大实事项目竣工决算审计结果，推进6个部门主动公开预算执行审计整改结果。（薛纯昳）

统计工作

■**概况** 2019年，青浦区统计工作以提高数据质量为核心，提高服务能力为目标，推进常规统计工作，开展社会热点调查，夯实统计基础，推动全区统计事业发展。完成工业、能源、固定资产投资、房地产、服务业、劳动工资、商贸业、批发零售业等常规月度统计工作。10月，分两批在市统计局培训中心举办全区统计系统轮训班。（吴 玮）

■**常规统计** 严把入库关。确保年定报（全称 ）对象范围准确性。遵循“先入库后有数”的原则，按照基本单位名录库更新维护工作机制，加强对镇级名录库专管员的培训与沟通指导，及时做好基本单位信息核查和更新。根据与相关部门数据比对、结合普查单位摸底清单及时更新名录库，将新增“四上”（即规模以上工业企业、资质等级建筑业企业、限额以上批零住餐企业、国家重点服务业企业）单位及时纳入年定报统计范围。严把培训关。制订年度培训工作计划。开展年定报大培训工作，安排专业人员授课，开展交流讨论活动。根据年中“四上”单位名录调整情况，适时安排新增单位的统计业务集中培训。各主要专业都建立季度例会制度，报表制度，统计方法中的有关补充规定在例会上及时予以培训传达。严把审核关。理顺、完善区镇两级数据审核、查询分工、流程。在市局下发的审核关系的基础上，根据青浦实际，增加审核要点，编制审核、汇总数据处理程序，提高数据审核、汇总的工作质量和效率。严把检查关。根据企业“一套表”(即《企业一套表联网直报工作手册》)推进情况，组织开展数据质量集中检查。针对一些平时上报数据质量较差的，人员变更频繁的企业进行重点检查。利用统计执法检查工作，规范企业统计行为，提高企业统计数据质量。

(吴　玮)

■专项统计　推进人口变动调查工作。按照国家、市统计局的工作部署和安排，5月开展人口变动抽样调查，抽取青浦区9个街镇9个调查小区，预计完成1000户家庭的抽样登记工作，结合公安的相关数据比对，完成人口变动调查摸底数据采集工作。完成住户新老样本调查点轮换后点衔接工作。自2018年12月起，新的350户国家样本调查点正式启动运行，专业人员克服初期阶段新网点(国家统计局内网)出现的问题困难，确保新网点良好运行。推进国家点电子台账工作。全区电子台账324户，占全部户92.6%，电子记账率在全市保持领先。所有电子记账户全部实现手机APP记账，2个街镇电子记账开户率100%。开展数据监测工作。根据区委、区政府领导指示要求和有关文件精神，上半年通过青浦区户籍农村居民收支调查方案审批，全区户籍农村居民收支调查范围控制在青西4个镇、400户青浦区农户。

(吴　玮)

■发挥参谋作用　开展《统计公报》《统计月报》改版工作，精简优化内容，突出重点，体现青浦特色；改变设计样式，增强可读性。为区委、区政府领导及各委办局决策提供数据支持。每月按照时间节点及时完成《统计快报》《统计月报》《统计要情》《2019统计手册》《数据青浦2019》小折页等统计产品的编辑工作，每月在APP上及时推送统计月报数据，以数据说话，提升服务决策及时性。完成《青浦区国民经济和社会发展公报》，在《青浦报》、网站等媒体上发布。编撰完成全面反映青浦经济社会发展成果的《2019青浦统计年鉴》，于6月底前印刷公布。

(吴　玮)

■统计法治建设　配合市统计局开展双随机执法检查。对全区企业开展“双随机”执法检查工作，加强统计法治建设，提升企业依法统计意识，提高数据源头质量。运用统计法治手段，严肃执法，对存在差错的企业，向所有被检查地区作结果反馈并以文件形式将检查结果通报相关街镇、区级公司(统计办)。对部分达不到“四上”标准的企业作退库、转库处理，对异地经营企业作转移处理。

(吴　玮)

10月30日，2019年青浦区统计系统全员轮训班(第二期)在市统计局培训中心举行

(区统计局供稿)

海　关

■概况　1月25日，机构改革后的青浦海关完成“三定”，设立办公室(党委办公室)、人事政工科(党委组织宣传部)、综合业务一科、综合业务二科、物控查检一科、物控查检二科、保税监管一科、保税监管二科、企业管理和稽查科9个科室。青浦海关共有3个办公点，分别是青浦海关本部、青浦海关北青公路办公区(驻青浦综合保税区)和青浦海关新府中路办公区(驻西郊国际农产品交易中心)。

2019年，开展“不忘初心、牢记使命”主题教育，贯彻落实“五关”(政治建关、改革强关、依法把关、科技兴关、从严治关)理念，提升监管服务水平。受理进出口报关单119447票，比上年增长1.3%；货运量651.9万吨，比上年增长9.2倍；货值903.5亿元，比上年增长30.3%。征收税款42.34亿元，比上年增长63.7%。其中，青浦综合保税区7.55亿元，比上年增长15.8%；区外34.79亿元，比上年增长80.73%。新注册报关单位(包括报关企业、进出口收发货人)664家，增长17.9%。重新评定企业海关信用等级35家，新申请海关一般认证信用等级企业2家。设立加工贸易电子化手册1545本，比上年减少18.5%；备案金额3.4亿美元；核销加工贸易电子化手册1989份，比上年减少26.1%，核销补税8757万元，比上年下降46.3%。稽查企业22家，查发问题作业11家；稽查补税1931.69万元，发出稽查建议书1份；开展保税核查71家，查发问题数35家；移交缉私部门案件线索7起，其中1起刑侦件案、4起行政案件、2起两简案件。

(张　逸)

■保障进出口食品安全　全年查获进口不合格食品5批，分别为：从澳大利亚进口的703箱14534.93公斤冷冻牛板筋等，未获检验检疫准入(即向中国

7月16日，青浦海关对青浦综合保税区内的跨境电商商品开展食品安全现场监管　（青浦海关供稿）

境内出口食品的出口商或者代理商的产品不在海关总署备案清单内），判定为不合格，于4月29日退运；从澳大利亚进口的1236箱21643.15公斤冷冻牛前腱子筋等，未获检验检疫准入，判定为不合格，于4月29日退运；从中国台湾入境的1袋10公斤猴头菇粉，未获检验检疫准入，判定为不合格，于6月11日退运；从意大利进口的30盒36公斤乔瓦尼科伦坡牌松露佩科里诺绵羊奶酪，因检测出酵母菌超标，判定为不合格，作销毁处理；从巴西进口的1310箱27493.93公斤冷冻猪去骨去皮后腿肉，生产批次号与证书提供不一致，判定为不合格，于10月22日退运。（张　逸）

■维护国门生物安全　截获植物产品疫情4批次，包括截获有害生物种类1种、3种次，其中1种次为检疫性有害生物新菠萝灰粉蚧（作熏蒸处理）。实施木包装查验166批次，标签整改后合格64批。（张　逸）

■提升通关时效　青浦海关关区进口平均通关时间为44.15小时（上海关区54.7小时），比上年加快38.36%；出口平均通关时间为0.45小时（上海关区3.37小时），比上年加快85.54%。（张　逸）

■助推绿地全球商品贸易港保税展示展销业务常态化　发挥"进博会""6+365"溢出带动效应，支持上海首个保税展示展销场所——绿地全球商品贸易港保税展示展销业务常态化。构建上海海关保税展示展销区块链辅助监管系统，利用区块链技术的分布式记账、共享账本、多方验证、不可篡改等特点，实现信息全程上链，全程透明。自10月16日揭牌运行到12月底，有224.4万美元的商品在绿地全球商品贸易港保税展示展销场所展示，实现销售296.5万元，海关征收税款34.4万元。（张　逸）

■一般纳税人试点　释放改革红利，落实国务院促进综合保税区高水平开放高质量发展21条措施。6月1日，日立汽车系统部件（上海）有限公司和上海名联食品有限公司获得海关特殊区域内企业一般纳税人资格（试点）。年内，2家企业试点开具增值税发票金额9782.55万元，节省税务成本近200万元。（张　逸）

■支持长三角生态绿色一体化发展示范区建设　联合吴江海关、嘉兴海关开展《海关支持长三角一体化示范区发展》课题研究，形成专题调研报告，得到海关总署两位署领导的批示。共开展课题研究和党建共建活动7次。课题研究探索海关支持长三角一体化示范区发展，围绕提升区域内营商环境，提出海关的对策举措，探索组织机构、执法监管、服务发展、管理保障和特殊区域协同发展五大一体化合作机制。（张　逸）

■优化跨境电商网购保税进口业务　探索针对企业的"穿透式"风险诊断体

7月19日，青浦海关工作人员到液化气空气（上海）气体有限公司针对进口液氦重量异常情况开展现场核查　（青浦海关供稿）

12 月 2 日，在青浦综合保税区揭牌暨功能性项目集中签约仪式上，上海海关关长、党组副书记高融昆（右）向区委书记赵惠琴颁发青浦综合保税区证书

（青浦海关供稿）

检工作模式，推进以企业为单元的风险防控机制，围绕总体业务、业务特点、物流特点、企业管理、风险防控 5 个方面建立企业专门风险防控档案。2019 年，监管青浦综合保税区跨境电商包裹 69.65 万件，货值 3.03 亿元，征税 2971.69 万元。（张　逸）

■助力青浦出口加工区整合优化为青浦综合保税区　协调上海海关职能部门及青浦区相关委、办、局，推进青浦综保区整改验收。确保促进综合保税区高水平开放高质量发展 21 条政策落地，保证一般纳税人资格等各项优惠措施惠及区内企业。12 月 2 日，青浦综保区揭牌仪式暨功能性项目集中签约仪式举行。（张　逸）

■完成进口肉类监管　7 月 5 日，完成全国首批巴拿马输华牛肉监管作业。11 月 19 日，完成全国首批意大利输华冻猪肉监管工作。西郊国际口岸全年受理肉类 20934 批次，标准箱 33235 个，货重 38.4 万吨，货值 16.9 亿美元。（张　逸）

■保障青浦特色水产品出口　2019 年，青浦地区水产品出口监管业务全部由青浦海关承担。全年完成 85 批次，117 吨，货值 279.4 万美元的出口练塘大闸蟹监管工作，完成 54 批次共 1170 吨、货值 44.5 万美元的出口活蚬监管工作。（张　逸）

■失信企业集中注销工作　针对失信企业的各种联合惩戒措施的逐步实施，失信企业"换马甲"的逐渐增加。年内，为防范风险，对青浦区 331 家办结工商注销但未办理海关注销手续的企业进行集中注销。（张　逸）

区级投资、开发公司选介

■概况　2019 年年末，全区有区管国有企业 6 家，分别是上海青浦工业园区发展（集团）有限公司、上海淀山湖新城发展有限公司、上海西虹桥商务开发有限公司、上海青浦发展（集团）有限公司、上海青浦现代农业园区发展有限公司和青浦区供销合作联合社。上海青浦公用事业投资控股有限公司停止运作。（赵　峰）

5 月 20 日，区委书记赵惠琴（右三）、副区长倪向军（右二）调研熊猫集团智慧水务项目

（青浦工业园区供稿）

■上海青浦工业园区发展（集团）有限公司　1995 年 11 月 25 日，青浦工业园区经上海市人民政府批准成立，规划面积 16.1 平方公里。2000 年 11 月，经区政府批准，上海青浦工业园区发展（集团）有限公司组建成立。2003 年 6 月，市政府同意青浦试点园区范围的规划方案，在原青浦工业园区基础上，青浦试点园区规划面积由 16.16 平方公里调整至约 56.2 平方公里。区政府决定重组上海青浦工业园区发展（集团）有限公司。2010 年 7 月，上海青浦工业园区分设为"一园三区"（青浦工业园区、张江高新区青浦园和青浦出口加工区），成立上海青浦工业园区发展（集团）有限公司、上海张江高新技术产业开发区青浦园区（集团）有限公司和上海青浦出口加工区开发有限公司。青

浦工业园区规划面积调整为16.1平方公里。2017年6月,原上海青浦工业园区发展(集团)有限公司、上海张江高新技术产业开发区青浦园区(集团)有限公司和上海青浦出口加工区开发有限公司重组,更名为上海青浦工业园区发展(集团)有限公司,增挂上海张江高新技术产业开发区青浦园区(集团)有限公司和上海青浦出口加工区开发有限公司牌子。青浦工业园区规划面积56.2平方公里。规划四至范围(以西侧开始顺时针方向)青赵公路—沪常高速—油墩港—章泾江—通波塘—沪青平公路—油墩港—上达河—向阳河—盈港路—外青松公路—上达河,其中:城市开发边界内区域面积(即集中建设区)为41.33平方公里,青浦出口加工区海关特殊监管区面积为1.64平方公里(其中青浦综合保税区面积为1.58平方公里),张江高新区青浦园规划面积为13.68平方公里。集团公司主要开展招商引资、土地开发、厂房租赁、项目/基建审批业务代理和后续服务、房地产开发、市政建设、物业管理、企业服务等经营业务。

2019年,完成园区机构改革,实现机构瘦身,职责分工、人员转隶。集团总部新增二次开发办公室,部门由上年的10个调整为8个,直属公司由八类25家整合为七类16家。总部设党群人事部、党政办公室、招商管理部、规划建设部、财务管理部、监察审计部、经济发展部、二次开发办公室等8个职能部门。张江高新区青浦园和青浦出口加工区两公司内设部门仅保留牌子。集团公司下辖上海西部经济城有限公司、上海青浦工业园区创业投资有限公司、上海青浦商城实业有限公司、上海中纺科技城发展有限公司、上海青浦科技园发展有限公司、上海青佳经济发展有限公司、上海沁园经济发展有限公司、上海纺科投资有限公司、上海高新技术成果转化基地开发有限公司、上海浦西建设工程管理有限公司、上海青浦工业园区物业管理有限公司、上海群腾企业服务有限公司。托管青浦工业园区香花桥招商服务中心公司、青浦工业园区创业中心有限公司。规范干部层级和职数配置,制定"三定"方案按岗适配。统一员工薪酬体制,实行直属公司班子年薪制,严格用工管理、房屋资产管理、经济责任和内部管理定期内审,促进精细化管理提质增效。

年末,集团公司注册资本150000万元,总资产489579万元,净资产258872万元。全年实现规模产值1015.85亿元,首破千亿元大关,比上年增长3.23%(静态);完成税收收入127.62亿元,比上年增长6.28%。合同外资5.00亿美元,比上年增长38.95%;到位资金2.01亿美元,比上年增长32.2%。固定资产投资51.28亿元,比上年增长13.4%。综合能耗49.5万吨标准煤,比上年上升0.24%。在全市12家大型园区中,青浦工业园区排名第四,比上年再升一位,晋级四强。7月,经生态环境部、商务部、科技部批准,青浦工业园区获国家生态工业示范园区称号。7月29—31日,集团公司董事长陈晓荣率团访问日本,在东京举办招商推介会,11家企业、4家银行和中介公司代表等25名日方客人参加会议。年内,上海菱重增压器有限公司、上海普利特复合材料股份有限公司、亚士创能科技(上海)股份有限公司、上海创力集团股份有限公司、上海安诺其集团股份有限公司、上海熊猫机械(集团)有限公司等6家企业获上海制造业企业100强称号,上海汉得信息技术股份有限公司位列上海民营服务业企业百强第49名,上海普利特复合材料股份有限公司获上海制造业企业100强、上海民营企业100强称号。12月,青浦工业园区被中国产学研合作促进会授予中国产学研合作创新示范基地称号。园区企业与上海交通大学、复旦大学、苏州大学、华东理工大学、上海大学等名校进行产学研合作。全年相关工业产值近6000万元。

园区集聚2000多家国内外优质企业,23家世界500强,50多家地区总部、研发中心,149家行业龙头企业,37家上市及关联企业。形成八大产业集群:(1)以美资斯伦贝谢油田设备(上海)有限公司)、德资杜尔涂装系统工程(上海)有限公司、日资北京发那科机电有限公司上海分公司、日资天田(中国)有限公司、天田(上海)机床有限公司为代表的"高端装备产业群"。(2)以美资库博、德资上海博泽汽车驱动系统有限公司、德资博戈橡胶金属(上海)有限公司)、日资高田(上海)汽配制造有限公司为代表的"汽车零部件产业群"。(3)以美资西氏医药包装(中国)有限公司、日资帝人医疗器械(上海)有限公司、上海医药、绿谷生命园(上海绿谷生命园医药有限公司)为代表的"生物医药产业群"。(4)以美资英威达纤维(上海)有限公司、英威达合成纤维(上海)有限公司、英威达特种纤维(上海)有限公司、美资希悦尔、德资克鲁勃、亚士创能科技(上海)股份有限公司为代表的"新材料产业群"。(5)以美资当纳利、德资海德堡、中华商务、中华印务为代表的"印刷传媒产业群"。(6)以德资福维克、德资妮维雅、日本尤妮佳、上海家化为代表的"快速消费品产业群"。(7)以腾讯科技、紫光宏茂微电子、汉得信息、中信信息为代表的"电子信息产业群"。(8)以中军哈工大(哈工大人工智能产业园)、清华启迪国际(启迪国际人工智能科技城)、冠致科技为代表的"人工智能产业群"。

聚焦园区主导产业和战略性新兴产业。全年引大引实引强企业40个,合同外资创近十五年新高。5月9日,青浦区2019年招商推介会举行,园区成功推荐10幅地块,集中签约德、日、英等一批高端制造、生物医药、总部研发类项目,总投资78.88亿元。

八大经济小区新增企业4376户,实现税收50.72亿元。根据《上海市青浦区人民政府关于支持经济小区高质量发展的若干意见》(青府发〔2019〕63号),抢抓医疗器械行业注册新政,实现医疗产业基地亩均税收1000万元,单个项目年产税收超220万元。

哈工大人工智能产业园。重点引进的"法国自适应网格先进算法实验室引进及技术转化能力建设"项目作为青浦区首个张江H25课题项目落地。该项目于12月获得张江国家自主创新示范区专项发展资金立项批复。总体预算3800万元,政府扶持资金1880万元。年末,新引进企业74家。启迪人工智能科技城。设立中法人工智能技术研究院,引进企业14家。移动智地、尚之坊产业园分别实现年度税收1.3亿元、1.21亿元,比上年增长49.4%、21%。

成立二次开发办,完成产业调整,关停企业(D类)153家、86.67公顷,104区块转型调整区块3个、47.67公顷。依托区生态办,牵头相关职能部门及街镇，启动首批“6+1”地块（仁虎地块、杰恒地块、劲达地块、沃盟地块、兄奕地块、南极人地块+变性淀粉地块）公共安全联合整治，基本实现“三清”（清设备、清原材料、清产品）目标，清退“散乱污”企业100余家，腾退土地47.33公顷。

探索多种模式，加快转型发展。沪升E汽车城与上海科大重工集团有限公司合作；美特幕墙、河村电子等企业同意实施节余土地地块划分、联合开发、定制厂房等方式进行土地资源的盘活利用。

服务企业。实行网格片区班子定期走访负责制，增加“企业诉求二维码，加快解决企业诉求。启动日立电梯定制式职工家园改造升级项目。扩大园区公交短驳线路覆盖面，月均载客8000人次。举办企业沙龙、政策宣讲、人才招聘等各类活动52场1620余人次，落实300多家企业申报产业扶持项目45类515件22231万元。推动冠致工业与永恒力等多家企业开展合作，日立电梯参与国企开发设备竞争，铂尔曼进入政府采购目录。受理“12345”市民服务热线220余件，接访率、答复率100%，突出矛盾信访销项率达75%。打通断头路，实施新建新康路（断头处—崧盈路）、清河湾支路（清河湾路—上达河）、拓青路（胜利路—盈顺路）等政府性投资项目。

助力第二届“进博会”。组织企业参观“进博会”294家2920人，展会实现成交量1.12亿元，全年实现跨境电商450万单。完成天山西路东段改扩建、会恒路、蟠臻路道路新建、西虹桥商务区能源管线等进博会配套项目节点目标。

领导调研。1月17日，驻京全国人大代表空军代表团一行实地察看哈工大人工智能产业园。2月20日，副区长倪向军到加工区就转型综合保税区工作推进情况开展调研。5月11日，国家科技部战略规划司副司长余健、战略处副调研员程广宇到润盈生物工程（上海）有限公司考察调研。5月15日，海关总署、商务部、工信部联合调研组在青浦出口加工区召开综合保税区检测维修和再制造业务现场调研会。5月20日，区委书记赵惠琴、副区长倪向军到熊猫集团就智慧水务项目开展调研。6月4日，市人大常委会副主任高小玫率城建环保委到青浦开展水污染防治法执法检查和生活垃圾分类监督调研。6月9日，区委副书记、区长余旭峰到园区调研，现场了解加工区转型综保区，园区重点转型地块，项目集中开工，德资、日资产业园等推进落实情况。6月30日，副区长倪向军陪同美国商务考察团一行到访哈工大人工智能产业园。7月10日，市商务委主任华源一行到青浦出口加工区调研，在落户企业斯伦贝谢公司开展座谈会。8月6日，区委书记赵惠琴到园区调研公共安全整治工作。8月14日，区委副书记、区长余旭峰带队踏勘第二届进博会配套保障项目，现场踏勘天山西路（蟠秀路-小涞路段）改扩建工程（浦西建设代建）。9月4日，区委副书记、区长余旭峰，副区长倪向军到工业园区专题研究重点产业项目。10月12日，江阴市政协主席徐冬青一行到青浦工业园区参观考察，走访哈工大、日立电梯。11月7日，区委副书记、区长余旭峰会见德国奥特瑙地区经济代表团一行。12月25日，东部战区参谋长助理何洪斌少将一行到园区武装部调研。

7月10日，市商务委党组书记、主任华源（前右一）一行到青浦出口加工区调研

（青浦工业园区供稿）

园区企业上海康恒环境股份有限公司与中投公司、法国国家投资银行Bpifrance、法国Quadran公司于3月25日在巴黎爱丽舍宫签订《可再生能源开发平台共建合作协议》。四方将致力于全球，尤其是中法以外第三方市场垃圾发电及其他新能源项目的开发运营，四方共同确定投资项目近20亿欧元。

“聚焦长三角一体化·推动更高质量发展—2019年青浦区重大项目启航”活动于6月26日在青浦区委党校举行。区委书记赵惠琴出席并致辞，区委副书记、区长余旭峰主持，区领导杨小菁、姜爱锋、姜道荣、金俊峰、彭一浩和市发改委、经信委、商务委、重大办以及吴江区、嘉善县等有关领导出席活动。128个项目签约，投资总额达到1458亿元。涉及园区13个项目，投资额78.87亿元，包括哈工大智能产业园、启迪科技园、华测导航等一批知名企业项目，以及德国博泽、百隆，英国IMI等一批外资先进制造业项目。

青浦工业园区和胜达克半导体科技（苏州）有限公司于8月1日签订为期5年的租赁合同，胜达克企业将整体迁址至青浦工业园区。副区长倪向军接待胜达克企业一行。

青浦综合保税区成立。9月12日，青浦综合保税区通过市级联合验收，青浦出口加工区整合优化为青浦综合保税区，成功“升级”。9月27日，海关总署印发《关于同意青浦综合保税区和松江综合保税区验收结果的批复》，青浦综合保税区正式开关运作。12月2日，青浦综合保税区揭牌暨功能性项目集中签约仪式举行，标志着综合保税区海关特殊监管区域正式落地青浦。青浦综合保税区面积1.58平方公里。2019年，一线进出境总值212亿元，其中出境96亿元；二线进出区总值272亿元。

与德国凯泽斯劳滕市经济促进局签约。9月16日，青浦工业园区与凯泽斯劳滕市经济促进局战略合作签约仪式以及凯泽斯劳滕经济促进局上海办事处与明创－云立方德国中小企业创新孵化平台签约挂牌仪式在青浦张江云立方举行。副区长倪向军和凯泽斯劳滕市市长克劳斯·维谢尔（Klaus Weichel）出席会议并致辞。秉科明创企业管理（上海）有限公司负责人以及张江云立方负责人参加合作签约仪式。明创—云立方德国中小企业创新孵化平台由张江云立方与秉科明创合作建设，位于张江云立方产业园区。张江云立方由上海紫软投资有限公司开发运营，属于青浦工业园区的园中园，占地面积6.87公顷，建筑面积14万平方米，为产业孵化平台，致力打造长三角智慧科创产业中心。秉科明创企业管理（上海）有限公司是德国明创的全资子公司。德国明创为凯泽斯劳滕经济促进局及凯泽斯劳滕地区商业与创新中心中国事务的唯一合作伙伴。

2019年“一带一路”华侨华人与中国市场高峰论坛青浦区推介会于9月23日在卓越铂尔曼酒店举行。该会由青浦区侨联主办，青浦工业园区承办。

9月16日，青浦工业园区与德国凯泽斯劳滕市经济促进局签订战略合作协议。副区长倪向军（右三）和凯泽斯劳滕市市长克劳斯·维谢尔（Klaus Weichel，右四）出席会议 （青浦工业园区供稿）

市侨联主席陶勇，区委常委、统战部部长孙挺，副区长彭一浩出席。

科创企业走进长三角一体化发展示范区企业座谈会于11月4日在园区举行，副区长倪向军出席并讲话。优刻得、东方头条、动域资本等12家科创企业及上海长三角商业创新研究院参加活动。

日立公寓项目合作框架协议于12月27日在园区物业公司与日立电梯（上海）有限公司签署。区人大常委会副主任、区总工会主席赵宏林、园区集团公司党委书记、董事长陈晓荣和日立电梯总经理蒋逸剑等出席。

（怀特惠）

■上海淀山湖新城发展有限公司 为区政府下属全国资企业，注册资金16.5亿元，股东为区国有资产监督管理委员会，主要承担淀山湖新城区域的开发建设任务，主要涉及区域规划编制、基础设施建设、公建配套建设、动迁安置房建设及房产开发、公租房管理、物业管理、招商引资、资产管理、企业服务等。先后吸收合并原上海青浦新城区建设发展（集团）有限公司、原上海朱家角投资开发有限公司、原上海湖区建设开发有限公司。2019年，原直属上海盛青房地产发展有限公司、上海市青浦第一房屋征收服务事务所有限公司、上海山湖秀物业管理有限公司、上海市青浦区公共租赁住房运营有限公司并入上海青浦房屋管理有限公司，成为其子公司。下设11个部门：总师室、办公室、人力资源部、党群部、规划建设部、城市管理部、合约管理部、市场发展部、投资发展部、计划财务部、法务审计部。下属13家子公司：上海青浦房屋管理有限公司、上海青浦新城区工程项目管理有限公司、上海角里资产经营有限公司、上海大观园旅游发展有限公司、上海青西投资发展有限公司、上海盛青经济发展有限公司、上海淀山湖新城企业服务有限公司（原上海各利实业发展有限公

12月27日，“日立公寓”项目合作签约协议举行 （青浦工业园区供稿）

司）、上海湖区经济投资服务有限公司、上海盈港经济城、上海鹏城经济发展有限公司、上海盈港经济城城市工业扩散基地、上海青浦区新城周洁舞蹈艺术专修学校（与上海周洁艺术专修学校合作成立，出资80%）、上海复旦五浦汇实验学校（出资100%，不参与管理）。

年末，现金流入59.98亿元，现金流出50.63亿元。资产总额271.98亿元，负债总额165.12亿元，所有者权益106.86亿元，资产负债率60.71%。公司信用评级维持AA+，企业整体财务状况良好，公司运行处于可控状态。完成全口径税收40.02亿元，全社会固定资产投资117.6亿元，完成“引大引强引实”企业17家。经营性收入方面，租金收入7095.56万元；代建管理费2417.63万元；大观园、青西郊野公园收入1797.82万元。

领导调研。4月10日，区委副书记、区长余旭峰，区委常委、副区长陈庆江现场踏勘环城水系公园项目及周边待出让地块，出席座谈会。4月12日，区委副书记、区长余旭峰，副区长顾骏现场踏勘夏阳街道及盈浦街道美丽街区项目，出席青浦区“美丽街区”建设工作专题会。6月30日，青浦公安分局朱家角派出所迁建工程开工仪式举行，副区长姚少杰出席。7月20日，区委常委、副区长姜爱锋现场踏勘新城部分建设项目。8月5日，区委书记赵惠琴，区委常委、副区长姜爱锋，副区长姚少杰、彭一浩现场踏勘新城部分建设项目。8月17日，华为研发中心（金泽镇西岑社区）动迁基地项目及漕盈路07－05地块租赁房项目开工仪式举行，区委常委、副区长姜爱锋出席。8月20日，副区长王凌宇调研暑期校舍修缮项目。8月30日，复旦大学附属妇产科医院青浦分院开工仪式举行，区委副书记杨小菁，复旦大学上海医学院副院长汪志明，区委常委、副区长姜爱锋，副区长王凌宇出席。9月6日，区委副书记杨小菁到新城公司开展党建工作调研。11月20日，区委常委、副区长姜爱锋到新城公司调研。11月28日，中福会小伙伴学校合作签约仪式举行，区委书记赵惠琴，区委常委、副区长姜爱锋，区委常委、副区长孙挺，中国福利会副主席、党组书记、秘书长张晓敏等出席。12月7日，2019年环意RIDE LIKE A PRO长三角公开赛在国家会展中心（上海）开幕，区委书记赵惠琴，区委副书记、区长余旭峰，市体育局副局长罗文桦，中国自行车运动协会副主席王海威，区委副书记杨小菁，区领导姜爱锋、孙挺、姜道荣、王凌宇、姚少杰、彭一浩以及意大利驻上海总领事馆代表等，16名世界传奇车手、24名中国车手出席开幕仪式。

推进“十大”房建、民生和交通项目。环城水系公园二期项目基本完工，环城水系公园实现全面贯通；复旦大学附属妇产科医院青浦分院和上海兰生复旦中学青浦分校项目开工建设；区级淀山湖福利院项目、澳大利亚联实公司高端养老项目按计划节点建设；青浦万达茂商业项目于6月22日开业。房建方面，公司“十大”房建项目全部竣工，包括区体育文化活动中心、区应急联动中心、区档案馆、社区配套设施（青浦供电抢修服务中心）、大社区南侧高中68A－06A、大社区3个养老院以及赵巷商业地块超市和酒店项目，其中：8个项目完成移交，赵巷商业地块开元阿缇客酒店于5月10日正式开业，沃尔玛山姆会员店于6月28日正式开业。道路方面，青浦大道、华青南路、港俞路、港周路、三分荡路、黄家埭路、新塘港路、淀恩路、秀淳路、区体育馆公共停车场项目均有序推进。2019年雨污混接改造工程（苏州河第四期整治项目）方面，徐泾镇、夏阳街道、盈浦街道2019年雨污混接改造工程全面开工，夏阳和盈浦两个街道的项目基本完工，华新镇、白鹤镇、赵巷镇、重固镇项目完成施工招标。（蒋懿宁）

12月，青浦环城水系公园二期建设基本完成。图为水城门鸟瞰（淀山湖新城公司供稿）

■上海西虹桥商务开发有限公司 作为西虹桥商务区的开发建设主体，承担西虹桥商务区范围的整体规划建设和经营管理任务。注册资金113006.13万元。设党政办公室、计划财务部、市场发展部、规划建设部、北斗招商服务部、项目前期部6个部门，下属上海西虹桥创业服务有限公司、上海西虹桥投资管理有限公司、上海西虹桥企业服务有限公司3家直属子公司。2019年，全社会固定资产投资93.4亿元，税收收入23亿元。

2019年，出让土地16.36公顷，涉及4个地块，出让收入24.94亿元。50－03数据中心，占地1.68公顷，由上海西虹桥新能源有限公司以总价0.72亿元的价格协议获得。26－05教育用地(世外高中项目)，占地2.68公顷，由均瑶集团以总价1.33亿元的价格协议获得。04－33公租房地块，占地3公顷，由上海青悦房地产开发有限公司以总价1.91亿元的价格竞得。蟠龙城中村项目地块，占地9公顷，由上海蟠龙天地有限公司以总价20.98亿元的价格竞得。年末，区域拆迁企业355户，农户约1200户，完成土地收储面积333.73公顷(含国家会展中心)。

推进“进博会”配套建设工作，上海城投公路投资(集团)有限公司代建的诸光路二期于8月30基本完工，9月30日通过市交警部门的核验并开放交通；中建八局PPP道路项目〔包含龙联路(蟠龙路—诸光路)、徐民路(诸光路—华徐公路)、蟠和路(崧泽大道—蟠中路)、会涵路(蟠和路—蟠龙路)和方家塘路(祝桥头路—诸光路)〕按照时间节点于5月底全部完工并实现通车；蟠龙古镇城中村改造项目中，由瑞安集团代为实施的经二路与纬一路于5月进场施工，9月底基本完成场地清理工作；联虹置业代建的地下人行通道改造项目于10月25日完成装修和保洁工作并对外开放。西虹桥公司负责实施的洋泾港(龙联路—崧泽大道北新开河)河道建设工程于9月底完成施工。

老洋泾港河道整治项目在第二届“进博会”前完工并投入使用

(西虹桥商务区供稿)

社会性投资项目建设。根据规划，西虹桥商务区内可开发土地面积共计约390.93公顷，可建物地上面积745万平方米。经近10年的开发建设，在国家会展中心集聚效应的带动下，大批优质企业，如银科控股、百老汇、瑞安蟠龙天地等落户西虹桥。至2019年年末，累计出让面积206.87公顷(含国家会展中心)，总地上建筑面积437万平方米。社会性投资项目18个，完工5个，实施推进中的12个，正在方案审批过程中的1个。完工的地上建筑面积236万平方米(含国家会展中心147万平方米)，在建的地上建筑面积135万平方米。

生态、低碳城市建设。西虹桥1号能源站建成并为绿地虹桥世界中心项目供能，其余两座能源站正在加紧建设。IDC机房项目完成土地出让，建成后将通过数字化、有线通讯等提高能源监测水平和计量精度，确保能源高效利用。年内完成新增绿地建设30万平方米，蟠龙古镇周边由瑞安集团代建的23万平方米公共绿地进入实质性推进阶段，建成后服务于周边居民的休闲需求。

提升产业能级。对地块的经济效益和产出有严格要求。对于优质的产业总部项目，要求意向企业先期注册落地，并通过签订意向协议约定企业依法获取土地后应实现的经济效益。在会展集聚效益的带动下，西虹桥商务区将实现以百老汇、西虹桥宝龙城、瑞安蟠龙天地(蟠龙古镇)、虹馆(国家会展中心内)为代表的文化产业，以中核建科创园、威马汽车总部、彼友商业中心项目为主的新能源、科技创新型产业，以安踏、唯品会等为主的电商型总部经济产业，以银科控股为主的泛金融服务产业等特色产业集聚，从而提高区域的消费层级、改善区域的人口结构，实现整个区域能级的提升。

领导调研。1月2日，区委书记赵惠琴、市商务委副主任申卫华、副区长倪向军，以及绿地集团董事长、总裁张玉良等出席绿地全球商品贸易港与日本、以色列、马来西亚企业的签约仪式。绿地集团分别与日本最大免税店企业日本Laox株式会社、全球知名钻石商以色列罗德曼珠宝公司，以及全球榴莲供应商马来西亚林篷岸种植集团签约战略合作，将分别成立合资公司。1月12日，商务部原党组成员、部长助理黄海，副区长倪向军，商务部驻上海特派办副特派员徐兴峰出席在国家会展中心举行的第九届中国服务贸易年会。2月14日，区委书记赵惠琴，区委副书记、区长余旭峰，区人大常委会主任朱明福，区政协主席李华桂等区主要领导陪同虹口区委书记吴信宝，区委副书记、区长赵永峰等调研北斗西虹桥基地与绿地全球商品贸易港。2月19日，副区长金俊峰陪同虹口区委常委、副区长高香、张伟，副区长周嵘、张雷、袁泉等到北斗西虹桥基地考察调研。2月21日，区委书记赵惠琴出席区政府与市金融工作局在北斗西虹桥基地举行的战略合作签约仪式并致辞。市金融党委书记、市金融工作局局长郑杨，区委副书记、区长余旭峰等出席仪式。市金融工作局副局长解冬、副区长倪向军代表双方签署《战略合作备忘录》。3月1日，副区长倪向军陪同市科委副主任干频一行到北斗西虹桥基地调研。3月5日，区委书记赵惠琴、副区长王德强陪同嘉兴市委常委、嘉善县委书记许晴一行到北斗西虹桥基地工作调研。3月5日，副区长王凌宇出席由上海市广告协会、上海现代国际展览有限公司主办，西虹桥公司协办的“2019年上海国际广告节”开幕式。4月9日，副区长金俊峰陪同副市长彭沉雷到西虹桥商务区调研康复辅助器具产业园。市政府副秘书长，人力资源和社会保障局党委书记、局长赵祝平，市民政局副局长梅哲参加调研。4月12日，“G-Hub日本馆”在西虹桥商务区绿地全球商品贸易港开馆。区委书记赵惠琴、市商务委副主任武伟、市国资委副巡视员邵珉、副区长倪向军、绿地集团董事长兼总裁张玉良、日本Laox株式会社社长罗怡文等出席“日本商品节开幕暨日本馆开馆仪式”。4月17日，区委常委、组织部部长蒋仁辉出席在西虹桥企业服务公司举行的区人才服务工作意见建议座谈会。4月23日，区政协副主席顾啸流陪同天津市津南区政协副主席刘恒志一行到西虹桥管理服务中心参观考察。5月8日，由中共青浦区委、区人民政府主办的“提升城市功能品质，建设长三角一体化发展示范城市”2019年青浦区招商推介会在国家会展中心举行。区委书记赵惠琴，区委副书记、区长余旭峰，市经信委副主任阮力，市商务委副主任申卫华、副区长倪向军等出席会议。5月15日，区委书记赵惠琴、区委副书记杨小菁、副区长倪向军等陪同江苏省委常委、苏州市委书记周乃翔，苏州市委副书记、市长李亚平等到北斗西虹桥基地考察调研。5月30日，副区长倪向军出席在绿地全球商品贸易港举行的“阿根廷馆开馆仪式及阿根廷进口商品贸易对接会”。6月19日，市政府副秘书长尚玉英、商务部服务贸易司司长冼国义、副区长彭一浩等出席2019年国际会展业CEO上海峰会开幕式并致辞。7月2日，复旦大学党委中心组、青浦区委中心组到西虹桥商务区开展联组学习活动，考察调研北斗西虹桥基地和绿地全球商品贸易港。复旦大学党委书记焦扬，党委副书记、校长许宁生，区委书记赵惠琴，区委副书记、区长余旭峰，区委副书记杨小菁等参加活动。7月3日，副区长王凌宇到西虹桥商务区调研教育用地情况。7月9日，副区长彭一浩到西虹桥商务区调研经济运行及重点项目推进情况。7月16日，区委常委、统战部部长孙挺等陪同全国政协常委、民建中央副主席、市政协副主席周汉民到北斗西虹桥基地参观调研。7月26日，区委书记赵惠琴出席服务保障第二届中国国际进口博览会倒计时誓师活动。8月7日，副区长彭一浩陪同浙江省委副秘书长、省委政策研究室主任吴伟平一行到北斗西虹桥基地参观。8月13日，上海虹桥商务区管理委员会党组书记、常务副主任闵师林，区委副书记、区长余旭峰，在虹桥商务区管理委员会接待华贸集团巩向民副总裁一行。8月27日，副区长倪向军陪同南京市高淳区区委书记吴勇强一行到北斗西虹桥基地参观考察。9月2日，2019年亚洲赛车电子竞技大师赛(ERL)新闻发布会在西虹桥创新产业园举行。区委常委、统战部部长孙挺，副区长彭一浩，灿辉国际董事长赵辉，英国独立电子游戏公司slightly mad studio COO Frank Veyder等出席发布会。9月16日，副区长彭一浩等出席绿地钻石直销中心开馆仪式。11月6日，区委常委、统战部部长王凌宇，西虹桥公司党委副书记姚峰等陪同中国女企业家协会一行参观考察北斗西虹桥基地。11月6日，第二届“进博会”“6天+365天”“国际时尚创意展示交易平台之澳门设计”长三角时尚巡展启动仪式在西虹桥商务区举行。青浦区服务保障进口博览会前线指挥部副总指挥、产业对接组副组长、区政协副主席顾啸流等出席启动仪式。11月6日，副区长金俊峰等出席在国家会展中心(上海)举行的2019年长三角国际康复辅助器具产业创新论坛。11月7日，区委书记赵惠琴会见卢森堡商会主席吕克·佛莱登、卢森堡驻上海总领事馆总领事吕可为一行。

11月7日，区委书记赵惠琴(左)在西虹桥商务区会见卢森堡商会主席吕克·佛莱登等

(西虹桥商务区供稿)

9月2日,2019年亚洲赛车电子竞技大师赛新闻发布会在西虹桥创新产业园举行　（西虹桥商务区供稿）

区领导孙挺、倪向军参加会见。11月15日,区委常委、副区长孙挺,副区长彭一浩等出席在国家会展中心举行的2019年ERL亚洲赛车电子竞技大师赛总决赛。12月12日,副区长倪向军出席在北斗西虹桥基地举行的2019年上海国际导航产业与科技发展论坛。

上海融和电科融资租赁有限公司于9月26日开业。由商务区引进,为青浦区首家融资租赁公司。

绿地全球商品贸易港集中签约及采购仪式于11月10日举行。市政府副秘书长尚玉英,副区长彭一浩,市商务委副主任申卫华,加拿大新斯科舍省农业及渔业养殖部部长Keith Colwell,绿地集团董事长、总裁张玉良,执行总裁张蕴,以及美国、英国、意大利、澳大利亚、加拿大等国家的入驻企业代表,赞比亚、瓦努阿图、埃及、萨尔瓦多等“一带一路”国家的政府及展商代表出席仪式。

安踏集团全球零售总部项目启动仪式于12月18日在西虹桥商务区举行。区委书记赵惠琴、副区长彭一浩,安踏集团董事局主席兼CEO丁世忠等出席启动仪式。12月21日,环球品牌发布会在西虹桥商务区成功举行。市政协党组副书记、政协副主席方惠萍,十二届全国政协常委、原国家工商总局副局长刘凡,原上海市副市长、上海市第十二届政协副主席周太彤,区政协主席李华桂等出席发布会

“聚集长三角一体化·推动更高质量发展”——2019年青浦区重大项目启航西虹桥分会场活动于6月26日在百老汇项目地块举行。西虹桥公司党委副书记、总经理池春燕出席并致辞。百老汇项目代表出席活动。活动涉及7个项目、投资额近300亿元,包括百老汇项目、完美总部项目、彼友商业中心项目、库克医疗项目、安踏总部项目、科创中心项目、蟠龙天地项目等。

上海市首家康复辅助器具应用场景展示馆于8月23日在国家会展中心(上海)成功揭牌,正式进驻西虹桥商务区内“进博会”“6+365天”常年展示交易平台——东浩兰生进口商品展销中心(国家会展中心内)。市民政局副局长梅哲,东浩兰生集团党委副书记、总裁曹炜为展馆揭牌。求是《小康》杂志社社长舒富民,西虹桥公司总经理池春燕、副总经理王锡璟,宝钢发展有限公司党委书记、执行董事、总裁蔡伟飞,飞马资本创始管理合伙人杨振宇等近百人出席上海市康复辅助器具应用场景展示馆开馆。开馆仪式上,东浩兰生国贸集团、上海东浩兰生进口商品展销中心、西虹桥公司、宝钢发展有限公司、上海市康复器具协会、上海国展展览中心有限公司和上海尚栖企业服务有限公司(SCP小咖云)共同倡议“怀抱公益之心,凝聚各方之力,共同推动康复辅具产业发展以及‘6+365’平台建设”。上海市康复辅助器具应用场景展示馆,面积约400平方米。以康复辅具“三进”(进家庭、进社区、进机构)为主题,划分为“家庭体验区”“社区体验区”“机构体验区”“互动科普区”四大区域,以互动场景体验为核心,展示在不同场景下的产品应用与服务逻辑体系。

2019年亚洲赛车电子竞技大师赛(ERL)新闻发布会于9月2日在西虹桥创新产业园举行。活动由西虹桥公司、灿辉国际联合主办,Xtreme Motorsports(简称XTREME)、烽耀传媒承办,

8月25日,第三届高分北斗无人飞行器智能感知技术竞赛开幕仪式举行　（西虹桥商务区供稿）

市电子竞技运动协会、区体育总会指导;Smartech(日本电竞协会理事单位)、韩国电子竞技运动协会(KeSPA)协办。区委常委、统战部部长孙挺,副区长彭一浩,市电子竞技运动副会长朱沁沁,灿辉国际董事长赵辉,英国独立电子游戏公司 slightly mad studio COO Frank Veyder 等出席发布会。

库克中国园区项目开工仪式于 9 月 9 日在西虹桥商务区举行。西虹桥公司主要领导、区相关单位代表,库克医疗副总裁兼亚太区总监 Barry Thomas、库克医疗大中华及东南亚地区营运副总裁 Jean - Marc Creissel 等参加开工仪式。库克中国园区项目计划于 2021 年竣工,将建成集仓储物流、产品研发、培训、办公及员工活动等功能为一体的库克中国区运营中心。

环球品牌发布会于 12 月 21 日在西虹桥商务区中建锦绣天地 6 号楼举行。市政协党组副书记、政协副主席方惠萍,十二届全国政协常委、原国家工商总局副局长刘凡,区政协主席李华桂等出席发布会。环球品牌发布会由上海东方品牌文化促进中心、西虹桥公司、环球互通品牌服务有限公司主办。会上,发布《建设全球品牌中心,助推上海经济高质量发展》研究报告和《2018年上海品牌发展报告》,举行一站式解决企业品牌问题的“品牌全产业链服务平台——标星球”上线仪式,上海首个品牌孵化基地“环球品牌(上海)产业集聚区”揭牌成立。

(姚璐怡)

■上海青浦发展(集团)有限公司 主要承担青浦区基础设施建设、国有资产经营运作、营商环境优化等任务。注册资本 250000 万元。2019 年,青发集团整合青浦公用事业公司业务,本部由“一室八部”调整为“二室十部”,即办公室、行风监督室、财务部、党群人事部、综合管理部、规划设计部、前期服务部、合约管理部、资产管理部、法务稽核部、企业发展部、招商发展部。有 14 家子公司,分别是上海青发城市建设管理有限公司、上海青发水务管理发展有限公司、上海青发市政管理有限公司、上海青浦资产经营股份有限公司、上海青发投资管理有限公司、上海青浦农工商经济城投资管理有限公司、上海宏亮经济发展有限公司、上海蕴湖实业有限公司、上海青浦自来水有限公司、上海青浦污水处理有限公司、上海青浦公共交通场站管理有限公司、上海青浦巴士公共交通有限公司、上海青浦市场开发管理有限公司、上海青资社会保障咨询服务有限公司,托管 5 家公司,分别是上海市西软件信息园投资开发有限公司、青浦公用事业公司(已经停止运作)、青浦投资公司以及夏阳街道上海天佳经济发展有限公司、上海宏城经济发展有限公司。

2019 年年末,公司资产总额 96.39 亿元,负债总额 38.61 亿元,资产负债率 40.04%。主营业务收入 9899 万元,实现净利润 4020 万元。存量资产租金收入 1714 万元,投资收益 5406 万元,代建管理费收入 1677 万元。

12 月 20 日,上海青浦发展创业投资引导基金 2019 年第二次直投项目路演活动在上海市西软件信息园多功能厅举行 (青浦发展集团供稿)

基础设施建设。代建项目 216 个,其中市重大项目 13 个、其他项目 203 个,项目总投资 347 亿元。重点围绕 1 个崧泽高架西延伸工程、2 条区区对接道路项目、4 条省界“断头路”项目、6 个“进博会”配套项目推进工作。崧泽高架西延伸工程于年底完成总工程量 35%(高架部分完成 60%,地面部分完成 20%)。2 条区区对接道路项目,山周公路(沪青平公路—嘉定区界)新改建工程年底完成建安工程量的 80%;嘉松公路(沪青平公路—嘉定区界)改扩建工程全部完成。于年底通车。4 条省界“断头路”项目,复兴路北延伸新改建工程、胜利路(江苏省界—白石公路)、东航路(江苏省界—沈砖公路)开工建设,按节点目标顺利推进;外青松公路(江苏省界—白石公路)取得施工许可证,进入施工准备阶段。6 个“进博会”配套项目于 10 月下旬全部完工,保障进博会顺利进行。

资产经营运作。2019 年,区创投引导基金投出资金 3.67 亿元,撬动社会资本 33.06 亿元,直接和间接投资青浦区项目 3.05 亿元。5 月 30 日,上海青浦发展创业投资引导基金第一次专家评审会在市发改委培训中心召开。6 月 28 日,青浦发展创业投资引导基金 2019 年第一次直投项目路演活动在市西软件信息园举行。12 月 20 日,2019 年第二次直投项目路演活动在市西软件信息园举行。青浦区百村私募基金于 4 月 23 日成功完成基金份额转让工作,在中国证券投资基金业协会中完成基金重大变更登记,投资人为上海青浦投资有限公司、上海四叶芯联合投资发展有限公司、上海银利木业总公司、上海夏阳湖经济发展有限公司、上海香联实业发展有限公司、上海赵巷经济发展有限公司、上海华新村镇资产管理有限公司、上海重固新云尚置业有限公司、上海鹤屯实业投资有限公司、上海青浦练塘集体资产经营公司、青浦金泽资产经营管理有限公司。

下属 5 家经济小区及市西软件园全年完成税收 36.15 亿元,其中区级税收 10.43 亿元。有 5 家企业进入青浦区 2019 年百强优秀企业,上海达尔威贸易

11月4日，长三角生态绿色一体化发展示范区区域公交开通仪式在东方绿舟公交枢纽举行，上海青浦巴士公共交通有限公司的“示范区1路”正式运行

（青浦发展集团供稿）

有限公司位列区百强优秀企业第三。

公用事业业务。完成对公用事业板块下属5家子公司（上海青浦公共交通场站管理有限公司、上海青浦巴士公共交通有限公司、上海青浦市场开发管理有限公司、上海青浦自来水有限公司、上海青浦排水运营有限公司）90个测评点位的行风测评，经整改，公用事业服务水平得到提升。居民住宅二次供水设施改造2019年工程项目完成33%，建筑面积22万平方米，涉及居民2000余户。完成对盈港路客运站、青赵公路公交车停保场、漕盈路站等13个公交站点的视频监控系统、服务器等设施设备进行升级改造。公交智能出行方面，实现26条线路在上海公交APP上发布实时查询；46条线路全部实现车辆GPS和车载视屏监管；9个公交枢纽实现现场视屏实时调阅。9月底前，按照青浦区创建全国文明城区工作要求完成下辖各市场整体修缮工作，对市场的内、外墙进行重新翻新，对市场内的钢结构也进行维护及保养工作。11月4日，长三角生态绿色一体化发展示范区区域公交开行仪式在东方绿舟公交枢纽举行，上海青浦巴士公共交通有限公司的“示范区1路”正式运行，示范区1路始发青浦区东方绿舟站，终点苏州市吴江区汾湖汽车客运站。

领导调研。4月28日，区人大常委会主任朱明福一行在青发集团召开《关于在高标准、高质量施工前提下加快完成金商公路拓宽工程建设任务的建议》等5件代表建议的联合督办协调会议。7月3日，区委常委、副区长姜爱锋专题调研青发集团代建工程崧泽高架西延伸工程。7月13日，副区长彭一浩率区府办、区发改委、区财政局、区审计局、区国资委、区统计局等调研指导青发集团相关工作。9月6日，副区长彭一浩调研三元河市场，对猪肉供应及创全工作情况进行实地调研。11月23日，区委副书记杨小菁到界泾港市场与三元河市场，进行青浦区创建全国文明城区工作检查指导。

（赵佳俊）

7月3日，区委常委、副区长姜爱锋（前排右一）现场调研崧泽高架西延伸工程

（青浦发展集团供稿）

环境·水务

编辑 王卫红

综　述

2019年,青浦区以全面推动青浦实现跨越式发展为目标,以改善生态环境质量为核心,着力提升生态环境治理能力,强化生态环境基础设施建设和环境综合治理协同推进,坚决打好污染防治攻坚战,全区环境质量保持稳中向好的趋势。其中,环境空气质量明显改善,地表水环境质量持续改善,生态环境良好,区域环境噪声保持稳定,辐射环境维持环境本底水平。全区环境空气质量AQI(空气质量指数)优良率77.5%,全区19个国考、市考断面水质目标达标率为100%,水质优良率(达到或优于Ⅲ类水质比例)57.9%。水源保护区、准水源保护区和水源保护缓冲区水质优良率100%。同时,加快推进高能级、高品位"上海之门"建设,以打造长三角一体化发展新典范城市为目标,牢固树立绿色生态发展理念,加快植树造林,提升林地质量,全区绿地总面积6869.66万平方米,绿化覆盖总面积6910.52万平方米,公共绿地面积1170.46万平方米,绿地率42.52%,人均公共绿地面积9.6平方米,市民对生态环境空间需求的满意度和城市生态功能的宜居度得到进一步提升。

（王小娇　潘　烨　陈诗瑶　叶唯妮）

7月20日,上海市督察宣传组和上海电视台、广播电台、东方网以及《解放日报》《新民晚报》《中国环境报》等多家媒体到青浦区宣传报道中央生态督察边督边改的整改案例　（区生态环境局供稿）

环境建设

■**概况**　2019年,青浦区空气质量改善明显,AQI优良天数283天,AQI优良率77.5%,比上年同期上升4.9个百分点。可吸入颗粒物(PM10)、总悬浮颗粒物(TSP)、二氧化硫(SO2)、二氧化氮(NO2)达到年均二级标准;$PM_{2.5}$平均浓度为41微克/立方米,与上年同期持平;臭氧日最大8小时平均第90百分位数浓度为170微克/立方米,比上年同期下降5.6%。全区河流断面水质明显提升,全区河流水环境质量(除淀山湖外的47个断面)中,Ⅱ－Ⅲ类水质断面为23个,占48.9%,与上年增加持平;Ⅳ－Ⅴ类水质断面为24个,占51.1%,新增6个;劣Ⅴ类断面为0个,比上年减少6个;19个市考断面(含国考)氨氮、总磷指标比2015年(基准年)总体改善52.6%和37.0%,与上年相比总体改善26.9%和6.0%,达标率为100%,比上年上升15.8个百分点。水源保护区、准水源保护区和水源保护缓冲区水质优良率100%。全区生态环境质量良好。声环境质量整体稳定。辐射环境质量保持正常本底水平。

（王小娇）

■**响应中央环保督察工作**　7月11日,中央第一生态环境保护督察组召开对上海市开展生态环境保护督察工作动员会。督察期间,青浦区累计受理信访件117件,已办结108件,阶段性办结9件;对53家涉件企业进行执法检查,约谈50人，立案查处25起，共计罚款金额为622.1万元。同时，办理查封案件2起、严重环境污染刑事案件1起，刑事拘留4人。（王小娇）

■生态文明体系建设 持续深化生态文明体制改革，梳理生态文明体制改革成员单位工作目标，制定《2019年生态文明体制改革工作任务清单》，全面完成8项工作任务。积极推进国家生态文明建设示范区创建，颁布实施《上海市青浦国家生态文明建设示范区规划》，编制下发《青浦国家生态文明建设示范区实施方案》，针对创建指标开展相关课题研究，开展生态文明建设示范区创建档案收集工作。配合相关部门做好淀山湖地区国家主体功能区建设试点、青浦国家生态文明先行示范区创建等各类创建工作。积极推进第七轮环保三年行动计划。会同责任单位制定2019年年度节点目标，每月调度、及时掌握项目的最新进展，并协调推进工作。年内，市、区两级86个项目已完成16个，开工/启动66个，完成率18.6%，开工/启动率95.3%，总体推进顺利。（王小娇）

■大气污染防治 编制印发《2019年青浦区大气污染防治方案》。完成燃油燃气锅炉提标改造164台，占年度计划的103.8%。完成重点行业企业工业挥发性有机物（VOCs）源头替代145家，末端治理工作8家。完成10家“散乱污”企业整治。完成3家加油站油气在线监测设施安装。强化扬尘综合治理，全区道路扬尘比上年同期下降2.4%、建筑工地扬尘比上年同期下降21%、混凝土搅拌站扬尘比上年同期下降33.2%、码头堆场扬尘比上年同期下降19.5%。开展陆地和液散码头储罐清单排摸和整治。推进餐饮油烟在线监控和第三方治理。联合相关部门组织开展用油专项联合执法检查。完成2019年度重污染天气应急减排清单修订。（王小娇）

■水污染防治 完成饮用水水源二级保护区内工业企业关闭清拆162家，清拆率83.5%，关闭率（含清拆率）100%。进一步完善区、镇、村三级河长责任体系。完成约60万平米小区雨污混接改造，城镇污水处理率达到95.65%。全区农村生活污水覆盖率94.5%，青西三镇覆盖率约98%。完成农村生活污水处理工程约6000户，编制海绵城市建设重点区块实施方案并通过审批。进一步加大工业水污染防治力度，完成产业结构调整项目518多项、调整土地面积超过203.53公顷，“198”区域减量275.26公顷。完成75公里中小河道整治和187公里河道轮疏，太湖流域水环境综合治理和苏四期工程项目有序推进。农业和农村污染防治进一步强化。水环境监管能力进一步提升。（王小娇）

■土壤污染防治 统筹实施《青浦区土壤污染防治行动计划工作方案2019年重点任务清单》工作任务。配合市局开展315家重点行业企业用地土壤污染状况详查。制定《青浦区2019年度土壤环境重点监管企业名单》。开展地下储罐使用单位风险排查。加强建设用地储备、出让、收回、续期等环节的场地环境调查评估和治理修复的监督管理，共开展76幅地块土壤环境调查报告评估工作，建设用地污染地块安全利用率100%。开展固废危废隐患排查整治，会同相关部门开展疑似固体废物堆点排查核实、清理整治。（王小娇）

■生态环境监测体系建设 加强实验分析和自动监测能力建设，完成环境空气质保实验室建设，完成噪声监测子站更新（二期）和2座地表水自动监测站建设，配合市监测中心区域环境噪声的自动监测体系建设，确保监测能力符合环境管理需求。提升监测人员业务水平，确保监测数据质量。加强对社会化环境监测机构监管，促进环境检测质量和管理水平的提高。（王小娇）

■环境宣教工作 以“6·5”世界环境日为契机，围绕“蓝天保卫战、我是行动者”主题开展系列宣传活动，普及环境保护知识，增强全民环境意识。组织街镇、园区分管领导、环保专（兼）职干部法制培训。运用新媒体和传统媒体广泛宣传环境保护法规政策、环保工作动态、工作进展，全年推送微信548篇、微博3607篇。（王小娇）

■政府信息公开工作 建立和完善政府信息公开制度，拓宽公开渠道，认真落实《2019年上海市政务公开工作要点》，加强政策分析解读，有序组织公众参与，不断增强生态环境信息公开实效。主动做好中央、市级环保督察信息公开，主动公开环保督察进驻、受理举报投诉途径、反馈问题整改情况等重要信息。启动并逐步推进社会公益事业建设领域政府信息公开。及时公开环境行政处罚案件、环境污染犯罪案件办理信息，并在市公共信用信息服务平台上予以公开。认真做好人大代表建议

6月，环境监测站工作人员在高温酷暑中开展大气监测工作（区生态环境局供稿）

10 月 29 日，青浦区生态环境局举办环境影响评价审批制度和“一网通办”培训
（区生态环境局供稿）

和政协提案办理结果公开工作，自觉接受群众监督。（王小娇）

■环保投资情况 2019 年，青浦区生态环境保护投入资金 89.82 亿元，比上年上涨 4.67%，占年度地区增加值的 7.7%，其中：市、区财政拨款 67.45 亿元，占环保总投入的 75.10%；其他投资 22.37 亿元，占环保总投入的 24.90%。生态环境保护投资中，用于城市环境基础设施建设 17.70 亿元，占总投入的 19.70%；用于污染源防治 34.55 亿元，占总投入的 38.47%；用于生态保护和建设 1.86 亿元，占总投入的 2.07%；用于农村环境保护 29.45 亿元，占总投入的 32.78%；用于环境管理能力建设 0.50 亿元，占总投入的 0.55%；环保设施运转费 2.58 亿元，占总投入的 2.87%；其他投入 3.18 亿元，占总投入的 3.54%。（王小娇）

环境治理和管理

■概况 2019 年，青浦区深入贯彻落实新发展理念，充分发挥生态环境保护的引导、促进作用，支持服务重大国家战略实施。继续深化“放管服”改革，落实生态环境监管服务推动经济高质量发展等各项举措。做好建设项目环评审批服务。积极开展固定污染源排污许可证核发，加大证后监管力度。坚持严格依法办案，加强环境执法力度，强化生态环境监管。（王小娇）

■第二次全国污染源普查 完成入户调查和数据采集，开展污染物产排量核算，加强普查数据审核整改，核实国家普查办、市普查办下发问题，落实 2100 余条存在问题的整改。20109 年，青浦区已通过国家普查办组织的第二次全国污染源普查第三方质量评估，及市普查办组织的第二次全国污染源普查现场审核验收。（王小娇）

■“进博会”保障工作 落实国家《打赢蓝天保卫战三年行动计划》关于重点区域秋冬季攻坚行动工作要求，狠抓秋冬季大气污染防治。制定《青浦区 2019 年空气质量改善专项攻坚实施方案》。通过监测预警、污染治理、减排管控、执法监督、区域联动等综合性攻坚措施，实现全区秋冬季环境空气质量整体改善。通过采取政企协商、自愿减排的原则，全区共有 246 家企业调整生产时间、缩减一定生产规模，减少大气污染物的排放，287 个在建工地停止土方作业、停止货运车辆进出、减少非道路移动机械使用等方式，实现污染物的减排。加强对非道路移动机械和机动车等流动源的监督抽测。积极开展淀山湖和饮用水源应急水源地太浦河取水口的蓝藻水华预警监测，确保全区饮用水源的安全，全力做好“进博会”保障工作。（王小娇）

6 月 28 日，青浦区 2019 年度锅炉通用排污许可证核发工作推进会举行
（区生态环境局供稿）

■长三角一体化生态环境治理 与江苏省苏州市吴江区、浙江省嘉兴市嘉善县三地签订《关于一体化生态环境综合治理工作合作框架协议》，明确长三角一体化生态环境综合治理工作方向和要求。重点围绕预警预报、处置协商和信息共享，共同磋商联动工作，通过构建信息共享平台，加强信息互通，确保联防联动联控工作顺利推进。（王小娇）

■优化营商环境 加强行政审批，落实事中事后监管。审批建设项目环境影响评价 453 件、夜间施工 74 件，开展建设项目环评技术评估 13 个、玻璃幕墙光反射影响论证技术评估 15 个，企业自主开展环保竣工验收 689 件、建设项目环境影响登记备案 2376 件。核发排污许可证，加强一证式管理。开展汽车制造、电池制造、食品制造、家具行业、电子行业、锅炉和电镀通用工序等行业约 240 家企业排污许可证申领和核发

工作,开展2017—2018年核发排污许可证的27家企业证后监管和排污许可证质量审核问题整改,完成排污许可证变更审核。围绕"放管服"开展审改工作。完成2019版"三清单"编制,有序推进"一网通办",压缩减少审批时限和审批材料,实现"双减半"。梳理完成本单位权责清单、政务服务内容清理规范,区级监管事项目录清单和监管事项检查实施清单,进一步扩大政务服务覆盖面。（王小娇）

■**生态环境执法** 开展违法违规项目整治、水环境风险管控、大气环境监管、公共安全整治等专项执法行动,落实"双随机"抽查机制,加强事中事后监督管理,督促企业落实各项环保措施。严厉打击环境犯罪行为,完善"行刑同步"机制,提高案件办理质量。2019年,共出动执法检查1690批次、7644人次,检查企业3872户次,立案查处210户,处罚金额2287.15万元;依法办理7起查封案件、查办"两高"(即最高人民法院、最高人民检察院)环境污染刑事案件5起,涉案人员12人;关停各类企业近100户,消除各类环境隐患500个。坚持依法规范调处信访,缩短信访办理时间时限,提升群众满意度,通过提高网上信访公开回复率,提高网上信访事项办理质量,提升信访工作公信力。全年受理投诉2951件,共涉及3143人次,全区未发生因环境信访工作不到位而引发的重大群体性事件。（王小娇）

■**环境风险防控** 开展危险废物和辐射专项执法检查,完善辖区内危险废物管理体系,加大监督管控力度,督促企业强化环境风险防控意识。规范突发环境事件应急预案管理,结合日常执法检查,督促企业落实环境安全的主体责任、完善应急措施。2019年,共对58家环境风险企业进行环境应急预案备案,参加2起区级层面环境事故应急演练。全年未发生一般以上突发环境污染事件,保持核与辐射环境安全。（王小娇）

生态系统建设

■**概况** 2019年,青浦区绿化和市容管理局紧紧围绕加快建设高能级、高品位"上海之门"和打造长三角一体化发展新典范城市的目标,牢固树立绿色生态发展理念,加快植树造林,提升林地质量,努力提高市民对生态环境空间需求的满意度和城市生态功能的宜居度。全区绿地总面积6869.66万平方米,其中园林绿地面积3942.04万平方米、生产绿地面积为2927.62万平方米;全区绿化覆盖总面积6910.52万平方米,其中园林绿化覆盖面积3982.90万平方米、生产绿地覆盖面积为2927.62万平方米。全区公共绿地面积1170.46万平方米,绿地率42.5%,绿化覆盖率42.8%,人均公共绿地面积9.6平方米。（潘 烨）

■**长三角生态绿色建设试行探索** 9月29日,联合江苏省吴江市、浙江省嘉善县签订三地市容环卫、绿化林业部门合作框架协议,探索形成可复制、可推广的新经验,打造集"绿地、林地、湿地"融合发展的示范区样板,确保区域生态环境高质量一体化发展,实现共建共治共管、安全可控。（陈诗瑶）

■**绿化规划建设** 以规划引领绿化建设,注重生态品质,相关单位统筹实现多元增绿,全年完成公园绿地建设71.9公顷、绿道15公里、立体绿化15000平方米,全区人均公共绿地面积9.6平方米/人;调整和改造城区4处街心花园约15219平方米,不断满足市民对公园绿地等生态产品的需求。（陈诗瑶）

■**绿化管养** 对标"绿化、彩化、珍贵化、效益化"要求,持续深化绿化市场化管养体系,健全公园绿地"三位一体"共建共管、长效管理机制;定期组织养护技术培训,加强对街镇绿地指导监督,切实提升绿化养护精细化、安全化、高效化水平。全年养护面积238.52公顷,行道树23498株,投入资金1728.04万元。（陈诗瑶）

■**林业建设** 按照挂图作战要求,重点生态廊道建设纳入2019年区政府重点项目之一。年内,除青松生态廊道农民宅基地外,相关街镇基本完成土地腾退工作,其中青松生态走廊、沪渝高速沿线、沈海高速沿线、拦路港—泖河—斜塘沿线项目完成招投标,并全面实施廊道造林;上海绕城高速沿线项目完成市级评审,吴淞江沿线项目方案编制中;继续深挖土地潜力,落实区级廊道和一般公益林73公顷。至年底,全区林地面积11669.413公顷,森林面积9888.337公顷,森林覆盖率达14.75%。（潘 烨）

11月1日晚,青浦区环境监察支队与上海市生态环境局执法总队开展夜间联合专项执法工作 （区生态环境局供稿）

3月12日植树节当日，区林业站工作人员在青东生态廊道植树造林

（区绿化市容局供稿）

■野生动物保护和湿地监管 加大野生动物保护工作宣传力度，加强野生动物疫源疫病监测预警，开展野生动物保护救助工作，持续林地巡查"清网行动"，抓好野生动物保护专项执法。全年开展各类宣传活动17次，收容救助野生动物57起，组织联合执法和专项行动2次；严格查处非法捕猎野生动物等违法行为，行政处罚关于非法猎捕、未经批准公众展示展演国家重点野生动物行为2起，共处罚金4.02万元；完善湿地保护管理体系，落实湿地管理要求，加强大莲湖蛙类、朱家角虎纹蛙2个野生动物栖息地管理；完成练塘太浦河三泖湿地生态修复工程，面积共80公顷，通过工程化手段和保护管理措施，恢复湿地生态功能并保护区域内野生动植物资源，努力打造成集"绿地、林地、湿地"于一体的融合发展区域。（潘　烨）

■群众绿化 深入开展绿化文明行业创建、推进群众绿化"六进"（即进社区、进学校、进军营、进楼宇、进村宅、进园区）宣传，深入村（居）宣传绿化养护、野生动物保护、生态创建等，全年设点宣传15次，发放各类宣传品3000余次，赠送绿植800多盆、种子3000余份。积极组织相关人员参加海派插花市民大赛和市菊花展示活动，多名选手喜获金、银、铜奖，青浦区绿化管理所获优秀组织奖。（陈诗瑶）

■"三防"体系建设 继续推进"三防"（即森林防火、防森林病虫害、防乱砍滥伐）体系建设，全面发挥区"三防"分中心和街镇监测点作用，抓好森林防火工作。在金泽镇、朱家角镇实施隔离网、路、沟等森林防火基础设施建设区域面积200公顷；推进智能化森林防火监控点建设和运行，配合市局做好防火监控搭安装，在朱家角镇、练塘镇、金泽镇、夏阳街道等区域的重要涵养林、生态廊道内安装森林防火监控设施11套。充分发挥现有测报点和监测队伍的作用，抓好以美国白蛾为重点的林业病虫害监测预警工作，发布《病虫简讯》10期；执行疫情报告制度，确保灾情及时发现、及时除治。（潘　烨）

■植物检疫 从源头上控制有害生物入侵，加强苗木产地检疫，全年检疫54家，面积530公顷，涉及苗木2047.11万株，草坪92.61万平方米；加强苗木调运检疫和工程复查复检，严格审查新造林、新建绿化等项目，共开具植物检疫证书1276份、木材运输证501份，开展工程复查78起、木材检查6起、松类专项检查1起、造林事中检查4起，配合市站造林检查10起；强化检疫执法，行政处罚造林植物检疫证书不规范案件5起，约谈企业法人1起，共处罚金0.58万元。（潘　烨）

■林业行政审批 严格做好林木征占用和迁移等行政审批工作，实行事后监管，全年办理审批事项34起，其中：办理临时使用林地事项10起，临时使用林地4.28公顷，迁移林木8023株，采伐林木56株，蓄积量28.2964立方米；办理使用林地15起，永久占用林地12.3公顷，临时使用林地1.25公顷，迁移林木14693株，采伐林木318株，蓄积量157.4115立方米；办理林木采伐5起，

6月20日，区林业站相关人员在木制品企业进行专项检查

（区绿化市容局供稿）

练塘镇练东村太浦河涵养林开放式林地　（区绿化市容局供稿）

采伐林木443株，蓄积量176.23立方米；办理林木迁移4起，迁移林木92株；办理林木种子生产经营许可证6家。同时，加大林政稽查力度，开展2019年森林督查专项行动，运用遥感影像和年度资源监测成果，对减少公益林地块进行稽查和通报，严厉打击各类擅自占用林地、无证迁移林木、以及“未批先占、边批边占、少批多占”等破坏森林资源的行为。（潘　烨）

■林业产业　全面拓展林业产业发展，围绕发挥林地经济效益，加强林业技术指导和服务，推进特色经济果林发展，指导创建标准化果园2家、信得过果园3家；深入开展林地综合利用调查研究，积极拓展林地功能，建设林下铁皮石斛13公顷，林下羊肚菌、大球盖菇等食用菌10公顷，探索以林养林经营模式，促进乡村振兴、产业振兴；发展开放式休闲林地，完成练塘镇练东村（太浦河涵养林）、东庄村（大蒸港涵养林）2个开放式休闲林地试点挂牌，进一步提升林地的景观功能。（潘　烨）

水　务

■概况　2019年，全区水务建设治理投入资金近23亿元，完成60项挂图作战任务，顺利通过市委巡视整改评估和区委巡视回头看，国家和市级涉水督查、巡查、审计10余次，被评为全国水利系统先进集体。以河长制为总抓手，区、镇、村河长共392人，聘任民间河长363人，招募护河志愿者1080人，全区各级河湖长共巡查1.5万次。完成75公里中小河道整治、46条断头河治理、2500户农村生活污水治理、4公里市政污水管网、40个住宅小区雨污混接改造。全区城镇污水处理率达95.65%。提前一年完成725个劣Ⅴ类水体消除任务，19个国考、市考断面全部达标，304个市河长办监测断面总体达标率99.7%。完成最严格水资源管理制度考核4项指标共11项基础工作。在市对区考核中，蝉联“河长制湖长制工作”“最严格水资源管理”两项第一。（叶唯妮）

■汛情　2019年，汛期总降水量921.0毫米（常年525.9毫米），≥35℃高温日数15天（常年10天），≥37℃酷暑日数为2天，极端最高温度37.7℃（7月30日）。汛期共有4个台风，分别是“利奇马”“玲玲”“米娜”“塔巴”。“利奇马”影响较大，全区道路积水61余条段，小区积水43个，15处下立交不同程度积水，农作物受淹889.83公顷，树木倾斜或倒伏14820棵。（叶唯妮）

■防汛防台和安全监管　4月3日、5月16日，组织开展两轮防汛安全大检查；5月29日，召开防汛工作会议；5月、6月、9月组织开展市政排水、堤防应急抢险、泵闸失电应急演练；组建区级积水抢排（3支60人）、堤防（3支75人）、泵闸抢险队伍（4支81人）。完成4轮隐患排查梳理，排摸梳理出易积水点、薄弱堤防9处隐患。青松大控制规划外排动力全部配置到位，太北片、太南片外围泵站项目全面开工。完成全区598座水闸二轮全覆盖集中保养，累计养护市政排水管道2288.39公里。成功抵御“6·30”、“7·12”暴雨次强降雨天气和台风“利奇马”等极端天气的侵袭，并针对实战中暴露的145个隐患点位，制订97项工程措施、47项管理措施、2项远期规划措施，完成70处点位

1月24日，青浦区水务局2017—2018年度先进表彰暨文艺汇演活动举行　（区水务局供稿）

应急抢险。3 月，修编《2019 年安全生产应急预案》，与局属 16 个基层单位签订《安全生产目标责任书》；2 月 21 日、4 月 26 日、8 月 16 日、10 月 21 日，分别召开各季度安全例会。全年排查发现并整改建筑施工安全隐患 1013 个、消防安全隐患 202 个。（叶唯妮）

5 月 30 日，青浦区防汛防台积水抢排演练举行 （区水务局供稿）

■“进博会”水质保障 坚持“最高标准，最好水平，最严要求，最优服务”宗旨，克服生态基底薄、外源污染杂等难题，持续巩固小涞港整治成果，通过实施泵站原位净化工程、清水调度工程、联控联调系统升级改造及水生态完善等措施，对应急性、临时性工程措施进行提升改造。开展“进搏会”保障执法 286 次，完成 4 处旱流排放口截流及 26 个小区雨污混接改造，实施一批污水管网改造工程。国家会展中心周边区域水质达到Ⅱ类、透明度 1.8 米以上，生态基底得到完善，被水利部评为长江经济带最美河流。（叶唯妮）

■苏州河四期治理 苏州河四期治理为区政府重点工作，实施挂图作战。治理范围青浦区占全市三分之一，经过三轮全覆盖水质监测，并反复论证、模拟演算，最终锁定 148 条重点河道，精准施策、水岸同治。苏州河四期治理项目主要包括新谊河、新塘港等 5 条骨干河道整治，94 条断头河、148 条中小河道整治，25 公里市政管网和 230 万平米小区雨污混接改造以及 1 万户农村生活污水处理等。年内，顺利完成 75 公里中小河道整治、46 条断头河治理、2500 户农村生活污水治理、4 公里市政污水管网和 40 个住宅小区雨污混接改造年度任务，其余项目在有序推进中。（叶唯妮）

■河长制工作 2019 年，全区各级河湖长共巡查 1.5 万次。召开各级河长办会议 286 次，其中区、镇总河长办会议 52 次。组织河湖督查 172 次，交办问题 1506 个，更换河（湖）长公示牌 1838 块。顺利通过国家环保督查、水利部暗访、市河长办督查等 9 轮检查，全区 725 个劣Ⅴ类水体全面消除，河湖水面积增加至 125.06 平方公里，水面率达到 18.66%。在卫星遥感、无人机航拍等信息化巡查基础上，建立以徒步为主、两天一次全覆盖为标准的专业巡查队伍，全年发现并上报各类涉河问题 32 万余条，完成整改 13 万余个。补充农委、房管局为副主任成员单位，基本实现街镇河长办与基层水务所集中办公。1 月，遴选赵巷、徐泾、重固、朱家角、金泽等 5 个镇参与全市首批河长制标准化街镇建设。3 月，编制《青浦区 2019 年河长制湖长制工作要点》，先后制订《2019 年河长制督查方案》《河道捕鱼“清网行动”工作方案》《河湖面积变化疑点疑区专项核查方案》《开展“清剿水葫芦，美化水环境”联合整治专项行动方案》4 个工作方案。（叶唯妮）

1 月 25 日，青浦区通过区域节水型社会达标建设工作现场验收

（区水务局供稿）

■供水与节水管理 全区全年自来水供水总量 10368.76 万立方米，比上年减少 8.27%；售水总量 8382.70 万立方米，比上年增加 0.58%；全区日均供水量 28.41 万立方米，比上年减少 8.27%。410 个小区二次供水设施改造移交，实现供水企业管水到表供水；完成旧管网改造工程约 405.23 公里，完成 35 公里的高危管网改造和优化更新；分区计量工程完成 90%，安装电磁水表 604 套、在线压力监控 120 套，电磁流量计 43 套。完成 45 家用水户水平衡测试备案和 60 台冷却塔性能测试工作，落实 178 项节水技改，最高日节水量达 6816 立方米；完成 1 个节水型工业园区、3 所节水型学校、4 家节水型机关、5 家节水型企业和 8 个节水型小区创建；1 月、7 月，分别顺利通过区域节水型社会达标建设验收和督查，成为全市首批完成区域节水型社会达标建设工作的区。（叶唯妮）

■排水管理 2019 年，区域内各街镇共养护疏通管道 3893 公里，抽查主管 4617 条段、连管 3809 条段，抽查平均分 79.08 分。青浦区城镇污水处理厂 10

座，总处理能力 42.9 万立方米/日，合计处理污水 12083.5 万立方米，日均处理33.1 万立方米，与上年同期相比日均处理量增长 11.5%。建立全区排水户数据库，录入排水户 10219 户，引进 2 支专业队伍辅助排水户监管，完成排水户核查 1986 户，其中完成排水户现场核查 448 户、排水许可中期复核 1538 户；开展全区排水户水质检测 2128 户。12 月 6 日，青浦区污泥集约处理处置项目开工建设；12 月 20 日，朱家角三期扩建设备完成安装；12 月 31 日，朱家角、金泽、练塘 3 家污水处理厂除臭工程基本完成。（叶唯妮）

■优化营商环境 全年累计办理审批和服务事项 1483 件，其中水利项目 159 件、供排水项目 1002 件，河道蓝线划示 322 件（共划示图纸 2743 张）；对接填河审批事项 30 件，取得填河批文 19 件；参与行政协助 62 件，并联审批 40 件，招拍挂征询 66 件，管线工程征询 34 件，满意率测评 100%。此外，通过联审平台办结供水接入服务 67 件（管道直径 40 毫米以下 25 件，减免费用 64.83 万元），排水接入服务 43 件。取消审批 2 项，审批事项窗口入驻率百分百；所有办理事项比法定工作日提速 60%，告知承诺的审批事项当天可取。依托“随申办”APP 及公共数据库等渠道资源，实现材料精简 50%。通过第三方单位开展批后监管抽查检查，对工程实施情况进行事中事后监管，核实项目的进度、相关技术参数等是否符合行政许可决定书的要求。（叶唯妮）

■水务行政执法 全年出动执法人员 3110 人次，参加行政检查 1374 次，实施行政许可事后监督检查 88 家，立案查处 45 件，罚款 143.6 万元。开展“进搏会”保障执法 286 次，对区域内 2 条重点河道排水检查 76 家次，立案处罚 3 起；开展苏四期保障执法 1786 人次，排水检查 1382 家次，立案 13 件，累计罚款 25 万元，实施按日连续处罚 2 件；开展省际边界联席会议 6 次，联合宣传 6 次，处置违法事件 2 起，完成 64 条段交界河湖的航拍。开展各类法律宣传活动 22 次，发放水务法律宣传资料 10560 份、宣传纪念品 5060 份。全年受理各类工单 2268 件，退单 1174 件、办结“12345”市民服务热线工单 1094 件（按行业分类：供水 706 件、排水 144 件、水利 244 件；按性质分类：求助类 860 件、占 78.49%，投诉类 155 件、占 14.25%，咨询类 44 件、占 4.04%，意见建议类 24 件、占 2.21%，其他类 11 件、占 1.01%），其中市局热线工单 963 件、区热线工单 131 件。全年共处理信访 29 件。（叶唯妮）

■水务质量安全监管 2019 年，新开工建设水务海洋重大工程 2 个子项，基本建成水务海洋重大工程 1 个子项目。6 月 20 日，新谊河疏拓工程开工建设；12 月 6 日，青浦区污泥集约处理处置项目开工建设；12 月 31 日，朱家角污水处理厂提标改造工程基本建成。在监项目 179 项、新受监 72 项，开展水务工程质量安全方面检查 130 余次，开具停工令、整改单 310 余份；全区通报问题项目 32 个、约谈参建单位 24 家，执法立案 31 件，罚款 177.6 万元。9 月 10—11 日，“清源杯”暨第五届“啄木鸟杯”上海市水务工程建设安全质量监督技能竞赛在青浦举行，青浦代表团取得团队三等奖，王静获优秀个人。（叶唯妮）

■水文科技工作 全年累计测站巡查 1532 站次，应急抢修 185 站次，完成汛前汛后全区 131 个水情遥测站点的水准测量、滴水实验、井筒清淤和水毁修复等工作；基本站人工采集水文数据 120 站次，校核水位数据 52 万组、降水量数据 15000 组、蒸发量数据 1095 组，同步完成资料软件整编，遥测站点自动采集和人工校核水雨情数据 2000 余万组；完成水情通报 17 篇、水情快报 44 篇。4 月，对淀山湖、元荡周边区域开展前期踏勘，摸排淀山湖周边口门规模及流态情况；5 月 21—29 日，联合上下游水文部门组织开展环淀山湖水文调查，累计完成流量监测数据 5616 组，同步完成水质监测数据 1701 项次。（叶唯妮）

■社会宣传 2019 年，“青浦水务”微信公众号推送信息 738 篇，关注人数 2068 人；“青浦河长”微信公众号推送信息 471 篇，关注人数 1129 人。央视新闻联播、东方卫视新闻节目、中国长三角、“长江之恋”全天直播等电视媒体多次正面宣传青浦水环境治理，其中国家媒体典型报道 9 次、市级媒体典型报道 11 次。开展排水户普法宣传、交通文明志愿服务、爱心募捐活动、关爱残障儿童、“爱心暑托班”等公益活动；开展“爱河护堤”“节水宣传”“水生态文明”等主题宣传活动 20 余次；开展“上善之城 · 水美青浦”青浦区水务局摄影大赛和“青浦环城水系公园‘最美打卡点’评选”“青浦水务形象宣传口号征集令”等主流公众号公益类活动，共有 1000 余人参与；参与《我和我的祖国》快闪 MV、上海电视台“进博会”志愿者 MV 拍摄。（叶唯妮）

11 月 23—24 日，“我爱祖国 · 水美青浦”推进长三角一体化发展水务风采展示暨体育友谊赛闭幕式举行（区水务局供稿）

城乡建设与管理

编辑 王卫红

综　述

2019年，青浦区加紧实施“全面跨越式高质量发展”的战略目标，继续加快推动“生态宜居”的城市建设进程，积极融入长三角一体化发展国家战略，统筹推动区域协调发展，加强社会治理、加大惠民工程投入、加强城乡建设步伐，进一步增强区域发展的协同性、联动性、整体性。有序推进各新市镇总体规划全覆盖工作，大力推进重大功能性项目的规划落地，努力以规划编制和管理思路转变推动城市发展和治理方式转型，进一步推进新城“生态宜居”的城市目标进程。2019年度列重大项目132项（其中市在青重大项目19项），储备项目13项；实现开工47项，实现竣工或基本建成23项；实际完成投资257亿元。围绕建设更高能级“上海之门”的城市目标，护航第二届“进博会”各项保障工作，全力推进城市精细化管理示范样板区建设，持续深化网格平台智能化建设，努力实现城市“更整洁、更有序、更美观、更安全”的目标要求。围绕公共安全综合整治和各类、各项应急保障工作，守底线、补短板，深入排查安全隐患，扎实开展专项整治，严厉打击安全生产违法违规行为；着力加强消防安全公共基础建设，高频开展消防安全宣传教育，层层压实消防安全责任。全面加强安全生产领域重大风险防范化解。区域城乡面貌更加美丽、生活设施更加完善、环境更加宜居，人民群众的获得感、幸福感和安全感进一步提升。

（沈佳文　蒋懿宁　朱鹏程　吴　顺　张丞辉　陈诗瑶　蒋雯雯　许佳雯　何红勇）

规　划

■概况　2019年，以全区新一轮总体规划贯彻实施为抓手，有序推进各新市镇总体规划全覆盖工作，大力推进重大功能性项目的规划落地，稳步推进村庄规划的编制，努力以规划编制和管理思路转变推动城市发展和治理方式转型。全年开展各类规划编制38项，其中总体规划5项（区总规1项、新市镇总规4项）、控详规划30项、专项规划3项。

（沈佳文）

■《青浦区总体规划暨土地利用总体规划（2017—2035）》编制获批　在上年的工作基础上，全面完成《青浦区总体规划暨土地利用总体规划（2017—2035）》（以下简称青浦区2035总体规划），并于3月7日获得市政府批准。完成《青浦区徐泾镇总体规划暨土地利用总体规划（2017—2035）》（以下简称徐泾镇2035总体规划），于1月25日获得市政府批准。组织开展青浦区2035总体规划和徐泾镇2035总体规划的宣传、贯彻工作。

（沈佳文）

■完成长三角一体化发展相关概念性规划研究工作　根据习近平总书记在首届“进博会”上提出的长三角一体化发展上升为国家战略的部署要求，2018年底，启动相关概念性规划研究工作，

3月5日，区委副书记、区长余旭峰（右一）到区规划资源局视察调研

（区规划资源局供稿）

并于2019年4月完成。在此基础上，结合市规划资源局组织推进的国土空间规划的编制，组织开展青浦空间功能优化研究工作，进一步研究青浦重点地区的功能布局、空间结构、交通网络等，形成相关概念性规划。（沈佳文）

■区域新市镇总体规划编制工作 在获批青浦区2035总体规划的基础上，重点推进赵巷、重固、白鹤等新市镇总体规划的编制工作。年内，赵巷新市镇总体规划已获批；重固新市镇总体规划已形成草案，并就涉及城市开发边界调整事宜与市规划资源局进行了对接，并获得支持，已完成区规委会专题会议审议；白鹤新市镇总体规划由于涉及“安亭—花桥—白鹤”城镇圈和申遗等问题，推进较为缓慢，经与市规划资源局和市文物局的沟通已获支持，正在形成初步方案。（沈佳文）

■重大项目控详规划编制 完成市西软件信息园及其周边北斗、普利特、熙凌、网易等地块控详规划，以及新城中1中2单元增补图则等重点地区、重点项目建设。推进该园区崧泽大道以南区域、徐泾产业区块（G15以西）、华新凤溪社区、华新原民兴工业区、重固北青公路以南区域等控详规划，其中：园区崧泽大道以南区域、华新原民兴工业区正在编制研究报告和任务书，徐泾产业区块（G15以西）已形成草案，华新凤溪社区已通过区规委会专题会议审议；重固北青公路以南区域由于涉及新市镇总体规划布局调整，重点以解决点上诉求为主。完成朱家角复兴路以西区域、青浦工业园区哈工大、启迪地块的控详规划。（沈佳文）

■完成年度郊野单元（村庄）规划编制工作 7月，全面完成并顺利备案《青浦区村庄布局规划（2017—2035年）》。有序推进各街镇郊野单元（村庄）规划，各街镇郊野单元（村庄）规划均已完成区规委会工作会议审议、规划公示、专家及部门评审等工作。除金泽镇、朱家角镇位于长三角生态绿色一体化发展示范区范围内，规划需进一步进行衔接外，其余9个街镇皆已通过规委会专题会议审议，并于12月26日顺利获批。（沈佳文）

3月1日，市规划资源局副局长王训国（右排中）带队到青浦区调研乡村振兴规划工作（区规划资源局供稿）

■地名管理 全区全年办理审批各类地名16件，其中居住区建筑物名称10件、道路名称6件。组织开展了华为总部基地、华为人才公寓和市西软件信息园等控规的地名规划编制。推进地名公共服务工作，完成并投入使用青浦区地名公众发布系统；编纂出版了《青浦地名故事》《青浦区地名录》，推进《青浦区历史人文图册》的编纂工作。推进不规范地名清理整治工作，在全区范围开展不规范地名清理整治，并分类梳理形成了《拟进一步整治不规范地名名单》。（沈佳文）

土地管理

■概况 2019年，区土地管理工作在建设用地“负增长”的大背景下，以深入推进土地减量化为主线，通过合理安排年度用地指标、盘活存量用地、加大违法用地整治等方式，基本保障了全区经济社会发展合理的用地需求。（沈佳文）

■土地减量化 继续深入推进“减量化”工作，切实落实区委、区政府的工作要求，充分挖掘街镇工作潜力。确立2019年度减量化目标为立项195公顷、验收260公顷，在各街镇的配合支持下，超额完成2019年减量化挂图作战任务。至年底，累计完成立项面积265.19公顷（含太阳岛减量化面积115.25公顷），完成率136.00%；验收面积262.00公顷，完成率100.77%。（沈佳文）

■土地收储出让 根据区土地使用领导小组确定的年度目标任务和区政府挂图作战的工作要求，2019年计划储备土地10幅、面积54.5公顷；出让土地31幅，区级收入102亿元。全年累计完成土地收储地块29幅，收储总面积约171.4公顷；完成出让地块47幅（含协议出让）、面积256.7公顷，年内获得土地出让金约为188亿元，入库区级收入约为152亿元。（沈佳文）

■征收补偿工作 2019年，全区完成征收基地81个，民居654户、企业197家。其中，重固城中村5号地块、华新镇23-01地块2个基地已启动依法征收。同时，合同监管、征地管理、地名管理、档案管理、信访及热线办理等工作均稳步推进。（沈佳文）

■自然资源调查与确权 推进青浦区第三次国土调查工作，共计对72216个下发图斑和若干未下发但地类与影像判断疑似不一致的图斑逐一进行现场调查并建立数据库建库。5月底，形成首轮成果。7—10月，对标最高标准、最高要求开展成果核查“回头看”。11月，形成全区初始三调成果并报自然资源部。12月，接国家级检查反馈，对疑问图斑进行补充举证、整改完善后再次上报自然资源部。批文信息登记方面，系统中原有供地信息5676条，新增1564个，现有7240条；系统中原有农转用信息1022条，新增100条，现有1122条。

土地所有权梳理方面，完成全区184个村（居）的所有权梳理，完成比例为100%。做好国有土地使用权（住宅）确权工作，共受理确权申请47起，审核通过47起。

土地权属调查方面，共完成勘测定界收件401件，完成352件，其中土地勘测定界206件、私房31件、施农用地项目36件、农村宅基地勘测定界4件、地下空间地籍测量2件、地籍变更73件。非正常结案26件。

土地成果管理方面，共完成勘测定界项目246个，其中定界202个、地下建设用地4个、农村宅基地4个、设施农用地36个；地籍变更项目147个，其中地籍变更测量71个、私房38个、所有权地籍变更38个。

土地登记方面，共完成土地登记总量84件，其中：首次登记52件，其中出让建设用地使用权初始登记15件、划拨建设用地使用权初始登记34件、集体建设用地使用权登记3件；变更登记8件，其中受让人变项目公司1件、权利人名称变更7件；查封登记即房地产限制10件；注销登记12件，其中权利抛弃8件、房地产限制的注销3件、因征收或收回行为的注销1件；其他登记（补证）2件。 （沈佳文）

■土地使用费征收管理 坚持以“一核查、二告知、三开单、四征缴”的工作模式展开。3月，对全区范围内征收土地使用费的外商投资企业清理核查；4—5月，发放征缴告知书38份，将企业应缴金额以及开征日期告知企业，让企业先做好资金预算。经前期排摸，全年关闭歇业企业6家。根据市规划资源局的新要求统一收费时间，于7月开出《非税收入缴款书》共38份，应到金额245.52万元，实际到账246.1万元。

（沈佳文）

■征地管理 严格执行“二公告一登记”（即征收土地方案公告、征地补偿安置方案公告和地上地下财物登记、房屋登记）制度和法定的补偿标准。全年完成拟征地告知书132个、征收土地方案公告73个、征地补偿安置方案公告82个，征地结案项目94个，征地面积283.76公顷，征地补偿费用24299.6万元。

继续推进西虹桥地块、市西软件信息园、淀山湖新城地区等市政配套、基础设施建设和产业项目及其他区属重大工程项目的征地结案工作，确保地块按期供地出让及后续手续的办理。积极配合区信访等部门，认真处理征地来信、来访及历史遗留的相关问题，及时化解社会矛盾。 （沈佳文）

城市化建设

■概况 2019年，淀山湖新城公司在重大项目工程、土地出让、环城水系公园及“美丽家园”“美丽街区”建设等方面均取得较好成果，进一步推进了新城“生态宜居”的城市目标进程。全年有政府性投资项目46项，全年完成投资额近28亿元，完成土地储备14.8公顷。环城水系二期项目基本完工，环城水系公园实现全面贯通；新城公司范围内轨道交通沿线商办综合体项目进展顺利，部分已开业；区级淀山湖福利院项目、澳大利亚联实公司高端养老项目按计划节点建设；“美丽家园”建设工作持续推进。 （蒋懿宁）

9月，位于淀浦河与漕港河三岔口的环城水系公园标志性景观水城门夜景

（淀山湖新城公司供稿）

■政府性投资项目 2019年，淀山湖新城公司运作政府性投资项目46项，其中新开项目17项、续建项目29项，44个项目按计划完成。财政性投资项目38项，年度资金安排约10亿元；对比年初计划，35个项目按计划完成，项目进度完成率约为92%，项目投资完成率约为85%。 （蒋懿宁）

■土地储备及出让 淀山湖新城公司全年完成地块出让10幅，土地出让金约44亿元；完成土地储备面积约14.8公顷；完成农户签约136户、企业签约21家；全年共流转土地约93.33公顷。

（蒋懿宁）

■动迁安置房建设与管理 2019年，社会租赁房及五浦汇D、E和西岑华为研发中心动迁安置房项目均在加紧施工，夏阳街道农民集中居住安置房项目顺利开工建设，诚中城商品房项目前期工作有序推进。完成动迁房安置748套，面积约7.7万平方米。下属物业公司已接管14个动迁安置房物业，总房屋套数约1.2万套，累计交付房屋约1.1万套，入住约9000套，总体交房率约90%，入住率约75%。于9月正式接管的城中诚、留水园、民乐苑三期等老旧小区及直管公房项目均处于有序管理中。 （蒋懿宁）

■重点项目建设 2019年，淀山湖新城公司以环城水系公园建设为主抓手，同步推进“十大”房建、民生和交通项目。环城水系公园二期项目基本完工，环城水系公园实现全面贯通；复旦大学附属妇产科医院青浦分院和上海兰生复旦中学青浦分校项目均实现全面开工建

设;区级淀山湖福利院项目、澳大利亚联实公司高端养老项目按计划节点建设;青浦万达茂商业项目于6月22日顺利开业。房建方面,区体育文化活动中心、区应急联动中心、区档案馆、社区配套设施(青浦供电抢修服务中心)、大社区南侧高中68A-06A、大社区3个养老院以及赵巷商业地块超市和酒店项目作为公司"十大"房建项目,年内均实现竣工,其中:8个项目已完成移交,赵巷商业地块开元阿缇客酒店于5月10日正式开业,沃尔玛山姆会员店于6月28日正式开业。道路方面,青浦大道、华青南路、港俞路、港周路、三分荡路、黄家埭路、新塘港路、淀恩路、秀淳路、区体育馆公共停车场项目均有序推进。同时,徐泾镇、夏阳街道、盈浦街道2019年雨污混接改造工程全面开工,夏阳和盈浦两个街道的项目基本完工;华新镇、白鹤镇、赵巷镇、重固镇项目完成施工招标。 (蒋懿宁)

6月,已竣工的大社区崧文路养老院 (淀山湖新城公司供稿)

■轨道交通17号线周边站点综合体项目建设 新城轨道交通17号线沿线综合体总体进展顺利,汇金路站宝龙广场(2018年开业)、淀山湖大道站万达茂、漕盈路站百联悠迈生活广场、青浦新城站绿地缤纷城、淀山湖大道站东渡蛙城5个综合体总建筑体量约为176万平方米(其中地上约116万平方米、地下约60万平方米),其中:万达茂于6月22日正式开业,百联悠迈生活广场于12月18日正式开业,绿地缤纷城于12月28日实现部分开业。随着新城5大轨交沿线综合体陆续开业,弥补了新城在大型商业配套上的短板,使得整个青浦的商业氛围日渐浓厚。 (蒋懿宁)

■"美丽家园"建设 2019年,淀山湖新城公司"美丽家园"建设涉及8个镇2个街道,共有盈浦街道三园新村、巨浪新村小区房屋等屋面及相关设施改造项目、西园新村、城中西路小区房屋等屋面及相关设施改造项目,夏阳街道怡田小区、环城新村小区房屋等屋面及相关设施改造项目、祥龙小区房屋屋面及相关设施改造项目,朱家角镇西湖新村、万步小区北区房屋等屋面及相关设施改造项目等10个项目,总面积约66万平方米。至年底,各项改造任务基本完成。通过改造,有效解决了老旧住房安全隐患,缓解了老旧小区停车难、公用设施少等问题,提升了老旧小区整体居住环境、居住条件以及舒适度。 (蒋懿宁)

■"美丽街区"建设 深化练塘镇、夏阳街道、盈浦街道"美丽街区"项目方案,加快推进现场测绘及项建书编制等前期工作。为保护、恢复南门街原有的建筑风貌和建筑特色,启动南门街7幢老宅修缮工程,于3月完成招标工作,12月竣工。通过对老城厢风貌保护区内历史遗留建筑的保留、修缮,并将在今后植入文化展示、非遗体验等功能,在风貌保护的同时,逐步唤醒城市记忆,彰显城市魅力,让城市有温度、街区宜漫步、建筑可阅读。 (蒋懿宁)

■"美丽乡村"建设 于6月30日顺利完成市级乡村振兴示范村金泽镇莲湖村"百日攻坚"任务。同时,朱家角镇张马村、练塘镇东庄村乡村振兴项目前期工作正加快推进,招标监理已结束,项目正式启动。 (蒋懿宁)

■推动改善农民居住环境 2019年,区建管委着力推进农民相对集中居住政策的落地,切实改善"三高沿线""生态敏感区、环境综合整治区"农民居住条件。梳理上报2019年农民相对集中居住区级目标任务1408户。排摸梳理2020—2022年目标任务约4000户。制定出台《关于加强推进青浦农民相对集中居住的实施办法》。成立区级工作领导小组,层层落实,合力推进。服务街镇,做好相关实施方案编制及报批工作;制定符合各街镇要求的村民建房房型设计图集,形成风貌引导导则,同步开展农村风貌设计管控培训,做好风貌管控以及施工质量安全等方面的技术指导。全年完成1430户农民签约任务,全面完成市级层面部署的任务(1000户)。 (吴 顺)

■农村低收入户危旧房改造 全年共改造农村危旧房19户,其中翻建3户、修缮16户,涉及华新、白鹤、重固、朱家角、金泽、练塘6个镇,年内全面完工。 (吴 顺)

■实施乡村振兴战略 2019年,完成第一轮金泽镇莲湖村乡村振兴示范村建设项目,包括推进综合管线改造、景观提升、风貌改造、架空线入地等7个项目,协调解决57个问题事项。推进重固镇26个新型城镇化建设项目。配合参与区级乡村振兴政策研究,参与重固镇徐姚村、朱家镇张马村、练塘镇东庄村项目研究及风貌设计方案等。 (吴 顺)

重大项目建设

■**概况** 2019年，在区委、区政府的正确领导下，在区人大、区政协的监督支持下，各建设单位、代建单位、配合单位通力协作，区重大项目和实事工程前期审批、征收腾地、建设推进等工作全面推进。2019年，青浦区列为正式重大项目的有132项（其中市在青重大项目19项），储备项目13项，计划总投资1424亿元；计划开工55项、竣工35项，计划完成投资281亿元。全年实现开工47项，开工率85.5%；实现竣工或基本建成23项，竣工率65.7%；实际完成投资257亿元，投资完成率为91.62%。

12月，已竣工的青浦青泰110千伏变电站　（区重大办供稿）

年内，计划竣工项目35项，实际竣工23项，具体为：诸光路通道新建工程、重固镇第二农贸市场项目、青浦区体育文化中心、2019年“美丽家园”建设项目、淀山湖社会福利院、2019年“进博会”配套项目、西虹桥商务区能源管道建设、金商公路（沪青平公路—陈新路）、沈砖公路（复兴路—朱枫公路）、漕盈路北段（天辰路—香大路）改建工程、上海青浦青泰110千伏输变电工程、黄家埭路（盛家埭路—港周路）及周边配套道路、环城水系治理二期、徐泾镇农民住宅小区环境综合整治工程、西虹桥生活垃圾转运站、上海医谷医大医院（青浦远大健康城）、书香门地新建项目、莲盛泵业新建项目、上海青浦腾讯云计算中心、上海云轮大数据科技有限公司、申通快递有限公司、上海威贸电子股份有限公司新建厂房项目、紫光宏茂微电子（上海）有限公司。

年内，计划开工项目55项，实际开工47项，具体为：新谊河疏拓工程、市级重点生态廊道建设项目、复旦大学附属妇产科医院青浦分院、中山医院青浦分院老院区改造工程、华为研发中心（金泽西岑社区）动迁安置基地、朱家角镇沈巷社区体育中心新建工程、商榻社区卫生服务中心迁建工程、上海民办兰生复旦学校青浦分校、新城57-04地块36班初中、新城一站40A-05A高中、白鹤镇金项村幼儿园新建项目（绿地时代名邸幼儿园）、夏阳街道农民解困安置基地01-01地块、“美丽乡村”建设项目（2019年农村村庄改造）、2019年三街道“美丽街区”建设项目、香花桥派出所迁建项目、盈浦派出所迁建工程、青浦区体育馆公共停车场、2019年“美丽家园”建设项目、2019年青浦区居民住宅二次供水设施改造工程、2019年“进博会”配套项目、朱家角华为人才公寓动迁基地配套道路青顺路（青浦大道—淀山湖大道）、淀惠路（青顺路—青浦大道）新建工程、朱家角华为人才公寓规划一路、规划二路新建工程、华为动迁安置基地配套道路（西岑社区规划四路）、华为研发基地周边配套项目（岑卜路东段）、蟠臻路（蟠中路—盈港东路）、会恒路（蟠文路—蟠臻路）道路工程、市西软件园配套道路、华徐公路（华隆路—华腾路）改建工程、练塘镇新建泖甸路（老朱枫公路—朱枫公路）、上海青浦新凤110千伏输变电工程、上海青浦蟠臻110千伏输变电工程、崧波路一期（崧泽大道—泖河泾）、崧波路二期（崧泽大道—德真地块）新建、港俞路（青赵公路—沪青平公路）新建工程、徐泾镇农民住宅小区环境综合整治工程、徐泾镇蟠龙“城中村”地块改造项目、上海医都医院（青浦远大健康城）、西虹桥百老汇项目、正荣集团有限公司御天商业项目、华为研发中心、西虹桥科创中心、高新F1标准厂房（IMI项目定制）、库克医疗定制楼宇项目、上海华测导航技术股份有限公司产业园项目、上海华诗达环保科技有限公司新建厂房、纳峰

11月28日，建设中的绿地时代名邸幼儿园　（区重大办供稿）

新能源科技(上海)有限公司新建厂房、百隆家具配饰(上海)有限公司智能化生产项目、上海比路电子科技有限公司、福维克家电有限公司改扩建项目。(朱鹏程)

■ 1项市级重大项目竣工 2019年列为市级重大项目共15项,其中竣工1项:

诸光路通道新建工程。总投资17.5亿元,是国内最大直径土压平衡盾构隧道,内部结构在国内双层盾构隧道领域首次尝试了"全预制拼装"施工,预制化率达90%以上,成为全国首个"全预制拼装型"的盾构法隧道。该项目于2015年6月开工,2019年8月竣工。(朱鹏程)

■ 4项社会民生建设重大项目竣工 2019年列为区社会民生建设重大项目共31项,其中竣工或基本建成4项,分别为:

重固镇第二农贸市场。总投资4.5亿元,采用现代化菜场模式,为重固镇居民提供了一个买菜的新选择,建筑面积30790.4平方米。该项目于2018年4月开工,2019年9月竣工。

青浦区体育文化中心。总投资3.5亿元,是一座集体育、文化、健身、娱乐、会展于一体的综合场馆,总建筑面积约3万平方米,设有4000坐席,可举办各类大型体育赛事、文艺演出活动以及大中型会展等。该项目于2017年5月开工, 2019年8月竣工。

2019年"美丽家园"建设项目。总投资3亿元,建筑面积600000平方米,包括屋面维修、外立面维修、绿化移植、雨污水改造、路面维修、卫生改造、消防设施改造等,对个别情况允许的小区进行管线落地改造。该项目于6月开工,12月竣工。

淀山湖社会福利院。总投资3亿元,建筑面积38217平方米,为全区符合条件的老年人提供基本养老公共服务,并承担养老服务示范引领、功能试验、专业培训、品牌推广等职能。同时,福利院还将为全区弃、残等儿童提供养护、医疗、康复、教育、技能培训、托管等服务。该项目于2017年12月开工,2019年12月基本建成。(朱鹏程)

■ 7项基础设施建设重大项目竣工 2019年列为区基础设施建设重大项目共35项,其中竣工或基本建成7项,分别为:

2019年"进博会"配套项目。总投资1亿元,在首届"进博会"胜利召开的基础上,进一步完善国展中心周边配套,保证第二届"进博会"的再次胜利举办。该项目于3月实施,10月全部完成。

西虹桥商务区能源管道建设。总投资1.8亿元,总长21.9公里,是符合西虹桥功能定位的现代化的功能管道。该项目于2017年2月开工,2019年12月基本建成。

金商公路(沪青平公路—陈新路)改建工程。总投资6.5亿元,总长19公里。该项目于2016年12月开工,2019年12月竣工。

沈砖公路(复兴路—朱枫公路)改建工程。总投资1.2亿元,总长1.7公里。该项目于2018年12月开工,2019年12月竣工。

漕盈路北段(天辰路—香大路)改建工程。总投资2.1亿元,总长1.07公里。该项目于2017年6月开工,2019年8月竣工。

上海青浦青泰110千伏输变电工程。总投资7100万元,是变电容量10万千伏、电缆长度6.86公里的电力线路。项目采用数字化管控,在施工工艺上形成多项技术成果,于2018年3月开工,2019年8月竣工。

黄家埭路(盛家埭路—港周路)及周边配套道路。总投资1.2亿元,总长2.47公里。该项目于2018年9月开工,2019年12月基本建成。(朱鹏程)

■ 3项环境建设重大项目竣工 2019年列为区环境建设重大项目共5项,其中竣工或基本竣工3项,分别为:

环城水系治理二期工程。总投资22.4亿元,整个项目建成后,形成21公里的滨水走廊,新增绿地面积160公顷、城市绿道25公里、节点性公园6座,涵盖生态水景、休闲旅游、健身运动、历史文化的多重元素,呈现"百河绕村、百湖迎镇、水舞蝶城"的美妙景象。该项目于2018年4月开工,2019年6月竣工。

徐泾镇农民住宅小区环境综合整治工程。总投资1.2亿元,是第二届"进博会"配套项目,打造了环境优美、宜居宜游的人文环境。该项目于4月开工,11月竣工。

西虹桥生活垃圾转运站。总投资7500万元,处理能力300吨每天。该项目于2017年5月开工,2019年3月竣工。(朱鹏程)

■ 8项产业建设重大项目竣工 2019年列为区产业建设重大项目共42项,其中竣工或基本竣工8项,分别为:

上海医谷医大医院(青浦远大健康城)。远大健康城总投资19.8亿元,是

10月,位于上达河以南东大盈港的上善桥正式通行(淀山湖新城公司供稿)

上海民营医院最大的医疗健康项目，包括了非营利性医院和营利性国际医院各1家，床位2499张。该项目为非营利性医院，于2015年7月开工，2019年12月竣工。

书香门地新建项目。总投资3.9亿元，建筑面积59044平方米。该项目于2018年3月开工，2019年8月竣工。

莲盛泵业新建项目。总投资1.5亿元，建筑面积31726.73平方米。该项目于2018年4月开工，2019年6月竣工。

上海青浦腾讯云计算中心。总投资1.7亿元，建筑面积6061平方米，是腾讯第四代数据中心T－block，采用集装箱数据中心的模式，具备标准化、模块化，效率高，PUE（即电源使用效率）低，快速地满足市场等特点。该项目于2018年9月开工，2019年8月竣工。

上海云轮大数据科技有限公司。总投资4.5亿元，建筑面积48187平方米，项目致力于推动大数据和实体经济深度融合发展，打造产、学、研、商、办、住于一体的现代化产业园。该项目于2018年1月开工，2019年6月竣工。

申通快递有限公司。总投资6.1亿元，建筑面积158216平方米，体现了青浦区打造“大物流”产业的宏观定位。该项目于2018年6月开工，2019年12月基本建成。

上海威贸电子股份有限公司新建厂房项目。该项目位于练塘工业园区，总投资1.1亿元，建筑面积31844平方米，是一家集研发、生产、销售、服务于一体的综合性企业。该项目于2018年4月开工，2019年10月竣工。

紫光宏茂微电子（上海）有限公司。总投资4.3亿元，项目为新建半导体集成电路存储芯片封装与测试生产线，是青浦区打造高新技术产业集群的重要组成。该项目于2018年1月启动，2019年12月改造完成。

（朱鹏程）

10月，位于练塘工业园区的上海威贸电子股份有限公司新建厂房竣工

（区重大办供稿）

交通基础设施建设与管理

■概况 2019年，全区公路总里程995.2公里，其中区管公路总长200.7公里、农村公路794.5公里；桥梁1323座（其中区管桥梁151座），桥梁长度46837延米；区管城市道路110.82公里。全年实施区、省对接道路项目共4个，区、区对接道路（断头路）项目1个，断头河整治项目2个。建成启用G318跨嘉松公路桥人行天桥，诸光路（崧泽大道—闵行区界）建成通车，加快推进崧泽高架西延伸段建设。继续做好道路养护管理和修缮，继续创建“四好”（即建好、管好、护好、运营好）农村路。做好错时停车、公交配套设施、撤渡建桥等工作。开展地下空间监管、道路照明日常管理及架空线和飞线整治工作。

（吴　顺）

■道路建设 2019年，青浦区实施区、省对接道路项目共4个，复兴路北延伸段（淀山湖大道—江苏省界）桩基施工、雨污水管施工，完成建安工程量（现场施工进度）的40%；外青松公路北段（白石公路—江苏省界）在动迁腾地中，并做好施工准备；胜利路出省段（白石公路—江苏省界）正在桥梁下部结构施工、路基施工，完成建安量的45%；东航路（沪青平公路—江苏省界）正在路基施工、桥梁下部结构施工中，完成建安量的30%。

实施区、区对接道路（断头路）项目1个，为复兴路（沈砖公路—G318）新改建工程，于7月建成通车。至此，该轮区、区对接道路项目已全部完成。

实施断头河整治项目2个，其中：华徐公路—三观塘桥东半辐桥面铺装完成；崧泽高架西延伸—张港桥北半幅北侧架梁完成，南半幅南侧桩基完成。

10月，市属项目G318跨嘉松公路桥人行天桥建成启用；8月，诸光路（崧泽大道—闵行区界）建成通车。

年内，区属项目崧泽高架西延伸段下部结构完成55%、上部结构完成20%，地面道路、桥梁完成10%；累计完成建安量的37%。

（吴　顺）

■道路养护管理投入 区管公路养护：2019年，区管公路养护计划15742万元，其中日常养护5570万元、大中修7345.62万元、管理项目2386.38万元、应急经费440万元；至年底，累计支出17136万元。农村公路养护：2019年，农村公路养护计划27099万元，年度预算安排22996万元，其中日常养护9840万元、薄弱村道路维修750万元、大中修工程8781万元、管理项目1019万元；至年底，累计支出22996万元。市政道路养护：2019年，市政道路养护计划5789万元，其中日常养护4560万元、大中修929万元、小专项300万元；至年底，累计支出5806万元。

（吴　顺）

■道路大中修项目 区管公路：大中修项目共9个，其中2018年续建项目2个、2019年新开工项目7个，全部竣工。市政道路：大中修项目1个，已竣工。农村公路：有2018年结转项目13个，完成竣工验收；2019年项目10个，其中：

春节前，青浦区组织开展地下空间安全使用联合检查　　（区建管委供稿）

白鹤姚家浜路完成竣工验收，夏阳王仙村路主体工程完成，其余8个项目在施工阶段。薄弱村项目结转3个，完成竣工验收。（吴　顺）

■继续创建“四好”农村路　在2018年朱家角镇先试先行的基础上，继续推行示范镇（路）创建工作。2019年，确定金泽镇为示范镇创建镇；同时，做好朱家角镇示范镇复检工作。加大“四好”农村路创建宣传力度，完善乡规民约；开展路域环境整治，进行农管站提标改造，推行路长制管理。（吴　顺）

■错时停车工作　动员和引导机关事业单位内部专用停车场、经营性停车场（库）向附近居民小区车辆错时开放，缓解停车场（库）周边小区停车矛盾。年内，全区共实现6个停车场、402个泊位向周边居民小区车辆错时开放，其中：青少年活动中心等机关事业单位内部停车场2个、132个泊位，富绅国际大厦停车场等经营性停车场（库）4个、270个泊位。（吴　顺）

■公交配套设施项目建设　全力推进公交配套设施项目和公交港湾式站台改建项目的实施，全年完成新建公交候车亭265座（其中新建200座、旧亭更新65座），完成沪青平公路谢卫路等12处公交站点港湾式站台改建任务。（吴　顺）

■撤渡建桥工作　10月31日，金泽镇南新渡撤渡建桥举行开通仪式，大桥正式通行。11月1日，练塘镇中心渡新桥完成工程验收并开通，相关撤渡手续正在办理中。练塘镇东团渡撤渡建桥方案正在制定中，白鹤万狮渡待胜利路延伸项目完工后停渡。年末，区内还遗留2个渡口（东团渡和万狮渡）。（吴　顺）

■地下空间监管　2019年，对区内9个街镇50家重点区域地下空间安全使用情况开展督查，指导属地管理部门和地下空间使用单位更好的履行安全管理职责，全面提升城区整体防护和管理水平，推动地下空间安全隐患排查治理工作再上新台阶。全年开展监督检查66次，出动检查人员816人次，检查家数192家，排查隐患1730个。（吴　顺）

■道路照明日常管理　全年开展专项检查14次。对全区34876盏路灯开展日常巡查750次，出动人员2250人次，共计巡查627204盏次，发现问题4129起，网格化工单1019起，处置率达100%。处理撞杆73起。受理区管道路照明新建工程网上用户注册48个。办理移交接管道路21条，共计灯盏数1881盏、灯杆数1446杆、控制箱34只。（吴　顺）

■架空线和飞线整治　全年完成160根违规架空线、飞线的整治，其中联通132根、东方有线4根、城建所2根、公安22根。（吴　顺）

城市精细化管理

■概况　2019年，区绿化和市容管理局、城管执法局、网格化管理中心等职能部门围绕建设更高能级“上海之门”的城市目标和“更整洁、更有序、更美观、更安全”的行业要求，按照“挂图作战、分级负责、协同配合、定期点验”的工作思路，紧紧围绕第二届“进博会”和长三角一体化发展两大国家战略，全力

4月，工作人员对违规架空线进行整治（区建管委供稿）

推进城市精细化管理示范样板区建设，持续深化网格平台智能化建设，着力推进实现城市难题顽症的“根本性治理”，为青浦高质量跨越式发展战略实施提供有效助力。网格化管理系统全年共立案723066件，结案率为99.60%，及时结案率为95.97%，区级先行发现率为77.34%。热线系统共受理工单52978件，按时办结率为99.00%，先行联系率为96.13%，回访解决率为73.19%，市民满意率为70.25%。

（陈诗瑶　张丞辉　蒋雯雯）

10月27日，区绿化市容局综合巡查西虹桥地区市容环卫、绿化景观情况

（区绿化市容局供稿）

■“进博会”市容环境保障　10月底，“进博会”核心区绿化市容保障提升项目全部竣工，共计4500平方米绿地进行总体提升改造；完成花卉布置，景观灯光、小品安装布置，城市家具更新改造等项目；全面推进市容环境综合治理，拆除1000余块违法户外广告和户外招牌，深化市容环境卫生责任区制度；巩固提升西虹桥一体化养护保洁作业实效，作业范围由原6平方公里拓展至8平方公里，落实“定岗、定员、定时、定责、定量”作业制度，增加机械作业装备配置数量和巡回保洁频次，建立巡查监督机制；组织开展环卫作业应急演练活动，持续开展大清洗、大保洁行动，确保“进博会”核心区市容环境达到“席地而坐”的实效。（陈诗瑶）

■生活垃圾分类示范化创建　围绕贯彻落实《上海市生活垃圾管理条例》推进全程分类体系建设，以达标示范街镇创建为抓手，指导督促各街镇抓好宣传告知、设施设备配置、定时定点投放、辅助分拣、分类驳运、垃圾房改造等工作衔接，不断提高生活垃圾分类实效。全年累计开展各类宣传培训1700余场，覆盖10.2万人次；垃圾分类绿色账户年内开卡注册14.7万户，开卡率103.2%，累计覆盖34.2万户家庭；设置定时定点投放点位1482处、完成垃圾箱房改造801座，累计设置“两网融合”（即生活垃圾清运体系与再生资源回收体系两个网络有效衔接并融合发展，从而实现垃圾分类后的减量化和资源化）再生资源回收点422个、建成中转站5座，可回收物收运量不断提升。青浦区创建为上海市生活垃圾分类示范区，重固镇、赵巷镇、盈浦街道、徐泾镇、练塘镇、香花桥街道6个街镇先后创建为上海市生活垃圾分类示范街镇。

（陈诗瑶）

11月23日，青浦区举办“垃圾分类我先行，文明城区共创建”主题宣传活动

（区绿化市容局供稿）

■一体化养护保洁　3月，制定《关于青浦区集镇地区推进“一体化”养护保洁工作实施方案》，指导督促街镇通过市场化或现有作业队伍整合方式推进一体化养护保洁，全面落实“五定”（即定岗、定员、定时、定职、定量）作业要求，与企业签订诚信承诺书，建立日常监管考核制度，实现集镇地区“一体化”养护保洁全覆盖。同时，各街镇积极探索农村地区一体化养护保洁，通过村民自治或市场化方式，推进农村地区一体化养护保洁试点，农村地区宅前屋后、设施管理、道路保洁、水域保洁实效不断提升，一体化养护保洁取得阶段性成效。

（陈诗瑶）

■建筑垃圾全程管控　严格按照市政府57号令要求，加强建筑垃圾全程管控，强化属地管理责任。全年受理排放项目68个、回填53个，累计申报处置工程渣土554.5万吨、回填申报量1626.5万吨，发出建筑垃圾双向告知书61份。开展“卫星遥感+无人机”排查，督促街镇及行业单位落实中央环保督查整改要求，全面

10 月，在首届“进博会”的基础上打造的全新国展中心核心区夜景
（区绿化市容局供稿）

加强建筑垃圾中转分拣点、处置场所、消纳点的软硬件建设和日常监管，定期与公安交警、建管委、城管等执法部门开展专项联合整治行动，落实严惩严管措施，确保地区环境安全。 （陈诗瑶）

■环卫规范化建设 按照“厕所革命”要求，结合农村人居环境整治、乡村振兴示范村建设及美丽乡村示范村建设等工作，于 3 月制定《关于集镇和农村地区公厕维修改造工作实施方案》，指导督促属地街镇因地制宜推进公厕新建和维修改造，加大工作推进力度，提升硬件设施标准，不断提升公厕管理服务质量。全年完成公厕维修改造 155 座，2 座最新“智慧型”一类公厕竣工并对外开放。西虹桥生活垃圾转运站投入使用，青浦区建材再生利用中心顺利开工，生活垃圾末端处置能力不断提升。 （陈诗瑶）

■“美丽街区”建设 按照“做减法、保功能、全要素”要求，细化、深化“美丽街区”建设工作，落实《2018—2020 年青浦区“美丽街区”建设三年行动计划》，重点围绕道路交通、道路景观、公共绿地、景观照明、河道治理、建筑立面等方面开展整治提升工作。完成国展中心周边和嘉闵高架沿线青浦可视范围 2 个市级“美丽街区”点位创建任务。 （陈诗瑶）

■市容环境顽症专项治理 在全面巩固“补短板、治五乱”三年行动计划的基础上，对全区各街镇 48 个治理任务点位开展专项治理。持续开展 91 个“特定区域”和 31 个无序设摊点位的巩固提升工作，落实巡查测评通报机制。4 月，制定《2019 年青浦区占道亭棚整治方案》，督促各街镇落实“占道亭棚”减量化专项治理措施，加大重点难题顽症治理力度。推进市容环境责任区和达标示范街镇复审工作，联合区城管执法局压实商家责任，提升沿街商铺责任区签约上墙率、履约率、自治率。

（陈诗瑶）

■户外广告招牌设施整治 适时调整《青浦区户外广告设施设置阵地实施方案》，规范设置和安全管理，完善户外招牌告知承诺、一店一档和审批制度，强化店招店牌管理和安全隐患整治，对屋顶、墙面大型外挑招牌等违规招牌整治拆除。全年累计拆除市重点督办 LED 显示屏和跨线桥以及违法户外招牌 240 块、区级违法户外广告和违规招牌设施 2605 块。 （陈诗瑶）

■提升执法办案水平 本着“放权不放松”的原则，常态化开展各类专项培训以及“每月一课”等学习交流活动，坚持每月撰写、定期汇编法制工作指导意见，强化一线队员办案能力。不定期对街镇案件质量、案由定性、文书使用、程序措施、自由裁量等方面加强督查，对抽查发现的问题及时进行跟踪通报。灵活运用中队案卷交叉互评等形式，通过不断纠错，提升办案质量。全年办理行政案件 4228 件，处罚金额 439.54 万元，涉及市容、规划、物业、工商、环保、绿化、建设、市政、水务、通用语言文字十大领域。 （张丞辉）

■基层队伍建设 全面开展城管执法基层队伍规范化创建行动，要求各中队结合各自情况，进一步强化内部管理，改善办公条件，积极参与中队规范化建设。组织开展规范化创建专题培训，明确工作要求，邀请相关专家专题辅导。组织人员到松江区车墩镇中队考察学习，并就香花桥、白鹤中队创建经验进行交流分享。同时，对中队进行创建指

第二届“进博会”期间，城管执法队员进入国家会展中心内场开展垃圾分类执法检查
（区城管执法局供稿）

导检查,并邀请市城管执法局提前进行预检,进一步查找问题、确保整改完善。年内,全区成功创建示范化中队2家(香花桥、白鹤),按计划完成示范化中队创建验收1家(练塘),规范化中队创建验收2家(夏阳、朱家角),规范化中队复检验收3家(盈浦、重固、金泽)。

(张丞辉)

■护航第二届"进博会" 备展期间,在开展全区范围日常监督检查的基础上,积极配合虹桥管委会城管前线指挥部对"进博会"核心范围进行全面巡查排摸,分别梳理形成5批重点督办清单,共计222个问题点位,主要包括违规户外广告、"小三乱"(即乱刻画、乱涂写、乱张贴)、违章搭建以及跨门经营等违规市容问题。协调落实徐泾、华新等属地城管中队按照清单项目难易程度分成告知、拆除、查漏补缺3个阶段进行整改,并全面完成销项任务。展会期间,从各街镇抽调27名队员分别进驻核心区网格,落实"1+8"网格化巡查工作模式,实施全天候、全方位、全覆盖执法管控;对于国家会展中心周边及外围拓展区域,全面提升勤务工作等级,建立"五定"(即定人、定时、定点、定岗、定责)工作机制,强化市容巡查保障力度。

(张丞辉)

■开展街面环境整治 围绕"美丽街区"建设要求,结合"双迎"(庆祝中华人民共和国成立70周年、第二届"进博会"、全国文明城区创建等工作,聚焦跨门经营、夜排挡、无序设摊、户外广告设施以及非机动车违规停放等常见街面市容违规问题,开展以"雷霆"行动为代表的常态化街面环境秩序执法整治行动,并完成全区73条街面环境秩序示范道路创建工作。行动期间,分别对不同区域开展多轮实效督查;并组织进行区级督查,对发现的部分问题以督办单形式抄送属地中队,督促落实整改。全年开展行政检查26174次、教育劝阻12238次、巡查道路64796条次,其中:查处各类无序设摊、违规夜排挡案件1503起,处罚金额32.07万元;查处占道洗车、占道堆物、跨门营业等案件475件,处罚金额14.59万元;查处"小三乱"案件318件、处罚金额11.23万元;查处违规设置户外广告设施449起,处罚金额13.65万元,共拆除违规户外广告设施、门店招牌1315处计1442块。

(张丞辉)

■推进垃圾分类执法 作为《上海市生活垃圾管理条例》正式实施后的执法主体之一,充分行使职责,全面推动全区垃圾分类工作深入开展。将生活垃圾分类要求和相关法律法规宣传作为重点内容,举办了以"垃圾分类齐参与 城市生活新时尚"为主题的"'7·15'公众开放日"活动,先后组织各街镇中队开展垃圾分类宣传活动124次。组织开展"新时尚"生活垃圾分类专项行动,落实全区垃圾分类巡查整治,以商业广场、村(居)委、民营医院、菜场等特定经营场所、垃圾中转站为重点检查对象,对投放、收运等全过程环节开展专项检查。全年投放环节检查单位2304家、个人2711人,收运环节检查收运单位56家;共办理生活垃圾类案件355件,处罚金额59.49万元。第二届"进博会"期间,国家会展中心内场派驻队员开展执法检查17次,指导餐饮、物业企业落实生活垃圾和餐厨垃圾的规范处置,对场馆内未按要求设置垃圾收集容器的商铺开具责令改正通知书2份。

(张丞辉)

■生态环境整治 结合中央环保督察迎检工作,加大对全区工地、道路扬尘的管控力度,全力以赴切实做好城市管理领域的环境保护工作。积极会同交警、渣土所等部门每月组织3~4次集中整治行动,严厉打击违规渣土运输行为;不定期对全区开展飞行检查,严查各类无证运输、跑冒滴漏以及道路扬尘等问题。结合空气质量提升执法保障工作,进一步加强对露天焚烧农作物秸秆、落叶、垃圾等违规行为的执法巡查力度,重点把握好闲置地块、城乡接合部、各村级生活垃圾搜集站、废品回收站等区域,确保重点时段露天焚烧管控到位。全年城管执法系统共立案查处各类擅自处置工程渣土、车辆运输未密闭以及工地未按规定落实扬尘管控措施等违规案件122起,处罚金额150.3万元;共扑灭露天焚烧点位36个、立案查处26起,处罚金额1.54万元。

(张丞辉)

■构建跨区执法协作框架 主动加强与周边毗邻区域城管部门的沟通协作,与江苏省吴江区、浙江省嘉善县城管部门进行对接交流,讨论建立跨区联席会议平台,探索建立三地城管人员交流学习机制、跨区案件查办机制、相邻区域执法联动机制。通过打造上述"一个平台""三个机制",整合各方资源,加强跨区城市管理综合执法工作,共同提升城市管理水平,助推长三角一体化发展。第二届"进博会"应急保障工作还特别邀请了苏、浙两地城管参与其中,通过进一步强化执法联动,共同梳理重点、

12月30日,青浦、吴江、嘉善三地城市管理执法区域协作框架协议签约仪式举行

(区城管执法局供稿)

难点问题，分享执法信息，提升跨区域协作能力和城市精细化管理水平。
（张丞辉）

■"智慧城管"建设 根据市城管执法局要求，建设完成网上办案、网上督察、网上勤务、网上考核、诉件处置、管执联动6个系统，以及执法视频记录综合管理平台和区局指挥中心、徐泾指挥分中心，基本实现市、区、街镇三级城管执法部门系统全覆盖和应用常态化。至年底，全区在编队员移动执法终端配置率达到100%；4G执法记录仪共227台，配置率76.4%；47辆执法车共装备车载视频40台，配置率85%；各中队装备无人机共9台，配置率69%。在此基础上，对信息化装备配置使用情况、数据录入情况每月开展专项督察检查，确保信息化工作在中队落实落细。
（张丞辉）

10月18日，区网格化管理中心与吴江区社会综合治理联动指挥中心、嘉善县社会治理综合指挥服务中心签订《关于青浦区、吴江区、嘉善县加强网格化管理合作交流框架协议》
（区网格化管理中心供稿）

■网格化管理工作 以"三区"（即网格精细化样板区、达标区、合格区）创建为抓手，推进网格精细化管理工作。27个网格精细化样板区问题先行发现率为84.70%，处置率为99.58%；145个达标区问题发现率为72.65%，处置率为99.69%；160个合格区问题发现率为63.58%，处置率为99.66%。通过开展网格案件每日处置、每月清理与每季清零的方式，督促承办单位加快案件处置，提升网格案件处置率。标准类一般案件结案率为97.90%、及时结案率为76.32%。采取日常抽查与月度抽查相结合的方式对全区案件质量进行把控。
（蒋雯雯）

■热线办理工作 建立热线疑难工单办理面对面沟通机制，加大承办单位与投诉人的沟通力度，市民满意率比上年提升4.07%。与区生态办对接建立热线在建违法建筑投诉工单联处机制，共联合处置在建违法建筑投诉工单264件。区领导对36件疑难事项工单进行批办，均得到有效解决。 （蒋雯雯）

■精细化工作 采取自上而下的建设方式，积极推进区、街镇、村居"三网融合"系统建设，在第二届"进博会"期间试运行。制定《青浦区服务保障第二届进博会重点区"1+8"城市管理精细化工作方案》，建立"1+8"（"1"指区网格中心，"8"指区生态环境局、建管委、水务局、应急局、消防救援支队、市场监管局、绿化市容局、城管执法局）网格巡查机制，由区网格中心和8个区级专业部门作为主体，开展城市精细化管理的巡查、处置工作，做到网格内问题发现及时、处置快速有效，确保"进博会"重点区域的城市环境更安全、更整洁、更美好。
（蒋雯雯）

2月26日，2019年青浦区网格化管理暨"12345"市民服务热线工作会议召开。图为受到表彰的2018年度40名"网格之星"中的部分代表上台领奖
（区网格化管理中心供稿）

■探索长三角一体化发展格局下的网格化管理工作 10月18日，与江苏省苏州市吴江区社会综合治理联动指挥中心、浙江省嘉兴市嘉善县社会治理综合指挥服务中心联合召开"不忘初心、牢记使命"主题教育暨"服务保障'进博会'、推动长三角一体化示范区建设"座谈交流会，签订《关于青浦区、吴江区、嘉善县加强网格化管理合作交流框架协议》，探索在长三角一体化发展格局下的网格化管理共建合作。 （蒋雯雯）

■队伍建设 评选年度"网格之星"40人。按照干部选拔任用程序和要求，提任正科级干部2人。组织管理人员到浦东、普陀、金山、奉贤、静安等区网格中心进行学习，提高管理人员工作水平。举办4期业务培训班，500余人次参加，提高网格、热线从业人员工作

能力。（蒋雯雯）

■扫黑除恶专项斗争工作　5月，成立扫黑除恶专项斗争工作小组，制定工作方案，开展扫黑除恶专项斗争。建立涉黑涉恶线索关联热线工单日常排查和专项排查工作制度。日常排查方面，上报线索4条；专项排查方面，梳理排查出线索工单23件，实际解决8件、解释说明15件。制定《区网格化管理中心落实中央扫黑除恶第16督导组第一轮下沉督导要求立行立改工作方案》，明确4个方面共5个共性问题、9项具体整改措施，每周向区扫黑办报送整改推进情况。（蒋雯雯）

安全生产监督管理

■概况　2019年，青浦区安全生产工作深入贯彻落实习近平总书记和相关中央领导关于加强应急管理和安全生产工作的重要批示、指示精神，全面贯彻落实市委、市政府和区委、区政府关于加强应急管理和安全生产工作的工作要求，牢固树立底线思维和红线意识，在机构改革同步推进过程中，重点围绕公共安全综合整治和“保大庆、迎进博”各项应急保障工作，守底线、补短板，全面加强安全生产领域重大风险防范化解，确保全区安全生产形势稳定受控和应急管理工作平稳过渡。全区共发生死亡事故26起，死亡26人，比上年下降21%，其中：工商贸生产死亡事故16起，死亡16人，比上年下降20%，造成直接经济损失约1645万元；共对20家责任单位和28名责任人行政处罚791.66万元，依法追究3人刑事责任。（许佳雯）

■重点行业专项整治　实施重点监管企业“一企一策”检查方案。共检查危险化学品企业348家次，粉尘涉爆及有限空间企业40家次，发现隐患69条，开具责令改正通知书55份，已全部整改；对1家企业处罚6万元。开展加油（气）站安全大排查大整治百日行动。共计检查加油（气）站61家，发现隐患11条，开具责令改正通知书7份，已全部整改。严厉打击非法储存、运输危险化学品行为。共查处相关案件14起，查没化学品110余吨，委托无害化处置50余吨。共受理危化品经营许可证申请211家次，办结发证206家次；受理第三类非药品类易制毒化学品备案申请25家次，发证25家次；受理危化品建设项目安全条件审查4家、安全设施设计审查6家，下发安全条件审查和安全设施设计审查意见书各8份。（许佳雯）

■安全生产基础建设　完成35家危险化学品重点监管企业和318家工贸企业风险分级管控和隐患排查治理双重预防体系建设，完成207家工贸企业安全生产标准化创建和325家消防重点单位消防标准化管理工作，完成25家粉尘涉爆企业“十项重大事故隐患”甄别核验和35家工贸企业有限空间岗位辨识、风险评估等工作。全面实施危险化学品企业安全风险研判与承诺公告制度。完成7家重大危险源企业重大危险源辨识、备案工作，指导380家危险化学品使用单位按要求登录报送信息。（许佳雯）

9月27日，在2019年青浦区突发事件应急处置综合演练中，专业救援队伍控制现场化学品扩散的同时检修故障设备　（区应急局供稿）

■安全生产宣教培训工作　开展以“防风险、除隐患、遏事故”为主题的安全生产月活动92次，拍摄宣传片并在区主流媒体滚动播放；开展全区安全生产执法培训和应急管理培训；开展安全生产公开课37场、讲座20场，受众共2000余人次；发布各类宣传信息320余条；发放宣传材料5万余份，接受咨询320余次；培训各类特种作业人员2700余人。（许佳雯）

■公共安全综合整治　制定《青浦区公共安全综合整治方案》，梳理八大领域13个行业负面清单163项；制定十六类“一企一表”，实行清单式管理，定期召开整治推进会；通过专人进驻、部门联合执法等手段，在危险化学品、消防、建筑施工等八大领域13个行业全面开展综合整治。累计检查企业7.2万余家次，查处隐患4.3万余处，已整改完毕4万余处；整治厂房面积75212平方米，腾地38.27公顷；对存在重大隐患的企业实施行政处罚，共处罚金667.38万元；累计“三停”（停产停业、停止使用、停止施工）企业109家，关闭、搬迁、清退“小、乱、散”企业391家，行政拘留91人。（许佳雯）

■完成第二届“进博会”安全保障任务　制定《青浦区应急管理局关于第二届进博会应急管理专项保障方案》，切实履行安全保障组和城市管理组成员职责，连续奋战28昼夜，出动820余人次、出勤1680余次，全方位落实从场馆内到全区层面安全管控及应急处置。在场馆核心区设立应急驻场办公室，市、区两级应急队伍联合编组对展台布撤展进行全面安全监管，实现展会期间安全生产零事故。在场馆管控区参加重点区域“1+8”城市精细化管理8个网

9月27日,“防风险·保平安·迎大庆·护进博”——2019年青浦区突发事件应急处置综合演练在克鲁勃润滑和肯天化工有限公司举行　　（区应急局供稿）

格街面巡查,每日对范围内18家危化品相关企事业单位全覆盖巡查,严防危险化学品事故。在场馆延伸区督促抓好建筑施工、交通运输、特种设备、消防安全、水务工程等重点行业领域安全监管,累计检查企业1.1万余家次,查处隐患1万余处;立案处罚15起,共处罚金58.8万元。全力做好“防风险·保平安·迎大庆·护进博”专项工作。

（许佳雯）

防震减灾

■概况　2019年,区应急管理工作严格日常规范值守应急,强化突发事件信息报送。对相关应急联动单位进行抽查,督促做好信息续报、终报工作注重应急预案激活。梳理全区各类预案,在修编完善的同时组织开展演练,举办突发事件应急处置综合演练等6场,共有2500余人参加。结合全区应急物资管理信息共享平台建设,切实掌握应急物资储备情况并进行巡检。　（许佳雯）

■加强各类灾害防治工作　全年共开展二轮防汛检查,抵御8次强降雨侵袭,启动防汛响应9次,累计响应69小时;开展3次森林防灭火安全抽查、2次应急物资储备库检查;组织防汛、应急管理、村居灾害信息员等培训,共有600人次参加;指导全区各相关方面做好全国综合减灾示范社区创建及防震减灾科普示范学校复评。我区已有市级防震减灾科普示范学校三所,分别是实验中学、佳禾小学、实验小学,2019年均完成复评。　（许佳雯）

■防震减灾工作宣传　5月12日是第十一个全国防灾减灾日。区应急局会同区民防办、红十字会等单位在全区范围内组织开展防灾减灾日及宣传周活动,全区举办防震减灾应急演练8场,举办防灾减灾讲座15场,涉及人员包括在校中、小学生和社区居民等,共计1万余人次。是日上午,在富绅商业广场举办大型宣传活动,区民防办、民政局、红十字会和公安青浦分局等15家单位参与此次活动,参与市民300余人,现场发放资料及宣传品25000余份,城区主要道路悬挂宣传横幅60条。结合科普“六进”活动,开展地震科普宣传,全年开展科普进社区宣传活动11场。

（许佳雯）

消防管理

■概况　2019年,青浦区认真贯彻落实市委、市政府各项决策部署,重点围绕第二届“进博会”安保、城市管理精细化,着力加强消防安全公共基础建设,逐步完善消防安全管控机制,高频开展消防安全宣传教育,层层压实消防安全责任,不断提升区域消防安全整体水平。年内,组织开展“防风险·保平安·迎大庆·护进博”、公共安全综合治理、今冬明春火灾防控等消防专项行动,消除了一大批火灾隐患顽症,完成了全国“两会”“进博会”等重大活动消防安保任务,有力维护了区域平安建设局面。2019年,区消防救援支队获得第二届“进博会”立功竞赛先进集体,支队核心区安保团队获上海市工人先锋号称号;被市消防救援总队评为“首届中国国际进口博览会消防安保先进支队”,获得部局集体三等功,被部局授予“改革转制教育整训先进集体”,连续4年被市消防救援总队评为先进支队。

5月12日,2019年青浦区“5·12防震减灾日”防震减灾综合演练举行

（区应急局供稿）

全区全年发生火灾起数241起,死亡1人,受伤0人,直接财产损失4345.7万元。比上年(火灾起数345起,死亡1人,受伤1人,直接财产损失398.8万元)火灾起数下降了30.1%,亡人数同去年持平,伤人数下降了1人,直接财产损失上升了989.7%。区消防救援支队共接处警3488起,出动车辆2701辆次,出动指战员20636人次,抢救被困人员22人,疏散被困人员120人,抢救财产价值4345.7万元。

(何红勇)

■国庆70周年和"进博会"消防安保工作 印发《青浦区"防风险保平安迎大庆护进博"消防安全专项行动工作方案》,将国庆70周年和第二届"进博会"消防安保工作同防范化解重大风险、公共安全综合治理以及大排查大整治等行动统筹开展,发动24个委、办、局和11个镇(街道)、7家区级公司以及18个公安派出所全面部署消防安保工作,分辖区、分条线制定工作方案。区消防委每月开展全区消防安全形势分析评估,针对消防安全薄弱环节,有针对性地制定专项行动方案,落实火灾防控措施。分阶段对11个街镇开展3轮专项督导,切实推动工作措施落地见效,并以223个火灾防控网格为基础,全面开展排查整治工作。特别是在安保决战阶段,在国展中心附近迪丰国际设立前方指挥所,在原有10个执勤中队基础上前置37个流动消防站,支队523名指战员与消防高等专科学校199名增援力量布控压至各点位,做好驻防、排摸、巡查、整治、宣传等工作,同时,派驻3辆消防车、43名指战员梯次进驻国展中心协助总队工作,最大限度将力量投放在最前线。集中约谈了全区6家大型商业综合体、8家大型快递物流企业、29家在建工地以及152处"不放心场所"负责人,逐一签订消防安保责任书,发动全区325家重点单位、1258家规模性企业单位、152"不放心"单位,在"进博会"期间实行单位领导24小时带班、重点部位实名制驻守等措施,切实强化重点点位监管。发动疏导区内街镇、公安、村居、网格、第三方特保、平安志愿者等八类防控力量共计9030人参与重点区域、重要沿线、重要点位的消防巡查和驻守工作。 (何红勇)

■火灾隐患排查整治 区消防救援支队全年累计检查单位7128家次,督改火灾隐患9147处,临时查封单位69家,责令"三停"(即停产、停业、停止使用)单位67家,罚款473万元,拘留95人。一是开展"防风险、保平安,迎大庆、护进博"消防专项行动。发动各街镇对"9+2+2"(即高层建筑、公共娱乐场所、规模租赁住宿场所、"三合一"场所、商场市场、宾馆饭店、养老院、劳动密集型企业、施工工地9种场所和农民自建出租房、文物古建筑及古镇以及厂房、仓库)类重点场所开展滚动排查,累计排查高层建筑1379幢、公共娱乐场所315家、规模租赁住宿场所120处、农民自建房2.3万栋、"三合一"(即住宿与生产、储存、经营等一种或几种用途混合设置在同一连通空间内)场所582处、商场市场114家、宾馆饭店708家、养老院21家、文物古建筑及古镇109处、劳动密集型企业141家、施工工地153处以及建筑面积2000平方米以上的厂房963家、仓库435家,并依托BDP大数据平台,动态建立"三份清单"(即单位清单、隐患清单、整改清单),实行隐患"销项式"管理。二是聚焦重点单位管理。持续推进重点单位"零火灾"创建行动,全年2次集中约谈重点单位主要负责人,逐个签订消防安全承诺书,全覆盖落实"三自主、两公开、一承诺"(即自主评估风险、自主检查安全、自主整改隐患,公开消防安全责任人、管理人及其职责,承诺本场所不存在突出风险或者已经落实防范措施)活动,督促重点单位全部排定国庆70周年和第二届"进博会"期间人员实名制值班值守计划,全部落实"六个一"(即开展1次消防安全评估、签订1份消防安全承诺书、维护保养1次消防设施、组织监测1次电气和燃气线路设施、全面清洗1次油烟道、集中培训1次全体员工)工作措施。每日对重点单位领导带班、实名制值守和微型消防站24小时值班备勤工作进行抽查,全区325家重点单位持续保持全年"零火灾"。三是联合行业部门开展整治。会同区文旅、民政、教育、卫健、建管、经委、市场、应急、网格化等部门对57家文博单位、20家娱乐场所、28家养老机构、45家中小学校、18家医疗机构、50余处在建工地、59家加油加气以及全区465条道路共计13885家沿街商铺开展消防安全专项检查行动,并持续落实行业部门常态化监管措施。四是强力推进重大火灾隐患整治。推动将6处存在突出火灾隐患的单位和区域纳入市、区两级重大火灾隐患挂牌督办范畴,提请政府挂牌督办,并在全市率先完成整治任务。其间,累计开展联合整治20余次,督改隐患300余处,下发整改通知书80余份,拆除违章建筑1.1万平方米。 (何红勇)

5月22日,区消防救援支队队员扑救华新镇某冷库火灾

(区消防救援支队供稿)

■**夯实消防安全基础** 建成并投用重固小型消防站，争取重固小型消防站运营费用180万元纳入2020年地方财政预算，为重固小型消防站常态化运营做好充足准备。与10家联勤单位签订联勤保障协议，不断优化联勤保障机制，全年先后组织战勤保障演练3次。组织对10个老旧小区实施消防设施增配或改造，组织350个居民小区开展疏散逃生演练，惠及群众5万余人。针对朱家角、练塘、金泽3个镇的古镇区域建筑耐火等级低、通道狭窄等先天性消防隐患，着力从人防、物防、技防方面提升火灾防控能力。由区财政落实5000万元对朱家角古镇区域消防设施进行一体化升级改造，增设墙式消火栓、弱电监控系统、简易喷淋、单点式烟感等消防设施；提请区财政落实经费对练塘、金泽古镇区域开展全面的消防安全评估，根据评估结果对相关区域增设消防设施。（何红勇）

■**消防宣传活动** 提请区财政落实专项经费，依托第三方人员对各相关委、办、局和街道、镇领导，村、居委工作人员以及重点单位负责人全面开展消防安全培训。与区委宣传部建立消防宣传联动机制，在区消防救援支队设立“青浦区融媒体中心消防支队分中心”，并建立人才培养轮训机制，分批组织宣传人员到区委宣传部下设的青浦区融媒体中心进行为期3—6个月的实习培训。发动各街道、镇和委、办、局实化开展消防宣传“七进”（即消防宣传进机关、进学校、进社区、进企业、进农村、进家庭、进网站）工作，重点围绕高层建筑、人员密集场所、电动自行车火灾防范等主题，高频次地刊播、推送消防提示信息和公益广告，并结合“防灾减灾日”“安全生产月”“119消防宣传月”等重要节点活动，组织各街镇和区相关部门开展针对性集中宣传活动，先后制作2个消防公益广告、4个火灾警示视频和知识短片，协调各单位户外广告、楼宇视频、电子显示屏等广泛播出；共开展集中宣传30余场次，发放各类宣传资料15万余份。（何红勇）

淀山湖彩虹桥一景（张军华摄）

综 述

2019年,青浦区继续加强公用事业设施建设和改造,完善服务配套,美化公共空间,提升功能品质,提高综合调控和服务能力;优化城乡公交线网,推进长三角地区公交对接,着力保障城市安全运行,继续为便捷市民出行和提高市民生活质量等做好服务。电力发展投入资金6.98亿元,完成西虹桥商务区和青浦城区2个试点区域的网格化规划;110千伏"数字化管控"示范站青泰变电站建成投运,110千伏鹤民、前明、寺前、新丹变电站和220千伏新泽变电站110千伏送出工程加快建设,青香—解放35千伏线路工程顺利投运;夏阳10千伏浦仓线路新建工程等4项迎峰、配网项目顺利完工;青浦—嘉善、青浦—吴江10千伏互联工程正式建成贯通,打通电力"断头路"。继续推进居民住宅二次供水设施改造,惠及居民约2000余户;全年供水总量为1.63亿立方米,售水总量为1.29亿立方米,出厂水水质四项综合合格率稳定在99.99%以上。全区天然气管道总长度1494公里,销售天然气总量16973.16万立方米;供应液化气总量6642.5吨,并取消10个液化气供应站门售自提,全面推行统一配送,全力保障公共安全。优化调整公交线网,新辟线路2条,延伸调整线路17条;打破区域行政壁垒,开通运行5条示范区区域公交线路。新增学校周边临时道路停车场17个,停车泊位340个。全区有邮政投递线路122条,线路单程总长度4587公里,设信箱(筒)150个。

(陈 娟 姚 玮 吴 顺 屈嘉婧)

供 电

■概况 2019年,国网上海市电力公司青浦电力公司坚决贯彻上级决策部署,紧紧围绕年初确定的目标任务,在全体干部职工的共同努力下,凝心聚力、奋发进取,顺利完成第二届"进博会"供电保障,全力推进长三角一体化发展电力先行,高标准完成各项目标任务,在安全稳定、优质服务和电网建设等工作均取得新突破。年度全公司绩效考核连续两年排名第三。获市公司"12345"热线诉求处理暨行风监督工作综合考核优秀、第十九届上海市文明单位。

全年发展总投入6.98亿元。固定资产投资6.63亿元,其中电网投资4.99亿元。完成售电量66.32亿千瓦时,比上年增长3.61%。最高负荷144.97万千瓦,比上年增长1.81%。营业收入42.43亿元。全口径劳动生产率406.46万元/人·年。综合供电可靠率99.99%,创历史新高。综合电压合格率100%。线损率0.72%。效益效率类指标总体可控,各项经营业绩保持稳健。

(陈 娟)

■安全生产管理 年内,认真贯彻落实上级公司2019年安全工作意见,实现全年安全生产目标。未发生各类人身、火灾、信息事件,保持长周期平稳局面,累计安全天数3652天。严格执行全员安全责任清单,建立领导班子安全述职、管理人员安全履职评价等评定制度。吸取系统内外事故教训,加强计划

9月10日,长三角地区首条配电网跨省互联线路建成贯通 (刘湃 摄)

9 月 17 日，上海、浙江、江苏实现配电网跨省互联贯通　（刘湃　摄）

停役管理，严格现场安全督查和人员到岗到位，主动做好风险防控。深入开展春、秋季大检查、危化品供电安全排查、保大庆、防误闭锁等各类专项安全大检查，狠抓生产过程管控和作业现场监督，查出并整改各类问题 252 项。加强建设改造，施工安全质量管控总体平稳。电网结构进一步优化，部分负荷热点得到缓解，成功应对夏峰高温、雷暴、台风等恶劣气象考验。全年开展不停电作业 920 次，不停电作业率 94.6%，在国网上海市电力公司排名位居首位。运用技术手段加强设备状态监测，确保设备维护防范到位。充分发挥网格化信息优势，拓宽反外损信息渠道。全面应用智慧供电 2.0 保障系统，以“六个更”[即设备运行更安全、供电保障更智能、资源调配更有效、“三全”（全景看、全息判、全程控）特征更明显、“三互”（电力可靠互供、管理可靠互济、安全可靠互保）能力更可靠、体系效应更典范] 完成第二届“进博会”保电任务；顺利完成新中国成立 70 周年、区“两会”、淀山湖艺术节等 24 项重大保电任务。公司获国网上海市电力公司安全生产先进单位、第二届中国国际进口博览会电力保障工作先进集体。　（陈　娟）

■助力长三角一体化发展建设　5 月 30 日，承办国网上海市电力公司“长三角电力先行，一体化共融互通”发布仪式。全面贯彻落实《长三角一体化发展电力行动计划（2019 年）》和《长三角一体化建设・打造国家电网公司三型两网能源企业优质服务总体方案》，实时跟踪长三角地区发展动态，聚焦“两区一县”（即青浦区、吴江区、嘉善县）供电区域内党建联通、电网互通、服务贯通，编制 14 期《长三角一体化发展电力先行工作动态》。搭建“青吴嘉”三地党建联建平台，携手开展社会责任履责行动，组织开展四方面 8 项活动。制订《“青吴嘉”供电公司工会三年行动计划》，举办“筑梦长三角，建功新时代”优质服务技能再提升竞赛活动。创新提出跨省电网“互济互保、互联互通、互供互备”，青浦—嘉善、青浦—吴江 10 千伏互联工程正式建成贯通，打通电力“断头路”，在抗击台风“塔巴”中实现青浦配电网对嘉善客户的供电支援。加快实现示范区内营销业务的“一网通办”，稳步推进长三角一体化办电服务平台建设，成功办理增值税发票和小微企业业扩跨省办电两起应用实践典型案例。　（陈　娟）

■泛在电力物联网建设　2019 年，落实国网上海市电力公司泛在电力物联网建设大纲，细化实施 19 项重点任务。在 10 平方公里“进博会”核心区依托 4 组双环网和同步配置的自愈系统，率先建成国网上海市电力公司“两翼一中心”的西翼——西虹桥泛在电力物联网综合示范工程。运用“大云物移智链”等现代信息通信技术，实现“全息感知、泛在连接、开放共享、融合创新”四方面水平的提升。推动“两网”（即坚强智能电网、泛在电力物联网）深度融合发展，实现业务协同和数据贯通。支撑“进博会”供电保障从“人海战术”向“智慧供电”转变，为全面推进长三角一体化发展和“三型”（指枢纽型、平台型、共享型企业）、“两网”建设提供先行经验。上报国家电网公司最佳实践案例 6 项，其中“进博会”智慧供电和长三角一体化办电服务平台成果作为典型经验在国家电网公司“两会”期间展示。　（陈　娟）

■电网建设　主动对接青浦全面跨越式高质量发展需求，滚动调整“十三五”期间配电网规划；完成西虹桥商务区和青浦城区 2 个试点区域的网格化规划。在“进博会”核心区域成功试点“钻石型”配电网，保障“进博会”顺利举行。

11 月 5 日，为“进博会”提供“世界会客厅”级别的电力保障　（刘湃　摄）

110千伏"数字化管控"示范站青泰变电站建成投运，完成基建全过程综合数字化管控平台示范。110千伏鹤民、前明、寺前、新丹变电站和220千伏新泽变电站110千伏送出工程加快建设，110千伏蟠臻变电站顺利开工。青香—解放35千伏线路工程顺利投运，新泽—业辉等2项35千伏线路工程按期开工。夏阳10千伏浦仓线路新建工程等4项迎峰、配网项目顺利完工，100时/户（每户100个小时）以上计划停电基本消除。试点参与智慧运营中心试运营工作，助力现代（智慧）供应链体系建设。高质量完成青浦区乡村振兴莲湖村试点项目，积极推进崧泽高架西延伸、嘉松公路等重大市政配套工程建设。（陈　娟）

■经营管理　建设精准投资管控体系，实现需求可诊断、项目可优选、效益可评价。试点实施分布式光伏结算分拣自动化、增值税发票管理智能化。持续推进压控"两金"（即应收款占用的资金和存货占用的资金）、降杠杆减负债、民营企业账款清欠等专项工作，以业扩提质提效、电能替代为重点大力增供扩销，全面完成年度经营目标。全面优化业扩报装流程，受理业扩申请1.96万户，比上年减少34.49%；总容量57.94万千瓦，比上年减少19.14%。新接电2.76万户，比上年增加49.24%。完成电能替代2.15亿千瓦时，完成率107.32%。确保电价政策有效落地，提高一般工商业客户获得感。加大电费回收力度，当年电费回收率99.99%。严厉打击违章用电和窃电行为，处理窃电247户、超容违章用电250户，追补违约使用电费384.19万元。建立低压线损治理机制，实现台区线损合理率82.06%，可监测率98.67%。与重要园区及客户签订综合能源战略合作协议4份，储备项目4项。（陈　娟）

■优化电力营商环境　落实国网上海市电力公司优化营商环境行动计划，贯彻执行FREE2.0供电服务举措，全口径平均接电时间从32天缩短为8.68天，助力"获得电力"指标提升至第十二位。完成1241户低压小微企业装表接电，平均接电时间4.16天，有效提升小微客户电力"获得感"。完成华东能监局2019年重点专项监管督察和文明行业指数测评窗口检查工作。深化"三型一化"（即智能型、市场型、体验型和线上线下一体化）营业厅转型升级，完成白鹤、西岑、练塘营业厅改造，打造朱家角长三角区域综合能源服务体验厅、练塘"e享家"新零售模式体验厅。配合完成"网上国网"上线工作。主动服务华为研发中心、市西软件园等大型项目用电需求。业扩线上办电率100%。"95598"热线重复投诉为零，处理及时率100%，客户满意率99.46%。（陈　娟）

■"双创"工作成果　深入落实创新型企业建设三年行动计划，充分利用双创基地青浦创新共享空间。开展2项科技项目和2批"举手制"8项创新项目研究。依托科技创新成果，获第三十一届上海市优秀发明奖选拔赛1金、2银、1铜；2项QC成果获国网上海市电力公司擂台赛优秀成果奖；1项课题获2019年电力行业质量信得过班子建设典型经验交流活动二等奖。1个项目获2019年上海市产业青创赛银奖。1个项目获得国家电网公司第五届青年创新创意大赛银奖、国网上海市电力公司青年创新创意大赛金奖，1个项目获国网上海市电力公司青年创新创意大赛银奖。完成专利申请31项，专利授权12项。IEEE可持续电力与能源国际会议录用论文2篇，核心期刊发表论文3篇。试点实施网络终端边界准入控制系统建设信息化项目，进一步提升公司网络安全防护能力。高分通过中电联评价组现场评审，成为国家电网公司首批、国网上海市电力公司首家5A级"标准化良好行为企业"。（陈　娟）

■党建工作　高标准高质量完成"不忘初心 牢记使命"主题教育工作，全面完成"学、研、查、改"56项措施，集中学习研讨12次，形成学习体会文章28篇、调研成果报告8篇，发现并解决问题36项，9篇典型经验入选《国网报》等相关期刊。深入开展"旗帜领航·三年登高"创先争优年工作，结合重点工作，深化5个"党建+"项目，扎实推进基层服务型党组织建设和党员服务队建设。落实纪检监察体制改革部署，推进上级巡视反馈问题整改。结合新中国成立70周年主题活动，集体唱响《我和我的祖国》、拍摄《青电初心、百年传承》，深入挖掘"新时代青电追梦人"，加强主题宣传和意识形态正面引导。在各级媒体累计宣传上稿132篇。积极导入EAP+管理融合理念，成立青年学习社，打造幸福阅读品牌。持续开展帮困送温暖等工作，推进和谐温馨的职工家园建设。徐爱蓉电力服务创新工作室获评中国长三角地区首批劳模工匠创新工作室，朱家角供电营业站获评上海市第二届中国国际进口博览会最美服务窗口，营销第一党支部获评上海市经信委先进基层党组织。陈超杰获评上海市"五一"劳动奖章，张颖获评上海市进博先锋行动优秀共产党员，徐爱蓉获评国家电网公司最美国网人，沈星辰获评国家电网公司第七届供电服务之星，徐友刚获评国家电网公司优秀共产党员、青年岗位能手。（陈　娟）

供　水

■概况　2019年，全区自来水供水能力为70万立方米/日，与上年持平；出厂水水质四项综合合格率稳定在99.99%以上。全年供水总量为1.63亿立方米，比上年下降7.2%；售水总量为1.29亿立方米，比上年下降0.5%。其中，工业用水量、生活用水量分别为0.27亿立方米、0.57亿立方米，分别比上年下降4.1%和增长5.1%。（姚　玮）

■供水服务　全年开展厂房、工地等各类安全检查33次，发现问题均及时完成整改；每日公开供水水质指标，修订完善高峰供水方案，完成供水设备摸底修缮和"三定"（即定时、定点、定期）放水工作。高峰供水期间（6月15日—9月15日）累计供水量2317.5万立方米，日均供水量为29.3·万立方米，7月30日最高日供水量31.55万立方米。"进博会"期间，成立由总经理任组长的"进博会"供水服务保障工作小组，召开工作动员会，并组织人员参加区相关演练活动，切实保障了"进博会"期间供水平稳有序。在供水产销差方面，通过优化管网布局、推进DMA（即分区计量的英文缩写）项目建设和GIS（即供水管网地理信息系统的英文缩写）建设、实行手机抄表、加强出厂水压调度和抓好

1月，优化营商环境接水流程办理窗口进驻区行政服务中心 （青发集团供稿）

有效水量精细化管理五大举措，全年供水漏损率14.65%，比上年下降1.84个点。 （姚 玮）

■项目建设 居民住宅二次供水设施改造工程2019年项目完成33%，建筑面积约22万平方米，涉及居民约2000余户；工程建设方面，已基本完成小口径供水旧管网改造2019建设工程，供水管网DMA工程也已接近施工尾声。 （姚 玮）

■内部管理 一是推进扫黑除恶工作。公司党总支成立专项工作领导小组并召开全体党员大会，就相关工作进行了布置；党政主要领导参加青发集团党委“扫黑除恶”专项工作部署会专题党课；公司内部通过发布公开信、张贴宣传海报、放置易拉宝和宣传横幅的形式，营造了浓厚的工作氛围。同时，各部门积极排查员工违章搭建整治情况，发现问题立即督促整改，确保工作落到实处。二是做好对外服务工作。公司优化营商环境工作小组全年共正式受理接水项目176个，全部按照规范流程处理完毕；“小强抢修”完成各类抢修3749处，青水热线累计接听来电34890个，处理区网格“12345”市民服务热线投诉132起，网格化管理中心接报1364件；收费服务方面，除做好传统线下网点服务外，付费通、支付宝和微信公众号等付费平台运行良好，共收到在线缴付163万余笔，共计水费7476万余元。 （姚 玮）

■党建工作 一是开展“不忘初心、牢记使命”主题教育活动。党总支成立由书记任组长的专题活动领导小组，通过召开动员部署会、下发学习资料、组织专项学习、开展职工调研、设立专项宣传栏、观摩主题影片和组织参观学习等方式，有效营造主题教育宣传氛围，确保活动入眼、入脑、入心。二是做好十九大报告和习近平总书记重要讲话精神学习。通过开展主题党日活动、党员集体政治生日、组织生活会、收看各类直播视频和讲座，确保了习近平总书记相关理论学习工作落到实处。此外，党总支组织动员全体党员和干部职工积极运用“学习强国”学习平台，做到党员全覆盖。三是加强党风廉政建设。党总支书记与上级党委签署年度基层党建工作目标责任书和意识形态工作目标责任书，上报党风廉政建设责任制项目，完成市供水行业“治水管海供水保障”先锋党组织“水镜鉴廉”示范服务点的创建工作，开展党风廉政建设会和以“廉情家书”主题清源学堂。四是开展各类实践活动。党总支先后组织参加市供水处“健康走、活力跑”世界水日纪念活动，区“五一”劳动节环境宣传工作、区“印象淀山湖摄影比赛”、微心愿活动和新中国成立70周年暨纪念撤县建区20周年主题歌会比赛等，组织开展“忆往昔，向未来”——“听老党员、老干部讲初心”讲座等活动。五是做好党员管理。全年共完成3名党员组织关系转移（转出3名），接收预备党员2名，转正1名；全年共收缴党费58380元。 （姚 玮）

供 气

■概况 2019年末，全区天然气管道总长度1494公里，销售天然气总量16973.16万立方米，其中工业用气量4941.36万立方米、家庭用气量4306.1万立方米；用气总户数200044户，其中家庭用气198470户。全年供应液化气总量6642.5吨，其中家庭用气量6067.1吨；用气总户数12.7万户，其中家庭用户12.4万户。

11月20日，施工人员在进行管网切换工作 （青发集团供稿）

全区取消10个液化气供应站门售自提，全面推行统一配送；加强燃气站点检查力度，落实企业主体责任；督促各燃气经营单位做好用户入户安检，持续开展瓶装液化石油气专项整治工作。（吴　顺）

■推进液化气统一配送　根据《青浦区液化气统一配送实施方案》，从2017年10月起推行液化气统一配送工作，全区共涉及7家液化气经营企业。2019年，10个供应站取消门售自提，全面推行全配送。全年累计配送钢瓶195725只。（吴　顺）

■加强燃气站点检查力度　2019年，与区内10家燃气经营单位签订安全生产责任书，落实企业主体责任。督促业主加强燃气安全管理，建立健全安全生产责任制。检查液化气站点104座、天然气加气站3座、压缩天然气母站3座、天然气门站3座、储配站2座，出动检查人员580人次。发出责令整改通知书20份，与单位负责人进行约谈，要求限期整改。（吴　顺）

■开展瓶装液化气专项整治　为打击液化气非法经营行为，6—12月，持续开展瓶装液化石油气专项整治工作。落实街镇属地安全管理责任，做好用户排查、用气宣传，完成用户排查79573户。组织燃气公司到街镇开展安全用气宣贯会。参与生态办“三大整治”工作，做好公共安全检查。（吴　顺）

■做好用户入户安检　督促各燃气经营单位做好用户入户安检，每季度对各管道天然气（2家）、瓶装液化经营企业（5家）开展燃气用户入户安检情况督查工作。全年液化气入户安检38批次，出动检查人员190人次；天然气入户安检8批次，出动检查人员40人次；共开具责令整改通知书11份。（吴　顺）

公共交通

■概况　2019年，全区公交运营公司4家，运营车辆841辆，公交线路128条（年内新辟线路2条，延伸调整线路17条）。全年公共交通客运总量10769万人次；区域内运营出租车辆380辆，客运总量657人次。全年更新纯电动公交车辆90台年末，全区公共停车场120家，停车泊位43396个；道路停车场109条，停车泊位2781个。制作并发放2019年版《青浦区公共交通便民服务指南》，共印制25万份。评选8条2018年度区级公交品牌线路、50名优秀客运从业人员。青浦巴士公司获得上海市“五一”劳动奖状、上海市文明单位和上海市“进博先锋行动”先进基层党组织荣誉称号；青浦11路获上海市二星级公交品牌线路称号，青浦1路、青浦3路获上海市公交品牌线路称号。（吴　顺　马霏菲）

■推进长三角一体化公交对接　在前期与江苏省吴江、昆山地区交通对接的经验与基础上，深入推进长三角公交一体化对接。在市交通委的支持下，联合江苏省苏州市吴江和浙江省嘉兴市嘉善，打破区域行政壁垒，先行先试，开通运行5条示范区区域公交线路，统一线路命名、统一线路走向、统一车身外观设计，开放沿线所有站点，于11月4日举行区域公交开行仪式。（吴　顺）

运输管理

■概况　2019年，区建管委持续开展水、陆交通执法及交通运输行政管理工作。继续加强汽修行业管理，维护货运市场稳定。配合协调市重大工程推进，开展涉水工程监管及船舶污染防治工作。（吴　顺）

■交通运输行政管理　陆上，全年受理道路运输证年度审验车辆8722辆，受理专业运输开业78户、非专业运输开业29户；新增专业车辆1482辆、非专业车辆293辆；核查货运车辆燃料消耗量达标车型873辆，检测车辆共计9000辆；办理网约预约车人员资质申请1504件，总2940件；校车备案涉及学校11所，运营企业4家，车辆89辆；新增公共停车场（库）经营企业备案28户。

水上，全年受理区管通航水域施工作业许可33件，受理船舶进出港报告74679艘次，检验船舶182艘。梳理辖区码头情况，至年底，辖区有证企业33户（其中市管航道企业4户、区管航道企业29户），总泊位109个。青浦境内共有航道29条，里程共计251.66公里。（吴　顺）

11月4日，长三角一体化生态绿色发展示范区区域公交开通仪式举行　（区建管委供稿）

■**交通执法** 陆上,公路路政全年行政许可审批29件、行政处罚案件20件;城市路政全年审批掘路51件,涉及土面17742.17平方米;审批临时占路14件,涉及地面1237.54平方米;受理夜间施工备案13件。全年开展非法道路接坡整治50余处;开展"清网1－12号"非法客运专项整治、"猎狐1－12号"克隆出租车专项整治、无证驾培等系列专项整治。做好公安移交案件接收,立案24件,其中10件为危险品无证运输案件。有序开展非法客运整治,继续加强同公安青浦分局交警支队联勤协作,共计开展"青锤"系列专项整治226次,共查获非法客运车辆607件。对网约车平台进行立案查处,共处罚"滴滴""美团"等平台3次,共处罚金23万元。

水上,强化重点水域、重点航段和渡口、水上旅游区日常巡航监管。网格化巡航累计12593.4小时,出动海巡艇7991艘次、执法人员21509人次,检查船舶5281艘次,查处各类违章船舶794艘次;抢险救助18次,救助遇险人员41人次、遇险船舶17艘次。严厉打击各类船舶违法装卸行为,全面清除无证码头,排查出无证码头19处,向相关街镇送达8份《海事建议函》。全面排查老旧桥梁,向相关街道送达10份《海事建议函》。开展专题安全宣传,发放宣传资料2500份;召开专题会议9次,举行专题培训5次,参与涉航企业130户次,参与活动420人次。 (吴 顺)

■**汽修行业管理** 2019年,全区有机动车维修业户332户,其中:一、二类机动车维修业户147户,三类机动车维修业户166户,摩托车维修业户19户。狠抓一、二类维修企业监管,坚决杜绝三类机动车维修业户的"三合一"(即集生产、生活、仓库为一体的小作坊、小工厂)现象及超范围经营现象。配合环保部门做好汽车维修行业专项整治,督促维修企业规范处置废弃物。 (吴 顺)

■**维护货运市场稳定** 重点对规模较大运输企业以及危险品运输企业进行安全检查。做好外省市危险品运输车辆入沪登记查验,共登记查验危险品运输企业危险货物运输车辆818辆。对区内20家规模较大运输企业的69辆营运车辆开展能源消费情况调查,完成区内47户企业的道路货物运输量专项调查。 (吴 顺)

■**配合协调市重大工程推进** 配合做好长湖申线、苏申内港线等航道整治工程的协调工作;组织牵头对接项目前期征地动迁项目法人与属地政府之间的相关工作,确保工程顺利推进。年内,长湖申线航道整治工程13公里护岸结构已完成,老朱枫公路桥完工。 (吴 顺)

■**涉水工程监管** 加强对环城水系工程、长湖申线航道(上海段)整治工程老朱枫公路桥拆建及朱枫公路桥防撞设施工程、练塘镇中心渡口和金泽镇南新渡口建桥撤渡工程等在建涉水工程项目的现场安全监督检查,督促施工方落实各项安全保障措施,确保施工和通航安全。 (吴 顺)

■**船舶污染防治工作** 要求船舶规范使用防污染设施设备,按规定处置污染物,全年查处船舶污染类案件60起。加强港口企业扬尘监管,开展易扬尘码头堆场环保专项检查,出动165人次,检查易扬尘码头68户次,对16家码头下发责令改正通知书。对区内23家码头企业安装扬尘在线监测设备。 (吴 顺)

邮 政

■**概况** 2019年,中国邮政集团公司上海市青浦区分公司(以下简称邮政青浦区分公司)内设综合办公室(党委办公室、安全保卫部)、党委党建工作部(监察室)、人力资源部(党委组织部)、财务部、渠道平台部、市场营销部、金融业务部、客户营销中心、寄递事业部单位领导部门、寄递事业部市场部、寄递事业部运营管理部、寄递事业部服务质量部、寄递事业部综合部(党委办公室)。共有9个营业部、8个支局(下辖19个邮政网点)、6个邮政所。投递线路122条,线路单程总长度4587公里,其中:机动车投递线路3条,单程长137公里;摩托车投递线路55条,单程长2569公里;电动车投递线路64条,单程长1881公里。转趟邮路4条,单程长236公里。设信箱(筒)150个、ATM机10台、CRS机29台、ITM智能柜员机18台。年末在册员工471人(邮政A:211人、寄递B:99人、寄递C:161人),其中其他用工116人(邮政A:2人、寄递B:24人、寄递C:90人)。服务面积约676平方公里,服务人口约121.9万人。全年完成业务收入19743万元,其中代理金融业务收入6745万元、寄递业务收入8181万元、邮务类业务收入4817万元。用户综合满意度得分为91.26分。 (屈嘉婧)

■**开展清明祭扫活动** 为纪念新中国成立70周年,持续深化"不忘初心、牢记使命"的爱国热情,重温历史缅怀革命先烈,4月2日,邮政青浦区分公司领导班子带领各部门和支局负责人、支部书记、党团员代表等近50人到陈云纪念馆开展"缅怀革命先烈,传承红色基因"清明扫墓活动,瞻仰缅怀先烈,重温入党誓词,赓续血脉基因,坚定理想信念。通过祭扫和参观,进一步加强爱国主义思想教育,增强党性修养、继承先烈遗志,不忘初心、牢记使命,立足新时代新要求,发挥党员模范作用,为青浦邮政的发展贡献力量。 (屈嘉婧)

■**开展"青春心向党,建功新时代"主题团日活动** 2019年是中华人民共和国成立70周年、五四运动100周年纪念。为进一步增强团员的先进性和光荣感,号召团员青年以良好风貌和积极作为投入各项中心工作,5月4日,青浦邮政团委联合徐汇邮政团委、闵行邮政团委共同开展"青春心向党·建功新时代"主题宣传教育实践活动暨五四运动100周年主题团日活动。此次活动共有56名团员青年参加。活动通过上团课和红色主题城市定向赛等内容,促进了与兄弟单位邮政青年之间团结协作的能力。 (屈嘉婧)

■**青浦邮政发售《解放日报》在上海创刊70周年纪念邮资信封** 5月28日,正值《解放日报》在沪创刊70周年。多年来,中国邮政始终传承着中华文化的精髓,邮政人不忘初心,牢记使命,坚持履行"情系万家,信达天下"的神圣使命。而《解放日报》坚守纸媒初心,密切联系群众,见证时代变迁。为表达贺

5 月 28 日，邮政青浦分公司发售《解放日报》在上海创刊 70 周年纪念邮资信封 （邮政青浦分公司）

意，邮报双方再度携手合作，共享资源、协同发展。是日，87 万枚《〈解放日报〉在上海创刊 70 周年》纪念邮资信封（JF130）正式在全国发售。为更好地纪念 70 年风雨历程，邮政青浦区分公司特为《解放日报》定制开发 70 周年纪念宣传册，内含《解放日报》70 周年纪念封、《解放日报》70 周年个性化邮票、改革开放 40 周年纪念邮票等，以独特的形式重温历史岁月、见证沧桑巨变。

（屈嘉婧）

■成功签约金泽镇莲湖村“乡村振兴·为农服务”项目 邮政青浦区分公司积极响应青浦区乡村振兴和长三角一体化发展战略，并于 7 月 10 日成功签约金泽镇莲湖村“乡村振兴·为农服务”项目。该项目是邮政打造以便民商店为主体的百姓生活服务中心，将商品服务、金融服务、文化休闲等优质便民服务融于一体，以为乡村振兴增添活力。

（屈嘉婧）

■服务保障“进博会” 中国邮政作为“中国国际进口博览会核心支持企业”“中国国际进口博览会指定寄递服务商”，为第二届“进博会”提供全方位邮政服务。邮政青浦区分公司作为服务进博的属地单位，总结淬炼首届服务经验，实现第二届“进博会”场内服务提档升级，以全新“1+8”（即 1 个中心点常年服务+8 个临时进驻点服务模式）服务模式覆盖全馆，提供产品销售、邮件收寄、个性化邮票现场制作、上门投递服务，并精心组织、全力以赴、统筹协调，在全市范围内集中调度 50 余名业务过硬、作风过硬的工作人员，组成证件寄递专项服务团队及应急分队。生产人员、信息技术人员、客服人员同步到位，满足业务处理现场连续生产作业需要，从接收数据、打印、预包装处理、收寄、装运封发等提供一条龙服务。“进博会”期间累计成功寄递通行证 491165 张；10 月 16 日—11 月 10 日，共接收投交 5 家快递公司的 2540 件快递邮件，其中顺丰 1236 件、圆通 215 件、邮政 933 件、中通 54 件、德邦 11 件、韵达 91 件，共妥投 2400 件，妥投率 96%。11 月 9 日，结合“第二十届记者节”，向媒体记者特推出“专属套餐”，为记者提供个性化邮票制作和进博邮票特惠活动。

（屈嘉婧）

■举办 2019 年青浦区中小学生集邮展示活动 为进一步响应长三角一体化发展的总体部署，青浦、吴江和嘉善三地邮政会同三地宣传部及教育局共举“庆祝中华人民共和国建国 70 周年”邮票设计大赛。12 月 6 日，邮政青浦区分公司联合区文明办、教育局、青少年活动中心、集邮协会，共同举办 2019 年青浦区青少年集邮节，以集邮文化为载体，引导中小学生在方寸间感受祖国的奋斗历程。

（屈嘉婧）

邮政青浦分公司为第二届“进博会”提供全方位寄递服务 （邮政青浦分公司）

住房保障和房屋管理

编辑　王卫红

综　述

2019 年,区房管局以党的十九大精神和习近平新时代中国特色社会主义思想为引领,认真贯彻习近平总书记考察上海重要讲话精神,全面落实区委、区政府的工作部署,不忘初心、牢记使命,以"抢"的意识、"拼"的勇气、"实"的作风,实施重点工作挂图作战,在加强住宅小区"美丽家园"建设、加快旧住房综合改造实施,完善市场监管体系、住房保障体系,和规范企业征收、加大住宅建设监管等方面取得了一定的成效,较好地完成了全年目标任务。同时,融入"进博会"和长三角一体化发展两大国家战略的服务保障工作,做好区内教育、卫生、重大项目、重点企业及各类企事业单位人才的租房服务。

(薛瑾瑜　朱周琳)

住房保障

■概况　2019 年,青浦区继续扎实推进住房保障"四位一体"体系建设,进一步解决城镇居民中、低收入家庭的住房困难,给困难群体家庭注入获得感、幸福感。　(薛瑾瑜)

■市大型居住社区　至年底,新开工保障性住房 366.92 万平方米、51345 套,已交付 351.16 万平方米、49237 套,占新开工总数的 95%。计划新建大居内配套项目 225 个,已开工 187 个,已完成竣工 179 个。市推进办下达的 41 项内配套目标任务,已完成 33 项,额外完成 5 项。市推进办下达的徐泾北(华新拓展)基地 24 - 05、25 - 04 地块征收安置住房项目完成可供应 2108 套,并进入交付阶段。　(薛瑾瑜)

■廉租住房　租金补贴做到应保尽保,全年新增 84 户廉租住房租金配租家庭的租赁补贴。至年底,全区累计享受租金补贴家庭 432 户,共计发放租金补贴 752 万元;实物配租做到愿配尽配,全区共有廉租住房实物配租房源 218 套,累计完成廉租住房实物配租家庭 231 户,因自身原因退出 13 户。　(薛瑾瑜)

■共有产权保障房　区第六批次共有产权保障住房完成选房 161 户,已完成签约 143 户,累计销售金额 12248.74 万元。区第七批次共有产权保障住房总计受理 142 户,完成初审与复审工作。已筹集房源 220 套,并进入房源定价工作。7 月 20 日—8 月 20 日,全区开展了非沪籍家庭共有产权保障住房申请受理工作,总计受理申请 10 户,正在初审核查中。另外,全区共 5 个共有产权保障住房项目满足满 5 年上市转让条件,已受理 56 户购房家庭提出购买政府产权份额的申请,56 户家庭完成签约缴款共计 4613.24 万元。　(薛瑾瑜)

■公共租赁住房　全年计划新增筹措 300 套、具备供应条件 500 套;新增具备供应条件公共租赁住房(人才公寓)确保完成 464 套,力争达到 600 套。至年底,已全部完成新增筹措和供应任务,将全部优先用于区人才公寓。　(薛瑾瑜)

11 月 20 日,青浦区第七批(2018 年)共有产权保障住房摇号排序现场会举行

(区住房保障和房屋管理局供稿)

12月，已竣工的区属动迁安置房——重固镇康汇雅苑　（区住房保障和房屋管理局供稿）

■区属动迁安置房　全年完成开工3个项目、竣工16万平方米，安置731户；解决市级在外过渡安置任务651户。同时，不断完善管理体制，对《青浦区区属动迁安置房供应单使用和管理实施细则》进行再次修订，切实加强动迁安置房供应、使用和监管。　（薛瑾瑜）

■保障房5%配建　规范实施配建房源筹措工作，至年底，累计落实配建项目69个、46.15万平方米、4229套，其中年内配建签约项目7个、3.54万平方米、553套。　（薛瑾瑜）

房屋管理

■概况　2019年，青浦区从切实加强住宅小区“美丽家园”建设、深入实施“城中村”改造、加快推进国有土地上房屋征收补偿、不断加强直管公房管理等方面，服务百姓安居，不断提升房屋管理水平。　（薛瑾瑜）

■住宅小区“美丽家园”建设　据住宅小区建设“美丽家园”三年行动计划2019年目标任务及区委、区政府的工作要求，年内的目标任务分为“基础目标”（22项）和“提升目标”（17项），涉及10个委、办、局和2家区级企业、11个街镇，实施情况良好。“基础目标”：完成50个住宅小区电动自行车充电设施建设、75台老旧电梯安全评估、47台15年以上老旧电梯加装监测模块、9处外挂结构安全隐患整治。完成区级房屋应急维修中心建设；住宅小区业委会组建率96.8%，31个业委会完成交叉任职；组建业委会党的工作小组59个，新增3个居委会下设环境和物业专业委员会。“提升目标”：完成制订党建引领住宅小区综合治理实施方案、创全点位小区静态指标达标方案、网格精细化管理样板小区达标方案、小区闭环管理实施方案；制定《青浦区住宅小区物业服务管理规范》《青浦区人民调解参与物业纠纷的实施办法》《青浦区居住区垃圾全程分类体系指导意见》《青浦区创建消防安全示范小区实施方案》，100%完成居住区垃圾分类体系建设。　（薛瑾瑜）

■旧住房综合改造　根据《2018—2020年“美丽家园”建设三年行动计划》，围绕住宅小区综合改造“戴帽、整容、换胆、供水、整区”的总体要求，在2018年

盈浦街道庆华小区“美丽家园”建设前（左）后（右）　（区住房保障和房屋管理局供稿）

完成50万平方米旧房综合改造的基础上,2019年综合改造项目共10个,涉及8个镇、2个街道的8869户,建筑面积共66万平方米,总投资为3.1亿元。（薛瑾瑜）

■“城中村”改造　包括徐泾镇蟠龙古镇地块,徐泾老集镇地块,盈浦街道俞家埭1、2、3组、俞家埭5组、城西1、2组、城西5组和南横村等地块,重固镇新联村、毛家角村地块4个市级试点项目,共涉及动迁户2161户、企业110家。（薛瑾瑜）

■国有土地上房屋征收管理　严格按照政策执行依法征收,拆迁许可证基地已经全部完成动迁。徐泾镇蟠龙、老集镇“城中村”转国有土地上征收工作全部完成;上海家化联合股份有限公司完成签约工作;重固消防厂于7月5日下达补偿决定书,完成征收全部程序;海霸王完成设施设备补充评估,重新启动征收程序;继续约谈精元重工,积极推进征收工作。（薛瑾瑜）

■直管公房管理　根据青府办秘〔2018〕59号便函文件精神,于9月30日前将直管公房管理权移交区房管公司,对其直管公房管理工作进行业务指导和行政监督。9月底前,仍做好直管公房摸底、换证、管理工作,完善台账;至9月底,全区共有直管公房5789户、建筑面积20.62万平方米,陆续换发公房租赁凭证179份。（薛瑾瑜）

房地产开发

■概况　2019年,青浦区继续坚持“房子是用来住的、不是用来炒的”定位,落实两个“不是权宜之计”要求,加快建立“购租并举”的住房体系,房产市场总体保持平稳。（薛瑾瑜）

■房地产市场监管　认真贯彻落实房地产市场宏观调控的各项政策措施,加强对商品住房销售价格和变动幅度等的指导与审核,严格要求各房地产开发企业按照预售申报价格明码标价、“一房一价”对外销售。全年共对101家注册在区内的房地产开发企业进行年度信用档案检查,受理新申请房地产开发资质5家,办理房地产经纪公司登记备案延期手续25家,办理新登记备案53家,发放预售许可证41份、现房销售备案证明49份。（薛瑾瑜）

■新建住宅建设　全面梳理掌握全区在建住宅小区的计划上报情况,及时沟通,严格把关,保证项目的正常开发进度。至年底,在建住宅商品房在建项目39个、932幢、24545套、253.33万平方米(含保障房)。同时,按照《上海市人民政府办公厅转发市住房城乡建设管理委等三部门〈关于本市推进商品住宅和保障性住宅工程质量潜在缺陷保险的实施意见〉的通知》(沪府办规〔2019〕3号),全面推进全区住宅工程质量潜在缺陷保险工作。（薛瑾瑜）

■新建住宅交付　交付验收量呈现回暖趋势,至年底,完成32个住宅项目、136.79万平方米的新建住宅交付使用许可审批工作,比上年增加39%,其中实际交付全装修住宅交付86.88万平方米、保障性住宅交付24.63万平方米。（薛瑾瑜）

■商品住宅交易　2019年,房地产市场运行总体平稳,全年全区新建商品住宅共批准上市110.60万平方米,比上年增加41.67%;共成交97.43万平方米,比上年增加20.28%;成交均价47255元/平方米,比上年上涨15.28%。存量房共成交97.6万平方米,比上年增加59.84%;成交均价24038元/平方米,比上年下跌4.03%。（薛瑾瑜）

■不动产权证登记管理　全年发放不动产权证32600件、预告登记7139件、抵押登记24752件;注销登记9482件;协助法院办理司法查封1722件,解封721件;房屋状况查询7556件,房地产登记查询30100件,限购审核7180件。签订二手房网上合同3370件,签订租赁合同备案6403件。（薛瑾瑜）

■公建配套管理　合理安排城市基础设施配套项目,全年审核签订公建配套用房建设协议16份,涉及建设面积30004.15平方米;验收并完成协议交付24个项目的公建用房,涉及公建配套用房22733.99平方米;签订配套费支付协议5份,实际征收额2.36亿元。（薛瑾瑜）

■权属认定　对建筑区划内依法属于全体业主共有的公共场所、公共设施和物业服务用房等一并申请登记,全年共认定30件;在开发企业预售和物业招投标之前,对物业用房和业委会用房进行落实,全年共确认16件。（薛瑾瑜）

■住房租赁管理　年初目标任务为新建和转化租赁房源4500套、新增代理经租房源4500套。年内,完成新建和转化租赁房源4621套,完成率102.6%;筹措代理经租房源4672套(间),完成率103%。（薛瑾瑜）

住宅物业管理

■概况　2019年,青浦区充分发挥行业管理作用,注重制度设计科学合理,管理体制切实有效,真正解决我区在物业行业监管、维修资金监管等工作中存在的实际问题。（薛瑾瑜）

■“群租”整治　加强居民小区管理,逐步消除“群租”现象。全年涉及“群租”55户,已全部完成整治,共清退来沪人员263人,“群租”户数呈现逐年下降态势。（薛瑾瑜）

■“居改非”整治　继续按照《青浦区住宅小区“居改非”综合整治推进方案》推进目标[分3年(2017—2019年)完成636户“居改非”的整治目标(任务量依次分别为258户、189户、189户)],年内完成整治73户(2017年完成301户、2018年完成262户)。（薛瑾瑜）

■“车改居”整治　10月,区房管局牵头各街镇对全区“车改居”的情况进行全面排摸。经排查,全区有“车改居”情况的共1200户。区房管局结合区情实际牵头制定《关于加强青浦区“车库改居”整治工作实施方案》,各相关部门随之按照全区统一部署,以条块结合、各司其责、协同整治的工作原则,确保“车改居”整治工作在2022年全部完成。（薛瑾瑜）

■维修资金管理　全区商品住宅项目专户上线总面积2164.15万平方米,项目总金额 18.46 亿元；全区上线开户的业主大会 223 个，业主大会账户总余额 13.61 亿元。全年全区归集维修资金合计 2.54 亿，支取使用维修资金 3105.13 万元，公共收益入账 4012.76 万元。

（薛瑾瑜）

■房屋执法监督 以行政执法主体、职责、标准、时限、程序和行政相关人的权利等为主要内容，梳理和完善我局行政执法权操作流程图，明确执法环节和步骤。全年共为 4 名执法人员换发执法证，开具责令限期改正通知书共 10 份、房产中介未备案处罚 47 件，实施开发商违规处罚 1 件、群租处罚 2 人，局机关行政诉讼 7 件、行政复议 2 件。

（薛瑾瑜）

■物业行业监管 严格落实“四查制度”，加强行业日常工作动态管理；委托第三方开展 1 年 2 次的物业服务满意度测评；委托第三方开展 22 个小区物业费标准评估工作；根据市级部署，对全区住宅小区进行外墙附属设施安全检查；部署落实好“进博会”期间住宅小区“安全月”活动；全年开展物业行业专项培训 2 次，共有 1042 人次参加；进一步加强区物业服务企业信用信息备案管理，完成物业服务企业“法人一证通”数字证书注册审核 48 家；全区住宅小区已成立业主大会 256 个。（薛瑾瑜）

■物业政策指导 进一步加大新版《上海市住宅物业管理规定》的政策法规解读，采用不同方式、针对不同层面人员开展学习，将规定落实到基层；开展政策法规培训和宣传工作，督促业主尊重法规的权威性和严谨性，规范其日常运作；强化街镇属地管理职责，加强指导和监督，帮助业主提升自我管理能力，共同创建安全、有序、和谐的社区。

（薛瑾瑜）

3 月 1 日，在青浦城区桥梓湾广场开展物业管理新规宣传活动

（区住房保障和房屋管理局供稿）

■切实有效解决居民诉求 进一步加强物业诉求平台建设，加快解决居民诉求，全年区“962121”物业呼叫平台分中心受理维修、咨询、投诉案件共 7866 件，区房屋应急维修中心受理房屋漏、堵、水电等应急维修问题共 6316 件，全部完成报修指令，切实做到“民有所呼、我有所应”。（薛瑾瑜）

公租房建设及经营管理

■概况 至 2019 年底，青浦区公共租赁住房运营有限公司在全区范围内共有 1755 套公租房具备供应条件。房源主要分布在青浦新城区、徐泾国展中心周边、华新、赵巷、朱家角地区。累计入住 1080 套，服务涉及 200 家单位共 1500 人。做好全区 5790 套直管公房业务交接、产业接管等工作，完成档案整理、人员配置、现场核查，新开办 4 处管理网点。

（朱周琳）

■公租房建设 青浦区公共租赁住房运营有限公司积极配合区住房保障部门，确保完成区住房保障任务（公租房部分）：年内，计划新增筹措公租房源 300 套，计划新增具备供应条件公租房源 464 套。至年底，均顺利完成。

（朱周琳）

■对接服务两大国家战略 青浦区公共租赁住房运营有限公司主动对接服务单位，融入“进博会”和长三角一体化发展两大国家战略的服务保障工作，得到进博局等单位的肯定。根据淀山湖新城公司的统一部署，积极开展“扫黑除恶”“创全”等各项工作。同时，通过区人才公寓供应联席会议做好区内教育、卫生、重大项目、重点企业及各类企事业单位人才的租房服务。（朱周琳）

信息业与信息化建设

编辑　王卫红

综　述

2019年，青浦区按照信息化工作“十三五”规划所确定的工作目标，不断夯实信息基础设施建设，加快推进信息产业发展，建立健全信息安全保障体系，深化信息化应用，医疗卫生、社会保障、城市管理等重点领域的信息化水平得到明显提高。至年底，全区固定电话总数达27.5万户，4G（即第四代移动通信技术与标准）手机用户达118.1万户，城市光网接入用户31万户，数字整转用户25.8万户。（张　峰）

信息化建设

■概况　2019年，青浦区积极推进信息产业发展，有序推进政府信息化实事工程，优化信息化环境，用信息化手段为促进青浦经济社会全面协调发展提供有力支撑。全区软件和信息服务业实现销售额426.3亿元，比上年增长37.6%；税收收入28.9亿元，比上年增长29.9%。（张　峰）

■健全电子政务云安全防护体系　进一步增强青浦区电子政务云计算平台的安全防范能力，从技术和管理层面入手，有序落实整改措施，完善多层次、立体式、一体化的电子政务云安全防护体系。继续扎实推进两个三级信息系统（青浦区政务公共信息平台和“上海青浦”政府网站系统）安全等级保护整改工作，确保稳定高效运行。制订《青浦区电子政务网络安全保障专项行动计划方案》，加强基础信息网络和重要信息系统网络与信息安全保障工作，预防重大网络与信息安全事件发生，确保重要信息系统安全稳定运行，维护信息安全态势的整体可控。（张　峰）

■推动民政领域信息化　协助推进“智慧社区”“智慧村庄”建设。通过建立银行卡、交通卡的实名制社区一卡通的方式，集聚社区公共服务资源、商业资源，向社区居民提供便利服务。继续开展“智慧村庄”试点建设应用，从村庄自治管理、公共服务、公共安全、旅游服务等各方面实行智慧试点应用。全区各社保卡网点总计申领新版社保卡43.3万张、敬老卡8352张。完善“青浦区社会保障卡服务中心”微信公众号服务功能，通过微信公众号发布信息100余条。（张　峰）

■信息化项目应用建设　制定完善《青浦区信息化管理办法》及相关配套细则，先行启动“智慧教育”等11个信息化项目建设。全面开展“进博会”信息化项目稽察工作，围绕3个信息化项目开展两轮五次稽察，发现问题14个，均得到整改或解决。（张　峰）

■发展软件和信息服务业　2019年，全区软件和信息服务业实现销售额426.3亿元，比上年增长37.6%；税收收入28.9亿元，比上年增长29.9%。全面推动市西软件信息园规划建设，推进产业政策制定和宣传、推广等工作，促进软件信息服务业持续快速发展。（张　峰）

■加速推进“两化融合”和大数据产业　推进800家企业上云上平台，690家企业完成“两化融合”（即电子信息技术广泛应用到工业生产的各个环节，信息化成为工业企业经营管理的常规手段）管理体系自评估。1家企业通过工信部

5月28—30日，举办第一期2019年青浦区“两化融合”管理体系专题培训（区科委供稿）

“两化融合”管理体系贯标评定。开展4期2019年青浦区两化融合管理体系专题培训,区内100余家企业的250余名业务骨干参加培训。开展2019年青浦区“两化融合”扶持项目评审工作。1个项目获2019年度上海市工业互联网创新发展专项资金项目立项;23家企业被列入上海市大数据企业基本名录,1家企业被推荐为工业能源、物联感知领域大数据服务供应商。（张　峰）

■“智慧城市”建设　推进“互联网+”战略合作框架协议,打造智能化高速网络,夯实“无线城市”和“移动互联网”业务应用的网络基础。严格按照时间节点要求,推进4G网络弱覆盖区域年度优化及5G网络建设。累计完成502个5G网络基站建设。会同华为公司编制完成《青浦区新型智慧城市顶层设计(2019—2025年)》及《三年行动计划》。（张　峰）

■无线电管理工作　探索无线电管理工作模式,利用门户网站、电视台、电梯广告及发放宣传册等形式,开展无线电知识进社区、进学校宣传活动,宣传有关无线电管理法律法规知识,普及社区居民的无线电管理和频谱资源基本常识,增强社区居民对无线电频谱资源和无线电管理工作的认知度、认可度。联系市无线电监测站对全区的高考考场进行电磁环境监测,在高考前夕对各考场听力考试的收听频率进行考前测试和收听指导。（张　峰）

■举办信息安全活动周　9月16—22日,开展以“网络安全为人民,网络安全靠人民”为主题的2019年青浦区信息安全活动周。活动中,举办信息安全专题培训、信息安全知识竞赛、市民信息安全宣传、信息安全应急演练等系列活动,增强了全民信息安全防范意识;以信息化专管员队伍为抓手,开展专题集中培训,提高全区信息化安全技术水平。（张　峰）

电　信

■概况　2019年,在市场环境变化频繁、企业转型不断深入的情况下,中国电信股份有限公司上海青浦电信局(以下简称青浦局)紧紧围绕集团公司“三大目标、三大任务、三化转型”(三大目标指建设网络强国、打造一流企业、共筑美好生活,三大任务指加强信息化基础设施建设、深化四个融合、提升全要素生产力,三化转型指网络智能化、业务生态化、运营智慧化)发展战略,持续推进上海公司“1234”工作主线(“1”指可感知的产品、网络和服务的品质为中心,“2”指持续抓好保存量、激增量两大核心工作,“3”指积极践行“行之有效的方法论、务实创新的实践论和量收效匹配的结果论”,“4”指完善“项目管理办公室制度”、重点工作和专项工作、能力共享与效率提升平台、干部“在状态”和员工“幸福感”四大保障体系),以高质量党建为统领,坚持问题导向、结果导向,依靠“强党建,优体系,拓规模,抢份额”工作目标,将价值经营的理念贯穿始终,强化管理执行力,持续保持市场份额稳定,实现全年工作任务目标。

2019年,青浦局下设三处(市场服务处、人力资源处、计划财务处)、两办[办公室(含行政保卫处)、党群办(含企业文化处、纪检监督室)]、四分局(城厢分局、徐泾分局、白鹤分局、朱家角分局)、六中心[客响支撑中心、维护中心、营维渠道运营中心、政企客户中心、客户服务保障中心(含实体渠道运营中心)]。全年经营收入完成率100.25%,市场份额收入达38.2%。（金　炜）

5月17日,青浦电信局与上海中军哈工实业集团有限公司、上海启迪清青企业发展有限公司签订战略合作框架协议　（青浦电信局供稿）

■拓展各类业务　一是规模发展公客业务。围绕量收匹配,多维度评估发展效能;明确销售路径和话术,规范执行动作;调优过程评估分析,通过专营渠道等销售动作赋能门店、营维渠道分层分级管理试点大居(大型居住区)成本机制、社会渠道实行拉条管理挂图作战;完善空间管理商机获取、价值区隔网格销售,实现公客市场价值经营,各项经营指标排公司前列。二是开拓政企业务。围绕体系优化,从网格和空间两个维度进行政企市场空间管理优化,面向竞争确保市场份额;对于潜力客户由中心和分局组成双客户经理制,优化支撑机制提升客户获取能力。通过聚焦高质量销售组织,深层挖掘客户需求,发挥属地客情优势,助力上海德启信息科技有限公司开通上海公司首条POTN业务电路(通信传送技术),以全渠道发展及能人模式带动移动号卡销量能级,提升移动号卡规模体量。全年青浦局移动号卡销售排名公司第一。（金　炜）

■融入地方“智慧城市”建设　青浦局不断拓展业务增长方式,以优异的质量和品牌站稳新兴业务市场。顺利中标“青浦区三网融合信息系统指挥平台”项目,从区网格化平台升级出发,下连各街镇村(居)的“一站两中心”,以自上而下的方式建设,采用区平台与街镇平台、村(居)终端共享的模式,体现“智

10 月 29 日，青浦电信局全面完成第二届“进博会”配套工程安装工作

（青浦电信局供稿）

能、管理、实战”的效果，实现全区范围内基层党建、城市管理、综合治理的“三网融合”，全面提高青浦区基层治理智能化、信息化水平；成功夺得青浦区政务外网改造项目，全面助力提升区域政务信息化水平；深耕教育行业信息化发展，顺利中标上海国家会计学院信息系统等级保护三级咨询测评服务项目。同时，与青浦区人民政府签署《推进青浦智慧城区合作备忘录》，并与多家区域重点企业签订《全面战略合作框架协议》，助推区域科技化、智能化、信息化建设。（金　炜）

■提升服务能力和品质　青浦局依托“三全”（即全员、全过程、全方位）客户服务体系，坚持问题导向，聚焦关键重点，通过提升服务团队人员管控能力，评估及时纠偏，切实做好责任落实和服务考核激励优化调整，引入第三方检查提升服务能力，加大条线对青浦局的支撑和现场指导，实现精确化服务管理。围绕提升服务能力，提升营业厅服务水平。加强对代理商管理规范性考核，营业团队细化梳理工作流程；加强过程管控，营业厅投诉情况得到有效控制，达到考核要求，确保用户感知提升。

（金　炜）

■服务保障“进博会”　第二届“进博会”期间，青浦局在公司“进博会”保障小组的领导下，强化主场、主责、主力意识，对标更高标准、更严要求，在短时间内完成国展中心场馆线路改造和 5G 无线网络覆盖，新建各类光缆 69 根，合计 5800 芯公里；同时，对重要设备进行双路由扩容，确保组网安全性。现场服务团队累计接待 20 多个国家的客户 160 人次，通信保障团队累计出动保障人员 889 人、总计 2367 人次。顺利完成了第二届“进博会”期间的重要通信和服务保障工作。（金　炜）

■打造精品网络　青浦局以无线网络优化为核心，全年完成开通 127 个 4G（吉）室分常规 RRU（射频拉远单元）、1611 个 4G（吉）PRRU（射频拉远单元），解决公司 TOP129 投诉重点区域 3 个小区 4G（吉）覆盖，有效提升了用户的无线感知度。同时，加快推进“4 + 2”（“4 + 2”指“电费”、“铁塔租费”、“渠道费用”、“固网终端费用”、“接入网投资”及“税务资源”调优）工作，提升资源效能，压降电费全年共计 139 万元；全面实现 ADSL（非对称数字用户线路）宽带退网，青浦局成为上海公司首个“全光宽带”区局。（金　炜）

■牢控企业信息安全　青浦局深入学习贯彻公司安全生产检查及专项工作一系列指示和要求，牢固树立“红线”意识和“底线”思维，贯彻落实“一岗双责”（即工作岗位既有行政岗位的工作职责又含安全生产的首问责任），安全责任书签约率 100%。持续开展生产安全教育培训工作，提升全局安全意识，组织推进安全隐患排查和整改。全年开展安全大检查 9 次，检查出安全隐患 86 起，全年整改率 100%；顺利通过青浦区“双随机、一公开”消防安全检查。

（金　炜）

■党建工作　青浦局党委始终把党的政治建设放在首位，持续强化管党治党的政治责任，推动基础党建焕发强大生机活力。一是完善区局党建工作制度，确保党建工作围绕中心工作不跑偏不落空。二是全年扎实开展“不忘初心、牢记使命”主题教育活动，开展“守初

7 月 23 日，青浦电信局拆除最后一块 ADSL 模块，建成上海公司首个全光网宽带

（青浦电信局供稿）

心、担使命,强融入、促发展"大讨论,局领导深入一线,推进调研工作全覆盖。三是落地落实党委书记重点项目,创建"书记有约""书记直通车"党建品牌品牌,进一步探索和推进党建工作和经营管理深度融合。同时,全方位推进党支部标准化建设。市场联合党支部获评公司示范党支部称号,6个党支部通过标准化支部验收;持续开展党建翼联结对活动,城厢分局支部结对东方中学党支部共同探索党建引领模式下的信息化合作项目,获得上海公司"党建翼联"主题实践活动优秀案例奖。坚持作风建设,认真贯彻执行中央八项规定精神和公司党委关于深化作风纪律建设部署要求,统筹推进教育监督、制度监督、监督执纪、整改反馈工作;围绕形式主义、官僚主义等五方面十五类问题以及青浦区局梳理出的八大方面33个问题做好集中整改整顿,并抓好长效管理、巩固整治成果,制定《整改满意度调查表》,实现监督闭环管理。（金　炜）

移动通信

■概况　2019年,上海移动青浦分公司(以下简称青浦移动)下设综合部、市场部、政企客户部、建设客响部和城中区域运营部、西虹桥区域运营部,营业厅总数15家,覆盖青浦区主要街镇,有员工209人。全年营业收入7.51亿元(其中集团信息化收入7022万元),客户总数94.6万户(其中5G客户数1407户)。（徐晨怡）

■网络建设　青浦移动充分发挥各方力量,聚焦重点区域建设目标,持续强化与政府、铁塔、合作方对接,着力解决热点、难点区域站点落地问题,强化家庭宽带、楼宇宽带建设的过程通报和约谈督办。至年底,新增购置汇聚机房2套,移交给维护单位机房24套;开通106个5G站点、285个FDD1800站点、92个4G站点;新增家宽覆盖4.39万户,城镇覆盖率提升至95%、农村覆盖率提升至14%,千兆小区达181个共9.4万户。（徐晨怡）

■企业文化培育　多年来,青浦移动强化清怡品牌,不断推动企业文化和精神文明建设落地,用心打造文化软实力。年内,积极开展文化大讨论活动,从文化建设建议征集、青年员工辩论赛、匠人与新人的对话等系列活动,谈初心、话文化,以活动推进文化落地。开展"寻找身边的奋斗者"活动,打造"清怡匠人""清怡达人""清怡善人""清怡新人"四块奋斗者品牌,为员工立榜样、树典型。开展"微课堂""拜师·传帮带""首席工作室""专家授课""交流研讨""文化展演"等活动,形成月月有讲堂、身边有课堂的文化氛围,实现员工自我教育、自我管理、自我提升,进一步增强员工学习意识,夯实工作基础,提高综合素质。同时,把加强职工权利保护、关心职工生活、解决职工的困难作为重点工作来抓,全年累计生日慰问204人、生病生育慰问19人、夏送清凉198人、冬送温暖210人,举行"幸福1+1"活动21次,共568人次参与。青浦移动获2017—2018年度上海市文明单位称号。（徐晨怡）

■服务保障"进博会"　青浦移动秉承以"一流技术、一流业务、一流服务"确保第二届"进博会"取得成功的宗旨,从技术保障、业务保障、服务保障等各方面,全力落实好"进博会"服务保障工作。共完成场馆周边64个5G宏站、33个FDD锚点站的开通;完成周边道路、虹桥世界中心等进博会重要保障区域的信号优化;对全区19个公安派出所的移动信号进行测试,紧急完成8个派出所的信号优化和开通。积极配合国家会展中心、公安青浦分局,及时开通7G互联网专线、500M本地电路及800门固定电话,用信息化技术为"进博会"保驾护航。除了设立现场保障团队外,还在城中东路营业厅、徐泾营业厅、华新营业厅设立"进博"服务专席、"进博"英语服务专席,开辟绿色通道,提高业务处理效率。2019,青浦移动营业厅整体服务得分93.20,排名上海市各分公司第一。（徐晨怡）

10月25日,青浦移动与青浦电力公司成立护航第二届"进博会"联合临时党支部,全力服务支撑第二届"进博会"（移动青浦分公司供稿）

联合网络通信

■概况　2019年,上海联通青浦分公司(以下简称青浦联通)以习近平新时代中国特色社会主义思想为指导,以"不忘初心、牢记使命"主题教育为抓手,进一步加强政治统领、践行群众路线、贯彻新发展理念,体现央企的责任担当,各项工作取得新的进展。下设社会渠道中心、大客户中心、政要客户中心、商企客户中心、政企渠道中心和网络保障部、销售管理支撑部,有营业厅23家,覆盖青浦区主要街镇;有员工123人。5月与7月,青浦联通获得2018年度上海市"工人先锋号"和"区文明单位"称号。（俞颖钰）

■5G建设　2019年,青浦联通全面启动5G网络覆盖建设,及时锁定任务清单,把5G建设任务细化拆分,做好每周、每日开通计划，确保5G建设的进度。青浦联通积极争取对长三角一体化示范上海核心区的5G建设的政策倾斜力度，加快建设节奏，全年在长三角示范区建设5G基站388个，实现了徐泾、华新等地区及国家会展中心周边室外全覆盖。（俞颖钰）

■抓好安全生产 为了确保分公司安全工作有序平稳开展，青浦分公司在年初与各级人员签订安全生产责任书并制订年度安全工作计划。细化各职能部门、合作单位安全工作职责，明确安全工作任务安排等，并通过细化安全生产月活动方案、组织消防培训演练等方式强化安全意识。同时，为确保第二届"进博会"的信息安全，于7月成立"进博会"安全保障小组，并对"进博会"周边营业网点和机房基站开展精细化的安全大检查，严格执行上级要求规范，杜绝安全风险。（俞颖钰）

■服务保障"进博会" 第二届"进博会"期间，联通作为主用线路服务商，全面细致进行整治各类隐患，扎实做好"进博会"期间网络安全生产，确保万无一失。优化网络结构，实现业务电路冷热双备；重点针对移动、政企和"智慧城市"三大业务，制定详细保障方案并落实到位；通过一客一策，将保障任务细分为七类52项。依托"ABC技术"［即人工智能（AI）、大数据（Big Data）、云计算（Cloud Computing）］自主研发上线智慧运维系统。"进博会"决战期间，全体人员前后台"5＋2、白＋黑"（即一周全天候）实时值守，及时调配资源解决突发状况，完成了"进博会"互联网通信主线路、领导安保路线和中央广播电视总台、新华社、SMG直播以及核心区域周边的视频监控通信保障任务，获得上海市、工信部、组委会和客户的高度评价。（俞颖钰）

11月27日，青浦联通员工在国家会展中心（联通青浦分公司供稿）

■志愿服务 青浦联通有8家营业厅设有"户外职工爱心接力站"，让越来越多的户外职工切实感受上海这个城市和青浦联通这个企业的温度；响应上海联通市公司号召，组织员工参与无偿献血；在"雷锋日"和"国际消费者权益日"组织员工参加志愿服务活动，发扬"奉献、友爱、互助、进步"的志愿者精神；青浦联通党支部积极响应青浦区"善行·暖心"微心愿活动，共计认领2个街镇的5条微心愿，为困难群众送上温暖。（俞颖钰）

教育·科技

编辑 吴言荻

综 述

2019年,青浦区教育工作深入贯彻落实全国、全市和区教育大会精神,围绕实现区域教育现代化的奋斗目标,贯彻实施《打造更高质量教育服务品牌加快推进青浦教育现代化行动计划》,聚焦重点任务和专项行动,列表推进、挂图作战,持续落实教育综合改革任务,不断完善教育功能体系构建、加快提升区域教育公共服务品质,推动教育向更高质量优质均衡迈进,各项工作取得新成效。

2019年,青浦区共有公办教育单位134个,其中幼儿园53所、早教指导中心1个、小学27所、初中16所、九年一贯制学校6所、高中6所、特殊学校2所、中职校2所、青少年体育学校1所、成人教育院校13所、校外教育单位2个、其他教育单位5个;共有民办学校43所,其中义务教育学校5所、民办二级幼儿园11所、民办三级幼儿园27所。全区在校学生86804人,全区在编教职工8337人。教育部门全年预算收入总计353957.67万元,其中财政拨款收入350938.82万元、财政专户收入3018.85万元;全年支出总额353957.67万元,其中基本支出272150.87万元、项目支出81806.80万元。

2019年,区科技工作继续以贯彻落实加快建设具有全球影响力的科技创新中心为契机,围绕"服务好一个中心,凝聚三股合力,实施双轮驱动"的主线,坚持以自主创新能力建设为中心,大力实施创新驱动发展战略,参与长三角一体化科技创新协同发展,重构区域发展动力,推动青浦科创"一带三中心"建设。全区纳入高新技术产业统计企业334户,实现工业总产值925亿元,占全区规模以上工业产值的59.3%。全区软件和信息服务业实现销售额426.3亿元,比上年增长37.6%;实现税收28.9亿元,比上年增长29.9%。全区产学研合作立项58项,新增在孵企业310家,认定技术交易额11.9亿元,比上年增长93.2%,全部完成预定目标。

(曹佳凤 张 峰)

教育研究与管理

■概况 2019年,青浦教育聚焦教育现代化目标任务,对标教育改革发展"十三五"规划和教育综合改革方案,深化体制机制创新,注重队伍培养,加快构建教育发展新格局。一是教育改革发展增添新活力。紧密型学区化建设推进力度加大,密切与各镇党委政府的联系,促进组团式发展。持续推进创新型园区化办学,陈白桦艺术教育工作室落户清河湾实验园区。制定《青浦区学校教育综合改革项目评审工作方案》,组建专家团队,对改革项目开展跟踪评估、经验提炼。开展《上海市初中学业水平考试实施办法》和《上海市初中学生综合素质评价实施办法》全员全覆盖培训,加强初中学生综合素质评价社会实践的改革探索。深化高考综合改革,加强高中走班制下的分层教学和学生选科指导。2019年高考、中考成绩保持良好态势。推进长三角教育一体化发展,与吴江、嘉善两地教育局签署《长三角生态绿色一体化示范区教育发展战略合作框架协议》,与上海师范大学外国语学院合作共建"长三角生态绿色一体化发展示范区中学英语教师研修基地"。加入长三角地区中小学德育工作联盟,举办长三角一体化发展示范区家庭教育创新发展论坛。二是教育人才队伍建设得到新加强。召开2019年师德师风建设交流会,举办庆祝第三十五个教师节主题活动,组织各类师德宣讲表彰活动。优化干部任用工作,调整校(园)级岗位干部75人,开展副园长岗位竞聘工作,制定完善《关于加强校级干部管理使用的实施意见(试行)》。抓好干部队伍培养,选派校园长参加校长国培计划等培训,开展各类专题培训、轮训,实施《新任校(园)长任期制的办法(试行)》,加大教育后备管理人才培养与使用力度。制定《青浦区教育系统第六届名优教师培养工程整体推进工作方案》,配套实施"领航计划""拔尖计划""种子计划"。开展区域内骨干教师柔性流动,56名教师参与骨干教师流动、61名教师参与集团内流动、22名教师参与西教东输。

(曹佳凤)

■区领导调研 2月14日,副区长王凌宇实地调研区学校修缮项目。

2月26日,副区长、公安青浦分局党委书记、局长王德强调研区校园及周边安全工作。

3月8日,副区长王凌宇实地检查区学校安全管理工作。

3月28日,区人大常委会副主任陶夏芳走访调研区教育局。

5月9日,副区长王凌宇带队调研区学校校舍安全及修缮工作。

5月22日,副区长王凌宇主持召开区学校德育工作座谈会。

6月7日，区委书记赵惠琴，区委副书记、区长余旭峰，区委副书记杨小菁视察高考组织工作。

6月9日，副区长王凌宇到教育局督导扫黑除恶专项斗争工作。

8月5日，区委书记赵惠琴调研青教院附中、青浦区平和学校。

11月13日，区委常委孙挺检查教育系统创全工作。

11月19日，副区长彭一浩到庆华幼儿园实地调研。 （曹佳凤）

■区教育大会召开 7月31日，青浦区教育大会召开。会议深入学习贯彻习近平总书记关于教育的重要论述和全国、全市教育大会精神，部署青浦教育改革发展工作。区委书记赵惠琴出席会议并指示，站在推进教育现代化的新起点，每个人都是新时代教育改革发展的奋斗者、见证者、开创者；全区上下都要为打造青浦教育服务品牌、加快推进教育现代化、办好人民满意的教育而努力奋斗。市教委总督学平辉代表市教卫工作党委和市教委对青浦教育现代化建设提出建议和希望。区委副书记、区长余旭峰主持会议，区人大常委会主任朱明福，区政协主席李华桂，区委副书记杨小菁，区领导姜道荣、陶夏芳、王凌宇、董永元等出席。杨小菁传达全国、上海教育大会及有关文件精神，王凌宇解读《打造更高质量教育服务品牌加快推进青浦教育现代化行动计划》。

（曹佳凤）

7月31日，青浦区教育大会召开 （区教育局供稿）

■中共青浦区委教育工作领导小组第一次会议召开 7月18日，中共青浦区委教育工作领导小组召开第一次会议。会议传达全市教育大会、市加快基础教育现代化工作推进会暨贯彻全市教育大会精神专题培训班精神，谋划部署2019年及今后一段时期青浦教育工作。区委书记赵惠琴出席会议并讲话。区委副书记杨小菁主持，副区长王凌宇出席会议。会议审议并原则通过区委教育工作领导小组议事规则、2019年工作要点、全区教育大会方案以及加快推进青浦教育现代化行动计划。 （曹佳凤）

■区委书记寄语青浦教育 6月23日，区委书记赵惠琴出席上海复旦五浦汇实验学校首届毕业典礼并强调，青浦教育要聚焦优质、力促均衡，全面提升区域教育整体水平，打造有显示度和影响力的教育服务品牌；要加强校际交流和联动发展，放大优质资源的引领带动效应；要主动对接长三角一体化发展，深化合作机制，搭建交流平台，共同打造传承江南文化的教育高地。 （曹佳凤）

9月30日，青浦、吴江、嘉善三地教育局“不忘初心、牢记使命”主题教育联合学习研讨暨建设长三角生态绿色一体化发展示范区教育战略合作签约仪式举行

（区教育局供稿）

■贯彻青浦区教育大会精神专题研讨班暨教育系统党政干部会议召开 8月26日，研讨班在区教师进修学院举行。区委副书记杨小菁出席会议并强调，要深入贯彻全区教育大会和赵惠琴书记讲话精神，把“青浦实验”精神和教育改革经验总结好、传承好、发扬好，推动青浦教育再出发，开创青浦教育新局面。副区长王凌宇出席会议并作开班动员，强调要打造优秀教师队伍、塑造青浦教育品牌，切实推进教育现代化。区发改委负责人作青浦区经济社会发展形势报告，区教育局、区教育工作党委分别进行专题报告。区发改委、徐泾镇、朱家角中学、宋庆龄学校、实验中学、毓秀幼儿园六家单位负责人进行交流发言。

（曹佳凤）

■青浦、吴江、嘉善三地教育局战略合作签约仪式举行 9月30日，青浦、吴江、嘉善三地教育局“不忘初心、牢记使命”主题教育联合学习研讨暨建设长三角生态绿色一体化发展示范区教育战略合作签约仪式在区委党校举行。副区长王凌宇出席活动并讲话。三地教

育局相关班子同志，围绕党建共建、师资共培、职业教育协同发展等方面进行“不忘初心、牢记使命”主题教育学习交流。三地教育局签署《长三角生态绿色一体化示范区教育发展战略合作框架协议》。会上，三地中小幼职15所学校进行结对签约，发布示范区首批教师发展指导者专家库专家名录。（曹佳凤）

■“不忘初心、牢记使命，推进学区化办学”主题教育学习交流活动举行 10月28日—11月1日，八个学区分别组织开展“不忘初心、牢记使命，推进学区化办学”主题教育学习交流活动，教育局联系领导、党建联系人，镇分管领导、党群办、社发办相关负责人以及学区内所有学校的党政主要负责人参加活动。（曹佳凤）

■区教育局召开2019年教师专业发展工作推进大会 3月28日，2019年教师专业发展工作推进大会在实验中学西校区召开。区教师专业发展工作领导小组成员，各中小学幼儿园主要负责人，特级校长、特级教师和正高级教师，第六届名优教师代表、学科领军人才后备人选，学科教师研修基地主持人，教师进修学院相关部门负责人和教研员等，共500余人参加会议。会议传达上海市教育大会以及市委书记李强、教育部部长陈宝生等领导讲话精神，宣读第六届区名优教师名单及第五届区名优教师履职考核三年优秀人员名单，就进一步加强教师队伍建设强调工作要求，并举行《引领教师专业成长　服务区域教育发展》主题报告。（曹佳凤）

■启动第六届名优教师柔性流动工作 5月24日，区第六届名优教师柔性流动启动工作会议在区教师进修学院召开。区教育局、区教师进修学院以及第六届名优教师柔性流动学校领导、柔性流动名优教师、青年教师100余人参加会议。会上解读了《青浦区教育局关于开展区域内名优教师柔性流动工作的实施意见》，柔性流动名优教师与流入学校进行了现场签约，教育局就做好教师流动工作提出了五方面的具体要求。（曹佳凤）

■区教育局举行与上海师范大学外国语学院合作共建“中学英语教师研修基地”签约授牌仪式 11月1日，青浦、吴江、嘉善推进“长三角生态绿色一体化发展示范区”教师专业发展建设暨与上海师范大学外国语学院合作共建“中学英语教师研修基地”签约授牌仪式在青浦区教师进修学院举行。上海师范大学、上海师范大学外国语学院相关领导，青浦、吴江、嘉善三地教育局领导以及项目有关负责人、各基地学校负责人等参加活动。（曹佳凤）

3月28日，“建设优质教师队伍，提升青浦教育品质”——青浦区教师专业发展工作推进大会召开（区教育局供稿）

■中福会小伙伴学校合作签约仪式举行 11月28日，继宋庆龄幼儿园、宋庆龄学校和中福会养老院之后，“中福会小伙伴学校”与青浦区合作签约。区委书记赵惠琴，区委常委、副区长姜爱锋、孙挺，中国福利会副主席、党组书记、秘书长张晓敏，党组成员、副秘书长潘燕，中福会少年宫名誉主任、艺术总监陈白桦等代表出席签约仪式。（曹佳凤）

基础教育

■概况 2019年，青浦教育坚持“立德树人”根本任务，不断深化内涵建设，持续推进基础教育优质均衡发展。

一是区域德育一体化建设深入推进。组织开展“我爱祖国，同唱国歌”等教育实践活动。深入推进学校德育综改三年行动，开展9场“学校德育综改推进工作专题调研”。研究制定《青浦区加强学校思政课程建设实施方案》，开发建设“上善”系列特色课程、“上善”研学文化图谱、“上善”研学精品线路，遴选21所学校开展中小学研学实践试点。二是家校社一体化育人体系不断健全。开设“上善”父母学堂，开发推广区本课程《家长学为师——中小幼家长学校读本》，开展体验式家庭教育指导观摩展示等活动。7所学校被评为“上海市家庭教育示范校”。开通学生心理24小时服务热线，打造“心灵成长加油站”品牌项目，开展公益巡讲活动50余场。三是各类教育得到新发展。托幼一体化服务体系不断完善，在思源、崧润等公办园所开设托班6个，新增1所公办幼儿园和2所民办二级幼儿园，毓秀、凤溪等4所幼儿园争创上海市一级幼儿园。义务教育优质均衡发展水平持续提升，制定“县域义务教育优质均衡发展”工作路线图、时间表，推进不达标问题整改；义务教育学校“五项标准”建设完成年度目标；深入推进小学段基于课程标准的教学与评价工作，进入全学段推进阶段；公办初中“强校工程”深入实施，制定“一校一规划”，建立区级专家指导团，市级名校长、名师配备到位；全区32所小学全部开展课后服务，会同团区委开办小学生爱心暑托班。高中教育发展稳步推进，贯彻落实《关于新时代推进普通高中育人方式改革的指导意见》，推进市实验

11 月 28 日，中福会小伙伴学校合作签约仪式举行　　（区教育局供稿）

性、示范性高中发展性督导意见建议整改；持续推进特色高中创建，青浦一中接受市特色高中创建评审，青浦二中准备市级展示活动。特殊教育持续健康发展，深入实施《青浦区特殊教育三年行动计划（2018—2020 年）》，加强学前特教设点布局及管理的研究，做好中学新建资源教室的设施设备配置及无障碍设施建设。民办教育规范管理不断强化，加强对民办三级园的动态监管，依法关停 3 所存在安全隐患的民办三级幼儿园；制定“一区一方案”，推进规范义务教育阶段民办学校管理工作；制定《青浦区营利性教育培训机构办事指南》《青浦区非营利性教育培训机构办事指南》《青浦区教育培训机构申办设置具体材料目录及说明》。　（曹佳凤）

■区学校德育综合改革三年行动推进会召开　6 月 21 日，区学校德育综合改革三年行动推进会在东方中学召开。全区公民办中小学、中职校、特殊学校德育分管领导、德育教导，区青少年活动中心、教学实践中心条线分管领导 100 余人参加会议。会议对 2019 年“青浦区家庭教育示范校”进行表彰授牌，举行纪念新中国成立 70 周年暨 2019 年青浦区中小学生“上善”研学实践教育活动启动仪式。　（曹佳凤）

■区推进大中小一体化育人体系暨大中小思政课一体化建设研修活动　12 月 10 日，区推进大中小一体化育人体系暨大中小思政课一体化建设研修活动在复旦附中青浦分校举行。上海市师资培训中心主任周增为，上海市学生德育发展研究院（筹）党支部书记宗爱东，上海政法学院副教授李泽，复旦大学法学院副研究员涂云新，“课程育人一体化建设”项目结对高校的相关领导，区教育局工作党委书记孙卫、局长程卫国、副局长王海青和基教科负责人，区教师进修学院院长姜虹和各中心主任及相关学科教研员，各中小学校长、书记、分管副校长、教导主任，高中思想政治学科、初中道德与法治学科全体教师，小学道德与法治学科教研组长等参加活动。孙卫致辞，王海青主持青浦区高校、高中“课程育人一体化建设”项目签约仪式，姜虹主持青浦区大中小学思政课一体化建设（法治教育）专题研修活动，李泽、宗爱东、周增为进行活动点评。程卫国要求，要把握好大中小学思政课一体化建设的总体要求、重要任务，在创新实践上、工作合力上、常态长效上再下功夫。　（曹佳凤）

■区教育局召开幼小衔接课程实施项目研究现场会　6 月 20 日，幼小衔接课程实施项目研究现场会在实验幼儿园举行。教育局分管领导、相关业务科室负责人，教师进修学院幼教教研员，各小学校长及幼儿园园长、业务副园长 130 余人参加本次活动。全国十大教书育人楷模、特级教师应彩云应邀参加。实验幼儿园青年教师展示大班集体教学活动《小贝挖宝》，“幼小衔接课程实施项目研究”幼儿园组的 7 所成员单位分别立足课程实施的不同侧重点进行经验分享。　（曹佳凤）

■上海市“强校工程”一片区交流研讨会举行　9 月 19 日，上海市“强校工程”一片区交流研讨会在上海市佳信学校举行。上海市教委基教处副处长周勤健，青浦区教育工作党委书记孙卫、区教育局局长王海青、区教师进修学院院长姜虹出席。原上海市教委副主任张民生，上海市教育评估院原常务副院长陈效民，上海市新优质学校研究所副所长李学红等专家现场指导。徐汇区、松江区和奉贤区教育局基教科负责人和“强校工程”实验校校长参加活动。　（曹佳凤）

9 月 26 日，青浦区实验幼儿园小朋友庆祝中华人民共和国成立 70 周年
（区教育局供稿）

■**区教育局召开义务教育优质均衡督导评估专题会** 9月5日，会议在区教师进修学院召开。区教育局局长程卫国、副局长江雪元，区政府教育督导室负责人以及全区义务教育阶段学校校长和数据填报员参加会议。会上，程卫国强调，要认真领会相关文件精神，群策群力，全方位设计解决方案，统筹各方资源，确保圆满完成各项自评和准备工作。江雪元作迎督工作动员，教育督导室负责人解读《全国义务教育优质均衡发展（市、区）申报表》上海填报口径及相关要求。（曹佳凤）

■**联合国儿童基金会亲善大使访问香花桥幼儿园** 4月2日，联合国儿童基金会亲善大使大卫·贝克汉姆访问香花桥幼儿园，与孩子们进行交流互动。上海市教委、青浦区教育局相关领导参与活动。（曹佳凤）

职业教育

■**概况** 2019年，青浦职业教育坚持“集团化办专业”工作思路，围绕“产教融合 校企合作”，开展高素质技能型人才培养。完成首批9家校企合作基地建设终期总结验收评估，汇编《青浦区首批校企合作基地资料集》；制定形成《关于进一步促进青浦区中等职业学校校企合作基地建设的实施意见》，推进第二批校企合作基地建设申报工作。深化中职学校内涵建设，制定《青浦区职业教育集团特聘兼职教师管理办法》，备案特聘兼职教师29人；有序开展“现代学徒制”等改革试点，组织学生参加上海市“星光计划”等职业技能大赛；开展“校园工匠”和“青春榜样”人物评选。拍摄专题片《产教融合 校企合作 助力跨越式发展——青浦区职业教育改革发展进行曲》，组织开展职业启蒙教育和职业体验活动，1500多名中小学生参加。（曹佳凤）

■**青浦职教参展第十六届上海教博会** 4月26—28日，第十六届上海教博会在上海展览中心举行，青浦职教参展。此届教博会主题为“职业成才 匠心筑梦——迈向2035的城市（职业（教育展”。青浦区通过版面、短视频及现场互动体验项目展示近年来青浦职教发展成果，获“十佳”互动体验项目和“风采展示奖”。（曹佳凤）

■**上海工商信息学校师生在机械行业职业教育技能大赛中获奖** 11月30日，2019年度机械行业职业教育技能大赛暨“中望杯”机械识图与CAD创新设计赛项在山东省青岛市莱西机械工程学校举行。上海工商信息学校18中本班的褚沫阳、方致远同学夺得中职组一等奖第二名的优异成绩，两位指导老师获评优秀指导老师。（曹佳凤）

终身教育与“学习型社会”建设

■**概况** 2019年，青浦区持续深化“学习型社会”建设，扎实开展社区教育工作。以“福泉山文化”“青龙镇文化”为板块，开展青浦古文化系列微课建设。教育学分银行、“车厢课堂”项目、学习型乡村试点建设推进，持续培育高质量“市民学习团队”。注重提升老年学校服务能力，夏阳和白鹤两所老年学校参加市标准化建设评估；加强对老年教育“三类学习点”建设的服务和指导，11个居村委、4家社会学习点、4家养教结合点参加市级评审；做好孵化区老年教育团队工作室培育工作，从13家五星级团队中遴选2家参加市级交流评审。推进市级老年教育实验项目研究，5个项目结题。（曹佳凤）

■**上海市学习型乡村建设工作推进会举行** 10月10日，上海市学习型乡村建设工作推进会在金泽镇蔡浜村举行。上海开放大学副校长、上海市学习型社会建设服务指导中心副主任王宏，市教委终身教育处、上海市学习型社会建设服务指导中心办公室、相关区学习型乡村创建单位领导以及青浦区教育局、青浦区社区学院领导参加会议。会后，与会人员实地考察蔡浜村，对其传承阿婆茶文化、促进城市与乡村要素互动、实现乡愁精神回归的做法表示肯定，并对青浦社区教育工作及下一步学习型乡村建设工作提出建议。（曹佳凤）

■**区市民学习团队成果展示活动举行** 10月20日，区市民学习团队成果展示活动在东方中学多功能厅举行，400余名市民学习团队和社区居民代表参加。活动主题是“金秋十月庆华诞 不忘初心谱新篇”，全区各街镇11个市民学习团队进行展示，节目包括大合唱、服饰表演、沪剧、情景剧等。（曹佳凤）

科艺体卫教育及其他

■**概况** 2019年，青浦教育凝聚各方共识、强化多方联动，合力促进学生全面发展，提升教育规范化管理水平。

一是学校“科艺体卫劳”教育不断强化。举办青浦区第十届学生科技节，组织学生参加第三十四届上海市青少年科技创新大赛等活动，获得优异成绩。完成艺术和体育中小学“一条龙”项目布局，高中学校体育专项化课程改革实现全覆盖。承办2019年中国（上海）国际青少年校园足球邀请赛，举办2019年青浦区学生阳光体育大联赛。加强学生体质监测和近视、肥胖防控，开展学生健康知识教育活动。组织开展“全民国防教育日”主题教育活动，参与双拥和争创全国示范区工作。制定《青浦区初中学生社会实践管理工作实施方案和办法》，组织开展中小学生雏鹰假日小队活动。依托全区59个市、区两级学生社会实践基地，组织学生参与志愿服务。开展学校生活垃圾分类教育，举办“培养劳动精神，为孩子幸福奠基”等主题活动。二是教育信息化建设深入推进。实施《教育信息化工作三年行动计划（2018—2020年）》，推进学校数字学习中心、机器人、无人机等项目实践，深化“轻学”应用和《精准教与学信息化系统》建设，初步建成以学生数据为主的区域教育数据中心。三是教育项目建设与设备采购有序实施。青浦平和双语学校新建校舍正式启用，青浦协和双语学校招生办学。兰生复旦青浦分校开工建设，推进新城四站小学和初中、绿地时代名邸幼儿园等建设。完成33个暑期应急修缮安排项目、中学英语听说标准化试场建设以及11所学校创新实验室、11所学校安全教育体验教室、8所学校图书馆及校具更新工作。四是教育对口帮扶与合作交流日益密切。制定《关于进一步扩大和规范教育对口支援与合作交流的实施方案》，推进新疆白碱滩、云南德宏、青海班玛、兰州西固等地区的对口帮扶与合作交流工作。向云南德宏州援派10名一年期教育管理干部和教师，承办青海班玛学生夏令营，安排对口地区教师与教育管理干部到青浦培训、挂职跟岗等130人，组织名优骨干教师赴对口地区交流讲学等59人。五是教育督导工作持续加强。开展责任督学挂牌督导工作。实施学校（幼儿园）综合办学水平督导评估，年内督导34所学校（幼儿园）。开展幼儿园办园行为、中小学作业管理飞行督导以及中小学学业质量绿色指标督查、强校工程实施情况中期督导评估工作。开展及飞行督导。六是校园法治环境不断优化。推动上海市"依法治校"创建工作实现全覆盖，深入开展各类"法律进校园"活动，加强规范教育收费宣传检查。扎实推进"扫黑除恶"专项斗争工作，同区公安分局等部门，开展校园安全大排查、大整治行动。全面完成学校出入口防车辆冲撞车阻装置安装工作。受理办结信访件143件；受理"12345"市民服务热线工单件1030件，办结1010件。七是创全工作扎实有效。制定文明创建方案，召开教育系统文明创建推进大会等会议，落实班子领导分块负责制度和创全"点位长"制。推进文明校园创建工作，100%学校参与，2所学校被推荐为全国文明校园先进学校，新增3所"一校一品"特色学校。（曹佳凤）

5月18日，青浦区第十届学生科技节开幕（区教育局供稿）

■区第十届学生科技节落幕 12月20日，"与科创同行，将梦想点亮"青浦区第十届学生科技节闭幕式在区青少年活动中心举行。仪式上播放了该届科技节活动巡礼短片，表彰了一批区科技特色示范学校、区学生科技创新社团、优秀科技辅导员以及优秀小研究员，青浦高级中学的CAD与3D打印社师生带来了情景剧《无涯学海社团路》，4名优秀科技辅导员围绕《坚守·传承·创新》进行微论坛，"市明日科技之星"称号获得者、区优秀小研究员代表、复旦附中青浦分校的陆泽浩同学以《我的科创之路》为题发言。（曹佳凤）

■举办2019年青浦区学生艺术单项比赛 5月7—21日，为期两周的2019青浦区学生艺术单项比赛和幼儿单项展示活动顺利举行。比赛共设声乐、舞蹈、民乐、西乐、钢琴、戏剧、口琴、茶艺、动漫画、工艺、陶艺、幼儿故事、幼儿钢琴、幼儿创意制作等15个项目，共有幼儿园、小学、初中、高中组26个专场，参演节目990个，参赛学生1200多人。（曹佳凤）

■2019年青浦区学生阳光体育大联赛完赛 该届大联赛历时8个月，比赛项目包含广播操、啦啦操、田径、足球、篮球、乒乓球、羽毛球、智力、踢跳拍、"千校万班"小达人技能竞赛（足球、篮球、排球）、迎春长跑等11个项目。共有小学269支参赛队、初中192支参赛队、高中65支参赛队参加本次比赛，8500余名学生参与赛事。（曹佳凤）

■2019年区未成年人助力创全再出发系列活动启动仪式暨"拾圾而尚"校园推广活动举行 7月19日，2019年青浦区未成年人助力创全再出发系列活动启动仪式暨"拾圾而尚"校园推广活动在青浦区体育馆举行。活动主题为"小手聚力绘文明"，由中共青浦区委宣传部指导，青浦区文明办、区教育局、团区委、区少工委共同主办。区委常委、宣传部部长姜道荣，副区长王凌宇出席活动并启动"2019年青浦区未成年人助力创全再出发"系列活动。活动以学生在家庭、校园、社会中承担的不同角色出发，围绕"浸润·传承——争做上善好少年""立德·笃行——争做城市文明小公民""明礼·践行——争做新时代的主人翁"等主题板块，通过宣扬第七届全国道德模范候选人见义勇为事迹、宣读"城市文明小公民"倡议书以及区内8所中学的千名学生宣誓文明行动态度等形式开展。（曹佳凤）

■召开教育系统文明创建工作推进大会 10月10日，会议在教师进修学院召开。教育局党政班子领导、各科室负责人、各基层单位党政领导、教育系统创全点位实地检查组全体成员参加会议。会议由区教育工作党委书记孙卫主持。区教育工作党委副书记、区教育局局长程卫国作了题为"用文明滋养校园，让校园更加出彩"的主题讲话。会议还举行了青浦区教育系统文明校园（单位）表彰授牌仪式。（曹佳凤）

■教师支教工作 8月17日，青浦教师援滇支教行动吹响集结号，10名优秀的教育管理干部和骨干教师整装待发。区合作交流办副主任王滨，区教育局党政主要负责人、分管负责人以及派出学校领导、支教教师家属共40余人到场送行。区教育局局长程卫国亲自带队，徐泾、华新、白鹤、练塘4个学区的轮值校长等一同护送支教教师前往云南省德宏傣族景颇族自治州。（曹佳凤）

■举行创建"上海市依法治校"专项工作培训会 5月8日，区教育局在豫英小学召开创建"上海市依法治校"工作专项培训会。区教育系统依法治校创建工作领导小组及创建办成员、152所正在创建的基层学校法治教育分管领导和联络员、全区中小学(幼儿园)责任督学、民办幼儿园专职管理员参加培训。会议强调了做好依法治校创建工作的总体要求,法制科负责人针对“创建时间、创建目标、创建对象、创建体系、创建进度和创建分组”六方面作了具体部署和说明。闵行区责任督学张国民应邀作辅导讲座,并详细解读《上海市中小学校依法治校创建指标体系》。 (曹佳凤)

科技管理

■概况 2019 年,青浦区继续实施科技型企业培育发展计划,培育民营科技企业、高新技术企业等科技型企业队伍。认定 16 家市科技小巨人企业;认定 282 家市高新技术企业,全区有效高新技术企业达到 637 家。认定登记技术交易合同 240 项,成交金额 11.9 亿元,比上年增长 93.2%。新增在孵企业 310 家,累计孵化企业达 2214 家。 (张　峰)

■推动“科技+金融”有效融合 促进科技与金融对接,开展科技政策培训及论坛讲座 25 场,参与企业 1331 家。不断深化“3+X”科技信贷融资服务体系,从根本上解决科技型中小企业贷款过程中“轻资产、信用低、渠道少”的难点问题。加快区内科技金融服务创新,推动银行创新金融产品服务科技企业,完善科技信贷产品网上审核受理平台建设。走访申请履约贷款企业共计 88 家,其中审批通过企业 68 家,获审批额度共计 3.2 亿元。 (张　峰)

■2 个项目获得 2018 年度上海市科技进步奖 5 月 15 日,2018 年度上海市科学技术奖励大会在上海展览中心召开。会议表彰奖励了获得 2018 年度上海市科学技术奖的项目和个人。青浦区“车用环保高性能聚烯烃材料的研发应用”项目获得 2018 年度上海市科技进步奖二等奖、“宽带铁基非晶带材及其非晶合金立体卷铁心关键技术开发与产业化应用”项目获得 2018 年度上海市科技进步奖三等奖。 (张　峰)

科技创新

■概况 2019 年,全区有 53 个项目被列入市创新资金项目,4 个项目被列为上海市联盟计划项目,36 个项目被认定为市高新技术成果转化项目。1 家企业获 2019 年上海市产业转型升级专项立项。1 家企业获 2019 年上海市产业转型升级专项立项。2 个项目获市“科技创新行动计划”农业领域项目立项、2 个项目获市“科技创新行动计划”生物医药领域科技支撑项目立项。 (张　峰)

10 月 25 日,举办“绿”动进博——长三角生态绿色一体化科技服务日启动仪式 (区科委供稿)

■推动长三角一体化科技创新协同发展 会同吴江、嘉善科技部门,大力开展科技创新合作交流,推动长三角一体化科技创新协同发展。与吴江区科协、嘉善县科协签订三地科协组织联盟框架协议,从党建优势互联、人才交流互动、活动联手互办、基地集成互享、资源共建互惠等方面搭建协同创新发展平台;联合成立长三角生态绿色一体化发展示范区企业科协联盟,首批共 38 个集体会员单位,为促进三地企业技术开发与创新、科技人才成长、产业转型升级服务。承办“绿动进博”——长三角生态绿色一体化科技服务日启动仪式暨绿色创新论坛活动,三地 40 余家自然科学学会、400 余家企业科协和院士专家工作站建站企业交流创新工作经验。举办长三角区域企业 PCT 国际专利工作座谈会和长三角一体化发展示范区科技创新与知识产权发展报告会。首发长三角生态绿色一体化发展示范区科普护照,推动长三角地区科普服务的联动推进和科普资源的协同发展。 (张　峰)

■新增 19 家高新技术研究开发中心 年内,区高新技术研究开发中心验收工作全面结束。专家组对参加验收的 19 家单位的体制与机制、研发实力与能力及工作绩效等方面进行综合考评,最终被认定为青浦区高新技术研究开发中心。 (张　峰)

■加快北斗导航产业发展 承接市科创中心建设重大战略专项,加快建设上海西虹桥导航技术有限公司,全力打造创新功能性平台,促进北斗导航产业化。北斗西虹桥基地实现产值 22.3 亿元,比上年增长 27.3%;实现税收 8707.1 万元;累计引进企业达 235 家。 (张　峰)

■“双创”建设 大力推进众创空间(含传统孵化器)建设,营造区域创新创业良好环境。至年末,全区经认定备案的众创空间达 43 家,其中国家级科技企业孵化器 2 家、市级科技企业孵化器 8 家、区级科技企业孵化器 20 家、备案区级众创空间 13 家。全区各众创空间新增孵化企业 310 家,累计孵化企业 2214 家,毕业企业 122 家,其中高新技术企业34家、小巨人企业9家，共计上缴税收1.5亿元。全区各众创空间共举办各类创新创业活动224场，参与企业共计2687家；成功举办2019年度“创业在上海”国际创新创业大赛青浦分赛区活动，53个项目获上海市科技创新资金扶持。（张　峰）

■推进“进博会”服务保障工作 加强统筹谋划，全面推进“进博会”服务保障工作。持续开展“进博会”信息化项目稽察工作，推进“进博会”信息化配套项目建设，组织协调通信运营商做好第二届“进博会”通信保障工作。牵头召开市西软件信息园展览区协调会，对接区内软件企业与科创园区，研究制定市西软件园的整体宣传方案，利用“进博会”加大市西软件信息园等重大项目宣传力度，培育发展软件信息服务业等特色产业辐射带动效应。（张　峰）

知识产权

■概况 2019年，区市场监管局以机构改革为契机，切实加强知识产权的宣传与培训，提高知识产权质量和效益，不断提升知识产权创造、运用、保护和管理能力。走访市区两级专利试点、示范企业，深入挖掘技术含量高、市场前景好的发明专利。年内，发明专利申请量和授权量分别为8503件和5222件，比上年增长22.91%和13.79%。（胡开明）

■完善知识产权“大保护” 调整和充实知识产权联席会议成员单位，形成跨部门协作联动机制。根据机构改革和工作实际，将联席会议成员单位扩充至36个。4月10日，举办“长三角一体化示范区科技创新与知识产权发展”报告会，特邀上海市知识产权局原局长吕国强先生作专题报告，区知联会成员单位领导，街镇、园区科技干部，科技企业代表及吴江、嘉善两地市场监管局相关领导等140余人参加。举办青浦区企业PCT国际专利工作座谈会，介绍青浦区近年来企业PCT专利申请情况，围绕企业申请与运用PCT专利过程中遇到的问题和困难、对PCT体系意见和建议进行研讨。6月20日，召开长三角地区知识产权保护一体化工作交流会，推动跨区域及多方参与保护合作。着重对提升职能部门服务能力、推动知识产权服务业规范发展、建立重点发展产业的企业知识产权联盟等事项进行探讨，并就相关合作达成初步意向。（胡开明）

■知识产权“严保护” 加大监管执法力度，净化市场竞争环境，维护公平竞争秩序。开展打击侵犯知识产权和制售假冒伪劣商品“铁拳”行动，共查处侵犯知识产权和制售假冒伪劣商品案件234件，罚没款357.84万元；没收侵权商品4563件、侵权标识26845件；案件信息公开件数234件，公开率100%；移送公安部门追究刑事责任7件（人数7人）。查办的“张秋壮销售侵犯‘阿克苏苹果及图’地理标志证明商标专用权案”先后被上海市知识产权联席会议办公室、上海市市场监管局以及国家知识产权局认定为典型案例并在“‘4·26’世界知识产权保护日”予以曝光。（胡开明）

■健全管理工作机制 采取梯级专利试点示范培养模式，对企业进行引导和扶持。年内，全区共有3家企业和10家企业分别获评区专利工作示范单位和区专利工作试点单位。在上海市专利试点示范企业评选中，青浦区共有11家企业获评，其中：6家企业获评市专利示范企业，占比22.3%，位居全市第二。青浦区4家企业获评上海市知识产权创新奖，占比7.5%，位居全市第三。（胡开明）

■开展宣传活动 4月20—30日，在城区主要路口、绿地悬挂宣传横幅以及在电子广告屏播放知识产权宣传片。4月26日，在桥梓湾广场联合开展以“严格知识产权保护 营造一流营商环境”为主题的宣传活动，展出各类展板30多块，发放宣传资料1000多份，咨询人数300余人。4月20日—5月30日，区教育局、市场监管局在华新中学开展校园知识产权宣传月活动，包括宣传、讲座、知识竞赛、DIY等多项活动，全校700多名师生参加。（胡开明）

编辑　吴言荻

综　述

2019年，青浦区文化和传媒工作坚持以习近平新时代中国特色社会主义思想为指导，深入贯彻落实党的十九大和十九届三中、四中全会精神，紧紧围绕服务两大国家战略和区委"全面跨越式高质量发展"要求，积极推进文化和传媒的发展，助力长三角生态绿色一体化发展、江南文化示范区建设。

对照标准推进"上海率先基本建成现代公共文化服务体系"创建工作。加快完善公共文化设施三级网络，完善"15分钟公共文化服务圈"。深入实施文化惠民工程，加快推进信息化建设，开展数字公共文化服务，不断提升公共文化服务水平。合理利用区公共文化建设资金，组织开展年度区文化事业基金申报工作，激发并鼓励区内各类公共文化场馆、社会组织、企业、团队等开展文化活动。年内，全区文化工作坚持正确导向，加大舆论引导力度；聚焦民声需求，释放公共服务活力；把握历史文脉，加强文物保护传承；围绕扶持引导，推动产业创新发展；优化审批管理，促进文化市场规范有序，较好地完成年度各项工作任务。

2019年，区融媒体中心认真贯彻落实中央、市委、区委关于加强主流新闻媒体融合发展有关会议精神和工作要求，于6月底完成机构改革相关工作。中心共核定事业编制108名，以"部门设置与融媒体业务模式相适应"为原则，按照三大系统"1+2+5"八大功能平台建设总体业务框架，共设置11个部室。主要承担统筹广播、电视、报纸、新闻网站、微博、微信、移动客户端等媒介，进行融媒体新闻生产发布，建设主流舆论阵地、综合服务平台和社区信息枢纽等职能。

9月，选举产生新一届党组，成立中共青浦区融媒体中心总支部委员会，下设中心行政支部、中心采编支部及中心退休支部，并配备相应的群团组织，实现党管媒体格局。全年坚持"围绕中心、服务大局"宣传理念，着力开创宣传思想工作新局面，为青浦实现全面跨越式高质量发展提供有力思想保证、精神动力和舆论支持。

（周丹丹　高　芳）

文化设施建设

■**概况**　2019年，区文化和旅游局做好"上海率先基本建成现代公共文化服务体系"创建。推进图书馆总分馆制和文化馆总分馆制建设，建成11个图书馆分馆、10个示范性基层服务点，文化馆分馆实现11个街镇全覆盖。制定《青浦区村（居）综合文化活动室（中心）标准》，新创建55个点位，对通过验收的229个村居文化活动室挂牌标识，在其中90个试行点使用"文化云盒子"。推进青浦图书馆二期扩容工程，基本完成扩容装修，待工程完成验收投入使用。

（周丹丹）

■**"江南文化研究院基地"正式揭牌**　7月2日，青浦区与复旦大学签订"联合推进江南文化研究战略合作框架协议"，"江南文化研究院基地"正式揭牌。

3月18日，青浦区文化和旅游局挂牌仪式举行，区委常委、宣传部部长姜道荣（右）出席仪式并揭牌

（区文旅局供稿）

3月23日,2019年上海(青浦)市民文化节启动　　（区文旅局供稿）

双方就合力推进市级层面江南文化研究哲社系列课题研究、共同开展江浙沪、本市不同城区及青浦地区江南文化应用性课题研究、联合举办江南文化的相关论坛、共同推出具有影响力的标志性成果等达成合作共识。　（周丹丹）

■青浦图书馆二期扩容装修　2月20日,图书馆第二期扩容工程正式开工,其中结构加固、玻璃幕墙、空调地暖、密集书柜、室内装修工程及电气安装工程等项目已基本完成。二期工程图书馆配套项目方面,RFID 图书智能管理系统、城市书房、标准及非标准书架桌椅、阅览灯具等项目已经完成招标工作,所有配套项目已进入生产备货状态。待整体工程完成验收后,进行配套项目的安装调试。　（周丹丹）

文化产业及市场管理

■概况　2019年,区文化和旅游局进一步推动文化产业创新发展。推动世界手工艺产业博览园建设,推进“2019年全国手工艺产业博览会暨非物质文化遗产传统技艺展”成功举办。开展“泛长三角城市工艺美术产业发展”2019年协同推进工程。联合江苏、浙江、安徽三省16市,成立“泛长三角城市工艺美术产业发展战略联盟”合作平台。推动平台举办“长三角工艺美术精品展暨时尚生活用品订货会”。深入企业走访调研,帮助相关部门完成青浦文创、旅游产业扶持政策修订。强化产业政策宣传辅导,举办2019年上海市促进文化创意产业发展财政扶持资金申报工作青浦区动员培训会、2019年上海市促进文化创意产业发展财政扶持资金市级答辩培训会、上海市文化创意产业发展财政扶持项目验收及资金管理培训会,帮助企业了解政策,推进政策落细落实。开展扶持资金申报拨付,区内20个文创项目获得总扶持资金3350万元,其中市级扶持资金1675万元、区级扶持资金1675万元,预计带动社会投资总额达2.0138亿元。指导区内企业参加市级文创产业园、示范楼宇、示范空间考核评估。经市文创产业推进领导小组办公室认定,中国梦谷——上海西虹桥文化创意产业园获评市级文创示范园区、移动智地文化创意产业园等4家获评市级文创园区、中暨文化楼获评市级文创示范楼宇、张江文化创意产业园区获评市级文创示范空间。辅导推荐朱家角“文创+基金”特色小镇建设、世界手工艺产业博览园两个项目作为区文旅产业发展典型案例申报文旅部全国文旅产业发展典型案例。

规范行政审批服务,做好“一网通办”推进工作。梳理行政审批项目目录、材料清单、审理时间,原则上实现审批项目一网通办,减少企业跑动次数。利用“一网通办”电子证照应用,行政相对人在窗口办理审批事项时,凡涉及居民身份证、营业执照等,均采用二维码扫描方式以电子证照形式录入,无需申请人提供纸质材料。抓好事前事中监管,巩固完善三级联动巡查机制,不断完善网格化管理模式,开展日常监管“以查代训”活动,提升巡查员工作能力和水平。在做好营业性演出入口关的基础上,加强与区相关执法部门的协作协调,完善演出市场监管机制。做好行业培训工作,召集全区互联网上网服务场所、歌舞娱乐和电影放映场所开展安全专项培训活动,与各文化行业企业签订《消防安全承诺书》。　（周丹丹）

6月6日,2019年“水乡音花”长三角民歌荟暨江南水乡文化论坛在朱家角古镇尚都里举行　　（区文旅局供稿）

■“长三角工艺美术精品展暨时尚生活用品订货会”举办　10月26—31日，首届“长三角工艺美术精品展暨时尚生活用品订货会”在青浦世界手工艺产业博览园举办。展会包含文化交流与传承两部分，配套百年北玉大师邀请展、潮汕非遗精品展、世界之石、中国非遗——青田石雕主题展、2019年“溯源”当代陶瓷绘画美展等多个主题展，共2万余人次参观。（周丹丹）

■开展三级联动以查代训活动　8月27—29日，区文化市场三级联动巡查办公室在朱家角镇、白鹤镇、重固镇开展区文化市场三级联动日常监管“以查代训”活动，全区11个街镇共62名三级联动巡查员参加培训。重点对各类卡拉OK包房、互联网上网服务经营场所等企业控烟、安全、规范性经营情况进行检查。（周丹丹）

■开展文化市场专项行动　围绕庆祝新中国成立70周年和第二届“进博会”保障工作，开展“清源2019”“秋风2019”“净网2019”“护苗2019”“固边2019”等专项行动。联合局文化执法大队、区社文所、消防等部门对青浦区电影院、互联网上网服务经营场所、歌舞娱乐、旅行社等文化旅游娱乐市场进行专项执法检查，重点检查场所内的扫黑除恶、扫黄打非、控烟情况、消防安全等。（周丹丹）

9月28日，长三角文商旅大走亲暨2019年上海青浦长三角名品节在青浦万达茂金街拉开帷幕（区文旅局供稿）

文化艺术活动

■概况　2019年，青浦区文化馆持续提升文化品牌质量。举办“波澜壮阔70年 砥砺奋进20载”——青浦区庆祝中华人民共和国成立70周年暨纪念撤县建区20周年主题歌会展演、2019年上海青浦淀山湖文化艺术节暨旅游购物节、2019年上海（青浦）市民文化节等区级重大文化活动。参加2019年江南民歌节长三角田山歌展演、长三角地区优秀山歌展演等非遗民俗文化活动。开展“青浦有戏”“市民大课堂”“市民大展厅”“市民大舞台”“放歌淀山湖”青年歌唱大赛、“少儿拉丁舞精英赛”“天天演”等系列惠民服务项目，市民参与79万人次。2019年“文化和自然遗产日”优秀案例发布会上，青浦区吴歌成为上海市唯一的国家级非遗代表性项目保护实践优秀案例成功入选，成为全国50个入选项目之一。

全面开展公共文化资源配送。完善区、镇、村居三级文化配送网络，全年完成市级配送217场，区级配送205场。全区农村、流动数字电影共放映7070场次。对145个农家书屋实施集中配送，共配置书籍15163册。（周丹丹）

10月30日，“墨韵江南——青浦、吴江、嘉善三地博物馆馆藏扇面联展”在青浦博物馆开展（区文旅局供稿）

■举办2019年青浦区各界人士新春团拜会　1月22日，由中共青浦区委、区人民政府主办，区委宣传部、区文广影视局承办的2019年青浦区各界人士新春团拜会在区文化馆文化剧场举行。区委书记赵惠琴，区委副书记、区长余旭峰，区政协主席李华桂以及区其他领导和离退休干部等社会各界人士出席活动。余旭峰致新春贺词。团拜会演出分《踏歌声·梦回大江南》《忆往昔·峥嵘岁月稠》《畅未来·共创新时代》3个篇章演绎。（周丹丹）

■优化做好特色文化品牌项目“青浦有戏”　2019年，《青浦有戏》结合新春节日庆祝，举办百姓戏剧展演活动，10个团队轮流展演，并组织志愿者服务队参与到剧场观众管理工作中。在票务上，采取网上抢票、各街镇、居委会定量赠票、参加活动现场换票等多种形式。8月，区文化馆与区文化配送中心联手推出公益电影服务，每月播放3—4场免费电影；暑假期间推出儿童绘本剧展演；国庆节期间推出"国庆有约，戏聚青浦"戏曲周演出；12月初，举行"大剧青音"话剧周暨青浦有戏上海市高校优秀剧作展演，邀请复旦大学、上海交通大学等各大高校的16个话剧社参演。

（周丹丹）

■举办2019年上海（青浦）市民文化节系列活动 3月23日，2019年上海（青浦）市民文化节"文化服务日"暨"文化青浦云"正式上线启动仪式在青浦桥梓湾广场拉开帷幕。11支获得市级优秀村居群众文化团队作演出展示。6月10日，市民广场舞（青浦区）大赛举行，白鹤镇文体中心的《幸福乐章》等八个节目进入全国广场舞上海展演。10月9日，在2019年第六届上海浦江沪剧节暨"乡音和曲"沪剧邀请赛上，青浦区文化馆获优秀组织奖，青浦区白鹤镇文体中心获优秀团队奖、团队展示奖，选手周勇获最佳演唱奖，李安琪获新苗奖，郁昊昊等小演员获参赛奖。在全区范围组织发动开展"我和我的祖国"第五届"大师从这里起步"上海少儿美术书法大赛，经过市级美术、书法专家评审，部分作品获奖或入展。10月9—14日，庆祝新中国成立70周年暨青浦撤县建区20周年"市民大舞台"天天演在桥梓湾广场举行。11个街镇的6个艺术团队以"恒·爱中国 安·享盛世"为主题，创作演绎戏剧、舞蹈、小品等节目，连续6天共17场，吸引观众2万余人次。10月20日，2019年青浦区"放歌淀山湖"青年歌唱大赛在青浦文化剧场举行，共百余人报名。经过海选、复赛和决赛，决出金银铜奖、最具潜力奖和最佳人气奖等各类奖项。徐泾镇文化体育服务中心、白鹤镇文化体育服务中心、盈浦街道文化体育服务中心获优秀组织奖。10月24日，上海市民合唱大赛决赛举行，青浦赵巷镇崧韵合唱团、青浦区教育局"馨享"合唱团、华新镇物流企业中通合唱团、徐泾镇合唱团、夏阳街道七月合唱团等五支合唱团代表青浦参加比赛。12月21日，"生活美·时代红"——2019年上海市民文化节故事大赛百强颁奖典礼举行，青浦区《平民英雄关立平》等5个纪实故事，《与命运抗争的人》等15个新故事获百强称号。

（周丹丹）

■开展2019年青浦区文化科技卫生"三下乡"暨集中示范活动 3月26日，2019年青浦区文化科技卫生"三下乡"启动仪式暨集中示范活动在金泽镇启动。区委常委、宣传部部长姜道荣出席活动并致辞。区教育、农业农村委、卫生健康委员会、共青团、妇联等系统向金泽镇赠送购书券、农业书籍、健康礼包、图书、文化云设备、学习礼包等便民实用物资。活动现场，团区委、区妇联、农业农村委、科委、卫生健康委、司法局、人社局、教育局、文化和旅游局、绿化和市容局等单位组织各项现场服务。年内，"三下乡"服务包括健康巡讲、文艺巡演、就业政策宣传、新型农民培训、流动车书展等46项。

（周丹丹）

■开展美丽乡村专题文化配送活动 4—10月，开展美丽乡村专题文化配送活动，活动涉及全区11个（国家级、市级、区级）美丽乡村。现场文化演出配送以中型、小型的文艺演出为主，包含传统沪剧折子戏、经典锡剧折子戏、旗袍综艺秀、红色经典折子戏等。共计配送30场，2500余人观看。

（周丹丹）

■举办2019年上海青浦淀山湖文化艺术节暨旅游购物节 9月23—10月22日，2019年上海青浦淀山湖文化艺术节暨旅游购物节举行。购物节以"美丽长三角 共享进博会"为主题，以"波澜壮阔70年，砥砺奋进20载"青浦区庆祝中国华民共和国成立70周年暨纪念撤县建区20周年主题歌会展演拉开序幕，结合"庆祝中华人民共和国成立70周年""打造四大品牌""服务保障进博会""长三角一体化发展""乡村振兴"五个板块开展近百场活动。推出"美丽长三角，共享进博会"——长三角文商旅大走亲、朱家角水乡音乐节、2019年上海茭白节暨农民丰收节活动、Show出青享夜、江南美食汇、玩味万达茂、金秋麦浪音乐节、2019年中国国际零售消费展、第十一届上海世界华人龙舟邀请赛、艺享商圈等十大重点活动。

9月28日，文化艺术旅游购物节重点活动——长三角文商旅大走亲暨2019年上海青浦长三角名品节在青浦万达茂金街启动。江苏吴江区、浙江嘉善县等相关单位应邀参加。10月22日，2019年上海青浦淀山湖文化艺术节暨旅游购物节闭幕式在徐泾夏都小镇举行。副市长许昆林、市政府副秘书长尚玉英，和区领导余旭峰、杨小菁、姜道荣、倪向军、彭一浩等出席。余旭峰致闭幕词并宣布闭幕。

（周丹丹）

12月5日，青浦"非遗"项目——茭白叶编结制作技艺和石版印刷技艺参加2019年长三角"非遗"（作）品交流会

（区文旅局供稿）

9月23日,2019年上海青浦淀山湖文化艺术节暨旅游购物节开幕

（区文旅局供稿）

■文艺巡演助阵第二届中国国际进口博览会 10月18日,由中共青浦区委宣传部、青浦区文化和旅游局主办,青浦区文化馆承办的“展进博风采 创文明家园”——青浦区服务保障中国国际进口博览会文艺巡演首场演出在白鹤镇举行。巡演覆盖全区11个街镇。

（周丹丹）

图书馆事业

■概况 2019年,青浦区图书馆事业围绕市民读书节、世界读书日等重大活动,不断拓展阅读体验形式,推进图书馆总分馆制建设,推动全民阅读,举办“青浦市民读书节”“青浦区世界读书日活动”“长三角三城青少年阅读马拉松挑战赛”等活动,全年开展阅读活动291场,参与人数11000余人次。年内,青浦图书馆提交的阅读推广及服务创新案例“共享服务平台,助力全民阅读——清阅朴读阅读推广联盟”经专家评审,入选国家出版社优秀案例出版。全年新增图书藏量4.2万册;新办读者证741张,累计有效证49007张;接待读者80万人次,借还图书132924册;社区还书箱及馆际流通便民还书7090册;举办各类读书活动180余场,参与人数2万多人次;累计为53家馆外服务点服务12次,提供图书1300余册;在数字资源方面(包括电子书),总访问量853476人次,下载量187132次,检索8万余条。自建“青浦区图书馆特色活动数据库”,续签“龙源期刊”等8个数据库,现有数据库29个;预订2019年度报刊资料1407种。打造“青浦图书馆特色活动资源数据库”。完成总分馆阅读推广内容供给项目,进一步推动全区公共文化服务“精准供给”。持续做好“小鸡book”爱·智慧阅读成长计划“青溪讲坛”等线上线下阅读推广,加强“清阅朴读”文化品牌建设。青浦图书馆第二期扩容工程基本完成扩容装修,待工程完成验收投入使用。（周丹丹）

■举办第十三届青浦区市民读书节系列活动 4月,第十三届青浦区市民读书节开幕,活动以“文进万家·书香青浦”阅读活动为主题,依托“长三角一体化阅读联盟”,以“世界读书日”“上海书展”“市民文化节”等重要时间节点陆续举办了多项公益惠民读书活动。活动至12月结束。

4月17日,青浦图书馆联合浙江省嘉兴市嘉善县、江苏省苏州市吴江区成立“长三角一体化阅读联盟”,在青浦区举办专家讲座11场。4月23日,青浦图书馆联合各街镇图书馆、夏阳湖社区居委、青浦监狱等单位共同举办“同城共读·鸿雁传书”——青浦区世界读书日活动,并开展现场书写书信阅读书信活动。8月14—20日,2019年上海书展暨“书香中国”上海周期间,青浦图书馆开展名家七讲下江南、青溪讲坛、文化展览、万家点书、故事会等22场全民读书活动。新增村级农家书屋(林家村的薄荷香书院)为上海书展的分会场开展阅读推广活动。市民读书节期间,举行青溪讲坛、“清阅朴读”读书沙龙、“小鸡Book”爱智慧阅读成长计划、彩虹桥少儿读书月、盈浦雅集、晨曦·朴读、桥乡艺蕾等特色品牌活动。线上开展“青浦老建筑的故事”创作大赛、亲子朗读声音档案大征集、创意书签设计展等活动。12月7日,举办“书信传情 吟诵祖国”主题朗诵会。2019年,各类阅读服务项目活动中,5家单位获优秀组织奖,6项获得优秀项目。（周丹丹）

■举办2019年上海书展青浦分会场活动 围绕该届书展主题“我爱读书,我爱生活”的青浦区分会场以“红色文化、海派文化、江南文化”为主题,以青浦区图书馆、各街镇图书馆、农家书屋三级联动的方式,开展名家七讲下江南、青溪讲坛、故事会等22场全民读书活动。

依托“长三角一体化阅读联盟”,以“请进来”和“走出去”的方式,邀请浙江省、江苏省文化名人叶瑜荪、王稼句到青浦,上海文化名人李天纲、马尚龙到吴江、嘉善作主题讲座。邀请国家历史文化名称研究中心主任阮仪三、吴语研究专家、语言学家钱乃荣、上海作家协会理事沈嘉禄作文化主题讲座。书展期间青溪讲坛邀请儿童发展研究专家赵晓华作《阅读的有效“输入”与“输出”》;陈云纪念馆研究馆员方芳作《陈云的故事》;中国作家协会会员徐斌作《道不尽的江南事》讲座,为广大读者提供不同的文化体验。同时,全区各街镇社区文化活动中心开展各类读书活动,如盈浦街道举办《百年五四——朱自清篇》《百年五四——梁实秋篇》主题讲座;夏阳街道举办《东野圭吾小说赏析》讲座,金泽镇开展“桥乡艺蕾青少年暑期手工课堂”,华新镇举办“晨曦·朴读”亲子绘本故事会等。（周丹丹）

■首届长三角三城青少年阅读马拉松挑战赛成功举办 11月16日,青浦区图书馆联合江苏省苏州市吴江区图书

11 月 16 日，2019 年长三角三地青少年阅马挑战赛举行　（区文旅局供稿）

馆、浙江省嘉兴市嘉善县图书馆在三地共同开展“2019 年长三角三城青少年阅马挑战赛”。“风华正茂”小队俞玥获得个人冠军，“地嘉人善队”获得团队冠军。（周丹丹）

■**开展“小鸡 Book—— 爱・智慧”阅读成长计划**　1 月 24 日与 3 月 4 日，开展“爱・智慧”儿童哲学阅读探究课和“爱・智慧”儿童哲学启蒙绘本故事会活动。与青浦高级中学合作，将“哲学阅读探究”送进学校。暑假期间，金泽镇图书馆开设 5 场“爱・智慧”哲学阅读探究课。儿童哲学启蒙绘本故事会面向幼儿园及小学低年级学生开展。年内，青浦图书馆馆员在城市青年中心、新华书店青浦万达店推出系列课程，开展“紧张是什么”“珍惜是什么”等 13 场主题哲学启蒙绘本故事会。（周丹丹）

文博事业

■**概况**　2019 年，区文博工作贯彻落实“保护为主、抢救第一、加强管理、合理利用”文物工作方针，加强文化遗产保护研究和利用。召开专家评审会，论证并完善《“上海之源”古文化走廊专题规划研究》项目实施。青龙镇遗址经申报成功获批第八批全国重点文物单位。福泉山遗址保护规划通过市文物部门和相关专家评审，继续做好崧泽遗址、青龙镇遗址的保护规划编制工作。研究讨论元代任仁发家族墓地保护和利用工作。完成赵巷镇千步村遗址、朱家角镇凌家角遗址文物埋藏区的勘探工作；开展青龙镇遗址区域考古调查和勘探工作，并做好遗址区域内白鹤、重固新谊河西段（顾塘港—油墩港）河道开挖保护协调工作；开展油墩港、沪苏湖铁路沿线考古勘查。

开展文物修缮保护。完成徐泾香花桥、盈浦天恩桥、华新思古桥 3 座古桥等纳入区挂图作战项目的文物修缮工程；做好朱家角关王庙、白鹤镇青龙寺维护抢修；完成青浦城厢历史文化风貌区南门街张宅、行素堂黄宅、胡氏住宅、县前街 32 号楼等文物建筑的修缮。开展青浦博物馆馆藏书画修复工程，完成清《淀滨寄隐图》册页的修复工作，做好古籍再生性保护工程，完成《金石萃编》古籍书数字化扫描共计 64 册、11940 页，建立青浦博物馆馆藏文献数据库。完成“水乡遗韵——青浦不可移动文物二维码导览”项目，借助文字、图片、语音让青浦区 90 处不可移动文物可“扫码阅读”。

加强馆际交流与合作。青浦博物馆与上海博物馆签订《上海博物馆、青浦博物馆合作备忘录》。与吴江、嘉善博物馆签订《青浦、吴江、嘉善三地博物馆合作交流倡议书》，举办“墨韵江南——青浦、吴江、嘉善三地博物馆馆藏扇面联展”，并整理出版联展作品集。与上海市历史博物馆联合举办《“历博杯”青浦优秀历史建筑摄影赛作品展》，与陕西汉中地区有关博物馆联合举办《古刻萃编：金石先驱王昶蜀道访碑拓片展》，与新疆龟兹研究院联合举办《丝路遗韵・五彩龟兹——龟兹壁画艺术展》，承办《墨舞江南——长三角生态绿色一体化发展示范区三地书画联展（青浦展区）》《明瓷青语——明代民窑青花瓷器展》《水乡情韵——岑振平水彩画展》等。

推动拓展非遗在社区。“非遗在社

11 月 27 日，上海博物馆与青浦博物馆合作备忘录签约仪式暨合作交流座谈会举行　（区文旅局供稿）

区”工作进一步下沉与拓展，工作布点、传承人群队伍不断壮大，并不断向居村、居委、校园等更广泛的区域延展。举行青浦区2019年“非遗在社区”传承传播工作签约仪式。与区内新增的11个非遗传承点位以及10名传承人签订三方协议。（周丹丹）

■举行青浦、吴江、嘉善三地博物馆合作交流会议 5月13日，青浦、吴江、嘉善三地博物馆2019年合作交流会议在青浦区博物馆举行。青浦、吴江、嘉善三地博物馆馆长共同签署《青浦、吴江、嘉善三地博物馆合作交流倡议书》，讨论并通过《青浦、吴江、嘉善三地博物馆2019年度合作交流工作计划》。10月30日—11月30日，青浦、吴江、嘉善三地博物馆在青浦博物馆临展厅共同举办“墨韵江南——三地馆藏扇面联展”，展出74幅作品。（周丹丹）

■举办2019年文化遗产日主题活动 6月6日，2019年“水乡音花”长三角民歌荟和江南水乡文化论坛活动在朱家角古镇尚都里举行。区委宣传部副部长陈涛致辞。活动分为仪式、演出和论坛三部分。金山区、崇明区、奉贤区以及吴江区、嘉善县、昆山市选送山歌节目作演出，文艺工作者围绕非遗工作、艺术创作等展开交流与讨论。上海市非遗保护中心负责人、环淀山湖战略协同区相关负责人、非遗代表性项目保护单位代表、非遗传承基地、传承人代表、各区非遗工作者、非遗工作志愿者等参加活动。（周丹丹）

■签署“‘非遗’在社区”传承传播工作三方协议 9月6日，区文化和旅游局与区内11个新增传承点位以及10名新增传承人共同签订三方协议。全区新增“非遗”传承点位11个，其中新增5所学校（上海唯实希望小学、崧文小学、商榻小学、金泽中学、朱家角小学）；2个传承体验馆（练塘镇米乐农产品专业合作社、练塘镇茭白叶编结体验馆）；2个居委（盈浦街道庆华社区、盈浦街道绿舟社区）以及2个村居（盈浦街道俞家埭村、香花桥街道朝阳村）。新增传承人10人。新增“非遗”传承项目包含田山歌、练塘糕团制作技艺、练塘茭白叶编结制作技艺、小刀会传说、青浦水印版画、土布染织技艺、阿婆茶、宣卷、船拳、徐泾江南丝竹等国家级、市级以及区级“非遗”名录。（周丹丹）

■青龙镇遗址被公布为第八批全国重点文物保护单位 10月16日，国务院正式印发《关于核定并公布第八批全国重点文物保护单位的通知》。青龙镇遗址入选名单。至此，青浦区拥有全国重点文物保护单位3处，其他两处分别为福泉山遗址和崧泽遗址，均属于遗址类文物保护单位。青龙镇遗址中心区域位于今青浦区白鹤镇青龙村、塘湾村、鹤联村，地面文物建筑有青龙塔，遗址的发掘工作获评“2016年度全国十大考古新发现”。（周丹丹）

新媒体

■概况 2019年，区融媒体中心挂牌成立后，原区微博办撤销，成为中心的移动媒体部。业务从原先的“绿色青浦”微博、微信公众号，“青浦大调研”微信公众号，拓展为“绿色青浦”微博、微信、移动客户端、短视频平台，“上海青浦”网站（新闻）、“青浦大调研”微信公众号、“长三角示范区发布”微信公众号。（高　芳）

■增强传播力影响力 全年“绿色青浦”微信公众号共推送微信2686条，平均每天推3波、每波3条，粉丝量为79557人，增粉近5.1万；“绿色青浦”微博共发布微博8684条，平均每天发24条，粉丝量为88276人；“绿色青浦”客户端，下载量为239973次，注册量为40870人；“绿色青浦”抖音发布短视频99条，粉丝量为3831人。1—6月，“上海发布”公布、《上海政务微信月度报告》，“绿色青浦”排名第八至第九名（6月后该榜单与市网信办榜单合并）。6月，“绿色青浦”入驻澎湃新闻两周后即夺得“区县分榜”冠军；6月，“绿色青浦”首次冲入市网信办公布的《上海政务新媒体传播影响力力排行榜》，影响力排名第十，双微发稿量较5月上升33%；7月，上海政务新媒体月榜，传播力排名第九，影响力排名第九；9月，上海政务新媒体月榜，传播力排名第九，原创率排名全市第一，超过75%；10月，上海政务新媒体月榜，传播力排名第八；11月，上海政务新媒体月榜，传播力排名第六，影响力排行名第八；12月，上海政务新媒体月榜，传播力排名第八，影响力排名第七。（高　芳）

■视频制作 2019年，移动媒体部完成多项专题宣传，强化扫黑除恶、中央生态环保督察在上海、生态宜居百村行、“不忘初心、牢记使命”主题教育、“可爱的中国、奋进的上海”、“波澜壮阔70年，砥砺奋进20载”主题歌会等视频制作。9月30日，全媒体通过图、文、短视频报道“庆祝中华人民共和国成立70周年暨纪念撤县建区20周年”升旗仪式，阅读量近3万。年内，拍摄原创作品《秋天到了，快去丰收宝宝们的爱》《进博之旅，不妨带上这片浪漫的薰衣草》《瞧！小青团培养了一窝小小哲学家》和国庆系列短视频、主题歌会系列短视频、长三角一体化发展示范区誓师大会短视频、服务保障第二届“进博会”志愿者誓师大会短视频等。（高　芳）

■微信矩阵 中心整合全区68家微信公众号形成微信矩阵，在第一时间拿到权威信息，做到首发。相关信息发布后，及时联络各单位，分派发动转发、点赞、留言任务。每月，根据各街镇和各处级单位的关注数、报送数、录用数、阅读数、点赞数、评论数，形成《“绿色青浦”政务新媒体传播影响力专报》，全年共编发12期。（高　芳）

广播影视

■概况 2019年，区广播影视事业完成机构改革，在青浦区融媒体中心领导下，围绕中心、服务大局，不断发挥自身优势，在宣传工作中坚持正确舆论导向，坚持弘扬正能量，发挥正面宣传力量。全年，青浦电视台全年播出时长5629小时。《青广新闻》共播出314期104.3小时；广播专题《社会视点》《多彩生活》《小伙伴》共发布678期、长103小时。（高　芳）

■影视制作 内容生产方面，制作播出《青浦新闻》365期，总时长170.3小时。播发记者自采新闻1930条，特约记者采写的新闻633条。重点内容有：“不忘初心 牢记使命”主题教育、护航进博会、长三角一体化、创建全国文明城区、“壮丽70年·奋斗新时代”之生态宜居百村行系列报道、乡村振兴、垃圾分类、“扫黑除恶”“三大整治”“中央环保督察在上海”等，同时有“青视光影 绿色青浦 最美景象”2019春节主题新闻竞赛、“城市荣光”主题新闻竞赛等报道。通过自办联办方式，制作播出电视专题《青浦纪事》《青浦党建》《青浦警坛》《夏阳湖夜话》48期，总时长15小时。内容播出方面，通过外购加编辑等方式，播出电视剧27部1092集、纪录片19部261集、动画片23部728集、专题片64集、戏曲144部。（高　芳）

■广播节目　外宣工作方面，向上海交通广播、中广联合会城市台等平台共发稿274条，被上海交通广播录用76条。播音主持人员参与区委、区府和镇（街道）等各类活动主持50余人次。参与930（上海十六区庆祝国庆70周年全媒体接力盛典）特别直播节目。参加中广联合会城市台上海经济区协作网组织的主题为《共饮长江水，共话家国情》特别节目制作；制作庆祝新中国成立70周年大型联制联播节目《交通一张网》。

完成2019年度市广播电视奖参评节目的选题和节目创作。创作以徐泾艺术团为背景的广播文艺节目《专业草根、文艺轻骑》；以青浦作为长三角生态绿色一体化发展示范区为主题选出短新闻《长三角生态绿色一体化发展示范区区域公交第一批5条线路今天开通运营》和长新闻《有风景的地方就会有创新经济，“长三角生态绿色一体化发展示范区总体方案”正式公布》。

（高　芳）

青浦报

■概况　2019年，《青浦报》紧紧围绕服务两大国家战略、服务保障进博会、庆祝新中国成立70周年、青浦撤县建区20周年、创建全国文明城区等宣传重点，编发各类稿件，完成《青浦报》全年刊发任务，为推动青浦实现跨越式高质量发展传递正能量，提供舆论支持；同时，推行版面责任编辑制，进一步规范新闻编发工作流程，切实把好组稿选稿关、发稿关、审核关，确保舆论导向正确。（高　芳）

■主题宣传　《青浦报》全年共编发105期、484个版面（包含各个专版），内容涵盖时政新闻、综合新闻、经济新闻、社会社区、民生新闻、科教卫新闻等，还有淀山湖畔、文化长廊、法制视窗、就业与保障、上善人物等专副刊。先后开设《全面从严治党》《实施乡村振兴战略》《聚焦长三角 相看青吴嘉》《扫黑除恶专项斗争》《中央生态环保督察》《创建双拥模范城》《进博会倒计时》《不忘初心、牢记使命》《上善青浦·创建全国城区》等专栏，并刊发大量报道。其中，《全面从严治党》专栏发布信息31篇；《不忘初心、牢记使命》专版13期，发布信息27篇；《进博会倒计时》专栏发布信息34篇；《实施乡村振兴战略》专栏发布信息22篇。（高　芳）

东方绿舟淀山湖畔一景　　（区旅游局供稿）

卫生·体育

编辑 吴言荻

综　述

2019年，青浦区医疗卫生工作继续突出预防与基层医疗为主的工作方针，加强卫生、健康工作的管理与探索，推进长三角生态绿色一体化示范区内卫生健康各项合作，完成第二届中国国际进口博览会医疗卫生保障任务。以提升患者看病就医满意度、获得感为目标，继续完善青浦医疗服务体系建设，加强院前急救、医联体建设和分级诊疗，持续优化全区医疗资源总体布局，继续深化公立医院改革和社区卫生综合改革试点；加强疾病预防控制体系建设，有序推进全国健康城区创建，做实家庭发展和老龄健康各项服务，牢固树立大卫生、大健康理念。

至年底，全区有各级各类卫生机构381所，卫生技术人员5540人。全区各级各类卫生机构门急诊人次数620.35万人次，比上年增加2.73%；出院病人数为60579人，比上年增加6.95%；手术人次数为32451人次，比上年增加10.61%；床位使用率为86.27%，比上年增加2.44个百分点。预约就诊率27.79%，比上年增加13.80个百分点；全区4家公立医院医药费用增长率9.30%；药占比（不含中药饮片）34.22%，比上年减少0.53个百分点；百元医疗收入中耗材占比（不含药品收入）为35.61元，比上年增加0.55元。青浦地区户籍人口期望寿命84.48岁，孕产妇死亡率0、婴儿死亡率3.52‰。7月，由中山青浦分院牵头，与区妇幼所和盈浦街道社区卫生服务中心联合申报儿童早期发展基地创建。8月31日，复旦大学附属妇产科医院青浦分院开工建设。

年内，区卫生健康委批准新设置医疗机构6家，受理医疗机构执业登记450家。医师执业注册69人次，执业变更注册400人次，多点执业注册364人次；全年院前急救完成902092急救公里，比上年上升10.41%；急救（总服务）人次22797人次，比上年上升10.71%；全区血液募集目标数2019年年初市政府下达15987人份，实际完成19011人份。强化卫生行业医疗纠纷风险管控和综合监督管理，开展医疗机构日常监督和专项督查，作出各类许可3616件，作出行政处罚332件。

2019年，青浦体育工作立足群众需求、顺应发展需要，不断优化管理体系、提升管理能力，有力推动群众体育、竞技体育、体育产业发展，完成全年既定目标任务。举办第十一届上海世界华人龙舟邀请赛、第六届国际交互绳大奖赛等重大赛事活动；组织开展各级各类群众体育赛事活动366项次，共计9.23万余人次参与，体育人口率为43.0%。青少年体育不断优化项目布局，新增排球、马术等项目，全区布训项目24个，在训人数突破8000人，注册人数达1522人，向上输送运动员16人。全年共有555名运动员参加各类赛事，获78金、58银、47铜。开展现代服务业体育专项扶持工作，9家单位获得资金扶持。依托环淀山湖体育联盟开展区域体育互动交流。全面落实单用途预付消费卡工作。全年体育彩票销售2.7亿元，销量列全市第六。区体育文化中心全面建成、环城水系公园全面贯通，完成市政府实事工程的5条健身步道、5片市民球场、30个益智类健身苑点的新建改建任务，全年建设完成健身步道4310米、新增体育面积10850平方米。

（田青华　蔡丽萍）

医政管理

■概况　2019年，进一步优化全区医疗资源布局。持续建设青中、青东、青西3个医疗服务圈。开工建设复旦大学附属妇产科医院青浦分院。推进华新、练塘、赵巷、重固四家社区卫生服务中心提标升级项目。落实市政府实事工程，建设完成急救中心赵巷分中心、白鹤分中心并投入使用。引导社会力量在青浦开办营利性医疗机构，冬雷脑科医院顺利开办，推进远大健康城建设。加强行风政风建设。扎实推进纠正行业不正之风工作。贯彻落实"1+7"（包括《关于加强医药产品回扣治理制度建设的意见》《上海市医疗机构药事管理与药物治疗学委员会管理规定》《上海市医疗机构处方点评工作管理规定》《上海市加强药品使用信息系统规范管理规定》《关于开展本市定点医疗机构执业医师医保、卫生联合约谈工作的通知》《关于进一步加强本市医保定点医疗机构自费药品采购和使用管理的通知》《上海市医疗卫生机构接待医药生产经营企业管理规定》《上海市医药购销领域商业贿赂不良记录管理规定》等）文件精神，健全医药购销各环节制度，规范医务人员行医行为。全区医疗机构各项药事控制指标均比去年同期有所改善。开展高值医用耗材专项整治，制定下发《青浦区卫生健康系统高值医用耗材专项整治活动方案》，落实各项整改措施。各医疗机构围绕高值医用耗材的准入、采购、使用、效果评价等环节，修订完善《高值耗材采购制度》《高值耗材特需采购制度》等23项管理制度，对高值医用耗材进行医院内全过程监督管理，可另收费一次性使用耗材全面落实“阳光平台”集中采购。加强卫生行业综合管理。加强医疗纠纷风险管控。制定《青浦区医疗安全风险控制模式标杆点建设工作方案（2019年版）》。开展医疗质量、安全和质控督查。开展医疗安全风险控制模式标杆点建设，结合市级试点任务，试点推进“主动预防、规范处置、及时预警”三位一体医疗安全风险控制模式标杆点建设工作。开展普法宣传。（田青华）

5月18日，区卫健委、徐泾镇人民政府、区计生协联合在徐泾小学举办“健康家庭·幸福同行”——第二十六个“国际家庭日”暨全国健康促进区创建主题宣传活动（区卫健委供稿）

■长三角生态绿色一体化示范区卫生健康合作 年内，与复旦大学开展长三角生态绿色一体化示范区内卫生健康领域合作。制定“青浦—吴江—嘉善”三地卫生健康工作会商机制，探索建立三地传染病联防联控、打击“两非”联防联控、应急救援等合作机制。11月21日，区委副书记、区长余旭峰，区委常委、副区长孙挺接待市卫生健康委主任邬惊雷一行，双方就推进长三角一体化示范区医疗卫生健康工作进行座谈交流。12月12日，长三角一体化示范区执委会副主任翁建荣一行5人，到青浦区调研青浦卫生健康发展情况，并现场调研中山医院青浦分院、夏阳街道社区卫生服务中心工作运行情况。（田青华）

■青浦区二级以上医疗机构患者满意度测评 结合《青浦区进一步改善医疗服务行动计划实施方案（2018—2020年）》，在全区医疗机构开展“医疗服务提升年活动”，推进各医疗机构以病人为中心。开展“五化”（即人性化、规范化、信息化、诚信化、品牌化）服务，落实各项便民措施；以医疗服务监管平台为支撑，强化医疗服务质量监管；持续深化优质护理服务；成立医疗服务监督员工作小组，完善行风建设监督员队伍督查机制；开展满意度测评，强化第三方社会监督作用；8月，召开街镇座谈会，收集社会各界人士意见建议72条。年内，全区公立医疗机构落实服务措施63项，第三方满意度测评年度总评分达93.36分，比上半年度提高7.26分。中山医院青浦分院《青透之路，携手同行》项目入选上海市“深化优质护理，体现‘三贴近’”优秀项目。区卫健委全年组织3次大型义诊活动，共计提供免费义诊服务1500余人次。完成“4+7”（国家组织药品集中采购试点，试点地区范围为北京、天津、上海、重庆和沈阳、大连、厦门、广州、深圳、成都、西安11个城市）城市带量采购药品工作；根据国家基药目录和上海市基药目录，结合区情，对区级药品目录进行遴选，补充269个品规药品。（田青华）

■院前急救体系建设 11月26日，区“120”白鹤急救分站投入运行，解决白鹤地区因与江苏交界等特殊地理因素导致急救难及管辖所属问题。12月，赵巷分站急救中心建成并投入运行。（田青华）

■扫黑除恶 3月21日，区委常委、区政法委书记赵明一行到区卫健委开展扫黑除恶专项斗争工作调研。5月21日，区政法委副书记周剑锋带队到区卫生健康委开展督查，了解卫生健康系统扫黑除恶专项斗争工作开展情况，就打击非法行医、冒名顶替无偿献血、医托、黑救护等行业乱象线索排查整治工作进行座谈交流。年内，收到基层单位上报线索45条，经线索研判，上报区扫黑办线索12条。区扫黑办移交核查线索7条，未查到黑恶势力参与。对查实存在的违法违规行为的，均予行政处罚或相应处置。（田青华）

■环意 Ride Like A Pro 长三角公开赛医疗保障 12月7—8日，环意 Ride Like A Pro 长三角公开赛在青浦区举行。区卫健委成立医疗卫生保障工作小组负责具体保障，共指定中山医院青浦分院、朱家角人民医院、德达医院3家定点医疗救护医院。55名医护人员和13辆急救车驻地现场进行医疗保障，赛事期间共有5名参赛者送医，完成清创包扎和相关医学检查治疗。（田青华）

■启动新一轮学科建设及人才培养三年行动计划 6月27日，区卫生健康系统第三轮学科人才建设总结会暨第四轮学科建设和人才培养动员大会在区委党校召开。6月28日，青浦区中医医院首届学术月活动开幕式举行。（田青华）

■青浦区中医传统功法比赛 10月15日，区卫生健康委举办“传播中医功法文化，促进居民身体健康”青浦区中医传统功法比赛，播报各社区卫生服务中心中医药特色。（田青华）

疾病预防和控制

■概况　2019年，青浦区进一步加强疾病预防控制体系建设，推进慢性传染病防治示范社区建设，巩固国家慢性病综合防控示范区建设成果。完成11家社区卫生中心全程预防接种门诊建设。落实重大公共卫生项目，加强妇幼保健服务管理，推动社会心理健康服务体系建设试点。推进全国健康促进区创建，深入拓展健康自我管理小组建设。做好重固、白鹤、练塘、金泽4个国家卫生镇迎复审。继续开展全生命周期健康管理试点。（田青华）

■开展第二届“进博会”医疗卫生保障
6月27日，区卫健委召开第二届进口博览会医疗卫生保障工作领导小组办公室第一次会议。7月24日，区卫健系统召开半年度工作会议暨服务保障进口博览会倒计时100天誓师大会。10月21日，区进口博览会病媒生物防制保障工作组入驻重点保障区，36名病媒应急保障队员分成11个保障小组，每日2次全覆盖开展国家会展中心及其外围周边区域各类点位的巡查和问题处置。10月18日，由区医疗急救中心、中山青浦分院、朱家角人民医院、区中医医院、区疾控中心、区精神卫生中心6家单位联合参与的卫生突发事件应急演练活动在华浦路人工智能产业园路段举行。10月22日，区卫生健康工作党委召开“不忘初心、牢记使命”主题教育护航进博学习研讨会。10月31日，青浦区卫健委召开第二届进口博览会医疗卫生保障工作领导小组会议。12月，上海市卫生健康系统迎第二届进博会“最美服务窗口”名单近日出炉，复旦大学附属中山医院青浦分院急诊抢救室、青浦区卫生健康委员会监督所执法一中队两个服务窗口荣获“最美服务窗口”称号。年内，区卫健委根据服务保障第二届中国国际进口博览会任务书，制定保障方案和8个专项方案；进一步加强传染病防控，开展风险评估和疫情监测，启动传染病疫情和公共卫生事件、苗子事件周报；举办传染性疾病防控、实验室安全等培训43次，1842人次参加；抽调8名疾控专业人员承担4个医疗点及新闻中心传染性疾病排查任务。（田青华）

■加强疾病预防控制体系建设　推进慢性传染病防治示范社区建设。巩固国家慢性病综合防控示范区建设成果。完成社区卫生中心全程预防接种门诊建设11家。落实重大公共卫生项目。加强妇幼保健服务管理。推动社会心理健康服务体系建设试点。推进全国健康促进区创建，深入拓展健康自我管理小组建设。做好重固、白鹤、练塘、金泽4个国家卫生镇迎复审。继续开展全生命周期健康管理试点。（田青华）

10月12日，区卫健工作党委、金泽镇党委组织开展“不忘初心、牢记使命”主题教育暨中心组联组学习（扩大）会（区卫健委供稿）

■社会心理服务体系建设　年初，区卫健委召开工作会议，把社会心理服务体系建设试点工作列入工作计划，制定下发青浦区社会心理服务体系建设实施方案，成立领导小组和专家委员会，加强心理学科建设，加大心理健康服务中心宣传力度，扶持社区心理咨询点。辖区有社区卫生服务中心11家，社区精防医生11人，其中7家开设心理咨询点，有国家二级心理咨询师资格13人；精神障碍患者康复机构（阳光心园）11家。全区共有国家二级心理咨询师资格29人、国家三级心理咨询师资格385人。4月，区教育局、区卫健委、区妇联等部门联合开启2019年青浦区心理健康教育月活动，开通启用“4010600525”24小时心理热线。9月3日，区全国社会心理服务体系建设试点工作启动会暨业务培训会在区委党校二楼会议厅召开，区委常委、区政法委书记赵明参加会议。（田青华）

■开展社区居民大肠癌筛查　完成全区剩余5个街镇（徐泾、赵巷、夏阳、盈浦、朱家角）第三轮大肠癌筛查，共计30430人。检出高危人数5030例，肠镜诊断1145例，发现息肉、癌前期病变以及肿瘤患者442例。（田青华）

■推广实施全程预防接种门诊建设
完成全区11家社区卫生服务中心全程预防接种门诊建设，对接种者进行分流，并优化预防接种工作流程，对预防接种实现全程、精细化管理。（田青华）

■加强疾病预防控制体系建设　深入学习研究市政府《关于加强本市疾病预防控制体系建设的指导意见》，对区疾控中心、社区卫生服务中心开展工作调研，研究分析区疾控体系的现状和存在问题。与人社、财政等部门沟通，协调落实区疾控中心人员编制和收入待遇等问题，进一步优化人员配置，根据现有职能、功能定位、实际工作量等，核定相应绩效工资水平。根据指导意见和相关通知精神，梳理现有硬件设施。（田青华）

■推进慢性传染病防治示范社区建设
落实艾滋病综合示范区建设，继续巩固全国第三轮艾滋病综合防治示范区建设，加强以社区为主的病毒感染者随访管理，落实各项指标。报告艾滋病疫情37例，流调率100%，病毒感染者随访检测率为84.04%；开展国家级哨点监测（中山医院青浦分院）。做好结核病分级诊疗和综合防治服务模式试点，加强结核病密切接触者、老年人和糖尿病患者的筛查。继续加强结核病人发现、化疗管理、疫情报告登记管理、结核病治疗减免等。（田青华）

卫生监督与执法

■概况 2019年，青浦区进一步完善“一网通办”机制建设，完善办事指南编制，梳理各类行政许可事项和公共卫生服务项目，对有关信息及时做好网络对接和信息维护。作出各类许可3616件，作出行政处罚332件。加强生活饮用水卫生监督监测。强化医疗废物和医疗污水处置监管。开展打击无证行医监督检查和采供血现场巡查，做好职业卫生安全监督，加强上海市重点职业病危害因素主动监测。完成职业健康体检机构信息系统与上海市职业卫生管理平台系统对接。组织监督员培训和普法宣传。（田青华）

■落实流程优化再造 落实“放管服”相关工作，不断优化审批流程，简化审批内容，缩短审批时限。一是以服务相对人办事“少跑腿”为目标，推进“证照分离”改革试点工作。扎实落实公共场所卫生许可告知承诺工作，做到“一日办结制”，自3月1日以后，所有公共卫生场所许可做到当场受理、当场发证；深入研究对未履行承诺公共场所的制约措施，形成诚信档案，分阶段督导；按照市卫健委要求逐步推进“二次供水设施清洗消毒卫生备案告知承诺”“放射诊疗许可告知承诺”“管道分质供水单位卫生行政许可告知承诺”等工作；继续开展营利性医疗机构设置指引工作，提前介入服务，建立区域许可审核专家组，形成专家联审指导机制，保证验收质量。二是以服务相对人用好“一张网”为目标，推进“一网通办”。区卫监所涉及的16个许可事项均可通过“一网通办”进行申请，全程网上办理；窗口人员培训到位，对“一网通办”的操作流程组织开展培训，使窗口经办人员充分掌握“一网通办”的操作程序和相关业务要求；窗口宣传服务到位，提升“一网通办”知晓度，配合完成“模式二”接入工作，鼓励相对人通过“一网通办”申请业务办理。三是以服务相对人提升“满意度”为目标，推进“放管服”各项措施落实。《上海市护士区域注册管理办法》于10月15日起正式实施，区医疗机构电子化注册率为99.2%，医师电子化注册率为99.4%，护士电子化注册率为99.3%。优化营商环境，落实建设项目预防性审核竣工验收审批要求，建设项目预防性审核竣工验收全程网上办理，运用新联审平台，新审批模式，减环节、减时间，项目通过线下集中审核现场联合验收，线上联审平台全程跟进。全年共完成线上审批项目122个、线下审批项目76个，联合验收项目40个。（田青华）

■改进医疗质量安全 开展“主动预防、规范处置、及时预警”三位一体医疗安全风险控制模式标杆点建设工作，推动医疗质量安全持续改进。一是加强领导，制定工作方案。成立以区卫健委分管领导为组长的领导小组，同时制定《青浦区医疗安全风险控制模式标杆点建设工作方案2019年版》。二是明确责任，完善闭环管理模式。“321”闭环管理模式，利用3个系统“医疗质量安全核心制度监督检查系统”“上海市医疗质量安全监控系统”，医疗机构内部“医疗不良事件上报管理系统”；2个预警：医疗机构和卫生监督部门2个层面预警；1个评估：针对上报率、规范处置率、自查率、培训参加率等指标作综合评估，防范医疗安全风险。三是培训宣传，增强医务人员法律意识。开展多层面、多层级培训宣贯。深入辖区各级医疗机构，开展《医疗纠纷预防和处理条例》中医疗机构和医务人员承担的义务和法律责任“宣贯活动”，发放宣传资料2000余份；对各级医疗机构和医务人员开展“医疗安全”相关法律法规培训5次；开展信息员针对性培训，组织各医疗机构信息员对“上海市医疗质量安全监控系统”“医疗质量安全核心制度监督检查系统”实务操作培训。四是跟踪监督，提升监管实效。对医疗不良事件发生后的上报、处理及结果进行全程跟踪监管。指导医疗机构规范处置医疗不良事件，事件处理完结后，要求医疗机构填写医方分析，涉及赔偿的，上报“赔偿协议”及“医疗质量缺陷整改措施情况表”。对于发生的大额赔偿事件，及时进行事后监管，核实存在问题及整改落实情况，并提出监督意见。（田青华）

■市卫健委领导到青浦区督导“进博会”保障工作 10月11日，市卫生健康委副主任张浩、监督处处长张帆、市监督所所长卢伟等一行到青浦区开展“进博会”保障工作督导。区卫生健康委主任饶斐文、副主任胡炯、监督所所长陈天新等陪同。（田青华）

职业安全健康监督管理

■概况 2019年，青浦区基本建立职业健康安全监管框架。疾控中心开展上海市重点职业病危害因素主动监测，全年完成监测企业64家共计81厂次，343个监测点完成采集样品618件。区累计报告职业病病例158例，其中2019年报告确诊职业病病例计8例；对全区已有148例职业病病例进行随访，新增6人，失访4人。共收集747人的中毒病例信息及573张中毒病例报告卡，报告率76.71%。已完成职业健康体检机构信息系统与上海市职业卫生管理平台系统对接工作；全年共完成职业健康汇总表填报131份，收集体检个案数据5524份，其中在岗体检3014份。完成建档企业数54家，完成复档2595家。完成尘肺病病例随访及回顾性调查211例，提交数据库。（田青华）

■知识竞赛 9月12日，区卫健委联合区总工会、区人力资源和社会保障局三部门在上海东方绿舟度假村共同开展青浦区第二届中国国际进口博览会急性职业中毒应急演练暨职业病防治知识竞赛活动，共有22支企业代表队（共计66人）和11支社区卫生服务中心代表队（共计11人）参赛，参会人员合计130人。（田青华）

基层卫生服务

■概况 2019年，青浦区继续加强基层卫生服务管理。建立社区卫生服务质量控制体系，成立质控小组，拟定质控考核方案，定期进行基层卫生业务督导和考核评估。落实2018年度上海市社区卫生服务综合评价考核工作，3家社区（练塘、金泽、赵巷）考核结果在全市150名之内。落实2018年度“优质服务基层行”申报工作，华新镇社区卫生服务中心达到国家推荐标准，上报市卫健委。举办“技能比武赛擂台，群英荟萃展风采”全科医生技能竞赛。完成第二轮全科医生技能操作培训工作布置。稳步推进“1+1+1”（在居民自愿选择一名家庭医生签约的基础上，可以在全市范围内再选择一家区级医疗机构与一家市级医疗机构进行签约，形成“1+1+1”医疗机构组合签约）签约服务。以65岁以上老年人和慢性病病人等重点人群作为优先签约对象，推进常住居民和重点人群“1+1+1”签约服务。至年底，全区共有家庭医生210人，组建家庭医生团队129个，常住人口签约数24.17万人，签约率22.44%。十类重点人群签约率43.22%，累计开具延伸处方10.31万张，涉及金额2472.41万元。落实家庭医生签约服务费使用，试点实行“微家医”和“家庭医生助理”。开展家庭医生签约服务专项督导。落实家庭医生签约服务费使用，制定《青浦区家庭医生签约服务费实施办法》。拟定与复旦大学附属中山医院青浦分院合作纲要，成立3个片区工作组，开展基于片区特色的全专结合工作。

（田青华）

■启动《青浦区基层医疗卫生服务机构标准化建设三年行动计划（2019—2021）》 梳理区社区卫生服务机构存在的软件配置和硬件设施问题，从现状布局、服务水平、建设水平、人员配备、设备配置和信息化管理六个方面制定适用标准，促进区社区卫生服务资源合理配置。完成《青浦区基层医疗卫生服务机构标准化建设三年行动计划（2019—2021）》编制，结合区内实际情况，对区158家村卫生室和11家卫生站房屋及配套设施修缮改建。

（田青华）

■全科医生技能提升工作 完成区全科医生技能提升工作方案。依托区内金泽镇社区卫生服务中心全科医生培训考核中心和区卫生人才培训中心，系统建立全科医生技能提升考核工作制度和技能培训提升制度。第一轮全科技能培训组织全区211名全科医生开展为期1个月的理论和技能培训，于4月进行理论和技能考核，209名全科医生接受培训与考核，参与率99.05%。5月17日，举办“技能比武赛擂台，群英荟萃展风采”全科医生技能竞赛。

（田青华）

■乡村振兴示范村卫生室建设 5月20日，区卫生健康委召开乡村振兴工作推进会。7月11日，区卫生健康委主任饶斐文带领练塘、金泽、重固3家社区卫生服务中心主任到朱家角镇张马村调研乡村振兴标准化卫生室建设情况。9月1日，莲湖村卫生室举办开诊仪式并投入使用。（田青华）

■领导调研家庭医生签约工作 2月11日，区卫健委主任饶斐文、副主任季春华等一行4人到盈浦街道解放和庆华两个家庭医生工作室就新一年“微家医”工作开展调研。4月2日，副区长王凌宇到盈浦街道社区卫生服务中心调研“微家医”工作室。（田青华）

爱国卫生和健康促进工作

■概况 2019年，青浦区有序推进全国健康城区创建工作。做好重固、白鹤、练塘、金泽4个国家卫生镇迎复审，抓好问题整改落实和常态长效管理。试点开展生命全程健康管理工作模式。筹备全国健康促进区创建。大力开展健康细胞建设，新创13家市级健康促进场所、18家市级健康村镇。深入拓展健康自我管理小组建设。持续活动小组数275个。举办清溪健康大讲堂。继续宣贯《上海市公共场所控制吸烟条例》修正案，开展青浦区“护航进博，助力创全”控烟百日行活动启动仪式暨青浦名医面对面健康讲座活动。

（田青华）

■国家卫生镇迎复审工作 完成金泽、白鹤、练塘和重固4个镇的国家卫生镇迎复审工作。5月，牵头组织区各职能部门对4个复审镇开展区级考评暗访。7月，通过国家卫生镇复审市级验收。11月，通过国家卫生镇复审国家级抽查验收。（田青华）

■病媒生物防治工作 3月21日，“2019年上海市爱国卫生和健康促进工作部署暨农村人居环境整治爱国卫生专项行动启动”会在朱家角镇举行。5月14日，“2019年青浦区病媒生物防治科普宣传及居家公益灭蟑行动”启动仪式在金泽镇莲湖村举行。6月，持续开展居家灭蟑科普公益宣传社区行活动，由区爱卫办组织区疾控中心、区爱卫所的专家分区分片、深入社区对居民开展培训，通过看视频、听讲座、防灭互动、发放宣传资料（药物）等方式开展面对面的居家防灭蟑知识和技能科普教育。

（田青华）

■推进农村“厕所革命” 3月，对全区88920户（不含全部动迁的1848户）农户的户厕卫生厕所情况完成入户摸底调查工作；4月22—28日，进行本底调查质量控制工作；农户的户厕卫生厕所基本全覆盖。（田青华）

■血防工作 朱家埭江西段二期灭螺工程如期完成，总覆膜3400多米。加强联防联控，与沪苏、沪浙两个联防片区的各成员进行沟通联系，推动长三角一体化血防联防工作。（田青华）

■启动国家健康促进区创建 12月30日，区创建全国健康促进区工作动员推进会在区政府举行。区委副书记、区长余旭峰出席会议。会议对创建全国健康促进区工作事项进行部署。12月16日，区内5个街镇8家驿站举行以“方寸小屋，健康大家”为主题的智慧健康驿站主题体验日活动，包括身高、体重、握力、肺活量等各项服务项目。10月25日，区卫健委举办首届青年健康讲师大赛暨绿色悦课堂第二季决赛。

（田青华）

■开展生命全程健康管理工作 区爱卫办落实责任体系，与复旦大学专家团队紧密对接，在练塘、赵巷、重固3个试点社区，开展针对特定人群的健康管理工作，三个试点镇累计开展项目协调会5次，专家基层调研3次，确立具体工作实施方案。（田青华）

11月24日,区卫健委、区教育局、金泽镇人民政府联合在金泽镇莲湖村开展题为"这个冬天,'救'在莲湖"的主题亲子嘉年华活动　　（区卫健委供稿）

■市级健康村镇试点建设　开展首批市级健康村镇试点建设,全区3个镇共15个村居开展试点建设,建设周期2年。3月,参加市级创建工作启动会;5月,参加市爱卫办组织的专项培训;6月,要求各街镇开展中期工作自评估;11月,对全年工作进度进行督导。

（田青华）

■院前急救技能推广　11月,在农村人居环境整治示范村金泽镇莲湖村开展题为"这个冬天,'救'在莲湖"的主题亲子嘉年华活动。　　（田青华）

■控烟宣贯　2月,区卫健委邀请第三方对全区重点场所控烟现况进行调查摸底,初步制定控烟条例实施二周年纪念"护航进博,助力创全"重点场所控烟百日行动及"第三十二个世界无烟日"活动宣贯方案。3月1日,举办控烟条例修正案实施二周年纪念日活动;5月31日,世界无烟日开展集中宣传活动。7月31日,开展区"护航进博,助力创全"控烟百日行活动启动仪式暨青浦名医面对面健康讲座活动。联合教育局发动全区中小学、幼儿园开展控烟漫画征集活动,共征集漫画作品1000余份、控烟主题动漫短片8部,获奖控烟主题动漫短片在全区各公共场所和微信平台上投放,优秀控烟漫画作品制作成电子版在微信平台健康360上投放。9月,区卫健委联合区民政局开展"情牵三地缘,筑梦新时代"——2019年青浦、吴江、嘉善三地新人庆祝新中国成立70周年暨第十届"情定淀山湖"大型结婚登记集体颁证活动。各控烟执法监督部门全年执法检查场所8848户次,共处罚违规场所106处,共处罚金236000元,处罚个人违规行为23起,共处罚金2650元。组织区级宣传活动5场,宣传覆盖人数20000余人。　　（田青华）

主要医院

■概况　2019年,区内主要医院有中山医院青浦分院、青浦区中医医院和朱家角人民医院,3家医院共有卫生服务部门核定床位1330张,全年门急诊总量298.07万人次,其中:中山医院青浦分院830张,占全区总床位的62.4%,门急诊量211.07万人次;区中医医院300张,占全区总床位的22.6%,门急诊量63.41万人次;朱家角人民医院200张,占全区总床位的15%,门急诊量23.59万人次。

■中山医院青浦分院　2019年,中山医院青浦分院在区卫健委的领导、指导下,以党的十九大和十九届三中、四中全会精神为指导,结合区域发展规划整体需求,紧紧围绕"建附院、强质量、促发展、树品牌"工作思路和年度目标任务,对重点工作明确职责,挂图作战,夯实医疗服务质量,加快人才队伍培养,大力推进学科建设,推进医、教、研、学科建设协同发展,不断提升医院医疗服务水平和核心竞争力,扎实推进三级乙等综合医院复评审工作,确保稳步推进各项工作任务。

全面推进公立医院改革工作。按照"全过程、全方位、全员参与"的全面预算管理要求,将医院年度业务预算指标分解到各临床医技科室。年内,数量预算完成率108.38%。完成国家三级公立医院55项绩效指标的数据上报(2016年至2018年)、自评报告(2018年)以及第一阶段和第二阶段的质控报告。将区级医院绩效考核指标纳入科主任年度目标责任状,落实主体责任,明

9月27日,"情牵三地缘·筑梦新时代"2019年青浦、吴江、嘉善三地新人庆祝新中国成立70周年暨第十届"情定淀山湖"大型结婚登记集体颁证活动在金泽镇莲湖村举行　　（区卫健委供稿）

1月4日,中山医院青浦分院顺利通过复旦大学组织的校内外专家教学能力测评 （中山医院青浦分院供稿）

确责任分工。按要求完成2018年区级医院绩效考核指标自评及自评报告。

健全现代医院管理制度试点医院。根据《国务院办公厅关于建立现代医院管理制度的指导意见》(国办发〔2017〕67号)、《关于开展制定医院章程试点工作的指导意见》(国卫办医发〔2018〕12号)等工作要求,完善和推进医院现代化医院管理制度建设,采取措施推动医院治理体系和治理能力现代化。制定并通过《复旦大学附属中山医院青浦分院章程》。

扎实推进三级乙等综合医院复评审工作。医院成立复评审工作领导小组,制定《中山医院青浦分院迎接三级乙等综合医院复评审工作方案》;召开复评审工作启动会,部署复评审工作,通过会议、网络、宣传栏、院报等各种媒体广泛宣传,营造复评审氛围;对照评审标准,完成责任分解,将"必备、准入、管理标准、技术标准"分解至各职能及临床科室,并组织《标准》的培训学习。成立医政、护理、管理3个检查组及冲刺阶段管理标准8个检查小组,各组对照标准反复检查,及时改进完善。按照市卫健委及市评审中心的要求,完成《标准》的自评及上报工作。完成《应知应会(2019版)》和《医院管理制度汇编(2019版)》的编写、下发并落实考核。

创新思路提升服务能力,全面提升患者满意度。门诊预约率36.57%,住院患者分时段预约检查率99%;自助挂号率37.93%,自助缴费率26.05%,自助打印报告率93.72%,市民热线合理有效件处理不满意率低于考核标准;入院患者温馨拜访率100%,出院患者回访率100%;临床路径入组率97.3%,入组完成率97.14%,临床路径的出院人数占医院总出院人数的28.97%。服务窗口均实行首问负责制。创新"提高患者满意度"服务举措20余条,如改建门诊一站式服务中心、增设妇产科门诊采血点、门急诊补液流程改造、开发自助取号软件、完善区域排队叫号、出入院新增微信、支付宝支付方式等。通过微信公众号、名医面对面、科主任说等形式进一步提升文化素养。厚植服务品牌,梳理各品牌台账资料,结合党支部和科室特色开展活动。

加强医疗质量管理,提升医疗服务内涵。为进一步提高医疗行为过程的规范性、合理性,医院加强技能培训考核督查。根据相关文件精神的要求,修订《医师技术档案》,该修订涵盖医疗质量、附加分的两个层面31个和6个大类考核,从技术、质量、科研、医德、行风等方面综合进行评定。医院组织"三基"理论考核2次,及格率100%;区卫生健康委组织"三基"理论考核1次,及格率98.11%。按照《进一步改善医疗服务行动计划》要求,9个MDT项目通过医院医疗质量管理委员会遴选。进一步明确行风建设重点方向,在医院OA上线行风建设专栏,上传行风建设相关文件精神,更新完善自费医药产品知情同意书。重视中医医学发展,进一步完善上海市癌痛示范病房(GPM)建设,成为复旦大学附属中山医院医联体肿瘤专科联盟单位,科室内高级职称人员均担任联盟委员。科室重视临床发展平台,开设亚专业的专病门诊,参加上海市肿瘤化疗质控,成绩达到同类医院中上水平,专家门诊预约率、电子病例书写率均符合要求,进一步提高患者满意度。

推进"六个中心"建设。创伤急救中心:收治创伤患者205例,死亡3例,抢救成功率98.5%;多发伤112例,占创伤病人54.6%;单个解剖部位严重创

10月31日,副市长宗明(右三)一行到中山医院青浦分院驻扎的2号医疗点视察指导"进博会"医疗保障工作 （中山医院青浦分院供稿）

伤38例，占比18.5%；合计占比73.2%。完善多科合作与衔接的流程，采取多学科、多部门联动协调机制，设置急诊二值班制，全面负责危重患者的处置和协调，提升应对突发公共事件救治能力，提高救治成功率。脑卒中中心：按照高级卒中中心的标准，组建了卒中团队，建立脑卒中绿色通道，加强院内学科间密切合作，开展脑血管造影及溶栓技术。开展脑血管溶栓42例，造影109例，取栓25例。内镜微创中心：在中山总院的大力支持下，内镜下治疗例数大幅度增加，胃肠镜24644例，治疗1042例（ERCP31例），其中无痛胃肠镜6184例，比例由15%增加到28.5%。在总院指导下，完成改建后内镜中心的设计、规划工作。妇幼儿童中心：主要依托复旦大学附属医院优势资源加入产科、儿科医联体，享受三甲医院同质化的医疗质量，提升技术内涵，普儿科、新生儿科分科（普儿呼吸、感染专科运行）。血液净化中心：开放90台血透机，开展血液透析、腹膜透析等检查，同时开展双滤过血浆置换新技术，以及自动化腹膜透析机技术。胸痛中心：按照市卫健委要求加快胸痛中心建设，成立医院胸痛中心委员会，整合医疗资源，制定胸痛中心认证工作计划和实施办法，建立区域协同救治体系，组织区域培训，开展心内科介入治疗共791例，其中PCI、冠脉造影697例，同比增加13.4%，开展支架再狭窄药物球囊治疗等新技术。

强化护理质量与安全管理，改善护理服务。抓质量，保安全，应战等级医院复评审工作。建立37个专科护理质量指标，增订36个护理常规，完成5本护理应知应会的增修订工作并制作口袋书；通过建立“迎接等级评审样板病房”等举措以点带面、层层落实，以良好状态迎接医院等级复评审。加强重点人群、重点环节、重点时段的监管，持续跟踪改进，组织全院性学习，运用质量改进工具改进25项质量改进项目。“律动圈”荣获第五届上海市医院品管圈大赛三等奖、“蝴蝶圈”获得优秀奖。转变服务理念，提高服务意识，每月持续追踪患者护理满意度，根据测评结果进行分析、改进，住院患者对护理服务满意度达98.4%。完成输液室功能区划分、宣教牌制作、自动取号系统实施、对年老体弱等特殊人群设立专区、主动到座位进行穿刺输液等举措进一步优化输液服务流程，改善输液患者就医体验。深化落实延续性护理服务，延续护理项目“青透之路携手同行”获上海市“深化优质护理，体现‘三贴近’优秀项目”及“创新医疗服务品牌”称号。1名护士获得“上海市杰出护理工作者”荣誉称号。提升护理人员综合能力。按照“护理人员分级培训计划”，开展业务学习和护理理论考核、技能操作、专科适任证培训、院内技能竞赛、区护理技能大赛，提升护理技能。在区卫健委举办的护理技能竞赛中取得优异成绩，其中一等奖1名、二等奖4名、三等奖3名，1名护士获得上海市护理学会急诊急救微课比赛二等奖。注重护理科研，促进学科发展，举办“分享、交流、共进－PSBH专场”护理科研沙龙。在夯实急诊急救护士实训基地内涵建设的基础上，申报并获得首批腹膜透析专科护士实训基地试运行单位。

加强医疗机构感染预防与控制工作。关注重点科室等的医院感染管理，做好各类人员的院感知识培训。完善医院感染监测软件，实现感染病例实时推送、精确诊断、干预与反馈，全面提升感染性疾病预防控制水平。加强传染病防治工作，落实传染病信息化报告的各项工作，法定传染病报告率达100%。完成犬伤门诊的信息化建设。切实做好慢病防治工作，加强与社区的慢病管理及宣传，区心血管病高危人群早期筛查与综合干预项目按计划顺利推行。推进医院健康教育和健康促进工作，创建上海市健康促进医院。

加强科教研发展，推进复旦大学附属医院建设。医院与复旦大学签订师资队伍建设共建协议，开展定制式福庆师培计划项目，举办“医教协同”学术论坛，参加“复旦—哈佛”临床师资培训，通过聘请教学督导专家，加强教学全过程监管等举措，促进医院师资队伍的整体素质与教学能力的提升。年内，新增复旦主干课程2门；1月，完成复旦大学组织的校内外专家教学能力测评。成功举办《医院科研管理与成果保护运用》国家级继续教育学习班，进一步营造医院有序竞争的良好科研氛围。完善各项科研管理制度及工作流程。共完成申报各级各类科研项目189项，中标项目54项（其中市科委8项、市卫健委适宜技术推广项目1项、委级科研项目7项、区科委18项、区卫健委14项、市中西医结合项目2项、中华医学会教育类项目1项、复旦大学教改项目3项）。院级课题立项40项，资助专项435万。完成97项各级各类在研项目以及28项医院优青项目年度评估。加强对在院住培医师与实习学生过程管理，11名住院医师通过上海市结业综合考核，通过率100%。至年底，该院有博士生导师1人，硕士生导师6人。依托复旦平台，促进研究生招生培养的良性发展。年内，5名研究生顺利毕业；招录博士研究生1人、硕士研究生3人，其中在职研究生1人。成功入围上海市新一轮医学重点专科4项（呼吸内科、急诊科、肾内科、血管外科）；入围青浦区第四轮领先学科8项、重点学科5项、特色专科6项，特色项目7项。

加强人才队伍建设，提升职工整体素质。继续以加快人才引进为主线，加快引入科室紧缺的领军人才及骨干人员，加快培养医院在职员工的专业技能与管理能力；加强中山总院专家的交流，推进人才柔性流动。推进落实员工出国（境）进修学习项目，1名职工在美国长期学习。落实下乡人员管理，加强对口帮扶工作。做好上级医院下乡及该院下乡人员的相关报送、安置、考核等管理工作。共接收上级医院下乡22人，输送到下级医院20人。选拔32名学员参加医院管理骨干培训班，课程内容涵盖质量管理与病人安全，国际医疗质量管理JCI认证标准的诠释，RCA、PDCA等管理工具的实操方法，有效提高学员们的质量管理水平。

加强临床药学服务，扩大临床药师服务半径。依托上海市临床药学重点专科（区级）项目，加大医院临床药师培养，选送2名药师参加中华医学会临床药学会临床药学师资培训、4名药师参加上海市临床药师规范化培训。现有临床药师20人，协助临床科室做好药品治疗方案的拟定，药物治疗监测及合理用药的宣教等工作。初步完成静脉配置中心（PIVAS）建设工作。

做好医疗保障，推进应急体系建设。进一步完善修订《医院第二届中国国际进口博览会医疗卫生保障工作总体方案》，协调相关科室在第一届“进博会”基础上对《医疗保障专项工作方案》《公共卫生预防控制工作方案》《安全维稳工作方案》《后勤保障工作方案》及《批量伤员救治》和《床位腾空机制》等方案、流程进行完善。完成对院内绿色通道、专用诊室、抢救室、专用病房、引导标识设置以及进博会场馆医疗点的环境布置。10月16日，医院举行“进博青医先锋队”出征仪式，18日正式入驻2号医疗点。获得由上海市总工会颁发的“上海市城市服务保障第二届中国国际进口博览会立功竞赛活动先进集体”荣誉称号。另参与青浦区“两会”医疗保障、2019年上海国际汽车工业展览会、中央扫黑除恶督导查人员和2019年中考、高考等重要医疗保障11次。共处置交通事故、疑似食物中毒、坠落伤、工地伤、安全生产等突发事件41起。

加快医院信息化进程，完善医疗信息功能。通过系统建设和涉及流程改造，提高患者就诊体验，提升就诊效率。从2月起患者办理入院后10分钟内，会收到医院短信平台发送的入院问候和入院注意事项短信，发送短信35369个，入院患者短信温馨拜访率为100%。建立医生无痛胃肠镜、心电检查、检验、麻醉等一键开单申请功能。加快推进口腔科等科室的全预约，解决口腔科患者到院挂号后长时间等待的问题。建立B超自助登记系统、产科门诊胎监排队系统、急诊检验自助排队系统、急诊患者二次分诊排队系统、手术患者状态显示系统，解决各类患者和家属排队与等候的难题。实施门诊自助机分时段挂号。上线新体检系统，实现微信公众号的体检检前预约，检后报告查询功能。电子病历四级评审顺利通过网上和现场评审，推进医院门急诊病历的电子化书写、病历质控电子化及危急值传报电子化。

推进区域医联体工作。年内，完成区内11家社区卫生服务中心的医联体工作专题调研，实地查看了社区卫生服务中心、部分村卫生室的医疗设施和诊室，了解社区转诊平台及延伸处方的操作流程，以及医联体建设中存在的困难和共性问题。检验、影像“两个中心”运行良好。检验中心：2019年，工作量507427项目数，比上年同期增长12.21%。影像中心：2019年，工作量53356例，比上年同期下降1.21%。

深入推进对口帮扶工作。按照国家卫健委对口帮扶任务要求，持续加强对云南省保山市昌宁县人民医院开展帮扶支援工作，至年底累计派驻支援医疗队员8批次共计40人，赠送先进医疗器械总价值52万余元。医疗队在当地共接诊门急诊疗1854人次，疑难病例处理464例，开展教学查房49次，开展手术402次，开展学术讲座53次，开展医疗新技术11次，业务培训讲座2257次。年内，该院骨科医师翁伟峰、高如峰到云南省德宏州芒市人民医院进行为期2个月的对口医疗支援工作，期间共参与手术26台次，开展三级查房2次、业务讲座1次。此外，医疗队员到芒东镇中心卫生院和小厂乡卫生院，将健康扶贫送到基层。该院党支部书记、神经外科主治顾泉医师参加为期3个月的支援接力活动，援助期间急会诊30次、院内普通会诊19次、手术7次及疑难病例讨论1例，开展新技术新业务1项。在青浦区交流合作办和区第四批援青干部的牵头联系下，医院多科室组成的专家医疗队到青海省果洛藏族自治州班玛县人民医院开展帮扶义诊活动，活动共诊查病人50余人次，查房5人次，讨论病例4例，培训及健康宣教各60余人次。活动期间，青浦区医疗队与班玛县卫健委、医院进行座谈讨论，达成卫生支援共识。

完善后勤管理机制，做好医疗设备采购维护工作，设备采购完成率95.8%。加强对医疗设备维保服务外包公司的监督管理。依法强化计量管理、保证计量质量安全。完成2018年度大型医疗设备的成本核算工作。加强植入性医用耗材临床使用的监控管理。严格医疗器械产品质量的监控，加强对不良事件涉及产品的追踪改进；推进内科病房医用耗材供应链平台建设(SPD)，实现先使用后结算的耗材管理模式，至年底，有2个病区进入试运行。加强对医用耗材准入、采购、使用环节的管理。准入环节严格按照制度、流程执行，新进耗材必须通过装备管理委员会的论证。不断完善科室内控制度建设，落实廉政建设责任制。全面推行院内生活垃圾分类工作。完成7号楼地下室变频供水系统增加排污阀、新大楼地下室变电站排风管的维修工作，保障变电站的正常运行。对接，努力推进二期建设工程。医院1号楼A区健康管理中心装修完成并启用，2号楼F2区内镜中心完成搬迁，F区整体移交施工方。完成7号楼B区北侧中厅的加建。增加急诊抢救室和门诊1－4层卫生间排风设备。完成7号楼至急诊区域、DSA区域医用气体管道改建等。开展消防安全标准化管理达标工作和消防安全宣传教育工作，组织培训演练15次。消防设施标识化，醒目位置张贴“三提示”标识。修订消防安全应急处置预案，强化消防“四个能力”(检查消除火灾隐患能力、扑救初期火灾能力、组织人员疏散逃生能力、消防宣传教育培训能力)建设，确保消防设施完好有效。配合消防部门进行“双随机、一公开”专项安全检查，参与“智慧消防”建设，完成第三方检测和评估工作。落实“医警”联动工作，建立完善医院应对各类“涉医”突发事件的现场处置机制，保障医院诊疗秩序；与公安青浦分局夏阳派出所共同完善信息沟通机制，制订涉医警情院内事先处置流程。加强车辆管理，优化行车路线，规范停放区域，整治乱停放，加强机械车位的安全管理，合理利用停车资源。

至年底，医院现有占地面积9.4万平方米，建筑面积11.6万平方米，核定床位1000张，实际开放床位900张。在编人员1512人，其中：卫技人员1331人(含医师数450人)；卫技高级职称161人(其中正高46人、副高115人)；(卫技)博士29人、硕士215人。门急诊总量211.10万人次，比上年同期增长3.23%；出院病人4.13万人次，比上年同期增长10.46%；手术(手术＋操作)2.32万人次，比上年同期增长2.12%。床位周转率45.92次/每床，同比增长10.84%，床位使用率102.55%，比上年同期增长10.13%；平均住院日8.17天，同比增长0.09天。医疗收入131020.16万元，比上年同期增长10.90%；医疗支出143048.64万元，比上去年同期增长7.12%。（徐　媛）

■青浦区中医医院　2019年，该院以习近平新时代中国特色社会主义思想为指导，全面贯彻落实习近平总书记考察上海等重要讲话精神，紧紧围绕服务中国国际进口博览会和长三角一体化发展两大国家战略，围绕城市公立医院改革总体部署，坚持全面从严治党，持续推动中医工作可持续发展。年初，召开等级复评审动员会，学习落实《二级中医医院评审标准（2018年版）》及《评审细则》。按照相关文件精神，完善医院迎评实施方案，制定评审工作实施细则。成立等级评审办公室（临时机构），针对《评审标准》进行任务分工。

推进挂图作战任务落实。制订医院重点工作挂图作战实施方案，确定包括第三方测评患者满意率稳步提升、重点学科建设及人才培养三年行动计划等在内的4项重点工作。把各项挂图作战任务上墙，持续抓好月度推进落实。一是第三方测评患者满意率稳步提升。制定满意度测评实施方案和医疗服务提升年活动方案，以增进患者就医感受为目标，落实责任领导及责任科室，每月定期召开专题工作会议，讨论问题，改进措施。具体有门诊服务方面：安置"一站式服务"一体机，高峰时段挂号收费窗口开足，自助挂号收费使用率为7.55%；改善中医门诊服务流程。设置引导牌，安排护士负责人工分诊引导。住院服务方面：通过住院患者分时预约检查、提供心理疏导服务、改善医疗质量等方面提高住院患者满意度。护理服务方面：通过发放温馨服务卡、做好患者出院随访等，提升患者就医感受。后勤管理方面：对现有停车场进行划分，把方便让渡给患者。满意度测评：特聘社会志愿者组成医院满意度测评调查组，定期对门急诊、住院部进行全方位的调查测评，通过问卷调查、询问意见建议，查找医院在服务质量和流程中的不足。年内，患者满意率上升至94.4%。二是重点学科建设及人才培养工作成果卓著。医院按照《青浦区卫健委第四轮学科建设和人才培养工作方案》及《青浦区中医医院重点学科建设和人才培养三年发展规划》。成立学科建设及人才培养领导小组、工作小组及办公室；并建立住院医师中医、西医跟师带教制度、科研一对一指导制度等多层次、立体化的人才培养模式。针对区卫健委第四轮学科建设和人才培养计划项目，医院组织预遴选，共推出1个领先学科、6个重点专科、2个特色专科、6项特色项目，最终入选1个领先学科、1个重点学科、2个特色专科和3项特色项目；在人才培养方面，共遴选3名名医、6名学科带头人、21名医苑新星，最终提名名医1人，入选学科带头人3人、医苑新星8人；医院创办《学科建设及人才培养通讯》，每年2期。

健全现代医院管理制度。加强公立医院党的领导，落实"1+2"（《上海加强公立医院党的建设实施意见》《党委会议议事规则》《院长办公会议议事规则》）文件精神，全面实行党总支领导下的院长负责制。一是提高政治站位。根据加强公立医院党的建设实施意见精神，组织学习，召开专题研讨会，制定《医院党总支委员会会议议事规则》和《医院院长办公会会议议事规则》。二是健全管理制度。落实健全现代医院管理制度要求，逐步完善医院治理结构，建立健全各级各类管理制度。三是加强分支部建设。确保党组织全面覆盖医院所属各科室、各部门，初步确立以科室分布组建分支部。

开展"扫黑除恶"专项斗争。一是加强领导。成立"扫黑除恶"专项斗争领导小组和工作小组，制定工作方案，并召开专题会、动员会和推进会等。二是加强宣传。利用电子屏幕、宣传栏、横幅等载体，设立举报箱，宣传"扫黑除恶"专项斗争的重要意义。三是加强学习。开展中心组学习、班组学习、问卷测试等专题学习活动，并邀请区卫健委张明书记来院上专题党课。四是加强排查。定期召开工作例会，及时梳理可能出现的"黑护工""黑殡葬""医托""医闹"等专项线索排摸情况。

推进临床基地合作共建。深入推进与复旦大学中西医结合研究院合作共建临床基地工作。3月，开设肺病、肿瘤、神经专科门诊，并运行专科病房，同时确立3个专科的临床路径、优势病种以及中医特色诊疗技术，开展肺功能、肌电图、脑电图等项目。肺病、肿瘤专科申报了区级和市级重点专科。由研究院专家一对一指导，立项多项市、区级科研课题，发表论文及申请专利。

推动科研教育和管理。根据2018年底制定的《科研工作规划及管理办法》，落实《青浦区中医医院科研振兴三年（2019—2021）规划》《青浦区中医医院院级科研基金项目管理条例》等，做好各级科研课题的遴选、辅导培养、申报、验收等工作，加强科研经费使用等管理，并将科研管理与科主任目标责任书、个人职称晋升、续聘等政策相挂钩。具体成果有：一是医院科研成果质量和数量显著提升。年内，申报院级课题40项，立项20项；申报区级课题26项，立项区科委3项、区卫健委8项；申报市级课题7项，立项1项；申报国家中管局课题1项。为传承、发展"竿山何氏中医"，共申报何氏相关区科委课题3项；通过课题验收4项。举办医院首届优秀论文交流会，共征集到论文80余篇，评选出优秀论文30余篇。年内发表SCI论文1篇、期刊论文21篇。申报专利2项。二是申报并入选第二轮"上海市中医专家社区师带徒项目"。三是开展多层次的医务人员培训教育。6—8月，举办医院首届学术活动月，以及慢性肺病中医防治学习班、中医针灸学习班等；邀请国内知名专家、教授举行专业学术讲座40余场，总计培训超过3000余人次。四是以三级中医医院中医重点专科为龙头，以中医优势病种为纽带，推动呼吸科、肛肠科、儿科、急诊等中医优势病种专科专病联盟。五是申报上海市卫生健康系统知识产权试点单位。

凸显亮点特色工作。一是竿山何氏中医的推广应用。采用上海市名老中医、医院首任院长何承志老先生的验方，开展冬病夏治穴位敷贴，治疗人数逐年攀升。医院将此项技术进行规范化，并确定诊疗方案，在每年的中医药适宜技术推广培训班上进行推广，并深入社区手把手进行培训，在赵巷、香花桥、盈浦、金泽四家社区卫生服务中心推广的基础上，2019年又推广至朱家角和夏阳社区卫生服务中心。二是南丁格尔志愿者服务队。服务队由16位临床一线护士组成，坚持传播健康卫生知识，推广中医特色护理及传统中医养生保健知识。定期至社区、家庭、敬老院、曲水园、派出所等进行测血压、血糖及提供中医特色护理技术等义诊服务。此外，参与医院多项大型义诊活动。成立至今，共计服务达3000余人次。三是合理用药知识普及。包括健康药师讲学团。通过合理用药讲座等方式传播健康知识，每月开展一次。市民开放日和"特殊服务日"活动。牵头西部、庆华、新青浦等多个社区以及延伸至金泽、小蒸等多个偏远街镇，让居民近距离直面参观药材及代煎药出品全过程。社区结对帮扶。团队每月深入白鹤、香花桥、赵巷等多家服务中心，通过查阅资料及访谈的形式，了解社区药事管理职能、药品采购、处方管理和点评、临床药师工作现状，重点查漏补缺，补足社区药学服务的"短板"。普及科普文化。编写《常用饮片集》《中成药临床应用指导手册》和《药事资讯》。

深化城市公立医院改革。一是合理配置医疗资源。按照中医医院功能定位，契合迎评复审及复旦大学中西医结合临床基地建设，将病区及门诊的医疗资源进一步合理设置规划，调整外科、妇科、肛肠科、外四科、骨伤科病房床位配置。重新布局、安排门诊各诊室，内科开设神经、内分泌、消化、呼吸、心血管专病专科门诊。二是继续落实各项医政监管指标。老年护理床位使用率达到95.58%；继续开展实名制诊疗，实名诊疗率达到96.30%，其中自费患者为93.39%。医药费用比上年上升6.03%；药占比35.46%，比上年下降0.48；百元医疗收入中耗材占比24.4%，比上年下降1.7。三是完善绩效管理、薪酬分配体系。进一步修订完善医院绩效管理体系、医院及相关科室绩效考核及分配方案，加强对科主任及以上中层干部的绩效管理。四是执行全面预算管理。持续修订完善科主任目标责任书，细化、量化各项监管指标，分解任务至各临床科室。五是信息化基础建设。开通了"一站式服务"自助挂号、缴费及综合查询等功能，完成号源池建设；完成门诊异地结算接口改造，推进电子申请，机房维护项目，区卫健委项目—区影像云，正稳步推进中。

提升医院健康服务能级。一是强化医政基础质量管理。完善质控网络体系，建立科室医疗质量管理小组行政秘书制，配合各科室主任加强科室医疗质量管理；加强医务人员法律法规教育，严格执行《关于本市试行开展医保医师违规行为记分管理的通知》精神，医院推进使用门诊及病房电子病历，健全并落实医疗质量和医疗安全核心制度；严抓病历质量，加强医疗文书书写规范，完善科室三级查房。二是加强中医护理管理工作。健全护理管理体系和职责，完善护理绩效考核及分配方案；深化中医护理服务理念，开展辨证施护和中医护理技术操作；持续推广、优化"杨丽芳优质护理服务团队"工作模式；加强护士在职教育以及中医药知识和技能岗位培训及考核。三是加强药事管理工作。加大对基本药物的应用，目前基药使用率达到46.30%；对合理使用抗菌药物进行监测、监控及处方点评；落实市级带量采购药品的使用。四是落实预防及院感工作。有计划、分层次开展多种形式的健康教育与健康促进活动；做好重大传染病监测、处置、公共卫生安全保障工作，以及落实慢性病防治。五是提升应急能力建设。开展应急和疾病预防知识宣传教育；组织理论知识和技能培训；包括：心肺复苏培训、消防以及反恐知识讲座；开展应急演练；包括：模拟火灾发生如何施救及疏散逃生演练、群体性食物中毒应急演练、重大医疗纠纷应急处置演练，以及消防和反恐演练；医疗保障、救援；包括：绿色护考、第五届全国红十字应急救护大赛、区足球超级联赛、世界华人龙舟赛以及区足协杯赛等医疗保障。

加强区域内中医药工作。一是推进实施上海市中医药事业发展三年行动计划项目。继续落实青浦区中医药适宜技术推广基地工作，举办各类培训班及推广各项适宜技术；推动2项中医优势病种和1项中医特色诊疗技术提升项目；推动1名杏林新星项目；申报、立项治未病科服务能力建设项目。二是加强中医临床路径和中医诊疗方案的推广应用。进一步落实中医临床路径实施方案，定期统计分析；重点对中医优势病种的中医疗效进行分析、总结及评估。三是落实中医对口支援工作。按照与11家街道社区卫生服务中心签订的对口支援协议书，定期安排三级医院以及本院中医专家开展培训、讲座及中医适宜技术推广。四是加强"治未病"服务内涵建设。在开展三九贴、三伏贴的基础上，"治未病"门诊持续推出中医特色优势疗法，全年完成三九灸贴240人次、三伏灸贴460人次。五是做好相关中医药指标的落实及考核。修订《医院"发挥中医药特色优势、提高中医临床疗效"持续改进措施》，建全激励机制，进一步完善鼓励方案。

加强中医药文化建设。借助国医传承与教育研究室传承、发扬何氏中医相关理念、学术思想，搜集何氏世医相关资料、编纂何氏传承类图书初稿；申报"上海市健康科普文化基地"。

落实进博会及创全工作。医院采取措施，完善"一查二报三改"工作机制，在原有职能科室自查的基础上，11月起由班子成员每日带队督查，及时有效解决问题。

完成档案室建设。加强和规范医院综合档案室建设，完成文书及病史档案室搬迁。年内，完成档案五星级单位正式评审，并通过"市级样板档案室"验收。

深入开展主题教育。一是紧跟上级精神，统筹推进工作。贯彻落实上级有关会议精神，召开班子专题会、党员动员大会和工作布置会，研究制定实施方案和工作计划，细化任务，明确要求。二是紧扣主题主线，坚持学深学透。把学习贯彻习近平新时代中国特色社会主义思想作为主线，多形式开展各类学习活动。三是紧贴工作实际，坚持深入调研。确定内科人才队伍建设、提高门急诊"一站式"自助挂号缴费使用率等2个针对性强的调研专题。由主要领导深入临床一线，通过实地走访、召开座谈会、发放问卷调查表等渠道，找问题、查原因、定措施，进一步加强医院专科建设，减少患者排队等候时间。四是自觉对标对表，抓好问题检视。班子成员围绕"五个方面差距"，进行深刻剖析；每名党员对照党章党规、准则和条例等，查找差距和不足，列出问题清单，制定整改措施。同时，通过个别访谈、召开座谈会、设立意见箱、发放征求意见表等多种形式，广泛征求党员和群众意见建议。

该院是龙华中医医院集团成员单位、上海市中医药大学实习医院、上海市住院医师规范化培训首批教学基地、上海市第一人民医院"医联体"单位。2017年起，与复旦大学附属华山医院合作共建复旦大学中西医结合研究院临床基地。至年底，医院占地面积18036.15平方米，建筑面积20662平方米，业务用房面积16131平方米；编制床位300张，实际开放308张。医院有在职职工472人（其中在编390、非编49、人才中心18、返聘15），卫生技术人员402人；硕士生26人，本科学历292人；中西医高级专业技术职称41人，中级专业技术职称161人。2019年，门急诊量634074人次，比上年减少0.49%；出院8067人次，比上年减少3.88%；手术3348人次，比上年减少2.79%；业务总收入27540.89万元，比上年增加6.93%（其中：医疗收入12877.89万元，比上年增长6.42%；药品收入9669.33万元，比上年增加4.61%）。

（陈维维）

■朱家角人民医院 2019年，该院认真贯彻落实区卫健委重点工作及挂图作战任务要求，聚焦区级公立医院绩效目标、聚焦公立医院党的建设、加快建立现代医院管理制度、落实公立医院改革和改善医疗服务行动计划（2018—2020）确立的各项任务，依托与中山医院青浦分院的合作共建，围绕“夯实基础、提升内涵、明确目标、持续发展”的总体工作要求，完成医院年度预期指标任务，增强医院综合实力。

重点工作挂图作战。医院加强对重点工作挂图作战领导，落实《朱家角人民医院挂图作战工作方案》，加强决策，强化责任，定期研究，推进落实。一是着力提升患者满意度。紧扣提高患者满意度10个定性定量一级指标、27个二级指标和上年度市卫健委满意度调查中医院存在的主要问题。完善服务机制，优化服务流程，改进服务质量，进一步增强人民群众对医疗卫生的感受度和满意度。在信息化方面推出移动支付、自助挂号缴费、诊间预约、短信拜访等便民服务，进一步缩短患者就诊时间；在温馨服务方面，外科、妇产科病区提供接诊陪诊服务、检验科提供抽血叫号服务、医院门诊大厅新增“共享轮椅”“共享充电宝”“自助纯净水”等暖心举措。2019年医院在区卫健委组织的第三方满意度测评中，位居区内4家公立医院前茅。二是完成大肠癌筛查阳性患者检查工作。医院修订完善工作计划，组织相关工作人员开展“工作流程、质量要求、指标细化”培训，增加专门设施设备，加强消毒处置工作监管，保证大肠癌筛查的顺利开展。2019年，共完成肠镜检查396例，并实施相应的健康宣教和后续相应治疗。三是第四轮学科建设和人才培养取得丰硕成果。年内，在前期院级学科带头人培养基础上，康复科入选区卫生系统重点学科，手外伤修复重建专科入选特色专科，副主任医师钱丽芳入选学科带头人培养，屈娜、吴远见、盛春琴、曹伟苹入选医苑新星，赖寿兰入选医苑新星提名。

公立医院改革。一是推进全面预算管理。2019年医院业务预算数量预算完成率98.41，标化值完成率96.59%。医院财务预算执行率99.97%。二是加强医疗服务监管。医院加大对“药占比、耗占比、门急诊均次费用、住院均次费用”等指标数据监管，落实不达标项目整改，定期统计分析，及时干预。全年医疗收入增长率3.7%，控制在10%以内；药占比31.74%，比上年下降0.41%（国家标准30%）；耗占比25.72%，超标准5.72%。三是进一步落实实名制改革，尤其对自费、急诊、儿科等患者进一步落实实名制挂号。全年门急诊患者实名制就诊率保持在80%以上。四是开展多种形式的健康送医活动，全年共组织下乡义诊7次；开展社区健康讲座9次；门诊健康大讲堂12次，总计服务人次1996人。

医联体建设。一是继续开展与中山青浦分院合作共建。2019年，门诊专家增加血液内科、肾内科，调整儿科、检验科结对主任。保持8个重点、7个一般、11个其他专科结对。推动人员进修、技术开展、业务培训、三级查房等工作开展。全年开展科内讲课167次、业务指导咨询533次、三级查房312次、手术94人次、会诊91人次，疑难病例讨论112例，放射科CT阅片1845张，检验标本数5531个。中山青浦分院有5个专科12名主治医师到该院指导半年，1名呼吸内科副主任医师来院开展专科建设一年。二是持续开展与复旦大学中山医院、复旦大学附属儿科医院康复科、市六院骨科的专科建设。2019年，康复科总出院量112人次，占医院出院量2.22%；新开展5项技术，主要是儿童脑瘫的语言治疗，全年接诊65人。医院骨科与上海市第六人民医院合作，建有“上海市第六人民医院骨科联合病房”。年内，出院患者1354人，主要手术以手外伤皮瓣修复为主，手术比例占全院51.7%。

科研和新技术。年内，取得区卫健委科研立项6个、区科委重点咨询项目1个；公开发表统计源论文3篇；发表SCI论文1篇，实现SCI论文发表零突破。开展二甲技术及新技术19项，如阴道镜、宫腔镜、支气管镜技术。继续推进呼吸、消化、心内、神内四大专科门诊建设，不断提升四大专科二甲技术指标内涵，逐步达到同质化病种管理。

医疗质量管理。一是加强医疗核心制度培训落实，全年开展质量教育6次，集中网上测试1次。二是加强对医疗环节全程监控，完成14个科室早交接班督查；全年督查366份病历、481份病案，做到死亡、输血、危重病例全覆盖督查。三是完善临床路径管理，全年临床路径病种数63个；入径数1313例，入径率88.9%；完成数1312例，完成率99.92%；临床路径占出院人数26.07%。四是加强院感工作，落实医院感染管理安全职责，每月对各科室开展督查，对重点部门、重点环节开展医院感染风险排查2次。加强医务人员院感防控知识及相关法律法规培训，组织院内培训5次，培训855人次。年内，医院感染率0.49%，感染病例病原学送检率36%，医疗器械消毒灭菌合格率100%，一类手术切口感染率1.4%，无医院感染暴发。五是加强护理管理。进一步完善护理管理制度和落实，对各科护理质量进行季度全覆盖检查，对护理质量敏感指标进行监控。加强护理队伍建设，全年安排护士适任培训6人次、其他护理学会各类培训6人次，参加市级培训13人次；护理管理培训1人次，三级医院进修学习2人次。全院护理理论考试合格率98%；技能考试合格率100%。

药事管理。开展多层次处方点评，包括大处方点评、医师专项点评、用药动态点评、辅助用药及重点监控品种点评分析。年内，完成处方点评47838张，处方合格率99%。完成住院医嘱点评分析624份。完成一类切口的预防用抗菌药物使用点评148份。加强临床药学服务，全年提供临床药学服务390余次。

公共卫生工作。完成老年人体检、妇女病普查、残疾人体检、青浦看守所羁押人员体检等公共卫生任务。全年完成老年人体检75816人次、妇女病普查35315人次、青浦区残疾人体检3007人、看守所体检5089人次、健康体检和入职体检7071人次、高端体检

1770 人次、健康证办理 29400 人次，驾驶员体检 9676 人；监测点学校 7474 人次，青西片中学 3306 人次。

医疗保障工作。发挥医院公益性，承担上级部门下达的各类医疗保障任务。年内，完成“上海国际汽车工业展览会”“世界华人龙舟赛”等大型赛事在内的各类医疗保障任务 172 天，保障人员 398 人。

人才队伍建设。2019 年共录用护理检验人员 2 人。9 名医护药人员至三级医院进修。接收 21 名中山青浦分院、市级医院主治医师至朱人医定期工作。对 11 名紧缺专业技术人才、专业技术骨干、学科带头人考核评议。选拔培养 34 名医院业务能手。

信息化建设。完成自助挂号与自助收费服务，成为区首家开展自助挂号服务的二级医院。全年有 52682 人次使用自助挂号机。通过信息系统网络安全三级等保，成为区第二家通过三级等保的医疗机构。

援滇帮扶。响应区政府、区卫健委对口支援和扶贫工作的部署要求，自 7 月起，外科医生顾卫东到云南省德宏州芒市凉河县人民医院进行为期 3 个月的对口医疗工作，共开展医疗业务培训 6 次；教学查房 12 次，日常查房 60 余次；参与危重患者诊疗 20 余次，技术指导 60 余次，开展内镜下泌尿系统结石的微创治疗 30 余次；下乡义诊 6 次。

落实国家推进长三角一体化发展战略，保障和提升长三角居民健康福祉，承办由上海市卫生健康委和区人民政府、区卫健委”举办的“第二个中国医师节主题活动暨服务百姓健康大型义诊活动”，有中山医院、华山医院、瑞金医院、仁济医院等 15 家市级三级医院和中山青浦分院近 40 位知名专家为示范区三地居民开展义诊咨询、健康宣教、科普讲座等活动，服务青浦、吴江、嘉善群众 900 余人。

该院获 2017—2018 年度上海市文明单位，2017—2018 年度（第十四届）上海市卫生健康系统文明单位（文明医院）。外科护理组获“2017—2018 年度青浦区‘三八’红旗集体荣誉称号”，放射科获“2016—2017 年度上海市青浦区巾帼文明岗”，残疾人体检志愿服务荣获“青浦区卫生计生系统优秀志愿服务项目”。

至年底，医院总建筑面积 22718 万平方米，现有核定床位 200 张，实际开放床位数 234 张。年末，有职工 348 人，其中：正高级职称 6 人、副高级职称 17 人、中级职称 123 人，硕士及以上学历 5 人。

全年门急诊量 23.59 万人次，比上年增长 5.8%，床位使用率 83.96%，比上年下降 4.35%；平均住院日 10.41，比上年下降 0.56 天；住院手术人次 2433，比上年增长 3.93%。医院业务收入 14111.6 万元，比上年增长 3.7%，其中：医疗收入（不含药品和卫生材料收入）8361.09 万元，比上年增长 3.91%；药品收入 4570.03 万元，比上年增长 2.98%；卫生材料收入 1180.48 万元，比上年增长 5.04%。

（黄　蕾）

食品药品管理

■概况　2019 年，区食品生产安全形势总体可控，全年未发生食品生产安全事件，抽检的 623 批次样品合格率达到 100%，通过日常监督检查和飞行检查也未发现企业存在重大违法行为，食品安全形势稳中向好。至年底，全区共有食品经营单位 14833 户，其中食品销售 8253 户、餐饮服务 5542 户、单位食堂 1038 户；药品生产企业 21 家，药包材生产企业 1 家，药品批发企业 3 家（新增 2 家），连锁总部 3 家（新增 1 家），药品零售企业 196 家，各级各类医疗机构 390 家，化妆品生产企业 23 家（停产 4 家）。

（胡开明）

■食品生产监管　全年共完成食品生产企业监督检查 348 家次，发现问题数 168 家次，未发现问题数 180 家次，发现问题企业均已按要求提交整改报告，落实整改措施。全年计划完成抽样检验 500 批次，快速检测 390 项次。实际完成监督抽检 623 批次，合格 623 批次，合格率 100%，完成快检 396 项次，阳性 2 项次，定期在局政务网站上向社会公布抽检信息。推进责任保险，全区 57 家食品生产企业（含 18 家高风险食品生产企业）主动投保食品安全责任保险，全区正常生产企业投保率为 59.4%；加强诚信创建，辖区内 6 家规模以上食品生产企业取得了诚信管理体系证书，取证企业数量进一步增长；落实食品安全信息追溯工作，全区 4 家大米生产企业注册并持续使用上海市食品安全信息追溯平台；推动管理体系建设，共完成 48 家企业 HACCP 等管理体系建立实施情况的评估工作，全区正常生产企业建立并实施管理体系的比例达到 90% 以上；加强食品从业人员培训，完成 96 家企业 373 名食品从业人员食品安全知识抽查考试，实现企业覆盖率和考试合格率两个 100% 的目标；强化企业自查，对全区所有食品生产企业开展食品安全自查工作，提交自查报告，落实企业主体责任，消除食品安全隐患。

（胡开明）

2 月 9 日，区市场监管局执法人员在朱家角古镇进行巡查

（区市场监管局供稿）

■开展日常监管 聚焦隐患问题，开展专项整治。根据青浦生产行业特点和食品隐患季节特点，针对性开展专项整治。全年先后组织开展保健食品、非洲猪瘟、粉丝面条、月饼、桶装水、冷冻饮品等系列专项整治，整治重点食品领域，维护重点食品安全。

（胡开明）

■开展专项整治 开展风险隐患排查治理，组织开展整治食品安全联合行动、菜市场及周边环境综合治理、学校食堂及校园周边隐患排查、农村食品安全风险隐患、人员密集场所安全隐患整治、保健食品、网络食品、非洲猪瘟、问题辣条、餐饮专项治理、农村假冒伪劣食品、元旦春节、中秋国庆、婴幼儿配方乳粉等30余项专项行动，累计检查食品经营单位21115户次，责令改正1582户次，立案查处348户、罚没款342.2万元。（胡开明）

■开展监督抽检 聚焦日常消费量大的肉制品、乳制品、熟食、糕点、现制饮品以及婴幼儿配方乳粉、保健食品等重点食品，加大抽检力度，共抽检各类食品（含环节表面）及食用农产品4987批次，不合格95批次（其中食用农产品14批次），问题发现率1.90%；开展食品快速检测13619项次，阳性率2.33%。同时，对不合格食品及时开展风险控制和核查处置工作。（胡开明）

■推进示范创建 围绕“巩固深化建设市民满意的食品安全城市、全面创建国家食品安全示范城市”工作主线，持续开展食品经营示范创建，全区守信超市达标率100%，放心餐厅91.1%、放心职工食堂100%、放心医院食堂100%、放心学校食堂100%。获得市级守信大卖场称号3家、守信标准超市2家、守信便利店2家、上海市食品安全放心肉菜示范超市4家。（胡开明）

■开展食品安全知识竞赛活动 4月11日，区食药安办、区市场监管局组织举办以“关注食品安全、共享品质生活”为主题的食品安全知识竞赛活动。区食药安办主任、区市场监管局局长王毅荣出席活动并致辞。区食药安办专职副主任、区市场监管局副局长沈志刚和各街镇食品安全工作分管领导及食安办负责人、区人大代表、政协委员、区食品安全社会监督员代表、区市场监管局相关业务科室负责人出席活动。（胡开明）

7月11日，区市场监管局工作人员在“爱心暑托班”上进行食品安全知识宣传

（区市场监管局供稿）

■开展整治食品安全问题联合行动 9月，区食药安办牵头区市场监管局、公安分局、教育局、农业农村委等部门以及各街镇，全面启动为期3个月的侵害群众利益食品安全问题整治联合行动。联合行动期间，共出动执法人员800余人次，对5个方面的突出问题进行检查，共查处未取得许可从事食品生产经营、生产经营“山寨食品”、商标侵权等假冒伪劣食品等各类案件266件，处罚金额268.8万余元，处罚金额65.15万余元，责令停产停业2户次，取缔黑窝点1家。（胡开明）

■落实企业主体责任 年内，区内1700家公共餐饮和学校食堂实现明厨亮灶，其中中型以上饭店406家、学校食堂175家，集体供餐单位和中央厨房28家。396家集体用餐配送单位、公共餐饮、学校食堂、养老机构、固定办酒场所、大型超市和批发市场等重点单位投保食品安全责任险。489家食品经营单位履行信息追溯义务，覆盖率100%、上传率95.91%。（胡开明）

■推进“创全”迎检工作 围绕亮证亮照经营、消毒三要素和室内禁烟三项重点指标，全面开展排查治理，坚持查问题、补短板，全力攻坚，推进工作。共检查餐饮单位44632户次，落实整改6428户次。坚持从严执法，针对餐饮单位清洗消毒、从业人员无健康证、未执行卫生规范制度、控烟等问题，加大处罚力度，其中：警告709件，罚款128件、罚没款166.4万元。加强宣传培训，制发创全海报、台卡台贴、控烟标志等10万余份，开展餐饮单位培训达6751户次。

（胡开明）

■加强农村集体聚餐管理 要求各街镇食安办结合实际，采取事前宣传登记，监管部门事中检查指导等方式强化管理，降低农村集体聚餐过程中食品安全风险。全区共有75个固定聚餐场所，12家农村集体聚餐场所取证，5028户次农村集体聚餐，办酒桌数9.6万余桌，就餐人数89万余人。（胡开明）

■第二届“进博会”食品安全保障 展会期间，全面做好馆内公共餐饮、特色小吃馆、应急供应点以及原料供应商食品安全保障工作，青浦、吴江、嘉善三地联合保障队伍累计出动执法人员1657人次，检查食品经营单位3973户次，开展食品监督抽检429件、快速检测1401件。（胡开明）

■食品药品科普站建设 至年底，全区已建成11个科普站，主要有市区联建的

东方绿舟科普站(位于朱家角镇)及分布于8个街镇的10个街镇层面的科普站。年内,委托新建4个站点。（胡开明）

■**药品日常监管** 生产领域参与跨区专项飞检7户次;配合市局开展中药饮片生产企业整治2户次;“迎进博专项行动”跨区检查药品生产企业12户次;流通领域检查药品零售企业774户次,其中日常监管234户次、专项检查165户次、网上检查296户次、GSP跟踪检查72户次、GSP专项检查7户次;检查辖区内药品使用单位446户次,其中日常检查413户次、专项检查15户次、疫苗接种单位17户次、放药检查1户次。完成市级药品流通使用领域抽样任务458件、包括妇儿用药专项、国家集采试点中标药品专项、医保带量采购药品专项等,不合格产品21件,合格率为95.4%,对不合格产品均开展后续处置;完成药品快检270件,合格率为100%。完成国家级药品抽样共40件,未收到不合格报告。完成药品不良反应报告评价1350份,其中严重不良反应报告3份、新的不良反应报告151份。（胡开明）

■**化妆品日常监管** 检查辖区内化妆品生产企业170户次;化妆品经营使用单位849户次;检查非特备案产品3820件次,其中通过2674件次,责令改正1146件次(含逾期清理)。全年共对38家化妆品经营使用单位的140件产品开展155项次化妆品快检。配合市食药检完成年度化妆品生产流通环节采样工作。（胡开明）

■**药品化妆品专项整治** 开展中药饮片质量集中整治、化妆品“线上净网线下清源”风险排查处置专项、药品零售企业执业药师“挂证”行为专项、芬太尼类药品专项、疫苗专项检查等。全年共处罚药品案件39件,罚没款419.01万元,其中:6家药品经营企业被吊销《药品经营许可证》,并落实“处罚到人”措施;4名法定代表人、主要负责人被列入“重点监管名单”。共处罚化妆品案件20件,罚没款共计约49.51万元。年内,除投诉举报线索、日常监管、监督抽样、其他机关协查等案件线索来源之外,在“线上净网线下清源”风险排查处置专项行动中,对辖区内54家化妆品网络销售公司经销的化妆品开展监测,通过网络定向监测发现并分析化妆品网络销售行业性违法特点,开展针对性打击,立案处罚2起。（胡开明）

■**药械化监管战略协作** 9月,青浦、嘉善、吴江三地市场局签署《长三角生态绿色一体化发展示范区药械化协同监管合作框架协议》,达成药械化优势互补、协同监管战略合作。（胡开明）

■**医疗器械监管** 采用重点检查、重点抽查、一般抽查方式,分类分级完成154家次医疗器械生产企业监督检查。检查医疗器械经营企业2256家次,检查使用医疗器械的医疗机构256家次,对907家企业提出整改意见。开展医疗器械产品质量抽样检验49件,合格率94%,不合格产品召回控制,相关企业立案查处。收集、审核并评价533例医疗器械不良事件报告,百万人口报告数指标超十三五规划指标一倍。（胡开明）

■**专项打击违法违规** 围绕风险点开展无菌植入专项、隐形眼镜专项、避孕套专项、免费体验类、清网行动、2019年严厉打击违法违规经营使用医疗器械专项整治等8个专项开展巡查、整治,涉及2104家次企业;全年共立案查处医疗器械案件23件,罚没款380万余元。（胡开明）

群众体育

■**概况** 2019年,青浦区群众体育工作以市民需求为导向,以增强市民体质、提高市民健康水平,不断满足人民群众日益增长的体育健身需求为目标。全年组织开展各级各类体育赛事活动366项次,共计9.23万余人次参与。（蔡丽萍）

■**赛事活动丰富多彩** 年内,举办市舞龙舞狮锦标赛、市社区健身操大赛等5项市级赛事活动;举办春秋季徒步、趣味运动、太极拳比赛等64项区级体育赛事活动。参加中国龙舟公开赛麦积站获团体总分第七名,获上海城市业余联赛最佳赛区奖、十佳赛事奖,全民健身300指数名列前茅。（蔡丽萍）

■**管办分离持续深化** 研究制定《青浦区体育赛事举办指导性意见》《青浦区体育类社团管理办法》等5项管理制度,对社会体育组织开展分类管理,切实深化体育赛事领域“放管服”,不断加强监督管理,逐步实现由“办体育”向“管体育”的转变。全年共有28家社会体育组织举办67项赛事活动,共计

1月1日,“快乐健身迎新年,健康共享新时代”——2019年元旦迎新徒步活动举行（区体育局供稿）

1.11 万人次参与。（蔡丽萍）

■开展健身指导服务　区健促中心全年开放 350 天，完成体质监测 1.5 万余人次、举办健身讲座 25 场次、健身沙龙 36 场次、名医义诊及健康咨询等 700 项次，服务群众 1.8 万余人次。开展慢病运动干预跟踪研究 393 项次惠及 7130 人次。举办社会体育指导员培训班 12 期，新增指导员 553 人；组织健身指导进社区、机关和企业，开展太极拳、兜球、东方舞等培训 100 余项次惠及 5000 人次。（蔡丽萍）

■完成各项设施建设　区体育文化中心全面建成、环城水系公园全面贯通，完成市政府实事工程的 5 条健身步道、5 片市民球场、30 个益智类健身苑点的新建改建任务，全年建设完成健身步道 4310 米、新增体育面积 10850 平方米。（蔡丽萍）

■健身设施管理　开展 2 次设施抽查，共抽查社区健身场所 191 处。委托第三方开展常态化巡查及阶段性评估，在全市体育健身设施完好率中期评估中位列全市第一、综合性评估位列全市第三。完善区体育中心场馆使用预约审核机制，全年接待健身市民 103.2 万余人次，其中免费接待 69.2 万余人次。（蔡丽萍）

8 月 8 日，青浦区 2019 年“全民健身日”嘉年华系列活动举行
（区体育局供稿）

青少年体育

■概况　2019 年，青浦区努力深化体教结合工作，创新办训机制，拓展青少年体育新格局，进一步完善业余训练布局，全面提升业余训练的质量和管理水平。（蔡丽萍）

■优化业训项目布局　新增排球、马术等项目，以完善“一条龙”体系建设为目标，在 28 所学校开展 10 个项目的业训布局，全区布训项目达 24 个，在训人数突破 8000 人，注册人数达 1522 人，向上输送运动员 16 人。全年共有 555 名运动员参加市级及以上各类赛事，获得奖牌 78 金、58 银、47 铜。（蔡丽萍）

■加强国家基地建设　以深化改革为主线，加强国家高水平体育后备人才基地；国家赛艇、皮划艇后备人才基地；国家帆船帆板后备人才基地建设，切实发挥好体育科研和优秀教练员工作室等优势，不断加强教练员队伍建设，完善各类教案等基础管理工作，国家基地通过市级验收。完成少体校射箭队和高级中学赛艇队申办二线申报工作。（蔡丽萍）

■青少年体育推广普及　以“运动项目入课程”和“公益培训进校园”为两大抓手，对全区 16 所中小学校开展赛艇、帆板、击剑等 6 个项目的入课程计划，惠及学生 2500 余人次；开展足球、排球、武术等 8 个项目的公益培训活动，惠及学生 2629 人次。选派教练员 24 名开展体育配送，惠及 30 个“爱心暑托班”的 1859 名学生。（蔡丽萍）

■丰富青少年体育活动　举办市青少年跆拳道锦标赛、市青少年体育俱乐部联赛跆拳道比赛等市级赛事；联合区教育局举办阳光体育大联赛田径、跆拳道等赛事活动 14 项次，共有 7000 余人次参赛。（蔡丽萍）

■探索俱乐部培养机制　加强青少年体育俱乐部建设，探索后备人才俱乐部培养制，通过政府购买服务等方式，引进市一流青少年体育俱乐部入驻青浦，推动项目普及和发展。对接马术、高尔夫球等项目，指导做好训练、参赛等工作。（蔡丽萍）

■探索多元联合办训　推进少体校、训练中心两大办训单位与体教结合、公益培训相结合的发展模式，区少体校联合社会办训单位合作开展足球、排球、武术等项目办训，区训练中心合作开展水球、花样游泳、女足项目办训。（蔡丽萍）

体育产业

■概况　2019 年，青浦区体育产业工作结合区情实际，不断优化发展环境。配合举办环意 RIDE LIKE A PRO 长三角公开赛等重大赛事，强化体育影响力。发挥区现代服务业专项扶持资金作用，进一步扩大扶持力度和覆盖面，吸引民间资本投资兴办体育。依托环淀山湖体育联盟广泛开展区域体育互动交流，区域发展环境不断优化。强化体育监管，全面落实单用途预付消费卡工作。全年体育彩票销售 2.7 亿元，销量列全市第六。（蔡丽萍）

■体育影响不断扩大　配合举办环意 RIDE LIKE A PRO 长三角公开赛，20 余家中央和市级媒体发布相关新闻报道 560 余篇次。举办第十一届上海世界华人龙舟邀请赛，有全球 17 个国家

和地区的运动员参赛，参赛队伍首次覆盖全球五大洲。引入昆仑决格斗俱乐部职业联赛商业赛事，吸引近千人到场观赛，通过江苏卫视、西瓜视频等直播转播。（蔡丽萍）

■产业环境不断优化 开展现代服务业体育专项扶持工作，9 家单位获得资金扶持，支持席跃体育举办国际交互绳大奖赛、上海美帆举办 2019 亚洲诺卡拉 17 级帆船锦标赛等，推动社会力量投资兴办体育的积极性。依托环淀山湖体育联盟开展区域体育互动交流。强化体育监管，全面落实单用途预付消费卡工作。全年体育彩票销售 2.7 亿元，销量列全市第六。（蔡丽萍）

9 月 17—22 日，第十一届上海世界华人龙舟邀请赛在青浦区朱家角镇举行（区体育局供稿）

青浦城区“双桥”夜景（张军华摄）

综 述

2019年，青浦区加大就业和社会保障工作力度，建立区级促进就业创业政策体系，持续做好农村富余劳动力、长期失业青年等重点群体就业工作，通过职业技能培训和职业技能竞赛等途径，按不同类别人员实施培训，提高职业技能。年内，新增就业岗位21973个，完成全年目标18000个的122.1%，其中新增非农就业岗位5490个，完成全年目标4000个的137%；年末城镇登记失业人数4375人，全年始终控制在市下达指标5000人以内；帮助长期失业青年就业217人，完成全年目标210人的103.3%；帮助成功创业508人，完成全年目标450人的112.9%；青西三镇、白鹤镇新增就业11461人，完成全年目标2000人的573.1%；建档立卡农民实现就业517人，完成全年目标500人的103.4%；残疾人就业安置401人，完成全年目标300人的133.7%；职业见习335人，完成全年目标300人的111.7%。中高层次培训5652人，完成全年工作目标5000人的113.0%；农民工培训13995人，完成全年工作目标9000人的155.5%；农民非农技能培训8653人，完成全年工作目标7000人的123.6%。建档立卡农民技能培训774人，完成全年工作目标759人的102%。兑现人才团队奖、人才激励积分政策等资金1亿多元；城乡贫困居民参加居民养老保险2495人，参保覆盖率91.16%，完成90%覆盖率的全年工作目标；有效保障包括进博会期间全区劳动关系的总体稳定。

至年底，全区共有社区综合为老服务中心11家、长者照护之家5家、社区老年人日间服务中心122家、社区老年人助餐点25个、市级标准化老年活动室254个。全年为95周岁及以上高龄老人发放重阳节一次性补贴16.18万元、为65周岁及以上10.9万名老年人发放老年综合津贴1.75亿元。

（沈 静 李健飞）

劳动就业

■概况 2019年，青浦区加强就业服务，多途径做好重点群体就业工作。年内，通过多方式技能培训进一步提高职工的职业技能，通过制定下发区级和谐劳动关系创建活动方案，宣传劳动保障法律法规维护劳动关系稳定。（沈 静）

■完善公共就业服务政策架构 完善“西劳外输”就业补贴政策，把到吴江、嘉善、昆山实现非农就业的青西（白鹤）人员也纳入补贴范围；出台区2018—2022年深化创业型城区创建工作实施方案，明确创建目标；针对重点人群出台劳务派遣机构吸纳农村就业困难人员补贴意见和招录对口地区建档立卡人员给予就业和稳岗补贴意见；制定下发区技能提升三年行动计划和农民职业技能培训计划。（沈 静）

■就业工作组织化 加强就业岗位的挖掘收集，对接产业和招商部门，及时掌握重点项目、重点企业的落户和用工需求状况，并与区内优质民营人力资源服务机构合作扩大岗位收集范围。完善岗位发布机制，着重拓展以青浦人社、绿色青浦微信公众号为主的新媒体发布，明确每周一、四固定发布岗位信息，临时、重大招聘信息做到即时发布。搭建“线上＋线下”的就业服务信息移动平台，依托覆盖到每个村居的基层就业服务网络，为每位就业援助员配备PAD移动终端，推送各类岗位招聘信息和就业政策信息。（沈 静）

2月23日，2019年青浦区“春风行动”专场招聘会举行 （区人社局供稿）

■乡村振兴就业帮扶 大力推动建档立卡农民参加技能培训促进就业，对区内建档立卡农民参加区补贴培训机构开展的岗位技能培训进行补贴，实现稳定就业的再给予一次性就业奖励。依托农民专业合作社、农业龙头企业、现代农业园区，建立第一批6家区农业技能人才培养实训基地。选拔水产养殖、生态稻米栽培、茭白叶编结等3个农业类首席技师资助项目，开全市先例。按照建设乡村振兴示范点要求，在莲湖村设立就业创业服务点，通过就业援助员开展排摸，形成一人一册记录就业服务情况，对有就业需求的服务对象进行重点帮扶，进行职业指导、岗位推荐等。（沈　静）

■技能培训 审批新增培训项目66个专业等级，包括无人机操作、鸡尾酒制作等4个新领域、新技能培训项目。建立“油漆与装饰”市级竞赛集训基地和“3D数字游戏艺术”区级竞赛集训基地，选送优秀教练、选手参与第四十五届世界技能大赛、金砖国家组织未来技能大赛等竞赛活动并获得良好成绩，其中青浦区代表队在未来技能国际挑战赛（“VR/AR”）中获得冠军。持续推进“青能浦卓”重点项目，年内开展企业家培训班2批次；青能浦卓管理能力提升和专业技术培训23批次，网上课程308门。组织开展2019年区级技能竞赛，3000多人参赛，并举办长三角物流服务技能对抗、会务服务技能比武等特色竞赛。选拔首席技师资助项目20个，完成9个区首席技师项目的期满考核和66个区首席技师项目的年度考核。（沈　静）

■夯实劳动关系维稳基础 制定下发《2019青浦区级和谐劳动关系创建活动方案》，发动和培育达标企业，并结合劳动保障法律法规的宣传。至年底，区市级达标企业累计近600家。做好企业工时审批工作，全年办理其他工作时间审批1729件，其中综合工时1060件，不定时669件。开展关于青浦区快递物流行业劳资纠纷预防及化解机制专题调研。推进街镇调解示范创建工作，夏阳街道调解中心经市级部门验收成功创建为调解示范工作点，并继续推进华新镇、香花桥街道、练塘镇等地区示范点建设工作。与工会合作，打造品牌调解工作室。年内，区镇两级调解组织受理劳资纠纷5964件，调解成功3844件。开展快递物流行业劳资纠纷调研。（沈　静）

■处置各类劳资纠纷 强化预警排摸，结合元旦春节、重大节日、迎进博等保稳定工作要求，加大劳资纠纷尤其是欠薪矛盾隐患排摸力度。在“进博会”准备期间，实施每半月不间断排查，“进博会”召开前一个月实施每周排查，发现并及时处置欠薪纠纷。2019年，办结劳动监察案件1891件，立案845户，行政处理处罚173户；受理劳动争议仲裁案件2844件，办结案件2789件（含上年遗留）。共为劳动者追索劳动报酬、经济补偿、工伤待遇等共计14312万元。（沈　静）

社会保险

■概况 2019年，青浦区继续加大城乡居民养老保险参保续缴力度，稳步调整相关保障待遇。（沈　静）

6月2日，2019年中国技能大赛长三角一体化示范区物流技能竞赛举行（区人社局供稿）

■落实基本社会保障 持续抓好城乡居保重点人群的扩覆续缴，做好对贫困人员、无帐户人员等群体的信息调查和政策宣传，优化贫困人员政府代缴流程，引导参保。严格按照现行征地保障政策和经办规程要求，规范被征地人员落实社会保障项目的申报、核定和备案各环节操作，做好重点项目督导，完成以华为配套安置房基地项目和复兴路、东航路两个打通省界断头路项目为代表的9个市重大项目，以及13个区重大项目的征地社会保障手续，涉及560人。（沈　静）

■调整发放各类保障待遇 调整年度全区征地养老人员、未参保城镇老年人、未参保自理口粮户老年人、原乡镇企业中原居民户口退休（职）人员2019年养老待遇，调整后征地养老人员养老金平均增加148.74元/月，增加后的平均标准为2065.52元/月；原乡镇办企业原居民户口退休（职）人员平均增加养老金126.9元/月，增加后的平均标准为2592.3元/月；未参保城镇老年人和未参保自理口粮户老年人养老补贴标准由原来的每人每月900元调整为每人每月980元。同时在2019年春节前及时发放一次性节日补贴。（沈　静）

■工伤人员伤残津贴和生活护理费标准调整 4月，规定2018年12月31日前发生工伤且致残一级至四级工伤人员的伤残津贴在原享受标准的基础上调整，其中：致残一级增加618元/月、致残二级增加563元/月、致残三级增加523元/月、致残四级增加491元/月；调整后的伤残津贴最低标准为：致残一级7044元/月、致残二级6599元/月、致残三级6195元/月、致残四级5810元/月。生活护理费调整情况为：生活完全不能自理增加350元/月、生活大部分不能自理增加280元/月、生活部分不能自理增加210元/月；调整后的生活护理费标准为：生活完全不能自理3916元/月、生活大部分不能自理3133元/月、生活部分不能自理2350元/月。（周盈盈）

■医疗保险 全区全年参加上海市基本医疗保险共计61.09万人，其中职工基本医疗保险48.92万人、城乡居民基本医疗保险12.17万人。全区参加2019年度市民医疗互助帮困计划2012人。共计支付医疗保险基金26.16万元,其中支付定点医疗机构163720.03万元、定点零售药店13680.06万元、零星报销2340.4万元。年内,全区享受长期护理保险待遇失能老人共计1.61万人,其中享受居家照护服务1.49万人、享受养老机构照护0.12万人,共计支付长护险基金38218.4万元。

(陶丙星)

社会福利

■概况 2019年,青浦区继续推进全区养老服务工作,加大养老服务设施建设力度,完善养老服务补贴政策,提供居家养老以及各类为老服务项目。(李健飞)

■养老服务设施建设 加快街镇养老院、老年人日间服务中心(老年托养所)、老年人活动室、老年人助餐点等各类养老服务设施建设进度,至年底,全区有养老机构18家(其中公办12家、民办6家),养老床位总数7568张(其中公办5743张、民办1825张)。至年底,全区共有社区综合为老服务中心11家、长者照护之家5家、社区老年人日间服务中心122家、社区老年人助餐点25个、市级标准化老年活动室254个。

(李健飞)

■调整养老服务补贴政策 做好养老服务补贴政策与长期护理保险试点衔接。年内,为全区符合条件的60周岁以上低保、低收入家庭以及享受定期抚恤补助优抚对象中孤老等6992名困难老人,提供多项由政府购买的居家养老服务。(李健飞)

■为老服务项目 开展为老扦脚服务、乐龄生活、"暮暮晚霞"、健康相伴、宜居社区为老服务等公益项目。全年为百岁老人发放高龄补贴3.11万元、为95周岁及以上高龄老人发放重阳节一次性补贴16.18万元、为65周岁及以上10.9万名老年人发放老年综合津贴1.75亿元。(李健飞)

社会救助与慈善事业

■概况 2019年,青浦区社会救助工作坚持以人为本的原则,形成多元化救助于一体的新型社会救助机制。为各类困难对象发放救助资金,并做好帮困送温暖牵头工作。(李健飞)

■常规救助 全年为区城乡低保、重残、无业等各类困难对象共发放救助资金11225.29万元,救助人数达150156人次。年内,根据市民政局对低保专项治理三年行动要求,组织开展低保专项治理工作,至12月,累积排查曾提交低保申请但未审批通过家庭129户276人,动态清退1127户2097人。(李健飞)

■帮困送温暖 1月,做好帮困送温暖牵头工作,会同相关部门制定《2019年青浦区春节帮困送温暖专项活动工作方案》。其间,所有救助、帮困慰问对象通过建档立卡排摸梳理,涉及多类民政困难对象,总计帮困约3360人(户)次,共投入资金约1233.57万元。

(李健飞)

■农村生活困难农户认定 开发困难农户认定信息系统,在全区各镇、村居开展培训试用,信息系统通过实现可视化的方式完备家庭信息资料。年内,完成所有困难农户信息录入工作,至年底,区生活困难农户5121户共9376人。

(李健飞)

■慈善救助 开展2019年"蓝天下的至爱"联合募捐活动,开展安老、扶幼、助学、济困救助项目,全年募捐收入13035.95万元,已使用慈善资金13216.86万元。12月,开展第二届"青浦区慈善之星"评选表彰活动,评选出个人18人、集体20个。(李健飞)

■医疗救助 全区全年共发放医疗救助资金1604.6万元,受益救助对象6902人次,其中:发放住院费用医疗救助资金1035.6万元,受益1911人次;发放门急诊医疗救助资金464.2万元,受益3474人次;资助低保、低收入对象参加城乡居民医疗保险1517人,涉及资金104.8万元。资助520名低保家庭子女参加上海市少儿住院互助基金,提供资金58360元。(陶丙星)

优抚工作

■概况 2019年,区退役军人事务局以习近平新时代中国特色社会主义思想为指导,围绕"让军人成为全社会尊崇的职业"这一目标,认真扎实贯彻落实各项优抚政策和文件通知精神,加大政策落实力度、提高服务水平、维护社会稳定。

(韩 林)

■做好优待抚恤补助工作 完成全区809名享受定期抚恤、定期定量补助的优抚对象和1391名享受60周岁以上农村籍退役士兵生活补助的优抚对象新标准的调整,发放抚恤补助2250万元;

9月30日,区四套班子领导、社会各界人士在东乡烈士陵园举行公祭活动

(区退役军人事务局供稿)

为全区222名义务兵及其家属发放优待金和服役补助金1072.2万元。同时,同步更新维护优抚信息管理系统和义务兵优待金系统。为542名生活困难优抚对象发放“八一”、春节临时困难补助28.9万元,并为全区101名烈士遗属发放烈士纪念日慰问金10.1万元和春节慰问品等。为全区871名重点优抚对象医疗费减免84.65万元。整理2200多份各类优抚对象的档案资料,开展涉及退役军人事务的35类台账统计调查,建立专项年报。 (韩 林)

■做好烈士陵园管理工作 东、西乡烈士陵园实行“馆园融合”模式,共接待参观祭扫5万余人次。东乡烈士陵园共接待社会团体单位114家共5800人次祭扫,其中接待83户烈属300人次;西乡烈士陵园共接待社会团体单位76家共3301人次前来祭扫,其中接待23户烈属80人次。开展“传承·2019清明祭英烈”活动,举行“930烈士纪念日”公祭仪式,制作并播放《英雄——民族最闪亮的坐标》宣传片。 (韩 林)

金泽镇莲湖村一景 (区融媒体中心供稿)

编辑 吴言荻

综 述

2019年，青浦区社区建设工作以加强基层自治为重点，稳步推进基层政权建设。全区的婚姻（收养）登记管理工作，在市民政局婚姻管理处的具体指导下，按照区民政局的统一部署，以为民服务为宗旨，以标准化建设为重点，以队伍建设为抓手，办好每一天的登记工作。全年共办理婚姻登记4470对，其中结婚登记2922对、离婚登记1548对；办理补领婚姻登记证1063例，办结收养登记10例。（李健飞）

社区建设

■概况 2019年，青浦区创新社会治理，加强基层建设。通过完善村级自治平台夯实组织建设，加大示范引领力度，形成开放式办公机制。（李健飞）

■村级自治平台 完成522家客堂间（睦邻点）建设。在坚持自治性的基础上充分发挥政府的指导作用，通过示范引领和政策引导，发挥宣传发动、组织协调、社区调解的作用。（李健飞）

■阳光村务工程 依托东方有线平台，以党务公开、村务公开、财务公开为重点内容，打造成服务、参与、监督为一体的综合系统。年内，实现全区184个村全覆盖。（李健飞）

■村干部开放式办公 推行村级“一站两中心”建设，推动村两委班子成员开放式集中办公，形成“有困难、找村居”服务机制。年内，全区184个村中有170个村实现干部下沉。（李健飞）

来沪人员工作

■概况 2019年，青浦区扎实推进人口服务的各项工作，积极探索人口管理的创新思路。年末，全区常住人口123.31万人，其中外来常住人口71.43万人。

■来沪人员就业管理服务 开展2019年春风行动，发挥社区街镇服务窗口作用，为来沪人员提供精细化就业服务。发挥网上办事平台的便利性，规范来沪人员就业管理系统功能，通过政策宣传引导、平台操作专人指导等方式，引导用人单位通过CA平台办理相关业务。加强沟通与协调，通过建立业务高峰期应急处置机制，强化制度、落实责任，推进来沪人员灵活就业登记。加强就业扶贫，做好贫困地区来沪人员就业服务，多次与云南省德宏州人社局为转移来沪人员的就业岗位走访企业；组织到云南省德宏州开展7次专场招聘活动，2次开发对接技能培训和培训项目工作。全年新增来沪稳定就业人数155人，其中建档立卡困难户146，全面完成扶贫工作目标任务。（沈 静）

社会组织管理

■概况 2019年，青浦区社会团体管理以构建社会组织服务体系为重点，增强社会组织发展活力，充分发挥社会组织在促进经济社会发展中的积极作用。（李健飞）

6月，夏阳街道金家村工作人员在“平心客堂间”向村民宣传垃圾分类工作（区民政局供稿）

■社会组织服务中心体系建设 推进区、镇两级社会组织服务中心运营，开展专题培训。年内，区注册登记社会组织共897家，其中社会团体179家、民办非企业单位718家。 （李健飞）

■“莲湖益站”公益平台 引进优秀社会组织提供为老、助残、卫生、文体等服务，打造“莲湖益站”公益形象和公益品牌。9月5日，第四届慈善公益月主题活动启动仪式在莲湖村成功举办。 （李健飞）

计划生育

■概况 2019年，区卫生健康委员会持续推进健康家庭建设，在徐泾组织开展青浦区纪念第二十六个“国际家庭日”暨全国健康促进区创建主题宣传活动；开展成长驿站项目，面向0—3岁婴幼儿家庭和孕产妇家庭，宣传普及科学养育知识；继续发放高龄孕产妇发放宣传服务包；在全区美丽乡村卫生室建设中融入健康家庭建设宣传元素。推进母婴设施建设，目前全区共有33家母婴设施场所完成配置。做好计生特殊家庭扶助关怀工作，落实双岗联系人制度、住院护工保险、就医援助服务项目等工作。做到家庭医生优先覆盖，在6个试点街镇探索实施“爱护一生”失独家庭心理健康服务工作，组织全区60周岁以上的特扶对象1195人进行免费健康体检。开展困难慰问、健康讲座、手工制作等关怀活动。开展计生特殊家庭满意度调查，对2019年区卫健委工作的满意率达到96.31%。 （田青华）

■建立长效工作机制 在全区范围内广泛推广“生育指导、科学育儿、家庭保健、养老照护、家庭文化”建设。9月27日，在金泽镇莲湖村举办“情牵三地缘、筑梦新时代”大型颁证仪式。提升婴幼儿照护服务。分别在6月、11月开展“成长驿站”项目和“科学育儿社区行”，面向11个街镇0—3岁婴幼儿家庭和孕产妇家庭，提供宣教讲座。加快推进母婴设施建设步伐。年内，16家医疗卫生单位全部完成母婴设施建设，全区33家应建、已建场所基本达到全覆盖。 （田青华）

■孕产妇宣传服务指导 全年共向全区5000名孕产妇发放宣传服务健康礼包；针对全区新生儿家庭及产后哺乳期妇女开展访视，全年发放6000份产后访视关爱礼包；在中山医院青浦分院孕妇学校举办每月一期的“助你好孕”课堂，录制重固镇叮咚叮咚送健康广播节目10场；开展“世界避孕日”系列活动；9月21日，家庭计划指导中心在青浦宝龙广场开展“为爱服务，健康你我”主题咨询服务活动。 （田青华）

婚姻与收养

■概况 2019年，共办理婚姻登记4470对，其中结婚登记2922对，离婚登记1548对；办理补领婚姻登记证1063例，办结收养登记10例 。 （李健飞）

■举办大型结婚登记颁证活动 8月7日，策划开展“新家庭，新风尚——2019‘我们的节日·七夕’”主题颁证活动。9月27日，邀请江苏省苏州市吴江区和浙江省嘉兴市嘉善区在青浦区金泽镇莲湖村举办2019年青浦“情牵三地缘，筑梦新时代”青吴嘉三地大型结婚登记颁证活动，聚焦国庆70周年主题，成立“新婚尚”婚俗改革示范区。 （李健飞）

■持续推进“暖心阁”婚姻辅导品牌 全年“暖心阁”共计接待当事人1561对，其中开展心理疏导1425对、愿意接受调解129对、离婚劝和49对，劝和成功占调解数的38%；另外接待个人咨询12例，开展《幸福课站》6期。获2019年度市民政系统第六届“十佳服务品牌”。 （李健飞）

双拥工作

■概况 2019年，区退役军人事务局积极承担好区双拥办职责，以“开局就是决战、起步就要冲刺”的态度，用“抢的意识、拼的勇气、实的作风”全力推进全国双拥模范城的创建工作，不断加大双拥力度，扎实开展拥军优属、拥政爱民活动，营造拥军崇军氛围，双拥共建工作呈现新局面。 （韩 林）

■加强双拥组织领导 调整配强区双拥工作领导小组，形成党政军三位一体、群团组织广泛参与、全方位覆盖的双拥工作组织领导体系和网络。新成立区退役军人事务工作领导小组，按期建立1个区退役军人服务中心、11个街镇退役军人服务站、233个村居退役军人服务站，“区—街镇—村居”三级退役军人服务体系建设基本实现全覆盖。 （韩 林）

■双拥力量护航“进博会” 发布双拥倡议，号召全区军地双方、退役军人为举办第二届“进博会”贡献力量。举行“军民莲心守初心 双拥创模担使命”主题活动，成立青东、青中、青西3个片区退役军人党建活动小组。组建退役军人方阵参加“波澜壮阔70年 砥砺奋进20载”青浦主题歌会和虹馆展演。组织慰问“进博会”安保部队，组织最美退役军人代表、军休老干部代表参观第二届“进博会”。 （韩 林）

12月5日，上海市青浦区创建双拥模范区实地检查汇报会举行
（区退役军人事务局供稿）

■推进"挂牌作战" 将信息采集、光荣牌悬挂、"关爱功臣"活动作为"挂牌作战"内容推进。至年底，共采集到退役军人和其他优抚对象17649条信息，为17243户家庭悬挂光荣牌，"光荣之家"挂牌率100%。优化"关爱功臣"活动，签约社会组织9家，建立一支包括51名在册社工、513名志愿者和联络员的服务队伍，平均每月提供服务不少于300人次。（韩 林）

■做好安置服务工作 全年妥善做好17名军转干部、5名转业士官、31名复员士官和83名退役义务兵的接收安置工作，完成5名随军家属安置。共发放安置费、生活补助费、学费补贴费710万余元。开展退役士兵社保接续工作，完成1088名退役士兵本人申请工作。建立上海高新产业融创服务战略联盟，组织参加长三角地区退役军人上海专场招聘会，开展退役士兵综合培训会、青浦退役军人专场招聘会等活动。（韩 林）

■推进双拥共建工作 陈云纪念馆、福寿园新四军广场2个双拥教育示范基地、百亩双拥林、双拥路、双拥街等双拥阵地相继落成，西乡烈士陵园成功创建市级爱国主义教育基地。以八一建军节、新中国成立70周年等重要节日为契机，组织开展区四套班子领导走访慰问部队、"上善同心，军民同庆"双拥慰问演出、退伍战士"上海一日游""军徽映夕阳"等双拥系列活动。用实事拥军、文化拥军等形式全力支持部队改革建设，全年用于慰问部队的经费达300多万元。联合区融媒体中心制播《最燃的双拥》《最美的双拥》《最暖的双拥》宣传微视频，加大社会面宣传力度。在全区广泛开展"最美退役军人"评选宣传活动。国展派出所朱洪葵、北斗西虹桥郁文贤2人被评为"全国模范退役军人"，青浦区名额位列全市各区之首。朱洪葵作为上海代表参加全国退役军人工作会议，受到习近平总书记的接见。年内，评选16名各行各业"青浦区最美退役军人"。（韩 林）

老龄工作

■概况 2019年，青浦区60周岁以上户籍老年人口有15.99万，占户籍总人口32.2%，其中，80周岁及以上户籍老年人2.50万，占老年人口的15.6%；纯老家庭1.82万户，独居老年人6037人。青浦区户籍人口期望寿命84.48岁（全市83.66岁）。青浦区以机构改革、优化工作职能为契机，切实履行老龄工作职责，积极应对人口老龄化，加快社会养老服务和老年健康服务体系建设，不断提高养老服务能力和质量，持续推进"老有所养、老有所医、老有所为、老有所乐、老有所安"各项工作，老年人的幸福感、获得感和满意度都得到了较大幅度的提升。（田青华）

■开展老龄活动 6月，组织全区11个街镇开展以"懂健康知识、做健康老人"为主题的健康宣传周活动。10月，开展"敬老月"系列活动。10月12日，结合"不忘初心、牢记使命"主题教育活动，区卫健工作党委到金泽镇莲湖村走访慰问全村60岁以上的老年人，赠送健康大礼包600份。10月15日，区卫健委等十多个区老龄委成员单位在桥梓湾露天广场联合举办"敬老月"大型咨询服务活动。10—12月，赵巷镇巷佳居委会、华新镇坚强村先行开展老年人心理关爱项目试点。（田青华）

残疾人工作

■概况 2019年底，青浦区共有持证残疾人23687人，全年新增残疾人1017人。按类别统计：视力残疾2168人、听力残疾2769人、言语残疾169人、肢体残疾13757人、智力残疾2062人、精神残疾2432人、多重残疾330人；按镇（街道）统计：金泽镇4234人、练塘镇3515人、朱家角镇3115人、白鹤镇2461人、华新镇2265人、香花桥街道1798人、盈浦街道1338人、赵巷镇1276人、徐泾镇1329人、夏阳街道1349人、重固镇1007人；按户籍统计：农业户籍人口10508人，非农业户籍人口13179人；按性别统计：男性11552人，女性12135人。处于就业年龄段的有7528人，占持证残疾人总数的31.78%。

2019年，残疾人工作围绕残疾人保障救助、残疾人康复、残疾人辅具适配、残疾人就业培训、残疾人宣传文体、残疾人维稳和创新亮点工作开展。

2019年青浦区持证残疾人情况表

表77　　单位：人

年龄段	总人数	男	女	残疾类别						
				视力残疾	听力残疾	言语残疾	肢体残疾	智力残疾	精神残疾	多重残疾
合计	23687	11552	12135	2168	2769	169	13757	2062	2432	330
0-5岁	15	9	6	0	5	0	4	3	0	3
6-15岁	145	89	56	3	29	2	36	52	12	11
16-55岁	7528	3961	3567	562	761	66	3564	1240	1228	107
56岁以上	15999	7493	8506	1603	1974	101	10153	767	1192	209

（陆晟靖）

3月16日，“融入长三角·接轨大上海”沪嘉两地残疾人工作合作交流活动在嘉善县举行 （区残联供稿）

■**残疾人保障救助工作** 2019年，区残联不断拓展大重病医疗保险内容。在原有四种大重病的基础上增加医疗费用支出较大的其他疾病，保费投入金额333.1万元。残疾人意外保险投入金额305.5万元。一户多残残疾人家庭救助，累计补贴21109户次，金额225.5万元。参加重残无业养老补助1554人次，共缴费3.9万元。重残门诊大病及住院医疗帮困，共计补贴78人，金额16.6万元；重残门急诊医疗救助，共计补贴354人，金额20.8万元；重残住院起付段补贴，共计补贴77人，金额12150元。发放困难残疾人生活补贴4196人，金额1578.9万元。3485人享受重残无业最低生活保障，下拨补助金346.6万元。享受残疾人交通补贴56256人次，发放金额774.9万元。市级助学补贴54人，发放金额31.8万元；区级助学补贴317人，发放金额95万元。全日制大学生一次性奖励6人，发放金额5.6万元。 （陆晟靖）

■**残疾人康复工作** 全年共组织9793名残疾人参加免费健康体检，其中重度残疾人上门体检325人。为2232名残疾人提供居家养护服务，为约551名志愿者发放工作补贴2236.25万元。为151名机构养护人员发放重残养护金117.6万元。为140名持有阳光宝宝卡的残疾儿童发放康复训练补助金约80万元。实施白内障复明手术420例，投入资金105万元。106281人次享受重残护理补贴，投入资金2151.86万元。46人受肢体矫治手术及关节置换手术补帖，补贴金额为50万元。组织盲人定向行走训练和考核，共有28名盲人通过盲人定向行走考核，其中3名通过市级考核。实施重度残疾人上门关爱服务项目，全年为约960人提供服务9366次，提供医疗转介服务6次。 （陆晟靖）

■**残疾人辅具适配工作** 全年全额类辅具配发4834件。为78人提供了组合适配服务，配发辅具235件。假肢矫形器安装135例，其中假肢12例、矫形鞋123例。成人助听器已安装220例。现有212名残疾人享受护理用品配发，全年配发35万余片。组织助视器集中验配活动，为181位视力残疾人验配眼镜式助视器，补贴经费59060元。为10位肢体残疾人适配电动类辅具，其中电动护理床2件、电动轮椅车8辆。全区现有残车185辆，于6月组织残车年检工作，年检率为100%（当时应查车辆169辆，实查车辆169辆），发放年检补贴、油费补贴104806元。 （陆晟靖）

■**残疾人就业培训工作** 全年新增扶残涉农经济组织24家。至年底，全区总数达到91家，帮扶农村困难残疾人数3560人。全年共安置残疾人就业385人，其中分散就业299人、集中就业84人、公益性岗位就业1人、其他1人；全年应届残疾人大学生5人，其中1名享受重残无业、其余4人已安置就业。举办残疾人职业培训15期，其中就业孵化班9期、职业培训班6期，合计培训人数543人，其中新增培训数152人。年内，推荐5名残疾人参加第六届全国残疾人职业技能大赛上海市选拔赛，经选拔，青浦区2人入选并于10月代表上海市参加全国残疾人职业技能大赛，分别获得了机电一体化项目第四名、盲人保健按摩第十名。 （陆晟靖）

6月，区残联分批组织全区各街镇千余名残疾人到金山卫抗战遗址纪念园参观 （区残联供稿）

9月30日，区残联在区档案馆学习参观“学伟人、悟初心、担使命——陈云精神风范”展
（区残联供稿）

■残疾人宣传文体工作 3月3日，举办“爱耳日”主题活动；5月15日，开展第二十九次“全国助残日”及“上海助残周”系列活动，分别邀请昆山、吴江、嘉善三地残疾人文艺队伍参与演出，并组织两批次残疾人参加嘉善县助残日活动演出。举办阳光心园十周年宣传活动；8月25日，联合区卫健委联合主办的第三次全国“残疾预防日”主题宣传活动；9—11月，区残联发起长三角五地残疾人才艺秀活动，经海选后于10月28日举办复赛，11月25日举办决赛及展演活动；组织收集残疾人书画作品18件参加昆山市举办的首届嘉青昆太残疾人书画作品联展；举办2019年青浦区残疾人门球联谊赛和锦标赛；参加嘉定区残联组织的第八届“江桥杯”乒乓邀请赛；选送优秀残疾运动员参加2019年全国第十届残疾人运动会，其中青浦区运动员李明荣获大众组乒乓球男子听力组季军。（陆晟靖）

■残疾人维稳工作 全年共处理来信10次、来访12次、来电342次、“12345市民热线”96次。创新政策宣传，印制“沐浴阳光、你我同行”扶残政策卡通宣传画册。坚持实施“残疾人家庭无障碍改造”项目，全年为残疾人家庭无障碍改造186户。继续做好残疾人配偶户口申报工作、盲人乘车证换证工作、视力和聋人信息沟通服务等各项日常工作，办理盲人乘车证20例、聋人信息卡1例、残疾人配偶迁户31例。（陆晟靖）

■残疾人创新亮点工作 区残联创新工作方法，为全区325名重度残疾人提供上门体检服务。以区盲协主席作为骨干带头人，组建盲人医疗按摩团队，进入民营中医门诊部，由诊所医师开具处方，盲人医疗按摩人员进行医疗服务。推进长三角一体化残疾人工作，邀请区域残联到青浦区开展工作交流。3月16日，区残联和嘉善县残联在嘉善联合举办了“融入长三角，接轨大上海”——青浦、嘉善两地残疾人联合会大型义诊活动并签订《战略合作协议书》。（陆晟靖）

殡葬管理与服务

■概况 2019年，区殡葬管理工作围绕总体工作目标，提升服务水平，加强基础建设。年内，全区共有殡仪馆1家、经营性公墓8家、镇级公益性公墓11家、村级公益性埋葬点102个。（李健飞）

■建设无烟墓园 区民政部门要求各经营性公墓响应“绿色青浦，上善之城”创城活动，倡导“共建绿色无烟墓区，倡导零碳祭扫新风尚”，严禁祭扫时燃放烟花爆竹，燃烧锡箔、冥币、纸钱、纸扎、衣物等用品，增设电子蜡烛、墓碑擦拭布、黄丝带、心愿卡等产品提供给客户，发放禁燃告知书和宣传单；利用网站、微信等媒介进行宣传；通过电话、短信等方式进行告知；墓区增添禁燃禁放宣传展板、横幅及道旗；新购墓客户签订文明祭扫承诺书；设立锡箔换鲜花点，引导携带锡箔纸钱的客户换取鲜花等祈愿祭扫物品。冬至期间，8家经营性公墓增添禁燃禁放宣传展板、横幅及道旗等宣传用品共463处，发放禁燃告知书、宣传单超40000份，收取客户锡箔、冥币、纸钱、纸扎品约12000袋，兑换电子蜡烛6000件、黄丝带600条、许愿卡500张、花束近10000件。（李健飞）

10月28日，长三角五地残疾人才艺秀复赛在青浦区文化馆举行
（区残联供稿）

■殡葬服务管理 清明期间,全区各殡葬单位接待祭扫市民95.2万人次、车辆14.5万多辆次,落葬1692余穴。冬至期间,接待祭扫市民约31.5万左右人次,车辆约5万左右车辆,落葬约3444穴。共清理乱葬乱埋843穴。率先在全市提出“无烟墓园”创建计划,在全区8家经营性公墓开始全覆盖推行;打造“白事天使”等殡仪服务项目,引导和协助逝者家属办理后续所有事务。（李健飞）

人民生活水平与质量

■概况 2019年,青浦区城乡居民人均可支配收入51563元,比上年增长8.9%。快于同期全区经济增长速度,高于全市平均增长水平,增速排名在全市郊区靠前。每百户主要汽车拥有量48辆、空调拥有量227台、计算机拥有量75台、移动电话拥有量250部,其中接入互联网212部。（吴 玮）

■就业情况 全年帮助成功创业508人,创业见习134人,创业培训421人;城镇登记失业人数4375人,控制在市政府下达目标5000人之内;新增就业岗位21973个,其中新增农村富余劳动力非农就业岗位5490个,残疾人就业安置岗位401个。全年职业技能培训人数24293人,其中中高层次培训5652人、农民工等级工培训5461人、农民非农培训8653人。（吴 玮）

■实事工程和重大项目 2019年度区政府实事工程项目10项全面完成。一是基本住房保障服务:完成农村低收入户危旧房改造19户,动迁安置户数340户。二是基本劳动就业创业服务:中高层次培训5000人,帮助成功创业450人。三是基本医疗卫生服务:11家社区卫生服务中心“智慧健康”小屋全面投入使用,新建区医疗急救中心赵巷分站。四是基本养老助老服务:建设6家日间服务中心、6家老年活动室、10家社区老年人助餐点。五是基本公共体育服务:开放骑行道26公里、步行道32公里、篮球场3个、网球场5个、室外羽毛球场3个、门球场1个、滑板场地1个、五人制足球场1个。六是美丽家园建设:完成约40万平方米的老旧住宅小区综合改造工作(包括消防设施提升改造3000户),完成10个小区约1500户居民住宅的二次供水设施改造。七是生活垃圾分类整区域创建:巩固提升赵巷镇、重固镇垃圾分类整区域创建实效,完成剩余9个街镇生活垃圾分类整区域创建任务,确保年内通过达标街镇验收;推进300个再生资源回收点、5个中转站设置,累计完成739个定时定点投放点和垃圾箱房改造任务。八是交通设施改善:新改建265座公交候车亭、12座公交港湾式站台;燕南村钱曹路村村通公交配套道路修缮。九是社区智慧微菜场建设:建设社区智慧微菜场40处。十是爱心暑托班:在各街镇开设24个爱心暑托班,面向社会招收1200名小学生。

全年全区正式重大项目132项(其中市在青重大项目19项),储备项目13项,新列项目61项,结转项目71项;年内,计划开工58项,计划竣工35项。

“挂图作战”任务以开工率、竣工率、投资完成率为导向,基本完成年度目标。全年开工或基本开工44项,除去已暂停实施的3个项目外,开工率为80.0%。竣工或基本建成28项,竣工率为80.0%。全年计划完成投资281.0亿元,已完成投资260.8亿元,投资完成率为92.9%。其中,市级项目投资完成率100.0%,政府性投资项目投资完成率100.0%。（吴 玮）

■环境保护 全年空气质量指数(AQI)达到二级及优于二级的天数有283天,空气质量指数AQI优良率为77.5%,比上年提高4.9个百分点。全区水环境持续改善,19个市考断面达标率为100%,比上年提高15.8个百分点。年内,青浦区创建为上海市生活垃圾分类示范区,6个街镇(重固镇、赵巷镇、盈浦街道、徐泾镇、练塘镇、香花桥街道)被评为上海市生活垃圾分类示范街镇。全年干垃圾日均量627.45吨,比市级指标797吨/日减少21%;湿垃圾日均量288.43吨,比市级指标164吨/日增加76%;餐厨垃圾日均量121.57吨,比市级指标77吨/日增加58%,干、湿垃圾分类实效明显提升;村居累计设置再生资源回收点422个,建成中转站5座;“两网融合”收运处体系逐步健全,日均量收运量165.68吨,比市级指标129吨/日增加28%。建立和完善市、区、街镇和第三方四级垃圾分类监督检查机制,全年对全区683个小区、184个农村及248个六类场所实现全覆盖检查和指导。加强对餐厨废弃油脂管理,申报签约基数3094家,申报数3094家,申报率100%;签约数3064家,签约率100%。全年共收处地沟油1995.45吨,老油165.62吨。加大单位生活垃圾处理费征收力度,全年累计收费金额9107.06万元,比年度收费指标数7596万元增长19.89%。（吴 玮）

■绿化建设 全区绿地总面积6869.66万平方米,其中园林绿地面积3942.04万平方米、生产绿地面积为2927.62万平方米。全区绿化覆盖总面积6910.52万平方米,其中园林绿化覆盖面积3982.90万平方米、生产绿地覆盖面积为2927.62万平方米。全区公共绿地面积1170.46万平方米,绿地率42.5%,绿化覆盖率42.8%,人均公共绿地面积9.6平方米/人。（吴 玮）

镇·街道

编辑 王卫红

综 述

2019,青浦区共有赵巷、徐泾、华新、重固、白鹤、朱家角、练塘、金泽8个镇和夏阳、盈浦、香花桥3个街道。辖184个行政村和143个社区居民委员会。区域总面积668.49平方公里,其中河口面积68.81平方公里、湖泊面积57.22平方公里。11个街镇交通便捷、基础设施较完备,生产保持基本稳定,经济保持健康发展。全区全年实现生产总值1166.25亿元,按可比价格计算,比上年增长5.8%。其中第一产业增加值7.60亿元,下降14.6%;第二产业增加值433.69亿元,下降2.6%;第三产业增加值724.96亿元,增长11.9%。三次产业结构比为0.6:37.2:62.2。按常住人口计算,全区人均生产总值为9.46万元。

年内,赵巷镇积极融入长三角一体化发展,以市西软件信息园建设为重点,进一步拓展新产业、新业态,着力做实做强软件信息上下游产业,并在地区产业结构、地方产业规划和市场准入标准的指导下,多措施加快推进项目开工建设、土地收储等工作。徐泾镇围绕培育"会展+"现代化服务业这一核心目标,将产业导向与国家战略机遇结合,与未来趋势结合,推进楼宇经济高质量发展,重点聚焦楼宇体量、质量、产量"三大维度"升级。华新镇依托镇域内物流产业发展成熟的基础和快递物流企业总部集聚的优势,高起点编制申报上海商贸服务型国家物流枢纽建设方案,于9月获得批准;并依据华新商贸型国家物流枢纽发展规划,通过资源整合和集聚,全力打造"华新·上汽安吉物流产业园"建设。重固镇积极开展新型城镇化与乡村振兴双轮驱动探索,按照"双轮驱动、连点成片、一村一品、试点先行"的方向,围绕"点、片、面"总体布局;开展全镇劳动力资源及劳动力转移就业情况摸底调查,加强与周边地区企业协调,挖掘更多适合岗位。白鹤镇启动打造"安亭·花桥·白鹤"城镇圈,加快白鹤跻身跨越式高质量发展行列;坚持城镇更新和乡村振兴"双轮驱动",着力改变白鹤城乡面貌;青龙镇遗址入选第八批全国重点文物保护单位。朱家角镇积极开展消费促进工作,尚都里、朱家角古镇分别入选新一轮20条上海市特色商业街区,青西金融产业园被列为长三角一体化示范区重点项目;继续推进"美丽乡村"建设,张马村获批国家AAAA级旅游景区。练塘镇强化顶层设计实施乡村振兴战略工作,统筹规划朱枫公路乡村振兴片区,"新时代江南田园示范区"正在建设中;推进乡村振兴示范村建设,东庄村被列为第二批市级乡村振兴示范村,并于12月获评"全国生态文化村"称号;12月7日,在由第一财经发起并联合全国80家主流媒体共同主办的"2019乡村振兴发展论坛暨中国最美村镇颁奖典礼"上获评"中国最美村镇"。金泽镇扎实推进乡村振兴战略实施,完成莲湖村市级乡村振兴示范村建设任务,并入选中国美丽休闲乡村、市智慧村庄建设示范点;根据长三角生态绿色一体化发展精神,主动对接苏、浙等毗邻地区,就规划、设施、产业、功能、环保等领域开展探讨、合作;积极参与环淀山湖战略协同区建设,华为研发中心项目在西岑社区开工建设。夏阳街道全面推进"美丽乡村"创建,持续推进绿化美化工作,成功打造一批富有特色的小花园、小菜园、小果园;持续推进城市设施面貌建设。盈浦街道着力推进"平安盈浦"建设,强化城市精细管理,优化社区共治平台,做好重点人员、重点目标、重点区域管控,保障城市运行安全;完善文化服务体系,持续加强文化品牌建设,深化"寻觅老城厢历史·对接新城区文明"主题。香花桥街道推进乡村振兴及生态建设,启动郊野单元(村庄)规划编制,开展"美丽香约·宜居家园"创建系列活动;利用"文化云盒"平台和数字移动阅读平台,提升公共文化数字化服务能力;提升安防能力建设,加大技防投入力度,确保城市运行平稳安全。

(高胜洁　金樱樱　李伟虹　孙逸昀　朱　鹰　丁砚涛　钱怡琼　俞薇薇　杨倩芸　凌佳晨　周一萍)

赵巷镇

■概况　赵巷镇位于青浦境域东部,东与徐泾毗邻,西与夏阳、香花桥街道接壤,南与松江区泗泾、佘山镇交界,北与重固、华新镇相依。全镇水陆交通便捷,基础设施完善。G50沪渝高速、轨道交通17号线、318国道、盈港东路、崧泽大道横跨东西;嘉松中路、赵重公路、山周公路贯穿南北;油墩港、淀浦河、新通波塘等纵横交错。全镇总面积40.47平方公里。

赵巷镇下辖方夏、和睦、沈泾塘、崧泽、中步、金汇、南崧、垂姚8个村民委员会和金葫芦社区、金葫芦第二社区、北崧社区、赵巷社区、新镇社区、巷佳社区、崧鑫社区、崧涵社区、崧湖社区、佳福东社区、华沁社区、华秀社区、佳昱社区、龙联社区、秀景社区、佳辉社区、佳煌社区 17 个居民委员会。户籍人口 30904 人，其中：男性 15303 人、女性 15601 人，60 岁以上老人 9463 人。

2019 年，全镇实现全口径税收收入 28.03 亿元，完成考核目标的 100.8%；实现社会消费品零售总额 114.1 亿元，比上年增长 6.1%，完成年度考核目标的 102.8%；实现全社会固定资产投资 51.6 亿元，完成年度考核目标的 160.3%。

赵巷镇历史人文资源丰富，境内有崧泽和刘夏两处古文化遗址。崧泽古文化遗址位于域内崧泽村，在 1982 年考古年会上被命名为崧泽文化，为新石器时代遗址。2014 年对外开放的崧泽遗址博物馆内陈列着出土的石器、玉器、陶器等大量珍贵文物，经考证距今已有 6000 多年的悠久历史，再现上海先民创造的灿烂文化，见证上海这座城市悠久的文脉与传承。刘夏古文化遗址位于域内方夏村（由原方东、方西、刘夏村合并而成），1976 年开挖淀浦河过程中，在该村原刘夏村域内发现不少西周至战国时期的印纹陶陶片。1977 年，经市文管会考古试掘证实为新石器时代晚期古遗址，并被列为市级文物保护单位。

赵巷镇在区委、区政府的关心支持下，积极融入长三角一体化发展，以市西软件信息园建设为重点，进一步拓展新产业、新业态，着力做实做强软件信息上下游产业。一方面，抓好功能调整，推动商业商务区转型升级；另一方面，聚焦软件信息园，严格落实项目准入机制，提高项目准入门槛，坚持好中选优，在地区产业结构、地方产业规划和市场准入标准的指导下，多措施加快推进项目开工建设，积极推动土地收储、劳动力安置等工作。

赵巷镇人民政府驻地：赵巷镇赵兴路 90 号。（高胜洁）

■产业项目有序推进　第二届“进博会”首个签约项目海克斯康落户赵巷。助推中商联成立“众采进口采供对接平台”，“进博会”期间完成采购额 2.42 亿元。漕河泾一期、二期进入施工阶段，三期地块完成出让。虹桥创智港完成桩基基础工程。网易一期地块完成出让。积极推动北斗、熙菱、普利特项目地块出让前期审批流程。光大项目进入实质性洽谈阶段。元祖梦世界、山姆会员超市、阿缇客酒店顺利开业。绿地吉盛伟邦、合生新天地项目转型工作有序推进。（高胜洁）

■营商环境持续优化　4 月，制定并出台《赵巷镇优化营商环境实施方案（试行）》，开展赵巷镇“金牌服务窗口”“金牌店小二”“金牌企业”评选活动，21 家企业或个人获奖。认真贯彻“放管服”改革理念，细化企业走访、政策诊断、服务培训，强化“有求必应、无事不扰”的服务宗旨；开展企业大调研，走访实地型企业 243 家、注册型企业 1117 家，收集处置意见建议 32 条。积极落实区支持经济小区高质量发展意见 28 条，制定镇级具体措施 16 条。落实企业扶持政策，确保企业应享尽享。积极探索人才公寓项目建设。（高胜洁）

■规划与建设稳步实施推进　《赵巷镇总体规划》《郊野单元（村庄）规划》完成批复。《崧泽遗址保护规划》进入专家评审阶段。配合完成市西软件信息园控规修编。严格落实“1＋10”（全称为《赵巷镇建设项目管理工作落实实施方案》，由 1 个方案加 10 个附件组成）建设项目管理办法，全年安排建设项目 360 个，安排资金 3.1 亿元。积极推动实事工程建设，完成佳康路中修，启动农村公路白改黑试点等工程。有序推动“美丽街区”“美丽家园”建设，完成编制工程量清单、上网公示、调整方案等年度建设目标。318 国道跨嘉松中路人行天桥顺利开放通行。城镇建设年度考核全区第二。（高胜洁）

■举办“凝聚‘巷心力’，建功新时代”主题集会　4 月 30 日，在赵巷镇影剧院举办“凝聚‘巷心力’，建功新时代”——纪念五一国际劳动节、五四运动 100 周年暨推动群团岗位奉献主题集会，共同展示赵巷镇“工、青、妇”三大群团组织近年来取得的成就和工作风采。

区总工会党组书记、常务副主席吴春，团区委书记沈竹林，赵巷镇党委书记王玲锦，赵巷镇党委副书记、镇长张

4 月 30 日，“凝聚巷心力，建功新时代”——纪念五一国际劳动节、五四运动 100 周年暨推动群团岗位奉献主题集会举行（赵巷镇供稿）

炜，赵巷镇人大主席刘益民，赵巷镇党委副书记沈健以及其他镇领导班子全体成员出席活动。

王玲锦发表主题讲话，充分肯定了全镇广大劳动者、青年朋友、妇女同志在赵巷镇改革开放和现代化建设中做出的重要贡献。吴春、沈竹林、沈健分别为“巷心力”工人先锋号、“巷心力”青年突击队、“巷心力”巾帼文明岗授旗。

活动以沙画视频、舞蹈《开拓者》、大合唱《咱们工人有力量》、原创说唱《奔“巷”“心”时代》、表演唱《少年中国说》、诗朗诵《初心永不忘》、快闪《我和我的祖国》等形式和节目，讴歌了赵巷镇广大干部职工在推动赵巷全面跨越式发展的良好精神气和浓浓爱国情。

（高胜洁）

9月30日，上海众采企业发展有限公司采供对接平台揭牌仪式举行

（赵巷镇供稿）

■乡村振兴战略稳步实施推进　12月，成立乡村振兴战略指挥部，进一步做实统筹推进机制，建立健全工作制度。启动和睦村、方夏村、崧泽村、中步村的乡村振兴规划方案研究。和睦村顺利通过市级美丽乡村创建验收，并先行启动市级乡村振兴示范村申报工作。集体资产保值增值落实有力，经发公司实现租金收入1812.05万元，年化收益率达11.58%。发动各村(涉农居)参与区“百村基金”项目，合计入股4000万元。粮食烘干点、农机服务中心建成运行。

（高胜洁）

■社会事业发展　全力推进“创全”工作，对27个重点点位开展反复巡察整改，发现并整改各类问题1500个。集镇地区一体化养护保洁于9月正式启动。成功举办建党98周年、新中国成立70周年和第十一届“崧泽杯”全国青少年乒乓球精英邀请赛等重要活动和赛事。青浦协和双语学校于9月正式开学。崧泽学校获上海市首届“文明校园”称号。赵巷龙舟队积极参加国家、市、区级比赛，并获金、银牌等多个奖项荣誉。全年发放政策性补助款项共666.48万元，惠及7177人次。春节慰问投入资金762.83万元，惠及3800人次。完成新增就业岗位900人，创业带动就业30家。便民服务中心建设有序推进，康宁养护院新院正式启用。加大城乡居民医疗保险工作力度，医疗保障水平不断提升。

（高胜洁）

6月22日，赵巷镇和睦村举行“党建引领促发展，乡村振兴添活力”暨友睦党群为民服务点揭牌及村社共建签约仪式

（赵巷镇供稿）

■上海众采企业发展有限公司采供对接平台正式启用　9月30日，注册在赵巷镇的上海众采企业发展有限公司采供对接平台举行揭牌仪式，标志着采供对接平台正式启用。区政协副主席顾啸流，区商务委员会党组书记、主任谭伟，镇党委书记王玲锦和镇党委委员、副镇长钱永林出席揭牌仪式。商务部流通发展司原司长、驻上海特派员办事处原特派员向欣以及上海市商业联合会，全国商报联合会、中国商业文化研究会、中国合作贸易企业协会、中国对外贸易经济合作企业协会、中国商业联合会市场专业委员会、中国农产品流通经纪人协会相关负责人应邀出席活动。王玲锦在致辞中表示，面对新的发展机遇，赵巷必须进一步增强吸引力、创造力和竞争力，必须对标国际最高标准、最好水平，发挥区位优势，全力承接“进博会”溢出效应，做好深耕长三角的前哨兵，服务好“6+365”常年展示交易平台的发展壮大。

（高胜洁）

■和睦村举行“党建引领促发展，乡村振兴添活力”暨友睦党群为民服务点揭牌及村社共建签约仪式　6月22日，和睦村在轨道交通17号线和睦路段的水稻公园内举行“党建引领促发展，乡村振兴添活力”暨友睦党群为民服务点揭牌及村社共建签约仪式。该活动是和睦村为迎接“七一”建党98周年所营造的积极向上的党建氛围，也是进一步推进区域化党建联建共建、实现优势互补、助推乡村振兴的一项重要活动。镇党委副书记、镇长张炜，镇党委副书记沈健，镇党委宣传委员周丽，副镇长夏继东等出席活动。镇相关职能部门负责人、相关村党支部书记以及相关企业负责人参加活动。（高胜洁）

2019年赵巷镇经济与社会发展基本情况表

表78

项目	计量单位	数值	比上年增长(%)	备注
工业总产值	万元	498600	-1.4	—
农业总产值	万元	1674.8	-43.4	—
税收收入(税务口径)	万元	241059.8	-8.4	—
区级税收收入	万元	79408.38	-14.6	—
镇结算财力收入(剔除教育统筹)	万元	101083	-16	—
合同外资	万美元	12147.8	118.9	—
外方到位金额	万美元	6535.8	12715.3	—
新增内资企业注册资金	万元	3000	-90.7	—
内资到位金额	万元	—	—	—
固定资产投资总额	万元	516249	91.6	—
社会消费品零售总额	亿元	106.09	6.1	—
主要农副产品产量				
粮食	吨	2159	10.7	—
油菜籽	吨	—	—	—
生猪出栏数	头	—	—	—
家禽	万羽	—	—	—
鲜蛋	吨	—	—	—
淡水产品	吨	—	—	—
蔬菜	吨	288	18	—
教育事业				
其中:成校(职校)	所	1	—	—
高中	所	0	—	—
初中	所	1	—	—
小学	所	1	—	—
幼儿园	所	1	—	—
在校生(含幼儿园)	人	3050	151	—
教职工	人	355	-12	—
教育事业财政支出	万元	—	—	—
文化事业				
图书馆(室)	个	1	—	—
文化馆(室)	个	0	—	—

（续表）

项目	计量单位	数值	比上年增长(%)	备注
影剧院(场)	个	1	—	—
文化事业财政支出	万元	1309.9	70	—
医疗、卫生、体育事业				
卫生院(所)	所	1	—	—
卫生室	所	10	—	—
总床位	张	99	—	—
医技人员	人	121	8	—
体育场馆	座	2	—	—
健身苑(点)	个	63	—	—
居民人均可支配收入	元	—	—	—

（高胜洁）

2019 年赵巷镇经济和社会发展各类指标情况表

表 79

类别	序号	指标名称		单位	完成情况	
					总量	增幅(%)
经济实力	1	税收	税收总收入	亿元	24.1	-8.4
			区级税收收入	亿元	7.9	-14.6
	2	规模以上工业总产值		亿元	18.1	-2.8
	3	社会消费品零售总额		亿元	114.07	6.1
	4	招商引资	合同外资	亿美元	1.21	118.9
			外方到位资金	亿美元	0.65	12715.3
	5	引大引强引实(含总部企业)		户	6	-40
	6	内资实体型项目注册资金		亿元	0.3	-90.3
	7	全社会固定资产投资(属地)		亿元	51.6	91.6
		其中:工业固定资产投资		亿元	—	—
		商贸服务业固定资产投资		亿元	12.04	41
	8	开发区单位土地全口径税收产出增幅		%	—	—
创新转型	9	有效专利拥有量		件	—	—
	10	农业经营	家庭农场	个	—	—
			集体农场	个	—	—
			农业布局合规率	%	—	—
	11	产业结构调整项目数	调整企业数	个	19	—
			调整面积数	公顷	5.5	—
	12	清洁能源替代	锅炉	台	—	—
			窑炉	台	—	—
	13	土地减量化		公顷	10	-13.4

（续表）

类别	序号	指标名称		单位	完成情况	
					总量	增幅(%)
社会民生	14	城乡居民可支配收入		元	—	—
	15	新增就业岗位		个	1061	—
		其中:非农就业岗位		个	244	—
		残疾人就业安置岗位		个	23	—
	16	帮助长期失业青年就业		人	15	—
	17	帮助成功创业		个	32	—
	18	城镇登记失业人员控制数		人	253	—
	19	青年职业见习人数		个	18	—
	20	中高层次职业技能培训人数		个	200	—
		其中:高级及以上		个	40	—
	21	城乡居保中农村居民参保	续缴率	%	87.88	—
			扩覆率	%	—	—
	22	实有人口总量控制数		万人	15.39	9.37
		其中:实有人口(来沪人员)总量控制数据		万人	9.2	3.9
生态文明	23	工业能耗	综合能源消费控制量	万吨标煤	5428.75	-5.1
			规模以上工业万元产值能耗下降率	%	-3.2	—
	24	主要污染物排放量削减率(二氧化硫、化学需氧量、氨氮、氮氧化物)		%	—	—
	25	污水处理	城镇污水处理率	%	—	—
			截污纳管户数	户	—	—
	26	生态造林	新增森林面积	公顷	118.89	1109
			陆域森林覆盖率	%	20.26	14
	27	主要农产品“三品”认证率(有机、绿色及无公害产品)		%	100	—

（高胜洁）

徐泾镇

■**概况** 徐泾镇地处318国道东端第一镇,是青浦区的东大门。与虹桥综合交通枢纽直线距离1.2公里,与人民广场直线距离17公里。境域坐拥航空、高铁、高速立体交通资源。高速铁路有沪宁高铁、沪杭高铁、京沪高铁;轨道交通有2号线、17号线;高速高架公路有:G15沈海高速、G50沪渝高速、崧泽高架、嘉闵高架、建虹高架。全镇面积38.55平方公里。

徐泾镇为国家卫生镇、上海市综合经济实力十强镇、上海市标兵乡镇、上海市文明镇。辖区内蟠龙古镇历史悠久,有古单孔石拱桥香花桥、程家祠堂和普门教寺遗迹。于1993年成立全县首个国家经济开发区——西郊经济技术开发区之后,逐步形成电子信息、纺织服装、机械制造、化工等众多产业。几年来,并以习近平新时代中国特色社会主义思想为引领,不断探索转型升级和现代化发展新路,取得显著成效。全球面积最大的建筑单体和会展综合体——国家会展中心于2014年试运营首展,总占地面积86公顷,展览面积50万平方米,成为全球最大会展地标。大型会展每年数十个,商务客流超千万,产业集聚效应显著。2018年11月,首届“进博会”在国家会展中心举行。依托这些大项目,围绕“大虹桥”战略和青浦“一城两翼”发展战略,徐泾镇发展相关的会展服务业以及贸易、物流、仓储、总部、咨询、电子商务、创意文化等“大会展经济”。镇域内有上海国家会计学院、上海核建科创园、中国北斗产业技术创新西虹桥基地、中国神华华东总部等著名学院和产业基地。

镇域内水、电、煤气、通讯等设施齐全,建有日供水量7万吨级的自来水厂、日处理5万吨的污水处理厂、储备量60万立方米的管道煤气储气站、3.5万伏变电站2座、2万门IDD国家程控机房。

徐泾镇下辖光联、民主、联民、前明、金云、二联、金联、连庵、陆家角9个村民委员会和徐泾、宅东、蟠龙、京华、龙阳、徐安第一、徐安第二、徐安第三、徐安第四、卫家角第一、卫家角第二、高泾社区居委会、玉兰清苑社区居委会、尚泰路社区居委会、尚鸿路社区居委会、尚茂路社区居委会、仁恒西郊社区居民委员会、卫家角第三社区居民委员会(年内新建)18个社区居委会。全镇户籍人口有14407户、41670人,其中男性20555人、女性21115人。年末,有来沪人员156060人、外籍人员16531人。

2019年,全镇实现地区生产总值122.5亿元,完成全口径税收收入51.6亿元;地方财政收入完成17.24亿元,镇级财力完成13.59亿元;实现规模以上工业总产值65.2亿元、全社会固定资产投资79亿元、社会消费品零售总额58亿元。

徐泾镇人民政府驻地:徐泾镇盈港东路1800号。 (金樱樱)

11月,国家会展中心周边道路——诸光路街景 (徐泾镇供稿)

■产业结构调整 围绕培育“会展+”现代化服务业这一核心目标,将产业导向与国家战略机遇结合,与未来趋势结合,推进楼宇经济高质量发展,重点聚焦楼宇体量、质量、产量“三大维度”升级。全镇33家5000平方米以上体量楼宇注册率超过6成;104区块全年新建楼宇竣工面积超64万平方米,引进企业数885户。年内,30家企业完成产业结构调整,13家企业完成转型征收签约,其中:104区块内已转型的28家楼宇企业,全年上缴税费13亿元。 (金樱樱)

■城市更新加速 深化长三角一体化发展和“进博会”两大国家战略融入度,加快“上海之窗”城市品牌建设。完成第二届“进博会”市容市貌整治、诸光路二期及天山西路南侧绿地工程项目以及华徐公路盈港东路、蟠龙路沿线、徐民路等会展周边区域内现有绿地、建筑立面、交通配套设施的提升改造,全年累计完成国家会展中心周边地区荒地整治88万平方米,完成小区建筑立面提升1198户。完成企业减量化项目34个,完成84户居民及19家企业征收工作。老集镇“城中村”、蟠龙“城中村”改造项目地块实现净地。完成镇内341家“两违”(即违法用地、违法建设)企业整治,推进“三大整治”专项行动,共清理“宅前屋后”“立面”问题7000处。全年累计拆除各类违法建筑192处,涉及面积7万平方米;全年完成98条段河道消劣,整治各类水环境问题140起;全年处理渣土案件487件。 (金樱樱)

5月24日,第十二届徐泾“四叶草”文化艺术节在镇文体中心开幕 (徐泾镇供稿)

■文明风尚建设 续建上海市文明镇,实现六连冠。完成创建6个市级文明单位、7个市级文明小区、2个市级文明村和23个区级文明小区、6个区级文明村、13个区级文明单位。垃圾分类工作启动覆盖全镇140个小区,完成配套设施建设800处,完成整改事项223项,开展执法163次,全镇生活垃圾减量14%,干垃圾减量37%。推进“创全”迎检工作,设置各类宣传板块3000处,发放各类创全宣传品70000份。镇市民巡防团、人大代表各小组以及第三方专业评测机构深入53个重点点位共计巡检25次,反馈问题6000处。 (金樱樱)

■民生保障工作 推出“徐泾就业”微信公众平台,全年新增就业岗位1671个,帮助创业31家。“一口受理”服务模式全年共接待群众79462人次,受理各类事项71489件,办结数100%。依法成功调解劳资纠纷案件530件。推进“双拥模范镇”创建,共成立19家退伍军人服务站、2家镇级退役军人事务顾问点,悬挂“光荣之家”牌匾1308块。开展慈善帮扶活动,共发放各类帮扶资金3000余万元,募集慈善资金2038万元。居家养老服务覆盖400户家庭,“重度残疾人家庭关爱服务项目”发放保障、补助240万元。 (金樱樱)

■第十二届徐泾“四叶草”文化艺术节

5月24日,第十二届徐泾“四叶草”文化艺术节开幕式暨徐泾艺术团成立40

11 月 26 日，徐泾镇服务保障第二届中国国际进口博览会总结表彰大会召开
（徐泾镇供稿）

周年文艺展演活动在镇文体中心举行。社会各界人士逾 400 人参加。改革开放以来，徐泾镇始终坚持文化惠民原则，加快基础文化设施建设，推进文化事业发展。该场展演以“乡村文化”“多元文化”“时代文化”“海派文化”四大篇章，汇集音乐舞、沪剧、京剧、歌曲、独角戏等多种表演元素，展示了几代艺术团演职员 40 年来的心路历程，展现了艺术团从仓库场地走上时尚舞台、从田头剧团蝶变为艺术团的过程。
（金樱樱）

■融媒体徐泾镇分中心揭牌　9 月 6 日，青浦区融媒体徐泾镇分中心揭牌仪式暨“奋·进 拼·搏”专题联展在镇文体中心举行。仪式上，启动“《微徐泾》实体形象店·新闻直播间”项目，通过实体店的落地，实现线上线下同步，通过塑造《微徐泾》品牌形象，把创作的新闻作品、宣传视频、文化活动等作为产品推广。此次联展分为四大板块，即：服务保障首届中国国际进口博览会摄影展、“印象徐泾，会展之城”摄影展、蟠龙遗韵摄影展、《徐泾报》创刊 16 周年专题展，共计摄影作品、报纸版样 120 幅，全面展示了徐泾镇经济社会发展所取得的成就。
（金樱樱）

■第二届“进博会”总结表彰大会　11 月 26 日，徐泾镇服务保障第二届中国国际进口博览会总结表彰大会在镇文体中心召开。镇党委书记潘恩华作讲话。相比首届“进博会”，第二届“进博会”基础上实现新的提升，展览规模更大，论坛层次更高，参展人员更多，全镇上下全力以赴、齐心协力，确保了第二届“进博会”的顺利举办。全镇共有 20 家单位获评“2019 年徐泾镇服务保障第二届中国国际进口博览会先进集体”，50 人获评“2019 年徐泾镇服务保障第二届中国国际进口博览会先进个人。”
（金樱樱）

2019 年徐泾镇经济与社会发展基本情况表

表 80

项目	计量单位	数值	比上年增长(%)	备注
工业总产值	万元	759120	-4.8	—
农业总产值	万元	3378.1	-0.75	—
税收收入(税务口径)	万元	468240	-6.9	—
区级税收收入	万元	172438	3.5	—
镇结算财力收入(剔除教育统筹)	万元	135851	7.34	—
合同外资	万美元	14591	29.6	—
外方到位金额	万美元	15847	189.6	—
新增内资企业注册资金	万元	466753	-22.4	—
内资到位金额	万元	—	—	—
固定资产投资总额	万元	832828	51	—
社会消费品零售总额	亿元	58.97	3.8	—
主要农副产品产量				
粮食	吨	601.4	-11.39	—
油菜籽	吨	—	—	—

（续表）

项目	计量单位	数值	比上年增长（%）	备注
生猪出栏数	头	—	—	—
家禽	万羽	—	—	—
鲜蛋	吨	—	—	—
淡水产品	吨	81	-56.45	鱼塘减少
蔬菜	吨	11142	-5.42	—
教育事业				
其中：成校（职校）	所	1	—	—
高中	所	—	—	—
初中	所	1	—	—
小学	所	3	—	—
幼儿园	所	5	—	—
在校生（含幼儿园）	人	6068	—	—
教职工	人	607	—	—
教育事业财政支出	万元	—	—	—
	文化事业			
图书馆（室）	个	1	—	—
文化馆（室）	个	1	—	—
影剧院（场）	个	1	—	—
文化事业财政支出	万元	—	—	—
医疗、卫生、体育事业				
卫生院（所）	所	1	—	—
卫生室	所	13	—	—
总床位	张	103	—	—
医技人员	人	189	—	—
体育场馆	座	4	—	—
健身苑（点）	个	28	—	—
居民人均可支配收入	元	—	—	—

（全樱樱）

2018 年徐泾镇经济和社会发展各类指标情况表

表 81

类别	序号	指标名称		单位	完成情况	
					总量	增幅(%)
经济实力	1	税收	税收总收入	亿元	46.82	-6.9
			区级税收收入	亿元	17.24	3.5
	2	规模以上工业总产值		亿元	67.25	-5.4
	3	社会消费品零售总额		亿元	58.97	3.8
	4	招商引资	合同外资	亿美元	1.46	29.6
			外方到位资金	亿美元	1.58	189.6
	5	引大引强引实(含总部企业)		户	—	—
	6	内资实体型项目注册资金		亿元	—	—
	7	全社会固定资产投资(属地)		亿元	83.28	51
		其中:工业固定资产投资		亿元	2.78	35.9
		商贸服务业固定资产投资		亿元	10.65	153
	8	开发区单位土地全口径税收产出增幅		%	—	—
创新转型	9	有效专利拥有量		件	—	—
	10	农业经营	家庭农场	个	—	—
			集体农场	个	—	—
			农业布局合规率	%	—	—
	11	产业结构调整项目数	调整企业数	个	30	—
			调整面积数	公顷	14.5	—
	12	清洁能源替代	锅炉	台	20	—
			窑炉	台	1	—
	13	土地减量化		公顷	2.2	—
社会民生	14	城乡居民可支配收入		元	—	—
	15	新增就业岗位		个	1878	—
		其中:非农就业岗位		个	288	—
		残疾人就业安置岗位		个	18	—
	16	帮助长期失业青年就业		人	21	—
	17	帮助成功创业		个	31	—
	18	城镇登记失业人员控制数		人	451	—
	19	青年职业见习人数		个	22	—
	20	中高层次职业技能培训人数		个	300	—
		其中:高级及以上		个	—	—
	21	城乡居保中农村居民参保	续缴率	%	—	—
			扩覆率	%	98	—
	22	实有人口总量控制数		万人	22.84	—
		其中:实有人口(来沪人员)总量控制数据		万人	15.60	—

（续表）

类别	序号	指标名称		单位	完成情况	
					总量	增幅(%)
生态文明	23	工业能耗	综合能源消费控制量	万吨标煤	6.06	-8.58
			规模以上工业万元产值能耗下降率	%	4.08	—
	24	主要污染物排放量削减率(二氧化硫、化学需氧量、氨氮、氮氧化物)		%	—	—
	25	污水处理	城镇污水处理率	%	100	—
			截污纳管户数	户	489	—
	26	生态造林	新增森林面积	公顷	60.27	—
			陆域森林覆盖率	%	18.33	—
	27	主要农产品“三品”认证率(有机、绿色及无公害产品)		%	34.8	—

（全樱樱）

华新镇

■概况 华新镇位于青浦境域东北部，东与闵行区接壤，西与重固、白鹤镇交界，南与徐泾、赵巷镇相邻，北与嘉定区相望。华新镇水陆交通便捷，基础设施完善，距虹桥国际机场15公里、浦东国际机场38公里；距轨道交通2号线徐泾东站约12公里，与轨道交通17号线嘉松中路站临近。沪宁高速公路、北青公路、纪鹤公路横跨全镇东西；嘉松公路、徐华公路、嘉金高速公路贯穿南北，分别与318国道、312国道连接，与G1503上海绕城高速相通。镇域内建有G2京沪高速公路、S26沪常高速公路上下匝道口，有市区公交车与华新相通。境内新通坡塘纵贯全镇，内河航运四通八达。全镇总面积47.6平方公里。

华新镇被国家六部委列为全国重点镇，被市政府列为上海市郊22个中心镇之一，是全国城镇建设先进镇、小城镇建设示范镇、国家级卫生镇、全国文明镇、全国亿万农民健身活动先进镇、上海市科普示范镇、上海市文明示范标志区域。华新镇具有光荣的革命斗争历史，青浦区最大的烈士墓地——东乡革命烈士陵园坐落于镇内火星村。

华新镇下辖徐谢、火星、周浜、嵩山、北新、朱长、淮海、新木桥、叙中、陆象、坚强、华益、凌家、白马塘、新谊、马阳、杨家庄、秀龙、叙南19个村民委员会和华新、凤溪、华腾、春江、星尚湾、悦欣、华府、宝龙、新丰、瑞和锦庭、金瑞苑、西郊半岛12个居委会和凤溪社区。全镇户籍人口12137户、46369人，来沪流动人口167674人，境外人员565人。2019年，全镇实现增加值123.3亿元，比上年增长6%；实现工业总产值187.45亿元，比上年下降-14%；实现财政收入53.3亿元，比上年增长11%。

华新镇人民政府驻地：华新镇华新街318号。（李伟虹）

■帮扶对口地区贫困学生162人 云南省德宏州盈江县是上海市青浦区的对口帮扶地区，盈江县铜壁关乡、新城乡是华新镇的对口帮扶地区。华新镇积极响应国家精准扶贫战略号召，多次组织专项扶贫活动，并组织相关党政干部到盈江县考察，深入了解对当地群众贫困现状，特别是贫困地区困难家庭学生的教育生活情况。年内，全镇各村（居）、机关、企事业单位干部职工踊跃参与对口帮扶，共结对云南省德宏州盈江县铜壁关乡、新城乡困难家庭学生162人，其中15名镇班子领导、92名基层单位党政负责干部共结对困难学生133人。全年累计向结对受助对象提供援助帮扶资金51.84万元。（李伟虹）

■华新镇与普陀区4个街道举行结对共建活动 根据市委、区委关于统筹城乡基层党建、推动城乡一体化发展的精神，4月29日，华新镇在镇政府举行与普陀区曹杨新村街道、宜川路街道、甘泉路街道、万里街道4个街道的“结对百镇千村，助推乡村振兴”结对共建签

4月29日，华新镇与普陀区4个街道举行“结对百镇千村，助推乡村振兴”结对共建签约仪式（华新镇供稿）

9月26日，华新镇人民政府与上汽安吉物流股份有限公司签订项目合作协议

（华新镇供稿）

约仪式。该举措标志着城乡结对共建工作进入实质性运行阶段，这既是一次相互学习提高的机会，更盘活了城市党建资源，为提升农村基层党建水平的良好契机。签约仪式上，上述普陀区4个街道的党工委与华新镇党委签署党组织结对共建协议，其所辖的20个基层党组织与华新镇的18个村党支部一一结对签约。（李伟虹）

■华新镇与上汽安吉物流股份有限公司签订项目合作协议 9月26日，华新镇人民政府与上汽安吉物流股份有限公司签订项目合作协议。副区长彭一浩，区发改委、经委，华新镇党委、政府相关领导，上汽集团、上汽安吉物流相关领导，国家发展改革委综合运输研究所相关领导出席签约仪式。镇党委副书记、镇长林峰与上汽安吉物流股份有限公司总经理王泽民代表双方签署项目合作协议。协议签署后，依据华新商贸型国家物流枢纽发展规划，安吉物流将通过资源的整合和集聚，全力打造“华新·上汽安吉物流产业园”建设，形成集快运、零部件物流、城配、整车物流、金融、贸易、信息、文化、体验、服务于一体的现代物流产业枢纽。

（李伟虹）

■华新镇第十届快乐村民秀才艺擂台赛举行 9月30日晚，在新中国70华诞来临之际，华新镇迎来了“壮丽70年，奋斗新时代”第十届快乐村民秀才艺擂台赛的收官之夜。华新人民公园广场内座无虚席，从初赛中脱颖而出的11支队伍登台亮相，并纷纷拿出绝活进行对决。最终，大型社区代表队力压群雄获得总擂主奖杯。10年的砥砺奋进，华新镇“快乐村民秀”已经从最初的一颗艺术种子茁壮生长成为华新地域上一个极具标志意义的文化品牌。

（李伟虹）

■华新镇与区发改委、青浦工业园区开展联组学习 10月16日，区发改委、青浦工业园区、华新镇在青浦工业园区开展“不忘初心、牢记使命”主题教育联组学习研讨。区委副书记、区长余旭峰出席会议并讲话。区委“不忘初心、牢记使命”主题教育第二指导组组长陆彩娥作指导点评。会上，区发改委党委书记、主任朱正伟，青浦工业园区党委书记、董事长陈晓荣和华新镇党委书记陆青围绕“担当作为——土地资源二次开发”作交流发言；区发改委党委委员、副主任卫星，青浦工业园区党委委员、副总经理程小钧和华新镇党委委员、副镇长尤洪明也分别作交流发言。3家单位的领导班子全体成员参加学习，并以联组学习为契机，进一步深化交流合作，在担当新使命、展现新作为中携手共进，共享发展、共创未来。（李伟虹）

■华新镇慈善超市正式开业 10月16日，位于华新镇新凤中路9号的华新慈善超市开业仪式举行。区民政局党委副书记、区慈善基金会秘书长徐建青，副镇长徐剑峰共同为慈善超市揭牌。区民政局慈善事业与志愿者服务促进中心、镇社管办、镇工会负责人，镇女企业家协会代表，各村居代表等参加仪式。该超市建筑面积约80平方米，是镇党委、政府与华新镇爱心服务社、华新镇颉致慈善服务社共同打造的一个社区多元公益空间，集款物募集、困难救助、志愿活动、便民服务、文化传播、廉价商品零售等功能，既是社区爱心帮

10月16日，位于华新镇新凤中路9号的华新镇慈善超市开张营业

（华新镇供稿）

扶、公益便民服务的平台，也是慈善文化交流的平台，并将以慈善超市作为阵地，把慈善公益文化培育作为提升市民文明素质的重要内容，进一步推动慈善公益进机关、进学校、进社区、进企业，引导广大群众发扬扶贫济困、乐善好施的传统美德。（李伟虹）

■申报国家物流枢纽建设并获得批准

3 月 28 日，市委李强书记到华新镇调研快递物流企业。5 月起，华新镇积极响应国家发改委和交通运输部关于推进国家物流枢纽建设工作的号召，依托镇域内物流产业发展成熟的基础和快递物流企业总部集聚的优势，高起点编制申报上海商贸服务型国家物流枢纽建设方案，并于 9 月上旬获得批准，正式入选全国 23 个物流枢纽建设名单。11 月 22 日，接受国家、市、区各级媒体集中采访，全方位展示华新镇以物流枢纽为平台、更好地承载长三角一体化和虹桥商务区辐射功能、对标世界一流、打造国际化国家物流枢纽“华新方案”的前瞻谋划。（李伟虹）

■123 套改善型新房抽签有主 位于北青公路 3408 弄的凤溪水产村小区是华新镇的老旧小区，小区原有大部分住房属于危房，由于建成时间长，房屋出现明显的墙柱倾斜、主体结构老化，存在极大的安全隐患。2012 年起，华新镇启动该小区危房改造工程，总占地面积约 1 万平方米，分两期，一期改造 89 套（于 2017 年 6 月 15 日竣公）；二期为改善型新楼，有 9 幢多层楼共 123 套，于 2019 年 8 月 5 日竣工。11 月 25 日，在水产村老食堂举行改善型新房摇号抽签现场会，123 套新房均抽签有主。此次抽签的房源有 40 平方米和 80 平方米两种。按照“公开、公平、公正”原则，分房过程采取叫号抽签的方式进行，并由公证人员当场宣布抽签结果，公布楼号和房号。（李伟虹）

11 月 6 日，汤加王国代表团、南苏丹代表团到华新镇西郊国际农产品交易中心参观考察（华新镇供稿）

■机关百余名干部职工助力“创全”工作

为切实做好创建全国文明城区迎检工作，维护华新镇良好的市容环境卫生，展现城镇发展品质和机关精神面貌，11 月 28 日，华新镇机关党总支组织百余名干部职工围绕嘉松公路建设项目沿线开展环境卫生志愿服务行动。镇领导林峰、吴希铭、朱红珍、尤洪明、周慧娜、陈锦花、王劼等带头参与，机关总支各支部党员、工作人员共 100 余人参加。此次机关志愿服务的嘉松公路项目华新区域路段总长约 7.8 公里。志愿者们手持火钳、垃圾袋等清洁工具，沿道路两侧行进，捡拾车道边缘、绿化带内的果皮、纸屑、白色垃圾等杂物，铲除张贴在路面、电线杆、护栏等的小广告，并对不文明行为进行劝导。（李伟虹）

■承接“进博会”溢出效应 11 月 6 日，汤加王国代表团、南苏丹代表团到华新镇西郊国际农产品交易中心参观考察。区商务委、镇分管领导、西郊国际农产品交易中心相关负责人陪同。汤加王国代表团、南苏丹代表团实地参观了西郊国际农产品交易中心的公司沙盘和监控中心，听取了中心情况的介绍。其中，南苏丹代表团一行还与华新镇、西郊农产品交易中心开展座谈，就加强合作交流、推动农产品领域经贸合作进行深入交流。作为上海市对接“进博会”投资促进参观路线的重要点位之一，华新镇西郊国际农产品交易中心在“进博会”期间还将接待韩国首尔、布达佩斯、马来西亚、汤加王国、南苏丹共和国、安哥拉、哥伦比亚诸多国外商务团队，发挥“6 + 365”常年交易平台的主战场作用。（李伟虹）

2019 年华新镇经济与社会发展基本情况表

表 82

项目	计量单位	完成数	比上年增长(%)	备注
工业总产值	万元	1874529	-14	—
农业总产值	万元	6460	13	—
税收收入(税务口径)	万元	533394	11.6	—
区级税收收入	万元	139454	2.55	—

（续表）

项目	计量单位	完成数	比上年增长(%)	备注
镇结算财力收入(剔除教育统筹)	万元	90645.1	8.85	—
合同外资	万美元	38121	—	—
外方到位金额	万美元	6654	-55	—
新增内资企业注册资金	万元	7490	—	—
内资到位金额	万元	—	—	—
固定资产投资总额	万元	51.47	—	—
社会消费品零售总额	亿元	63.9	3	—
主要农副产品产量				
粮食	吨	3208	-2	—
油菜籽	吨	—	—	—
生猪出栏数	头	—	—	—
家禽	万羽	5.37	-42	—
鲜蛋	吨	—	—	—
淡水产品	吨	—	—	—
蔬菜	吨	17737	-1	—
教育事业				
其中:成校(职校)	所	1	—	—
高中	所	0	—	—
初中	所	2	—	—
小学	所	3	—	—
幼儿园	所	4	—	—
在校生(含幼儿园)	人	8195	—	—
教职工	人	672	—	—
教育事业财政支出	万元	209.19	—	—
文化事业				
图书馆(室)	个	2	—	—
文化馆(室)	个	—	—	—
影剧院(场)	个	—	—	—
文化事业财政支出	万元	900.04	—	—
医疗、卫生、体育事业				
卫生院(所)	所	1	—	—
卫生室	所	19	—	—
总床位	张	70	—	—
医技人员	人	168	—	—
体育场馆	座	1	—	—
健身苑(点)	个	65	—	—
居民人均可支配收入	元	—	—	—

（李伟虹）

2019 年华新镇经济和社会发展各类指标情况

表 83

类别	序号	指标名称		单位	完成情况	
					总量	增幅(%)
经济实力	1	税收	税收总收入	亿元	53.34	11
			区级税收收入	亿元	13.95	2
	2	规模以上工业总产值		亿元	162.6	-15
	3	社会消费品零售总额		亿元	63.9	3
	4	招商引资	合同外资	亿美元	3.81	—
			外方到位资金	亿美元	0.67	—
	5	引大引强引实(含总部企业)		户	11	22
	6	内资实体型项目注册资金		亿元	0.75	36
	7	全社会固定资产投资(属地)		亿元	51.47	—
		其中:工业固定资产投资		亿元	2.83	—
		商贸服务业固定资产投资		亿元	17	—
	8	开发区单位土地全口径税收产出增幅		%	—	—
创新转型	9	有效专利拥有量		件	—	—
	10	农业经营	家庭农场	个	—	—
			集体农场	个	12	—
			农业布局合规率	%	100	—
	11	产业结构调整项目数	调整企业数	个	104	—
			调整面积数	公顷	49.46	—
	12	清洁能源替代	锅炉	台	11	—
			窑炉	台	—	—
	13	土地减量化		公顷	39.77	—
社会民生	14	城乡居民可支配收入		元	—	—
	15	新增就业岗位		个	1859	—
		其中:非农就业岗位		个	584	—
		残疾人就业安置岗位		个	61	—
	16	帮助长期失业青年就业		人	18	—
	17	帮助成功创业		个	57	—
	18	城镇登记失业人员控制数		人	341	—
	19	青年职业见习人数		个	45	—
	20	中高层次职业技能培训人数		个	300	—
		其中:高级及以上		个	40	—
	21	城乡居保中农村居民参保	续缴率	%	—	—
			扩覆率	%	141.67	—
	22	实有人口总量控制数		万人	21.46	2
		其中:实有人口(来沪人员)总量控制数据		万人	16.77	3

（续表）

类别	序号	指标名称		单位	完成情况	
					总量	增幅(%)
生态文明	23	工业能耗	综合能源消费控制量	万吨标煤	7.83	-13
			规模以上工业万元产值能耗下降率	%	1.9	—
	24	主要污染物排放量削减率（二氧化硫、化学需氧量、氨氮、氮氧化物）		%	—	—
	25	污水处理	城镇污水处理率	%	—	—
			截污纳管户数	户	—	—
	26	生态造林	新增森林面积	公顷	126.67	—
			陆域森林覆盖率	%	13.32	—
	27	主要农产品“三品”认证率（有机、绿色及无公害产品）		%	—	—

（李伟虹）

重固镇

■概况 重固镇位于青浦城东北，东临华新镇，西连香花桥街道、青浦工业园区，南接赵巷镇，北靠白鹤镇，处于G1503上海绕城高速公路、苏虹公路交通大动脉的交汇处。水陆交通极为便利。东距上海虹桥国际机场、浦东国际机场分别为15公里、40公里，南靠318国道，北近312国道和A11沪宁高速公路，同三国道贯穿南北，苏虹公路横卧东西。位于境内的油墩港，南通黄浦江，北连苏州河，可供300吨级船舶通航。全镇总面积24平方公里，其中耕地面积1217公顷。

重固镇下辖郏店、毛家角、中新、回龙、新丰、章埝、新联、徐姚、福泉山9个村民委员会和福泉、泉山、福定、泉华4个居委会，另有泉祥、福兆2个居民区筹备组。总人口6.5万人，其中户籍人口1.6万人、来沪人口4.9万人。

2019年，全镇实现全口径税收收入31亿元，完成调整预算的105.4%，比上年增长7%。实现居民人均收入37892元，其中：农村居民人均收入27832元，城镇居民人均收入42002元。社会民生进一步改善。开展全镇劳动力资源及劳动力转移就业情况摸底调查，加强与周边地区企业协调，挖掘更多适合岗位；举办春季企业用工现场招聘会，全年共招聘540余人。稳步推进城乡居民最低生活保障等工作。全年累计发放各类救助金544.25万元、一次性困难补助金264.71万元，惠及各类大病、重病、天灾人祸等自负万元以上有特殊困难的家庭589人次。全面推广老年人睦邻点建设，年末全镇有示范睦邻点20家、客堂间38家。

重固镇境内拥有被称为“上海历史年表”的福泉山古文化遗址，它完整保留距今6000—7000年历史的各个时期

2019年重固镇开展绿色认证水稻种植，种植面积146.67公顷　　（重固镇供稿）

文化叠压遗存，于2001年6月被国务院命名为国家重点文物保护单位。2009年，被列为上海市爱国主义教育基地。2010年，福泉山遗址被授牌成为国家AAA级旅游景区。2013年，福泉山遗址被定为全国150处大遗址之一，也是上海市唯一一处国家级大遗址。

重固镇人民政府驻地：重固镇福泉山路628号。（孙逸昀）

■赵惠琴、余旭峰等到重固镇调研 4月2日，区委书记赵惠琴到重固镇就乡村振兴示范村和新型城镇化建设开展工作调研。区委副书记、区长余旭峰，区委常委、副区长陈庆江，区委常委、区政法委书记赵明，副区长金俊峰、顾骏以及区委办、区农委、区发改委、区建管委等相关部门负责人参加调研。镇党委书记金彪、副书记顾荷英等镇领导和相关镇职能部门负责人陪同调研。赵惠琴一行先后走访调研了章堰科技农业园、徐姚村、康汇雅苑小区，听取镇村两级工作汇报和介绍，详细了解相关基础设施建设、农村农民收入来源、人居环境治理、文化产业发展等各方面情况以及乡村发展存在的问题和困难，帮助理清乡村振兴的工作思路，充分肯定了徐姚村的垃圾分类工作和村庄建设管理。在随后的座谈会上，赵惠琴指出，重固镇在乡村振兴中具有站位高、弹性大、地理位置优越、文化底蕴深厚等优势，区委、区政府将全力支持其推进乡村振兴，并围绕习近平总书记提出的"乡村产业振兴、人才振兴、文化振兴、生态振兴、组织振兴"五方面要求，依托重固镇资源优势，因地制宜，抓好整体规划引领、示范带动，推动乡村振兴走在前列。（孙逸昀）

4月2日，区委书记赵惠琴（前左二），区委副书记、区长余旭峰（前左一）到重固镇调研乡村振兴示范村和新型城镇化建设工作（重固镇供稿）

■云南省德宏州盈江县党政代表团到重固镇考察 4月27日，与重固镇结对帮扶的云南省德宏州盈江县党政代表团在县委书记陶继清率领下到重固镇考察交流。镇党委书记金彪、镇党委委员崔卫琪和相关部门负责人陪同考察。陶继清一行了解了重固概况、建制沿革、重固模式战略视野、福泉山遗址文物等，并实地参观了意邦大厦重固新型城镇化建设展示中心，走进云指挥中心、净水处理区、育苗区、蔬果栽培等区域，详细询问了园区的规模、种植、销售运营、盈利模式等情况。在随后的座谈中，金彪向在座人员介绍了重固镇的基本情况及新型城镇化建设与乡村振兴双轮驱动发展的相关情况；盈江县方面对重固镇新型城镇化建设有了更直观的认识，并对其在推进新型城镇化和乡村振兴过程中探索及取得的经验表示赞赏，另还希望通过双方的努力打开更多的渠道让盈江县的特色农副产品也能走进上海市场。（孙逸昀）

■蒋仁辉到重固督查"创全"工作 11月12日，区委常委、组织部部长蒋仁辉到重固镇实地督查镇"创全"迎检工作。镇党委书记金彪、党委委员崔卫琪陪同督查。蒋仁辉先后来到镇文体中心、社保中心、菜市场、逸皓华庭、现代华庭等多个重（难）点"创全"点位，详细了解基层单位在这些点位上的抓落实情况，并及时提出整改意见。他要求相关方面：注重细节，整治卫生死角；加强诚信管理及行业规范，净化美化菜场内外环境；加大对市民的文明素养教育，不断提升市民文明习惯养成；加大对不文明行为的劝导与整改，全镇上下齐心协力，共同打赢青浦"创全"攻坚战。

（孙逸昀）

■新型城镇化与乡村振兴双轮驱动探索 按照"双轮驱动、连点成片、一村一品、试点先行"的十六字工作方向，围绕"点、片、面"总体布局。成立镇新型城镇化与乡村振兴双轮驱动指挥部，每两周召开全体会议，统筹推进各项工作。新市镇总规草案公示稿已报市规划资源局审核通过，195区域控规结合总规同步跟进，并完成规划评估报告。郊野单元（村庄）规划已完成区政府审批，将报市规划资源局备案。福泉山大遗址保护规划正在市文旅局和市规划资源局联合会审中，福泉山国家考古遗址公园规划结合保护规划同步推进。乡村振兴总体策划方案、村庄风貌设计等策划规划已通过青浦区乡村振兴示范村建设指挥部全体会议审议。徐姚村市级乡村振兴示范村创建项目按2020年5月完成项目建设的节点有序推进。S26北部片区73个乡村振兴项目已经区发改委审核确认。章堰田园综合体核心区设计运营一体化方案基本明确，村庄规划已审批。新丰村区级美丽乡村示范村项目即将迎接验收，中新村区级美丽乡村示范村项目建设已全面启动。积极对接产业振兴项目，章堰村百亩科技农业园入选国家农村创新创业园，乡村人才公寓、赋民数字农业项目启动建设，辰山新品种繁育基地完成建设方案设计；与优渥公司对接，打造多元产业布局；与微笑草帽签署协议，拓展产业招商渠道。加快推进现代农业发展，开展绿色认证水稻种植面积146.67公顷、蔬菜绿色认证58.27公顷、菌菇80万包，认证率22%；推广绿色防控技术408公顷。（孙逸昀）

■**深入推进主题教育活动** 镇处级领导班子全年开展集中学习13次、专题研讨13次,各基层党组织运用各种活动载体,因地制宜开展集中学习。将主题教育与矛盾销项攻坚相结合、与推动高质量发展相结合、与新型城镇化和乡村振兴双轮驱动相结合、与推动“三大整治”(即人居环境整治、公共安全整治、生态整治)相结合,切实解决了老旧小区电瓶车充电难、部分企业职工停车难等一批群众关心的民生难点问题,建立了经济小区高质量发展、“三大整治”长效管理机制等一批能管长远的制度成果。主题教育开展期间,通过召开面向“两代表一委员”、基层一线干部、离退休干部、统战人士座谈会,以及新媒体留言、设立意见箱等途径,共征集各类意见问题191个,年内解决173个,解决率90.6%。建立《重固镇纪委监察办处理问题线索集中研判工作制度》《“走读式”谈话安全工作制度》,完善《重固镇基层党组织班子成员落实“一岗双责”谈话制度》,切实推动落实“四责”(即党委主体责任、纪委监督责任、党委书记第一责任、班子成员一岗双责)协同。深入实施靶向监督,针对征收补偿、村务监督、财经管理和“三大整治”4个领域的监管工作开展专项监督检查。(孙逸昀)

■**“三大整治”取得实效** 研究制定《重固镇“三大整治”长效管理“四查”考核办法》,通过村居自查、第三方普查、职能部门抽查、班子领导督查,巩固“三大整治”成果。11月,实施“三大整治”集中攻坚月行动,1个月内消除各类安全隐患122处。垃圾分类工作取得显著成果,成功创建上海市首批垃圾分类示范街镇,在全市220个街镇考核中位列第五;启动再生资源循环利用生态园区建设,垃圾分类收运处置的闭环管理体制初步建立,分类知晓率达100%、纯净度达97%。全国文明城区创建工作有力推进,市容环境水平明显提高。“河长制”工作全面深化,推进上海市河长制标准化示范镇创建,涉及的80条河道消劣工作全面完成,国考、市考断面全面达标;同时,按照精准施策、水岸同治的原则,全年完成河道岸线清退54万平方米、一期修复18万平方米。(孙逸昀)

■**扫黑除恶专项斗争** 深入开展扫黑除恶专项斗争,各类案件线索办结率达100%,一批涉黑涉恶问题被依法查处。研究制订信访主要矛盾销项攻坚实施计划,梳理明确四类信访矛盾攻坚对象共4项主要矛盾和19个类别的不稳定因素,年末已全部销项。研究制定《重固镇应急响应规范流程》,完善突发事件应急处置机制。完善社会治安防控体系,农村智能安防建设项目正在进行招投标。不断强化城市安全管理工作,完成104地块、镇区商铺、意邦市场、农村自建出租房等4个重点区域公共安全综合整治任务,强化隐患排摸,切实消除一批安全隐患。全镇封闭式小区实现智慧安防全覆盖,社会治安防控体系和群防群治网建设进一步完善,人民群众安全感显著提升。(孙逸昀)

10月21日,重固镇召开“不忘初心、牢记使命”主题教育调研成果交流会

(重固镇供稿)

■**推进经济高质量发展** 全年实现全口径税收收入31亿元,区级税收收入8.3亿元。完成产业结构调整共40户,完成区下达考核目标的100%。产业项目储备持续开展,北青公路以南195区域36个地块中,已有5个地块列入收储计划,有20个地块具备收储条件。先后与菜鸟网络科技有限公司等多家企业进行对接洽谈。重大项目建设有序推进,德邦集团总部及智慧物流产业园项目已签署合作框架协议。积极对接区经委等职能部门,沟通协调大宝化工扩建转型项目,主动靠前为上海巧厨商贸有限公司等成长性企业的后续发展谋求对策。不断加强招商引资工作力度,成功举办重固镇195区域科创产业园与乡村振兴招商推介会,组织相关方面到珠三角和京津冀开展招商引资,并更新制作《重固招商宣传片》和《招商手册》。全年共新增注册企业963户,其中“引大引强”项目11个。进一步完善招商引资工作机制,研究制定《重固镇关于支持和加强经济小区高质量发展的若干意见》《关于调整村级招商考核激励机制的实施意见》《关于进一步完善招商单位员工绩效考核激励的实施意见》等文件,完善顶层设计。产业平台持续健康发展,城郊危化、万事发医疗器械和龙洲生物医疗3家平台累计引进企业1055家,实现税收3.72亿元。服务企业力度不断加强,积极推动企业产业扶持资金申请,协助申通快递有限公司等30家企业申报58项产业扶持项目。(孙逸昀)

■**腾挪空间增强发展动能** 区级挂图作战12个地块已完成10个地块征收任务,其中:3个存量基地完成2个基地征收任务,3个结转基地已完成工作任务,6个新开基地中17-12、17-07地块、重达路、万科北侧、崧泽高架西延伸段5个基地已完成工作任务。全年完成198区域减量4.78公顷,完成区考核目标的159%。研究制定《农民相对集中居住实施方案》,聚焦“三高”沿线,逐步解

决受影响农户居住问题，全年完成农民相对集中居住45户，完成区下达目标任务37户的121.6%。深入开展土地梳理，针对符合条件的地块，研究制订土地出让工作计划，加快推进项目导入，北青公路以南195区域31个地块中5个地块列入收储计划、11个地块具备收储条件。 （孙逸昀）

■民生服务保障 根据市、区两级政策调整，加强对农民建房风貌管控和引导，并制订《青浦区重固镇农村村民住房建设管理方案》，并报区农民建房联席会议审批，对农民建房高度、占地面积、立面材质、风貌管控等作了具体规定。落实2019年社会救助新政，受益群众6200人次。配套出台促进就业相关补贴政策，做好镇级新老扶持政策无缝对接，制定出台《关于促进就业创业和加强职业技能培训工作补贴的实施意见》，投入各类就业补贴69.5万元。新增就业岗位615个，完成指标数600个的102.5%；帮助成功创业15家，完成指标数15家的100%；失业人数控制在107人，在全年控制目标数150人范围内。组织开展以“乡愁、乡恋、乡情”为主题的文化宣传进村居系列活动，举办“巧厨·福泉山杯”上海市第七届社区健身操大赛暨长三角健身操交流大赛等，全年共开展各类文化活动1127场次、体育赛事32场，受益群众36933人次。组织参加足球、篮球、龙舟等区级赛事17项，参加门球、广播操、健身操等市级赛事7项，参与人数近1000人次。强化群众文化参与，全镇共建立各类群文团队41支。启动《这里是章堰》《重固方言》《新丰村村志》等编纂工作。 （孙逸昀）

11月23日，2019年上海城市业余联赛——“巧厨·福泉山杯”上海市第七届社区健身操大赛暨长三角健身操交流大赛在重固镇举行 （重固镇供稿）

2019年重固镇经济与社会发展基本情况表

表84

项目	计量单位	完成数	比上年增长(%)	备注
工业总产值	万元	87319	-33.8	—
农副业总产值	万元	-816	-9.2	—
财政收入(一般公共预算)	万元	310000	12.33	—
其中：镇财政收入(结算财力)	万元	77800	1.53	—
财政支出(调入资金)	万元	—	—	—
调入预算稳定调节基金	万元	—	—	—
政府性基金收入	万元	224	—	—
一般公共预算支出	万元	90708	1.8	—
政府性基金支出	万元	6000	—	—
利用外资金额	万美元	—	—	—
外资到位金额	万美元	—	—	—
新增内资企业注册资金	万元	—	—	—
内资到位金额	万元	—	—	—

（续表）

项目	计量单位	完成数	比上年增长(%)	备注
固定资产投资总额	万元	145306	-57.6	—
社会消费品零售总额	万元	222103	2.3	—
主要农副产品产量				
粮食	吨	—	—	—
油菜籽	吨	—	—	—
生猪出栏数	头	—	—	—
家禽	万羽	1.4	233.33	—
鲜蛋	吨	—	—	—
淡水产品	吨	—	—	—
蔬菜	吨	17800	-27.97	—
教育事业				
其中:成校(职校)	所	1	—	—
初中	所	1	—	—
小学	所	1	—	—
幼儿园	所	2	—	公办1所,民办1所
在校生(含幼儿)	人	3764	40.6	—
教职工	人	361	42.69	—
教育事业财政支出	万元	87	0.2	—
文化事业				
图书馆(室)	个	1	—	—
社区文化活动中心	个	1	—	—
影剧院(场)	所	1	—	—
文化事业财政支出	万元	140.81	9.16	—
医疗、卫生、体育事业				
卫生院(所)	所	1	—	—
卫生室	所	10	—	—
总床位	张	25	—	—
医技人员	个	76	—	—
体育场馆	座	16	—	—
健身苑(点)	个	44	—	—
农村居民年纯收入	元	—	—	—

（孙逸昀）

2019年重固镇经济和社会发展各类指标情况表

表85

类别	序号	指标名称		单位	完成情况	
					总量	增幅(%)
经济实力	1	税收	税收总收入	亿元	31	12.33
			区级税收收入	亿元	8.3	-2.12
	2	规模以上工业总产值		亿元	8.18	-0.2
	3	社会消费品零售总额		亿元	13.141	-39.47
	4	招商引资	合同外资	亿美元	0.7769	210.76
			外方到位资金	亿美元	0.2276	106.91
	5	引大引强引实(含总部企业)		户	11	175
	6	内资实体型项目注册资金		亿元	0.25	-50
	7	全社会固定资产投资(属地)		亿元	13.141	—
		其中:工业固定资产投资		亿元	0	—
		商贸服务业固定资产投资		亿元	1.99	—
	8	开发区单位土地全口径税收产出增幅		%	—	—
创新转型	9	有效专利拥有量		个	37	2.78
	10	农业经营	家庭农场	个	2	-77.78
			集体农场	%	—	—
			农业布局合规率	个	40	8.11
	11	产业结构调整项目数	调整企业数	公顷	28.43	57.07
			调整面积数	台	—	—
	12	清洁能源替代	锅炉	台	—	—
			窑炉	公顷	4.78	-66.27
	13	土地减量化		—	—	—
社会民生	14	城乡居民可支配收入		元	—	—
	15	新增就业岗位		个	523	-15.1
		其中:非农就业岗位		个	245	22.5
		残疾人就业安置岗位		个	8	-20
	16	帮助长期失业青年就业		人	7	40
	17	帮助成功创业		家	22	340
	18	城镇登记失业人员控制数		人	107	-28.67
	19	青年职业见习人数		个	18	0
	20	中高层次职业技能培训人数		个	202	-35.05
		其中:高级及以上		个	102	-8.11
	21	城乡居保中农村居民参保	续缴率	人	2657	—
			扩覆率	人	9	—
	22	实有人口总量控制数		万人	—	—
		其中:实有人口(来沪人员)总量控制数据		万人	—	—

（续表）

类别	序号	指标名称		单位	完成情况	
					总量	增幅(%)
生态文明	23	工业能耗	综合能源消费控制量	万吨标煤	0.5734	30.32
			规模以上工业万元产值能耗下降率	%	31.5	-52.56
	24	主要污染物排放量削减率(二氧化硫、化学需氧量、氨氮、氮氧化物)		%	—	—
	25	污水处理	城镇污水处理率	%	97.5	0
			截污纳管户数	户	6745	-3.26
	26	生态造林	新增森林面积	公顷	209	-37.59
			陆域森林覆盖率	%	10.65	37.68
	27	主要农产品“三品”认证率(有机、绿色及无公害产品)		%	86	-14

（孙逸昀）

白鹤镇

■概况 白鹤镇地处青浦境域北部与江苏省交界之处。东与华新镇、重固镇毗邻，西与昆山市石浦镇、花桥镇交界，南与香花桥街道相接，北与嘉定区安亭镇接壤。地理位置优越，交通便捷。距上海虹桥枢纽17公里，北靠312国道和G42沪蓉高速公路，南临苏虹公路和318国道。越境而过的南北向道路有G1501上海绕城高速公路，外青松公路、新胜路和青赵公路，东西向有S26沪常高速公路、纪鹤公路、白石路。水运有大盈江、油墩港和吴淞江。全镇区域总面积58.57平方公里，其中耕地面积3225公顷。

白鹤镇历史悠久，文化底蕴深厚，物产丰富，民风淳朴。境内有青龙寺、青龙塔及塘湾桥等名胜古迹，青龙镇遗址入选2016年全国十大考古新发现。白鹤镇还是中国民间艺术之乡、中国草莓之乡和上海非物质文化(沪剧)传承基地。

白鹤镇下辖朱浦、金项、王泾、新江、白鹤、沈联、鹤联、青龙、塘湾、胜新、杜村、赵屯、江南、南巷、太平、红旗、曙光、梅桥、响新、五里、万狮21个村民委员会和白鹤第一、白鹤第二、赵屯、新江4个居委会。2019年底，全镇实有人口总数97135人，其中来沪人员61887人。社会消费品零售总额273014.9万元，比上年增长5.2%。

白鹤镇人民政府驻地：外青松公路2723弄69号。（朱　鹰）

■召开生活垃圾分类整区域创建工作动员大会 该会于2月26日在镇政府大型会议室召开。镇领导班子成员、副处级干部，机关各科室负责人，社会党委，各村(居)、企事业单位党政主要负责人，各双管单位主要负责人，卫生干部，镇党代表、人大代表、志愿者代表等130余人参加大会。镇党委书记、镇长朱磊明在讲话中强调，生活垃圾分类是“功在当代，利在千秋”的工程，是造福子孙后代的举措，每个党员干部、每个普通人、每家大小企业都应该担负起责任，全力推进垃圾分类，确保垃圾全程分类落到实处。（朱　鹰）

■举办第十届上海白鹤草莓文化节 3月1日，以“乐享莓好春光 共兴丝路名镇”为主题的第十届上海白鹤镇草莓文化在白鹤镇草莓产业园开幕。开幕现场，对在2019年第十七届中国(建德)草莓文化节获金、银奖的单位进行了颁奖，并授权一批白鹤镇具备“绿色认证”的草莓种植户使用该镇设计的带有“国家农业部农产品地理登记标志”的全新白鹤草莓包装；同时，上海草莓产业发展论坛也在该园举行；“白鹤乡村振兴”官方微信公众号和“白鹤草莓”官方商城小程序应运而生，线下种植农户与电商的直接合作将为白鹤草莓的销售市场带来崭新的局面。（朱　鹰）

■安亭镇领导班子到白鹤镇考察交流 3月14日，嘉定区安亭镇党委书记陆强携党政人大班子成员到白鹤镇考察交流。镇党委书记、镇长朱磊明等镇领导班子成员全程接待。陆强一行先后实地参观了青龙寺和上海弘阳农业有限公司。朱磊明重点就白鹤党建、文化、农业、产业、生态等工作作了介绍。陆强表示，白鹤镇农业加电商精细化发展让人印象深刻，沪剧文化传承也有着浓厚的地方特色，基层党建等工作亮点很多；希望两镇远近结合、深化合作，进一步优势互补、资源共享，努力推动安亭—白鹤—花桥城镇圈区域协同发展。（朱　鹰）

■“安亭·花桥·白鹤”城镇圈一体化高质量发展推进会 该会于5月18日在安亭镇举行。安亭、花桥、白鹤三方本着平等自愿、协同互补、合作共赢、一体发展的战略合作宗旨，签订了《“安亭·花桥·白鹤”城镇圈一体化高质量发展战略合作协议》，共同推进12个项目的共建合作，三地将在更大范围、更广领域、更强力度下推动长三角一体化发

5月18日，“安亭·花桥·白鹤”城镇圈一体化高质量发展推进会在安亭镇举行（白鹤镇供稿）

展。白鹤镇党委书记、镇长朱磊明，安亭镇党委书记陆强，花桥经济开发区党工委副书记、管委会副主任盛梦龙等三地与会领导还就12项共建合作项目进行了深入的交流和讨论。（朱　鹰）

■**青龙文化调研活动**　6月21日，区政协民宗委、九三学社青浦区委“江南书院文保传承”课题组成员一行20余人到白鹤镇，围绕“挖掘我区优秀民族宗教文化资源，助推厚重精致文化之门建设”主题，联动政协白鹤镇委员活动小组成员、青龙文化研究会会员，开展了“江南人文秀，青龙文化美”青龙文化调研活动，共同探究青龙古镇深厚的文化魅力，为助推白鹤新一轮的发展献智出力。镇党委副书记张卫兴主持调研会，区政协副秘书长徐海燕、区妇联副主席郭慧清、镇党委宣传委员王炜、区政协民宗委专委会主任田春红等出席会议。调研会前，全体人员视察了青龙镇书院、青龙寺青龙塔、青龙小镇文创产业园等。（朱　鹰）

■**举办“初心·使命”情景党课**　7月1日晚，白鹤镇党委假座区文化馆剧场举办“初心·使命”情景党课主题活动，共同庆祝中国共产党成立98周年。区委书记赵惠琴出席活动。活动以朗诵、小品等多种形式向公众了展现了一堂别开生面的党课。白鹤镇的结对单位虹口区嘉兴路街道、嘉定区安亭镇和江苏省昆山市花桥经济开发区、千灯镇的领导应邀出席活动。白鹤镇领导班子成员、镇管干部，双管单位干部，基层党员、入党积极分子代表，以及“两新”党组织代表共400余人参加活动，全镇2300余名党员则通过视频连线和微信直播等方式一起观看了这堂生动的党课。（朱　鹰）

■**白鹤腾富开发区与黑龙江省侨青会招商洽谈会**　11月15日，黑龙江省侨青会会长一行9人到白鹤镇腾富开发区，与开发区总经理及班子成员举行招商洽谈会。此次洽谈，双方就深化合作、拓宽招商领域再次进行了深入交流。黑龙江省侨青会会长张宇晖介绍了各商会代表的发展情况以及需求。该会与白鹤腾富开发区结缘近十年。张宇晖指出，侨青会的壮大离不开腾富开发区的鼎力支持，侨青会必将一如既往地扎根白鹤，继续保持友好的合作关系。通过此次双方友好的交流与洽谈，又有3家企业明确了落户意向。（朱　鹰）

■**区领导到白鹤镇开展青东五镇联动发展调研**　11月21日，区委书记赵惠琴，区委副书记杨小菁，副区长倪向军、顾骏率区相关职能部门负责人一行到白鹤镇镇开展青东五镇联动发展调研。镇党委书记朱磊明，镇党委副书记、镇长陈卫群等党政领导及镇相关职能部门负责人陪同调研。朱磊明结合白鹤实际，从扎实推进主题教育，不断提振党员干部干事创业的精气神；落实青东五镇联动发展和打造“安亭·花桥·白鹤”城镇圈“双战略”，加快白鹤跻身跨越式高质量发展行列；坚持城镇更新和乡村振兴“双轮驱动”，着力改变白鹤城乡面貌等方面作了汇报。与会区委、区府和职能部门领导与白鹤镇领导及镇职能部门责任人等围绕青东五镇联动发展这一主题

7月1日，白鹤镇在区文化馆剧场举行“初心·使命”情景党课主题活动（白鹤镇供稿）

11 月 21 日，区委书记赵惠琴（前排右三）等到塘湾村特色农产品合作社调研

（白鹤镇供稿）

进行了深入交流和探讨。座谈会上，赵惠琴充分肯定了白鹤镇党政领导班子的凝聚力、战斗力和干事创业的“精气神”，并就白鹤镇如何建立健全战略统筹、规划引领、功能布局、产业准入、人居品质等协同发展的体制机制提出了具体要求。会前，赵惠琴一行实地察看了塘湾村，详细了解村级经济和社会发展情况，并到塘湾村特色农产品合作社就农产品销售渠道、价格、种植情况等和合作社负责人进行了亲切交谈。

（朱　鹰）

■青龙镇遗址入选第八批全国重点文物保护单位　10 月 16 日，国务院正式印发《关于核定并公布第八批全国重点文物保护单位的通知》。白鹤青龙镇遗址入选。青龙镇遗址中心区域在今青浦区白鹤镇青龙村、塘湾村，地面文物建筑有吉云禅寺塔（青龙塔），遗址的发掘工作获评“2016 年度全国十大考古新发现”。“先有青龙镇，后有上海滩”，青龙镇是上海地区最早的对外贸易港口，是千年上海的重要实证。青龙镇曾是海上“丝绸之路”的重要港口，对研究海上丝绸之路的发展具有重要的价值。隆平寺塔基遗址的发现对研究上海乃至江南地区的古塔有着重要的历史和科学价值。

（朱　鹰）

■学区化办学成果展示活动　12 月 25 日，以“建设紧密型合作的实践共同体”为主题的 2019 年白鹤镇学区化办学成果展示活动在白鹤小学多功能小剧场举行。区教育工作党委书记孙卫出席活动并讲话。区教育局相关部门负责人、区进修学院有关专家、项目组成员，镇党委副书记张卫兴、副镇长陈飞飞和镇相关部门负责人、镇学区化办学成员单位党政负责人，以及村居办学干部、师生代表、家长代表等应邀出席活动。孙卫、张卫兴、陈飞飞和白鹤中学校长石勤明、党支部书记顾华林共同为白鹤学区形象标识揭牌。此次展示活动共分暖场、开幕式、微论坛、展演、闭幕式 5 个环节。白鹤镇学区化办学一年来，围绕《深耕草莓和青龙镇文化，以标准化课程体系激发和培育乡土情怀》和《尝试打造以沪剧和篮球为特色的艺体特长中小幼一体化培育体系》两大板块，以草莓课程、青龙镇文化、沪剧课程、篮球课程 4 个项目组的运作形式开展课程资源共建和共享，进一步促进了各校间的合作与共进，不断带动各校在办学发展度、优质均衡度、特色发展度和满意度上的有效提升。

（朱　鹰）

■举办沪剧起航计划折子戏专场　9 月 25 日，以“唱响沪剧经典，喜迎国庆佳节”为主题的白鹤沪剧启航计划折子戏专场在白鹤镇文体中心广场举行。国家一级演员吉燕萍和演员洪豆豆、钱莹等为观众倾情上演了《借黄糠·借贷》《主仆姻缘奇案·定情》《庵堂相会·搀桥、盘夫》《阿必大回娘家·亲家相争》等沪剧经典选段，吸引了近 500 多名市民观看。自 2018 年白鹤镇与上海沪剧院签订共建协议以来，白鹤镇已多次开展沪剧专场演出和沪剧专题培训，良好的互动为沪剧艺术的传承发展注入了来自基层生活的元素。

（朱　鹰）

12 月 25 日，2019 年白鹤镇学区化办学成果展示活动在白鹤小学举行

（白鹤镇供稿）

2019 年白鹤镇经济与社会发展基本情况表

表 86

项目	计量单位	数值	比上年增长(%)	备注
工业总产值	万元	962835	2.3	—
农副业总产值	万元	36352	-9.6	—
财政收入(一般公共预算)	万元	63642.18	7.12	—
其中:镇财政收入(结算财力)	万元	60274.56	8.72	—
财政支出(调入资金)	万元	—	-100	—
调入预算稳定调节基金	万元	3367.62	100	—
政府性基金收入	万元	4342.5	100	—
一般公共预算支出	万元	61115.19	12.71	—
政府性基金支出	万元	4343.5	100	—
利用外资金额	万美元	1000	128.35	—
外资到位金额	万美元	500	-51.59	—
新增内资企业注册资金	万元	—	—	—
内资到位金额	万元	4000	—	—
固定资产投资总额	万元	131181	311.23	—
社会消费品零售总额	万元	273014.9	5.2	—
主要农副产品产量				
粮食	吨	7662.7	7.9	—
油菜籽	吨	—	—	—
生猪出栏数	头	—	—	—
家禽	万羽	1.17	-2.5	—
鲜蛋	吨	54.1	-54.1	—
淡水产品	吨	25	-70.6	—
蔬菜	吨	93443	-1.3	—
教育事业				
其中:成校(职校)	所	1	—	—
初中	所	1	—	—
小学	所	2	—	—
幼儿园	所	2	—	—
在校生(含幼儿)	人	3422	—	—
教职工	人	501		—
教育事业财政支出	万元	144.42	-26.29	区统筹
文化事业				
图书馆(室)	个	2	—	—
文化馆(室)	个	2	—	—

项目	计量单位	数值	比上年增长(%)	备注
影剧院(场)	所	—	—	—
文化事业财政支出	万元	902.71	-5.11	—
医疗、卫生、体育事业				
卫生院(所)	所	2	—	—
卫生室	所	23	—	—
总床位	张	50	—	—
医技人员	个	172	-0.58%	—
体育场馆	座	2	—	—
健身苑(点)	个	60	20	—
农村居民年纯收入	元	—	—	—

(朱　鹰)

2019年白鹤镇经济和社会发展各类指标情况表

表87

类别	序号	指标名称		单位	完成情况	
					总量	增幅(%)
经济实力	1	税收	税收总收入	亿元	14.4	-5.94
			区级税收收入	亿元	4.27	-11.41
	2	规模以上工业总产值		亿元	60.94	20.03
	3	社会消费品零售总额		亿元	27.3	5.16
	4	招商引资	合同外资	亿美元	0.1	150
			外方到位资金	亿美元	0.11	10
	5	引大引强引实(含总部企业)		户	8	33.33
	6	内资实体型项目注册资金		亿元	0.48	86.77
	7	全社会固定资产投资(属地)		亿元	13.12	311.23
		其中:工业固定资产投资		亿元	2.59	75.63
		商贸服务业固定资产投资		亿元	3.5	104.29
	8	开发区单位土地全口径税收产出增幅		%	—	—
创新转型	9	有效专利拥有量		件	1315	10.69
	10	农业经营	家庭农场	个	11	—
			集体农场	个	—	—
			农业布局合规率	%	95.6	1.2
	11	产业结构调整项目数	调整企业数	个	88	-53.68
			调整面积数	公顷	264.43	-59.98
	12	清洁能源替代	锅炉	台	—	—
			窑炉	台	—	—
	13	土地减量化		公顷	32.17	100.54

（续表）

类别	序号	指标名称		单位	完成情况	
					总量	增幅（%）
社会民生	14	城乡居民可支配收入		元	—	—
	15	新增就业岗位		个	781	—
		其中：非农就业岗位		个	311	—
		残疾人就业安置岗位		个	50	—
	16	帮助长期失业青年就业		人	11	—
	17	帮助成功创业		个	28	—
	18	城镇登记失业人员控制数		人	206	—
	19	青年职业见习人数		个	15	—
	20	中高层次职业技能培训人数		个	200	—
		其中：高级及以上		个	40	—
	21	城乡居保中农村居民参保	续缴率	%	91	—
			扩覆率	人	40	—
	22	实有人口总量控制数		万人	9.71	1.01
		其中：实有人口（来沪人员）总量控制数据		万人	6.19	4.75
生态文明	23	工业能耗	综合能源消费控制量	万吨标煤	3.7	-11.8
			规模以上工业万元产值能耗下降率	%	-13.5	—
	24	主要污染物排放量削减率（二氧化硫、化学需氧量、氨氮、氮氧化物）		%	—	—
	25	污水处理	城镇污水处理率	%	95	—
			截污纳管户数	户	532	—
	26	生态造林	新增森林面积	公顷	202	—
			陆域森林覆盖率	%	13.3	6.4
	27	主要农产品“三品”认证率（有机、绿色及无公害产品）		%	86.4	4.9

（朱　鹰）

朱家角镇

■概况　朱家角镇位于淀山湖畔，东与盈浦街道、夏阳街道接壤；西依淀山湖，与金泽镇相连；南与练塘镇和松江小昆山镇、佘山镇交界；北与江苏省昆山市淀山湖镇毗邻。交通便利，处于上海市与江苏省交界处，是上海通往江苏、浙江的重要通道。东西向有“318”国道、G50沪渝高速公路、沈砖公路，南北向有朱枫公路，依傍G15沈海高速，南接G60沪昆高速公路，北通G2沪京高速公路。水路交通有拦路港、淀浦河、华田泾、朱泖河、西大盈港，其中拦路港为3级航道，可通行1000吨船只，直通黄浦江，并与太湖水系相通。全境总面积136.85平方公里（含水域），其中耕地面积3766公顷。

朱家角镇下辖周荡、横江、盛家埭、张家圩、新旺、新华、万隆、小江、周家港、沙家埭、薛间、山湾、庆丰、淀峰、创建、山海桥、淀山湖一村、水产、安庄、先锋、沈巷、张马、李庄、建新、王金、林家、新胜、张巷28个村民委员会和东井街、北大街、大新街、胜利街、东湖街、西湖新村、大淀湖、东大门、沈巷社区、泰安第一社区、泰安第二社区、淀湖社区、珠湖社区、珠溪社区14个社区居委会。年末，全镇户籍总人口59842人；来沪人口登记总人数46842人，其中男性28168人、女性18674人；境外人员98人。

2019年，朱家角镇经济和社会保持健康、平稳发展。社会消费品零售额实现44.06亿元，与上年持平；完成固定资产投入54.72亿元（其中属地42.59亿元）；完成税收收入21.87亿元，其中区级税收收入7.58亿元；规模以上企业产值76.62亿元；合同外资4514万美元，实到外资1878万美元。

朱家角镇历史悠久，早在1700多年前的三国时期就形成村落，宋、元时形成集市，名朱家村。明万历年间正式建镇，名珠街阁，又称珠溪。曾以布业著称江南，号称“衣被天下”，成为江南巨镇。明末清初，朱家角米业突起，再次带动百业兴旺，时“长街三里，店铺千家”，老店名店林立，南北百货，各业齐全，“乡脚”遍及苏、浙两省百里之外，遂有“三泾（朱泾、枫泾、泗泾）不如一角

(朱家角)”之说。清嘉庆年间编纂的《珠里小志》,把珠里定为镇名,俗称角里。1991年,被列为上海市四大文化名镇之一。2004年,古镇旅游区通过国家AAAA级景区验收。2006年,先后获得全国小城镇建设示范镇、全国环境优美镇和国家卫生镇等荣誉称号。2007年,通过中国历史文化名镇评审。2008年,获得国家园林城镇、国际花园城市等荣誉称号。2012年,获得全国文明村镇称号。2015年,再次获得国家卫生镇称号。2016年,朱家角镇入选首批(127个)中国特色小镇,获得全国百佳最美志愿服务社区;张马村获“中国特色村”荣誉称号。2017年,通过全国文明村镇复审。2018年,朱家角镇再获“全国文明镇”荣誉称号。2019年,张马村通过国家AAAA级景区验收。

朱家角镇旅游资源丰富,休闲设施闻名中外。淀山湖畔的上海水上运动场拥有国际现代化水上设施,东方绿舟为全国一流的上海市青少年校外活动营地,上海太阳岛国际俱乐部是集商务、度假、休闲为一体的娱乐旅游基地。古镇区有课植园、城隍庙、园津禅院、放生桥、北大街、大清邮局、朱家角人文艺术馆、手工艺展示馆、扎西达娲藏族文化体验馆、全华水彩艺术馆等十多个各具特色的名胜古迹和人文景观,9条老街依水傍河,千余栋民宅临河而建,构成了一幅“小桥、流水、人家”的江南水墨画卷。其中,著名的北大街又称“一线街”,是上海市郊保存得最完整的明清建筑第一街,其东起放生桥、西至美周弄的300多米,是最富代表性的明清建筑精华所在。古镇旅游区全年接待游客780万人次,接待中外来宾247批次共3986人次。

朱家角镇基础设施完备。供电来源属华东电网,镇内建有11万伏变电站1座、3.5万伏变电站3座;有供水服务站1座;有污水处理厂1座,日处理污水3万吨。应用光缆电话通讯总装机容量约为4万门。西气东运的新疆天然气通到朱家角。

朱家角镇人民政府驻地:朱家角镇沙家埭路18号。 (丁砚涛)

■经济发展增添新动能 于2018年7月落户朱家角镇的上海股权托管交易中心青浦服务中心持续发力,至年底共完成75家企业挂牌展示。经济小区的招商潜力进一步释放,全年新引进企业1839户,比上年增长51.73%。首张“长三角一体化”跨区域通办营业执照、“进博会”参展商首张营业执照先后落户朱家角,青西金融产业园被列为长三角一体化示范区重点项目。亲商、稳商工作持续推进,中采服务贸易产业园、朱家角科创园等特色园区,跻身青浦百强优秀平台企业之列,全年扶持各类产业资金项目110个,比上年增长107%;积极开展消费促进工作,尚都里、朱家角古镇分别入选新一轮20条上海市特色商业街区。 (丁砚涛)

■基础设施建设 完成祥凝浜路、绿湖路、新王路等道路建设,朱家角污水厂三期扩建完成工程量的90%,峰甸路、庆丰路、山湾路改建工程年内启动;青浦大道、新塘港路、港周路、复兴路等道路工程前期征收补偿工作稳步推进;古镇区消防设施提升、星级厕所改建、景区灯光等建设工程继续推进,景区基础设施不断完善;“美丽家园”“幸福社区”等民生实事工程全面实施,老旧小区整体环境面貌和基础设施得到了全面提升。沈巷养护院乔迁新址,沈巷文体分中心破土动工,沈巷社区的公共配套功能更趋完善。 (丁砚涛)

■“美丽乡村”创建 张马、王金、淀峰3个村成功创建为“上海市美丽乡村示范村”;张巷、李庄、林家、新胜、建新等5个村,按照区级“美丽乡村”的标准,结合沈太路片区乡村振兴示范区的规划方案,基本完成各项建设任务。周荡村、小江村、山海桥村、水产村、淀山湖一村等5个镇级“美丽乡村”,各项工作也在抓紧推进中。推进科普阵地建设,林家村、潘氏红豆杉基地成功创建2019年度青浦区科普村、科普教育基地。成立朱家角农村集体产权交易分中心,进一步规范农村土地承包经营权流转交易,健全造血机制,壮大集体经济实力。 (丁砚涛)

2月19日,“新时代的春天”——“护航进博·助力创全”先进表彰大会暨“我们的节日·元宵”团拜会举行 (朱家角镇供稿)

■公共服务和设施完善 广泛开展帮困送温暖活动,对因病致贫、城乡低保家庭、特困人员等发放救助金共计867万余元;沈巷养护院新建完成并投入使用,240余名老人享受专业养老服务;生活垃圾分类减量工作全面铺开,垃圾房、定时投放点、临时堆放点等硬件设施建设逐步完成改建和新建,制定全镇垃圾收运线路图,垃圾收运体系不断优化。 (丁砚涛)

■召开“护航进博·助力创全”先进表彰大会 2月19日元宵佳节,朱家角镇举行“新时代的春天”——“护航进博·助力创全”先进表彰大会暨“我们的节日·元宵”团拜会,向全年奋斗在一线的工作者致以最崇高的敬意,号召全镇人民在新的一年里牢记使命,携手同行,

4月18日，朱家角镇“纳税五十强”获表彰企业代表合影　（朱家角镇供稿）

为朱家角镇的未来发展再创佳绩。区委常委、宣传部部长姜道荣，区文广局党委书记、局长沈秋娟等区相关部门领导莅临活动。（丁砚涛）

文体事业发展　筹建朱家角文史工作协会（馆）、镇志编纂委员会和江南文化研究会，完成39个村居综合文化活动室创建；举办长三角端午民俗文化活动、水乡音乐节、“放生桥之声”文体节、“文化三下乡”等品牌活动和文艺巡演670余场次，开放市民广场等4个公共场所，全年接待群众70万余人次，丰富了群众精神文化生活；成功举办第十一届世界华人龙舟邀请赛、第九届舞龙舞狮锦标赛等国际国内大型赛事；参加第十六届全国武术之乡武术套路比赛，并获得12金、8银、7铜和集体一等奖；参加市级、区级体育赛事13项，取得业余足球超级联赛亚军、篮球超级联赛季军等优异成绩。（丁砚涛）

李强到朱家角镇调研　3月28日，市委书记李强在区委书记赵惠琴等陪同下就实施长三角一体化发展国家战略到朱家角镇调研，并实地视察了朱家角古镇景区。李强在调研时指出，要深入贯彻落实习近平总书记考察上海重要讲话和关于长三角地区实现更高质量一体化发展的重要指示精神，积极配合国家有关部委做好长三角一体化发展规划纲要的编制实施，会同苏、浙两省抓紧研究制定长三角一体化发展示范区建设方案，持续推进长三角一体化发展三年行动计划落地落实，进一步发挥各自优势、强化分工合作、创新体制机制、推进重大项目，以一体化创新突破、改革攻坚、系统集成，加快落实国家战略，更好服务全国发展大局。（丁砚涛）

首张“长三角一体化”跨区域通办营业执照颁发　3月29日，区市场监管局“长三角一体化”服务专窗为朱家角综合经济城落户企业上海积可建材有限责任公司颁发了全区首张“长三角一体化”跨区域通办的营业执照。通过上海市“一网通办”平台，企业在浙江省嘉善县审批服务中心“长三角一体化企业开办服务区”申报了相关材料，仅仅一个小时后就获预审通过。经过数据推送和线下专递，区市场监管局当日就核发了营业执照。（丁砚涛）

召开“纳税五十强”企业表彰会　4月18日，朱家角镇召开“追梦长三角，打造江南水乡新品牌——年度纳税五十强企业表彰会”。66家为朱家角经济社会发展做出突出贡献的纳税先进企业和平台受到表彰。区政协副主席顾啸流，区科委主任张宏洲，区经委党委副书记杨河生，区发改委副主任张隽、夏骥，区商务委副主任张正义，区税务局副局长许峰，镇党委书记高健和镇党政人大班子领导等出席。（丁砚涛）

召开扫黑除恶专项斗争督导干部大会　6月6日，朱家角镇召开配合中央扫黑除恶专项斗争督导干部大会。镇党政班子领导、各村居企事业单位党政负责人、机关科室负责人等出席会议。镇党委书记高健指出，针对扫黑除恶专项斗争工作要思想上重视、行动上动员，镇党委副书记、镇长乔惠锋传达了青浦区召开配合中央扫黑除恶督导三级干部会议的精神。（丁砚涛）

青浦区人居环境整治现场推进会在庆丰村召开　7月9日，青浦区人居环境整治现场推进会在朱家角镇庆丰村召开，区委副书记、区长余旭峰出席会议并讲话。余旭峰表示，庆丰村作为一个经济薄弱村，人居环境整治成效明显，是全区可复制、可推广的典范。要学

7月9日，区委书记赵惠琴（左四）现场考察朱家角镇庆丰村人居环境整治（朱家角镇供稿）

10月30日，市文旅局局长于秀芬（右四）和副区长倪向军（左五）为朱家角镇张马村国家AAAA级景区揭牌 （朱家角镇供稿）

习借鉴好的经验做法，形成比学赶超的良好氛围，将全区“三大整治”和垃圾分类两项工作推上新台阶、呈现新局面。区领导姜爱锋、赵明、金俊峰、顾骏、姚少杰出席会议，镇领导高健、乔惠锋等陪同。 （丁砚涛）

■复旦大学附属妇产科医院青浦分院开工 8月30日，复旦大学附属妇产科医院青浦分院开工典礼在朱家角新镇区举行。项目占地面积约6.4公顷，医院规模为500张病床。建成后区妇幼保健所将整体并入该院。区委副书记杨小青，复旦大学上海医学院副院长汪志明，区委常委、副区长姜爱锋等出席开工仪式，副区长王凌宇主持开工仪式。 （丁砚涛）

■张马村国家AAAA级景区揭牌仪式举行 10月30日，朱家角镇张马村国家AAAA级旅游景区揭牌活动举行。市文旅局局长于秀芬为景区正式揭牌，市文旅局副局长张旗主持仪式，副区长倪向军致辞。历时3年的辛勤创建，张马村被批准为国家AAAA级旅游景区，这个没有工业、历史悠久、文化遗存丰富的小村庄，成为了上海的又一处世外桃源。 （丁砚涛）

2019年朱家角镇经济与社会发展基本情况表

表88

项目	计量单位	数值	比上年增长(%)	备注
工业总产值	万元	766200	-5.9	—
农业总产值	万元	23152	-9.3	—
税收收入(税务口径)	万元	218700	-21.3	—
区级税收收入	万元	75800	-13.1	—
镇结算财力收入(剔除教育统筹)	万元	—	—	—
合同外资	万美元	4514	396.04	—
外方到位金额	万美元	1878	155.51	—
新增内资企业注册资金	万元	5700	-43.62	—
内资到位金额	万元	—	—	—
固定资产投资总额(在地)	万元	547205	9.7	—
社会消费品零售总额	亿元	34.63	3.0	—
主要农副产品产量				
粮食	吨	11082	0.09	—
油菜籽	吨	—	—	—
生猪出栏数	头	—	—	—
家禽	万羽	1.9	-5	—
鲜蛋	吨	86	-43	—
淡水产品	吨	3200	-15.3	—

（续表）

项目	计量单位	数值	比上年增长(%)	备注
蔬菜	吨	41390	-10.7	—
教育事业				
其中:成校(职校)	所	3	—	其中1所为辅读学校
高中	所	2	—	—
初中	所	2	—	—
小学	所	2	—	—
幼儿园	所	7	—	—
在校生(含幼儿园)	人	7268	1.11	—
教职工	人	902	0.33	—
教育事业财政支出	万元	25	—	—
文化事业				
图书馆(室)	个	1	0	—
文化馆(室)	个	1	0	—
影剧院(场)	个	1	0	—
文化事业财政支出	万元	1052.02	28.47	—
医疗、卫生、体育事业				
卫生院(所)	所	1	0	—
卫生室	所	22	-4.3	—
总床位	张	20	0	—
医技人员	人	126	5.9	—
体育场馆	座	0	0	—
健身苑(点)	个	80	0	—
居民人均可支配收入	元	无统计	—	—

（丁砚涛）

2019年朱家角镇经济和社会发展各类指标情况表

表89

类别	序号	指标名称		单位	完成情况	
					总量	增幅(%)
经济实力	1	税收	税收总收入	亿元	21.87	-21.3
			区级税收收入	亿元	7.58	-13.1
	2	规模以上工业总产值		亿元	76.62	-5.9
	3	社会消费品零售总额		亿元	44.06	3
	4	招商引资	合同外资	万美元	4514	396
			外方到位资金	万美元	1878	155.5
	5	引大引强引实(含总部企业)		户	14	40.0
	6	内资实体型项目注册资金		亿元	0.57	-43.6
	7	全社会固定资产投资(属地)		亿元	42.59	46.1
		其中:工业固定资产投资		亿元	3	7.5
		商贸服务业固定资产投资		亿元	—	—
	8	开发区单位土地全口径税收产出增幅		%	—	—

（续表）

<table>
<tr><th rowspan="2">类别</th><th rowspan="2">序号</th><th rowspan="2" colspan="2">指标名称</th><th rowspan="2">单位</th><th colspan="2">完成情况</th></tr>
<tr><th>总量</th><th>增幅(%)</th></tr>
<tr><td rowspan="9">创新转型</td><td>9</td><td colspan="2">有效专利拥有量</td><td>件</td><td>—</td><td>—</td></tr>
<tr><td rowspan="3">10</td><td rowspan="3">农业经营</td><td>家庭农场</td><td>个</td><td>127</td><td>-17.0</td></tr>
<tr><td>集体农场</td><td>个</td><td>1</td><td>100</td></tr>
<tr><td>农业布局合规率</td><td>%</td><td>89.68</td><td>-3.68</td></tr>
<tr><td rowspan="2">11</td><td rowspan="2">产业结构调整项目数</td><td>调整企业数</td><td>个</td><td>66</td><td>-14.3</td></tr>
<tr><td>调整面积数</td><td>公顷</td><td>32.72</td><td>12</td></tr>
<tr><td rowspan="2">12</td><td rowspan="2">清洁能源替代</td><td>锅炉</td><td>台</td><td>19</td><td>375</td></tr>
<tr><td>窑炉</td><td>台</td><td>0</td><td>—</td></tr>
<tr><td>13</td><td colspan="2">土地减量化</td><td>公顷</td><td>81.77</td><td>257.1</td></tr>
<tr><td rowspan="15">社会民生</td><td>14</td><td colspan="2">城乡居民可支配收入</td><td>元</td><td>—</td><td>—</td></tr>
<tr><td rowspan="3">15</td><td colspan="2">新增就业岗位</td><td>个</td><td>1432</td><td>—</td></tr>
<tr><td colspan="2">其中：非农就业岗位</td><td>个</td><td>521</td><td>—</td></tr>
<tr><td colspan="2">残疾人就业安置岗位</td><td>个</td><td>37</td><td>—</td></tr>
<tr><td>16</td><td colspan="2">帮助长期失业青年就业</td><td>人</td><td>23</td><td>—</td></tr>
<tr><td>17</td><td colspan="2">帮助成功创业</td><td>个</td><td>62</td><td>—</td></tr>
<tr><td>18</td><td colspan="2">城镇登记失业人员控制数</td><td>人</td><td>464</td><td>—</td></tr>
<tr><td>19</td><td colspan="2">青年职业见习人数</td><td>个</td><td>32</td><td>—</td></tr>
<tr><td rowspan="2">20</td><td colspan="2">中高层次职业技能培训人数</td><td>个</td><td>200</td><td>—</td></tr>
<tr><td colspan="2">其中：高级及以上</td><td>个</td><td>40</td><td>—</td></tr>
<tr><td rowspan="2">21</td><td rowspan="2">城乡居保中农村居民参保</td><td>续缴率</td><td>%</td><td>—</td><td>—</td></tr>
<tr><td>扩覆率</td><td>%</td><td>—</td><td>—</td></tr>
<tr><td rowspan="2">22</td><td colspan="2">实有人口总量控制数</td><td>万人</td><td>10.67</td><td>—</td></tr>
<tr><td colspan="2">其中：实有人口(来沪人员)总量控制数据</td><td>万人</td><td>4.68</td><td>—</td></tr>
<tr><td rowspan="8">生态文明</td><td rowspan="2">23</td><td rowspan="2">工业能耗</td><td>综合能源消费控制量</td><td>万吨标煤</td><td>2.64</td><td>-11</td></tr>
<tr><td>规模以上工业万元产值能耗下降率</td><td>%</td><td>5.6</td><td>—</td></tr>
<tr><td>24</td><td colspan="2">主要污染物排放量削减率(二氧化硫、化学需氧量、氨氮、氮氧化物)</td><td>%</td><td>—</td><td>—</td></tr>
<tr><td rowspan="2">25</td><td rowspan="2">污水处理</td><td>城镇污水处理率</td><td>%</td><td>97</td><td>—</td></tr>
<tr><td>截污纳管户数</td><td>户</td><td>1970</td><td>—</td></tr>
<tr><td rowspan="2">26</td><td rowspan="2">生态造林</td><td>新增森林面积</td><td>公顷</td><td>-165.8</td><td>-9.3</td></tr>
<tr><td>陆域森林覆盖率</td><td>%</td><td>19.76</td><td>-2.05</td></tr>
<tr><td>27</td><td colspan="2">主要农产品“三品”认证率(有机、绿色及无公害产品)</td><td>%</td><td>90.1</td><td>0.2</td></tr>
</table>

（丁砚涛）

练塘镇

■概况 练塘镇地处上海市西南沪、浙交界地区。镇东与松江区石湖荡镇毗邻，东南与松江区新浜镇接壤，东北与上海太阳岛旅游度假区隔泖河相望；西与浙江嘉善县丁栅镇毗邻，西北与金泽镇境域相接；南与金山区枫泾镇毗邻；北与朱家角镇境域相连。属太湖流域黄浦江水系，主要航道有红旗塘、大蒸港、俞汇塘、太浦河、拦路港、泖河等，其中红旗塘、大蒸塘、俞汇塘是杭嘉湖平原水系汇入黄浦江的骨干河道，太浦河是太湖洪水东泄入黄浦江的主要通道，拦路港、泖河则西连淀山湖、东接黄浦江。区域总面积93.66平方公里，其中耕田面积3284公顷、水面积1572公顷。

练塘镇于2001年由原练塘、小蒸、蒸淀三镇撤并建成。全镇包括练塘片区、小蒸片区、蒸淀片区和工业园区。下辖练东、泾珠、北埭、金前、泖甸、太北、叶港、朱庄、东泖、东田、联农、双菱、泾花、东淇、长河、大新、东厍、张联、徐练、浦南、蒸浦、东庄、蒸夏、芦潼、星浜25个行政村和蒸淀、小蒸、湾塘、下塘、三里塘5个居委会。全镇实有人口总数57776人，其中来沪人员22871人。

练塘镇历史悠久、民风淳朴，是老一辈无产阶级革命家陈云同志的家乡。"绿色、红色、古色"为练塘镇独有的特色、亮点，成为其对外宣传的最好名片。"红色"体现革命传统文化的主旋律，其主要代表陈云纪念馆享有"国家一级博物馆""全国爱国主义教育示范基地""国家AAAA级旅游景区"和"全国重点红色旅游景区"之誉。"绿色"表现为田多、林多、水多，空气清新，是盛产稻米茭白的江南水乡，"练塘牌"茭白为"国家地理标志保护产品"，1200公顷涵养生态林是上海市郊最大的人造森林。"古色"表现为古镇历史遗存和文化底蕴丰富，练塘历史风貌区规划范围总面积为57.5公顷，其中核心保护范围面积约为16.5公顷，四大历史建筑集聚区（陈云故居、上塘街、下塘街、李华港）总面积超10万平方米，集中反映上海郊区商业街市、河市结合的传统江南城镇风貌特点。练塘镇先后被评为"中国历史文化名镇""全国环境优美乡镇""国家生态镇""国家AAAA级旅游景区""中国最美村镇"。

2019年，全镇完成税收总收入27.4亿元，完成区级税收8亿元。规模以上工业总产值82.15亿元，比上年增长4.65%。"引大引强引实"项目10个。新增招商户数2189户。完成产业结构调整项目53个，面积20.63公顷，分别比上年增长15.21%、14.93%。全社会固定资产投资完成14.09亿元，比上年增长162.38%。社会消费品零售总额15.52亿元。

练塘镇人民政府驻地：练塘镇章练塘路900号。（钱怡琼）

■营商环境优化情况 落实新一轮"减税降费"举措，全年共计减免税额约3.3亿元，减轻了企业负担。完善财政扶持标准，提高资金拨付效率。出台支持经济小区高质量发展"十八条"，提高服务企业能力和水平。贯彻"一网通办"有关精神，全面取消管理费等各类服务费用，提供全程代办服务2150家。落实"有求必应、无事不扰"试行意见，当好服务企业的"店小二"；发挥"中小企业服务平台"优势，发布信息、解读政策、解决难题。结合大调研常态化制度化活动，走访联系企业2634家。申报上海市科技小巨人（含培育）企业4家、新认定市级高新技术企业15家。（钱怡琼）

■"美丽乡村"建设 成立实施乡村振兴战略工作领导小组和乡村振兴示范村建设指挥部，强化顶层设计。东庄村被列为第二批市级乡村振兴示范村，建设项目已开工建设；从点到片，统筹规划朱枫公路乡村振兴片区，形成成熟的朱枫片区项目库，打造"新时代江南田园示范区"。叶港、东厍成功创建市级美丽乡村示范村，太北、泖甸成功创建区级美丽乡村示范村，启动芦潼区级美丽乡村示范村建设。基本完成6个村的村庄改造以及6个村的村庄内部环境提升。实施877户农村生活污水改造、23.28公里农村河道治理以及24个农村污水处理站提标改造。（钱怡琼）

■基础设施建设 完成"陈云纪念馆·练塘古镇"美丽街区建设总体进度的50%，基本完成6.2万平方米旧住宅小区"美丽家园"项目。完成中心渡撤渡建桥。完成泖南路中修工程、练新路西段（湾塘路—练高路）中修工程，推进蒸庄路大中修工程。完成10户低收入户危旧房改造。完成生态林健身步道二期工程，老太浦河桥改造工程竣工并通车。完成长楼村路（章练塘路—蒸淀路）工程工可批复，完成练塘派出所新所工程前期手续办理；启动练祥佳苑动迁基地二期工程前期准备工作。（钱怡琼）

■民生保障工作 全年发放困难残疾人生活补贴528.9万元，帮扶1563名残疾人劳动增收。深入推进养老服务设施建设，新建4家老年人日间照料服务中心，完成"阳光家园"建设，九峰护理院投入运营。社区事务受理服务中心新办公场所投入使用。加强退役军人服务保障，"光荣之家"挂牌率100%。积极开展"健康家庭计划"系列活动。稳妥推进农民相对集中居住制度，以"三高沿线"（即高速铁路、高速公路、高架路）、生态敏感区、环境综合整治区为重点，梳理明确2020—2022年约435户目标任务；扎实推进无地农民解困集中安置工作，阳光政策保驾护航，首轮签约率98.4%。（钱怡琼）

■社会事业发展 医疗卫生服务不断完善，实施练塘社区卫生服务中心提标升级；深化与上海市第一人民医院的医疗合作，让群众享受家门口的高质量医疗服务；家庭医生"1+1+1"（即1名家庭医生、1个区级医疗机构、1个市级医疗机构）十类重点人群签约率达54.35%。持续推进全生命周期健康管理区级试点工作。完成5家村卫生室更新改造。提升颜安中学教育质量，重点高中升学率达到21.5%。开设爱心暑托班2个。深化颜安小学"苗苗评弹团"和颜安中学"跆拳道""一校一品"特色项目建设。落实《青浦区文化发展三年行动计划（2017—2019）》，探索文化产业与体育、旅游等融合发展。加大"文化惠民"力度，组织文艺节目下乡汇演96场。加强文物保护利用，弘扬优秀传统文化，深化非物质文化遗产的宣传推介和保护传承。练塘镇首部微电影《恋·塘》问世，并获得区"城市荣光"主题新闻竞赛一等奖。（钱怡琼）

8月22日，市信访办主任王剑华（前排左三）在区委书记赵惠琴（前排左二）等陪同下到练塘镇东田村调研　（练塘镇供稿）

■社会治理工作　扫黑除恶专项斗争深入开展，全年排查发现“涉乱”线索56条。完善社会面治安防控体系，13个“智慧安防”社区全部启用。巩固人口管理和服务基础，提升人房信息质量，坚决守住人口规模底线。完成镇级综治中心改造并投入使用。深入推进“三网融合”，完成31个责任网格、90个管理网格划分。不断加强“12345”市民服务热线、网格化管理与大调研事项办理协调联动，网格案件结案率96.39%。　（钱怡琼）

■城市精细化管理　完成集镇地区一体化养护保洁。开展房屋安全隐患专项整治“百日行动”。“三大整治”（即生态环境综合整治、公共安全综合整治、农村人居环境整治）专项行动扎实推进，生态环境综合整治累计拆除违法建筑8.46万平方米，超额完成年度目标任务；公共安全综合整治完成2处镇级消防重点区域专项整治和27家重点工商贸企业专项整治；围绕农村人居环境整治，抓紧做实，30个村居全部通过区级复核验收。全覆盖推进生活垃圾全程分类，完成绿色账户开卡2.19万户，改造垃圾箱房30座，新增“两网融合”（即融合城市环卫系统和再生资源系统）再生资源回收点38个，通过市级垃圾分类示范镇创建。深化村务电子台账工作，“阳光村务平台”建设全覆盖。完成102家睦邻点建设。　（钱怡琼）

■服务保障“进博会”　7月，成立服务和保障第二届“进博会”领导小组，搭建工作专班，制订详细计划。落实三级巡查机制，在“三网融合”基础上建立“1+8”（即1个网格化管理中心+8个专业部门）工作架构，累计巡查人员132人次、结案336件。作为拓展区，有序推进市容环境提升，开展道路、绿化等专项治理。织密“进博会”安全防控网络，加强风险排查、隐患化解和社会面稳控，做到问题点对点、日日清。“进博会”溢出效应持续放大，首单交易落在练塘镇，练塘采购小组共签订合同金额13.78亿元，交易额位列全区第一；2家企业入选“6+365”展示交易服务平台，数量位居全区第一。　（钱怡琼）

■推进信访代理工作机制　8月22日，青浦区“信访代理工作现场会”在练塘镇召开。借鉴推广练塘镇的远程视频信访代理、党员睦邻点等经验，依托“党建+网格”平台，打通咨询、投诉、查询、评价各个环节，方便群众反映诉求，为打造社会治理样板贡献练塘方案。在练塘镇30个村居全面铺开，取得良好成效。另还依托现代化设施，把信访窗口同步平移到群众家门口，群众不用出村就可以与镇干部进行面对面交流。干部工作方式的“下沉”，有利于其进一步了解民意、解决人民群众的实际问题。　（钱怡琼）

■开展“不忘初心、牢记使命”主题教育活动　9月以来，在区委的坚强领导和区委第五指导组的精心指导下，练塘镇深入学习贯彻习近平新时代中国特色社会主义思想，紧紧围绕“守初心、担使命，找差距、抓落实”的总要求，全面推进学习教育、调查研究、问题检视和整改落实四项重点措施，扎实有效开展主题教育。全镇55个体制内党组织、50个“两新”党组织相继开展“不忘初心、牢记使命”主题教育活动，各党组织全部完成本次主题教育活动工作部署。　（钱怡琼）

■举办2019年上海练塘茭白节暨古镇旅游文化节　该活动于9月20日举行。活动以“茭香辉映，魅力练塘”为主题，以茭白为媒，展示练塘深厚的文化

9月20日，2019年上海练塘茭白节暨古镇旅游文化节开幕仪式举行　（练塘镇供稿）

12月7日，练塘镇代表参加2019年乡村振兴产业发展论坛暨中国最美村镇颁奖典礼 （练塘镇供稿）

底蕴、良好的绿色生态环境、丰富多样的农产品特色以及独具特色的乡风民俗。活动历时5天，主会场设在老朱枫公路连接地段，4个分会场分别设在陈云纪念馆、古镇老街、九洲涵养林和美丽乡村东庄。茭白节为该镇连续11年举办，并特设3个拓展活动地点，分别为“让艺术生活化”的阿特麦体验文化园、“田间艺术馆”可·美术馆和坐落于古镇河畔的练溪文化苑。此次茭白节由六大主题项目构成。分别为：新中国成立70周年主题项目——“奋进新时代，谱写新篇章”庆祝建国70周年文艺展演，长三角一体化主题项目——“共走生态林，迈进新时代”生态徒步行、长三角特色优质农产品展销会、长三角地区文艺交流汇演，美丽乡村和乡村振兴主题项目——乡村振兴示范村交流论坛、“青浦味道”区十佳农家菜评选大赛、“恋上练塘·共享绿色生活”美丽乡村自行车骑行等，美好生活主题项目——品牌展销会、文创集、美食系列等展销，百姓文娱项目——“最美练塘人”颁奖仪式，亲子互动项目——亲子嘉年华活动。该活动共接待游客4.7万余人次，实现销售额280余万元。

（钱怡琮）

■练塘镇获评“中国最美村镇” 12月7日，由第一财经发起并联合全国80家主流媒体共同主办的“2019年乡村振兴产业发展论坛暨中国最美村镇颁奖典礼”在安徽省蚌埠市举行。青浦区练塘镇斩获“2019年中国最美村镇·乡风文明成就奖”。“以评促建”是“中国最美村镇”评选活动的宗旨。按照“生态宜居、产业兴旺、生活富裕、乡风文明、传承发展”的要求设定评选标准，立足在“旅游、文化、康养、教育、治理”五大领域塑造一批批具有标杆作用的中国特色村镇。练塘镇以丰富的历史遗存和文化底蕴，以及其特有的上海郊区商业街市、河市结合的传统江南城镇风貌特点和淳朴的民风被评委会给予了高度肯定。 （钱怡琮）

■东庄村获评“全国生态文化村”称号

12月，练塘镇东庄村在中国生态文化协会开展的“全国生态文化村”遴选命名活动中获得“全国生态文化村”称号。东庄村位于镇域南端，地处淀泖低地，河流纵横、水质优良、土壤肥沃，自然条件得天独厚。东庄村建有村史馆，记录了村落的起源与发展，陈列了小蒸农民武装暴动和抗日战争时期新四军庄前港伏击战等珍贵照片；建有村民文化大礼堂，为村民文化活动提供场地；依托万亩粮田“农业公园”核心区域的地理优势，打造生产、观光、饮食、体验、销售产业链；利用26.2公顷涵养林的资源禀赋，串联涵养林步道和万亩粮田道路发展田、林徒步、半马等体育产业。东庄村现有4个自然村，各自然村依河而建，具有江南水乡的传统肌理，建筑整体保持着粉墙黛瓦的江南民居风格。

（钱怡琮）

练塘镇东庄村一景 （练塘镇供稿）

2019 年练塘镇经济与社会发展基本情况表

表 90

项目	计量单位	数值	比上年增长(%)	备注
工业总产值	万元	1014750	-6.55	—
农业总产值	万元	51475	-5.71	—
税收收入(税务口径)	万元	273715	-2.83	—
区级税收收入	万元	79120	-1.25	—
镇结算财力收入(剔除教育统筹)	万元	—	—	—
合同外资	万美元	7660	95.96	—
外方到位金额	万美元	14797	635	—
新增内资企业注册资金	万元	—	—	—
内资到位金额	万元	2400	—	—
固定资产投资总额	万元	140893	162.34	—
社会消费品零售总额	亿元	15.52	-9.87	—
主要农副产品产量				
粮食	吨	12099	-2.36	—
油菜籽	吨	—	—	—
生猪出栏数	头	—	—	—
家禽	万羽	—	—	—
鲜蛋	吨	—	—	—
淡水产品	吨	3077	-12.26	—
蔬菜	吨	127784	-11.08	—
教育事业				
其中:成校(职校)	所	1	—	—
高中	所	0	—	—
初中	所	1	—	—
小学	所	3	—	—
幼儿园	所	3	—	—
在校生(含幼儿园)	人	2456	-1.25	—
教职工	人	401	-5.42	—
教育事业财政支出	万元	8507.97	-0.69	—
文化事业				
图书馆(室)	个	1	—	—
文化馆(室)	个	0	—	—

（续表）

项目	计量单位	数值	比上年增长(%)	备注
影剧院(场)	个	1	—	—
文化事业财政支出	万元	671.85	-2.94	—
医疗、卫生、体育事业				
卫生院(所)	所	1	—	—
卫生室	所	44	—	—
总床位	张	85	—	—
医技人员	人	125	3.31	—
体育场馆	座	0	—	—
健身苑(点)	个	92	3.37	—
居民人均可支配收入	元	—	—	—

（钱怡琼）

2019 年练塘镇经济和社会发展各类指标情况表

表 91

类别	序号	指标名称		单位	完成情况	
					总量	增幅(%)
经济实力	1	税收	税收总收入	亿元	273715	-2.83
			区级税收收入	亿元	79120	-1.2
	2	规模以上工业总产值		亿元	82.15	4.65
	3	社会消费品零售总额		亿元	15.52	-9.87
	4	招商引资	合同外资	万美元	7660	95.96
			外方到位资金	万美元	14797	635
	5	引大引强引实(含总部企业)		户	10	-9.09
	6	内资实体型项目注册资金		亿元	—	—
	7	全社会固定资产投资(属地)		亿元	14.09	162.34
		其中:工业固定资产投资		亿元	3.71	26.06
		商贸服务业固定资产投资		亿元	—	—
	8	开发区单位土地全口径税收产出增幅		%	—	—
创新转型	9	有效专利拥有量		件	—	—
	10	农业经营	家庭农场	个	56	-22.22
			集体农场	个	—	—
			农业布局合规率	%	—	—
	11	产业结构调整项目数	调整企业数	个	53	15.22
			调整面积数	公顷	20.63	14.9
	12	清洁能源替代	锅炉	台	17	112.5
			窑炉	台	—	—
	13	土地减量化		公顷	40.04	185.6

（续表）

类别	序号	指标名称		单位	完成情况	
					总量	增幅（%）
社会民生	14	城乡居民可支配收入		元	—	—
	15	新增就业岗位		个	1043	-24.7
		其中：非农就业岗位		个	415	-15.7
		残疾人就业安置岗位		个	58	75.8
	16	帮助长期失业青年就业		人	23	-8
	17	帮助成功创业		个	57	14
	18	城镇登记失业人员控制数		人	348	1.8
	19	青年职业见习人数		个	32	0
	20	中高层次职业技能培训人数		个	200	-13.8
		其中：高级及以上		个	40	0
	21	城乡居保中农村居民参保	续缴率	%	—	—
			扩覆率	%	—	—
	22	实有人口总量控制数		万人	—	—
		其中：实有人口（来沪人员）总量控制数据		万人	2.25	-1.75
生态文明	23	工业能耗	综合能源消费控制量	万吨标煤	4.10	1.07
			规模以上工业万元产值能耗下降率	%	0.05	-3.48
	24	主要污染物排放量削减率（二氧化硫、化学需氧量、氨氮、氮氧化物）		%	—	—
	25	污水处理	城镇污水处理率	%	100	—
			截污纳管户数	户	392	7.1
	26	生态造林	新增森林面积	公顷	105.47	2302.5
			陆域森林覆盖率	%	20.38	6.7
	27	主要农产品“三品”认证率（有机、绿色及无公害产品）		%	82.6	-0.4

（钱怡琼）

金泽镇

■概况 金泽镇位于青浦境域西南，地处苏、浙、沪三地交界处，东与朱家角镇接壤，东南与练塘镇相接，西南与浙江省嘉善县丁栅镇、大舜镇毗邻，西北与江苏省吴江市莘塔镇、昆山市周庄镇和锦溪镇交界。水陆交通便捷，是苏、浙、沪的重要交通枢纽。318国道和G50沪渝高速公路贯穿全镇。国家级主航道太浦河、急水港是通往苏、浙、皖等省的重要航道，也是黄浦江的黄金水道。全镇总面积108.49平方公里，其中耕地面积2092.33公顷、水域面积27.98平方公里。

金泽镇自然资源丰富，湖泊星罗棋布，河港纵横交错，是典型的江南水乡古镇，享有“江南第一桥乡”的美誉。拥有上海最大的淡水湖——淀山湖，堪称上海市郊一个品种全、规模大的淡水产品养殖基地。镇域内风景秀丽、水质清纯、土壤肥沃，盛产香糯、杂交水稻等优质大米。有国家AAAA级旅游景点——上海大观园。

金泽镇拥有源远流长的庙桥文化，承载着“桥桥有庙，庙庙通桥”的独特文化景观。宋代的普济桥是上海地区保存最完整、年代最早的单孔石拱桥。金泽古桥分布之密集、形式之丰富、年代之久远，为其他古镇所无法比拟，故被誉为“江南第一桥乡”“古桥梁博物馆”。著名书法、篆刻家钱君匋曾为之题写“金泽古桥甲天下”之句。延续至今的一年两次的金泽庙会（农历三月廿八和九月初九），更衍生出民俗、饮食、演艺等丰富多彩的地方文化，除了拥有市级非物质文化遗产“宣卷”“商榻阿婆茶”“田山歌”之外，还有“打莲湘”等民间文化活动。

金泽镇下辖新港、莲湖、爱国、东天、龚都、任屯、田山庄、钱盛、淀湖、岑卜、西岑、三塘、育田、河祝、徐李、新池、金泽、东西、杨湾、建国、金姚、蔡浜、东星、淀西、王港、双祥、沙港、南新、雪米、陈东30个行政村和西岑、莲盛、金溪、金杨、商榻5个社区居委会。全镇户籍人口有23993户、62553人，其中：男性30666人、女性31887人，60岁以上（含60岁）老人22237人；常住来沪流动人口13156人。2019年，全镇实现增加值

71.05亿元，比上年增长5.5%。其中：实现第一产业增加值15150万元，比上年增长5.5%；实现第二产业增加值281600万元，比上年增长0.4%；实现第三产业增加值413800万元，比上年增长9.2%。全镇实现财力收入96015.43万元，比上年增长28%。

金泽镇人民政府驻地：金泽镇金中路5号。（俞薇薇）

■推进乡村振兴战略实施 完成莲湖村市级乡村振兴示范村建设任务，在区级验收、市级复核中均获得高度评价，并入选中国美丽休闲乡村、市智慧村庄建设示范点。推进“美丽乡村”标准化建设和试点项目建设，顺利通过国家级“美丽乡村”建设综合标准化试点镇验收。顺利完成双祥村市级“美丽乡村”示范村创建及岑卜村区级“美丽乡村”示范村创建，同步推进王港村、沙港村区级“美丽乡村”试点建设。薄弱村综合帮扶项目运行平稳，360万元投资收益划拨到位，镇村集体资产减量化资金运行收益分配267.88万元，长期稳定的“造血”机制初显成效。（俞薇薇）

■精细化管理工作 “三大整治”有力推进，30个村（居）通过验收，累计拆除违法建筑36.7万平方米，相关统计库内无证建筑销项超25万平方米，完成年度目标144.2%。强力推进西岑社区综合整治，金龟岛、安信地板等一批存量违建得到拆除，淀山湖联营养殖场退渔还湖及沙田湖整治工作全面完成。全力推进生活垃圾分类整区域创建工作，建立源头分类、中端收运、末端处置的完整收运处体系。不断完善垃圾分类硬件设施改造提升，全年完成厢房新改建71座、大分流点位建设40处，新建四分类定时定点投放点24处，建成“两网融合”回收服务点52个，垃圾分类实效达到85%以上。（俞薇薇）

■民生项目建设 开展“四好”（即建好、管好、护好、运营好）农村路示范镇及莲谢路市级示范路的创建工作，推进农村公路提档升级，并完成市级验收；陈新路整治及薄弱村扶助项目水厂路、淀城路整治均已竣工验收；莲尤路整治、南新村桥和大丰南村路桥项目均已开工，陈新路西段雪米路修缮工程基本完工；商榻社区综合整治工程基本完工；天然气入户工程具备办理开户手续条件；莲盛市民活动中心建设工程和商榻养护院前期工作正在稳步推进中；有序推进农民集中居住试点建设，出台农民相对集中居住实施方案，完成47户永新场渔民签约工作；顺利完成南新村撤渡通桥，新姚簖—大丰场村村短驳车正式开通。（俞薇薇）

■环淀山湖战略协同区域街镇人大互通联动签约仪式在金泽镇举行 3月15日，“一体化、一条心、一起干”——环淀山湖战略协同区域街镇人大互通联动的签约仪式在金泽镇举行。区人大常委会副主任胡海民、镇党委书记方志坚和环淀山湖地区的江苏省苏州市黎里镇、周庄镇和昆山市锦溪镇，浙江省嘉兴市嘉善县西塘镇、姚庄镇以及金泽镇、练塘镇的人大领导、相关负责人等出席签约仪式。活动中，环淀山湖战略协同区域金泽镇、黎里镇、周庄镇、锦溪镇、西塘镇、姚庄镇进行互通联动合作备忘签约。金泽镇就环淀山湖战略协同区域街镇人大互通联动工作提出倡议，倡议各镇人大要心中有位、主动作为、大胆有为，发挥人大推动长三角更高质量一体化发展应有的作用。（俞薇薇）

■开设长三角地区个人政务服务“一网通办”线下专窗 金泽镇社区事务受理服务中心作为全市第一批长三角地区政务服务“一网通办”20个试点受理中心之一，开设长三角地区政务服务“一网通办”线下专窗，于5月10日起正式运营。该专窗的设立，可让工作人员依托“长三角地区政务服务‘一网通办’专窗模块”实现异地窗口就近收件，提升了长三角地区政务服务异地办理的效率。（俞薇薇）

■长三角一体化区域镇总工会互通联动主题交流活动在金泽镇举行 5月30日，“共话长三角·齐绘同心圆”暨长三角一体化区域镇总工会互通联动主题交流活动在金泽镇举行。区人大常委会副主任、区总工会主席赵宏林，区总工会党组书记、常务副主席吴春，金泽镇党委副书记徐慧等出席交流活动。姚庄、西塘、黎里、锦溪、周庄、金泽6个镇的工会负责人齐聚一堂，共同为融入一体化、服务一体化、助推一体化出谋划策。此次互通联动主题交流活动，开启了长三角一体化区域镇级工会在工作与业务上相互促进、共同发展的“合作之门”。（俞薇薇）

■中央扫黑除恶督导组到金泽镇开展督导 6月11日，中央扫黑除恶第十六督导组第六小组到金泽镇开展扫黑除恶专项斗争督导工作。督导组通过个别访谈、实地走访等方式了解金泽镇扫黑除恶专项斗争工作推进情况。情况

3月15日，环淀山湖战略协同区域街镇人大互通联动签约仪式举行

（金泽镇供稿）

9月27日，金泽镇举办“我和我的祖国”庆祝中华人民共和国成立70周年暨青浦撤县建区20周年文艺汇演——长三角“毗邻文化”文艺交流活动　（金泽镇供稿）

汇报会上，金泽镇相关负责人从扫黑除恶专项斗争的开展情况、当前工作存在的主要问题、下阶段打算等方面汇报了扫黑除恶工作进展，并对存在的主要问题进行总结和梳理，明确了下一步工作的重点。　（俞薇薇）

■华为研发中心（金泽镇西岑社区）动迁基地项目正式开工　8月17日，华为研发中心（金泽镇西岑社区）动迁基地项目开工典礼顺利举行。区委常委、副区长姜爱锋，金泽镇党政主要领导，淀山湖新城公司主要领导、分管领导，施工单位主要领导及监理单位相关领导出席典礼。该项目位于金泽镇西岑社区，东至税务所，西至农田，南至规划道路，北至岑卜路；用地面积约9.56万平方米，总投资约100亿元以上；总建筑面积约25.32万平方米，其中地上15.95万平方米、地下9.37万平方米，包括30幢9-11层住宅楼，可提供房源共1526套。　（俞薇薇）

■举办“我和我的祖国”庆祝中华人民共和国成立70周年暨青浦撤县建区20周年文艺汇演　9月27日，金泽镇举办“我和我的祖国”庆祝中华人民共和国成立70周年暨青浦撤县建区20周年文艺汇演——长三角“毗邻文化”文艺交流活动，并被定为区域化党建“四方四时”[“四方”指青西三镇（练塘、朱家角、金泽）+区安排的一个委办局，“四时”指一年四个季度，每季度一起参与主题党日活动]第四片区主题党日活动。活动邀请到区区域化党建第四片区其他成员单位区教育局、朱家角镇、练塘镇以及长三角毗邻地区的黎里、周庄、锦溪、姚庄、西塘等街镇和金泽镇一起以文艺演出的形式共抒爱国情怀、共话祖国新貌。金泽镇党委书记方志坚、青浦区“不忘初心、牢记使命”主题教育第五指导组副组长施英君，以及长三角毗邻区相关镇领导、金泽镇领导班子成员等出席活动。区区域化党建四方单位以及毗邻镇相关部门负责人及现场观众约500人观看演出。金泽镇紧紧围绕建设长三角一体化生态绿色发展示范区这一重大历史机遇，在开展“不忘初心、牢记使命”主题教育之际，以整合“毗邻文化”人文底蕴为切入点，加强毗邻镇与镇之间的文化沟通、交流和合作，展现长三角示范区毗邻镇不忘初心、牢记使命、勇于担当、求真务实，奋力投身长三角一体化发展建设的良好精神风貌。　（俞薇薇）

■召开“不忘初心、牢记使命”主题教育中心组联组学习（扩大）会　10月11日，金泽镇党委和汾湖高新区（黎里镇）党工委在金泽镇联合召开“不忘初心、牢记使命”主题教育中心组联组学习（扩大）会。会上，青浦区委第五指导组组长刘益民、吴江区委第二巡回指导组组长陆峰及吴江区委宣传部副部长沈伟荣作指导点评。金泽镇党委书记方志坚，吴江区副区长、汾湖高新区党工委副书记、管委会主任吴琦，金泽镇党委副书记、镇长凌敏及汾湖高新区党工委委员、管委会副主任沈伟江进行交流研讨。会前，汾湖高新区（黎里镇）党工委一行在金泽镇领导的陪同下，参观了上海市首批乡村振兴示范村——莲湖村，在幸福益站、为民中心、村卫生室等点位近距离感受乡村振兴建设带来的显著成效；还走访了位于镇域内的华为青浦研发中心项目工地现场，详细了解了项目定位、推进情况等。　（俞薇薇）

10月11日，金泽镇党委和汾湖高新区（黎里镇）党工委在金泽镇共同开展“不忘初心、牢记使命”主题教育中心组联组学习（扩大）会　（金泽镇供稿）

■上海影谱科技落户金泽镇 影谱科技是一家互动视频技术服务商，致力于智能影像生产领域的视觉技术企业，位列《2018年中国人工智能商业落地100榜单》前八强。7月，该公司选择金泽镇作为其上海公司的落户地，并开始前期筹备工作，于9月12日正式落户金泽镇大观园经济城。区副区长彭一浩为上海影谱科技有限公司董事长姬晓晨颁发营业执照，并对影谱公司的落户表示热烈欢迎和由衷祝贺。

（俞薇薇）

■金泽镇获评市第二批无违建创建先进街镇 10月，金泽镇在市住建委公布的2019年第二批无违建创建先进街镇名单上榜上有名。近年来，金泽镇切实遵循区委、区政府关于“全面建设生态宜居的现代化新青浦”的决策部署，紧紧围绕“化绿为金、聚业成泽，实现跨越式发展”的奋斗目标，聚焦违法用地、违法建筑、违法经营、违法排污、违法居住等“五违”现象，按照安全隐患必须消除、违法无证建筑必须拆除、脏乱现象必须整治、违法经营必须取缔的“四必”要求，动员全镇力量扎实稳步地打响了整治“五违四必”攻坚战，取得了明显的阶段性成果，进一步改善了城乡综合环境，提升了人民群众的获得感和满意度。

（俞薇薇）

2019年金泽镇经济与社会发展基本情况表

表92

项目	计量单位	数值	比上年增长(%)	备注
工业总产值	万元	761341	-14.5	—
农业总产值	万元	33687	-6.2	—
税收收入(税务口径)	万元	221633	7.0	—
区级税收收入	万元	68355	10.5	—
镇结算财力收入(剔除教育统筹)	万元	96015.43	28.0	—
合同外资	万美元	1163	-78.4	—
外方到位金额	万美元	370	-89.4	—
新增内资企业注册资金	万元	—	—	—
内资到位金额	万元	—	—	—
固定资产投资总额	万元	148320	66.8	—
社会消费品零售总额	亿元	19.33	2.7	—
主要农副产品产量				
粮食	吨	13951	2.9	—
油菜籽	吨	—	—	—
生猪出栏数	头	—	—	—
家禽	万羽	—	—	—
鲜蛋	吨	—	—	—
淡水产品	吨	6277	-23.4	—
蔬菜	吨	16848	-21.9	—
教育事业				
其中:成校(职校)	所	1	—	—
高中	所	—	—	—
初中	所	1	—	—
小学	所	3	—	—
幼儿园	所	3	—	—
在校生(含幼儿园)	人	1193	-8.8	—
教职工	人	358	8.8	—
教育事业财政支出	万元	6703.55	—	
文化事业				
图书馆(室)	个	3	—	—

（续表）

项目	计量单位	数值	比上年增长(%)	备注
文化馆(室)	个	1	—	—
影剧院(场)	个	1	—	—
文化事业财政支出	万元	574	36.7	—
医疗、卫生、体育事业				
卫生院(所)	所	1	—	—
卫生室	所	40	-2.4	撤王田卫生室
总床位	张	90	—	—
医技人员	人	162	1.3	—
体育场馆	座	1	—	—
健身苑(点)	个	99	-2.0	—
居民人均可支配收入	元	—	—	不再统计

（俞薇薇）

2019年金泽镇经济和社会发展各类指标情况表

表93

类别	序号	指标名称		单位	完成情况	
					总量	增幅(%)
经济实力	1	税收	税收总收入	亿元	22.16	7.0
			区级税收收入	亿元	6.84	10.5
	2	规模以上工业总产值		亿元	56.93	-9.5
	3	社会消费品零售总额		亿元	19.33	2.7
	4	招商引资	合同外资	亿美元	0.12	-78.4
			外方到位资金	亿美元	0.04	-89.4
	5	引大引强引实(含总部企业)		户	5	25
	6	内资实体型项目注册资金		亿元	—	—
	7	全社会固定资产投资(属地)		亿元	14.83	66.8
		其中:工业固定资产投资		亿元	1.60	39.7
		商贸服务业固定资产投资		亿元	—	—
	8	开发区单位土地全口径税收产出增幅		%	—	—
创新转型	9	有效专利拥有量		件	664	10.1
	10	农业经营	家庭农场	个	59	-9.2
			集体农场	个	—	—
			农业布局合规率	%	97	—
	11	产业结构调整项目数	调整企业数	个	57	-25
			调整面积数	公顷	32.04	37.1
	12	清洁能源替代	锅炉	台	2015年已完成三年行动计划	
			窑炉	台		
	13	土地减量化		公顷	80	—

（续表）

类别	序号	指标名称		单位	完成情况	
					总量	增幅（%）
社会民生	14	城乡居民可支配收入		元	不再统计	—
	15	新增就业岗位		个	810	-44.5
		其中：非农就业岗位		个	405	-16.5
		残疾人就业安置岗位		个	53	-36.1
	16	帮助长期失业青年就业		人	22	-8.3
	17	帮助成功创业		个	55	—
	18	城镇登记失业人员控制数		人	301	7.5
	19	青年职业见习人数		个	25	-19.4
	20	中高层次职业技能培训人数		个	200	-9.5
		其中：高级及以上		个	40	-33.3
	21	城乡居保中农村居民参保	续缴率	%	460	—
			扩覆率	%	45	—
	22	实有人口总量控制数		万人	7.66	-0.5
		其中：实有人口（来沪人员）总量控制数据		万人	1.40	-2.1
生态文明	23	工业能耗	综合能源消费控制量	万吨标煤	3.33	-12.1
			规模以上工业万元产值能耗下降率	%	0.06	-2.9
	24	主要污染物排放量削减率（二氧化硫、化学需氧量、氨氮、氮氧化物）		%	完成区下达任务	—
	25	污水处理	城镇污水处理率	%	95	—
			截污纳管户数	户	223	-16.5
	26	生态造林	新增森林面积	公顷	77.56	0.1
			陆域森林覆盖率	%	20.02	1.0
	27	主要农产品“三品”认证率（有机、绿色及无公害产品）		%	绿色8.9、无公害91.2 有机0.17	绿色4.5 有机0.2

（俞薇薇）

夏阳街道

■概况 夏阳街道位于上海市区西郊、青浦境域中心。距上海虹桥国际机场17公里，东接赵巷镇、香花桥街道，西连朱家角镇、盈浦街道，南邻松江区佘山镇、天马山镇，北依香花桥街道。地理位置优越，水陆交通便捷。沪渝高速（G50）、318国道横贯东西，上海绕城高速（G1503）、外青松公路纵贯南北，西可通往苏、浙两省，北可直通嘉定、苏州、昆山等地；境内河港纵横交错，主要航道有淀浦河、西大盈港和油墩港，皆为六级以上航道，北连苏州河，南接黄浦江，百吨船只可通航上海港及外省市。辖区总面积35.71平方公里，其中耕地面积584.68公顷。

夏阳街道为青浦区人民政府所在地，是全区政治、经济、文化和教育的中心。辖区内有青浦博物馆、区科技活动中心、区广电大楼、区信息大楼、青浦图书馆、青浦体育场、中山医院青浦分院等；上海工商信息学校、青浦高级中学、青浦第一中学、青浦区实验中学（东校区）、青浦区实验小学青湖校区、青浦实验幼儿园等24所学校；还有万寿塔等名胜古迹和天主教堂、基督教堂等宗教文化场所，上海人文公园——福寿园也坐落其中。

该街道下辖城南、泰来、金家、塘郁、塔湾、新阳、王仙、枫泾8个村民委员会和东盛、东方、章浜、青城、祥龙、界泾港、新青浦、桂花园、华骧苑、青湖、夏阳湖、千步泾、佳乐苑、仓桥、宜达、青平、青松、青华、青乐、青安、青园、青泽、南箐园23个社区居委会。2019年末，户籍人口21477户、52898人，其中：男性26112人、女性26786人，60岁以上老人12779人。

夏阳街道办事处驻地：青浦区外青松公路6300号。（杨倩芸）

■乡村振兴战略有效落实 夏阳街道全面推进“美丽乡村”创建。塘郁村、枫泾村创建区级“美丽乡村”试点工作有序推进。城南村、金家村、泰来村、塔湾村四村污水纳管项目开工建设。实施“夏治秋种”策略,农村地区“小三园”(即小花园、小菜园、小果园)绿化美化工作持续推进,成功打造一批富有夏阳特色的小花园、小菜园、小果园。完成土地流转166.93公顷,超额完成区下达任务量。完成制定农村地区一体化保洁方案,为农村地区物业管理新模式提供有效探索。11月,新阳村获得市级“美丽乡村”示范村称号。9月,王仙村获得上海市农村社区建设试点示范村称号,6月和12月,分别获得区级“美丽乡村”试点考核优秀。（杨倩芸）

■城市设施建设 2019年,夏阳街道政府性项目总投资完成支付8717.58万元。农科所道路修缮工程已竣工。环城河水系建设有序落地,水城门、南箐园桥、古塔公园等标志性建设相继完工。征收补偿工作有力推进,环城水系关联地块、外青松公路西侧区域、金地周边区域等地征收补偿工作相继完成,全年总计完成农户69户、企业16户签约任务,金地周边区域动迁完成。启动塔湾徐家浜、青松生态廊道和“三高两区”(“三高”指高压线、高速公路、高铁;“两区”指生态敏感区和综合整治区)农民集中居住签约,完成591户,超额完成区下达工作任务。建设用地减量3.09公顷,验收19.87公顷。“美丽街区”项目已完成立项。（杨倩芸）

■环境综合治理成效显现 “五违四必”环境综合治理(2017年1月启动)2019年全年累计拆除经营性存量违法建筑66处,涉及面积3.62万平方米。“三大整治”(生态环境整治、公共安全整治、人居环境整治)工程(2019年5月启动)累计拆除违章建筑5164平方米、田间窝棚680平方米。19个村居获得青浦区2019年度人居环境先进村居称号。境内107条河道全面实行“河长制”,实现巡查河道全覆盖。全方位推进生活垃圾分类整区域创建工作,全面推行生活垃圾定时定点分类投放制度,开展分类、收运专项整治、检查248次。南箐园鑫塔水尚成功创建为2019年度青浦区绿色小区。青湖路被评为上海市市容环境卫生责任区“十佳”自律组织。2019年上半年市容环境卫生社会公众满意度测评位立全市第五十一,列全区第一。（杨倩芸）

■春节帮困送“温暖”工作 春节期间,根据区政府、区民政局帮困送温暖工作要求,夏阳街道积极行动,以“走进社区听民意、走近群众惠民生”为主题,倾听民意、了解需求、统筹资源、做细方案、精心部署,对31个村(居)中的困难人群开展调查摸底工作,掌握大重病患者、因病致困、孤老、医疗政策覆盖范围外困难家庭和残疾人、高龄老人、优抚对象、低保家庭、特困党员、特困少数民族、孤儿、困境儿童、困难劳模、困难“三八红旗手”等各类困难群体的基本情况,并按上级救助政策的要求,拟定2019年春节期间帮困送温暖工作总体方案,做到切实把“温暖”送给困难对象。春节期间,通过发放春节祝福贺卡及银行打卡的形式,覆盖25类对象约3219人(户),投入救助资金246.33万元,基本实现“广覆盖、保基本、少重复、不遗漏”的目标。同时,街道主要领导分批走访慰问了辖区内9支驻地部队,送上慰问金和慰问品共计金额10万元。（杨倩芸）

6月22日,夏阳街道举行生活垃圾分类誓师大会暨主题宣传活动（夏阳街道供稿）

■第十三届青浦市民读书节暨夏阳“悦”读节启动仪式 4月23日(“世界读书日”),第十三届青浦市民读书节暨夏阳“悦”读节启动仪式在夏阳街道社区文化活动中心举行。街道党工委委员、总工会主席石玉秀,街道办事处副主任陈冰,青浦图书馆馆长薛芸等出席仪式。各村、居相关负责同志和辖区阅读顾问以及市民读者100余人参加仪式。仪式上,石玉秀宣布夏阳“悦”读节启动,陈冰向村、居代表赠送图书集体卡,薛芸致辞。该活动作为庆祝新中国成立70周年系列活动之一,以“书缘·夏阳”为主题,充分发掘地域特色文化资源,推出“书缘在墨香”丹青展览、“书缘在茶香”茶文体验、“书缘在画香”绘本故事、“书缘在书香”好书推荐、“书缘在翰香”藏书讲座等五大主题系列活动,用书籍丰富城市人文内涵,用文化提升群众人文品质。（杨倩芸）

■生活垃圾分类誓师大会暨主题宣传活动 为了让垃圾分类这个“新风尚”内化于心、外化于行,提高辖区内广大居民的参与率,有效改善人居环境,夏阳街道以“垃圾分类新时尚,携手共建新夏阳”为主题,于6月22日在吉富绅广场举行生活垃圾分类誓师大会暨主题宣传活动。副区长顾骏,区绿化市容局党委书记、局长朱奇和党委副书记胥蔚青、副局长周伟,区城管行政执法局党组成员金华军,街道党工委书记陈达,党工委副书记、办事处主任潘慧敏,党工委副书记任建荣,办事处副主任陈冰出席活动。街道职能科室负责人、基层单位党、团员代表、村居代表

11 月 26 日，夏阳街道首届社区文化艺术节闭幕　（夏阳街道供稿）

近200人参加活动。顾骏、朱奇等为街道新成立的垃圾分类志愿者服务队授旗。陈达在致辞中指出，居民要自觉从源头开展生活垃圾分类收集工作；居住区及单位要不断推进生活垃圾分类工作的检查、监督和指导，有效提升垃圾分类的知晓率及普及率，坚决实现垃圾分类全覆盖。活动现场，区绿化市容局的垃圾分类指导员为市民讲解了生活垃圾分类的妙招，并呼吁市民们，为配合提高垃圾的资源价值和经济价值做到物尽其用。活动中，街道群众文艺团体还通过音乐快板《垃圾分类我先行》等节目宣扬垃圾分类的好处及深远意义，号召市民用实际行动为美丽家园建设而贡献力量。　（杨倩芸）

■青浦区首部老旧小区加装电梯开工建设　为老旧小区加装电梯在各方呼吁和政府的大力斡旋支持下于12月30日在位于公园路220弄的晨兴花园小区开建。是日，青浦区首部老旧小区住宅加装电梯开工仪式在夏阳街道界泾港社区晨兴花园小区举行。区委常委、副区长姜爱锋，区房管局局长朱思毅，夏阳街道党工委书记陈达和党工委副书记、办事处主任潘慧敏，区府办副主任李柏青，区房管局副局长邱宝荣及夏阳街道党政班子成员出席仪式。街道办事处副主任邹梅主持仪式。相关科室、社区、施工单位、监理单位等单位负责人，以及小区部分业主近百名居民共同见证了青浦区开启加装电梯的“破冰”时刻。　（杨倩芸）

■青浦区首个农民集中居住安置房建设项目正式开工　推进农民相对集中居住是实施乡村振兴战略、改善农民生活居住条件和乡村风貌的关键举措，也是一项惠及群众切身利益的民生实事工程。为进一步推进农民集中居住区建设，打造“宜居”新农村，12月30日，夏阳街道举行01－01地块农民集中居住安置房项目开工仪式。区委常委、副区长姜爱锋，市住建委农民相对集中居住工作专班负责人曹平，区建管委主任陆章一，夏阳街道党工委书记陈达和办事处主任潘慧敏，淀山湖新城公司党委书记、董事长蒋家敏和总经理谢明，以及区建管委、淀山湖新城公司班子成员出席仪式。夏阳街道7个村的两委班子、搬迁村村民代表等参加活动。

夏阳街道01－01地块为青浦区首个农民集中居住安置房建设项目，用地面积53128.6平方米；基地三面临水，分别为横溇江、西大盈港、诸家桥河，基地东侧为规划欢盈路、西侧为规划丰盈路、北侧为规划顺盈路。该项目总建筑面积153047.31平方米，容积率2.0，可安置1191户、3335人。该项目由12栋15层～17层的高层住宅和门卫、垃圾房、地下车库等项目组成，另有社区食堂、商业服务网点、社区服务站、老年人日间照料中心、养育托管点、室内健身点等社区配套用房。　（杨倩芸）

■夏阳街道首届社区文化艺术节　11月26日，夏阳街道在街道文体中心举办“不忘初心担使命，四宜夏阳惠百姓”首届社区文化艺术节闭幕式。区委常委、宣传部部长姜道荣，区文化和旅游局副局长金璀及街道全体党政班子成员出席闭幕式。各科室、事业单位、各村（居）以及市民代表等共计200余人参加活动。闭幕式共分“家国礼赞”“夏阳情怀”和“美丽家园”3个篇章，还设立分会场直播联通。

首届社区文化艺术节8月16日开幕，历时7个多月，共举办市民秀才艺大赛、四宜新夏阳摄影大赛、书缘夏阳读书活动以及广场文化周周演等七大系列活动600多场活动，充分展现了街道群众文化内涵和精神风貌。　（杨倩芸）

12 月 30 日，青浦区老旧小区首部电梯加装开工仪式在夏阳街道晨兴花园举行　（夏阳街道供稿）

表 94

2019 年夏阳街道经济与社会发展基本情况表

项目	计量单位	数值	比上年增长(%)	备注
农业总产值	万元	7076.6	-5.84	—
财政收入	万元	49302.1	-12.63	—
其中:街道财政收入	万元	49302.1	-12.63	—
财政支出	万元	51013.96	-11.41	—
利用外资金额	万美元	—	—	—
外资到位金额	万美元	—	—	—
固定资产投资额	万元	85215	198.9	—
社会消费品零售总额	万元	726316	2.0	—
主要农副产品产量				
粮食	吨	2630	-14.38	—
油菜籽	吨	—	—	—
生猪出栏数	头	—	—	—
家禽	万羽	0.81	—	—
鲜蛋	吨	43.4	-24.62	—
淡水产品	吨	195	-40.06	—
蔬菜	吨	11992	-24.39	—
文化事业				
图书馆(室)	座	32	—	—
文化馆(室)	座	32	—	—
影剧院(场)	座	1	—	—
医疗、卫生、体育事业				
社区服务中心(所)	所	1	—	—
卫生室	所	8	—	—
总床位	张	0	—	—
医技人员	人	131	14.9	—
体育场馆	座	—	—	—
健身苑(点)	个	88	1.1	含开发商自建
农村居民人均可支配收入	元	—	—	—

(杨倩芸)

2019 年夏阳街道经济和社会发展各类指标情况表

表 95

类别	序号	指标名称		单位	完成情况	
					总量	增幅(%)
经济实力	1	税收	税收总收入	亿元	—	—
			区级税收收入	亿元	—	—
	2	规模以上工业总产值		亿元	8.64	-4.7
	3	社会消费品零售总额		亿元	72.6	2
	4	招商引资	合同外资	亿美元	—	—
			外方到位资金	亿美元	—	—
	5	引大引强引实(含总部企业)		户	—	—
	6	内资实体型项目注册资金		亿元	—	—
	7	全社会固定资产投资(属地)		亿元	8.52	198.9
		其中:工业固定资产投资		亿元	1.20	173.9
		商贸服务业固定资产投资		亿元	—	—
	8	开发区单位土地全口径税收产出增幅		%	—	—
创新转型	9	有效专利拥有量		件	—	—
	10	农业经营	家庭农场	个	9	-57.1
			集体农场	个	1	0
			农业布局合规率	%	—	—
	11	产业结构调整项目数	调整企业数	个	5	-16.7
			调整面积数	亩	53.47	-63.4
	12	清洁能源替代	锅炉	台	4	33.3
			窑炉	台	—	—
	13	土地减量化		公顷	—	—
社会民生	14	城乡居民可支配收入		元	—	—
	15	新增就业岗位		个	2482	0.09
		其中:非农就业岗位		个	763	0.07
		残疾人就业安置岗位		个	28	-33.3
	16	帮助长期失业青年就业		人	25	-21.9
	17	帮助成功创业		个	64	-22.9
	18	城镇登记失业人员控制数		人	744	-2.1
	19	青年职业见习人数		个	40	8.1
	20	中高层次职业技能培训人数		个	200	-1.4
		其中:高级及以上		个	50	4.2
	21	城乡居保中农村居民参保	续缴率	%	—	—
			扩覆率	%	—	—
	22	实有人口总量控制数		万人	—	—
		其中:实有人口(来沪人员)总量控制数据		万人	—	—

（续表）

类别	序号	指标名称		单位	完成情况	
					总量	增幅(%)
生态文明	23	工业能耗	综合能源消费控制量	万吨标煤	1926	-15.4
			规模以上工业万元产值能耗下降率	%	0.0223	-11.5
	24	主要污染物排放量削减率(二氧化硫、化学需氧量、氨氮、氮氧化物)		%	—	—
	25	污水处理	城镇污水处理率	%	—	—
			截污纳管户数	户	—	—
	26	生态造林	新增森林面积	公顷	103.5	13.2
			陆域森林覆盖率	%	3.21	13.3
	27	主要农产品"三品"认证率(有机、绿色及无公害产品)		%	—	—

（杨倩芸）

盈浦街道

■**概况** 盈浦街道位于青浦境域中部，原青浦镇城厢地区。东与夏阳街道接壤，西与朱家角镇和江苏昆山市淀山湖镇交界，南至淀浦河，北与香花桥街道相连。交通便捷，临近的318国道、G50沪渝高速公路和苏虹公路与市区及周边省市连接，轨道交通17号线及东、西大盈港和淀浦河贯穿境内；区域内的盈港路、公园路、城中路和漕盈路、城中南路、青安路构成了三纵三横的主要交通网络；西大盈港双桥，既是交通要道，又是区域标志性建筑。辖区总面积16.36平方公里，其中耕地面积208.62公顷。

盈浦街道是青浦城区商业、服务业、行政机关的聚集地。历史悠久，文化底蕴深厚，地理位置得天独厚。区域内有始建于明万历元年(1573)的城隍庙和建于乾隆十年(1745)的曲水园两大名胜古迹，有被列为历史风貌保护区的北门街，还有福泉街、县前街、聚星街等老街。街道商业繁华，拥有百联桥梓湾购物广场、吾悦广场、北极星广场、怀盛生活广场、世纪联华和富绅时代广场等集休闲、购物、餐饮、娱乐为一体的大型商城，新建的万达茂、东渡悦来城等文旅商综合体，复旦附中青浦分校紧邻青浦城区。

6月5日，盈浦街道党群服务站揭牌暨党员干部"三五行动日"启动仪式在轨道交通17号线漕盈路站富绅时代广场举行（盈浦街道供稿）

盈浦街道下辖贺桥、天恩桥、南横、俞家埭、南库5个村民委员会和庆华、庆新、城北、龙威、复兴、解放、三元河、西部花苑、尚美、万寿、盈港、盈中、盈联、上达、民乐、民佳、绿舟、浩泽、民欣、华浦、怡澜、双桥、东渡、赵屯浦、崧子浦、贺桥、淀山浦、漕盈28个社区居委会。有大小居住区共计151个、各类学校25所。实有人口13.68万人，其中常住户籍人口9.35万人、来沪人员4.24万人、境外人员906人。

盈浦街道办事处驻地：青浦区环城东路128号。（凌佳晨）

■**"平安盈浦"建设** 7月，全面启动第二届"进博会"服务保障工作，成立工作领导小组，选派特保、民兵参与"进博会"安全保卫工作。实行突出信访矛盾清单式销项管理，64件信访积案年内成功化解63件，销项化解率98.44%。扫黑除恶专项斗争深入开展，建立线索排查、信息报送、督查通报、案件会商、定期例会五项制度。专项斗争开展以来，共侦破十三类案件159起，涉恶团伙10个，抓获违法犯罪嫌疑人277人。人口综合调控力度不断加大,“房东责任制”累计签约7593户,完成率99.74%,实有人口登记率提高至98.15%。（凌佳晨）

■**拓展自治共治格局** 新建淀山浦社区居委会,完成宝宜苑、庆丰等14家业委会换届工作,另有3家业委筹建工作有序推进。全部完成37个物业管理处规范化建设。顺利召开五届二次社区代表大会,落实代表提出的21条意见和建议。社区基金会积极参与老旧小区综合改造工程,为3344户居民免费安装晾衣架。社会组织服务中心坚持需求导向,做好需求、资源等基础调查,实施精准服务。通过整合社会资源、对接扶持政策、开拓服务项目多样性、推进综合平台建设等举措,实现社会力量参与民生服务更大化。（凌佳晨）

9月27日,盈浦街道在城区桥梓湾广场举办庆祝新中国成立70周年暨“慈·孝·爱——我们的节日·重阳”主题活动。图为区委副书记杨小菁(左五)为街道2019年度“上善盈浦”之“文明”系列、“最美”系列获奖者颁奖（盈浦街道供稿）

■**提升城市精细化管理水平** 党建引领下的“三网融合”工作机制进一步深化。“12345”市民服务热线、网格案件处置工作得到加强,全年共收到热线工单5016件,按时办结率99.98%;上报立案网格案件63199件,结案率98.97%。全面推进“雪亮工程”,完成老旧小区视频监控系统建设,共投入资金4158万,新增监控设备1429个。111个“智慧安防”小区顺利启用,做到人防技防均实施到位。（凌佳晨）

■**“美丽家园”建设** 至年底,完成西园新村、三元新村、万寿六、七区2019年老旧小区综合改造工程,涉及2204户居民,共15.6万平方米,完成两次意见征询,居民同意率均在92%以上;拆除违法建筑275处,完成率90%;拆除“小车库”604个,完成率99.5%。提前启动2020年老旧小区综合改造相关工作,对万寿一、二、三、四区及胜利路204弄完成第一次意见征询,居民同意率达到99%以上。对于2018年完成改造的5个小区实行“一小区一方案”的追踪管理,制订物业管理提升方案,通过宣传引导、强化管理,不断提升居民的认同感和满意度。（凌佳晨）

■**“美丽街区”建设** 着力攻坚环城水系及城中村征收拔点工作,通过实施结对包户、目标上墙、挂图作战,完成环城水系项目城西一组、二组、俞家埭八组及城中村朱家浜等5个基地全部39户农户协议签约任务,保障了区重大项目和新城核心功能区的开发建设。完成仓桥一组、小西门、新塘港、西一南横村4个基地共49户农户征收补偿工作。土地减量立项3.03公顷、验收6.5466公顷。（凌佳晨）

■**“美丽乡村”建设** 全面落实乡村振兴战略,完成《盈浦街道镇级村庄布局规划》编制工作。天恩桥村“美丽乡村”建设项目有序推进,农村生活污水处理、村庄改造工程均已完工。稳步推进农民相对集中居住,制订《盈浦街道农民相对集中居住推进工作方案》,完成意见征询、评估公示等相关工作,签约户数258户,超额完成年度目标任务。开展农村人居环境整治,落实“十清二查一改变”(即清“五违”、清“立面”、清“缸、坛、罐”、清“违规户外设施”、清“乱设摊”、清“河沟”、清“污染物”、清“房前屋后”、清“垃圾”、清“杂地”,排查“制毒”窝点、排查“化学品”存放窝点和改变人居环境面貌、引导健康生活方式)要求,整治宅前屋后各类乱堆物9372吨,清理村内河沟1990米,村域违法建筑基本归零,完成1120平方米设施农用地非农化整治。（凌佳晨）

■**“三大整治”专项行动** 人居环境、生态环境、公共安全“三大整治”有力开展,城北、双桥社区及南厍村等20个居(村)通过验收。全面完成31个居(村)无违创建任务,累计拆除经营性场所等区域内各类违法建筑452处共16392.07平方米。落实河长每月巡河制度,完成3条断头河整治,消除劣V类水体15条段。做好第二轮中央环保督察迎检工作,全部办结6件督办件。全覆盖开展企业、商铺安全隐患排查,整改隐患4816个。开展空中坠物安全隐患专项整治,拆除违规户外广告、店招店牌、电子屏等300余块。（凌佳晨）

■**“双创”工作** 深入推进全国文明城区创建及续创上海市文明社区工作。7月起,通过基层排摸、实地踏勘,加强硬件基础配备,完成墙面破损、道路坑洼、绿化毁损等13项修复工程,共投入资金1800余万元。做实挂图作战、巡查督导、兵团作战、宣传发动、奖罚并举五项机制,督查问题4488个、整改完成4316个,整改率96%。全面开展“创全惠万家,市民齐修身”系列主题活动,推进“文明楼组”“文明家庭”“文明小区”和“最美阵地”“最美镜头”“最美人物”评选,以先进典型涵养居民文明素养。（凌佳晨）

6月20日,“看变化、话跨越,守初心、做表率”——盈浦街道纪念建党98周年纳凉晚会启动仪式暨“同一片蓝天”为职工送文艺专场演出在盈浦街道文体中心举行
(盈浦街道供稿)

队活动1293次,参与人数约8万人次。持续加强文化品牌建设,深化“寻觅老城厢历史・对接新城区文明”主题,成功举办社区龙舟赛,共有32支基层单位代表队伍450人参赛;开展“我们的节日・重阳”主题活动,传承优良家风,弘扬中华民族爱老敬老的传统美德,社区500余人参与;组织开展社区纳凉晚会30场,演出人员共计2000余人,受益群众达2万人。配合做好环意长三角自行车公开赛、区级元旦徒步等各项工作。打响“盈浦故事”品牌,举办110场讲演活动,用身边事教育、感染身边人,前后共有8800人次市民参与。
(凌佳晨)

■生活垃圾分类全面实施 3月起,全面启动垃圾分类整区域创建工作。9月,成功创建2019年首批市级垃圾分类示范街镇。街道104个封闭式小区和45个开放式小区全部实行定时定点集中投放,设置投放点位168个,撤桶完成率为100%。至年底,90个垃圾箱房分类改造完成工程量的98.9%。
(凌佳晨)

■民生保障力度增强 深化创业型城区建设,新增就业岗位2110个,城镇登记失业人员控制在区下达指标内,帮助成功创业50家。进一步加大困难群众、残疾人帮扶力度,累计发放各类帮困金1500余万元,惠及群众20000余人。加强退役军人服务保障,悬挂“光荣之家”1607块,自愿挂牌率100%。
(凌佳晨)

■加强商贸体管理 9月19日,街道召开“不忘初心、牢记使命”主题教育商贸体调研会,加强与商贸体合作和联动,共同做好“服务”“管理”“安全”三篇文章。并向广大商贸体内的经营者下发《坚持党建引领促进商贸体高质量发展行动倡议》。而后,相关部门根据会议精神,聚焦公共广场、公共安全、地下空间、门责达标、垃圾分类、非机动车停放、高空坠物、违法建筑和违法经营等重点任务,深化领导协商机制、联动联勤机制、信息互通机制、考核评优机制,推动商贸体规范化高质量发展。
(凌佳晨)

■完善文化服务体系 盈浦街道社区文化活动中心运用“1+3+X”(即以社区文化活动中心为主体,依托“图书馆”“市民健身房”“市民大舞台”三大委托单位,做大做强X个项目活动)管理模式,开展各类主题活动1380场、团

■健康城市建设 推广“微型家庭医生工作室”试点,新建西部花苑社区“微家医工作室”,辖区内共建有3个,各“微家医”门诊诊疗13495人次。完善养老服务体系,推进社区综合为老服务中心项目建设。贯彻落实青浦教育大会及“初心不改聚盈浦,使命在肩话教育”—2019年盈浦街道教育座谈会精神,优势互补,资源共享,加强党建联建,深化校地合作,共同推动教育事业发展。
(凌佳晨)

7月25日,盈浦街道社区卫生服务中心和西部花苑居委会共同打造的“微家医工作室”揭牌仪式举行
(盈浦街道供稿)

2019 年盈浦街道经济与社会发展基本情况表

表 96

项目	计量单位	数值	比上年增长(%)	备注
工业总产值(规模以上)	万元	20737.5	-3.44	—
农业总产值	万元	1083.9	-3.05	—
财政收入	万元	—	—	—
其中:街道财政收入	万元	—	—	—
财政支出	万元	41031.28	-15.01	—
利用外资金额	万美元	—	—	—
外资到位金额	万美元	—	—	—
固定资产投资总额	万元	—	—	—
社会消费品零售总额	万元	874192	2.9	—
主要农副产品产量				
粮食	吨	1092	11.43	—
油菜籽	吨	—	—	—
生猪出栏数活猪	头	—	—	—
家禽肉禽	万羽	0.1	-16.67	—
鲜蛋禽蛋	吨	0.15	-25	—
淡水产品	吨	15	46.6	可食用
蔬菜(不包括食用菌)	吨	1886	-3.28	—
教育事业				
其中:成校(职校)	所	1	—	—
高中	所	1	-100	—
初中	所	6	20.00	—
小学	所	5	—	—
幼儿园	所	12	20.00	—
在校生(含幼儿)	人	—	—	—
教职工	人	—	—	—
教育事业财政支出	万元	—	—	—
文化事业				
图书馆(室)	个	33	6.45	—
文化馆(室)	个	32	6.67	—
影剧院(场)	所	4	—	—
文化事业财政支出	万元	—	—	—
医疗、卫生、体育事业				
卫生院(所)	所	1	—	—
卫生室	所	2	—	—
总床位	张	—	—	—
医技人员	人	125	-42.48	—
体育场馆	座	—	—	—
健身苑(点)	个	91	2.20	—
农村居民可支配收入	元	51563	8.9	区统筹

(凌佳晨)

2019年盈浦经济和社会发展各类指标情况表

表 97

<table>
<tr><th rowspan="2">类别</th><th rowspan="2">序号</th><th rowspan="2" colspan="2">指标名称</th><th rowspan="2">单位</th><th colspan="2">完成情况</th></tr>
<tr><th>总量</th><th>增幅(%)</th></tr>
<tr><td rowspan="12">经济实力</td><td rowspan="2">1</td><td rowspan="2">税收</td><td>税收总收入</td><td>亿元</td><td>—</td><td>—</td></tr>
<tr><td>区级税收收入</td><td>亿元</td><td>—</td><td>—</td></tr>
<tr><td>2</td><td colspan="2">规模以上工业总产值</td><td>亿元</td><td>2.07</td><td>-3.44</td></tr>
<tr><td>3</td><td colspan="2">社会消费品零售总额</td><td>亿元</td><td>87.4</td><td>2.9</td></tr>
<tr><td rowspan="2">4</td><td rowspan="2">招商引资</td><td>合同外资</td><td>亿美元</td><td>—</td><td>—</td></tr>
<tr><td>外方到位资金</td><td>亿美元</td><td>—</td><td>—</td></tr>
<tr><td>5</td><td colspan="2">引大引强引实(含总部企业)</td><td>户</td><td>—</td><td>—</td></tr>
<tr><td>6</td><td colspan="2">内资实体型项目注册资金</td><td>亿元</td><td>—</td><td>—</td></tr>
<tr><td rowspan="3">7</td><td colspan="2">全社会固定资产投资(属地)</td><td>亿元</td><td>—</td><td>—</td></tr>
<tr><td colspan="2">其中:工业固定资产投资</td><td>亿元</td><td>—</td><td>—</td></tr>
<tr><td colspan="2">商贸服务业固定资产投资</td><td>亿元</td><td>—</td><td>—</td></tr>
<tr><td>8</td><td colspan="2">开发区单位土地全口径税收产出增幅</td><td>%</td><td>—</td><td>—</td></tr>
<tr><td rowspan="9">创新转型</td><td>9</td><td colspan="2">有效专利拥有量</td><td>件</td><td>—</td><td>—</td></tr>
<tr><td rowspan="3">10</td><td rowspan="3">农业经营</td><td>家庭农场</td><td>个</td><td>14</td><td>—</td></tr>
<tr><td>集体农场</td><td>个</td><td>1</td><td>—</td></tr>
<tr><td>农业布局合规率</td><td>%</td><td>85</td><td>—</td></tr>
<tr><td rowspan="2">11</td><td rowspan="2">产业结构调整项目数</td><td>调整企业数</td><td>个</td><td>5</td><td>-37.5</td></tr>
<tr><td>调整面积数</td><td>公顷</td><td>3</td><td>11.1</td></tr>
<tr><td rowspan="2">12</td><td rowspan="2">清洁能源替代</td><td>锅炉</td><td>台</td><td>—</td><td>—</td></tr>
<tr><td>窑炉</td><td>台</td><td>—</td><td>—</td></tr>
<tr><td>13</td><td colspan="2">土地减量化</td><td>公顷</td><td>3.02</td><td>-2.89</td></tr>
<tr><td rowspan="15">社会民生</td><td>14</td><td colspan="2">城乡居民可支配收入</td><td>元</td><td>51563</td><td>8.9</td></tr>
<tr><td rowspan="3">15</td><td colspan="2">新增就业岗位</td><td>个</td><td>2110</td><td>21.26</td></tr>
<tr><td colspan="2">其中:非农就业岗位</td><td>个</td><td>644</td><td>-0.92</td></tr>
<tr><td colspan="2">残疾人就业安置岗位</td><td>个</td><td>26</td><td>-42.22</td></tr>
<tr><td>16</td><td colspan="2">帮助长期失业青年就业</td><td>人</td><td>25</td><td>—</td></tr>
<tr><td>17</td><td colspan="2">帮助成功创业</td><td>个</td><td>50</td><td>—</td></tr>
<tr><td>18</td><td colspan="2">城镇登记失业人员控制数</td><td>人</td><td>751</td><td>-1.70</td></tr>
<tr><td>19</td><td colspan="2">青年职业见习人数</td><td>个</td><td>31</td><td>—</td></tr>
<tr><td rowspan="2">20</td><td colspan="2">中高层次职业技能培训人数</td><td>个</td><td>200</td><td>-32.66</td></tr>
<tr><td colspan="2">其中:高级及以上</td><td>个</td><td>40</td><td>—</td></tr>
<tr><td rowspan="2">21</td><td rowspan="2">城乡居保中农村居民参保</td><td>续缴率</td><td>%</td><td>—</td><td>—</td></tr>
<tr><td>扩覆率</td><td>%</td><td>—</td><td>—</td></tr>
<tr><td rowspan="2">22</td><td colspan="2">实有人口总量控制数</td><td>万人</td><td>13.60</td><td>7.09</td></tr>
<tr><td colspan="2">其中:实有人口(来沪人员)总量控制数据</td><td>万人</td><td>4.24</td><td>13.67</td></tr>
</table>

（续表）

类别	序号	指标名称		单位	完成情况	
					总量	增幅(%)
生态文明	23	工业能耗	综合能源消费控制量	万吨标煤	0.92	-34.3
			规模以上工业万元产值能耗下降率	%	—	—
	24	主要污染物排放量削减率(二氧化硫、化学需氧量、氨氮、氮氧化物)		%	—	—
	25	污水处理	城镇污水处理率	%	92.54	-3.22
			截污纳管户数	户	—	—
	26	生态造林	新增森林面积	公顷	29.26	188.28
			陆域森林覆盖率	%	16.91	34.42
	27	主要农产品“三品”认证率(有机、绿色及无公害产品)		%	80	-5.88

（凌佳晨）

香花桥街道

■概况　香花桥街道位于青浦境域中北部，东接重固镇、赵巷镇，西连白鹤镇、盈浦街道，南于盈浦街道、夏阳街道、赵巷镇接壤，北与白鹤镇交界。区域位置优越，交通便捷。东靠建设中的虹桥综合交通枢纽，南连318国道和G50沪渝高速公路，北接S26沪常高速公路。南北向的G1503上海绕城高速公路与街道相连，并与上述高速公路形成环网。辖区总面积62.18平方公里，其中耕地总面积1540.8公顷。

香花桥街道下辖杨元、袁家、七汇、陈桥、盈中、石西、胜利、天一、新姚、新桥、向阳、郏一、朝阳、曹泾、金星、泾阳、大联、金米、爱星、东方、东斜、燕南22个村民委员会及青山、大盈、香花桥、金巷、民惠、都汇华庭、民惠第二、桃源埔、清河湾、友爱、民惠第三、玫瑰湾、玉兰花园13个社区居民委员会。年末，实有人口总数108246人，其中：户籍人口12308户、37593人，来沪人员为82664人，境外人员为145人。

香花桥街道机办事处驻地：青浦区新桥路786号。（周一萍）

■开展大调研　1—12月，街道班子成员及相关责任部门分成12个调研组，共开展调研255次，完成调研对象3760个，包括农户家庭2288户、居民家庭1414户、实体企业58家，均100%完成目标数；收集问题211个，需解决问题211个，解决问题165个，解决率为78.2%。（周一萍）

■城市运行与管理　全年整治人居环境6567处、39处群租点位，拆除存量违建约68258平方米及店招、广告牌140块。清退无证无照经营户17户，罚没款9.9万元。发现雨污混接180个，整改完毕124个。查封“三合一”（住宿与生产、仓储、经营一种或一种以上使用功能违章混合设置在同一空间内）场所3处，开展7次共468人次的应急演练。完成10个小区的电动自行车充电桩和地下车库消防设施建设。完成7个村保洁一体化试点。设置“两网融合”点位41个，改建垃圾房51个，22个居住区完成垃圾分类体系建设。（周一萍）

■社会救济保障　全年发放各类奖扶资金1400万元，惠及奖扶对象近1800人；发放城乡低保、医疗救助等帮困补助共计514.79万元。完成2019年度“残疾人送康复上门”签约工作，共1400名残疾人签约，占街道持证残疾人数

10月24日，副区长王凌宇（左排左二）到香花桥街道调研环意自行车赛准备工作（香花桥街道供稿）

77%;发放残疾人补助262.08万元。积极推进长期护理试点工作,街道长护险申请受理通过评估916人,办理城乡居民医保参保手续1191人、大病登记296人;完成老年人“银发无忧”投保工作,参保人数14239人,投保金额30.71万元。(周一萍)

■社会事业发展 2019年,举办香花桥街道第四届文体节,开展20场核心活动和2000余场小型活动。完成第二批16家居村综合文化活动中心市级创建验收工作。利用“文化云盒”平台和数字移动阅读平台,提升公共文化数字化服务能力。发挥社会组织服务中心和社会组织联合会两大平台作用,整合多方资源,配合街道各社区开展特色自治项目,如结合垃圾分类开展“萌宠都汇,‘桶’治华庭”自治项目,打造特色自治品牌;新建12个客堂间(睦邻点),发挥自治阵地作用,引导村居民开展社区协商、参与社区事务管理,推进基层民主自治。(周一萍)

■加强违法违规查处 全年检查生产企业4516家次,其中生产安全检查3569家次、特种设备检查947家次。共查出安全生产隐患2034条,整改2034条;共巡查特种设备3123台。根据《香花桥街道关于工业园区5个地块公共安全综合整治方案》的部署和要求,积极会同区相关职能部门、青浦工业园区联手推进外青松公路5500号原沃盟地块、外青松公路5600号劲达地块、新业路338号仁虎地块、华青路827号杰恒地块4个区级公共安全地块的整治工作,共整治各类无证建(构)筑物6600余平方米、箱式房100余只,分拣并处置垃圾约1800吨。针对新城一期地块公共安全整治,召开4次综合整治协调会,并成立新城一区专项整治小组。共出动268人次,累计检查企业246家次,发现126家企业存在违法违规行为;发现安全隐患270项,开出法律文书55份,已完成整改隐患78项;发现4家存在异地经营现象,已开具责令整改通知书;排查出违规集装箱42个,其中住人集装箱22个,已全面清理完毕。同时,在香花桥街道微信公众号和《香花报》进行食品安全宣传,并建立微信工作群,对食品安全工作进行及时宣传和互动。开展食品安全、僵尸车、废弃立杆、占道堆物等市容环境整治26次,清除各类乱涂写、乱张贴、乱刻画25830处,清理墙面污损破坏26500平米,清理横幅(违规户外设施)2350处2680条,让市容顽症得到有效处置。(周一萍)

■推进乡村振兴及生态建设 启动郊野单元(村庄)规划编制。农户确权地流转委托率达97%,面积合计994.19公顷。完成粮食烘干库房、中转仓库的建设。农民思想文化提升方面:根据中央关于开展农村人居环境整治的总要求,围绕区委、区政府制定的“十清两查一改变”目标任务,及时组织街道党群办、文体中心和社发中心等单位到各村(居)开展宣传教育活动50多场次,让农村“生产美、生态美、生活美”的观念深入百姓心中。通过一年持续不断的努力,香花桥街道农民对生态环境保护的意识不断加强,对优秀民风民俗传承日益坚定。开展“美丽香约·宜居家园”创建系列活动。生态治理方面:完成4个地块的公共安全整治。减量化立项16.69公顷。29个村(居)通过区“三大整治”验收。生态建设方面:建立街道环保督察制度。完成7家企业的工业挥发性有机物末端治理、源头替代治理。4.51公顷油墩港生态廊道竣工验收。G1503上海绕城高速相关段生态廊道前期腾退土地14.61公顷。完成S26沪常高速相关段8.69公顷的公益林抚育项目。(周一萍)

■综治工作 2019年,着重从四方面推进综治工作:一是全面提升安防能力。在原有基础上进一步加强平安志愿者队伍建设,不断织密技防网络。雪亮工程视频监控1204只高清摄像头、35个“智慧安防”小区、23个村(居)综治中心投入正常运作。新建3家综治中心,已完成硬件设施建设。根据农村地区治安力量薄弱的特点,在35个“智慧安防”小区的基础上增设5个自然村落的“智慧安防”设备(在建)。二是深入开展扫黑除恶专项斗争。开展扫黑除恶专题组织生活、应知应会知识学习50次,覆盖党员2100余人。邀请专家学者开展警示宣讲10次。强化氛围布置,悬挂招风旗1000根,布置大型公益广告牌3块、公益墙画20处、宣传展板1000块,悬挂横幅800条、张贴专题海报4000份、布置易拉宝48个、丽屏12个,发放宣传折页和《致青浦居民的一封信》各4万份。开展扫黑除恶专项斗争设摊行动23次,向市民发放印有扫黑除恶宣传标语的广告扇(1000把)等宣传品,布置台卡200份。发挥微信公众号矩阵同频共振作用,开设“扫黑除恶”专栏,每周开展2~3次专项宣传。全年街道共掌握扫黑除恶线索54条,全部经街道党政班子会研判处置,各类线索案件也均由分管领导牵头,落实属地管理处置完毕。三是推行试点“企业责任制”建设。年内,在推行“房东责任制”的基础上,结合辖区企业特点,先行推行试点“企业责任制”建设,拟调动社会力量一起参与到来沪人口管理工作上。先后对辖区内2600家实体企业100%签订承诺书,企业宿舍100%制定人员看板、登计流程。此项工作于3月启动,6月得到区人口办认可并在全区推行。四是深入开展禁毒控毒。5月和9月,先后2次开展易制毒化学品和机械设备的排摸工作。上半年走访排查企业2002家,排摸出易制毒化学品和相关设备企业72家;下半年走访排查企业1932家,排摸出易制毒化学品和相关设备企业71家。排查居民出租房户数7828户(23817间)、涉及租赁人数44639人,排查闲置废弃仓库、厂房、房屋、饲养场、苗圃、果园等场所和偏僻区域38个。(周一萍)

■党建工作 2019年,严格指导51个基层党支部形成责任清单385个、工作清单412个和支部班子成员责任清单1133个。至年底,村“一肩挑”(书记兼主任)比例较年初上升31.8%,占59.1%;严格落实《香花桥街道村居党建服务站提质增效实施意见》,对12个村(居)党建服务站进行提档升级;新建张江“云立方”产业园、8090产业园等19个党群服务点,推动基层服务阵地软硬件同步升级。全年发展党员37人,其中村(居)12人、机关企事业单位12人、“两新”党组织13人。通过召开“七一”表彰大会等,持续发挥党员先进典型引领作用。(周一萍)

2019 年香花桥街道经济与社会发展基本情况表

表 98

项目	计量单位	数值	比上年增长(%)	备注
工业总产值	万元	10158530	3.23	—
农业总产值	万元	9072.3	-17	—
税收收入(税务口径)	万元	—	—	—
区级税收收入	万元	—	—	—
镇结算财力收入(剔除教育统筹)	万元	—	—	—
合同外资	万美元	—	—	—
外方到位金额	万美元	—	—	—
新增内资企业注册资金	万元	—	—	—
内资到位金额	万元	—	—	—
固定资产投资总额	万元	—	—	—
社会消费品零售总额	亿元	72.1	4.8	—
主要农副产品产量				
粮食	吨	6132.3	-2.64	—
油菜籽	吨	0		—
生猪出栏数	头	15634	-48.5	—
家禽	万羽	2.16	38.5	—
鲜蛋	吨	103.4	-35.3	—
淡水产品	吨	123	100	—
蔬菜	吨	12440	-14.1	—
教育事业				
其中:成校(职校)	所	1	—	—
高中	所	0	—	—
初中	所	2	—	—
小学	所	2	—	—
幼儿园	所	4	—	—
在校生(含幼儿园)	人	3623	14%	清河湾中学增加年级
教职工	人	483	4%	清河湾中学增加教师
教育事业财政支出	万元	—	—	—
文化事业				
图书馆(室)	个	1	—	—
文化馆(室)	个	—	—	—

（续表）

项目	计量单位	数值	比上年增长(%)	备注
影剧院(场)	个	—	—	—
文化事业财政支出	万元	210.8	-12	—
医疗、卫生、体育事业				
卫生院(所)	所	2	—	—
卫生室	所	12	—	—
总床位	张	20	—	—
医技人员	人	97	—	—
体育场馆	座	—	—	—
健身苑(点)	个	46	10	—
居民人均可支配收入	元	—	—	—

（周一萍）

2019 年香花桥街道经济和社会发展各类指标情况表

表 99

类别	序号	指标名称		单位	完成情况	
					总量	增幅(%)
经济实力	1	税收	税收总收入	亿元	—	—
			区级税收收入	亿元	—	—
	2	规模以上工业总产值		亿元	—	—
	3	社会消费品零售总额		亿元	—	—
	4	招商引资	合同外资	亿美元	—	—
			外方到位资金	亿美元	—	—
	5	引大引强引实(含总部企业)		户	—	—
	6	内资实体型项目注册资金		亿元	—	—
	7	全社会固定资产投资(属地)		亿元	—	—
		其中:工业固定资产投资		亿元	—	—
		商贸服务业固定资产投资		亿元	—	—
	8	开发区单位土地全口径税收产出增幅		%	—	—
创新转型	9	有效专利拥有量		件	—	—
	10	农业经营	家庭农场	个	2	—
			集体农场	个	—	—
			农业布局合规率	%	—	—
	11	产业结构调整项目数	调整企业数	个	39	—
			调整面积数	公顷	6.07	—
	12	清洁能源替代	锅炉	台	—	—
			窑炉	台	—	—
	13	土地减量化		公顷	16.6893	—

（续表）

<table>
<tr><th rowspan="2">类别</th><th rowspan="2">序号</th><th rowspan="2" colspan="2">指标名称</th><th rowspan="2">单位</th><th colspan="2">完成情况</th></tr>
<tr><th>总量</th><th>增幅(%)</th></tr>
<tr><td rowspan="15">社会民生</td><td>14</td><td colspan="2">城乡居民可支配收入</td><td>元</td><td>—</td><td>—</td></tr>
<tr><td rowspan="3">15</td><td colspan="2">新增就业岗位</td><td>个</td><td>3836</td><td>105.1</td></tr>
<tr><td colspan="2">其中:非农就业岗位</td><td>个</td><td>927</td><td>113</td></tr>
<tr><td colspan="2">残疾人就业安置岗位</td><td>个</td><td>39</td><td>130</td></tr>
<tr><td>16</td><td colspan="2">帮助长期失业青年就业</td><td>人</td><td>27</td><td>108</td></tr>
<tr><td>17</td><td colspan="2">帮助成功创业</td><td>个</td><td>47</td><td>134</td></tr>
<tr><td>18</td><td colspan="2">城镇登记失业人员控制数</td><td>人</td><td>360</td><td>-60 个</td></tr>
<tr><td>19</td><td colspan="2">青年职业见习人数</td><td>个</td><td>69</td><td>172.5</td></tr>
<tr><td rowspan="2">20</td><td colspan="2">中高层次职业技能培训人数</td><td>个</td><td>315</td><td>105</td></tr>
<tr><td colspan="2">其中:高级及以上</td><td>个</td><td>50</td><td>125</td></tr>
<tr><td rowspan="2">21</td><td rowspan="2">城乡居保中农村居民参保</td><td>续缴率</td><td>%</td><td>90</td><td>97.78</td></tr>
<tr><td>扩覆率</td><td>%</td><td>10</td><td>230</td></tr>
<tr><td rowspan="2">22</td><td colspan="2">实有人口总量控制数</td><td>万人</td><td>—</td><td>—</td></tr>
<tr><td colspan="2">其中:实有人口(来沪人员)总量控制数据</td><td>万人</td><td>7.96</td><td>—</td></tr>
<tr><td rowspan="8">生态文明</td><td rowspan="2">23</td><td rowspan="2">工业能耗</td><td>综合能源消费控制量</td><td>万吨标煤</td><td>—</td><td>—</td></tr>
<tr><td>规模以上工业万元产值能耗下降率</td><td>%</td><td>—</td><td>—</td></tr>
<tr><td>24</td><td colspan="2">主要污染物排放量削减率(二氧化硫、化学需氧量、氨氮、氮氧化物)</td><td>%</td><td>—</td><td>—</td></tr>
<tr><td rowspan="2">25</td><td rowspan="2">污水处理</td><td>城镇污水处理率</td><td>%</td><td>—</td><td>—</td></tr>
<tr><td>截污纳管户数</td><td>户</td><td>—</td><td>—</td></tr>
<tr><td rowspan="2">26</td><td rowspan="2">生态造林</td><td>新增森林面积</td><td>公顷</td><td>20.434</td><td>—</td></tr>
<tr><td>陆域森林覆盖率</td><td>%</td><td>11.12</td><td>—</td></tr>
<tr><td>27</td><td colspan="2">主要农产品“三品”认证率(有机、绿色及无公害产品)</td><td>%</td><td>5</td><td>—</td></tr>
</table>

（周一萍）

国家级先进集体

获奖单位（项目）	奖项名称	颁奖单位及时间
青浦区人民法院刑事审判庭	人民法院刑事案件认罪认罚从宽制度试点工作先进集体	最高人民法院，2019 年 2 月 12 日
上海市青浦区市场监督管理局注册许可科	全国巾帼文明岗	全国妇女联合会、全国总工会，2019 年 3 月
上海市公安局青浦分局国家会展中心治安派出所	2019 年全国工人先锋号	中华全国总工会，2019 年 4 月
上海市青浦区劳动保障监察大队	2019 年全国清理整顿人力资源市场秩序专项执法行动取得突出成绩单位	人力资源和社会保障部办公厅、国家市场监督管理总局办公厅，2019 年 6 月 28 日
上海市青浦区林业站	保护森林和野生动植物资源先进集体	国家林业和草原局，2019 年 8 月
青浦区人民检察院	2019 年度全国检察宣传先进单位	最高人民检察院、检察日报社，2019 年 9 月
青浦区人民武装部党委	先进师旅团级单位党委	中央军委国防动员部，2019 年 10 月
民进青浦区总支	民进全国先进基层组织	中国民主促进会中央委员会，2019 年 10 月
青浦区人民检察院未成年人刑事检察组	全国维护妇女儿童权益先进集体	中华全国妇女联合会，2019 年 11 月
上海市青浦区人才服务中心	全国人力资源社会保障系统 2017—2019 年度优质服务窗口	人力资源和社会保障部，2019 年 12 月
青浦区水务局	全国水利系统先进集体	人力社会资源保障部、水利部，2019 年 12 月
上海市青浦区市场监督管理局西虹桥地区市场监管所	全国市场监管系统优秀市场监管所	国家市场监督管理总局，2019 年 12 月
上海市青浦区残疾人联合会	2015—2018 年全国残疾人体育先进单位	中国残疾人联合会，国家体育总局，2019 年 12 月 27 日

国家级先进个人

获奖个人者(所在单位)	奖项名称	颁奖单位及时间
陈强[青浦区人民法院西虹桥(进口博览会)人民法庭]	全国法院办案标兵	最高人民法院,2019年1月9日
田爱萍(上海美都环卫服务有限公司)	全国"五一"巾帼标兵	中华全国总工会,2019年2月
王翠玲(上海锐嘉科实业有限公司)	全国巾帼建功标兵	中华全国妇女联合会,2019年3月1日
陈君芳家庭(朱家角镇)	2019年度全国"最美家庭"	中华全国妇女联合会,2019年5月
顾树强家庭(练塘镇)	2019年度全国"最美家庭"	中华全国妇女联合会,2019年5月
董旭华(上海鹳山绿色建筑科技有限公司)	全国自强模范	人力资源和社会保障部、中国残疾人联合会,2019年5月
朱洪葵(上海市公安局青浦分局国家会展中心治安派出所)	全国模范退役军人	中共中央,2019年7月
胡佳来(青浦区人民检察院)	2018年度全国检察宣传先进个人	检察日报社,2019年7月
封莉容(上海宋庆龄学校)	2019年全国教书育人楷模	全国教书育人楷模推选委员会(教育部代章),2019年9月
陆跃勤(青浦区教师进修学院)	2019年全国优秀教师	中华人民共和国教育部,2019年9月
吴利荣(青浦区林业站)	全国生态建设突出贡献先进个人	国家林业和草原局,2019年9月
姚伟明(香花桥街道)	民进全国组织建设先进个人	中国民主促进会中央委员会,2019年10月
王卫红(青浦区地方志办公室志书年鉴科)	全国地方志先进工作者	中国地方志指导小组办公室,2019年11月27日

市级先进集体

获奖单位(项目)	奖项名称	颁奖单位及时间
青浦区人民武装部	民兵工作先进单位	上海警备区,2019年12月27日
青浦区人民武装部	安全管理工作先进单位	上海警备区,2019年12月27日
青浦区徐泾镇人民武装部	民兵工作先进单位	上海警备区,2019年12月27日
青浦区华新镇人民武装部	基层武装工作先进单位	上海警备区,2019年12月27日
青浦区华新镇人民武装部	2018年度民兵工作先进单位	上海警备区,2019年1月
青浦区朱家角镇人民武装部	2018年度征兵工作先进单位	上海市人民政府、上海警备区,2019年7月
上海市青浦区水务建设工程质量安全监督站	2018年度上海市重点工程实事立功竞赛优秀团队	上海市重点工程实事立功竞赛领导小组,2019年1月
上海青发城市建设管理有限公司	2018年度上海市重点工程实事立功竞赛优秀公司	上海市重点工程实事立功竞赛领导小组,2019年1月8日
上海市青浦区人民检察院	2017—2018年度上海市检察机关先进检察院	上海市人民检察院,2019年3月
上海市青浦区生态环境局办公室	上海市生态环境保护先进集体	上海市人力资源和社会保障局、上海市生态环境局,2019年5月31日
青浦区盈浦街道办事处	2016—2018年度上海市民族团结进步先进集体	上海市人力资源和社会保障局、上海市民族和宗教事务局,2019年6月

获奖单位(项目)	奖项名称	颁奖单位及时间
青浦区水务建设工程质量安全监督站党支部	上海市"进博先锋行动"先进基层党组织	中共上海市委组织部,2019 年 11 月
青浦区绿化和市容管理局党委	上海市"进博先锋行动"先进基层党组织	中共上海市委组织部,2019 年 11 月
上海市青浦区档案局(馆)	上海市档案系统先进集体	上海市人力资源和社会保障局、上海市档案局,2019 年 12 月 3 日
上海市青浦区水务局	2019 年上海市"五一"劳动奖状	上海市总工会,2018 年 1 月
上海华普利特复合材料股份有限公司	2019 年上海市"五一"劳动奖状	上海市总工会,2019 年 4 月
上海华新建设(集团)有限公司	2019 年上海市"五一"劳动奖状	上海市总工会,2019 年 4 月
青浦区金泽镇蔡浜村村民委员会	2019 年上海市"五一"劳动奖状	上海市总工会,2019 年 4 月
上海安诺其集团股份有限公司	2019 年上海市"五一"劳动奖状	上海市总工会,2019 年 4 月
书香门地(上海)美学家居股份有限公司	2019 年上海市"五一"劳动奖状	上海市总工会,2019 年 4 月
上海青浦巴士公共交通有限公司	2019 年上海市"五一"劳动奖状	上海市总工会,2019 年 4 月
上海巴安水务股份有限公司	2019 年上海市"五一"劳动奖状	上海市总工会,2019 年 4 月
上海市青浦区市场监督管理局	2019 年上海市"五一"劳动奖状	上海市总工会,2019 年 11 月
中国邮政集团公司上海市青浦区分公司	2019 年上海市"五一"劳动奖状	上海市总工会,2019 年 11 月
上海市青浦区徐泾镇人民政府	2019 年上海市"五一"劳动奖状	上海市总工会,2019 年 11 月
上海正伟印刷有限公司综印车间	2019 年上海市工人先锋号	上海市总工会,2019 年 4 月
上海新朋实业股份有限公司市场开发部	2019 年上海市工人先锋号	上海市总工会,2019 年 4 月
青浦区重固镇福定社区居民委员会社区垃圾分类推进办公室	2019 年上海市工人先锋号	上海市总工会,2019 年 4 月
上海福思特流体机械有限公司装配车间	2019 年上海市工人先锋号	上海市总工会,2019 年 4 月
上海天弩食品有限公司技术设备科	2019 年上海市工人先锋号	上海市总工会,2019 年 4 月
上海青翼建设工程有限公司运营管理中心	2019 年上海市工人先锋号	上海市总工会,2019 年 4 月
申雅密封件有限公司挤出丙班	2019 年上海市工人先锋号	上海市总工会,2019 年 4 月
中国联合网络通信有限公司上海市青浦分公司	2019 年上海市工人先锋号	上海市总工会,2019 年 4 月
上海农村商业股份有限公司青浦白鹤支行	2017—2018 年度上海市青年文明号	共青团上海市委员会,2019 年 4 月
上海华测导航技术股份有限公司国家企业技术中心北斗 AI 项目青年团队	2018 年度上海市青年"五四"奖章	共青团上海市委员会、上海市人力资源和社会保障局,2019 年 4 月
上海安诺其集团股份有限公司研发及技术部青年工作组	2018 年度上海市青年"五四"奖章	共青团上海市委员会、上海市人力资源和社会保障局,2019 年 4 月
江苏哈工智能机器人股份有限公司上海分公司哈工智能研究院青年项目组	2018 年度上海市青年"五四"奖章	共青团上海市委员会、上海市人力资源和社会保障局,2019 年 4 月
上海青浦发展(集团)有限公司规划设计部青年突击队	2018 年度上海市青年"五四"奖章	共青团上海市委员会、上海市人力资源和社会保障局,2019 年 4 月
上海市青浦区居民经济状况核对中心	2017—2018 年度上海市青年文明号示范集体	共青团上海市委员会、上海市青年岗位建功行动组委会,2019 年 4 月
青浦区就业促进中心	2017—2018 年度上海市青年文明号	共青团上海市委员会、上海市青年岗位建功行动组委会,2019 年 4 月
上海市青浦区中小企业服务中心	2017—2018 年度上海市青年文明号	共青团上海市委员会、上海市青年岗位建功行动组委会,2019 年 4 月
香花桥街道郏一村	2017—2018 年度上海市青年文明号	共青团上海市委员会、上海市青年岗位建功行动组委会,2019 年 4 月

获奖单位(项目)	奖项名称	颁奖单位及时间
上海市青浦区卫生和计划生育委员会监督所执法一中队	2017—2018 年度上海市青年文明号	共青团上海市委员会、上海市青年岗位建功行动组委会,2019 年 4 月
上海市夏阳强制隔离戒毒所二大队	2017—2018 年度上海市青年文明号	共青团上海市委员会、上海市青年岗位建功行动组委会,2019 年 4 月
上海市青浦区水文勘测队水质科	2017—2018 年度上海市青年文明号	共青团上海市委员会、上海市青年岗位建功行动组委会,2019 年 4 月
上海市青浦区发展和改革委员会综合规划科	2017—2018 年度上海市青年文明号	共青团上海市委员会、上海市青年岗位建功行动组委会,2019 年 4 月
中国电信股份有限公司上海分公司青浦电信局“青翼先锋”进博会通讯保障青年突击队	2018 年度上海市进博专项青年突击队	共青团上海市委员会、上海市青年岗位建功行动组委会,2019 年 4 月
上海市公安局青浦分局徐泾派出所执法办案青年突击队	2018 年度上海市进博专项青年突击队	共青团上海市委员会、上海市青年岗位建功行动组委会,2019 年 4 月
上海市青浦区徐泾镇城市管理行政执法中队	2018 年度上海市青年突击队	共青团上海市委员会、上海市青年岗位建功行动组委会,2019 年 4 月
五建集团崧泽高架西延伸工程 1 标段王云管理型青年突击队	2018 年度上海市青年突击队	共青团上海市委员会、上海市青年岗位建功行动组委会,2019 年 4 月
青浦区人才服务中心	2018 年度上海市青年突击队	共青团上海市委员会、上海市青年岗位建功行动组委会,2019 年 4 月
上海地矿“青浦练塘土地整治”青年突击队	2018 年度上海市青年突击队	共青团上海市委员会、上海市青年岗位建功行动组委会,2019 年 4 月
青浦区朱家角镇团委	2018 年度上海市“五四”红旗团委	共青团上海市委员会、上海市青年岗位建功行动组委会,2019 年 4 月
上海市青浦区崧泽学校团总支	2018 年度上海市“五四”红旗团支部	共青团上海市委员会、上海市青年岗位建功行动组委会,2019 年 4 月
青浦区慈善事业和志愿服务促进中心	2017—2018 年度上海市“三八”红旗集体	上海市妇女联合会、上海市人力资源和社会保障局,2019 年 3 月
青浦区人民检察院检察二部	2017—2018 年度上海市“三八”红旗集体	上海市妇女联合会、上海市人力资源和社会保障局,2019 年 3 月
上海赵巷品牌企业发展有限公司	2017—2018 年度上海市“三八”红旗集体	上海市妇女联合会、上海市人力资源和社会保障局,2019 年 2 月
复旦大学附属中山医院青浦分院泌尿外科	2017—2018 年度上海市“三八”红旗集体	上海市妇女联合会、上海市人力资源和社会保障局,2019 年 3 月
青浦区妇女联合会	2017—2018 年度上海市“三八”红旗集体	上海市妇女联合会、上海市人力资源和社会保障局,2019 年 3 月
进博会青浦城管执法女子特警队	第二届中国国际进口博览会上海市巾帼文明岗	上海市妇女联合会,2019 年 11 月 27 日
徐泾镇“微笑四叶草”志愿服务岗	第二届中国国际进口博览会上海市巾帼文明岗	上海市妇女联合会,2019 年 11 月 27 日
青浦区市场监督管理局食品经营监督管理科	第二届中国国际进口博览会上海市巾帼文明岗	上海市妇女联合会,2019 年 11 月 27 日
上海市青浦区疾病预防控制中心免疫规划科	第二届中国国际进口博览会上海市巾帼文明岗	上海市妇女联合会,2019 年 11 月 27 日
上海市公安局青浦区分局信访办公室	第二届中国国际进口博览会上海市巾帼文明岗	上海市妇女联合会,2019 年 11 月 27 日

获奖单位(项目)	奖项名称	颁奖单位及时间
上海盛青房地产发展有限公司	2019 年度上海市城乡妇女岗位建功先进集体	上海市精神文明建设委员会办公室，2019 年 12 月
国家税务总局上海市青浦区税务局第一税务所	2017—2018 年度上海市文明单位	上海市人民政府，2019 年 4 月
国家税务总局上海市青浦区税务局第十一税务所	2017—2018 年度上海市文明单位	上海市人民政府，2019 年 4 月
青浦区水务行政执法支队	2017—2018 年度上海市文明单位	上海市人民政府，2019 年 4 月
青浦区供水管理所	2017—2018 年度上海市文明单位	上海市人民政府，2019 年 4 月
青浦区水文勘测队	2017—2018 年度上海市文明单位	上海市人民政府，2019 年 4 月
青浦区水务建设工程质量安全监督站	2017—2018 年度上海市文明单位	上海市人民政府，2019 年 4 月
青浦区河道水闸管理所	2017—2018 年度上海市文明单位	上海市人民政府，2019 年 4 月
上海市青浦区市场监督管理局	2017—2018 年度上海市文明单位	上海市人民政府，2019 年 4 月
上海市青浦区市场监督管理局朱家角市场监督管理所	2017—2018 年度上海市文明单位	上海市人民政府，2019 年 4 月
上海市青浦区市场监督管理局盈浦市场监督管理所	2017—2018 年度上海市文明单位	上海市人民政府，2019 年 4 月
上海市青浦区市场监督管理局执法大队	2017—2018 年度上海市文明单位	上海市人民政府，2019 年 4 月
上海市青浦区人民检察院	2017—2018 年度上海市文明单位	上海市人民政府，2019 年 4 月
复旦大学附属中山医院青浦分院	2017—2018 年度上海市文明单位	上海市人民政府 2019 年 4 月
中国农业银行股份有限公司上海青浦支行	2017—2018 年度上海市文明单位	上海市人民政府，2019 年 4 月
上海农村商业股份有限公司青浦支行	2017—2018 年度上海市文明单位	上海市人民政府，2019 年 4 月
中国邮政储蓄银行股份有限公司上海青浦区支行	2017—2018 年度上海市文明单位	上海市人民政府，2019 年 4 月
上海市青浦区殡仪馆	2017—2018 年度上海市文明单位	上海市人民政府，2019 年 4 月
青浦区婚姻登记管理中心	2017—2018 年度上海市文明单位	上海市人民政府，2019 年 4 月
上海美都环卫服务有限公司	2017—2018 年度上海市文明单位	上海市人民政府，2019 年 4 月
香花桥街道社区事务受理服务中心	2017—2018 年度上海市文明单位	上海市人民政府，2019 年 4 月
练塘镇经济管理事务中心	2017—2018 年度上海市文明单位	上海市人民政府，2019 年 4 月
上海富民实业(集团)有限公司	2017—2018 年度上海市文明单位	上海市人民政府，2019 年 4 月
中国邮政集团公司上海市青浦区分公司	2017—2018 年度上海市文明单位	上海市人民政府，2019 年 4 月
上海市青浦区金泽镇安全管理事务中心	2017—2018 年度上海市文明单位	上海市人民政府，2019 年 4 月
上海美帆游艇俱乐部有限公司	2017—2018 年度上海市文明单位	上海市人民政府，2019 年 4 月
上海青浦发展(集团)有限公司	2017—2018 年度上海市文明单位	上海市人民政府，2019 年 4 月
上海青浦巴士公共交通有限公司	2017—2018 年度上海市文明单位	上海市人民政府，2019 年 4 月
上海青浦自来水有限公司	2017—2018 年度上海市文明单位	上海市人民政府，2019 年 4 月
上海天佳经济发展有限公司	2017—2018 年度上海市文明单位	上海市人民政府，2019 年 4 月
上海宏城经济发展公司	2017—2018 年度上海市文明单位	上海市人民政府，2019 年 4 月
中国移动通信集团上海有限公司青浦分公司	2017—2018 年度上海市文明单位	上海市人民政府，2019 年 4 月
上海市青浦区重固镇文化体育服务中心	2017—2018 年度上海市文明单位	上海市人民政府，2019 年 4 月
上海城郊经济发展有限公司	2017—2018 年度上海市文明单位	上海市人民政府，2019 年 4 月
上海市青浦区重固镇社区事务受理服务中心	2017—2018 年度上海市文明单位	上海市人民政府，2019 年 4 月
上海市青浦区赵巷镇经济管理事务中心	2017—2018 年度上海市文明单位	上海市人民政府，2019 年 4 月
上海奥特莱斯品牌直销广场有限公司	2017—2018 年度上海市文明单位	上海市人民政府，2019 年 4 月

获奖单位(项目)	奖项名称	颁奖单位及时间
上海赵巷置业有限公司	2017—2018 年度上海市文明单位	上海市人民政府,2019 年 4 月
上海市青浦区赵巷镇文化体育服务中心	2017—2018 年度上海市文明单位	上海市人民政府,2019 年 4 月
上海熊猫机械(集团)有限公司	2017—2018 年度上海市文明单位	上海市人民政府,2019 年 4 月
上海市青浦区赵巷镇城市网格化综合管理中心	2017—2018 年度上海市文明单位	上海市人民政府,2019 年 4 月
白鹤镇社区事务受理服务中心	2017—2018 年度上海市文明单位	上海市人民政府,2019 年 4 月
上海白鹤工业园区实业有限公司	2017—2018 年度上海市文明单位	上海市人民政府,2019 年 4 月
上海市青浦区白鹤镇文化体育服务中心	2017—2018 年度上海市文明单位	上海市人民政府,2019 年 4 月
上海市青浦区朱家角镇文化体育服务中心	2017—2018 年度上海市文明单位	上海市人民政府,2019 年 4 月
上海朱家角工业园区经济发展有限公司	2017—2018 年度上海市文明单位	上海市人民政府,2019 年 4 月
上海朱家角经济发展有限公司	2017—2018 年度上海市文明单位	上海市人民政府,2019 年 4 月
上海市淀山湖归园公墓	2017—2018 年度上海市文明单位	上海市人民政府,2019 年 4 月
上海荣泰健康科技股份有限公司	2017—2018 年度上海市文明单位	上海市人民政府,2019 年 4 月
上海市青浦区朱家角镇社区党建服务中心	2017—2018 年度上海市文明单位	上海市人民政府,2019 年 4 月
上海至尊园实业股份有限公司	2017—2018 年度上海市文明单位	上海市人民政府,2019 年 4 月
上海市青浦区城市管理行政执法局执法大队	2017—2018 年度上海市文明单位	上海市人民政府,2019 年 4 月
香花桥街道郏一村	2017—2018 年度上海市文明村	上海市人民政府,2019 年 4 月
香花桥街道袁家村	2017—2018 年度上海市文明村	上海市人民政府,2019 年 4 月
练塘镇东庄村	2017—2018 年度上海市文明村	上海市人民政府,2019 年 4 月
金泽镇东西村	2017—2018 年度上海市文明村	上海市人民政府,2019 年 4 月
金泽镇蔡浜村	2017—2018 年度上海市文明村	上海市人民政府,2019 年 4 月
金泽镇西岑村	2017—2018 年度上海市文明村	上海市人民政府,2019 年 4 月
金泽镇岑卜村	2017—2018 年度上海市文明村	上海市人民政府,2019 年 4 月
金泽镇育田村	2017—2018 年度上海市文明村	上海市人民政府,2019 年 4 月
金泽镇河祝村	2017—2018 年度上海市文明村	上海市人民政府,2019 年 4 月
金泽镇莲湖村	2017—2018 年度上海市文明村	上海市人民政府,2019 年 4 月
重固镇新丰村	2017—2018 年度上海市文明村	上海市人民政府,2019 年 4 月
重固镇徐姚村	2017—2018 年度上海市文明村	上海市人民政府,2019 年 4 月
赵巷镇中步村	2017—2018 年度上海市文明村	上海市人民政府,2019 年 4 月
华新镇嵩山村	2017—2018 年度上海市文明村	上海市人民政府,2019 年
华新镇新木桥村	2017—2018 年度上海市文明村	上海市人民政府,2019 年
朱家角镇张马村	2017—2018 年度上海市文明村	上海市人民政府,2019 年 4 月
朱家角镇山湾村	2017—2018 年度上海市文明村	上海市人民政府,2019 年 4 月
朱家角镇安庄村	2017—2018 年度上海市文明村	上海市人民政府,2019 年 4 月
朱家角镇周荡村	2017—2018 年度上海市文明村	上海市人民政府,2019 年 4 月
白鹤镇鹤祥苑	2017—2018 年度上海市文明小区	上海市人民政府,2019 年 4 月
朱家角镇淀湖新村	2017—2018 年度上海市文明小区	上海市人民政府,2019 年 4 月
朱家角镇乐湖新村	2017—2018 年度上海市文明小区	上海市人民政府,2019 年 4 月
上海市青浦区崧泽学校	2017—2018 年度上海市文明学校	上海市人民政府,2019 年 4 月

市级先进个人

获奖个人者(所在单位)	奖项名称	颁奖单位及时间
孙武(青浦区人民武装部)	军事训练先进个人	上海警备区,2019年12月27日
张怡萍(青浦区工业园区人民武装部)	民兵工作先进个人	上海警备区,2019年12月27日
黄巍峰(青浦区夏阳街道人民武装部)	民兵工作先进个人	上海警备区,2019年12月27日
武杰(华新镇武装部)	2018年度民兵工作先进个人	上海警备区,2019年1月
陈冬星(上海市公安局青浦分局法制支队)	2018年度上海市征兵工作先进个人	上海市人民政府、上海警备区,2019年7月
王兆(青浦区水务局)	2018年度上海市重点工程实事立功竞赛优秀建设者	上海市重点工程实事立功竞赛领导小组,2019年1月
范利杰(上海浦西建设工程管理有限公司)	2018年度上海市重点工程实事立功竞赛建设功臣	上海市重点工程实施立功竞赛领导小组,2019年1月
莫林明(青浦区绿化和市容管理局)	2018年度上海市重点工程实事立功竞赛建设功臣	上海市重点工程实事立功竞赛领导小组,2019年1月
张晓燕(区委宣传部)	上海市优秀志愿者(首届中国国际进口博览会优秀志愿者)	上海市精神文明建设委员会办公室、共青团上海市委员会,2019年1月
朱明欢(上海市青浦区城市管理行政执法局)	上海市“进博先锋行动”优秀共产党员	中共上海市委组织部,2019年11月
张颖(青浦供电公司)	上海市“进博先锋行动”优秀共产党员	中共上海市委组织部,2019年11月
金超(上海市青浦区市场监督管理局)	上海市“进博先锋行动”优秀共产党员	中共上海市委组织部,2019年11月
张海宁(上海市青浦区商务委员会)	上海市“进博先锋行动”优秀共产党员	中共上海市委组织部,2019年11月
周亚军(上海美都环卫服务有限公司)	上海市“进博先锋行动”优秀共产党员	中共上海市委组织部,2019年11月
蒋晓敏(中共青浦区委员会办公室)	上海市党政系统机要密码工作先进个人	上海市人力资源和社会保障局、中共上海市委机要局,2019年2月
金友朋(中共青浦区委员会办公室)	上海市党政系统机要密码工作先进个人	上海市人力资源和社会保障局、中共上海市委机要局,2019年2月
李秀元(区委党校)	2017—2018年度上海市优秀思想政治工作者	中共上海市委宣传部、上海市思想政治工作研究会,2019年12月19日
万陆林(青浦区供水、排水管理所)	上海市生态环境保护先进个人	上海市人力资源和社会保障局、上海市生态环境局,2019年5月
韩向(上海新山田精密刀具有限公司)	2019年上海市“五一”劳动奖章	上海市总工会,2019年4月
程小磊(上海沪工焊接集团股份有限公司)	2019年上海市“五一”劳动奖章	上海市总工会,2019年4月
杜春玲(复旦大学附属中山医院青浦分院)	2019年上海市“五一”劳动奖章	上海市总工会,2019年4月
蒋伟勇(上海市朱家角中学)	2019年上海市“五一”劳动奖章	上海市总工会,2019年4月
徐皓卿(上海市青浦区文化市场行政执法大队)	2019年上海市“五一”劳动奖章	上海市总工会,2019年4月
赵春慧(上海淀山湖新城发展有限公司)	2019年上海市“五一”劳动奖章	上海市总工会,2019年4月
马美君(青浦区工人文化宫)	2019年上海市“五一”劳动奖章	上海市总工会,2019年4月
关立平(申通快递有限公司)	2019年上海市“五一”劳动奖章	上海市总工会,2019年4月
张诚(青浦区重大办)	2019年上海市“五一”劳动奖章	上海市总工会,2019年11月
陆春辉(上海市公安局青浦分局交警支队)	2019年上海市“五一”劳动奖章	上海市总工会,2019年11月

获奖个人者(所在单位)	奖项名称	颁奖单位及时间
姚银根(青浦区绿化管理所)	2019年上海市“五一”劳动奖章	上海市总工会,2019年11月
车鸣(上海市青浦区城市管理行政执法局)	2019年上海市“五一”劳动奖章	上海市总工会,2019年11月
陈超杰(青浦供电公司)	2019年上海市“五一”劳动奖章	上海市总工会,2019年11月
盛自强(上海市公安局青浦分局刑侦支队刑事侦查)	第十五届上海市青年岗位能手	共青团上海市委员会、上海市青年岗位建功行动组委会,2019年4月
张停林(上海市青浦区蔬菜技术推广站蔬菜种子条线)	第十五届上海市青年岗位能手	共青团上海市委员会、上海市青年岗位建功行动组委会,2019年4月
孙刚(上海金发科技发展有限公司)	2018年度上海市青年“五四”奖章	共青团上海市委员会、上海市人力资源和社会保障局,2019年4月
闫枫(威马汽车科技集团有限公司)	2018年度上海市青年“五四”奖章	共青团上海市委员会、上海市人力资源和社会保障局,2019年4月
朱文辉(盈浦街道庆新社区)	2018年度上海市青年“五四”奖章	共青团上海市委员会、上海市人力资源和社会保障局,2019年4月
沈瑜(青浦区人民法院司法警察大队)	2018年度上海市青年“五四”奖章	共青团上海市委员会,2019年4月
朱磊(上海市青浦区第一中学)	2018年度上海市优秀共青团干部	共青团上海市委员会,2019年4月
吴云阳(上海市青浦区珠溪中学)	2018年度上海市优秀共青团干部	共青团上海市委员会,2019年4月
张全权(上海市青浦区广播电视台)	2018年度上海市优秀共青团干部	共青团上海市委员会,2019年4月
金晓萍(华新镇团委)	2018年度上海市优秀共青团干部	共青团上海市委员会,2019年4月
夏芸(上海市青浦区住房保障和房屋管理局)	2018年度上海市优秀共青团干部	共青团上海市委员会,2019年4月
顾纯静(青浦区水务局)	2018年度上海市优秀共青团干部	共青团上海市委员会,2019年4月
周菲菲(中国邮政集团公司上海市青浦区分公司)	2018年度上海市优秀共青团干部	共青团上海市委员会,2019年4月
朱洪葵(上海市公安局青浦分局国家会展中心治安派出所)	2017—2018年度上海市“三八”红旗手标兵	上海市妇女联合会、上海市人力资源和社会保障局,2019年2月15日
卜引芳(上海市青浦区重固镇人民政府社会事业发展办公室)	2017—2018年度上海市“三八”红旗手	上海市妇女联合会、上海市人力资源和社会保障局,2019年2月15日
李秀平(上海腾溪经济城综合开发有限公司)	2017—2018年度上海市“三八”红旗手	上海市妇女联合会、上海市人力资源和社会保障局,2019年2月15日
杨苗琴(上海西虹桥导航产业发展有限公司)	2017—2018年度上海市“三八”红旗手	上海市妇女联合会、上海市人力资源和社会保障局,2019年2月15日
张辉(上海市公安局青浦分局刑侦支队)	2017—2018年度上海市“三八”红旗手	上海市妇女联合会、上海市人力资源和社会保障局,2019年2月15日
陈文芳(上海市青浦区教师进修学院附属小学)	2017—2018年度上海市“三八”红旗手	上海市妇女联合会、上海市人力资源和社会保障局,2019年2月15日
陈永珍(上海市青浦区盈浦街道绿舟居民区)	2017—2018年度上海市“三八”红旗手	上海市妇女联合会、上海市人力资源和社会保障局,2019年2月15日
孟燕萍(上海市青浦区徐泾镇民主村)	2017—2018年度上海市“三八”红旗手	上海市妇女联合会、上海市人力资源和社会保障局,2019年2月15日
俞梅(上海比路电子股份有限公司)	2017—2018年度上海市“三八”红旗手	上海市妇女联合会、上海市人力资源和社会保障局,2019年2月15日
姚雯(上海市青浦区夏阳街道办事处信访办)	2017—2018年度上海市“三八”红旗手	上海市妇女联合会、上海市人力资源和社会保障局,2019年2月15日
顾月华(上海市青浦区人民法院执行局执行一科)	2017—2018年度上海市“三八”红旗手	上海市妇女联合会、上海市人力资源和社会保障局,2019年2月15日

获奖个人者(所在单位)	奖项名称	颁奖单位及时间
徐秋芳(上海市青浦区疾病预防控制中心微生物检验科)	2017—2018 年度上海市“三八”红旗手	上海市妇女联合会、上海市人力资源和社会保障局,2019 年 2 月 15 日
黄敏(圆通速递有限公司客服部)	2017—2018 年度上海市“三八”红旗手	上海市妇女联合会、上海市人力资源和社会保障局,2019 年 2 月 15 日
黄玲妹(上海兴浦工艺品有限公司)	2017—2018 年度上海市“三八”红旗手	上海市妇女联合会、上海市人力资源和社会保障局,2019 年 2 月 15 日
程小磊(上海沪工焊接集团股份有限公司焊接工艺室)	2017—2018 年度上海市“三八”红旗手	上海市妇女联合会、上海市人力资源和社会保障局,2019 年 2 月 15 日
胡梦醒(青浦区税务局)	2017—2018 年度上海市“三八”红旗手	上海市妇女联合会、上海市人力资源和社会保障局,2019 年 3 月
张颖(青浦供电公司)	2017—2018 年度上海市“三八”红旗手	上海市妇女联合会、上海市人力资源和社会保障局,2019 年 3 月
贺欢[青浦区人民法院西虹桥(进口博览会)人民法庭]	2019 年度上海市巾帼建功标兵	上海市妇女联合会,2019 年 11 月
屈嘉婧(中国邮政集团公司上海市青浦区分公司)	2019 年度上海市巾帼建功标兵	上海市妇女联合会,2019 年 11 月
林亚(中共金梦坊创意园区联合支部)	第二届中国国际进口博览会上海市巾帼建功标兵	上海市妇女联合会,2019 年 11 月 27 日
龚燕(青浦区西虹桥地区社会管理服务中心市场行政科)	第二届中国国际进口博览会上海市巾帼建功标兵	上海市妇女联合会,2019 年 11 月 27 日
贺欢[上海市青浦区人民法院西虹桥(进口博览会)人民法院法官助理]	第二届中国国际进口博览会上海市巾帼建功标兵	上海市妇女联合会,2019 年 11 月 27 日
何静(上海市公安局青浦分局指挥处)	第二届中国国际进口博览会上海市巾帼建功标兵	上海市妇女联合会,2019 年 11 月 27 日
李雪芳(上海市青浦区精神卫生中心主治医师)	第二届中国国际进口博览会上海市巾帼建功标兵	上海市妇女联合会,2019 年 11 月 27 日
周冬英(青浦区人民法院商事审判庭)	上海市“人民满意的公务员”	中共上海市委,上海市人民政府,2019 年 7 月
王媛媛(青浦区人民法院民事审判庭)	2016—2018 年度上海市未成年人保护工作先进个人	上海市未成年人保护委员会、上海市中小学幼儿教师奖励基金会,2019 年 1 月
杨璞(上海青发城市建设管理有限公司)	2018 年度上海市重点工程实事立功竞赛“建设功臣”	上海市重点工程实事立功竞赛领导小组,2019 年 1 月
费叶青(赵巷镇社区卫生服务中心)	“2018 年度上海市社会主义精神文明好人好事”称号(提名)	上海市精神文明建设委员会,2019 年 4 月
王峰(上海市青浦区环境监测站)	上海市生态环境保护先进个人	上海市人力资源和社会保障局、上海市生态环境局,2019 年 5 月 31 日
徐品忠(青浦区殡仪馆)	2017—2018 年上海市民政系统文明创建优秀组织者	上海市民政局,2019 年 9 月
黄静(青浦区卫生健康委员会)	上海市档案系统先进个人	上海市人力资源和社会保障局、上海市档案局,2019 年 12 月 3 日

2018 年市级先进集体

获奖单位(项目)	奖项名称	颁奖单位及时间
青浦区人民武装部	2017 年度安全管理先进单位	上海警备区,2018 年 1 月 24 日
青浦区人民武装部	2017 年度上海市民兵工作先进单位	上海警备区,2018 年 1 月 24 日
青浦区朱家角镇人民武装部	2017 年度上海市民兵工作先进单位	上海警备区,2018 年 1 月 24 日
青浦区徐泾镇人民武装部	2017 年度上海市民兵工作先进单位	上海警备区,2018 年 1 月 24 日
青浦区人民武装部朱家角镇民兵水上应急分队	2017 年度集体二等功	上海警备区,2018 年 1 月 24 日
青浦区朱家角镇人民武装部	基层武装工作先进单位	上海警备区,2018 年 12 月
上海市青浦区水利管理所	2017 年度上海市重点工程实事立功竞赛优秀公司	上海市重点工程实事立功竞赛领导小组,2018 年 1 月
青浦区民政局养老设施建设推进小组	2017 年度上海市重点工程实事立功竞赛优秀团队	上海市重点工程实事立功竞赛领导小组,2018 年 1 月
上海沪工焊接集团股份有限公司研发结构造型组	2018 年上海市工人先锋号	上海市总工会、上海市人力资源和社会保障局,2018 年 4 月 25 日
上海汇益控制系统股份有限公司技术中心	2018 年上海市工人先锋号	上海市总工会、上海市人力资源和社会保障局,2018 年 4 月 25 日
上海自在源农业发展有限公司生产技术部	2018 年上海市工人先锋号	上海市总工会、上海市人力资源和社会保障局,2018 年 4 月 25 日
青浦区赵巷镇大型社区管理办公室社区部	2018 年上海市工人先锋号	上海市总工会、上海市人力资源和社会保障局,2018 年 4 月 25 日
复旦大学附属中山医院青浦分院急诊医生组	2018 年上海市工人先锋号	上海市总工会、上海市人力资源和社会保障局,2018 年 4 月 25 日
上海市青浦区排水管理所排水管理科	2018 年上海市工人先锋号	上海市总工会、上海市人力资源和社会保障局,2018 年 4 月 25 日
上海市青浦区环境监测站分析室	2018 年上海市工人先锋号	上海市总工会、上海市人力资源和社会保障局,2018 年 4 月 25 日
上海青浦巴士公共交通有限公司青纪线	2018 年上海市工人先锋号	上海市总工会、上海市人力资源和社会保障局,2018 年 4 月 25 日
上海市青浦区盈浦街道社区党建服务中心区域化党建联络办	2018 年上海市工人先锋号	上海市总工会、上海市人力资源和社会保障局,2018 年 4 月 25 日
上海创力集团股份有限公司总装车间	2018 年上海市工人先锋号	上海市总工会、上海市人力资源和社会保障局,2018 年 4 月 25 日
青浦区城市管理行政执法局协调科	2018 年上海市工人先锋号	上海市总工会,2018 年 11 月 22 日
上海市青浦区人民政府信访办公室信访科	2018 年上海市工人先锋号	上海市总工会,2018 年 11 月 22 日
上海市青浦区市场监督管理局青浦市场监管服务保障进博会青年突击队	2018 年上海市工人先锋号	上海市总工会,2018 年 11 月 22 日
青浦区市场监督管理局综合执法大队	2018 年上海市工人先锋号	上海市总工会,2018 年 11 月 22 日
上海市青浦区经济委员会外经贸科	2018 年上海市工人先锋号	上海市总工会,2018 年 11 月 22 日
青浦区发展和改革委员会稽察办公室	2018 年上海市工人先锋号	上海市总工会,2018 年 11 月 22 日
中共上海市青浦区委员会办公室信息科	2018 年上海市工人先锋号	上海市总工会,2018 年 11 月 22 日
中国邮政集团公司上海市青浦区分公司揽投部	2018 年上海市工人先锋号	上海市总工会,2018 年 11 月 22 日

获奖单位(项目)	奖项名称	颁奖单位及时间
中国邮政集团公司上海市青浦区分公司徐泾支局	2018年上海市工人先锋号	上海市总工会,2018年11月22日
上海市公安局青浦分局国家会展中心治安派出所	2018年上海市工人先锋号	上海市总工会,2018年11月22日
中国工商银行股份有限公司上海市徐泾支行	2018年上海市工人先锋号	上海市总工会,2018年11月22日
上海西虹桥导航产业发展有限公司	2018年上海市“五一”劳动奖状	上海市总工会、上海市人力资源和社会保障局,2018年4月25日
上海麦迪睿医疗科技集团有限公司	2018年上海市“五一”劳动奖状	上海市总工会、上海市人力资源和社会保障局,2018年4月25日
上海新朋联众汽车零部件有限公司	2018年上海市“五一”劳动奖状	上海市总工会、上海市人力资源和社会保障局,2018年4月25日
上海青浦轨道交通投资开发建设有限公司	2018年上海市“五一”劳动奖状	上海市总工会、上海市人力资源和社会保障局,2018年4月25日
青浦区朱家角镇张马村村民委员会	2018年上海市“五一”劳动奖状	上海市总工会、上海市人力资源和社会保障局,2018年4月25日
上海西虹桥企业服务有限公司	2018年上海市“五一”劳动奖状	上海市总工会,2018年11月22日
上海市公安局青浦分局	2018年上海市“五一”劳动奖状	上海市总工会,2018年11月22日
青浦区消防支队	2018年上海市“五一”劳动奖状	上海市总工会,2018年11月22日
上海市青浦区西虹桥地区社会管理服务中心	2018年上海市“五一”劳动奖状	上海市总工会,2018年11月22日
上海青发城市建设管理有限公司	2018年上海市“五一”劳动奖状	上海市总工会,2018年11月22日
上海市青浦区绿化和市容管理局	2018年上海市“五一”劳动奖状	上海市总工会,2018年11月22日
上海市青浦区城市交通运输管理所	2018年上海市“五一”劳动奖状	上海市总工会,2018年11月22日
国网上海市电力公司青浦供电公司	2018年上海市“五一”劳动奖状	上海市总工会,2018年11月22日
上海市南电力(集团)有限公司青浦分公司	2018年上海市“五一”劳动奖状	上海市总工会,2018年11月22日
中国移动通信集团上海有限公司青浦分公司	2018年上海市“五一”劳动奖状	上海市总工会,2018年11月22日
中国电信股份有限公司上海青浦电信局	2018年上海市“五一”劳动奖状	上海市总工会,2018年11月22日
国家税务总局上海市青浦区税务局	2018年上海市“五一”劳动奖状	上海市总工会,2018年11月22日
顺丰客户中心社会公益青年先锋队	2017年度上海市青年“五四”奖章集体	共青团上海市委员会、上海市人力资源和社会保障局,2018年4月26日
上海市公安局青浦分局刑侦支队CSI青年突击队	2017年度上海市青年“五四”奖章集体	共青团上海市委员会、上海市人力资源和社会保障局,2018年4月26日
上海普适导航科技股份有限公司青年研发突击队	2017年度上海市青年“五四”奖章集体	共青团上海市委员会、上海市人力资源和社会保障局,2018年4月26日
上海市青浦区白鹤镇团委	2017年度上海市“五四”红旗团委	共青团上海市委员会,2018年4月18日
上海工商信息学校团委	2017年度上海市“五四”红旗团委	共青团上海市委员会,2018年4月18日
上海青浦发展(集团)有限公司本部、上海青浦资产经营股份有限公司联合团支部	2017年度上海市“五四”红旗团支部	共青团上海市委员会,2018年4月18日
青浦区居民经济状况核对中心	上海市巾帼文明岗	上海市巾帼建功活动领导小组,上海市妇女联合会,2018年3月8日
上海市公安局青浦分局出入境办接待窗口	上海市巾帼文明岗	上海市巾帼建功活动领导小组,上海市妇女联合会,2018年3月8日

获奖单位(项目)	奖项名称	颁奖单位及时间
上海富民实业(集团)有限公司招商服务中心	上海市巾帼文明岗	上海市巾帼建功活动领导小组,上海市妇女联合会,2018年3月8日
青浦区中医医院急诊科	上海市巾帼文明岗	上海市巾帼建功活动领导小组,上海市妇女联合会,2018年3月8日
青浦高级中学政治组	上海市巾帼文明岗	上海市巾帼建功活动领导小组,上海市妇女联合会,2018年3月8日
青浦区医疗保险事务中心	上海市巾帼文明岗	上海市巾帼建功活动领导小组,上海市妇女联合会,2018年3月8日
青浦区华新镇文化体育服务中心	上海市巾帼文明岗	上海市巾帼建功活动领导小组,上海市妇女联合会,2018年3月8日
青浦区重固镇社区卫生服务中心家庭医生制服务团队	上海市巾帼文明岗	上海市巾帼建功活动领导小组,上海市妇女联合会,2018年3月8日
上海太浦河经济开发有限公司服务科	上海市巾帼文明岗	上海市巾帼建功活动领导小组,上海市妇女联合会,2018年3月8日
青浦区机管局后勤管理中心食堂管理部服务组	上海市巾帼文明岗	上海市巾帼建功活动领导小组,上海市妇女联合会,2018年3月8日
青浦区盈浦街道上达社区居委会	上海市巾帼文明岗	上海市巾帼建功活动领导小组,上海市妇女联合会,2018年3月8日
上海青浦工业园区发展(集团)有限公司党群工作部	上海市巾帼文明岗	上海市巾帼建功活动领导小组,上海市妇女联合会,2018年3月8日
青浦毓秀幼儿园	上海市巾帼文明岗	上海市巾帼建功活动领导小组,上海市妇女联合会,2018年3月8日
青浦区朱家角镇社区卫生服务中心计划免疫组	上海市巾帼文明岗	上海市巾帼建功活动领导小组,上海市妇女联合会,2018年3月8日
青浦区博物馆藏品管理部	上海市巾帼文明岗	上海市巾帼建功活动领导小组,上海市妇女联合会,2018年3月8日
上海赵巷品牌企业发展有限公司	上海市巾帼文明岗	上海市巾帼建功活动领导小组,上海市妇女联合会,2018年3月8日
上海西虹桥商务开发有限公司市场发展部	上海市巾帼文明岗	上海市巾帼建功活动领导小组,上海市妇女联合会,2018年3月8日
复旦大学附属中山医院青浦分院骨科九病区护理组	上海市巾帼文明岗	上海市巾帼建功活动领导小组,上海市妇女联合会,2018年3月8日
青浦区人民法院民事审判第一庭	上海市巾帼文明岗	上海市巾帼建功活动领导小组,上海市妇女联合会,2018年3月8日
青浦区工伤认定事务中心	上海市巾帼文明岗	上海市巾帼建功活动领导小组,上海市妇女联合会,2018年3月8日
青浦区朱家角人民医院外科护理组	上海市巾帼文明岗	上海市巾帼建功活动领导小组,上海市妇女联合会,2018年3月8日
上海市博文学校艺教组	上海市巾帼文明岗	上海市巾帼建功活动领导小组,上海市妇女联合会,2018年3月8日
中国邮政集团公司上海市青浦区徐泾邮政支局营业组	上海市巾帼文明岗	上海市妇女联合会,2018年11月22日
青浦区徐泾镇民主村“小孟工作室”巾帼志愿者团队	首届中国国际进口博览会上海市巾帼文明岗	上海市妇女联合会,2018年11月22日
中国邮政集团上海市青浦区徐泾邮政支局营业组	首届中国国际进口博览会上海市巾帼文明岗	上海市妇女联合会,2018年11月22日

获奖单位(项目)	奖项名称	颁奖单位及时间
青浦区爱国卫生事务所	首届中国国际进口博览会上海市巾帼文明岗	上海市妇女联合会,2018 年 11 月 22 日
上海市青浦实验研究所	《驱动深度学习的教学变革:新课堂十年探索》获 2017 年上海市教学成果奖(基础教育)特等奖	上海市教育委员会,2018 年 4 月 20 日
青浦区教师进修学院	《以教师需求为导向的区级培训课程体系构建的研究与实践》获 2017 年上海市教学成果奖(基础教育)一等奖	上海市教育委员会,2018 年 4 月 20 日
青浦区教师进修学院	《中小学数学课堂教学内容有效衔接的实践与研究》获 2017 年上海市教学成果奖(基础教育)一等奖	上海市教育委员会,2018 年 4 月 20 日
青浦区教师进修学院	《以行动为导向的教研组长专题研修培训模式的实践与研究》获 2017 年上海市教学成果奖(基础教育)一等奖	上海市教育委员会,2018 年 4 月 20 日
青浦区教师进修学院	《青浦实验之主题式课例研修行动》获 2017 年上海市教学成果奖(基础教育)一等奖	上海市教育委员会,2018 年 4 月 20 日
上海市青浦区实验中学	《基于为学而教的《新课堂学程手册》的设计与研究》获 2017 年上海市教学成果奖(基础教育)一等奖	上海市教育委员会,2018 年 4 月 20 日
青浦区辅读学校	《重残儿童送教上门医教结合服务的实践研究》获 2017 年上海市教学成果奖(基础教育)二等奖	上海市教育委员会,2018 年 4 月 20 日
青浦区教师进修学院	《学科教师研究基地建设:区域优质教学资源集聚与效用最大化》获 2017 年上海市教学成果奖(基础教育)二等奖	上海市教育委员会,2018 年 4 月 20 日
青浦区华新小学	《有效引导表达诉求,提高学生数学语言准确度的策略研究》获 2017 年上海市教学成果奖(基础教育)二等奖	上海市教育委员会,2018 年 4 月 20 日
上海市青浦区重固中学	《紧扣学习单的教学教研,提升农村初中的数学教学质量》获 2017 年上海市教学成果奖(基础教育)二等奖	上海市教育委员会,2018 年 4 月 20 日
上海市青浦区实验幼儿园	《幼儿园教师不同专业发展阶段典型困境特征、成因和破解策略研究》获 2017 年上海市教学成果奖(基础教育)二等奖	上海市教育委员会,2018 年 4 月 20 日
上海市青浦区东方中学	《“现身说法”——模拟法庭的创建与运作》获 2017 年上海市教学成果奖(基础教育)二等奖	上海市教育委员会,2018 年 4 月 20 日
上海市青浦区东方中学	《“非常规”实验提高初中物理教学效能的理论与实践》获 2017 年上海市教学成果奖(基础教育)二等奖	上海市教育委员会,2018 年 4 月 20 日
上海市青浦区商榻幼儿园	《依托生活事件的幼儿信息素养培育研究》获 2017 年上海市教学成果奖(基础教育)二等奖	上海市教育委员会,2018 年 4 月 20 日

获奖单位(项目)	奖项名称	颁奖单位及时间
上海工商信息学校	《校企融合,实战历练——数控专业“跟单”人才培养模式的探索和实践》获2017年上海市教学成果奖(职业教育)一等奖	上海市教育委员会,2018年4月20日
“阳光爱心团”青浦区公狮子社区志愿服务队	第三届“上海市人道博爱奖”集体奖	上海市红十字会,2018年12月
青浦区辅读学校	上海市扶残助残先进集体	上海市残疾人联合会、上海市人力资源和社会保障局,2018年9月
青浦区朱家角镇沈巷养护院	上海市扶残助残先进集体	上海市残疾人联合会、上海市人力资源和社会保障局,2018年9月
青浦区重固镇残疾人联合会	上海市残疾人工作先进单位	上海市残疾人联合会、上海市人力资源和社会保障局,2018年9月
青浦区华新镇残疾人联合会	上海市残疾人工作先进单位	上海市残疾人联合会、上海市人力资源和社会保障局,2018年9月
青浦区冉升塔湾新天地养老院残疾人之家	上海市残疾人之家	上海市残疾人联合会、上海市人力资源和社会保障局,2018年9月
青浦区赵巷镇	2016—2017年度上海市文明镇	上海市人民政府,2018年4月
青浦区白鹤镇	2016—2017年度上海市文明镇	上海市人民政府,2018年4月
青浦区华新镇	2016—2017年度上海市文明镇	上海市人民政府,2018年4月
青浦区练塘镇	2016—2017年度上海市文明镇	上海市人民政府,2018年4月

2018年市级先进个人

获奖者(单位)	奖项名称	颁奖单位及时间
邱五节(上海市青浦区人民武装部)	三等功	上海警备区,2018年1月24日
邱五节(上海市青浦区人民武装部)	2017年度军事训练先进个人	上海警备区,2018年1月24日
陈纯好(朱家角镇武装部)	2017年度上海市优秀专武干部	上海警备区2018年1月24日
武杰(上海市青浦区民兵双25高炮营)	2017年度民兵工作先进个人	上海警备区2018年1月24日
邹斌(青浦区供水、排水管理所)	2017年度上海市重点工程实事立功竞赛优秀建设者	上海市重点工程实事立功竞赛领导小组,2018年1月
孙宝来(青浦区水务建设工程质量安全监督站)	2017年度上海市重点工程实事立功竞赛优秀建设者	上海市重点工程实事立功竞赛领导小组,2018年1月
彭一浩(中共青浦区委办公室)	上海市“进博先锋行动”优秀共产党员	中共上海市委组织部,2018年11月
姚银根(青浦区绿化管理所)	上海市“进博先锋行动”优秀共产党员	中共上海市委组织部,2018年11月
胡志华(青浦区徐泾水务管理所)	上海市“进博先锋行动”优秀共产党员	中共上海市委组织部,2018年11月
陈怡欢(上海市青浦区市场监督管理局)	上海市“进博先锋行动”优秀共产党员	中共上海市委组织部,2018年11月
王连军(中国农业银行股份有限公司上海青浦支行)	上海市“进博先锋行动”优秀共产党员	中共上海市委组织部,2018年11月
赵骏(上海市公安局青浦分局国家会展中心治安派出所)	上海市“进博先锋行动”优秀共产党员	中共上海市委组织部,2018年11月
王斌其(上海市青浦区市场监督管理局)	2018年上海市“五一”劳动奖章	上海市人力资源和社会保障局、上海市总工会,2018年4月25日
倪宝贵(上海市公安局青浦分局)	2018年上海市“五一”劳动奖章	上海市人力资源和社会保障局、上海市总工会,2018年4月25日

获奖者(单位)	奖项名称	颁奖单位及时间
刘明(上海市青浦区实验中学)	2018年上海市“五一”劳动奖章	上海市人力资源和社会保障局、上海市总工会,2018年4月25日
池学聪[上海熊猫机械(集团)有限公司]	2018年上海市“五一”劳动奖章	上海市人力资源和社会保障局、上海市总工会,2018年4月25日
吴志峰(上海乔治费歇尔亚大塑料管件制品有限公司)	2018年上海市“五一”劳动奖章	上海市人力资源和社会保障局、上海市总工会,2018年4月25日
张丽萍(上海金发科技发展有限公司)	2018年上海市“五一”劳动奖章	上海市人力资源和社会保障局、上海市总工会,2018年4月25日
张小芹(上海美蓓亚精密机电有限公司)	2018年上海市“五一”劳动奖章	上海市人力资源和社会保障局、上海市总工会,2018年4月25日
陈海建(申通快递有限公司)	2018年上海市“五一”劳动奖章	上海市人力资源和社会保障局、上海市总工会,2018年4月25日
徐霞(上海中通吉网络技术有限公司)	2018年上海市“五一”劳动奖章	上海市人力资源和社会保障局、上海市总工会,2018年4月25日
朱曼丽(上海兴浦工艺品有限公司)	2018年上海市“五一”劳动奖章	上海市人力资源和社会保障局、上海市总工会,2018年4月25日
周元(上海威贸电子股份有限公司)	2018年上海市“五一”劳动奖章	上海市人力资源和社会保障局、上海市总工会,2018年4月25日
张秋华(上海市青浦区劳动保障监察大队)	2018年上海市“五一”劳动奖章	上海市总工会,2018年11月22日
何童(上海浦西建设工程管理有限公司)	2018年上海市“五一”劳动奖章	上海市总工会,2018年11月22日
潘恩华(上海市青浦区徐泾镇人民政府)	2018年上海市“五一”劳动奖章	上海市总工会,2018年11月22日
田爱萍(上海美都环卫服务有限公司)	2018年上海市“五一”劳动奖章	上海市总工会,2018年11月22日
支屹峤(上海市公安局青浦分局)	2018年上海市“五一”劳动奖章	上海市总工会,2018年11月22日
刘丽芳(中国邮政集团公司上海市青浦区分公司)	2018年上海市“五一”劳动奖章	上海市总工会,2018年11月22日
周雷勇(国网上海市电力公司青浦供电公司)	2018年上海市“五一”劳动奖章	上海市总工会,2018年11月22日
陆平(上海市青浦区市容环境卫生管理所)	2018年上海市“五一”劳动奖章	上海市总工会,2018年11月22日
沈培芳(青浦区金泽镇社会事业发展办公室)	2017年度上海市巾帼建功标兵	上海市妇女联合会,2018年3月1日
白云(韵达控股股份有限公司)	2017年度上海市巾帼建功标兵	上海市妇女联合会,2018年3月1日
王玲锦(青浦区赵巷镇)	2017年度上海市巾帼建功标兵	上海市妇女联合会,2018年3月1日
朱峥(上海市青浦区市场监督管理局)	2018年度上海市巾帼建功标兵	上海市妇女联合会,2018年11月
朱峥(青浦区市场监督管理局朱家角监管所)	首届中国国际进口博览会上海市巾帼建功标兵	上海市妇女联合会,2018年11月22日
陈小芳(中国电信上海公司青浦局)	首届中国国际进口博览会上海市巾帼建功标兵	上海市妇女联合会,2018年11月22日
江懿婷(上海市青浦高级中学)	2017年度上海市优秀共青团员	共青团上海市委员会,2018年4月24日
孙骏苑(上海市青浦区环境监察支队)	2017年度上海市优秀共青团员	共青团上海市委员会,2018年4月24日
单思静(上海市青浦区徐泾镇二联村村民委员会)	2017年度上海市优秀共青团员	共青团上海市委员会,2018年4月24日
朱梦怡(上海市朱家角中学)	2017年度上海市优秀共青团员	共青团上海市委员会,2018年4月24日
毛晨慧(上海市房地产学校2015级中高营销与管理专业)	2017年度上海市优秀共青团员	共青团上海市委员会,2018年4月24日
沈斌斌(上海西虹桥商务开发有限公司)	2017年度上海市优秀共青团干部	共青团上海市委员会,2018年4月24日
陈许萍(青浦区白鹤镇)	2017年度上海市优秀共青团干部	共青团上海市委员会,2018年4月24日

获奖者(单位)	奖项名称	颁奖单位及时间
刘丽娜(上海工商信息学校)	2017年度上海市优秀共青团干部	共青团上海市委员会,2018年4月24日
连晨晨(上海市青浦区崧泽学校)	2017年度上海市优秀共青团干部	共青团上海市委员会,2018年4月24日
徐纯晔(上海东炬律师事务所)	2017年度上海市青年"五四"奖章	共青团上海市委、上海市人力资源保障局,2018年4月26日
王嘉俊[尤妮佳(中国)投资有限公司公共关系部]	2017年度上海市青年"五四"奖章	共青团上海市委员会、上海市人力资源和社会保障局,2018年4月26日
唐丽萍(徐泾司法所人民调解工作室)	2017年度上海市青年"五四"奖章	共青团上海市委员会、上海市人力资源和社会保障局,2018年4月26日
孔吉(上海优澈智能科技发展有限公司)	2017年度上海市青年"五四"奖章	共青团上海市委员会、上海市人力资源和社会保障局,2018年4月26日
王敏(青浦区重固镇社区卫生服务中心)	2017年度上海市青年"五四"奖章	共青团上海市委员会、上海市人力资源和社会保障局,2018年4月26日
董旭华(上海鹳山绿色建筑科技有限公司)	上海市自强模范	上海市残疾人联合会、上海市人力资源和社会保障局,2018年9月
翁伟峰(复旦大学附属中山医院青浦分院)	上海市扶残助残先进个人	上海市残疾人联合会、上海市人力资源和社会保障局,2018年9月
阎东亚(青浦区残疾人劳动服务所专职信访干部)	上海市扶残助残先进个人	上海市残疾人联合会、上海市人力资源和社会保障局,2018年9月
徐品兴(练塘镇社区管理办公室)	上海市优秀残疾人工作者	上海市残疾人联合会、上海市人力资源和社会保障局,2018年9月
徐雪萍(金泽镇)	2012—2017年度上海市科协系统先进工作者	上海市人力资源和社会保障局、上海市科学技术协会,2018年9月
徐雪萍(金泽镇)	2017—2018年度上海市科协系统先进工作者	上海市人力资源和社会保障局、上海市科学技术协会,2018年9月
陆晓怡(青浦区生态环境局)	2016—2017年度上海市优秀志愿者	上海市精神文明建设委员会办公室、上海市志愿者协会,2018年2月
汤庆丰(青浦区供水、排水管理所)	2016—2017年度上海市优秀志愿者	上海市精神文明建设委员会办公室、上海市志愿者协会,2018年2月
庄一心(复旦大学附属中山医院青浦分院)	2016—2017年度上海市优秀志愿者	上海市精神文明建设委员会办公室、上海市志愿者协会,2018年2月
沈瑜(青浦区人民法院司法警察大队)	2018年上海市优秀青年志愿者	共青团上海市委员会、上海青年志愿者协会,2018年9月
尹建刚(上海麦迪瑞医疗集团科技有限公司)	第五届上海市优秀中国特色社会主义事业建设者奖牌	中共上海市委统战部、上海市人力资源和社会保障局、上海市工商业联合会,2018年12月
张永峰(金泽镇总工会)	2017—2018年度上海市职工职业道德建设先进个人	上海市总工会,2018年12月

重要文件目录

编辑 陈松青

中共上海市青浦区委员会文件目录

青委〔2019〕6 号　关于学习贯彻十一届市委六次全会精神的报告

青委〔2019〕7 号　关于印发 2018—2022 年青浦区干部教育培训规划的通知

青委〔2019〕8 号　关于成立青浦区招商引资和产业项目推进工作指挥部的通知

青委〔2019〕13 号　关于成立青浦区全面贯彻落实习近平总书记考察上海重要讲话精神领导小组的通知

青委〔2019〕14 号　关于“大棚房”和“矮围”侵占水域等市委督查工作整改情况的报告

青委〔2019〕15 号　关于 2018 年度区委常委会民主生活会情况报告

青委〔2019〕20 号　印发关于本区健全人大讨论决定重大事项制度、政府重大决策出台前向本级人大报告的实施意见的通知

青委〔2019〕24 号　印发上海市青浦区机构改革方案的通知

青委〔2019〕25 号　关于组建青浦区纪委监委第一至第七派驻纪检监察组的通知

青委〔2019〕26 号　关于中共上海市青浦区规划和自然资源委员会等党委（党组）和纪检组织设置调整事宜的通知

青委〔2019〕65 号　关于中共上海市青浦区委机构编制委员会组成人员的通知

青委〔2019〕66 号　青浦区认真贯彻落实李强书记调研讲话精神情况的报告

青委〔2019〕67 号　关于设立青浦区乡村振兴战略工作领导小组的通知

青委〔2019〕71 号　青浦区贯彻落实上海市环保督察反馈意见整改情况报告

青委〔2019〕83 号　关于中共上海市青浦区委全面依法治区委员会组成人员任职的通知

青委〔2019〕84 号　关于中共上海市青浦区委全面依法治区委员会协调小组组成人员任职的通知

青委〔2019〕85 号　关于成立青浦区推进产业工人队伍建设改革领导小组及其组成人员的通知

青委〔2019〕86 号　印发关于加强青浦区纪委监委派驻机构建设的方案的通知

青委〔2019〕95 号　关于开展“波澜壮阔 70 年，砥砺奋进 20 载”——庆祝中华人民共和国成立 70 周年暨纪念撤县建区 20 周年活动的通知

青委〔2019〕96 号　关于成立“波澜壮阔 70 年，砥砺奋进 20 载”——庆祝中华人民共和国成立 70 周年暨纪念撤县建区 20 周年活动领导小组的通知

青委〔2019〕109 号　关于中共上海市青浦区委国家安全委员会组成人员的通知

青委〔2019〕110 号　关于中共上海市青浦区委网络安全和信息化委员会组成人员的通知

青委〔2019〕123 号　关于中共上海市青浦区委财经工作委员会组成人员的通知

青委〔2019〕125 号　关于命名 2017—2018 年度青浦区文明小区、文明村、文明单位、示范性文明校园、文明校园的决定

青委〔2019〕126 号　关于中共上海市青浦区委审计委员会组成人员的通知

青委〔2019〕127 号　关于调整青浦区服务保障中国国际进口博览会前线指挥部组成架构及组成人员的通知

青委〔2019〕147 号　印发关于推进新时期青浦产业工人队伍建设改革的实施意见

青委〔2019〕149 号　同意关于青浦人大及其常委会机构改革有关事项的批复

青委〔2019〕150 号　同意关于深化区政协机构改革的批复

青委〔2019〕151 号　关于成立青浦区迎接中央第二轮环境保护督查领导小组的通知

青委〔2019〕153 号	服务国家战略 全面提升格局 加快推动高质量发展和一体化进程——中共青浦区委关于学习贯彻十一届市委七次全会精神的报告
青委〔2019〕154 号	青浦区关于市环保督查问责情况的报告
青委〔2019〕155 号	关于中共上海市青浦区委教育工作领导小组组成人员的通知
青委〔2019〕159 号	关于成立青浦区退役军人事务工作领导小组的通知
青委〔2019〕161 号	中共青浦区第五届委员会委员递补备案报告
青委〔2019〕164 号	关于成立青浦区第五届人民代表大会第五次会议临时党委的通知
青委〔2019〕165 号	关于中共上海市青浦区委全面深化改革委员会组成人员的通知
青委〔2019〕170 号	印发打造更高质量教育服务品牌 加快推进青浦教育现代化行动计划的通知
青委〔2019〕171 号	关于学习贯彻市委季度工作会议精神的报告
青委〔2019〕172 号	印发关于规范重大事项请示报告的暂行办法的通知
青委〔2019〕190 号	关于成立青浦区创建第六届全国文明城区工作指挥部的通知
青委〔2019〕208 号	关于设立中共青浦区委“不忘初心、牢记使命”主题教育领导小组的通知
青委〔2019〕209 号	关于中共上海市青浦区委全面深化改革委员会专项小组组成人员的通知
青委〔2019〕212 号	对标“四个新高地”推动示范区建设高质量开局——关于认真贯彻落实李强书记调研讲话精神情况的报告
青委〔2019〕235 号	青浦区关于服务保障第二届中国国际进口博览会工作汇报
青委〔2019〕236 号	关于申报“上海市双拥模范区”的请示
青委〔2019〕238 号	中共青浦区委关于批转中共青浦区人大常委会党组关于召开青浦区第五届人民代表大会第六次会议的请示的通知
青委〔2019〕239 号	中共青浦区委关于同意召开区政协五届四次会议的批复
青委〔2019〕243 号	关于成立青东联动发展领导小组的通知
青委〔2019〕244 号	关于撤销中共上海市青浦公用事业投资控股有限公司委员会的通知
青委〔2019〕245 号	关于印发青浦区全面实施预算绩效管理的实施方案的通知
青委〔2019〕254 号	关于认真学习宣传贯彻党的十九届四中全会精神以及习近平总书记考察上海重要讲话和在第二届中国国际进口博览会开幕式上的主旨演讲精神的通知
青委发〔2019〕2 号	印发《中共青浦区委常委会 2019 年工作要点》
青委发〔2019〕4 号	中共青浦区委关于“不忘初心、牢记使命，推动青浦全面跨越式高质量发展”大调研常态化制度化的实施意见
青委发〔2019〕9 号	中共青浦区委关于废止、宣布失效和修改部分党内规范性文件的决定
青委发〔2019〕10 号	关于印发中共青浦区委“不忘初心、牢记使命”主题教育专项整治总体工作方案及九个方面专项整治工作方案的通知
青委发〔2019〕11 号	印发关于开展“不忘初心、牢记使命”主题教育的实施方案的通知
青委发〔2019〕12 号	青浦区关于进一步激励广大干部在抢抓两大国家战略机遇中担当作为的实施意见

中共上海市青浦区委员会办公室文件目录

青委办〔2019〕1 号	关于印发 2019 年青浦区加强招商引资和产业项目推进实施方案的通知
青委办〔2019〕4 号	关于印发《中共青浦区委常委会 2019 年工作要点责任分工方案》的通知
青委办〔2019〕6 号	关于做好青浦区机构改革有关事项的通知
青委办〔2019〕7 号	印发关于做好青浦区机构改革中档案工作的实施意见的通知
青委办〔2019〕9 号	关于印发 2019 年青浦区防范化解重大风险工作方案的通知
青委办〔2019〕10 号	关于印发 2019 年度中共青浦区委同各民主党派、无党派人士政党协商计划的通知
青委办〔2019〕11 号	关于成立青浦区乡村振兴示范村建设指挥部的通知
青委办〔2019〕12 号	关于印发 2019 年区委、区政府重点工作任务分工方案的通知
青委办〔2019〕13 号	关于印发 2019 年度区委工作部门及有关单位重点工作目标任务的通知
青委办〔2019〕14 号	印发关于开展“拼搏实干 担当作为”大讨论活动的实施方案的通知
青委办〔2019〕15 号	关于印发 2019 年青浦区农村人居环境整治村庄清洁行动工作方案的通知
青委办〔2019〕16 号	关于印发 2019 年青浦区实施乡村振兴战略重点工作方案的通知
青委办〔2019〕17 号	关于印发 2019 年青浦区优化营商环境工作要点的通知

青委办〔2019〕18 号　关于印发青浦区“有求必应、无事不扰”意见(试行)的通知
青委办〔2019〕20 号　关于印发中共青浦区委委托各民主党派、工商联、无党派人士对优化营商环境、促进产业发展开展专项民主监督的方案的通知
青委办〔2019〕21 号　关于印发青浦政协 2019 年度协商计划的通知
青委办〔2019〕22 号　转发区信访办关于青浦区人民满意信访窗口建设标准化创建活动的实施细则的通知
青委办〔2019〕26 号　关于印发 2019 年区委常委会全面贯彻落实习近平总书记考察上海重要讲话精神全面加强党的领导挂图督战工作方案的通知
青委办〔2019〕27 号　印发青浦区关于进一步加强和改进离退休干部工作的实施意见
青委办〔2019〕28 号　印发关于加强本区公立医院党的建设工作的实施意见的通知
青委办〔2019〕29 号　关于印发 2019 年青浦区创新社会治理加强基层建设工作要点的通知
青委办〔2019〕53 号　关于设立青浦区配合中央扫黑除恶专项斗争督导工作领导小组的通知
青委办〔2019〕59 号　印发关于抓党建促乡村振兴的实施意见的通知
青委办〔2019〕60 号　转发区政务服务办关于 2019 年青浦区推进“一网通办”工作要点的通知
青委办〔2019〕71 号　关于成立环意赛事筹备委员会的通知
青委办〔2019〕74 号　印发关于加快推进基层党建、城市管理、综合治理“三网融合”的实施意见的通知
青委办〔2019〕75 号　关于印发青浦区高质量发展评价指标体系(试行)的通知
青委办〔2019〕77 号　关于印发青浦区技能提升行动计划(2018—2021 年)的通知
青委办〔2019〕78 号　关于印发 2019 年度区领导联系优秀百强企业工作方案的通知
青委办〔2019〕79 号　关于印发青浦区“十四五”规划前期重大课题研究工作方案的通知
青委办〔2019〕80 号　关于印发《青浦区领导基层联系点制度》的通知
青委办〔2019〕81 号　印发青浦区关于进一步优化供给促进消费增长的实施方案
青委办〔2019〕82 号　关于贯彻落实市委关于进一步做好解决形式主义突出问题为基层减负工作专题会议精神情况的报告
青委办〔2019〕87 号　印发关于解决形式主义突出问题为基层减负的暂行办法的通知
青委办〔2019〕88 号　关于规范和清理非常设机构的通知
青委办〔2019〕89 号　关于印发上海市青浦区违建别墅问题清查整治专项行动工作方案的通知
青委办〔2019〕96 号　关于印发青浦区纪委监委派驻纪检监察组组长、镇(街镇)纪(工)委书记、副书记(监察办主任、副主任)、区属企业纪委书记、副书记提名考察办法(试行)的通知

上海市青浦区人民代表大会常务委员会文件目录

青会〔2019〕5 号　青浦区人大常委会 2019 年度工作要点
青会〔2019〕9 号　青浦区人民代表大会常务委员会关于同意青浦区人民法院增加人民陪审员名额的决定
青会〔2019〕10 号　青浦区人民代表大会常务委员会关于同意《上海市青浦区国家生态文明建设示范区规划》的决议
青会〔2019〕13 号　青浦区人民代表大会常务委员会关于接受陆冬云等同志辞去青浦区第五届人民代表大会代表职务请求的决定
青会〔2019〕17 号　青浦区人民代表大会常务委员会关于同意上海市青浦区赵巷镇总体规划暨土地利用总体规划(2017—2035)》的决议
青会〔2019〕22 号　青浦区人民代表大会常务委员会关于批准青浦区 2019 年地方政府债务限额的决议
青会〔2019〕23 号　青浦区人民代表大会常务委员会关于批准《青浦区 2018 年区本级决算》的决议
青会〔2019〕25 号　青浦区人民代表大会常务委员会关于青浦区第五届人民代表大会第五次会议情况的报告
青会〔2019〕35 号　青浦区人民代表大会常务委员会关于批准青浦区 2019 年区本级预算调整方案的决议

上海市青浦区人民代表大会常务委员会办公室文件目录

青会办〔2019〕2 号　关于转交区人大常委会对加大监督力度做实家医生签约服务工作的代表议案审议结果报告的函
青会办〔2019〕3 号　关于印发《2019 年度青浦区人大常委会机关工作目标任务一览表》的通知
青会办〔2019〕4 号　关于本区中小河道综合整治效果评估报告的函

青会办〔2019〕7 号　关于印发《青浦区人民代表大会常务委员会关于对本区实施 < 上海市居民委员会工作条例 > 情况进行执法检查的实施意见》的通知

青会办〔2019〕8 号　关于通报区五届人大常委会第二十三次会议对区生态环境局局长履职情况满意度测评结果的函

青会办〔2019〕9 号　关于通报区五届人大常委会第二十三次会议对区人民法院副院长履职情况满意度测评结果的函

青会办〔2019〕11 号　关于印发《关于在区人大代表中开展“凝心聚力促发展，担当作为再出发”履职实践活动的实施意见》的通知

青会办〔2019〕12 号　关于通报区五届人大常委会第二十四次会议对区教育局局长履职情况满意度测评结果的函

青会办〔2019〕13 号　关于通报区五届人大常委会第二十四次会议对区住房保障和房屋管理局局长履职情况满意度测评结果的函

青会办〔2019〕17 号　关于转送《区人大代表评议区政府上半年工作的有关意见建议》的函

青会办〔2019〕19 号　关于印发《青浦区人民代表大会监察和司法委员会议事规则（试行）》《青浦区人民代表大会社会建设委员会议事规则（试行）》《青浦区人民代表大会财政经济委员会议事规则》的通知

上海市青浦区人民政府文件目录

青府发〔2019〕6 号　关于授予上海达尔威贸易有限公司等 100 家企业“2018 年度上海市青浦区百强优秀企业”荣誉称号的通知

青府发〔2019〕8 号　关于印发《青浦区农村综合帮扶工作实施意见（2018—2022 年）》的通知

青府发〔2019〕10 号　印发《青浦区关于积极打响制造品牌的实施办法》的通知

青府发〔2019〕30 号　关于全力支持民营经济实现更高质量发展的若干措施

青府发〔2019〕63 号　关于支持经济小区高质量发展的若干意见

青府发〔2019〕64 号　关于表彰第二届青浦区区长质量奖获奖组织和个人的决定

青府发〔2019〕81 号　关于印发《青浦区深化养老服务行动计划（2019—2022 年）》的通知

青府发〔2019〕83 号　关于公布现行有效、需修改、失效和废止规范性文件目录的通知

青府发〔2019〕86 号　关于取消和调整一批行政审批事项的决定

上海市青浦区人民政府办公室文件目录

青府办发〔2019〕1 号　关于印发 2019 年区政府重点工作挂图作战实施方案的通知

青府办发〔2019〕2 号　关于印发《青浦区突发环境事件应急预案》的通知

青府办发〔2019〕3 号　关于印发青浦区推进重大建设项目批准和实施领域政府信息公开工作实施细则的通知

青府办发〔2019〕6 号　关于印发 2019 年青浦区经济和社会发展指导性计划目标及分解任务的通知

青府办发〔2019〕7 号　关于印发青浦区全面推开“证照分离”改革工作方案的通知

青府办发〔2019〕8 号　关于上海青浦出口加工区管理委员会调整为上海青浦综合保税区管理委员会的通知

青府办发〔2019〕10 号　关于进一步加强政府与工会联席会议制度的实施意见

青府办发〔2019〕11 号　区政府重点工作挂图作战督查测评实施方案

青府办发〔2019〕13 号　关于转发青浦区公共安全综合整治工作方案的通知

青府办发〔2019〕14 号　关于转发《2019 年青浦区生活垃圾全程分类体系建设工作实施意见》的通知

青府办发〔2019〕15 号　关于转发区人力资源和社会保障局区财政局《关于调整完善西劳外输非农就业补贴的实施意见》补充意见的通知

青府办发〔2019〕16 号　关于印发青浦区推进医疗联合体建设和发展实施方案的通知

青府办发〔2019〕18 号　关于废止青浦区产业项目评审准入办法的通知

青府办发〔2019〕21 号　关于印发《2019 年青浦区政务公开工作要点》的通知

青府办发〔2019〕22 号　关于贯彻落实市政府办公厅关于加强值班工作的通知的情况报告

青府办发〔2019〕23 号　转发区人力资源社会保障局关于青浦区深化创业型城区创建工作实施方案（2018—2022 年）的通知

青府办发〔2019〕26 号　关于转发《上海市青浦区国家生态文明示范区建设实施方案》的通知

青府办发〔2019〕28 号　上海市青浦区人民政府办公室转发区住房保障房屋管理局关于青浦区住宅小区建设“美丽家园”三年行动计划（2018—2020 年）的通知

青府办发〔2019〕33 号　关于设立青浦区落实减税降费工作协调推进组的通知
青府办发〔2019〕34 号　关于印发修订后的《青浦区人民政府办理区人大代表建议和政协提案办法》的通知
青府办发〔2019〕35 号　关于转发促进青浦区生物医药产业高质量发展行动方案（2019—2020 年）的通知
青府办发〔2019〕36 号　《青浦区关于落实限额以下建设工程监督管理工作及加强手续不全项目处置的意见》的通知
青府办发〔2019〕37 号　关于转发《青浦区“三大整治”专项行动实施方案》的通知
青府办发〔2019〕38 号　关于转发青浦区信息化管理办法及配套实施细则的通知
青府办发〔2019〕39 号　关于转发青浦区“十四五”规划研究和编制工作方案的通知
青府办发〔2019〕40 号　转发《青浦区贯彻落实 < 上海市气象灾害防御办法 > 实施意见》的通知
青府办发〔2019〕41 号　关于转发青浦区农民职业技能培训促进就业行动计划的通知
青府办发〔2019〕42 号　印发《关于进一步加强本区城市公共消防安全工作的意见》的通知
青府办发〔2019〕43 号　印发《关于提高政府系统工作效能的意见》的通知
青府办发〔2019〕47 号　转发区生态环境局关于《青浦区处置辐射事故应急预案》的通知
青府办发〔2019〕48 号　关于成立青浦区“三大整治”工作领导小组的通知
青府办发〔2019〕50 号　关于落实张江国家自主创新示范区专项发展资金审计整改工作情况的报告
青府办发〔2019〕51 号　关于印发政务公开等工作考核细则的通知
青府办发〔2019〕60 号　转发区水务局制订的《关于本区区、镇管河湖和村级河道及其管理范围的规定》的通知

政协上海市青浦区委员会文件目录

青协〔2019〕1 号　政协上海市青浦区委员会关于区政协五届三次会议选举结果的公告
青协〔2019〕3 号　关于印发《青浦区政协 2019 年工作要点》的通知
青协〔2019〕4 号　关于印发《政协上海市青浦区委员会常委述职办法（试行）》的通知
青协〔2019〕5 号　关于印发《政协上海市青浦区委员会特约监督员工作规则》的通知
青协〔2019〕6 号　关于印发《中国人民政治协商会议上海市青浦区委员会全体会议工作规则》的通知
青协〔2019〕7 号　关于印发《中国人民政治协商会议上海市青浦区委员会常务委员会工作规则》的通知
青协〔2019〕8 号　关于印发《政协上海市青浦区委员会关于加强和改进界别工作更好发挥界别作用的方法（试行）》的通知
青协〔2019〕9 号　关于长三角生态绿色一体化发展示范区青浦先行启动区产业定位与发展战略的建议案
青协〔2019〕10 号　关于我区打造优化营商环境制度高地的建议案
青协〔2019〕12 号　关于印发《中国人民政治协商会议上海市青浦区第五届委员会不再担任委员名单》的通知
青协〔2019〕13 号　关于印发《中国人民政治协商会议上海市青浦区第五届委员会委员增补名单》的通知
青协〔2019〕14 号　关于调整区政协专门委员会机构设置的决定
青协〔2019〕19 号　关于表彰 2019 年度优秀提案和反映社情民意信息工作先进集体、先进个人的决定

政协上海市青浦区委员会办公室文件目录

青协办〔2019〕1 号　关于政协委员在五届三次会议上讨论《区政府工作报告》所提意见建议情况的函
青协办〔2019〕2 号　关于关于印发《青浦区政协办公室领导班子成员工作分工》的通知
青协办〔2019〕3 号　关于政协委员讨论《区政府关于上半年工作情况和下半年重点工作安排的报告》所提意见建议情况的函
青协办〔2019〕4 号　关于青浦区政协派员参加市委组织部组织的赴以色列培训的经费请示
青协办〔2019〕5 号　关于“创建全国文明城区”专项监督的报告
青协办〔2019〕6 号　关于印发调整后的政协青浦区第五届委员会各专门委员会组成人员名单的通知
青协办〔2019〕7 号　关于印发调整后的政协青浦区第五届委员会各界别活动组组成人员名单的通知
青协办〔2019〕8 号　关于印发调整后的政协青浦区第五届委员会各地区委员活动小组组成人员名单的通知

统计资料

编辑 陈松青

2019 年青浦区经济社会主要指标情况表

表 100

指标	单位	2019 年	2018 年
(一)地区生产总值	亿元	1166.25	1107.69
第一产业	亿元	7.6	8.95
第二产业	亿元	433.69	453.22
# 工 业	亿元	413.83	431.20
第三产业	亿元	724.96	645.52
(二)财政、金融	亿元		
一般公共预算收入	亿元	580.68	572.40
# 地方一般公共预算收入	亿元	207.19	203.10
一般公共预算支出	亿元	339.91	333.54
# 教育	亿元	29.00	26.43
科学技术	亿元	3.93	6.74
卫生健康	亿元	14.74	13.66
农林水	亿元	38.17	30.99
税收收入	亿元	580.68	528.37
年末金融机构各项存款余额	亿元	1983.58	1762.76
# 城乡居民储蓄存款余额	亿元	873.40	760.55
年末金融机构各项贷款余额	亿元	1094.69	1015.07

2019 年青浦区经济发展情况表

表 101

指标	数值	比 1980 年增长倍数	比 1990 年增长倍数	比 2000 年增长倍数
地区生产总值	1166.25 亿元	428.2 倍	84.8 倍	8.3 倍
一般公共预算收入	5806762 万元	763.3 倍	234.2 倍	23.7 倍
工农业总产值(现行价)	18098306 万元	343.2 倍	48.7 倍	3.7 倍
工业总产值(现行价)	17901100 万元	505.6 倍	59.1 倍	4.0 倍
农业总产值(现行价)	197206 万元	10.4 倍	2.0 倍	—
社会消费品零售总额	5423419 万元	379.2 倍	112.6 倍	10.6 倍
年末人均储蓄存款	172774 元	3944.7 倍	160.4 倍	12.6 倍

2019 年青浦区相关行业一天的产值、产出量等情况表

表 102

地区生产总值	31952	万元
农业总产值	540	万元
规模工业总产值	43839	万元
一般公共预算收入	15909	万元
社会消费品零售总额	14859	万元
外贸出口创汇	1.18205	亿元
全社会固定资产投资额	16215	万元
全社会用电量	1830	万千瓦时
自来水供水量	44.6	万吨
门急诊人次	16199	人次
出生人口	9	人
死亡人口	11	人
结婚人数	8	对

2019 年青浦区行政区划面积情况表

表 103

镇(街道)	区域面积(平方公里)	居委会数(个)	居民小组(个)	村委会数(个)	村民小组(个)
全区	668.49	146	3524	184	2506
夏阳街道	35.93	24	794	8	77
盈浦街道	15.59	28	1166	5	57
香花桥街道	62.30	13	144	22	265
赵巷镇	40.44	17	292	8	156
徐泾镇	38.73	18	258	9	145
华新镇	47.41	12	252	19	228
重固镇	30.21	4	53	9	139
白鹤镇	58.74	5	62	21	323
朱家角镇	136.85	15	390	28	284
练塘镇	93.89	5	59	25	408
金泽镇	108.42	5	54	30	424

2019 年年末青浦区户籍总户数、总人口情况表

表 104 单位：户、人

镇(街道)	年末总户数	年末总人口	男	女	18 岁以下	18—35 岁	35—60 岁	60 岁以上	非农业人口	年平均人口	平均每户人口
全区	179944	496176	244102	252074	58106	78914	199306	159850	374190	492688	2.76
夏阳街道	21440	52898	26112	26786	10127	10461	19531	12779	47485	52696	2.47
盈浦街道	19350	46550	23268	23282	8948	7875	16981	12746	45434	46151	2.41
香花桥街道	12161	37974	18316	19658	3115	5750	15424	13685	29870	38021	3.12
赵巷镇	10954	31117	15414	15703	4057	5027	12516	9517	26321	29906	2.84
徐泾镇	14407	41670	20555	21115	6186	6817	16361	12306	41083	40461	2.89
华新镇	12155	39420	19396	20024	4770	5924	15986	12740	31485	38999	3.24
重固镇	6850	20843	10311	10532	2163	2977	8547	7156	12075	20751	3.04
白鹤镇	15058	47318	23006	24312	4067	6574	19205	17472	24962	47199	3.14
朱家角镇	21525	61231	30110	31121	5425	9315	25289	21202	44951	61164	2.84
练塘镇	22050	54602	26917	27685	4380	8568	22638	19016	33203	54714	2.48
金泽镇	23994	62553	30697	31856	4868	9826	26828	21231	37321	62628	2.61

2019 年青浦区户籍人口变动情况表

表 105 单位：人

镇(街道)	出生人口	男	女	死亡人口	男	女	迁入人口	迁出人口	移入人口	移出人口	出生率(‰)	死亡率(‰)	自然增长率(‰)
全区	3319	1663	1656	3942	2102	1840	3176	563	10560	5574	6.74	8.00	-1.26
夏阳街道	369	192	177	275	144	131	827	443	1308	1381	7.00	5.22	1.78
盈浦街道	360	195	165	312	173	139	234	5	1604	1082	7.80	6.76	1.04
香花桥街道	123	57	66	357	174	183	91	5	451	397	3.24	9.39	-6.15
赵巷镇	315	169	146	268	151	117	346	9	2499	461	10.53	8.96	1.57
徐泾镇	411	210	201	293	159	134	654	53	2389	689	10.16	7.24	2.92
华新镇	299	152	147	291	154	137	300	14	877	329	7.67	7.46	0.21
重固镇	132	55	77	183	90	93	134	1	307	205	6.36	8.82	-2.46
白鹤镇	308	158	150	424	237	187	241	10	561	438	6.53	8.98	-2.46
朱家角镇	349	174	175	546	305	241	168	14	493	316	5.71	8.93	-3.22
练塘镇	299	149	150	487	257	230	82	5	42	155	5.46	8.90	-3.44
金泽镇	354	152	202	506	258	248	99	4	29	121	5.65	8.08	-2.43

2019 年青浦区地区生产总值(GDP)情况表

表 106

单位:亿元

指标	2019 年	增长(%)
地区生产总值	1166.25	5.8
按产业分		
第一产业	7.60	-14.6
第二产业	433.69	-2.6
第三产业	724.96	11.9
按行业分		
农林牧渔业	7.98	-14.4
工业	413.83	-2.7
建筑业	22.6	0.4
批发和零售业	113.01	4.3
交通运输、仓储和邮政业	125.65	21.9
住宿和餐饮业	13.1	-1.8
金融业	45.63	11.6
房地产业	146.35	4.9
其他服务业	278.10	15.3
三次产业比重	0.6:37.2:62.2	

2019 年青浦区全社会固定资产投资完成情况表

表 107

单位:个、万元

指标	本年投资项目数(个)	投资完成额		
		2019 年	2018 年	比上年增长(%)
合计	665	5918612	5798387	2.1
一、建设项目分类				
基本建设	363	1775577	1960073	-9.4
更新改造	101	235385	168453	39.7
房地产开发建设项目	195	3791997	3662422	3.5
其他固定资产投资	6	115653	7439	1454.7
二、建设项目产业分类				
第一产业	2	1141	15000	-92.4
第二产业	216	467807	523071	-10.6
工业	216	467807	523071	-10.6
第三产业	447	5449664	5260316	3.6
# 批零和住餐业	4	39755	29164	36.3

（续表）

指标	本年投资项目数(个)	投资完成额		
		2019 年	2018 年	比上年增长(%)
交通运输、仓储和邮政业	21	413554	844792	-51.0
房地产业	195	3791997	3662422	3.5
三、建设项目性质分类				
新建	481	5134154	5373129	-4.4
扩建	76	432499	230749	87.4
改建	101	235385	168453	39.7
其他	7	116574	26056	347.4

2019 年青浦区社会消费品零售总额情况表

表 108

单位：万元

指标	2019 年	所占比重(%)
社会消费品零售总额	5423419	—
一、按商品用途分		
吃的商品	1583688	29.2
穿的商品	929315	17.1
用的商品	2640174	48.7
烧的商品	270242	5.0
二、按经济类型分		
有限责任公司	1046107	19.3
股份有限公司	500202	9.2
私营企业	3565088	65.7
港澳台商投资	140706	2.6
外商投资	165583	3.1
其他	5733	0.1
三、按企业标准分		
限额以上企业零售额	2309604	42.6
限额以下法人零售额	1436705	26.5
个体户零售额	1677110	30.9

2019 年青浦区限额以上住宿餐饮业基本情况表

表 109

指标	单位	2019 年	2018 年
一、经营状况			
单位数	户	98	88
客房数	间	6764	7076
床位数	张	10257	11039
营业额	万元	166295	150072
客房收入	万元	57484	57080
餐费收入	万元	99519	81519
商品销售额	万元	735	1455
其他营业收入	万元	8557	10018
二、财务状况			
营业收入	万元	160129	144809
营业成本	万元	82332	64540
税金及附加	万元	1439	1345
营业利润	万元	-3475	-1981
利润总额	万元	-748	-1561
销售费用	万元	38221	35478
管理费用	万元	39225	41990
财务费用	万元	3381	3752
流动资产合计	万元	120609	135230
固定资产原价	万元	202368	208005
资产总计	万元	271575	303875
负债合计	万元	268426	339058
所有者权益合计	万元	3149	-35183
三、年末拥有餐位数	个	22639	21953
年末餐饮营业面积	平方米	127080	114534

2019 年青浦区 A 级旅游景点、旅行社接待情况表

表 110

指标	单位	2019 年	2018 年	增长(%)
A 级景点个数	个	8	9	-11.1
A 级景点接待游客	万人次	322.5	320.5	0.5
A 级景点旅游收入	亿元	1.7	1.7	-1.7
旅行社组织接待人次	万人次	22.4	35.2	-36.5
旅行社营业收入	亿元	19.0	18.3	3.6

2019 年青浦区星级宾馆基本情况表

表 111

指标	单位	合计	五星级	四星级	三星级	二星级
宾馆数	个	11	1	2	8	
客房数	间	1735	189	614	932	
营业收入	万元	24864	3542	8230	13092	
接待人数	万人	30.78	2.45	15.07	13.26	
客房平均出租率	%	48.9	37.4	62.2	42.4	

2019 年青浦区居民人均收支情况表

表 112

指标	单位	2019 年	2018 年	比上年增长(%)
人均可支配收入	元	51563	47336	8.9
工资性收入	元	34413	32057	7.3
经营净收入	元	950	878	8.2
财产净收入	元	6930	6391	8.4
转移净收入	元	9270	8010	15.7
人均生活消费支出	元	36530	32600	12.1
食品烟酒	元	10542	9207	14.5
衣着	元	1876	1856	1.1
居住	元	7708	7420	3.9
生活用品及服务	元	1689	1749	-3.4
交通通信	元	7767	5819	33.5
教育文化娱乐	元	3167	2893	9.5
医疗保健	元	2639	2823	-6.5
其他用品及服务	元	1142	833	37.0

索引

编辑 赵 峰

说 明

(1)本索引分条目索引、表格索引、串文图片索引和串文照片索引4个部分。

(2)条目索引采用主题分析索引方法,按主题词汉语拼音字母顺序排列。索引名称后的数字表示内容所在的页码,数字后面的a、b、c表示每页中栏别排序,其中:页面上有两列的,左为a,右为b;页面上有三列的,左为a,中为b,右为c。

(3)在主题分析索引下,为便于读者检索,在青浦的党政机关、企事业单位和在青浦发生的事件名称前的“上海”“青浦”字样,除易产生歧义者外一般予以省略;内容有交叉的,将重复出现。

(4)表格索引、串文图片索引和串文照片索引按页码顺序排列。

条目索引

A

B

C

D

E

F

H

J

K

M

N

O

P

R

S

T

W

X

Y

表格索引

图片索引

照片索引